U0592514

地产库
CRIC REAL ESTATE STACKS
专业研究类

中国房产信息集团
克而瑞（中国）信息技术有限公司 编著

中国23大城市投资报告

2010
商业地产
蓝皮书

上册

大连理工大学出版社

图书在版编目(CIP)数据

中国23大城市投资报告：2010商业地产蓝皮书：全2册/中国房产信息集团，克而瑞（中国）信息技术有限公司编著．—大连：大连理工大学出版社，2011.8
ISBN 978-7-5611-6456-3

Ⅰ.①中… Ⅱ.①中…②克… Ⅲ.①城市商业-房地产-研究报告-中国-2010 Ⅳ.①F299.233.5

中国版本图书馆CIP数据核字（2011）第169463号

出版发行：大连理工大学出版社
（地址：大连市软件园路80号　邮编：116023）
印　　刷：广州培基印刷镭射分色有限公司
幅面尺寸：210mm×270mm
印　　张：52.5
出版时间：2011年8月第1版
印刷时间：2011年8月第1次印刷
责任编辑：房　磊
封面设计：潘永彬 王志峰
责任校对：卢　炀

书　　号：ISBN 978-7-5611-6456-3
定　　价：768.00元

发　行：0411-84708842
传　真：0411-84701466
E-mail: a_detail@dutp.cn
URL: http://www.dutp.cn

编委会

商业模式超越产品 成为企业之间的最大竞争

商业地产的蓬勃发展顺应了宏观、中观及微观房地产市场的需要，宏观经济的结构转型带来的内需消费增长将长期利好商业地产；而2010年以来对住宅市场的大力调控，使得商业地产的投资价值凸显；持有型商业长期稳定的经营收入将增强开发商对抗市场风险的能力。2010年，先知先觉的开发商纷纷转型商业地产。

从理论上讲，商业地产开发较住宅地产开发是一种更先进、更复杂的开发模式，其长期资本增值能力和稳定的收益能力是住宅开发望尘莫及的，同时商业地产也是一种比住宅地产更理想的资本化载体。商业地产到底是开发商抑或是投资者的避风港？《中国23大城市投资报告——2010商业地产蓝皮书》希望通过客观翔实的数据分析，揭示商业地产目前所处的形势，并帮助开发商、投资者判断未来商业地产的发展趋势。

本书内容主要分为三部分：第一部分是中国商业地产总报告，主要涉及商业地产的概念与分类、商业地产的发展及沿革、商业地产发展背景及商业地产市场整体分析等；第二部分为23个重点城市的商业地产研究报告，包括宏观指标分析、整体市场环境以及城市发展规划等内容；最后一部分为2010年中国商业地产发展特征及未来前景与展望。

经过半年多的时间，《中国23大城市投资报告——2010商业地产蓝皮书》终于面世。在这里特别感谢各位领导对我们工作的支持，同时也感谢为这本书辛苦付出的各位同事，以及各相关部门的通力协作，使得这本800多页的巨幅图书得以顺利出版。

目前，市面上关于商业地产的书籍相对较少，数据如《中国23大城市投资报告——2010商业地产蓝皮书》之翔实的商业地产书籍更是少之又少，希望这本书可以给读者带来更多不一样的感受。本书如有不恰当之处，欢迎读者批评指正。后续我们还将出版关于商业街、购物中心和城市综合体等一系列研究成果。敬请期待！

CRIC商业咨询总经理

王平

把握六大重点，在商业地产开发竞争中立于不败之地

随着中国城市规划和房地产业政策的调整，房地产市场环境发生了明显变化，从市场和投资角度来说，商业地产已凸显其价值，越来越多的开发企业将目光由住宅地产转向商业地产。这不仅是一种新趋势，更是一种新竞争的开始。

加强对商业地产内在规律的认识和研究，从狭义商业走向广义商业，从商铺、购物中心开发走向专业化商业地产开发。

通过实践逐步建立起符合企业自身特点的商业地产开发模式。

特别重视商业地产的前期调研工作，并在此基础上形成项目定位。

商业地产规划设计立足于开发建设后产业运营的持续性发展，保持规划的严肃性与灵活性。

做好商业地产的分级、分期开发，这是商业地产实现有效开发和价值最大化的重要手段。

重视商业地产开发人才的引进、储备与培养，商业地产的繁荣必将催生优秀人才脱颖而出。

掘金商业地产，展望商业地产未来前景

与住宅地产不同，影响商业地产的因素更多地来自于国家宏观经济政策、城市化进程和城市经济发展等方面。从一系列已出台的新政分析，其对商业地产的影响不仅不大，反而在国家不断出台拉动内需政策的引导下，商业地产迎来了新的发展高潮。

商业地产前景向好的四大原因

城市化进程增加对商业地产的需求

“十二五”规划启动，市场拉动投资的反弹较大，全国城市化发展和对商业地产的需求明显增加。

住宅市场宏观调控力度增强

商品住宅市场的宏观调控力度增强，客观上对商业地产形成利好。

一线城市商品住宅销售下滑

受限购、限贷等购房政策的影响，同时也受供应、价格因素影响，一线城市商品住宅市场销售呈现下滑趋势。

未受宏观调控影响

房地产调控对商业地产的影响并没有体现，商业地产并没有受到政策的限制。

CHAPTER ONE

第一章 商业地产总报告

CHAPTER TWO

第二章 东北地区

第一节 哈尔滨

第二节 长春

CONTENTS

CONTENTS

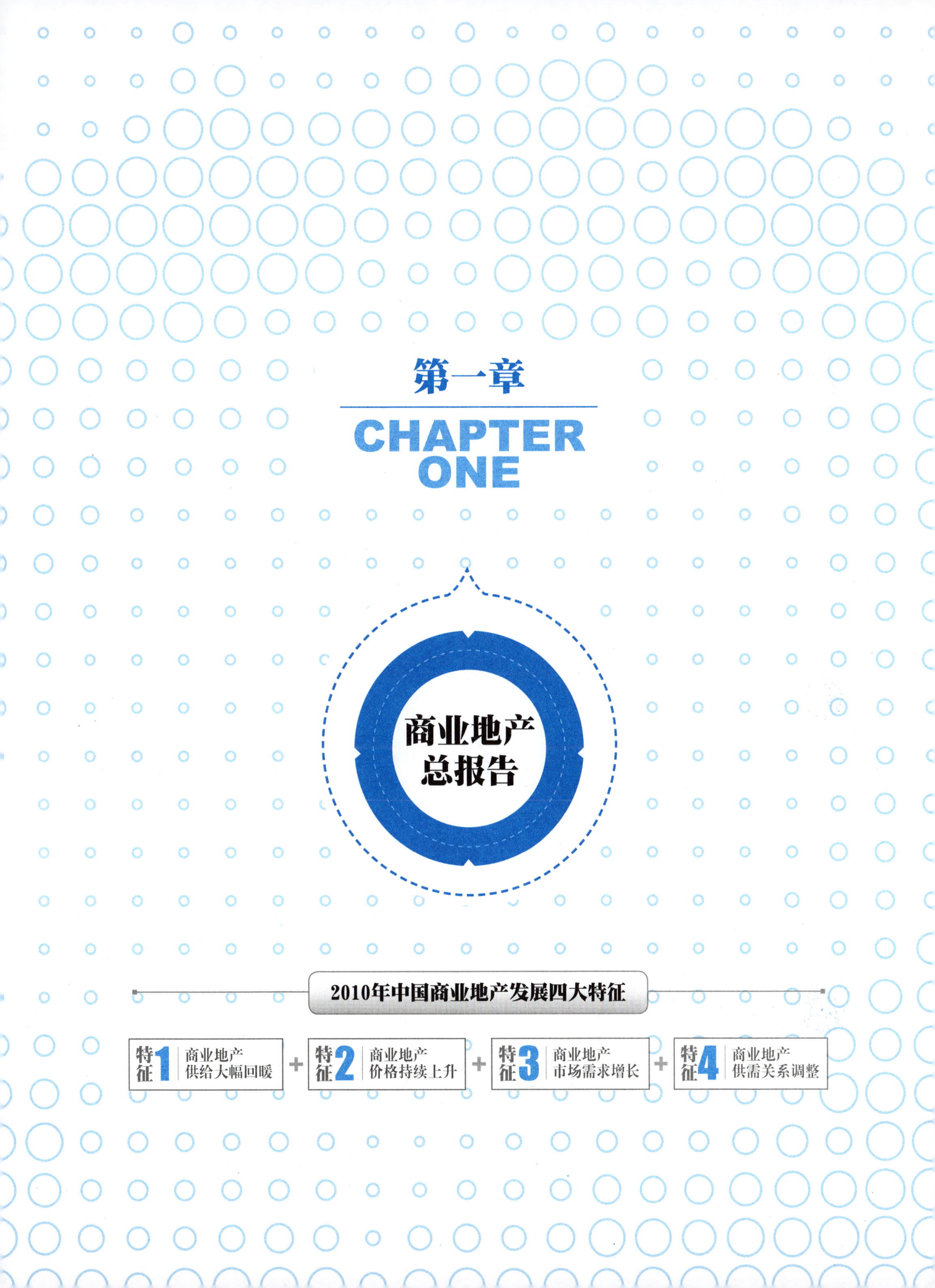

第一章

CHAPTER ONE

商业地产总报告

2010年中国商业地产发展四大特征

特征1 商业地产供给大幅回暖 + 特征2 商业地产价格持续上升 + 特征3 商业地产市场需求增长 + 特征4 商业地产供需关系调整

商业地产的发展与社会经济发展密不可分，社会经济发展水平直接决定着商业地产的发展规模和速度。商业地产又是房地产市场的重要组成部分，房地产市场的整体发展状况直接影响着商业地产的发展态势，国家对于房地产市场的宏观调控也会直接或者间接地对商业地产的运行产生重大影响。尽管如此，中国经济基础的长期被看好，房地产市场需求的巨大潜力，都预示着未来商业地产具有良好的发展前景。

1 商业地产概念与分类

购物中心、大卖场、商业街、主题商场、专业市场、写字楼的统称。

商业地产，顾名思义是指作为商业用途的地产，区别于以居住功能为主的住宅房地产、以工业生产功能为主的工业地产等。商业地产在广义上通常指用于各种零售、批发、餐饮、娱乐、健身、休闲等经营用途的房地产形式，从经营模式、功能和用途上区别于普通住宅、公寓、别墅等房地产形式。以办公为主要用途的地产属商业地产范畴，也可以单列。国外用得比较多的词汇是“零售地产”，泛指用于零售业的地产形式，是狭义的商业地产。

1 广义与狭义的商业地产

商业地产包括广义商业地产和狭义商业地产两种定义。广义的商业地产在定义上比较宽泛，酒店、商场和写字楼等都被纳入商业地产的范畴，这些广义的商业地产有一个共同点，那就是可能存在使用者与投资者分离的市场，这是相比住宅房地产的最大区别。

本报告所指的是狭义的商业地产，不包括酒店和写字楼的商业物业，是指具有零售、餐饮、休闲、娱乐和旅游功能的地产项目。

本报告研究的商业地产是指作为商业用途的房地产物业，包括各种零售、餐饮、休闲服务和旅游等经营用途的房地产形式，从经营模式、功能和用途上区别于普通住宅、公寓、写字楼和别墅等房地产类别。

2 商业业态两大分类

按照目前商务部的分类方法，国内商业业态分为有店铺销售和非店铺销售。

表1-1 商业业态分类

商业业态	涵盖范围
有店铺销售	食杂店、便利店、折扣店、超市、仓储会员店、百货店、专业店、专卖店、家居建材商店、购物中心和厂家直销中心
非店铺销售	电视购物、邮购、网上商店、自动售货亭和电话购物

3 商业地产三大分类

分类一：按建筑形态分类

按建筑形态分为封闭式集中型商业和开放式街区型商业两大类。

表1-2 商业地产按建筑形态分类

建筑形态	特点
封闭式集中型商业	有盖、封闭性的盒式商业，包括独立大体量商业、大型裙楼等
开放式街区型商业	顶上无盖、分散式小体量商业组合而成的街区（包括小尺度底商）

分类二：按商业形态分类

按商业形态分类，商业地产可以分为购物中心、专业商厦、市场、特色商业街和配套商业。

表1-3 商业地产按商业形态分类

商业形态	特点
购物中心	规模较大，业态多元，环境较好，档次较高。一般来讲，购物中心的面积大都超过5万平方米，除零售业态外，还涵盖餐饮和娱乐业态，并且零售业态比例低于70%
专业商厦	以单一专业店为主体，主要由单一专业店（百货、超市、家居建材专业店）承租的商业，这样的单一专业店经营主体所占比例往往超过70%，一般以封闭式集中型商业居多
市场	多指深度专业化商业（但也有例外，例如综合市场），一般而言，环境较差，档次较低，品牌号召力较弱，包括批发、批零兼营的市场形态（服装市场、小商品市场、汽配市场、建材市场、鲜花市场、海鲜市场和菜市场等）
特色商业街	拥有一个或两个鲜明主题，深度专业化，聚焦于同一业态或品类，具有商业街形态，如主题性单一商业街项目和自发形成的主题性特色商业街等
配套商业	规模小、辐射范围小、业态多元、小店铺聚集，多以周边人群为目标客群，这样的商业一般存在于大部分社区商业和小体量写字楼底商

分类三：按辐射范围分类

按辐射范围分类，商业地产可以分为超地区级、市级、区域级和社区级四种。

表1-4 商业地产按辐射范围分类

辐射范围	特点
超地区级	超出城市级别的辐射力，目标消费客群有30%以上来自外省市
市级	该商业辐射大部分城市人口，目标消费客群有70%以上来自本市（辐射半径大于5000米）
区域级	辐射某个区域，目标消费客群有70%来自某区域（辐射半径在3000～5000米以内）
社区级	辐射某社区，目标消费客群有70%来自本社区（辐射半径3000米以内）

2 商业地产发展及沿革

商业地产的发展主要依托于整体经济发展。

1 商业地产起源及发展

纵观商业地产发展史，商业地产的发展主要依托于整体经济发展的大环境，由于政策开放程度的不同，商业地产发展也呈现出不同特征。随着商业业态的革新和丰富，商业地产的布局逐渐走向专业化和多样化，商业地产的投资模式从单一的供需关系市场模式走向了多元化，地产商不仅关注其初期投资的直接回报率，更注重物业的增值和二次投资、三次投资的附加值。

商业地产最早出现于19世纪50年代，欧美日等发达国家的商业地产起源较早，运作模式已经成熟。美国是商业地产特别是购物中心的发源地，二战后其最突出的特点就是向郊区化发展，20世纪80年代后，其开发建设模式逐渐以更新改造市区内原有旧商业设施为重点。欧洲各国的商业地产与其他建筑类型如教堂、住宅、市政厅等混合布置，即使新建或改扩建的商业设施也完全与城市结构脉络相协调，并且欧洲将商业地产的开发建设与城市、城镇风貌的保护相结合。因此欧洲商业地产的开发在创造商业价值的同时，更多地注重对历史、文化环境的保护，并将旅游资源的开发利用纳入其中。日本、东南亚的商业地产大体上于20世纪80年代至90年代兴起，目前已进入快速成长期，适应各自本土发展的模式已基本成型。

表1-5 世界主要国家和地区商业地产市场发展情况

国家和地区	商业地产市场主要特征
美国	商业地产发源地，旧有商业设施改造和更新，郊区化现象明显
欧洲	商业地产开发与原有城市格局和风貌保护相协调
亚洲	快速增长期，逐渐形成适应本土发展的商业地产模式

在产权方面，国外商业地产主要由房地产信托投资基金等战略投资机构全部持有股份并经营，不分割销售。长期持有、只租不售早已成为国际公认的规范化的商业地产运作模式。国外较大的商业地产开发商不仅具备雄厚的资金，而且拥有一流的专业商业运营公司，如全球最大的商业地产运营商KIMCO公司在美国和加拿大共拥有525家购物中心。亚洲最大的房地产企业之一——新加坡嘉德置地集团在新加坡、日本、马来西亚、印度和中国等国共拥有50多家商场。而目前，国内商业地产经营运作模式尚未完全成熟，经营范围和活动空间也与国际水平有差距。

表1-6 中美商业地产经营比较

名称	位置	经营模式	经营内容
美国商业地产	郊区	物业所有者并不通过零售和商业服务盈利，而是通过出租物业盈利，是纯粹的房地产经营者	零售、餐饮、娱乐、公共服务等，大型购物中心有较多公共活动空间
中国商业地产	城市中心	物业所有者就是零售或服务经营者，目前出租柜台和铺面也逐渐增多，但物业所有者并没有转化成纯粹的房地产经营者	零售为主，少量餐饮和娱乐，一般公共活动空间较少

2 中国商业地产发展五大阶段

我国商业地产是经济体制改革和市场经济的产物。在计划经济体制下，商业设施与网点的建设完全依赖于政府的商业发展计划，进入壁垒多，商业用房的开发受到严格的投资规模限制。而随着改革开放的深入，商业地产由于其提高城市品位、拉动就业、扩大内需、增加税收等立竿见影的效果，成为各级政府大力扶持的行业，这也造成了商业地产裂变式的发展。在这短短的二十余年里，我国商业地产经历了萌芽——兴起——发展——相对过剩——理性回归五个阶段。

表1-7 我国商业地产发展历程的五个阶段

阶段	时间	特点
萌芽阶段	1980—1995年	港澳地产商在五星级酒店和高档写字楼的建设投资
兴起阶段	1995—1998年	住房制度改革和旧城商业区改造带来的发展契机
发展阶段	1998—2002年	房地产开发商以高姿态进入商业地产市场，把商业地产转变为一个独立、高利润的产业
相对过剩阶段	2002—2005年	商业地产出现局部过剩，空置率居高不下，大量商业地产开发企业出现销售危机
理性回归阶段	2006年至今	商业地产市场逐渐走向有序和成熟，商业中心服务目标转型

阶段一：萌芽阶段（1980—1995年）

1980年以来，港澳地产商（如新鸿基、新世界和长江实业等）最早在内地实施商业地产开发，包括五星级酒店和高档写字楼的建设，项目选址一般都在北京、上海等大城市和沿海开放地区。五星级酒店的建设部分自营，部分委托喜来登、希尔顿等国际知名管理公司进行经营。高档写字楼还附带大面积裙楼，比较有代表性的是上海广场、时代广场、北京赛特购物中心和恒基商场等。这是我国商业地产概念从外引入的萌芽。

阶段二：兴起阶段（1995—1998年）

商业地产的兴起源于我国住房制度改革和旧城商业区改造带来的发展契机。住房制度改革为地产商提供了空前的市场机遇和政策空间。房地产开发企业将沿街一层住宅改为商铺对外销售，开始了中国特色的原始商业地产的形式。而在旧城区改造和新城区建设中，政府制定了商业区发展蓝图，将旧城改造、道路拓宽，房地产开发与商业重建相结合，大大推动了城市商业地产的发展。

阶段三：发展阶段（1998—2002年）

这一阶段的明显特点是开发商都以高姿态进入商业地产市场，把商业地产转变为一个独立、高利润的产业。随着国民收入的不断提升，拉动内需政策的加强，社会保障设施的完善，全国掀起了商业地产开发热潮，很多新兴商业模式出现，商业中心高度发达，商业地产开发商也因此获得了丰厚的利润，其股份资本开始复杂化，投资也有些盲目和混乱。

阶段四：相对过剩阶段（2002—2005年）

商业地产出现局部过剩和空置率居高不下的情况，业内大量商业地产开发企业出现销售危机。由于资本的积累，很多住宅开发企业有能力参与商业地产的开发，商业区人流密集，政策管理措施不到位，造成重复建设和资源浪费；同质化竞争和闲置率上升，造成全行业投资收益率低以及出现无利可图的现象。

阶段五：理性回归阶段（2006年至今）

随着国家对商业地产宏观调控政策的深入，商业地产市场逐渐走向有序和成熟，商业地产也开始理性回归。从世界各国商业中心转型的成功经验不难看出，诸如纽约第五大道、香港铜锣湾、东京银座和北京王府井这样的商业中心都成为了城市名片，其服务对象都从市民转向了旅游者，同时适当承担市民消费任务（主要是周边人群和高端消费领域），市民消费任务转由分布在市区各个点的集约型商业功能区承担。

这五个阶段的分界并不明显，但是可以从中看出我国商业地产的大致走向，并大致了解我国商业地产的发展状况。

3 中国商业地产发展背景

城市化进程为商业地产发展提供了广阔空间。

对于中国来说，新世纪以来经济最困难的2009年已经成为历史。就中国经济社会发展而言，2010年既是夯实复苏基础的调整之年，又是实现可持续发展的关键之年，同时也是中国与世界发展进一步融合的一年。自2009年年底出台“国四条”等系列政策以来，宏观调控都是针对房地产住宅领域，对商业地产仍保持扶持状况，比如说适度宽松的货币政策。业内人士认为，在持续、严厉的调控政策“组合拳”下，房地产市场住宅“唱主角”的局面将逐渐改变，商业地产在2011年将渐入佳境。易居房地产研究院与中国房产信息集团共同发布的《2010房地产业报告》中，分析了2011年经济形势对房地产业的诸多影响。报告认为，由于楼市调控对住宅领域的打压有可能持续，商业地产将会一枝独秀，尤其商铺租金涨幅预期最高。

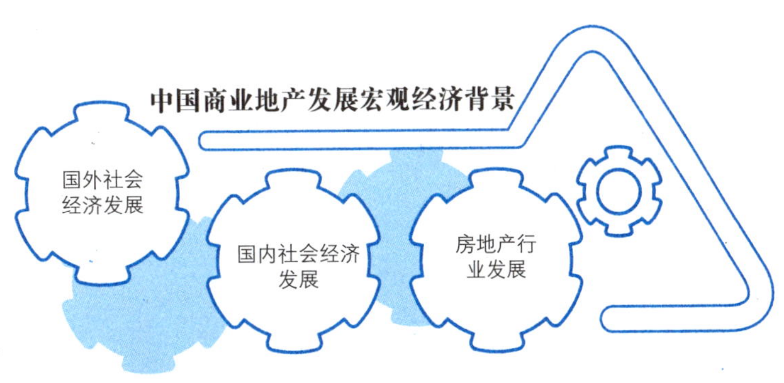

图1-1 中国商业地产发展宏观经济背景

背景1 国外社会经济发展

2008年至2009年，全球经济危机暴露了金融市场运作体制性的失效以及经济决策核心的严重缺陷。要实现未来的持续普遍繁荣，需要对全球经济治理实行重大改革，并开拓全球经济发展的新思路。联合国经合组织预测2010年世界经济增长率将超过4%，世界经济在此年内既不会再次出现负增长，也不会低于2.5%的“衰退线”，不会出现人们担扰的“二次探底”局面。但此次世界经济衰退不只是周期性衰退，还伴随着结构性衰退，因而世界经济的复苏依然是弱势复苏、不稳定复苏和贫血性复苏，而且这种状态的复苏尚面临失业率高、产能过剩、市场保护和消费低迷等众多障碍及挑战，“危机后遗症”并未完全消除，世界经济与G20（20国集团）所期待的“强劲、持续和均衡增长”存在着相当的距离。世界经济将在U型复苏底部持续运行两年或三年才有可能恢复到危机前的水平。在世界经济全球化步伐不断加快的背景下，作为世界第三大经济体，中国与世界经济的联系也越来越紧密，由美国“次贷危机”引发的全球性经济危机同样也对我国社会经济产生了重大影响。

背景2 国内社会经济发展

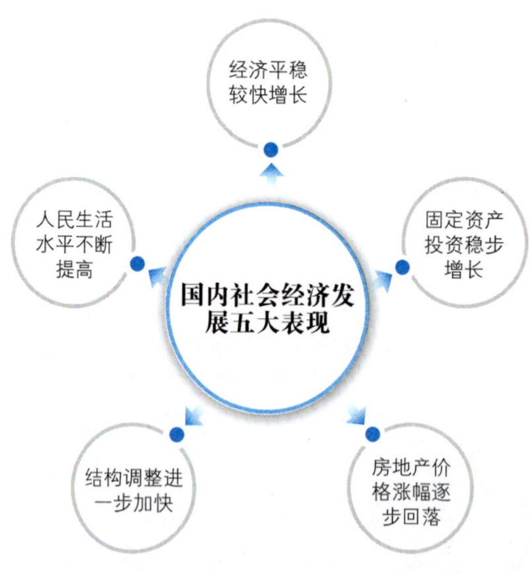

图1-2 国内社会经济发展五大表现

（1）经济平稳较快增长

2009年，全年国内生产总值超过335 353亿元，较上年增长8.7%，比世界经济平均增长率高出9.8个百分点。规模以上工业增加值比上年增长8.3%，轻、重工业分别增长9.7%和11.5%。全年社会消费品零售总额达到125 343亿元，增长15.5%。国家财政收入68 477亿元，增长11.7%。开放性经济继续发展，对外贸易负增长。全年进出口总额22 072亿美元，比上年下降13.9%。利用外资质量和水平进一步提升，完善了外商投资和借用国外贷款管理。全年吸收外商直接投资（不含银行、证券和保险领域）6722亿美元，同比下降15%。从国内看，2010年中国仍处于重要战略机遇期，经济社会发展的基本面和长期向好的趋势没有改变，但受世界经济影响，外部环境不确定、不稳定的因素依然很多。基于此，中国政府明确提出2010年要继续实施积极的财政政策和适度宽松的货币政策。

（2）固定资产投资稳步增长

2009年，全社会固定资产投资224 846亿元，比上年增长30.1%。分城乡看，城镇投资194 139亿元，增长30.5%；农村投资30 707亿元，增长27.5%。在城镇投资中，第一产业投资3373亿元，比上年增长49.9%；第二产业投资82 277亿元，增长26.8%；第三产业投资108 489亿元，增长33.0%。全年房地产开发投资36 232亿元，比上年增长16.1%。按工程用途分，商品住宅投资25 619亿元，增长14.2%；办公楼投资1378亿元，增长18.1%；商业营业用房投资4172亿元，增长24.4%。

（3）房地产价格涨幅逐步回落

针对2009年上半年国内食品价格上涨过快和国际市场粮食、油料价格急剧上涨对稳定物价带来的巨大压力，中央政府采取了综合性政策措施。进入第四季度后，通货膨胀压力明显减弱，全年居民消费价格下降0.7%； 70个大中城市房屋销售价格上涨1.5%，相对于2008年的高增长有明显的涨幅回落，其中新建住宅价格上涨1.3%，二手住宅价格上涨2.4%，房屋租赁价格下降0.6%。

（4）结构调整进一步加快

2009年，基础设施和基础产业继续稳定发展，服务业发展态势良好。支持服务业加快发展的政策体系不断完善；钢铁、煤炭、建材等行业优势企业兼并重组步伐加快。

（5）人民生活水平不断提高

2009年，城乡居民收入继续增加，实惠增多。全年农村居民人均纯收入和城镇居民人均可支配收入分别达到5153元和17 175元，实际增长8.5%和9.8%；促进就业、以创业带动就业的政策进一步完善；社会保障覆盖面继续扩大；被征地农民社会保障制度建设取得新进展；新建城镇廉租住房590万套。

背景3 国内房地产行业发展

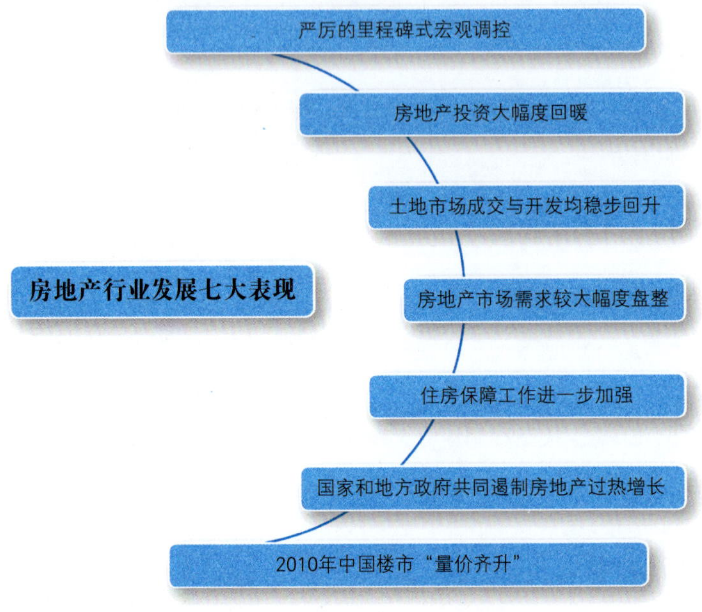

图1-3 我国房地产行业发展七大表现

（1）严厉的里程碑式宏观调控

2010年4月16日，官方媒体公布了在研究和部署遏制部分城市房价过快上涨的措施方面所提出的抑制不合理住房需求、增加住房有效供给、加强保障性住房安居工程建设和加强市场监管等四条措施。17日，国务院再度发布新“国十条”。19日，住建部发布加强房地产市场监管通知。在这一系列密集政策中，曾在2007年成功遏制房价上涨中立有汗马功劳的提高房贷首付比例“武器”再次重装上阵——二套房首付提高至五成。与之匹配的还有另一崭新“武器”——设置纳税及社保杠杆，严控异地炒房。这些调控措施堪称“中国房地产调控有史以来最强有力政策”——通过首付提高、利率提升全面增加“圈房”者的投入成本，迫使其最终离场；通过纳税及社保杠杆，增加炒房者异地炒房难度，迫使他们回归本地市场，其打点之精准、力度之强大，较之这些年调控最严厉的2007年都有过之而无不及。从更广的维度看，2010年4月14日及其后续政策具有里程碑意义，标志着行业自1998年住房市场化改革之后至今，发展阶段已经开始新的趋势和变化，新的发展模式和结构正在酝酿和滋长。

2010年是“楼市调控年”，接二连三的政策在限制住宅地产价格过快上涨的同时，也把越来越多的资金“赶”到了商业地产的池子。限贷令、限购令、投资受限、通胀预期……让普通商品房市场的节奏一路受阻，但商业地产尚不在目前出台的调控政策影响的范围内，成为一枝独秀的资金集中与目光聚焦的热点领域，逐渐成为人们眼中名副其实的“硬通货”。

从金融角度来看，不压制就是鼓励，2010年已有充裕资金流向了商业地产。差别化信贷政策、不断提高的首付比例以及各地方的“限购”条款对囤地和地产商炒作进行了空前的打击。与此同时，在本轮调控中没有受到任何限制的商业地产却茁壮发展。以北京为例，2010年4月17日“国十条”出台后，北京市5—10月商业项目成交均价为20 400元/米^2，同比上涨19%。

（2）房地产投资大幅度回暖

2010年，全国完成房地产开发投资48 267亿元，比上年增长33.2%，其中商品住宅投资34 038亿元，增长32.9%，占房地产开发投资的比重为70.5%。2010年上半年，全国房地产开发投资19 747亿元，同比增长38.1%，其中商品住宅投资13 692亿元，同比增长34.4%，占房地产开发投资比重为69.3%。6月当月，房地产开发完成投资5830亿元，比上月增加1845亿元，增长46.3%。

2010年，全国房地产开发房屋施工面积40.55亿平方米，同比增长26.6%；房屋新开工面积16.38亿平方米，增长40.7%；房屋竣工面积7.60亿平方米，增长4.5%。相对于2009年房地产开发指数低速增长。2010年房地产开发各项指标全面回升，特别是商品住宅投资一项，经历了2009年的低速增长后，2010年中国房地产政策已由此前的支持转向抑制投机，遏制房价过快上涨，并且先后借助土地、金融、税收等多种调控手段。不过，频频刷新的“地王”记录以及仍在不断上涨的房价，让政策执行效果屡遭质疑。

（3）土地市场成交与开发均稳步回升

2010年，中国土地市场呈现回暖状态，土地购置面积基本上呈逐月上升趋势，开发面积则因为受到国家宏观调控的影响在年中呈现大幅减少的情况，之后有所回升。2010年土地囤积状况仍然没有得到改变。

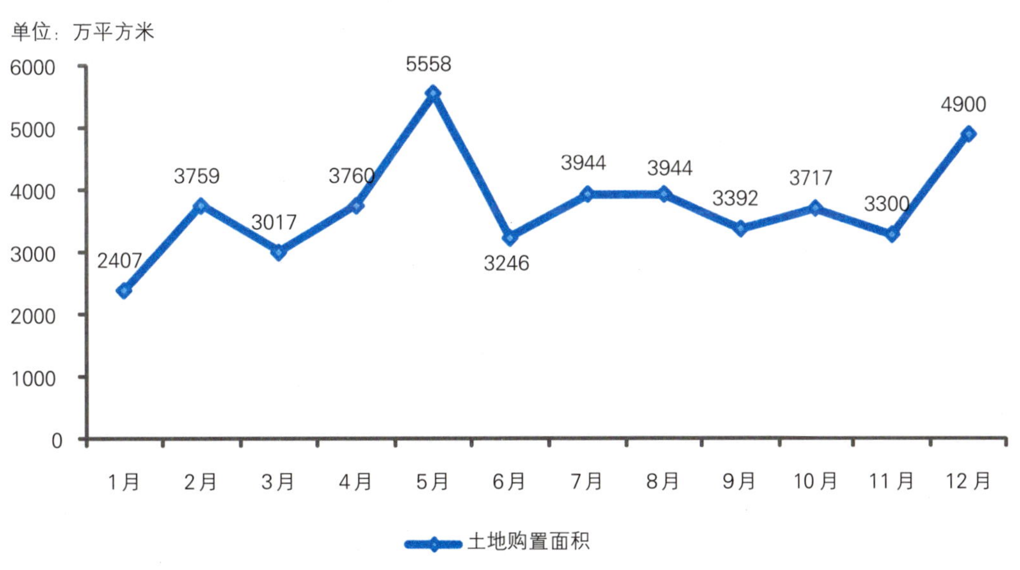

图1-4 2010年每月土地购置面积

数据来源：克而瑞CRED商业地产数据库，http://cred.cric.com

（4）房地产市场需求较大幅度盘整

2009年，房地产市场投机资金的大量涌入大大提升了房地产市场需求，同时也形成了较大的经济泡沫。2010年，在国家宏观调控主导下，在国际、国内多种因素共同影响下，商品房成交仍然走高。1—12月，全国商品房销售面积10.43亿平方米，同比增长10.1%；商品住宅销售面积增长8.0%；商品房销售额同比增长18.3%。其中商品住宅销售额增长14.4%。

（5）住房保障工作进一步加强

2010年，我国进一步加强了保障性住房的建设，按照国务院关于加大保障性住房建设规模的要求，2010年590万套的保障房建设规模已经创历年之最。从“十二五”规划建议到中央经济工作会议，从有关部门年度工作会议到各省市的工作通报，都传递出一个强烈信号——2011年将开启保障房建设的“井喷时代”，其中公共租赁住房将担当起“主力军”的重任。根据规划，在2011年和2012年两年内，全国保障性住房建成量将达到1300万套。2011年至2012年，保障性住房建设将成为政府力推的重点工作。2010年全国完成580万套保障房建设基本已无悬念，而2011年要继续建设680万套保障房，2012年要建设620万套保障房。除上海外，北京、广州和深圳等地也已制定详细的保障房建设方案。

（6）国家和地方政府共同遏制房地产过热增长

2010年国家宏观调控手段更加严厉，为遏制房价过快上涨进行了有史以来最严厉的调控，试图进行三波紧缩。2009年12月，中央出台“国四条”拉开了本轮调控序幕；2010年1月10日，国务院办公厅下发“国十一条”，进一步落实“国四条”；4月17日，国务院发布“国十条”，提出坚决遏制部分城市房价过快上涨；9月29日，相关部委出台“五条措施”，推出限贷、限购等措施，尤其是要求“房价过高、上涨过快、供应紧张的城市，要在一定时间内限定居民家庭购房套数”，其后16个城市相继出台限购政策。

（7）2010年中国楼市“量价齐升”

2010年3月，国资委首次明确规定：78家不以房地产为主业的中央企业加快进行调整重组，在完成企业自有土地开发和已实施项目等阶段性工作后退出房地产业务，在15个工作日内制定有序的退出方案。4月“国十条”再次明确要求。9月银监会下发主业含房地产的央企名单，非房地产主业的央企房地产业务信贷面临紧缩。2010年12月21日，中远集团退出房地产市场。2010年12月16日，国土部代表三部委以国家土地督察机构的名义，约谈了12个县市的地方政府主要负责人，就土地违法问题进行通报，同时要求被约谈地方政府积极整改。这是国土资源部、监察部、人力资源和社会保障部三部委首次依法启动对地方政府负责人的土地违规问责。值得注意的是，在一片“地王”声中，2010年，全国房地产开发企业完成土地购置面积4.10亿平方米，比上年增长28.4%；土地购置费9992亿元，增长65.9%；2010年商品住宅成交均价上涨5.9%。

2010年中国商业地产发展四大特征分析

2010年中国商业地产呈现由冷变热的发展轨迹。

从总体趋势来看，2010年的中国商业地产呈现出由冷变热的发展轨迹。世界性的经济危机导致对商业营业用房的需求降低。2010年，对于大批投资商和开发商来说，面临的最大困难是资金链紧张、销售补偿，开发商面临新一轮的洗牌。但与此同时，一些区位、价格、质量较好的商业地产项目依然发展强劲。从长期发展趋势来看，中国经济持续稳定增长势必影响商业地产的潜在需求，但由于行业内水平参差不齐与行业水平普遍较低，商业地产将会在竞争与困境中求得生存、发展和壮大。

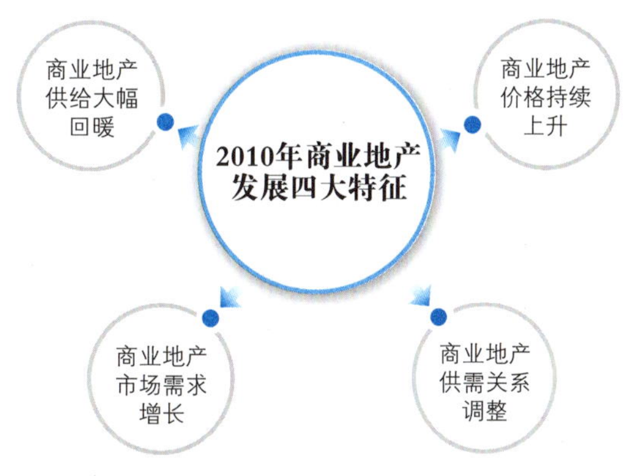

图1-5 2010年商业地产发展四大特征

特征1 商业地产供给大幅回暖

如果说21世纪的前十年是住宅投资的黄金期，第二个十年是投资商业地产的黄金期，而2010年正是开启这黄金投资十年的元年。尤其是在经历了2010年直指高房价的这一轮新政调控的精准打击之后，投资住宅市场的热潮降温不少，然而对于商业物业来说，却是一个重大利好消息。因为面对投资住宅市场风险越来越大，成本越来越高，融资门槛越来越苛刻，而其他投资渠道又相对匮乏或收益不大的现状，所以商业地产的投资价值优势无疑就显现了出来。根据独立调查公司Real Capital Analytics的一份报告，中国在2009年上半年的商业物业交易总计达312亿美元，超过美英两国同期销售额的总和。

这一切迹象表明，2010年商业地产出现大幅回暖，空置率下降，将带动另一轮的商业地产开发热潮。

商业地产价格持续上升

2009年全年到2010年上半年，商业营业用房价格上升、租金升高，商业地产在2010年下半年价格小幅下滑。与此同时，商业营业用房的租金价格也有所下降，2010年商业营业用房的租金价格从第二季度开始基本处在负增长，说明2010年商业地产发展势头良好，但受到国家对住宅的严厉调控影响了消费者对未来商业地产市场的信心，导致商业营业用房的销售价格和租赁价格双双下降。

表1-8　各类用房销售价格指数

时间	非住宅商品房销售价格指数	房屋销售价格指数	商业营业用房销售价格指数
2009-01	100.2	99.1	100.0
2009-02	100.0	98.8	99.9
2009-03	99.5	98.7	99.8
2009-04	99.6	98.9	99.4
2009-05	99.8	99.4	99.4
2009-06	100.2	100.2	99.6
2009-07	100.8	101.0	99.8
2009-08	101.6	102.0	100.1
2009-09	101.9	102.8	100.3
2009-10	102.3	103.9	100.9
2009-11	104.0	105.7	102.1
2009-12	104.3	107.8	102.7
2010-01	104.6	109.5	102.7
2010-02	105.4	110.7	103.1
2010-03	105.9	111.7	103.4
2010-04	106.7	112.8	104.3
2010-05	106.97	112.4	104.5
2010-06	106.1	111.4	104.2
2010-07	105.4	110.3	104.0
2010-08	104.8	109.3	103.6
2010-09	104.8	109.1	103.8
2010-10	104.9	108.6	103.9
2010-11	103.9	107.7	102.9
2010-12	103.3	106.4	102.4

数据来源：克而瑞CRED商业地产数据库，http://cred.cric.com

商业地产市场需求增长

影响商业地产市场需求潜力的因素主要有国际经济环境、中国在世界经济中地位的变化、中国社会经济发展、中国城市化进程以及消费者的需求水平、需求主体对商业地产的价格和供应量的预期等。

（1）国际经济环境逐步恢复对商业地产需求产生正面影响

受世界范围的金融危机影响和各国纷纷采取的贸易保护政策，导致了一些国家商业地产需求主体对中国宏观环境的反面预期。2010年，随着世界范围的金融危机逐步接触，中国强大的抗击金融危机能力让国际对中国的信心倍增，对中国商业地产需求潜力产生正面影响。

（2）中国世界经济地位的上升将带来商业地产的长期需求

中国的世界经济地位逐年提高，对外贸易总额在2009年至2010年稳固上升。受经济危机的影响，2010年年末稍有下滑，但是总量依然很大。中国在世界经济中地位的提高导致了中国一些城市的国际化程度明显提高，如深圳、上海、北京和天津等城市。与此同时，这些国际化城市对周边城市具有一定的辐射作用。这种国际化程度的提高和辐射作用必然引起商业地产的升值，刺激商业地产的投资，提升商业地产的需求潜力。

（3）中国经济发展前景对商业地产需求潜力有较大正面影响

1989年至2009年，中国的经济增长势头良好，在世界各国中属于“一枝独秀”增长型国家。虽然近年来中国的国内生产总值增速有所放慢，但是增速依然很快。中国国内生产总值的持续增长必将对商业地产的发展起到促进作用。

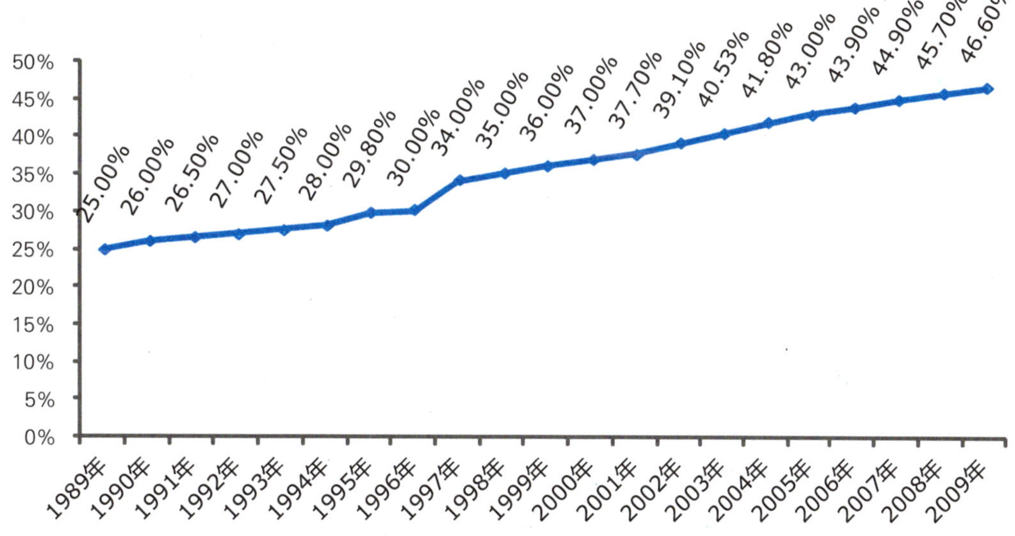

图1-6 1989—2009年国内生产总值增速（1988年=100）

数据来源：克而瑞CRED商业地产数据库，http://cred.cric.com

（4）中国快速城市化进程促进商业地产需求增长

中国的城市人口逐年上升。改革开放以来，中国城市化率逐年上升，考虑到中国总人口的同步增长，中国的城市人口上升的幅度更大。城市人口的上升必然带来巨大的商业地产需求。

（5）居民收入水平不断增长对商业地产的需求产生较大推动作用

消费者的可支配收入越多，恩格尔系数越低，社会保险制度越完善，消费者对中高档商品的需求就越旺盛，也就间接提升了对商业地产的需求。从长期来看，中国的人均可支配收入在2010年呈现上涨趋势，因此，对商业需求具有较大促进作用。从短期看，2009年国内外经济都逐渐复苏，国内一些实体经济重新恢复生机。2010年，随着商业地产投资商第一轮大浪淘沙，第一集团的大型综合性开发商在人员储备、资金调配到位的情况下还将大规模扩张，以城市综合体项目为主要开发形式，行业集中度进一步提高。

（6）投资者预期乐观对商业地产需求潜力有正面影响

目前，政府意识到了高房价对于整体经济及消费结构的影响，已着手调控住宅市场，政策的紧缩让消费者及投资者重新回归理性，投资住宅地产的热情已逐渐降温。并且随着未来经济形势的进一步好转，居民的消费水平将逐渐恢复到正常水平，对商业市场的需求会进一步提高。由于目前“商住倒挂”的现象，商业地产未来潜在的升值空间还很大，伴随着对市场预期的提高，开发商及投资者的投资重点将会从竞争激烈、已趋于饱和的住宅地产市场转向商业地产。中国商业地产需求潜力影响因素可归纳如下：从长期来看，中国商业地产的需求潜力显然是巨大的，由于过去长期投资住宅导致住宅市场的饱和以及国家的宏观调控将会把投资者的目光投向商业地产，商业地产的需求将大大增加。

商业地产供需关系调整

（1）短期供需关系

由于中国商业地产存量较大且施工面积规模较大，商业地产的供给过大；与此同时，受经济危机等因素的影响，中国一线城市如北京、上海等地的商业地产需求不足且呈现逐月下降趋势，导致这些地区商业地产的短期供需关系不平衡。从短期来看，中国一线城市商业地产市场的基本现状就是供大于求，这表现在两个方面：一是商业地产存量不断上升，二是商业地产价格一路下滑。

短期内我国二、三线城市的商业地产发展良好，供需关系协调。近年来，一些沿海的二、三线城市发展迅速，居民收入增长较快，对商业地产的需求也不断增加。为适应需求，很多商业地产开发商都加大了二、三线城市的投入，且收效明显，如万达在宁波的城市综合体的开发就非常成功。

（2）长期供需关系

从长期来看，中国的商业地产供需平衡，商业地产品质上升，商业地产价格由于品质上升、城市化进程加快而迅速上扬。中国经济稳定发展，中国国际地位不断提高，中国城市化进程不断加速等因素必然拉动国内对商业地产的需求。现阶段的经济萧条可以淘汰不好的商业地产开发商，扩大优秀开发商的市场份额；开发商经历这一次高速的存量上升，以后显然会对商业地产的投资进行细致的市场分析，使得供给尽量和需求相等。

第二章

CHAPTER TWO

东北地区

01 哈尔滨 HA ER BIN	步入购物中心发展阶段，未来商业供应呈现丰富的业态
02 长春 CHANG CHUN	社区群之间的交通枢纽地段或社区内的主要道路附近将建立更多的社区配套
03 沈阳 SHEN YANG	商业地产得到快速发展，现已成为城市经济发展中的一项重要内容
04 大连 DA LIAN	购物中心在存量供应中所占比重最大

第一节
SECTION ONE

2010年商业地产市场报告

宏观经济指标分析

商业市场环境研究

未来城市发展规划

1 哈尔滨市商业地产六项宏观经济指标分析

哈尔滨社会消费品零售总额保持稳步上升的态势。

指标1 宏观指标

哈尔滨市2009年实现国内生产总值（GDP）3258亿元，在东北地区继沈阳、大连之后第三个进入3000亿元行列，按可比价格计算，比上年增长13.0%。2005年以来哈尔滨经济总量增幅呈下降趋势，受金融危机影响，2009年成为五年来哈尔滨经济发展最缓慢的一年，但依然保持住了国民经济稳步发展的增长势头。

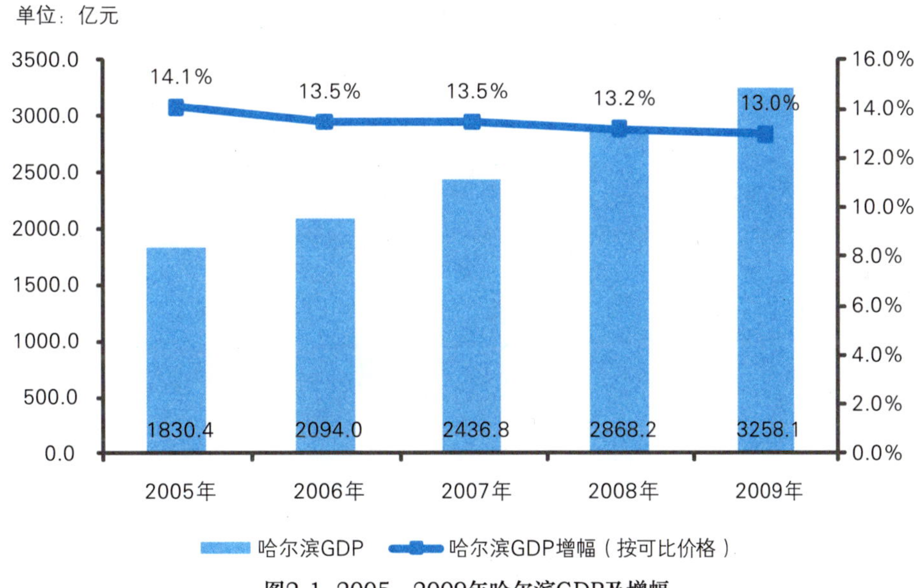

图2-1 2005—2009年哈尔滨GDP及增幅

数据来源：克而瑞CRED商业地产数据库，http://cred.cric.com

指标2 产业结构

哈尔滨整体产业结构处于稳步调整状态，三大产业的比重由2005年的16.4：35.3：48.3逐步调整到2009年的12.8：37.7：49.5，第一产业比重逐渐缩小，第二产业、第三产业逐步增加。2009年哈尔滨第一产业实现增加值417.4亿元，增长6.8%，第二产业实现增加值1226.9亿元，增长13.3%，第三产业实现增加值1613.8亿元，增长14.4%，可见哈尔滨的第三产业发展速度较快，对经济拉动作用较为明显。

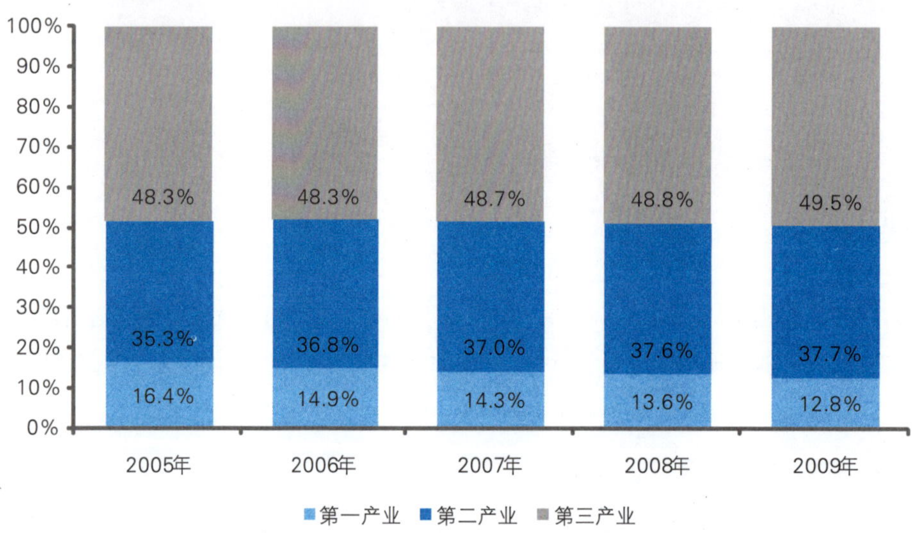

图2-2 2005—2009年哈尔滨三大产业结构比例

数据来源：克而瑞CRED商业地产数据库，http://cred.cric.com

指标3 城市人口

哈尔滨户籍人口数量保持低速增长，2005年年末，哈尔滨户籍人口972万，至2009年年末，哈尔滨户籍人口992万，五年中，哈尔滨户籍人口增加了20万人次，其中年度最大增幅为0.9%。

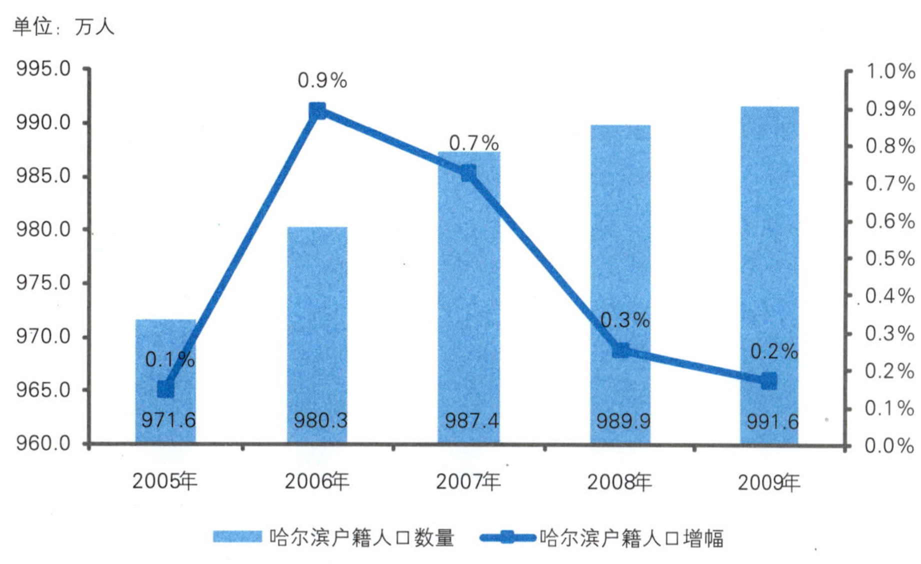

图2-3 2005—2009年哈尔滨户籍人口数量及增幅

数据来源：克而瑞CRED商业地产数据库，http://cred.cric.com

哈尔滨城市化率基本处于48%的水平，2005年以来并未发生大的变动，2009年哈尔滨城市化率为48.1%，低于沈阳的64.8%和大连的61.2%，在东北地区仍是城市化率水平较低的城市。

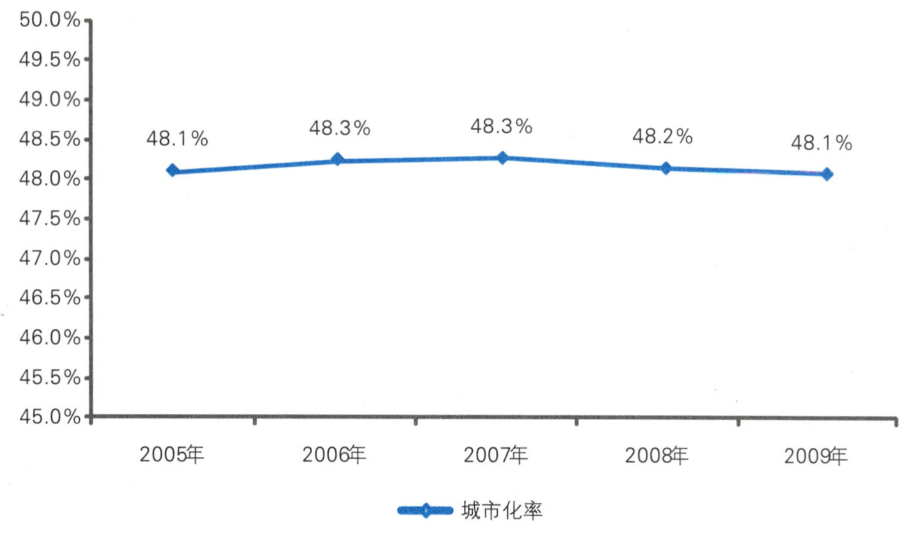

图2-4 2005—2009年哈尔滨城市化率

数据来源：克而瑞CRED商业地产数据库，http://cred.cric.com

指标4 经济效益

哈尔滨人均GDP保持平稳上升的态势，增长幅度有所波动，虽然受到金融危机的影响，但是基本保持在12.7%左右的两位数增幅。2009年，哈尔滨人均GDP为32 886元。哈尔滨经济水平在东北地区仍处于弱势，2009年沈阳人均GDP为60 840元，大连人均GDP为71 600元，是哈尔滨人均GDP两倍多。

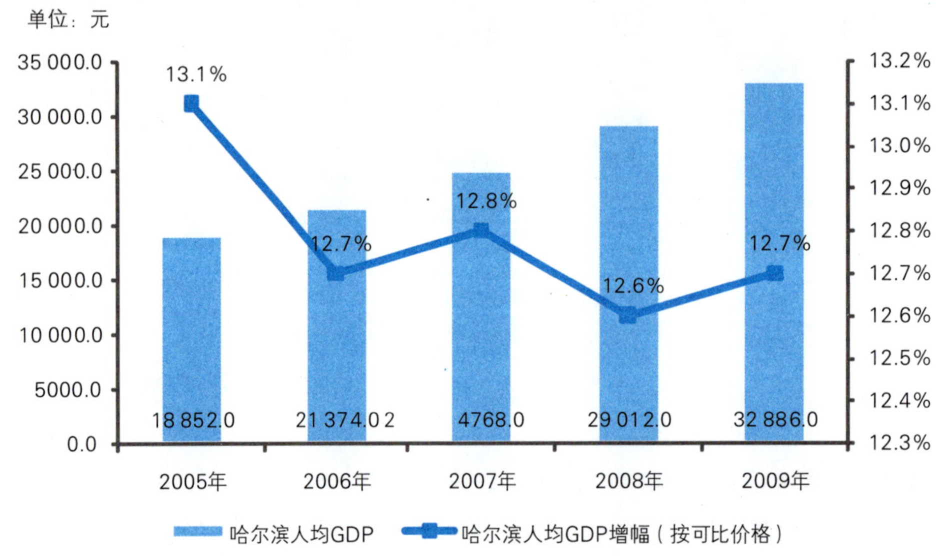

图2-5 2005—2009年哈尔滨人均GDP及增幅

数据来源：克而瑞CRED商业地产数据库，http://cred.cric.com

指标5 城镇居民生活质量

截至2008年，哈尔滨城镇居民人均可支配收入已连续多年保持两位数增幅，2009年城市居民家庭人均年可支配收入15 887元，比上年增长8.9%，虽然增长减缓、增幅降至个位数，但依旧保持住了增长的势头。2009年，沈阳城镇居民人均可支配收入为18 560元，大连19 014元，长春16 072元，均高于哈尔滨的城镇人均可支配收入水平。

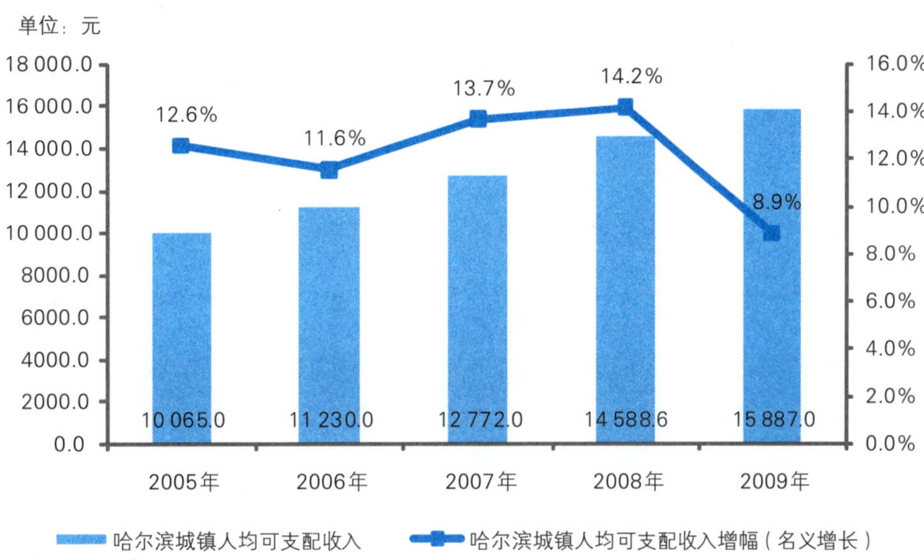

图2-6 2005—2009年哈尔滨城镇人均可支配收入及增幅

数据来源：克而瑞CRED商业地产数据库，http://cred.cric.com

2005年至2009年，哈尔滨城镇居民人均消费性支出总体呈现平稳增长态势，2009年达到12 358.0元，其中2008年的增幅达到16.1%，2009年增幅亦达到14.5%，表明哈尔滨城镇居民对金融危机的感知度是较低的，居民消费并未受到较大的影响。2009年沈阳人均消费性支出16 448元，大连15 330元，长春13 409元，均高于哈尔滨城镇居民人均消费性支出水平。

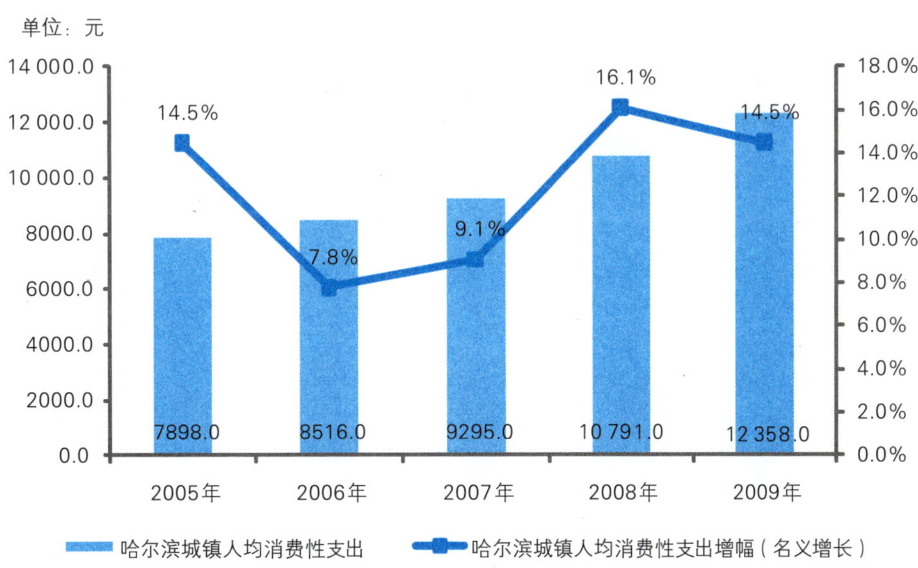

图2-7 2005—2009年哈尔滨城镇人均消费性支出及增幅

数据来源：克而瑞CRED商业地产数据库，http://cred.cric.com

哈尔滨城镇居民消费性支出构成中，食品支出波动较小，2009年食品支出占34.2%，衣着支出有所上升，2009年衣着支出达到14.9%，家庭设备用品支出呈现逐步上升的态势，由2005年的4.7%升到2009年的7.2%，教育文化支出构成呈现逐步下降的趋势，由2005年的15.1%下降到2009年的11.6%。2005年居民消费支出以食品、教育文化支出为重，衣着、家庭设备用品支出逐步增加，表明哈尔滨居民消费水平在逐步增强，为商业地产的发展提供良好的发展基础。

表2-1 2005—2009年哈尔滨城镇居民人均消费性支出构成

构成 \ 年份	2005年		2006年		2007年		2008年		2009年	
	元	%	元	%	元	%	元	%	元	%
总支出	7898	100	8516	100	9295	100	10791	100	12358	100
食品	2717	34.4	2870	33.7	3281	35.3	3723	34.5	4226	34.2
衣着	1082	13.7	1141	13.4	1125	12.1	1543	14.3	1841	14.9
家庭设备用品	371	4.7	443	5.2	465	5.0	842	7.8	890	7.2
医疗保健	798	10.1	809	9.5	874	9.4	960	8.9	1125	9.1
交通通讯	758	9.6	920	10.8	994	10.7	939	8.7	1211	9.8
教育文化	1192	15.1	1201	14.1	1376	14.8	1338	12.4	1434	11.6
居住	727	9.2	860	10.1	818	8.8	1111	10.3	1137	9.2
其他	253	3.2	272	3.2	362	3.9	335	3.1	494	4.0

数据来源：克而瑞CRED商业地产数据库，http://cred.cric.com

边际消费倾向是影响消费的重要指标，哈尔滨边际消费倾向基本呈上升趋势，表示哈尔滨城镇居民的人均消费性支出在人均可支配收入中所占的比重增加，随着哈尔滨生活水平的逐渐提高，哈尔滨的消费市场存在巨大的潜力。

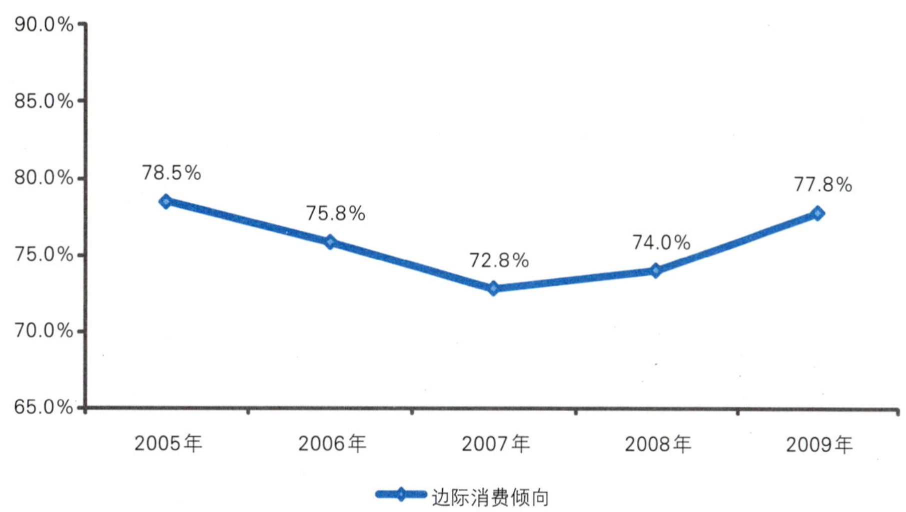

图2-8 2005—2009年哈尔滨边际消费倾向

数据来源：克而瑞CRED商业地产数据库，http://cred.cric.com

商业需求

哈尔滨社会消费品零售总额保持稳步上升的态势。最新统计显示，2009年全年哈尔滨实现社会消费品零售总额1507.9亿元，比上年增长19.3%，增幅同比降低2.7个百分点。限额以上批发零售业零售额395.7亿元，增长22.2%。其中通讯器材类零售额下降7.6%，石油及制品类下降1.8%，汽车类增长65.9%，食品、饮料、烟酒类增长15.4%，服装、鞋帽、针纺织品类增长23.1%，化妆品类增长17.2%，金银珠宝类增长19.8%，日用品类增长6.5%，家用电器和音像器材类下降1.2%，文化办公用品类增长5.2%，家具类下降1.1%。哈尔滨人均社会消费品零售总额的发展趋势基本与总量同步。

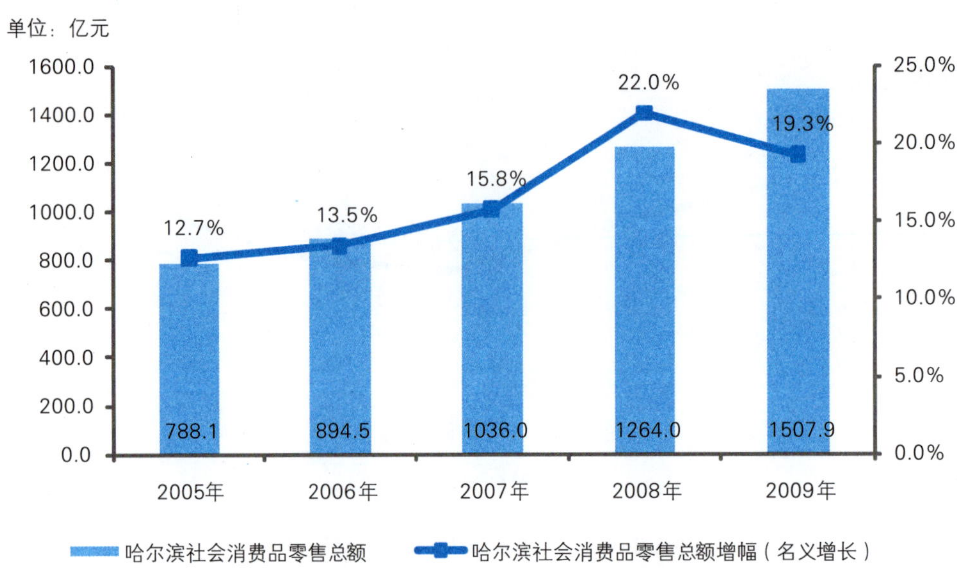

图2-9 2005—2009年哈尔滨社会消费品零售总额及增幅

数据来源：克而瑞CRED商业地产数据库，http://cred.cric.com

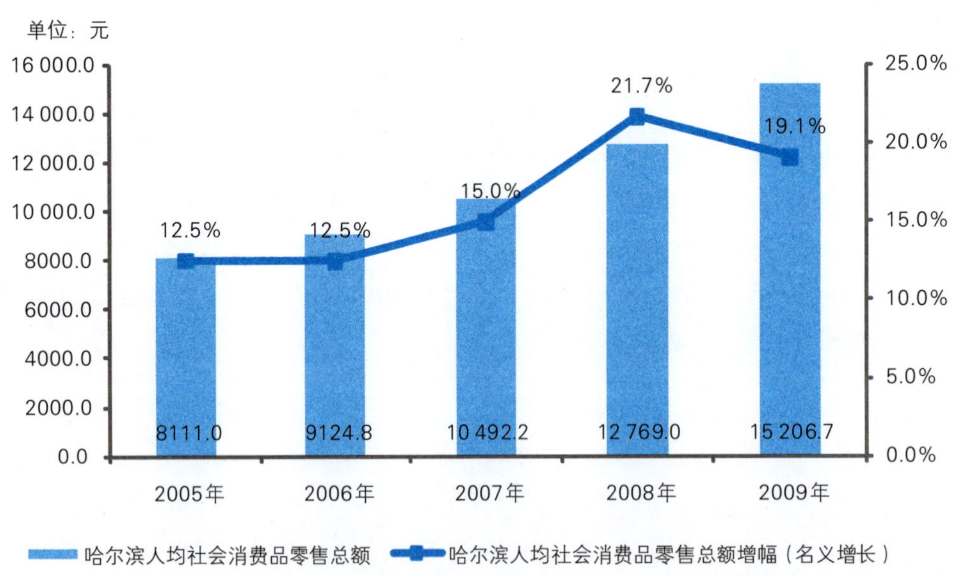

图2-10 2005—2009年哈尔滨人均社会消费品零售总额及增幅

数据来源：克而瑞CRED商业地产数据库，http://cred.cric.com

2 哈尔滨市整体商业市场环境研究

道里中央大街商圈和南岗秋林商圈都堪称哈尔滨商业市场的龙头。

1 现有商业供应情况

2010年年末，哈尔滨商业总存量约为306.82万平方米，按照城镇人口计算，人均商业面积0.66平方米，哈尔滨的商业市场仍存在较大的发展空间。

哈尔滨重点商业存量中以专业商厦所占比例最大，达到59.1%，其次是购物中心，比例17.2%，市场商业形态比例也达到了14.0%，表明哈尔滨商业市场形态仍处于百货等专业商厦的发展阶段，购物中心的发展刚刚起步。

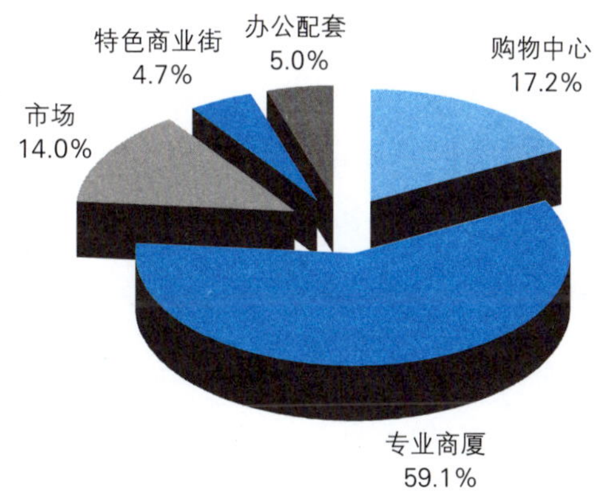

图2-11 2010年哈尔滨各类型重点商业存量供应

数据来源：克而瑞CRED商业地产数据库，http://cred.cric.com

2 七大主要商圈描述

哈尔滨目前有七个主要商圈，其中包含两个核心商圈，分别为道里中央大街商圈和南岗秋林商圈，次级商圈五个，分别为爱建商圈、乐松商圈、哈西商圈、通乡商圈、万达商圈。

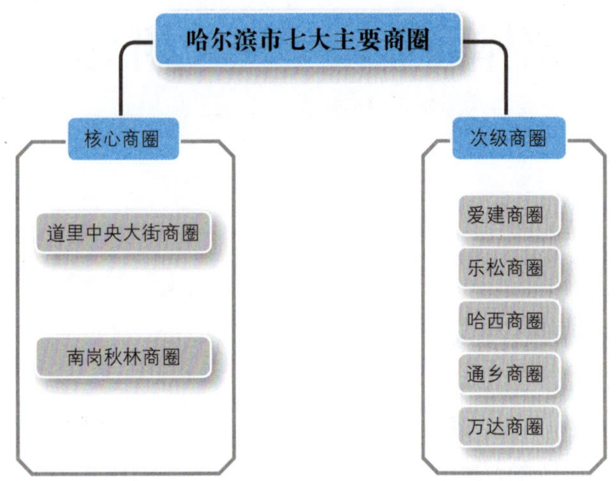

图2-12 哈尔滨市七大主要商圈

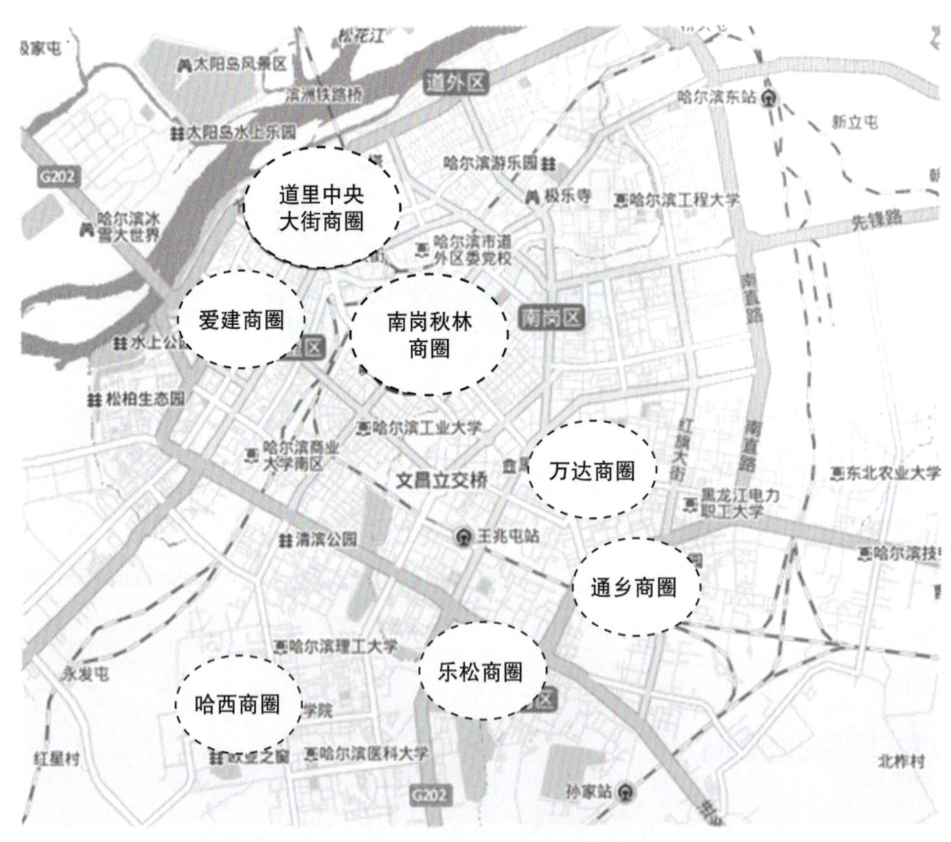

图2-13 2010年哈尔滨主要商圈分布图

表2-2 哈尔滨主要商圈

序号	商圈编号	商圈名称	商圈级别	区域属性	特征	主要零售物业
1	A	道里中央大街商圈	核心商圈	综合区	**档次**：中高端 **目标客群**：成功人士、白领、小白领、百姓阶层 **主要商业类型**：以购物中心、百货为主，市场为辅	麦凯乐百货总店 金安国际购物中心 哈尔滨万达商业广场 哈尔滨新一百购物广场 哈尔滨百盛购物中心 中央商城 金太阳精品城 哈尔滨曼哈顿精品商城 透笼批发市场
2	B	南岗秋林商圈	核心商圈	商业区	**档次**：中高端 **目标客群**：成功人士、白领、小白领、百姓阶层 **主要商业类型**：以百货为主，市场、特色商业街为辅	秋林国际购物中心 远大购物中心 哈尔滨新世界百货商场 建设街鞋城 松雷南岗店
3	C	爱建商圈	次级商圈	综合区	**档次**：中高端 **目标客群**：成功人士、白领、小白领 **主要商业类型**：以购物中心、百货为主	哈尔滨卓展购物中心 百联哈尔滨购物中心
4	D	乐松商圈	次级商圈	综合区	**档次**：中低端 **目标客群**：百姓阶层、小白领 **主要商业类型**：以市场和购物中心为主	乐松购物广场 松雷商厦和平店
5	E	哈西商圈	次级商圈	文教区	**档次**：中低端 **目标客群**：学生、白领、小白领 **主要商业类型**：以批发市场为主	哈西服装城
6	F	通乡商圈	次级商圈	住宅区	**档次**：中低端 **目标客群**：百姓阶层 **主要商业类型**：以百货为主	哈尔滨通乡商店
7	G	万达商圈	次级商圈	综合区	**档次**：中端 **目标客群**：白领、小白领、百姓阶层 **主要商业类型**：购物中心	万达商业广场

商圈1 道里中央大街商圈
哈尔滨市最繁华的商业街

① 商圈范围

东至一面街，西至经纬街，南至田地街，北至友谊路。

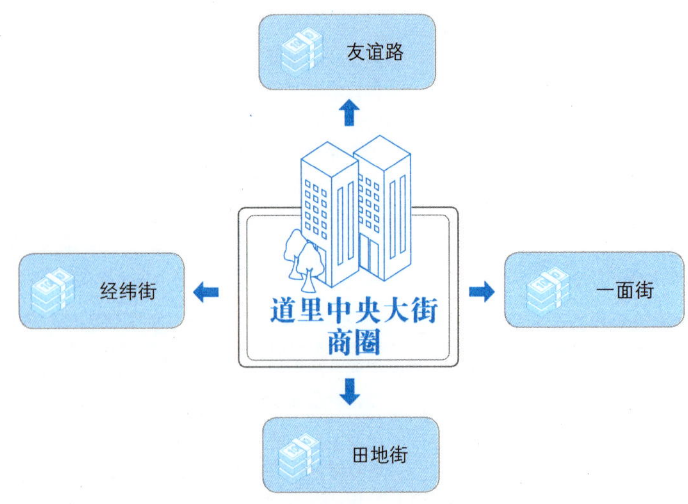

图2-14 哈尔滨市道里中央大街商圈范围示意图

② 商圈价值

哈尔滨中央大街步行街是目前亚洲最大、最长的步行街，始建于1898年，初称“中国大街”。1925年改称为沿袭至今的“中央大街”，现在发展成为哈尔滨市最繁华的商业街。商圈有中央商城、松雷商厦、麦凯乐百货总店、哈尔滨万达商业广场、百盛购物中心等现代商业。全街建有欧式及仿欧式建筑71栋，汇集了文艺复兴、巴洛克、折衷主义及现代多种风格等欧式风格市级保护建筑13栋。街道两侧商业、饮食服务网点近两百家，形成了门类齐全、服务较为完备的商服中心。特别是近年来，各商家纷纷重新装饰门面，贴金镶银，张灯结彩，把中央大街打扮得更加富丽堂皇，成为哈尔滨最著名、最富特色的商业一条街。

哈尔滨道里中央大街商圈是核心商圈之一，以中高端商业为主，商业形态以专业商厦和购物中心为主，比例分别达到45.3%和23.8%，办公配套比例也达到了13.7%，特色商业街和市场所占比例较小，分别为7.7%和9.5%。

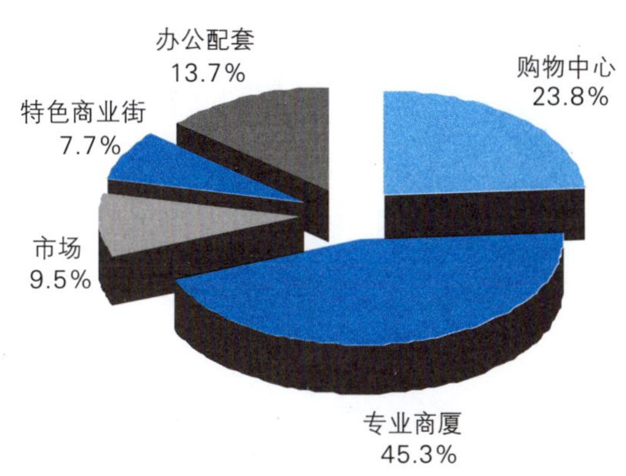

图2-15 2010年哈尔滨道里中央大街商圈大型商业形态比例

数据来源：克而瑞CRED商业地产数据库，http://cred.cric.com

表2-3 哈尔滨道里中央大街商圈主要商业项目

序号	项目编号	项目名称	建筑面积（平方米）	商业形态	开业时间	档次	经营情况	出租率
1	A1	麦凯乐百货总店	160 000	购物中心	2009-09	高端	良好	98%
2	A2	金安国际购物中心	60 000	购物中心	2006-01	中高端	良好	98%
3	A3	万达商业广场（中央大街店）	33 600	购物中心	2005-02	中端	良好	100%
4	A4	哈尔滨新一百购物广场	98 000	专业商厦	2006-12	中端	优	100%
5	A5	哈尔滨百盛购物中心	45 000	专业商厦	2000-01	中高端	优	99%
6	A6	中央商城	35 000	专业商厦	1994-11	中端	良好	98%
7	A7	金太阳精品城	21 000	专业商厦	1997-12	中端	良好	98%
8	A8	哈尔滨曼哈顿精品商城	80 000	市场	1995-07	低端	优	100%
9	A9	透笼批发市场	64 000	市场	1981-05	低端	优	98%

数据来源：克而瑞CRED商业地产数据库，http://cred.cric.com

商圈2 南岗秋林商圈 哈尔滨最大规模的商业集散区

① 商圈范围

东起阿什河街，西至海关街，南起花园街，北至民益街。

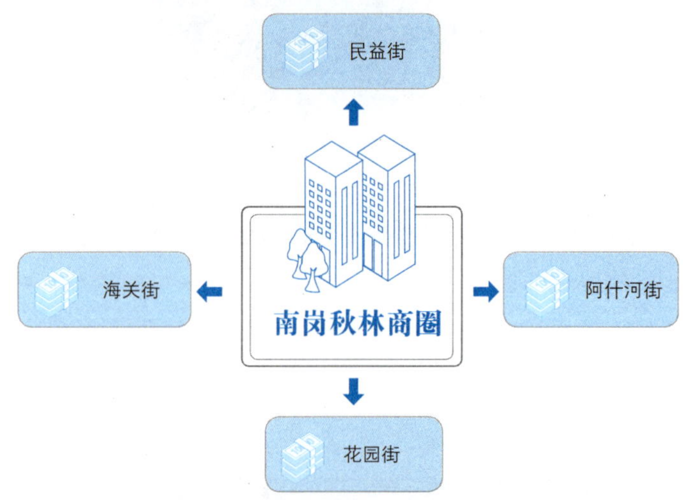

图2-16 哈尔滨市南岗秋林商圈范围示意图

② 商圈价值

南岗秋林商圈作为哈尔滨核心商圈之一，内含远大购物中心、松雷商厦、新世界百货、秋林商厦等哈尔滨市内首屈一指的中高端消费主场，辐射哈尔滨鞋城、鞋业市场、红博时尚广场等大型专业批发、零售商场，坐拥人和商城等中低端消费阵营，团聚华融饭店等五星级餐饮、休闲、娱乐场所，是哈尔滨最大规模的商业集散区。哈尔滨南岗秋林商圈以专业商厦形态为主，所占比例达到82.5%，以9.8%的专业市场和7.7%的特色商业街为辅。

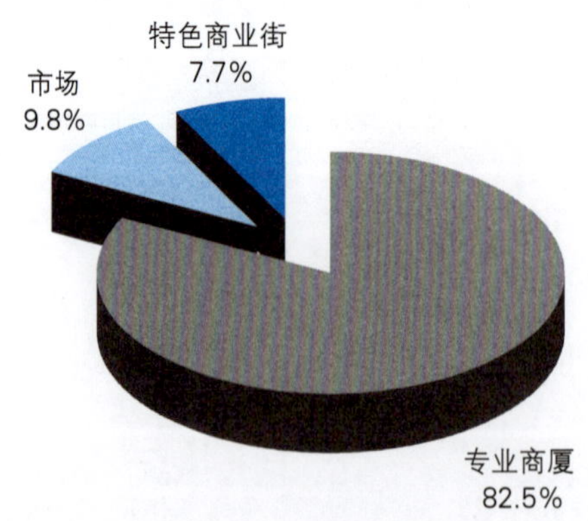

图2-17 2010年哈尔滨南岗秋林商圈大型商业形态比例

数据来源：克而瑞CRED商业地产数据库，http://cred.cric.com

表2-4 哈尔滨南岗秋林商圈主要商业项目

序号	项目编号	项目名称	建筑面积（平方米）	商业形态	开业时间	档次	经营情况	出租率
1	B1	秋林国际购物中心	50 000	专业商厦	2010-07	高端	良好	98%
2	B2	远大购物中心	51 200	专业商厦	1999-01	中高端	优	100%
3	B3	哈尔滨新世界百货商场	32 000	专业商厦	1996-11	高端	良好	100%
4	B4	建设街鞋城	15 400	市场	1996-10	中低端	优	98%
5	B5	松雷南岗店	38 000	专业商厦	1993-11	高端	优	98%

数据来源：克而瑞CRED商业地产数据库，http://cred.cric.com

商圈3 爱建商圈
哈尔滨高端商业的聚集地

① 商圈范围

爱建商圈东起安隆街，西至河润街，南起安隆街，北至友谊路。

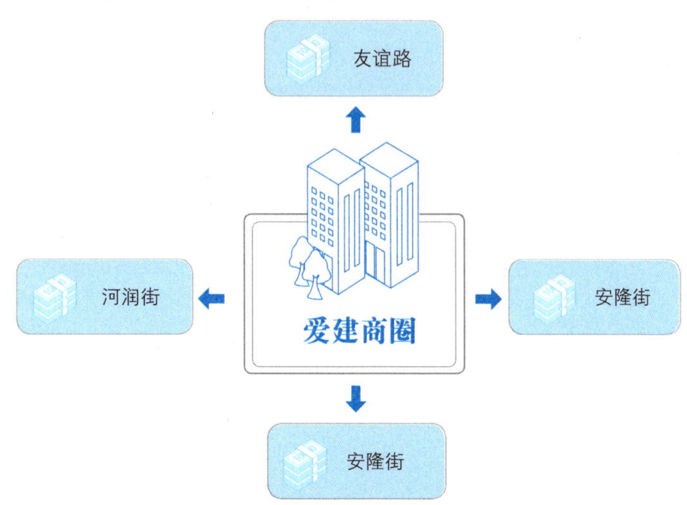

图2-18 哈尔滨市爱建商圈范围示意图

② 商圈价值

爱建商圈是哈尔滨的次级商圈之一，是哈尔滨高端商业的聚集地，内含百联购物中心和卓展购物中心两大中高端购物场所，辐射周边香格里拉、望江宾馆等商业酒店，紧邻公路大桥，周边居住高档次人群。

爱建商圈的大型商业项目主要由购物中心和专业商厦构成，其比例分别为67.9%和32.1%。

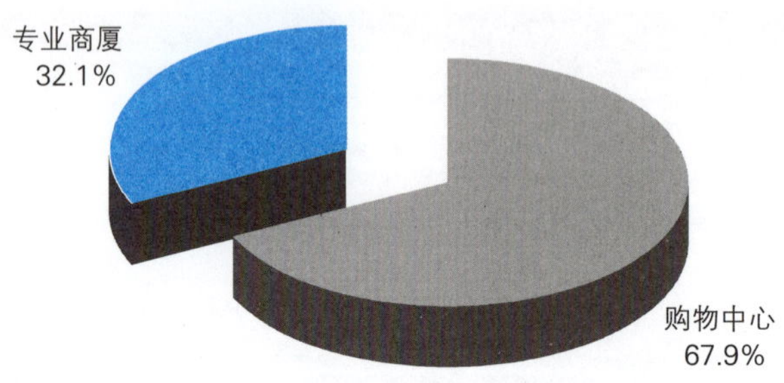

图2-19 2010年哈尔滨爱建商圈大型商业形态比例

数据来源：克而瑞CRED商业地产数据库，http://cred.cric.com

表2-5 哈尔滨爱建商圈主要商业项目

序号	项目编号	项目名称	建筑面积（平方米）	商业形态	开业时间	档次	经营情况	出租率
1	C1	哈尔滨卓展购物中心	75 600	专业商厦	2010-11	高端	一般	80%
2	C2	百联哈尔滨购物中心	160 000	购物中心	2006-04	中端	一般	95%

数据来源：克而瑞CRED商业地产数据库，http://cred.cric.com

商圈4 乐松商圈 基本上满足了消费者全方位的购物需求

① 商圈范围

乐松商圈东起巴黎广场，西至和平路，南起幸福路，北至体育街。

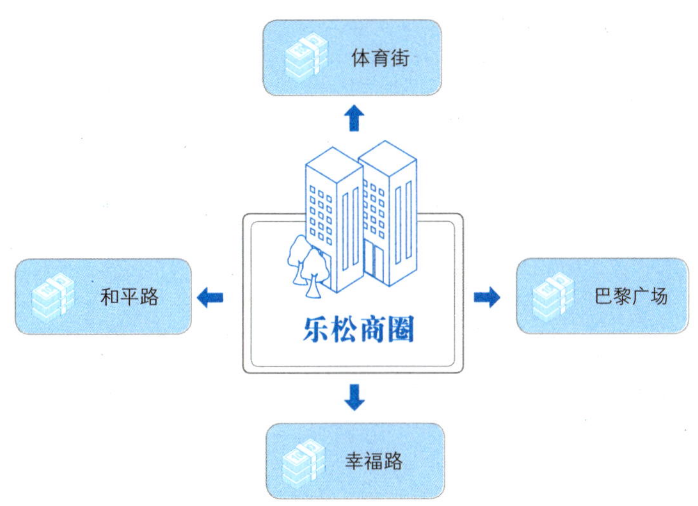

图2-20 哈尔滨市乐松商圈范围示意图

② 商圈价值

乐松商圈为哈尔滨次级商圈之一，汇聚了家乐福超市、麦当劳和肯德基快餐以及国美电器等众多国内外知名品牌，商圈以周边居民为主要消费群体，消费档次不高，基本上满足了消费者全方位的购物需求。2004年乐松购物广场和松雷商厦的开业为商圈注入了新的活力。

乐松商圈以市场和购物中心为主，比例分别达到43.5%和34.8%，以专业商厦和特色商业街为辅，比例分别为13.0%和8.7%。

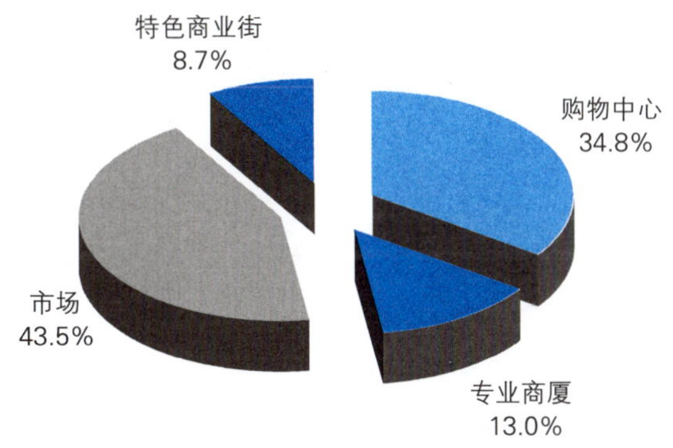

图2-21 2010年哈尔滨乐松商圈大型商业形态比例

数据来源：克而瑞CRED商业地产数据库，http://cred.cric.com

表2-6 哈尔滨乐松商圈主要商业项目

序号	项目编号	项目名称	建筑面积（平方米）	商业形态	开业时间	档次	经营情况	出租率
1	D1	乐松购物广场	40 000	购物中心	2004-12	中端	良好	98%
2	D2	松雷商厦（和平店）	15 000	专业商厦	2004-11	中高端	良好	98%

数据来源：克而瑞CRED商业地产数据库，http://cred.cric.com

商圈5 哈西商圈
哈尔滨市商圈中后起之秀

① 商圈范围

东起学府路，西至哈尔滨学院，南起学府四道街，北至哈尔滨市图书馆。

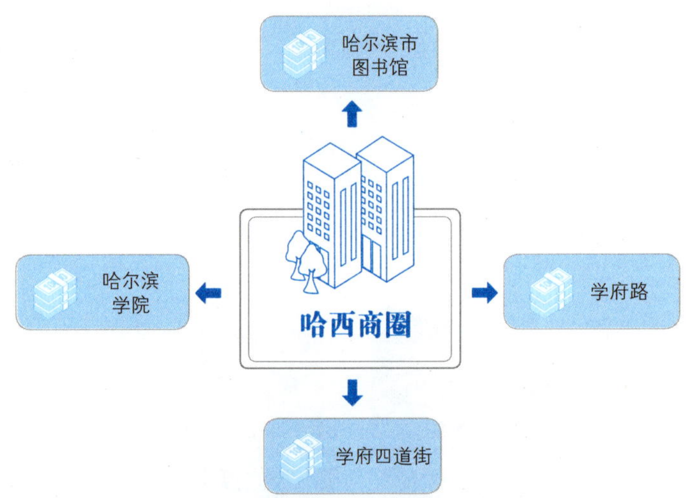

图2-22 哈尔滨市哈西商圈范围示意图

② 商圈价值

哈西商圈地处哈尔滨南大门，系哈尔滨市商圈中后起之秀，它以其特有的外在条件（即繁华的商业中心地带，恢弘壮观的建筑艺术）和内在品质（即精诚周到的服务手段和全新的经营观念）带来今天客流如潮的商业气氛。哈西商圈毗邻哈达水果蔬菜批发市场，是黑龙江省辐射全国服装面料、果蔬批发的集散地，也是通往吉林、辽宁、北京等地的重要交通干道。哈西商圈周边高校林立，哈尔滨理工大学、黑龙江大学、哈尔滨学院等有30多万大学生，还有全国闻名的哈尔滨医大二院、211医院，超大的人流、客流、车流确保了商圈广告的发布效果。哈西商圈集批发零售于一体，主要经营中低档商品，其消费对象大多为学府区各院校学生和城市同类商品消费者以及周边乡镇及城郊消费人群。

哈西商圈大型商业由市场和特色商业街构成，比例分别为75.0%和25.0%。

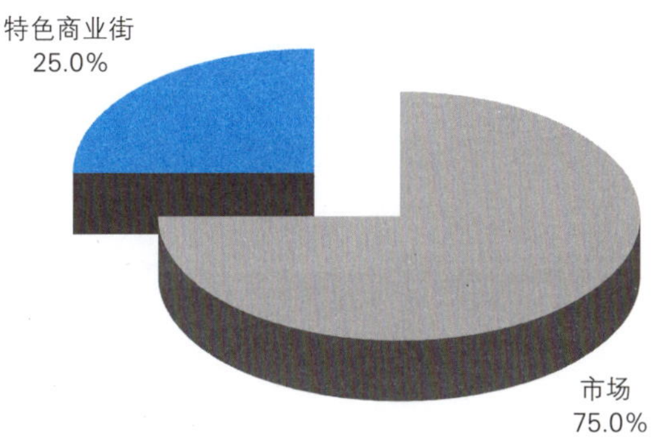

图2-23 2010年哈尔滨哈西商圈大型商业形态比例

数据来源：克而瑞CRED商业地产数据库，http://cred.cric.com

表2-7 哈尔滨哈西商圈主要商业项目

序号	项目编号	项目名称	建筑面积（平方米）	商业形态	开业时间	档次	经营情况	出租率
1	E1	哈西服装城	30 000	市场	2000-09	中低端	优	99%

数据来源：克而瑞CRED商业地产数据库，http://cred.cric.com

商圈6 通乡商圈
香坊区的主要商服中心

① 商圈范围

东起红旗大街，西至横道街，南起香坊大街，北至公滨路。

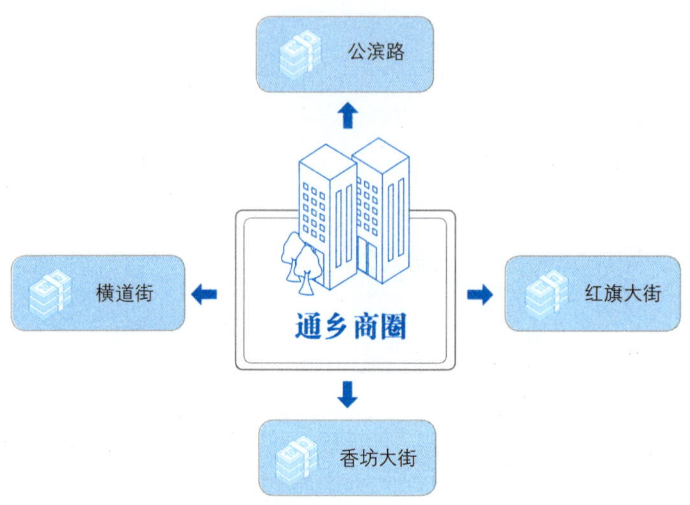

图2-24 哈尔滨市通乡商圈范围示意图

② 商圈价值

通乡商圈是香坊区的主要商服中心，经大规模改造后合理划分功能区，使红旗大街以西形成商业区、红旗大街以东形成休闲区，丰富商圈内容，重新设置公交和社会停车场，在红旗大街以东建设总面积超过两万平方米，以香坊区百年历史、高丽风情和休闲娱乐为主题的三大主题休闲广场，分别与油坊街的百年历史文化墙和高丽风情街区的高丽主题相呼应，完善区域的休闲功能，行人通过地下商业街进入商业区和休闲区。通过建设商业功能区和休闲功能区，东西呼应，提高商圈的品位和商业内涵，增强载体功能。

通乡商圈大型商业由专业商厦和特色商业街构成，比例分别为63.0%和37.0%。

图2-25 2010年哈尔滨通乡商圈大型商业形态比例

数据来源：克而瑞CRED商业地产数据库，http://cred.cric.com

表2-8 哈尔滨通乡商圈主要商业项目

序号	项目编号	项目名称	建筑面积（平方米）	商业形态	开业时间	档次	经营情况	出租率
1	F1	哈尔滨通乡商店	17 000	百货	2002-03	中低端	优	100%

数据来源：克而瑞CRED商业地产数据库，http://cred.cric.com

商圈7 万达商圈 香坊区的中心地带

① 商圈范围

东起华山路，西至衡山路，南起民航路，北至赣水路。

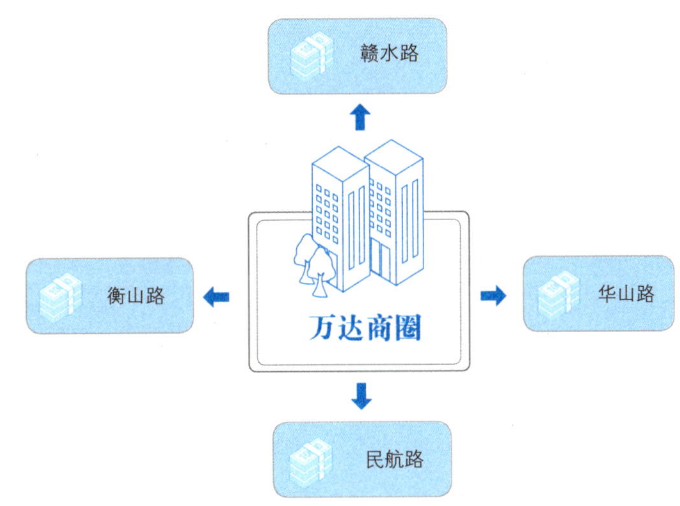

图2-26 哈尔滨市万达商圈范围示意图

② 商圈价值

随着香坊区万达商业广场建设的全面完成，以香坊万达为核心的万达广场商业圈也初步形成，地理位置优越，靠近市区中心。成熟商业区、医疗机构及政府部门林立，交通发达，可以说是香坊区的中心地带。

万达商业广场位于哈尔滨香坊区衡山路与赣水路交汇处的顶级地段，紧邻昆仑商城和高尔夫球场，总建筑面积30万平方米，集商业中心、白金五星级国际酒店、多栋商务写字楼及精装白领公寓于一体，囊括了室内步行商业街、万千百货、大润发超市、国美电器、神采飞扬电玩、大歌星KTV、万达国际影城等全方位的消费层面。

表2-9 哈尔滨万达商圈主要商业项目

序号	项目编号	项目名称	建筑面积（平方米）	商业形态	开业时间	档次	经营情况	出租率
1	G1	万达商业广场（香坊店）	300 000	购物中心	2007-10	中端	良好	95%

数据来源：克而瑞CRED商业地产数据库，http://cred.cric.com

3 哈尔滨整体租金水平

（1）购物中心首层租金水平

位于核心商圈的两个购物中心租金水平高于次级商圈租金水平，离市中心较远的乐松商圈的购物中心租金高于爱建商圈的租金，这表明哈尔滨商业发展潜力较大。

表2-10 哈尔滨主要商圈购物中心租金

序号	项目编号	项目名称	所属商圈	首层租金［元/（米^2·天）］
1	A1	麦凯乐百货总店	道里中央大街商圈	12～20
2	A2	金安国际购物中心	道里中央大街商圈	12～25
3	A3	万达商业广场（中央大街店）	道里中央大街商圈	10～30
4	C2	百联哈尔滨购物中心	爱建商圈	8～12
5	D1	乐松购物广场	乐松商圈	10～15

数据来源：克而瑞CRED商业地产数据库，http://cred.cric.com

（2）百货租金水平

哈尔滨百货租金多采用租金扣点两者取高的形式，百货租金基本在10～25元/（米^2·天），扣点在10%～25%之间，核心商圈个别百货租金和扣点相对高于次级商圈，如道里中央大街商圈中的新一百购物广场和南岗秋林商圈的秋林国际购物中心租金最高达到40元/（米^2·天）。

表2-11 哈尔滨主要百货租金

序号	项目编号	项目名称	所属商圈	首层租金
1	A4	哈尔滨新一百购物广场	道里中央大街商圈	10～40元/（米²·天）；15%～25%（扣点）
2	A5	哈尔滨百盛购物中心	道里中央大街商圈	15～25元/（米²·天）；20%～30%（扣点）
3	A6	中央商城	道里中央大街商圈	15～25元/（米²·天）；15%～25%（扣点）
4	B1	秋林国际购物中心	南岗秋林商圈	10～40元/（米²·天）；10%～15%（扣点）
5	B2	远大购物中心	南岗秋林商圈	12%～25%（扣点）
6	B3	哈尔滨新世界百货商场	南岗秋林商圈	12%～25%（扣点）
7	B5	松雷南岗店	南岗秋林商圈	10～40元/（米²·天）；25%～35%（扣点）
8	D2	松雷商厦和平店	乐松商圈	10～25元/（米²·天）；8%～28%（扣点）
9	F1	哈尔滨通乡商店	通乡商圈	10～25元/（米²·天）；12%～25%（扣点）

数据来源：克而瑞CRED商业地产数据库，http://cred.cric.com

（3）其他商业类型租金水平

哈尔滨市场租金根据项目所在商圈位置以及项目经营状况有所不同，道里中央大街商圈的透笼批发市场租金最高，透笼批发市场所在地区一度成为哈尔滨小商品零售批发市场的黄金之地，哈市及周边市县和省内大部分地区从事小百货生意的个体业者都来这里进货。

表2-12 哈尔滨其他商业类型租金

序号	项目名称	商业形态	所属商圈	租金［元/（米²·天）］
1	透笼批发市场	市场	道里中央大街商圈	6.0～18.8
2	建设街鞋城	市场	南岗秋林商圈	6.0～15.0
3	哈西服装城	市场	哈西商圈	5.0～12.0
4	哈尔滨海城装饰材料批发市场	市场	非商圈	8.0～18.0

数据来源：克而瑞CRED商业地产数据库，http://cred.cric.com

（4）哈尔滨主要商场坪效

表2-13 哈尔滨主要商场坪效

序号	项目名称	所属商圈	2007年		2008年		2009年	
			营业额（亿元）	坪效（元/米²）	营业额（亿元）	坪效（元/米²）	营业额（亿元）	坪效（元/米²）
1	中央商城	道里中央大街商圈	8.8	25 185	8.6	24 524	8.8	25 068

数据来源：克而瑞CRED商业地产数据库，http://cred.cric.com

4 哈尔滨未来商业供应及发展趋势预测

哈尔滨商业形态刚刚步入购物中心发展阶段，商圈发展也步入新的发展阶段。目前无论是地理位置、消费习惯，还是市场份额，道里中央大街商圈和南岗秋林商圈都堪称哈尔滨商业市场的龙头，然而各区域酝酿新的商圈，未来规划在道里区、南岗区、道外区、香坊区、动力区、平房区、松北区各建设一个区域商业中心，呼兰区建设两个（呼兰老城区和利民开发区）区域商业中心。

未来商业供应呈现丰富的业态，包括含有购物中心的普通意义上的综合体、专业商厦、市场，还出现了主题式综合体，新增商业项目多分布在非传统商圈。

表2-14 哈尔滨未来主要商业项目供应

序号	项目名称	所属商圈	建筑面积（平方米）	商业形态	开业时间	商业初步定位
1	西城汇	哈西商圈	25 000	专业商厦	2012-06	以年轻时尚、潮流消费为目标业态
2	盛恒基生活广场	非商圈	90 345	综合体、购物中心	2011-05	集特色购物、主题餐饮、娱乐休闲及酒店式公寓为一体的大型一站式综合性商业消费广场
3	润恒国际农副产品交易中心	非商圈	240 000	市场	2011-12	市场销售辐射内蒙古、吉林等省份数十个城市，同时构建本省内对俄远东地区农副产品贸易的物流新平台
4	凯利汽车百货广场	非商圈	216 000	综合体	2011-04开工	以汽车生活为主题，集汽车配件、汽车用品、汽车展示、汽车交易、改装美容、餐饮娱乐、休闲购物、车友俱乐部于一体，配套商务办公、公寓的大型城市商业综合体

数据来源：克而瑞CRED商业地产数据库，http://cred.cric.com

3 哈尔滨市未来城市发展规划

形成产业分工明确、职能结构合理、专业特色突出的现代化城镇职能结构。

城市总体规划

（1）人口和城镇布局

2020年，市域常住人口要控制在1050万人，城镇化水平达到65%；中心城区常住人口控制在600万人，非农业人口为500万人，城镇化水平为83.3%；主城区实际居住人口为460万人，其中常住人口为387万人，暂住人口为73万人。

形成一个中心，十字型交通干线为主轴，三大圈层逐级拓展，三个城市经济亚区相互补充的点轴式城镇空间网络体系。以哈尔滨市区为市域中心城市，以尚志市区、双城市区、五常市区等中等城市为支点，以小城镇为基础，形成产业分工明确、职能结构合理、专业特色突出的现代化城镇职能结构。

图2-27 哈尔滨市域城镇体系规划图

（2）产业布局

主城区规划八个工业区：三大动力工业区、哈东工业区、道里西部地区（含高开区）、哈南新区、江北科技园区、松浦工业区、利民开发区和呼兰铁东工业区。

图2-28 哈尔滨主城区八个工业区规划

规划五大产业基地：装备制造业基地、高新技术产业基地、绿色食品基地、医药工业基地、对俄科技合作和出口加工基地。

图2-29 哈尔滨主城区五大产业基地规划

（3）交通规划

轨道交通由一条环线、五条主线和两条支线构成，全长197.9千米，共设车站131座，其中换乘站16座，2020年规划通车线路长度为81.3千米，车站70座。

图2-30 哈尔滨轨道交通网络示意图

2 中心城商业网点规划

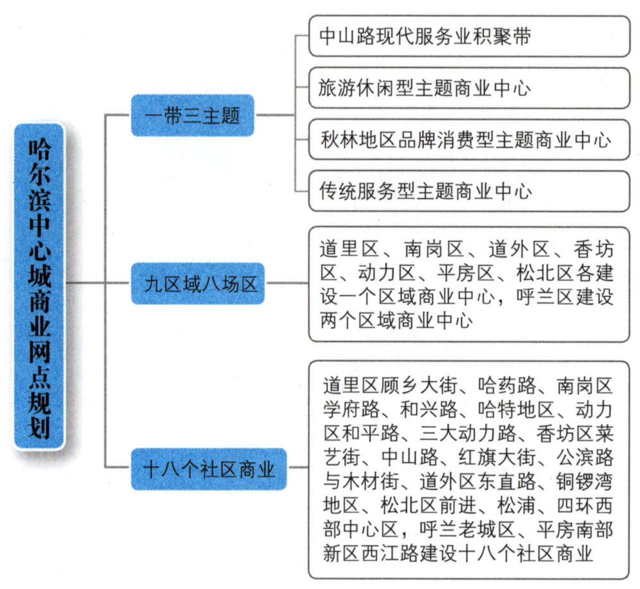

图2-31 哈尔滨中心城商业网点规划

一带三主题：一带指建设中山路现代服务业积聚带。三主题分别指建设以中央大街为主线，以“索菲亚”广场为支点的旅游休闲型主题商业中心；建设以果戈里大街为主线，以新世界百货为代表的秋林地区品牌消费型主题商业中心；建设以靖宇大街为主线，以老店铺、名小吃、茶楼等为主要内容的传统服务型主题商业中心。

九区域八场区：九区域指道里区、南岗区、道外区、香坊区、动力区、平房区、松北区各建设一个区域商业中心，呼兰区建设两个区域商业中心；八场区指建设城乡路批发市场区、哈东批发市场区、先锋路批发市场区、哈西批发市场区、松北批发市场区、哈南绿色花园生活资料批发市场区、松北生产资料批发市场区、哈南生产资料批发市场区。

十八个社区商业：在道里区顾乡大街、哈药路、南岗区学府路、和兴路、哈特地区、动力区和平路、三大动力路、香坊区菜艺街、中山路、红旗大街、公滨路与木材街、道外区东直路、铜锣湾地区、松北区前进、松浦、四环西部中心区、呼兰老城区、平房南部新区西江路建设十八个社区商业。

小结

哈尔滨市是黑龙江省省会、我国东北北部中心城市、国家重要的制造业基地、历史文化名城和国际冰雪文化名城。2005年以来，哈尔滨经济保持平稳快速增长，但是与东北地区的沈阳、大连等城市相比，经济水平处于相对落后的状态，城市化进程较为缓慢。值得一提的是，哈尔滨城镇居民消费力表现强劲，为哈尔滨商业地产的发展奠定了良好的发展基础。

从商业发展形态来看，目前哈尔滨商业发展已进入购物中心发展阶段，已有麦凯乐百货总店、万达商业广场、百联哈尔滨购物中心、乐松购物广场、金安国际购物中心、香坊区万达商业广场等购物中心相继开业，未来商业供应中则出现城市综合体、汽车主题综合体、大型专业批发市场等多种类型的商业，为哈尔滨商业市场的繁荣奠定良好基础。

从商圈上来看，哈尔滨已形成以道里中央大街和南岗秋林商圈为核心商圈，爱建商圈、乐松商圈、哈西商圈、通乡商圈为次级商圈的商业格局。主城区各个区域在酝酿新的商圈，哈尔滨商业布局还有待完善。突出各商圈主要功能，根据哈尔滨商业网点规划，哈尔滨未来商业发展将推进道里区大商集团哈尔滨新一百、中央大街、爱建百联购物中心商业的联动发展，构建哈尔滨市核心商业中心，使之成为旅游休闲型商业中心；推进秋林地区和果戈里大街的商业资源整合，使之成为哈尔滨市居民购物和品牌消费型商业中心；推进靖宇大街商业设施的改造，使之成为独具哈尔滨市历史文化特色的传统服务型商业中心；推进红博世纪广场和开发区商业功能建设，使之成为哈尔滨市现代化商业的标志性地区；推进松北区和呼兰区的商业建设，探索城市新区商业发展的新途径。

第二节 SECTION TWO

CHANG CHUN
长春

2010年商业地产市场报告

1 长春市商业地产七项宏观经济指标分析

第二产业对经济增长的贡献率最大，仍为长春市的主导产业。

宏观指标

自2006年至2009年的四年间，长春GDP始终保持着15%以上的增幅。至2009年，长春市主要经济指标增速已连续三年在全国15个副省级城市中位居前列。长春市2009年全年实现地区生产总值2848.6亿元，按可比价格计算，增长率达15.0%，增幅较上年下降了1.5个百分点。

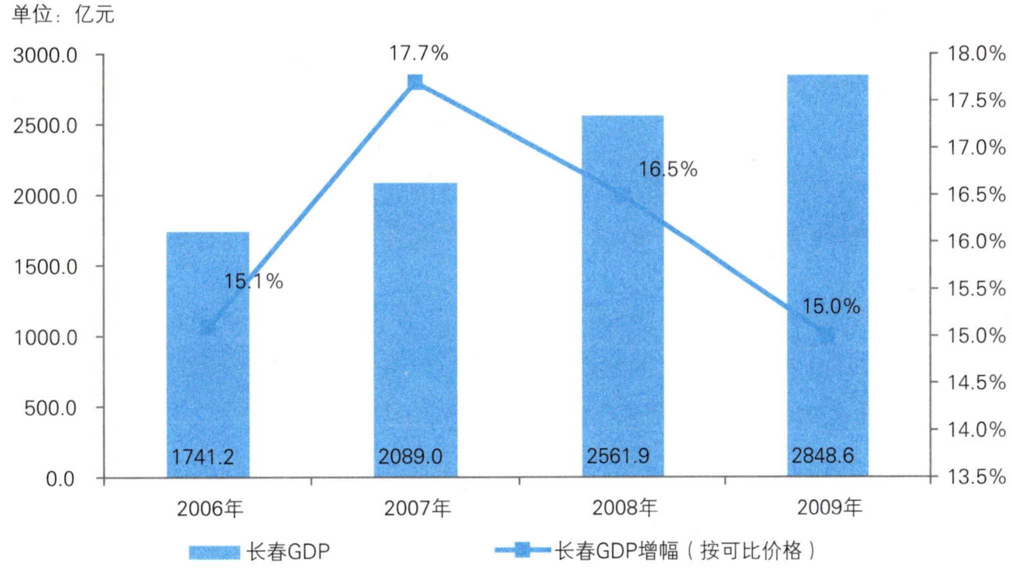

图2-32 2006—2009年长春GDP及增幅

数据来源：克而瑞CRED商业地产数据库，http://cred.cric.com

产业结构

2009年长春第一产业增加值223.9亿元，比上年下降1.7%；第二产业增加值1442.8亿元，比上年增长16.8%；第三产业增加值1181.9亿元，比上年增长16%。

从产业结构看，2009年长春市三大产业结构为7.9%：50.6%：41.5%，对经济增长的贡献率分别为–0.4%、

56.5%、43.9%。其中第二产业对长春经济增长的贡献率最大，第二产业仍为长春市的主导产业。另外，第三产业的比重也在逐年增加，体现了长春市对第三产业的重视程度不断上升。

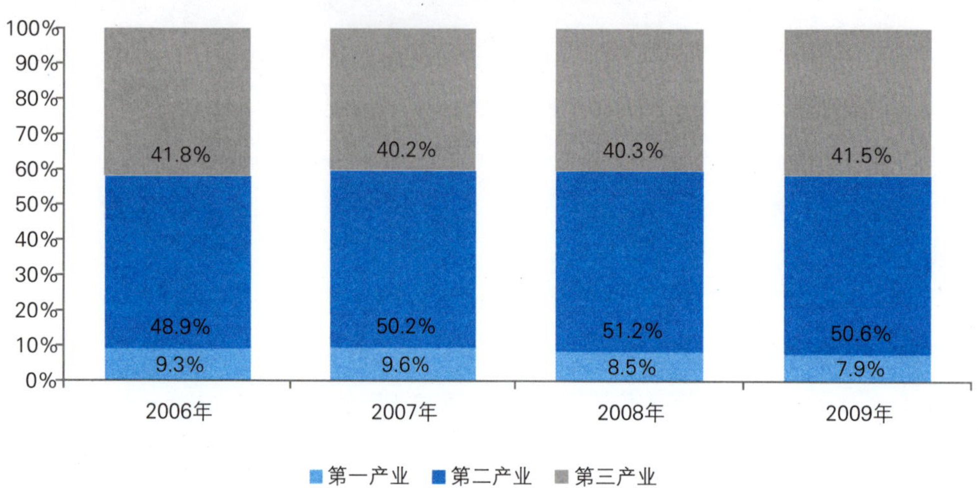

图2-33 2006—2009年长春三大产业结构比例

数据来源：克而瑞CRED商业地产数据库，http://cred.cric.com

指标3 城市人口

近几年，长春市户籍人口始终保持平稳小幅增长，增幅在1%左右。2009年年末，全市户籍人口为756.5万人，增长率降至0.5%。其中市区人口362.3万人，四县（市）人口394.2万人。全市人口出生率为10.30‰，死亡率为4.92‰，自然增长率为5.35‰。

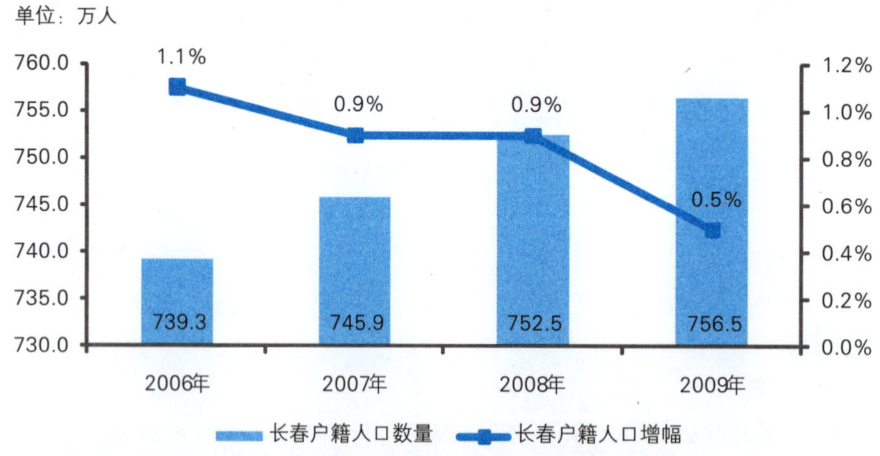

图2-34 2006—2009年长春户籍人口数量及增幅

数据来源：克而瑞CRED商业地产数据库，http://cred.cric.com

指标4 城市化率

2006年至2009年，长春市城市化率稳中有升，现基本保持在48.0%左右，比全国平均水平高出1.4个百分点。2009年长春城市化率为47.9%，基本与上年持平。

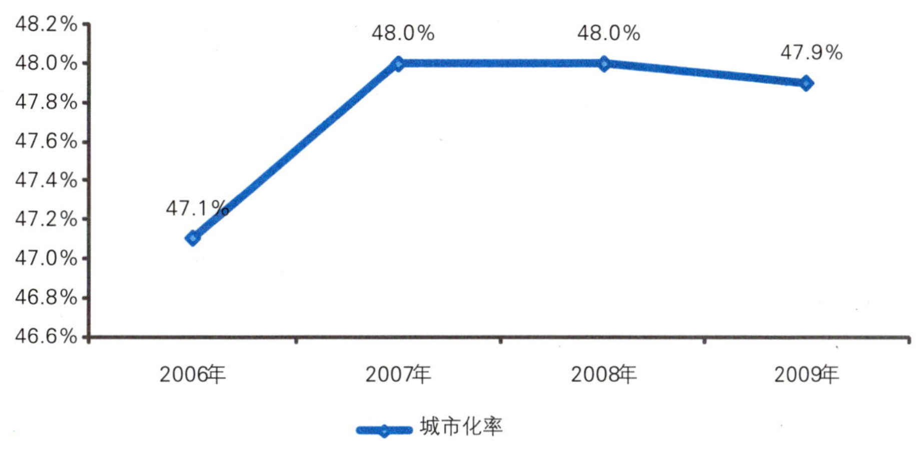

图2-35 2006—2009年长春城市化率

数据来源：克而瑞CRED商业地产数据库，http://cred.cric.com

指标5 经济效益

长春市人均GDP持续上涨，近几年增幅始终保持在15.0%左右。按户籍人口计算，2009年长春市人均GDP达到人民币37 753.0元，折合5526美元，增长14.2%，增幅较上年回落1.2个百分点。

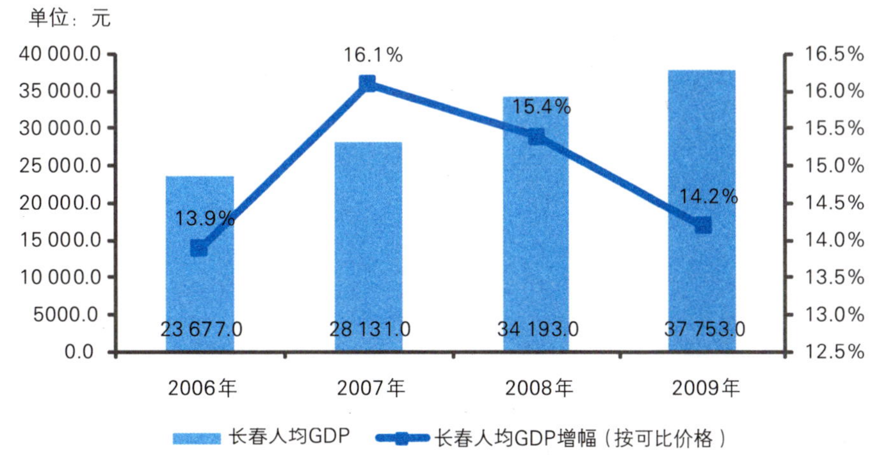

图2-36 2006—2009年长春人均GDP及增幅

数据来源：克而瑞CRED商业地产数据库，http://cred.cric.com

指标6 城镇居民生活质量

近年来，长春城镇人均可支配收入不断增长，尤其是2008年，城镇人均可支配收入增幅高达17.1%，2009年增幅回落至7.1%。2009年长春城镇人均可支配收入为16 072元，与全国城镇人均可支配收入17 175元相比，还存在一定的差距。

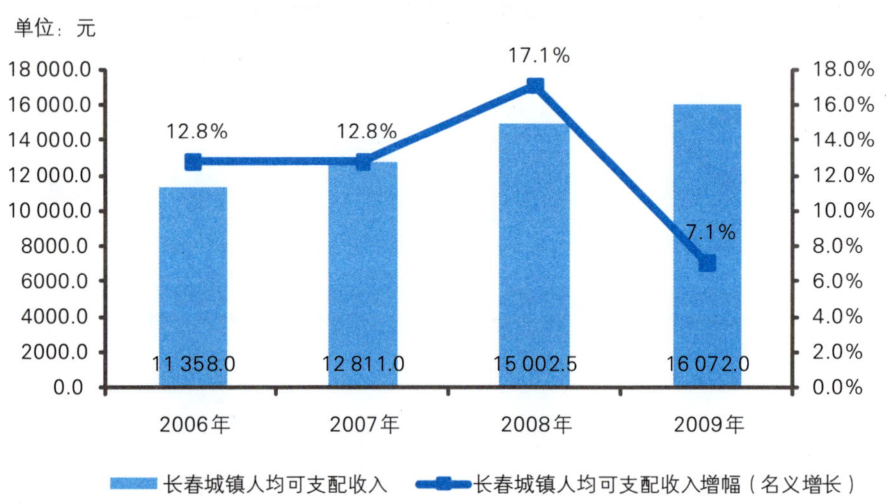

图2-37 2006—2009年长春城镇人均可支配收入及增幅

数据来源：克而瑞CRED商业地产数据库，http://cred.cric.com

随着人们收入的不断增长以及居民生活质量不断改善，长春城镇人均消费性支出快速增长，尤其是2008年，名义增长率高达24.5%。2009年长春城镇人均消费性支出为13 409.0元，比上年增长了5.4%，增幅回落了19.1个百分点，这与2009年长春城镇人均收入增幅的下降有着较大关联。在城镇人均消费性支出中食品的比重不断下降，从2006年的35.0%下降到了2009年的32.2%，从侧面反映了长春城镇居民的生活质量正在逐步提高。

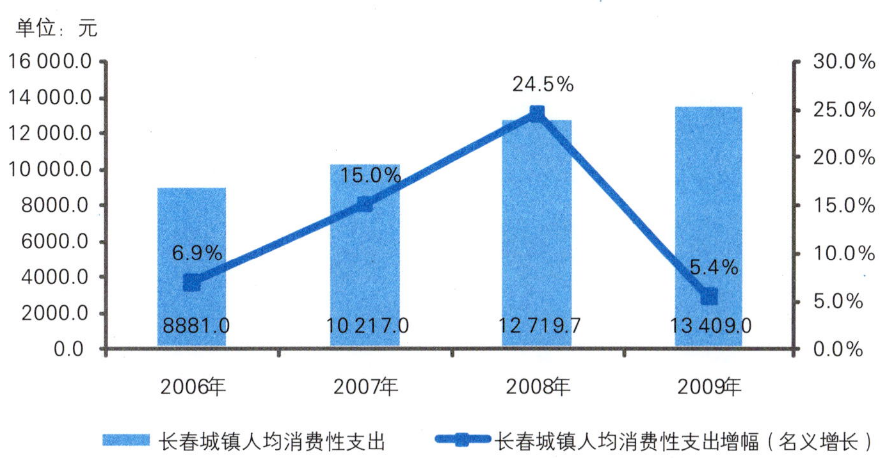

图2-38 2006—2009年长春城镇人均消费性支出及增幅

数据来源：克而瑞CRED商业地产数据库，http://cred.cric.com

长春在2006年至2009年这四年中，边际消费倾向先增后降。从2006年的78.2%升至2008年的84.8%，表明长春居民收入的增长对消费的增加有比较大的拉动作用，而随着2009年边际消费倾向的下降，收入对消费的拉动作用有所影响。

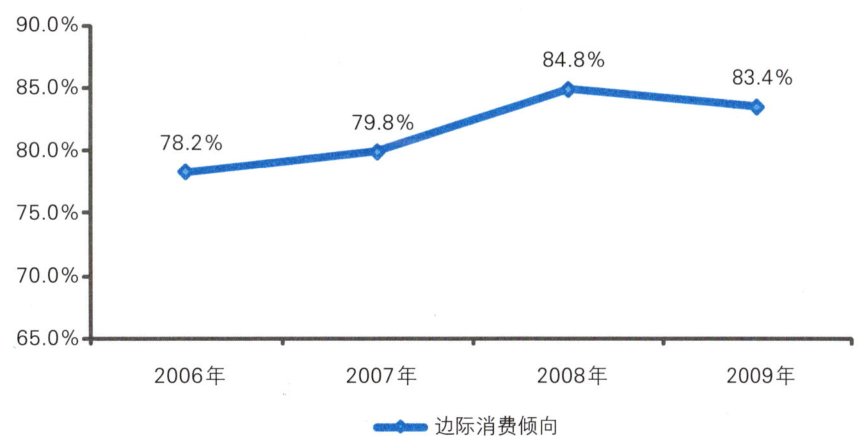

图2-39 2006—2009年长春边际消费倾向

数据来源：克而瑞CRED商业地产数据库，http://cred.cric.com

指标7 商业需求

长春社会零售总额在近几年里保持10%以上的较快增长，2008年名义增长率高达21.5%。2009年长春市全年实现社会消费品零售总额1089.4亿元，比上年增长15.2%。分行业看，批发零售贸易业零售额970.9亿元，增长14.3%。其中限额以上批发零售贸易业零售额447.2亿元，增长14.5%；限额以下及个体零售额523.7亿元，增长14.2%。住宿和餐饮业零售额118.5亿元，增长22.8%。其中限额以上企业零售额17.1亿元，增长12.0%；限额以下企业及个体户零售额101.4亿元，增长24.8%。

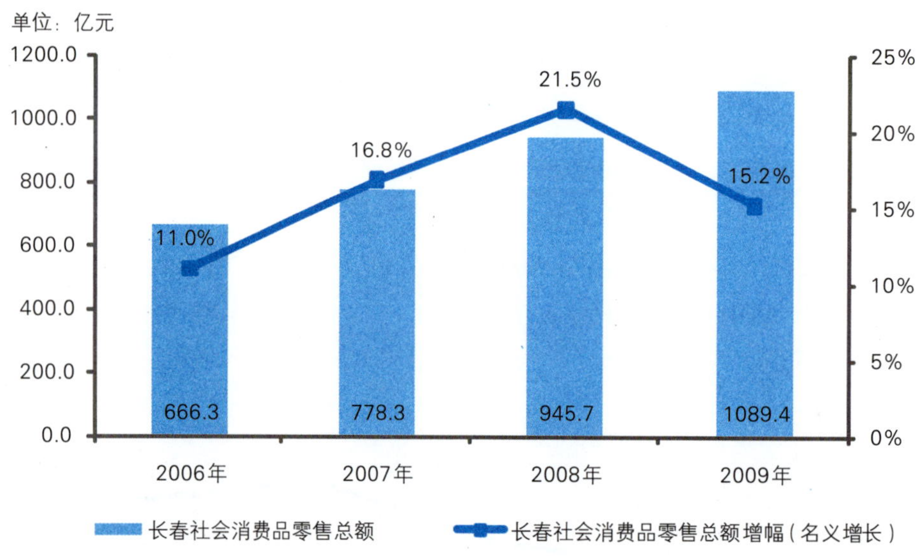

图2-40 2006—2009年长春社会消费品零售总额及增幅

数据来源：克而瑞CRED商业地产数据库，http://cred.cric.com

长春居民收入的不断增长带动了长春消费市场的发展，使长春人均社会消费品零售额得以快速增长，自2006年起的三年增长率都超过了14%，2008年名义增长率突破了20%，达20.4%。按户籍人口计算，2009年长春人均社会消费品零售总额为14 400.5元，比上年增长14.6%，增幅回落5.8个百分点。

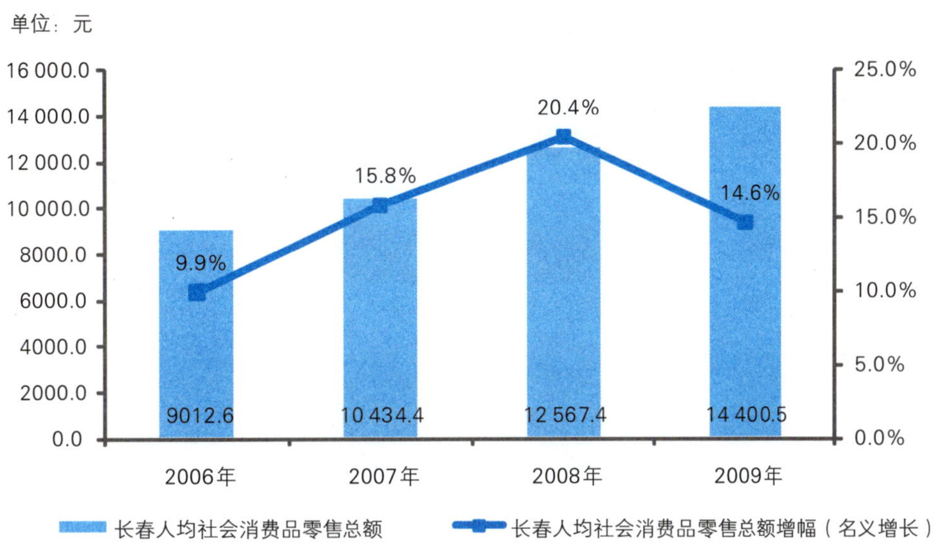

图2-41 2006—2009年长春人均社会消费品零售总额及增幅

数据来源：克而瑞CRED商业地产数据库，http://cred.cric.com

2 长春市整体商业市场环境研究

长春重点商业存量以专业商厦和购物中心为主，其他商业形态存量比重较小。

1 现有商业供应情况

2010年，长春商业总存量约为441.2万平方米，大型商业存量约为157.6万平方米。按户籍人口计算，人均商业面积为0.58平方米左右。长春的商业仍有很大的发展空间。

2010年，长春重点商业存量中以专业商厦为主，比重达60%，购物中心的供应量也超过了20%，相对而言，其他商业形态存量比重较小。

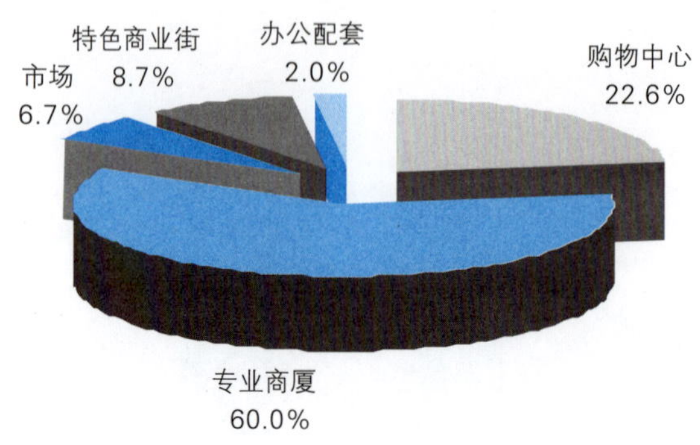

图2-42 2010年长春各类型重点商业存量供应

数据来源：克而瑞CRED商业地产数据库，http://cred.cric.com

2 六大主要商圈描述

长春有三个核心商圈，处于市中心地带，基本位于地铁一号沿线；三个次级商圈，分布较散，桂林路商圈紧贴红旗街商圈，天地十二坊商圈相对其他商圈靠南，东盛商圈相对靠东。三个核心商圈中，两个属于中高端商圈，分别是红旗街商圈与重庆路商圈，而站前商圈属于中低端商圈。三个次级商圈皆定位于中高端。

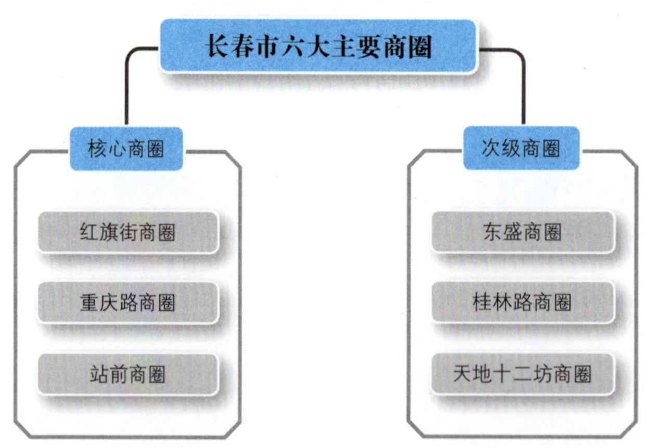

图2-43 长春市六大主要商圈示意图

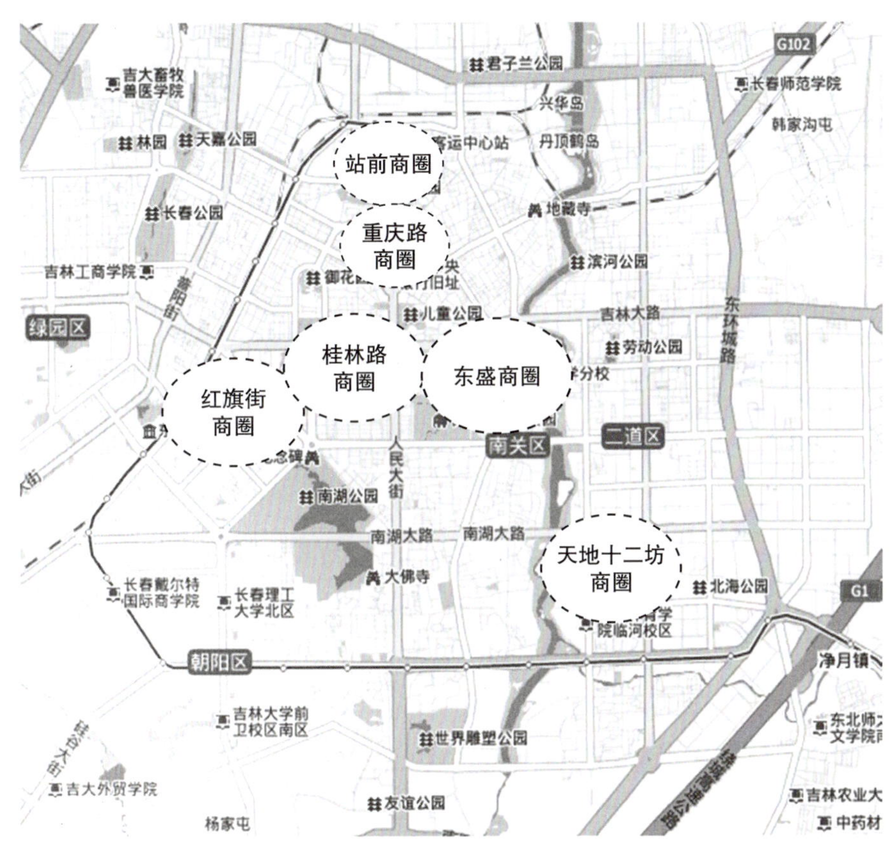

图2-44 2010年长春主要商圈分布图

表2-15 长春主要商圈

序号	商圈编号	商圈名称	商圈级别	区域属性	特征	主要零售物业
1	A	红旗街商圈	核心商圈	商业区	**档次**：中高端 **目标客群**：白领、小白领、商务人士、中高收入人群 **主要商业类型**：以专业商厦为主，购物中心、市场为辅	欧亚商都 巴黎春天百货 百脑汇 长春亚细亚百货大厦
2	B	重庆路商圈	核心商圈	商业区	**档次**：中高端 **目标客群**：中高收入人群 **主要商业类型**：以专业商厦为主，购物中心、特色街为辅	卓展购物中心 亚泰富苑购物中心 重庆路万达 长春国际贸易中心
3	C	站前商圈	核心商圈	综合区	**档次**：中低端 **目标客群**：百姓阶层，游客 **主要商业类型**：以专业商厦为主，办公配套、特色街为辅	长春国际商业中心 太阳家居城 长江路科技城

（续表）

序号	商圈编号	商圈名称	商圈级别	区域属性	特征	主要零售物业
4	D	东盛商圈	次级商圈	综合区	**档次：** 中高端 **目标客群：** 白领、小白领等 **主要商业类型：** 以专业商厦为主，办公配套、市场为辅	东盛国贸商都
5	E	桂林路商圈	次级商圈	商业区	**档次：** 中高端 **目标客群：** 年轻人，哈韩族 **主要商业类型：** 特色商业街为主	韩国商业街
6	F	天地十二坊商圈	次级商圈	商业区	**档次：** 中高端 **目标客群：** 百姓阶层等 **主要商业类型：** 特色商业街为主	十二座天地特色商坊

商圈1 红旗街商圈 金融区域街

① 商圈范围

东至新民大街，西至开运街，南至湖西路，北至朝阳公园。

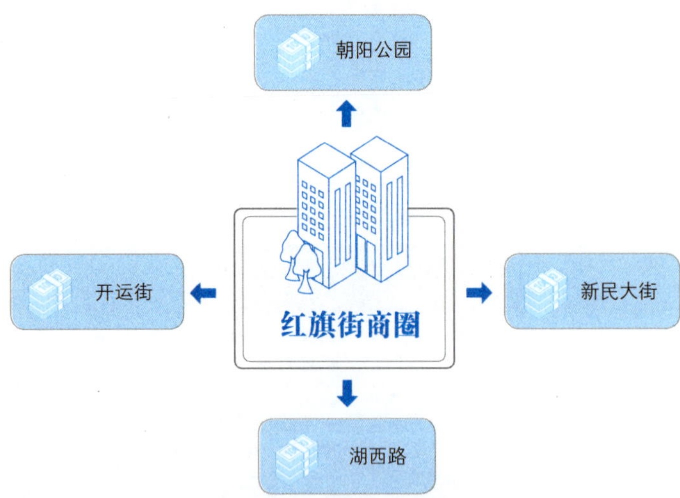

图2-45 长春市红旗街商圈范围示意图

② 商圈价值

商圈以工农大路与红旗街交汇为中心点，呈十字型向四个方向发展。在工农大路红旗街至解放立交桥路段两侧，通过资源置换，变办公为商贸，打造成为金融、银行、保险、证券于一体的金融区域街。在工农大路红旗街至新民广场路段两侧，借助百脑汇数码大厦、欧亚科技城、电子大楼等构建信息科技圈。

红旗街商圈的商业供应约为120万平方米左右。由于商圈形成较早，专业商厦占的比例较大，达到了58.9%。2010年10月新建的万达广场，使商圈的层次进一步提高，购物中心所占的比例也达到了34.7%。

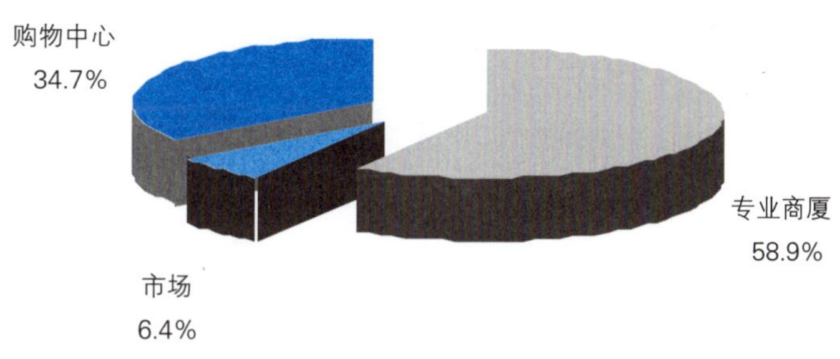

图2-46 2010年长春红旗街商圈大型商业形态比例

数据来源：克而瑞CRED商业地产数据库，http://cred.cric.com

表2-16 长春红旗街商圈主要商业项目

序号	项目编号	项目名称	建筑面积（平方米）	商业形态	开业时间	档次	经营情况	出租率
1	A1	万达广场	177 000	购物中心	2010-10-29	中高端	良好	98%
2	A2	百脑汇	30 000	专业商厦	2006-01-28	中端	优	98%
3	A3	巴黎春天百货	70 000	专业商厦	2006-12-01	中高端	优	98%
4	A4	欧亚商都	170 000	专业商厦	2003-11-10	中高端	优	98%
5	A5	长春亚细亚百货大厦	30 000	专业商厦	1994-01-06	中低端	优	98%

数据来源：克而瑞CRED商业地产数据库，http://cred.cric.com

商圈2 重庆路商圈 多种业态、错位经营

① 商圈范围

东至大经路，西至建和街，南至西安大路，北至北安路。

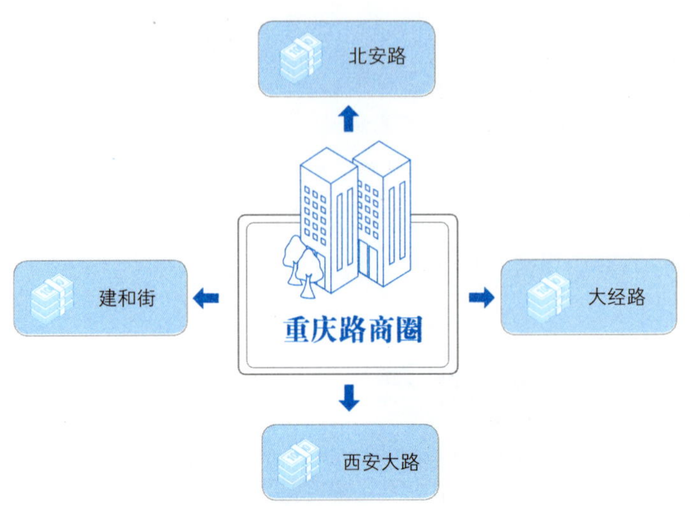

图2-47 长春市重庆路商圈范围示意图

② 商圈价值

重庆路商圈体现了国际先进的“类十字”步行系统骨架的构想，划分为西安大路至人民大街的高级精品街和人民大街至大经路的标准精品街。人民大街以西以长百大楼、长春国贸集团、卓展购物中心、百盛等大型百货零售店为主，而人民大街的东侧主要由真维斯、班尼路、佐丹奴、U2、达芙妮、大台北鞋城等休闲专卖店组成，麦当劳、肯德基这两大世界著名快餐店则坐落在人民大街两侧，形成了多种业态、错位经营的商业特色。

重庆路商圈商业存量大约为110万平方米左右，其中专业商厦比例高达77.3%，购物中心和市场两者的比例和也超过了10%。

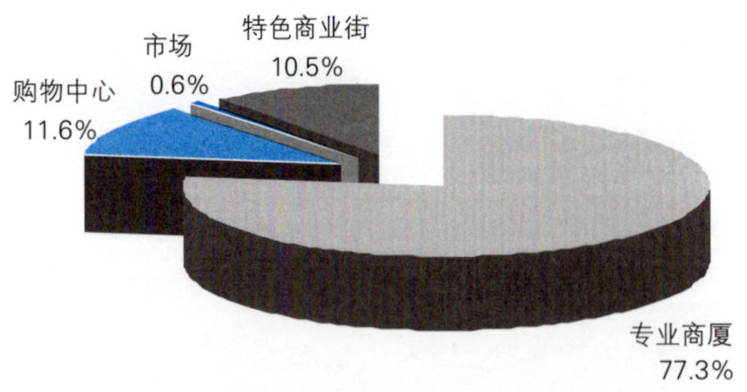

图2-48 2010年长春重庆路商圈大型商业形态比例

数据来源：克而瑞CRED商业地产数据库，http://cred.cric.com

表2-17 长春重庆路商圈主要商业项目

序号	项目编号	项目名称	建筑面积（平方米）	商业形态	开业时间	档次	经营情况	出租率
1	B1	亚泰富苑购物中心	50 000	专业商厦	2003-12-25	中高端	优	98%
2	B2	重庆路万达广场	58 000	购物中心	2002-10-01	中端	优	98%
3	B3	卓展购物中心	132 165	专业商厦	1999-09-12	高端	优	98%
4	B4	长春国际贸易中心	30 000	专业商厦	1991-11-03	中端	优	98%
5	B5	长春百货大楼	68 800	专业商厦	1951-09-19	中端	良好	98%

数据来源：克而瑞CRED商业地产数据库，http://cred.cric.com

商圈3 站前商圈
以专业商厦为主

① 商圈范围

东至亚泰大街，西至辽宁路，南至胜利公园，北至长白路。

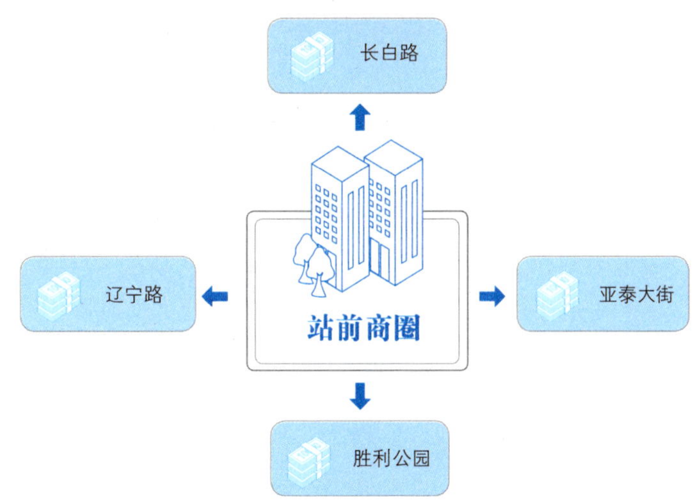

图2-49 长春市站前商圈范围示意图

② 商圈价值

站前商圈主要的商业项目包括长春国商、沃尔玛购物广场、华正、远东、黑水路、春华地下和太阳家居等多个商业项目，即便是在非节假日期间，站前商圈亦是人头攒动、接踵摩肩，所有商业项目的店铺出租率都在

95%以上，有些商场根本租不到店铺，店铺的租金也非常高（净面积每月每平方米租金在400元以上）。

站前商圈商业供应大约为46.5万平方米，以专业商厦为主，办公配套、特色商业街为辅。

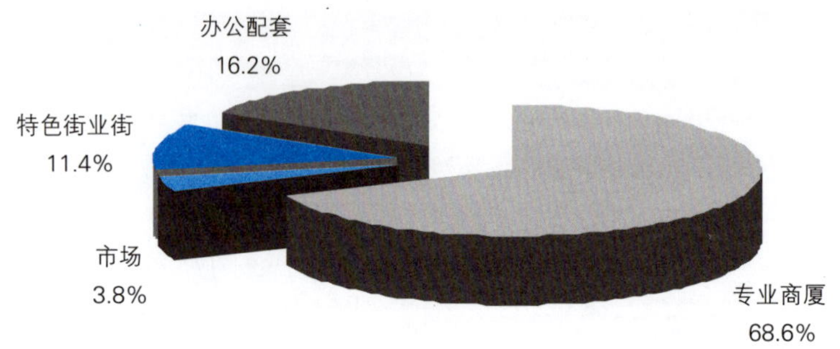

图2-50 2010年长春站前商圈大型商业形态比例

数据来源：克而瑞CRED商业地产数据库，http://cred.cric.com

表2-18 长春站前商圈主要商业项目

序号	项目编号	项目名称	建筑面积（平方米）	商业形态	开业时间	档次	经营情况	出租率
1	C1	长春国际商业中心	50 000	专业商厦	1991-11-03	中高端	优	98%
2	C2	长江路科技城	66 000	专业商厦	1998-07-28	中端	良好	98%
3	C3	太阳家居城	100 000	专业商厦	2000-11-11	中高端	优	98%

数据来源：克而瑞CRED商业地产数据库，http://cred.cric.com

商圈4 东盛商圈 毗邻机场

① 商圈范围

东至福安街，西至临河街，南至公平里，北至启新胡同。

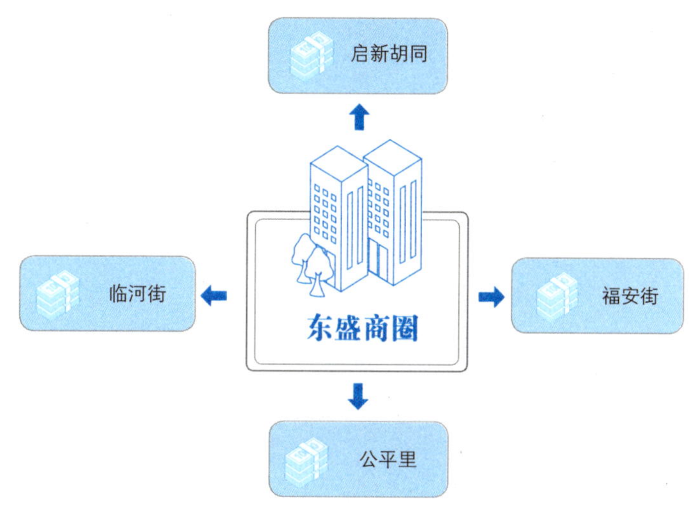

图2-51 长春市东盛商圈范围示意图

② 商圈价值

商圈就地理位置上看，该区域位于长春东部，毗邻机场；从商业布局角度考虑，东部区域缺少类似的商业聚集区，发展潜力由此可见。

东盛商圈商业供应大约为12万平方米左右，其中专业商厦占一半以上，办公配套与市场各占20%左右。

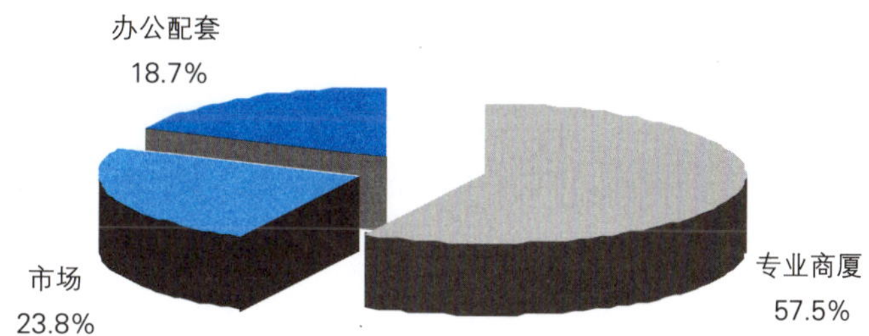

图2-52 2010年长春东盛商圈大型商业形态比例

数据来源：克而瑞CRED商业地产数据库，http://cred.cric.com

表2-19 长春东盛商圈主要商业项目

序号	项目编号	项目名称	建筑面积（平方米）	商业形态	开业时间	档次	经营情况	出租率
1	D1	东盛国贸商都	23 000	专业商厦	2001-09-09	中高端	良好	99%

数据来源：克而瑞CRED商业地产数据库，http://cred.cric.com

商圈5 桂林路商圈 主打特色是韩国商业街

① 商圈范围

以桂林路为中轴，南至自由大路，北至同光路，西起新民大街，东至人民大街。

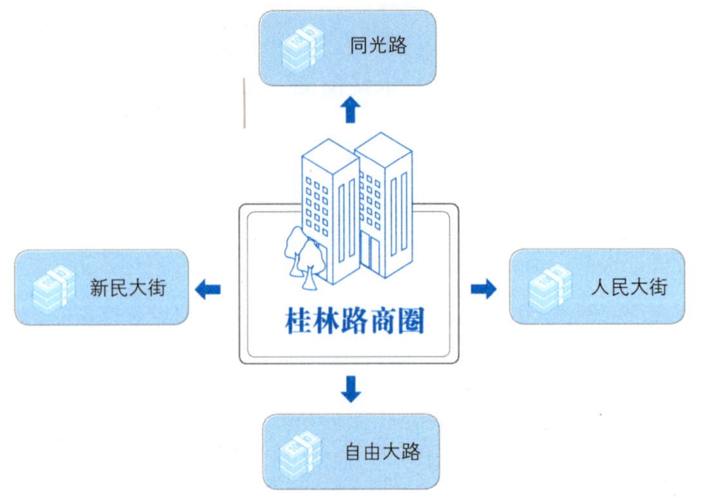

图2-53 长春市桂林路商圈范围示意图

② 商圈价值

桂林路商圈内长期居住着2500多位韩国人，可谓是长春市韩国人的聚集地。商圈的主打特色就是韩国商业街。韩国商业街的建立对桂林路商圈起到了良好的宣传广告作用，商圈通过韩国街的宣传树立起一种品牌，使韩国街成为一种象征。除了商圈的标志——韩国街之外，桂林路商圈内大型的商业项目相对缺乏，取而代之的是众多零散的小商铺。

商圈6 天地十二坊商圈 涵盖大型超市、国际品牌旗舰店及商住两用公寓

① 商圈范围

东至金川街，西至临河街，南至北海路，北至珠海路。

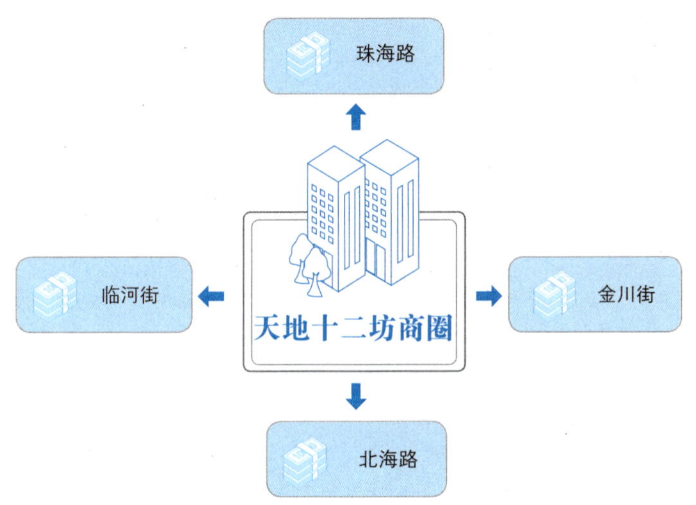

图2-54 长春市天地十二坊商圈范围示意图

② 商圈价值

天地十二坊商街全长1026米，占地77 600平方米，总建筑面积16万平方米，主要包括院景商街6万平方米，国商和沃尔玛5万平方米。项目主体商街为12座特色商坊，涵盖大型超市、国际品牌旗舰店及商住两用公寓（天地SOHO）。从外面看，天地十二坊的"院景商街"是一种很现代的建筑形态，每一套商铺都有自己的特色设计，没有任何两套商铺长得一个模样。"院景商街"，每座商坊既相对独立，围合成一个院落式的景观空间，又通过曲线交通互相贯通，移步易景，活跃内外商业氛围。

长春整体租金水平

（1）购物中心首层租金水平

同样是万达广场，在不同的商圈两者的租金相差较大，在红旗街商圈的租金相当于重庆路商圈租金的三倍。

表2-20 长春主要商圈购物中心租金

序号	项目名称	所属商圈	首层租金［元/（米^2·天）］
1	红旗街万达广场	红旗街商圈	10～30
2	重庆路万达广场	重庆路商圈	3～12

数据来源：克而瑞CRED商业地产数据库，http://cred.cric.com

（2）百货租金水平

同样是红旗街商圈与重庆路商圈，比起购物中心相差数倍的情形，百货租金的扣点相差无几，基本都保持在10%～30%以内。

表2-21 长春主要百货租金

序号	项目名称	所属商圈	首层租金［元/（米²·天）］
1	巴黎春天百货	红旗街商圈	8～30
2	欧亚商都	红旗街商圈	10～30
3	长春亚细亚百货大厦	红旗街商圈	10～25
4	亚泰富苑购物中心	重庆路商圈	12～30
5	卓展购物中心	重庆路商圈	10～25
6	长春国际贸易中心	重庆路商圈	10～20
7	长春国际商业中心	站前商圈	12～20

数据来源：克而瑞CRED商业地产数据库，http://cred.cric.com

4 长春未来商业供应及发展趋势预测

重庆路、站前、红旗街、桂林路几个商业中心由于大型商业已比较多，因此未来更多的会偏向于以连锁店、专卖店的商业形式出现，大型商业项目会有所减少。

另外，目前各商圈内的社区配套较少，未来在社区群之间的交通枢纽地段或社区内的主要道路附近会建立更多的社区配套，以满足需求。其中南湖、湖西、东盛、荣光、正阳等社区聚集较多的街道，作为社区商业中心的重点建设对象。

3 长春市未来城市发展规划

按照"一城、一区、十组团、九城镇"四个层次，实施分类指导。

城市总体规划

（1）人口布局

2020年长春市域总人口将达到950万人左右，非农业人口650万人左右，城镇化率约为68%。2020年中心城区实际居住人口要控制在420万人左右。

（2）城镇布局

按照"一城、一区、十组团、九城镇"四个层次，实施分类指导。"一城"为主城，"一区"为双阳城区，"十组团"为净月组团、富锋组团、兴隆组团、合心组团、劝农山组团、奢新组团、双营组团、英俊组团、机场服务组团、兰家组团，"九城镇"分别为泉眼镇、永春镇、乐山镇、新湖镇、山河镇、太平镇、鹿乡镇、四家乡、齐家镇。

图2-55 长春市城镇布局规划示意图

形成"双心、两翼、多组团"的城市空间结构。"双心"指疏解城市中心区部分职能，形成中部和南部两处城市中心。调整中部城市中心职能，重点发展商贸、文化、娱乐等传统服务业，建设南部新中心，引导与支持行政办公、文化体育设施以及金融保险、电子商务等现代服务业在南部中心相对集聚；"两翼"指城市西南翼形成以汽车、高新技术产业为核心的城市发展空间，东北翼形成以传统产业和玉米加工业为核心的城市发展空间；"多组团"指重点加强净月组团、富锋组团、兴隆组团的建设，与主城共同构成联系紧密、分工有序、协调发展的城市空间。

（3）交通规划

启用城市东部国际机场，城市西部新建高速客运铁路站场；构筑城市“五横六纵”的快速交通体系，解决城市组团之间的联系；发扬原有密集支路的特色，缓解城市交通压力。

远期规划共有七条轨道线路，在2010年至2016年这七年间，计划修建长春地铁一、二号线，线路全长39千米，估算投资220亿元。长春市城市快速轨道交通远景线网由七条线组成。一、二、五、六、七号线为地铁线，三、四号线为轻轨线。中心城区线网总长度256.9千米。到2016年，长春市将有两条地铁投入使用。到2020年，长春市将建成第三条地铁。2030年，长春市将有五条地铁线，再加上两条轻轨线，长春市快速轨道交通将达到七条。

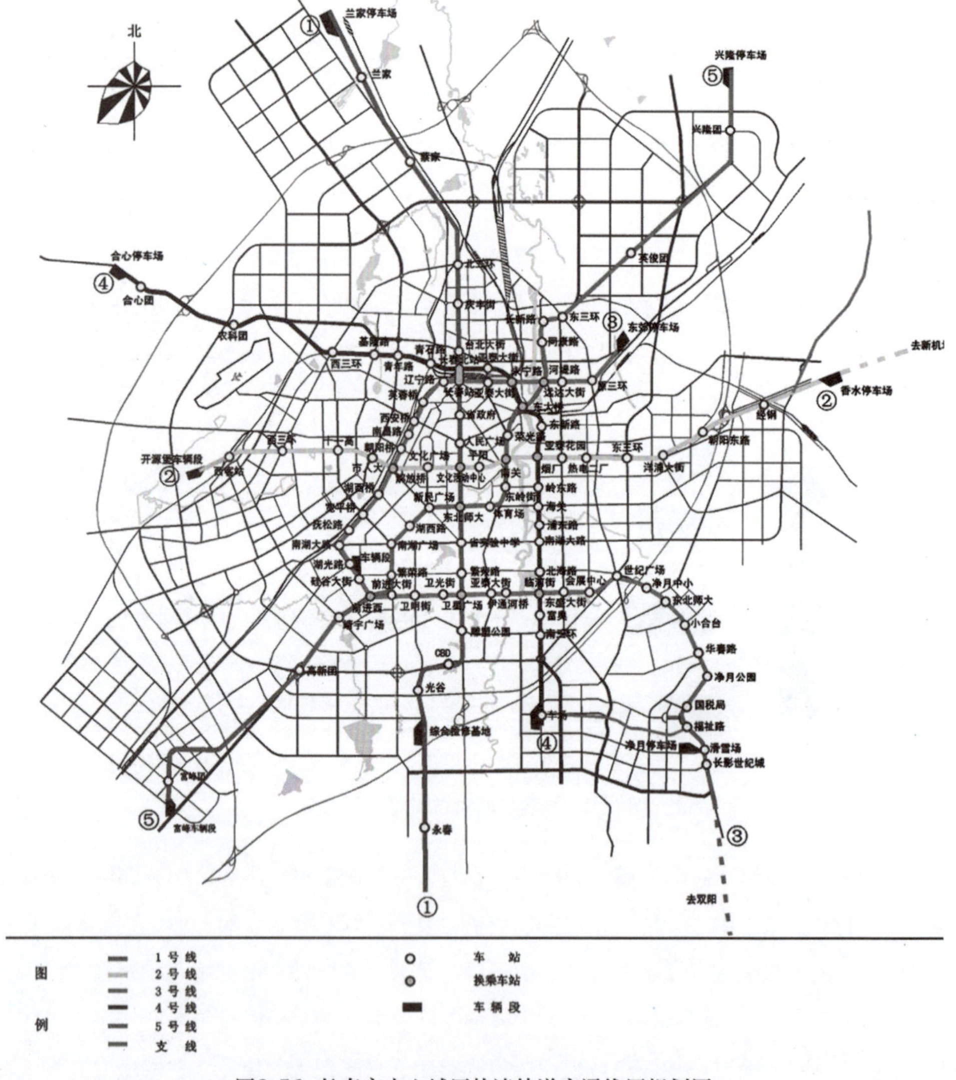

图2-56 长春市中心城区快速轨道交通线网规划图

2 中心城商业网点规划

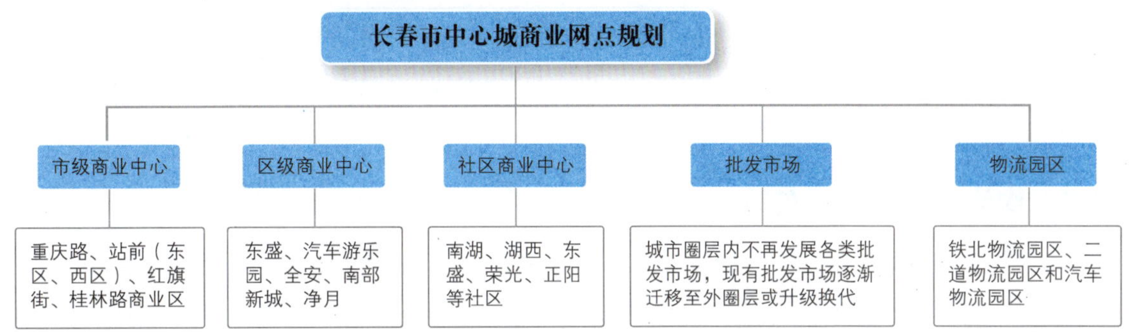

图2-57 长春市中心城商业网点规划

（1）市级商业中心规划布局

确立重庆路、站前（东区、西区）、红旗街、桂林路商业区为市级商业中心。鉴于市级商业中心现有大型店过多，原则上鼓励设置连锁店、专业店、专卖店、文化娱乐设施；适度设置超市、便利店、餐饮网点、生活服务网点；限制设置大型传统百货店、超市、仓储商店，菜市场、集贸市场。

（2）区级商业中心规划布局

规划确立东盛、汽车游乐园、全安、南部新城、净月五个区级商业中心。区级商业中心原则上鼓励设置百货店、专业店、专卖店、超市、便利店、餐饮店、文化娱乐网点；适度设置购物中心、大型综合超市、生活服务网点；限制设置菜市场、仓储商店、集贸市场。各区级商业中心根据各自不同历史和现状，要因地制宜。

（3）社区商业中心规划布局

在居住人口规模达到10 000至50 000人的社区，建立社区商业中心。社区商业中心的规模按照人口密度、居所的集中程度或辐射半径进行布局。布局标准按1000米半径范围内，人均0.5平方米营业面积，每个社区商业中心总面积一般在5000至25 000平方米。位置选择在社区群之间的交通枢纽地段或社区内的主要道路附近。南湖、湖西、东盛、荣光、正阳等社区聚集较多的街道，作为社区商业中心的重点建设对象。社区商业中心内的行业配套设施包括：1至2家超市，营业面积1000至2000平方米左右，经营食品、蔬菜、杂品、小百货等日常生活用品为主，兼营生活服务项目；农贸市场；其他小型店铺，如便利店、音像店、洗衣店、食品店、美发美容店、书店以及银行、邮局等。各社区商业中心的经营结构，一般按照购物40%，餐饮30%和其他服务30%的比例进行设置。不同社区可根据距离市、区级商业中心、专业街及大型综合超市的远近、社区的空间形态、交通网络状况以及居民消费层次等因素有所差异。

（4）批发市场规划布局

在城市圈层内不再发展各类批发市场，现有批发市场逐渐迁移至外圈层或升级换代；中圈层内限制批发市场扩展规模，注重原有市场的整合提升；外圈层鼓励批发市场与物流设施的发展。依托物流园区，建立规模大、功能全、设施先进的现代批发市场体系，大型批发市场尽可能在考虑现有条件的基础上与物流设施形成整体网络。

（5）物流园区的规划布局

在城区正北、西北和东南建立三大物流园区，即铁北物流园区、二道物流园区和汽车物流园区。规划第一阶段主要着手三大物流园区的基础设施建设；规划第二阶段全面建设园区，基本实现园区的主要功能和建设物流配送体系；规划第三阶段逐渐实现园区内部物流配送体系的升级和完善，使物流园区真正发挥物流平台和枢纽作用。

小结

长春作为中国北部的老工业基地，近些年一直致力于经济发展方式的转型。经过多年不懈的努力，长春市实现了经济的高速发展。在经济不断发展的同时，长春人民的消费需求也日益提升，这对其商业地产的发展有着积极的推动作用。城市扩容需要商业地产的及时补充，加之国家对住宅产业的若干政策限制，使得该市的商业地产得到了更广阔的发展空间。

过去，长春市商业地产主要聚集在几个固定的商圈中，商业聚集度较高。随着新一轮城市规划的出台，政府将长春市城市副中心——南部新城作为城市规划的重中之重，使以现代化商业为主的南部新城逐渐成为商业地产发展的热土。绿地、恒大、宝龙等众多地产开发企业纷纷前来“圈地”，预示着未来南部新城的商业地产将进入快速发展期。

2010年商业地产市场报告

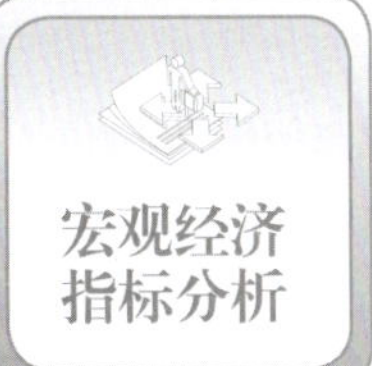

1 沈阳市商业地产七项宏观经济指标分析

第二产业和第三产业是沈阳市经济的主力。

 指标1 宏观指标

沈阳市2009年全市实现地区生产总值（GDP）4359.2亿元，按可比价格计算，比上年增长14.1%。2005年以来沈阳市GDP总量连续四年保持在15%以上的高速增长，由于受金融危机影响，2008年开始GDP增速有所减慢，但是从长期来看，沈阳经济总体量的不断发展持续刺激商业地产市场的广泛需求，为商业地产市场的发展提供了良好的经济背景。

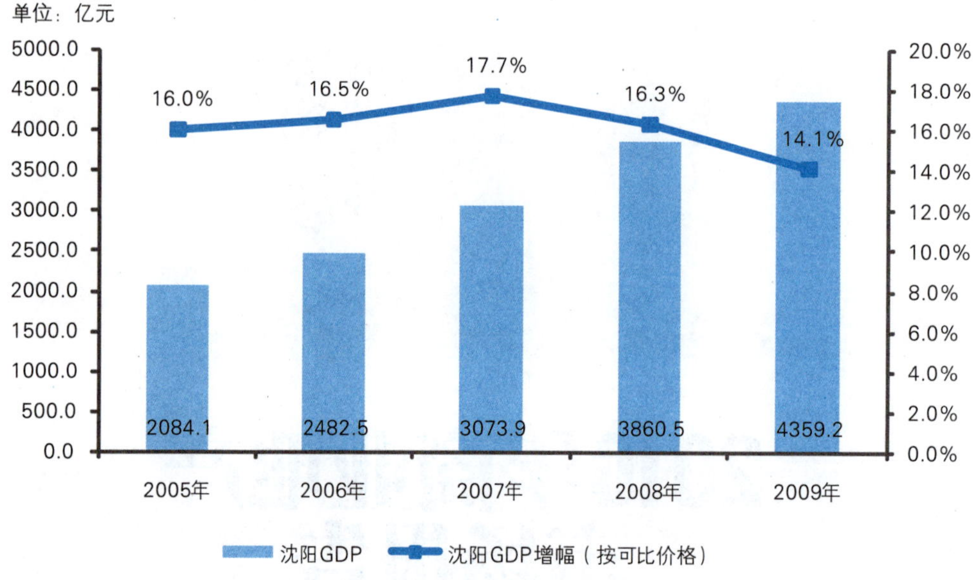

图2-58 2005—2009年沈阳GDP及增幅

数据来源：克而瑞CRED商业地产数据库，http://cred.cric.com

 指标2 产业结构

2009年沈阳市第一产业增加值197亿元，增长7.3%；第二产业增加值2214.7亿元，增长16.1%；第三产业增加值1947.6亿元，增长12.6%。三次产业结构为4.5：50.8：44.7。三次产业对经济增长的贡献率分别为

2.2%、56.8%和41.0%。按常住人口计算，人均GDP为55 816元，增长12.3%。

从2005年至2009年沈阳市三次产业结构比例来看，第一产业比例一直处于低位，并保持下降的趋势，第二产业和第三产业是沈阳市经济的主力，沈阳市政府始终坚持把发展工业摆在经济工作的首要位置，积极培育壮大主导产业，转变经济增长方式，走新型工业化道路，工业带动和提升其他产业，从图中可以看出沈阳市第二产业比例有逐渐上升的趋势。

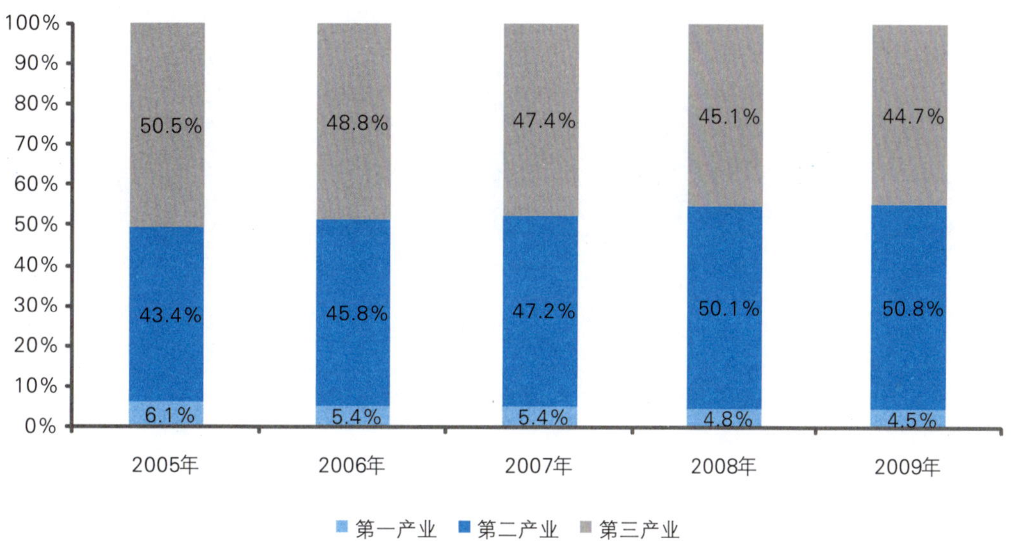

图2-59 2005—2009年沈阳三大产业结构比例

数据来源：克而瑞CRED商业地产数据库，http://cred.cric.com

城市人口

根据人口抽样调查推算，沈阳市2009年年末常住人口786万人，比上年年末增长1.3%。全市户籍人口716.5万人，增长0.4%。2005年以来，沈阳市人口总量保持稳步增长，增长幅度自2008年开始下降，从常住人口数量与户籍人口数量对比来看，沈阳市外来人口数量也有增加，2009年沈阳市外来人口数量占人口总数的8.8%。

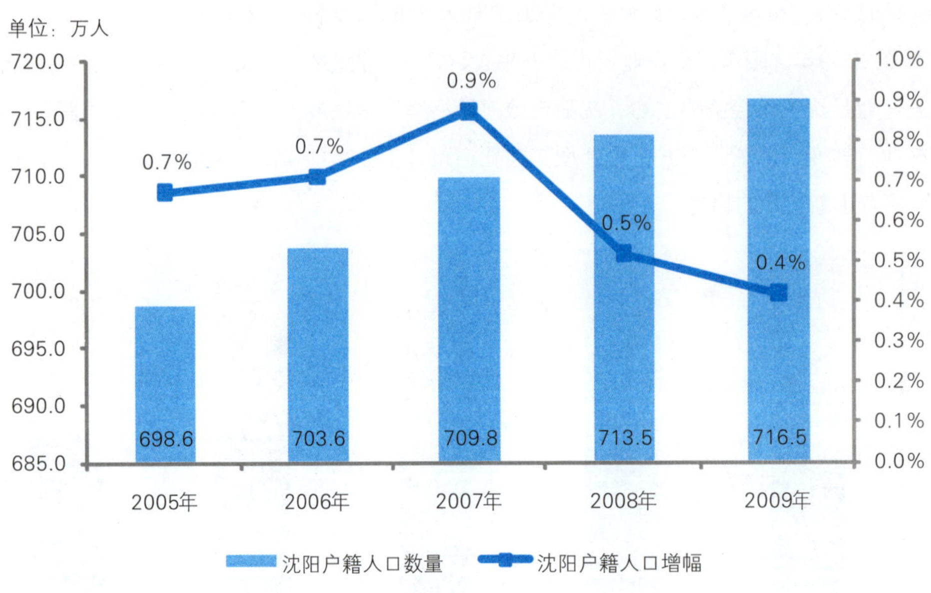

图2-60 2005—2009年沈阳户籍人口数量及增幅

数据来源：克而瑞CRED商业地产数据库，http://cred.cric.com

指标4 城市化率

2009年年末，沈阳市非农业人口464.1万人，城镇化率达到64.8%。沈阳城市化率水平较高，自2005年开始较为平稳，处于64.0%左右。

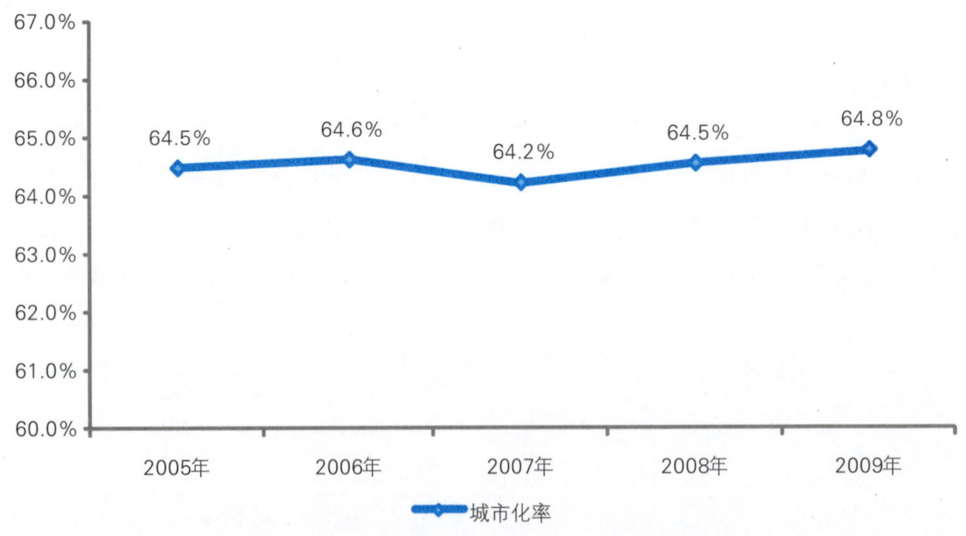

图2-61 2005—2009年沈阳城市化率

数据来源：克而瑞CRED商业地产数据库，http://cred.cric.com

指标5 经济效益

沈阳市人均GDP保持稳步增长，2009年沈阳市人均GDP达到60 840.2元，按常住人口计算，人均GDP为55 816元，折合8208.2美元，处于全国领先水平，远高于全国人均GDP水平25 125元，与上海人均GDP水平78 989元有一段差距。从人均GDP的增幅来看，2005年至2008年增幅均保持在15%以上的高速增长，受2008年金融危机影响2009年人均GDP增幅减小。

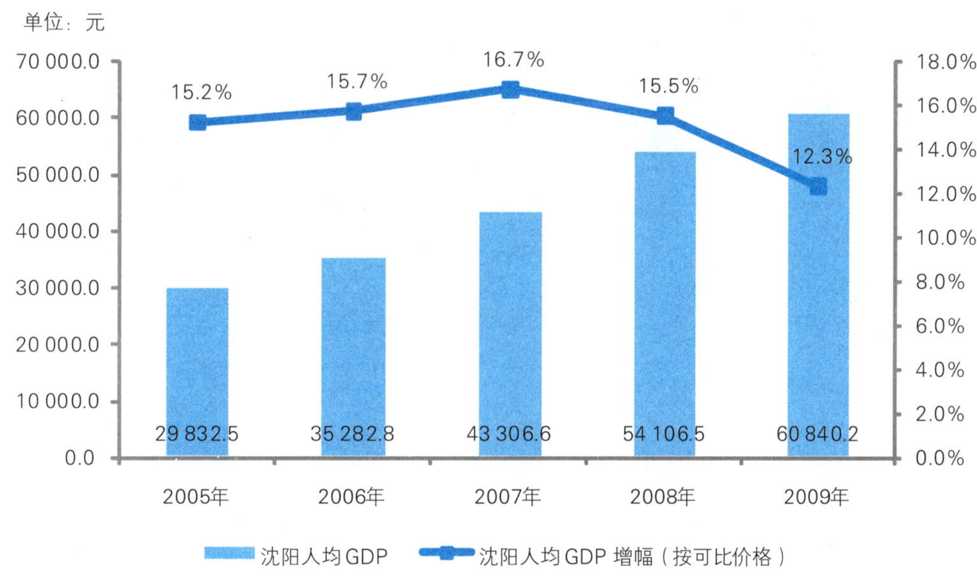

图2-62 2005—2009年沈阳人均GDP及增幅

数据来源：克而瑞CRED商业地产数据库，http://cred.cric.com

指标6 城镇居民生活质量

沈阳市城镇居民人均可支配收入持续上涨，2009年沈阳城镇居民人均可支配收入达到18 560.0元，略高于全国17 175元的水平，沈阳城镇居民人均可支配收入增幅波动较大，其中2006年至2008年增幅较大，2009年增幅低于10%。

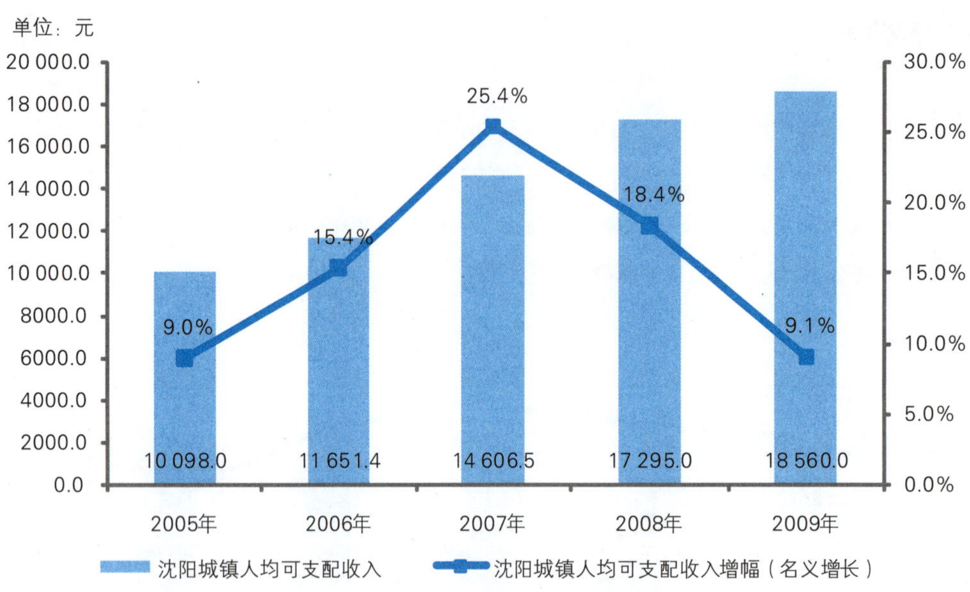

图2-63 2005—2009年沈阳城镇人均可支配收入及增幅

数据来源：克而瑞CRED商业地产数据库，http://cred.cric.com

随着沈阳市人均可支配收入的持续性增长，沈阳市城镇居民人均消费性支出亦表现为持续上涨，2009年沈阳城镇居民人均消费性支出达到16 448.0元，与人均可支配收入增幅曲线类似，沈阳城镇居民人均消费性支出增幅波动较大，其中2007年和2008年增幅较大。

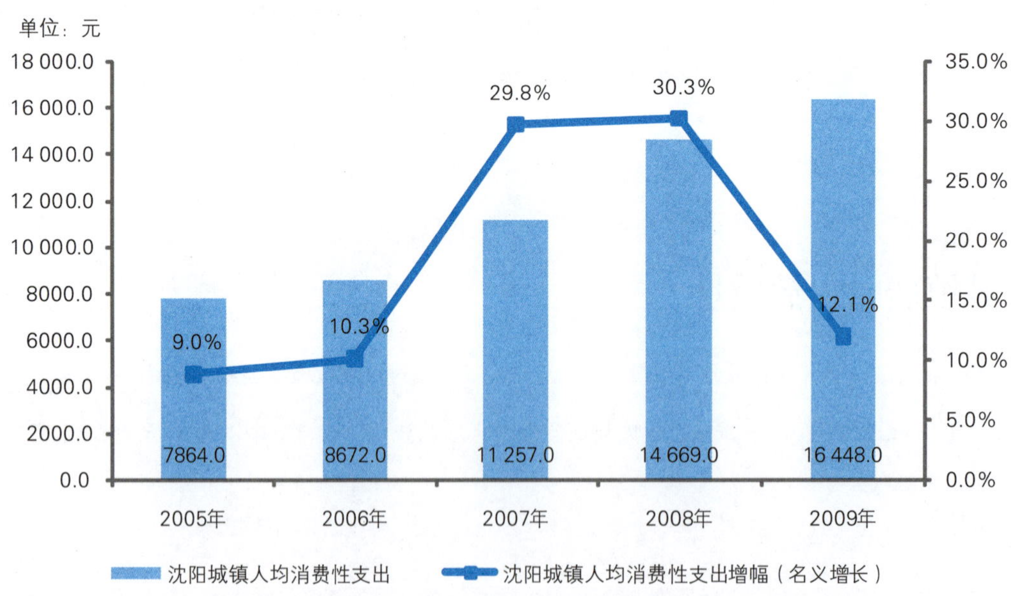

图2-64 2005—2009年沈阳城镇居民人均消费性支出及增幅

数据来源：克而瑞CRED商业地产数据库，http://cred.cric.com

收入越高的家庭，在娱乐文化等服务性消费支出方面的比例占总支出的比例就越高，而在食品方面的支出比例就越低。2009年沈阳市人均消费性支出构成中食品支出占34.9%（恩格尔系数），与上海、北京等国内一线大城市水平相差不多，其次是交通通讯13.8%、教育文化11.9%以及衣着11.1%。

沈阳市近年来恩格尔系数（食品支出比例）有所波动，在2008年达到38.2%，为近五年最高值，2009年则有所下降，为34.9%。沈阳市民在衣着方面的消费比例约10.0%左右并保持上涨趋势，2009年达到11.1%，未来随着经济结构的进一步调整，就业的进一步改善和居民收入的继续增长，居民消费能力也将会快速提高，从而促进商业的发展。

表2-22 2005—2009年沈阳城镇居民人均消费性支出构成

年份/构成	2005年		2006年		2007年		2008年		2009年	
	元	%	元	%	元	%	元	%	元	%
总支出	7864	100	8672	100	11257	100	14669	100	16448	100
食品	2898	36.9	3229	37.3	3975	35.3	5599	38.2	5746	34.9
衣着	746	9.6	859	9.9	1216	10.8	1549	10.6	1808	11.1
家庭设备用品	292	3.7	349	4.0	525	4.7	637	4.3	841	5.1
医疗保健	979	12.4	1013	11.7	1075	9.5	1126	7.7	1363	8.3
交通通讯	807	10.3	921	10.6	1471	13.1	1824	12.4	2270	13.8
教育文化	1034	13.1	978	11.3	1432	12.7	1641	11.2	1962	11.9
居住	798	10.1	974	11.2	1129	10.0	1545	10.5	1631	9.9
其他	310	3.9	349	4.0	434	3.9	748	5.1	827	5.0

数据来源：克而瑞CRED商业地产数据库，http://cred.cric.com

边际消费倾向是影响消费的重要指标，低收入群体的边际消费倾向高于高收入人群，农村居民的边际消费倾向高于城镇居民，沈阳边际消费倾向呈现持续增长态势，2009年沈阳市边际消费倾向达到88.6%。这表明沈阳城镇居民的人均消费性支出在人均可支配收入中所占的比重逐渐上升。

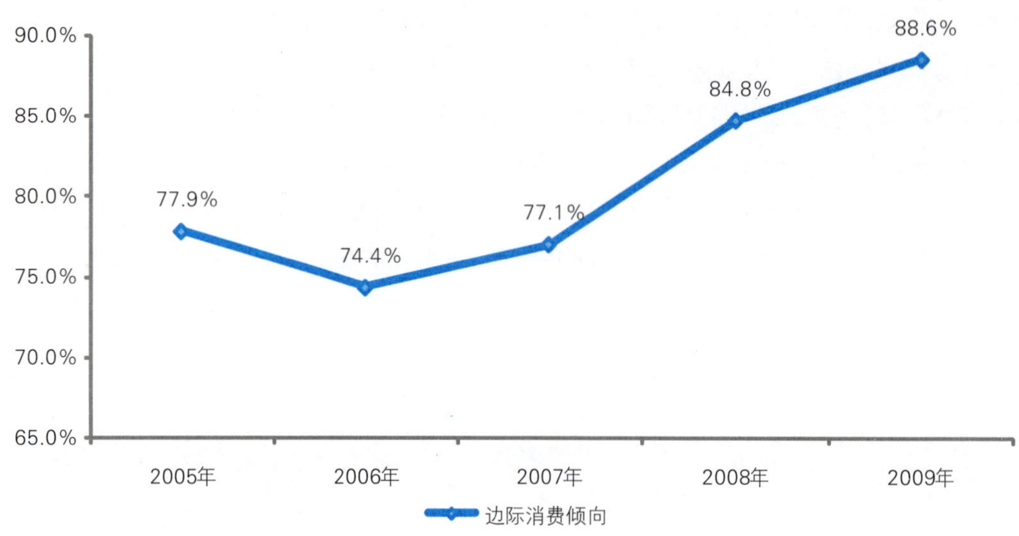

图2-65 2005—2009年沈阳边际消费倾向

数据来源：克而瑞CRED商业地产数据库，http://cred.cric.com

指标7 商业需求

2009年，沈阳市全年社会消费品零售总额1778.6亿元，比上年增长18.1%，增幅同比降低4.1个百分点。按商品用途分，吃的商品零售额621.7亿元，穿的商品零售额398亿元，用的商品零售额758.9亿元。按地区分，市的零售额1658.3亿元，增长18.1%；县及县以下零售额120.3亿元，增长18.2%。

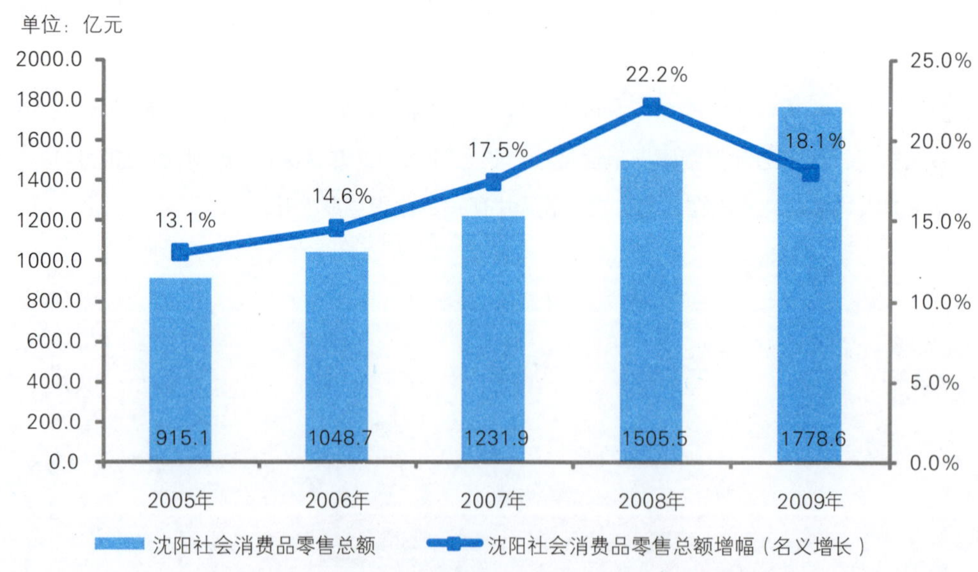

图2-66 2005—2009年沈阳社会消费品零售总额及增幅

数据来源：克而瑞CRED商业地产数据库，http://cred.cric.com

2005年以来沈阳市人均社会消费品零售总额总体呈上升态势，2009年增幅同比下降了4.0个百分点，2009年沈阳市人均社会消费品零售总额达到24 823.4元，高于大连市22 637.0元、长春市14 400.5元，这表示沈阳市消费水平相对较高，为商业发展奠定了基础。

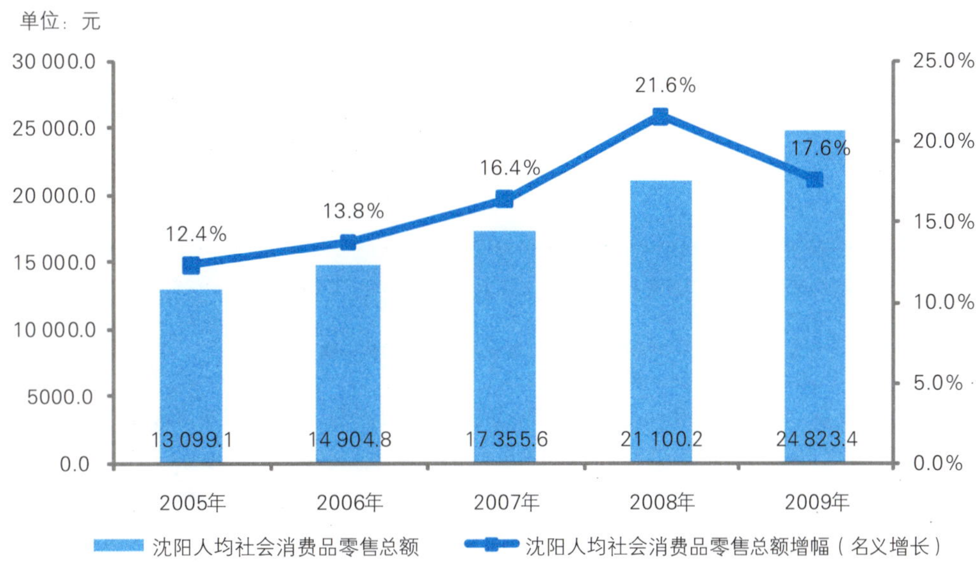

图2-67 2005—2009年沈阳人均社会消费品零售总额及增幅

数据来源：克而瑞CRED商业地产数据库，http://cred.cric.com

2 沈阳市整体商业市场环境研究

商业格局基本形成以和平区和沈河区为主要商业核心区域的现状。

1 商业营业用房租赁价格指数

房屋租赁价格指数，是反映一定时期内房屋租赁价格总水平变动趋势和变动程度的相对数，沈阳市商业营业用房租赁价格指数整体呈下降态势，这表明沈阳市商业营业用房租赁价格近年来波动较小，2009年指数为100.0，表明2009年沈阳市商业营业用房价格水平整体与2008年持平。

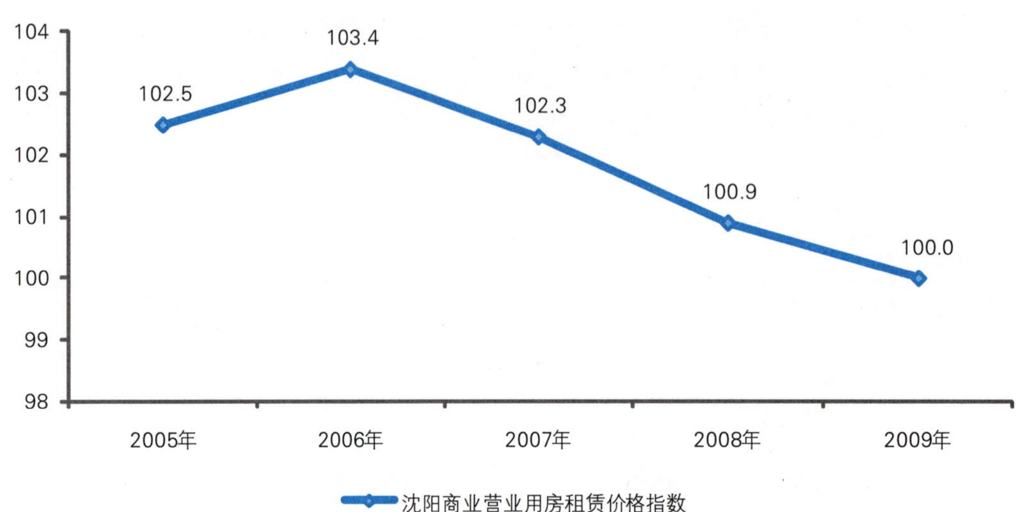

图2-68 2005—2009年沈阳商业营业用房租赁价格指数（以上年价格为基础）

数据来源：克而瑞CRED商业地产数据库，http://cred.cric.com

2 现有商业供应情况

沈阳市2010年商业总存量为596.8万平方米，人均商业面积为0.76平方米，沈阳市现有商业以专业商厦所占比例最大，达到61.1%，其次是购物中心，比例为21.5%，说明沈阳市商业形态已步入购物中心发展阶段。

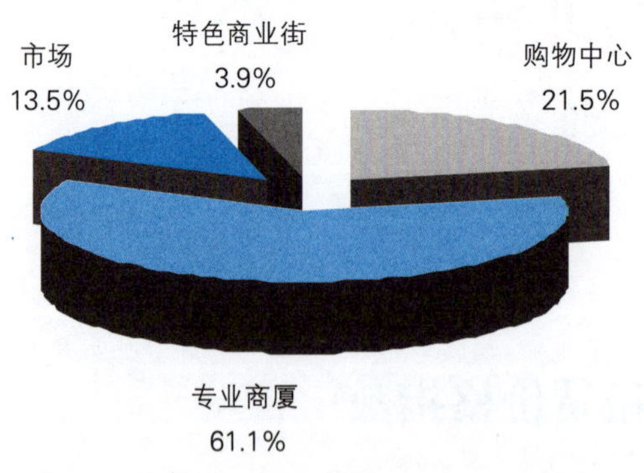

图2-69 2010年沈阳各类型重点商业存量供应

数据来源：克而瑞CRED商业地产数据库，http://cred.cric.com

四大主要商圈描述

目前，沈阳市的商业格局，基本形成以和平区和沈河区为主要商业核心区域的现状。沈阳市共有核心商圈两个（太原街商圈、中街商圈），次级商圈八个（北行商圈、铁西商圈、北站商圈、五爱商圈、三好街商圈、南塔商圈、西塔商圈、北市商圈）。

中街商圈和太原街商圈这两大核心商圈辐射范围大，对周边城市吸引力强，这两个商圈的发展对提升沈阳商业形象和增强沈阳商业辐射力具有重大意义。而五爱商圈、三好街商圈、南塔商圈均是辐射东三省的批发商场，是沈阳商业市场的重要组成部分，其他商圈区域性较强，是沈阳商业的补充部分。

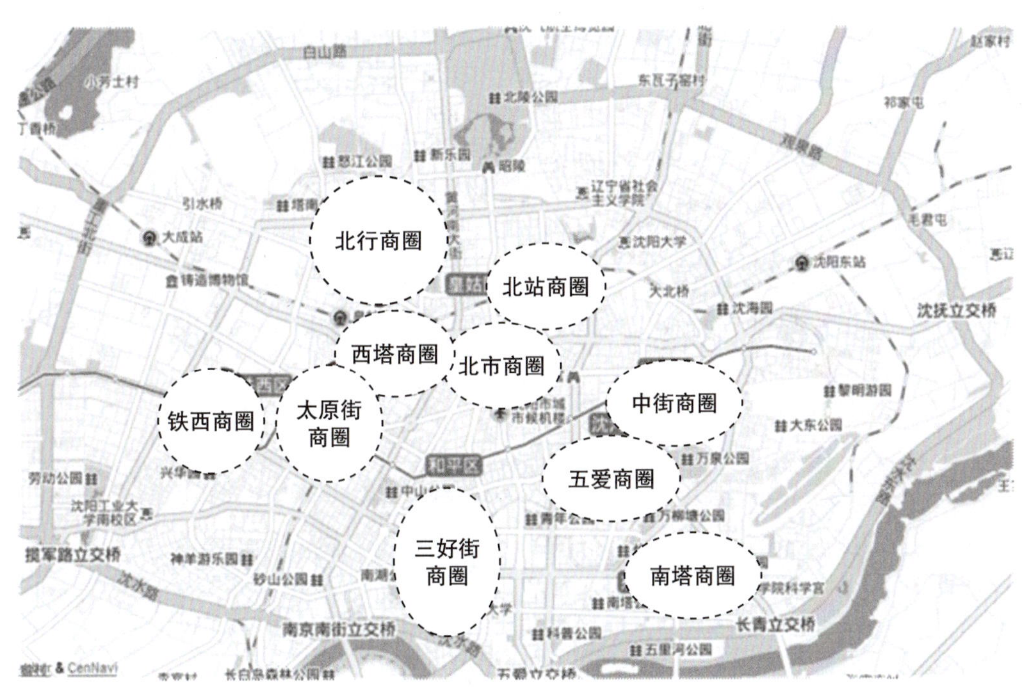

图2-70 2010年沈阳主要商圈分布图

表2-23 沈阳主要商圈

序号	商圈编号	商圈名称	商圈级别	区域属性	特征	主要零售物业
1	A	中街商圈	核心商圈	商业区	**档次：**中高端 **目标客群：**成功人士、高级白领、小白领 **主要商业类型：**购物中心、主题百货、超级市场、名品折扣、产权商铺、商业连锁	中粮·大悦城 皇城恒隆广场 中街新玛特 兴隆大家庭 大发广场
2	B	太原街商圈	核心商圈	商业区	**档次：**中高端 **目标客群：**25～50岁的中高端消费群 **主要商业类型：**百货店、专业店、商业步行街、专业市场	时尚地下街 百盛购物中心 中兴·沈阳商业大厦 万达·城中城 新世界太原街店
3	C	北行商圈	次级商圈	商业区	**档次：**中低端 **目标客群：**百姓阶层、小白领 **主要商业类型：**专业商厦、特色商业街	沈阳地一大道 千盛百货（长江店）
4	D	铁西商圈	次级商圈	商业区	**档次：**中低端 **目标客群：**周边1～3千米内百姓阶层 **主要商业类型：**专业商厦	铁西万达商业广场 新玛特铁西店 沈阳铁西百货大楼
5	E	西塔、北市商圈	次级商圈	商业区	**档次：**中低端 **目标客群：**喜爱韩国特色的国内观光旅游人士、沈阳市民和区内居住的韩国朝鲜居民 **主要商业类型：**百货店、街铺、专卖店、专业市场等业态为主	西塔商业街 朝鲜百货 花鸟鱼市场
6	F	五爱商圈	次级商圈	商业区	**档次：**中低端 **目标客群：**东北地区服装、布料、床上用品等批发客户，主要为中、低端消费人群 **主要商业类型：**专业市场	五爱服装城
7	G	三好街商圈	次级商圈	商业区	**档次：**中高端 **目标客群：**商圈零售的客户年龄以18～30岁的青年为主，其中学生占有很大部分，批发客户为市内及其他城市的经销商 **主要商业类型：**专业商厦、市场	东大计算机广场 赛博数码广场 百脑汇资讯广场 东科电子市场
8	H	南塔商圈	次级商圈	商业区	**档次：**中低端 **目标客群：**辽宁省内以及东北其他各主要城市的商场业主 **主要商业类型：**市场	南塔电子市场 金马鞋城 中国鞋城 东北日杂市场

（续表）

序号	商圈编号	商圈名称	商圈级别	区域属性	特征	主要零售物业
9	I	北站商圈	次级商圈	商业区	**档次**：中高端 **目标客群**：各地批发商、旅客、沈阳的白领，中高收入人群、区域内的商务人士 **主要商业类型**：专业商厦	卓展购物中心 北站地下灯饰城 名品地板文化广场

商圈1 中街商圈 沈阳市历史最悠久的商业中心

① 商圈范围

中街商圈横跨大东、沈河两区，以中街步行街为核心，东起小什字街，南至南顺城，西至西顺城，北至北顺城，由中街、小东路、北中街、南中街、沈阳路、正阳街、朝阳街等主要道路围合组成。

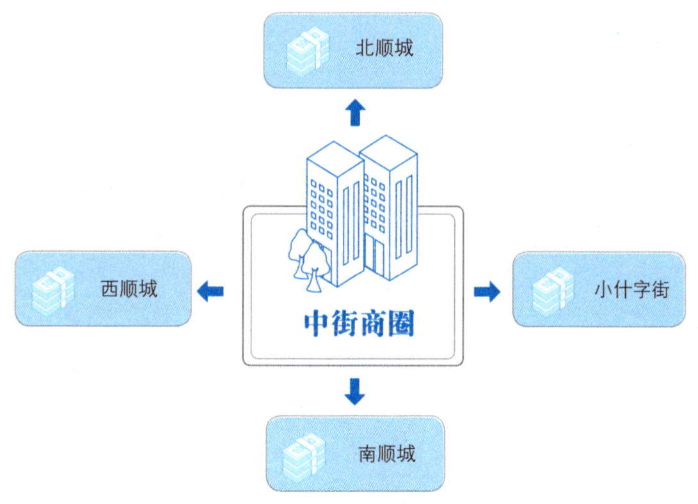

图2-71 沈阳市中街商圈范围示意图

② 商圈价值

中街商圈是沈阳市的核心商圈之一，商圈整体商业档次属于中高端消费。中街商圈是沈阳市历史最悠久的商业中心，现有商业存量约150万平方米，辐射整个沈阳市。中街2005年被评为“中国十大商业街”称号，是中国具有悠久历史的典型商业街之一，同时也是沈阳市最具有历史文化特色、商业氛围浓厚的商圈。随着沈阳市政府正着力将中街打造成“东北第一街”，将中街商圈定位为“4A级商贸文化旅游区”。作为沈阳最古老的传统商业街，中街以其特有的历史渊源、文化底蕴和商埠功能承载和见证着沈阳的历史。

商圈主要以主题百货、名品折扣、产权商铺、购物中心、超级市场、商业连锁等多种零售形式组成，大型商业以专业商厦所占比例最大，达到72.4%，包括中街新玛特、兴隆大家庭等百货商厦，其次是购物中心，比例26.3%，以皇城恒隆广场、中粮·大悦城为代表，市场商业形态比例较小。

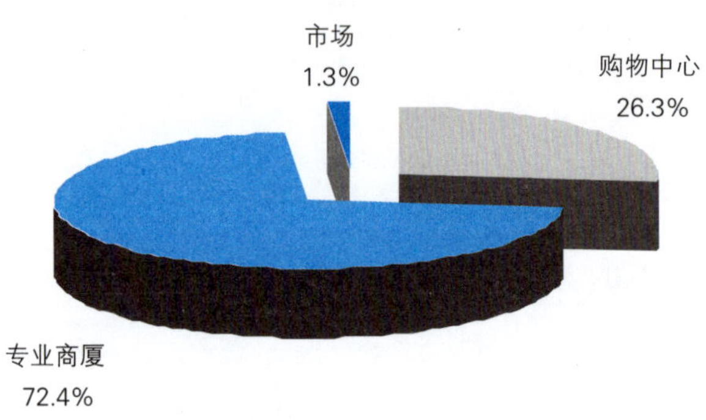

图2-72 2010年沈阳中街商圈大型商业形态比例

数据来源：克而瑞CRED商业地产数据库，http://cred.cric.com

表2-24 沈阳中街商圈主要商业项目

序号	项目编号	项目名称	建筑面积（平方米）	商业形态	开业时间	档次	经营情况	出租率
1	A1	中粮·大悦城	185 000	购物中心	2009-05-28	中端	良好	90%
2	A2	皇城恒隆广场	109 300	购物中心	2010-06-26	中高端	一般	100%
3	A3	中街新玛特	100 000	专业商厦	2002-12-01	中高端	良好	100%
4	A4	兴隆大家庭	197 000	专业商厦	2002-08-28	中端	优	100%
5	A5	大发广场	117 200	专业商厦	2010-09-28	中低端	一般	30%

数据来源：克而瑞CRED商业地产数据库，http://cred.cric.com

商圈2 太原街商圈 沈阳市两个核心商圈之一

① 商圈范围

太原街商圈位于沈阳市和平区，东起和平北大街，南至南五马路，西临胜利北街，北至北五马路。以太原街、中华路“一横一竖”为主轴，由太原步行街、中华路商业街、中山路日俄景观街、拳术牌匾街、体育用品街、南一风味美食街和开明商业街等街区组成。

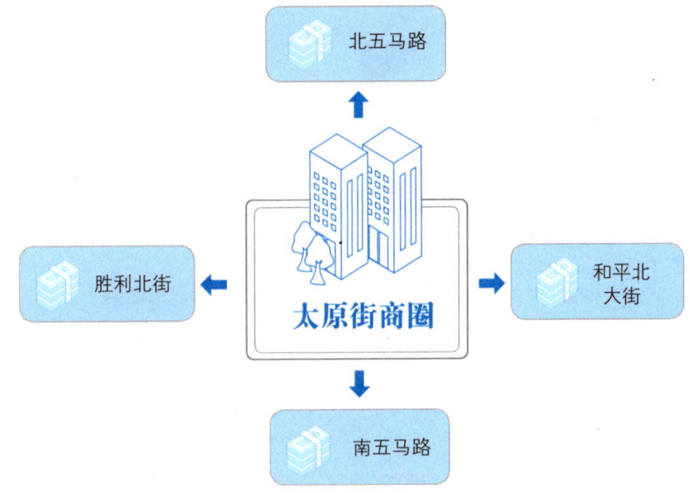

图2-73 沈阳市太原街商圈范围示意图

② 商圈价值

太原街商圈是沈阳市繁华的两个核心商圈之一，现有大型商业存量约102万平方米，是具有都市时尚的中高端现代化国际商业中心，其整体定位是沈阳市最高端的商业中心，主力客群是25岁至50岁的中高端消费群。太原街商圈主商圈服务半径辐射整个沈阳市，并对周边城市的客户群体（本溪、抚顺、铁岭、辽阳、鞍山）有较大吸引力。

太原街商圈主要有百货店、专业店、商业步行街、大型综合超市、便利店以及专业市场等业态，大型商业形态中以专业商厦比例最大，占51.2%，主要包括百盛购物中心、新世界太原街店等百货商厦；其次是购物中心，占43.7%，代表商业项目包括中兴·沈阳商业大厦、万达·城中城。

从商业业态来看，太原街商圈的主力业种为服装、饮食和各种快餐，这些经营业种的分布是太原街商圈多年发展的结果，是市场自然选择和沈阳独特的消费特点的产物。太原街商圈各类商业配套设施较为完善，停车位较为紧张。

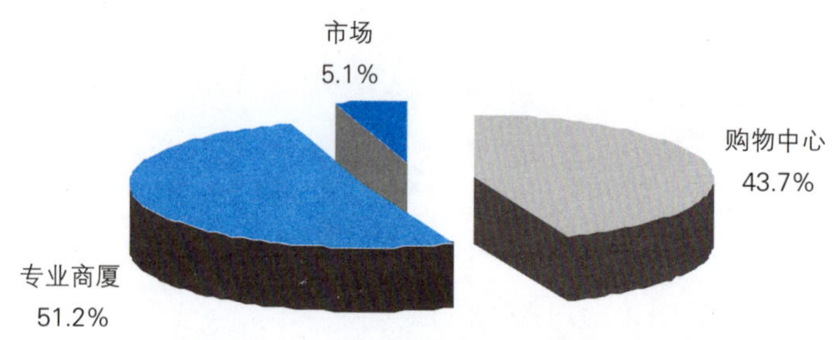

图2-74 2010年沈阳太原街商圈大型商业形态比例

数据来源：克而瑞CRED商业地产数据库，http://cred.cric.com

表2-25 沈阳太原街商圈主要商业项目

序号	项目编号	项目名称	建筑面积（平方米）	商业形态	开业时间	档次	经营情况	出租率
1	B1	时尚地下街	30 000	特色商业街	1999-11-20	中端	优	100%
2	B2	百盛购物中心	40 000	专业商厦	2003-11-06	中端	良好	—
3	B3	中兴・沈阳商业大厦	240 000	专业商厦	2010-09-28	中高端	良好	100%
4	B4	万达・城中城	88 900	购物中心	2009-11-20	中端	一般	90%
5	B5	新世界太原街店	44 000	专业商厦	2008-12-01	中端	良好	95%
6	B6	五洲春天商业广场	265 000	购物中心	2006-01-16	中端	一般	80%

数据来源：克而瑞CRED商业地产数据库，http://cred.cric.com

商圈3 北行商圈 商圈业种种类众多

① 商圈范围

北行商圈位于沈阳市皇姑区中心区域，以长江街为轴心向两侧扩展。商圈东至嘉陵江街，南达昆山路，西至金沙江街，北接崇山路，商圈地理位置优越，商业发达，人文资源丰富。

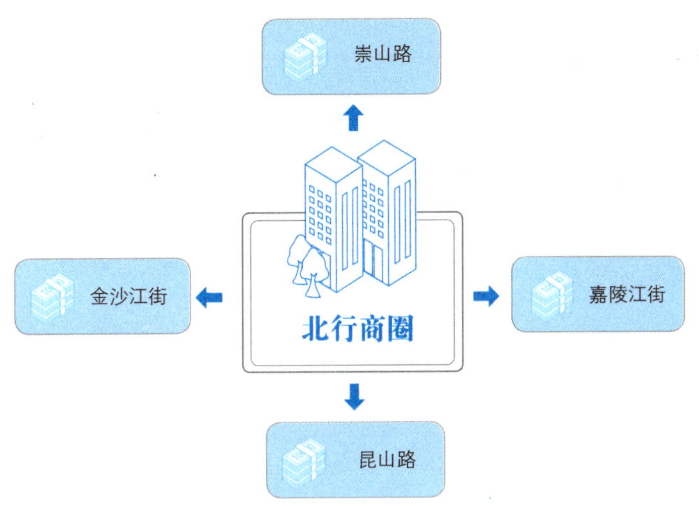

图2-75 沈阳市北行商圈范围示意图

② 商圈价值

北行商圈属于中低端次级商圈，以集住宿、休闲、购物、餐饮、娱乐、文化交流于一体的大型商业街——长江街，带动整个商圈的全面发展。北行商圈所辐射的范围主要有皇姑区以及于洪区、和平区的小部分区域，主要客户群体是百姓阶层。商圈内业种种类众多，包括服装、百货、餐饮、娱乐、装饰材料、家具、海鲜批发等，主要都分布在长江街两侧。

北行商圈现有大型商业存量约25万平方米，商业形态有专业商厦和特色商业街两大类，比例分别为34.3%和65.7%，主要商业项目包括沈阳地一大道和千盛百货长江店。

图2-76 2010年沈阳北行商圈大型商业形态比例

数据来源：克而瑞CRED商业地产数据库，http://cred.cric.com

表2-26 沈阳北行商圈主要商业项目

序号	项目编号	项目名称	建筑面积（平方米）	商业形态	开业时间	档次	经营情况	出租率
1	C1	沈阳地一大道	170 000	特色商业街	2009-09-26	中低端	一般	60%
2	C2	千盛百货（长江店）	47 160	专业商厦	2006-01-20	中端	良好	100%

数据来源：克而瑞CRED商业地产数据库，http://cred.cric.com

商圈4 铁西商圈
商圈形成较早、整体消费档次不高

① 商圈范围

铁西商圈位于沈阳市铁西区建设东路南侧，属沈阳市西南部。商圈东至云峰街，南联南十马路，西临兴顺街，北达建设大路。

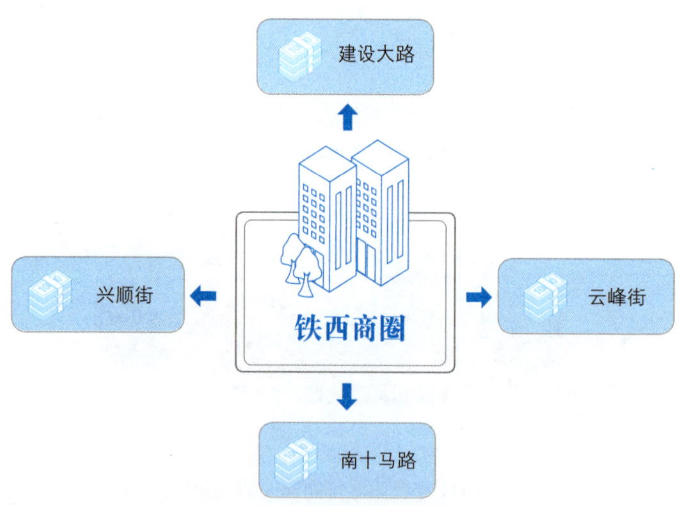

图2-77 沈阳市铁西商圈范围示意图

② 商圈价值

铁西商圈是沈阳市中低端次级商圈，主力客群是周边1～3千米内百姓阶层。商圈形成较早，大型商业项目均为专业商厦形态，现有大型商业存量约30万平方米，目前主要由铁西百货、铁西新玛特作为本商圈的主要支撑。商圈整体消费档次不高，符合周边居民消费层次。随着商业发展的不断完善，作为铁西商圈主要街道的兴华街将成为铁西区的主要消费场所。

表2-27 沈阳铁西商圈主要商业项目

序号	项目编号	项目名称	建筑面积（平方米）	商业形态	开业时间	档次	经营情况	出租率
1	D1	铁西万达商业广场	164 000	购物中心	2010-08-20	中端	一般	100%
2	D2	新玛特铁西店	76 000	专业商厦	2007-09-29	中端	良好	100%
3	D3	沈阳铁西百货大楼	25 000	专业商厦	1953-09-07	中端	优	100%

数据来源：克而瑞CRED商业地产数据库，http://cred.cric.com

4 沈阳整体租金水平

（1）购物中心首层租金水平

沈阳市商业形态发展刚刚步入购物中心发展阶段，现有购物中心供应并不多，主要分布在太原街商圈、中街核心商圈，其中太原街商圈租金水平在6～14.5元/（米^2·天），中街商圈租金水平在8～10元/（米^2·天），铁西商圈的万达商业广场租金水平相对低了一个台阶，为3～8元/（米^2·天）。

表2-28 沈阳主要购物中心租金

序号	项目名称	所属商圈	首层租金［元/（米^2·天）］
1	中粮·大悦城	中街商圈	8～10
2	万达·城中城	太原街商圈	6～8
3	五洲春天商业广场	太原街商圈	12.0～14.5
4	铁西万达商业广场	铁西商圈	3～8

数据来源：克而瑞CRED商业地产数据库，http://cred.cric.com

（2）百货租金水平

沈阳市百货店主要分布在两个核心商圈——太原街商圈和中街商圈，两个核心商圈百货扣点水平相当，主要介于20%～25%之间，铁西商圈百货扣点则根据项目不同而差距较大。

表2-29 沈阳市主要百货租金

序号	项目名称	所属商圈	首层租金（扣点）
1	太原街新玛特	太原街商圈	18%～25%
2	新世界太原街店	太原街商圈	24.0%～28.5%
3	沈阳伊势丹百货	太原街商圈	26%～27%
4	百盛购物中心	太原街商圈	21%～25%
5	中兴·沈阳商业大厦	太原街商圈	22%～26%
6	兴隆大家庭	中街商圈	24%～25%
7	中街新玛特	中街商圈	20%～26%
8	沈阳铁西百货大楼	铁西商圈	5%～20%
9	新玛特铁西店	铁西商圈	30%～35%

数据来源：克而瑞CRED商业地产数据库，http://cred.cric.com

（3）其他商业类型租金水平

时尚地下街、沈阳地一大道都是沈阳市较为知名的商业项目，由于位于不同商圈，租金水平差别较大，位于太原街核心商圈的时尚地下街租金水平达到23～40元/（米^2·天），沈阳地一大道的租金在7.5～18.3元/（米^2·天）。

表2-30 沈阳其他商业类型租金

序号	项目名称	所属商圈	租金水平［元/（米^2·天）］
1	时尚地下街	太原街商圈	23～40
2	沈阳地一大道	北行商圈	7.5～18.3

数据来源：克而瑞CRED商业地产数据库，http://cred.cric.com

5 沈阳未来商业供应及发展趋势预测

得益于沈阳市经济的快速增长，沈阳市商业地产也得到了快速的发展，现已成为城市经济发展中的一项重要内容。特别是近年，在国家振兴东北老工业基地的导向下，沈阳所独有的中心城市地位得以充分体现，商业发展快速步入规模高速的增长时期。目前，沈阳已开始成为商业地产的投资旺地。出现这种强烈的发展势头主要得益于金廊开发和浑河两岸开发的启动以及几大传统商圈的大力改造建设而提供的发展空间。

沈阳市未来商业供应以购物中心为主，而且新增供应大部分不在传统商圈内，如亿丰时代广场、沈阳龙之梦亚太中心、市政府恒隆广场、华润·万象城，体量较大，除市政府恒隆广场外新增购物中心体量均在25万平方米以上，定位偏向中高端。传统商圈中以中街商圈为主，有久光百货、新世界津桥路店两个百货商厦，以及盾安新一城、沈阳天润广场两个体量均在10万平方米以上的购物中心，百货形态也在传统百货基础之上添加了新的商业元素，业态规划也不仅限于零售，还包括了餐饮业态，建筑形态包含购物街区。

表2-31 沈阳未来主要商业项目供应

序号	项目名称	所属商圈	建筑面积（平方米）	商业形态	开业时间	商业初步定位
1	沈阳久光百货	中街商圈	120 000	专业商厦	2013-12-31	面向年轻人，由百货店、购物街区、星级酒店、酒店式服务公寓组成
2	盾安新一城	中街商圈	157 285	购物中心	2011-11-01	以大型商场为主，辅以婚纱影楼、办公楼、酒吧街、餐饮娱乐等功能的综合商业休闲中心
3	沈阳天润广场	中街商圈	135 000	购物中心	2011-09-01	汇聚时尚生活百货、大型品牌超市、连锁家电通讯卖场、五星级豪华影院、电玩欢乐世界、特色餐厅总汇及数百个品牌专卖店、专营店
4	新世界津桥路店	中街商圈	32 500	专业商厦	2011-05-01	以18～50岁顾客为目标顾客群，集购物、餐饮为一体的时尚流行百货
5	沈阳巨酷潮人大卖场	北行商圈	41 624	专业商厦	2011-04-15	国内外一线品牌先期入驻，卖场采用租铺赠产权的高回报销售模式
6	沈阳龙之梦亚太中心	非商圈	300 000	购物中心	2011-04-30	超大规模城市商业综合体
7	华润中心·万象城	非商圈	250 000	购物中心	2011-05-01	20万平方米中高档购物中心、写字楼、高档住宅构成
8	亿丰时代广场	非商圈	450 000	购物中心	2011-12-31	沈阳迄今为止体量最大、拥有业态最齐全、商业设施最完备的商业项目
9	市政府恒隆广场	非商圈	81 000	购物中心	2011-12-31	世界级购物中心
10	五爱国际美博交易中心	非商圈	49 000	市场	2011-03-01	与五爱深港客运站融为一体，业态定位为美容美发化妆品相关配套的经营品种，融专业美妆产品交易、现代物流、金融、饮食为一体

数据来源：克而瑞CRED商业地产数据库，http://cred.cric.com

3 沈阳市未来城市发展规划

经济总量力争进入全国副省级城市“第一集团”。

1 城市总体规划

以振兴老工业基地为主题，逐步把沈阳市建设成为新型工业城市，成为全国先进装备制造中心、区域性商贸物流和金融中心，实现老工业基地全面振兴，全面建成小康社会，加快建设东北地区中心城市，经济总量力争进入全国副省级城市“第一集团”，成为带动辽宁乃至东北振兴的重要增长力量。

（1）产业布局

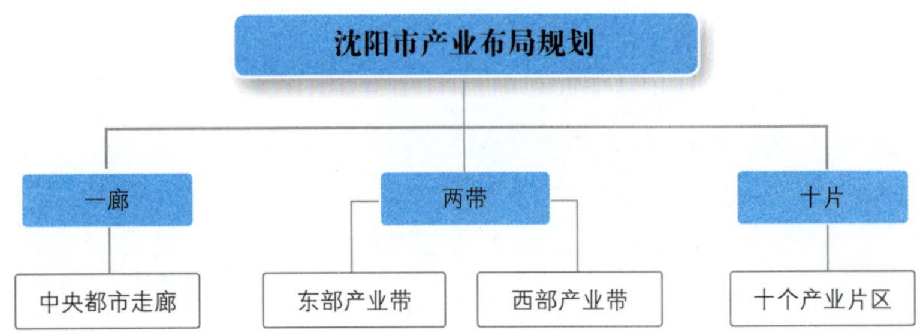

图2-78 沈阳市产业布局规划示意图

一廊：南北向中央都市走廊，集中辽中城市区域的高级经济控制功能，金融服务功能和资本流通功能，直接辐射东三省，同时，城市的第三产业集中在此。

两带：在中央城市走廊的东西两侧，布置东部和西部两个产业带。

十片：在两个产业带中，根据不同的地理位置和发展条件，布置十个产业片区。中心的铁西、大东是后工业化的产业中心，是高效益、高产出的现代都市型产业；北部产业主要是重工业和机械化生产企业；南部产业主要是电子、信息、流通和高科技产业。

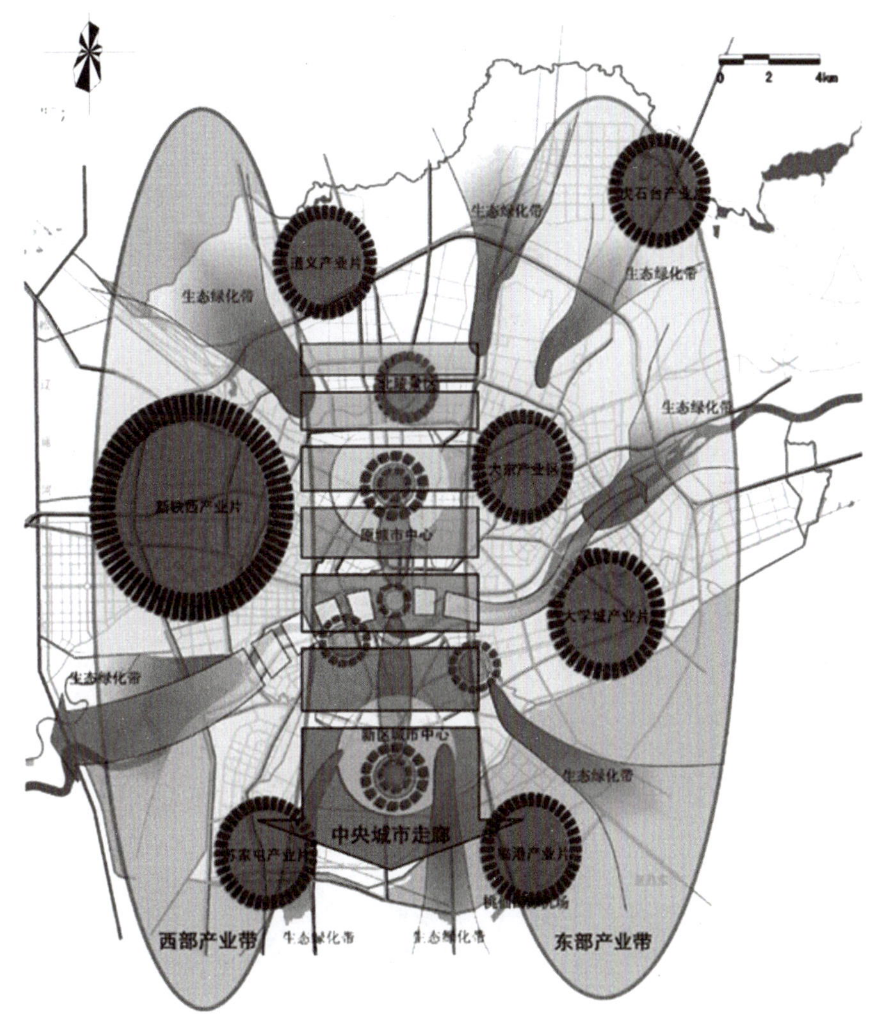

图2-79 沈阳市核心区产业结构示意图

（2）交通规划

目前，地铁一号线一期工程已经开通试运营。该工程西起经济技术开发区，东至黎明文化宫，沿线串连铁西广场、太原街、中街等大型客流集散点，全长27.8千米，设车站22座。地铁二号线一期工程正在抓紧建设，该工程北起松山路，南至上深沟，串连了沈阳北站、市府广场、奥体中心等大型客流集散点，全长21.8千米，设车站19座。

沈阳市快速轨道交通线网规划于2008年编制完成，线网由“四横、四纵、两L、一弦线”11条线组成，长400千米。“四横”为东西向线路，以奇数命名，包括一、三、五、七号线；“四纵”为南北向线路，以偶数命名，包括二、四、六、八号线；“两L”为九、十号线，围合到一起形成环线；“一弦线”为十一号线，串联外围产业区。此外，依托城镇发展带，规划三条市域快线和五条城际铁路服务全市域及沈阳经济区。

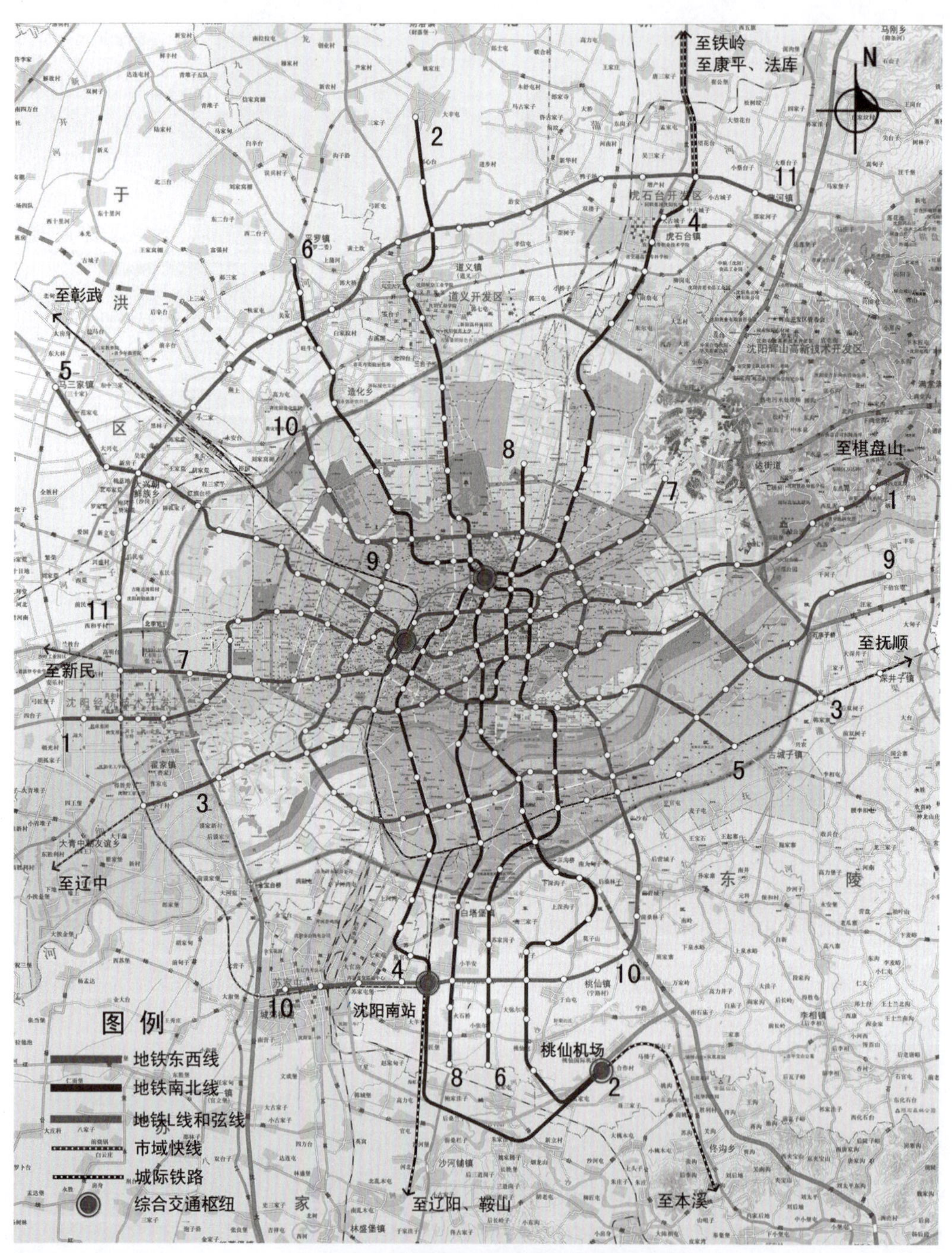

图2-80 沈阳市轨道交通规划示意图

2 中心城商业网点规划

规划期内，继续改造完善中街、太原街、北站三个现有都市商贸中心。同时，按照城市发展长期规划，“十一五”期间，重点规划五里河、长江、兴工、东城、浑南五个都市商贸中心，经过十年建设，使其具备都市商贸中心的雏形。

都市商贸中心商业网点总营业面积不低于50万平方米，目标服务对象包括国内外流动人口和本市居民，日客流量超过20万人次。

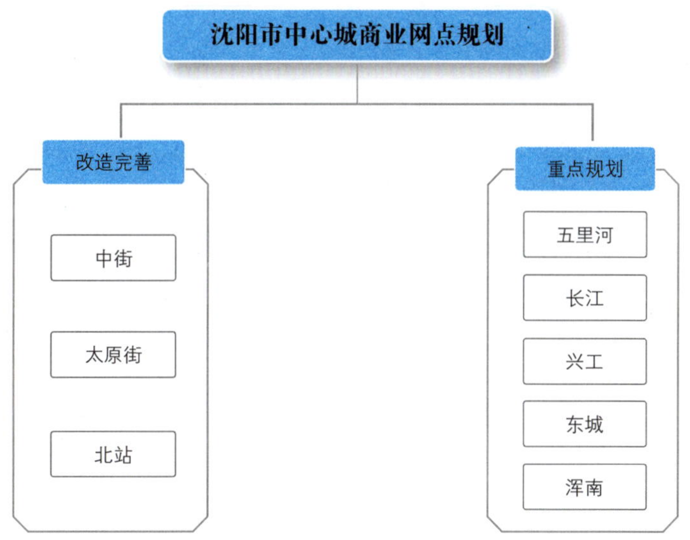

图2-81 沈阳市中心城商业网点规划示意图

（1）皇城都市商贸中心

表2-32 沈阳市皇城都市商贸中心项目规划

规划项目	内容
规划范围	在现有中街路、沈阳路、正阳街、朝阳街形成的井字型空间布局基础上，扩展至由东顺城街、西顺城街、南顺城路、北顺城路为四边，形成由历史古城墙围成的方城式布局，规划区域面积1.78平方千米
功能定位	发挥历史文化和多元建筑风格优势，融传统文脉与现代理念于一体，突出世界文化遗产——沈阳故宫的风范，形成传统商业与现代商业相互交融，使购物、旅游、商务融为一体的现代都市商贸中心

（续表）

规划项目	内容
发展导向	以中街步行商业街为核心，在保持历史文物、标志性建筑风格前提下，重点启动闲置大型商业设施，进行结构调整，丰富业态，提升档次。形成中街西段以婚纱人像摄影、金银饰品经营网点为主，中段以购物中心、品牌专卖店、专业店为主，东段以现代百货为主的现代化购物功能区，构建功能完善的“东北第一街”； 以沈阳路为核心，在皇城南部，围绕沈阳故宫、张氏帅府进行功能调整，建设具有清代风格的园林式商业建筑。重点开发旅游文化、旅游商品、餐饮娱乐、宾馆酒店等商业设施，打造富有特色的清代旅游文化一条街； 以北中街为核心，在皇城北部，重点建设商务酒店、酒店式公寓、智能化办公楼和娱乐休闲设施，为古老的皇城增添现代气息。结合地铁出站口建设，立体利用商业空间，开发休闲广场，综合利用电子监视系统进行交通导示，创造和谐休闲的购物环境

（2）太原街都市商贸中心

表2-33 沈阳市太原街都市商贸中心项目规划

规划项目	内容
规划范围	在现有胜利大街、太原街、中华路、中山路形成的“开”字型布局基础上，进行空间扩展。东至和平大街，西至胜利大街，南至南五马路，北至北五马路，规划区域面积4.3平方千米
功能定位	未来发展以现代百货业和现代服务业为主导功能，以现代商务、金融、信息为辅助功能。其土地价值决定该地区的建筑密度高，商业大厦林立，形成以高档时尚、精品星级商业建筑为特色的都市商贸中心
发展导向	太原步行街和中华路地区，重点发展高档、精品和时尚百货业，建成全国一流、东北地区最具辐射力的“购物中心”。从中山广场到站前广场沿中山路建设欧式风情街；沿民主路建设星光影视娱乐大街，营造“24小时消费”环境；结合站前广场和客运枢纽改造，沿胜利大街发展以总部大厦、厂家直销中心为主要形式的现代贸易设施；沿和平大街发展以现代金融服务为主体的商贸设施；沿南京街发展以高档公寓式酒店为主要建筑的商务设施

（3）北站都市商贸中心

表2-34 沈阳市北站都市商贸中心项目规划

规划项目	内容
规划范围	以沈阳北站为核心，向南呈放射形布局，东至敬宾街，西至北京街，北至站前路，南至惠工街。以友好街、惠工街、敬宾街、北站路、北京街、团结路为主干进行布局，规划区域占地面积1.12平方千米
功能定位	依托沈阳北站和沈阳“金廊”沿线交通优势，以现代金融商贸服务业为主要功能，构筑全方位、多层次、宽领域的金融、服务、贸易产业格局和总部经济形态集聚的东北区域性金融、商贸、管理控制和信息中心
发展导向	沿北京街建设现代化Shopping Mall（购物中心）和现代百货店；沿北站路开发建设具有标志性的高档宾馆酒店、现代化会议中心、总部智能化办公楼、金融和产权交易中心等现代服务设施；在大型商贸设施裙楼复合建设各具特色的餐饮和休闲服务设施

沈阳北站金融商贸开发区是东北地区唯一以金融商贸产业为重点的省级开发区，是沈阳“金廊”的重要功能区之一。开发区始建于1992年，经过十余年的开发建设，已初步建成东北地区金融、商贸、服务、信息中心，在沈阳参与国际竞争中发挥着积极作用。

（4）五里河都市商贸中心

表2-35 沈阳市五里河都市商贸中心项目规划

规划项目	内容
规划空间	以青年大街南段为轴，以文艺路、文化路、南二环路、南五爱街、三好街等“三街三路”为框架，构成田字型布局
功能定位	以IT产品交易、高级商务、会议会展、文体休闲为主要功能，发挥餐饮娱乐、信息传媒、品牌商品专卖特色，形成集科技文化、商品交流、现代商务、高档餐饮娱乐、会议会展等功能于一体的现代商贸服务区
发展导向	沿三好街两侧的商业建筑要通过改造不断提升商业设施水平，进一步完善IT产品交易及其配套服务功能；沿青年大街两侧，重点建设高档商务酒店、总部经济大厦、管理控制中心、国际品牌专卖店；沿南二环路与浑河北岸之间重点建设各具特色、反映不同主题风格、与“银带”滨水旅游景区建设相结合的特色服务区；沿文化路两侧重点建设会议会展和餐饮服务设施；沿文艺路两侧重点建设高档酒店式公寓、写字楼和休闲娱乐设施；沿南五爱街两侧重点建设高品位的文化、健身、休闲等商业服务设施

（5）长江都市商贸中心

表2-36 沈阳市长江都市商贸中心项目规划

规划项目	内容
规划空间	以现有长江商业区为核心，包括黄河大街、泰山路、崇山路沿线，形成“二横二纵”的框架式放射型布局，规划占地面积2平方千米
功能定位	依托昭陵、新乐遗址、北运河水系等历史人文景观及北行传统商业区，未来构建集商品零售、餐饮娱乐、商务旅游、文教商业于一体的沈阳北部都市商贸中心
发展导向	沿长江街继续完善提升零售商业设施整体水平，进一步调整业态结构。南段重点开发培育酒店、餐饮、娱乐、休闲等服务设施；中段大力发展各种类型的品牌专业店、专卖店；北段建设与文化、旅游、科技产业相配套的商业设施。沿黄河大街重点开发建设休闲、购物和餐饮服务设施；沿泰山路重点开发建设星级宾馆和高档酒店，形成商务、旅游服务集聚区；沿崇山路重点开发餐饮、娱乐、休闲设施，形成商业服务设施与文化教育设施有机结合的文教商业功能区

（6）东城都市商贸中心

表2-37 沈阳市东城都市商贸中心项目规划

规划项目	内容
规划空间	由小东路近期发展轴、大东路远期发展轴和中捷友谊厂、沈阳矿山机器厂规划用地为核心，形成“二轴一心”的规划格局。近期规划面积1平方千米，远期3平方千米
功能定位	发挥邻近“中街”的区位优势，与其实行错位经营，优势互补，通过优化景观环境和配套服务，未来形成集商务办公、酒店式公寓、现代百货、特色餐饮于一体的沈阳东部都市商贸中心
发展导向	小东路发展轴以发展零售商业、餐饮娱乐业为主。大东路发展轴以发展金融服务、宾馆酒店、商务办公为主。“一心”重点发展综合商服、娱乐、商务办公、酒店宾馆、经济总部大厦。小什字街结合现状，规划为风味餐饮特色街区。未来根据城市经济和空间布局调整的需要，东城都市商贸中心可与皇城都市商贸中心相互融合、竞相发展，共同形成东北地区最大的现代化都市商贸中心

（7）兴工都市商贸中心

表2-38 沈阳市兴工都市商贸中心项目规划

规划项目	内容
规划空间	兴工街、北二路、兴华街、建设大路沿线，规划占地面积2平方千米
功能定位	按照产业化与人性化发展理念，以服务装备制造业和适应铁西新区发展需要为目标，规划建设沈阳西部都市商贸中心
发展导向	沿兴工街重点建设金融中心、购物中心、商务宾馆、总部经济中心等；沿北二路重点形成汽车销售服务产业带、物流配送中心和工业展览中心等贸易平台；沿建设大路重点开发建设大型酒店、休闲娱乐服务设施；沿兴华街重点建设百货商店、餐饮娱乐中心，使其成为集宾馆、餐饮、体育场馆等于一体的购物中心与文化体育中心

（8）浑南都市商贸中心

表2-39 沈阳市浑南都市商贸中心项目规划

规划项目	内容
规划空间	以南部金廊和浑南大道为核心，东至富民街，西至新隆街，北至浑河南堤，南至苏抚铁路
功能定位	依托高新技术产业和现代化新城区发展，规划建设以浑河观光旅游、会展贸易为主体的高档次中央商务区，未来形成沈阳南部都市商贸中心
发展导向	沿浑河南堤重点建设生态旅游宾馆、特色餐饮街；机场路以西重点建设科技贸易、现代物流设施；机场路以东重点建设国际会展服务和现代购物设施

小结

作为老工业城市的代表，沈阳在中国经济发展背景下开始逐步向一个新兴城市转变。在国家振兴东北老工业基地政策的引导下，沈阳所独有的中心城市地位得以充分体现，商业发展步入高速增长时期。

近年来，沈阳商圈不断兴起，各路商业争奇斗艳。沈阳共有十个商圈，包括两个核心商圈和八个次级商圈，商圈定位各不相同，分别见证了沈阳商业不同时期的发展。目前，沈阳市的商业格局以和平区、沈河区为主要商业核心区域，商业形态已步入购物中心发展阶段。与此同时，由于金廊和浑河两岸开发的同时启动以及几大传统商圈的大力改造建设，沈阳已开始成为商业地产的投资旺地。

沈阳市未来商业供应以购物中心为主，新增供应大部分不在传统商圈内，定位偏向中高端。百货形态也在传统百货基础之上添加了新的商业元素，业态规划也不仅限于零售业态，还包括了餐饮业态。

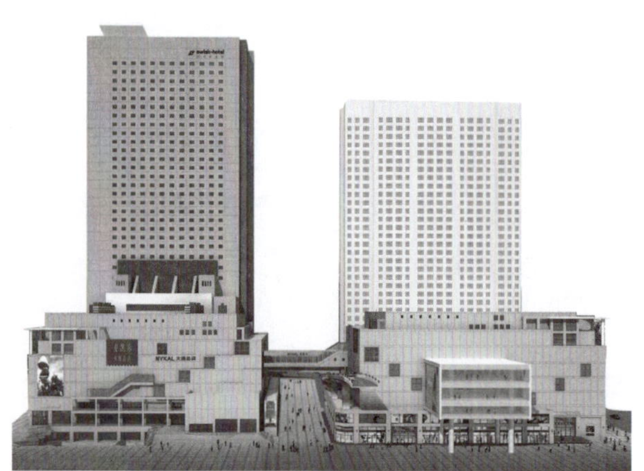

2010年商业地产市场报告

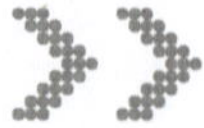

1 大连市商业地产六项宏观经济指标分析

第二、三产业已经成为大连经济的主导力量。

指标1 宏观指标

自2005年大连市的国民经济发展在高速稳定地增长运行。2009年，大连市实现地区生产总值（GDP）4418.0亿元，按可比价格计算比上年增长15.0%。虽然受金融危机影响，GDP增长率有所下降，但是仍保持了两位数增长，显示了区域经济强劲的增长动力，是国内经济发展稳定和具有活力的城市之一。

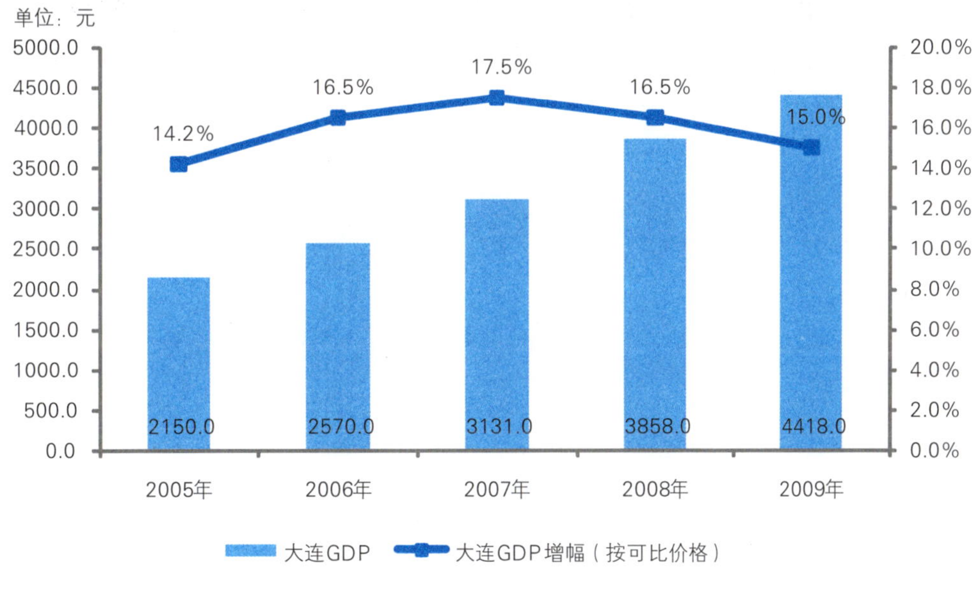

图2-82 2005—2009年大连GDP及增幅

数据来源：克而瑞CRED商业地产数据库，http://cred.cric.com

指标2 产业结构

2009年，第一产业增加值313.4亿元，较上年增长7.8%；第二产业增加值2314.8亿元，增长较上年16.5%；第三产业增加值1789.5亿元，较上年增长14.6%。三次产业构成比例为7.1：52.4：40.5，对经济增长的贡献率分别为3.5%、55.0%和41.5%。

分析2005年至2009年的三次产业发展可以看出，第一产业在大连市的国民经济比重中逐年递减，处于低位；第二产业呈现持续上升局面，其增长速度较快；第三产业前三年增长速度较快，受金融风暴影响，后两年呈现下降趋势，但是第二、三产业已经成为大连经济的主导力量。

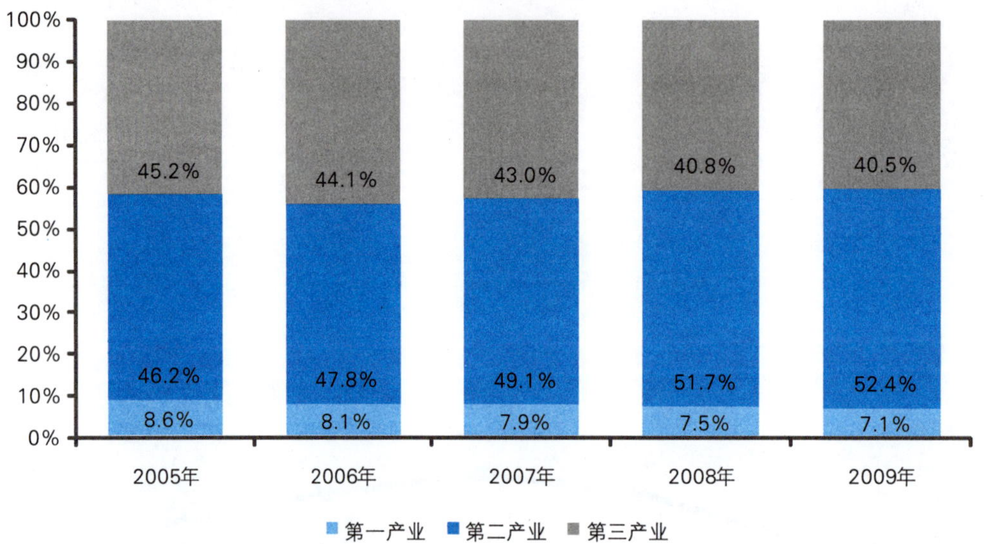

图2-83 2005—2009年大连三大产业结构比例

数据来源：克而瑞CRED商业地产数据库，http://cred.cric.com

城市人口

据2009年年末大连市统计公报数据显示，全市常住人口达617.0万人，比上年年末增加4.0万人；其中户籍人口584.8万人，比上年年末净增加1.4万人。2006年，大连市常住人口数量较上年减少了12.0万人，所以增幅比例呈现负增长。但2007年大连市常住人口数量大幅增长，达到了608.0万人，增幅达到了3.1%。

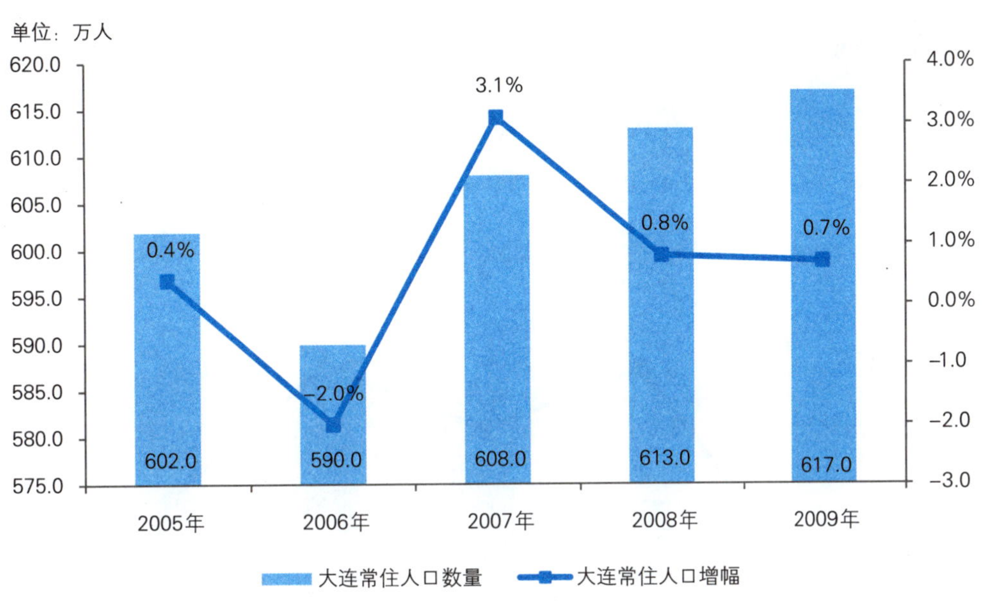

图2-84 2005—2009年大连常住人口数量及增幅

数据来源：克而瑞CRED商业地产数据库，http://cred.cric.com

2005年至2009年，大连市城市化率得到了稳步提升。从2005年的56.2%上升到2009年的61.2%，增幅达到了5.0个百分点。

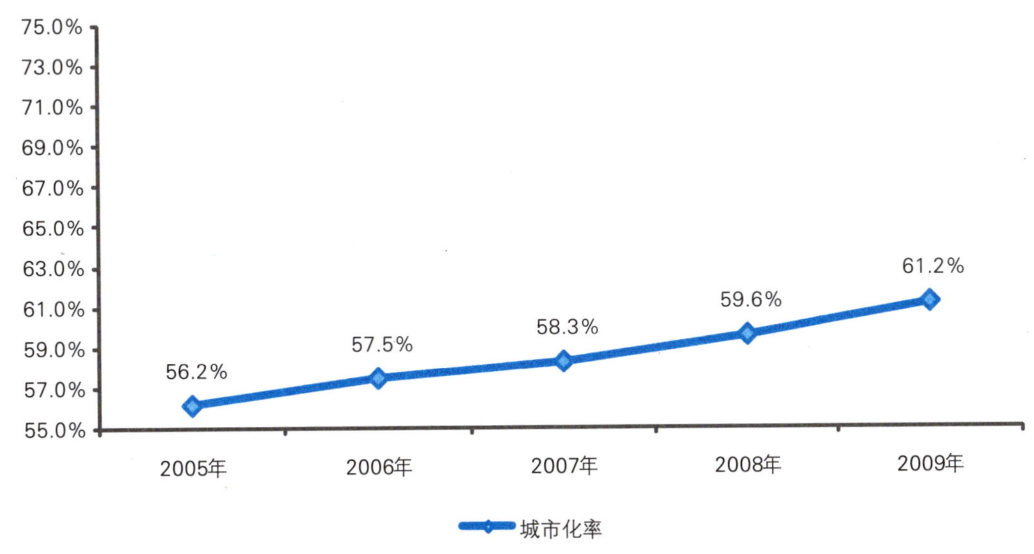

图2-85 2005—2009年大连城市化率

数据来源：克而瑞CRED商业地产数据库，http://cred.cric.com

指标4 经济效益

2005年至2009年，大连市人均GDP稳定持续上涨。但是受金融危机的影响，2009年的增长速度明显放缓。2009年城镇居民人均GDP达到人民币71 600.0元，扣除价格因素后，实际增长13.8%，增幅比上年下降8.4个百分点。

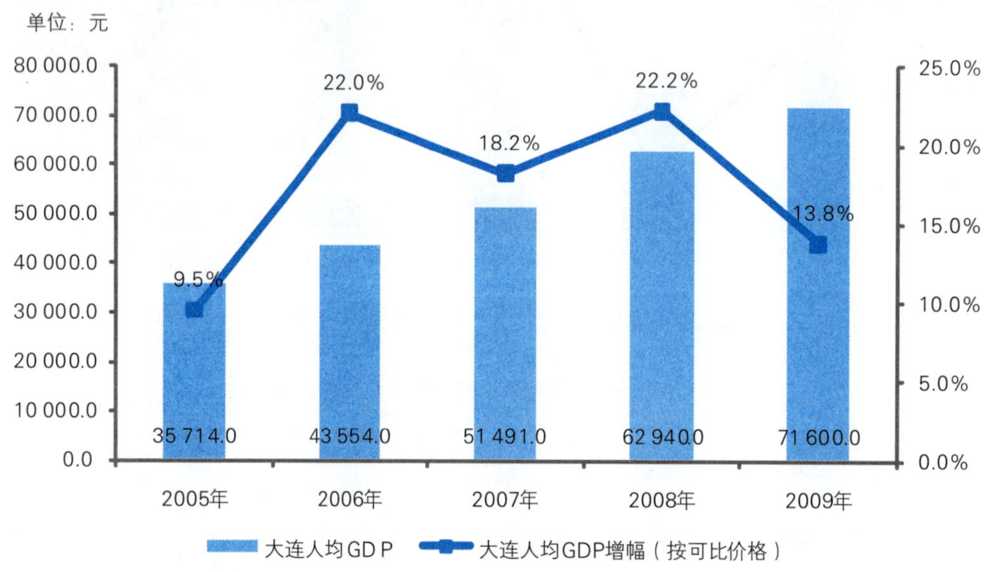

图2-86 2005—2009年大连人均GDP及增幅

数据来源：克而瑞CRED商业地产数据库，http://cred.cric.com

指标5 城镇居民生活质量

2005年至2009年的五年间，大连市的人均可支配收入持续上涨，从人民币11 994.0元上升到19 014.0元。但是由于受到金融危机的影响，2009年的增长速度明显放缓，扣除价格因素后，较上年只增长8.7%；增幅程度上为历年最低。

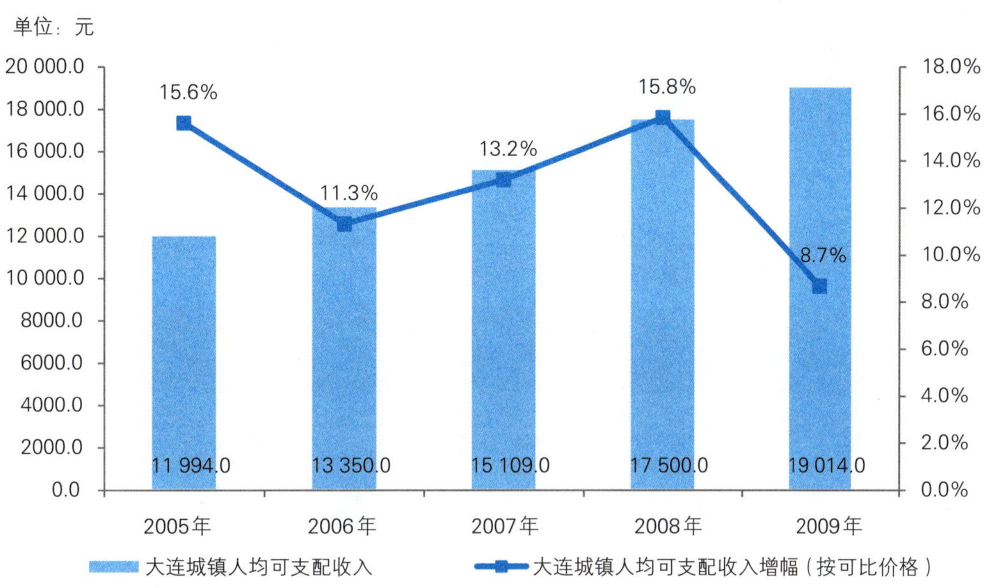

图2-87 2005—2009年大连城镇人均可支配收入及增幅

数据来源：克而瑞CRED商业地产数据库，http://cred.cric.com

2005年至2009年大连市城镇人均消费性支出额逐年升高，从2005年的9996.0元上涨到2009年的15 330.0元，这种情况与大连市居民人均可支配收入的情况基本一致，其增幅也是出现了先涨后降的趋势，增幅最大的为2008年达到了16.2%；增幅最小的是2006年，仅为5.4%。

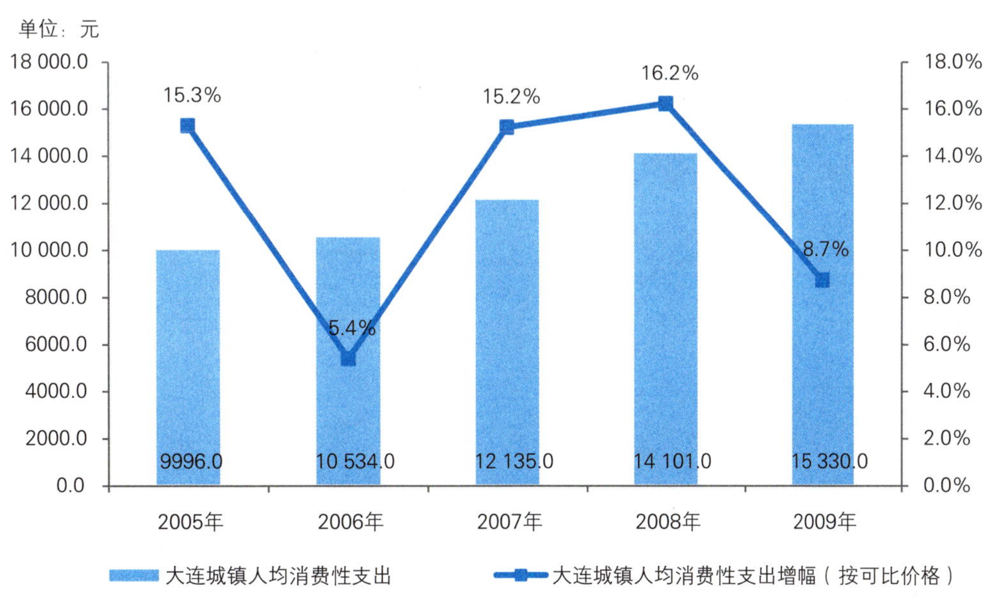

图2-88 2005—2009年大连城镇人均消费性支出及增幅

数据来源：克而瑞CRED商业地产数据库，http://cred.cric.com

2005年至2009年属于大连居民生活消费平稳发展阶段，城市居民家庭八大类消费普遍增长。2009年消费性支出比例最大的是食品类支出，占总构成的38%；交通通讯支出增幅最高，支出达到2477元，占总构成的16.2%，比上年增长了3.8%，位居第二；衣着类支出位居第三，占9.7%；最低的是家庭设备用品类支出，只占4.6%。

表2-40 2005—2009年大连城镇居民人均消费性支出构成

构成＼年份	2005年		2006年		2007年		2008年		2009年	
	元	%	元	%	元	%	元	%	元	%
总支出	9997	100	10534	100	12126	100	14101	100	15331	100
食品	3983	39.8	4205	39.9	4566	37.6	5351	37.9	5821	38.0
衣着	981	9.8	1113	10.6	1076	8.9	1379	9.9	1497	9.7
家庭设备用品	420	4.2	533	5.1	582	4.8	761	5.4	710	4.6
医疗保健	885	8.9	876	8.3	1154	9.5	1068	7.6	1183	7.7
交通通讯	1037	10.4	1052	10.0	1348	11.1	1752	12.4	2477	16.2
教育文化	1189	11.9	1173	11.1	1429	11.8	1486	10.5	1477	9.6
居住	1024	10.2	1057	10.0	1437	11.9	1697	12.0	1434	9.4
其他	478	4.8	525	5.0	534	4.4	607	4.3	732	4.8

数据来源：克而瑞CRED商业地产数据库，http://cred.cric.com

2005年至2009年五年间，大连市边际消费倾向基本保持平稳，边际消费倾向从83.3%下降到80.6%，其中2006年下降到了最低的78.9%，而2008年和2009年的边际消费倾向保持同一水平，都为80.6%。

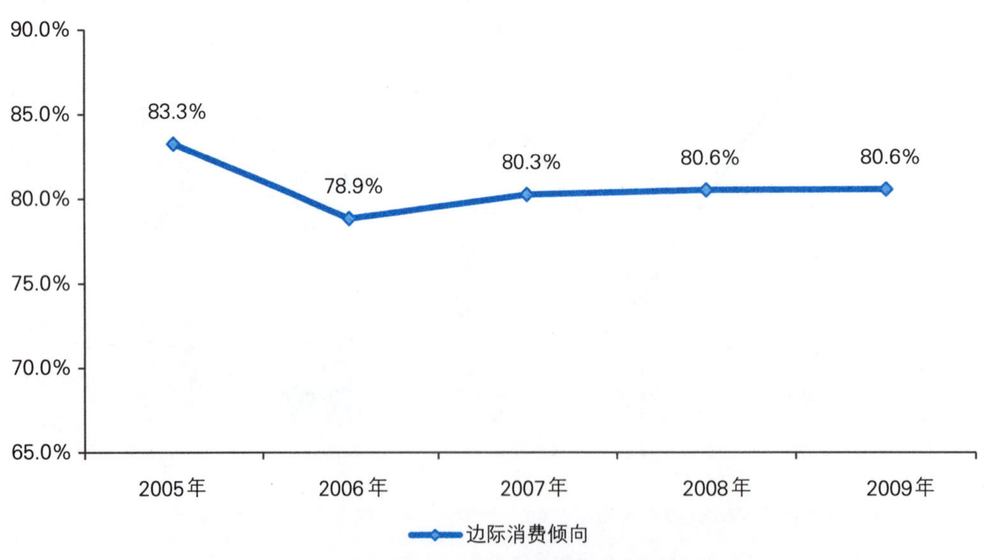

图2-89 2005—2009年大连边际消费倾向

数据来源：克而瑞CRED商业地产数据库，http://cred.cric.com

指标6 商业需求

大连市社会消费品零售总额保持较快的增长速度，但是由于受到了金融风暴的影响，2009年全年实现人民币1396.7亿元；2009年的社会消费品零售总额在除价格因素后，实际增长18.1%，较2008年的20.3%增长率略有下降。

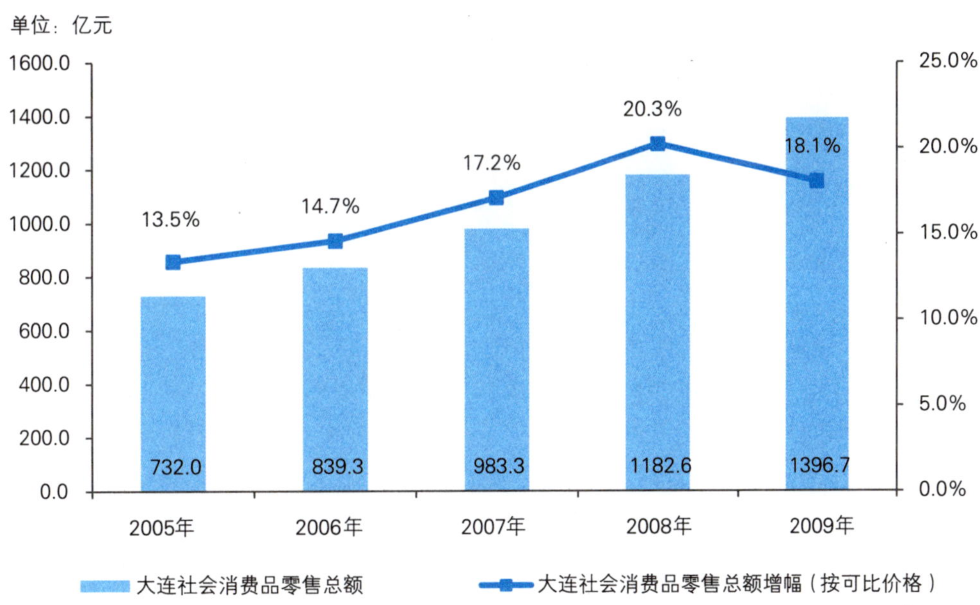

图2-90 2005—2009年大连社会消费品零售总额及增幅

数据来源：克而瑞CRED商业地产数据库，http://cred.cric.com

2005年至2009年，大连市人均社会消费品零售总额的发展趋势出现了比较明显的波动。五年间，大连人均社会消费品零售总额总体呈现出逐步上升的趋势，从2005年的12 159.5元上升到2009年的22 637.0元。但是，其增幅却呈现出较大的波动，尤其是2007年增幅仅为9.9%，较上年下降10.1个百分点。

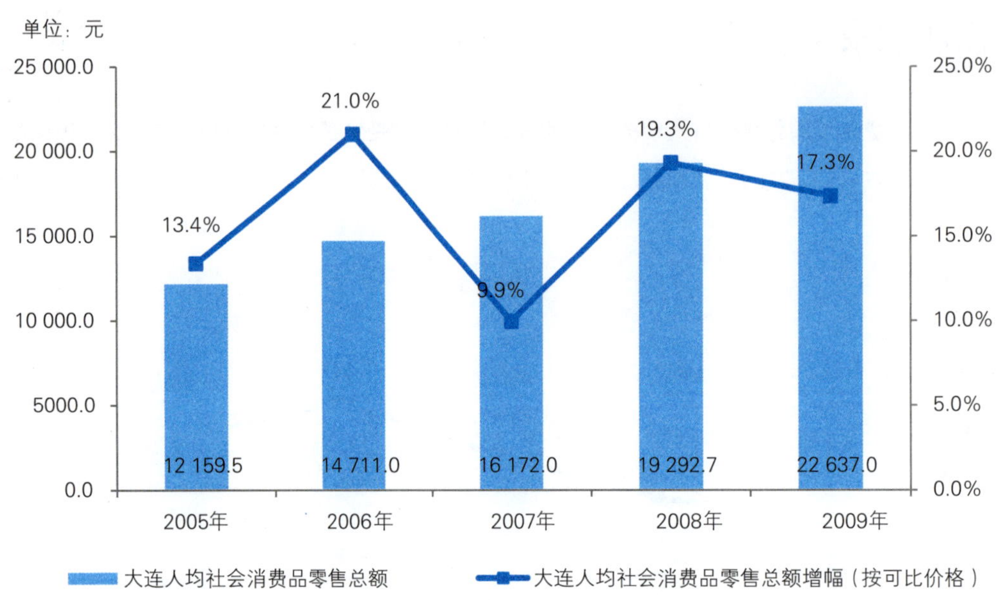

图2-91 2005—2009年大连人均社会消费品零售总额及增幅

数据来源：克而瑞CRED商业地产数据库，http://cred.cric.com/

2 大连市整体商业市场环境研究

东部、西部与北部将逐步构筑起东西北“三足鼎立”的商圈新格局。

1 现有商业供应情况

2010年，大连市商业总存量是373万平方米，按常住人口计算，大连人均商业存量约为0.6平方米，其中大型商业存量为218.9万平方米。按各类型商业存量供应，包括的商业类型主要有购物中心、专业商厦、市场和特色商业街，其中购物中心在存量供应中所占比重最大，为50.2%；其次为专业商厦，为23.6%；第三位是市场，达到了18.7%；所占比重最小的为特色商业街，仅为7.5%。

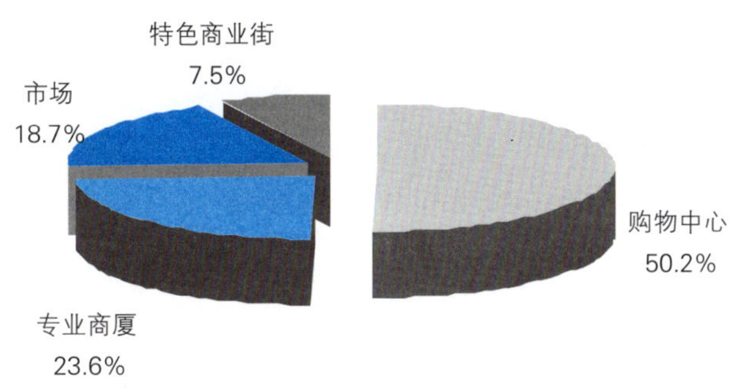

图2-92 2010年大连各类型重点商业存量供应

数据来源：克而瑞CRED商业地产数据库，http://cred.cric.com

1 六大主要商圈描述

大连有六大主要商圈，其中核心商圈是青泥洼商圈和西安路商圈，次级商圈是奥林匹克商圈、香炉礁商圈和鲁迅路商圈，还有一个华南商圈作为大连的新兴商圈。

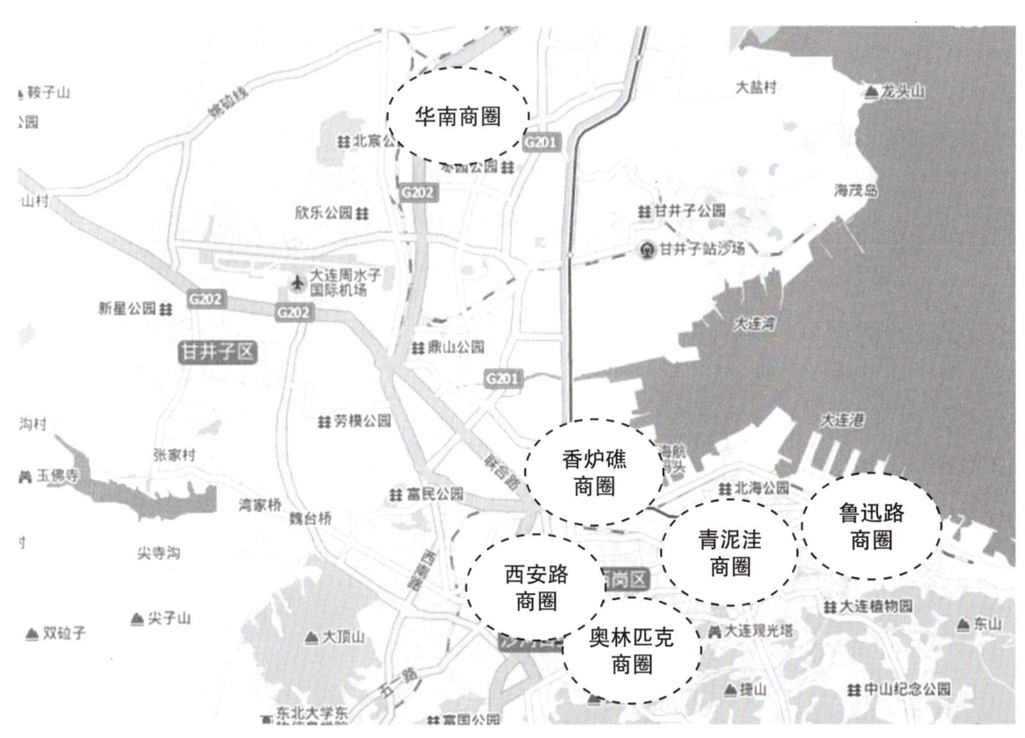

图2-93 2010年大连主要商圈分布图

表2-41 大连主要商圈

序号	商圈编号	商圈名称	商圈级别	区域属性	特征	主要零售物业
1	A	青泥洼商圈	核心商圈	综合区	**档次：**高端 **目标客群：**时尚人士、成功人士、白领、小白领、百姓阶层、学生 **主要商业类型：**购物中心、百货、其他专业商厦、市场、特色商业街	胜利广场 天津街商业步行街 大商新玛特青泥洼店 香榭里广场 百年城
2	B	西安路商圈	核心商圈	综合区	**档次：**中高端 **目标客群：**时尚人士、白领、小白领、百姓阶层 **主要商业类型：**购物中心、百货、其他专业商厦、市场	天兴罗斯福购物中心 福佳新天地广场 长兴市场 锦辉购物广场
3	C	奥林匹克商圈	次级商圈	商业区	**档次：**中高端 **目标客群：**时尚人士，白领、小白领，百姓阶层 **主要商业类型：**购物中心、市场、特色商业街	万达华府购物中心 奥林匹克购物广场 星海商城
4	D	鲁迅路商圈	次级商圈	综合区	**档次：**中高端 **目标客群：**时尚人士、白领、小白领、百姓阶层 **主要商业类型：**购物中心、其他专业商厦、市场	嘉和购物广场 二七贸易大世界 大连温州城商品交易市场
5	E	香炉礁商圈	次级商圈	综合区	**档次：**中端 **目标客群：**时尚人士、成功人士、白领、小白领、百姓阶层 **主要商业类型：**其他专业商厦、市场	宜家香炉礁店 迪卡侬香炉礁店 麦德龙香炉礁店
6	F	华南商圈	新兴商圈	综合区	**档次：**中端 **目标客群：**时尚人士、白领、小白领、百姓阶层 **主要商业类型：**购物中心、其他专业商厦、市场	安盛沃特时尚广场 安盛购物广场 华南假日服饰商城 华南家居大世界

商圈1 青泥洼商圈
大连市两大核心商圈之一

① 商圈范围

东起安乐街，西至更新街和大公街，南起五惠路，北至双兴街。

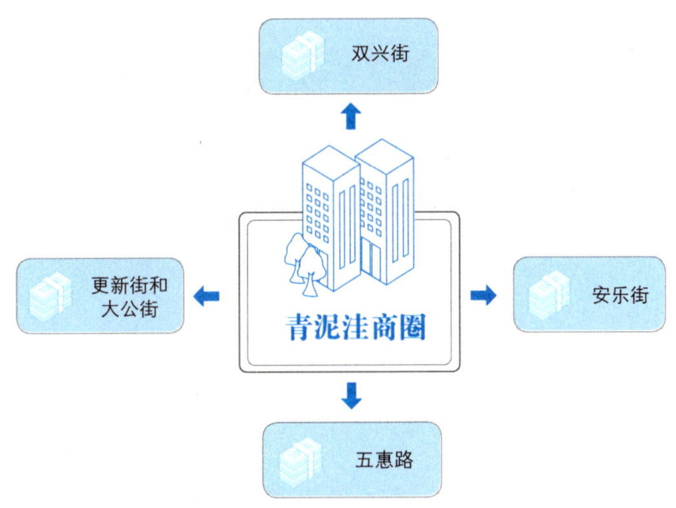

图2-94 大连市青泥洼商圈范围示意图

② 商圈价值

青泥洼商圈是大连市两大核心商圈之一，1998年以前，大连的中高档时尚百货只有位于中山广场附近的友谊商城一家，但随着1998年麦凯乐大连商场和胜利百货的开业，后来太平洋百货集团与百年城集团合作在青泥洼桥占有了一席之地，大连的中高档时尚百货企业架构初现端倪。时尚百货店登陆大连，为大连零售业注入了新的活力，与天津街的封街改造相比，高档时尚百货店在青泥洼桥商圈的亮相，为青泥洼桥商圈的崛起奠定了基础。

该商圈原有的老字号百货——大连商场，也在经营中寻找新的经营方向，借助商圈的客流优势迅速扩张发展，在保留大连商场老店的基础上创建了新玛特商场，继而又将经营状态不佳的秋林、中兴商场、先施秋林收归旗下，使青泥洼商圈在拥有高档时尚百货店的同时，也满足了中低层次消费者及百姓日常消费的需要，青泥洼商圈在大连商圈中的绝对主力地位逐步形成，青泥洼商圈已经取代了原来的天津街商圈，成为大连商业发展的最繁华区域。

在青泥洼商圈，麦凯乐作为大连中高档综合时尚百货的成功范例，在大连所有零售百货中占有绝对优势；太平洋百货以其先进的百货管理模式和领导年轻时尚潮流的经营方向，吸引了众多的年轻消费者，也在该商圈逐渐站稳了脚跟；而大连商场和新玛特虽然在商场形象档次上不及麦凯乐和太平洋，但由于其面对大众消费群体，经营业种大而全，凭借着客流优势，成功地实现了与麦凯乐和太平洋的错位经营。以上三种零售企业的存在为青泥洼商圈的发展奠定了稳固的架构基础，该商圈在大连商业经济中的主力位置，短时间内难以撼动。

青泥洼商圈大型商业形态比例，购物中心所占比重最大，为47.3%；其次为专业商厦，为26.9%；第三位的是特色商业街，达到了15.0%；所占比重最小的为市场，为10.8%。

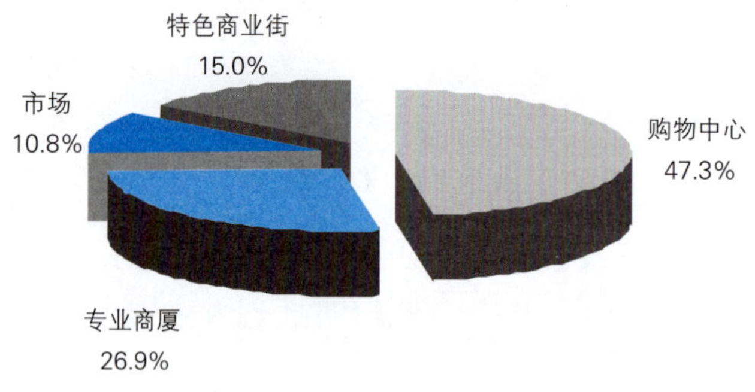

图2-95 2010年大连青泥洼商圈大型商业形态比例

数据来源：克而瑞CRED商业地产数据库，http://cred.cric.com

表2-42 大连青泥洼商圈主要商业项目

序号	项目编号	项目名称	建筑面积（平方米）	商业形态	开业时间	档次	经营情况	出租率
1	A1	胜利广场	156 000	购物中心	1998-05-31	中端	优	100%
2	A2	大商新玛特青泥洼店	148 000	购物中心	2001-09-18	中端	良好	100%
3	A3	香榭里广场	86 367	购物中心	2010-02-08	中低端	一般	80%
4	A4	百年城	80 000	购物中心	2002-01-12	高端	优	100%
5	A5	天津街商业步行街	150 000	特色商业街	2004-01-28	中端	良好	95%

数据来源：克而瑞CRED商业地产数据库，http://cred.cric.com

商圈2 西安路商圈
大连市两大核心商圈之一

① 商圈范围

以西安路为核心，南起黄河路，北至兴工街。

图2-96 大连市西安路商圈范围示意图

② 商圈价值

西安路商圈是大连市两大核心商圈中另外一个，西安路是大连市有着近百年历史的老商业街。近年来，在市区两级政府的不断努力下，一期开发建设历时七年，投资三十多亿元，建设了九个大型现代商贸项目，西安路区域的软、硬环境不断完善，业态和基础设施面貌焕然一新。优越的地理位置、便利的交通条件、完善的商业设施、日渐旺盛的人气和消费能力，使西安路商务商业中心成为了大连市城区人流、商流的交汇中心。随着天兴·罗斯福、福佳·新天地、百盛购物、民勇大厦等一批商务商业项目的入驻，西安路商务商业中心的作用得到了充分的体现。目前，西安路商务商业中心日均客流量在30万人次左右，已成为大连市重要的商业中心。

西安路商圈大型商业形态中，购物中心所占比重最大，为71.9%；其次为市场，为15.9%；所占比重最小的为专业商厦，为12.2%。

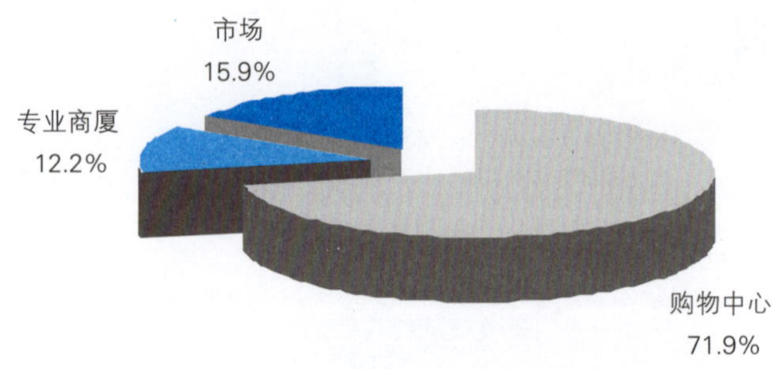

图2-97 2010年大连西安路商圈大型商业形态比例

数据来源：克而瑞CRED商业地产数据库，http://cred.cric.com

表2-43 大连西安路商圈主要商业项目

序号	项目编号	项目名称	建筑面积（平方米）	商业形态	开业时间	档次	经营情况	出租率
1	B1	天兴罗斯福购物中心	295 000	购物中心	2005-01-01	中高端	良好	95%
2	B2	福佳新天地广场	240 000	购物中心	2005-02-04	中端	良好	90%
3	B4	锦辉购物广场	84 000	购物中心	2001-10-20	中端	优	100%
4	B3	长兴市场	100 000	市场	2001-06-24	中低端	良好	98%

数据来源：克而瑞CRED商业地产数据库，http://cred.cric.com

商圈3 奥林匹克商圈
功能齐全的综合商业商务区

① 商圈范围

东起长春路，西至东北路，南起新华街，北至黄河路。

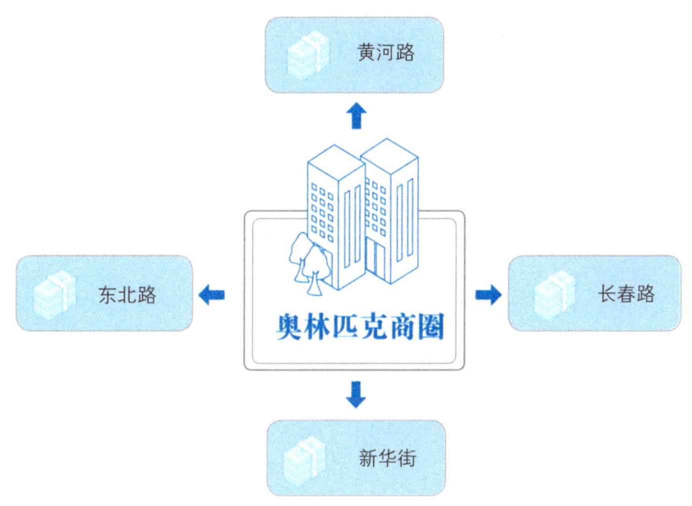

图2-98 大连市奥林匹克商圈范围示意图

② 商圈价值

奥林匹克商圈是大连市三个次级商圈之一，奥林匹克商圈交通条件便利、商业繁华而不喧嚣、政治文化气氛浓郁、休闲场所林立。由奥林匹克电子城、沃尔玛超市、长春路百盛等组成的商圈，已成为集购物、餐饮、娱乐、休闲、旅游为一体的功能齐全的综合商业商务区。

奥林匹克商圈大型商业形态中，购物中心所占比重最大，为47.2%；其次为市场，为36.8%；所占比重最小的为特色商业街，为16.0%。

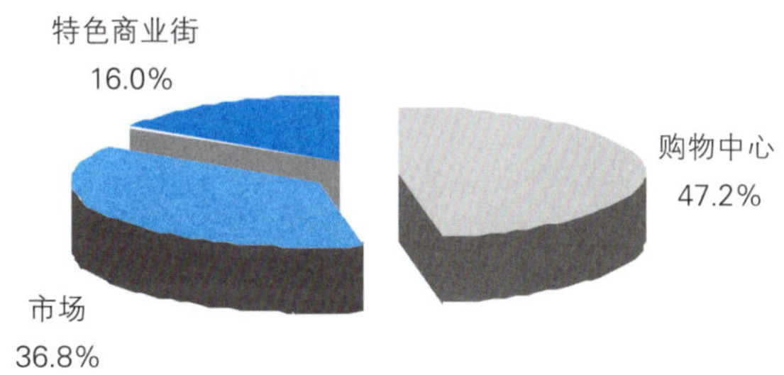

图2-99 2010年大连奥林匹克商圈大型商业形态比例

数据来源：克而瑞CRED商业地产数据库，http://cred.cric.com

表2-44 大连奥林匹克商圈主要商业项目

序号	项目编号	项目名称	建筑面积（平方米）	商业形态	开业时间	档次	经营情况	出租率
1	C1	万达华府购物广场	47 000	购物中心	2005-02-18	中端	良好	80%
2	C2	奥林匹克购物广场	36 700	市场	2001-07-01	中端	良好	98%
3	C3	星海商城	16 000	特色商业街	2006-12-15	中端	良好	100%

数据来源：克而瑞CRED商业地产数据库，http://cred.cric.com

商圈4 鲁迅路商圈
大连东部商圈主力军

① 商圈范围

以南北方向的鲁迅路为核心，东起捷胜街，西至职工街。

图2-100 大连市鲁迅路商圈范围示意图

② 商圈价值

鲁迅路商圈也属于大连市的次级商圈，是大连东部商圈的主力军，依势该区域的住区优势，众多跨国经营、全国经营的知名连锁企业纷纷入驻，如家乐福、屈臣氏等超市，麦当劳、肯德基、东来顺等中外餐饮店，国美电器、百安居、特力屋等家电、家居卖场，金领第一健身、汇三元音像等休闲娱乐场所。除此之外，温州商城、二七贸易大世界、安达商务大厦、星光大道KTV以及区域内的一些特色餐饮店也丰富了该区域的业态。

鲁迅路商圈大型商业形态中，专业商厦所占比重最大，达到了40.0%；其次为市场，为35.0%；所占比重最小的为购物中心，为25.0%。

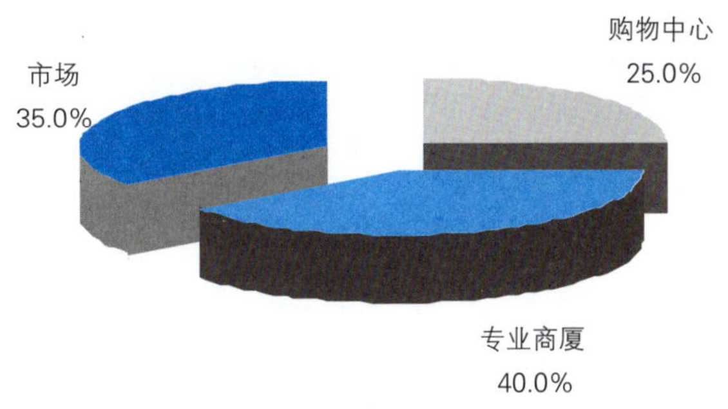

图2-101 2010年大连鲁迅路商圈大型商业形态比例

数据来源：克而瑞CRED商业地产数据库，http://cred.cric.com

表2-45 大连鲁迅路商圈主要商业项目

序号	项目编号	项目名称	建筑面积（平方米）	商业形态	开业时间	档次	经营情况	出租率
1	D1	二七贸易大世界	48 000	专业商厦	1992-10-08	中低端	良好	100%
2	D2	大连温州城商品交易市场	42 000	市场	2004-10-20	中端	良好	100%
3	D3	嘉和购物广场	30 000	购物中心	2005-06-25	中端	良好	100%

数据来源：克而瑞CRED商业地产数据库，http://cred.cric.com

商圈5 香炉礁商圈
东北地区世界五百强商贸类物流企业集中地

① 商圈范围

东起临河，西至东北路，南起疏港路，北至海防街。

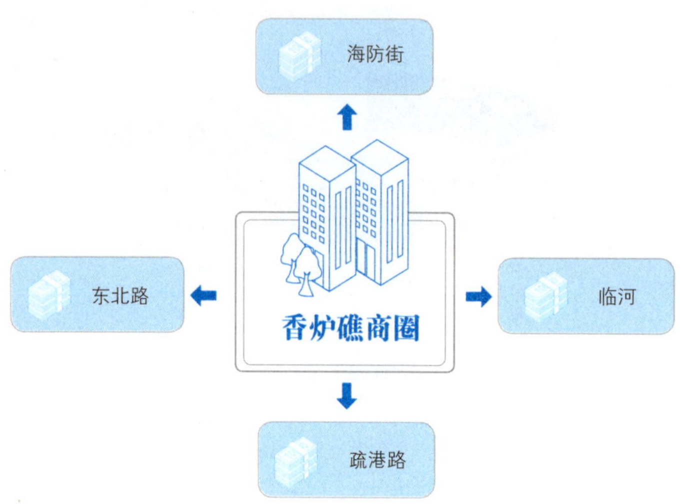

图2-102 大连市香炉礁商圈范围示意图

② 商圈价值

香炉礁商圈是大连市三个次级商圈中的另一个，香炉礁原以大连的“破烂市场”而著称，如今已经成为东北世界五百强商贸类物流企业最为集中的经济功能区之一。

大连香炉礁商圈位于香炉礁交通枢纽，多年来形成了以旧货交易和家具装修为主的商业区域。2010年5月份，大连市各行业的物流精英企业就已会聚于大连香炉礁物流运输中心，宜家、麦德龙、迪卡侬这三家现代商贸物流企业不但打造出了“第三方物流”的概念，还满足了城市中心城区的商贸物流需求，补位了大连商圈。2011年下半年百年港湾·奥特莱斯项目和东北三省首家山姆会员商店也将陆续开业。

香炉礁商圈只有两种商业形态，分别是专业商厦和市场，其中专业商厦占主导地位，其比重达到了86.9%；市场仅有13.1%的比例。

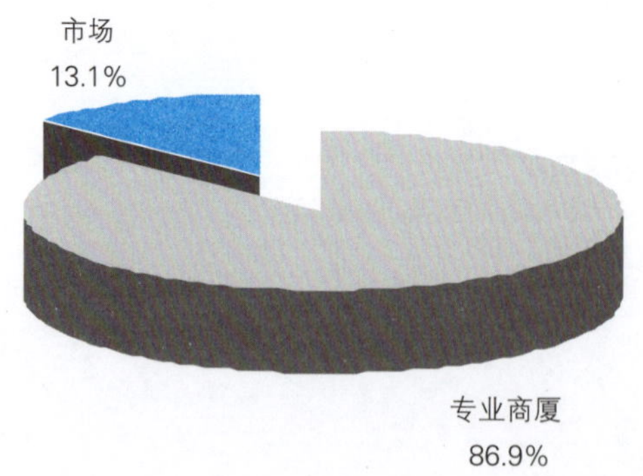

图2-103 2010年大连香炉礁商圈大型商业形态比例

数据来源：克而瑞CRED商业地产数据库，http://cred.cric.com

表2-46 大连香炉礁商圈主要商业项目

序号	项目编号	项目名称	建筑面积（平方米）	商业形态	开业时间	档次	经营情况	出租率
1	E1	宜家香炉礁店	52 000	专业商厦	2009-02-19	中端	良好	100%
2	E2	迪卡侬香炉礁店	25 000	专业商厦	2008-10-16	中端	良好	100%
3	E3	麦德龙香炉礁店	11 637	市场	2004-05-27	中端	良好	100%

数据来源：克而瑞CRED商业地产数据库，http://cred.cric.com

商圈6 华南商圈
集多种业态于一体的新兴商圈

① 商圈范围

以南北方向的中华西路为核心，东起华东路，西至山东路。

图2-104 大连市华南商圈范围示意图

② 商圈价值

华南商圈是大连市唯一一个新兴商圈，华南商圈位于中华路两侧，商圈内包括亚洲最大的沃尔玛广场、华南商品城、华南装饰材料大世界等。商圈集购物中心、主题百货、文化休闲、餐饮娱乐等商业业态于一体，产品以中档为主，满足周边居民的日常生活所需。作为城市中心区向北部拓展的枢纽地带和咽喉要道，同时作为拥有新火车站和全市“五大商业区”之一的中华路商圈和毗邻体育新城的重要城市功能区，中华路板块正在呈现出前所未有的快速发展态势。2010年，中华路板块作为大连北部城区重要的交通枢纽及现代服务业发展核心区，在城市发展新格局中，将成为全域城市化发展的重要组成部分，站在更高的角度看，它也已经成为大连北部城区发展的重要经济引擎。

在华南商圈大型商业形态中，市场所占比重最大，达到了72.5%；其次为购物中心，为18.0%；所占比重最小的为专业商厦，仅为9.5%。

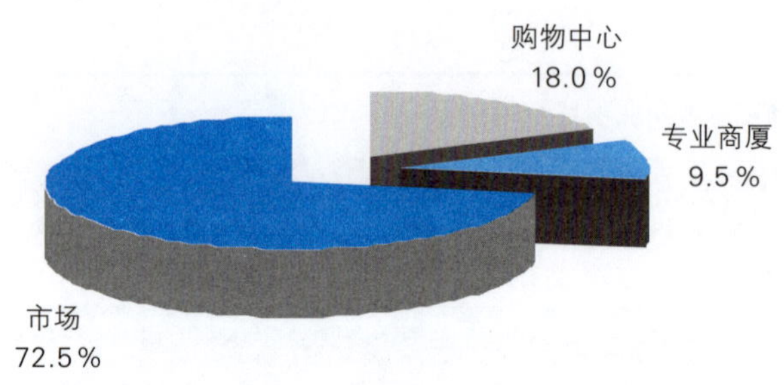

图2-105 2010年大连华南商圈大型商业形态比例

数据来源：克而瑞CRED商业地产数据库，http://cred.cric.com

表2-47 大连鲁迅路商圈主要商业项目

序号	项目编号	项目名称	建筑面积（平方米）	商业形态	开业时间	档次	经营情况	出租率
1	F1	安盛沃特时尚广场	68 000	专业商厦	2009-10-21	中低端	一般	90%
2	F2	安盛购物广场	27 000	购物中心	2008-06-27	中低端	良好	95%
3	F3	华南假日服饰商城	23 600	市场	2005-09-30	中低端	良好	85%
4	F4	华南家居大世界	12 500	市场	2000-08-01	中端	良好	100%

数据来源：克而瑞CRED商业地产数据库，http://cred.cric.com

大连整体租金水平

（1）购物中心首层租金水平

大连市主要购物中心首层的平均租金集中在 11～18.9元/（米^2·天）之间。大连目前主要购物中心项目有九个，其中六个位于核心商圈内，剩余三个分别位于次级商圈和新兴商圈内；由于首层具有良好的展示价值，因此租金平稳维持在相对较高的水平。

表2-48 大连主要商圈购物中心租金

序号	项目编号	项目名称	所属商圈	首层租金［元/（米²·天）］
1	A1	大商新玛特青泥洼店	青泥洼商圈	5～16
2	A3	香榭里广场	青泥洼商圈	2～15
3	A4	胜利广场	青泥洼商圈	3～8
4	A5	百年城	青泥洼商圈	20～30
5	B1	天兴罗斯福购物中心	西安路商圈	30～50
6	B2	福佳新天地广场	西安路商圈	16～20
7	C1	万达华府购物广场	奥林匹克商圈	12～16
8	D1	嘉和购物广场	鲁迅路商圈	3～5
9	F2	安盛购物广场	华南商圈	8～10

数据来源：克而瑞CRED商业地产数据库，http://cred.cric.com.

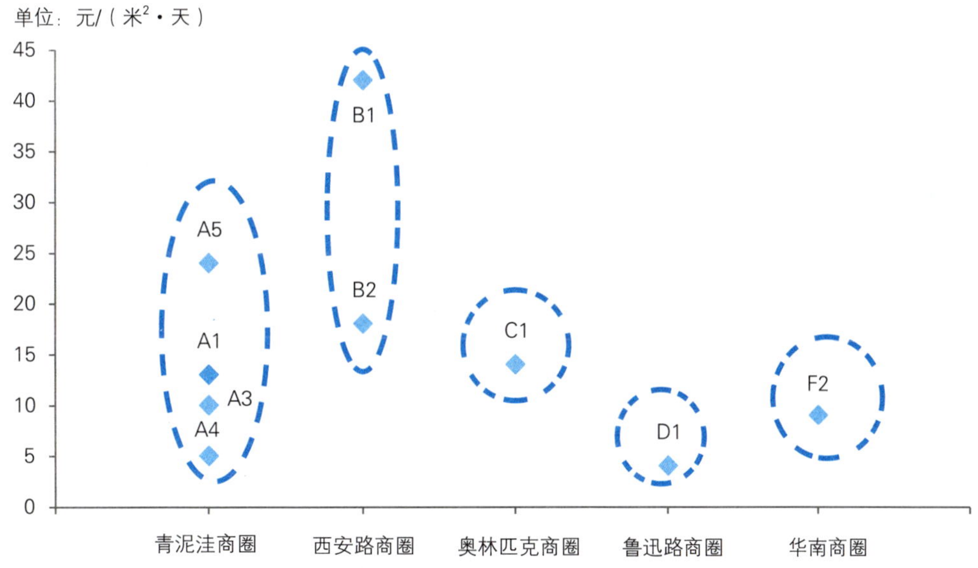

图2-106 2010年大连主要购物中心租金分布

数据来源：克而瑞CRED商业地产数据库，http://cred.cric.com.

（2）百货租金水平

大连市百货租金模式基本为流水倒扣和保底租金加扣点两种形式。青泥洼商圈和西安路商圈的百货首层租金水平最高，这也符合了它们核心商圈的地位。由于是新兴商圈，华南商圈百货首层租金水平较核心商圈还有很大的差距。

表2-49 大连主要百货租金

序号	项目名称	所属商圈	租金模式
1	久光百货	青泥洼商圈	15%～35%（扣点）
2	大连商场	青泥洼商圈	15%～20%（扣点）
3	友谊商城中山店	青泥洼商圈	15%～20%（扣点）
4	大连麦凯乐总店	青泥洼商圈	15%～30%（扣点）
5	锦辉购物广场	西安路商圈	9%～12%（扣点）
6	西安路百盛	西安路商圈	12～16元/（米^2·天）；7%～10%（扣点）
7	西安路第二百货大楼	西安路商圈	12～16元/（米^2·天）；7%～10%（扣点）
8	安盛沃特时尚广场	华南商圈	8～10元/（米^2·天）；5%～7%（扣点）

数据来源：克而瑞CRED商业地产数据库，http://cred.cric.com.

（3）其他商业类型租金水平

大连市其他商业类型租金采用支付固定租金和流水倒扣两种支付方式，租金水平与项目的整体形象、所处商圈及商铺位置有直接关系，租金水平差距很大，其中最高的租金水平可达15～30元/（米^2·天），然而最低的租金水平仅仅是0.8～2.3元/（米^2·天）。

表2-50 大连其他商业类型租金

序号	项目名称	商业形态	所属商圈	首层租金
1	时代广场	其他专业商厦	青泥洼商圈	15～30元/（米^2·天）
2	天津街商业步行街	特色商业街	青泥洼商圈	2～17元/（米^2·天）
3	大连凯旋商城	市场	青泥洼商圈	2～4元/（米^2·天）
4	大商家家广场	其他专业商厦	青泥洼商圈	15%～32%（扣点）
5	长兴市场	市场	西安路商圈	15～18元/（米^2·天）
6	民勇嘉泰广场	市场	西安路商圈	12～16元/（米^2·天）
7	奥林匹克购物广场	市场	奥林匹克商圈	19～19.5元/（米^2·天）
8	二七贸易大世界	其他专业商厦	鲁迅路商圈	2～12元/（米^2·天）
9	大连温州城商品交易市场	市场	鲁迅路商圈	2～15元/（米^2·天）
10	宜家香炉礁店	其他专业商厦	香炉礁商圈	15%～25%（扣点）
11	迪卡侬香炉礁店	其他专业商厦	香炉礁商圈	15%～20%（扣点）

（续表）

序号	项目名称	商业形态	所属商圈	首层租金
12	麦德龙香炉礁店	市场	香炉礁商圈	15%～20%（扣点）
13	华南家居大世界	市场	华南商圈	0.8～2.3元/（米^2·天）
14	华南假日服饰商城	市场	华南商圈	8～10元/（米^2·天）；5%~7%（扣点）

数据来源：克而瑞CRED商业地产数据库，http://cred.cric.com.

4 大连主要商场坪效

表2-51 大连主要商场坪效

序号	项目名称	所属商圈	2007年		2008年		2009年	
			营业额（亿元）	坪效（元/米^2）	营业额（亿元）	坪效（元/米^2）	营业额（亿元）	坪效（元/米^2）
1	大连商场	青泥洼商圈	12.7	25 439.2	12.6	25 182.8	15.4	30 770
2	大连麦凯乐总店	青泥洼商圈	11.9	23 863.8	12.9	26 021.1	12.9	25 993.2
3	友谊商城中山店	青泥洼商圈	7.1	17 804.3	7.8	19 497.6	8.1	20 239

数据来源：克而瑞CRED商业地产数据库，http://cred.cric.com.

5 大连未来商业供应及发展趋势预测

2011年大连市中高端商业供给预计将新增97.2万平方米，且以专业商厦和购物中心两种商业形态为主，其中购物中心新增量预计将达到54.2万平方米，专业商厦新增量预计为43万平方米。

表2-52 大连未来主要商业项目供应

序号	项目名称	所属商圈	建筑面积（万平方米）	商业形态	开业时间	商业初步定位
1	百年港湾・奥特莱斯	香炉礁商圈	33	专业商厦	2011年	集居住、购物、休闲娱乐、酒店餐饮于一体的城市综合体
2	山姆会员商店	香炉礁商圈	2	专业商厦	2011年	会员制的大型仓储超市
3	大连红星美凯龙	华南商圈	8	专业商厦	2011年	大型家居装饰广场
4	钻石广场	华南商圈	17	购物中心	2011年	高端商业中心，是集办公、酒店、购物、娱乐于一体的城市综合体
5	大连中心・裕景	青泥洼商圈	15	购物中心	2011年	高端商业中心，是集办公、酒店、购物、娱乐于一体的商业项目
6	大连恒隆广场	奥林匹克商圈	22.2	购物中心	2011年	集办公、酒店、购物、娱乐于一体的商业项目

数据来源：克而瑞CRED商业地产数据库，http://cred.cric.com.

从各商圈的发展前景来看，青泥洼商圈和奥林匹克商圈将会在2011年分别有一个大型购物中心投入使用，它们的建成和使用将会进一步巩固其所在商圈的核心地位。

然而发展最大的将是香炉礁商圈和华南商圈，香炉礁商圈将有两个专业商厦建成使用，而华南商圈也将有一个专业商厦和一个购物中心投入使用。这两个商圈的商业地位将得到很大程度的增强。这也完全符合大连市“十一五”规划中“西拓北进”的商业网点拓展战略，华南商圈更是会从新兴商圈逐步迈入核心商圈的范围。

随着华南商圈的兴起，东部青泥洼商圈，西部西安路商圈与北部华南商圈，将会形成三种核心的商业力量，从而在大连市逐步构筑起东西北“三足鼎立”的商圈新格局。

3 大连市未来城市发展规划

重点建设能够满足居民日常基本生活消费需求的必备性业态。

城市总体规划

表2-53 大连市城市总体规划

规划项目	内容
市域人口规模	2020年，市域总人口达到950万人以上
中心城区城市人口规模	2015年，城市人口规模410万人；2020年，城市人口规模500万人，城镇化水平达到100%。规划期内，城市人口规模年均增长2.79%
中心城区城市建设用地规模	2015年，人均城市建设用地面积105平方米，城市建设用地面积430.5平方千米；2020年，人均城市建设用地面积99.2平方米，城市建设用地面积496.0平方千米
城镇空间结构规划	构建“一轴两翼、一核多节点”的城镇空间结构。一轴，即沿“哈大”交通走廊的东北地区区域发展中轴。两翼，即沿渤海城镇发展翼和沿黄海城镇发展翼。一核，即大连市中心城区，包括核心区、金州新区—保税区城区和旅顺城区。多节点，包括普兰店城区、瓦房店城区、庄河城区、长兴岛经济技术开发区、花园口经济区、皮杨城区、长海城区
市域轨道交通	规划“两纵两横”市域轨道交通线路，服务和引导北部地区的发展。市域轨道线路采用中低运量市郊铁路系统建设
快速路	规划中心城区快速路总长约360千米，重点完善城区间快速路通道，连接海港、空港等对外交通枢纽，疏解核心区交通压力，支撑城市服务功能向北拓展
主次干路	以快速路系统为依托，结合城市空间布局及功能组织，构建相邻城区之间快速路与主干路的多通道联系，调整、完善各城区内部道路系统。 建立以快速大运量公共交通（轨道交通＋快速公交）为骨干、常规公交为主体，出租、轮渡等多方式协调利用，功能层次明晰、网络布局合理、换乘衔接方便的优质公交服务体系
轨道交通线网	规划城市轨道交通系统呈“放射+网状”布局，由三个大型换乘枢纽和十一条线路构成，远景线网总长度约335千米。规划两条快速公交线路，总长度约45千米。规划形成干线公交为骨架、支线和辐射线为补充的常规公交网络，在主要公交客流走廊设置公交专用车道，逐步形成公交专用道（车道）网络

图2-107 大连市域城镇布局

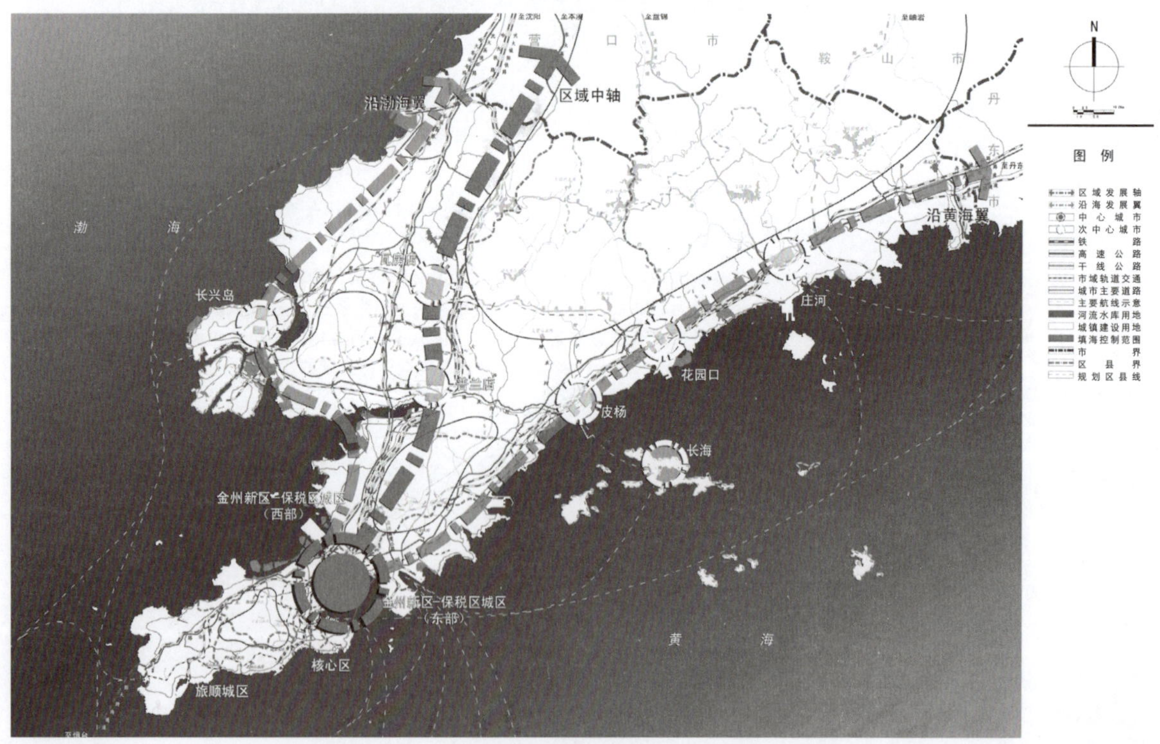

图2-108 大连市域城镇空间结构分布图

2 大连中心城商业网点规划

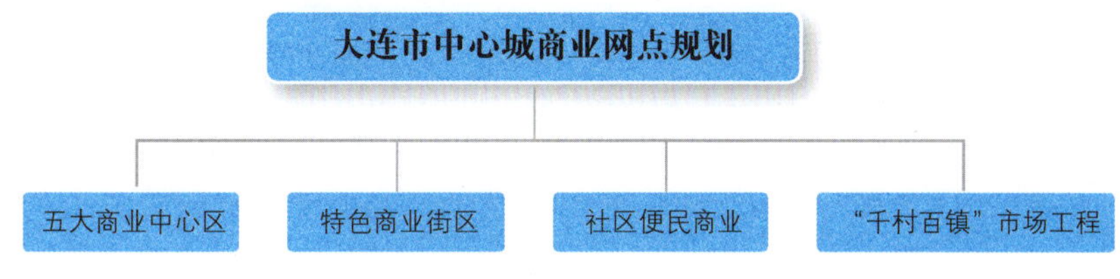

图2-109 大连市中心城商业网点规划

建设好五大商业中心区：青泥洼要形成以大型购物中心、大型百货店为主，提供一站式、全方位服务的高档次、多功能综合商业中心；天津街突出购物、休闲、娱乐、文化的综合服务功能，恢复夜市和“老字号”经营；西安路商业中心要以精品店、专业店为主，形成“东有青泥洼，西有西安路”的商业格局；香炉礁物流园区要形成以仓储式商场、建材超市和流通配送为主要功能的新型商业中心区；华南商圈以大市场、汽车物流为主，突出物流配送、批发贸易功能，配套设置购物、餐饮、休闲、娱乐等综合服务功能。重点发展服装、家具、水产品、汽车、油品、轴承等一批销售额上百亿元的大市场。

特色商业街区：争取完成30条各具特色的商业街建设，主要是星海新天地、老虎滩渔人码头、俄罗斯风情街、高尔基路咖啡一条街、锦华日本料理街、同泰美食休闲一条街、婚庆用品一条街。创新商业与旅游业结合的理念与模式，大力发展旅游商业，重点规划建设东港区临港商务旅游产业区、小平岛旅游商业休闲度假区、长春路综合旅游商贸一条街等旅游商业项目。

社区便民商业：重点建设能够满足居民日常基本生活消费需求的必备性业态，包括连锁超市、便利店、餐饮店、药店、理发店、洗衣店、书报店、维修店、回收站等；规划建设能够满足居民多样化、个性化生活消费要求的指导性业态，包括购物中心、品牌店、专卖店、咖啡馆、酒吧、中西餐厅、鲜花店、面包房、美容美发厅、健身房、信息通讯等，形成居民区完善的商业服务体系；到2010年，全市共创建商业示范社区50个。

“千村百镇”市场工程：三年内建成以城镇中心店为龙头、乡镇连锁店为骨干、村屯农家店为基础的农村现代流通网络。建设和改造两千家农家店，在区市县农村形成以大型购物中心、大型现代化超市及城镇和农村中心集镇为连接点、服务于当地生产与生活、沟通城乡内外、纵横交错的现代流通网络。

小结

大连，中国北方著名的港口，是扼守京津的门户，是环渤海经济区的圈首，素有“北方香港”的美誉。近年来，大连国民经济持续快速增长，居民消费需求不断提升。在《2010年中国城市竞争力报告》中，大连综合竞争力名列全国城市第九位。

经济的发展带动了大连商业地产的发展，使前几年大连商业地产的窘境得以改善。前几年大连商业地产发展受限，主要由于其商业项目“克隆”多于创新，只要有一个成功的案例便不断地翻版和重复。

近些年，随着城市的扩容和经济总量的增加，大连商业市场已经形成了多层次的商圈体系，每个商圈不仅在一定程度上实现了业态的错位，还在客群上形成了错位。在商业地产方面经验丰富的港商近几年也前来大连投资商业地产，可见大连商业地产的市场还有很大的发展空间。

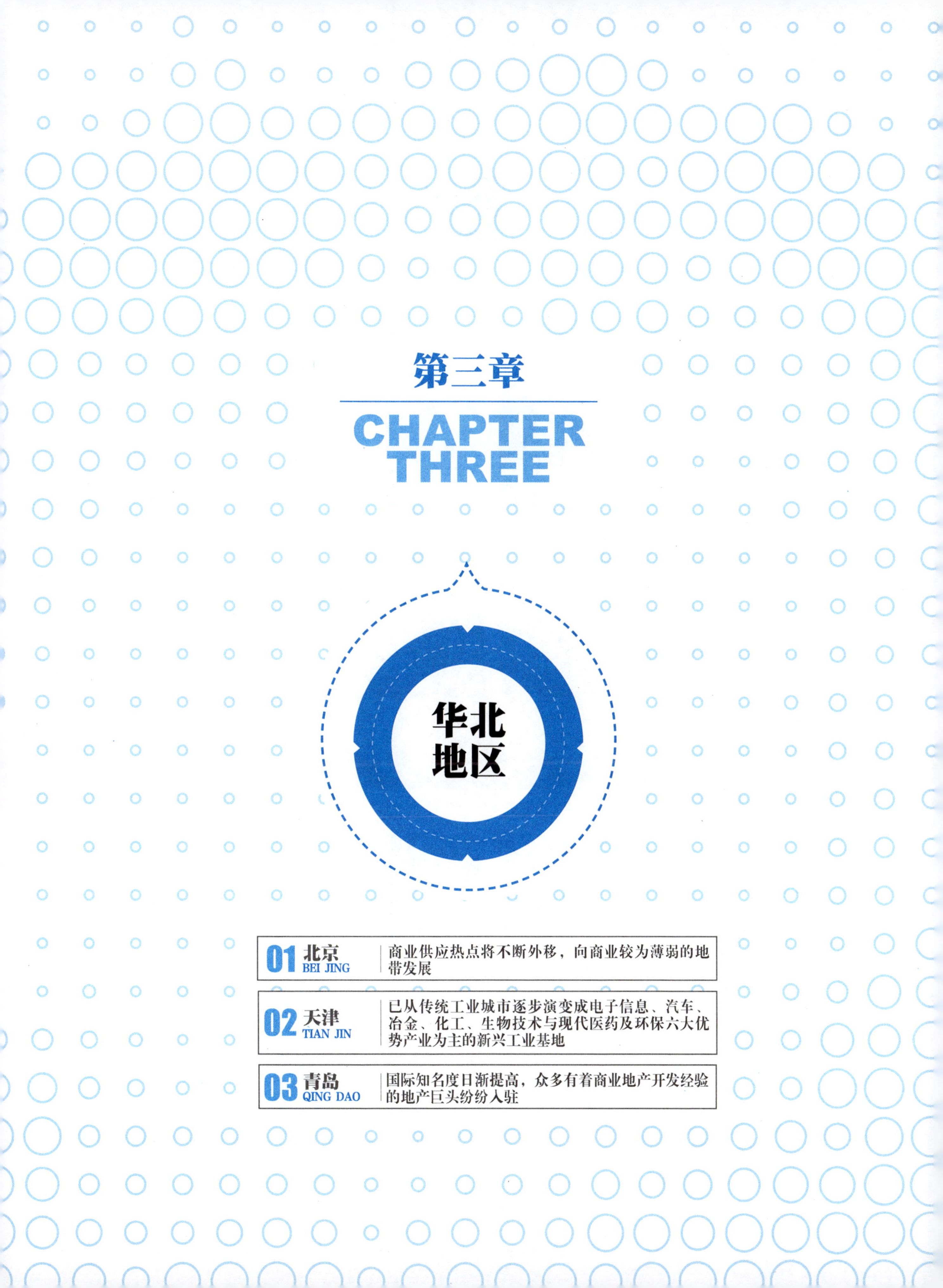

第三章

CHAPTER THREE

华北地区

01 北京 BEI JING	商业供应热点将不断外移，向商业较为薄弱的地带发展
02 天津 TIAN JIN	已从传统工业城市逐步演变成电子信息、汽车、冶金、化工、生物技术与现代医药及环保六大优势产业为主的新兴工业基地
03 青岛 QING DAO	国际知名度日渐提高，众多有着商业地产开发经验的地产巨头纷纷入驻

第一节 SECTION ONE

BEI JING

北京

2010年商业地产市场报告

1 北京市商业地产七项宏观经济指标分析

第三产业的比重不断加大，在全国稳居第一，高达75.5%。

宏观指标

2005年至2009年以来，北京GDP保持高速增长。由于受到国际金融危机的冲击，2008年北京GDP的增长速度明显放缓，而2009年GDP又回到了两位数的增长幅度。2009年北京GDP总量达到人民币12 153.0亿元，按可比价格计算，比2008年增长10.2%，增幅比上年提高1.1个百分点。北京2009年GDP总量仅次于上海的15 046.5亿元，在全国各个城市中排名第二。

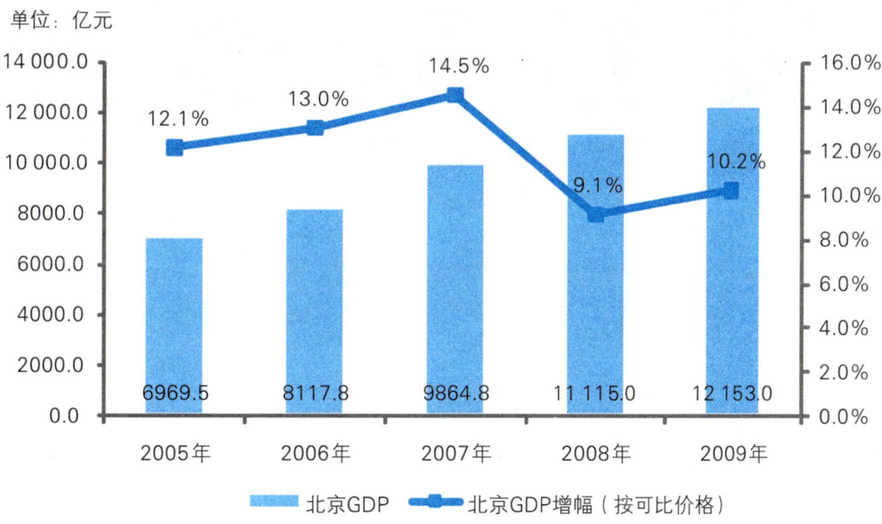

图3-1 2005—2009年北京GDP及增幅

数据来源：克而瑞CRED商业地产数据库，http://cred.cric.com

产业结构

2009年，北京第一产业增加值118.3亿元，比上年增长4.9%；第二产业增加值2855.5亿元，比上年增长8.7%；第三产业增加值9179.2亿元，比上年增长9.6%。2009年北京三大产业的比重分别为75.5：23.5：1。

近年来，北京第三产业的比重不断加大，目前北京第三产业的比重在全国稳居第一，高达75.5%，与改革开放初期23.7%相比发生了显著的变化，实现了产业结构从工业主导型向服务业主导型的转变。

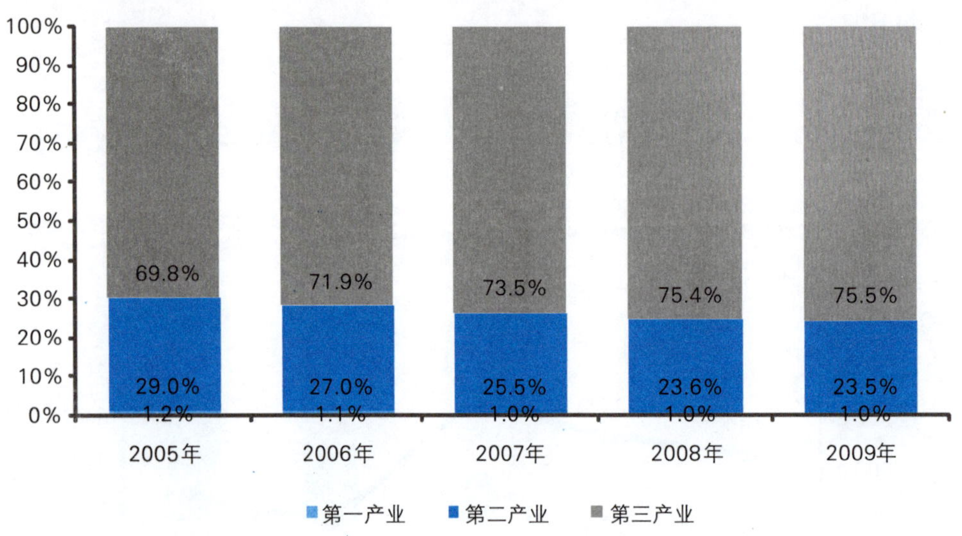

图3-2 2005—2009年北京三大产业结构比例

数据来源：克而瑞CRED商业地产数据库，http://cred.cric.com

城市人口

北京市常住人口数量平稳增长，2009年年末全市常住人口1755.0万人，比上年年末增加60万人，增长3.5%。其中，城镇人口1491.8万人，占常住人口的85%。户籍人口1245.8万人，增加15.9万人；外来人口509.2万人，增加44.1万人，占常住人口的29%。全市常住人口密度为1069人/平方千米，每平方千米的常住人口比上年年末增加36人。

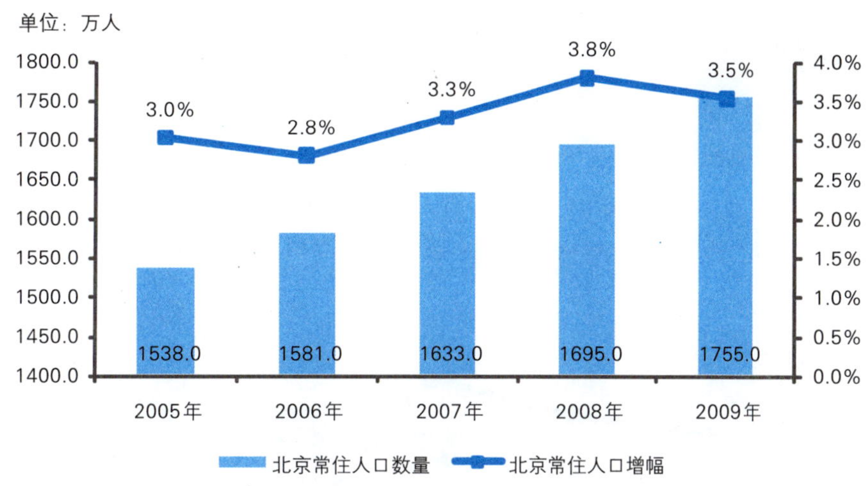

图3-3 2005—2009年北京常住人口数量及增幅

数据来源：克而瑞CRED商业地产数据库，http://cred.cric.com

指标4 城市化率

2005年至2009年，北京城市化率稳步提高。2009年城市化率已达到85.0%，比上年提高了0.1个百分点。

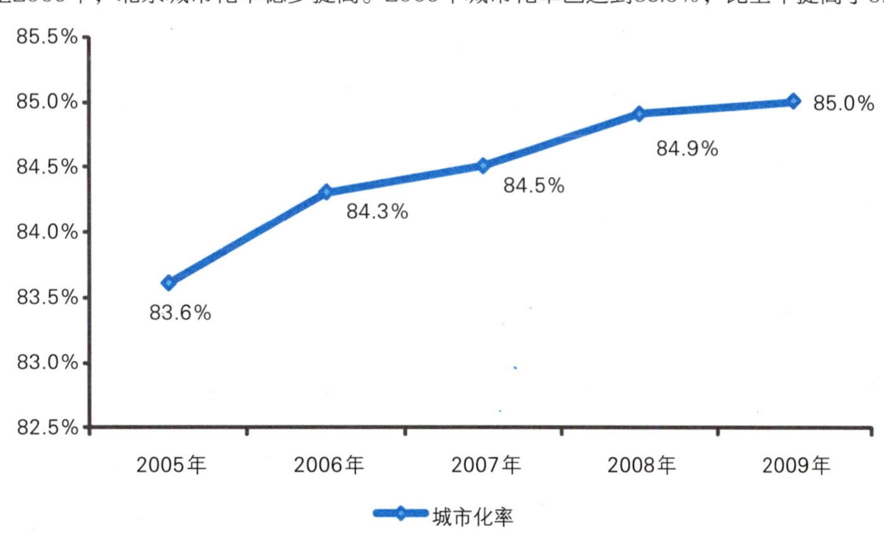

图3-4 2005—2009年北京城市化率

数据来源：克而瑞CRED商业地产数据库，http://cred.cric.com

指标5 经济效益

北京市人均GDP持续上涨，但2008年的增长速度明显放缓，2009年略有回升。按常住人口计算，2009年北京市人均GDP达到人民币70 452.0元，首次突破10 000美元大关，全国排名第二，仅次于上海。扣除价格因素后，比上年增长6.3%，增幅比上年提高了0.9个百分点。人均GPD的增长也意味着老百姓更富裕了。

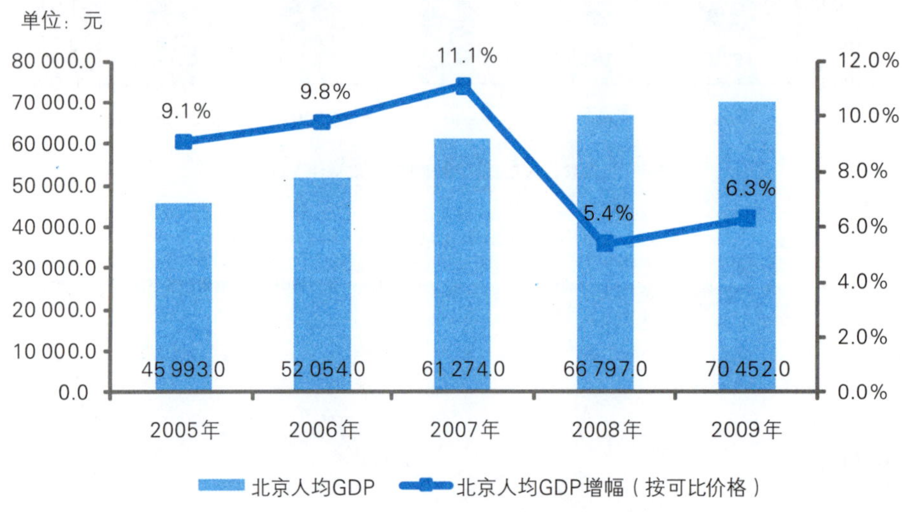

图3-5 2005—2009年北京人均GDP及增幅

数据来源：克而瑞CRED商业地产数据库，http://cred.cric.com

指标6 城镇居民生活质量

北京市城镇人均可支配收入自2005年起连续三年保持两位数增幅，但2008年的增长速度有所放缓，2009年逐步回升，比上年增长8.1%。据统计数字显示，1978年，北京市城镇人均可支配收入为365元，2009年这个数字达到了26 738.0元，31年增长了73倍多，可见人们的生活水平在这几十年间发生了翻天覆地的变化。

由于2009年居民消费价格指数CPI出现负增长，扣除价格因素后，人均可支配收入的实际增长为9.7%，增幅比上年提高2.7个百分点。

图3-6 2005—2009年北京城镇人均可支配收入及增幅

数据来源：克而瑞CRED商业地产数据库，http://cred.cric.com

2005年至2009年，北京城镇人均消费性支出稳步增长，2007年增速明显减缓，而之后两年增幅又有了快速提升。2009年北京城镇人均消费性支出达17 893.0元，比上年增长了8.7%，增幅提高了1.3个百分点。

北京在2009年全国城市人均消费性支出排名中位居第六，前五位分别是广州22 821元、上海20 992元、深圳19 779元、杭州18 595元、宁波17 893元。

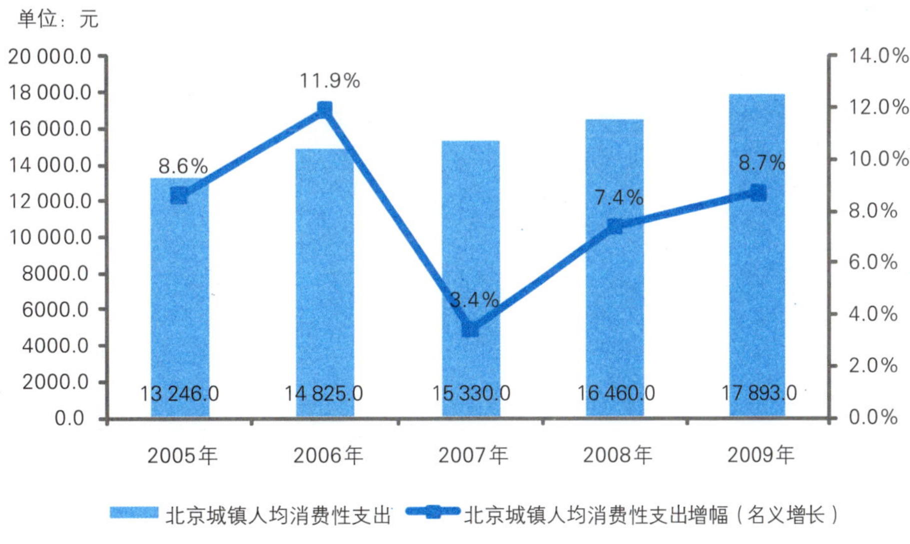

图3-7 2005—2009年北京城镇人均消费性支出及增幅

数据来源：克而瑞CRED商业地产数据库，http://cred.cric.com

2009年北京恩格尔系数为33.2%，比上年降低0.6%。与同类型城市上海的35.0%相比，要略低1.8%，说明北京城镇居民在食品上的支出比例相对较小。

2005年至2009年，是北京居民生活消费平稳发展阶段，城市居民家庭八大类消费普遍增长。其中食品比重最大，恩格尔系数保持在30%至35%之间。

2009年，除医疗保健类支出比上年下降了174元外，其他七类支出都有着不同程度的增长。其中增幅最为明显的是人均交通通讯支出比上年增长了475元，增幅达到20.7%。

表3-1 2005—2009年北京城镇居民人均消费性支出构成

年份 构成	2005年		2006年		2007年		2008年		2009年	
	元	%	元	%	元	%	元	%	元	%
总支出	13 246	100.0	14 825	100.0	15 330	100.0	16 460	100.0	17 893	100.0
食品	4216	31.8	4561	30.7	4934	32.2	5562	33.7	5936	33.1
衣着	1184	8.9	1442	9.7	1513	9.9	1572	9.6	1796	10.0
家庭设备用品	852	6.4	977	6.6	981	6.4	1097	6.7	1226	6.9
医疗保健	1296	9.8	1322	8.9	1294	8.4	1563	9.5	1389	7.8
交通通讯	1944	14.7	2173	14.7	2328	15.2	2293	13.9	2768	15.5
教育文化	2187	16.5	2515	17.0	2384	15.6	2383	14.5	2655	14.8
居住	1040	7.9	1213	8.2	1246	8.1	1286	7.8	1290	7.2
其他	527	4.0	622	4.2	650	4.2	704	4.3	833	4.7

数据来源：克而瑞CRED商业地产数据库，http://cred.cric.com

北京近年来经济快速发展，人民生活水平进一步提高，从边际消费倾向的变化趋势可以看出，从2005年到2009年，边际消费倾向从75.0%下降到66.9%，北京人民物质生活富裕程度不断提高。与上海2009年的边际消费倾向72.8%相比，北京低了接近6%。

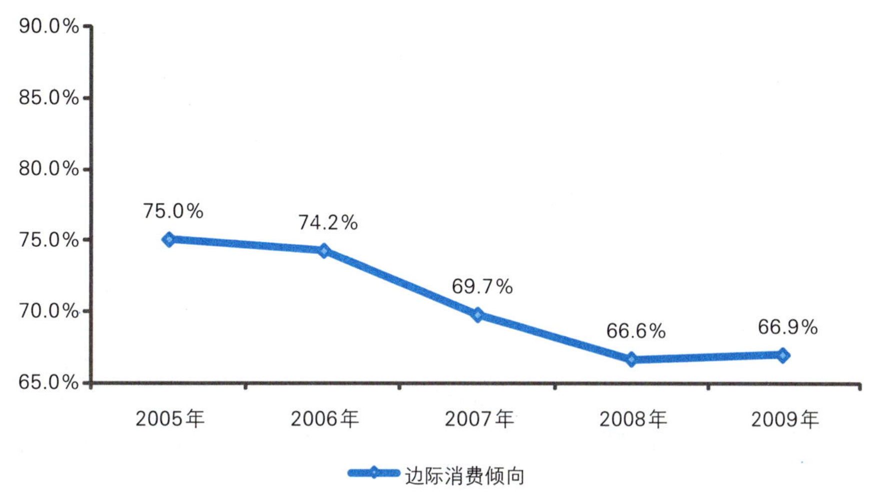

图3-8 2005—2009年北京边际消费倾向

数据来源：克而瑞CRED商业地产数据库，http://cred.cric.com

商业需求

北京社会消费品零售总额快速增长，五年间增幅均超过了10%，尤其2008年增长率达21.2%。而由于受到金融危机等因素的影响，到2009年增幅明显下降。2009年北京社会消费品零售总额为5309.9亿元，比上年增长14.3%，增幅回落6.9个百分点。

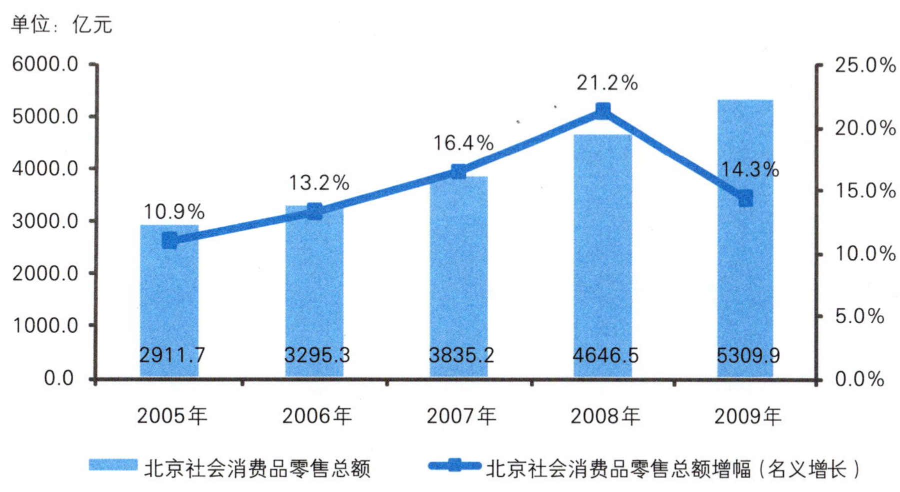

图3-9 2005—2009年北京社会消费品零售总额及增幅

数据来源：克而瑞CRED商业地产数据库，http://cred.cric.com

北京人均社会消费品零售总额快速增长，2006年至2009年增幅均超过了10%。由于北京奥运会等因素带动了消费品的销售，使2008年的人均社会消费品零售总额增长率达16.7%。但之后面临金融危机等因素，到2009年增幅明显下降。按常住人口计算，2009年北京人均社会消费品零售总额为30 255.8元，比上年增长10.4%，增幅回落6.3个百分点。

2009年北京人均消费零售总额远超于上海的26 926元，但低于广州的35 299元。

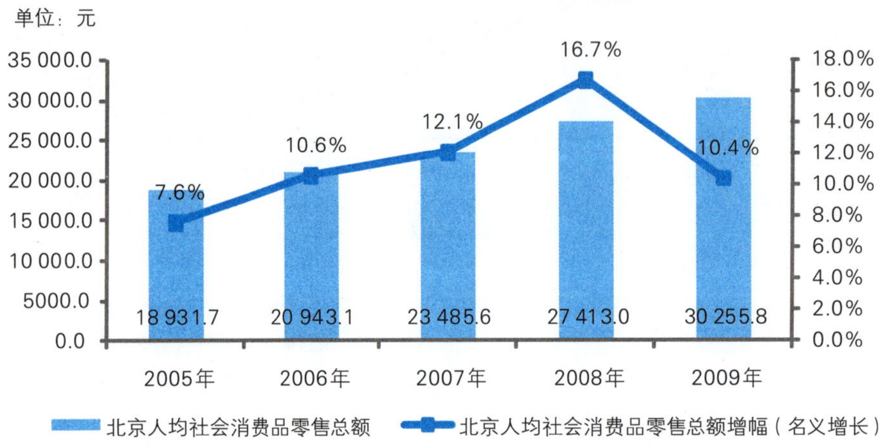

图3-10 2005—2009年北京人均社会消费品零售总额及增幅

数据来源：克而瑞CRED商业地产数据库，http://cred.cric.com

2 北京市整体商业市场环境研究

购物中心继续主导北京商业模式，商业的供应热向商业较为薄弱的地带发展。

 商业营业用房租赁价格指数

北京营业用房租赁价格指数自2006年起便开始逐步下滑。受到2008年年末金融风暴的影响， 2009年下滑幅度十分明显，指数已下降至98.9。

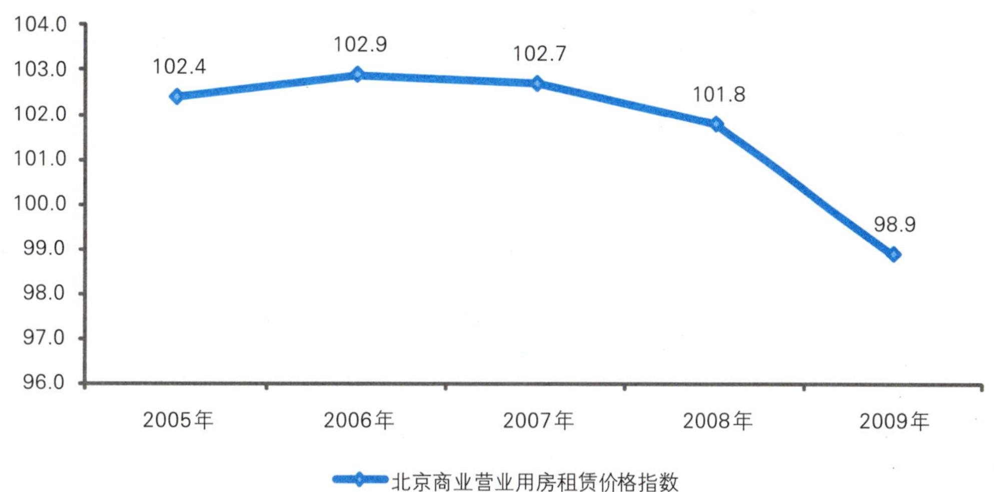

图3-11 2005—2009年北京营业用房租赁价格指数（以上年价格为基础）

数据来源：克而瑞CRED商业地产数据库，http://cred.cric.com

2 现有商业供应情况

2010年零售商业营业面积达到1200万平方米左右，户籍常住人口人均拥有营业面积在1平方米左右。

2010年，北京重点商业存量中购物中心所占的比重达37.0%，专业商厦、社区配套、办公配套所占比例都超过10%。

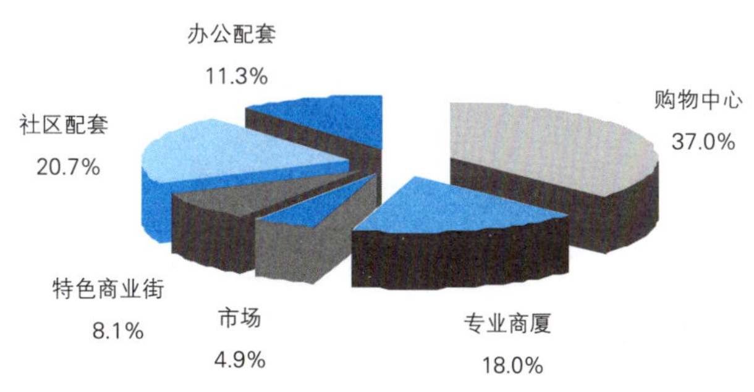

图3-12 2010年北京各类型重点商业存量供应

数据来源：克而瑞CRED商业地产数据库，http://cred.cric.com

3 十九大主要商圈描述

目前，北京的主要商圈有25个，其中包括核心商圈4个，基本分布在四环以内，偏中东部地区；次级商圈8个，基本也在四环内；新兴商圈达13个，分布较散，但大多都在四环以外的地区。

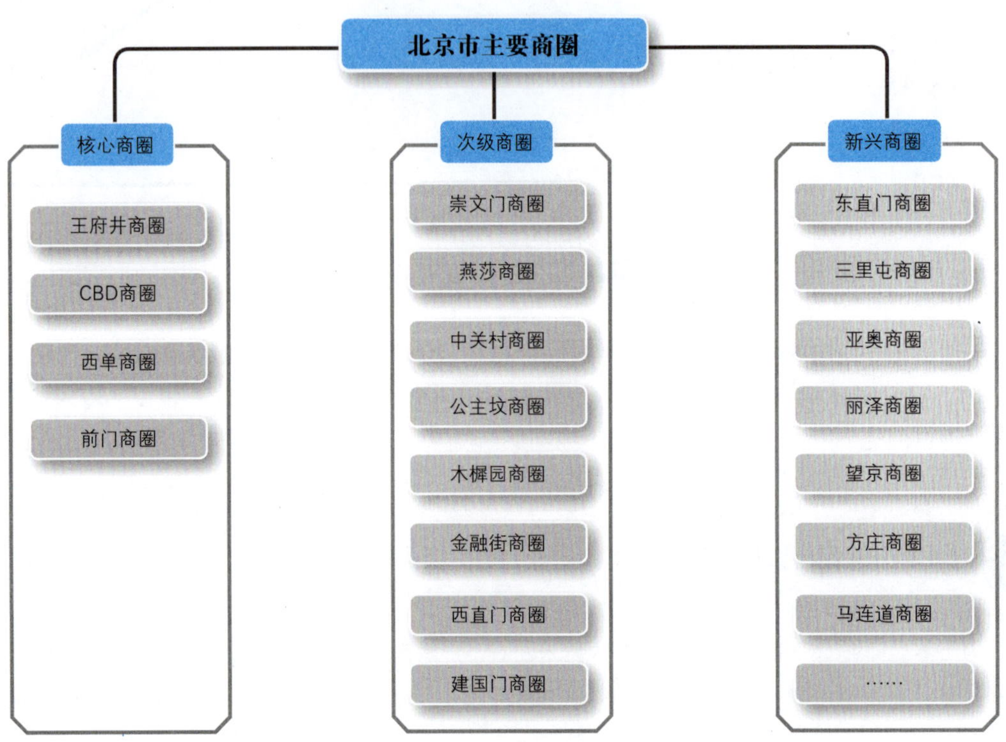

图3-13 北京市主要商圈示意图

位于城市中东部的商圈（燕莎、三里屯、CBD、王府井、西单、崇文门、东直门、金融街等）凭借其区域位置以及交通客流等各方面的优势，较其他区域的商圈更为繁华，辐射力也更强。而位于南部的玉泉营、木樨园、方庄等商圈，位于北部的亚奥等商圈以及位于西部的苹果园、万柳、五棵松商圈的发展则要落后、缓慢得多。

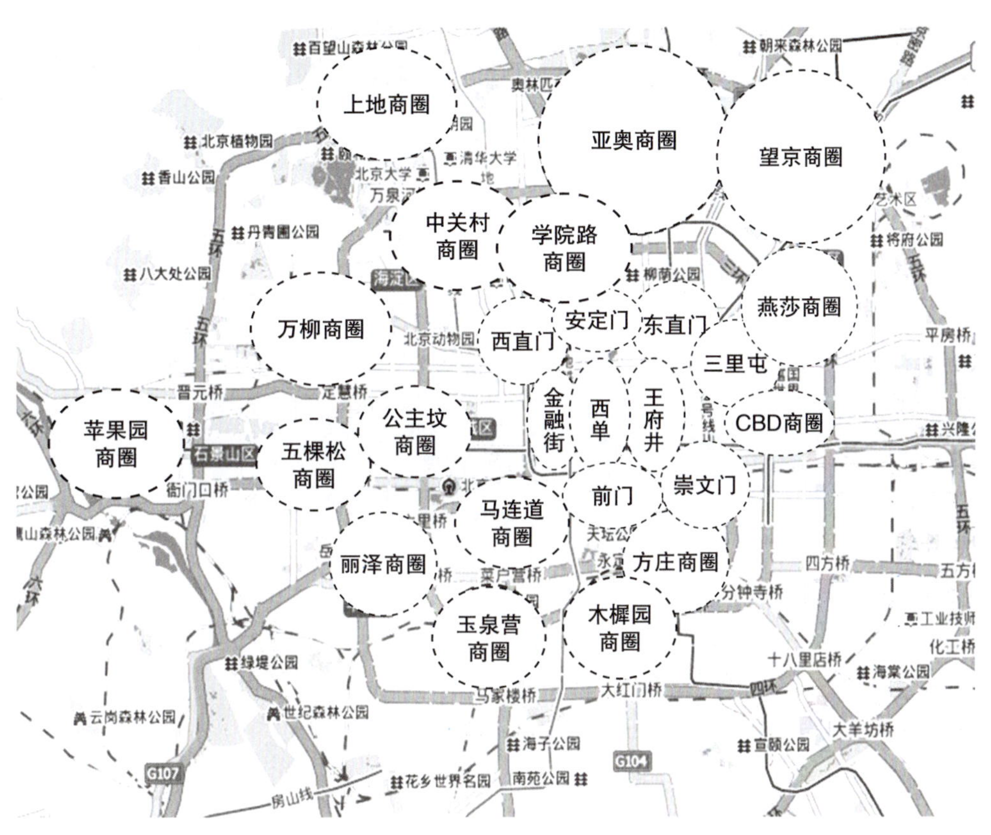

图3-14 2010年北京主要商圈分布图

表3-2 北京主要商圈

序号	商圈编号	商圈名称	商圈级别	区域属性	特征	主要零售物业
1	A	王府井商圈	核心商圈	商业区	**档次：**中高端 **目标客群：**国内外游客、中高收入人群、商务人士 **主要商业类型：**以购物中心、百货为主，其他专卖店为辅	东方新天地 北京APM 北京市百货大楼 乐天银泰百货
2	B	CBD商圈	核心商圈	商务区	**档次：**高端 **目标客群：**国内富裕阶层、外籍人士和中高收入人群 **主要商业类型：**以购物中心、专业商厦、社区配套为主，办公配套，特色商业街为辅	SOHO尚都底商 北京万达广场商业 华贸中心—水世界商城 世贸天阶购物广场 新光天地 赛特购物中心 蓝岛大厦
3	C	西单商圈	核心商圈	商业区	**档次：**中高端 **目标客群：**旅游者和本地年轻人 **主要商业类型：**购物中心、百货	大悦城 中友百货 君太百货 西单商场

（续表）

序号	商圈编号	商圈名称	商圈级别	区域属性	特征	主要零售物业
4	D	前门商圈	核心商圈	商业区	**档次：**中低端 **目标客群：**游客、中低消费人群 **主要商业类型：**商业特色街	大栅栏商业街
5	E	崇文门商圈	次级商圈	商务区	**档次：**中端 **目标客群：**中高收入人群、周边住宅人群 **主要商业类型：**以百货为主，社区配套、办公配套为辅	北京新世界商场 国瑞城
6	F	燕莎商圈	次级商圈	商务区	**档次：**高端 **目标客群：**周边写字楼、高档外销公寓、别墅人群 **主要商业类型：**以特色商业街和社区配套为主，专业商厦和办公配套为辅	燕莎友谊商城 蓝色港湾
7	G	中关村商圈	次级商圈	商业区	**档次：**中端 **目标客群：**在海淀区工作的人群，居住在此的居民和周边高校的学生和教职员工 **主要商业类型：**以购物中心、专业商厦、办公配套为主，社区配套为辅	中关村E世界 新中关购物中心 中关村广场购物中心 鼎好电子城 双安商城 中关村公馆 欧美汇购物中心 当代商城 天创科技大厦底商
8	H	公主坟商圈	次级商圈	商业区	**档次：**中端 **目标客群：**中低层消费人群 **主要商业类型：**百货、办公配套	国际财经中心底商 翠微百货 城乡贸易中心
9	I	木樨园商圈	次级商圈	商业区	**档次：**中低端 **目标客群：**百姓阶层 **主要商业类型：**市场	百荣世贸商城
10	J	金融街商圈	次级商圈	商务区	**档次：**高端 **目标客群：**在本区域内办公的白领、小白领和周边居民 **主要商业类型：**以购物中心为主，办公配套为辅	金融街购物中心 百盛购物中心
11	K	西直门商圈	次级商圈	综合区	**档次：**中高端 **目标客群：**周边商务人士及庞大的居住人群 **主要商业类型：**购物中心、批发市场	嘉茂购物中心 枫蓝国际购物中心
12	L	建国门商圈	次级商圈	商务区	**档次：**中端 **目标客群：**周边写字楼的白领、小白领 **主要商业类型：**购物中心、专业商厦	秀水街 双子大厦

（续表）

序号	商圈编号	商圈名称	商圈级别	区域属性	特征	主要零售物业
13	M	东直门商圈	新兴商圈	商务区	**主要商业类型**：购物中心、专业商厦 **档次**：中高端 **目标客群**：周边的商务人士、旅游人群 **主要商业类型**： 购物中心、特色商业街	银座Mall 来福士 簋街
14	N	三里屯商圈	新兴商圈	商业区	**档次**：中高端 **目标客群**：追求时尚人士 **主要商业类型**：以特色商业街为主，社区、办公配套为辅	世界城 三里屯Village
15	O	亚奥商圈	新兴商圈	商业区	**档次**：中端 **目标客群**：国内外游客、周边居民 **主要商业类型**：百货、办公配套和商业配套	北方明珠大厦底商 欧陆大厦底商 九台2000家园底商 风林绿洲住宅底商 北辰购物中心
16	P	丽泽商圈	新兴商圈	住宅区	**档次**：中低端 **目标客群**：周边居住人群 **主要商业类型**：商业配套	亿克隆万丰购物中心
17	Q	望京商圈	新兴商圈	住宅区	**档次**：中端 **目标客群**：周边住宅人群 **主要商业类型**：以社区配套为主，购物中心、百货等为辅	嘉茂购物中心
18	R	方庄商圈	新兴商圈	住宅区	**档次**：高端 **目标客群**：周边庞大的高消费力居住人群 **主要商业类型**：业态齐全，以特色商业街为主	方庄购物中心 贵友 方庄美食街
19	S	马连道商圈	新兴商圈	综合区	**档次**：中低端 **目标客群**：周边居住人群，广安门地区中的商务、政务人士 **主要商业类型**：市场	茶贸国际

商圈1 王府井商圈 具有悠久的历史和深远的文化内涵

① 商圈范围

王府井商圈南起长安街，北至灯市西口，东接金鱼胡同，西连东安门大街。

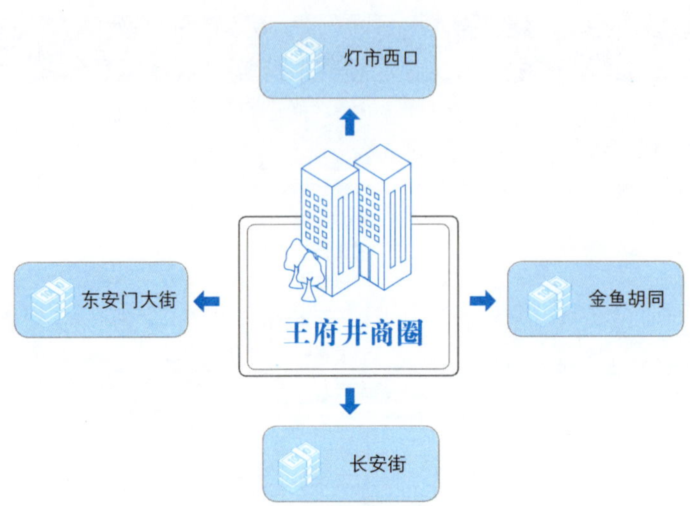

图3-15 北京市王府井商圈范围示意图

② 商圈价值

王府井步行街有着悠久的历史和深远的文化内涵，属于传统核心商圈，经营以零售业为主，餐饮、娱乐配套逐步增多，主要辐射全北京市民及中外游客。随着商业格局的变化和激烈的市场竞争，和其他商业集群的崛起，王府井已从商业街发展为商业圈，并形成区域经济中心。东方新天地、澳门中心、国际品牌中心和银泰乐天等一批精品商业，已使王府井整体品牌国际化。目前，王府井商圈是集商业、零售、服务、旅游等多种功能组合的商业区域，真正成为了国际化核心商业区。

王府井商圈大型商业总存量约为55万平方米。商业供应形态主要是购物中心和专业商厦，其中购物中心所占比例最高，达到65.9%。

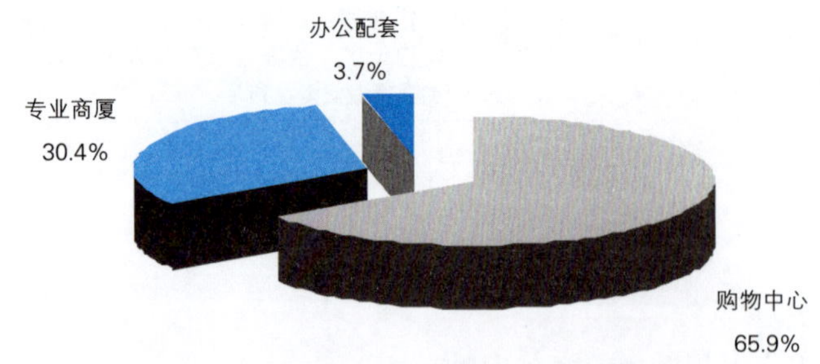

图3-16 2010年北京王府井商圈大型商业形态比例

数据来源：克而瑞CRED商业地产数据库，http://cred.cric.com

表3-3 2010年北京王府井商圈主要商业项目

序号	项目编号	项目名称	建筑面积（平方米）	商业形态	开业时间	档次	经营情况	出租率
1	A1	东方新天地	120 000	购物中心	2003-02	高端	良好	98%
2	A2	北京APM	215 800	购物中心	1996-07	中高端	优	100%
3	A3	北京市百货大楼	39 000	专业商厦	2004-04	中高端	良好	100%
4	A4	乐天银泰百货	83 600	专业商厦	2008-07	中端	良好	90%

数据来源：克而瑞CRED商业地产数据库，http://cred.cric.com

商圈2 CBD商圈 北京商务活动的中心

① 商圈范围

CBD位于北京市朝阳区东三环路与建国门外大街交汇的地区。北起朝阳北路及朝阳路，南抵通惠河，东起西大望路，西至东大桥。

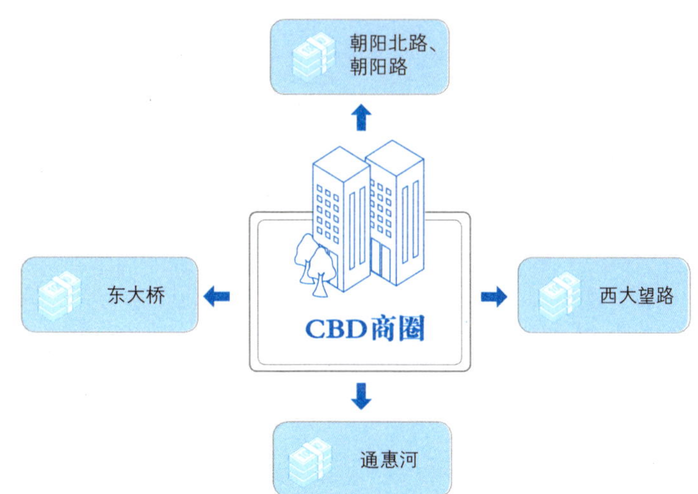

图3-17 北京市CBD商圈范围示意图

② 商圈价值

CBD属于核心商圈，自2000年出现CBD概念以来，这里就是北京商务活动的中心。随着高档公寓入驻率的不断增长，高档商业的需求也日益增多，该商圈目前主要经营国际高档时装以及小规模的零售精品店，并配有餐饮和娱乐。作为中央核心商务区，在全国拥有很大的影响力，客户的消费力也很强，其中北京国贸大厦是CBD商圈的代表性商业。CBD商圈商业总存量约为172万平方米，其中以购物中心与社区配套为主。

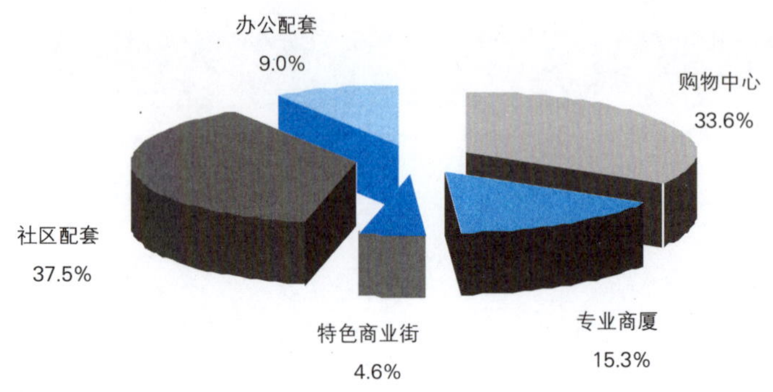

图3-18 2010年北京CBD商圈大型商业形态比例

数据来源：克而瑞CRED商业地产数据库，http://cred.cric.com

表3-4 2010年北京CBD商圈主要商业项目

序号	项目编号	项目名称	建筑面积（平方米）	商业形态	开业时间	档次	经营情况	出租率
1	B1	SOHO尚都底商	37 000	办公配套	2007-03	中端	优	100%
2	B2	北京万达广场商业	220 000	购物中心	2006-02	中高端	良好	90%
3	B3	华贸中心—水世界商城	40 000	购物中心	2008-04	中端	良好	98%
4	B4	世贸天阶购物广场	80 000	购物中心	2006-12	中高端	良好	95%
5	B5	新光天地	180 000	专业商厦	2007-04	中高端	良好	95%
6	B6	赛特购物中心	18 600	专业商厦	1992-12	高端	优	98%
7	B7	蓝岛大厦	45 000	购物中心	1993-01	中端	良好	92%

数据来源：克而瑞CRED商业地产数据库，http://cred.cric.com

商圈3 西单商圈 有50多年商业发展史的传统核心商圈

① 商圈范围

南至宣武门，北至西单北大街道路两侧的区域。

图3-19 北京市西单商圈范围示意图

② 商圈价值

西单商圈位于西城区，属于传统核心商圈，有50多年商业发展史，主要消费者为年轻人，以学生群体居多，商业形态以百货商店、购物中心为主。购物中心主要有首都时代广场和大悦城两家，百货商店主要有中友百货、君太百货和西单商场等，另外还有新一代商城和华威大厦等市场。

西单商圈商业总存量约为26.1万平方米。购物中心与专业商厦几乎各占半壁江山。其中大悦城作为购物中心体量达到11.5万平方米，该项目几乎占了西单商圈的一半存量。

图3-20 2010年北京西单商圈大型商业形态比例

数据来源：克而瑞CRED商业地产数据库，http://cred.cric.com

表3-5 2010年北京西单商圈主要商业项目

序号	项目编号	项目名称	建筑面积（平方米）	商业形态	开业时间	档次	经营情况	出租率
1	C1	大悦城	115 000	购物中心	2008-02-01	中高端	良好	98%
2	C2	中友百货	38 000	专业商厦	1996-03-27	中高端	良好	100%

（续表）

序号	项目编号	项目名称	建筑面积（平方米）	商业形态	开业时间	档次	经营情况	出租率
3	C3	君太百货	76 000	专业商厦	2003-12-15	中高端	优	100%
4	C4	西单商场	32 000	专业商厦	1993-12-20	低端	良好	100%

数据来源：克而瑞CRED商业地产数据库，http://cred.cric.com

商圈4 前门商圈 具有四百多年商业发展史的传统核心商圈

① 商圈范围

北至箭楼，南至珠市口西大街，东至鲜鱼口，西至铁树斜街。

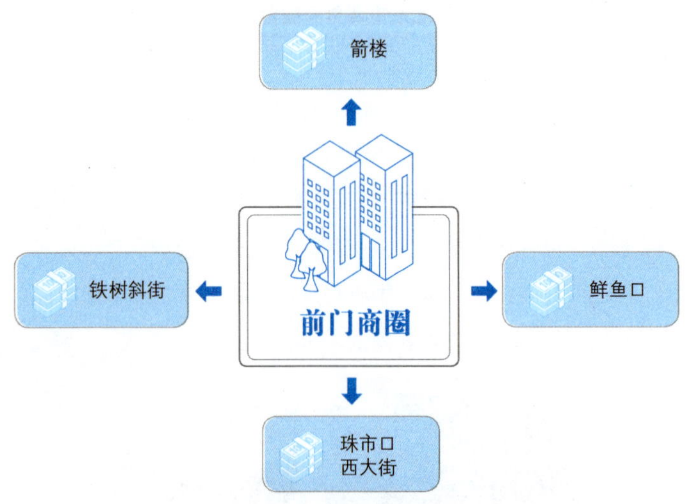

图3-21 北京市前门商圈范围示意图

② 商圈价值

前门商圈主要由专卖店和小商铺构成，有四百多年商业发展史，属于传统核心商圈，该商圈紧邻地铁二号线。目前主要项目有前门大街步行街和大栅栏商业街。经过改造，前门大街步行街已重新开放，全长约845米，日均客流量约15万人次，节假日客流量约30万人次。周边零售、餐饮、休闲娱乐以及服务设施齐全，商业氛围浓厚，有诸多百年老字号以及国际流行服饰专卖店。

表3-6 2010年北京前门商圈主要商业项目

序号	项目编号	项目名称	建筑面积（平方米）	商业形态	开业时间	档次	经营情况	出租率
1	D1	大栅栏商业街	360 000	特色商业街	2009-10	中低端	优	95%
2	D2	前门大街	22 763	特色商业街	2009-10	中端	一般	98%

数据来源：克而瑞CRED商业地产数据库，http://cred.cric.com

商圈5 崇文门商圈
主要吸引北京东区消费者

① 商圈范围

北至东单公园，南至两广路，西至祈年大街，东至花市大街，西北紧邻王府井商圈，东北为建国门商圈，西边为前门和庄胜SOGO商圈，东南为广渠门商圈。

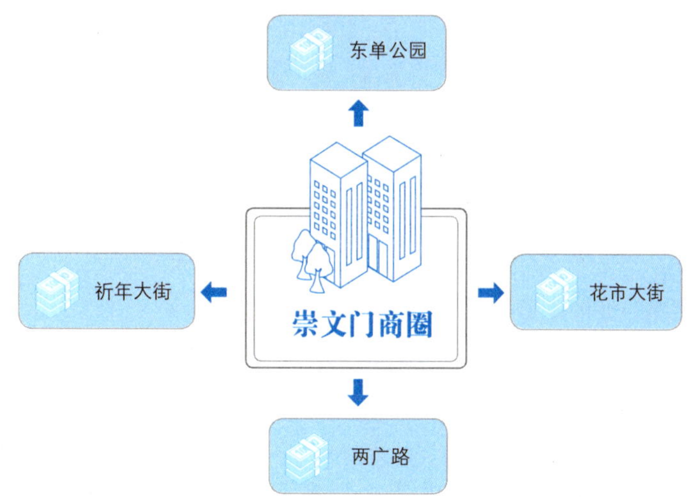

图3-22 北京市崇文门商圈范围示意图

② 商圈价值

属于次级商圈，主要项目有新世界商场、搜秀城等。商圈定位中端，引导时尚潮流，面向青年商业，目前主要吸引北京东区消费者。崇文门商圈商业总存量约40万平方米，以专业商厦为主，其中比重高达77.1%。

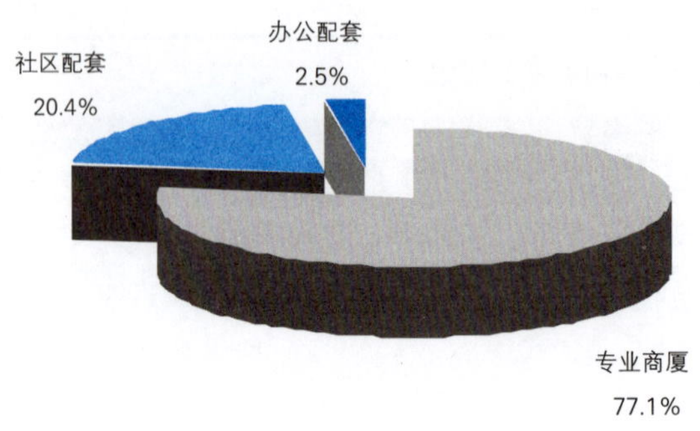

图3-23 2010年北京崇文门商圈大型商业形态比例

数据来源：克而瑞CRED商业地产数据库，http://cred.cric.com

表3-7 2010年北京崇文门商圈主要商业项目

序号	项目编号	项目名称	建筑面积（平方米）	商业形态	开业时间	档次	经营情况	出租率
1	E1	北京新世界商场	190 000	专业商厦	1997-09-05	中高端	良好	95%
2	E2	国瑞城	130 000	专业商厦	2009-09-30	中端	优	95%

数据来源：克而瑞CRED商业地产数据库，http://cred.cric.com

商圈6 燕莎商圈 京城最成熟的涉外商务区之一

① 商圈范围

燕莎商圈位于北京朝阳区东三环亮马河畔，燕莎桥周边地区，包括新东路以东，新源街和顺源街以南、东直门外大街以北区域以及东四环以西、霄云路以南、农展馆南路以北区域。

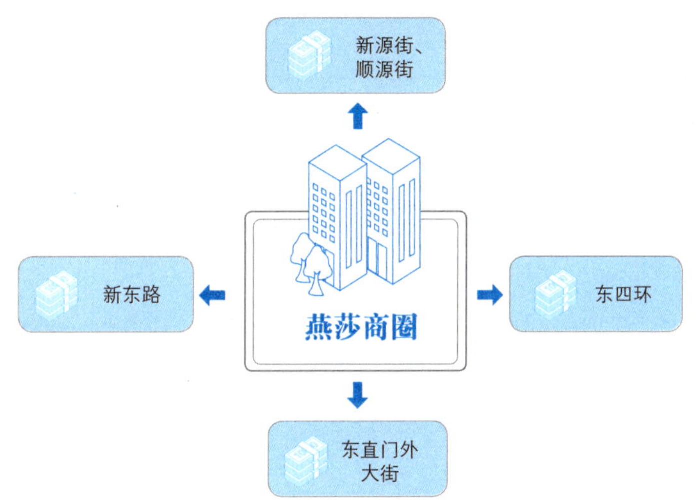

图3-24 北京市燕莎商圈范围示意图

② 商圈价值

燕莎商圈属于次级商圈，档次定位高端。由于商圈位于第二、第三使馆区中心地带，是京城最成熟的涉外商务区之一，这里的外销公寓约占全市的70%。周边甲级写字楼、高档涉外公寓、四星级以上酒店邻里，商务及涉外环境浓郁。由于燕莎商圈地处使馆区，外籍和高端消费较为普遍，主要经营国内外高档名牌商品和时尚精品。

燕莎商圈商业总存量约为27万平方米，商圈内以特色商业街和专业商厦为主，辅以社区配套。

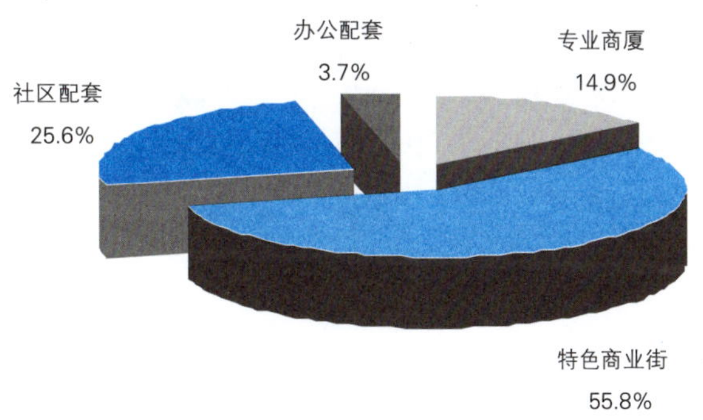

图3-25 2010年北京燕莎商圈大型商业形态比例

数据来源：克而瑞CRED商业地产数据库，http://cred.cric.com

表3-8 2010年北京燕莎商圈主要商业项目

序号	项目编号	项目名称	建筑面积（平方米）	商业形态	开业时间	档次	经营情况	出租率
1	F1	燕莎友谊商城	40 000	专业商厦	1992-06	高端	优	90%
2	F2	都汇天地	30 090	购物中心	2010-09	高端	良好	95%
3	F3	蓝色港湾	150 000	购物中心	2008-05	中高端	良好	95%

数据来源：克而瑞CRED商业地产数据库，http://cred.cric.com

商圈7 中关村商圈
北京乃至中国的“硅谷”

① 商圈范围

东至地铁十三号线，西至万泉河路，南至北三环西路，北至北五环西路。

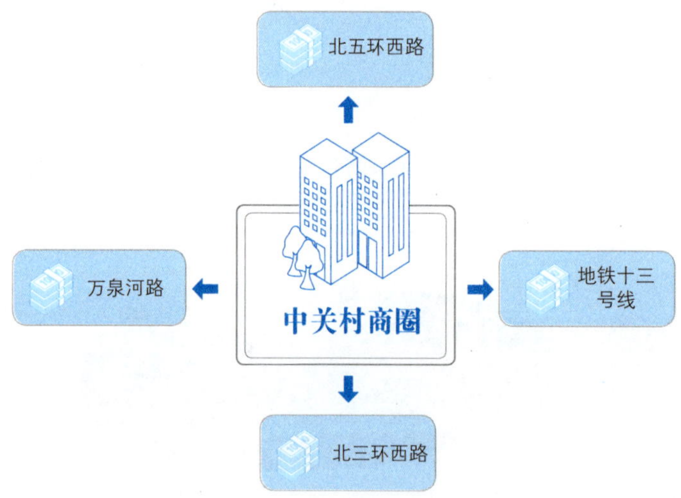

图3-26 北京市中关村商圈范围示意图

② 商圈价值

中关村商圈初期以电子卖场为核心，目前已逐步发展成为了次级商圈，已有电子市场12家。早在1999年白颐路改造以前，中关村地区已形成了中发电子市场、四海市场和科苑电子市场等九大电子市场。经过十多年的发展，新旧电子卖场相继更迭，中关村仍旧与高科技联系在一起，被称为北京乃至中国的“硅谷”。

中关村商圈商业总存量约为120万平方米，商圈内以购物中心、专业商厦和办公配套为主。

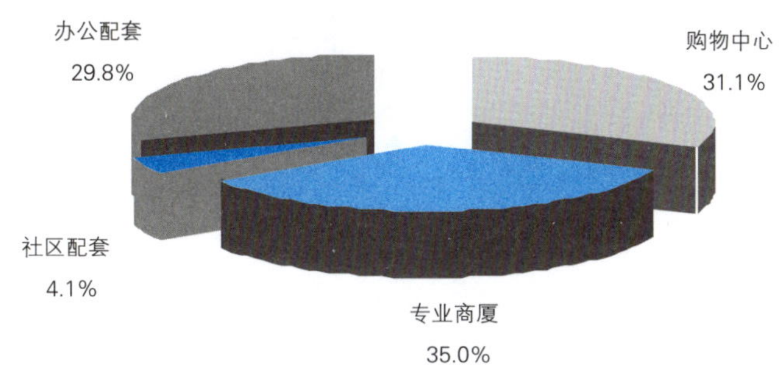

图3-27 2010年北京中关村商圈大型商业形态比例

数据来源：克而瑞CRED商业地产数据库，http://cred.cric.com

表3-9 2010年北京中关村商圈主要商业项目

序号	项目编号	项目名称	建筑面积（平方米）	商业形态	开业时间	档次	经营情况	出租率
1	G1	中关村E世界	60 000	专业商厦	2006-07-29	中端	优	82%
2	G2	新中关购物中心	47 000	购物中心	2006-07-27	中高端	优	98%
3	G3	中关村广场购物中心	200 000	购物中心	2006-04-27	中端	优	100%
4	G4	鼎好电子城	120 000	专业商厦	2003-07-27	中端	优	98%
5	G5	双安商城	35 000	购物中心	1994-08-18	中高端	良好	100%
6	G6	欧美汇购物中心	29 000	购物中心	2010-09-03	中端	良好	90%
7	G7	当代商城	61 800	专业商厦	1995-07-27	中高端	良好	98%
8	G8	中关村公馆	10 000	社区配套	2009-07-01	中低端	良好	95%
9	G9	天创科技大厦底商	15 000	办公配套	2006-05-01	中端	良好	95%

数据来源：克而瑞CRED商业地产数据库，http://cred.cric.com

商圈8 公主坟商圈
多行业、合理群落结构的商圈

① 商圈范围

北起玉渊潭南路，南至新兴桥南，西起翠微路，东至国海广场。

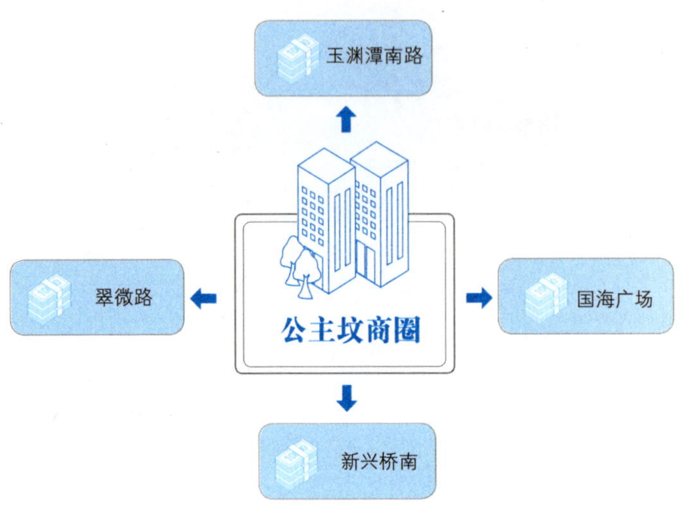

图3-28 北京市公主坟商圈范围示意图

② 商圈价值

公主坟商圈形成较早，位于北京市海淀区，紧邻地铁一号线。从20世纪六七十年代就形成地区商业中心的趋势，1992年城乡商场的开业到1997年翠微商厦的营业，奠定了公主坟商圈的基础，并形成了低中错位的经营模式，有效满足了不同客群的需求。同时，手机市场是公主坟商圈的又一大特色，并最终成就了多行业、合理群落结构的商圈氛围。

公主坟商圈商业总存量约为30万平方米，由专业商厦和办公配套构成，其中以专业商厦为主，比例达68.3%。

图3-29 2010年北京公主坟商圈大型商业形态比例

数据来源：克而瑞CRED商业地产数据库，http://cred.cric.com

表3-10 2010年北京公主坟商圈主要商业项目

序号	项目编号	项目名称	建筑面积（平方米）	商业形态	开业时间	档次	经营情况	出租率
1	H1	国际财经中心底商	31 400	办公配套	2007-12-31	中端	良好	95%
2	H2	翠微百货	36 000	专业商厦	1997-11-18	中端	良好	100%
3	H3	城乡贸易中心	31 800	专业商厦	1992-01-18	中高端	良好	100%

数据来源：克而瑞CRED商业地产数据库，http://cred.cric.com

商圈9 木樨园商圈
大型服装批发市场林立

① 商圈范围

北至南二环，南至南四环，东至赵公口桥，西至马家堡东路。

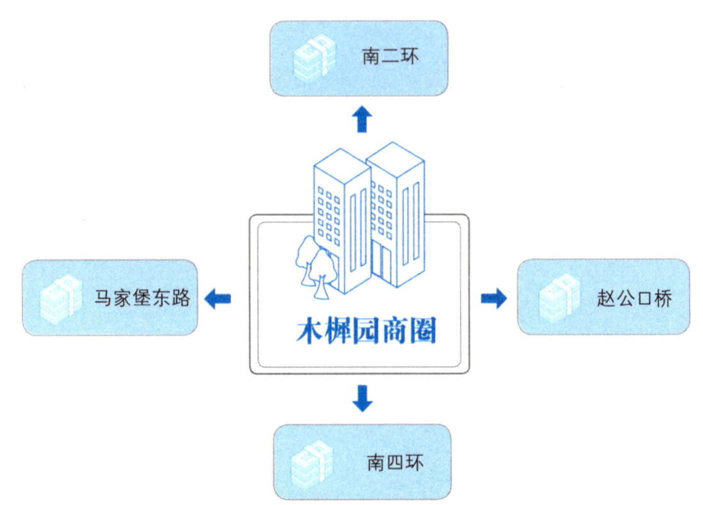

图3-30 北京市木樨园商圈范围示意图

② 商圈价值

最早从1984年开始，浙江人开始涌入木樨园从事服装生意，采用露天集贸市场作为交易场所，直到1996年，大红门服装商贸城动工，其后新世纪、天海等20个大型服装批发市场陆续建立。目前，木樨园商圈遍布窗帘城、服装城、鞋城、文具城、家具城、玩具城，以批发为主，年总交易额达20多亿元。木樨园商圈商业总存量约50万平方米，百荣世贸商城是商圈内的主要商业项目。

表3-11 2010年北京木樨园商圈主要商业项目

序号	项目编号	项目名称	建筑面积（平方米）	商业形态	开业时间	档次	经营情况	出租率
1	I1	百荣世贸商城	460 000	市场	2004-04-29	中低端	良好	95%

数据来源：克而瑞CRED商业地产数据库，http://cred.cric.com

商圈10 金融街商圈 商务聚集区

① 商圈范围

金融街商圈位于西二环东侧，南起复兴门内大街，北至阜成门内大街，西自西二环路，东临太平桥大街。

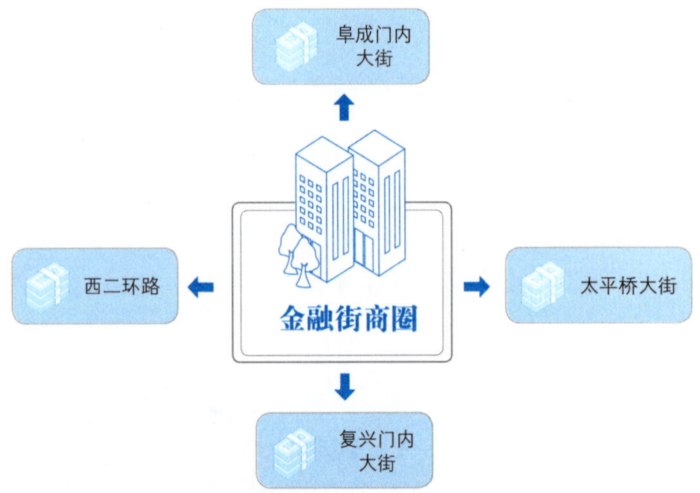

图3-31 北京市金融街商圈范围示意图

② 商圈价值

北京金融街传统上是商务聚集区，商业项目较少，主要有金融街购物中心和百盛购物中心两个商业项目，主要服务于在本区域内办公的白领、小白领和周边居民。金融街购物中心于2007年开业，旨在改变该区域纯商务区的形象，定位于高端产品及奢侈品，现已成为北京西部地区知名的奢侈品集中的商业项目，但受制于消费人群，且与西单距离较近，较难带动整个区域商业氛围的提升。

金融街商圈商业总存量约为25万平方米，商圈由购物中心和办公配套构成，其中购物中心占大部分，比重达79.9%。

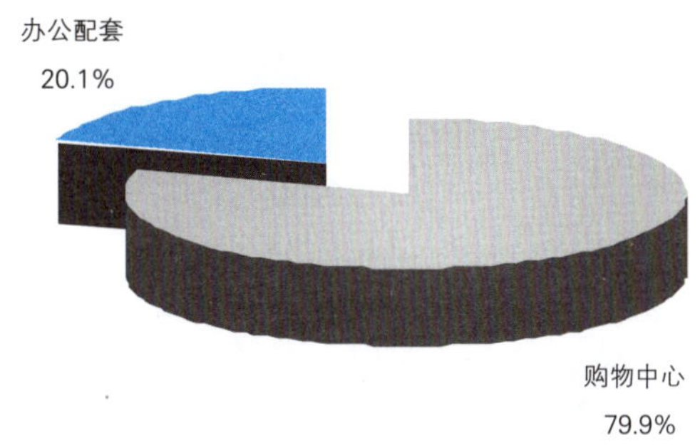

图3-32 2010年北京金融街商圈大型商业形态比例

数据来源：克而瑞CRED商业地产数据库，http://cred.cric.com

表3-12 2010年北京金融街商圈主要商业项目

序号	项目编号	项目名称	建筑面积（平方米）	商业形态	开业时间	档次	经营情况	出租率
1	J1	金融街购物中心	89 000	购物中心	2007-09-16	高端	一般	95%
2	J2	百盛购物中心	62 000	购物中心	1994-06-01	中高端	优	100%
3	J3	金树街	25 000	办公配套	2007-06-30	中高端	良好	95%

数据来源：克而瑞CRED商业地产数据库，http://cred.cric.com

商圈11 西直门商圈
众多高等教育机构设立于此

① 商圈范围

北临中关村商圈，南靠金融街商圈，东至地铁四号线，西邻北京动物园。

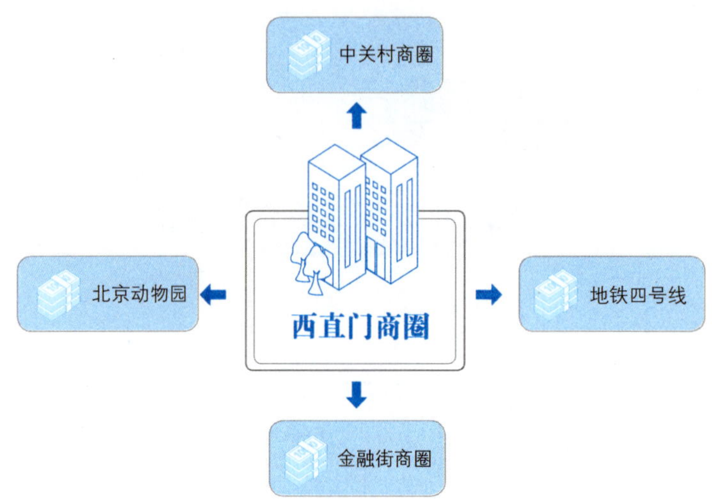

图3-33 北京市西直门商圈范围示意图

② 商圈价值

西直门商圈北临中关村，南靠金融街，商圈内分布着众多的高档住宅与写字楼，许多高等教育机构也设立于此，常住人口达80万左右，其地段价值与需求氛围可见一斑。但由于之前该区域商圈缺少统一规划，西直门商圈形成了一个点状分散的局面，没有形成商圈的聚拢效应。直到2007年，由于定位为时尚新干线的嘉茂中心和中高档消费的枫蓝国际购物中心的正式营业，逐渐改变了西直门商圈的商业结构，提升了商圈的整体层次。西直门商圈内比较大型的商业除了两大购物中心外，还有很多服装批发市场。

表3-13 2010年北京西直门商圈主要商业项目

序号	项目编号	项目名称	建筑面积（平方米）	商业形态	开业时间	档次	经营情况	出租率
1	K1	西直门嘉茂购物中心	89 000	购物中心	2007-09-15	中高端	良好	100%
2	K2	枫蓝国际购物中心	60 000	购物中心	2007-05-31	高端	良好	96%

数据来源：克而瑞CRED商业地产数据库，http://cred.cric.com

商圈12 建国门商圈
京城相对成熟较早的商圈之一

① 商圈范围

北临使馆区，南至通惠河北路，东二环和东大桥路之间的区域，主要覆盖建国门外大街道路两侧的大部分区域。

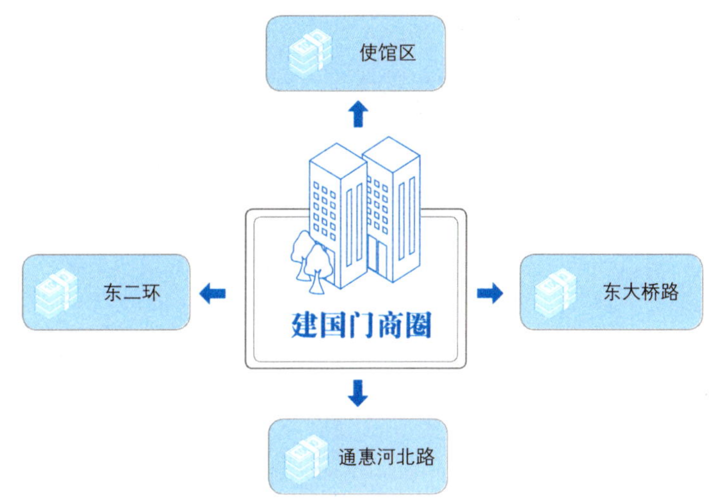

图3-34 北京市建国门商圈范围示意图

② 商圈价值

建国门是京城相对较早成熟的商圈之一，由于商圈内写字楼较多，商务氛围浓重，再加之北京火车站带来的大量人流使商圈内的人气空前高涨，一直是商家必争的重点区域。赛特购物中心、友谊商店、中粮广场、恒基商城等中高端商业在北京商业发展初期曾经风光无限，但是随着周边商圈的迅速崛起，尤其是在王府井商圈和CBD商圈的夹击下，高端客流被逐渐分流。另外，由于定位重叠和项目自身经营的其他条件，这些项目已经无法承担起提升商圈价值的重担，整个商圈的发展已经有些跟不上节奏。

商圈13 东直门商圈
商圈市场竞争力迅速提升

① 商圈范围

东直门商圈地处朝阳区和东城区的交界处，以东直门交通枢纽为核心，范围涵盖东直门内大街和东直门外大街道路两侧的大部分区域。

② 商圈价值

东直门商圈属于新兴商圈，之前一直被称为“有商务没商业”地带。近年来，随着政府对此区域的交通规划以及高档写字楼、高档公寓的不断建成，东直门商圈聚集了大量的人气，使这一区域具备了消费支撑的人群。再加之来福士的加入，东方银座百货摇身一变成功改造为银座Mall之后，商圈的市场竞争力也迅速得到了提升。借助商圈内的多维立体交通网络，东直门商圈的目标客群已不局限于周边商务区内的商务人士，已把客群定位到了更远范围内的消费者，甚至是旅游人士。另外，谈及东直门商圈，不能不提的是商圈内的特色餐饮街——簋街。历史悠久的簋街以其饭馆密度大并24小时营业的特点而闻名，是名副其实的“不夜街”，并已成为北京饮食文化的代表和时尚餐饮的标志。

东直门商圈内主要的商业供应为簋街与两大购物中心，其他业态相对较少。

图3-35 2010年北京东直门商圈大型商业形态比例

数据来源：克而瑞CRED商业地产数据库，http://cred.cric.com

表3-14 2010年北京东直门商圈主要商业项目

序号	项目编号	项目名称	建筑面积（平方米）	商业形态	开业时间	档次	经营情况	出租率
1	M1	来福士	40 000	购物中心	2009-06-05	中高端	优	100%
2	M2	银座Mall	31 000	购物中心	2007-01-27	中高端	良好	96%
3	M3	特色商业街	95 000	特色商业街	1997	中低端	良好	100%

数据来源：克而瑞CRED商业地产数据库，http://cred.cric.com

商圈14 三里屯商圈 北京“夜生活”最繁华的商圈

① 商圈范围

东至东三环，西至东直门，南至朝阳门外大街，北至东直门外大街。

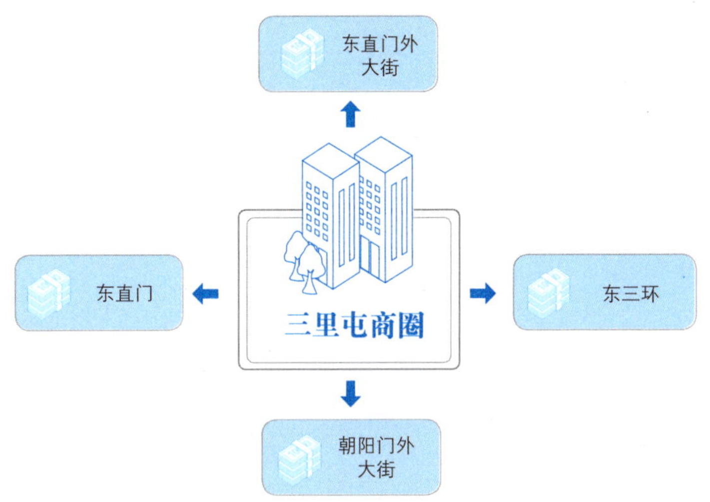

图3-36 北京市三里屯商圈范围示意图

② 商圈价值

毗邻使馆区的时尚现代商圈典范，三里屯酒吧街是北京“夜生活”最繁华的娱乐街之一，同时亦被选择为交际最为频繁的场所。它的发展催生了北京的时尚文化产业，同时也是北京的时尚前线聚集地。

三里屯商圈商业总存量约为21.5万平方米。商圈以特色商业街为主，仅三里屯Village一个项目的建筑面积就达17.2万平方米。

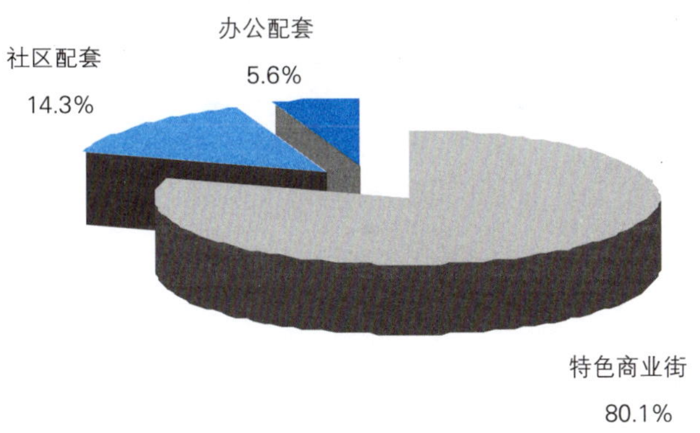

图3-37 2010年北京三里屯商圈大型商业形态比例

数据来源：克而瑞CRED商业地产数据库，http://cred.cric.com

表3-15 2010年北京三里屯商圈主要商业项目

序号	项目编号	项目名称	建筑面积（平方米）	商业形态	开业时间	档次	经营情况	出租率
1	N1	世界城	30 867	社区配套	2009-09-15	中高端	良好	95%
2	N2	三里屯Village	172 000	购物中心	2008-06-15	中高端	优	96%

数据来源：克而瑞CRED商业地产数据库，http://cred.cric.com

商圈15 亚奥商圈
独具概念的唯一性和城市区位的优越性

① 商圈范围

东至北四环东路，西至北四环中路，南至北三环中路，北至北五环奥林匹克森林公园。

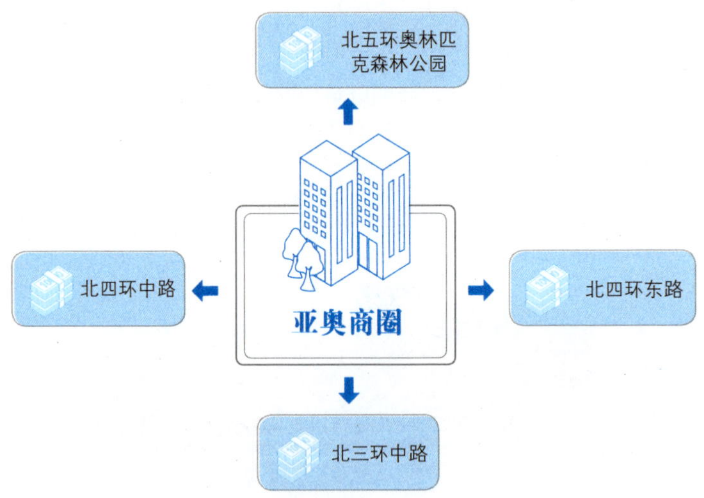

图3-38 北京市亚奥商圈范围示意图

② 商圈价值

亚奥概念的唯一性和城市区位的优越性，赋予亚奥商圈从容与尊贵的气息，但其远未被充分挖掘的消费潜力和商业领袖的缺失，让这个商圈新贵还处在建立商业秩序的矛盾与彷徨中。亚奥商圈的商业发展明显还不够，商圈的“商”味一直不浓，虽然有第五大道、华堂商场亚运村店、北辰时代名门百货等商业项目相继入驻该区域，但名气始终不及北辰购物中心。亚奥商圈缺乏生活零售便利设施，北辰购物中心一层超市可弥补，加之其交通便捷、历史较长，本地居民依旧依赖北辰购物中心进行消费。但北辰购物中心设施、规模都相对落后，亚奥商圈急需新地标性商业设施。亚奥商圈与其他商圈最大的不同就在于其体育产业是龙头。这里拥有北京最有特色的体育休闲产业，是不可复制的资源。但是重大体育赛事过后都有一段“冷却期”，亚奥商圈在转型时的代价不可避免。从长远看，该商圈需要依托本地区高端商品房聚集的优势，发展适合本地消费的商业体系。

亚奥商圈商业总存量约为30万平方米，由专业商厦、社区配套和办公配套组成。其中社区配套所占比例最高，达40.4%。

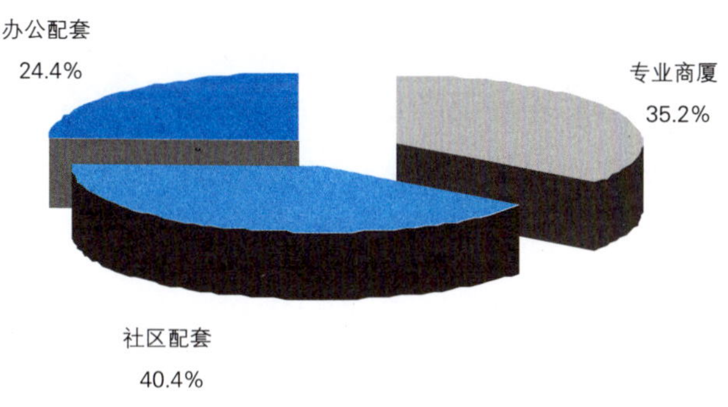

图3-39 2010年北京亚奥商圈大型商业形态比例

数据来源：克而瑞CRED商业地产数据库，http://cred.cric.com

表3-16 2010年北京亚奥商圈主要商业项目

序号	项目编号	项目名称	建筑面积（平方米）	商业形态	开业时间	档次	经营情况	出租率
1	O1	北方明珠大厦底商	23 000	办公配套	2005-02	中高端	良好	95%
2	O2	欧陆大厦底商	27 851	办公配套	2004-10	中低端	良好	90%
3	O3	九台2000家园底商	20 000	社区配套	2003-11	中端	良好	80%
4	O4	风林绿洲住宅底商	12 000	社区配套	2002-12	中低端	一般	85%
5	O5	北辰购物中心	18 000	专业商厦	1997-05	中端	良好	98%

数据来源：克而瑞CRED商业地产数据库，http://cred.cric.com

商圈16 丽泽商圈 区域人口数量和购买力水平较高

① 商圈范围

丽泽商圈位于西南二、三环之间。

② 商圈价值

近几年，随着住宅地产的发展，西南二环新建住宅不断增多，商圈内居住项目有乐城、嘉莲苑、格调、朗琴园、源屋曲、中华家园、纯粹建舍和蝶翠华庭等几十个，区域人口数量和购买力水平方面已经具备了大型零售商和大型购物中心进驻的最基本要素。但就商圈内现有商业而言，由于商业分布较散、档次普遍不高，其中比较大型的社区配套有家乐福、华堂、易初莲花、国美电器、东方家园超市、蓝景丽家丽泽建材城和宏达丽泽建材中心。

商圈17 望京商圈 聚集高档物业和高档消费者

① 商圈范围

东至京顺路，西至南渠路，南至北四环东路，北至北五环。

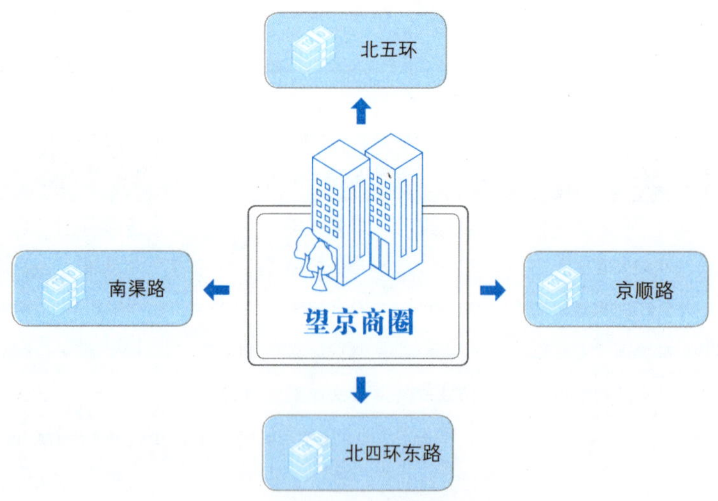

图3-40 北京市望京商圈范围示意图

② 商圈价值

位于京顺路旁，距离首都机场和使馆区较近，周边聚集一些高档物业和高档消费者，但整体上商业物业档次较低。798艺术区已经成为著名的国际艺术区。望京商圈商业总存量约为38.3万平方米，其中社区配套所占比例最大，达72.6%。

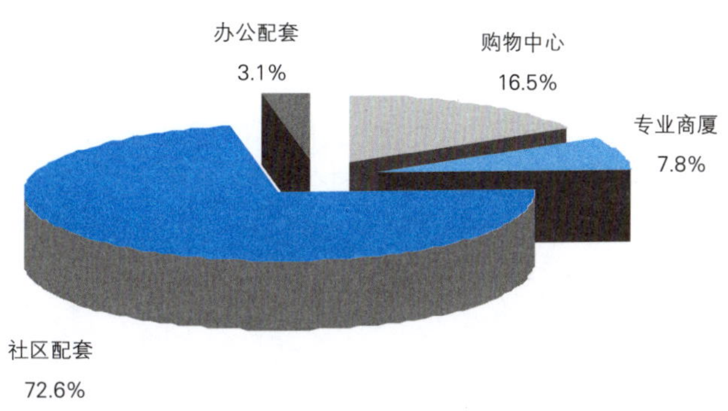

图3-41 2010年北京望京商圈大型商业形态比例

数据来源：克而瑞CRED商业地产数据库，http://cred.cric.com

表3-17 2010年北京望京商圈主要商业项目

序号	项目号	项目名称	建筑面积（平方米）	商业形态	开业时间	档次	经营情况	出租率
1	Q1	新世界望京店	30 000	专业商厦	2008-09	中端	优	100%
2	Q2	望馨商业中心	25 200	社区配套	2007-12	中端	良好	70%
3	Q3	融科橄榄城底商	30 000	社区配套	2007-01	中端	良好	92%
4	Q4	博雅国际中心底商	17 200	社区配套	2007-05	中高端	一般	99%
5	Q5	望京大厦底商	12 000	办公配套	2000-02	中端	良好	50%
6	Q6	嘉茂购物中心望京店	63 000	购物中心	2007-07	中高端	一般	95%

数据来源：克而瑞CRED商业地产数据库，http://cred.cric.com

商圈18 方庄商圈 北京第一个现代化成熟社区

① 商圈范围

位于丰台区东端，南二环和南三环之间，东与朝阳区交界、北与崇文区接壤，西、南与东铁匠营商圈搭界。商圈有十条主要大街，总面积5.53平方千米。

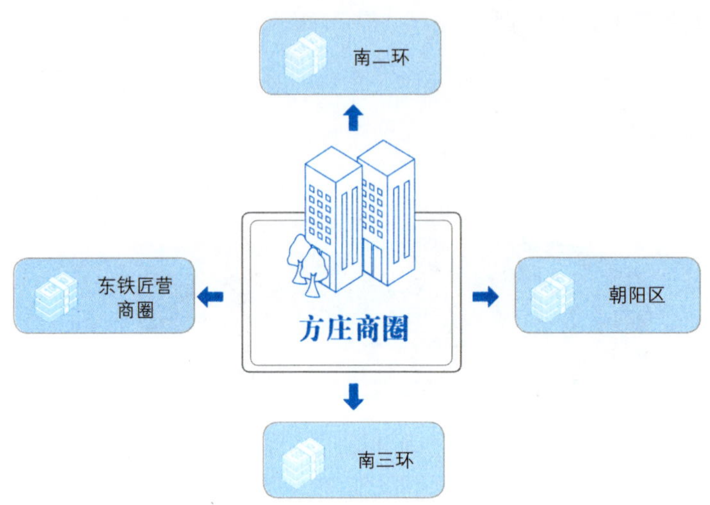

图3-42 北京市方庄商圈范围示意图

② 商圈价值

20世纪90年代初，方庄是北京第一个现代化的、号称亚洲最大的成熟社区。便利的交通、完善的配套设施，让方庄聚拢了大批演艺界名人、企业家和政府机关人员，成为北京第一个“富人区”。经过多年的逐步发展，方庄商圈内已经依托居住人群数量的庞大和强劲的消费能力聚集了大批商家入住，成为北京典型的新兴商圈。方庄商圈的核心便是方庄美食街，现有餐饮店铺近三十家，其中三分之二集中在蒲芳路东500米路段的两侧。街里除了刚记海鲜、金鼎轩、全聚德、都一处等数不完的知名餐饮外，也有贵友、物美、家乐福、方庄购物中心等商场、超市，业态业种齐全，功能完备。

商圈19 马连道商圈 居住人群数量庞大

① 商圈范围

北至广安门外大街，南至丽泽路，西临北京西站南路，东至红莲南路。

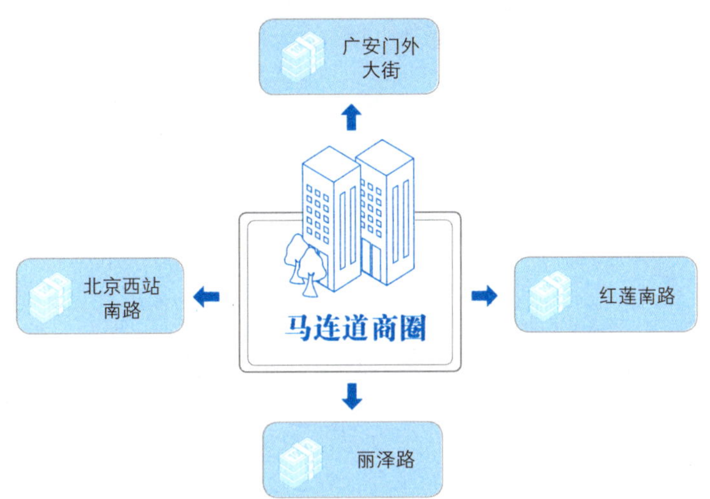

图3-43 北京市马连道商圈范围示意图

② 商圈价值

建国以后，北京市茶叶加工厂落户于马连道，之后众多南北茶商纷纷进驻，初步形成了马连道茶叶市场规模。马连道商圈区域优势可谓得天独厚，住宅规划基本到位，居住人群数量庞大。

4. 北京整体租金水平

王府井商圈租金水平远超其他商圈购物中心的租金水平，位居全市第一。王府井商圈作为北京成熟的核心商圈，交通便利、人流充沛、业态丰富，商圈内可谓是寸土寸金，租金达到如此高的水平也不难想象。其中，东方新天地租金已超过250元/（米^2·天）。北京AMP租金也高达150元/（米^2·天），随着北京AMP掷重金改造，升级店面，相信其租金水平将进一步提升。除王府井商圈外的其他商圈的购物中心租金水平基本不超过50元/（米^2·天），其中CBD商圈借助其商务中心的区位以及周边高消费人群聚集，商圈中华茂中心最高租金也达到了55元/（米^2·天）。而中关村、金融街等商圈租金保持在10～20元/（米^2·天）的水平。

表3-18 北京主要商圈购物中心租金

序号	项目编号	项目名称	所属商圈	首层租金［元/（米^2·天）］
1	A1	东方新天地	王府井商圈	250～300
2	A2	北京APM	王府井商圈	150～180
3	B3	华贸中心—水世界商城	CBD商圈	17～55
4	B4	世贸天阶购物广场	CBD商圈	17～33

（续表）

序号	项目编号	项目名称	所属商圈	首层租金［元/（米^2·天）］
5	F3	SOLANA蓝色港湾	燕莎商圈	30
6	G2	新中关购物中心	中关村商圈	10～15
7	G3	中关村广场购物中心	中关村商圈	15
8	G6	欧美汇购物中心	中关村商圈	15～20
9	J1	金融街购物中心	金融街商圈	10～15
10	N2	三里屯villiage	三里屯商圈	16～25
11	Q6	嘉茂购物中心望京店	望京商圈	25～33

数据来源：克而瑞CRED商业地产数据库，http://cred.cric.com

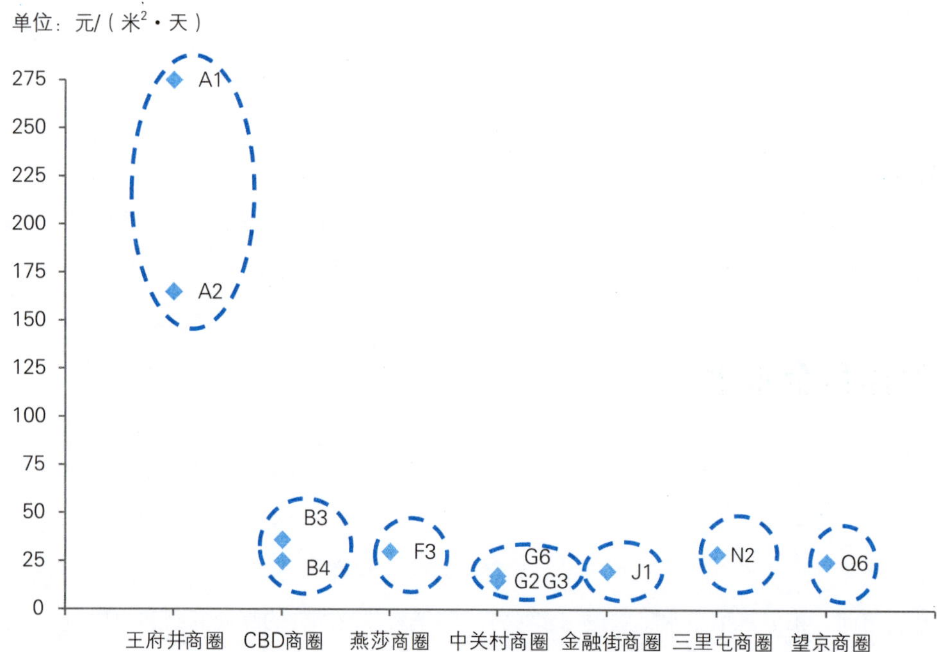

图3-44 2010年北京主要购物中心租金分布图

数据来源：克而瑞CRED商业地产数据库，http://cred.cric.com

5 北京主要商场坪效

2007年至2009年三年间，CBD商圈中的项目营业额基本保持平稳。中关村商圈中的两个项目处于稳步上升的阶段。王府井商圈内的王府井百货营业额在2008年有了较大提高，相对而言，商圈内的长安商厦2008年的营业额有所下滑。

另外，属于高端的燕莎友谊商城年营业额始终处于高位，尤其是2008年，坪效较上年翻了一倍多，远超各商圈的其他项目，在全国范围内也处于前列。同样属于高档商厦的赛特购物中心，经营成果也非常地耀眼，三年的营业额皆高达15亿元左右，由于它的建筑面积只有18 600平方米，还不到燕莎友谊商城总建筑面积的一半，因此它的经营成果优异，三年的坪效皆超过了8万元/米^2。在中关村商圈内，当代商城与双安商城皆属于档次较高的百货，由于双安会员忠诚度较高，因此它的营业情况较当代商城优异。

表3-19 北京主要商场坪效

序号	项目名称	所属商圈	2007年		2008年		2009年	
			营业额（亿元）	坪效（元/米^2）	营业额（亿元）	坪效（元/米^2）	营业额（亿元）	坪效（元/米^2）
1	蓝岛大厦	CBD	8.95	19 893.10	9.37	20 829.80	8.40	18 669.10
2	赛特购物中心	CBD	15.77	84 805.40	15.58	83 751.60	15.48	83 201.10
3	贵友大厦	CBD	2.14	17 870.00	2.95	24 598.30	—	—
4	王府井百货	王府井	10.91	27 979.50	13.65	35 008.20	13.85	35 523.10
5	长安商场	王府井	8.22	25 687.50	7.73	24 167.20	7.94	24 815.00
6	当代商城	中关村	10.54	17 060.70	11.86	19 198.40	12.52	20 253.60
7	双安商场	中关村	13.97	39 927.10	14.46	41 305.70	14.81	42 318.00
8	北辰购物中心	亚奥	8.58	47 659.40	8.04	44 657.80	8.54	47 426.10
9	燕莎友谊商城	燕莎	16.84	42 096.50	37.35	93 373.80	39.74	99 357.80
10	复兴商业城	非商圈	3.90	16 667.50	3.96	16 936.80	4.12	17 611.10

数据来源：克而瑞CRED商业地产数据库，http://cred.cric.com

6 北京未来商业供应及发展趋势预测

随着经济的回暖，2010年开业的商业项目大幅增加，供应面积超过了279万平方米。

从供应商业项目位置来看，70%的商业项目供应分布在三环以外，近20%的商业项目供应来自于南城。目前，城市中心区商业日趋饱和，并呈现激烈的竞争格局，商家开始重视向商业薄弱的郊区和南城方向发展。随着北京城市化进程进一步加速、轨道交通继续向郊区方向延伸，未来北京商业布局向郊区发展不容置疑。2010年1月，北京市政府启动南城发展计划，未来三年将投资2900亿元，商业基础薄弱的丰台、大兴等地也出现积极发展的势头。

从商业供应的类型来看，购物中心继续主导北京商业模式。2010年供应商业中购物中心高达226.5万平方米，占商业供应总量的74%。从2007年开始，北京开业的商业项目中，购物中心作为新型的零售业态开始占据主导地位。如果说之前的购物中心以城市型购物中心为主，那么2010年社区型和郊区型购物中心的数量明显增加。与此同时，百货商店也在稳步外扩，2010年新开业的百货店就有18家，其中四家是购物中心的主力店。

按这个趋势来看，未来五年内购物中心依然占据主导地位，其中社区型购物中心比重最大，项目也将不断趋于小型化，商业规模在5万平方米以下的项目将变多。商业的供应热点也将不断外移，向商业较为薄弱的地带发展。

3 北京市未来城市发展规划

基本形成以北京、天津为中心的“两小时交通圈”。

1 城市总体规划

（1）人口布局

2020年，北京市总人口规模规划控制在1800万人左右， 城镇人口规模规划控制在1600万人左右，占全市人口的比例为90%左右。

为了引导人口合理分布通过疏散中心城的产业和人口，大力推进城市化进程，促进人口向新城和小城镇集聚。2020年，中心城人口规划控制在850万人以内，新城人口约570万人，小城镇及城镇组团人口约180万人。此次规划确定通州、顺义、亦庄三个重点新城规划人口规模为70万至90万人，同时预留达到百万人口规模的发展空间；大兴、昌平、房山新城规划人口规模约60万人；其他新城规划人口规模在15万至35万人之间。

（2）城镇布局

在北京市域范围内，构建“两轴两带多中心”的城市空间结构。

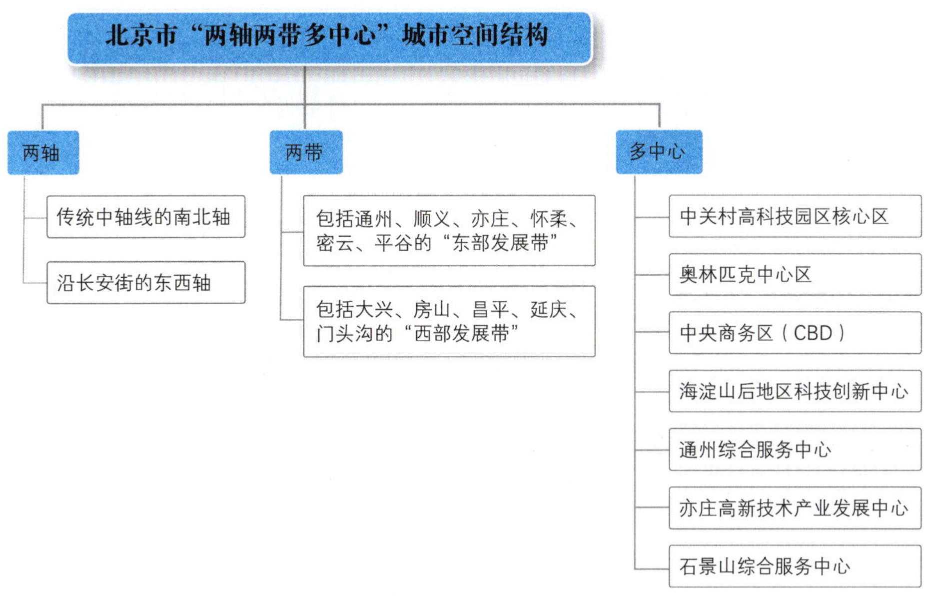

图3-45 北京市城镇规划布局示意图

两轴：指沿长安街的东西轴和传统中轴线的南北轴。

两带：指包括通州、顺义、亦庄、怀柔、密云、平谷的“东部发展带”和包括大兴、房山、昌平、延庆、门头沟的“西部发展带”。

多中心：指在市域范围内建设多个服务全国、面向世界的城市职能中心，提高城市的核心功能和综合竞争力，包括中关村高科技园区核心区、奥林匹克中心区、中央商务区（CBD）、海淀山后地区科技创新中心、顺义现代制造业基地、通州综合服务中心、亦庄高新技术产业发展中心和石景山综合服务中心等。

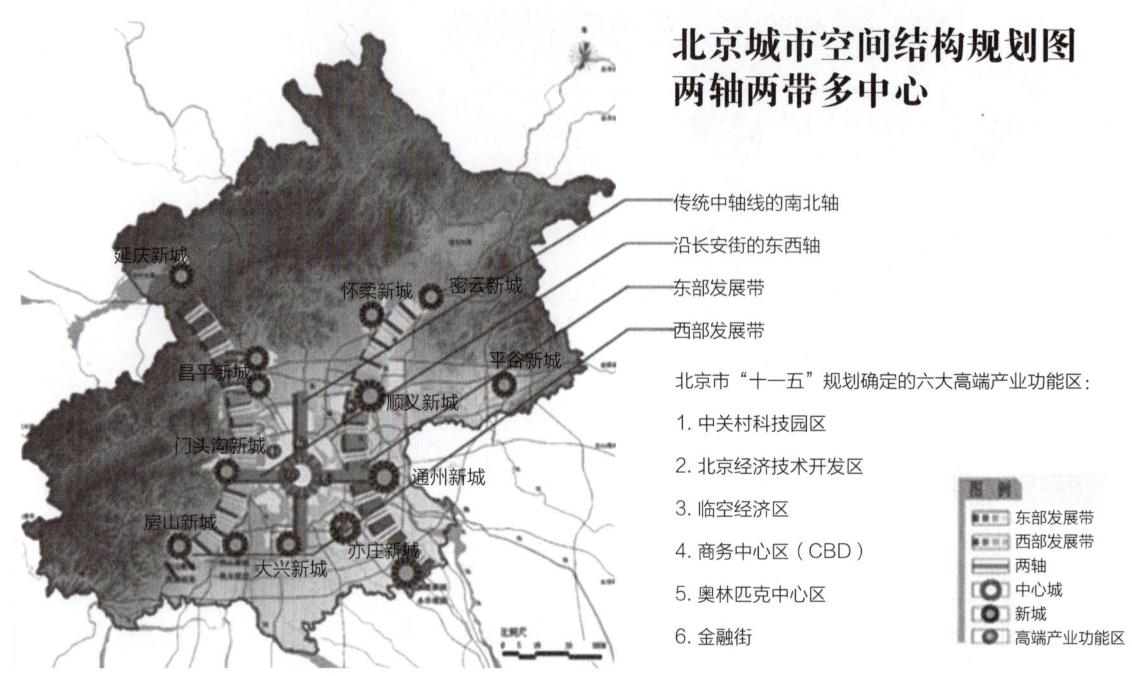

图3-46 2004—2020年北京城市空间结构规划

（3）产业布局

西部、北部山区重点发展观光农业、林果种植业和养殖业等具有山区优势的特色农业。平原地区大力发展设施农业、观光农业、农产品加工等高附加值的农业。形成若干与大环境绿化融为一体的农业区，改善城市总体生态环境。中关村为核心完善一区多园式的高新技术产业布局结构。亦庄为核心形成沿京津塘高速公路的高新技术产业带。王府井、西单和前门（含大栅栏、琉璃厂）建成商贸文化旅游区。公主坟、木樨园、望京、北苑、石景山等建成集商业、文化、休闲、娱乐为一体的综合商业区。顺义、通州、亦庄等新城建成具有一定规模的综合商业区。以空港、马驹桥、良乡等物流基地为主构建物流体系。在城市东部、西部和南中轴具备良好交通条件的地区，预留大型休闲娱乐用地。大力发展具有首都特色的旅游业。

图3-47 2004—2020年北京城市职能及产业空间分布

（4）交通规划

规划以北京为中心，以京、津为主轴，以石家庄、秦皇岛为两翼的区域快速铁路网构架，覆盖京津冀地区的主要城市，基本形成以北京、天津为中心的“两小时交通圈”。

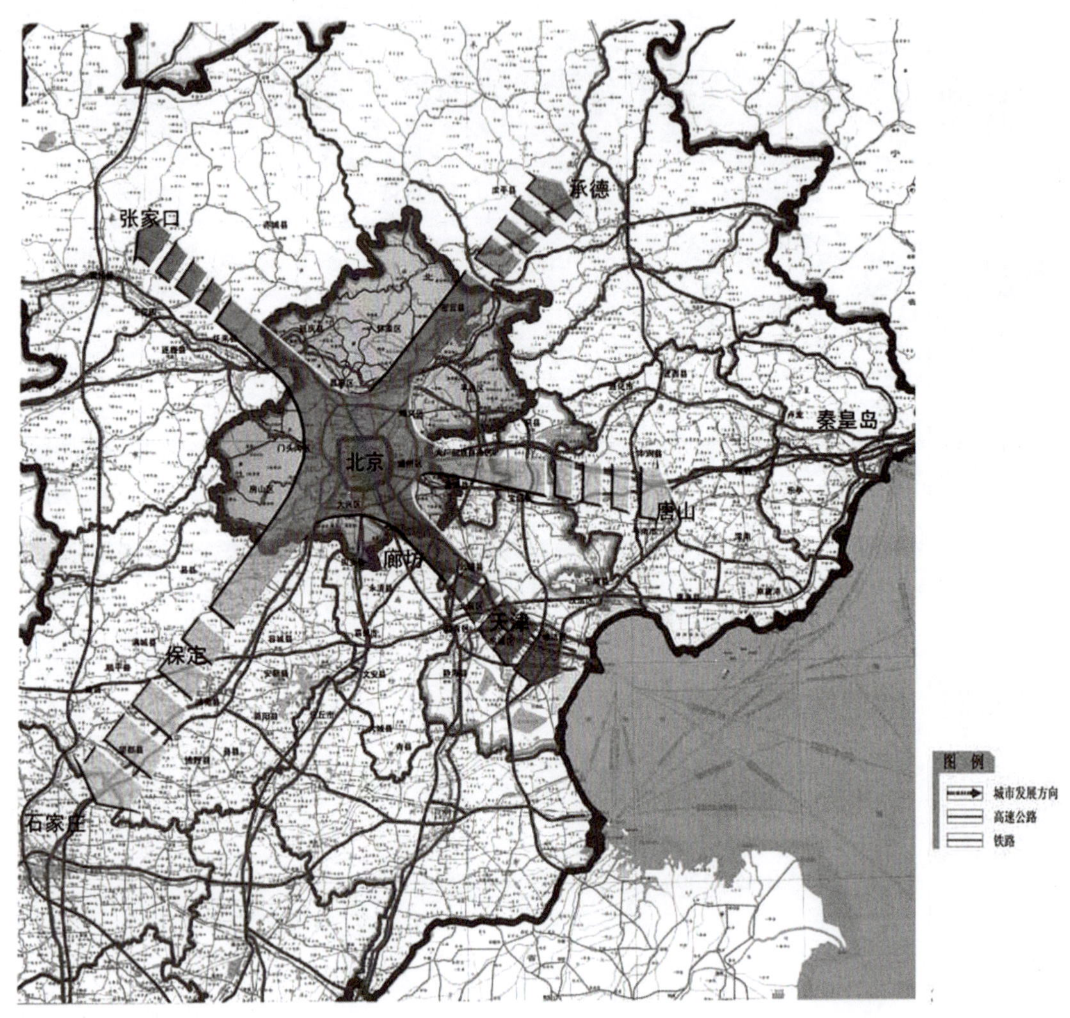

图3-48 2004—2020年北京区域空间结构示意图

由地铁、轻轨、市郊铁路等多种方式组成的快速轨道交通网将覆盖中心城范围，并连接外围的通州、顺义、亦庄、大兴、房山、昌平等新城。2020年建成轨道交通线路19条（中心城线路15条，市郊线路4条），运营线路总里程约570千米。规划并预留轨道交通车辆段30处、停车场20处、大修厂3处。

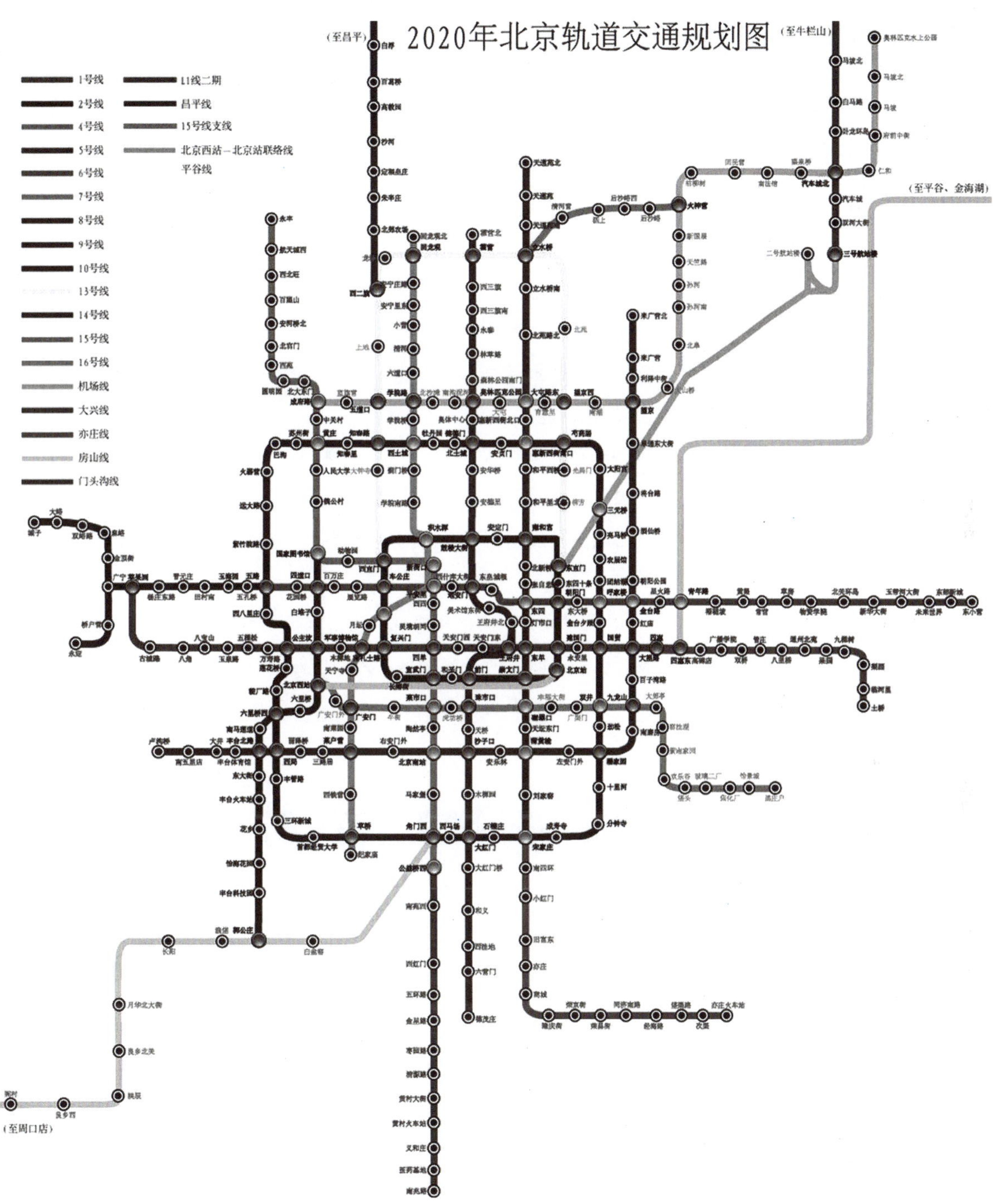

图3-49 2020年北京轨道交通规划

北京商业网点规划

（1）零售商业空间布局

优化核心：重点突出王府井、西单、前门—大栅栏三个著名商业街区的服务功能，提升核心区商业的吸引力、辐射力。

延伸两轴：在两轴延长线上建设大型多功能商业设施，形成各具特色的商业集群。东西轴线上，东端重点发展满足新型制造业和居民生活需求的新型商业，西端发展适应休闲旅游需求和现代时尚生活的新型商业。南北轴线上，北端奥运村地区以体育健身、体育休闲为主题，发展会展、商务及个性化生活服务组团型商业设施。南端重点发展专业市场和特色民俗民风商业。

发展新城：顺义商业要强化为现代制造业发展服务的功能，以空港物流基地和保税物流中心（B型）、新中国国际展览中心等建设为契机，配套构建生活服务体系和产业服务体系。通州商业要配合物流基地、商务中心区建设，强化现代服务功能。同时，加快发展运河沿岸休闲旅游商业。亦庄开发区商业发展也要适应区域功能特点，着力发展新型服务业。

强化特色：加快发展中关村科技园区、北京商务中心区和奥林匹克公园等三个产业功能区主题商业，充分发挥品牌知名度优势，强化功能区商业特色。在城市新兴繁华区、大型居住区、新城中心区开发建设一批反映北京传统特色、民俗风情的特色街区。建设具有少数民族地区和其他国家、民族生活习俗、宗教、文化特点的专题购物、餐饮、娱乐街区。

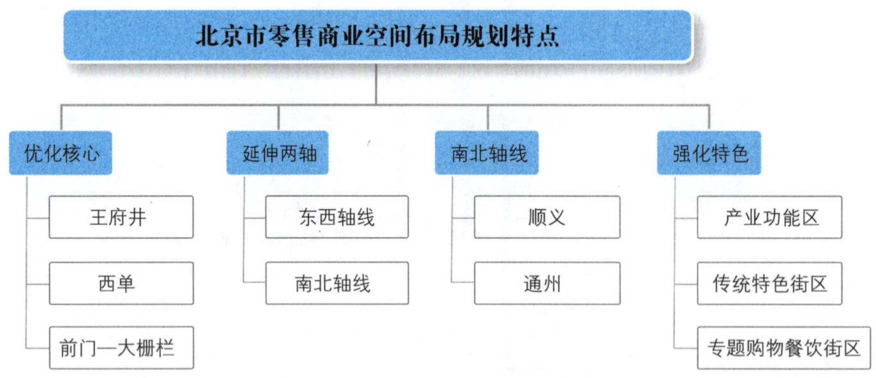

图3-50 北京市零售商业空间布局规划特点

表3-20 北京层级型商业经营系统

层级	规划
第一层级	由王府井、西单、前门—大栅栏等以满足市内外、境内外消费者休闲、旅游消费需求为主的广域型城市商业中心构成。同时，促进中关村国际商城等大型现代商业中心加快发展，完善功能，提升客流聚集能力，扩大知名度，为三大商业中心提供必要的补充
第二层级	由商圈范围涵盖较大城市范围的区域型商业中心构成。进一步完善目前基本成型的公主坟、朝外、崇文门外大街等以满足消费者的选择性购买和一般性休闲消费需求为主的区域商业中心。加大新城特别是顺义、通州、亦庄等三个重点新城商业的发展，逐步形成承载城市产业和人口转移的新的区域型商业中心
第三层级	由社区商业构成，包括社区商业中心和便民终端设施，以满足居民日常生活消费需求为主

（2）专业市场空间布局

对中心城地区内的市场逐步进行调整升级和外迁，在中心城外围地区发展适应北京产业升级和为城市功能服务的具有强辐射能力的集散型专业市场，逐步形成布局合理、功能专业、满足城市发展需要的专业市场体系。

今后，在城市功能拓展区和重点新城主要提升改造丰台新发地、顺义石门等大型农产品批发市场。每个新城原则上着重发展一个区域综合农产品批发市场。在具备条件的区县发展产地型农产品批发市场。在城市外围适当地区重点培育发展1～2个大型一级粮油批发市场。

限制二环路以内小商品市场的发展，鼓励现有的小商品市场改造、转型或迁出；东西北四环路以内，南三环路以内严格禁止新增小商品批发市场；东西北四环路和五环路之间，南三环路与南四环路之间限制新建大型商品交易市场，鼓励现有农贸市场升级改造，向社区菜市场转型；郊区各类商品交易市场要以满足新城发展和居民生活为目标进行升级改造。汽车交易市场要根据产业发展和消费需要在相关区域适度规划建设，继续提升四合庄旧机动车交易市场、石景山北京国际汽车贸易园区、昌平回龙观汽车交易市场、朝阳平房东方基业汽车交易市场等经营管理水平，加快建设丰台汽车博览中心。

小结

环渤海经济圈是近些年来中国经济发展的先锋地带。“20世纪80年代看珠三角，90年代看长三角，21世纪看环渤海”，北京作为环渤海地区的直辖市，自然是这个经济圈中的重中之重。

近年来，北京的经济发展始终保持较高水平，各经济指标位居全国前列。居民生活水平不断提高，对商业的要求也在不断升级。2010年，北京人均商业面积达1平方米，以注重体验的购物中心为主，可见，北京商业地产的发展正逐步走向成熟。但北京商业地产存在的一个较为突出的问题是商业太过集中，尤其是中心城东部地区，商业同质化严重，引发了更为激烈的竞争。

根据最新的政府总体规划，北京将构建新城市空间格局，实施多中心的新城发展战略方向。同时，为引导人口合理分布，还将通过疏散中心城的产业和人口，大力推进城市化进程，促进人口向新城和小城镇集聚。相应地，商业外围化发展的趋势也愈发明显。

第二节
SECTION TWO

2010年商业地产市场报告

1 天津市商业地产七项宏观经济指标分析

天津经济将由过去的主要由第二产业拉动向第二、三产业协调拉动逐渐转变。

宏观指标

天津市经济在加快滨海新区开发开放的强大驱动下，保持着平稳较快的运行。GDP持续快速增长，并连续两年增幅达16%以上。2009年天津GDP总量达到人民币7521.9亿元，反超苏州。按可比价格计算，天津GDP同比增长16.5%，远超全国水平，增幅居全国第二，仅次于内蒙古。

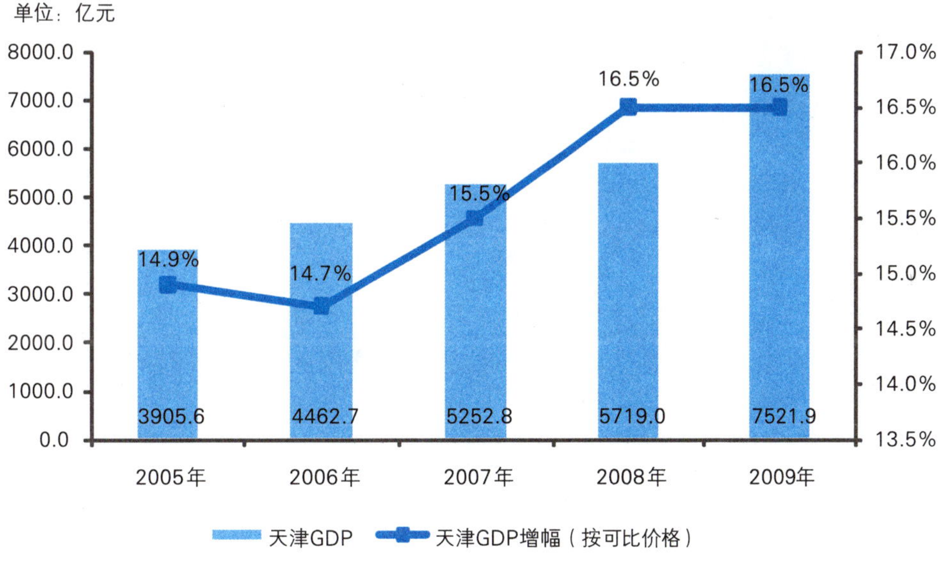

图3-51 2005—2009年天津GDP及增幅

数据来源：克而瑞CRED商业地产数据库，http://cred.cric.com

产业结构

天津的整体产业结构正在逐步优化，2009年天津第一产业增加值128.9亿元，比上年增长3.4%；第二产业增加值3987.8亿元，比上年增长18%；第三产业增加值3405.2亿元，比上年增长15.2%。

从产业结构看，2009年天津市三大产业结构为1.7：53：45.3，第二产业增加值所占份额大于50%，第二产业仍为天津市的主导产业，工业依然发挥对经济的主拉动作用，第三产业特别是现代服务业较为滞后。而同期，上海市三大产业结构之比为0.76：39.86：59.37，深圳市三大产业结构之比为0.1：46.7：53.2。

未来“十二五”计划中，天津市第二产业比例依然会维持在较高的水平上，且主要集中在高端、高质、高新的产业上；另外，对于第三产业来说，从经济结构演变规律、国家及天津市政府的重视程度看，天津第三产业发展特别是金融和物流等现代服务业发展将会取得较快增长，“十二五”期间，天津经济将由过去的主要由第二产业拉动向第二、三产业协调拉动逐渐转变，天津的服务业特别是现代服务业发展空间巨大。

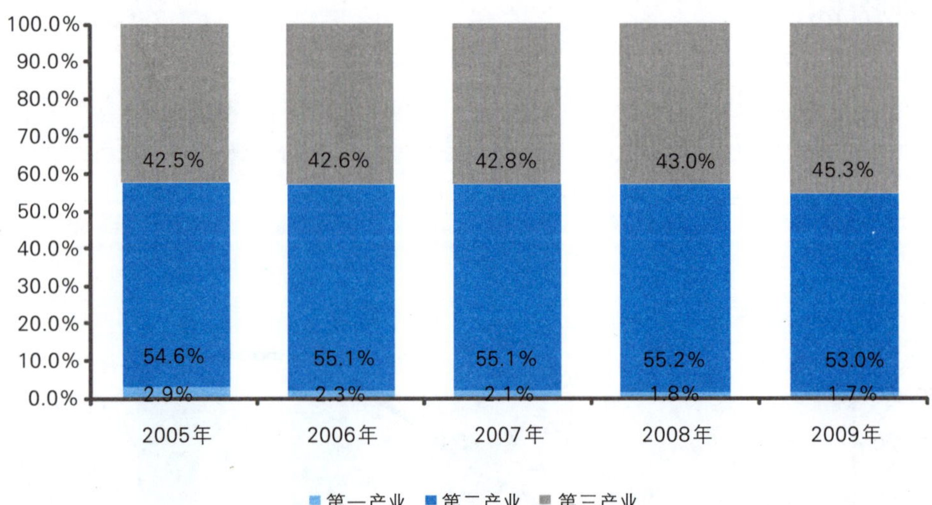

图3-52 2005—2009年天津三大产业结构比例

数据来源：克而瑞CRED商业地产数据库，http://cred.cric.com

指标3 城市人口

天津市常住人口数量平稳增长，2009年年末全市常住人口1228.2万人，比上年末增加52.2万人，增长4.4%，增幅比上年回落1.1个百分点。其中户籍人口979.8万人，增加10.9万人；外来人口248.4万人，增加41.3万人，说明外来人口成为天津人口规模增长的主要动因。城镇人口598.5万人，增加10.2万人，是户籍人口增长的主要推动力。

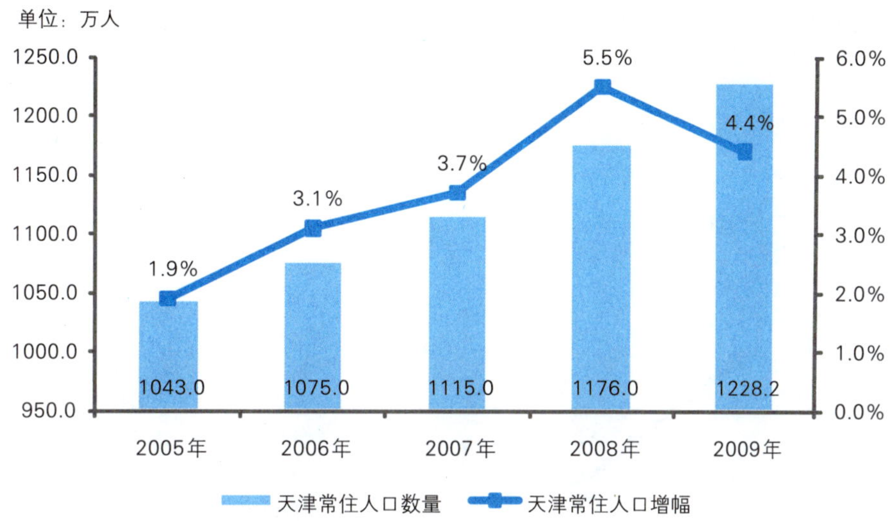

图3-53 2005—2009年天津常住人口数量及增幅

数据来源：克而瑞CRED商业地产数据库，http://cred.cric.com

指标4 城市化率

近五年来，天津城市化率不断提高。截至2009年，天津的城市化率已达61.1%，远高于全国平均水平（2009年中国城市化率为46.6%）。天津城市化进程的快速发展，很大一部分归功于天津市大力实施的以新城、中心镇建设和文明生态村建设为重点，统筹兼顾、全面发展的“郊区城市化”的发展战略，不断向小城镇转移农村人口。

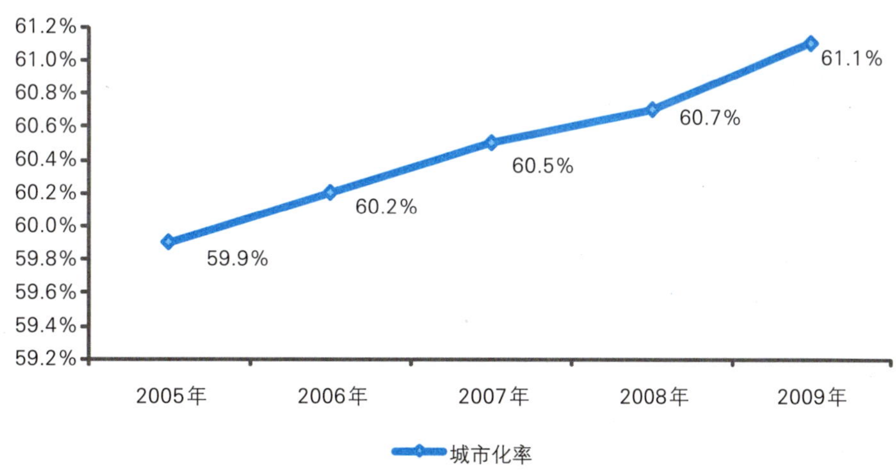

图3-54 2005—2009年天津城市化率

数据来源：克而瑞CRED商业地产数据库，http://cred.cric.com

指标5 经济效益

天津市人均GDP持续上涨，连续五年增幅超过10%。按常住人口计算，2009年天津市人均GDP达到人民币61 244.9元，折合约8967美元，较上年增长11.1%，增幅位居全国前列，天津全年经济运行经历了“触底—回暖—企稳—回升”的运行轨迹。

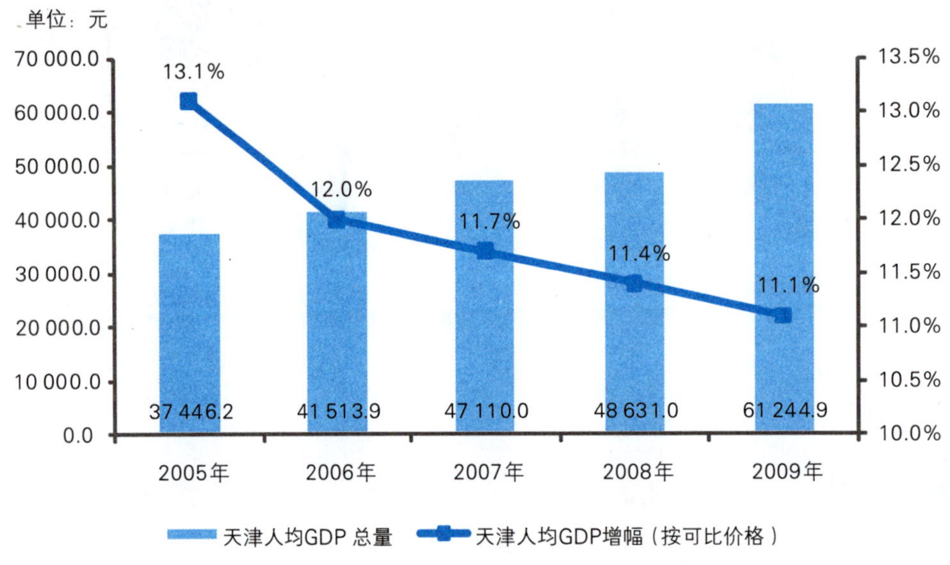

图3-55 2005—2009年天津人均GDP总量及增幅

数据来源：克而瑞CRED商业地产数据库，http://cred.cric.com

指标6 城镇居民生活质量

随着天津市城市经济的发展，在工资及补贴收入大幅提高、养老金及离退休金收入较快增长以及收入渠道的多元化的共同拉动下，天津市城镇人均可支配收入五年来都以10%左右的增速提高。2009年天津城镇人均可支配收入达21 402.0元，同比增长11.3%，增幅比上年下降1.3个百分点，与全国城镇居民人均可支配收入17 175元相比，高出24.61个百分点。

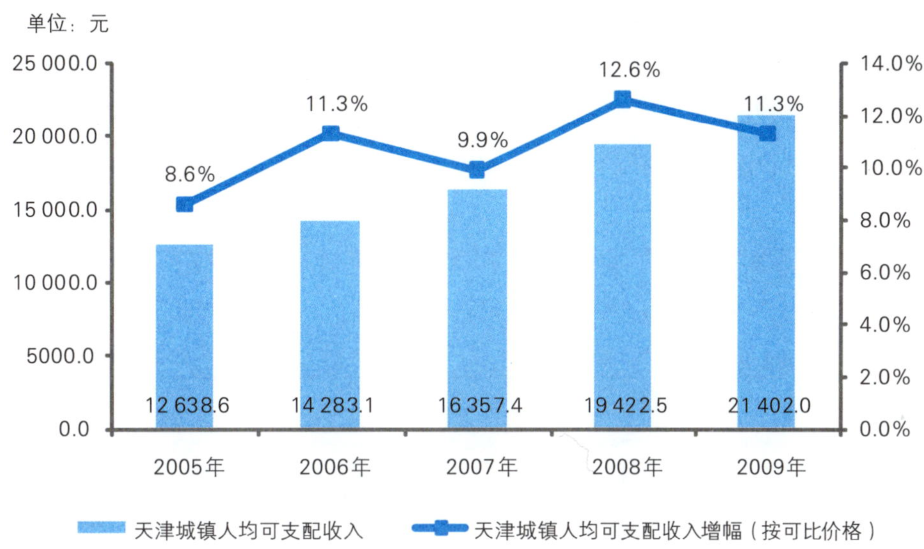

图3-56 2005—2009年天津城镇人均可支配收入及增幅

数据来源：克而瑞CRED商业地产数据库，http://cred.cric.com

随着城镇居民人均可支配收入的不断增长，天津城镇居民人均消费性支出稳步增长，2009年人均消费支出高于人均可支配收入增幅0.1个百分点，表明天津市居民生活质量不断改善，敢于消费。2009年天津城镇居民人均消费支出达14 801.0元，在全国处于中上水平，比上年增长了11.4%，增幅提高了5.5个百分点。

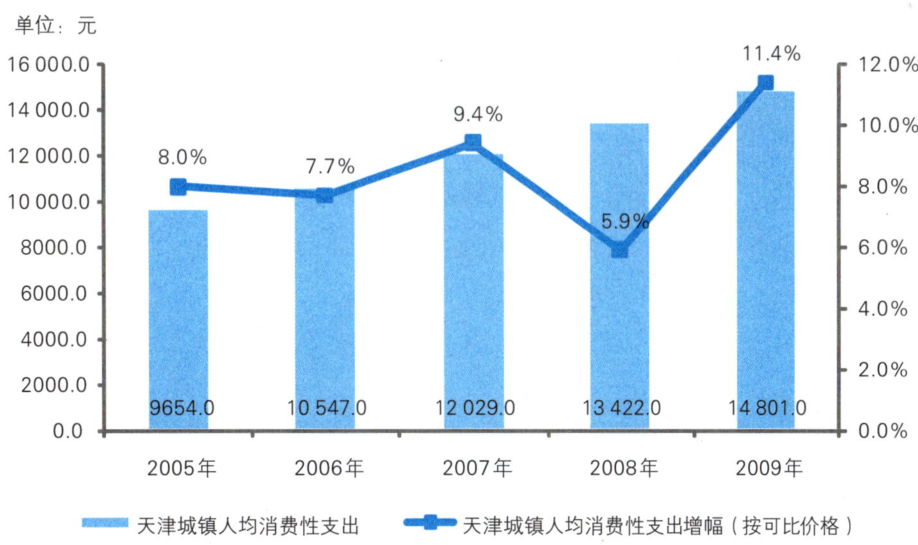

图3-57 2005—2009年天津城镇人均消费性支出及增幅

数据来源：克而瑞CRED商业地产数据库，http://cred.cric.com

民以食为天，食品消费在城市居民生活中一直占有主导地位。2009年天津恩格尔系数为36.5%，比上年降低0.8%，比全国37%的平均水平略低，处于中等水平。天津居民生活已跨入小康阶段，向富裕生活迈进，居民消费也更加注重精神文化层面的需求。

2005年至2009年，是天津居民生活消费平稳发展阶段，城市居民家庭八大类消费普遍增长。其中食品比重最大，恩格尔系数保持在35%上下。

2009年，除居住支出比上年下降了22.6元外，其他七类支出都有不着同程度的增长。其中增幅最为明显的是人均交通通讯支出，2009年比上年增长了400.5元，增幅达到了25.5%。

表3-21 2005—2009年天津城镇居民人均消费性支出构成

构成＼年份	2005年		2006年		2007年		2008年		2009年	
	元	%	元	%	元	%	元	%	元	%
总支出	9654	100	10 547	100	12 029	100.0	13 422	100	14 801	100
食品	3543	36.7	3680	34.9	4249	35.3	5005	37.3	5405	36.5
衣着	699	7.2	865	8.2	1024	8.5	1154	8.6	1363	9.2
家庭设备用品	524	5.4	634	6.0	761	6.3	817	6.1	912	6.2
医疗保健	996	10.3	1049	9.9	1164	9.7	1221	9.1	1273	8.6
交通通讯	998	10.3	1093	10.4	1310	10.9	1568	11.7	1968	13.3
教育文化	1284	13.3	1452	13.8	1640	13.6	1609	12.0	1741	11.8
居住	1292	13.4	1368	13.0	1417	11.8	1528	11.4	1505	10.2
其他	318	3.4	406	3.8	464	3.9	520	3.8	634	4.2

数据来源：克而瑞CRED商业地产数据库，http://cred.cric.com

从边际消费倾向的变化趋势来看，2008年天津边际消费率大幅递减，从73.5%下降到69.1%。边际消费倾向的下降意味着收入的增加对消费的提升作用有所淡化，但也表明天津人民本身的消费水平已经达到了较高的水平。

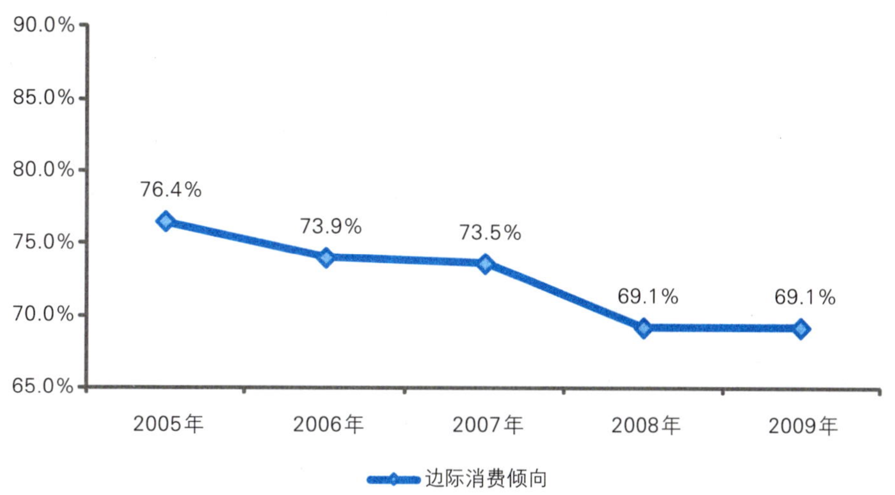

图3-58 2005—2009年天津边际消费倾向

数据来源：克而瑞CRED商业地产数据库，http://cred.cric.com

指标7 商业需求

天津社会消费品零售总额快速增长，2005年至2009年这五年间，增幅均超过了10%，尤其在2008年名义增长率达到29.6%。但由于金融危机等因素的影响，到2009年增幅明显下降。2009年天津社会消费品零售总额为2430.8亿元，同比增长16.9%，增幅回落12.7个百分点（由于2009年的消费价格指数出现负增长，因此若扣除价格因素，则2009年社会消费品零售额增幅将更大）。近年来，中国经济将逐渐由出口推动转为内需拉动，天津消费市场的快速发展有利于该转变的顺利实现。

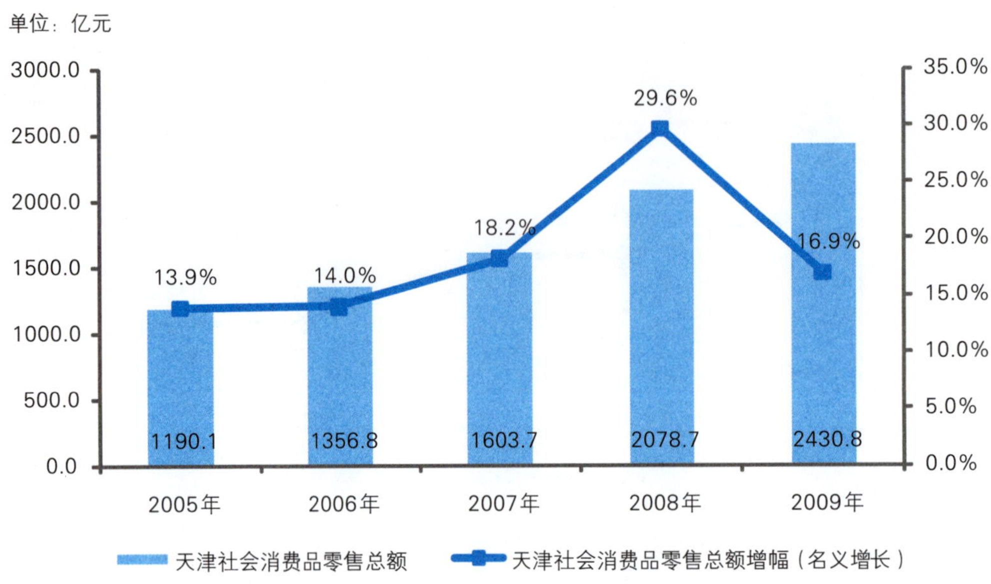

图3-59 2005—2009年天津社会消费品零售总额及增幅

数据来源：克而瑞CRED商业地产数据库，http://cred.cric.com

由于天津居民收入的不断增长，带动了天津消费市场的发展，使天津人均社会消费品零售额得以快速增长。2005年至2009年名义增幅皆超过了10%。尤其是2008年，增幅高达22.9%。按常住人口计算，2009年天津人均社会消费品零售总额为19 792.5元，比上年增长12%，增幅回落10.9个百分点。

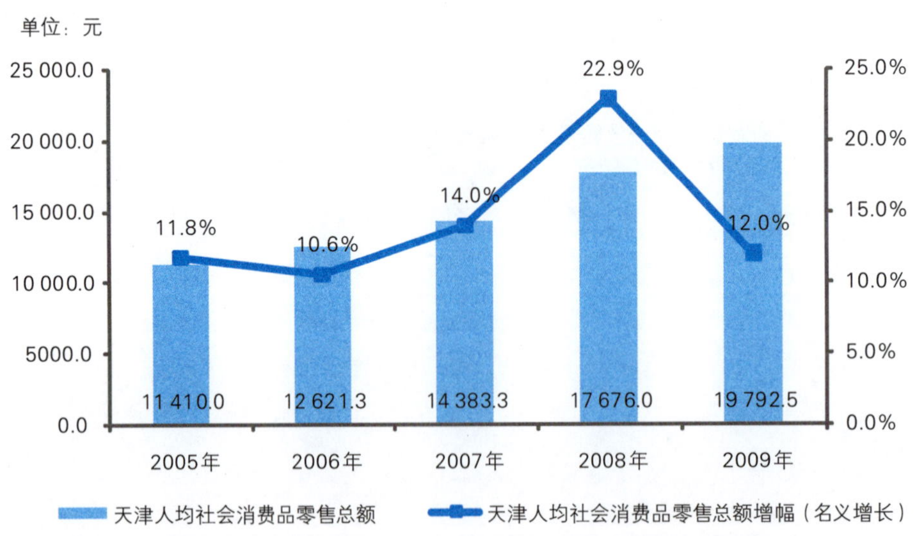

图3-60 2005—2009年天津人均社会消费品零售总额及增幅

数据来源：克而瑞CRED商业地产数据库，http://cred.cric.com

2 天津市整体商业市场情况研究

从传统工业城市逐步向新兴工业基地转变。

1 现有商业供应情况

2010年，天津商业总存量约为693万平方米，大型商业存量约为161.25万平方米。按常住人口计算，人均商业面积在0.56平方米左右。可见，天津的商业市场还有很大的发展空间。

2010年，天津重点商业存量中以专业商厦与市场为主，比例分别为43.6%、38.5%，累计比重超过80%。购物中心、特色商业街、社区配套所占比重都保持在个位数。

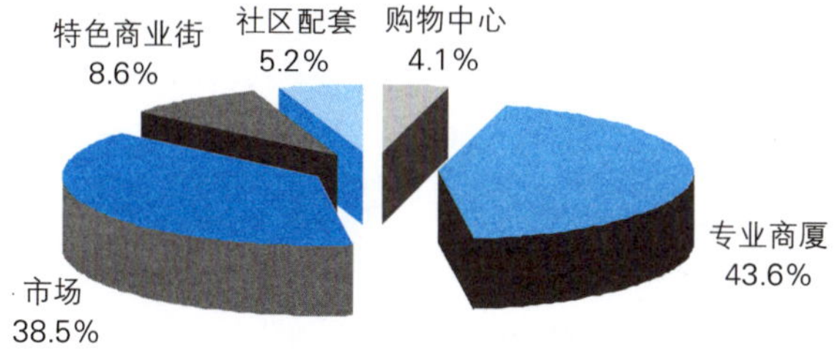

图3-61 2010年天津各类型重点商业存量供应

数据来源：克而瑞CRED商业地产数据库，http://cred.cric.com

2 七大主要商圈描述

天津商圈分布在东西两端，西部的商圈档次参差不齐，有比较成熟、高档的商圈，如滨江道商圈、小白楼商圈、南京路商圈等，也有新兴的、中低端的商圈，如鞍山西道、大胡同商圈等。而东部的商圈，除了金融街商圈发展良好之外，其他商圈发展较为缓慢。

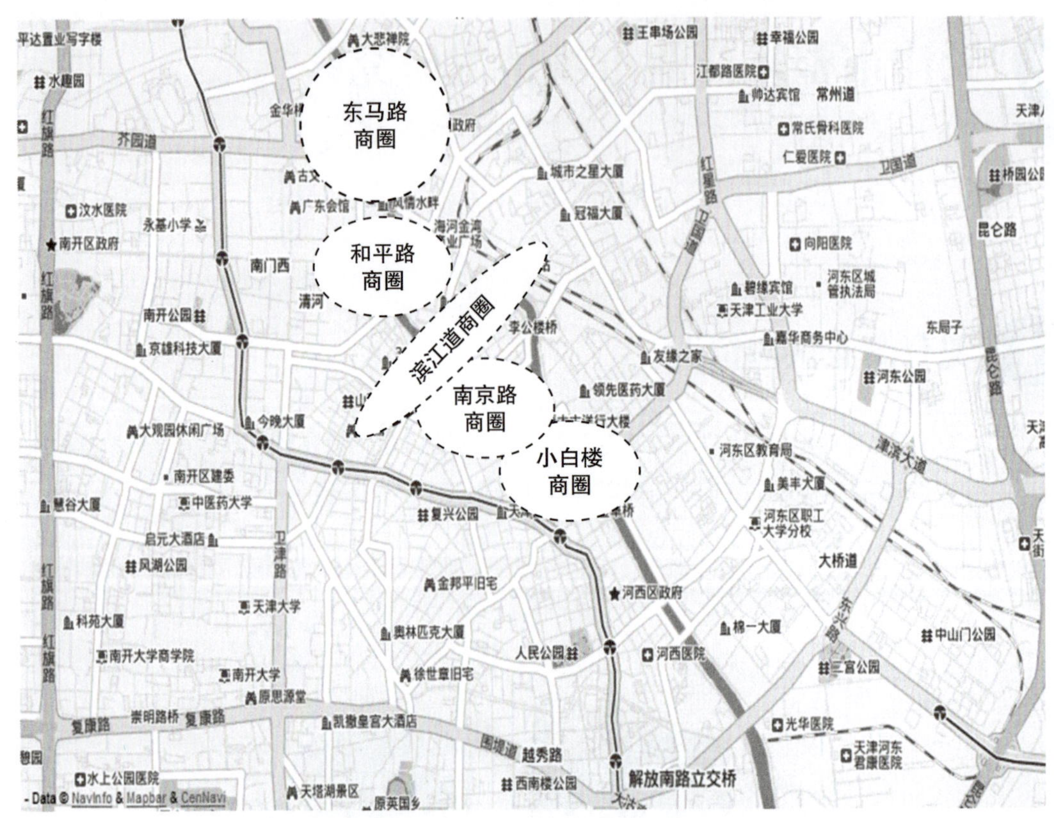

图3-62 2010年天津商圈分布图

表3-22 天津主要商圈

序号	商圈编号	商圈名称	商圈级别	区域属性	特征	主要零售物业
1	A	滨江道商圈	核心商圈	商业区	**档次：**中高端 **目标客群：**成功人士、白领 **主要商业类型：**百货、主题专卖店	中原百货 滨江商厦 友谊新天地 麦购购物广场
2	B	小白楼商圈	次级商圈	商务区	**档次：**中高端 **目标客群：**成功人士、白领、小白领 **主要商业类型：**百货、购物中心、特色商业街	海信广场 滨江购物 凯旋门百货
3	C	和平路商圈	次级商圈	商业区	**档次：**中端 **目标客群：**白领、百姓阶层 **主要商业类型：**特色商业街、购物中心、专业商厦	百货大楼 万达商业广场 和平路步行街

（续表）

序号	商圈编号	商圈名称	商圈级别	区域属性	特征	主要零售物业
4	D	南京路商圈	次级商圈	商业区	**档次：**中高端 **目标客群：**成功人士、白领、小白领 **主要商业类型：**购物中心为主、百货为辅	国际商场 吉利大厦 伊势丹百货 津乐汇 乐宾百货
5	E	东马路商圈	新兴商圈	商业区	**档次：**中端 **主要商业类型：**百姓阶层、小白领 **主要商业类型：**以专业商厦为主、特色商业街为辅	远东百货 新世界百货 古文化街
6	F	解放路商圈（塘沽区）	次级商圈	商务区	档次:中端 **目标客群：**白领、工薪阶层 **主要商业类型：**专业商厦	中原百货滨海店 金元宝商厦
7	G	金融街商圈（塘沽区）	次级商圈	商务区	**档次：**中高端 **目标客群：**白领、小白领 **主要商业类型：**以购物中心为主，特色街为辅	永旺梦乐城泰达购物中心 财富星座

商圈1 滨江道商圈
天津首屈一指的核心商圈

① 商圈范围

以滨江道为商业主轴线并向四周延伸的区域，东至滨江道，西至滨江道，南至南京路，北至张自忠路。

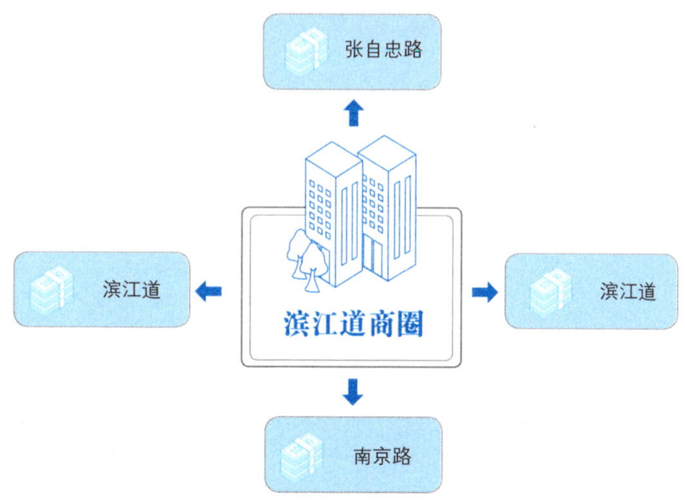

图3-63 天津市滨江道商圈范围示意图

② 商圈价值

滨江道商圈是天津首屈一指的核心商圈，商圈的商业供应约为45.51万平方米，几乎都是中高档百货。标志天津传统商业繁荣的劝业场、中原百货等百货商场都聚集在此，滨江道商圈百货业的特点是突出大众化和普遍性。

从商圈发展来看，滨江道既有面向年轻人的时尚小店，也有面向主流消费者的大众百货，不同客层都可以在此消费。滨江道商圈虽然是全市最大的商圈，却并不是最高档商品的聚集地，滨江道的商场完全可以更加高端、时尚。商圈整体客流中10岁至18岁的消费群占整体的10%，18岁至25岁的消费群占20%，25岁至35岁的消费群占20%，35岁至45岁的消费群占40%，45岁以上的消费群占10%。商圈内部虽然客流量巨大、涵盖年龄层广、消费层次宽，但就商场特色而言，传统百货之间的经营错位不明显、品牌重合度较高，商圈内主题鲜明、定位独特的卖场比较少。

表3-23 天津滨江道商圈主要商业项目

序号	项目编号	项目名称	建筑面积（平方米）	商业形态	开业时间	档次	经营情况	出租率
1	A1	欧乐时尚广场	46 000	专业商厦	2008-09-26	中端	良好	100%
2	A2	友谊新天地广场	90 000	专业商厦	2006-01-28	中高端	良好	100%
3	A3	麦购休闲广场	36 695	专业商厦	2004-10-28	中低端	良好	100%
4	A4	中原百货	27 000	专业商厦	2003-11-10	中端	良好	100%
5	A5	滨江商厦	48 428.5	专业商厦	1992-02-28	中端	良好	100%
6	A6	劝业场	57 000	专业商厦	1991-10-01	中端	一般	98%
7	A7	乐宾百货	98 000	专业商厦	2007-11-01	中端	优	100%

数据来源：克而瑞CRED商业地产数据库，http://cred.cric.com

商圈2 小白楼商圈
天津市最开放、最现代的口岸

① 商圈范围

东至解放南路，西至南京路，南至南京路，北至曲阜道。

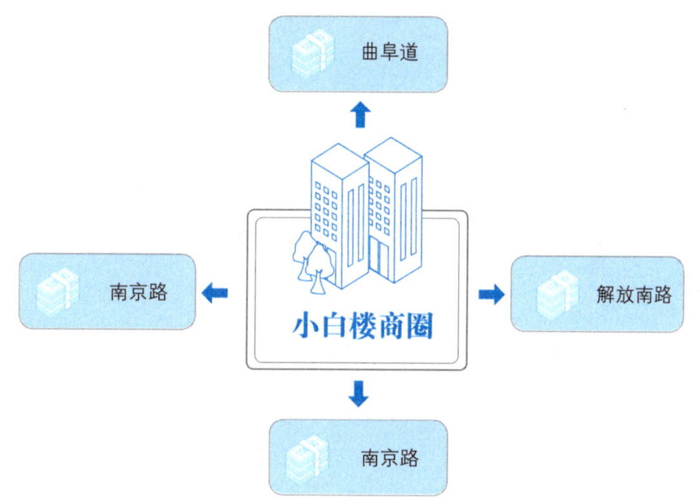

图3-64 天津市小白楼商圈范围示意图

② 商圈价值

小白楼商圈是天津市次级商圈之一，自20世纪初开始，“小白楼”就与“繁华”一词连在了一起，20世纪二三十年代的带有欧化倾向和奢华色彩的商业区、改革开放初期商业与民营经济的诞生、进入新世纪后的高端商务商贸的蓬勃兴起，可以说“小白楼”的每一个时期都有不同的繁华主题。正是繁华主题的更迭与不断升华，让小白楼成为天津这座大都市最开放、最现代的口岸，成为天津人永远的骄傲。

小白楼商圈的商业存量大约为21.5万左右，商业形态比其他商圈相对丰富，主要有购物中心、专业商厦、特色商业街，档次以中端为主，目标客群为成功人士、白领、小白领。

图3-65 2010年天津小白楼商圈大型商业形态比例

数据来源：克而瑞CRED商业地产数据库，http://cred.cric.com

表3-24 天津小白楼商圈主要商业项目

序号	项目编号	项目名称	建筑面积（平方米）	商业形态	开业时间	档次	经营情况	出租率
1	B1	滨江购物中心	50 000	专业商厦	1998-09-30	中端	良好	100%
2	B2	凯旋门百货	12 000	专业商厦	1998-01-08	中端	一般	100%
3	B3	海信广场	58 000	购物中心	2007-09-29	高端	优	100%
4	B4	小白楼朗香街	31 642	特色商业街	2009-01-16	中低端	良好	96%

数据来源：克而瑞CRED商业地产数据库，http://cred.cric.com

商圈3 和平路商圈 拥有著名的“金街”

① 商圈范围

东至赤峰道，西至福安大街，南至和平路，北至和平路。

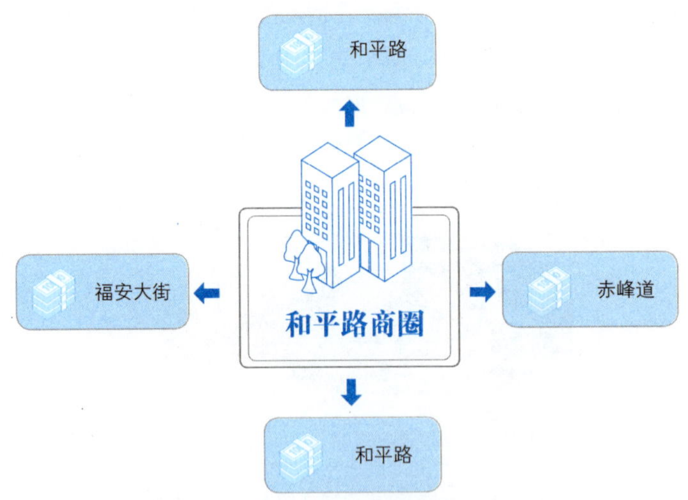

图3-66 天津市和平路商圈范围示意图

② 商圈价值

和平路商圈位于天津市和平区，商圈中有条著名的商业街，人称“金街”。金街上有很多老字号，但是由于和平路及与其交叉的滨江道均为半封闭的步行街，而和平路的商业气氛长期以来都不及滨江道，在顾客首选滨江道的前提下，和平路往往因为顾客的体力原因被选择放弃，百货大楼更因远在和平路的另一端而可望不可及。所以长期以来和平路商业街不过是滨江道商圈的一个附属品，并没有形成独立的具有竞争力的商圈。然而随着2003年底万达广场的诞生，为和平路带来了新鲜的血液，联合老字号“百货大楼”形成了和平路上一个具有强大竞争力的新兴商圈。由于万达广场的加入，该商圈的丰富业态足以和滨江道媲美，甚至比滨江道还要丰富，必将成为滨江道的有力竞争者。

和平路商圈以一条和平路商业街为核心，各大商场都建于这条街上，其中主要的商业类型是购物中心与专业商厦，商业供应量超过20万平方米，本商圈档次为中端，目标客群为周边居民、白领、小白领等。

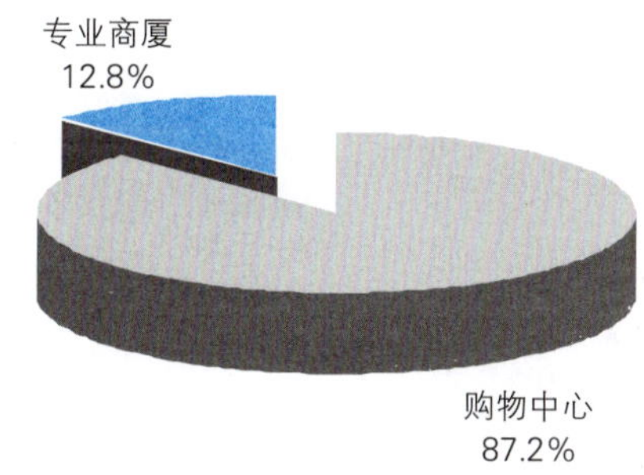

图3-67 2010年天津和平路商圈大型商业形态比例

数据来源：克而瑞CRED商业地产数据库，http://cred.cric.com

表3-25 天津和平路商圈主要商业项目

序号	项目编号	项目名称	建筑面积（平方米）	商业形态	开业时间	档次	经营情况	出租率
1	C1	百货大楼	22 000	专业商厦	1997-11-02	中端	一般	98%
2	C2	万达商业广场	150 000	购物中心	2006-05-01	中端	优	98%

数据来源：克而瑞CRED商业地产数据库，http://cred.cric.com

商圈4 南京路商圈
滨江道商圈的衍生商圈

① 商圈范围

南京路商圈是指在滨江道路口对面、南京路沿线的四大商场所形成的商圈，东至新华路，西至南开三马路，南至南京路，北至南京路。

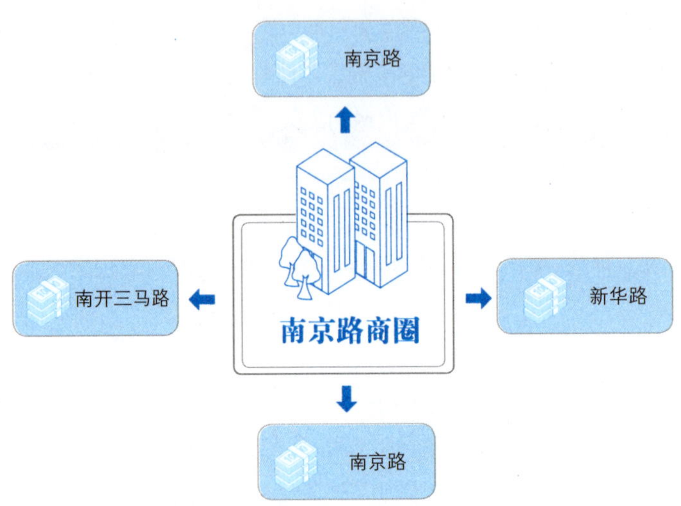

图3-68 天津市南京路商圈范围示意图

② 商圈价值

南京路商圈其实也是滨江道商圈的衍生物，是天津市主要次级商圈之一。从根本上讲，南京路商圈是依托滨江道带来的强大人流量而生存下来，并逐步走向成熟的。该商圈的起始标志是1986年国际商场的开业，后来又陆续有其他三大商场加入，逐渐形成比较成熟的著名商圈。南京路四大商场各具特色、相互紧邻、互相呼应，形成了特色鲜明的商圈。由于南京路商圈形成时间较早，硬件设施相对较为落后，尤其是经营时间较长的伊势丹和国际商场，此类矛盾最为突出，没有停车场和停车场面积不够、商场周边不具备扩张和改建的条件已成为制约这两大商场发展的首要因素。

南京路商圈商业供应大约为23.3万平方米，以专业商厦为主，购物中心为辅，档次为中高端，目标客群为成功人士、白领和小白领。

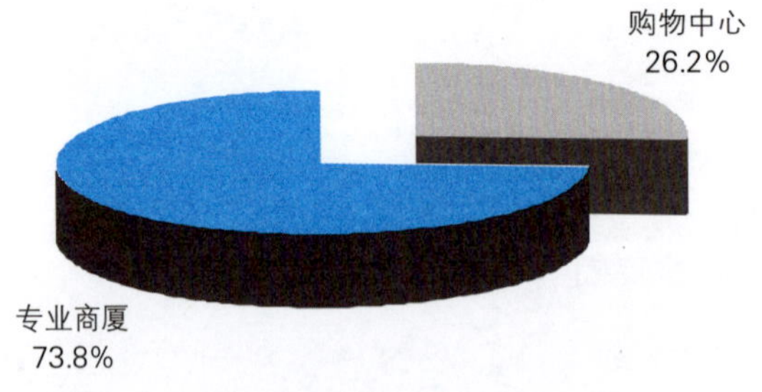

图3-69 2010年天津南京路商圈大型商业形态比例

数据来源：克而瑞CRED商业地产数据库，http://cred.cric.com

表3-26 天津南京路商圈主要商业项目

序号	项目编号	项目名称	建筑面积（平方米）	商业形态	开业时间	档次	经营情况	出租率
1	D1	吉利大厦	61 000	购物中心	1993-12-01	中端	良好	100%
2	D2	津乐汇	18 000	专业商厦	2003-12-27	中端	良好	100%
3	D3	国际商场	24 000	专业商厦	2005-10-03	中高端	优	100%
4	D4	天津乐宾百货	98 000	专业商厦	2007-11-01	中高端	优	100%
5	D5	伊势丹	32 000	专业商厦	2006-09-15	中高端	良好	100%

数据来源：克而瑞CRED商业地产数据库，http://cred.cric.com

商圈5 东马路商圈 特色商业聚集区

① 商圈范围

东至古文化街，西至新世界购物广场，南至南马路，北至大胡同。

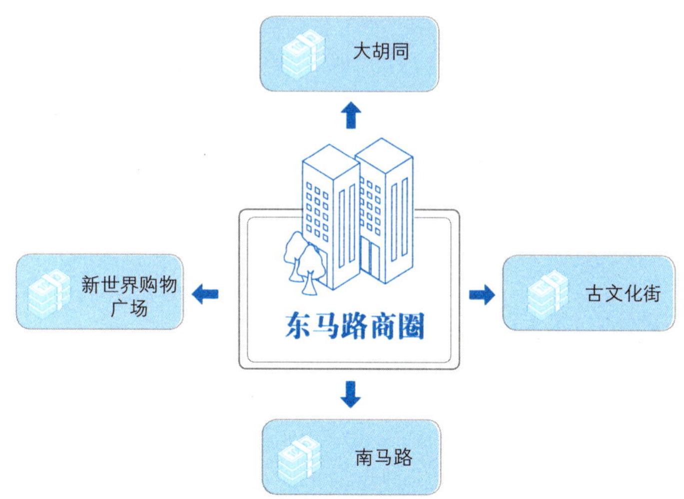

图3-70 天津市东马路商圈范围示意图

② 商圈价值

东马路商圈位于南开区，是近年来以民俗商业和现代商贸为特色逐渐形成规模的新兴商圈，成为南开区乃至本市重要的特色商业聚集区，截至目前东马路商圈已有古文化街、鼓楼商业街两条特色商业街，远东百货、新世界百货等大型百货商场；据不完全统计，目前进驻鼓楼商业街和古文化街（包括美博城、古玩城等）经营的商户达1600余户。该商圈内目前已涵盖商业商贸、文化旅游、餐饮娱乐、金融服务等多种业态，商业氛围日渐浓厚。

东马路商圈商业供应大约为24.8万平方米，主要以专业商厦和特色商业街的形式存在，由于所属商业形态的特殊性，档次主要以中低端为主。目标客群主要为百姓阶层。

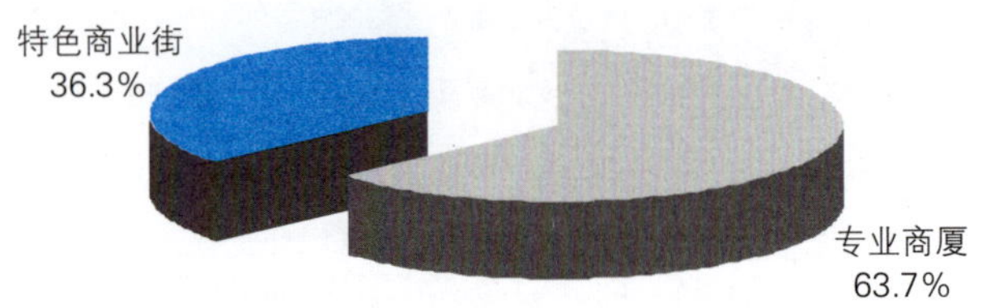

图3-71 2010年天津东马路商圈大型商业形态比例

数据来源：克而瑞CRED商业地产数据库，http://cred.cric.com

表3-27 天津东马路商圈主要商业项目

序号	项目编号	项目名称	建筑面积（平方米）	商业形态	开业时间	档次	经营情况	出租率
1	E1	远东百货	57 000	专业商厦	2006-05-19	中端	一般	100%
2	E2	新世界百货	101 155	专业商厦	2002-09-25	中端	一般	100%
3	E3	古文化街	22 000	特色商业街	1986	中低端	一般	98%
4	E4	鼓楼街	68 000	特色商业街	1998-12	中低端	一般	97%

数据来源：克而瑞CRED商业地产数据库，http://cred.cric.com

商圈6 解放路商圈（塘沽区）
零售额占塘沽区商业零售总额的一半

① 商圈范围

东至新城区，西至政府中，南至海河外滩，北至经济开发区。

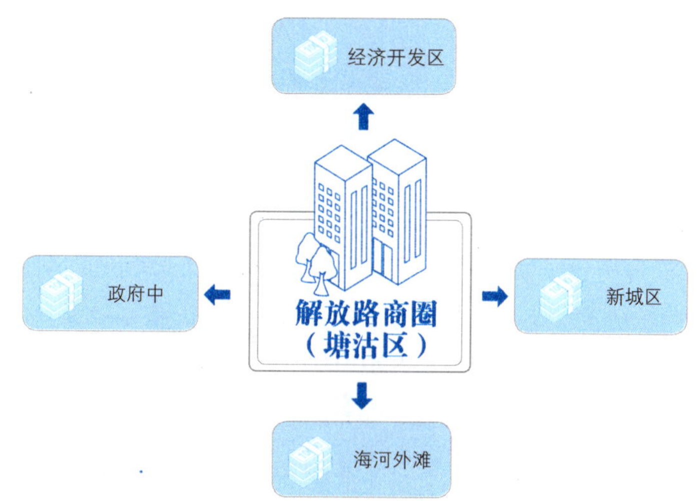

图3-72 天津市解放路商圈（塘沽区）范围示意图

② 商圈价值

解放路商圈位于天津市塘沽区，解放路商业步行街作为天津市的三大商业中心区域之一，商圈内百货、休闲服饰专卖店、餐饮零售额占塘沽区商业零售总额的一半，随着政府着眼于建设滨海中心商业区，针对商圈的功能定位进行结构调整，将大力引进新型业态，提升商圈现代化水平。

2010年末解放路商圈商业供应大约为53万平方米，基本以专业商厦形态存在，整体档次定位为中端，主力消费客群为周边居民。

表3-28 天津解放路商圈主要商业项目

序号	项目编号	项目名称	建筑面积（平方米）	商业形态	开业时间	档次	经营情况	出租率
1	F1	中原百货滨海店	20 000	专业商厦	1996-06-22	中端	一般	98%
2	F2	金元宝商厦	33 000	专业商厦	1995-09-26	中端	一般	100%

数据来源：克而瑞CRED商业地产数据库，http://cred.cric.com

商圈7 金融街商圈（塘沽区）
标志着开发区整体功能的丰富及完善

① 商圈范围

东至临港路，西至河北路，南至第三大街，北至泰达大道。

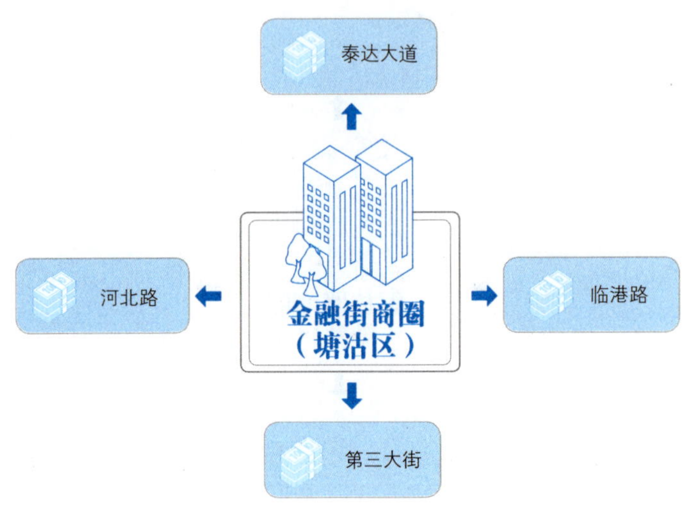

图3-73 天津市滨江道商圈（塘沽区）范围示意图

② 商圈价值

金融街商圈位于天津市塘沽区，金融街的建设标志着开发区整体功能的丰富及完善，由一个单纯的现代化工业基地开始向一个综合性的城区迈进。滨海金融街的出现将给泰达带来全新的发展机遇和更广阔的发展空间。在它的带动下，未来的泰达必将成为以国际贸易为主导的外向型、现代化、国际化的经济中心。

金融街商圈主要商业供应达13.5万平方米左右，主要以购物中心和特色商业街形态存在。档次以中高端为主，主力消费群体为白领、小白领等。

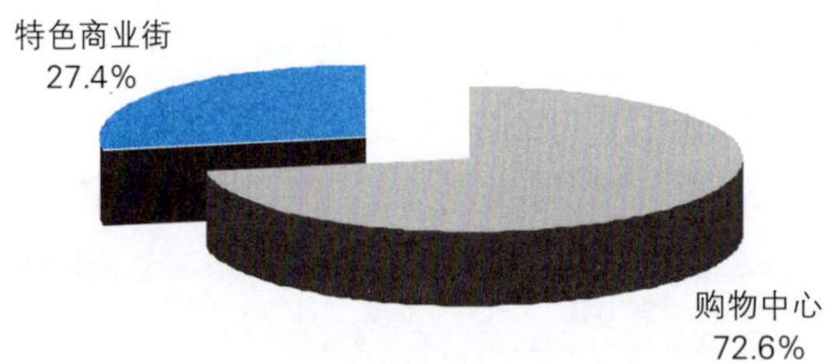

图3-74 2010年天津金融街商圈大型商业形态比例

数据来源：克而瑞CRED商业地产数据库，http://cred.cric.com

表3-29 天津金融街商圈主要商业项目

序号	项目编号	项目名称	建筑面积（平方米）	商业形态	开业时间	档次	经营情况	出租率
1	G1	永旺梦乐城泰达购物中心	98 000.0	购物中心	2010-08-09	中高端	良好	98%
2	G2	财富星座	36 954.6	特色商业街	2005-12-27	中端	一般	98%

数据来源：克而瑞CRED商业地产数据库，http://cred.cric.com

3 天津整体租金水平

（1）主要购物中心首层租金水平

天津购物中心租金的特点是存在保底租金和扣率两种支付方式。从以下几个项目来看，南京路商圈的租金水平相对较高，而金融街商圈购物中心的租金水平相对较低。这与商圈本身的档次与发展情况都是相符的。

表3-30 天津主要商圈购物中心租金

序号	项目编号	项目名称	所属商圈	首层租金
1	B3	海信广场	小白楼商圈	20～30元/（米^2·天）；22%～28%（扣点）
2	G1	永旺梦乐城泰达购物中心	金融街商圈	5～20元/（米^2·天）；15%～25%（扣点）
3	D1	吉利大厦	南京路商圈	10～40元/（米^2·天）；20%～30%（扣点）

数据来源：克而瑞CRED商业地产数据库，http://cred.cric.com

（2）百货租金水平

天津的百货在商业供应中比重很大。各商圈项目扣率比例相差不多，而保底租金的差值相对较大。其中，租金较高的商圈是南京路商圈，租金底数最高达到了40元/（米^2·天）。而东马路、解放路、和平路等商圈租金水平相对较低，小白楼商圈内的项目租金水平有些参差不齐，这与项目本身的档次定位等因素有关。

表3-31 天津主要百货租金

序号	项目名称	所属商圈	首层租金
1	友谊新天地广场	滨江道商圈	16～25元/（米^2·天）；22%～28%（扣点）
2	麦购休闲广场	滨江道商圈	10～30元/（米^2·天）；20%～30%（扣点）
3	中原百货	滨江道商圈	17～25元/（米^2·天）；22%～28%（扣点）
4	滨江购物中心	小白楼商圈	15～30元/（米^2·天）；20%～30%（扣点）
5	凯旋门百货	小白楼商圈	5～15元/（米^2·天）；20%～30%（扣点）
6	远东百货	东马路商圈	5～15元/（米^2·天）；20%～30%（扣点）
7	金元宝商厦	解放路商圈	5～15元/（米^2·天）；20%～30%（扣点）
8	百货大楼	和平路商圈	5～20元/（米^2·天）；20%～30%（扣点）
9	津乐汇	南京路商圈	10～40元/（米^2·天）；20%～30%（扣点）
10	国际商场	南京路商圈	10～50元/（米^2·天）；20%～30%（扣点）
11	乐宾百货	南京路商圈	10～30元/（米^2·天）；20%～30%（扣点）

数据来源：克而瑞CRED商业地产数据库，http://cred.cric.com

4 天津主要商场坪效

滨江道商圈中项目的营业额明显高于其他商圈项目，尤其是中原百货，2007年营业额高达15.7亿元，尽管之后两年营业额有了大幅度的回落，但是相对而言，还是处在一个很高的水平。在坪效方面，其他商圈项目与滨江道商圈项目的水平差不多，滨江道商圈的中原百货无论在总额还是在坪效方面都遥遥领先于其他项目。

表3-32 天津主要商场坪效

序号	项目名称	所属商圈	2007年		2008年		2009年	
			营业额（亿元）	坪效（元/米^2）	营业额（亿元）	坪效（元/米^2）	营业额（亿元）	坪效（元/米^2）
1	中原百货	滨江道商圈	15.7	58 310	9.1	33 853.7	9.5	35 137
2	友谊新天地	滨江道商圈	3.7	4127.2	4.8	5377.8	6.1	6764.8
3	滨江商厦	滨江道商圈	3.5	7125.8	4.3	8834.3	4.3	8866.1
4	百货大楼	和平路商圈	2.1	9528.7	—	—	—	—
5	滨江购物中心	小白楼商圈	2.7	5308.2	2.9	5886.2	3.1	6121.0

数据来源：克而瑞CRED商业地产数据库，http://cred.cric.com

5 天津未来商业供应及发展趋势预测

天津作为环渤海经济区的领军城市，未来的“北方经济中心”，近年来已经从一个传统的工业城市逐步演变成为电子信息、汽车、冶金、化工、生物技术与现代医药及环保六大优势产业为主的新兴工业基地。近年来，天津的国民经济在天津港、天津经济技术开发区和天津港保税区为骨架的天津滨海新区的带动下，呈现出快速发展的态势，为天津市商业发展奠定了良好的基础。

天津市商业发展已经逐步形成了比较完善的市场体系和商业基础，但是与上海、北京一线城市相比，天津市商业发展略显稚嫩，天津市商业形态仍以百货店、专业商厦、特色步行街为主，规模较大的购物中心并不多。另一方面，目前天津市成熟商圈主要分布在市中心区域，在未来天津将建设的24处区级商业中心中，有14处在外环线以内的中心城区，10处建设在外环线以外。今后将合理配置商业形态，改造现有商业设施，发展适应居民需要的商业服务业，重点发展规范的室内集贸市场、专业交易市场、中型综合百货店、中型超级市场、商业街、连锁店、配送中心及餐饮业。

表3-33 天津未来主要商业项目供应

序号	项目名称	所属商圈	建筑面积（平方米）	商业形态	开业时间（预计）	商业初步定位
1	振华百货	和平路商圈	68 000	百货	2011年初	原天津百货店大楼改造为现代都市百货

数据来源：克而瑞CRED商业地产数据库，http://cred.cric.com

3 天津市未来城市发展规划

合理配置商业业态，改造现有商业设施，发展适应居民需要的商业服务业。

1 城市总体规划

（1）人口布局

2020年，天津市实际居住人口控制在1350万人左右；其中，中心城区和滨海新区核心区控制在630万人左右。2020年，天津市城镇建设用地规模控制在1450平方千米以内；其中，中心城区和滨海新区核心区控制在580平方千米以内。

（2）城市空间规划

天津市规划“一轴两带三区”的市域空间布局结构：

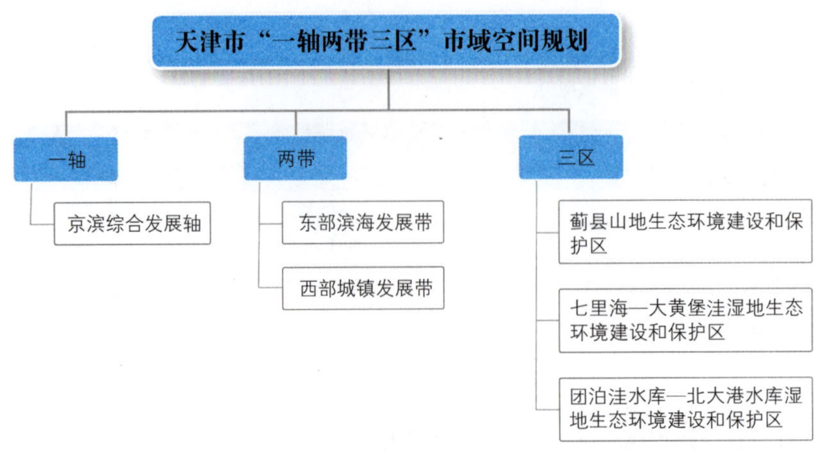

图3-75 天津市“一轴两带三区”的市域空间布局结构

一轴是指“京滨综合发展轴”，依次连接武清区、中心城区、海河中游地区和滨海新区核心区，有效聚集先进生产要素，承载高端生产和服务职能，实现与北京的战略对接。依托“京滨综合发展轴”，加强与北京的合作，形成高新技术产业密集带，形成京津冀地区一体化发展的产业群和产业链。

两带是指“东部滨海发展带”和“西部城镇发展带”。“东部滨海发展带”贯穿宁河、汉沽、滨海新区核心区、大港等区县，向南辐射河北南部及山东半岛沿海地区，向北与曹妃甸和辽东半岛沿海地区呼应互动。“西部城镇发展带”贯穿蓟县、宝坻、中心城区、西青和静海，向北对接北京并向河北北部、内蒙古延伸，向西南辐射河北中南部，并向中西部地区拓展。

通过“一轴两带”，拓展城市发展空间，提升新城和城镇功能，统筹区域和城乡发展；进一步加强与北京的战略对接，扩大同城效应；强化天津服务带动作用，促进和扩大与环渤海地区、中西部地区的经济交流与合作，加快形成我国东中西互动、南北协调发展的区域发展格局。坚持开放带动战略，强化滨海新区改革示范效应，增强天津参与经济全球化和区域经济一体化的能力。

南生态是指京滨综合发展轴以南的“团泊洼水库—北大港水库”湿地生态环境建设和保护区以及正在规划建设的子牙循环经济产业园区等。北生态是指京滨综合发展轴以北的蓟县山地生态环境建设和保护区、“七里海—大黄堡洼”湿地生态环境建设和保护区、中新天津生态城以及北疆电厂等循环经济产业示范区。通过“南北生态”保护区的建设，构建天津城市生态屏障，融入京津冀地区整体生态格局，完善城市大生态体系。

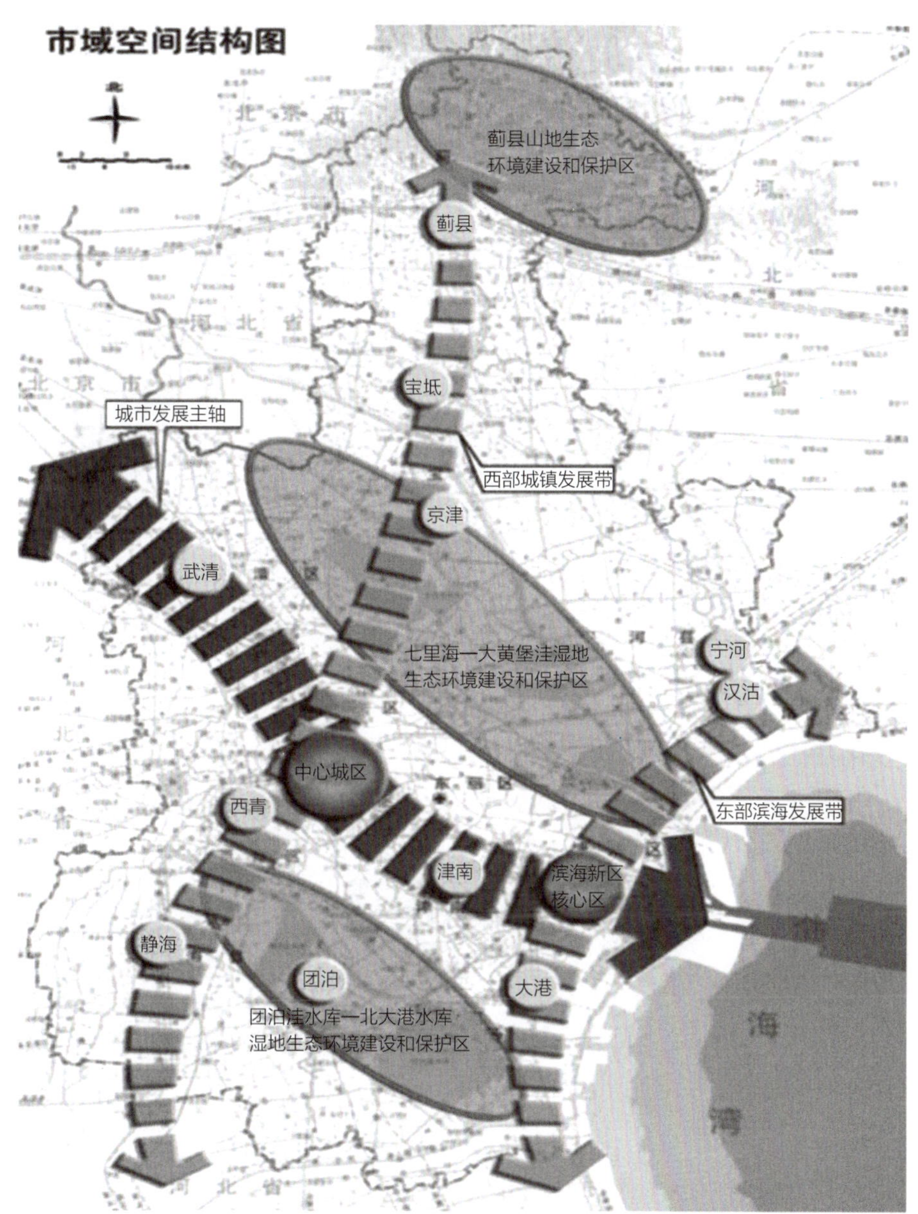

图3-76 天津市域空间布局结构

（3）产业布局规划

根据产业发展战略，依托城市发展轴、发展带，全市产业发展用地总体布局是：

中心城区以发展第三产业为重点，适度发展技术密集、附加值高、无污染的都市型工业，逐步形成以服务型经济为主的产业结构。外围城镇组团重点发展汽车制造、生物医药、电子通讯等产业。天津新技术产业园区华苑产业区建设成为高新技术的研发和转化基地；西青新城重点发展汽车工业；津南新城重点发展电子及通讯设备制造产业、环保产品制造、生物医药加工和都市型工业；小淀组团重点发展高新技术产业、现代制造业；双街组团重点发展服务于中心城区的物流等产业；青光双口组团重点发展现代加工工业；大寺组团重点发展新型电子工业；大毕庄组团重点发展商贸型物流加工；双港、新立组团重点发展都市工业。

滨海新区沿东部滨海发展带规划建设海滨休闲旅游区、海港物流区、滨海化工区、临港产业区等功能区。在城市发展主轴上规划建设临空产业区、高新技术产业区、先进制造业产业区以及滨海中心商务商业区。建设各具特色的功能区，大力发展现代制造业、物流业，以及电子信息、生物技术等高新技术产业和为实现新区定位服务的第三产业。通过产业集聚、技术引领、功能辐射，努力把滨海新区建设成世界先进的开放型、创新型、多功能型现代化经济新区，逐步实现滨海新区的定位，成为环渤海区域发展的强大引擎，更好地带动天津发展、服务于环渤海区域的经济振兴和社会事业的全面进步。

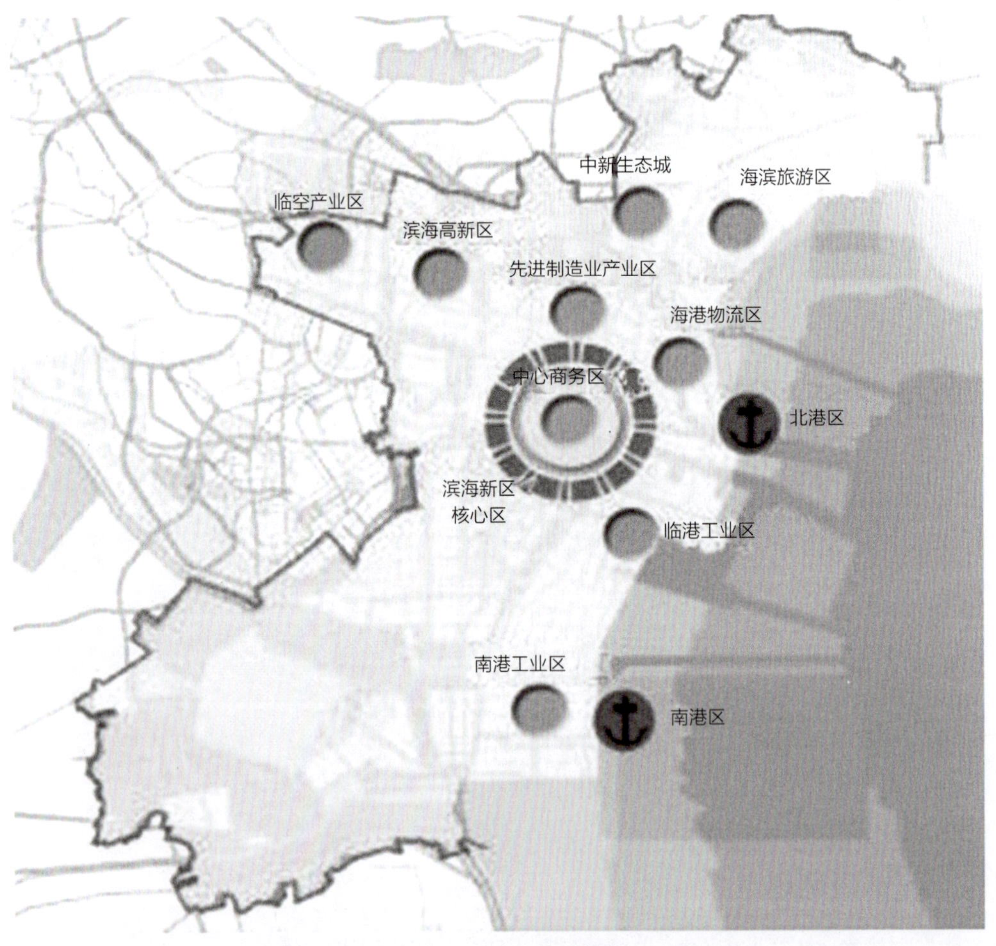

图3-77 天津产业布局规划

（4）交通规划

依托海、空两港，充分利用欧亚大陆桥桥头堡的优势，积极建设北方国际航运中心和国际物流中心，努力构筑与周边及“三北”地区紧密联系的综合交通体系，成为联系南北方、沟通东西部的综合交通枢纽。通过完善区域干线交通运输网络，形成以高速公路直接进港为核心的多方式、多层次的综合集疏运网络，同时通过实施港城分离措施，缓解港城交通的相互干扰，提高集疏港效率。同时，为把天津建成我国北方国际航运中心，通过扩建滨海国际机场，提高天津滨海国际机场的客货运吞吐能力，同时考虑远期发展，在京津城市发展主轴上的武清河西务一带预留首都第二机场用地；通过将中心城区地铁二、四号线的联络线延伸至滨海国际机场、建设贯通航站区的快速路联络线来改善机场的集散交通环境，同时将京津城际铁路引入机场，以加强与首都机场的联系。

在铁路方面，形成由高速铁路、城际铁路、普通铁路三个层次组成的铁路网络。高速铁路和城际铁路作为区域快速交通，提升天津的区域客运交通枢纽地位，规划提出加快建设京沪、津秦等高速铁路及京津、津唐、津保城际铁路天津段。普通铁路则形成以港口为核心的货运铁路网络。其中，重点建设直通西部、北部腹地的铁路运输通道，形成欧亚大陆桥新的通道，同时进一步完善市域铁路枢纽，强化枢纽环线功能，改造现有铁路设施，提高天津铁路枢纽综合运输能力。

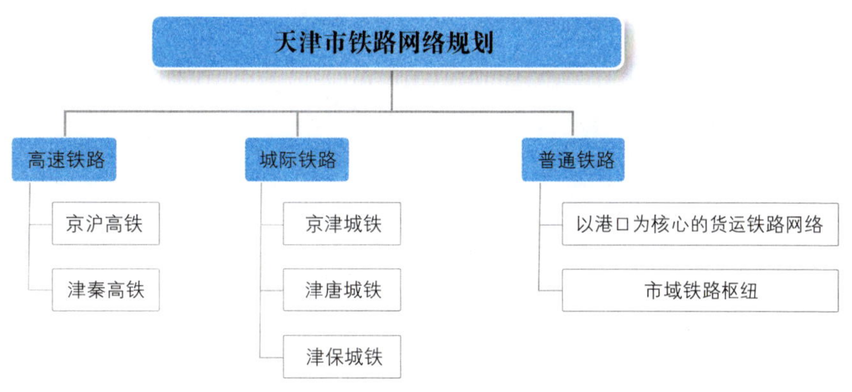

图3-78 天津市铁路网络规划

在公路方面，形成由国家高速公路、区域高速公路、市域高速公路、一般干线公路和农村公路系统五个层次组成的高效、快捷公路网络，保障城市职能的发挥。其中，国家及区域高速公路重点强化与北京的联系，同时加强通往华北、西北、东北及沿海方向的直通通道建设；市域高速公路则强调新城与中心城区和滨海新区、各新城之间的高速互通；一般干线公路注重与市域空间布局的结合；农村公路系统主要结合社会主义新农村建设，完善与干线公路相衔接、与新农村布局规划相配套的网络建设。

天津市城市总体规划(2005—2020年)
市域交通体系规划图

图3-79 天津市域交通体系规划（2005—2020年）

城市轨道交通由地铁、轻轨、市郊铁路、有轨电车等多种形式组成，规划市域范围轨道交通主通道总长度约980千米。规划中心城区由九条线形成环放式轨道交通线网结构，线网总长度235千米；天津地铁一号线、二号线和三号线为轨道交通骨干线；天津地铁四号线、五号线和六号线为轨道交通填充线；七号线和八号线为轨道交通外围线；九号线为津滨轻轨线的延长线。

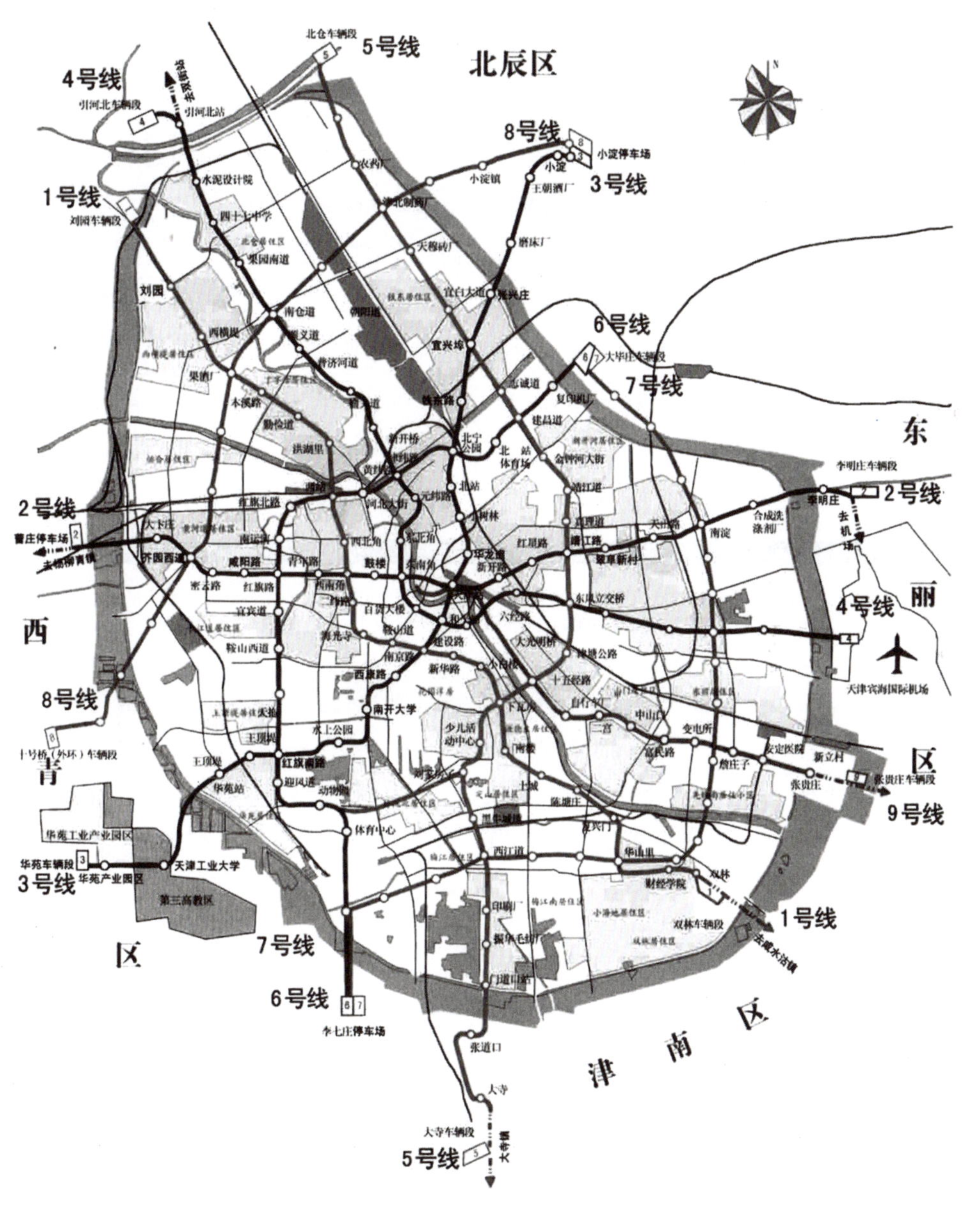

图3-80 天津快速轨道交通线网规划

2 中心城商业网点规划

商业中心布局规划以和平路、滨江道、东马路周边地区为市级商业中心，商业用地面积超过220公顷，营业面积220万平方米以上，突出购物、观光、休闲、娱乐、餐饮为一体的现代商业与服务功能。塘沽解放路商业中心区为市级商业次中心，包括解放路商业中心群、海河外滩休闲公园、新洋特色市场群、泰达商业中心等四大功能区。区级商业中心24处，重点服务区域人口的中高档大宗商品购买，依据便利交通，设置大中型综合商场、专卖店、超级市场。居住区级商业中心50处，提供便民、利民、保证居民基本生活的商业设施，按照有关规定以700～900平方米/千人配置网点。在规划建设的24处区级商业中心中，有14处在外环线以内的中心城区，10处建设在外环线以外，主要包括棉二水上世界、佟楼和大沽南路，体育中心和水上商业中心，西站、丁字沽及大直沽，华昌大街、中山门和八分部，中山路和金钟商业中心，以及北辰、天一广场、杨柳青商城、咸水沽津沽路、新开北路、胜利路、北运河、建设路、新城、芦台商业道及新城商业中心。其中，县城商业是中心城区商贸区、地区商贸中心向外沿伸的结合点，是县域内城镇商业的中心，商业营业面积在5万至20万平方米。今后将合理配置商业业态，改造现有商业设施，发展适应居民需要的商业服务业。重点发展规范的室内集贸市场、专业交易市场、中型综合百货店、中型超级市场、商业街、连锁店、配送中心及餐饮业。

小结

天津作为中国北方的直辖市，地处环渤海经济开发区的中心位置，地理条件十分优越。但其经济发展始终远不及相邻的北京。

近几年，天津经济发展十分迅速，连续三年保持16%以上的增速。而其中近一半的增量来源于固定资产投资，表明天津经济的发展后劲十足。天津居民人均收入与消费性支出的节节高升以及城市化进程的不断加深，预示着居民的生活状况得到大幅改善。

目前，天津的商业地产形态仍以购物性质的专业商厦和市场为主，人均商业面积也仅为0.56平方米，现有商业地产的供给量还十分不足，几乎没有完整运作的大型商业综合体。

随着天津经济的不断发展，特别是滨海新区的快速崛起，未来商业地产的需求量会非常大，天津商业地产的发展前景十分良好。

第三节 SECTION THREE

2010年商业地产市场报告

宏观经济指标分析

商业市场环境研究

未来城市发展规划

1 青岛市商业地产六项宏观经济指标分析

城镇居民生活消费总体平稳发展，城镇居民人均消费性支出普遍增长。

指标1 宏观指标

青岛市2009年实现国内生产总值（GDP）4854亿元，按可比价格计算，比上年增长12.2%。尽管青岛的GDP总值逐年增长，但按可比价格计算，青岛GDP增幅却在逐年下降，可见至2009年青岛本身受到了宏观经济调控的影响，走经济稳步发展的保守路线。

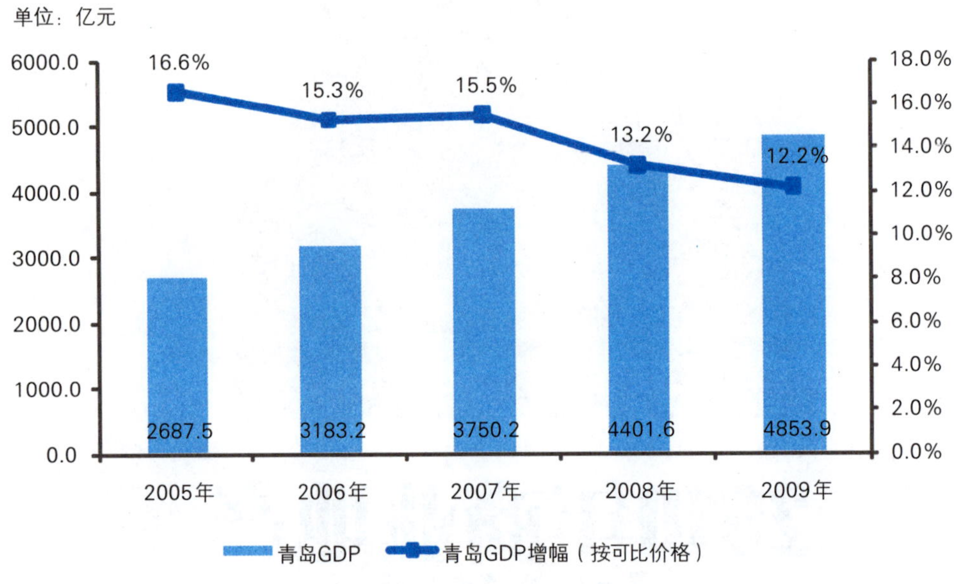

图3-81 2005—2009年青岛GDP及增幅

数据来源：克而瑞CRED商业地产数据库，http://cred.cric.com

指标2 产业结构

青岛整体产业结构波动较小， 2005年三大产业的比重分别为6.6%、51.8%、41.6%，至2009年，青岛三大产业的比例为4.7%、49.9%和45.4%。第三产业的比重正在加大，但是增幅较小，每年的差距并不明显，可见青岛这个城市的生产结构并没有多大改变，这与人口和地域及城市主导产业有关。

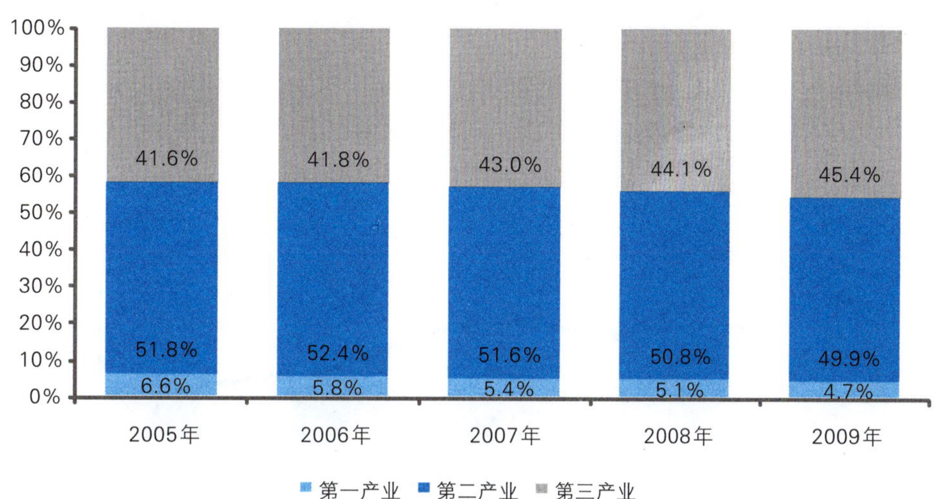

图3-82 2005—2009年青岛三大产业结构比例

数据来源：克而瑞CRED商业地产数据库，http://cred.cric.com

城市人口

由于大量人口导出和外来流动人口的递减，青岛人口总量近年来趋向稳定。2005年年末，青岛总人口741万，至2007年年末，青岛总人口758万，两年来人口总数明显递增。后两年中，青岛总人口增加量为五万人，人口数量趋于平稳。

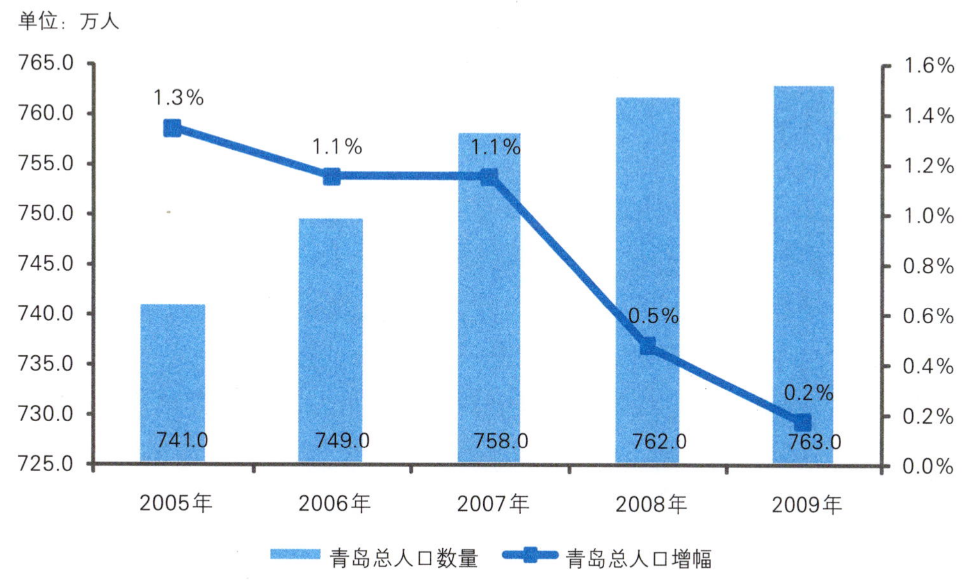

图3-83 2005—2009年青岛总人口数量及增幅

数据来源：克而瑞CRED商业地产数据库，http://cred.cric.com

指标4 经济效益

2005年至2009年，青岛人均GDP逐年稳步增长，符合之前青岛GDP的增长规律。特别是2007年，按可比价格计算，人均GDP增幅达到了14.2%。

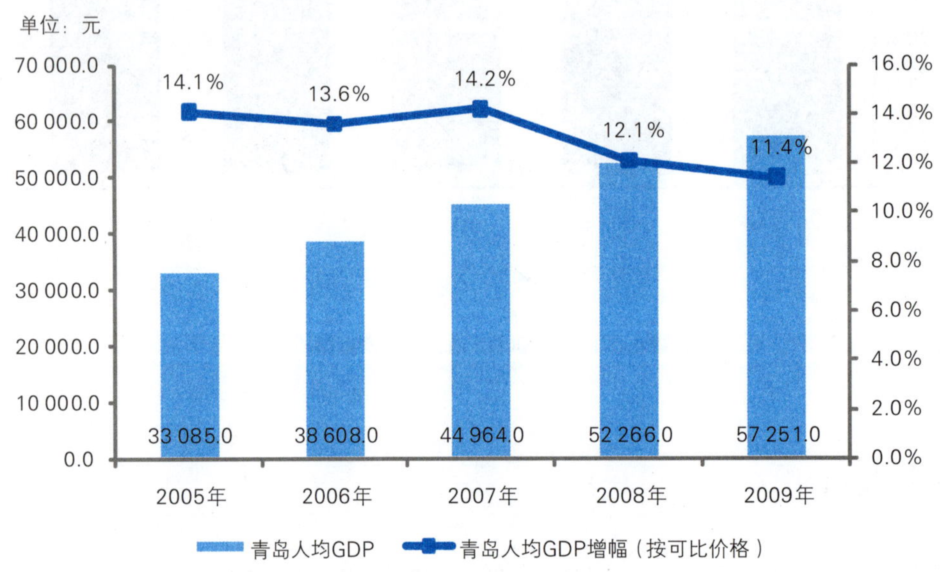

图3-84 2005—2009年青岛人均GDP及增幅

数据来源：克而瑞CRED商业地产数据库，http://cred.cric.com

指标5 城镇居民生活质量

2005年至2009年青岛城镇人均可支配收入稳步增长，但由于通货膨胀的影响，人均可支配收入增幅的波动较大，由于2008年年末金融危机的影响，2009年的增幅达到六年最低，为9.3%。

2005年至2009年，青岛城镇居民生活消费总体平稳发展，城镇居民人均消费性支出普遍增长。2006年年末，青岛受到通货膨胀的波及，按名义价格计算，增幅依然升至五年来最高的13.6%。

比较青岛城镇人均可支配收入及增幅和青岛城镇人均消费性支出及增幅可知，两者走势基本一致，可见2006年和2009年对青岛人民来说都是不小的冲击，2006年收入和支出的不平衡，导致了曲线的反向，硬性消费扩张，而2009年之后的增幅呈下降的总趋势，消费行为保守。

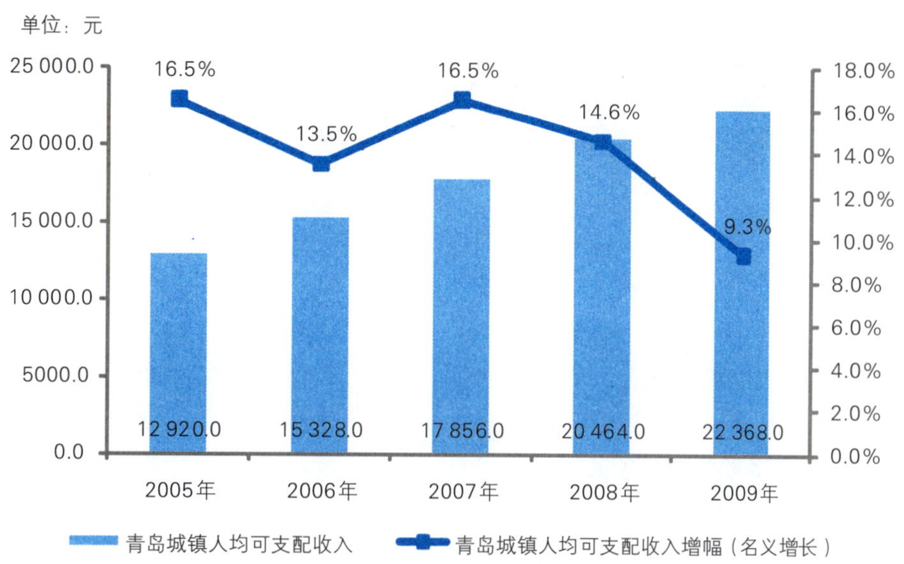

图3-85 2005—2009年青岛城镇人均可支配收入及增幅

数据来源：克而瑞CRED商业地产数据库，http://cred.cric.com

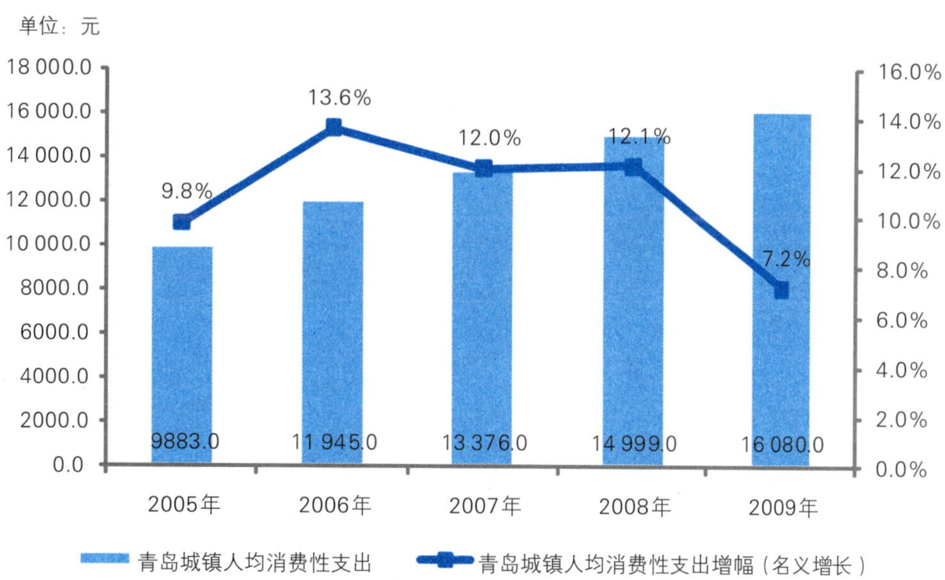

图3-86 2005—2009年青岛城镇人均消费性支出及增幅

数据来源：克而瑞CRED商业地产数据库，http://cred.cric.com

由于很好地受到了国家宏观调控的影响，青岛的公共事业类比如医疗保健、教育文化、居住类消费性支出逐年下降，而人民的自主性需求类的消费则日益增长，比如衣着、交通通讯、其他等。

表3-34 2005—2009年青岛城镇居民人均消费性支出构成

构成＼年份	2005年		2006年		2007年		2008年		2009年	
	元	%	元	%	元	%	元	%	元	%
总支出	9883	100	11 945	100	13 376	100	14 999	100	16 080	100
食品	3719	36.4	4352	37.6	4947	37.0	5606	37.4	6189	38.6
衣着	1042	11.8	1413	10.6	1709	12.8	1824	12.2	2063	12.8
家庭设备用品	657	6.7	801	6.6	976	7.3	1057	7.0	1174	7.3
医疗保健	805	6.6	782	8.2	788	5.9	936	6.2	998	6.2
交通通讯	988	11.9	1424	10.0	1624	12.1	1919	12.8	1998	12.4
教育文化	1435	13.7	1640	14.5	1567	11.7	1665	11.1	1623	10.1
居住	951	9.8	1170	9.6	1282	9.6	1472	9.8	1434	8.9
其他	286	3.1	363	2.9	483	3.6	520	3.5	601	3.7

数据来源：克而瑞CRED商业地产数据库，http://cred.cric.com

除2006年受到通货膨胀影响外，使得消费硬性化以外，青岛边际消费倾向曲线整体呈下降趋势，表示青岛城镇居民的人均消费性支出在人均可支配收入中所占的比重逐渐降低。

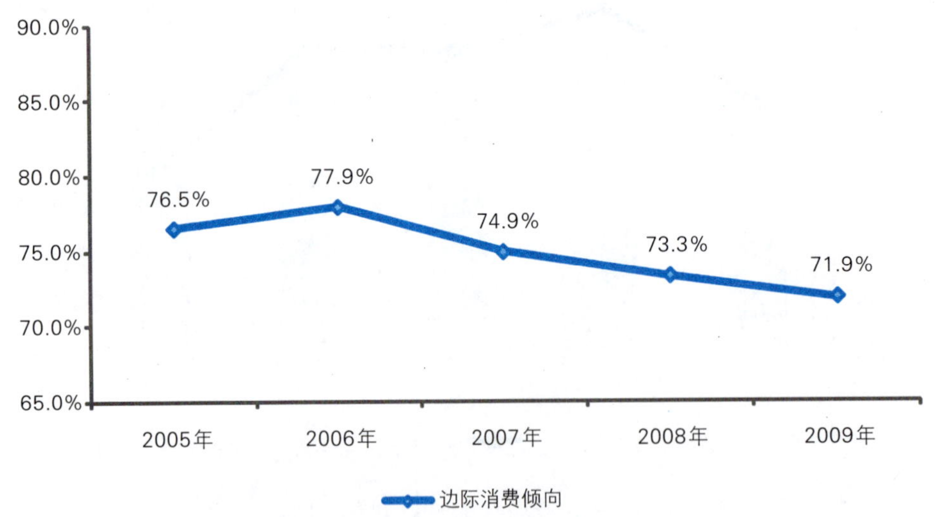

图3-87 2005—2009年青岛边际消费倾向

数据来源：克而瑞CRED商业地产数据库，http://cred.cric.com

商业需求

最新统计显示，2009年全年青岛实现社会消费品零售总额1744.0亿元，按名义价格计算，比上年增长19.1%，增幅同比降低了3.1个百分点。青岛人均社会消费品零售总额的发展趋势基本与总量同步。但由于2009年青岛总人口的变化值较小，使得人均社会消费品零售总额的增幅明显下降，与总量的增幅相比，差异明显。

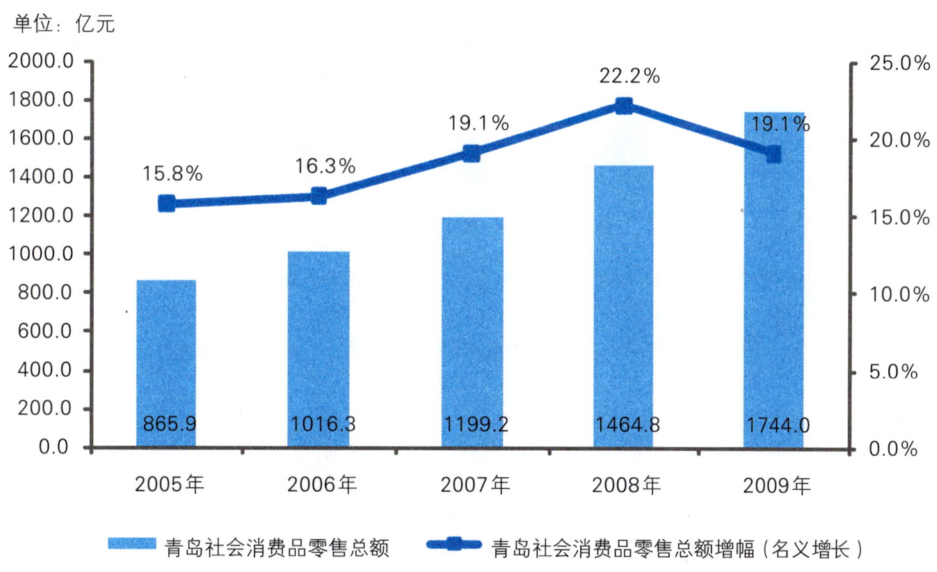

图3-88 2005—2009年青岛社会消费品零售总额及增幅

数据来源：克而瑞CRED商业地产数据库，http://cred.cric.com

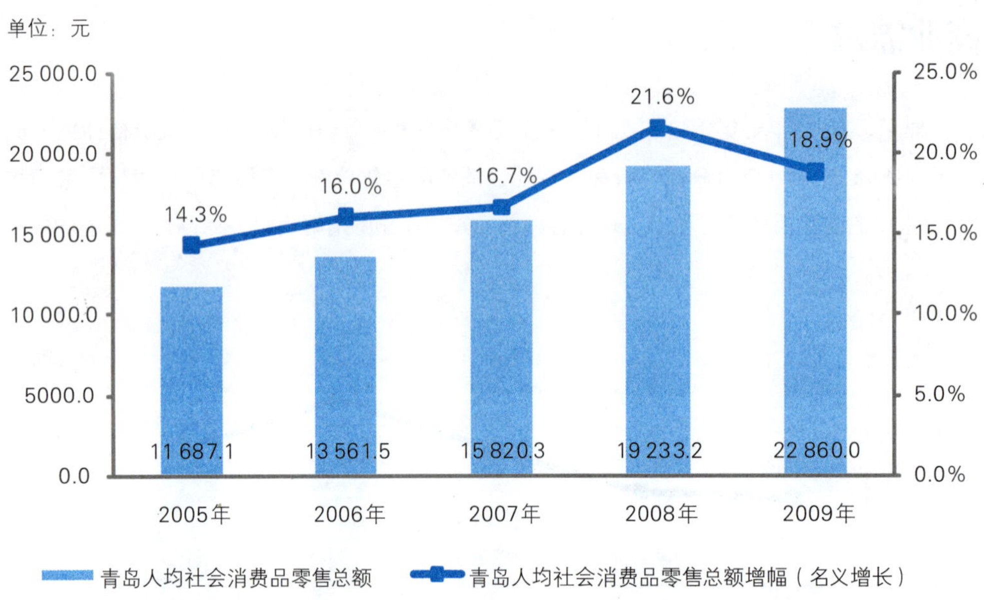

图3-89 2005—2009年青岛人均社会消费品零售总额及增幅

数据来源：克而瑞CRED商业地产数据库，http://cred.cric.com

2 青岛市整体商业市场环境研究

正向人均商业面积最高的城市上海看齐。

1 商业营业用房租赁价格指数

2004年开始，受到国家对住宅市场宏观调控的影响，使得商业的供应突然火热，商业营业用房租赁价格指数在2005年突飞猛涨，2006年持续增长。两年的火热后，于2007年下跌并在2008年有所缓和。2008年年末受到金融危机的影响，导致了2009年的商业市场总体发展趋向保守，商业营业用房价格租赁指数明显下跌。

图3-90 2003—2009年青岛商业营业用房租赁价格指数（以上年价格为基础）

数据来源：克而瑞CRED商业地产数据库，http://cred.cric.com

现有商业供应情况

2009年以来，青岛商业供应量急剧上升，青岛商业设施的开发速度达到历史最快，2009年新增供应量50万平方米，2010年新增供应量为30万平方米。2009年底，青岛的人均商业面积为1.2平方米，2010年年底青岛的人均商业面积已达1.5平方米，并且处于不断上升中，正向国内城市中人均商业面积最高的城市上海看齐。

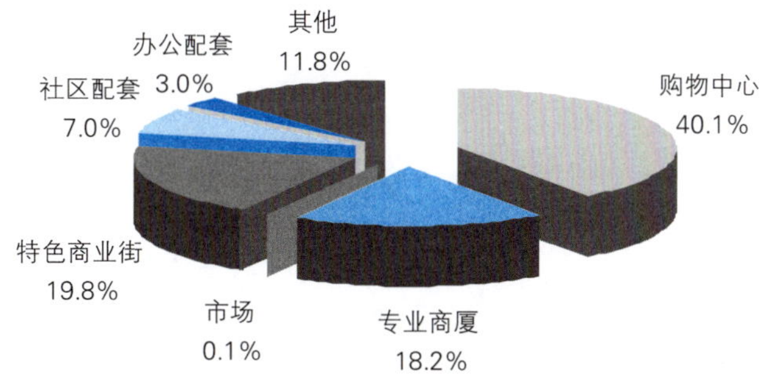

图3-91 2010年青岛各类型重点商业存量供应

数据来源：克而瑞CRED商业地产数据库，http://cred.cric.com

3 十大主要商圈描述

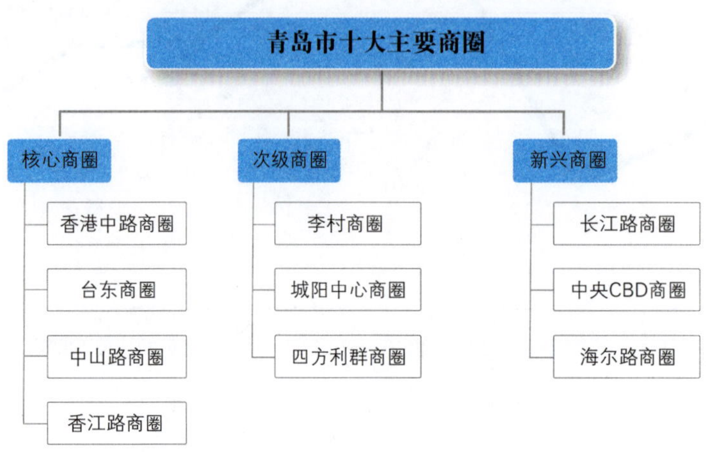

图3-92 青岛市十大主要商圈

青岛目前主要商圈有十个，其中包含四个核心商圈，分别为香港中路商圈、台东商圈、中山路商圈和香江路商圈；次级商圈三个，分别为李村商圈、城阳中心商圈和四方利群商圈；新兴商圈三个，分别为长江路商圈、中央CBD商圈和海尔路商圈。

图3-93 2010年青岛主要商圈分布

表3-35 青岛主要商圈

序号	商圈编号	商圈名称	商圈级别	区域属性	特征	主要零售物业
1	A	香港中路商圈	核心商圈	商业区	**档次：**高端 **目标客群：**小白领、白领、成功人士 **主要商业类型：**以购物中心、百货为主	心海广场 海信广场 市南麦凯乐 市南佳世客 爱购时尚百货商城 阳光百货 市南家乐福
2	B	台东商圈	核心商圈	商业区	**档次：**中端 **目标客群：**小白领、白领 **主要商业类型：**以特色商业街为主，购物中心、百货、社区配套为辅	台东三路商业步行街 万达购物广场 颐中银街 利群商厦 巴黎春天时尚商城
3	C	中山路商圈	核心商圈	综合区	**档次：**中低端 **目标客群：**白领、小白领、工薪阶层 **主要商业类型：**百货	百盛商厦 国货商厦
4	D	香江路商圈	核心商圈	住宅区	**档次：**中低端 **目标客群：**白领、小白领、工薪阶层 **主要商业类型：**以百货为主，特色商业街为辅	香江地一城 利群集团长江购物广场 集群集团长江商厦
5	E	李村商圈	次级商圈	住宅区	**档次：**中端 **目标客群：**小白领、白领 **主要商业类型：**以购物中心和百货为主	利客来购物中心 北方国贸
6	F	城阳中心商圈	次级商圈	工业区	**档次：**中端 **目标客群：**小白领、白领 **主要商业类型：**以购物中心和百货为主	利群城阳购物广场 城阳家佳源
7	G	四方利群商圈	次级商圈	住宅区	**档次：**中低端 **目标客群：**白领、小白领、工薪阶层 **主要商业类型：**以购物中心和百货为主	乐都汇购物广场 利群四方购物广场
8	H	长江路商圈	新兴商圈	商务区	**档次：**中高端 **目标客群：**小白领、白领、成功人士 **主要商业类型：**购物中心、百货、社区配套	瑞泰利群 黄岛佳世客 黄岛家佳源
9	I	中央CBD商圈	新兴商圈	商务区	**档次：**中高端 **目标客群：**成功人士、白领、小白领 **主要商业类型：**购物中心、百货、特色商业街	青岛CBD万达广场 市北家乐福 家具街
10	J	海尔路商圈	新兴商圈	商务区	**档次：**中端 **目标客群：**白领、小白领 **主要商业类型：**百货	乐天玛特 青岛丽达购物中心

商圈1 香港中路商圈 以购物中心和专业商厦为主

① 商圈范围

东起台湾路，西至山东路，南临东海路，北接闽江路。

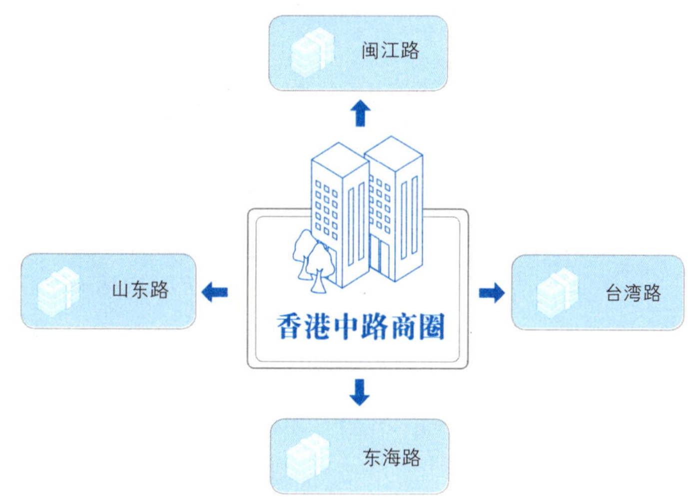

图3-94 青岛市香港中路商圈范围示意图

② 商圈价值

青岛东部地区作为重点发展市区之一，在外部环境和人文景观上都形成了独具特色的优势，并成为青岛高消费群聚集区，吸引了家乐福、佳世客等大型综合性商场的入驻，从而形成了繁华的香港中路商圈。

香港中路商圈位于市南区的商业区内，是市级核心商圈，商圈定位高端，目标客群为成功人士、白领阶层和小白领，整个商圈的商业形态以购物中心和专业商厦为主。

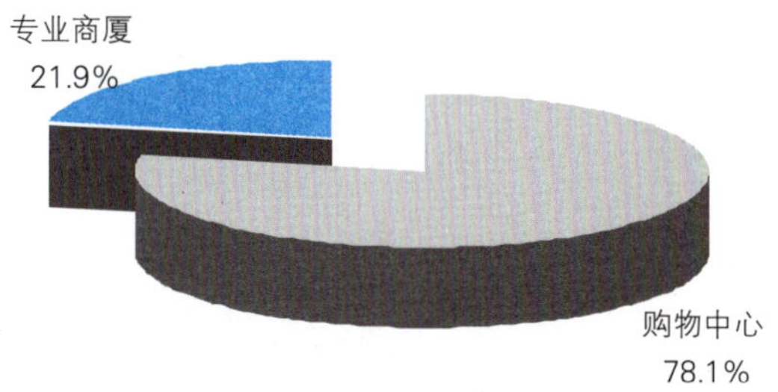

图3-95 2010年青岛香港中路商圈大型商业形态比例

数据来源：克而瑞CRED商业地产数据库，http://cred.cric.com

表3-36 青岛香港中路商圈主要商业项目

序号	项目编号	项目名称	建筑面积（平方米）	商业形态	开业时间	档次	经营情况	出租率
1	A1	心海广场	36 000	购物中心	2010-04	中高端	一般	90%
2	A2	海信广场	62 800	购物中心	2008-06	中高端	良好	95%
3	A3	市南麦凯乐	110 000	购物中心	2006-09	中高端	一般	100%
4	A4	市南佳世客	23 500	购物中心	1998-01	中端	良好	100%
5	A5	爱购时尚百货商城	10 000	百货	2008-05	中端	一般	80%
6	A6	阳光百货	30 000	百货	2003-09	中高端	一般	100%
7	A7	市南家乐福	25 000	百货	1999-12	中端	良好	100%

数据来源：克而瑞CRED商业地产数据库，http://cred.cric.com

商圈2 台东商圈
以特色商业街为主

① 商圈范围

东起延安三路，西至华阳路，南临延安路，北接长春路。

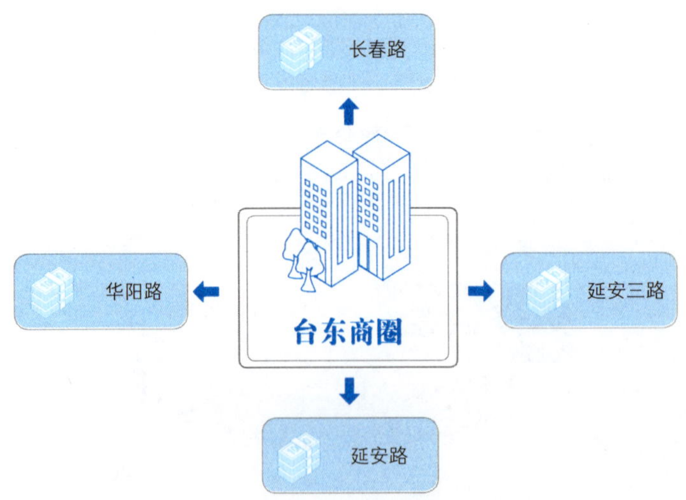

图3-96 青岛市台东商圈范围示意图

② 商圈价值

青岛市台东商业步行街是市北区特色街的中心街，全长1000余米，以其舒适的购物环境、浓厚的现代化气息和旺盛的人气，成为青岛最具特色的商业步行街，也是目前全市商机人气最旺的一条商业街，被形象地称之为青岛的“王府井”，并于2006年10月13日被青岛市政府正式命名为“青岛市台东商业步行街”。街内有国内外知名的沃尔玛、万达广场等各类业态的企业245家，个体工商户565户，室内专业市场7处，涉及商业、金融、餐饮、药品、文化五大行业，每天的人流量达20万人次，最高达50万人次，是青岛五大商圈之一。

台东商圈地处市北区的商业区，属于市级核心商圈，商圈定位中端，目标客群是白领和小白领，商圈以特色商业街为主，购物中心、专业商厦和社区配套为辅。

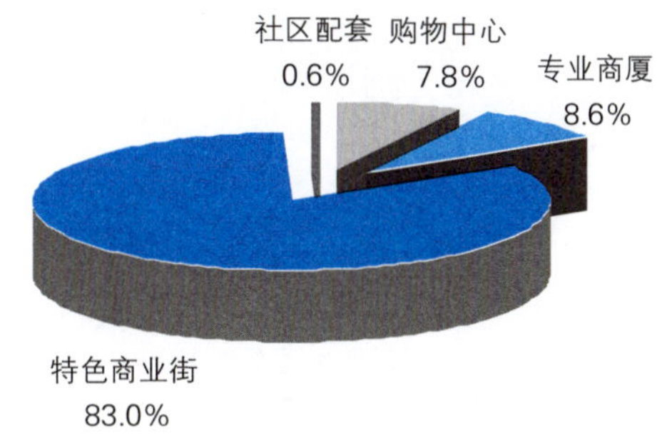

图3-97 2010年青岛台东商圈大型商业形态比例

数据来源：克而瑞CRED商业地产数据库，http://cred.cric.com

表3-37 青岛台东商圈主要商业项目

序号	项目编号	项目名称	建筑面积（平方米）	商业形态	开业时间	档次	经营情况	出租率
1	B1	台东三路商业步行街	200 000	特色商业街	2003-03	中端	优	95%
2	B2	万达购物广场	50 000	购物中心	2002-05	中端	良好	95%
3	B3	颐中银街	55 000	百货	2007-10	中端	一般	95%
4	B4	利群商厦	30 000	百货	1994-11	中端	良好	100%
5	B5	巴黎春天时尚商城	3800	社区配套	2003-11	中低端	一般	93%

数据来源：克而瑞CRED商业地产数据库，http://cred.cric.com

商圈3 中山路商圈
最有青岛文化底蕴的商圈

① 商圈范围

东起浙江路，西至河南路，南临广西路，北接保定路。

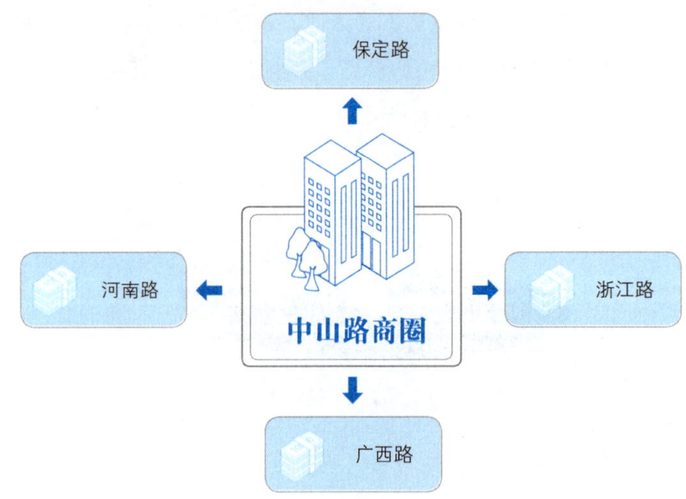

图3-98 青岛市中山路商圈范围示意图

② 商圈价值

中山路商圈地处火车站及栈桥等景点附近，是最能代表青岛文化的老街，也是众商圈最有青岛文化底蕴的商圈。商圈内既有高档的名品，也有低端的小商品，更有别处商圈所没有的“老字号”专卖店，其他诸如饮食、娱乐、休闲的去处也较多。现在的中山路商圈，主要的购买群体是外地游客。

中山路商圈地处市南区的综合区，属于市级核心商圈，商圈定位中低端，目标客群是白领、小白领和工薪阶层，商圈的商业形态以百货为主。

图3-99 2010年青岛中山路商圈大型商业形态比例

数据来源：克而瑞CRED商业地产数据库，http://cred.cric.com

表3-38 青岛中山路商圈主要商业项目

序号	项目编号	项目名称	建筑面积（平方米）	商业形态	开业时间	档次	经营情况	出租率
1	C1	百盛商厦	30 000	百货	1998-09	中端	一般	90%
2	C2	国货商厦	30 000	百货	1993-05	中低端	差	85%

数据来源：克而瑞CRED商业地产数据库，http://cred.cric.com

商圈4 香江路商圈
青岛西海岸规模最大的市级商业中心

① 商圈范围

东起武夷山路，西至太行山路，南临北江路，北接嘉陵江路。

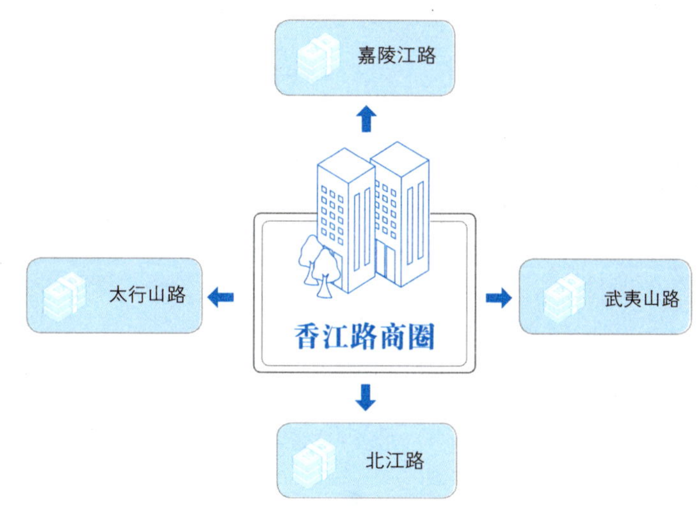

图3-100 青岛市香江路商圈范围示意图

② 商圈价值

香江路商圈是商业发展比较迅速的区域，商业主要服务于居住周边的老城区常住人口，商业档次相对较低，目前香江路商圈逐渐发展成为以商贸为主、功能完善、档次适中、青岛西海岸规模最大的市级商业中心。

香江路商圈位于黄岛区老城住宅区，属于市级核心商圈，商圈定位中低端，目标客群是白领、小白领和工薪阶层，商圈的商业形态以百货为主，特色商业街为辅。

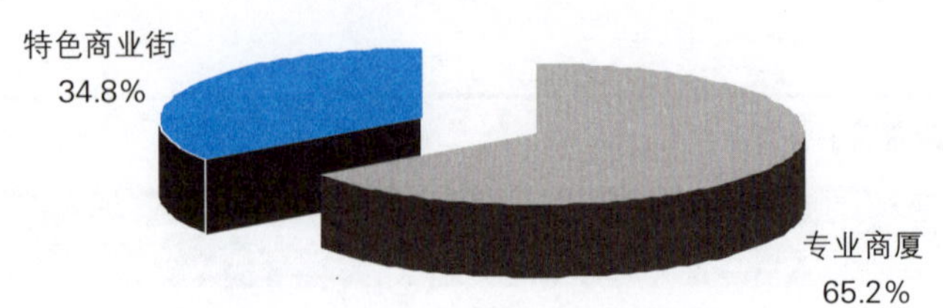

图3-101 2010年青岛香江路商圈大型商业形态比例

数据来源：克而瑞CRED商业地产数据库，http://cred.cric.com

表3-39 青岛香江路商圈主要商业项目

序号	项目编号	项目名称	建筑面积（平方米）	商业形态	开业时间	档次	经营情况	出租率
1	D1	香江地一城	24 000	特色商业街	2010-06	中低端	一般	85%
2	D2	利群集团长江购物广场	32 000	百货	2006-12	中端	一般	95%
3	D3	利群集团长江商厦	13 000	百货	1997-12	中低端	一般	85%

数据来源：克而瑞CRED商业地产数据库，http://cred.cric.com

商圈5 李村商圈
主要商业形态是购物中心和百货

① 商圈范围

东起东山路，西至青峰路，南临李村河，北接果园路。

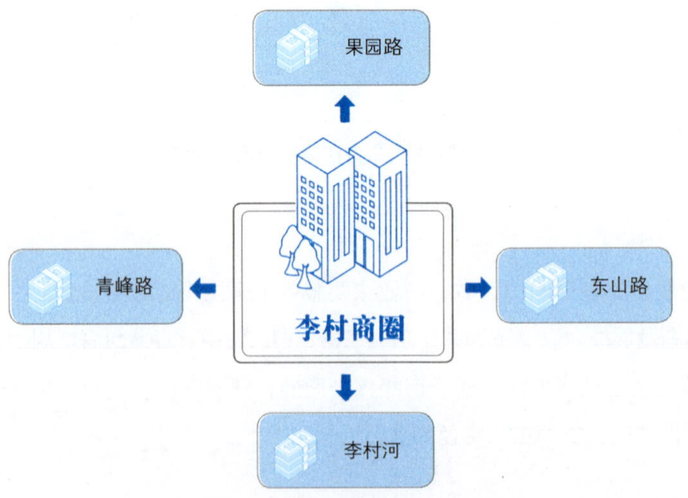

图3-102 青岛市李村商圈范围示意图

② 商圈价值

早在明代后期，李村就是声名远扬的集市重镇，解放前更是跻身山东省四大集市之一，影响十分深远。从历史角度讲，是李村大集带动了李村现代商业的萌动，辐射影响了李沧区整个现代商业的发展。与中山路、台东等商圈相比，李村商圈已成为诸多商家必争之地，彰显出更加蓬勃的发展势头。李沧区距离老市区其他商业中心较远，居民消费购物具有相对的独立性，大中型零售商业网点聚集程度较高，经营门类较为齐全，大部分大中型商业网点均聚集在李村商圈中心。

李村商圈地处李沧区的住宅区，属于次级商圈，商圈定位中端，目标客群是白领和小白领，商圈主要商业形态是购物中心和百货。

图3-103 2010年青岛李村商圈大型商业形态比例

数据来源：克而瑞CRED商业地产数据库，http://cred.cric.com

表3-40 青岛李村商圈主要商业项目

序号	项目编号	项目名称	建筑面积（平方米）	商业形态	开业时间	档次	经营情况	出租率
1	E1	利客来购物中心	70 000	购物中心	2002-10	中端	一般	95%
2	E2	北方国贸	50 000	百货	1995-05	中端	一般	95%

数据来源：克而瑞CRED商业地产数据库，http://cred.cric.com

商圈6 城阳中心商圈 拥有城阳最主要的金融街

① 商圈范围

东起春城路，西至中城路，南临河阳路，北接明阳路。

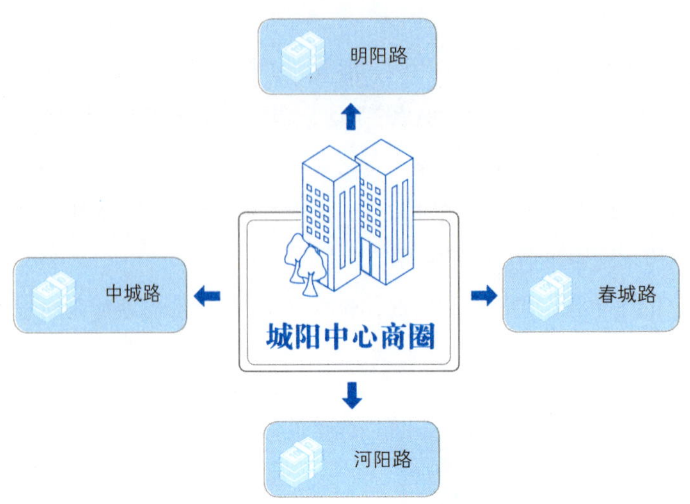

图3-104 青岛市城阳中心商圈范围示意图

② 商圈价值

城阳中心商圈的核心——正阳路，是城阳商业、金融、行政主干道，是“青岛的第二条香港中路”。目前，正阳路周边商业、金融配套齐全，是城阳最主要的金融街；有50%的行政机构分布在正阳路上，又是城阳最主要的行政主干道；将来会汇集11家大型的购物中心，城阳中心商圈以此为基础发展起来。

城阳中心商圈地处城阳区的工业区，属于次级商圈，商圈定位中端，目标客群是白领和小白领，商圈主要商业形态是购物中心和百货。

图3-105 2010年青岛城阳中心商圈大型商业形态比例

数据来源：克而瑞CRED商业地产数据库，http://cred.cric.com

表3-41 青岛城阳中心商圈主要商业项目

序号	项目编号	项目名称	建筑面积（平方米）	商业形态	开业时间	档次	经营情况	出租率
1	F1	利群城阳购物广场	50 000	百货	2008-09	中端	一般	90%
2	F2	城阳家佳源	40 000	购物中心	2005-09	中端	一般	95%

数据来源：克而瑞CRED商业地产数据库，http://cred.cric.com

商圈7 四方利群商圈
商圈辐射范围为周边居住居民

① 商圈范围

东起鞍山二路，西至宁化路，南临抚顺路，北接嘉善路。

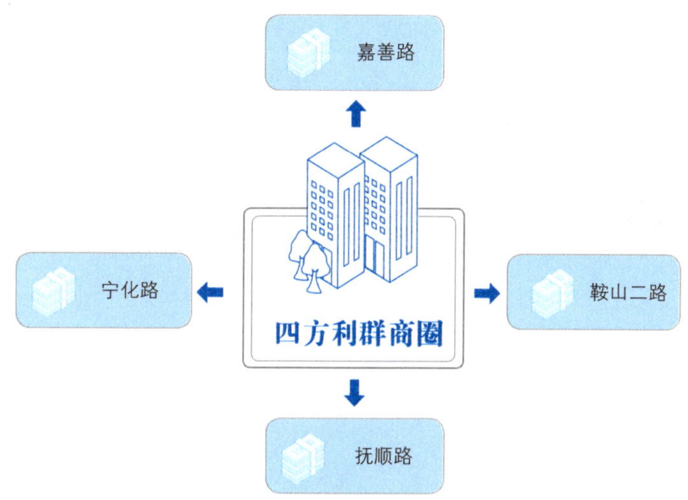

图3-106 青岛市四方利群商圈范围示意图

② 商圈价值

四方区是个老城区、老工业区，居民的消费水平并不高，购买力较低，商圈辐射范围为周边居住居民。

四方利群商圈地处四方区的住宅区，属于次级商圈，商圈定位中低端，目标客群是白领、小白领和工薪阶层，商圈主要商业形态是购物中心和百货。

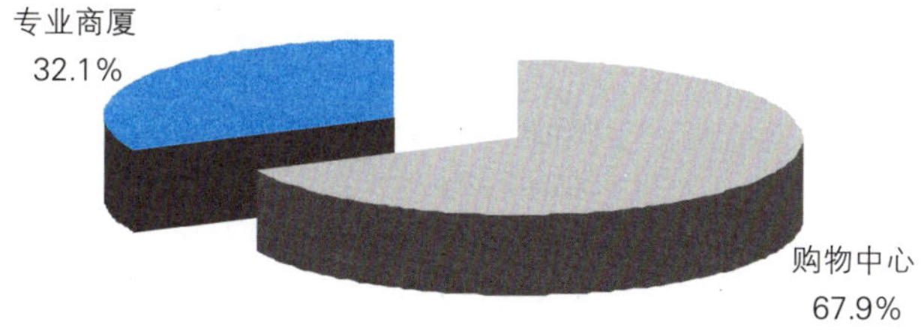

图3-107 2010年青岛四方利群商圈大型商业形态比例

数据来源：克而瑞CRED商业地产数据库，http://cred.cric.com

表3-42 青岛四方利群商圈主要商业项目

序号	项目编号	项目名称	建筑面积（平方米）	商业形态	开业时间	档次	经营情况	出租率
1	G1	乐都汇购物广场	76 000	购物中心	2010-01	中低端	一般	75%
2	G2	利群四方购物广场	36 000	百货	2000-08	中低端	一般	100%

数据来源：克而瑞CRED商业地产数据库，http://cred.cric.com

商圈8 长江路商圈 地处黄岛商务区的新兴商圈

① 商圈范围

东起阿里山路，西至太行山路，南临珠江路，北接富春江路。

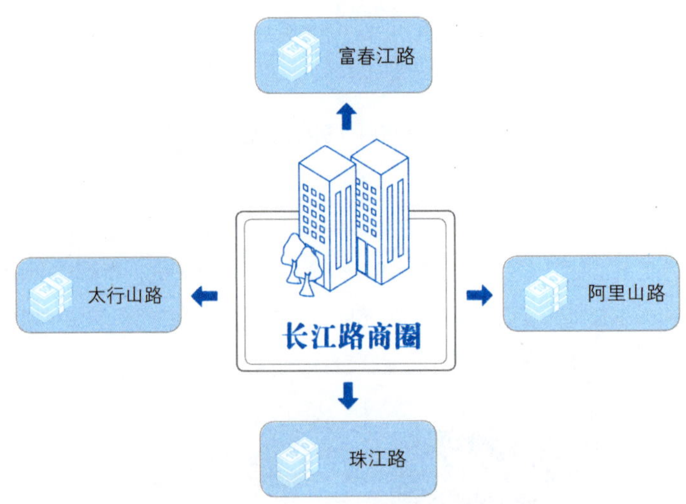

图3-108 青岛市长江路商圈范围示意图

② 商圈价值

长江路商圈由于佳世客的入驻，成为当地中高端消费场所，但人流相比较少。

长江路商圈地处黄岛区的商务区，属于新兴商圈，商圈定位中高端，目标客群是成功人士、白领和小白领，商圈主要商业形态是购物中心、百货和社区配套。

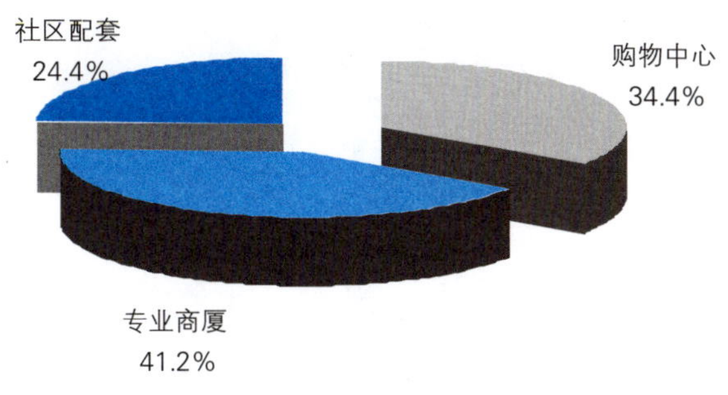

图3-109 2010年青岛长江路商圈大型商业形态比例

数据来源：克而瑞CRED商业地产数据库，http://cred.cric.com

表3-43 青岛长江路商圈主要商业项目

序号	项目编号	项目名称	建筑面积（平方米）	商业形态	开业时间	档次	经营情况	出租率
1	H1	瑞泰利群	32 000	社区配套	2006-12	中低端	良好	100%
2	H2	黄岛佳世客	54 000	百货	2006-01	中高端	良好	90%
3	H3	黄岛家佳源	45 000	购物中心	2001-12	中低端	一般	90%

数据来源：克而瑞CRED商业地产数据库，http://cred.cric.com

商圈9
中央CBD商圈
辐射青岛乃至山东半岛经济圈

① 商圈范围

东起绍兴路，西至镇江路，南临延吉路，北接鞍山路。

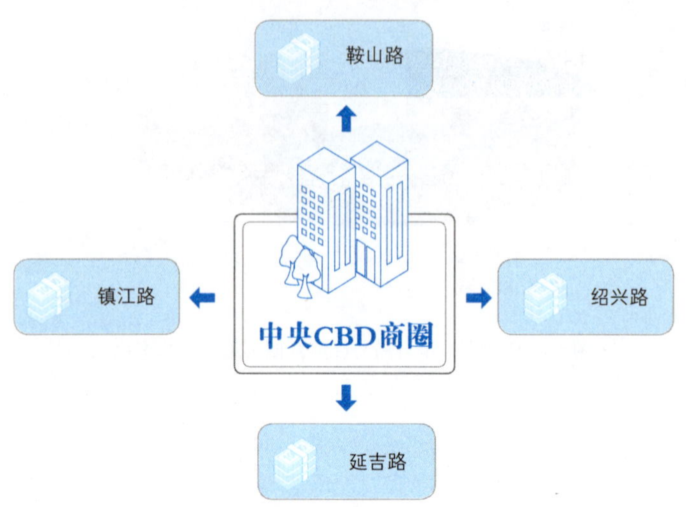

图3-110 青岛市中央CBD商圈范围示意图

② 商圈价值

青岛市中央商务区（CBD），具有30余条城市公交干线、立交桥、地铁等形成密集交叉的立体交通网，五分钟驱车即可到达东部及海边风景区，拥有无可比拟的便利交通。同时该区域目前已形成一个集行政办公、餐饮、商贸、商住及文化娱乐为一体的商务中心区，辐射青岛市乃至山东半岛经济圈。

中央CBD商圈地处市北区的商务区，属于新兴商圈，商圈定位中高端，目标客群是成功人士、白领和小白领，商圈主要商业形态是购物中心、百货和特色商业街。

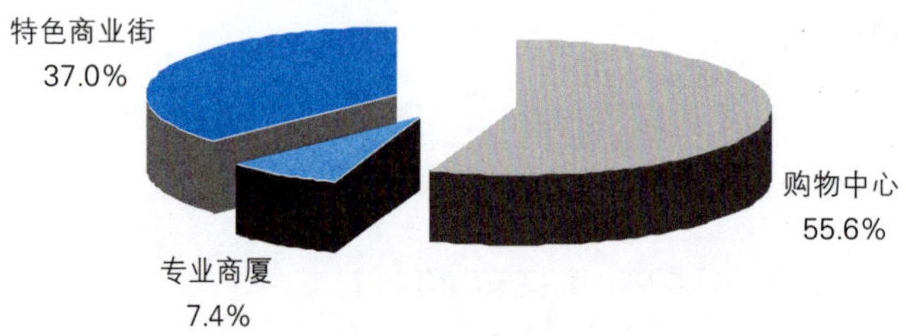

图3-111 2010年青岛中央CBD商圈大型商业形态比例

数据来源：克而瑞CRED商业地产数据库，http://cred.cric.com

表3-44 青岛中央CBD商圈主要商业项目

序号	项目编号	项目名称	建筑面积（平方米）	商业形态	开业时间	档次	经营情况	出租率
1	I1	青岛CBD万达广场	150 000	购物中心	2009-11	中高端	一般	95%
2	I2	市北家乐福	20 000	百货	2002-12	中端	一般	100%
3	I3	家具街	100 000	特色商业街	2002-12	中端	一般	95%

数据来源：克而瑞CRED商业地产数据库，http://cred.cric.com

商圈10 海尔路商圈
地处崂山商务区的新兴商圈

① 商圈范围

东起云岭路，西至海尔路，南临香港东路，北接银川东路。

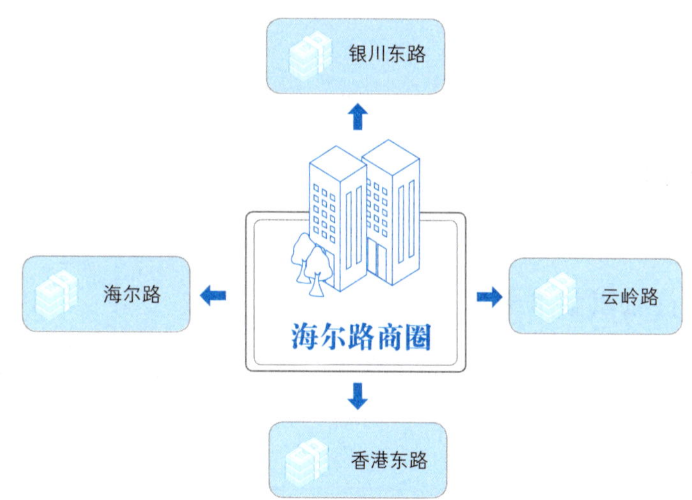

图3-112 青岛市海尔路商圈范围示意图

② 商圈价值

海尔路商圈主要为商务区，目前区域内大型商业项目较少，商业不够成熟，有待进一步规划和发展。

海尔路商圈地处崂山区的商务区，属于新兴商圈，商圈定位中端，目标客群是白领和小白领，商圈主要商业形态是百货。

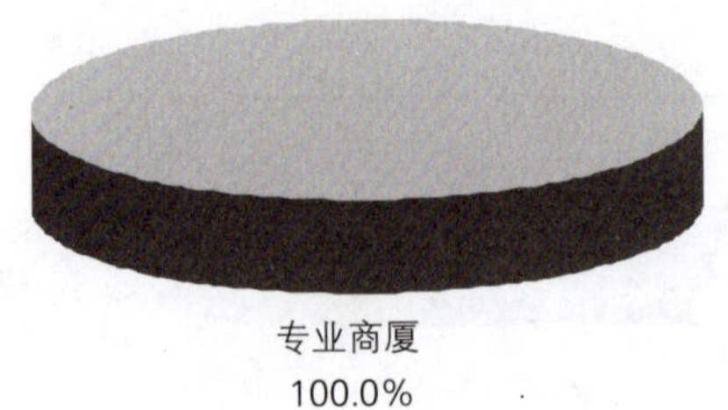

图3-113 2010年青岛海尔路商圈大型商业形态比例

数据来源：克而瑞CRED商业地产数据库，http://cred.cric.com

表3-45 青岛海尔路商圈主要商业项目

序号	项目编号	项目名称	建筑面积（平方米）	商业形态	开业时间	档次	经营情况	出租率
1	J1	乐天玛特	30 000	百货	2009-08	中端	一般	90%
2	J2	青岛丽达购物中心	35 000	百货	2009-05	中端	一般	90%

数据来源：克而瑞CRED商业地产数据库，http://cred.cric.com

4 青岛整体租金水平

（1）购物中心首层租金水平

青岛主要商圈购物中心的首层租金水平基本与购物中心本身的定位有关，档次定位越高的，首层租金就相对较高。

表3-46 青岛主要商圈购物中心租金

序号	项目编号	项目名称	所属商圈	首层租金
1	A1	心海广场	香港中路商圈	10～18元/（米^2·天）
2	A2	海信广场	香港中路商圈	16～20元/（米^2·天）
3	A3	市南麦凯乐	香港中路商圈	12～18元/（米^2·天）
4	A4	市南佳世客	香港中路商圈	6～11元/（米^2·天）
5	B2	万达购物广场	台东商圈	10～16元/（米^2·天）

（续表）

序号	项目编号	项目名称	所属商圈	首层租金
6	E1	利客来购物中心	李村商圈	8～12元/（米^2·天）
7	F2	城阳家佳源	城阳中心商圈	8～12元/（米^2·天）；12%～18%（扣点）
8	G1	乐都汇购物广场	四方利群商圈	8～16元/（米^2·天）
9	H3	黄岛家佳源	长江路商圈	10～15元/（米^2·天）
10	I1	青岛CBD万达广场	中央CBD商圈	10～15元/（米^2·天）
11	1	百丽广场	非商圈	12～20元/（米^2·天）
12	2	城阳宝龙城市广场	非商圈	6～13元/（米^2·天）

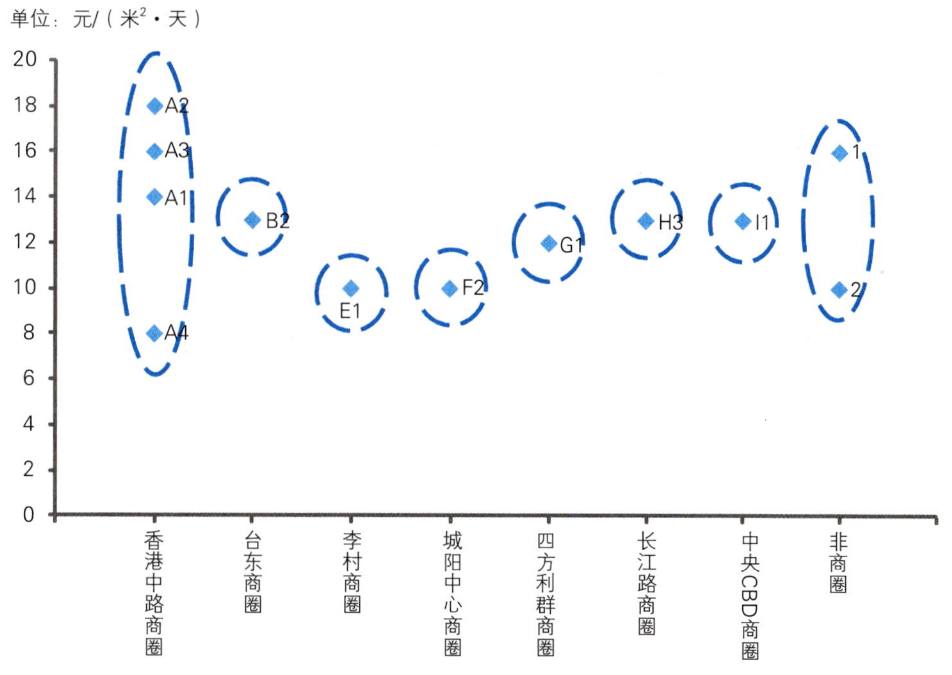

图3-114 2010年青岛主要购物中心租金水平分布

数据来源：克而瑞CRED商业地产数据库，http://cred.cric.com

（2）百货租金水平

青岛主要商圈百货租金水平根据所在商圈的不同分类，商圈档次越高端，百货租金越高。青岛大多数的百货是以保底加流水的方式来收取租金的，可见青岛的商业行为本身较为保守。

表3-47　青岛主要百货租金

序号	项目名称	所属商圈	首层租金
1	阳光百货	香港中路商圈	12%～20%（扣点）
2	北方国贸	李村商圈	8～12元/（米^2·天）；10%～14%（扣点）
3	利群四方购物广场	四方利群商圈	10%～20%（扣点）
4	利群商厦	台东商圈	8～12元/（米^2·天）；10%～16%（扣点）
5	百盛商厦	中山路商圈	12%～18%（扣点）
6	国贸商厦	中山路商圈	8～12元/（米^2·天）；28%～34%（扣点）
7	黄岛佳世客	长江路商圈	12%～16%（扣点）
8	市北家乐福	中央CBD商圈	8～12元/（米^2·天）；10%～15%（扣点）

数据来源：克而瑞CRED商业地产数据库，http://cred.cric.com

（3）其他商业类型租金水平

其他商业类型租金水平由高到低分别为特色商业街和社区配套，根据所处商圈不同租金水平略有浮动。

表3-48　青岛其他商业类型租金

序号	项目名称	商业形态	所属商圈	首层租金［元/（米^2·天）］
1	台东三路商业步行街	特色商业街	台东商圈	10～18
2	香江地一城	特色商业街	香江路商圈	6～10
3	家具街	特色商业街	中央CBD商圈	8～13
4	巴黎春天时尚商城	社区配套	台东商圈	10～15
5	瑞泰利群	社区配套	长江路商圈	8～10

数据来源：克而瑞CRED商业地产数据库，http://cred.cric.com

 青岛未来商业供应及发展趋势预测

随着北京奥运会帆船比赛的成功举办，青岛的国际知名度日渐提高，众多有着商业地产开发经验的地产巨头纷纷入驻青岛，从早先的万达、宝龙到新进的鲁商、中铁、华润、远雄、卓越、万邦等，无论是商业地产的销售还是开发都进入了一个新的高峰期。

青岛市近几年的高速发展引发了巨大的商机，在2009年和2010年短短两年时间内，商业地产和商业开发

面积成倍地增长，但因此也出现了一些矛盾的现状。首先，商业地产的快速发展和商业开发商还不够成熟的矛盾；其次，科学长远的商业发展规划要与城市经济发展和城市功能形态趋势相适应的机制还没有形成；第三，青岛的商业设计、商业开发、商业运营的人才极为短缺。这都将会掣肘青岛的商业长期健康发展。

未来的商业供应，将集中在非商圈，并且产生集聚效应，形成新兴商圈。近期有较快发展的两个商圈，一个是崂山商圈，这个商圈现在还未完全形成，多个商业地产项目还在开发建设中，但这个区域高收入人群多，是较有发展潜力的商圈。另外，现在逐步发展的是西部黄岛开发区商圈，隧道的开通，大量新移民和旅游度假的特点，必将带动这一区域商业发展。总之以青岛市中心商圈为主、东部崂山、西部黄岛开发区等三个商圈具有很大的发展潜力。

表3-49 青岛未来主要商业项目供应

序号	项目名称	所属商圈	建筑面积（平方米）	商业形态	开业时间	商业初步定位
1	银座中心	香港中路商圈	70 000	购物中心	2011-07	综合性的商业业态和大型现代服务业项目，最大限度地满足消费者多元化的需求，建成之后将成为青岛的新地标建筑
2	李沧万达广场	李村商圈	200 000	购物中心	2012-10	集合了大型Shopping Mall、室内、室外步行街、高品质住宅、公寓、写字楼、风情商业街等众多现代商业和居住形态于一体的超大型、国际级城市综合体，是万达集团第三代商业地产的升级版产品
3	李沧宝龙城市广场	李村商圈	150 000	购物中心	2011-11	融合五星级酒店、娱乐休闲、高档居住、商业贸易、文化交流等多种功能的城市综合体，成为李沧区重要的城市坐标，从而带动周边城市的商业发展，是提升李沧市民生活品质的城市核心区
4	东方城	非商圈	170 000	购物中心	2011-12	北青岛未来生活消费的重点区域，倡导全业态、全天候、全客层、全心全意的服务理念，使顾客充分体验全家一站式消费的乐趣，以现代商业建筑的全新概念，全力打造北青岛首个美式Shopping Mall
5	奥特莱斯购物广场	非商圈	80 000	专业商厦	2012-10	品牌直销购物中心，引用了奥特莱斯经营模式的下沉式综合立体商业广场
6	IMAGE时代中心	非商圈	60 000	特色商业街	2011-12	IMAGE时代中心商业街为城阳正阳路上首条商业步行街，弥补多年来城阳没有商业街的不足，将引进服装品牌旗舰店、餐饮、娱乐、银行等商家，形成具有正阳路金融特色的复合式街区
7	鲁邦国际风情街	非商圈	90 000	特色商业街	2012-05	街区业态以酒吧、餐饮、咖啡和时尚购物为主，整个风情街包括商业综合楼、女人天地商业综合楼、欧式风情街、中心广场、淘宝城、酒店式公寓等几大部分，满足消费者各个方面的需要

（续表）

序号	项目名称	所属商圈	建筑面积（平方米）	商业形态	开业时间	商业初步定位
8	中防商街	李村商圈	26 000	特色商业街	2011-08	中防商街包含了流行穿戴、休闲服饰、精品服装、箱包鞋帽皮具、工艺品、儿童乐园、美食广场、电玩娱乐等多种业态丰富组合满足不同消费人群的需求，集购物、休闲、娱乐于一体的大型商业购物街

数据来源：克而瑞CRED商业地产数据库，http://cred.cric.com

3 青岛市未来城市发展规划

积极构建青岛、黄岛、红岛、崂山“一主三辅”的现代化城市框架。

1 城市总体规划

（1）城镇和产业布局

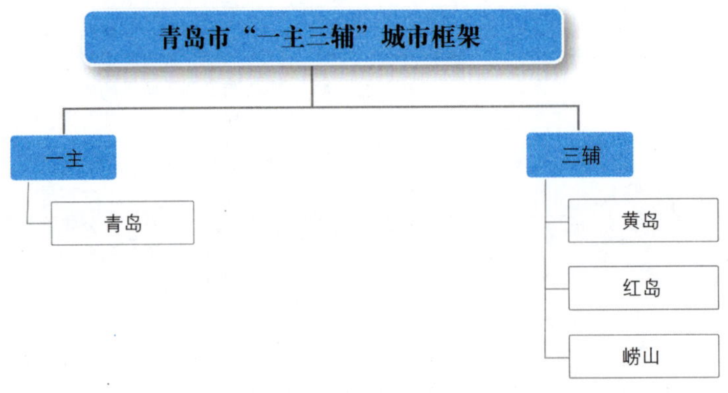

图3-115 青岛市“一主三辅”城市框架示意图

以胶州湾为生态保护核心，以崂山风景名胜区、小珠山风景名胜区为生态重点，依托白沙河、墨水河、大沽河、洋河四条主要的河流构筑生态控制带，积极构建青岛、黄岛、红岛、崂山“一主三辅”的现代化城市框架。

青岛包括市南区、市北区、四方区、李沧区，主体功能为青岛市的行政、文化、金融与商业中心。黄岛，指黄岛区，主体功能为东北亚国际航运中心、物流贸易集散中心、旅游度假地、现代制造业基地、西海岸地区的中心城区。红岛，指城阳区，主体功能为国家重要的区域性航空港、青岛市的高新技术产业核心区、现代化综合服务中心、出口加工基地。崂山指崂山区，主体功能为青岛市旅游度假基地、科教研发中心、商务会展中心、高新技术产业优化发展区及孵化基地。

（2）交通规划

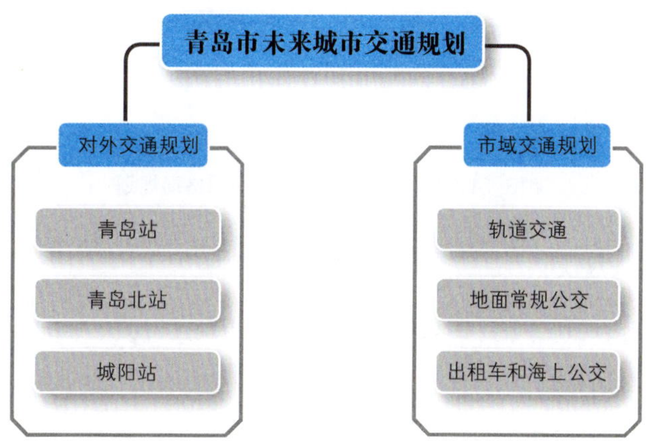

图3-116 青岛市未来城市交通规划示意图

① 对外交通规划

扩建青岛站，在沧口设青岛北站，预留城阳站用地条件。预留黄岛—石臼所、晋煤外运泰安—董家口铁路及田横—蓝村铁路和站场的建设条件。

② 市域交通规划

形成以轨道交通为骨干、地面常规公交为基础、出租车和海上公交为补充的城市公共交通体系。

在轨道交通建设方面，远景市区轨道交通线网由八条线路组成，线网总长度约为227千米。近期加快轨道交通建设规划的完善和报批等前期工作，开工建设地铁线。规划远期初步形成连通东西两岸、辐射红岛、覆盖城市核心区域、与对外交通枢纽有机衔接的轨道交通主骨架。

2. 中心城商业网点规划

改造、调整和完善五处市级商业中心，构建“三主两副”的发展格局，即中山路、香港中路和台东三个主中心，李村和香江路两个副中心。基本设置为大型购物中心1处或百货店1至3处，以及大型专业店、专业店、专卖店等，基本商业面积不少于10万平方米。

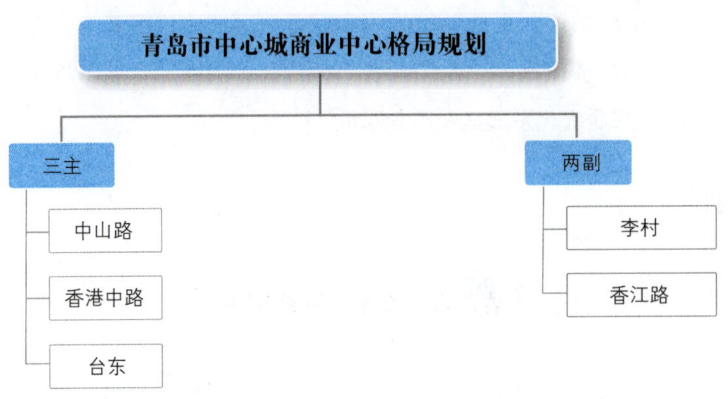

图3-117 青岛市中心城商业中心格局规划

（1）大型零售网点规划

市区大中型商业零售网点规划总数为134处。按区域分，市南区22处、市北区34处、四方区17处、李沧区22处、崂山区10处、城阳区11处、黄岛区18处。按商业零售业态分，大型综合超市28处，中型超市44处，大型专业店38处，百货店19处，购物中心3处，仓储式超市2处。

（2）商业街规划

商业街采取定性和定点的方式进行规划。到2010年，市区商业街符合标准的达到二十七条，其中市南区六条、市北区五条、四方区三条、李沧区三条、崂山区三条、黄岛区五条、城阳区两条。

小结

青岛是中国十大最具经济活力城市之一，青岛经济技术开发区是国务院首批国家级经济技术开发区之一，青岛保税区、青岛高新技术产业开发区、青岛出口加工区、青岛海峡两岸农业合作试验区，还有旅游业，都支持着青岛的经济发展。

如今，青岛拥有核心商圈四个、次级商圈三个、新兴商圈三个，重点商业项目正在从原来的40个基数不停往上攀升。截至2010年中，确定的61个重点市场网点项目，有两个建成开业，28个正在建设，31个进入规划程序或正在办理相关手续。正在建设的28处项目中，有10处进度超过了工程量的80%，8处进度超过50%；正在规划和办理相关手续的31处项目中，有18处于2010年上半年开工建设，实现了“开门红”。三大商贸服务业集聚区项目中，市南区百丽广场于2010年4月16日建成开业；十大商业网点项目中，市北区辽阳西路家乐福三店于2010年3月18日完成开业。

2010年开始，青岛特色商业街区建设也全面铺开。崂山区极地海洋世界酒吧街、城阳区春城路、黄岛区香江地一城等三条商业街基本完工，部分已在2010年年内开业；市南区金街广场、市北区901地景大道等三条特色商业街正在进行施工建设；市南区百优坊和劈柴院二期工程等四条商业街正在进行规划设计，于2010年上半年开工建设。此外，大型批发市场也纷纷改造“装修”，以应对青岛市的商业规划，保持自身的商业竞争力。

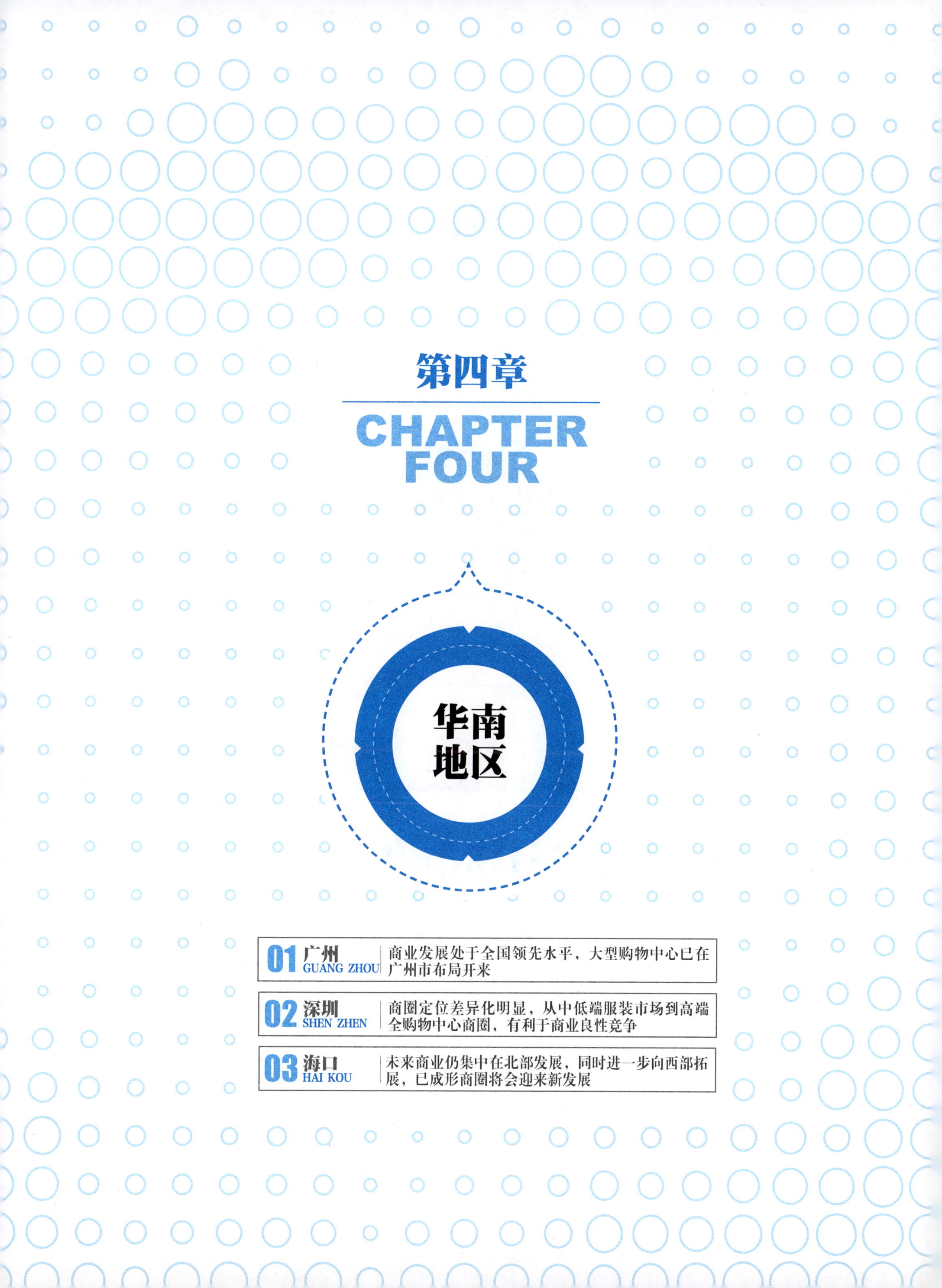

第四章

CHAPTER FOUR

华南地区

01	广州 GUANG ZHOU	商业发展处于全国领先水平，大型购物中心已在广州市布局开来
02	深圳 SHEN ZHEN	商圈定位差异化明显，从中低端服装市场到高端全购物中心商圈，有利于商业良性竞争
03	海口 HAI KOU	未来商业仍集中在北部发展，同时进一步向西部拓展，已成形商圈将会迎来新发展

第一节 SECTION ONE

GUANG ZHOU
广州

2010年商业地产市场报告

1 广州市商业地产七项宏观经济指标分析

三大产业已呈现产业高级发展形态，即以第三产业为主导经济形态。

指标1 宏观指标

广州市是中国南部重要的经济核心城市。2009年，广州市实现地区生产总值（GDP）9112.8亿元，经济总量稳居全国第三，仅次于上海15 046.5亿元和北京12 153亿元。2005年以来，广州市GDP均保持在两位数以上的高速增长，由于受2008年金融危机影响，2008年开始GDP增速有所减慢，但是增长幅度仍高于上海、北京两大城市。

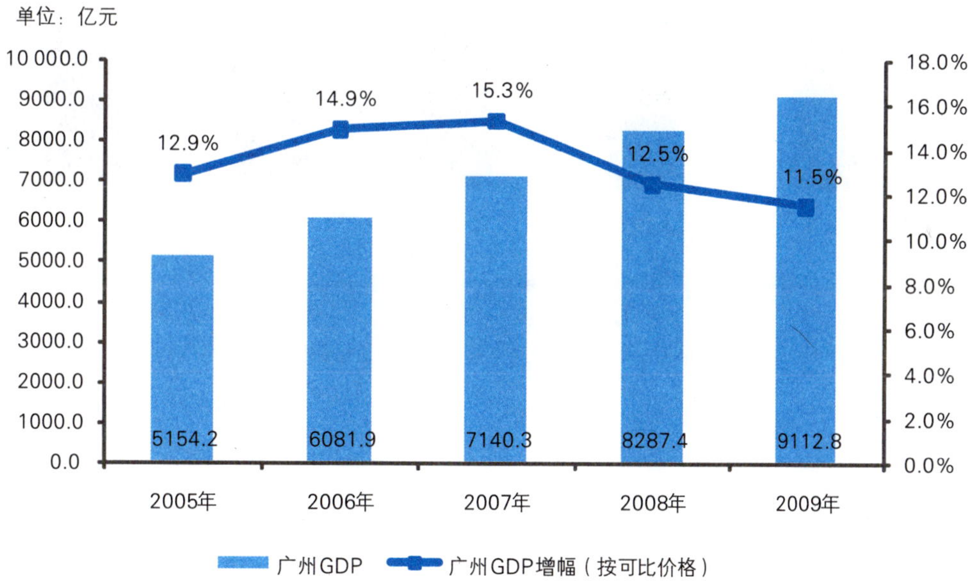

图4-1 2005—2009年广州GDP及增幅

数据来源：克而瑞CRED商业地产数据库，http://cred.cric.com

指标2 产业结构

2009年，广州市第一产业增加值172.55亿元，较上年增长3.9%；第二产业增加值3394.65亿元，较上年增长8.8%；第三产业增加值5545.56亿元，同比增长13.6%。第一、二、三产业增加值的比例为1.9：37.2：60.9。三大产业对经济增长的贡献率分别为0.6%、29.3%和70.1%。

从2005年至2009年广州市三大产业结构比例来看，第一产业比例一直处于低位，比例保持在2%左右。早在2005年，广州的第三产业比例已超过50%，在三大产业比例中占绝对优势，并保持快速上升，相应的第二产业比例持续下降，广州市三大产业已呈现产业高级发展形态，即以第三产业为主导的经济形态。

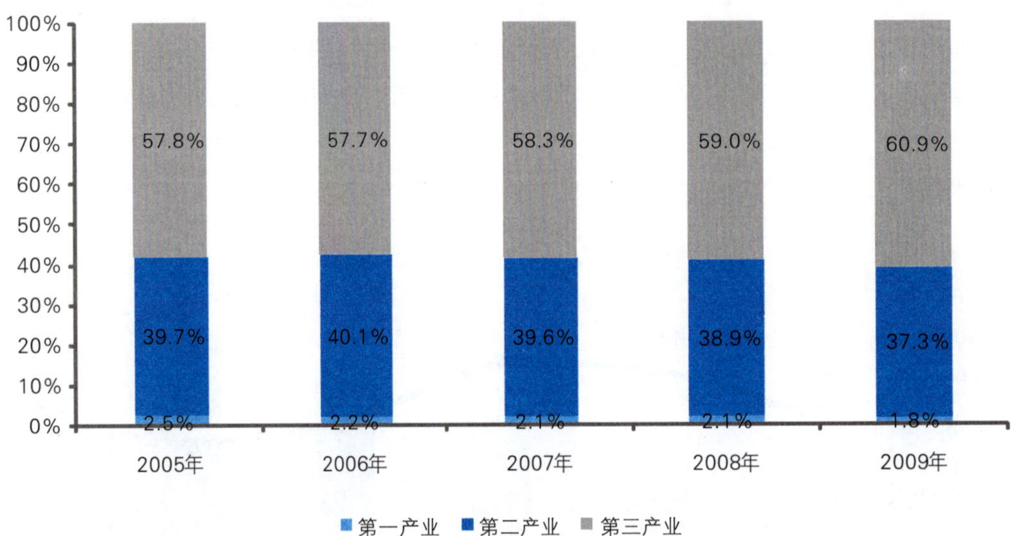

图4-2 2005—2009年广州三大产业结构比例

数据来源：克而瑞CRED商业地产数据库，http://cred.cric.com

指标3 城市人口

广州市人口数量平稳增长，2009年年末，全市常住人口数1033.5万人，比上年年末增加15.3万人，增长1.5%；户籍人口数量794.6万人，人口出生率为8.76‰，自然增长率为4.33‰。从常住人口与户籍人口增幅曲线来看，广州市外来人口自2008年开始增幅开始减缓，表明广州市吸纳外来人口数量日趋稳定。

广州是中国南部核心经济城市，城市开放程度较高，从常住人口与户籍人口数量对比来看，2009年广州市户籍人口占常住人口比例为76.9%，略高于北京71%、上海73%。

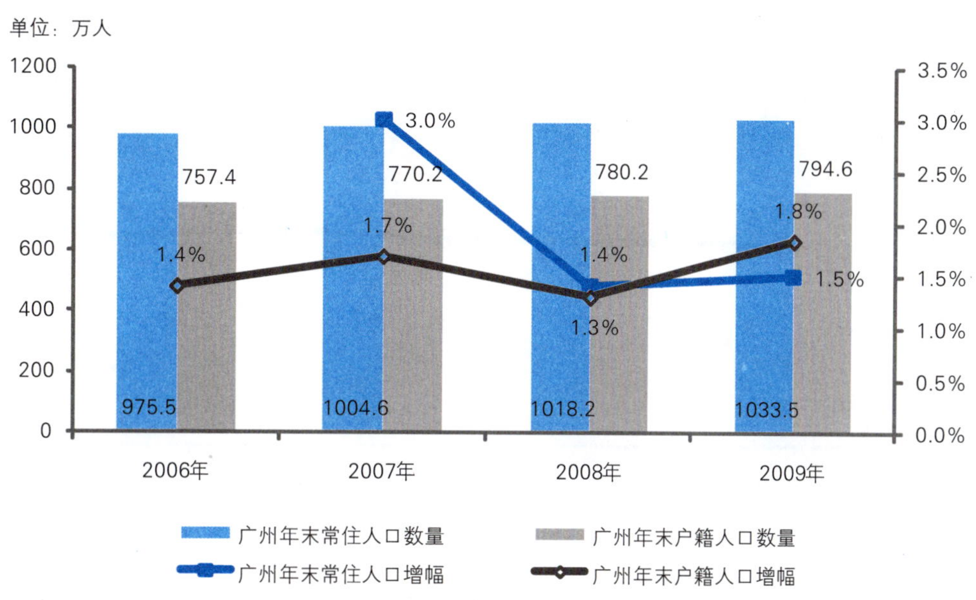

图4-3 2006—2009年广州户籍人口数量及增幅

数据来源：克而瑞CRED商业地产数据库，http://cred.cric.com

指标4 城市化率

2009年末广州市非农业人口714万人，城市化率达到89.9%，高于上海88.3%和北京85.0%，广州城市化率水平较高，自2005年开始较为平稳，处于89.0%左右。

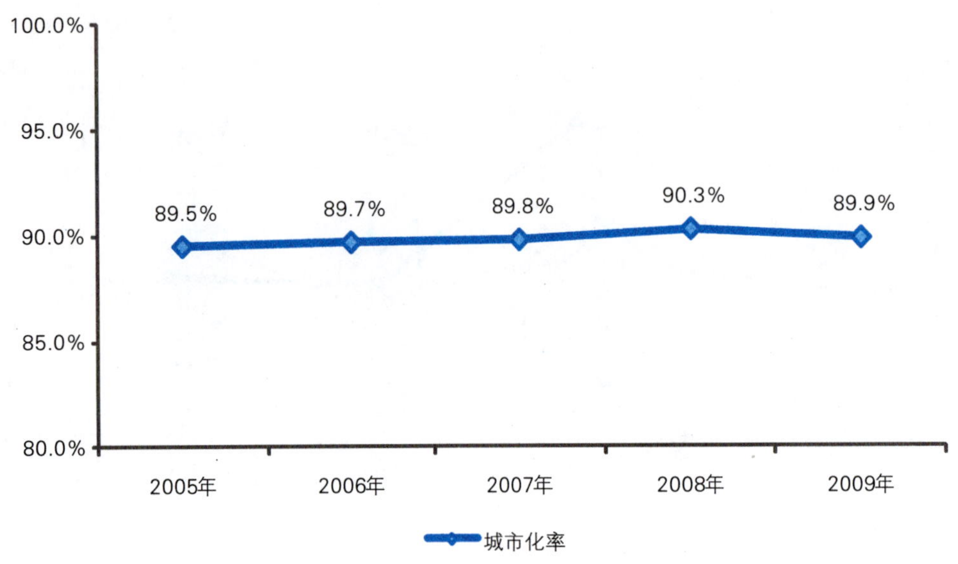

图4-4 2005—2009年广州城市化率

数据来源：克而瑞CRED商业地产数据库，http://cred.cric.com

指标5 经济效益

广州市人均GDP保持在稳步增长，2009年广州市人均GDP达到88 834.0元（按常住人口数量计算），位居全国第一，高于上海人均GDP水平78 989.0元、北京70 452.0元，远高于全国人均GDP水平25 125.0元。

广州市人均GDP的增幅均保持在13.0%以上的高速增长，受2008年金融危机影响，2008年和2009年人均GDP增幅减小，但是高于北京、上海的个位数增长幅度。

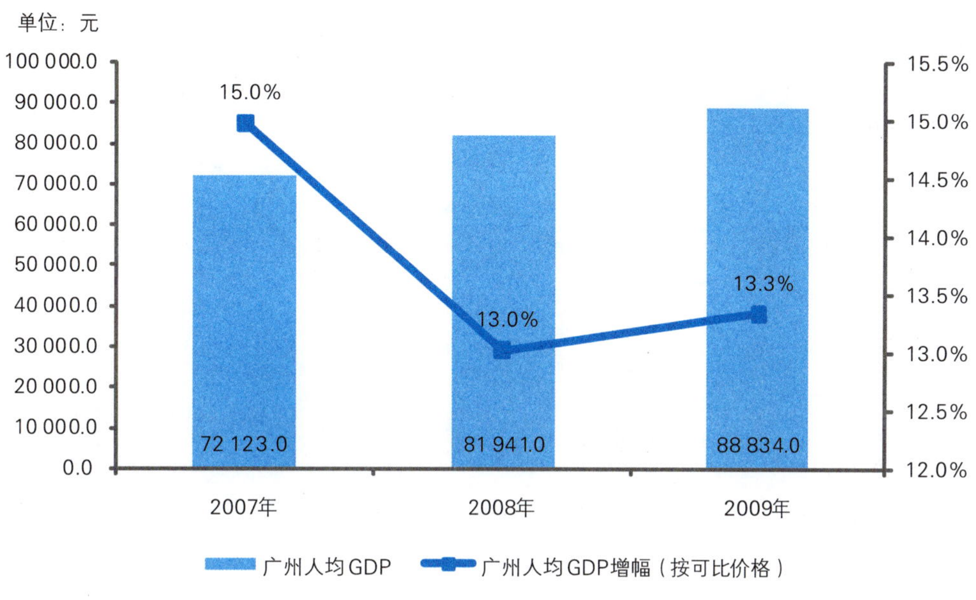

图4-5 2007—2009年广州人均GDP及增幅

数据来源：克而瑞CRED商业地产数据库，http://cred.cric.com

指标6 城镇居民生活质量

广州市城镇居民人均可支配收入持续上涨，2009年广州城镇居民人均可支配收入达到27 610.0元，低于上海28 838.0元，高于北京26 738.0元，远高于全国水平17 175.0元。2007年和2009年广州城镇居民人均可支配收入增幅较大，2008年受金融危机影响增幅下降，但是仍高于2006年增幅，2009年广州人均可支配收入增幅反弹，达到11.9%。

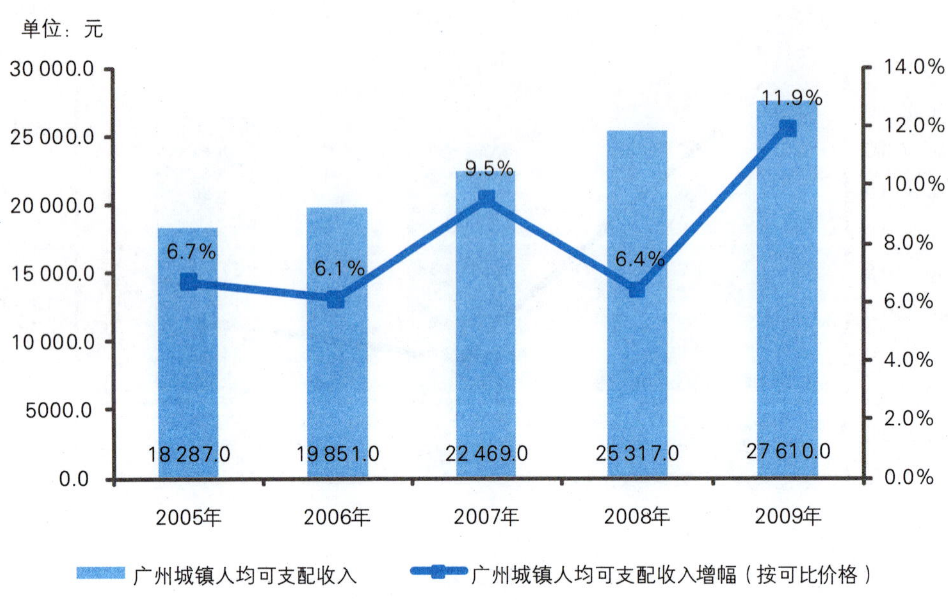

图4-6 2005—2009年广州城镇人均可支配收入及增幅

数据来源：克而瑞CRED商业地产数据库，http://cred.cric.com

随着广州市人均可支配收入的持续性增长，广州市城镇居民人均消费性支出亦表现为持续上涨。2009年广州城镇居民人均消费性支出达到22 821.0元，高于上海20 992.0元、北京17 893.0元。与人均可支配收入增幅曲线类似，广州城镇居民人均消费性支出增幅呈波动曲线，其中2007年和2009年增幅较大。

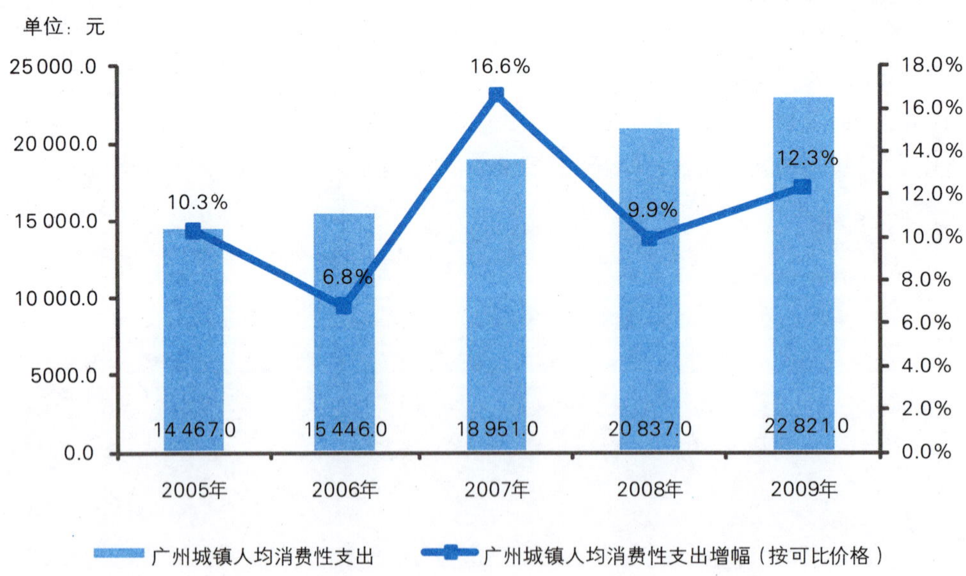

图4-7 2005—2009年广州城镇人均消费性支出及增幅

数据来源：克而瑞CRED商业地产数据库，http://cred.cric.com

广州市近年来恩格尔系数食品支出比例整体呈下降趋势，2009年为33.2%，广州市民在交通通讯和教育文化两项支出上占比例较大，衣着方面的消费比例约7.0%左右，并不突出。

表4-1 2005—2009年广州城镇居民人均消费性支出构成

构成＼年份	2005年		2006年		2007年		2008年		2009年	
	元	%	元	%	元	%	元	%	元	%
总支出	14 467	100	15 446	100	18 951	100	20 837	100	22 821	—
食品	5398	37.4	5722	37.1	6218	32.9	7021	33.7	—	33.2
衣着	902	6.2	956	6.2	1183	6.2	1399	6.7	—	7.0
家庭设备用品	746	5.2	790	5.1	1092	5.8	1402	6.7	—	—
医疗保健	836	5.8	918	5.9	1127	5.9	1230	5.9	—	—
交通通讯	2492	17.2	2647	17.1	3509	18.5	3226	15.5	—	—
教育文化	2329	16.1	2531	16.4	3276	17.3	3520	16.9	—	—
居住	1280	8.8	1363	8.8	1879	9.9	1962	9.4	—	—
其他	484	3.3	519	3.4	667	3.5	1077	5.2	—	—

数据来源：克而瑞CRED商业地产数据库，http://cred.cric.com

近年来，广州边际消费倾向呈现波动，2007年广州市边际消费倾向达到84.3%，为2005年以来最高水平。2007年广州市GDP总量、人均GDP、人均可支配收入、人均消费性支出等各项经济指标的增幅都是近年来最高的一年，经济形势一片向好，边际消费倾向也由2006年的77.8%跨越到2007年的84.3%，由此打开了广州市民的钱包，2008年和2009年两年边际消费倾向值有所回落，但是仍远高于2006年的水平。

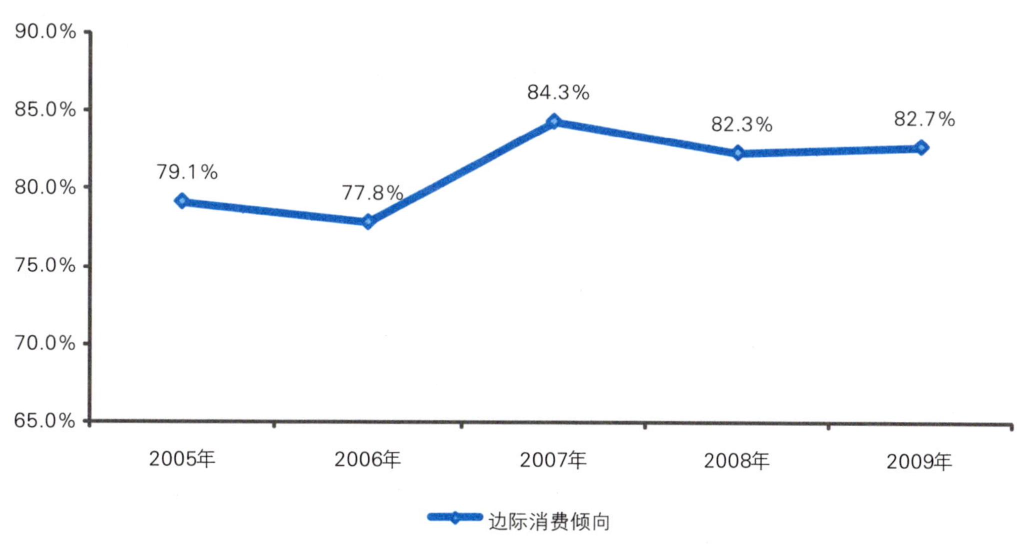

图4-8 2005—2009年广州边际消费倾向

数据来源：克而瑞CRED商业地产数据库，http://cred.cric.com

指标7 商业需求

2009年广州市实现社会消费品零售总额3647.8亿元，增长16.2%。自2006年开始广州市社会消费品零售总额保持在15%以上的高速增长。

批发和零售业保持较快增长。全年批发和零售业实现增加值1053.8亿元，增长16.7%。实现零售额3037.87亿元，增长15.8%。其中限额以上批发和零售业企业实现零售额1388.14亿元，增长12.0%，占全市批发和零售业零售额的45.7%。在限额以上批发和零售业企业销售商品分类中，中西药品类零售额增长29.4%，汽车类零售额增长19.8%，日用品类零售额增长16.6%，服装、鞋帽、针纺织品类零售额增长13.3%，金银珠宝类零售额增长11.1 %。

住宿和餐饮业也持续增长。全年住宿和餐饮业实现增加值282.97亿元，增长14.5%。住宿和餐饮业实现零售额609.89亿元，增长18.3%。其中星级住宿业和限额以上餐饮业企业实现零售额175.16亿元，增长9.6%。

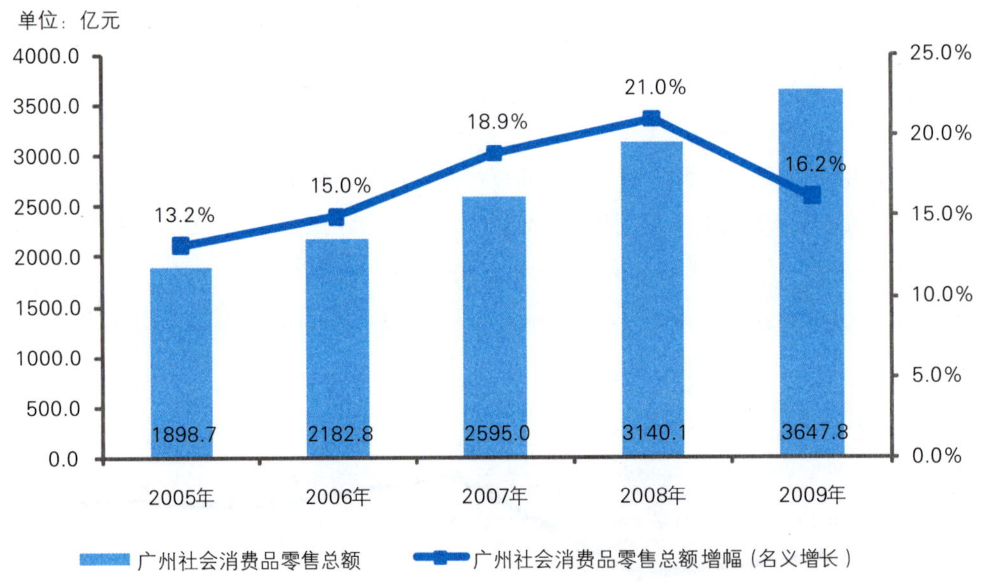

图4-9 2005—2009年广州社会消费品零售总额及增幅

数据来源：克而瑞CRED商业地产数据库，http://cred.cric.com

2006年以来，广州市人均社会消费品零售总额总体呈上升态势，2009年增幅同比下降了4.9个百分点，人均社会消费品零售总额达到35 296.9元，远高于上海26 926元和北京30 255.8元，这表示广州市消费水平较高，为广州市商业发展奠定了基础。

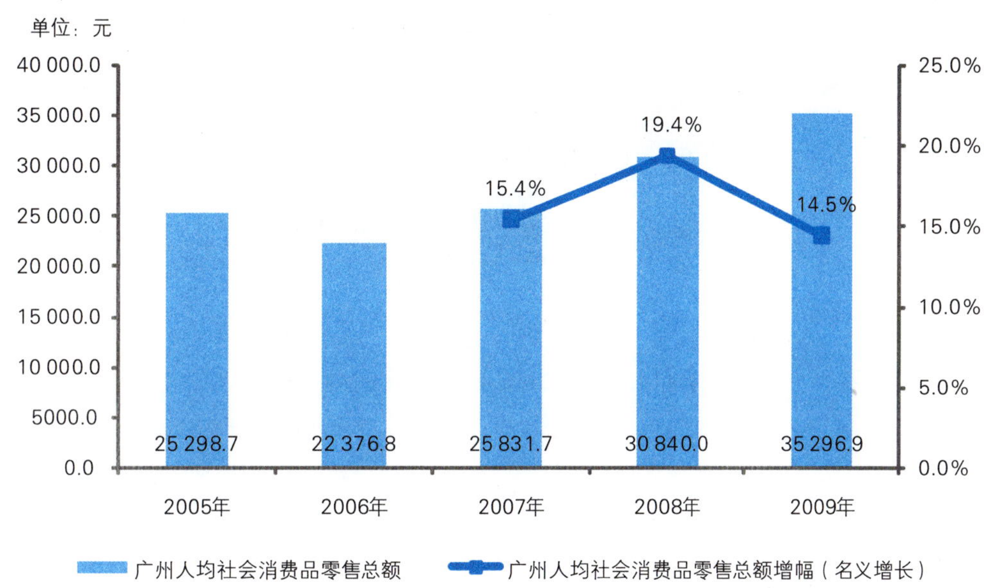

图4-10 2006—2009年广州人均社会消费品零售总额及增幅

数据来源：克而瑞CRED商业地产数据库，http://cred.cric.com

2 广州市整体商业市场环境研究

大型购物中心已在广州市布局开来，未来商业供应多位于非商圈。

1 现有商业供应情况

广州市2010年商业总存量约为693.47万平方米，按常住人口计算，人均商业面积为0.67平方米。广州市现有商业以购物中心所占比例最大，达到46.0%，其次是市场，比例为24.5%，说明广州市商业形态处于购物中心发展阶段。

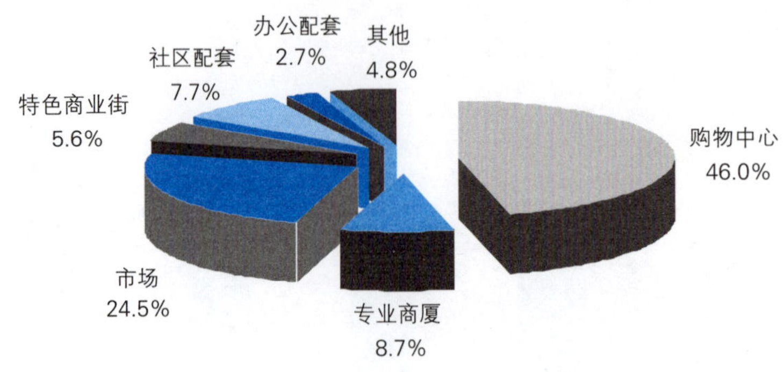

图4-11 2010年广州各类型重点商业存量供应

数据来源：克而瑞CRED商业地产数据库，http://cred.cric.com

2 七大主要商圈描述

广州商圈已经形成了多个地段、多种档次既齐全又互相补充的格局，相继形成上下九商圈、北京路商圈和体育中心三个核心商圈及环市东商圈、中山三路商圈、农林下路商圈、江南西商圈四个次级商圈。

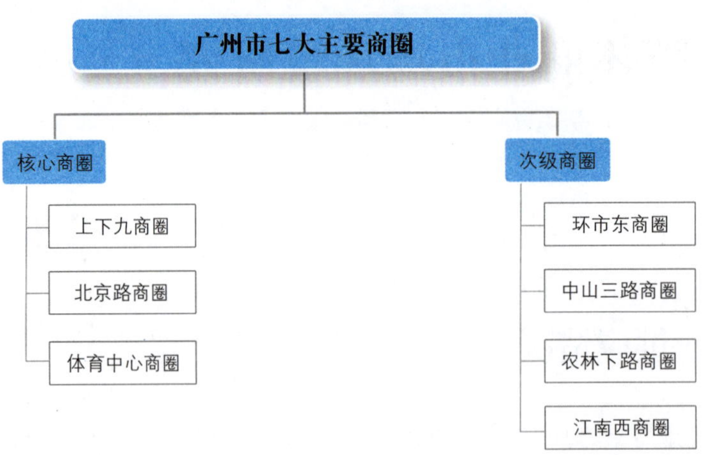

图4-12 广州市七大商圈示意图

广州市北京路、体育中心、上下九三大核心商圈占据了广州商业的半壁江山，三大商圈正好分别位居广州市区的东、中、西部。由于地理位置、居民经济背景和生活形态不同，导致三大商圈各自的消费群也有明显的不同，上下九商圈以广州本地人消费者居多，北京路商圈的消费群体偏年轻时尚，体育中心商圈则偏向高收入消费群体。

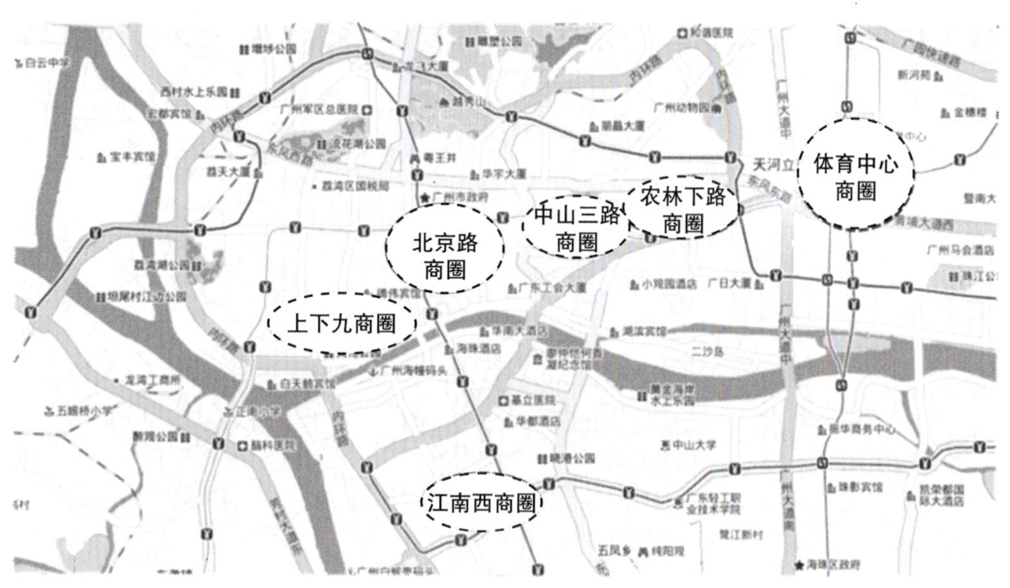

图4-13 2010年广州主要商圈分布图

表4-2 广州主要商圈

序号	商圈编号	商圈名称	商圈级别	区域属性	特征	主要零售物业
1	A	体育中心商圈	核心商圈	综合区	**档次：**高端 **目标客群：**成功人士、白领 **主要商业类型：**购物中心、专业商厦	正佳广场 东方宝泰购物广场 万菱汇 中天购物城 时代广场 天河城广场 天娱广场 太古汇
2	B	上下九商圈	核心商圈	综合区	**档次：**中端 **目标客群：**白领、工薪阶层 **主要商业类型：**购物中心、市场	恒宝广场 荔湾广场 十甫名都商厦 东急新天地购物中心
3	C	北京路商圈	核心商圈	综合区	**档次：**中高端 **目标客群：**成功人士、白领、工薪阶层 **主要商业类型：**购物中心、百货商厦、市场	海印缤缤广场 万菱广场 广州百货大厦 五月花商业广场 光明广场 名盛广场 中旅商业城
4	D	中山三路商圈	次级商圈	综合区	**档次：**中高端 **目标客群：**白领 **主要商业类型：**购物中心、专业商厦、特色商业街	中华广场 流行前线 地王广场

（续表）

序号	商圈编号	商圈名称	商圈级别	区域属性	特征	主要零售物业
5	E	江南西商圈	次级商圈	住宅区	**档次：**中端 **目标客群：**白领、小白领、学生群体 **主要商业类型：** 百货店、购物中心、其他专业商厦	广百新一城 摩登百货海购店 富力家信商业中心 万国广场
6	F	环市东商圈	次级商圈	商业区	**档次：**高端 **目标客群：**成功人士、白领 **主要商业类型：**百货店、购物中心	广州友谊商场环市东店 丽柏广场 世贸新天地
7	G	农林下路商圈	次级商圈	住宅区	**档次：**中端 **目标客群：**白领、百姓阶层 **主要商业类型：**百货店、专业商厦、购物中心	王府井百货 东山锦轩现代城 东山百货

商圈1 体育中心商圈 广州市核心商圈之一

① 商圈范围

东起石牌东路，西至广州大道中，南起黄埔大道，北至天河北路。

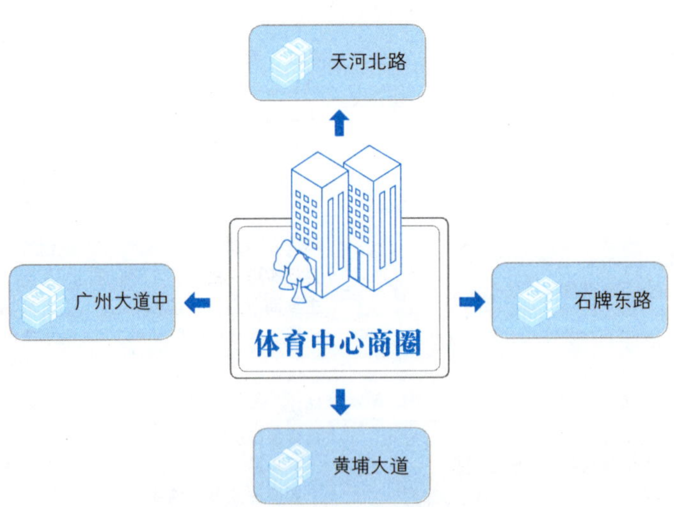

图4-14 广州市体育中心商圈范围示意图

② 商圈价值

体育中心商圈是广州市核心商圈之一，1987年的六运会带动了天河商业的兴盛，形成了天河体育中心黄金商圈；2001年九运会的举行，推动了以奥林匹克体育中心为支点的东部新商圈的发展；2010年举行的第16届亚运会又给体育中心商圈带来了新的商机。

体育中心商圈整体商业档次较高，周边地区约18平方千米的地区集中了天河城广场、正佳广场、时代广场、维多利广场等诸多定位中高端、高端的大型购物中心以及购书中心等大型专业店、大型百货店、大型超市、特色商业街，商业面积超过100万平方米，成为华南地区规模最大的中央零售区。新开业的太古汇，更为天河体育中心黄金商圈增添了新的亮点。

体育中心商圈现有大型商业供应中以购物中心所占比例最大，达到76.5%，其次是专业商厦，比例为12.4%左右。商圈中最早开业的购物中心——天河城，是集购物、美食、服务、休闲娱乐于一体，体量达16万平方米，开辟了购物中心商业市场的先河。

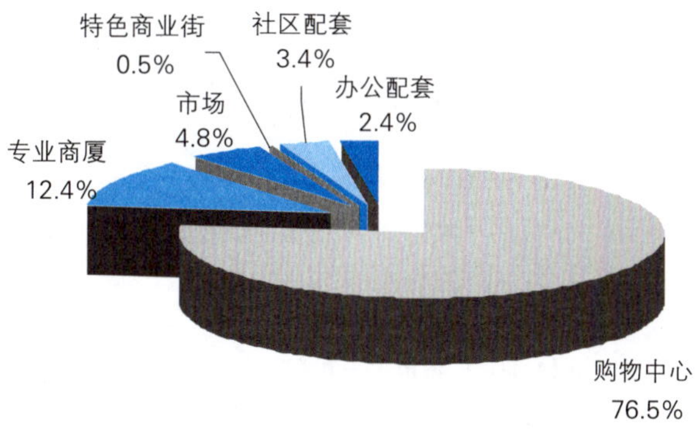

图4-15 2010年广州体育中心商圈大型商业形态比例

数据来源：克而瑞CRED商业地产数据库，http://cred.cric.com

表4-3 广州体育中心商圈主要商业项目

序号	项目编号	项目名称	建筑面积（平方米）	商业形态	开业时间	档次	经营情况	出租率
1	A1	正佳广场	300 000	购物中心	2004-11-05	中高端	优	98%
2	A2	东方宝泰购物广场	150 000	购物中心	2009-10-18	中高端	优	63%
3	A3	万菱汇	230 000	购物中心	2010-11-06	中高端	良好	85%
4	A4	中天购物城	34 000	购物中心	2001-11-30	中高端	良好	80%
5	A5	时代广场	66 000	购物中心	1999-10-23	高端	良好	85%
6	A6	天河城广场	160 000	购物中心	1996-08-18	高端	优	99%
7	A7	太古汇	138 000	购物中心	2010-12-18	高端	—	—
8	A8	天娱广场	30 258	购物中心	2005-09-17	中高端	优	90%

数据来源：克而瑞CRED商业地产数据库，http://cred.cric.com

商圈2 上下九商圈 广州最老牌的商业中心

① 商圈范围

东至人民南路、状元坊、大新路，西至宝华路，南至恩宁路与十八甫路交汇处、上九路、下九路，北至长寿东路、长寿西路。

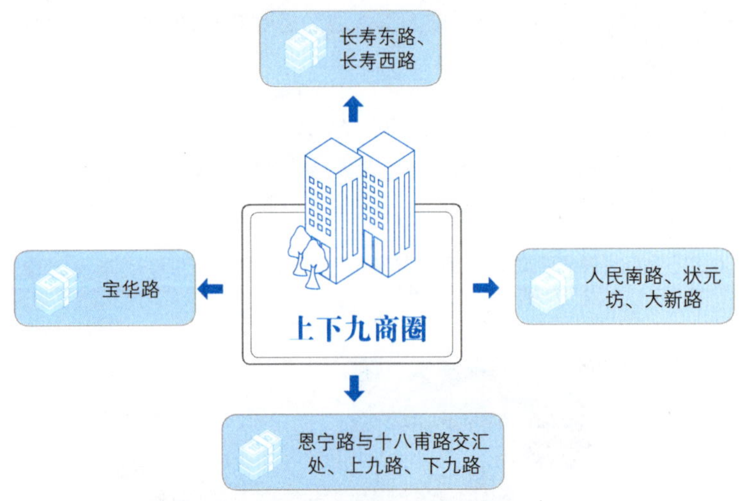

图4-16 广州市上下九商圈范围示意图

② 商圈价值

上下九商圈整体商业档次并不高，是广州市核心商圈之一，可谓广州最老牌的商业中心，是广州人吃穿的缩影。上下九路步行街的商业以经营服装、布料为主，广州青少年潮人最爱的状元坊、广州著名的玉器街和一德路干货一条街等都在此商圈范围内。独特的岭南建筑文化、浓郁的西关民俗文化和远近闻名的饮食文化，让上下九的商业在其发展过程中自觉地融入到这些深厚的文化特色中。

上下九商圈以上下九步行街发展起来，2001年以来，随着恒宝广场、荔湾广场、商十甫名都等大型购物中心的入驻，如今商圈内以购物中心所占比例最大，达到45.4%，上下九商圈已形成步行街、购物中心、专业商厦等各类商业形态相辅相成的有机整体。 根据广州市商业网点规划，上下九商圈将建设成为宜游、宜购、宜赏、宜乐、宜思的“国际特色商旅街区”，创建“中国特色商旅街区”。

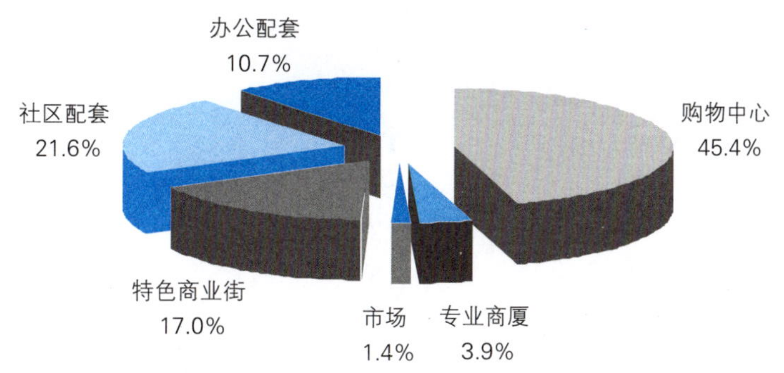

图4-17 2010年广州上下九商圈大型商业形态比例

数据来源：克而瑞CRED商业地产数据库，http://cred.cric.com

表4-4 广州上下九商圈主要商业项目

序号	项目编号	项目名称	建筑面积（平方米）	商业形态	开业时间	档次	经营情况	出租率
1	B1	恒宝广场	60 000	购物中心	2001-12-21	中高端	优	85%
2	B2	荔湾广场	140 000	购物中心	2001-10-01	中端	一般	80%
3	B3	十甫名都商厦	18 000	购物中心	2004-12-23	中高端	良好	80%
4	B4	东急新天地购物中心	17 360	购物中心	2004-07-24	中端	良好	90%

数据来源：克而瑞CRED商业地产数据库，http://cred.cric.com

商圈3 北京路商圈 广州传统商圈

① 商圈范围

东起文德路，西至解放南路，南起沿江中路，北至中山四路、中山五路。

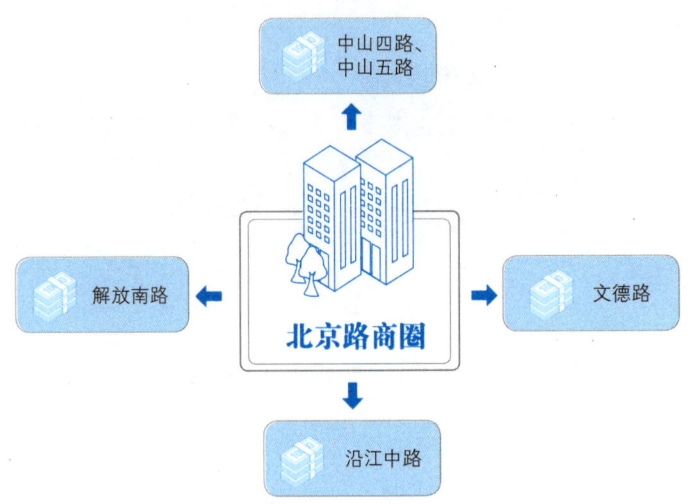

图4-18 广州市北京路商圈范围示意图

② 商圈价值

北京路商圈一直是广州传统的商圈，是广州的核心商圈。北京路步行街中段、北段实施全天候步行，而长约410米的南段（泰康路—沿江路）正有待开通。北京路全线步行化后，步行街将一直延伸到沿江路上，以北京路为中心的国际商贸圈规模将进一步扩大。作为广州最有特色的一个商圈，除了传统的商业功能以外，北京路商圈还承担着传承广州历史的责任。千年古道遗址、立体光带、冰柱喷泉等新景观，极大美化了北京路的购物环境。

北京路商圈现有商业供应仍以购物中心占比例最大，达到48.1%，购物中心定位偏向中高端，体量均在6万平方米左右，北京路商圈购物中心自2001年开始兴盛。

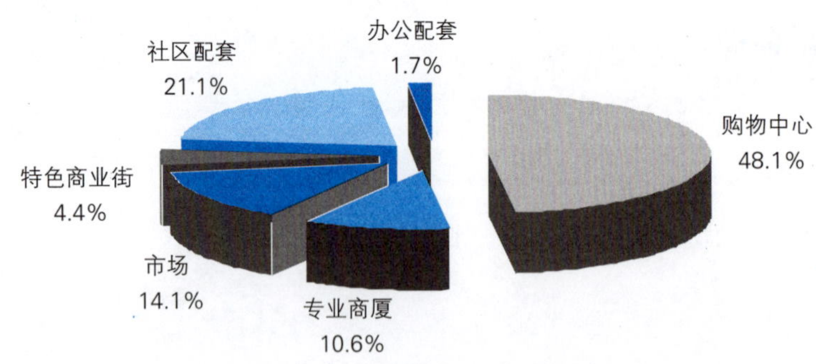

图4-19 2010年广州北京路商圈大型商业形态比例

数据来源：克而瑞CRED商业地产数据库，http://cred.cric.com

表4-5 广州北京路商圈主要商业项目

序号	项目编号	项目名称	建筑面积（平方米）	商业形态	开业时间	档次	经营情况	出租率
1	C1	海印缤缤广场	60 000	购物中心	2001-05-10	中高端	优	90%
2	C2	万菱广场	40 000	市场	2004-10-12	中低端	优	100%
3	C3	广州百货大厦	68 000	百货	1991-02-08	中高端	良好	90%
4	C4	五月花商业广场	49 796	购物中心	2004-12-18	中高端	良好	90%
5	C5	光明广场	60 000	购物中心	2005-02-08	中高端	一般	90%
6	C6	名盛广场	63 000	购物中心	2006-06-30	中高端	良好	70%
7	C7	中旅商业城	56 000	购物中心	2010-08-07	中端	良好	90%

数据来源：克而瑞CRED商业地产数据库，http://cred.cric.com

商圈4 中山三路商圈
广州专业商圈

① 商圈范围

东起东川路，西至东昌南街，南起东华南路，北至中山三路。

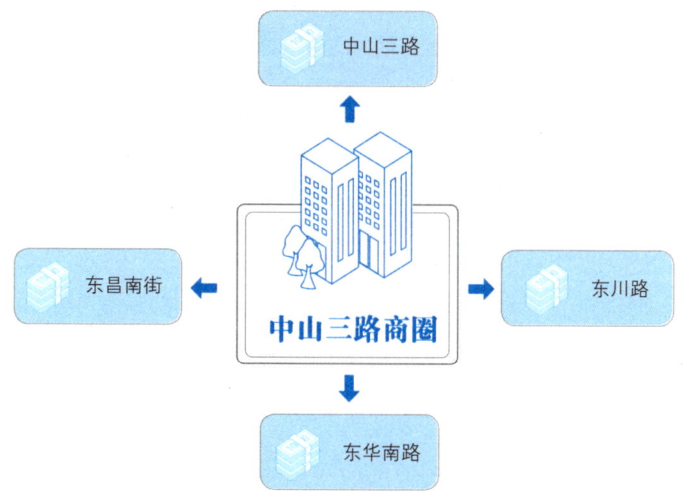

图4-20 广州市中山三路商圈范围示意图

② 商圈价值

中山三路商圈有两个突出的特点：

第一，广州专业手机一条龙服务的最好地带；

第二，本土新新人类的潮流集中地。

1999年，这里诞生了广州第一个以地铁人流为支撑的地下购物中心流行前线，这里也诞生了继天河城广场之后广州另一个成功的大型购物广场——中华广场。十年之后，这里专业手机数码市场的本色并没有改变，而且多了一张王牌——广州本土新新人类的消费集中地。

中山三路商圈商业整体属于中高端消费，中华广场、流行前线、地王广场、东川运动城、岭南艺术品商场，还有另类又精致的小店，共同营造出中山三路商圈的繁华。商圈内购物中心所占比例最大，达到60.7%，其次是市场和社区配套商业，各占12.6%。

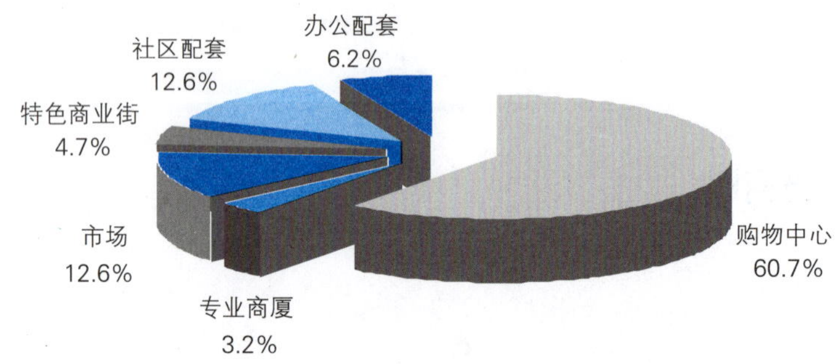

图4-21 2010年广州中山三路商圈大型商业形态比例

数据来源：克而瑞CRED商业地产数据库，http://cred.cric.com

表4-6 广州中山三路商圈主要商业项目

序号	项目编号	项目名称	建筑面积（平方米）	商业形态	开业时间	档次	经营情况	出租率
1	D1	中华广场	170 000	购物中心	2000-04-26	中高端	优	95%
2	D2	流行前线	15 000	特色商业街	1999-06-28	中高端	良好	98%
3	D3	地王广场	23 000	购物中心	2003-05-28	中端	一般	85%

数据来源：克而瑞CRED商业地产数据库，http://cred.cric.com

商圈5 江南西商圈 海珠区商业龙头

① 商圈范围

西起宝岗大道，东至东晓路，南起昌岗中路，北至滨江西路。

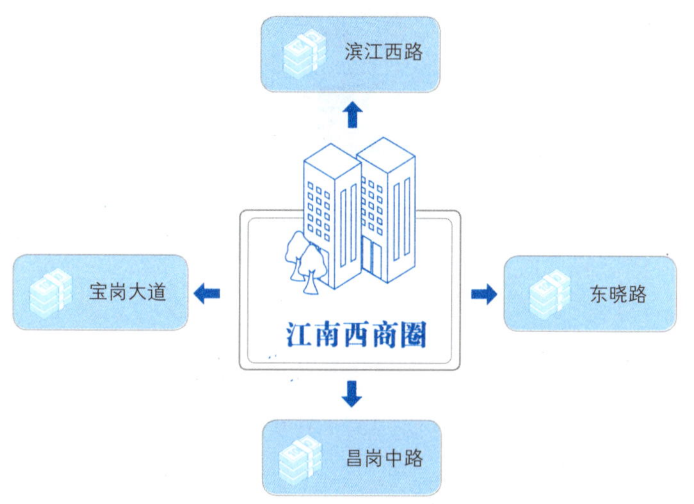

图4-22 广州市江南西商圈范围示意图

② 商圈价值

江南西商圈虽属次级商圈，但作为海珠区规模最大的商圈，它起到了龙头的作用，具有较强的成长性，它的存在也使广州的区域布局更平衡、更合理。

江南西商圈内商业以购物中心所占比例最大，达到62.4%，其次是社区配套类型商业占21.0%，江南西商圈整体商业属于中端消费，以江南西路、江南大道、宝岗大道等为主干，以地铁二号线和八号线为依托，汇聚了广百新一城、江南新地、摩登百货海购店、丽日广场、万国广场、信和广场、保华广场、家乐福、国美电器、婚纱一条街等多个重要网点，已形成浓厚的商业氛围。

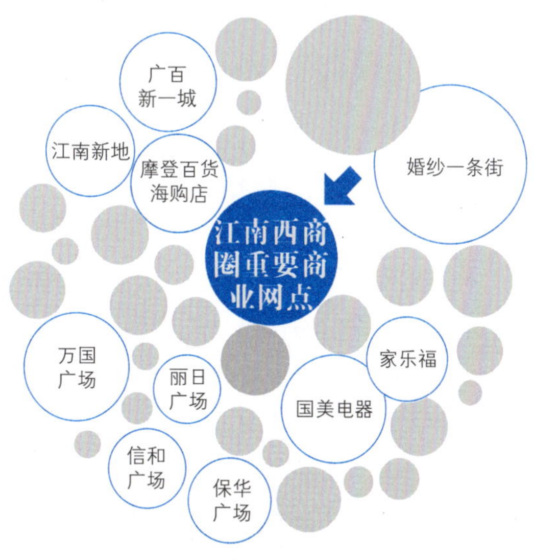

图4-23 广州市江南西商圈重要商业网点

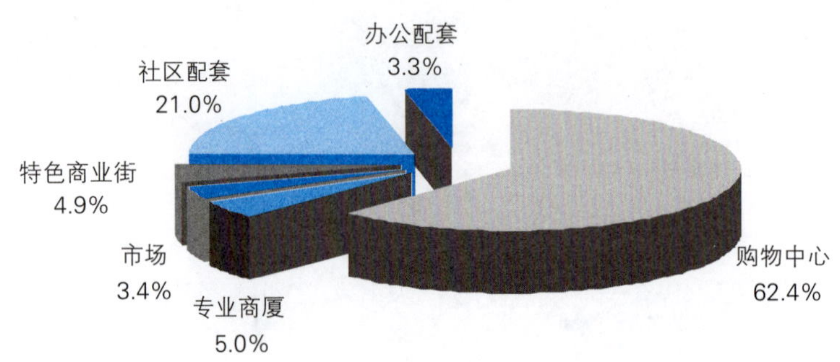

图4-24 2010年广州江南西商圈大型商业形态比例

数据来源：克而瑞CRED商业地产数据库，http://cred.cric.com

表4-7 广州江南西商圈主要商业项目

序号	项目编号	项目名称	建筑面积（平方米）	商业形态	开业时间	档次	经营情况	出租率
1	E1	广百新一城	105 000	购物中心	2006-12-29	中高端	优	100%
2	E2	摩登百货海购店	15 000	专业商厦	2006-08-18	中端	优	97%
3	E3	富力家信商业中心	52 000	社区配套	2006-07-22	中端	优	80%
4	E4	万国广场	80 960	购物中心	2002-01-01	中端	优	89%

数据来源：克而瑞CRED商业地产数据库，http://cred.cric.com

商圈6 环市东商圈 广州尖东

① 商圈范围

环市东商圈位于环市东路上，环市东路由东向西笔直延伸，由友谊环市东旗舰店、国内最大五星级商务酒店之一的广州花园酒店、丽柏广场、世贸大厦以及沿淘金路、华乐路等国际名牌商场、各类中西食肆和各大中外银行共同组成，形成了良好的共存与互补关系。

② 商圈价值

环市东商圈被称为“广州尖东”，是世界顶级时尚聚集地，这个由广州友谊、花园酒店、世界贸易中心等共同组成的集住宿、餐饮、娱乐、购物、办公于一体的黄金地段，是广州高档消费和商务消费的代表。环市东商圈目前的人流量不大，但由于友谊商店、丽柏广场、世贸大厦等高档主力店的存在，带动了商业氛围。

表4-8 广州环市东商圈主要商业项目

序号	项目编号	项目名称	建筑面积（平方米）	商业形态	开业时间	档次	经营情况	出租率
1	F1	友谊商场环市东店	20 000	专业商厦	—	高端	良好	100%
2	F2	丽柏广场	60 000	购物中心	2003	高端	良好	100%
3	F3	世贸新天地	25 000	专业商厦	2000	中高端	良好	95%

数据来源：克而瑞CRED商业地产数据库，http://cred.cric.com

商圈7 农林下路商圈 辐射百万高端消费人群

① 商圈范围

农林下路商圈以东山口地铁站为中心，在其周边以1000米为半径的范围内，包括署前路、龟岗大马路、中山一路等路段。

② 商圈价值

农林下路商圈辐射广州中心区100万高端消费人群。主力店有王府井百货、东山锦轩现代城（好又多）和东山百货，商铺面积11万平方米，商铺数量624个。王府井百货包罗万象，临街小型商铺琳琅满目，还有老牌百货东山百货，作为有老广州特色的百货，这里还能看到以前老广州商品的身影，却也融合了全新的时尚商业元素。

农林下路商圈目前大型商业网点少，大多仍以零散商铺为主，商品档次也是参差不齐，然而随着新商业体的进驻，农林下路商圈将与周边的署前路、龟岗大马路连成一片，拓展成商贸圈。

表4-9 广州农林下路商圈主要商业项目

序号	项目编号	项目名称	建筑面积（平方米）	商业形态	开业时间	档次	经营情况	出租率
1	G1	王府井百货	30 000	百货	1996-07-05	中高端	良好	—
2	G2	东山锦轩现代城	22 000	购物中心	2004-07-03	中端	良好	90%
3	G4	东山百货	6000	百货	1983-01-01	中端	优	—

数据来源：克而瑞CRED商业地产数据库，http://cred.cric.com

3 广州整体租金水平

（1）购物中心首层租金水平

广州市购物中心租金水平以体育中心商圈为最高，集中在40～50元/（米^2·天）的水平，其中以正佳广场租金最高，达到60～67元/（米^2·天），作为广州市最高档的购物中心、位于环市东商圈的丽柏广场租金亦达到60元/（米^2·天）。上下九商圈租金水平在9～35元/（米^2·天），北京路商圈租金水平范围较大，分布在8～50元/（米^2·天）。次级商圈中江南西商圈租金水平较集中，分布在25～40元/（米^2·天）。

表4-10 广州主要商圈购物中心租金

序号	项目编号	项目名称	所属商圈	首层租金［元/（米^2·天）］
1	A1	正佳广场	体育中心商圈	60～67
2	A2	东方宝泰购物广场	体育中心商圈	35～55
3	A3	万菱汇	体育中心商圈	33～60
4	A4	中天购物城	体育中心商圈	18～21
5	A5	时代广场	体育中心商圈	18～20
6	A6	天河城广场	体育中心商圈	45～60
7	A8	天娱广场	体育中心商圈	33～50
8	B1	恒宝广场	上下九商圈	25～35
9	B2	荔湾广场	上下九商圈	9～24
10	B3	十甫名都商厦	上下九商圈	18～20
11	B4	东急新天地购物中心	上下九商圈	30～35
12	C1	海印缤缤广场	北京路商圈	10～15
13	C4	五月花商业广场	北京路商圈	30～35
14	C5	光明广场	北京路商圈	8～12
15	C6	名盛广场	北京路商圈	30～50
16	C7	中旅商业城	北京路商圈	10～15
17	D1	中华广场	中山三路商圈	35～40
18	D3	地王广场	中山三路商圈	17.0～18.5
19	E1	广百新一城	江南西商圈	35～40
20	E4	万国广场	江南西商圈	25～32
21	F2	丽柏广场	环市东商圈	60
22	F3	世贸新天地	环市东商圈	5～8
23	G2	东山锦轩现代城	农林下路商圈	10～25

数据来源：克而瑞CRED商业地产数据库，http://cred.cric.com

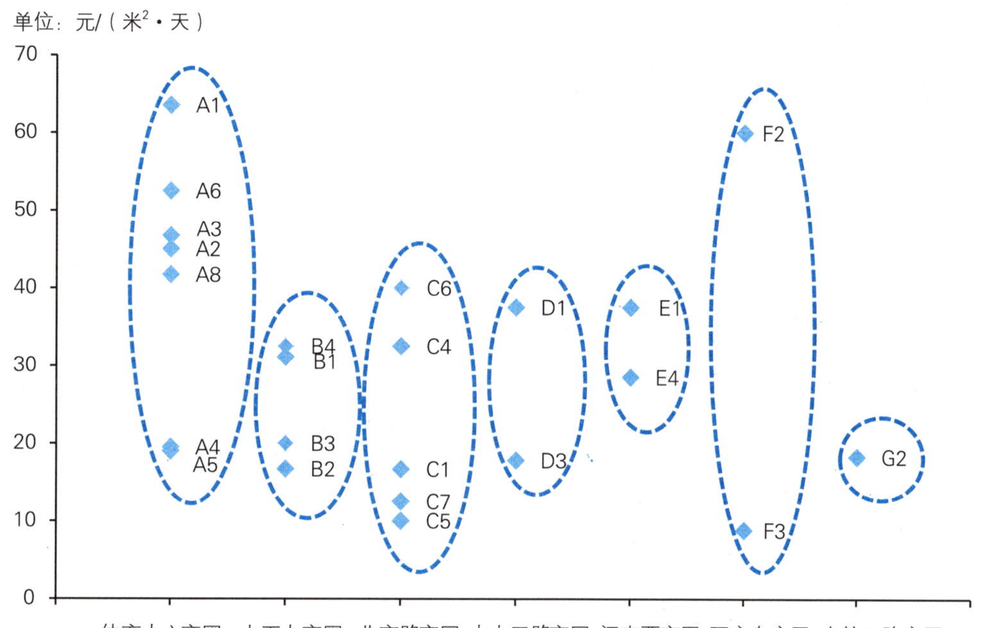

图4-25 2010年广州主要购物中心租金分布

数据来源：克而瑞CRED商业地产数据库，http://cred.cric.com

（2）其他商业类型租金水平

表4-11 广州市其他商业类型租金

序号	项目名称	所属商圈	商业类型	租金水平
1	伟腾IT总汇	体育中心商圈	其他专业商厦	12～16元/（米²·天）
2	总统数码港	体育中心商圈	其他专业商厦	30～35元/（米²·天）
3	维家思广场	体育中心商圈	其他专业商厦	5～6元/（米²·天）
4	万菱广场	北京路商圈	市场	17～20元/（米²·天）
5	流行前线	中山三路商圈	特色商业街	20～25元/（米²·天）
6	摩登百货海购店	江南西商圈	百货	15%～21%（扣点）
7	富力家信商业中心	江南西商圈	社区配套	10～15元/（米²·天）

数据来源：克而瑞CRED商业地产数据库，http://cred.cric.com

广州未来商业供应及发展趋势预测

近年来经济环境一直处于良好状态，受金融危机影响较小，2009年经济增长速度已超过金融危机前经济增长速度，广州的商场供应量将持续增加，而外资零售商继续看好广州零售市场，将有更多的国际品牌布局广州。广州市经济发展水平与上海、北京相当，其商业发展也处于全国领先的水平，大型购物中心已在广州市布局开来，未来商业供应多位于非商圈，尤其是珠江新城，而且新增供应大部分是社区配套、办公配套型商业，面积均在1万平方米左右，定位偏向中高端。传统商圈只有体育中心商圈、江南西商圈有新增商业供应。

随着珠江新城大量商用物业及住宅项目的建成，未来珠江新城的商务、商业氛围将得到较大提升，而珠江新城商圈的地位及消费层次，将是广州市其他商圈所无法比拟的。在建的太阳城广场等项目均定为高端商场，加上较大规模的珠江新城地下商业及其他商业项目，预计珠江新城商圈将会成为全市高端商场最为集中的区域之一，商业项目之间的竞争将较为激烈。同时，珠江新城将成长为新兴的市级大型商圈，在市域范围甚至珠三角范围内都具有相当强的竞争实力。

表4-12 广州未来主要商业项目供应

序号	项目名称	所属商圈	建筑面积（平方米）	商业形态	开业时间	商业初步定位
1	和泰广场	非商圈	28 000	购物中心	2011-03-05	广州西部新兴商业总部
2	奥园天河北商业项目（天誉大厦四期）	体育中心商圈	15 000	购物中心	2011-10-01	集高端商业及写字楼于一体的大型商业项目，在广州中心商业圈打造新一代地标
3	珠江新城地下世界	非商圈	151 000	购物中心	2011-12-25	世界一流的地下城市活动中心
4	太阳城广场	非商圈	94 880	购物中心	2012-01-01	中高端购物中心
5	星玺广场	非商圈	10 000	社区配套	2011-03-01	广州首个明星概念潮流商城，广州首个空中奢华贵族生活馆
6	富力盈尊广场（富力公园28）	非商圈	10 469	社区配套	2011-05-01	社区配套商铺
7	富力国际公馆	非商圈	10 000	社区配套	2011-12-30	富力地产在2009年的压轴项目，也是精心打造的珠江新城高端旗舰项目之一
8	天河区珠江新城J2-2地块商业项目	非商圈	10 000	社区配套	2013-10-01	地处广州中轴线上的大型高档商业项目
9	达镖国际中心	江南西商圈	10 200	办公配套	2011-03-01	拟引入知名百货进驻经营，打造大型商业旗舰店，满足项目写字楼及公寓用户高品位和便利的日常购物和消闲配套

（续表）

序号	项目名称	所属商圈	建筑面积（平方米）	商业形态	开业时间	商业初步定位
10	西塔商业（广州国际金融中心）	非商圈	25 000	办公配套	2011-04-10	高端购物中心
11	方圆大厦	体育中心商圈	10 000	办公配套	2011-05-01	休闲餐饮商业中心，计划引入高端特色餐饮及国际品牌美容、休闲、健身等业态，并有部分精品零售业
12	天银商贸大厦	非商圈	27 160.4	办公配套	2011-10-01	中高端购物中心，成为当地居民购物的首选
13	富力盈信大厦	非商圈	11 000	办公配套	2011-12-17	办公配套商业

数据来源：克而瑞CRED商业地产数据库，http://cred.cric.com

3 广州市未来城市发展规划

构建“四线三圈、两轴一带”大商业格局。

1 城市总体规划

（1）城镇布局

从有利于优化资源配置、保护自然资源和生态环境，实现城乡可持续发展出发，建立由都会区、片区中心、中心镇、一般镇构成的市域城镇体系，形成以都会区为中心，以高、快速路网与轨道交通体系为依托，各级城镇辐射范围合理、空间分布均衡的大中小城镇相结合的多层次城乡布局结构。

（2）产业布局

以生产性服务业为核心，构建大珠三角城市群的服务中心；以汽车产业和物流为核心，加强广州与佛山的产业联系，构建一体化的广佛都市圈；与东莞形成合理的纵向分工体系，构建世界级先进制造业走廊。

第一产业：分三个圈层布局，第一圈层主要包括白云区和芳村区，第二圈层包括番禺区、花都区、从化区和增城区靠近广州中心区的村镇及白云区的边远村镇，第三圈层包括南沙地区以及从化和增城区远离广州中心区的村镇。

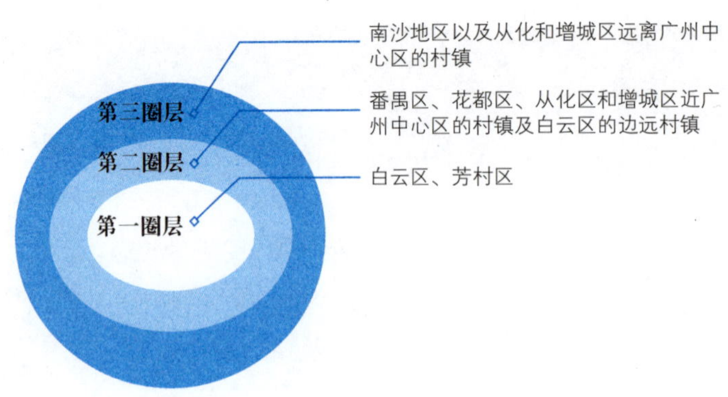

图4-26 广州市第一产业布局示意图

第二、三产业：在工业外围布局基本稳定的格局下，打造东部先进制造业产业集群、北部汽车配套产业集群和南部临港工业集群三大制造业基地；形成不同等级分工的服务中心，在广州主城区服务主中心的强大辐射下，围绕制造业基地形成三大服务次中心，加强与增城、从化两大市域次中心的联系，最后与周围地区产业和功能形成有效互动，构造开放、灵活、可生长的产业布局结构。

（3）交通规划

道路系统规划：中心组团城市道路系统由11条城市高速路、17条城市快速路、33条交通性主干道形成的主骨架路网和一般主干道、次干道、支路形成的次要网络，及30个城市出入口、244座立交桥所组成的城市道路系统。规划道路长度4424千米，道路面积14 653万平方米，道路网密度为5.6公里/平方公里，道路面积率18.5%。道路系统布局以四个环为核心、8条快速联络线与15条高、快速放射线为支撑，“十六横、十七纵”的交通主干路组成的环形放射加方格网状的主骨架道路系统布局。

轨道交通系统规划：积极构筑以城市轨道交通、城际轨道交通、市郊铁路三大系统组成的轨道交通系统。轨道线网枢纽由城际枢纽和城区枢纽构成，其中城际枢纽有广州铁路新客站、广州东站、芳村西朗、沥滘站、海珠客运站、蟹山站和广州站；城区枢纽有公园前站、体育西路站、客村站、东山口站、珠江新城站、广州新城站等。通过国家铁路线和城际轨道线，城际枢纽直接覆盖了佛山市、东莞市、深圳市、中山市、珠海市等珠三角地区的主要城市。

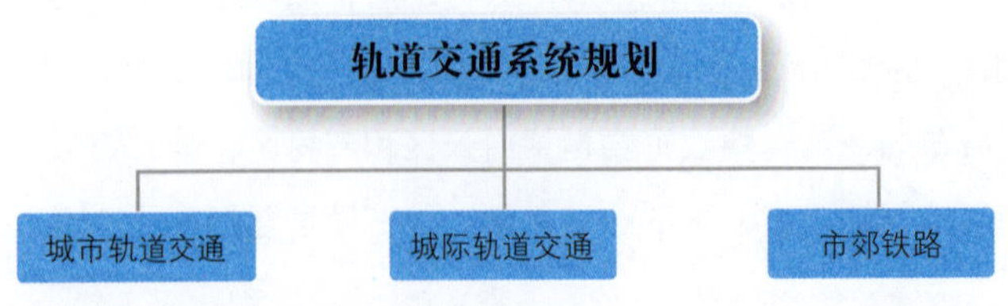

图4-27 广州市轨道交通三大系统图

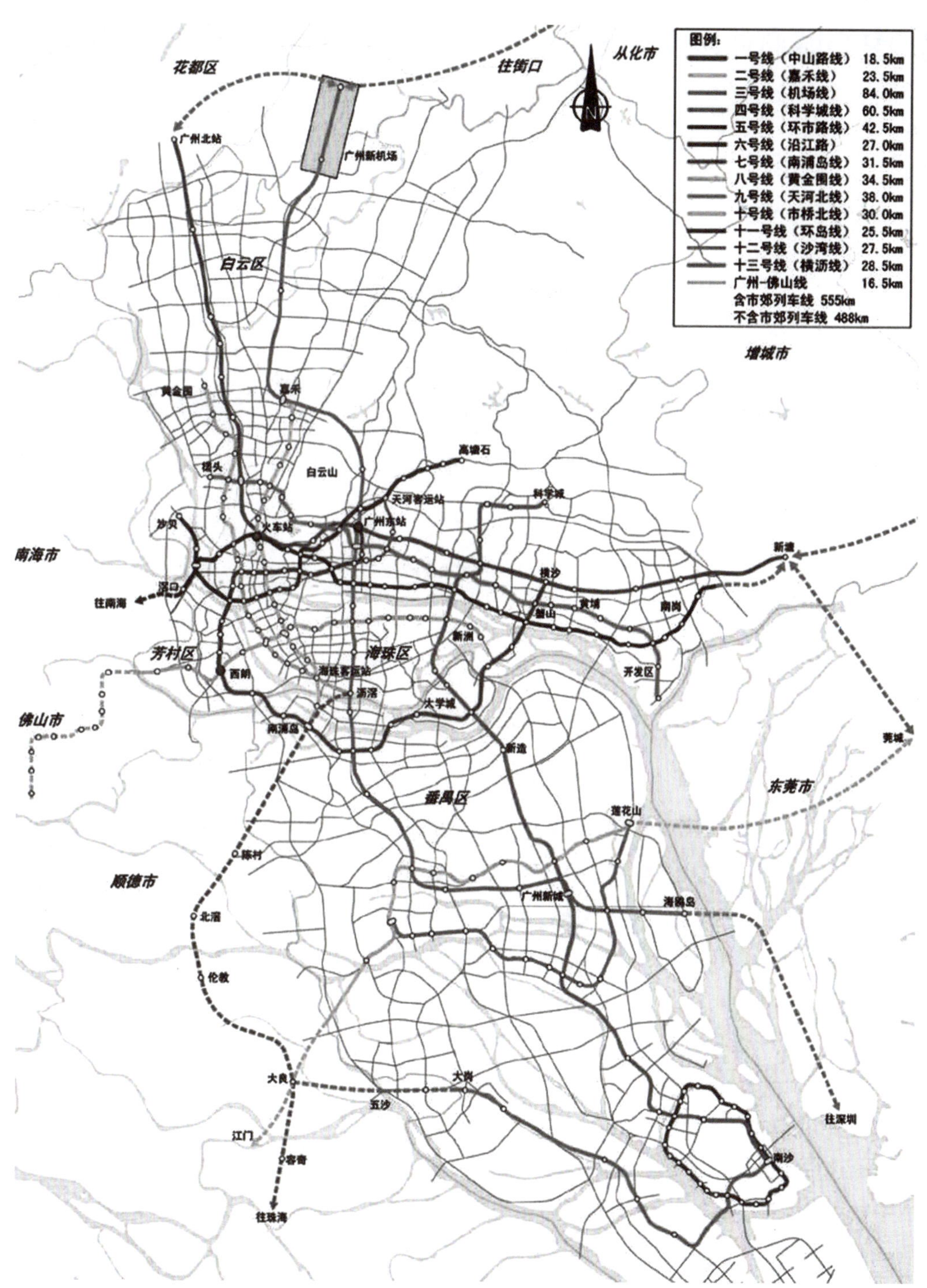
图例：
一号线（中山路线） 18.5km
二号线（嘉禾线） 23.5km
三号线（机场线） 84.0km
四号线（科学城线） 60.5km
五号线（环市路线） 42.5km
六号线（沿江路） 27.0km
七号线（南浦岛线） 31.5km
八号线（黄金围线） 34.5km
九号线（天河北线） 38.0km
十号线（市桥北线） 30.0km
十一号线（环岛线） 25.5km
十二号线（沙湾线） 27.5km
十三号线（横沥线） 28.5km
广州-佛山线 16.5km
含市郊列车线 555km
不含市郊列车线 488km
花都区
往街口
从化市
广州北站
广州新机场
白云区
增城市
黄金围
嘉禾
白云山
高塘石
科学城
天河客运站
火车站
广州东站
南海市
新塘
往南海
横沙
黄埔
南岗
新洲
芳村区
西朗
海珠区
开发区
佛山市
沥滘
大学城
南浦岛
新造
莞城
番禺区
东莞市
莲花山
陈村
顺德市
广州新城
海鸥岛
北滘
伦教
大良
大岗
五沙
江门
容奇
往深圳
南沙
往珠海

图4-28 广州市轨道交通规划

 中心城商业网点规划

构建"四线三圈、两轴一带"大商业格局。"四线"指沿着东、西、南、北四个方向的快速轨道和快速干道交通放射线，实施"东推进、西延伸、南跳跃、北培育"的商业网点拓展战略；"三圈"是指依托内、中、外三圈层构建的大商圈；"两轴一带"是指老城区中轴线、新城区中轴线和珠江滨水带。

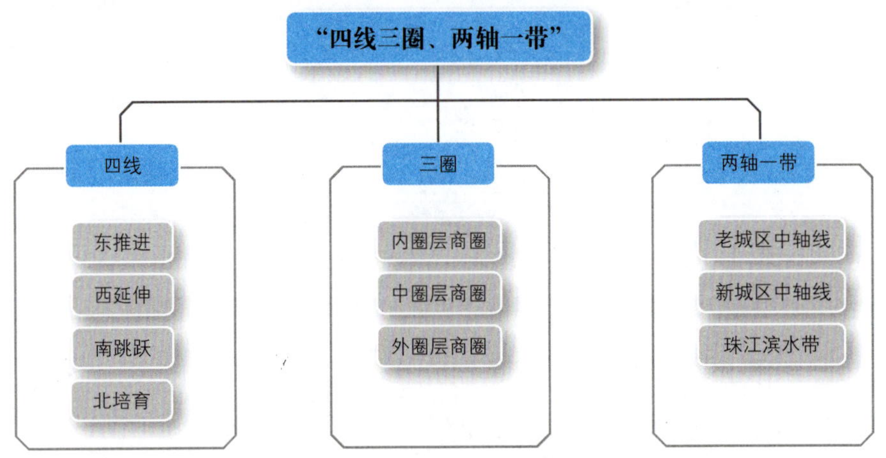

图4-29 广州市"四线三圈、两轴一带"商圈规划示意图

重点提升和建设一批商业功能区：一是6个都会级和20个区域级零售和服务主导型商业功能区；二是由珠江新城、天河北和环市东组成的中央商务区；三是琶洲和流花两大国际会展商务区。通过提升和建设商业功能区，进一步凸显现代都市零售商业亮点，促使广州加快发展成为现代化大商都。

内圈层：内圈层已形成一定的商业规模，规划应该在充分尊重历史的基础上进行，注重对优秀商业文脉的继承。内圈层重点改造提升和建设的商业功能区是：以北京路、上下九、农林下路、中山路等商业街和天河城、正佳商业广场为依托的四个都会级商业功能区。

中圈层：在天河区的东圃和黄村、芳村区的花地湾、海珠区南部、白云区的白云新城、黄埔区的大沙地、番禺区的大石、新火车站、市桥等地发展区域级商业功能区。

外圈层：番禺区的广州新城和南沙是未来广州的新城市发展区，将在中远期实施建设生态环境良好的时尚新潮的都会级商业功能区。花都区以新机场为契机，依托汽车产业集聚的效应，发展都会级商业功能区。南岗、新塘依托东部产业带和东部新城区建设，发展都会级商业功能区。从化市近期要依托城市交通发展，积极培育商业氛围，大力发展旅游业，逐步形成良好的聚商环境，在中远期着手建立区域级商业功能。

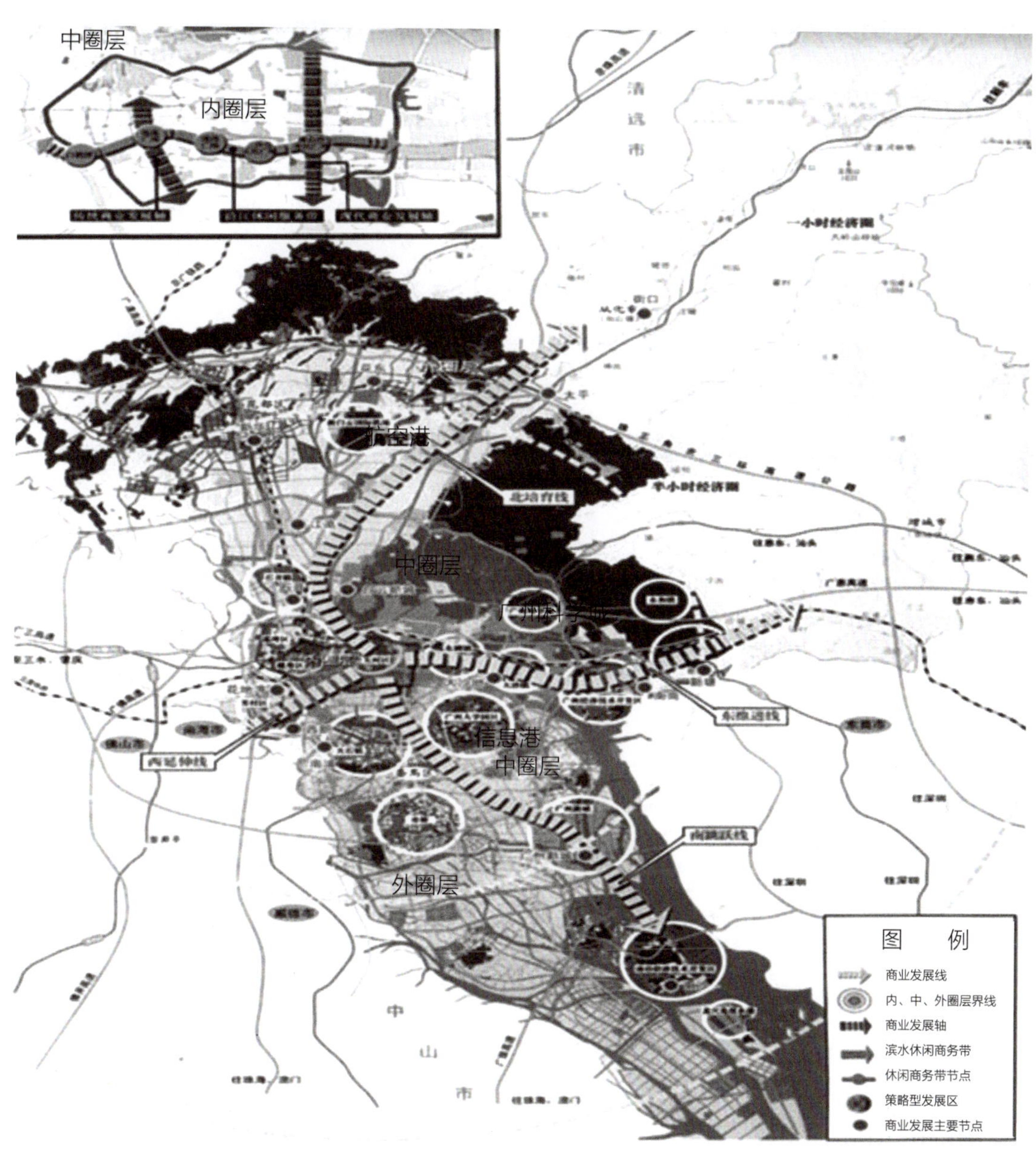

图4-30 广州市商业格局总体示意图（2003—2012年）

小结

广州是继上海、北京之后的中国第三大城市，经济基础雄厚，并保持高速、稳定的发展势头。2010年，广州市地区生产总值完成10 604.48亿元，成为国内第三个GDP过万亿的城市，也是第一个过万亿的副省级城市。另外，广州的边际消费倾向与其他同级别城市相比高出10%左右，基本保持在80%以上，说明广州居民的消费意识很强，这对商业地产的发展有十分积极的意义。

目前，广州拥有大量的购物中心，人气十分不俗，表明商业地产在人口密集的城区存在大量需求。与此同时，2010年广州人均商业面积仅为0.67平方米，商业供应显然有些不足。

2010年广州亚运会的成功举办推动了广州经济的进一步发展，加之广州城市规划的日渐成熟，众多地产商纷纷投资广州商业地产市场，这些条件都为广州商业地产进入十年后的成熟期打下坚实的基础。

第二节 SECTION TWO

SHEN ZHEN
深圳

2010年商业地产市场报告

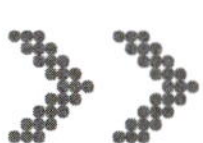

1 深圳市商业地产六项宏观经济指标分析

居民消费结构日益高档化和多元化，促使第三产业GDP相对较快增长。

 宏观指标

深圳市2009年实现国内生产总值（GDP）8201.3亿元，按可比价格计算，比上年增长10.7%。2008年爆发的金融危机，使得深圳市的GDP增幅经过2006年的顶峰后开始持续下降，但五年来深圳GDP仍然稳定增长，表明深圳市安稳度过了此次难关。

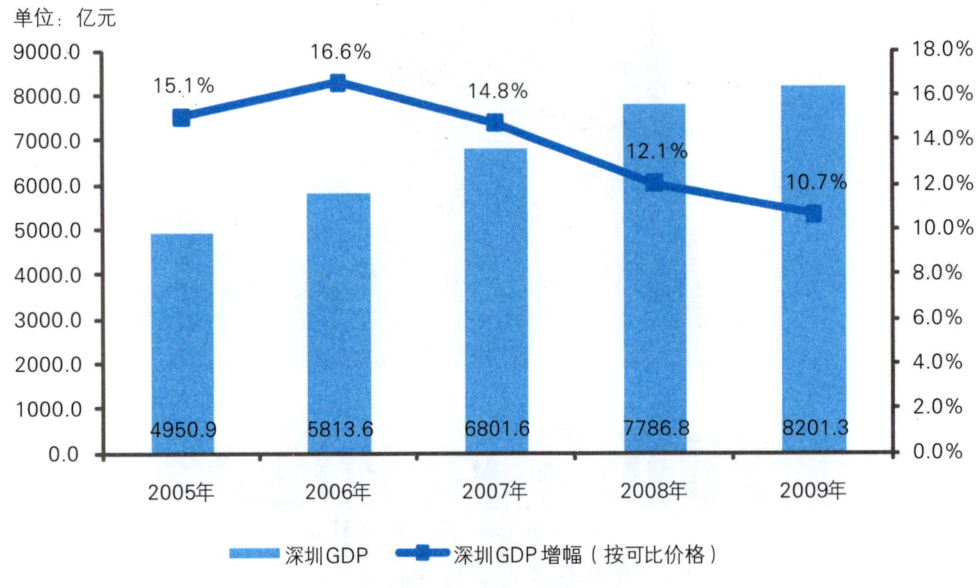

图4-31 2005—2009年深圳GDP及增幅

数据来源：克而瑞CRED商业地产数据库，http://cred.cric.com

 产业结构

深圳整体产业结构正在进步中，2009年第一产业增加值6.47亿元，同比下降18.6%；第二产业增加值

3831.64亿元，同比增长9.3%；第三产业的占比逐年递增，2009年达到4363.12亿元，同比增长12.5%。第一、第二和第三产业增加值占全市生产总值的比重分别为0.1%、46.7%和53.2%。第三产业占比的增加，表明深圳整体发展水平的提高，消费潜力巨大。

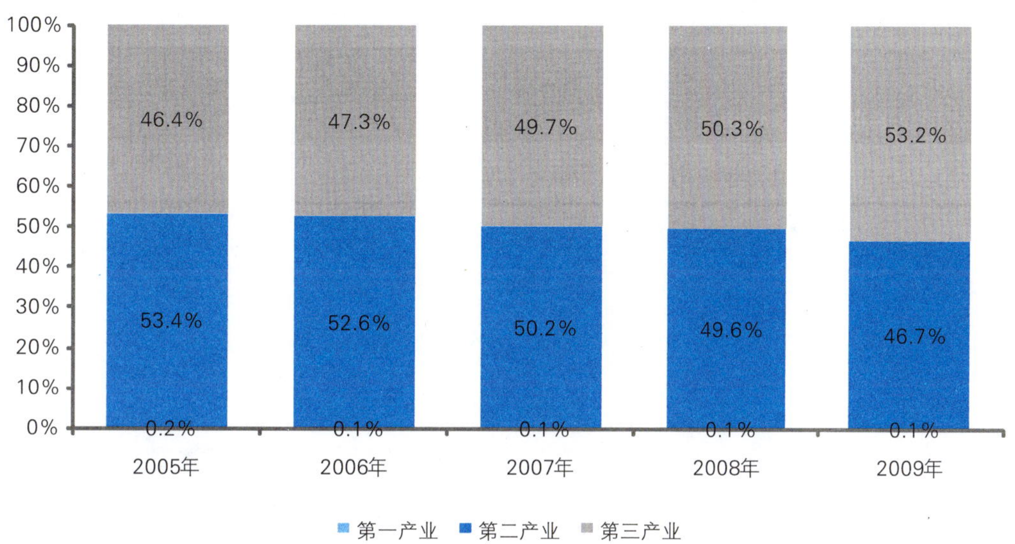

图4-32 2005—2009年深圳三大产业结构比例

数据来源：克而瑞CRED商业地产数据库，http://cred.cric.com

指标3 城市人口

2005年年末，深圳常住人口827.8万，2009年年末，深圳常住人口891.2万，比上年年末增加14.4万人。五年中，人口增加幅度逐年递减，从2005年最大增幅达到3.4%降至2009年增幅1.6%。

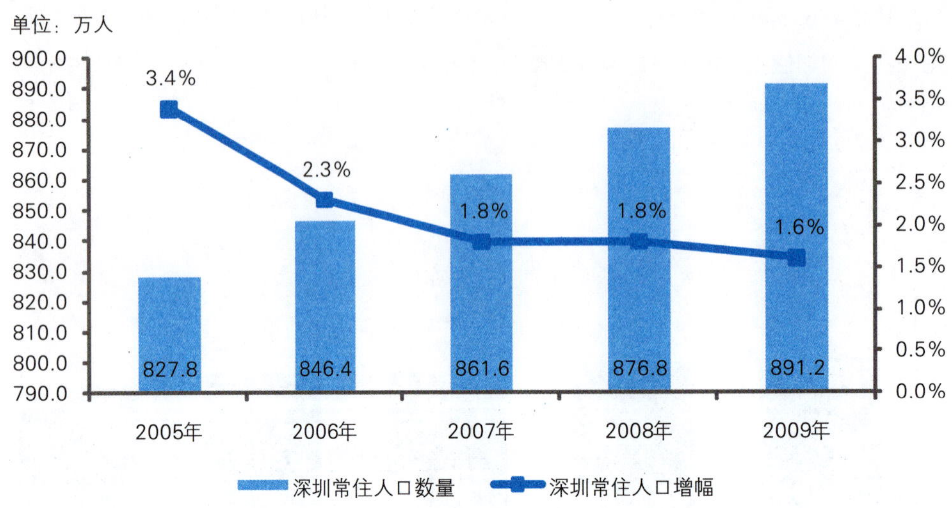

图4-33 2005—2009年深圳常住人口数量及增幅

数据来源：克而瑞CRED商业地产数据库，http://cred.cric.com

指标4 经济效益

2008年，我国国内人均GDP登上了3000美元的新台阶，2005年至2009年，深圳人均GDP从60 801元稳步上升到92 772.0元，特别是2007年的人均GDP增幅达到了12.4%。由于2008年年末开始受到金融危机的影响，从2008年年末开始，深圳人均GDP增幅开始逐年降低。

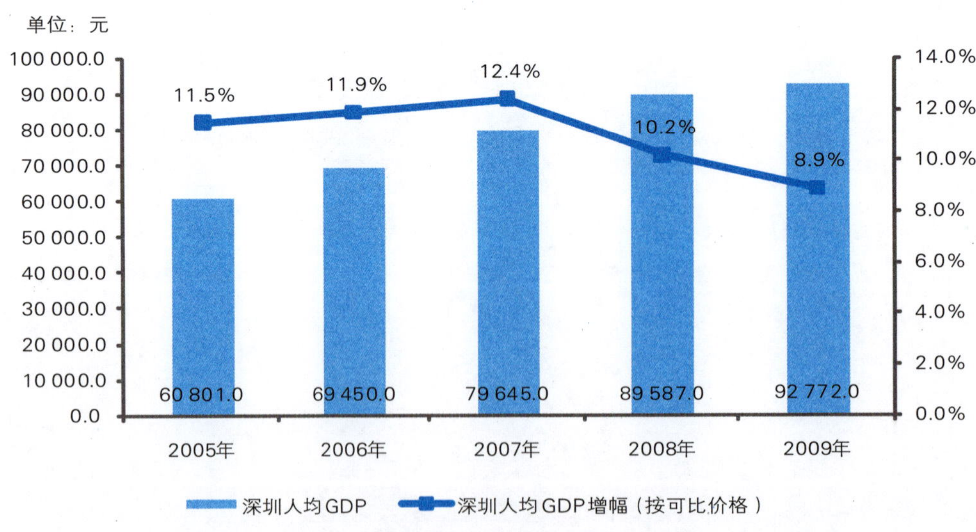

图4-34 2005—2009年深圳人均GDP及增幅

数据来源：克而瑞CRED商业地产数据库，http://cred.cric.com

城镇居民生活质量

深圳城镇居民人均可支配收入五年来持续增长中，增幅从2005年至2008年都为震荡曲线，2009年城市居民家庭人均年可支配收入29 245.0元，按可比价格计算，比上年增长10.8%，可见度过了金融危机后，居民的生活水平有所上升。

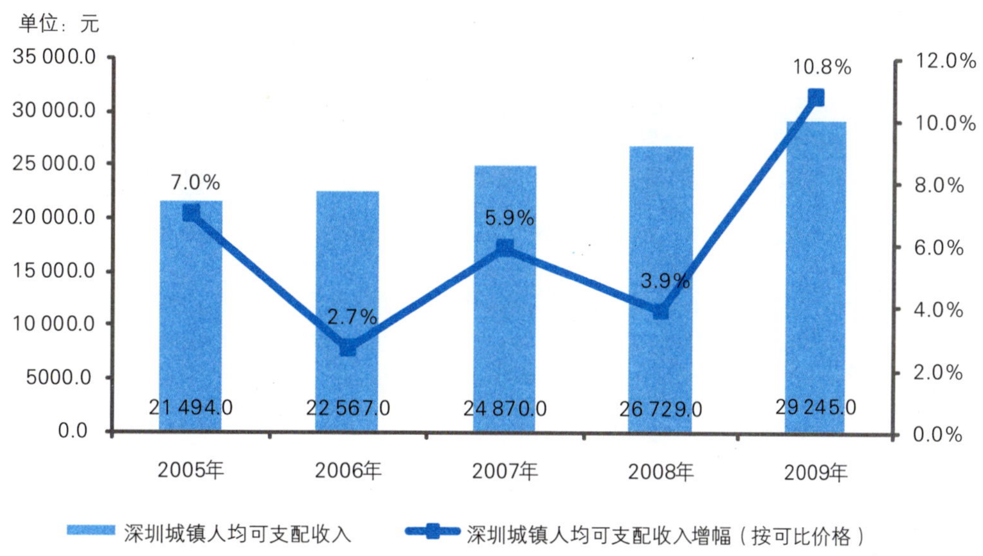

图4-35 2005—2009年深圳城镇人均可支配收入及增幅

数据来源：克而瑞CRED商业地产数据库，http://cred.cric.com

2005年至2009年，深圳居民生活消费总体并不稳定，城镇居民人均消费性支出有增有减，其中2006年的增幅最低，仅为2.3%，且人均消费性支出降低了2941.4元。从2007年开始至2009年年末，人均消费性支出稳步增长，特别是在摆脱了金融危机之后，2009年年末，深圳的人均消费性支出增幅为10.2%，有了明显的回升，有促进消费的作用。

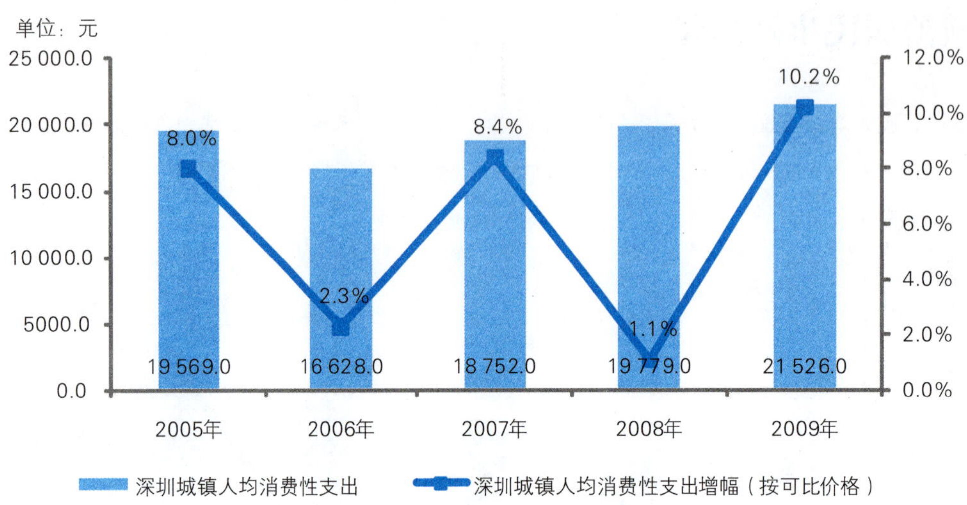

图4-36 2005—2009年深圳城镇人均消费性支出及增幅

数据来源：克而瑞CRED商业地产数据库，http://cred.cric.com

2005年至2009年，深圳城镇人均消费性支出的构成以食品类和衣着类支出最为平稳，波动较小，交通通讯和居住的波动最大。可见居民消费结构日益高档化和多元化，向着第三产业发展，促使了第三产业GDP相对增长较快。

表4-13 2005—2009年深圳城镇居民人均消费性支出构成

构成＼年份	2005年		2006年		2007年		2008年		2009年	
	元	%	元	%	元	%	元	%	元	%
总支出	19 569	100	16 628	100	18 752	100	19 779	100	21 526	100
食品	6193	31.7	5530	33.2	6102	32.5	7119	36.0	7535	35.1
衣着	1553	7.9	1224	7.4	1391	7.4	1557	7.9	1618	7.5
家庭设备用品	1237	6.3	910	5.5	1053	5.6	1156	5.8	1241	5.8
医疗保健	1324	6.8	807	4.9	802	4.3	911	4.6	1044	4.8
交通通讯	3543	18.1	3166	19.0	3689	19.7	3544	17.9	4288	19.9
教育文化	2939	15.0	2264	13.6	2411	12.9	2464	12.5	2662	12.4
居住	1947	9.9	2195	13.2	2610	13.9	2310	11.7	2374	11.0
其他	833	4.3	532	3.2	694	3.7	718	3.6	764	3.5

数据来源：克而瑞CRED商业地产数据库，http://cred.cric.com

边际消费倾向是影响消费的重要力量，深圳边际消费倾向总体呈下降趋势，2005年年末，深圳居民的边际消费倾向为91.0%，一年之后骤降到73.7%，表示深圳城镇居民的人均消费性支出在人均可支配收入中所占的比重逐渐降低，生活水平提高，城镇高收入居民依然是消费的主力军。

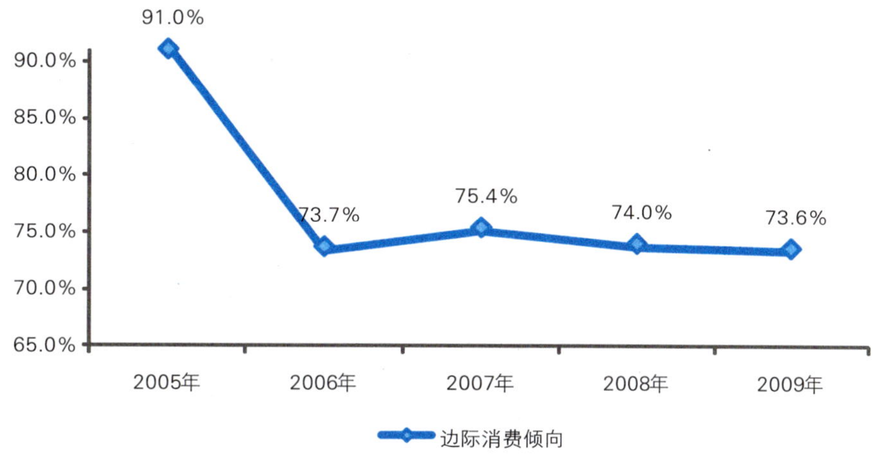

图4-37 2005—2009年深圳边际消费倾向

数据来源：克而瑞CRED商业地产数据库，http://cred.cric.com

指标6 商业需求

据统计显示，2009年全年深圳实现社会消费品零售总额2567.9亿元，比上年增长12.8%，增幅同比降低了5.1个百分点。增幅最高的2008年年末，达到17.9%，可见金融危机对2009年的商业和消费都产生了一定的影响。深圳人均社会消费品零售总额的发展趋势基本与总量同步。

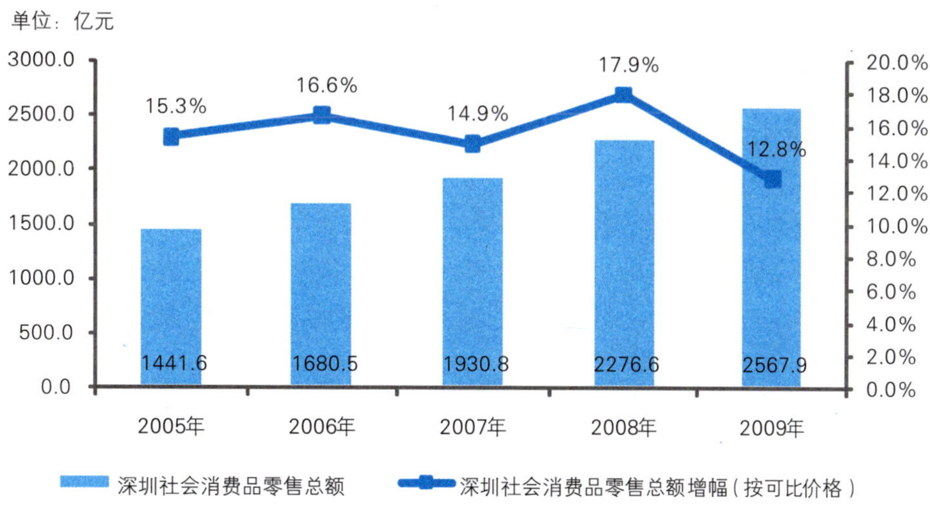

图4-38 2005—2009年深圳社会消费品零售总额及增幅

数据来源：克而瑞CRED商业地产数据库，http://cred.cric.com

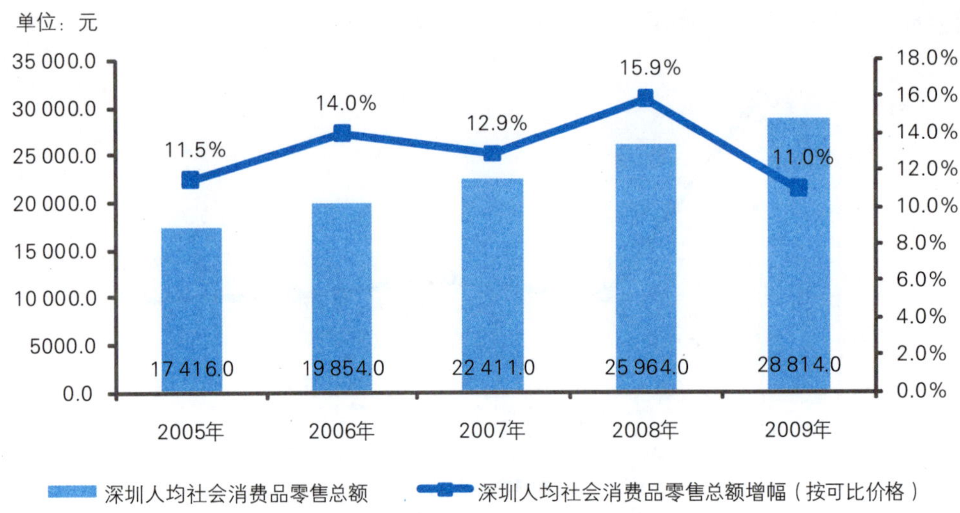

图4-39 2005—2009年深圳人均社会消费品零售总额及增幅

数据来源：克而瑞CRED商业地产数据库，http://cred.cric.com

2 深圳市整体商业市场环境研究

整个商圈布局向城市西部发展，整体商业项目向商圈外扩散。

1 商业营业用房租赁价格指数

从2003年至2007年深圳商业营业用房租赁价格指数的走势上看，它与深圳GDP增速总体上保持较为一致的运行态势。在2004年年末有所降低以后，之后便随着房地产行业的升温而稳步增长，从2004年年末至2007年年末，增幅达7.6个百分点，预计未来商业地产租赁价格还有很大的上升空间。

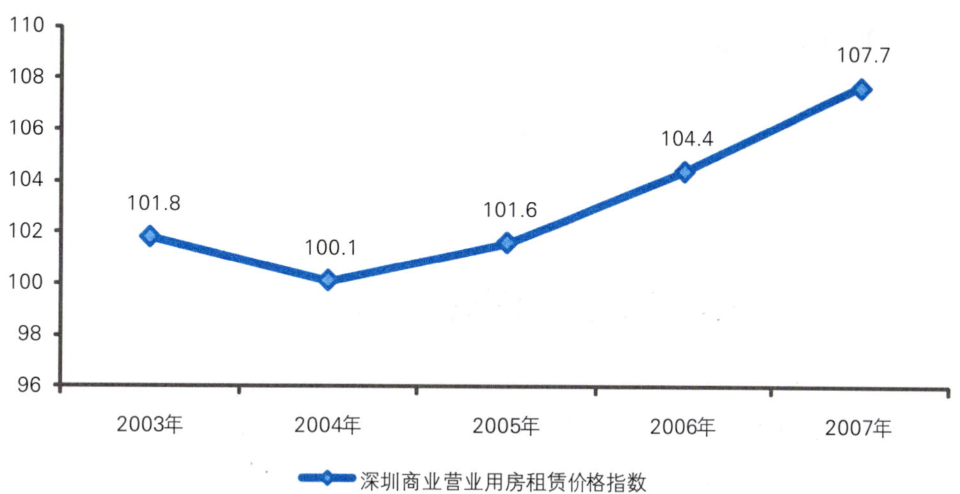

图4-40 2003—2007年深圳商业营业用房租赁价格指数（以上年价格为基础）

数据来源：克而瑞CRED商业地产数据库，http://cred.cric.com

2 现有商业供应情况

至2010年年末，深圳商业总存量近1000万平方米，且以购物中心和百货为主，人均商业面积大约为1.02平方米/人，已经接近美国等发达国家水平。但各区商业人均拥有量呈明显不均状态，福田区人均拥有商业面积最高，达1.55平方米/人，其次是罗湖区和南山区，人均拥有量最少的是宝安区，大约为0.7平方米/人。

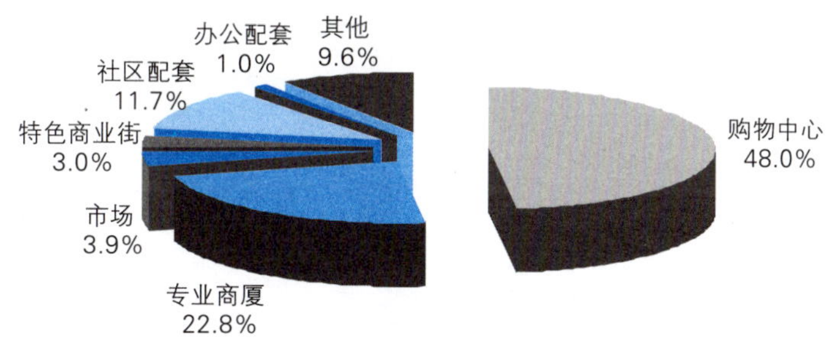

图4-41 2010年深圳各类型重点商业存量供应

数据来源：克而瑞CRED商业地产数据库，http://cred.cric.com

3 八大主要商圈描述

深圳目前主要商圈有八个，其中包含四个核心商圈，分别是宝安南商圈、华强北商圈、人民南商圈、东门商圈，主要分布在市中心范围；一个次级商圈为福田中心区商圈，分布市中心以西；三个新兴商圈，分别是南山后海商圈、宝安中心区商圈和龙城—龙岗墟商圈，分布在城市西南面。

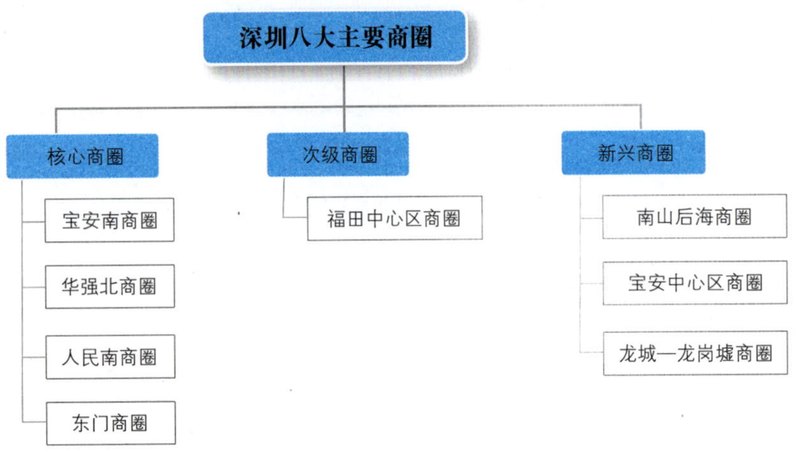

图4-42 深圳八大主要商圈示意图

图4-43 2010年深圳主要商圈分布图（除龙城—龙岗墟商圈）

表4-14 深圳主要商圈

序号	商圈编号	商圈名称	商圈级别	区域属性	特征	主要零售物业
1	A	宝安南商圈	核心商圈	商业区	**档次：**高端 **目标客群：**小白领、白领、成功人士 **主要商业类型：**购物中心	中信地铁商场、华润万象城、信兴广场（地王购物中心）
2	B	华强北商圈	核心商圈	商业区	**档次：**中端 **目标客群：**时尚人士、小白领、白领、工薪阶层 **主要商业类型：**以购物中心、百货为主，专业商厦和市场为辅	女人世界名店、曼哈购物广场、茂业百货（华强北店）、群星购物广场、华强广场
3	C	人民南商圈	核心商圈	商务区	**档次：**中端 **目标客群：**时尚人士、小白领、白领、工薪阶层 **主要商业类型：**以购物中心为主，办公配套和社区配套为辅	钻石广场、金光华广场 罗湖商业城
4	D	东门商圈	核心商圈	商业区	**档次：**中低端 **目标客群：**工薪阶层、小白领 **主要商业类型：**以购物中心为主，特色商业街为辅	新女人商城、太阳广场 茂业百货（东门店）
5	E	福田中心区商圈	次级商圈	商务区	**档次：**高端 **目标客群：**成功人士、时尚人士、白领、小白领 **主要商业类型：**购物中心	购物公园MOCA生活馆、深圳怡景中心城购物中心、星河COCO Park
6	F	南山后海商圈	新兴商圈	商务区	**档次：**高端 **目标客群：**成功人士、时尚人士、小白领、白领 **主要商业类型：**购物中心	海岸城购物中心、滨海之窗花园
7	G	宝安中心区商圈	新兴商圈	商务区	**档次：**中端 **目标客群：**时尚人士、小白领、白领 **主要商业类型：**社区配套	中粮宝安海滨广场三期
8	H	龙城—龙岗墟商圈	新兴商圈	综合区	**档次：**中端 **目标客群：**时尚人士、小白领、白领 **主要商业类型：**购物中心	万鑫柏龙商业广场

商圈1 宝安南商圈 深圳著名商业区

① 商圈范围

东起和平路，西到红岭路，南至滨河大道，北接深南中路。

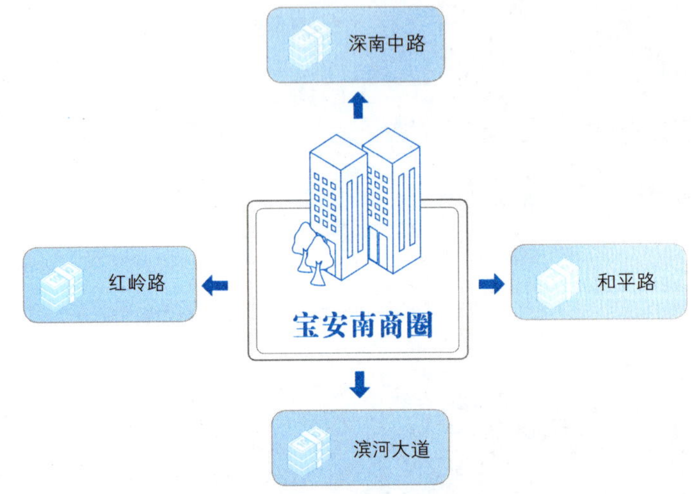

图4-44 深圳市宝安南商圈范围示意图

② 商圈价值

宝安南商圈是深圳著名的商业区，以万象城为代表，另外还有地王购物中心以及岁宝百货等。该片区定位于重点发展购物中心、国内外知名品牌专卖店和大型专业店等业态，提供一站式消费为主的零售、餐饮和娱乐服务以及书籍和文化用品等零售服务。以提供高档一站式消费为主，主要消费群体是高收入的本地居民。

宝安南商圈以购物中心为主几乎占比100%，充分显示了商圈的高端定位，目标客群指向性明确。

图4-45 2010年深圳宝安南商圈大型商业形态比例

数据来源：克而瑞CRED商业地产数据库，http://cred.cric.com

表4-15 深圳宝安南商圈主要商业项目

序号	项目编号	项目名称	建筑面积（平方米）	商业形态	开业时间	档次	经营情况	出租率
1	A1	中信地铁商场	20 000	购物中心	2006-11	中低端	一般	100%
2	A2	华润万象城	188 000	购物中心	2004-12	高端	优	90%
3	A3	信兴广场（地王购物中心）	34 000	购物中心	1997-04	中高端	良好	90%

数据来源：克而瑞CRED商业地产数据库，http://cred.cric.com

商圈2 华强北商圈 有20多年历史的繁荣商圈

① 商圈范围

东起上步中路，西至华富路，南到深南路，北至红荔路。

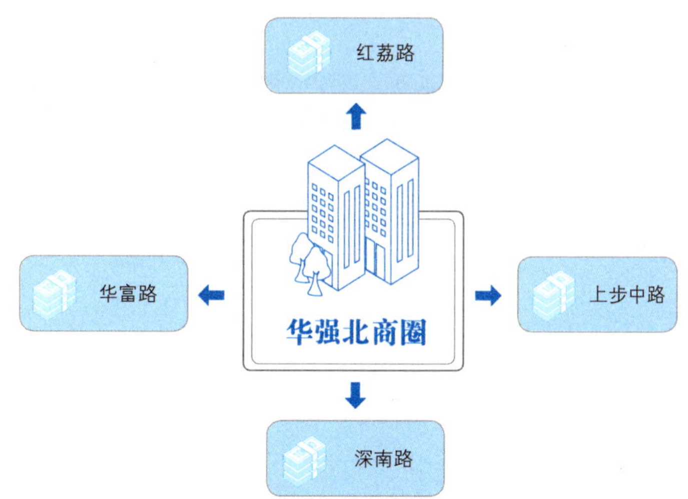

图4-46 深圳市华强北商圈范围示意图

② 商圈价值

深圳的华强北商圈有20多年历史，其面积在1.45平方千米左右，如今每年有大约370亿元的成交额，这让华强北商圈成为深圳著名的商业街。这里不仅拥有繁荣的电子电脑卖场，同时还拥有时尚的生活广场以及电器卖场，尤其是在大型广场以及一些KTV等娱乐场所的进驻，让华强北商圈成为一个十分完善的集购物、娱乐于一身的商业街。该片区功能上定位于重点发展百货店、专业店、专卖店等零售业态，提供消费类电子产品、家用电器、时装、化妆品、珠宝首饰、钟表等商品的零售服务，品类丰富的餐饮服务以及电子元器件批发服务。市场地位于提供时尚且实惠的中高档商品和服务。主要消费群体是中等收入的深圳居民、商务人士、国内外旅游观光人士以及产业中游零售商和产业上游的供货商。

华强北商圈以购物中心和百货形态为主，所占比例分别为整个商圈的24.1%和31.0%，此外市场、特色商业街、社区配套分别为25.0%、11.1%和8.8%。

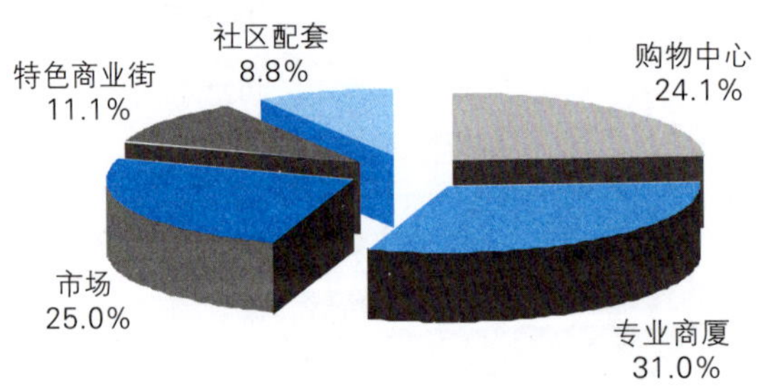

图4-47 2010年深圳华强北商圈大型商业形态比例

数据来源：克而瑞CRED商业地产数据库，http://cred.cric.com

表4-16 深圳华强北商圈主要商业项目

序号	项目编号	项目名称	建筑面积（平方米）	商业形态	开业时间	档次	经营情况	出租率
1	B1	女人世界名店	12 000	购物中心	2004-04	中高端	一般	90%
2	B2	曼哈购物广场	22 780	购物中心	2004-01	中端	良好	60%
3	B3	茂业百货（华强北店）	64 000	购物中心	2003-10	中高端	优	100%
4	B4	群星购物广场	21 000	购物中心	2002-02	中端	良好	70%
5	B5	华强广场	53 000	百货	2004-04	中高端	良好	90%

数据来源：克而瑞CRED商业地产数据库，http://cred.cric.com

商圈3 人民南商圈
深圳时尚商品和服务的聚集区

① 商圈范围

东起东门南路，西到和平路，南至罗湖口岸，北接深南东路。

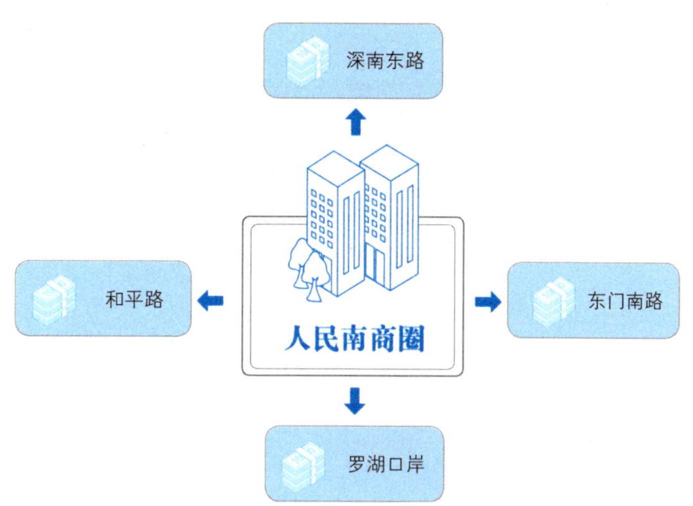

图4-48 深圳市人民南商圈范围示意图

② 商圈价值

人民南片区功能上，重点发展购物中心、百货店、专卖店、专业店等现代零售业态，提供时装、皮具、珠宝首饰、家电等零售服务及餐饮服务，成为深圳时尚商品和服务的聚集区；市场定位上，以提供中高档、时尚化消费为主，主要消费群体是本地白领、中高收入港澳居民、国内外商务游客。

人民南商圈以购物中心为主，所占比例分别为73.9%，并配以11.9%的社区配套和14.2%的办公配套。

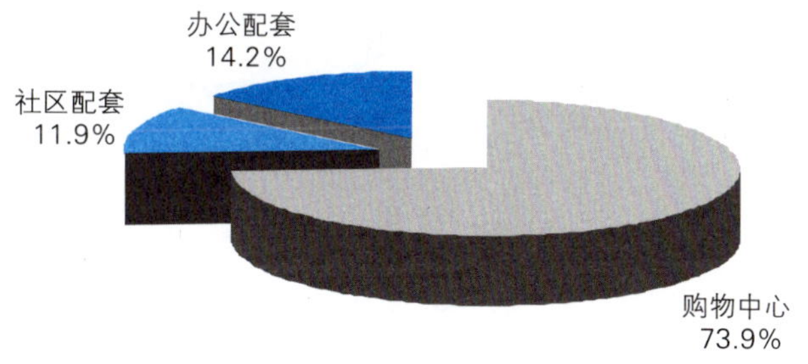

图4-49 2010年深圳人民南商圈大型商业形态比例

数据来源：克而瑞CRED商业地产数据库，http://cred.cric.com

表4-17 深圳人民南商圈主要商业项目

序号	项目编号	项目名称	建筑面积（平方米）	商业形态	开业时间	档次	经营情况	出租率
1	C1	钻石广场	25 800	购物中心	2006-11	中低端	差	30%
2	C2	金光华广场	120 000	购物中心	2004-11	中高端	良好	90%
3	C3	罗湖商业城	96 000	购物中心	1994-10	中低端	优	100%

数据来源：克而瑞CRED商业地产数据库，http://cred.cric.com

商圈4 东门商圈

深圳规模最大、商铺最密集的商业旺区之一

① 商圈范围

东起东门中路，西至布吉河，南往深南东路，北到新园路、晒步路。

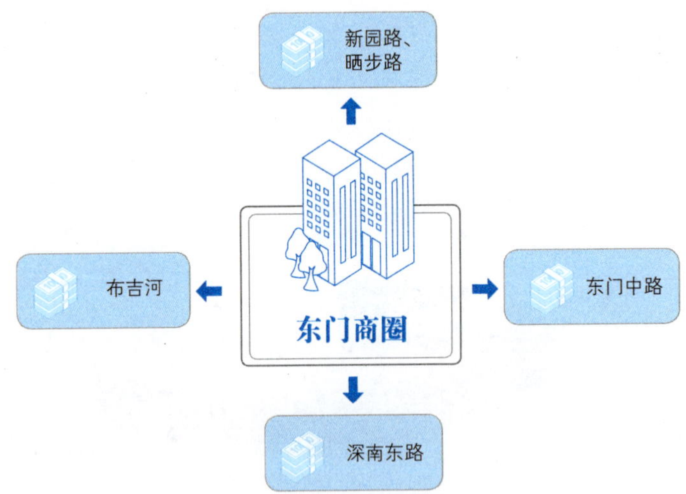

图4-50 深圳市东门商圈范围示意图

② 商圈价值

东门是传统的商业中心区域，而且东门具有很深的地区文化底蕴，是深圳区域文化的沉积点，有其独特的商业发展传统，一直都是深圳规模最大、商铺最密集的商业旺区之一。如今，已经彻底置换成为一个集商业、旅游、观光、休闲于一体的现代化商业步行街。服装、鞋包等时尚商品在东门商圈业种构成中占据绝对主流，所占比例高达70%。在东门消费者采购的商品当中，服装占80%的比例。经营服装的商场出租率基本

达到100%，租金远远高于其他业态，东门商圈服装业经营火爆，成就了深圳的人气商业地标。东门片区以提供大众化、潮流化消费为主，主要消费群体是本地年轻人、外地游客和中低收入港澳居民。

东门商圈以购物中心为主，所占比例为整个商圈的59.1%，特色商业街和社区配套为辅，分别占比5.5%和35.4%。

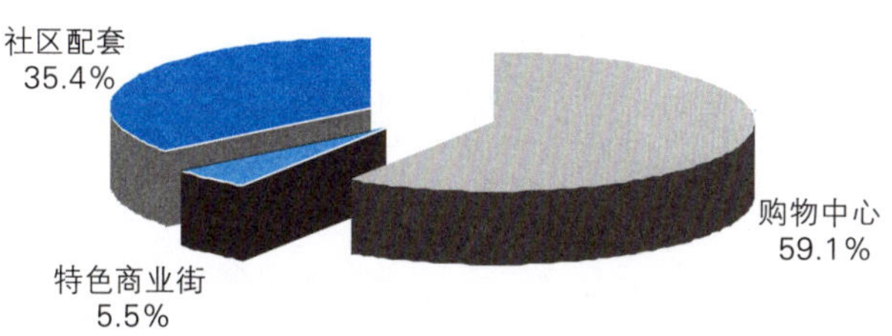

图4-51 2010年深圳东门商圈大型商业形态比例

数据来源：克而瑞CRED商业地产数据库，http://cred.cric.com

表4-18 深圳东门商圈主要商业项目

序号	项目编号	项目名称	建筑面积（平方米）	商业形态	开业时间	档次	经营情况	出租率
1	D1	新女人商城	16 000	购物中心	2001-05	低端	差	30%
2	D2	太阳广场	54 000	购物中心	1999-11	中低端	良好	95%
3	D3	茂业百货（东门店）	37 400	购物中心	1997-03	中低端	良好	98%

数据来源：克而瑞CRED商业地产数据库，http://cred.cric.com

商圈5 福田中心区商圈 CBD商圈

① 商圈范围

东起彩田路，西到新洲路，南至滨河大道，北接深南大道。

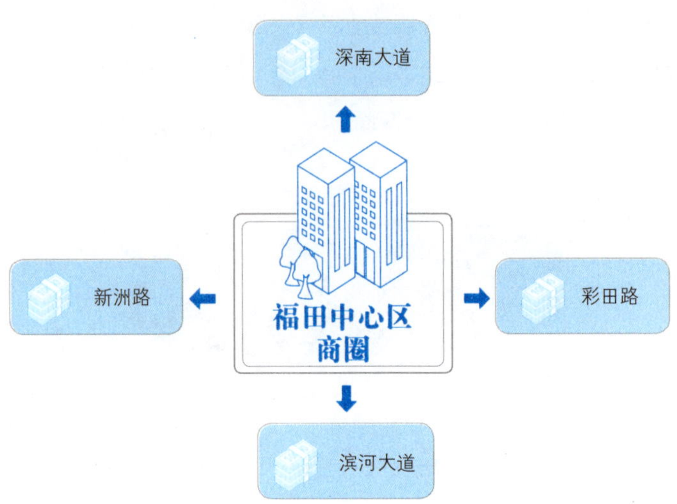

图4-52 深圳市福田中心区商圈范围示意图

② 商圈价值

福田中心区商圈为CBD商圈，由滨河大道、深南大道、彩田路、新洲路四条城市主干道所围合，主要以大型购物中心、高档次百货、中高档购物一条街、精品店、中高档娱乐与餐饮为主，代表深圳国际化的商业地位，其商业主要包括星河COCO Park、购物公园、中心城、星河第三空间、星河国际及各大项目的裙楼商业、地下商业等。该片区在功能上定位于重点发展购物中心、百货店、专卖店等零售业态，提供与深圳商务中心和会展中心相匹配的零售、餐饮和娱乐服务；在市场上定位于提供高档商品、餐饮和娱乐服务，主要消费群体是国内外商务客人、游客，在中心区进行商务及文化等活动的深圳居民以及福田区中高收入居民。

福田中心区商圈是以购物中心为主的CBD商圈，故其所占比例为整个商圈的100%。

图4-53 2010年深圳福田中心区商圈大型商业形态比例

数据来源：克而瑞CRED商业地产数据库，http://cred.cric.com

表4-19 深圳福田中心区商圈主要商业项目

序号	项目编号	项目名称	建筑面积（平方米）	商业形态	开业时间	档次	经营情况	出租率
1	E1	购物公园MOCA生活馆	10 000	购物中心	2008-03	中高端	良好	80%
2	E2	深圳怡景中心城购物中心	120 000	购物中心	2007-04	高端	良好	95%
3	E3	星河COCO Park	85 000	购物中心	2006-10	中高端	优	100%

数据来源：克而瑞CRED商业地产数据库，http://cred.cric.com

商圈6 南山后海商圈 区位优势突出

① 商圈范围

东起沙河西路，西到后海滨路，南至东滨路，北接滨海大道。

② 商圈价值

南山后海商圈中心区区位优势突出，基础设施完善，环境优美，交通便利，文化氛围浓厚。滨海大道、南海大道、创业路、后海滨路、后海大道五条主要城市道路构成中心区交通大动脉。深港西部通道已于2007年7月1日通车，未来深圳地铁二号线在后海滨路设南山商业文化中心站，使中心区人流物流畅通无阻。深圳第二大书城——南山书城的建成给中心区带来了浓厚的文化气息，正在营业中的大型文化地产项目“保利文化广场”则统领了整个中心区的文化潮流

南山后海商圈的重点建设项目主要有保利文化广场、天利中央商务广场、凯宾斯基酒店、南山中心区滨海步行街、海岸城项目等。片区功能定位重点发展购物中心、百货店、专业店、专卖店等业态，提供国内外知名品牌时装、化妆品、家电、珠宝首饰、钟表等商品为特色的零售服务以及品类丰富、特色突出的餐饮和娱乐服务。片区市场定位以提供高档商品和服务为主，主要消费群体包括深圳高收入居民、高消费水平的国内外游客和商务人士。

南山后海商圈定位非常高端，以成功人士为目标客群，故商业形态单一，购物中心占比100%。

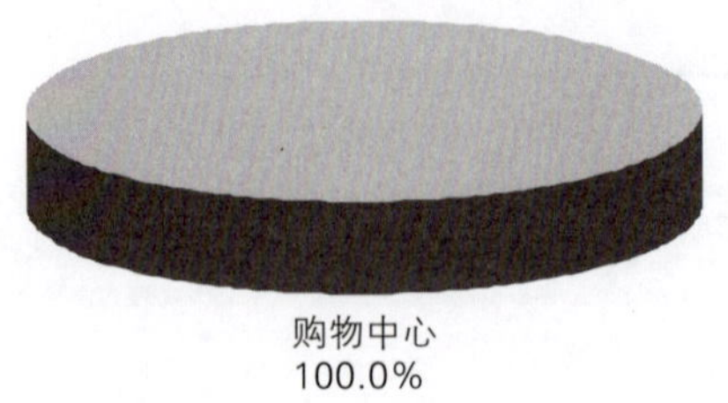

图4-54 2010年深圳南山后海商圈大型商业形态比例

数据来源：克而瑞CRED商业地产数据库，http://cred.cric.com

表4-20 深圳南山后海商圈主要商业项目

序号	项目编号	项目名称	建筑面积（平方米）	商业形态	开业时间	档次	经营情况	出租率
1	F1	海岸城购物中心	120 000	购物中心	2007-12	中高端	优	100%
2	F2	滨海之窗花园	16 485.92	购物中心	2004-03	中端	一般	100%

数据来源：克而瑞CRED商业地产数据库，http://cred.cric.com

商圈7 宝安中心区商圈
功能齐全的次市级商业区

① 商圈范围

东起湖滨中路，西到新安六路，南接大海，北至宝安大道。

② 商圈价值

宝安新中心商业区将建设成深圳西部功能齐全、规模较大、业种业态丰富，能体现宝安区商业形象的次市级商业区。重点发展与商务区和现代化社区相匹配，与宝安区内居民日益升级的消费需求相适应的零售、餐饮及文化娱乐业。以提供中高档零售、餐饮和文化娱乐服务为主，主要消费群体是区内常住居民，包括新中心区内的新增居民、107国道沿线居民、香港及深圳特区内游客。 开发一至两条有特色的商业街，吸引各类时尚产品的专业店集聚，提供自然、轻松的购物和休闲环境。在业态上，引入中高档百货店、大型综合超市，大型专业店及各类品牌专卖店。鼓励发展文化娱乐项目，包括影剧院、茶艺街、酒吧街等。

宝安中心区商圈目前规划建设尚未完成，商业形态以社区配套为主。

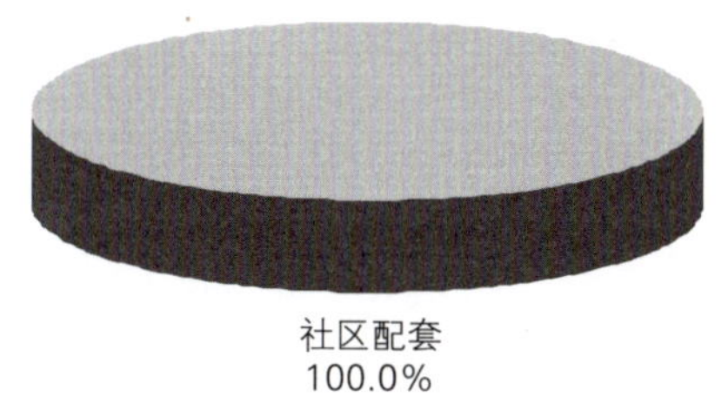

图4-55 2010年深圳宝安中心区商圈大型商业形态比例

数据来源：克而瑞CRED商业地产数据库，http://cred.cric.com

表4-21 深圳宝安中心区商圈主要商业项目

序号	项目编号	项目名称	建筑面积（平方米）	商业形态	开业时间	档次	经营情况	出租率
1	G1	中粮宝安海滨广场三期	26 644.83	社区配套	2009-08	中低端	良好	100%

数据来源：克而瑞CRED商业地产数据库，http://cred.cric.com

商圈8 龙城—龙岗墟商圈
面向深圳东部、辐射周边地区的次市级商业区

① 商圈范围

东起龙城中路，西到黄阁中路，南接龙翔大道，北至龙平西路。

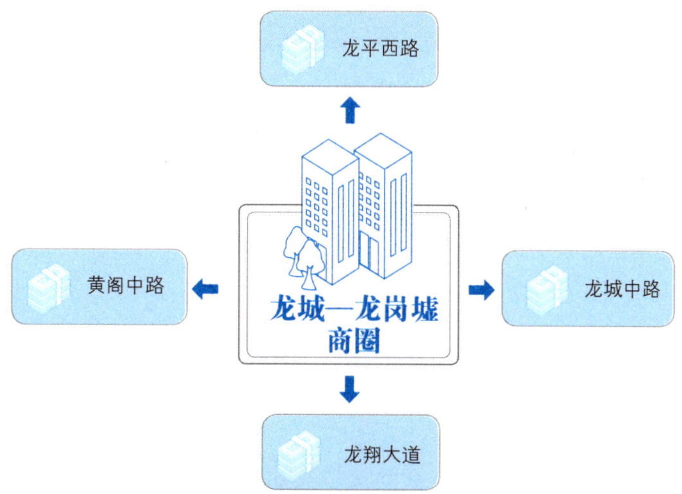

图4-56 深圳市龙城—龙岗墟商圈范围示意图

② 商圈价值

该商业区由龙城中心和龙岗墟两个片区组成。龙城中心包括龙翔大道、吉祥路和龙城中路两侧，龙岗墟则以传统老墟为核心，扩大至跨越205国道的区域。该商业区商业总营业面积约40万平方米，是龙岗区商业网点集聚度最高的地区。规划目标是要将龙城—龙岗墟商业区建成涵盖零售、批发、会展及商务等多重功能，面向深圳东部、辐射周边地区的次市级商业区。龙城中心功能定位着重发展规模适当的、与商务会展相匹配的零售、餐饮及文化娱乐业；龙岗墟建设成为集购物、休闲娱乐、餐饮为一体，以提供商品档次齐全、业种业态丰富的一站式消费中心。龙城中心以提供中高档零售服务为主，主要消费群体是周边社区的中高收入居民、商务人士以及周边地区的游客；龙岗墟提供品类齐全的大众化零售、餐饮和休闲娱乐服务，主要消费群体是区内中心组团及工业组团、生态组团内的居民。

龙城—龙岗墟商圈以购物中心为主，其余大部分商业项目还在建中，有望成为高人气商圈。

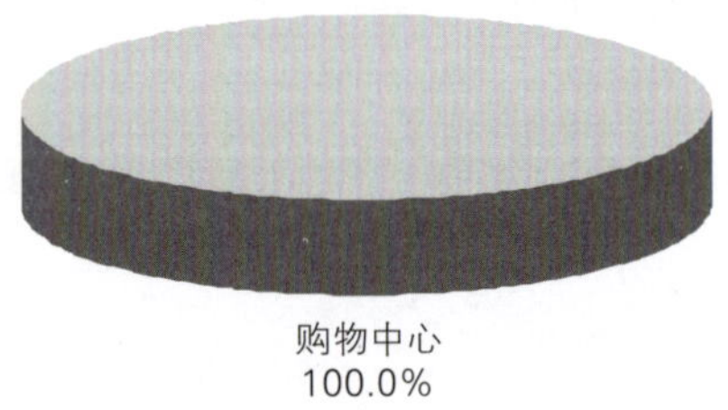

图4-57 2010年深圳龙城—龙岗墟商圈大型商业形态比例

数据来源：克而瑞CRED商业地产数据库，http://cred.cric.com

表4-22 深圳龙城—龙岗墟商圈主要商业项目

序号	项目编号	项目名称	建筑面积（平方米）	商业形态	开业时间	档次	经营情况	出租率
1	H1	万鑫柏龙商业广场	16 970	购物中心	2004-12	中端	良好	95%

数据来源：克而瑞CRED商业地产数据库，http://cred.cric.com

深圳现有较多的商业项目建立在非商圈范围，暂未形成商圈，却已经开始聚集了大量人气。现列举部分知名的大型商业项目。

表4-23 深圳非商圈主要商业项目

序号	项目编号	项目名称	建筑面积（平方米）	商业形态	开业时间	档次	经营情况	出租率
1	I1	京基百纳空间（KKMALL）	83 500	购物中心	2010-11	高端	良好	95%
2	I2	花园城购物中心	80 500	购物中心	2006-04	中高端	良好	100%
3	I3	世贸中心	58 491.57	购物中心	2002-06	中高端	优	95%
4	I4	中信城市广场	137 400	购物中心	2003-01	高端	优	100%
5	I5	益田假日广场	99 000	购物中心	2008-08	高端	优	100%
6	I6	丰盛町地下阳光街	26 624.5	特色商业街	2009-10	中端	一般	90%
7	I7	大鹏曼湾广场	22 440.75	购物中心	2010-05	中高端	良好	90%
8	I8	金福瑞购物中心（华润欢乐颂）	32 667.68	购物中心	2010-10	中高端	良好	83.3%

数据来源：克而瑞CRED商业地产数据库，http://cred.cric.com

4 城市整体租金水平

深圳主要商圈购物中心的首层租金，越高端的物业，租金范围越高，而相对大众的物业，租金范围较低。另外，新兴商圈的项目和核心商圈内的盈利较好的商业项目租金较高，同商圈内的商业项目租金差距不大。

表4-24 深圳主要商圈购物中心租金

序号	项目编号	项目名称	所属商圈	首层租金［元/（米^2·天）］
1	A1	中信地铁商场	宝安南商圈	7～15
2	A2	华润万象城	宝安南商圈	9～10
3	A3	信兴广场（地王购物中心）	宝安南商圈	10～11
4	B1	女人世界名店	华强北商圈	7～12
5	B2	曼哈购物广场	华强北商圈	8～10
6	B3	茂业百货（华强北店）	华强北商圈	8～13
7	B4	群星购物广场	华强北商圈	20～25
8	C1	钻石广场	人民南商圈	6.0～7.5
9	C2	金光华广场	人民南商圈	7.5～8.0
10	C3	罗湖商业城	人民南商圈	10～20
11	D1	新女人商城	东门商圈	7～8
12	D3	茂业百货（东门店）	东门商圈	5.5～6.0

（续表）

序号	项目编号	项目名称	所属商圈	首层租金［元/（米²·天）］
13	E3	星河COCO Park	福田中心区商圈	20～30
14	F1	海岸城购物中心	南山后海商圈	10～15
15	F2	滨海之窗花园	南山后海商圈	10～15

数据来源：克而瑞CRED商业地产数据库，http://cred.cric.com

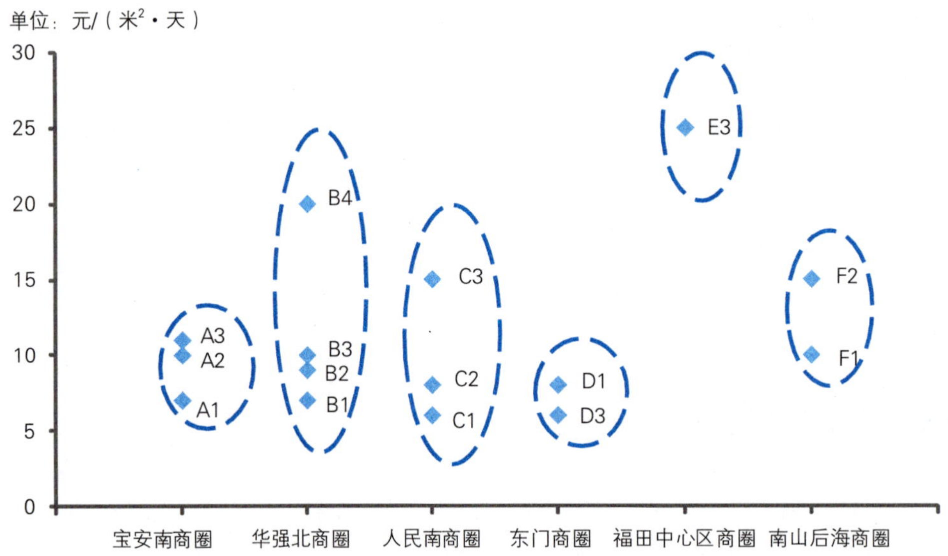

图4-58 2010年深圳主要购物中心租金水平分布

数据来源：克而瑞CRED商业地产数据库，http://cred.cric.com

 深圳未来商业供应及发展趋势预测

分析深圳现有商业的供应，可见深圳现有的商圈定位差异化明显，从中低端的服装市场到高端的全购物中心商圈，目标客群错开，有利于商业良性竞争。

目前，深圳已经形成了华强北、东门、人民南三大成熟商业圈，但深圳西部商业呈现零散无序的状态，虽然南山商业文化中心区的商业初成规模，但形成东门商圈那样的气候还有待时日。分析未来的商业供应，发现深圳新开幕的商业星星点点地分布在非商圈范围，整个商圈布局明显有向城市西部发展，整体商业项目有向商圈外扩散的走势，非商圈项目人气骤增并且项目聚集后即可形成新兴商圈，并向社区型商圈和区域型商圈发展，深圳的商圈总数会增加。

表4-25 深圳未来主要商业项目供应

序号	项目名称	所属商圈	建筑面积（平方米）	商业形态	开业时间	商业初步定位
1	东门荟	东门商圈	29 463	社区配套	2011-02	儿童商业
2	鸿荣源熙龙湾花园二期	宝安中心区商圈	19 316.35	社区配套	2011-06	为该项目及周边住户服务的社区商业街
3	中航广场	华强北商圈	59 000	特色商业街	2008-12	集国际现代化商业、国际化甲级标准写字楼、商务公寓以及高档酒店群等功能于一体的现代综合商贸区
4	CoCo Park龙岗时代店	非商圈	79 000	购物中心	2011-08	龙岗中心城的大型高档购物中心，为龙岗消费者有了一个综合购物娱乐的好去处
5	华侨城欢乐海岸购物中心	非商圈	80 000	购物中心	2011-07	打造中国最具特色的滨海主题商业项目

数据来源：克而瑞CRED商业地产数据库，http://cred.cric.com

3 深圳市未来城市发展规划

成为华南地区重要的供应链管理集合和亚太地区具有重要影响力的物流枢纽。

1 城市总体规划

（1）人口布局

以城市生态环境承载力为基础，综合考虑其他方面因素，规划到2020年，深圳城市常住人口规模控制在1100万人以内。

（2）城镇布局

以中心城区为核心，以西、中、东三条发展轴和南、北两条发展带为基本骨架，形成“三轴两带多中心”的轴带组团结构。

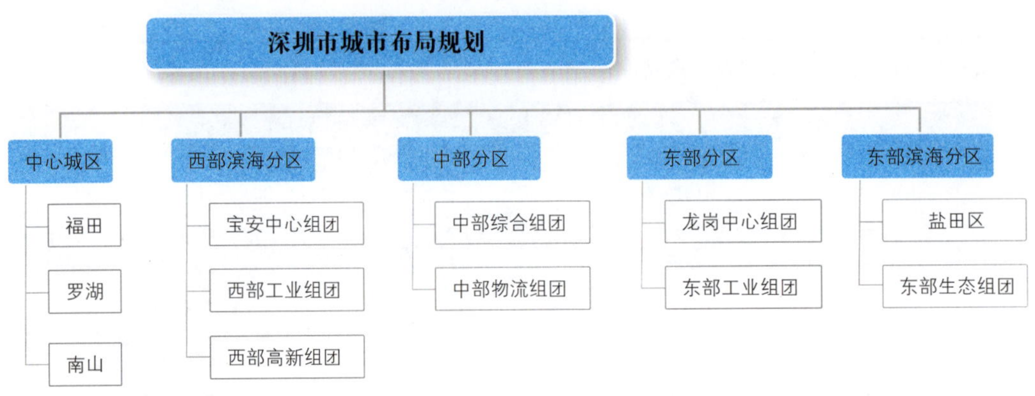

图4-59 深圳市城市布局规划示意图

中心城区：包括福田、罗湖和南山三个行政区，功能定位为全市的行政、文化、金融、贸易与创意中心。

西部滨海分区：由宝安中心组团、西部工业组团和西部高新组团三个组团组成，功能定位为区域生产性服务业中心，全市重要的高新技术产业和先进制造业基地。

中部分区：由中部综合组团和中部物流组团两个组团组成，功能定位为城市综合服务拓展区、全市重要的客运和货运枢纽地区。

东部分区：由龙岗中心组团和东部工业组团两个组团组成，功能定位为深圳市辐射粤东地区的门户，全市重要的先进制造业、高新技术产业基地。

东部滨海分区：由盐田区和东部生态组团组成，功能定位为自然生态保护区、国际性滨海旅游度假区和重要的该港物流基地。

（3）产业布局

2020年，深圳目标实现工业增加值10 000亿元，工业用地效益达到45亿元/平方千米以上，工业用地规模控制在220平方千米左右。依托“西、中、东”三条城市发展轴，逐步形成“一核心、九片区、五十二园”的工业布局结构。

依托区位优势，发挥现代物流业对城市经济的促进作用，把深圳建设成为华南地区重要的供应链管理集合和亚太地区具有重要影响力的物流枢纽城市，合理布局安排五类九个物流园区。

以福田中心区为金融产业发展的主中心，以罗湖、南山为副中心，培育平湖后台金融服务基地，形成全市金融产业“一主两副一基地”的总体布局结构。以优化文化产业结构和调整文化产业布局相结合，发展壮大特色文化产业，构建多元化的文化产业发展格局，结合自身特色，在规划期内重点发展一批具有代表性的文化产业片区。

旅游产业规划形成“五圈六带十一组团”的旅游空间发展格局，其中五个旅游功能圈分别是中心城都市风情旅游圈、西部生态文化旅游圈、中部休闲娱乐旅游圈、东部历史人文旅游圈和东部滨海休闲旅游圈。

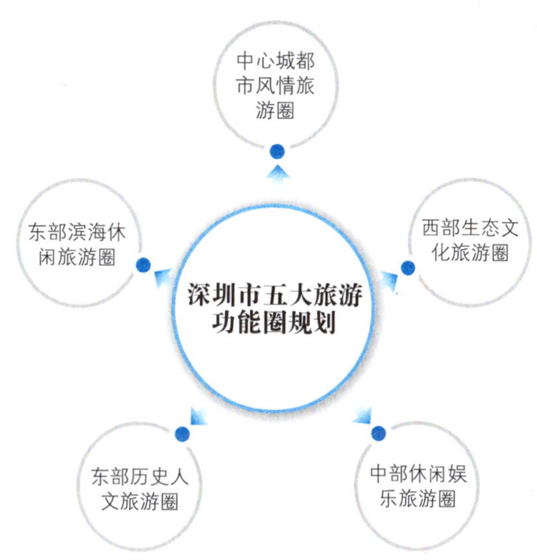

图4-60 深圳市五大旅游功能权规划示意图

（4）交通规划

全面落实公交优先政策，建立以城市轨道交通为主干，常规公交为主体的多模式、一体化、对小汽车交通具有竞争力的公共交通体系。2020年公共交通承担全市70%以上的客运机动化出行。建设“五横八纵”的城市快速路网线，加强城市中心、副中心、11个功能组团以及各主要物流中心的交通联系。

以轨道交通作为城市公交系统的骨干，构筑由组团快线、干线和局域线构成的城市轨道交通网络，覆盖城市主要客运交通走廊。远期的轨道交通主要由12条线路组成，总长约432.5千米；远景的轨道交通网络由16条线路组成，总长约596.9千米。

 中心城商业网点规划

构建市、区、片三级综合性商业中心体系，完善罗湖金三角商业区及华强北商业区的市级综合性商业区功能；推进福田中心商业区、南山后海商业区、宝安中心商业区、龙岗中心商业区四个区级综合性商业区建设；强化新安商业区、龙华商业区、光明新城中心商业区、坪山新城中心商业区、东园路商业区、南头商业区、南油商业区、沙头角商业区、布吉商业区及沙井商业区等片区级综合性商业区建设。

表4-26 深圳市中心城区商业网点规划

商业网点	规划内容
大型零售网点	建设笋岗商业区、水贝黄金珠宝商业区、沙河东家居装饰商业区、沙尾工艺品商业区和福永家居商业区等特色商业区；建设清水河、龙岗中心城和西乡等三处汽车交易市场
商业街	进一步改善东门老街、中英街等特色商业街的商业环境

小结

经过29年的建设和发展，深圳由一个昔日的边陲小镇发展成为具有一定国际影响力的新兴现代化城市，以举世瞩目的“深圳速度”创造了世界城市化、工业化和现代化的奇迹。在中国社会科学院发布的《2009年中国城市竞争力蓝皮书：中国城市竞争力报告》中，2008年全国294个地级以上城市综合竞争力排名里，深圳位列第二，仅次于香港，而其各项经济指标也都位于国内各城市前列。

深圳经济的快速发展也体现在其商业地产的建设上。深圳商业形态中购物中心比例几乎接近一半，商业发展日趋成熟。人均商业面积达到1.02平方米，已经接近美国等发达国家水平。但是，深圳各区商业人均拥有量呈明显不均状态，其中福田区的商业最为密集，人均拥有商业面积高达1.55平方米。

根据政府最新的城市规划，未来深圳将建两个城市中心——福田中心和前海中心。相对于早已成熟的福田中心而言，前海中心的建设还在起步阶段，尚需要推进和培育，它将成为深圳今后新的经济增长点。因此，今后前海中心的商业地产也将随着中心区的转移而加速发展起来。另外，随着深港合作的进一步加深，深圳未来的发展将更为广阔。

2010年商业地产市场报告

1 海口市商业地产六项宏观经济指标分析

产业结构调整重点把握自身作为旅游城市的优势。

指标1 宏观指标

海口市2005年国内生产总值（GDP）首次突破300亿元。2009年实现国内生产总值（GDP）489.6亿元，按可比价格计算，较上年增长10.8%。在经历国际金融危机冲击后，2008年海口GDP增幅有所下降，致使2008年成为五年来海口经济发展最缓慢的一年，之后在2009年增幅开始有所恢复。

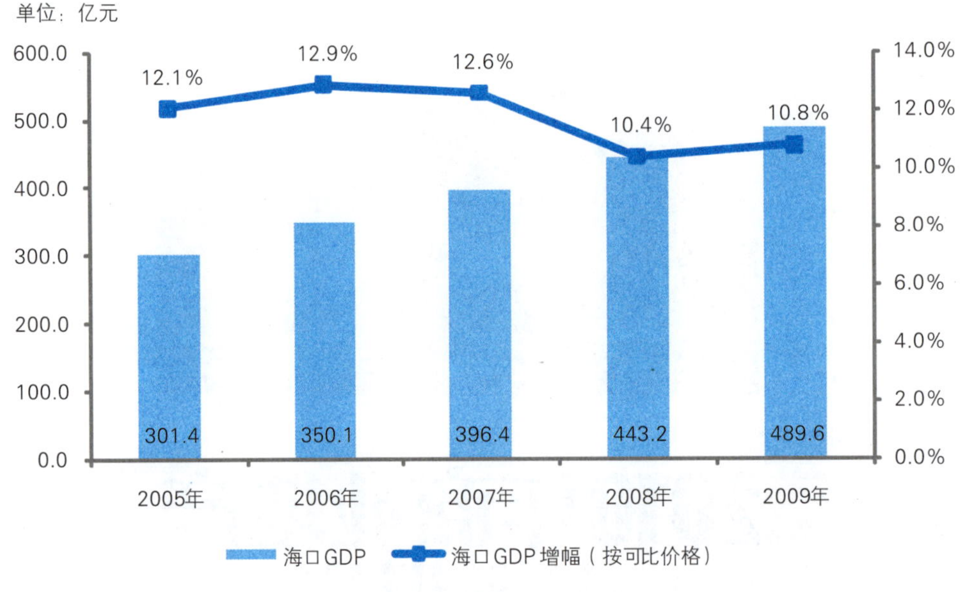

图4-61 2005—2009年海口GDP及增幅

数据来源：克而瑞CRED商业地产数据库，http://cred.cric.com

指标2 产业结构

海口整体产业结构进步明显，2005年三大产业的比重分别为7.7%、27.6%、64.7%，到2009年，海口第一产业和第二产业比重均有所下降，分别为7.0%和24.4%，第三产业的比重正在逐渐加大，达68.6%。

据2010年的海口统计公报数据显示，2009海口市第一产业增加值34.08亿元，较2008年增长8.1%；第二产业增加值119.78亿元，增长9.1%；第三产业增加值335.69亿元，增长11.7%。从三大产业各自增长率来看，第三产业增长幅度最大，表明海口在产业结构调整中重点把握了自身作为旅游城市的优势和发展重点，而第三产业也成为拉动经济增长的主要力量。

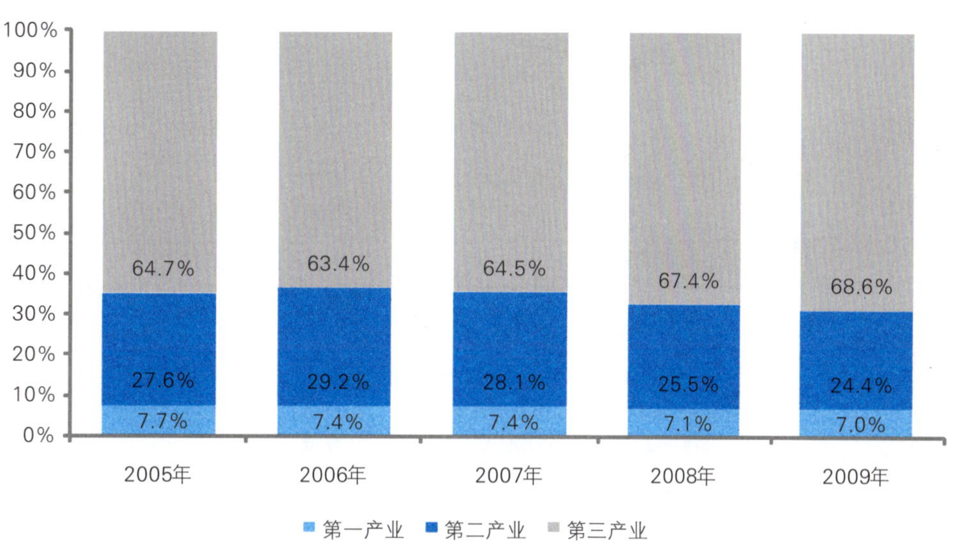

图4-62 2005—2009年海口三大产业结构比例

数据来源：克而瑞CRED商业地产数据库，http://cred.cric.com

城市人口

海口市人口保持着平稳低速的增长，人口自2005年的174.3万增加到2009年的187.9万，五年内增加了约14万人。而五年的增幅呈现U型，从先降后升的增幅可见在2006年时，增速为近五年最低，之后有所回升。

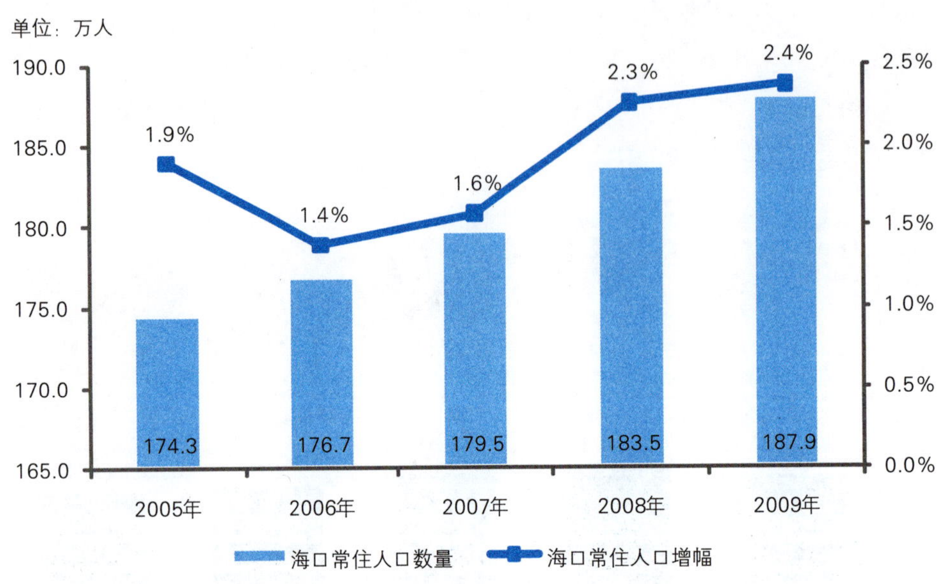

图4-63 2005—2009年海口常住人口数量及增幅

数据来源：克而瑞CRED商业地产数据库，http://cred.cric.com

近五年，海口城市化率从2005年年末的58.7%上升到2009年年末的60.4%，上升了1.7个百分点，整体增速平稳，人口发展较为稳定。从另一侧面可以看到海口以旅游业为支柱，外来人口增幅较缓，城市化进程没有出现显著的快速发展。

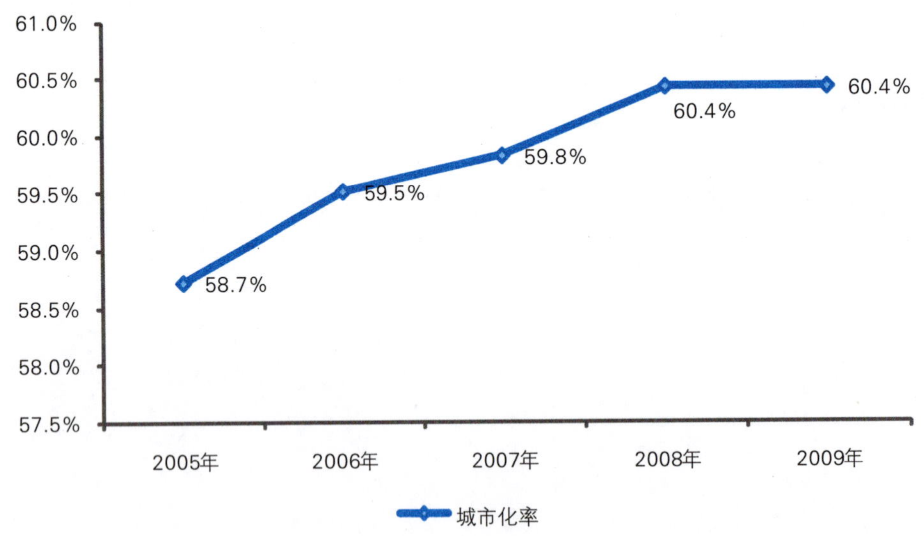

图4-64 2005—2009年海口城市化率

数据来源：克而瑞CRED商业地产数据库，http://cred.cric.com

指标4 经济效益

2005年至2009年，海口人均GDP随着海口GDP的增长，自17 418.0元增长到26 366.0元，折合3861美元，高于2009年全国人均GDP水平（3687美元）。从增幅来看，近五年呈现先升后降的趋势，增幅在2006年最高，为11%。而2008年金融危机之后，增幅则保持在8%的水平，整体趋势与海口GDP增长一致。其增幅趋势可以说明，旅游城市抵抗金融危机等风险的能力较普通城市略低。

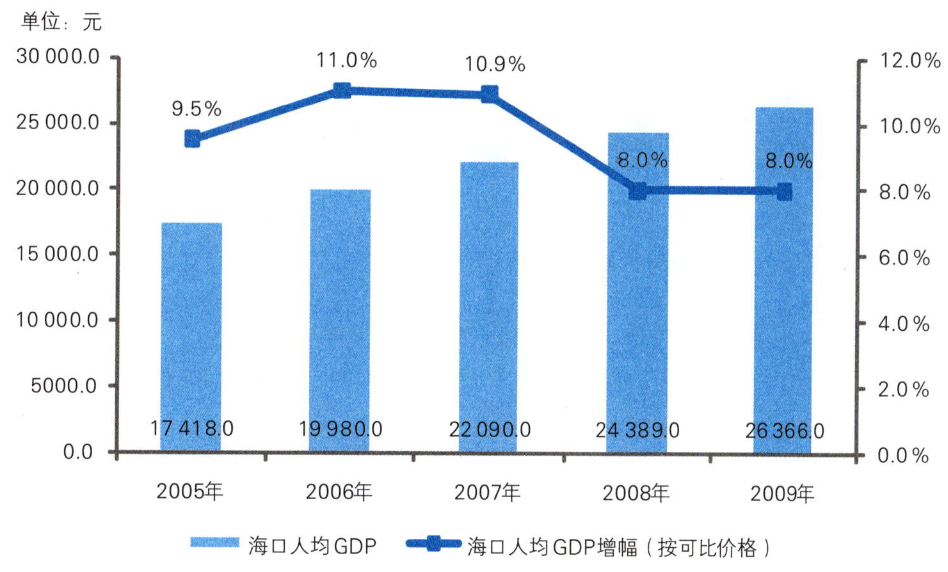

图4-65 2005—2009年海口人均GDP及增幅

数据来源：克而瑞CRED商业地产数据库，http://cred.cric.com

指标5 城镇居民生活质量

海口城镇居民人均可支配收入截止至2008年已连续多年两位数增幅，尤其在2008年达到15.1%，为近五年最高。之后有所下降，2009年增幅下滑为7.7%，当年城市居民家庭人均年可支配收入15 237.0元。

2005年至2009年，海口城镇居民生活消费发展平稳，在2007年增幅达到25.8%，为近五年最高，而之后的两年，又受金融风暴影响，增幅都呈下滑趋势，但仍然保持4.8%以上的增长。

对比海口城镇人均可支配收入及增幅和海口城镇人均消费性支出及增幅可知，2008年人均消费性支出增幅下滑明显，但同年可支配收入并未下滑，说明在2008年年末金融风暴时，海口人民消费变得相对保守。

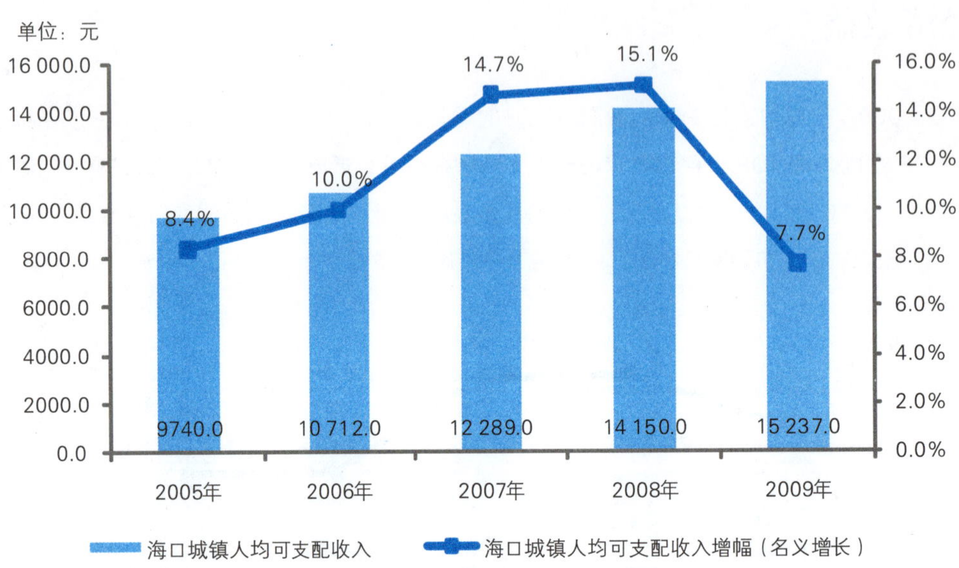

图4-66 2005—2009年海口城镇人均可支配收入及增幅

数据来源：克而瑞CRED商业地产数据库，http://cred.cric.com

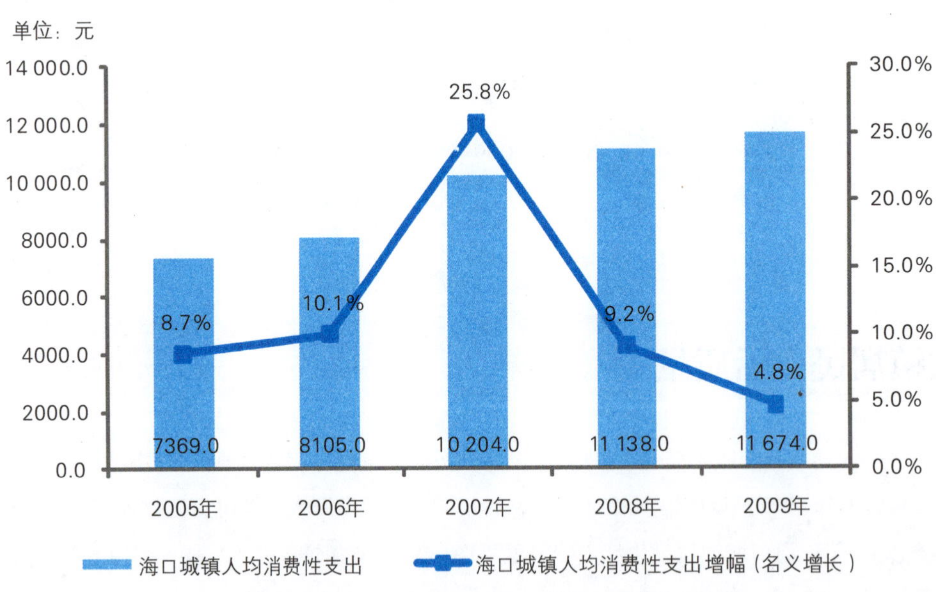

图4-67 2005—2009年城镇海口人均消费性支出及增幅

数据来源：克而瑞CRED商业地产数据库，http://cred.cric.com

2005年至2009年海口食品类支出先降后升，且在2008年开始上升，2009年达到41.9%，海口市居民在遭受金融危机后，消费向保守转化，而食品类消费（即恩格尔系数）有所上升。而除了食品类以外，增幅最大的为交通通讯类，从一个侧面反映出海口市社会经济生活的变化，交通通讯等高档化消费进一步走入居民的生活。

表4-27 2005—2009年海口城镇居民人均消费性支出构成

年份 构成	2005年		2006年		2007年		2008年		2009年	
	元	%	元	%	元	%	元	%	元	%
总支出	7369	100	8105	100	10 204	100	11 138	100	11 674	100
食品	3249	44.1	3512	43.3	3982	39.1	4623	41.6	4893	41.9
衣着	388	5.3	423	5.2	524	5.1	538	4.8	648	5.6
家庭设备用品	389	5.3	478	5.9	637	6.2	634	5.7	647	5.5
医疗保健	452	6.1	454	5.6	651	6.4	676	6.1	691	5.9
交通通讯	936	12.7	1223	15.1	2068	20.3	1739	15.6	2049	17.6
教育文化	897	12.2	884	10.9	1010	9.9	1195	10.7	1147	9.8
居住	813	11.0	915	11.3	1095	10.7	1451	13.0	1245	10.7
其他	245	3.3	216	2.7	237	2.3	282	2.5	354	3.0

数据来源：克而瑞CRED商业地产数据库，http://cred.cric.com

边际消费倾向能体现一个城市消费力的强弱和生活水平情况。边际消费越低，人均消费性支出在人均可支配收入中所占的比重越低，生活水平越高。而海口边际消费倾向在近五年呈现一定波动，在2007年突增到83.0%，之后开始下降，但仍高于2005年的水平。可见在2005年至2009年间，海口居民生活水平出现一定起伏。

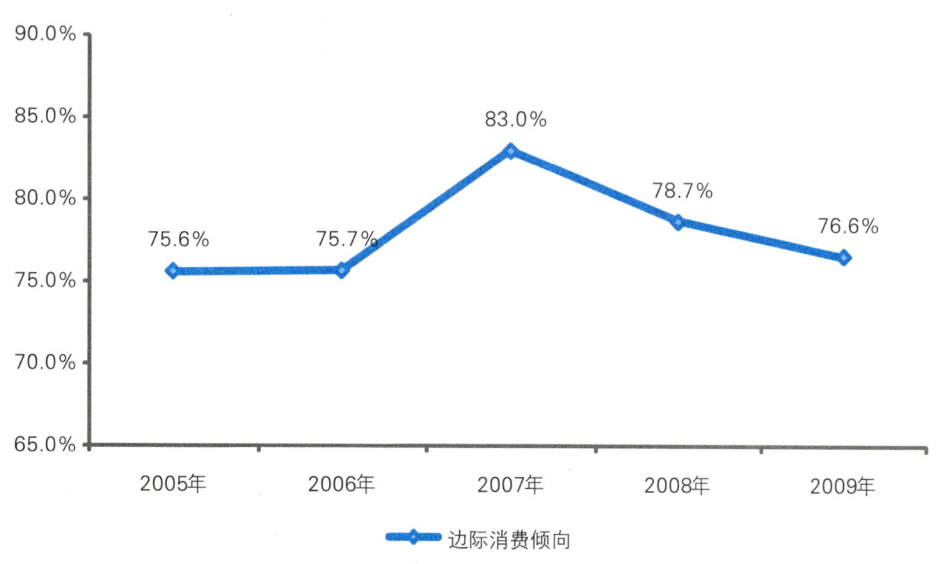

图4-68 2005—2009年海口边际消费倾向

数据来源：克而瑞CRED商业地产数据库，http://cred.cric.com

指标6 商业需求

海口市2005年至2009年社会消费品零售总额从138.5亿元上升到277.2亿元，增幅基本呈逐年上升趋势，到2009年达到近五年最高，为18.5%。分行业看，批发零售业增长19.6%，住宿餐饮业增长14.7%。

海口人均社会消费品零售总额的发展趋势与总量相比呈现了一定差异，虽然总体呈增长趋势，但增长幅度在2005年经历了34.5%的增长后，之后的四年则保持在16%左右的增长水平。

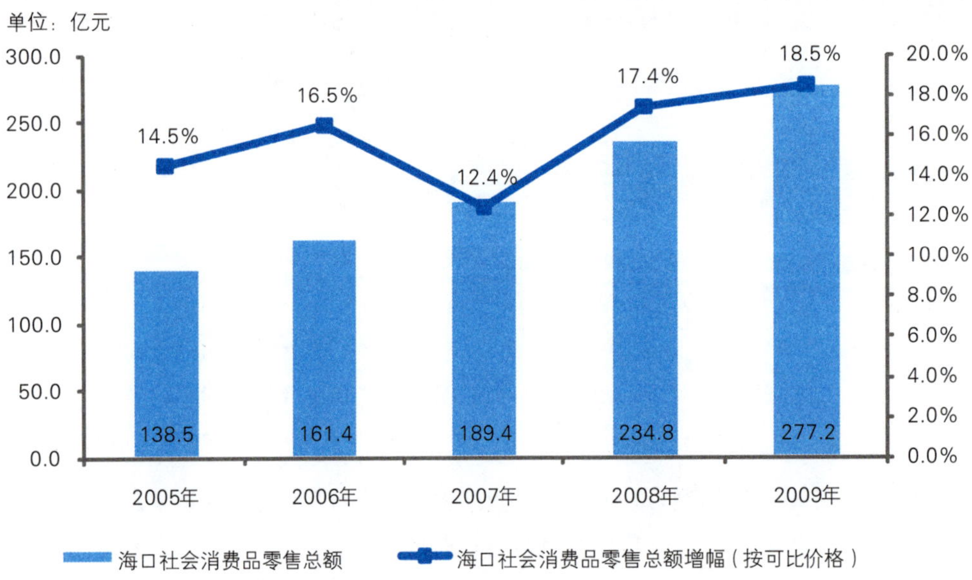

图4-69 2005—2009年海口社会消费品零售总额及增幅

数据来源：克而瑞CRED商业地产数据库，http://cred.cric.com

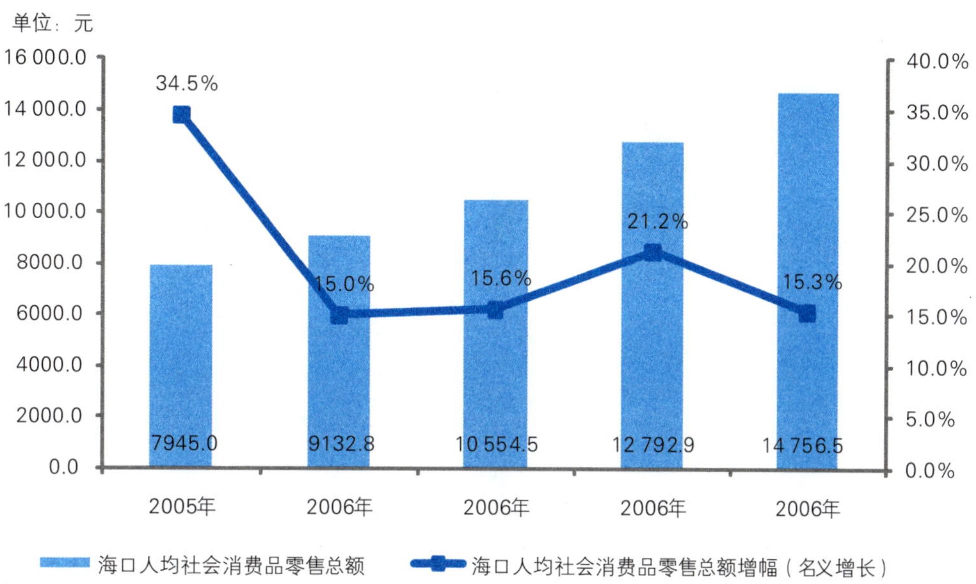

图4-70 2005—2009年海口人均社会消费品零售总额及增幅

数据来源：克而瑞CRED商业地产数据库，http://cred.cric.com

2 海口市整体商业市场环境研究

将结合城市特点着力开发商务会展、免税购物、文化体育、城乡休闲等旅游新产品。

1 现有商业供应情况

至2010年，海口商业存量为77.3万平方米，其中大型商业存量为62.6万平方米， 按全市2009年底户籍人口计算，人均商业面积为0.48平方米，而城镇人均商业面积约为0.81平方米。

从各类型商业来看，海口市的购物中心和专业商厦为比例最高的两类商业，比例分别为47.6%和35.8%。从二者面积比例来看，海口商业市场还处在由以百货为主向以购物中心为主的过渡阶段。随着海口未来商业的发展，购物中心的比例将会进一步增加。目前商圈内缺乏办公配套类商业。

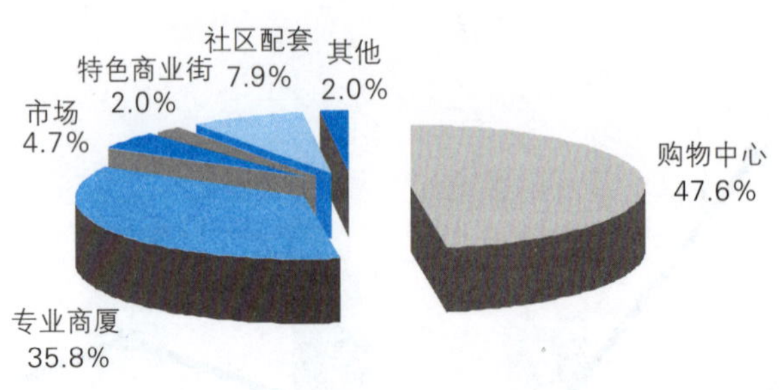

图4-71 2010年海口各类型重点商业存量供应

数据来源：克而瑞CRED商业地产数据库，http://cred.cric.com

2 四大主要商圈描述

目前，海口市分为四大主要商业圈：海秀商圈、国贸商圈、解放路商圈、秀英商圈。其中海秀商圈、国贸商圈为核心商圈，解放路商圈为次级商圈，这三个商圈均属海口市老牌商圈，商业氛围浓厚。秀英商圈起步较晚，目前商业氛围相对较弱。从分布来看，海口市整体商业集中在北部，因城市南部较注重生态环境保护，整体城市发展规划中抑止城市向南发展，保护城市生态屏障，因此整体商业集中在北部，未来也将以北部为重点商业区域。而从经度来看，城市东部则较西部商业更发达。

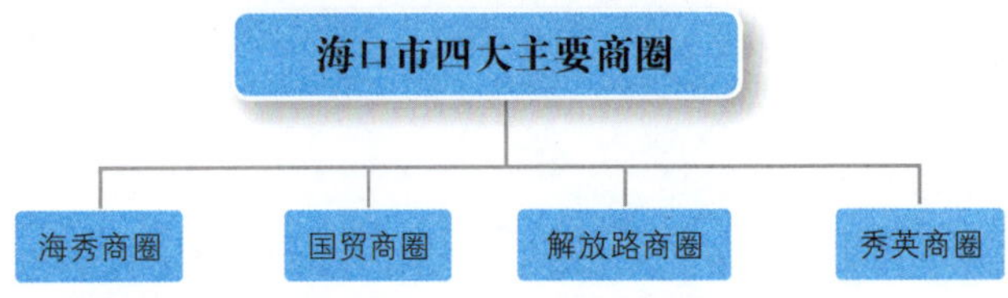

图4-72 海口市四大主要商圈示意图

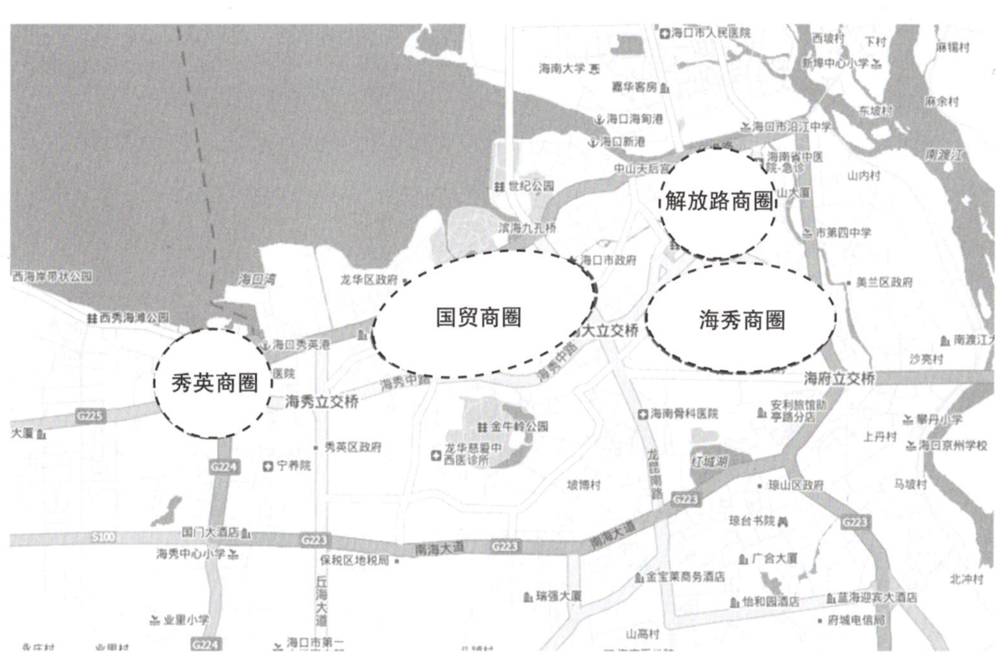

图4-73 2010年海口主要商圈分布

表4-28 海口主要商圈

序号	商圈编号	商圈名称	商圈级别	区域属性	特征	主要零售物业
1	A	海秀商圈	核心商圈	综合区	**档次：**中高端 **目标客群：**小白领、时尚人士、百姓阶层、游客 **主要商业类型：**以购物中心、百货为主，其他类专业商厦为辅	明珠广场 万国大都会 南亚广场 DC专业城 民生百货 佳心百货
2	B	国贸商圈	核心商圈	商务区	**档次：**中高端 **目标客群：**时尚人士、小白领、白领、成功人士 **主要商业类型：**以购物中心、社区配套为主，特色商业街为辅	上邦·百汇城 宜欣商业广场 瑞特·DC数码广场 生生百货 金贸商城 嘉华名都 紫荆百货
3	C	解放路商圈	次级商圈	商业区	**档次：**中低端 **目标客群：**百姓阶层、小白领 **主要商业类型：**以购物中心为主，另有少量社区配套	友谊商业广场 东方广场 泰龙商城 多宝利商业广场
4	D	秀英商圈	新兴商圈	住宅区	**档次：**中低端 **目标客群：**工薪阶层、小白领 **主要商业类型：**专业商厦、社区配套	居然之家 秀英时代广场

商圈1 海秀商圈
海口市最聚人气、商业气氛最浓的成熟商圈

① 商圈范围

海秀路商业圈位于海秀东路的中心地段，东至东湖公园，西至龙昆路，北至海秀东路，南抵海府路南亚段，是海口市人口密度较大地区。

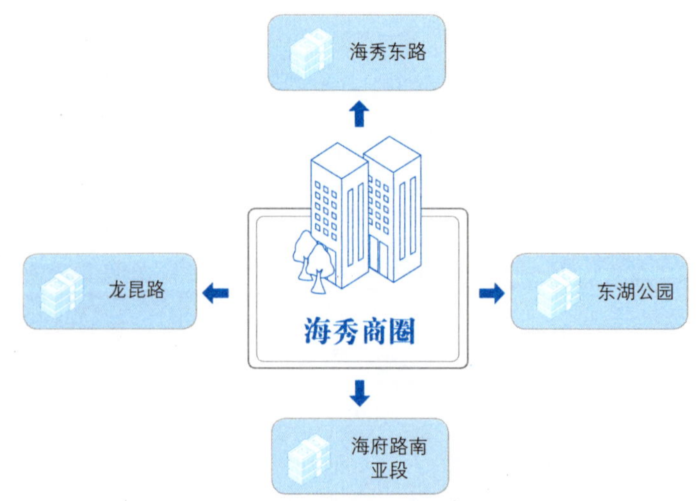

图4-74 海口市海秀商圈范围示意图

② 商圈价值

海秀商圈为市级核心商圈，属于综合区，以中高端为主，并以小白领、时尚人士、百姓阶层和游客为主要客群，以20世纪90年代的第一百货（现更名为民生百货）与佳心百货为主，带动周边零售、餐饮、酒店、娱乐等综合功能辐射全市的成熟商圈。现该商圈出现了明珠广场、万国大都会等大型综合购物中心，是目前海口市最聚人气、商业气氛最浓的成熟商圈。海秀路商业圈以明珠广场为中心向外辐射，覆盖面积达260万平方米。

商圈内大型商业以购物中心为主，比例达60.4%，主要因为商圈内三个购物中心体量均在4万平方米以上，而明珠广场更是达到10万平方米，是海口市少有的大体量商业项目。而专业商厦也占有一定比例，达到31.2%，主要由于商圈拥有一定数量的百货和专业卖场。本商圈另有少量市场和特色商业街，没有社区配套型商业。

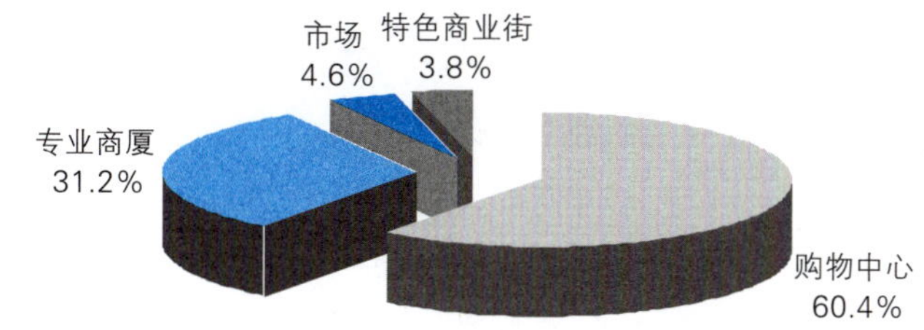

图4-75 2010年海口海秀商圈大型商业形态比例

数据来源：克而瑞CRED商业地产数据库，http://cred.cric.com

表4-29 海口国贸商圈主要商业项目

序号	项目编号	项目名称	建筑面积（平方米）	商业形态	开业时间	档次	经营情况	出租率
1	A1	明珠广场	100 000	购物中心	2000-09-25	中高端	优	98%
2	A2	万国大都会	88 000	购物中心	2009-01-15	中高端	良好	100%
3	A3	南亚广场	43 207	购物中心	2006-11-22	中端	良好	100%
4	A4	DC专业城	28 000	专业商厦	1991-01-27	中端	优	98%
5	A5	民生百货	30 000	专业商厦	1994-10-01	中高端	良好	100%
6	A6	佳心百货	153 423	专业商厦	2005-12-22	中端	一般	99%

数据来源：克而瑞CRED商业地产数据库，http://cred.cric.com

商圈2 国贸商圈 市级中高端核心商圈

① 商圈范围

东起龙昆北路，西至金贸西路，北临滨海大道，南抵金龙路、龙华路。

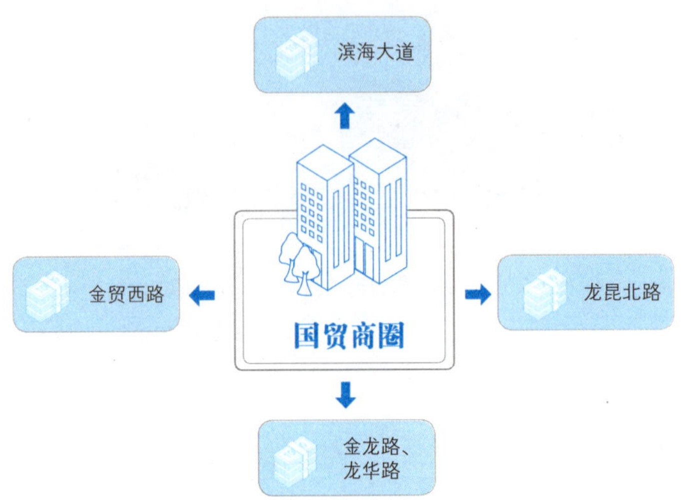

图4-76 海口市国贸商圈范围示意图

② 商圈价值

国贸商业圈地处龙华区核心地段，商圈为市级中高端核心商圈，属于商务区，以时尚人士、小白领、白领、成功人士为目标客群。因为海口最高档的百货店——生生百货的存在，该商圈一直被当地人认为是高档消费的象征。但近年来，两个大型购物中心——上邦·百汇城和宜欣商业广场入驻之后，为该商圈提供了多类型商业的选择。

国贸商圈因上邦·百汇城和宜欣商业广场的加入，商圈购物中心比例大大提升，达到54.6%，另外专业商厦和社区配套也占了一定比例，分别为20.3%和16.2%。

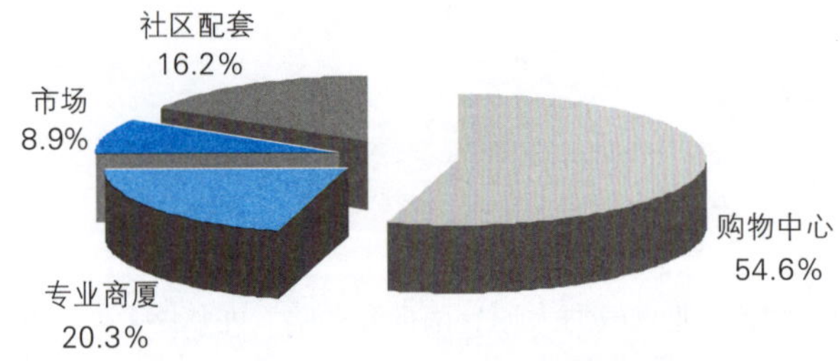

图4-77 2010年海口国贸商圈大型商业形态比例

数据来源：克而瑞CRED商业地产数据库，http://cred.cric.com

表4-30 海口国贸商圈主要商业项目

序号	项目编号	项目名称	建筑面积（平方米）	商业形态	开业时间	档次	经营情况	出租率
1	B1	上邦·百汇城	77 000	购物中心	2008-07-08	中端	优	99%
2	B2	宜欣商业广场	22 004	购物中心	2006-09-20	中高端	良好	90%
3	B3	瑞特·DC数码广场	16 179	市场	2010-06-18	中端	一般	95%
4	B4	生生百货	13 600	专业商厦	1995-01-19	中高端	良好	100%
5	B5	金贸商城	9880	社区配套	—	中端	良好	100%
6	B6	嘉华名都	13 000	专业商厦	2010-06-23	中高端	一般	98%
7	B7	紫荆百货	11 000	专业商厦	2006-10-29	高端	差	99%

数据来源：克而瑞CRED商业地产数据库，http://cred.cric.com

商圈3 解放路商圈
以年轻人为主要消费客群的次级商圈

① 商圈范围

东至博爱路，西到龙华路，南临公园路，北至得胜沙路。

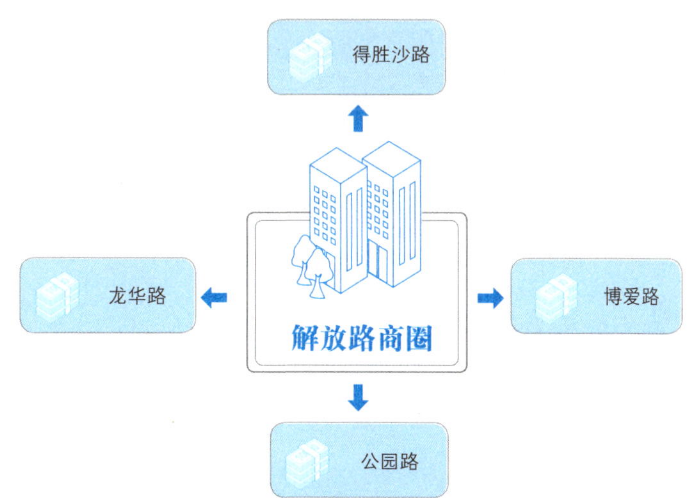

图4-78 海口市解放路商圈范围示意图

② 商圈价值

解放西路商圈为次级商圈，中低档次，属于商业区，以百姓阶层和小白领为目标客群。商圈紧靠海秀路商业圈，以解放西路向东西延伸成带状商业区，解放路商圈自20世纪80年代起开始繁荣，以年轻人为主要消费客群。商圈整体发展较慢，相对海秀路、国贸商圈，解放路商圈整体档次相对较低。

解放路商圈以购物中心和专业商厦为主，所占比例分别为整个商圈的49.0%和46.3%，专业商厦大多档次较低，整体经营状况良好。

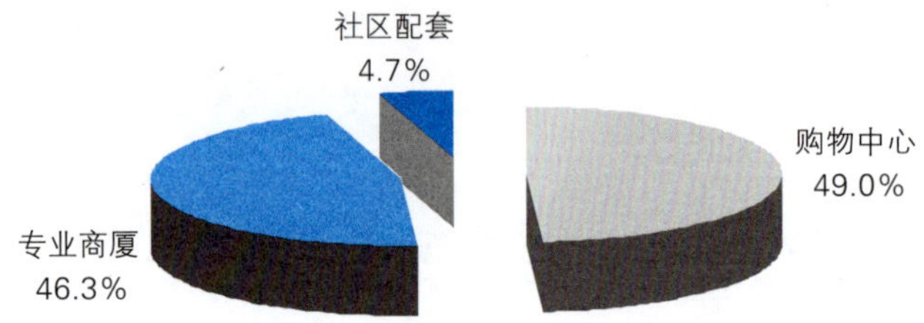

图4-79 2010年海口解放路商圈大型商业形态比例

数据来源：克而瑞CRED商业地产数据库，http://cred.cric.com

表4-31 海口解放路商圈主要商业项目

序号	项目编号	项目名称	建筑面积（平方米）	商业形态	开业时间	档次	经营情况	出租率
1	C1	友谊商业广场	14 942.23	购物中心	2006-11-04	中端	良好	100%
2	C2	东方广场	13 000.00	专业商厦	2000-06-24	中高端	良好	100%
3	C3	泰龙商城	9511.09	专业商厦	2002-10-01	中低端	良好	100%
4	C4	多宝利商业广场	8802.00	专业商厦	2004-04-06	中低端	一般	90%

数据来源：克而瑞CRED商业地产数据库，http://cred.cric.com

商圈4 秀英商圈 以专业商厦和社区配套为主

① 商圈范围

东起丘海大道，西至海盛路，北到滨海大道，南至南海大道。

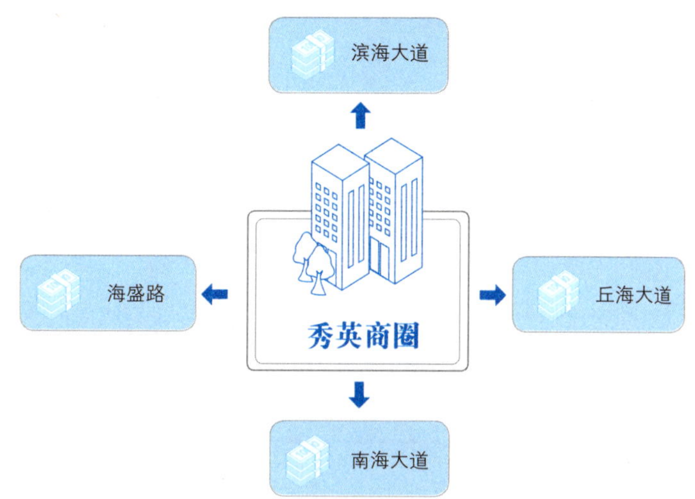

图4-80 海口市秀英商圈范围示意图

② 商圈价值

秀英商圈为新兴商圈，属于住宅区，目标客群以工薪阶层、小白领为主，目前消费客户主体为中低端消费群，且主要面对秀英区居民，因此优质商业需求并不旺盛，商业氛围也较不理想。除了居然之家可面对全市的家居市场外，秀英时代广场经营档次低，空置率较高，形态以社区配套为主。

秀英商圈以专业商厦和社区配套为主，比例分别为63.7%和36.3%。因面对区域内居民，形态较单一。

图4-81 2010年海口秀英商圈大型商业形态比例

数据来源：克而瑞CRED商业地产数据库，http://cred.cric.com

表4-32 海口秀英商圈主要商业项目

序号	项目编号	项目名称	建筑面积（平方米）	商业形态	开业时间	档次	经营情况	出租率
1	D1	居然之家	42 000	专业商厦	2010-08-15	中高端	良好	100%
2	D2	秀英时代广场	23 898	社区配套	2008-01-17	中低端	一般	15%

数据来源：克而瑞CRED商业地产数据库，http://cred.cric.com

3 海口整体租金水平

（1）购物中心首层租金水平

海口主要商圈购物中心的首层租金水平，其中海秀商圈因其自身的核心商圈地位，目前商业发展水平在海口市的属于领先地位，其商圈内购物中心租金相对较高，最高的为明珠广场，达到13～15元/（米^2·天）。

而上邦 ·百汇城租金整体跨度较大，主要是项目自身特点造成的。项目临街商铺租金较高，达到13～15元/（米^2·天），而内部的商铺则相对较低，约6元/（米^2·天）。

表4-33 海口主要商圈购物中心租金

序号	项目编号	项目名称	所属商圈	首层租金［元/（米^2·天）］
1	A1	明珠广场	海秀商圈	13～15
2	A2	万国大都会	海秀商圈	6～8
3	A3	南亚广场	海秀商圈	3.8～5.7
4	B1	上邦 ·百汇城	国贸商圈	6～15
5	B2	宜欣商业广场	国贸商圈	5～6
6	C1	友谊商业广场	解放路商圈	11～13

数据来源：克而瑞CRED商业地产数据库，http://cred.cric.com

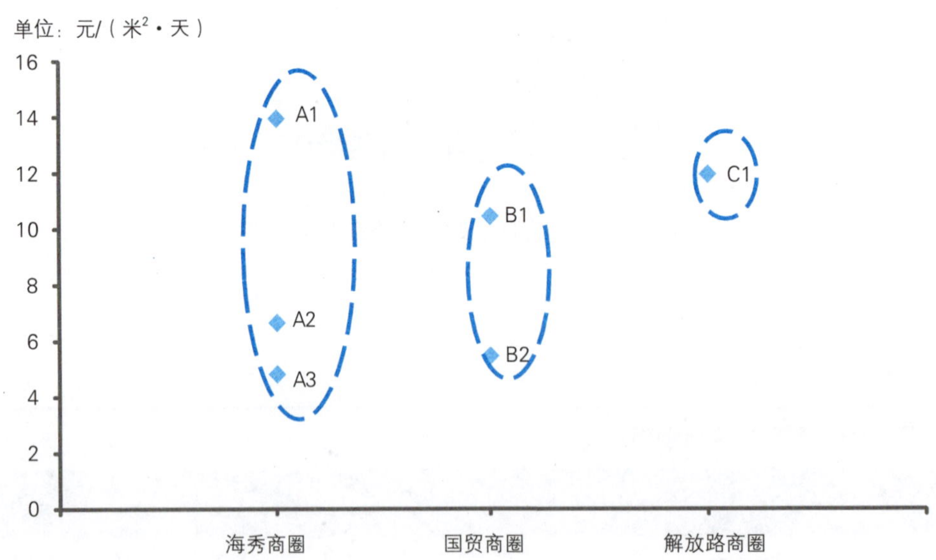

图4-82 2010年海口主要购物中心租金水平分布

数据来源：克而瑞CRED商业地产数据库，http://cred.cric.com

（2）百货租金水平

海口主要商圈百货租金水平因商圈不同，略有差距。核心商圈相对较高，如海秀商圈基本在24%～25%这一水平，而国贸商圈百货扣点上限则达到了30%，较海秀商圈更高。相比之下解放路商圈扣点最低，为20%～25%。

表4-34 海口主要百货租金

序号	项目名称	所属商圈	首层租金（扣点）
1	民生百货	海秀商圈	24%～25%
2	佳心百货	海秀商圈	24%～25%
3	生生百货	国贸商圈	20%～30%
4	嘉华名都	国贸商圈	25%～30%
5	紫荆百货	国贸商圈	20%～30%
6	东方广场	解放路商圈	20%～25%

数据来源：克而瑞CRED商业地产数据库，http://cred.cric.com

（3）其他商业类型租金水平

其他类型租金水平也与所属商圈直接相关，其中海秀、国贸商圈的其他类型商业租金最高，在15～20元/（米^2·天）这一水平；解放路商圈略低，约为6～15元/（米^2·天）；秀英商圈租金最低，在3.00～4.35元/（米^2·天）这一水平。

表4-35 海口其他商业类型租金

序号	项目名称	商业形态	所属商圈	首层租金［元/（米^2·天）］
1	DC专业城	专业商厦	海秀商圈	19～20
2	瑞特·DC数码广场	市场	国贸商圈	19～20
3	金贸商城	社区配套	国贸商圈	15～16
4	泰龙商城	专业商厦	解放路商圈	6～12
5	多宝利商业广场	专业商厦	解放路商圈	10～15
6	居然之家	专业商厦	秀英商圈	4.33～4.35
7	秀英时代广场	社区配套	秀英商圈	3.0～3.5

数据来源：克而瑞CRED商业地产数据库，http://cred.cric.com

4 海口未来商业供应及发展趋势预测

海口商圈分布集中在北部，且东部较西部更为成熟，商圈之间等级差异和档次差异较为明显。根据海口城市未来规划，海口商业未来仍然集中在北部发展，同时进一步向西部拓展，而已成形的商圈将会迎来进一步发展。

海口作为旅游城市，未来海口将结合城市特点着力开发商务会展、免税购物、文化体育、城乡休闲等旅游新产品，由此带来的旅游商业的发展也会进一步加强。

目前，海口市新增大型商业项目只有两个，分别位于国贸商圈和解放路商圈，共计5.6万平方米体量。

表4-36 海口未来主要商业项目供应

序号	项目名称	所属商圈	建筑面积（平方米）	商业形态	开业时间	商业初步定位
1	新大同时代广场	解放路商圈	16 000	专业商厦	2011-04	美食广场，每天可满足三万人次用餐
2	家庭时尚购物中心	国贸商圈	40 000	购物中心	待定	家庭时尚型区域购物中心，定位为中高档

数据来源：克而瑞CRED商业地产数据库，http://cred.cric.com

3 海口市未来城市发展规划

形成“东进、南优、西扩、北拓、中强”的发展格局。

1 城市总体规划

（1）人口和城镇布局

海口主城区空间布局结构是滨海带状组团式，从滨海城市向海湾型城市转型，在总体空间发展策略上，到2015年，基本形成“东进、南优、西扩、北拓、中强”的发展格局。

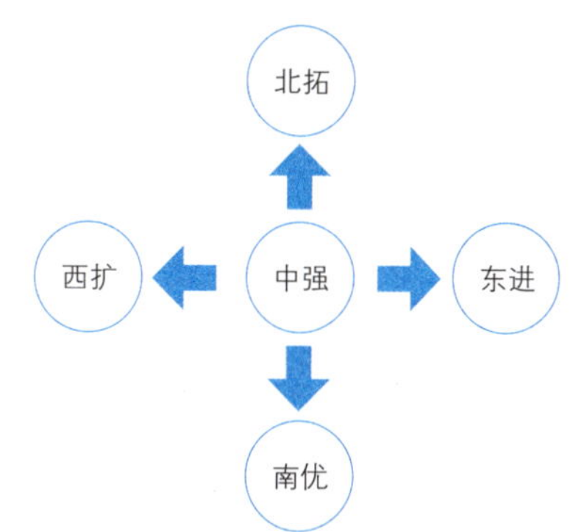

图4-83 海口市总体空间发展格局规划

东进：选择恰当时机，择优开发项目，有选择性地开发江东组团。江东组团的开发要注重开发品质而不是开发的规模。要优先考虑人口密度低、土地开发价值高的项目，注重与环境相协调。

南优：抑止城市向南发展，保护城市生态屏障，确立生态发展底线，注重保护优良的生态环境。

西扩：鼓励中心组团建设用地的西向拓展，注重长流组团、老城组团的专业性开发和规模积聚，积极培育长流组团的产业增长点。

北拓：合理开发海洋资源，大力发展邮轮、游艇、帆板等休闲产业，加快海上人工岛等项目建设，拓展城市空间，有序发展高端旅游地产，凸显海湾旅游休闲城市特色，展现北岸城市的秀美。

中强：强化与完善中心组团建设，充分利用空置地，提高集约与规模效益，改善生态环境。

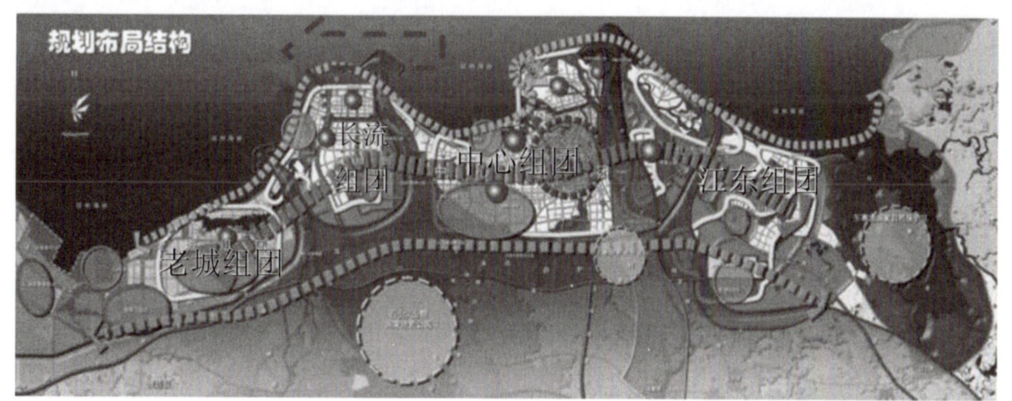

图4-84 海口规划布局结构

（2）产业布局

加快海口保税区（位于老城开发区）建设，加快实施“药谷”计划，建设海口制药成果产业化基地，药谷核心区位于海口国家高新技术产业开发区南侧，总规划面积400公顷，首期规划建设用地74公顷。近期主要安排万全科技药业公司万全生命园、海南海神同洲制药有限公司新药厂技改、海南信邦制药有限公司新药厂等工业项目的建设。

继续完善汽车工业园区的建设：近期将保税区向南扩大200公顷，作为海汽集团的发展用地。

（3）交通规划

① 港口规划

海口港包括四个港区：海甸港区、秀英港区、新海港区、马村港区。

表4-37 海口市四大港区规划

港区	规划
海甸港区	海口核心滨海区的核心区域，逐步调整为游艇码头和海上观光旅游娱乐中心
秀英港区	重在整合码头资源，完善港区建设。以集装箱、商品汽车滚装运输和客运为主，兼顾大型邮轮停靠，客货汽车滚装运输和散、杂货运输逐步调整至新海和马村港区
新海港	作为火车轮渡和客货汽车滚装运输专用港区。港口北部建设综合服务型的物流园区，服务海口市以及全岛
马村港区	海口市的综合性中心枢纽港区，以大中型集装箱运输为主，大宗散杂货、油气、化工危险品运输为辅，同时，马村港区后方将建设物流园区和临港工业区，形成港区联动的新型开发区

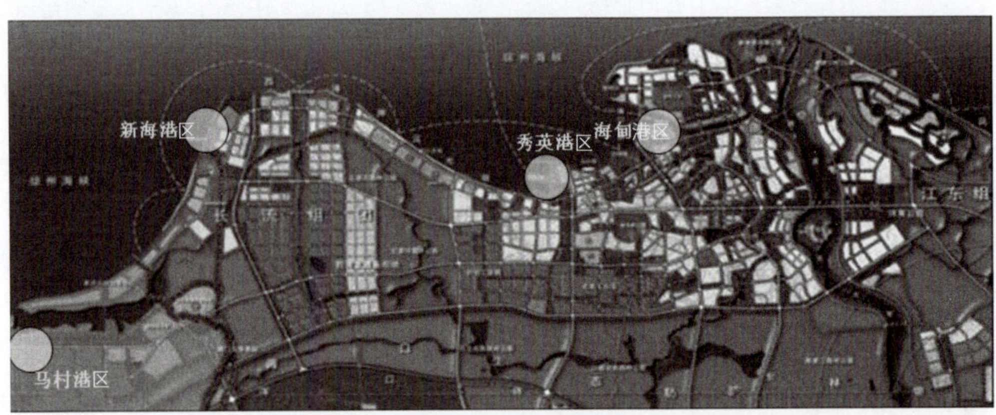

图4-85 海口港口分布示意图

② 轨道交通规划

初步确定海口市轨道交通网的布局结构是“一环一横两纵”的格局。除目前已经立项的海南省东环铁路海口段外，新规划一、二、三号线。

表4-38 海口市轨道交通规划

轨道线	规划
东环铁路海口段	总长26千米，采用高架形式，在海口主城区内设六个站点，分别为老海口火车站、长流、秀英、汽车南站、新海口站和美兰机场站； 近中期预测海口主城区东西组团间的中长距离交通需求增长较快，在城市轨道交通未建设之前，如果东环铁路车辆能够保持较高的运营频率，并且在海口段按照城市轨道交通运营管理，东环铁路可以暂时承担城市轻轨的功能
轨道一号线	起点澄迈县老城开发区，终点美兰机场。海口段长度37千米。经过老城、长流组团、中心城区组团和江东四大组团。串起东部滨海旅游带、老城开发区、西部滨海旅游带等和主城区内滨海的主要景区。该线兼顾旅游交通及海口东西组团间快速交通联系。沿线经过的主要道路有：滨海大道—长堤路、海甸一路、新埠岛道路、江东大道等
轨道二号线	起点新埠岛，终点雷琼世界地质公园（海口园区）。长度27千米，从新埠岛、穿白龙片区、经府城与城际轨道在新海口站相交后，至金盘、药谷工业区至雷琼世界地质公园（海口园区）。沿线经过的主要道路有：海韵路、白龙路、凤翔路、白水塘路
轨道三号线	起点江东组团皇冠酒店，终点美兰机场，长度13千米，线路连接江东片区和水城片区。沿线经过的主要道路有：琼山大道、机场北路

图4-86 海口轨道交通规划示意图

中心城商业网点规划

根据《“十一五”海口商业网点发展规划》的要求，海口规划打造滨海沿江旅游观光购物经济带，建设沟通岛内外交通的物流配送带，健全三级（城市中心—城区—社区）商业网络，发展乡镇农村商务市场体系。

（1）提升建设区域性商贸中心

按海口市“四地一中心”的发展战略，把海口市建设成区域性商贸中心。

充分发挥省会城市强大的聚集作用和辐射作用，整合全省各市县的资源，立足海口，服务全省，面向全国，面向世界，带动全省商贸经济迅速发展。

充分发挥省会中心城市海陆空立体交通的功能，建设现代综合交通运输平台和信息平台，加快建设现代物流系统，形成以海港、空港、铁路运输和物流配送为主体的物流服务体系；大力发展连锁店、超级市场等新型流通业态，把海口市建成环北部湾华南南部区域性商贸中心。

（2）开拓建设“两带”

第一，建设海口火车站海港空物流配送带。

海口火车站是粤海铁路进入海南的第一站，是货物进出海口的重要门户。海口将建设一条以火车站为中心的物流配送带。火车站到马村港区沿线将建设与之配套的专业市场、批发中心、仓储、加工包装、运输业等15个项目，充分发挥海口保税区政策优势，依托港口和铁路的便利条件，完善保税仓储，转运等商业网点设施，为国际贸易的发展发挥作用。美兰机场是全国八大空港之一，美兰机场年货运量约为6000多吨，海口将利用飞机运输速度快的特点，在美兰机场周边设一批高档鲜活产品、名贵热带水果、花卉等批发市场。在这个片区里，还将建起相配套的仓储和加工厂等，缩短货物传送周期。

火车站、秀英港和美兰机场空港配送带的形成，将大大加强货物进出海口市能力。

第二，滨海沿江旅游观光休闲购物带。

海口有长110千米的海岸线。沿东海岸至西海岸，将建成滨海观光度假长廊。同时，建设配套的大宾馆、娱乐设施和大型购物商场，一条集观光休闲和购物为一体的风景带将在这里形成。届时，四方游客在饱赏秀丽风光的同时，可以随时随地尽情购物。

南渡江贯穿海口全境，是海口的天然中轴线和绿色生态走廊。在沿南渡江两岸建设综合性生态带的同时，将着力建设大型购物商场，这一观光购物带的形成，将有效地带动新埠岛、美舍河开发区和江东开发区的开发建设。

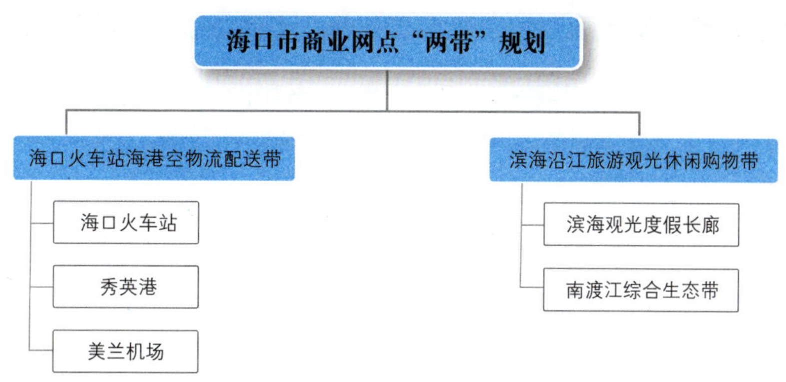

图4-87 海口市商业网点“两带”规划

（3）增强城市三级商业网络

商贸流通业是国民经济的先导产业和支柱产业，是反映海口市经济发展和社会繁荣的窗口，增强城市三级商业网络对全面建设小康社会，提高城市功能和地位，增加就业机会，满足提高人民生活的需要，具有重要的作用，海口将打造成以海秀大道为主轴的商务中心区，搞好各区、各城镇、各社区的商业网点、商品市场和农贸市场建设，建成大小配套，层次分明，布局合理的城市三级商业网络体系。

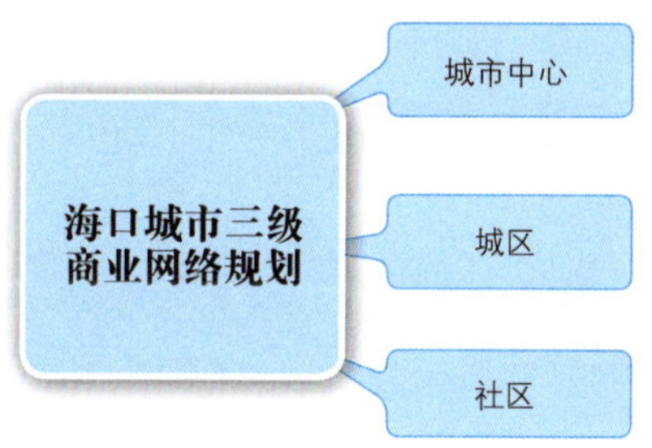

图4-88 海口城市三级商业网络规划

海口旧城区集海口建筑和民风底蕴于一体，反映了海口城市的发展步伐。海口在旧城区建起旅游商品购物步行街、体育商品购物步行街等购物区，充分展现海口的历史、人文风貌，突出购物、观光休闲、娱乐功能。这个片区包括海甸溪两岸、中山路、博爱路、新华路、新民西路以及解放西路和府城中介路。

专业批发市场是海口物流业重点发展对象。海口以南渡江和南海大道为中心，沿城市干道建设一批汽车专业市场、农业生产资料市场、海洋产品专业市场、粮食批发市场、生物医药交易市场等一批大型市场。拟新建、改造、完善六个农产品综合批发市场，规范五个农产品产地交易市场。

小结

2010年6月8日，国家发改委正式批复《海南国际旅游岛建设发展规划纲要》，海南将主要发展旅游业、文化体育产业、房地产业、金融保险业、商贸餐饮业和现代物流业、热带特色现代农业、新型工业和高新技术产业、海洋经济八大产业。海南国际旅游岛旅游区域空间布局为“一海两市三区”，其中“一海”是指南海旅游圈，“两市”是指海口和三亚。而海口是海南的界面（进入点），是海南的名片，是中国南部走向海洋的最适合跳板。地处“泛珠三角”经济圈的海口市，未来商业地产发展前景看好。

从近五年的经济数据来看，海口市经济发展稳中有升，居民生活水平逐步提高。目前，商业处在以百货为主向购物中心为主导的转型阶段，现有商业以中端为主，高端商业较欠缺，消费潜力有待进一步挖掘，未来海口商业地产发展仍有较大空间。目前商业集中在北部，而“北拓”战略的实施将会在提升海口休闲产业和高端旅游地产的同时，与商业地产的发展产生联动。

建设“国际旅游岛”将为海南带来新的契机，同时也为海口带来新的机遇。如果能较好地结合海口自身旅游资源，合理布局，优化产业，海口市将进一步提升现有商业水平。

第五章

CHAPTER FIVE

华中地区

01 郑州 ZHENG ZHOU	将成为国家区域性中心城市、重要的商贸城市和枢纽城市，建成先进制造业和高新技术产业基地、现代服务业中心、现代农业示范区
02 武汉 WU HAN	整体来看商业网点众多，但档次不够高，传统零售业态的比重较大，购物中心等新型业态处于发展期

第一节 SECTION ONE

2010年商业地产市场报告

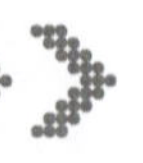

1 郑州市商业地产六项宏观经济指标分析

第二产业和第三产业已经成为郑州市国民经济主导力量。

宏观指标

2008年年末爆发的全球金融危机对郑州的经济增长造成了一定的影响，但2008年GDP总量仍达到人民币3004.0亿元，比2007年增长12.2%，增速较上年回落3.4个百分点。2009年郑州GDP达到了3300.4亿元，较上年增长12.0%，增速依旧比上年下跌了0.2个百分点。

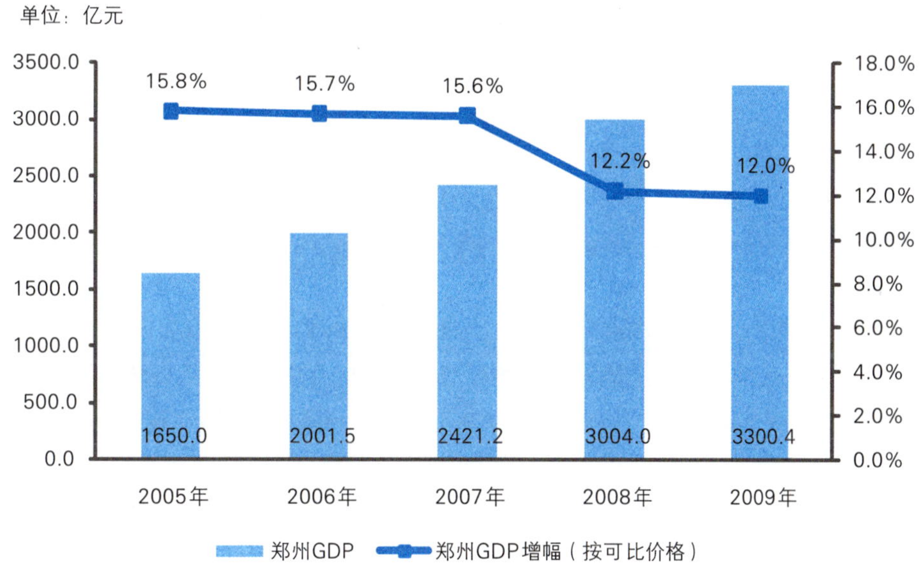

图5-1 2005—2009年郑州GDP及增幅

数据来源：克而瑞CRED商业地产数据库，http://cred.cric.com

产业结构

从2005年至2009年的三大产业发展可以看出，第一产业在郑州市的国民经济比重中逐年递减，从2005年的4.4%下降到了2009年的3.1%；第二产业基本保持稳定，都保持在50%以上的水平；第三产业基本也呈现了稳定的局面。可见第二产业和第三产业已经成为郑州市的国民经济主导力量。

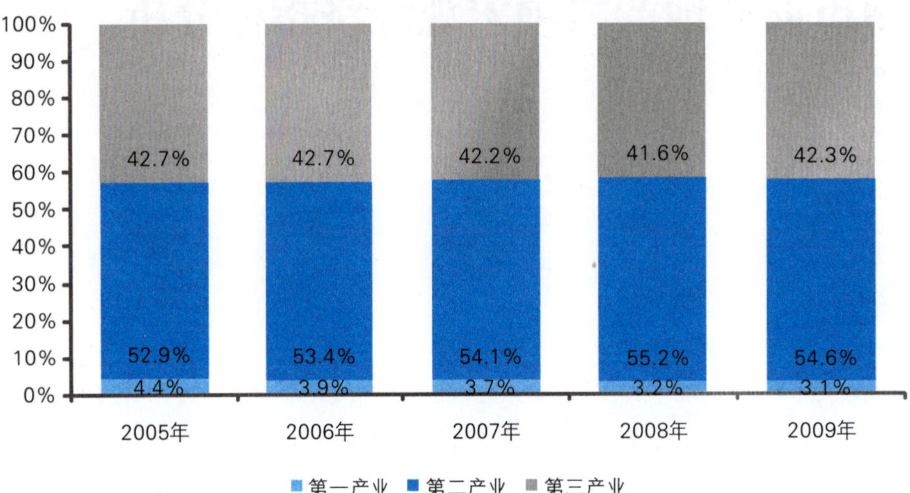

图5-2 2005—2009年郑州三大产业结构比例

数据来源：克而瑞CRED商业地产数据库，http://cred.cric.com

城市人口

据2009年年末郑州市统计公报数据显示，郑州全市常住人口达752.1万人，比上年年末增加8万人。郑州市常住人口数量在2005年至2009年的这五年中呈现了持续增长的趋势，但是在常住人口增幅方面，2007年是郑州市常住人口增幅最快的一年，达到了1.6%；其余四年郑州市常住人口增幅基本稳定，保持在1.1%～1.2%的水平。

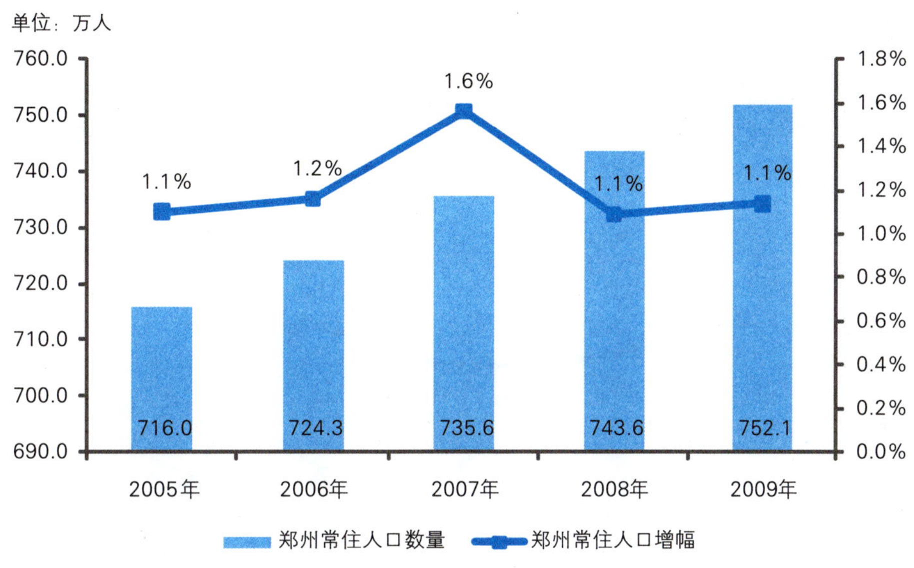

图5-3 2005—2009年郑州常住人口数量及增幅

数据来源：克而瑞CRED商业地产数据库，http://cred.cric.com

2005年至2009年的五年间，郑州市城市化率缓慢提升。从2005年的59.2%上升到2009年的63.4%。

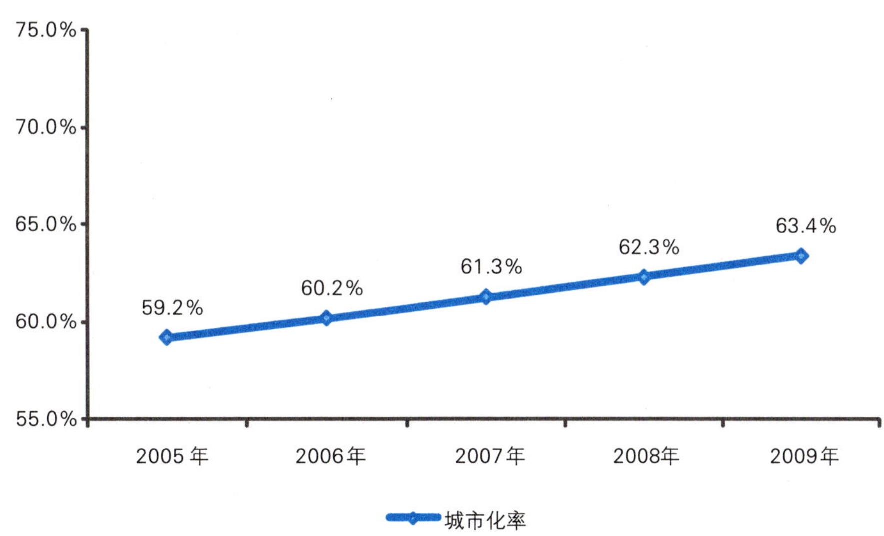

图5-4 2005—2009年郑州城市化率

数据来源：克而瑞CRED商业地产数据库，http://cred.cric.com

指标4 经济效益

五年来郑州市人均GDP稳定持续快速上涨。但是受金融危机的影响，2009年的增长速度呈现了急剧下滑。2009年城镇居民人均GDP达到人民币44 000元，较上一年增长8.3%，增幅比上年下降了14.2个百分点。

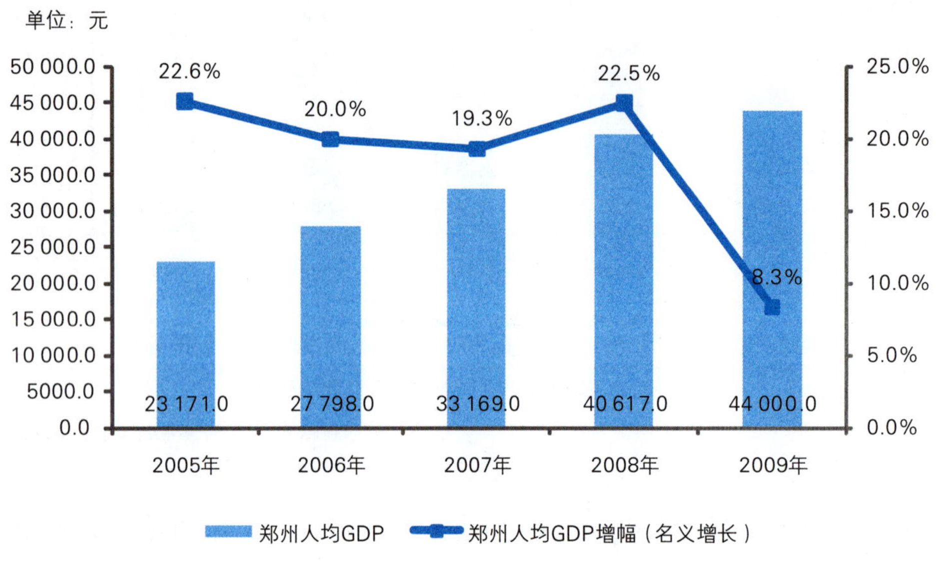

图5-5 2005—2009年郑州人均GDP及增幅

数据来源：克而瑞CRED商业地产数据库，http://cred.cric.com

指标5 城镇居民生活质量

2005年至2009年郑州市人均可支配收入持续上涨。由于受到金融危机的影响，2008年至2009年城镇人均可支配收入增幅开始出现连续下滑。2009年郑州市城镇人均可支配收入为人民币17 117.0元，增长9.0%，增幅比上年下降5.9个百分点。

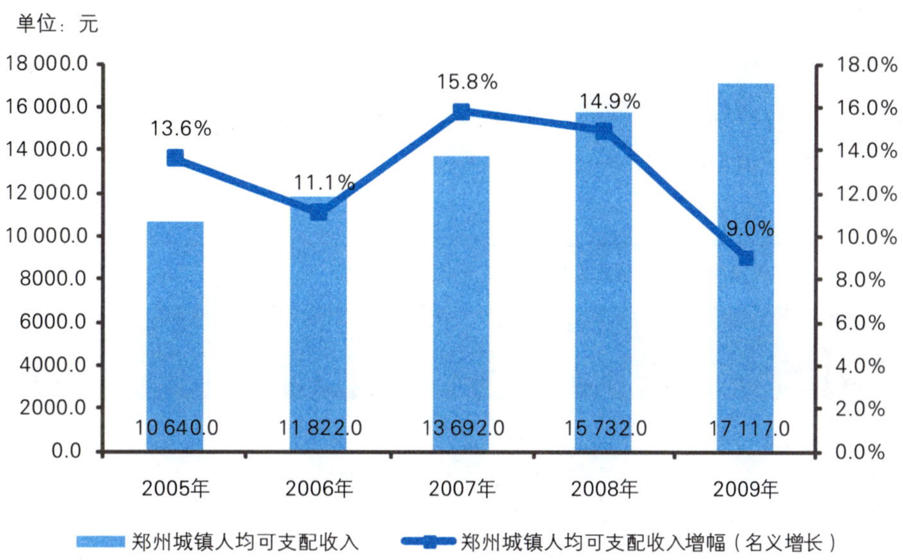

图5-6 2005—2009年郑州城镇人均可支配收入及增幅

数据来源：克而瑞CRED商业地产数据库，http://cred.cric.com

2005年至2009年郑州市城镇人均消费性支出额逐年上升，从2005年的7223.0元上涨到2009年的10 804.0元。但是郑州市城镇人均消费性支出增幅却在2006年呈现了剧烈下跌的波动，增幅由2005年的11.8%下降到了5.5%，增幅比上年下降6.3个百分点。

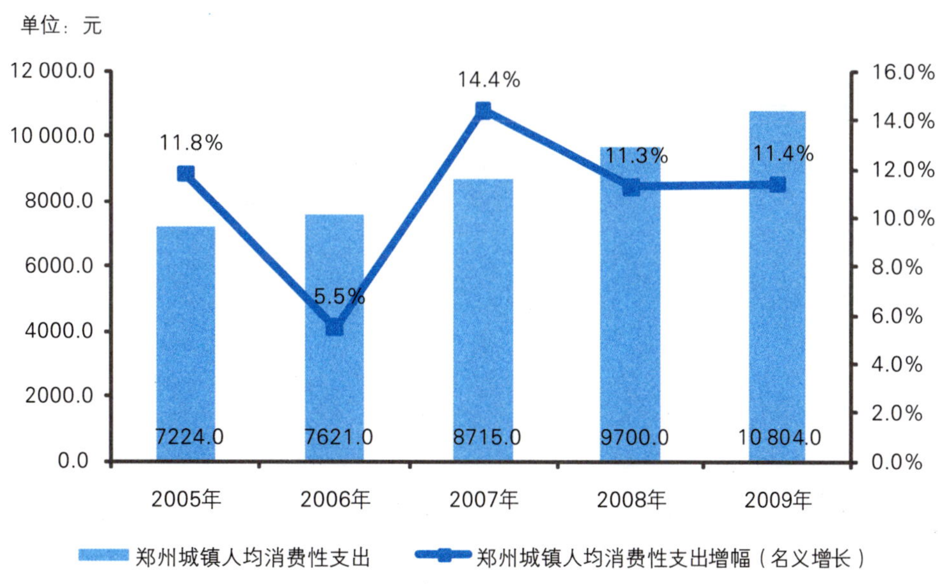

图5-7 2005—2009年郑州城镇人均消费性支出及增幅

数据来源：克而瑞CRED商业地产数据库，http://cred.cric.com

2005年至2008年，属于郑州居民生活消费平稳发展阶段，城市居民家庭八大类消费普遍增长。食品类消费（即恩格尔系数）略有上升，说明郑州居民消费相对保守。而衣着消费几年来持续增长，从2005年的11.9%上升到2008年的13.5%，增幅达到了1.6个百分点。但是教育文化消费却呈现逐年下降的趋势，2005年至2008年教育文化消费下降了2.5个百分点。

表5-1 2005—2008年郑州城镇居民人均消费性支出构成

年份 构成	2005年		2006年		2007年		2008年	
	元	%	元	%	元	%	元	%
总支出	7224	100	7621	100	8715	100	9700	100
食品	2471	34.2	2583	33.9	3014	34.5	3371	34.9
衣着	856	11.9	999	13.1	1168	13.4	1312	13.5
家庭设备用品	402	5.6	489	6.4	597	6.8	629	6.5
医疗保健	628	8.7	614	8.1	782	9.0	816	8.4
交通通讯	723	10.0	864	11.3	951	10.9	1139	11.7
教育文化	1029	14.2	973	12.8	1111	12.8	1139	11.7
居住	889	12.3	846	11.1	808	9.3	974	10.0
其他	226	3.1	253	3.3	284	3.3	320	3.3

数据来源：克而瑞CRED商业地产数据库，http://cred.cric.com

2005年至2009年五年来，郑州市经济发展迅速，城市人民的生活水平迅速提高。2005年至2009年郑州市边际消费倾向的变化趋势明显，边际消费倾向从2005年的67.9%下降到2009年的63.1%；但是受到金融危机的影响，2009年郑州市边际消费倾向较上年增长了1.4个百分比。

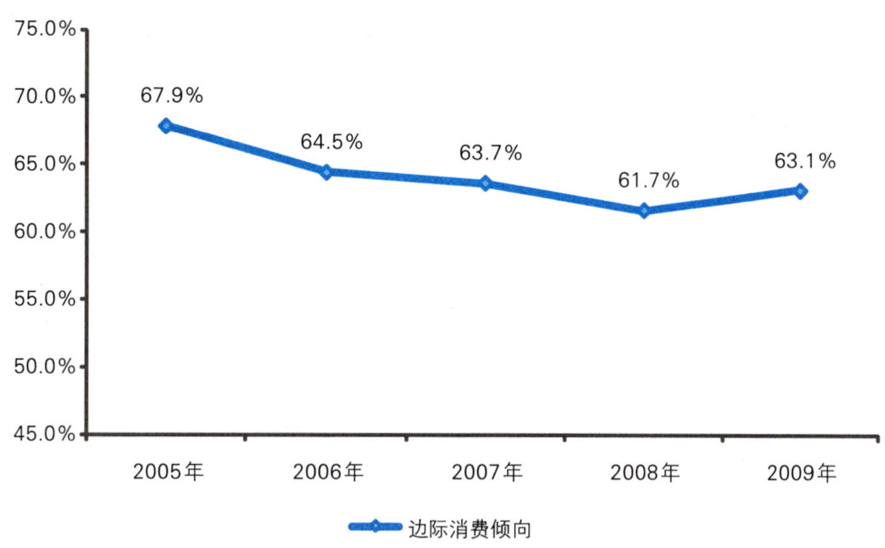

图5-8 2005—2009年郑州边际消费倾向

数据来源：克而瑞CRED商业地产数据库，http://cred.cric.com

商业需求

2005年至2009年郑州市社会消费品零售总额保持了逐年上涨的趋势。五年来郑州市社会消费品零售总额一直呈上升趋势，2009年全市实现社会消费品零售总额1435亿元，同比增长19%，但是其增速比上年下降4.2个百分点。

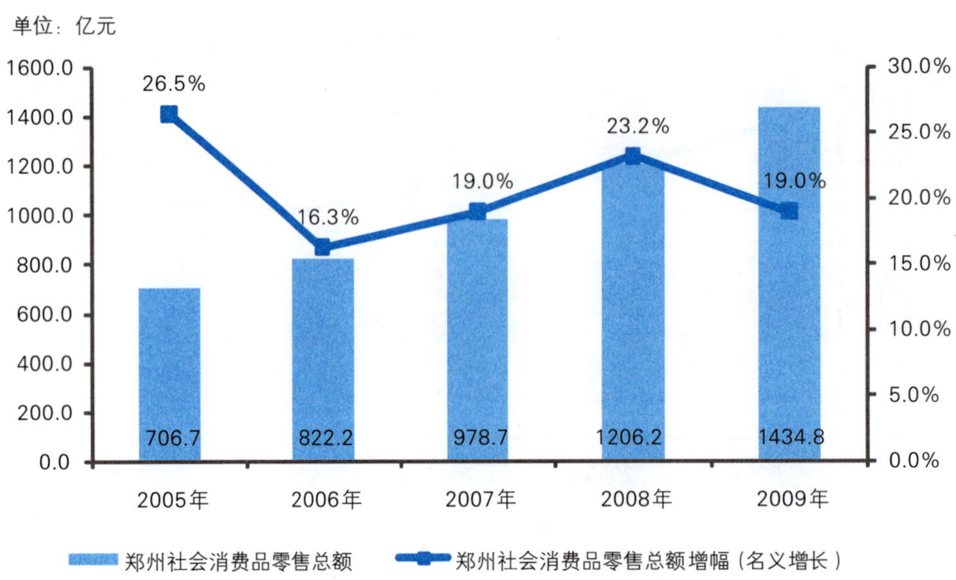

图5-9 2005—2009年郑州社会消费品零售总额及增幅

数据来源：克而瑞CRED商业地产数据库，http://cred.cric.com

郑州市人均社会消费品零售总额的发展趋势与其总额的变化趋势同步。

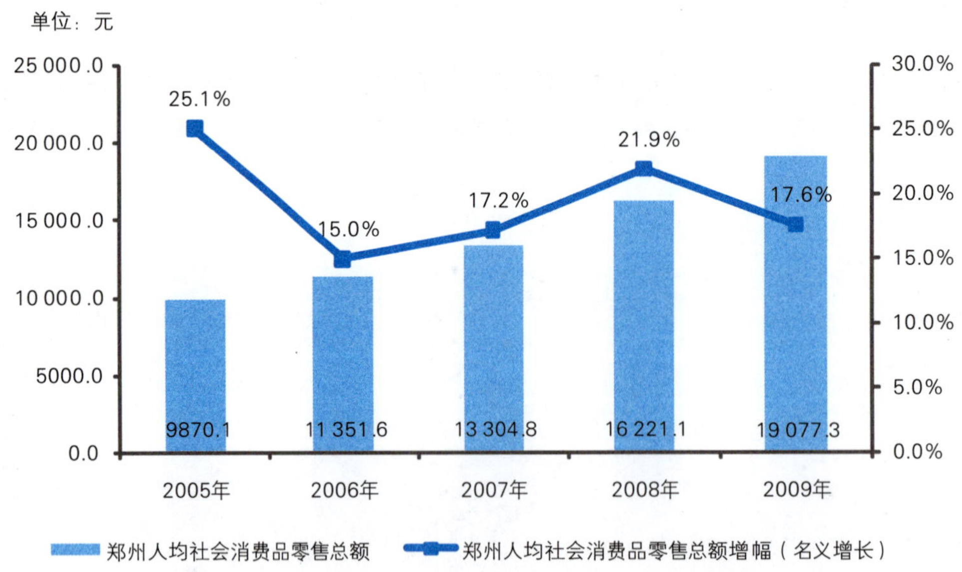

图5-10 2005—2009年郑州人均社会消费品零售总额及增幅

数据来源：克而瑞CRED商业地产数据库，http://cred.cric.com

2 郑州市整体商业市场环境研究

在未来几年里，郑州市西区将成为郑州商业角逐的重要战场。

1 现有商业供应情况

2010年郑州市商业总存量约为359.8万平方米，人均商业存量约为0.48平方米，其中大型商业存量约为210.6万平方米。按各类型商业存量供应，郑州市的商业类型主要有购物中心、专业商厦、市场、特色商业街、社区配套和其他类型商业，其中专业商厦在存量供应中所占比重最大，为28.4%；其次为市场，为19.7%；第三位的是特色商业街，为15.8%；第四位是其他类型商业，为12.6%；第五位的是购物中心，为12.4%；第六位的是社区配套为11.1%。

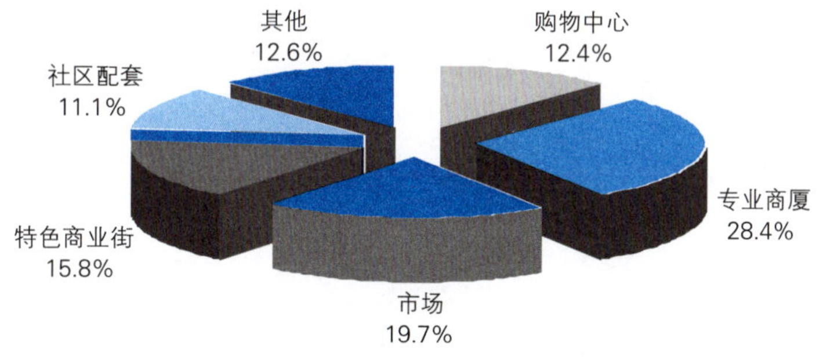

图5-11 2010年郑州各类型重点商业存量供应

数据来源：克而瑞CRED商业地产数据库，http://cred.cric.com

2 五大主要商圈描述

郑州市主要有五个商圈，其中核心商圈为两个，分别是二七商圈和火车站商圈；次级商圈为两个，分别是紫荆山商圈和碧沙岗商圈；还有一个商圈为新兴商圈，是郑东CBD商圈。

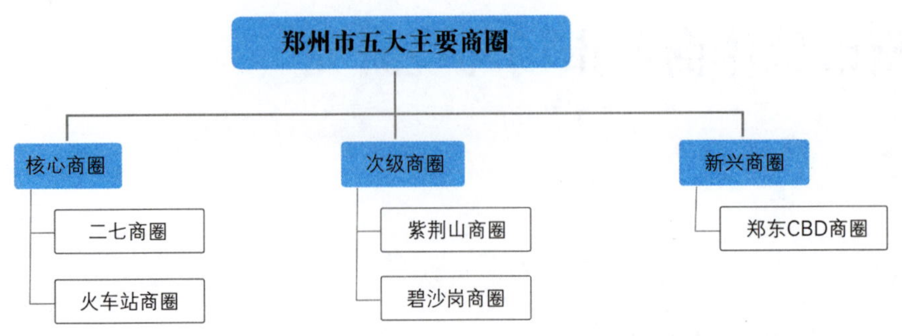

图5-12 郑州市五大主要商圈示意图

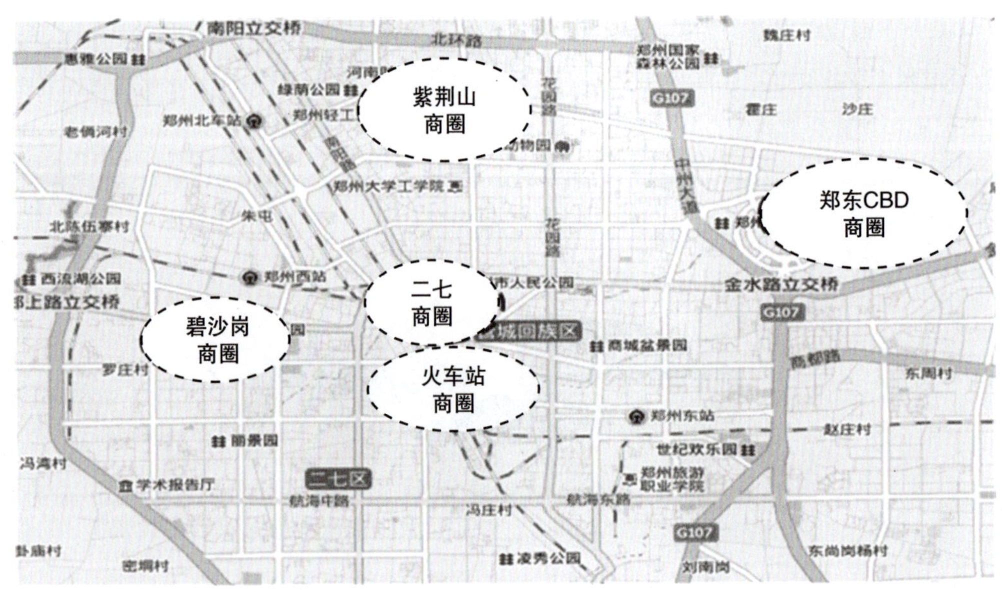

图5-13 2010年郑州主要商圈分布

表5-2 郑州主要商圈

序号	商圈编号	商圈名称	商圈级别	区域属性	特征	主要零售物业
1	A	二七商圈	核心商圈	商业区	**档次：**中高端 **目标客群：**时尚人士、白领、小白领、百姓阶层 **主要商业类型：**购物中心、百货、其他专业商厦、特色商业街等	大上海城、格瑞·印象城、丹尼斯百货、北京华联、德化商业步行街、百盛购物广场、大商新玛特金博大店、郑州百货大楼
2	B	火车站商圈	核心商圈	商业区	**档次：**中低端 **目标客群：**小白领、百姓阶层 **主要商业类型：**市场	银基商贸城、天隆服装城、世贸商场M区、金智·万博商城
3	C	紫荆山商圈	次级商圈	综合区	**档次：**中高端 **目标客群：**时尚人士、成功人士、白领、小白领、百姓阶层 **主要商业类型：**百货、其他专业商厦、特色商业街等	郑州国贸360广场、丹尼斯商厦、大商新玛特郑州总店、正道中环百货
4	D	碧沙岗商圈	次级商圈	综合区	**档次：**中端 **目标客群：**时尚人士、小白领、百姓阶层 **主要商业类型：**其他专业商厦	丹尼斯百货棉纺路店、中原商贸城、大商超市建设路店
5	E	郑东CBD商圈	新兴商圈	商务区	**档次：**中高端 **目标客群：**时尚人士、白领、小白领 **主要商业类型：**购物中心、特色商业街	宝龙城市广场、CBD东环步行街

数据来源：克而瑞CRED商业地产数据库，http://cred.cric.com

商圈1 二七商圈 郑州两大核心商圈之一

① 商圈范围

东至人民路及德化街，西至铭功路及福寿街，南至大同路，北至金水路。

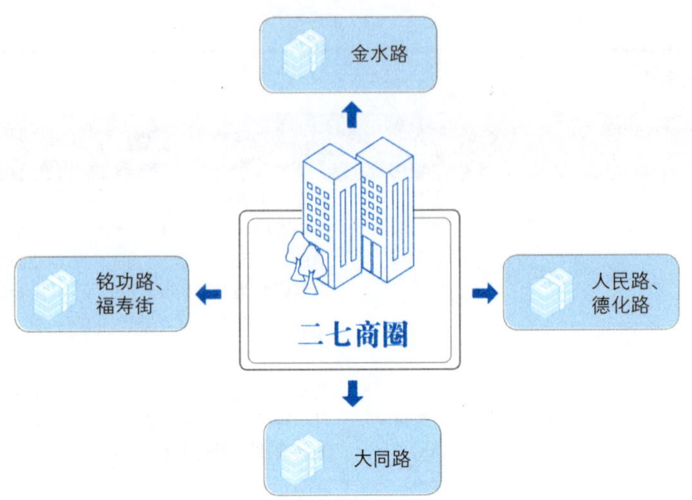

图5-14 郑州市二七商圈范围示意图

② 商圈价值

二七商圈是郑州两大核心商业区之一。商圈是郑州城市形象门户商圈，位于郑州市的心脏位置，集中了包括大商新玛特、大上海、北京华联、百盛购物中心、德化步行街等大大小小十多个商业项目，商业氛围浓厚，涵盖了传统百货、超市零售、商业步行街、批发等形态，也是郑州商业业态最为丰富、配套最为全面的区域。该商圈定位为中高端消费层次，以时尚人士、白领、小白领、百姓阶层为主要消费群体。

二七商圈内共有三种大型商业形态，分别是购物中心，专业商厦和特色商业街。其中专业商厦所占比重最大，达到了52.0%；其次购物中心，为32.6%；所占比重最小的为特色商业街，为15.4%。

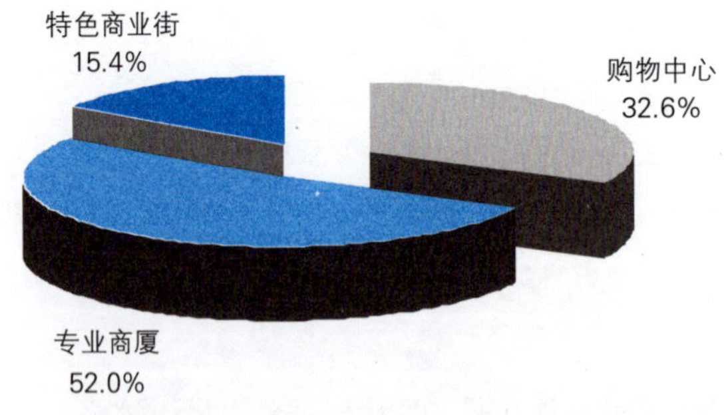

图5-15 2010年郑州二七商圈大型商业形态比例

数据来源：克而瑞CRED商业地产数据库，http://cred.cric.com

表5-3 郑州二七商圈主要商业项目

序号	项目编号	项目名称	建筑面积（平方米）	商业形态	开业时间	档次	经营情况	出租率
1	A1	大上海城	140 000	购物中心	2007-04-28	中端	一般	65%
2	A2	格瑞・印象城	72 528	购物中心	2009-09-25	中高端	良好	95%
3	A3	丹尼斯百货	81 850	专业商厦	1997-11-16	高端	良好	100%
4	A4	北京华联	92 000	专业商厦	2002-08-05	中端	一般	100%
5	A5	德化商业步行街	100 000	特色商业街	2002-12-28	中低端	良好	90%
6	A6	百盛购物广场	82 000	专业商厦	2002-12-20	中高端	良好	100%
7	A7	大商新玛特金博大店	60 000	专业商厦	2006-06-01	中高端	良好	80%
8	A8	郑州百货大楼	23 000	专业商厦	1955-10-31	中端	一般	100%

数据来源：克而瑞CRED商业地产数据库，http://cred.cric.com

商圈2 火车站商圈
郑州两大核心商圈之一

① 商圈范围

东至南关街，西至一马路，南至陇海路，北至正兴街。

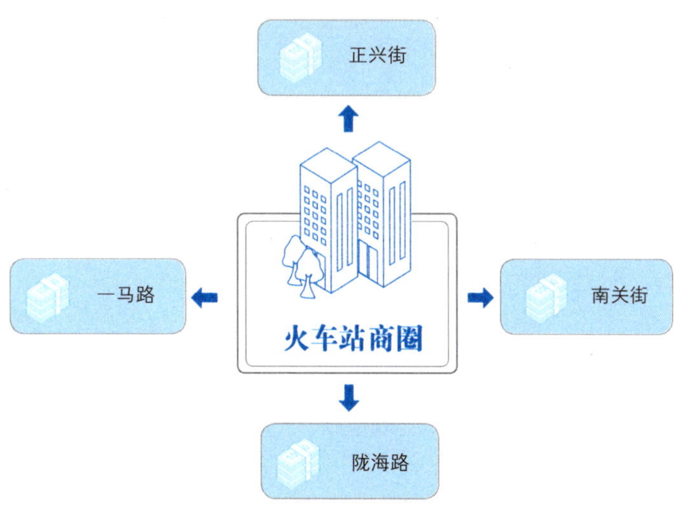

图5-16 郑州市火车站商圈范围示意图

② 商圈价值

火车站商圈是郑州两大核心商圈之一，该商圈以大同路为界，郑州火车站商圈的商业大致可分成两个部分：大同路以南形成以服装批发、通讯器材为主的区域；大同路以北形成了小商品、电子配件批发区。该商圈定位为中低端消费层次，以小白领和百姓阶层为主要消费群体。

火车站商圈内只有一种大型商业形态为市场，所占比重为100%。

图5-17 2010年郑州火车站商圈大型商业形态比例

数据来源：克而瑞CRED商业地产数据库，http://cred.cric.com

表5-4 郑州火车站商圈主要商业项目

序号	项目编号	项目名称	建筑面积（平方米）	商业形态	开业时间	档次	经营情况	出租率
1	B1	银基商贸城	320 000	市场	1995-10-06	中低端	良好	100%
2	B2	天隆服装城	90 090	市场	2007-01-01	中低端	良好	100%
3	B3	世贸商场M区	76 440	市场	2007-09-16	低端	良好	90%
4	B4	金智·万博商城	66 000	市场	2008-08-27	中低端	良好	100%

数据来源：克而瑞CRED商业地产数据库，http://cred.cric.com

商圈3 紫荆山商圈
商圈地处郑州行政区

① 商圈范围

东至金水路，西至金水路，南至金水路，北至农业路。

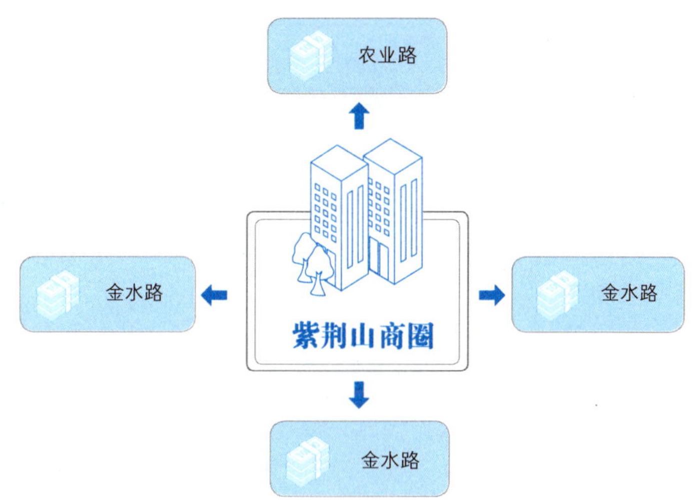

图5-18 郑州市紫荆山商圈范围示意图

② 商圈价值

紫荆山商圈是郑州市的次级商圈之一，该商圈以紫荆山百货大楼为起点，向北一直到农业路，成带状分布，向沿线辐射；商圈地处郑州行政区，河南省委、省政府、省政协、省公安厅、省司法厅以及检察院等政府单位分布在商圈内，其政治、文化教育的气氛较为浓厚，该区域的商业项目也以政府机关为主要目标客户，在房地产市场、商业物业发展的带动下，紫荆山商圈成为集休闲、购物、商务、娱乐、餐饮为一体的大型综合现代化商圈。该商圈定位为中高端消费层次，以时尚人士、成功人士、白领、小白领和百姓阶层为主要消费群体。

紫荆山商圈内共有两种大型商业形态，分别是专业商厦和购物中心。其中专业商厦所占比重最大，达到了87.5%，其余的12.5%为购物中心。

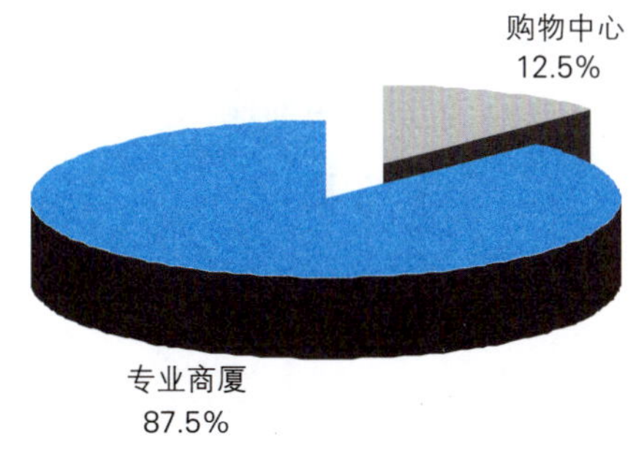

图5-19 2010年郑州紫荆山商圈大型商业形态比例

数据来源：克而瑞CRED商业地产数据库，http://cred.cric.com

表5-5 郑州紫荆山商圈主要商业项目

序号	项目编号	项目名称	建筑面积（平方米）	商业形态	开业时间	档次	经营情况	出租率
1	C1	郑州国贸360广场	40 000	购物中心	2010-01-23	中高端	一般	100%
2	C2	丹尼斯商厦	72 000	专业商厦	2008-05-28	中高端	良好	100%
3	C3	大商新玛特郑州总店	67 799	专业商厦	2008-09-14	中高端	良好	100%
4	C4	正道中环百货	54 000	专业商厦	2004-10-01	中高端	良好	100%

数据来源：克而瑞CRED商业地产数据库，http://cred.cric.com

商圈4 碧沙岗商圈
商圈处于中原政治、经济、文化核心地位

① 商圈范围

东起桐柏路，西至嵩山路，南起中原路，北至棉纺西路。

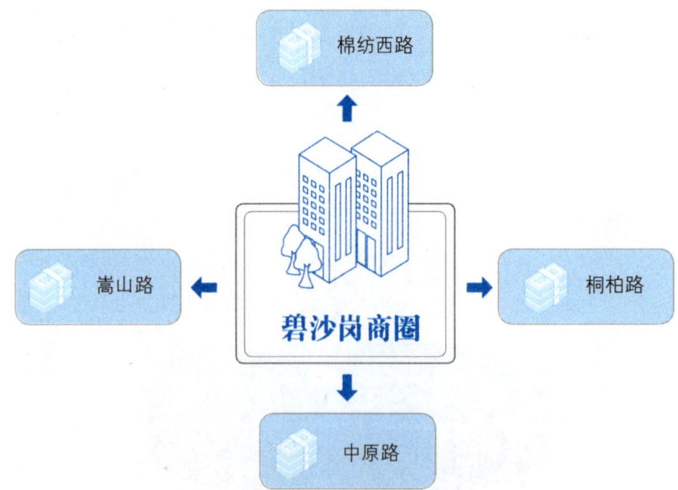

图5-20 郑州市碧沙岗商圈范围示意图

② 商圈价值

碧沙岗商圈也属于郑州市的次级商圈，商圈处于中原政治、经济、文化核心地位，扼守龙脉大道建设路与嵩山路交会处，市委、市政府、房地产交易中心、裕达国贸、友爱路精品街坐落于此，西临工人文化宫、南望绿城广场、北接碧沙岗广场，群艺宫、青少年宫、市科技馆、市博物馆等环绕四周。该商圈定位为中端消费层次，以时尚人士、小白领和百姓阶层为主要消费群体。

碧沙岗商圈内只有一种大型商业形态，为专业商厦，所占比重为100%。

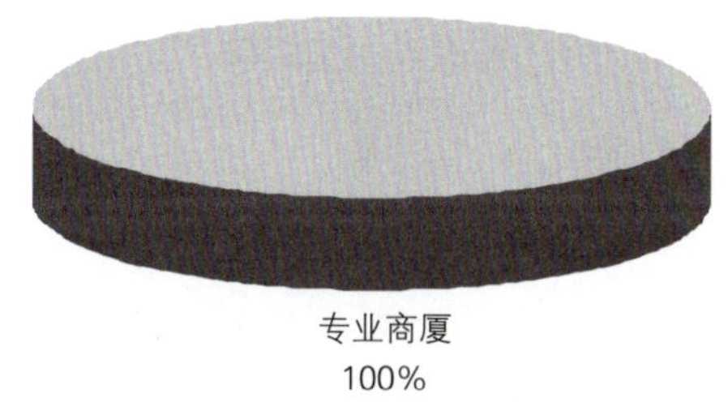

图5-21 2010年郑州碧沙岗商圈大型商业形态比例

数据来源：克而瑞CRED商业地产数据库，http://cred.cric.com

表5-6 郑州市碧沙岗商圈主要商业项目

序号	项目编号	项目名称	建筑面积（平方米）	商业形态	开业时间	档次	经营情况	出租率
1	D1	丹尼斯百货棉纺路店	32 850	专业商厦	1999-05-01	中低端	良好	100%
2	D2	中原商贸城	29 520	专业商厦	2003-03-20	中端	良好	100%
3	D3	大商超市建设路店	23 040	专业商厦	2007-09-18	中低端	良好	100%

数据来源：克而瑞CRED商业地产数据库，http://cred.cric.com

商圈5 郑东CBD商圈 郑州市唯一的新兴商圈

① 商圈范围

东起祭城路，西至商务外环西路，南起商务外环东路，北至农业东路。

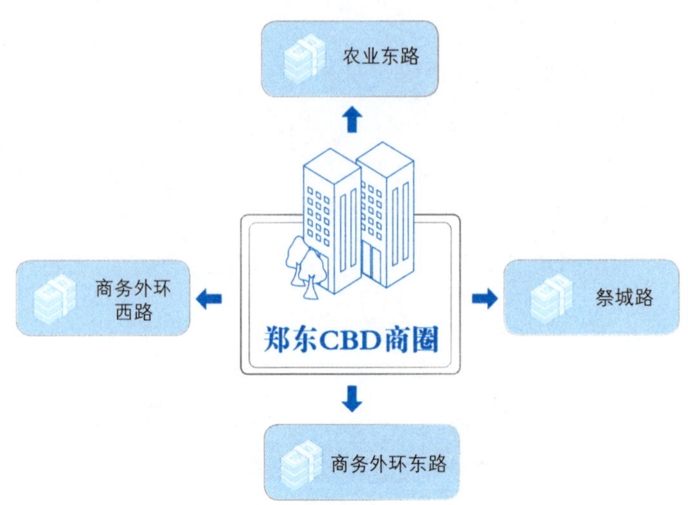

图5-22 郑州市郑东CBD商圈范围示意图

② 商圈价值

郑东CBD商圈是郑州市唯一的新兴商圈，该商圈定位为中高端，以吸引郑州市中高端客户群体为主，作为新兴的商圈，预计未来两年商业氛围将初步成形。

郑东CBD商圈内共有两种大型商业形态，分别是购物中心和特色商业街。其中购物中心所占比重最大，达到了52.5%；特色商业街占比重为47.5%。

图5-23 2010年郑州郑东CBD商圈大型商业形态比例

数据来源：克而瑞CRED商业地产数据库，http://cred.cric.com

表5-7 郑州郑东CBD商圈主要商业项目

序号	项目编号	项目名称	建筑面积（平方米）	商业形态	开业时间	档次	经营情况	出租率
1	E1	宝龙城市广场	231 997	购物中心	2008-06-20	中高端	差	83%
2	E2	CBD东环步行街	117 000	特色商业街	2011-02-28	中端	差	15%

数据来源：克而瑞CRED商业地产数据库，http://cred.cric.com

郑州整体租金水平

（1）购物中心首层租金水平

郑州市主要购物中心首层租金模式以固定租金模式为主。郑州市的主要购物中心基本都集中在其核心商圈的范围内，而且商圈内购物中心的租金水平远远高出其他商圈内购物中心的租金水平。

表5-8 郑州主要商圈购物中心租金

序号	项目编号	项目名称	所属商圈	首层租金［元/（米^2·天）］
1	A1	大上海城	二七商圈	11～17
2	A2	格瑞·印象城	二七商圈	零售：15～20；餐饮：12～15
3	C1	郑州国贸360广场	紫荆山商圈	7～10
4	E1	宝龙城市广场	郑东CBD商圈	2.0～2.5

数据来源：克而瑞CRED商业地产数据库，http://cred.cric.com.

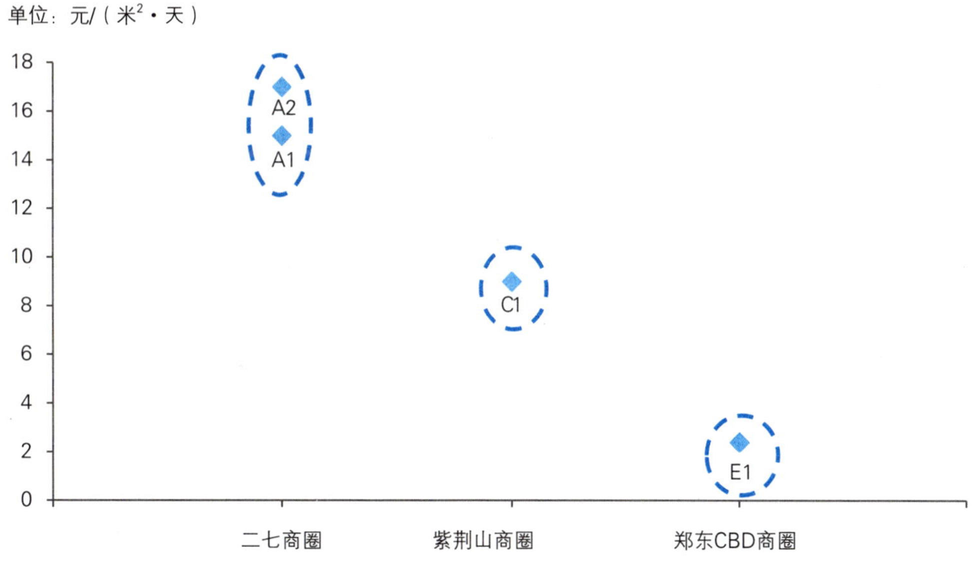

图5-24 2010年郑州主要购物中心租金分布

数据来源：克而瑞CRED商业地产数据库，http://cred.cric.com.

（2）百货租金水平

郑州市百货租金模式基本都为流水倒扣的形式。目前，现有的百货基本集中在了核心商圈中的二七商圈和次级商圈中的紫荆山商圈内。

表5-9 郑州主要百货租金

序号	项目名称	所属商圈	租金模式（扣点）
1	大商新玛特金博大店	二七商圈	23%~26%
2	百盛购物广场	二七商圈	25%~27%
3	北京华联	二七商圈	23%~25%
4	丹尼斯百货	二七商圈	25%~33%
5	大商新玛特郑州总店	紫荆山商圈	21%~24%
6	丹尼斯商厦	紫荆山商圈	22%~24%
7	正道中环百货	紫荆山商圈	19%~20%
8	正道花园商厦	紫荆山商圈	22%~24%

数据来源：克而瑞CRED商业地产数据库，http://cred.cric.com.

（3）其他商业类型租金水平

郑州市其他商业类型租金采用支付固定租金的支付方式，而且商业形态基本以市场为主导。其中最高租金水平的可达42~68元/（米^2·天），为银基商贸城，最低的租金水平仅有3~6元/（米^2·天），为郑州小商品城·汇金B座。

表5-10 郑州其他商业类型租金

序号	项目名称	商业形态	所属商圈	首层租金［元/（米^2·天）］
1	德化商业步行街	特色商业街	二七商圈	13~25
2	金智·万博商城	市场	火车站商圈	零售：5~16 餐饮：6.5~6.7
3	世贸商城M区	市场	火车站商圈	10~15
4	银基商贸城	市场	火车站商圈	42~68
5	郑州箱包城	市场	火车站商圈	10~13
6	天隆服装城	市场	火车站商圈	10~16
7	郑州小商品城·汇金A座	市场	火车站商圈	5~12
8	郑州小商品城·汇金B座	市场	火车站商圈	3~6
9	河南金林市场	市场	火车站商圈	10~17

数据来源：克而瑞CRED商业地产数据库，http://cred.cric.com.

郑州未来商业供应及发展趋势预测

2011年至2012年，郑州市中高端商业供给预计将新增30.4万平方米，且主要以购物中心和特色商业街两种商业形态为主，其中购物中心新增量预计将达到了21.1万平方米；特色商业街新增量预计为9.3万平方米。

表5-11 郑州未来主要商业项目供应

序号	项目名称	所属商圈	建筑面积（万平方米）	商业形态	开业时间	商业初步定位
1	中油国际名店街	郑东CBD商圈	9.3	特色商业街	2011-05	打造成为“中原商业第一街”
2	郑州中原万达广场	非商圈	21.1	购物中心	2012-11	集大型商业中心、休闲娱乐中心、高级写字楼、精品公寓、商业步行街为一体的大型城市综合体，成为郑州中原区新的城市商业中心

从以上图表的商业地产项目看，在未来几年里，郑州市西区将成为郑州商业角逐的重要战场。

首先，郑州西区的基础设施建设的齐全程度和消费群体的完整程度是其他区域所无法比拟的。从消费者的角度来分析，这一区域的人们绝大部分由于工作、生活、经济等原因将可能长期在这里生活下去，而周边各类企业和市场的职员大都需要就近购置房产，无疑会刺激房产的销售。同时，西区作为传统的教育行政集聚地，其区域内聚集了20多家大中专院校和科研机构，市委市政府和多家市直属事业单位也分布在此区域，稳定的公务员队伍蕴含着旺盛的购买力。另外，西区的自然环境优美，道路建设良好，配套建设非常完备。

其次，政策的引导为郑州西区的发展指明了方向，也为西区商业的发展提供了强大支撑；而众多商业项目的进驻和资金的投入将引发新一轮的西区商业集聚，为西区商业的重新繁荣提供了源源不断的动力；郑州地铁一号线的开工建设对于增进东西联动、完善城市商业格局起到了巨大的推动作用；再依托着良好的区位和基础设施的优势，西区商业的未来成长前景更加让人期待。

3 郑州市未来城市发展规划

建立“一核三组团”“三带一轴”的空间布局结构。

1 城市总体规划

（1）规划目标

到2020年，郑州将成为国家区域性中心城市、重要的商贸城市和枢纽城市，建成先进制造业和高新技术产业基地、现代服务业中心、现代农业示范区。

（2）总体布局

城市布局结构在黄河以南、南水北调中线工程以东、豫04公路以北、京珠高速公路以西选择城市建设用地。以中心组团为核心，各组团之间留有绿地系统分隔，形成相对独立的城市发展区。东西为主要发展方向。市区由中心组团、北部花园口组团、西部须水组团、东部圃田组团和东南部小李庄组团组成，采取“多中心、组团式”布局。

图5-25 郑州总体布局

（3）城镇规划

建立“一核三组团”“三带一轴”的空间布局结构。“一核”指中心城区，“三组团”即西部的上街—荥阳组团、东部的郑汴—中牟组团和南部的航空港组团，“三带”指中部城镇发展带、北部沿黄生态旅游带、南部生态防护带，“一轴”指沿主要交通通道的南北发展轴。

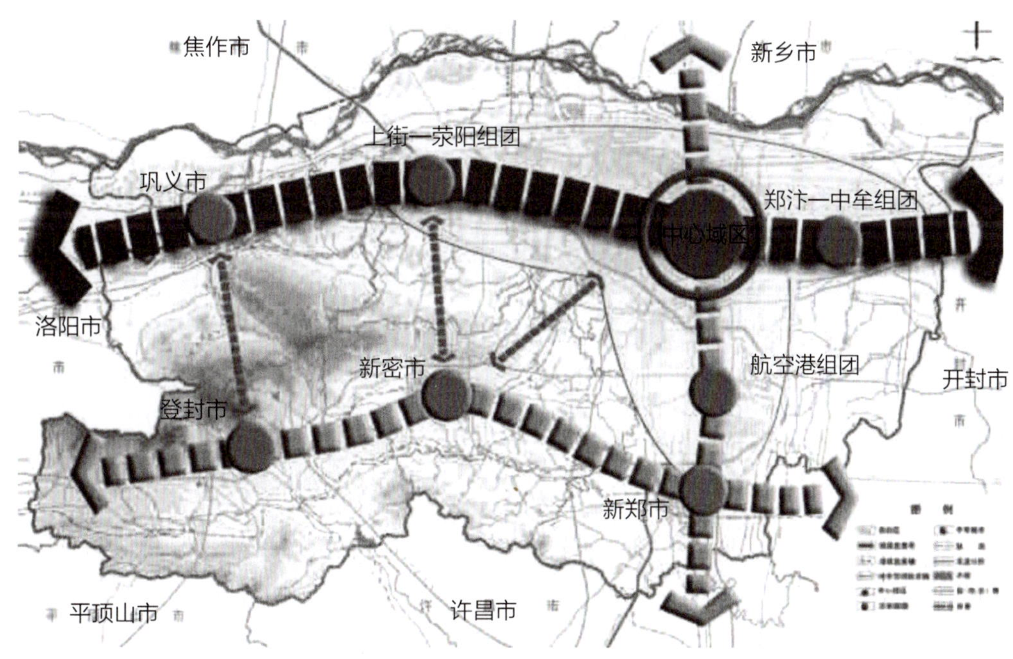

图5-26 郑州城镇空间网络规划

（4）交通规划

道路系统的主骨架为单中心环加放射状道路网布局，适应城市轴向发展的要求，并向城镇密集区的东西两翼延伸；南北向干道以中心城区各中心为放射点向南北放射，最终形成棋盘式路网布局，促进城市空间发展。规划形成“六横六纵”的快速路网体系。“六横六纵”的快速路网体系中，“六横”是指北环路、新龙路、科学大道—北三环—三环北路段、南四环，“六纵”是指西环路、西三环路—嵩山南路、京广路—沙口路、中州大道、东四环路—东四环南延线和疏港快速路。快速路网还包括中原西路、郑少高速公路连接线、机场高速公路连线及南四环东延线四条联络线，连接主要对外公路，承担城市进出通道功能。

图5-27 郑州道路网络规划

郑州轨道交通规划线网由六条线路组成，呈“三横两纵一环”的棋盘放射状结构，总长202.53千米。计划于2013年建成一号线、二号线一期工程45.39千米，初步形成十字型骨架；2020年前新建一号线、二号线二期、三号线、三号线一期工程，新增线路长度50.22千米，形成井字型骨架线网，线网长度达到95.61千米；2020年以后逐步完成全部线网的建设。郑州市轨道交通网形成后，将承担城市核心地区公交客运量的60%以上，形成轨道交通的主体地位；在市区其他功能片区公交客运量占比达30%以上，形成轨道交通的骨干地位。

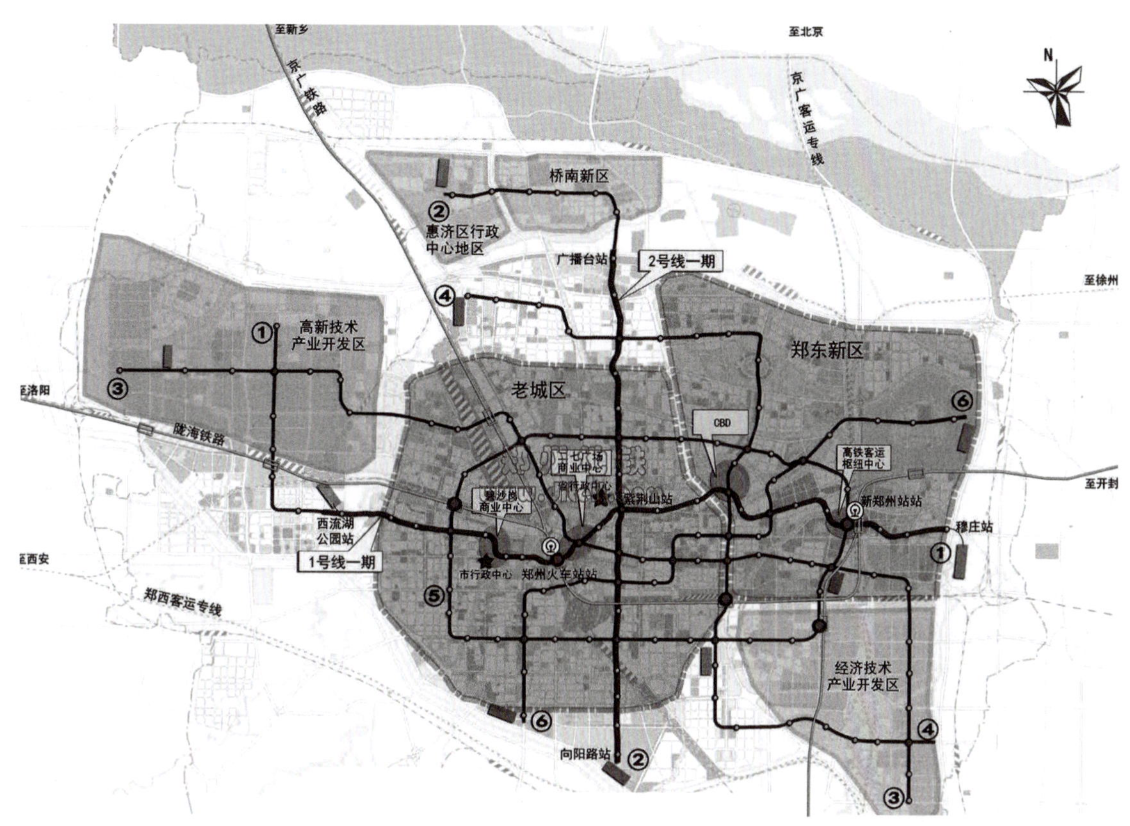

图5-28 郑州轨道交通线网

2 郑州中心城商业网点规划

根据商圈理论、商业网点性质和辐射范围，郑州市区商业网点建设分为市级商业中心、区域商业中心、社区商业三个层次。

（1）市级商业中心

市级商业中心是指商业网点高度聚集、经营服务功能完善、服务对象以本区域以外消费者为主的城市商业中心区。一般位于城市规划的中心商业区和历史形成的商业聚集地。市级商业中心规模大，商业网点多而密集，功能齐全，购物、餐饮、休闲、娱乐、文化、旅游、金融、邮电、商务等网点有机地集聚在一起，是全市商业最繁华的地区，也是反映城市经济发达程度的重要窗口，同时也是重要的城市旅游目的地，对国内外游客有着很强的吸引力。

（2）区域商业中心

区域商业中心是指商业中度聚集，商业服务功能比较完善，一般是位于居民聚居区、商务聚集地和公共交通集散地。零售商业网点设置以一个大型综合超市、一个大中型百货店和若干个专业店、专卖店及有一定规模的餐饮、服务网点为宜。以服务于本区域居民消费为主，兼有一定的集聚辐射功能。服务范围3～5平方千米，服务人口10万至15万人。

区域商业中心要结合各个区域的不同特点和商业发展的基础条件，分别突出购物、餐饮、娱乐、文化、休闲、服务等功能，形成各自特色。鼓励设置大型综合超市、专业店、专卖店、餐饮网点、文化娱乐网点；适度设置百货店、超市、便利店和金融、邮电、休闲、健身等服务网点；限制设置大型购物中心、仓储式商场。

（3）社区商业

社区商业是指以社区内居民为服务对象，以便民利民为宗旨，以优化居住环境、提高居民生活质量、满足居民综合消费为目标，提供日常生活需要的商品和服务的属地型商业。社区商业的服务对象主要是社区内的居民，应具备行业齐全、服务配套的特点，并以先进的商业业态和优美的商业环境，在满足社区居民日常生活需求的同时，更注重提供文化娱乐、休闲服务等多样化、个性化的综合消费。

社区商业建设应依靠各方力量，吸引多元资本，创新建设思路，建设发展融合各种新型业态、各种服务功能、无污染、不扰民的现代社区商业。社区商业网点设置要和不同社区居民的消费水平相适应，鼓励设置连锁超市、便利店、大众化餐饮店、药店、浴室、理发店、洗衣店、储蓄所、书报亭和维修回收点等；限制设置大型商业网点。社区商业应充分体现方便快捷的特点，服务半径以200米至500米为宜，保证居民走出家门后五分钟内就能享受到便利的商业服务。

小结

郑州是中国商战的发源地。20世纪90年代初，以亚细亚为代表的大型商场曾引领了中国新的商业模式。随着国际商家进入，原有的商业模式得到升级，以丹尼斯等为领航的新购物中心成为郑州商业的中心。目前郑州的大型购物中心数量已经超过杭州、西安等城市，位于国内前列。除零售业外，郑州凭借其地理优势成为南北方的重要物流中心，华南商品通过郑州输往华北、东北、西北等地。以郑州火车站商业圈为代表的郑州国际小商品城等批发市场，是中国承接南北货物流通的重要窗口，以郑州陈寨为核心的农产品和花卉物流中心，其价格直接影响中国北方区域相关产品价格。

目前，郑州东区已经发展成熟，而北区和南区都受制于地理条件，只有西区的区位优势明显，资源丰富；因此郑州向西发展，是郑州扩大城市框架的必然选择。因此无论从政策机遇上，还是市场机会上，郑州西区获得大发展的契机都已来临，也可使郑州东西区发展达到均衡，而且具有举足轻重的历史意义。

2010年商业地产市场报告

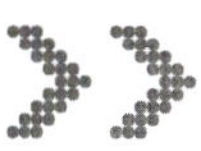

1 武汉市商业地产七项宏观经济指标分析

第三产业占比将进一步扩大，服务业对经济的支撑作用将进一步明显。

指标1 宏观指标

武汉市2009年国民经济生产总值约为4561亿元，比上年增长13.7%，从整体增幅来看，2005年至2009年增幅呈先升后降趋势，在2007年达到近五年增速最大水平，为15.6%。而在2008年遭遇全球金融危机之后，增幅开始下降。但是尽管如此，其增长势头依然强劲，武汉GDP整体水平稳中有升。

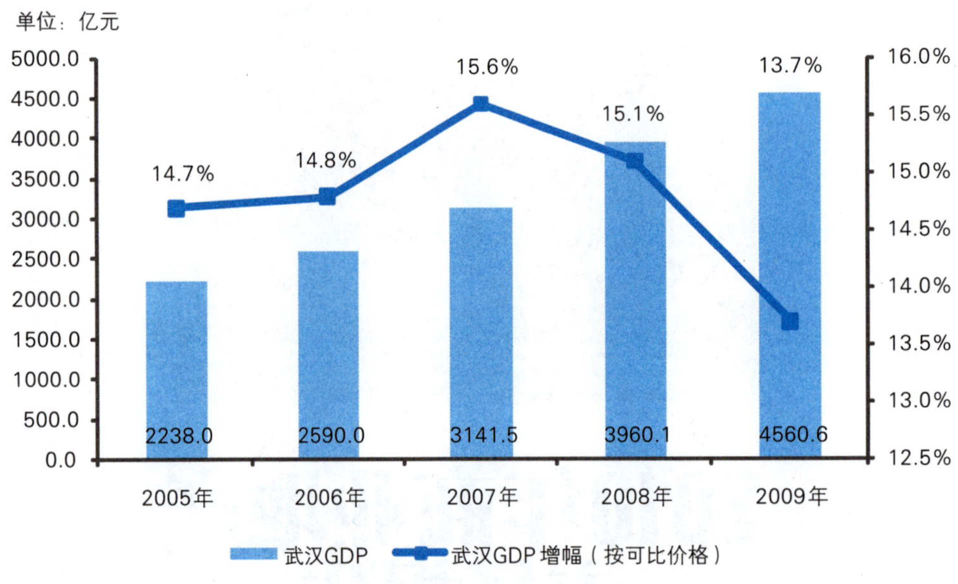

图5-29 2005—2009年武汉GDP及增幅

数据来源：克而瑞CRED商业地产数据库，http://cred.cric.com

指标2 产业结构

自2005年以来，武汉第一产业逐年呈下降趋势，由2005年的4.9%下降到3.3%，而第二产业和第三产业则呈上升趋势。第三产业的比值早已超过第二产业，表明武汉市产业结构正在进一步演变，已经进入经济发展的新阶段。未来第三产业占比将进一步扩大，服务业等对经济的支撑作用将进一步明显。

2009年，武汉第一产业增加值149.06亿元，较上年增长1.6%；第二产业增加值2142.14亿元，较上年增长16.0%；第三产业增加值2269.42亿元，较上年增长12.5%。2009年一、二、三产业比重为3.2：47.0：49.8。武汉市的整体产业结构较为合理。

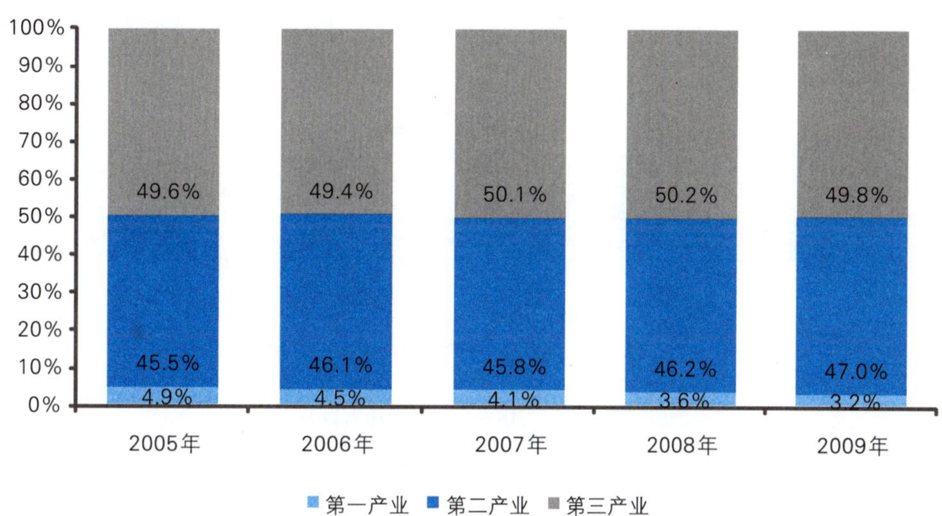

图5-30 2005—2009年武汉三大产业结构比例

数据来源：克而瑞CRED商业地产数据库，http://cred.cric.com

城市人口

武汉市的常住人口自2005年至2009年呈逐年递增的态势，但其增长幅度却逐年递减，自2006年起，增幅由2.0%开始下降，到2009年增幅为0.3%左右。武汉作为劳务型输出城市，对比同样是劳务输出型的重庆市，增幅较低（重庆2009年增长率为0.7%），从一个侧面体现了武汉市目前经济水平还不够发达，对外来人口的吸引力不足。

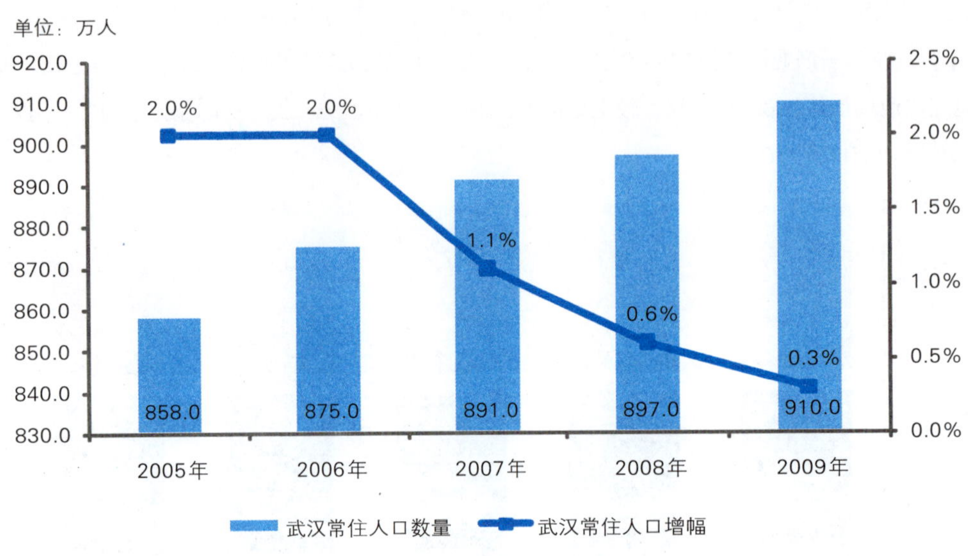

图5-31 2005—2009年武汉常住人口及增幅

数据来源：克而瑞CRED商业地产数据库，http://cred.cric.com

指标4 城市化率

武汉市的城市化率总体处于较为平稳的态势。自2005年武汉的城市化率从52.0%突增到63.4%以来，从2006年到2009年该市的城市化率始终保持在64%左右，其城市化率保持稳定，为该市的商业发展提供了良好的商业环境。

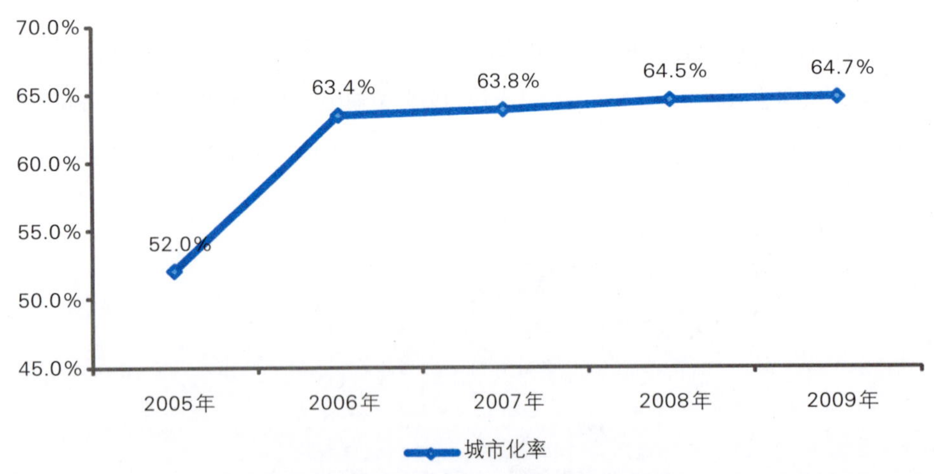

图5-32 2005—2009年武汉城市化率

数据来源：克而瑞CRED商业地产数据库，http://cred.cric.com

指标5 经济效益

近年来武汉市的人均GDP一直保持着平稳的增长势头。2005年武汉市生产总值达2238亿元，人均生产总值达26 083.9元，折合3245美元，首次突破3000美元；而根据该市的“十一五”规划，到2010年，武汉人均生产总值将达到5000美元，全市生产总值年均增长12%。从2006年以来，武汉市的人均生产总值一直保持着快速稳定的增长，尤其是在2007年达到增长的高峰。而从2008年以来，由于受金融危机的影响，武汉市人均GDP的增幅有所下降。

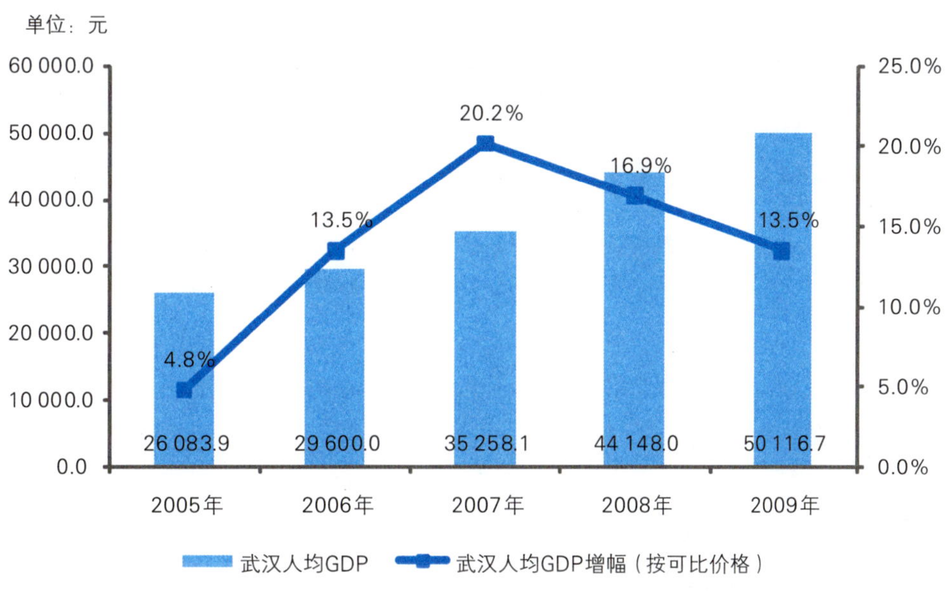

图5-33 2005—2009年武汉人均GDP及增幅

数据来源：克而瑞CRED商业地产数据库，http://cred.cric.com

指标6 城镇居民生活质量

2005年以来，武汉人均可支配收入呈逐年增长的态势，其增长幅度在13%～16%之间。2009年人均可支配收入达18 385.0元，增长率为10.0%；而当年湖北省全省人均可支配收入为14 367.0元，增长率为9.2%。由此可见武汉在湖北省处于领先地位。

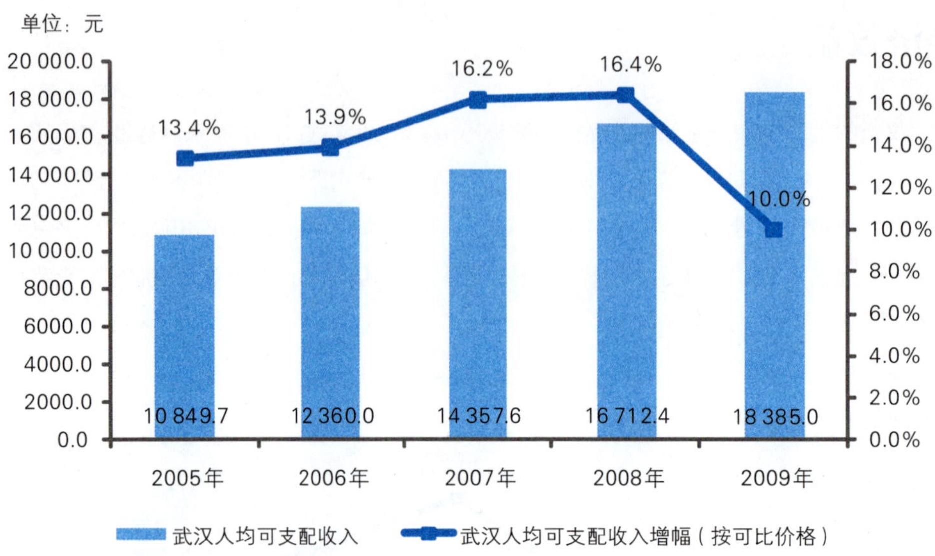

图5-34 2005—2009年武汉人均可支配收入及增幅

数据来源：克而瑞CRED商业地产数据库，http://cred.cric.com

2005年至2009年武汉人均消费性支出呈逐年上升趋势，而增幅则先增后减，到2007年上升到15.4%后，于2008年开始下降，在经历金融风暴后，其增幅于2009年开始回升，为11.2%。

从该市人均消费性支出的构成情况来看，食品类所占比例自2005年到2008年逐年增加，到2009年逐渐下降。恩格尔系数的增加除了物价上涨等因素外，另一方面也反映了武汉市居民的生活水平受到了一定的影响。

除食品外，在武汉市城镇居民人均消费性支出中占了较大比例的分别为衣着、教育文化以及交通通讯，可见武汉城镇居民在相关方面的消费较多。

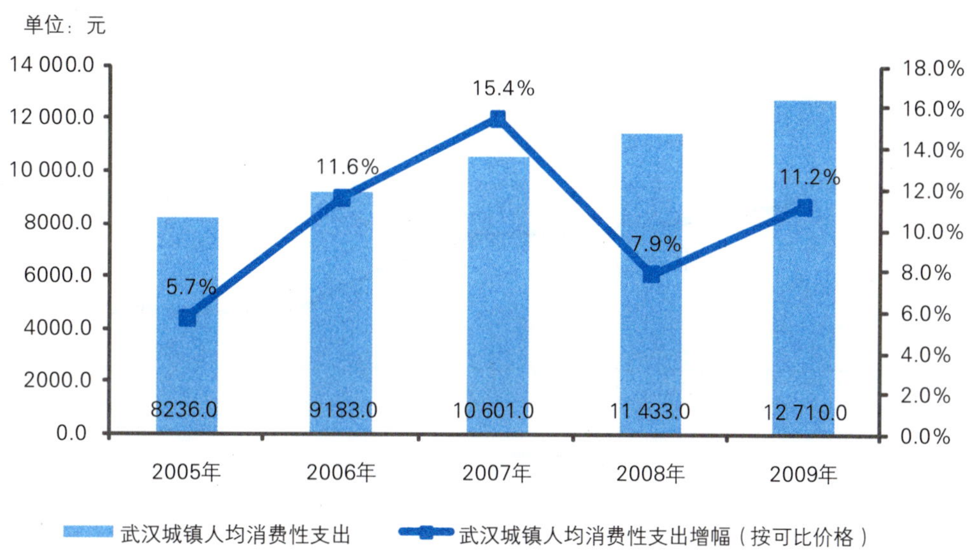

图5-35 2005—2009年武汉城镇人均消费性支出及增幅

数据来源：克而瑞CRED商业地产数据库，http://cred.cric.com

表5-12 2005—2009年武汉城镇居民人均消费性支出构成

构成＼年份	2005年		2006年		2007年		2008年		2009年	
	元	%	元	%	元	%	元	%	元	%
总支出	8236	100	9183	100	10 601	100	11 433	100	12 710	100
食品	3192	38.8	3563	38.8	4366	41.2	4880	42.7	5110	40.2
衣着	932	11.3	1037	11.2	1142	10.8	1239	10.8	1420	11.2
家庭设备用品	440	5.3	443	4.8	692	6.5	1101	9.6	1052	8.3
医疗保健	754	9.2	772	8.4	771	7.3	763	6.7	889	7.0
交通通讯	766	9.3	991	10.8	1008	9.5	927	8.1	1283	10.0
教育文化	1021	12.4	1126	12.3	1258	11.8	1144	10.0	1407	11.1
居住	916	11.1	1034	11.3	1120	10.6	1095	9.6	1150	9.0
其他	215	2.6	217	2.4	244	2.3	284	2.5	399	3.2

数据来源：克而瑞CRED商业地产数据库，http://cred.cric.com

武汉边际消费倾向基本呈下降趋势，表明武汉城镇居民的人均消费性支出在人均可支配收入中所占的比重逐渐降低，生活水平逐渐提高。由于受到金融危机的影响，市民的消费能力随之也受到影响，因此在2009年时边际消费倾向有所上升，但幅度很小，其总体趋势依然平稳。

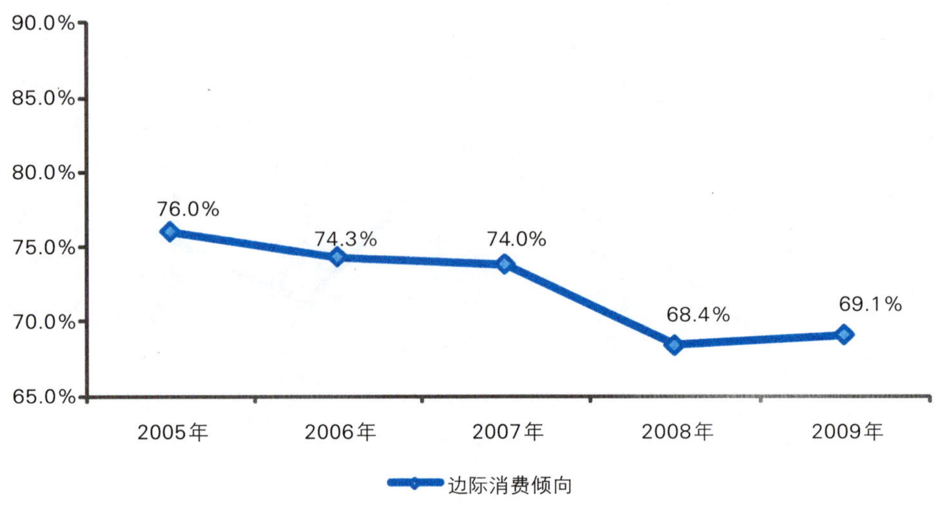

图5-36 2005—2009年武汉边际消费倾向

数据来源：克而瑞CRED商业地产数据库，http://cred.cric.com

指标7 商业需求

2005年至2009年，武汉市社会消费品零售总额总体呈上升趋势，但增幅起伏较大，其中2006年增幅最低，为14.6%，而2008年增幅最高，达到21.9%。2009年，由于受到金融风暴影响，其增幅比2008年下降了5.2个百分点。近五年总体看来一直保持着16%左右的增长幅度，这说明武汉市消费水平不断提高。

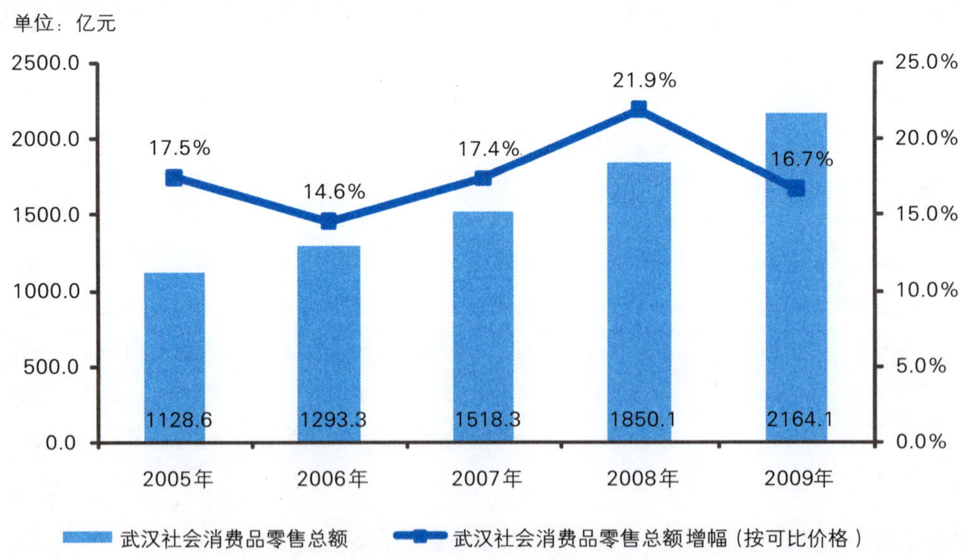

图5-37 2005—2009年武汉社会消费品零售总额及增幅

数据来源：克而瑞CRED商业地产数据库，http://cred.cric.com

武汉市人均社会消费品零售总额总体也呈上升趋势，但增幅与社会零售品总额的增幅不同，在2005年至2008年均呈上升趋势，仅在2009年下降。

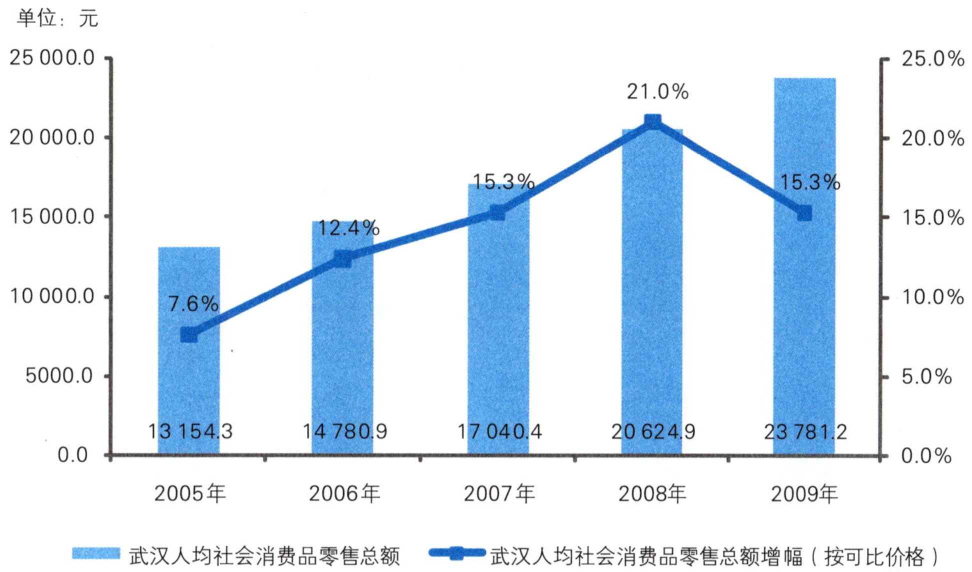

图5-38 2005—2009年武汉人均社会消费品零售总额及增幅

数据来源：克而瑞CRED商业地产数据库，http://cred.cric.com.

2 武汉市整体商业市场环境研究

即将进入城市综合体阶段，未来商业将有较大上升空间。

1 现有商业供应情况

截至2010年底，武汉市商业总存量约为1019.21万平方米，其中大型商业存量约为293.68万平方米。按常住人口计算，2010年武汉市的人均商业面积达到了1.1平方米左右，实现了其商业网点规划的任务。武汉市现有的商业类型主要有购物中心、专业商厦（包括百货、家居、建材、书店、体育、电子等）、市场、特色商业街、社区配套、办公配套等，其中专业商厦、购物中心以及市场所占的比重较大，分别为48%、14%和14%。

武汉整体商业市场特征表现为：第一，商业网点众多，档次不够；第二，传统零售业态的比重较大，购物中心等新型业态属于发展期。根据相关数据显示，武汉市的商业结构以百货、超市和专卖店为主，代表新型商业的购物中心项目虽然已经占有一定比重，但是作为当今的主流大型商业物业，其比重仍显不足。

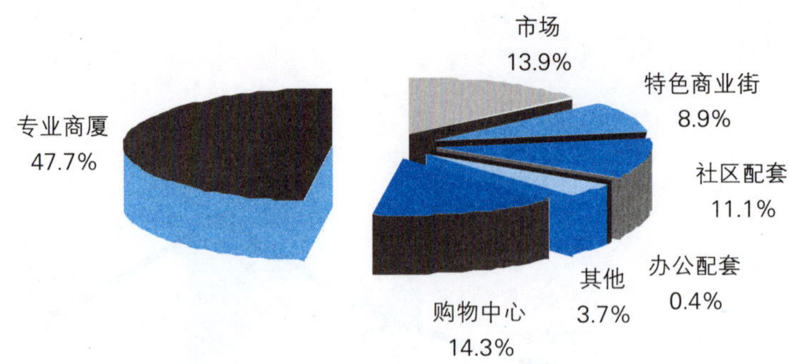

图5-39 2010年武汉大型商业形态比例

数据来源：克而瑞CRED商业地产数据库，http://cred.cric.com

九大主要商圈描述

武汉以江汉路商圈、中南路商圈为代表的中心城区商圈一直是武汉商业的"温度计"，而自2005年商圈格局重整之后，武汉市的商圈格局如今已进入多商圈的时代，围绕着武广商圈、街道口商圈、江汉路商圈等核心，向东西方向延伸，衍生了诸如徐东商圈、钟家村商圈等次级商圈以及王家湾商圈、光谷商圈等一批新兴商圈。

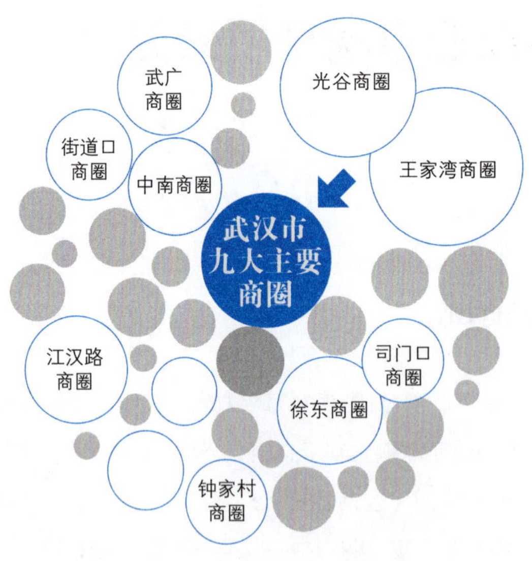

图5-40 武汉市九大主要商圈

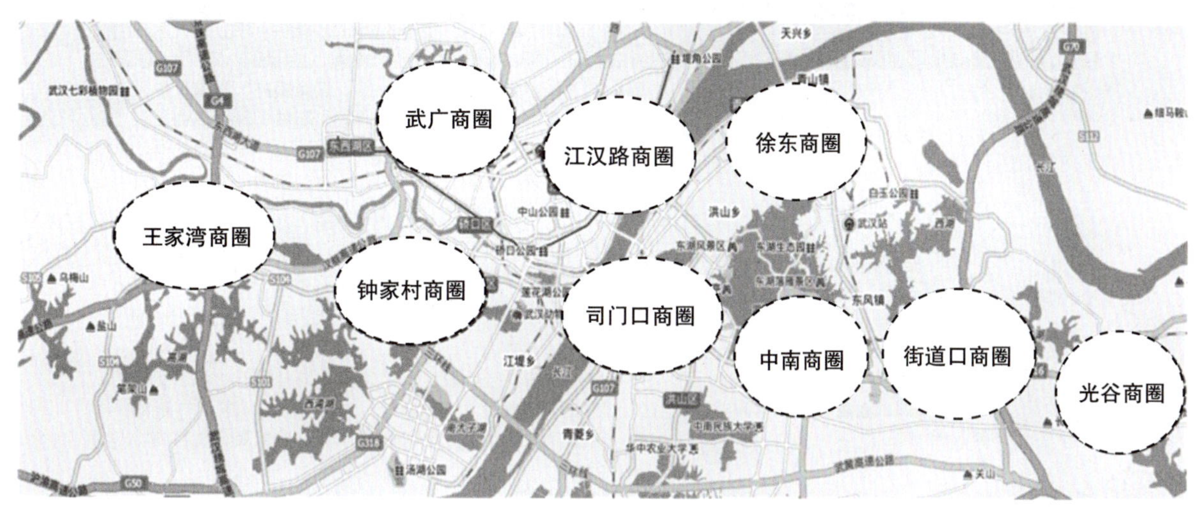

图5-41 2010年武汉主要商圈分布

表5-13 武汉主要商圈

序号	商圈编号	商圈名称	商圈级别	区域属性	特征	主要零售物业
1	A	武广商圈	核心商圈	商业区	**档次：**中高端 **目标客群：**时尚人士、白领、小白领 **主要商业类型：**专业商厦	武汉广场购物中心、世贸广场购物中心、武汉国际广场购物中心、武汉庄胜崇光百货商场、新世界中心店
2	B	街道口商圈	核心商圈	商业区	**档次：**中高端 **目标客群：**时尚人士、小白领、白领、百姓阶层 **主要商业类型：**购物中心、专业商厦	群光广场、乐天城购物广场、亚贸广场、未来城购物中心、武汉红旗家具博览中心
3	C	中南商圈	核心商圈	商业区	**档次：**中端 **目标客群：**时尚人士、小白领 **主要商业类型：**专业商厦	路仕丹百货广场、银泰百货、中商广场购物中心、中南商业大楼
4	D	江汉路商圈	核心商圈	商业区	**档次：**中高端 **目标客群：**时尚人士、小白领、白领 **主要商业类型：**购物中心、专业商厦、特色商业街	泰源轻纺城、新佳丽时尚广场、武汉万达商业广场、nova科技王、江汉路步行街

（续表）

序号	商圈编号	商圈名称	商圈级别	区域属性	特征	主要零售物业
5	E	钟家村商圈	次级商圈	商业区	**档次：**中低端 **目标客群：**百姓阶层 **主要商业类型：**购物中心、社区配套	汉商银座、闽东·中天国际城、新世界百货汉阳店、都市兰亭底商、汉阳商场
6	F	徐东商圈	次级商圈	住宅区	**档次：**中低端 **目标客群：**百姓阶层 **主要商业类型：**购物中心、专业商厦、特色商业街	格兰大道、新干线数码广场、新世界徐东店、武汉销品茂、欧亚达家居徐东店
7	G	司门口商圈	次级商圈	商业区	**档次：**中低端 **目标客群：**百姓阶层、时尚人士、小白领 **主要商业类型：**专业商厦、市场	五环峰国际广场、司门口假日乐园、广东商城、宜家装饰材料广场
8	H	王家湾商圈	新兴商圈	商业区	**档次：**中低端 **目标客群：**百姓阶层、时尚人士、小白领、 **主要商业类型：**购物中心、专业商厦	海天欢乐购、武汉摩尔城、大洋百货龙阳店、欧亚达家居汉阳店、金马凯旋家居王家湾店
9	I	光谷商圈	新兴商圈	文教区	**档次：**中低端 **目标客群：**百姓阶层 **主要商业类型：**专业商厦、特色商业街	光谷时代广场、光谷国际广场、巴黎豪庭、金鑫国际家居（珞喻路）购物广场、光谷步行街·现代风情街

商圈1 武广商圈
汉口传统核心商业区

① 商圈范围

东至双洞正街，西至青年路，南至京汉大道，北至万松园横路。

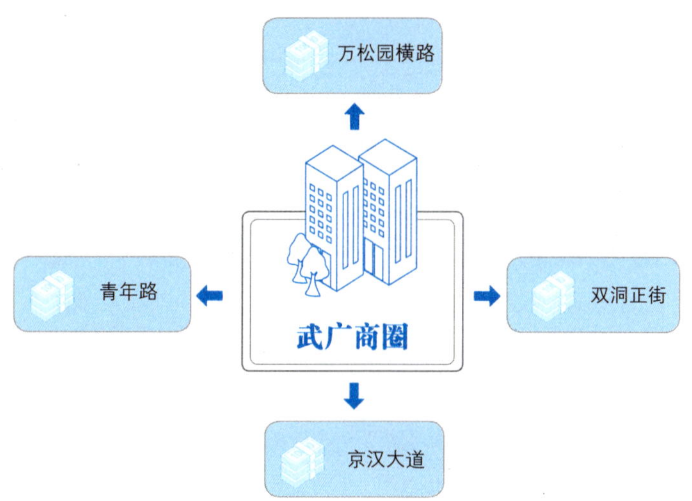

图5-42 武汉市武广商圈范围示意图

② 商圈价值

武广商圈是汉口传统的商业区，也是武汉最重要的商业街区之一。该商圈以武汉广场为核心，主要以零售商业为主，属典型的点对面商业模式，以武汉广场等大型购物中心为龙头，带动周边形成购物、餐饮、休闲等联动的商业局面。高端社区、写字楼林立，为该商圈提供了大量的固定消费者。随着周围高端写字楼和高端住宅日益增多，再加上新世界中心写字楼和住宅的客户入驻，该商圈升值潜力巨大。该商圈内还有被称为城市“绿肺”的中山公园，能够协助吸引并留住人流。

武广商圈为核心商圈，区域属性为商业区，档次为中高端。该商圈主要目标市场为白领、成功人士、小白领，其主要商业类型为专业商厦。

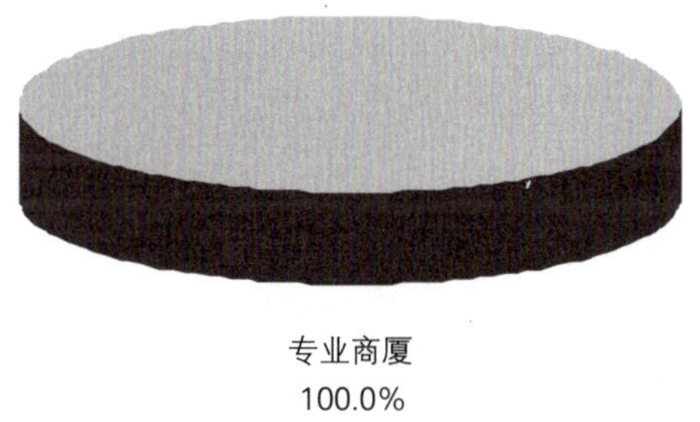

图5-43 2010年武汉武广商圈大型商业形态比例

数据来源：克而瑞CRED商业地产数据库，http://cred.cric.com

表5-14 武汉武广商圈主要商业项目

序号	商圈编号	项目名称	建筑面积（平方米）	商业形态	开业时间	档次	经营情况	出租率
1	A1	武汉国际广场购物中心	56 000	专业商厦	2007-09	中高端	一般	100%
2	A2	世贸广场购物中心	68 000	专业商厦	1999-09	中端	一般	100%
3	A3	武汉广场购物中心	80 000	专业商厦	1996-09	中端	优	100%
4	A4	汉商新武展购物广场	22 000	专业商厦	2001-09	中端	良好	100%
5	A5	武汉庄胜崇光百货商场	33 600	专业商厦	2000-08	中端	一般	100%
6	A6	新世界中心店	32 500	专业商厦	2006-09	中高端	一般	100%
7	A7	中百仓储友谊路店	15 000	专业商厦	2003-12	低端	良好	100%

数据来源：克而瑞CRED商业地产数据库，http://cred.cric.com.

商圈2 街道口商圈 武昌新兴核心商业街区

① 商圈范围

东至广埠屯，西至华中医院，南至武汉工业大学，北至珞珈山。

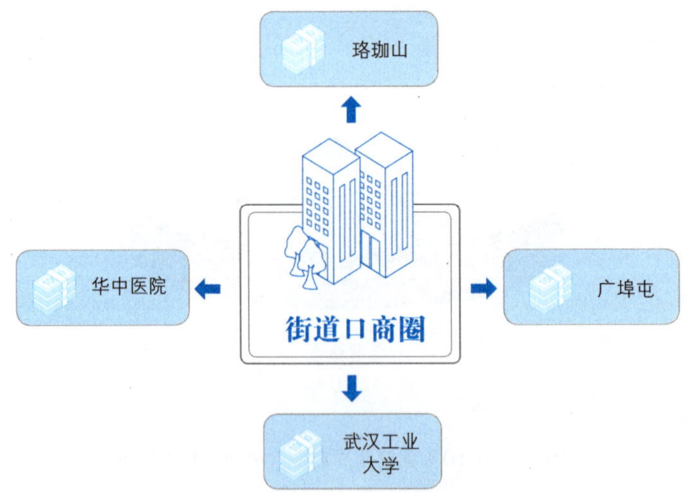

图5-44 武汉市街道口商圈范围示意图

② 商圈价值

街道口商圈是武昌新兴的商业街区，集结了武昌最高端的百货和武汉市最齐全的电脑卖场，还有最大的超市，商圈商业气氛浓厚。街道口周边学校众多，高校师生是该商圈主要的消费群体，而且随着群光广场和新世界百货武昌店对进驻品牌不断洗牌优化，该商圈也吸引了武昌的高端消费群体。该商圈电脑专业市场已经相当成熟，覆盖面已经遍及武汉三镇。

街道口商圈为核心商圈，区域属性为商业区，档次为中高端，其主要商业类型有购物中心和专业商厦。

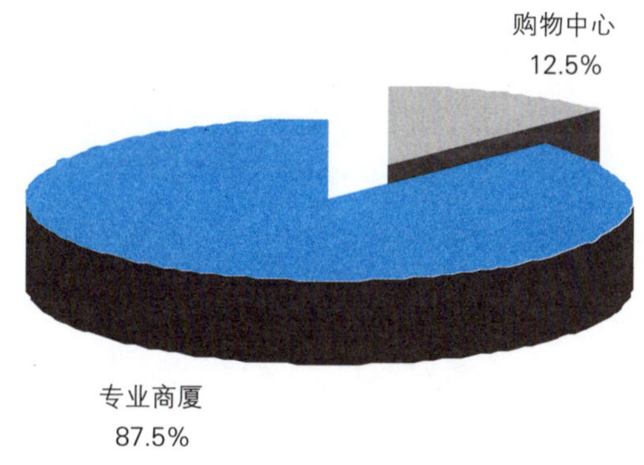

图5-45 2010年武汉街道口商圈大型商业形态比例

数据来源：克而瑞CRED商业地产数据库，http://cred.cric.com

表5-15 武汉街道口商圈主要商业项目

序号	项目编号	项目名称	建筑面积（平方米）	商业形态	开业时间	档次	经营情况	出租率
1	B1	乐天城购物广场	62 000	购物中心	2010-05	中低端	良好	95%
2	B2	武汉红旗家具博览中心	30 000	专业商厦	2005-08	中高端	良好	99%
3	B3	武汉广埠屯资讯广场	26 000	专业商厦	2006-03	中端	良好	100%
4	B4	新世界街道口店	23 000	专业商厦	2005-10	中高端	一般	100%
5	B5	群光广场	88 000	专业商厦	2003-09	中高端	优	100%

数据来源：克而瑞CRED商业地产数据库，http://cred.cric.com.

商圈3 中南商圈 武昌传统成熟商圈

① 商圈范围

东至丁字桥，西至梅苑路，南至武珞路，北至白鹭街。

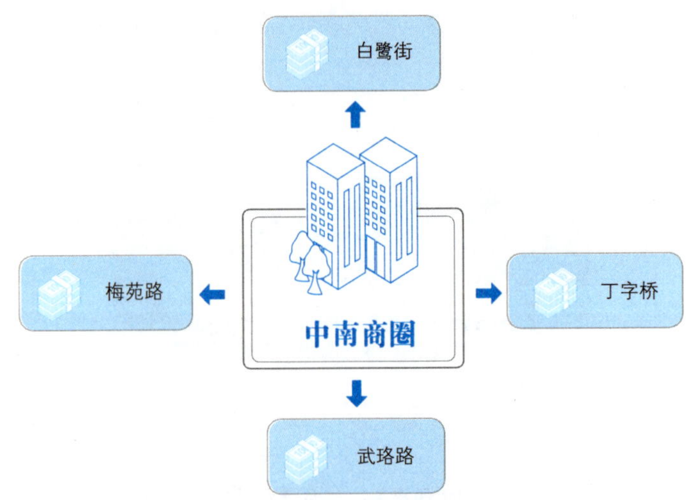

图5-46 武汉市中南商圈范围示意图

② 商圈价值

中南商圈位于武昌洪山区，为武昌规模最大、最集中、最密集的商业街区。其核心区域为中南路，延至武珞路段与友谊大道，连接徐东商圈和街道口商圈，并与水果湖商业步行街相望。该商圈是武昌传统的成熟商圈，百货扎堆，业态比较丰富，所以其辐射区域遍及整个武昌，而且该区域政府机构林立，消费潜力强大，但商业档次不高，有待提升。

中南商圈为核心商圈，区域属性为商业区，档次为中低端。该商圈主要目标市场为时尚人士、小白领，其主要商业类型为专业商厦。

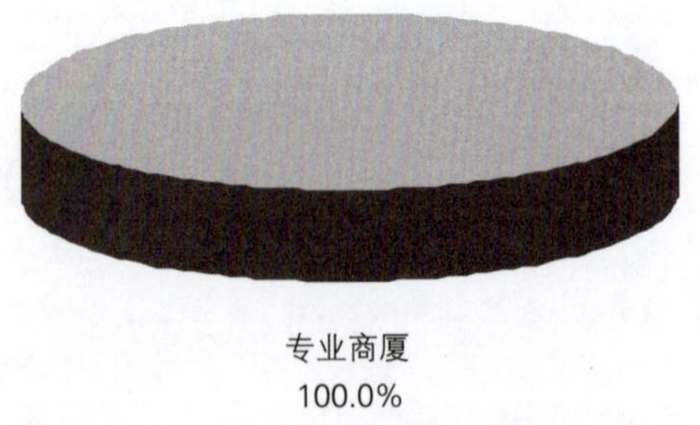

图5-47 2010年武汉中南商圈大型商业形态比例

数据来源：克而瑞CRED商业地产数据库，http://cred.cric.com

表5-16 武汉中南商圈主要商业项目

序号	项目编号	项目名称	建筑面积（平方米）	商业形态	开业时间	档次	经营情况	出租率
1	C1	路仕丹百货广场	20 000	专业商厦	2008-06	中低端	一般	100%
2	C2	银泰百货	30 000	专业商厦	2004-05	中端	一般	100%
3	C3	中南商业大楼	20 000	专业商厦	1985-01	中低端	良好	100%
4	C4	中商广场购物中心	30 000	专业商厦	1997-09	中端	良好	98%

数据来源：克而瑞CRED商业地产数据库，http://cred.cric.com.

商圈4 江汉路商圈
汉口商业核心区

① 商圈范围

东至大智路，西到民族路，南至江滩，北到京汉大道。

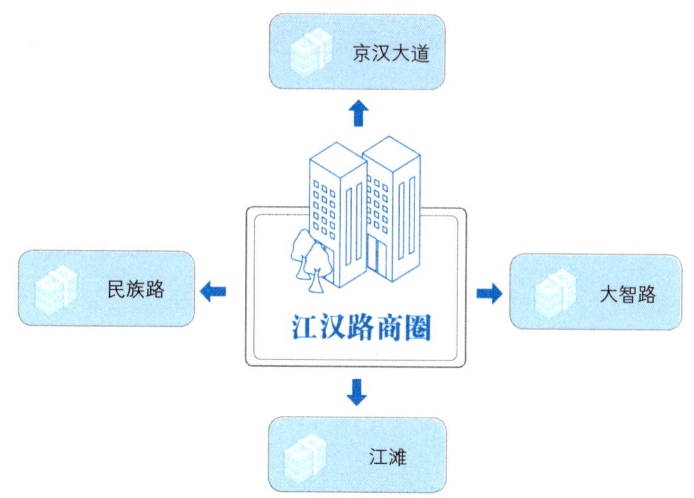

图5-48 武汉市江汉路商圈范围示意图

② 商圈价值

江汉路商圈为汉口商业核心区，是武汉规模最大、最集中的商业街区。该商圈以中山大道为主轴，连通江汉路、南京路、六渡桥沿线。而中山大道则主要以大型百货、购物中心、超市以及临街店铺为主，商圈商业气氛相当浓厚，集中了本地中高端消费水平的各种零售类型，江汉路商圈主流购买群体年龄在18岁至30岁。由于百年历史的沉淀，江汉路成为购物和旅游的最佳结合地，有着其他商圈无与伦比的优势。

江汉路商圈为核心商圈，区域属性为商业区，档次为中高端。该商圈主要目标市场为时尚人士、小白领、白领，其主要商业类型有购物中心、专业商厦和特色商业街。

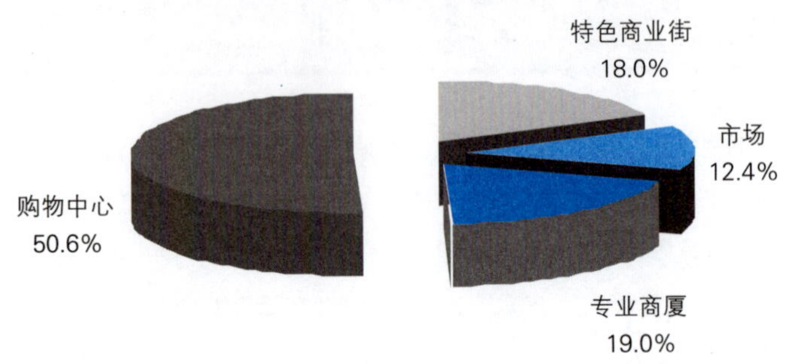

图5-49 2010年武汉江汉路商圈大型商业形态比例

数据来源：克而瑞CRED商业地产数据库，http://cred.cric.com

表5-17 武汉江汉路商圈主要商业项目

序号	项目编号	项目名称	建筑面积（平方米）	商业形态	开业时间	档次	经营情况	出租率
1	D1	泰源轻纺城	55 000	市场	2008-12	中端	良好	98%
2	D2	武汉万达商业广场	130 000	购物中心	2004-09	中端	优	100%
3	D3	新佳丽时尚广场	55 200	购物中心	2008-04	中低端	一般	100%
4	D4	nova科技王	10 000	专业商厦	2004-06	中低端	一般	80%

数据来源：克而瑞CRED商业地产数据库，http://cred.cric.com.

商圈5 钟家村商圈 汉阳传统的商业旺区

① 商圈范围

东至汉阳公园，西到西桥路，南至西大街，北到大桥路。

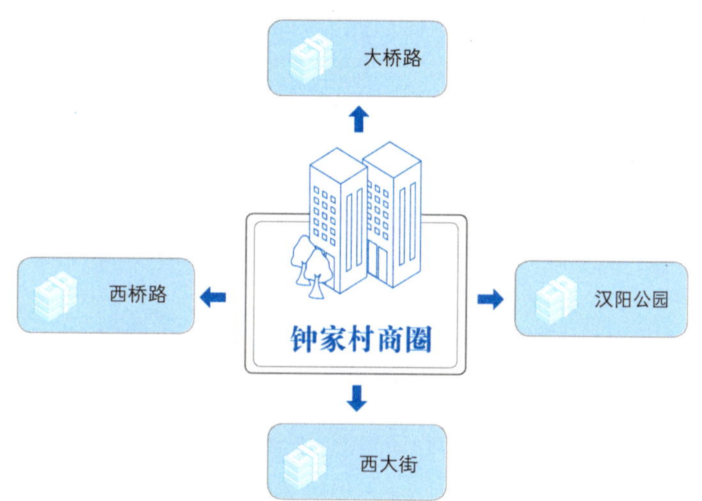

图5-50 武汉市钟家村商圈范围示意图

② 商圈价值

钟家村是武汉商业上市公司汉商集团的总部所在，为汉阳传统的商业旺区，商圈商业气氛较为浓厚。汉阳商业方面比较薄弱，钟家村商圈的辐射面也较小，基本上以汉阳居民为主，而且消费档次不高，购物环境一般，但作为一个规划中的市级商业副中心，在商业经营环境和配套上还亟待改善。

钟家村商圈为次级商圈，区域属性为商业区，档次为中低端。该商圈主要目标市场为百姓阶层，其主要商业类型有社区配套、购物中心以及专业商厦。

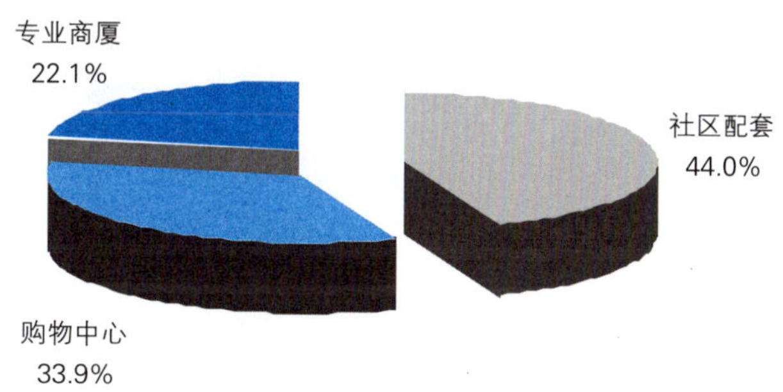

图5-51 2010年武汉钟家村商圈大型商业形态比例

数据来源：克而瑞CRED商业地产数据库，http://cred.cric.com

表5-18 武汉钟家村商圈主要商业项目

序号	项目编号	项目名称	建筑面积（平方米）	商业形态	开业时间	档次	经营情况	出租率
1	E1	闽东·中天国际城	42 343	社区配套	2009-09	中端	良好	80%
2	E2	都市兰亭底商	6468	社区配套	2008-06	中低端	良好	100%
3	E3	新世界百货汉阳店	43 000	专业商厦	2008-11	中高端	优	80%
4	E4	汉阳商场	24 528	专业商厦	1991-03	中低端	一般	100%

数据来源：克而瑞CRED商业地产数据库，http://cred.cric.com.

商圈6 徐东商圈
商圈组合以中低端生活类商品为主

① 商圈范围

东至和平新村，西至宏昌路，南至团结路，北至友谊大道。

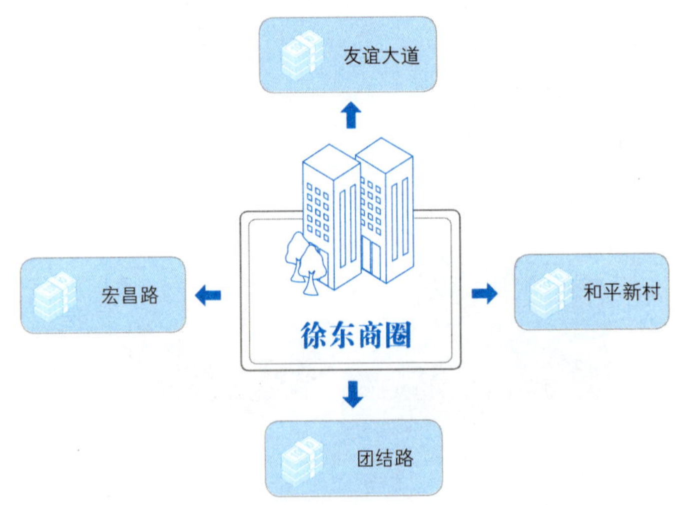

图5-52 武汉市徐东商圈范围示意图

② 商圈价值

徐东商圈地处武汉内环线主干道，核心区域为洪山区徐东村团结村，主要集中在徐东大街与友谊大道，并由中北路连接中南商圈。徐东商圈主要由购物中心、百货、大型超市以及大型的家具卖场构成，商圈商业气氛日益浓厚。近年来，随着武汉商业经济快速发展，与中南商圈有逐步融合互补的发展趋势。徐东大街是连接武昌与汉口的主要城市干道，也是通往二桥的必经之道，友谊大道南接中山路，北抵武钢集团，是武昌的经济大动脉。徐东商圈周边住宅生活区较多，因此该商圈组合以中低端生活类商品为主，主要面向周边居民。其辐射范围南至司门口中南商圈，包括整个青山区，其中既有庞大的武钢员工消费群，也有电力系统员工消费群，随着区域内中高端楼盘的大量建设，也为该商圈带来了巨大的中高层消费群体。

徐东商圈为次级商圈，区域属性为住宅区，档次为中低端。该商圈主要目标客群为百姓阶层，其主要商业类型有购物中心和专业商厦。

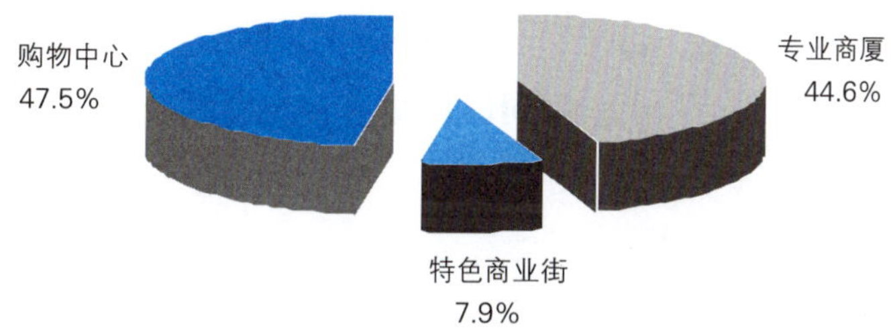

图5-53 2010年武汉徐东商圈大型商业形态比例

数据来源：克而瑞CRED商业地产数据库，http://cred.cric.com

表5-19 武汉徐东商圈主要商业项目

序号	项目编号	项目名称	建筑面积（平方米）	商业形态	开业时间	档次	经营情况	出租率
1	F1	新干线数码广场	15 000	社区配套	2009-10	中低端	良好	70%
2	F2	新世界徐东店	30 000	专业商厦	2008-01	中端	一般	80%
3	F3	欧亚达家居徐东店	80 000	专业商厦	2003-12	中高端	良好	100%
4	F4	武汉销品茂	169 297	购物中心	2005-08	中端	良好	100%

数据来源：克而瑞CRED商业地产数据库，http://cred.cric.com.

商圈7 司门口商圈
具有上百年历史的商业街区

商圈七：司门口商圈——具有上百年历史的商业街区

① 商圈范围

东至和平大道，西至临江大道，南至彭刘阳路，北至中山路。

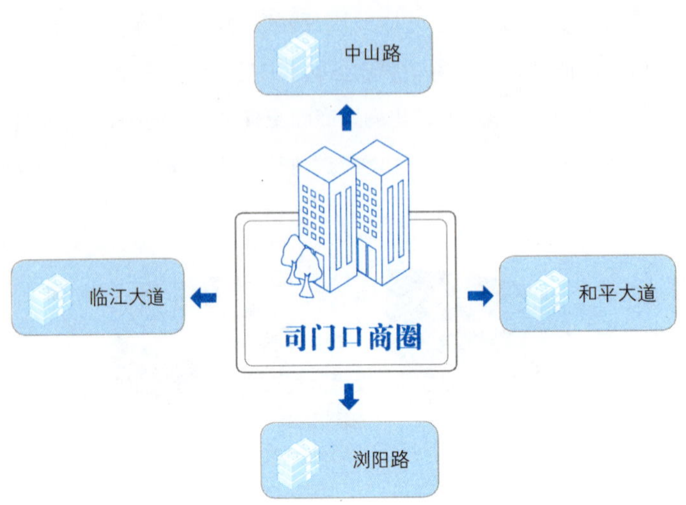

图5-54 武汉市司门口商圈范围示意图

② 商圈价值

司门口商业街是武昌区中南部最繁华热闹的老街，它以司门口商业大楼为中心，云集几百家各类专卖店、精品店。20世纪90年代，这条街的繁荣鼎盛达到了高峰，年社会商品销售总额一度达到10亿元，主要客户群是以武昌各个大学的学生为主力消费群。然而近年来，司门口商业街商业经营状况日渐趋下，且商业辐射范围也逐渐缩小，难以带动大片区域的商业旺销，其中旺铺多以该商业街的临街商铺为主，很少有向更深入的地区延伸。由于这条商业街区有上百年的历史，但是在布局上缺乏整体的规划，周边都显得比较凌乱，而且配套也显出不足，尤其表现在缺乏休闲娱乐型的设施，使顾客逗留在该商业点的时间少，不能保持一种长期的人群效应。

司门口商圈为次级商圈，区域属性为商业区，档次为中低端。该商圈主要目标市场为百姓阶层、时尚人士以及小白领，其主要商业类型有专业商厦和市场两类。

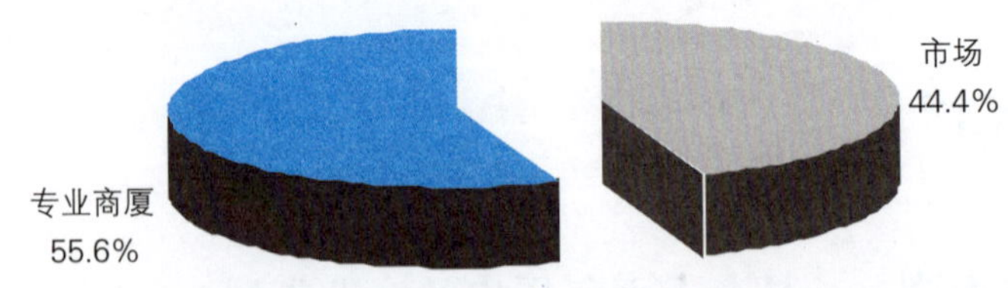

图5-55 2010年武汉司门口商圈大型商业形态比例

数据来源：克而瑞CRED商业地产数据库，http://cred.cric.com

表5-20 武汉司门口商圈主要商业项目

序号	项目编号	项目名称	建筑面积（平方米）	商业形态	开业时间	档次	经营情况	出租率
1	G1	五环峰国际广场	24 600	专业商厦	2009-09	中端	良好	60%
2	G2	司门口假日乐园	15 000	专业商厦	2008-10	中低端	一般	85%
3	G3	广东商城	10 530	专业商厦	2006-08	低端	一般	80%
4	G4	宜家装饰材料广场	40 000	专业商厦	2001-12	中高端	良好	100%

数据来源：克而瑞CRED商业地产数据库，http://cred.cric.com.

商圈8 王家湾商圈
汉阳最具发展潜力和商业价值的新兴商圈

① 商圈范围

东至永丰路，西到金龙路，南至墨水湖北路，北到玫瑰街。

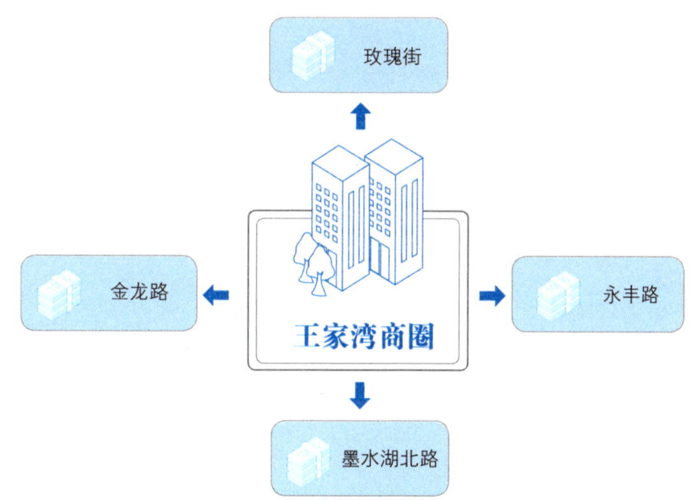

图5-56 武汉市王家湾商圈范围示意图

② 商圈价值

王家湾商业地带正在快速发展之中，也是整个汉阳最具发展潜力和商业价值的区域。不同于人烟稀少的钟家村和沌口区域，王家湾既具备地理优势又具备发展条件，其未来的商业前景不可估量。目前，王家湾已具备了形成商圈的所有条件，所欠缺的仅仅只是部分人气，待沃尔玛、新世界等商家入驻后，整个商圈的氛围将被逐渐带动起来。

王家湾商圈为新兴商圈，区域属性为商业区，档次为低端。该商圈主要目标市场为百姓阶层、时尚人士以及小白领，其主要商业类型有购物中心和专业商厦。

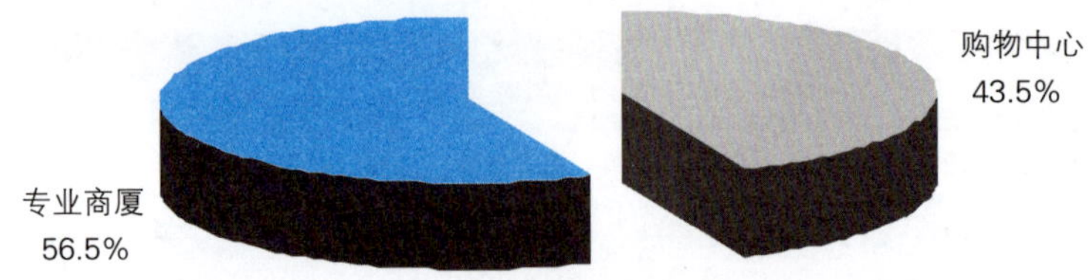

图5-57 2010年武汉王家湾商圈大型商业形态所占比例

数据来源：克而瑞CRED商业地产数据库，http://cred.cric.com

表5-21 武汉王家湾商圈主要商业项目

序号	项目编号	项目名称	建筑面积（平方米）	商业形态	开业时间	档次	经营情况	出租率
1	H1	武汉摩尔城	180 000	购物中心	2010-04	中端	良好	68%
2	H2	21世纪购物中心	80 000	购物中心	2001-12	中低端	良好	100%
3	H3	太平洋百货龙阳店	47 000	专业商厦	2009-12	中低端	良好	80%
4	H4	金马凯旋家居王家湾店	8580	专业商厦	2005-09	中高端	良好	100%

数据来源：克而瑞CRED商业地产数据库，http://cred.cric.com.

商圈9 光谷商圈
以针对学生消费的商业形态为主

① 商圈范围

东至关山口，西至吴家湾，南至湖北广播电视大学，北至武汉地质大学。

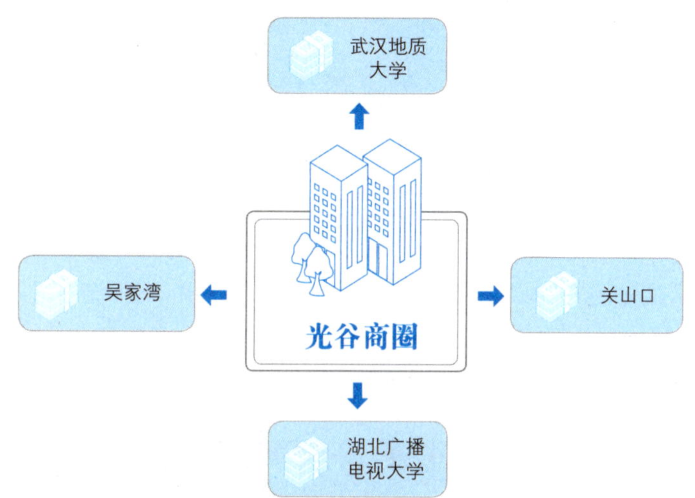

图5-58 武汉市光谷商圈范围示意图

② 商圈价值

光谷商圈周边高校林立，以针对学生消费的商业形态为主，包括餐饮、网吧、服饰店、书店等。

光谷商圈为新兴商圈，区域属性为文教区，档次为中低端。该商圈主要目标市场为百姓阶层，其主要商业类型有专业商厦和特色商业街。

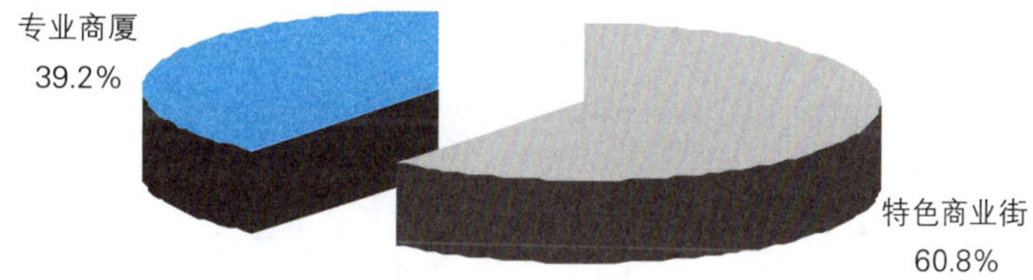

图5-59 2010年武汉光谷商圈大型商业形态比例

数据来源：克而瑞CRED商业地产数据库，http://cred.cric.com

表5-22 武汉光谷商圈主要商业项目

序号	项目编号	项目名称	建筑面积（平方米）	商业形态	开业时间	档次	经营情况	出租率
1	I1	光谷国际广场	60 000	专业商厦	2010-01	中低端	一般	90%
2	I2	欧亚达家居光谷店	66 500	专业商厦	2007-01	中低端	一般	100%
3	I3	巴黎家庭	25 000	特色商业街	2008-11	中低端	一般	70%
4	I4	光谷步行街	400 000	特色商业街	2007-09	中低端	良好	100%

数据来源：克而瑞CRED商业地产数据库，http://cred.cric.com.

武汉整体租金水平

（1）购物中心首层租金水平

购物中心首层的平均租金集中在10～25元/（米²·天）之间。武汉目前购物中心项目较少，且基本上位于核心商圈内，加上首层具有良好的展示价值，因此租金平稳维持在相对较高的水平。

表5-23 武汉主要商圈购物中心租金

序号	项目编号	项目名称	所属商圈	首层租金［元/（米²·天）］
1	B1	乐天城购物广场	街道口商圈	12～25
2	D2	武汉万达商业广场	江汉路商圈	15～30
3	D3	新佳丽时尚广场	江汉路商圈	9～10
4	F4	武汉销品茂	徐东商圈	10.0～16.6
5	H1	武汉摩尔城	王家湾商圈	8.5～17.5

数据来源：克而瑞CRED商业地产数据库，http://cred.cric.com

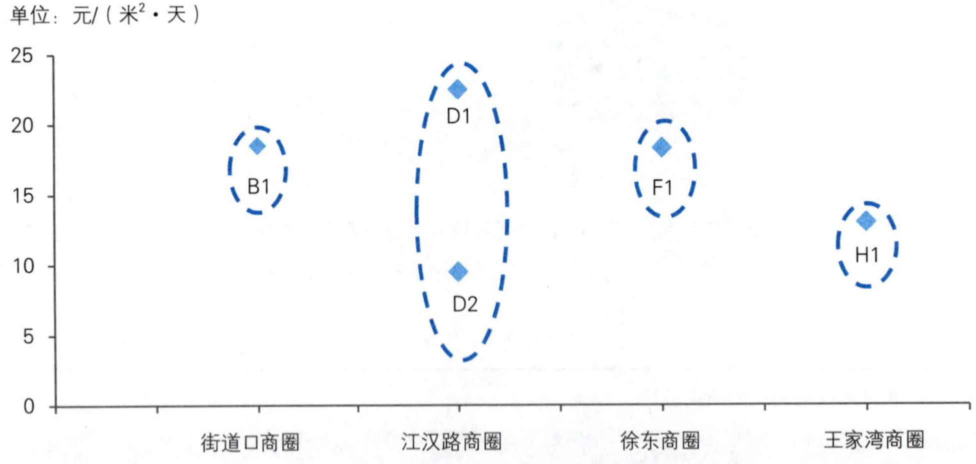

图5-60 2010年武汉主要购物中心租金分布

数据来源：克而瑞CRED商业地产数据库，http://cred.cric.com

（2）百货租金水平

武汉百货的租金多采用扣点形式，另有部分项目是租金加扣点的模式。从武汉百货的扣点情况上看，零售多为20%～25%，餐饮多为5%～7%。

表5-24　武汉主要百货租金

序号	项目名称	所属商圈	首层租金
1	武汉国际广场购物中心	武广商圈	零售：20%～25%（扣点）
2	世贸广场购物中心	武广商圈	零售：20%～25%（扣点）
3	武汉广场购物中心	武广商圈	零售：20%～25%（扣点）
4	武汉庄胜崇光百货商场	武广商圈	零售：20%～25%（扣点）
5	新世界中心店	武广商圈	35～80元/（米^2·天）； 零售：20%～35%（扣点）
6	新世界街道口店	街道口商圈	零售：20%～25%（扣点）
7	群光广场	街道口商圈	餐饮：5%～7%（扣点）
8	路仕丹百货广场	中南商圈	零售：10～20元/（米^2·天）； 餐饮：5%～7%（扣点）
9	银泰百货	中南商圈	零售：20%～25%； 餐饮：5%～6%（扣点）
10	中南商业大楼	中南商圈	零售：20%～25%（扣点）
11	中商广场购物中心	中南商圈	8～17.5元/（米^2·天）； 零售：15%～30%（扣点）
12	新世界百货汉阳店	钟家村商圈	40～60元/（米^2·天）； 零售：18%～35%（扣点）
13	汉阳商场	钟家村商圈	零售：15%～18%（扣点）
14	新世界徐东店	徐东商圈	25～60元/（米^2·天）； 零售：25%～40%（扣点）
15	五环峰国际广场	司门口商圈	零售：20%～25%（扣点）
16	太平洋百货龙阳店	王家湾商圈	12～20元/（米^2·天）； 零售：18%～30%（扣点）
17	光谷国际广场	光谷商圈	零售：7～18元/（米^2·天）（扣点）

数据来源：克而瑞CRED商业地产数据库，http://cred.cric.com

（3）其他商业类型租金水平

武汉其他类型商业项目中，特色商业街租金在2～20元/（米^2·天）之间，租金水平跨度较大。市场租金大致有两个级别，租金水平较低的在4～6元/（米^2·天），租金水平较高的则在10元/（米^2·天）左右，社区配套租金在3～4元/（米^2·天）这一范围。

表5-25 武汉其他商业类型租金

序号	项目名称	商业形态	所属商圈	首层租金［元/（米²·天）］
1	泰源轻纺城	市场	江汉路	5～10
2	江汉路步行街	特色商业街	江汉路	6～20
3	闽东中天国际城	社区配套	钟家村	3～4
4	宜家装饰材料广场	市场	司门口	4～6
5	巴黎豪庭	特色商业街	光谷	2.0～3.5

数据来源：克而瑞CRED商业地产数据库，http://cred.cric.com

武汉主要商场坪效

依据目前武汉市各大购物中心及百货的经营数据，2008年武汉整体商圈平均商业坪效1.7万元/（米²·年）左右，高于全国关于零售商业坪效的平均数据1.5万元/（米²·年）左右，与上海2.54万元/（米²·年）左右差距较大。虽然两个城市的经济发展水平和城市级别不同，但也可以看出零售商业的巨大发展空间。

从商圈对比来看，中南商圈的中南商业大街的商业坪效最高达到了4.4万元/（米²·年）左右，而王家湾商圈的21世纪购物中心的商业坪效最低，仅为0.3万元/（米²·年）左右，这主要是因为王家湾商圈是新兴商圈的缘故，同时也说明其发展空间很大。

表5-26 武汉主要商场坪效

序号	项目名称	所属商圈	2007年		2008年		2009年	
			营业额（亿元）	坪效（元/米²）	营业额（亿元）	坪效（元/米²）	营业额（亿元）	坪效（元/米²）
1	世贸广场	武广商圈	10.4	15 294	11.7	17 140	12.6	18 516
2	中南商业大街	中南商圈	8.1	40 569	8.8	43 974	9.5	47 328
3	亚贸广场	街道口商圈	8.0	15 999	8.5	16 948	9.0	18 102
4	王府井百货	江汉路商圈	4.3	12 369	4.1	11 766	4.0	11 359
5	汉阳商场	钟家村商圈	3.4	13 895	3.5	14 098	3.4	13 871
6	21世纪购物中心	王家湾商圈	2.0	2536	2.3	2945	2.7	3321
7	鲁巷广场	光谷商圈	5.6	10 959	5.7	10 118	5.0	9003

数据来源：克而瑞CRED商业地产数据库，http://cred.cric.com.

5. 武汉未来商业供应及发展趋势预测

根据不同人均GDP对应不同的商业发展阶段，到2009年，武汉人均GDP为50 117元，折合7338美元，按照此标准，武汉即将进入城市综合体阶段，但由于其城市化率仅为64.7%，并未达到城市综合体阶段的城市化率（70%以上），所以武汉未来商业将有较大上升空间。

从各个商圈的现有商业供应情况以及未来商业供应情况可以看出，武广商圈、街道口商圈、中南商圈、徐东商圈、司门口商圈、王家湾商圈、光谷商圈的主要商业供应形态为专业商厦，即处于百货阶段。根据商业阶段的发展规律，在未来一段时间内，这七个商圈的未来商业供应的体量将会增加，商业形态会以购物中心为主。江汉路商圈由于其独特的历史地位以及地理位置，其商业形态主要是以购物中心为主，再结合其人均GDP以及城市化率，预测江汉路未来的商业阶段将会向城市综合体阶段发展。

表5-27 武汉未来主要商业项目供应

序号	项目名称	所属商圈	建筑面积（平方米）	商业形态	开业时间	商业初步定位
1	未来城购物中心	街道口商圈	40 000	购物中心	2011-10	与周边商业联合打造商业中心，客群定位于周边高校教师、IT工作者、学生等多方面消费人群
2	汉商银座	钟家村商圈	31 551	购物中心	2011-03	钟家村商圈的商业中心
3	格兰大道	徐东商圈	28 000	特色商业街	2011-10	主要针对武昌区中高端客户的购物需求
4	海天欢乐购	王家湾商圈	36 812	购物中心	2011-12	武汉唯一开放式购物乐园
5	光谷时代广场	光谷商圈	30 000	专业商厦	2011-08	定位中高端商业，满足光谷工作人群的需求

数据来源：克而瑞CRED商业地产数据库，http://cred.cric.com

3 武汉市未来城市发展规划

形成"轴向放射、相交成环"的轨道交通网络布局。

1 城市总体规划

（1）人口布局

武汉市规划控制人口自然增长，加强对人口机械增长的管理和引导。预测到2020年，武汉市域常住人口在1180万人左右，其中城镇人口在991.2万人左右，主城区常住人口为502万人，城镇化率约84%。

（2）城镇布局

按照区域统筹、城乡统筹的原则，合理分布市域人口和劳动生产力，优化配置市域发展资源，严格控制主城用地，积极促进新城发展，强化建设一批重点城镇，形成以主城为核心，新城为重点，中心镇和一般镇为基础，辐射到广大农村地区的多层次、网络状城镇体系。主城区是市域城镇体系的核心，集中体现武汉作为中部地区中心城市的服务职能，要严格控制发展规模，着力优化提升现代服务功能，集约发展高新技术产业和先进制造业，增强城市的辐射力和综合实力，在带动整个市域发展和促进区域协调发展方面起着枢纽和组织作用。

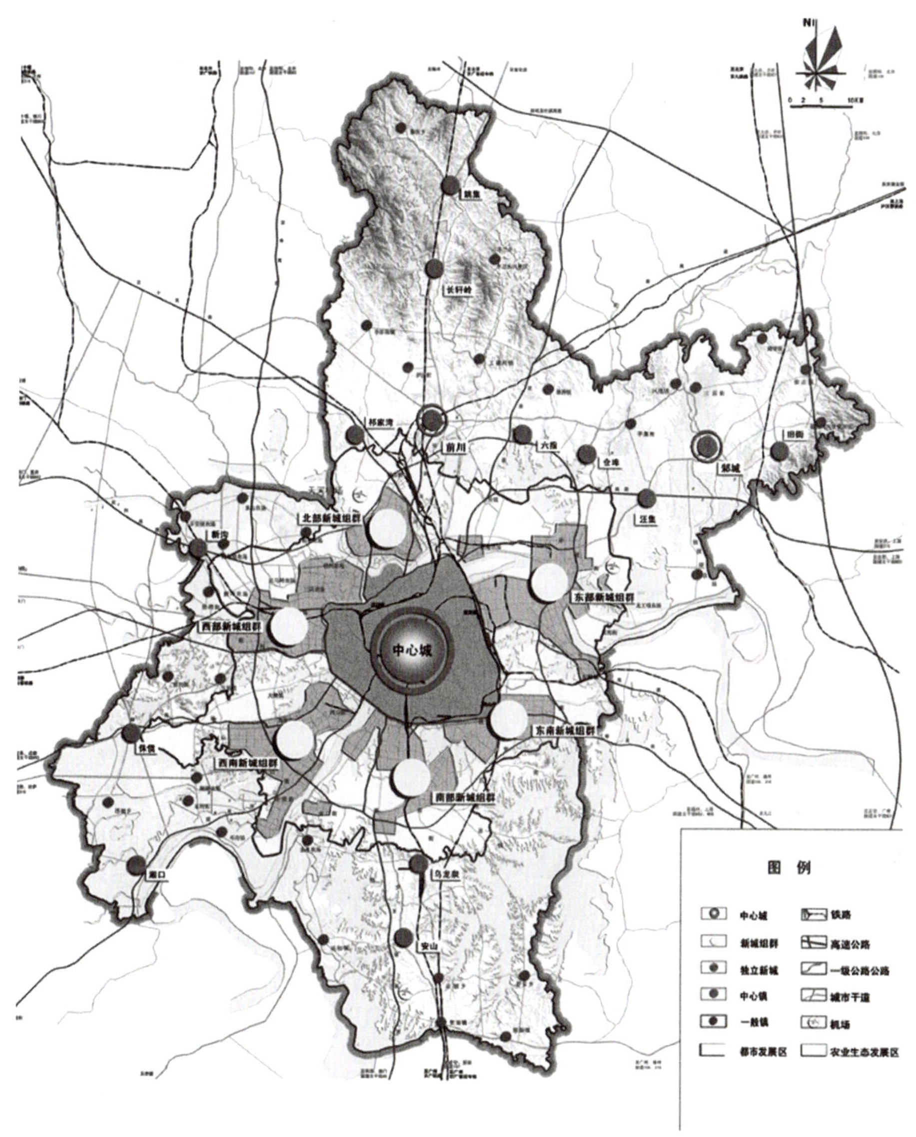

图5-61 2005—2020年武汉市市域城镇体系规划

（3）产业布局

都市发展区是城市功能的主要集聚区和城市空间的重点拓展区，按照土地集约、产业集聚、人口集中的原则，统筹布局城市产业、居住、交通、生态、游憩等主要功能，统一安排基础设施建设，形成布局合理、结构有序的城镇化集中发展区域。主城区是都市发展区的核心，以调整优化为主，重点培育和提升城市服务功能，集中发展金融商贸、行政管理、科教文化、信息咨询、旅游休闲等服务业，强化高新技术产业和先进制造业，成为我国中部地区的现代服务中心。

（4）交通规划

完善市域公路网络和城乡客货运体系，优化主城区道路系统，加强轨道交通建设，确立公共交通的主导地位。2020年，实现市域外围城镇至主城区出行时间不超过40分钟，都市发展区内95％以上的居民出行时间不超过50分钟。主城区公共交通方式出行比例大于35％，其中轨道及快速公共交通承担公交总客运量的比例不低于30％。预测至2020年，全市机动车保有量在190万至250万辆，都市发展区居民出行总量达到2500万人次。公共客运交通将建立以大容量城市轨道交通和快速公交为骨架，常规公交为基础，出租车、轮渡等为辅助，多层次、一体化的交通系统。

图5-62 2010年武汉市综合交通规划

到2020年，武汉将建成轨道交通一号线、二号线、三号线、四号线、五号线，线网总长约160千米。远景到2050年建成七条城市轨道交通、三条市郊铁路，总长约325千米，形成“轴向放射、相交成环”的轨道交通网络布局，轨道交通线网覆盖住城区，连接外围天河机场、阳逻、吴家山、蔡甸、常福、纸坊、豹澥等新城组团。

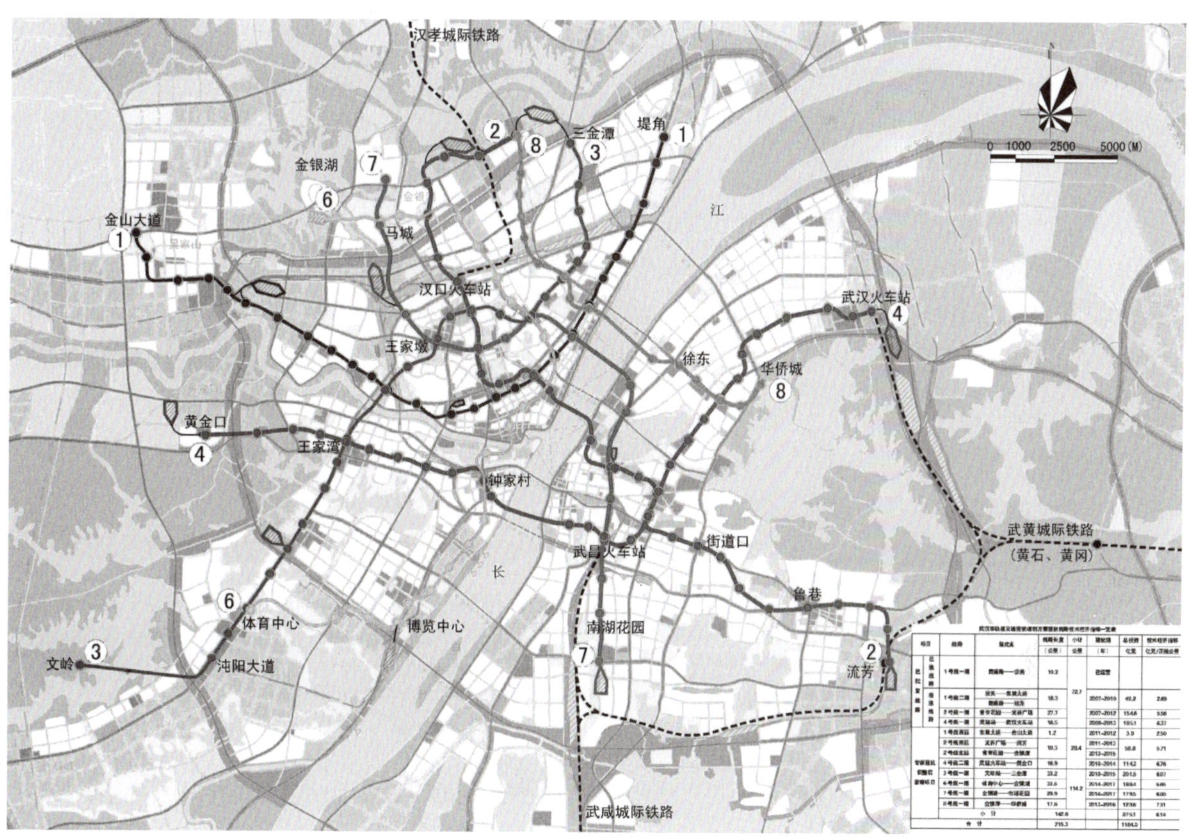

图5-63 2010年武汉市轨道交通规划

中心城商业网点规划

（1）规划目标

主要预期目标为通过优化网点布局，调整网点业态、业种，发展现代流通方式，拓展现代消费服务领域，促使武汉市社会消费品零售总额在2005年超过千亿元，到2010年，全市社零总额达到1800亿元，中心城区人均拥有零售商业营业面积达到1.0～1.1平方米左右，全市连锁企业销售额占全市社零总额的比重达到35%以上。

建成四座融购物、餐饮、旅游、娱乐、休闲、文化功能于一体的10万平方米以上的现代大型购物中心；营业面积在3000平方米以上的大中型综合超市由规划时的65家发展到100家左右；营业面积在500～3000平方米连锁经营的超级市场由现320多家发展到2000家左右；营业面积在5000平方米以上的仓储式商场由现两家发展到10家左右；营业面积在3000平方米以上经营家电、建材、家居、服饰、汽车等商品的大型专业店由现29家发展到60家左右；培育实行连锁经营的便利店、专卖店、专业店达到2000家以上，新增1000家左右；营业面积在5000平方米以上的百货店由现25家发展到35家左右；营业面积在3000平方米以上的大型特色餐饮店、酒楼由现37家发展到80家左右。

中心商业区、市级商业中心功能进一步完善，集散能力进一步增强。在解放大道、建设大道、沿江大道、鲁巷广场、洪山广场等地段形成多点位的商务集中区，参与实施王家墩区域商务区建设规划，吸引国内外优势企业或分支机构聚集。

建设辐射范围500千米左右的现代商贸物流配送中心10个；培育功能齐全、特色突出的面向全省、全国的综合型或专业性商品交易市场10个左右。

培育发展特色专业商业街20条左右；建立具有规模和经营特色的市级商业副中心（亦即区域商业中心）20个左右；培育发展功能完善的社区商业服务中心80～100个。

（2）规划导向

市级商业中心：规划以武昌中南路和汉阳钟家村地段为核心分别形成市级商业中心。中南路商业街区以中南商业大楼、中商广场等大型商业网点等为主体向徐东路和武珞路方向延伸；钟家村商业街区以汉商总部等大型商业设施为主体向周边延伸。

市级商业副中心（亦即区域商业中心）规划培育、建设的三种主要形式为：

①沿街式

以沿街商业网点主体，形成配套服务行业较为齐全，方便购买，满足周边不同层次消费需求的区域性综合型商业街区。

② 板块型

在沌口、常青、关山、古田、后湖、四新等地，与即将建设的城市大型公共设施相配套，利用完善的交通网络，分别选址规划建设大型购物中心，形成以百货店、仓储式商场或大型综合超市、大型专业店等为核心，组合各类专业店、专卖店、餐饮店等特色店铺的具有各类零售业态、服务设施的集合体，突破以商业街为主要形式的市级商业副中心的单一模式。

③ 组团式

在鲁巷等地配合零售商业网点的建设，依托“楼宇经济”的发展，增设批发、中介经纪等贸易服务网点，丰富市级商业副中心的内涵，提升其功能档次。

表5-28 武汉市组团式市级商业副中心建设规划

建设形式	规划内容
专业商业街	重点培育桥口路美食街、台北路风情街、香港路休闲街、吉庆街美食街、彭刘杨路美食街、龙阳大道汽车及配套服务特色街、解放路商业街、京汉大道文化体育休闲街、顺道街、小东门装饰建材街、保成路、前进四路和五路电子商品街、大智路通讯器材街、友谊大道市场群落等，引导调整经营结构，扩大特色经营规模，提高专业特色水平
社区商业中心	配合武汉市“883”行动计划的实施，依次发展以经销生活必需品的超级市场和各类便民网点为主的居住区；住宅组团建立综合超市、专业店、专卖店及餐饮、洗涤、美发、健身、维修等便民网点，适度设置规范整洁的废旧物品回收网点；关闭因治污不达标的扰民网点，倡导新建和改扩建独立坐落的商业网点群，形成社区商业服务中心的功能依次递增、不断完善的格局
批发市场	规划发展的重点物流中心区域为舵落口、阳逻、天河、常福、郑店、流芳等地，拟引导物流企业，新建现代物流配送中心以及农副产品、家居、汽车及相关服务、装饰建材、钢材等大型商品交易市场陆续汇聚，利于向省内及邻省等地辐射。规划发展的批发市场集中区域分别为舵落口、丹水池—谌家矶、白沙洲、徐东路、古田—汉西、十升路、南湖、汉正街、珞喻路、竹叶山等十个地区，将重点培育专业性批发商品交易市场，适量设置综合型批发商品交易市场，以其他专业特色优势增强武汉市商业的集聚辐射功能

小结

近年来，武汉的城市化率稳中有升，为其商业发展提供了良好的经济基础，人均可支配收入呈稳步上升的状态，在湖北省处于经济领跑地位。湖北省重点打造的中部九个城市圈目前已渐成规模，武汉市是当之无愧的“圈中央”。

武汉整体商业市场商业网点众多，但档次不高。传统零售业态的比重较大，购物中心等新型业态处于发展期，代表新型商业的购物中心项目虽然已占有一定的比重，但是作为当今的主流大型商业物业发展，其比重仍显不足。武汉市功能分区明显：以长江为界形成了三大自然街区——汉口、汉阳和武昌，每一个自然街区在城市中都有其独特的功能。各个城市商圈的新建旨在优化城市结构和空间布局，提升城市功能，同时保护老城区文化风貌。根据规划，武汉将会形成八个大型商圈，分布在中心城区内的江汉、江岸、硚口、武昌、汉阳等区，八大商圈涵盖武汉现有60%以上的商业业态形式，其中以内环线四大商圈为功能最全的核心商圈。

克而瑞地产书库
CRIC REAL ESTATE STACKS
专业研究类

中国房产信息集团
克而瑞（中国）信息技术有限公司 编著

中国23大城市投资报告

2010商业地产蓝皮书

下册

大连理工大学出版社

图书在版编目(CIP)数据

中国23大城市投资报告：2010商业地产蓝皮书：全2册/中国房产信息集团，克而瑞（中国）信息技术有限公司编著．—大连：大连理工大学出版社，2011.8
ISBN 978-7-5611-6456-3

Ⅰ.①中… Ⅱ.①中…②克… Ⅲ.①城市商业-房地产-研究报告-中国-2010 Ⅳ.①F299.233.5

中国版本图书馆CIP数据核字（2011）第169463号

出版发行：大连理工大学出版社
（地址：大连市软件园路 80 号　　邮编：116023）
印　　刷：广州培基印刷镭射分色有限公司
幅面尺寸：210mm×270mm
印　　张：52.5
出版时间：2011 年 8 月第 1 版
印刷时间：2011 年 8 月第 1 次印刷
责任编辑：房　磊
封面设计：潘永彬 王志峰
责任校对：卢　炀

书　　号：ISBN 978-7-5611-6456-3
定　　价：768.00 元

发　行：0411-84708842
传　真：0411-84701466
E-mail: a_detail@dutp.cn
URL: http://www.dutp.cn

CHAPTER SIX

第六章 华东地区

CONTENTS

第一节 SECTION ONE

NAN JING
南京

2010年商业地产市场报告

第六章 CHAPTER SIX

华东地区

01 南京 NAN JING 未来零售商的焦点将从百货公司转移至购物中心项目

02 合肥 HE FEI 城市化进程加快，城镇居民消费能力稳步提升，为城市商业的发展奠定了良好的基础

03 苏州 SU ZHOU 中高端商业供给以购物中心、专业商厦和特色商业街三种商业形态为主

04 上海 SHANG HAI 商圈分布已经基本成型，商圈与商圈之间的差异也较为明显，且将目标客群错开

05 杭州 HANG ZHOU 杭州商业经历了多个时代变迁，每一次变迁都伴随着商圈格局的演变

06 宁波 NING BO 商圈密集程度较高，非商圈的商业较少，未来商业供应会向非商圈扩散

CONTENTS

CHAPTER EIGHT

第八章 商业地产前景展望

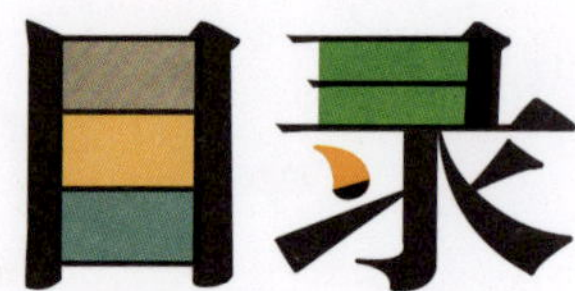

目录

1 南京市商业地产六项宏观经济指标分析

城镇居民人均消费性支出表现为持续上涨。

宏观指标

2009年，南京市全市实现地区生产总值（GDP）4230.3亿元，按可比价格计算，比上年增长11.5%。2005年以来，南京市GDP总量呈稳步上升态势，由于受2008年金融危机的影响，2008年开始GDP增速有所减慢，但是从长期来看，南京经济总体量的不断发展持续刺激商业地产市场的广泛需求，为商业地产市场的发展提供了良好的经济背景。

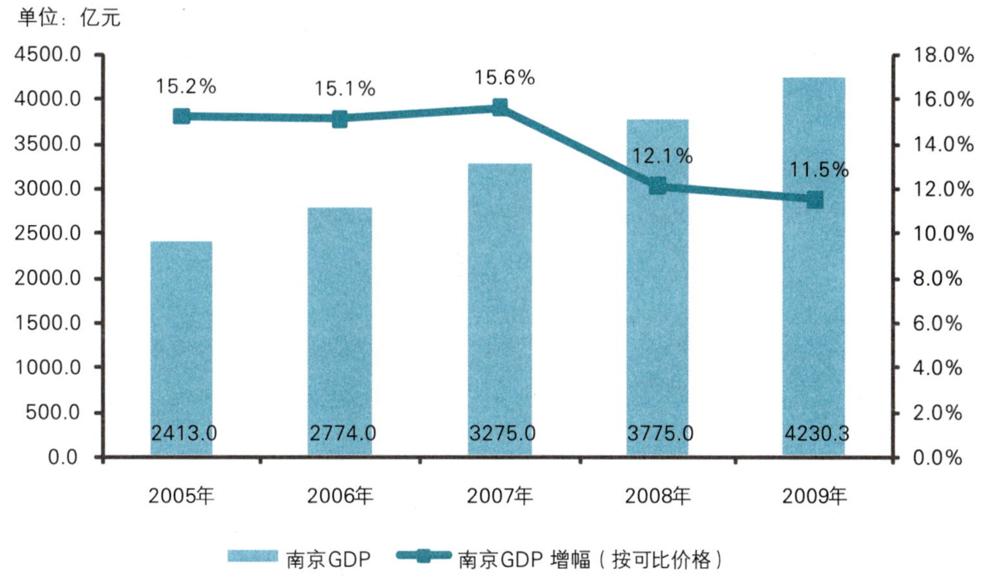

图6-1 2005—2009年南京GDP及增幅

数据来源：克而瑞CRED商业地产数据库，http://cred.cric.com

产业结构

2009年，南京实现生产总值4230.3亿元，第一产业实现增加值129.18亿元，第二产业实现增加值1930.67亿元，第三产业实现增加值2170.42亿元，三大产业结构由2008年的2.5：47.5：50.0调整为

3.1：45.6：51.3。

从2005年至2009年南京市三大产业结构比例来看，第一产业比例一直处于低位，在3%左右徘徊，第二产业比例逐步下降，第三产业逐渐上升，至2008年南京市第三产业比例达到50.0%，超过了第二产业的比例（47.5%），这表示南京经济发展进入新的阶段，按照产业发展规律，南京市第三产业比例将进一步加大，第二产业比例继续下降。

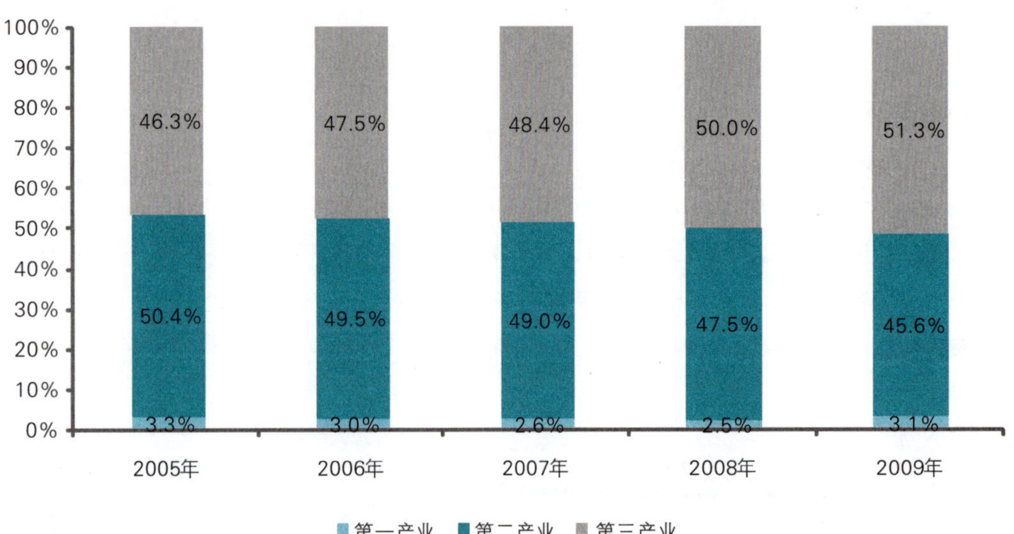

图6-2 2005—2009年南京三大产业结构比例

数据来源：克而瑞CRED商业地产数据库，http://cred.cric.com

城市人口

2009年年末，南京市常住人口为771.3万人，比上年年末增长1.6%。全市户籍人口629.8万人，较上年增长0.9%。2005年以来，南京市常住人口总量保持稳步增长，而南京市户籍人口数量增幅较小，户籍人口增幅亦呈现下降趋势，表明南京市外来人口数量在逐步增加，但是增长幅度呈现稳步下降的趋势。

城市的外来人口数量比例大小代表了城市的开放程度，城市越是开放，经济越是活跃。2009年南京市外来人口数量占人口总数的18.4%，与上海27.1%相比略低，表明南京市开放程度略差于上海。

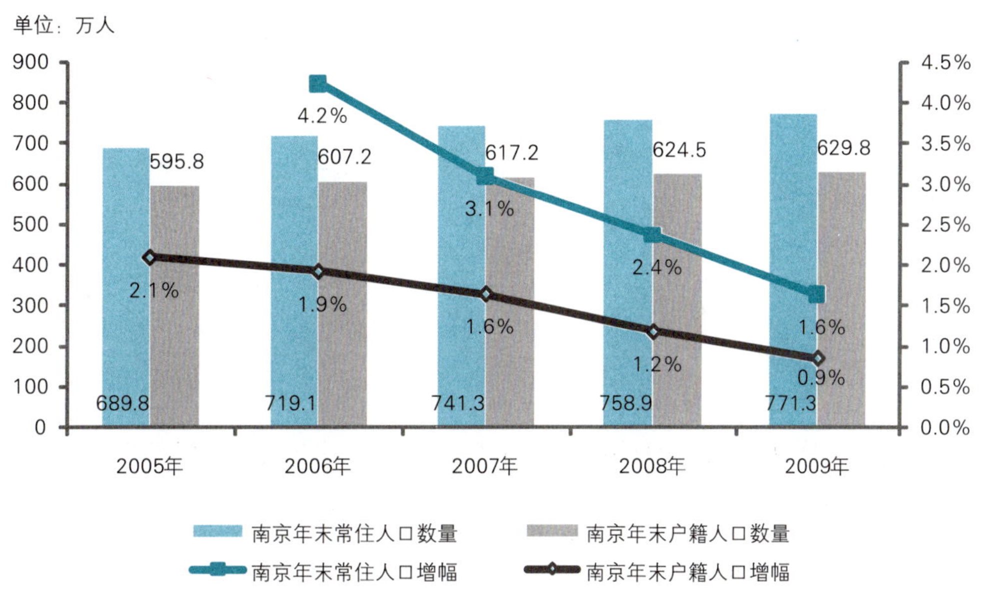

图6-3 2005—2009年南京常住人口及户籍人口数量及增幅

数据来源：克而瑞CRED商业地产数据库，http://cred.cric.com

指标4 经济效益

南京市人均GDP保持稳步增长。2009年南京市人均GDP达到55 290.0元，比上年增长9.5%，远高于全国人均GDP水平25 125元，处于全国领先水平，但是与宁波68 162元、杭州63 471元、上海78 989元相比，在长三角范围内南京人均GDP水平并不高。从人均GDP的增幅来看，2005年以来人均GDP增幅均保持在10%左右，受2008年金融危机影响，2008年和2009年人均GDP增幅略低。

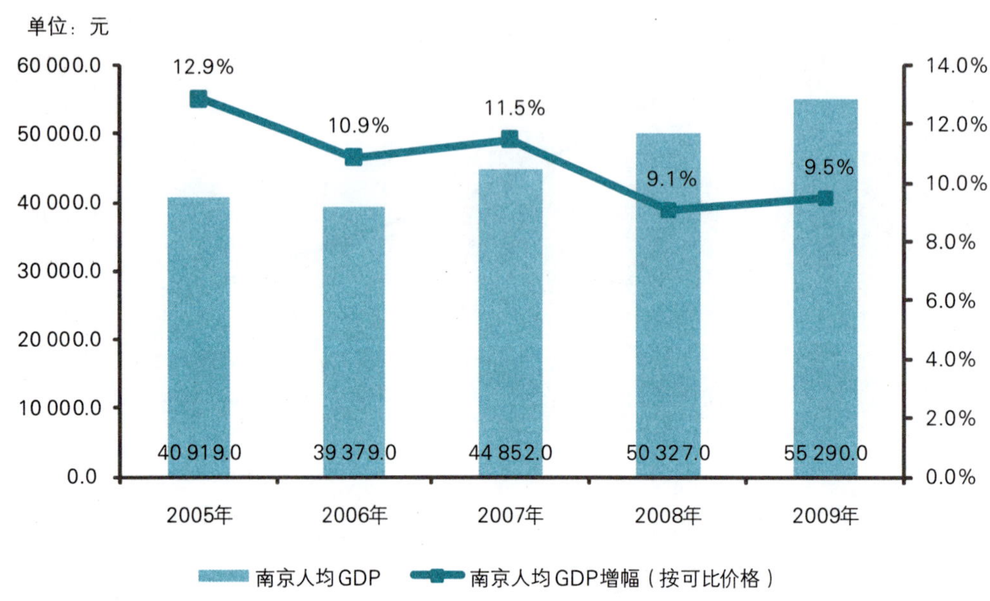

图6-4 2005—2009年南京人均GDP及增幅

数据来源：克而瑞CRED商业地产数据库，http://cred.cric.com

指标5 城镇居民生活质量

2005年至2009年，南京市城镇居民人均可支配收入持续上涨。2009年南京城镇居民人均可支配收入达到25 504.0元，高于全国水平17 175元，低于长三角其他发达城市水平，如宁波30 166元、杭州26 864元、上海28 838元。南京城镇居民人均可支配收入增幅呈现持续下降的趋势，2009年增幅为10.3%。

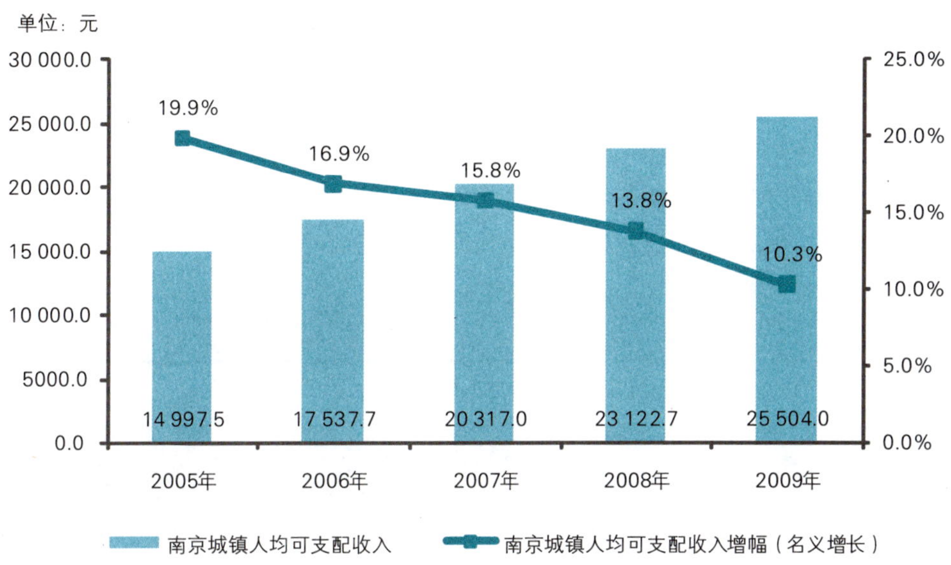

图6-5 2005—2009年南京城镇人均可支配收入及增幅

数据来源：克而瑞CRED商业地产数据库，http://cred.cric.com

随着南京市人均可支配收入的持续性增长，南京市城镇居民人均消费性支出亦表现为持续上涨，2009年南京城镇居民人均消费性支出达到16 339.1元，与人均可支配收入增幅曲线相比较，南京城镇居民人均消费性支出增幅呈现波动，2008年以前南京人均可支配收入增幅均在15%以上，2008表现为年人均消费性支出增幅比人均可支配收入增幅略大，2009年增幅只有8.0%，表明南京居民消费支出变化滞后于南京人均可支配收入变化。

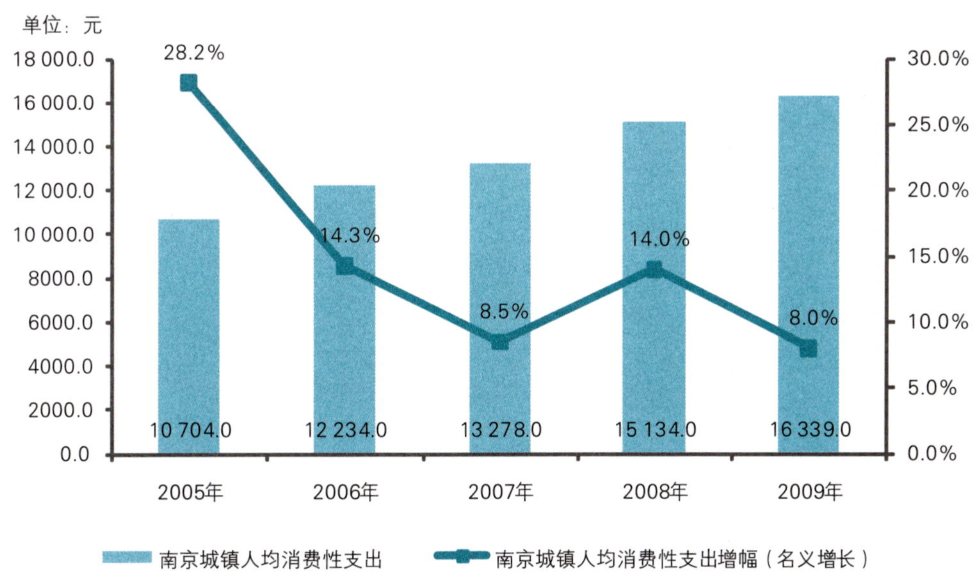

图6-6 2005—2009年南京城镇人均消费性支出及增幅

数据来源：克而瑞CRED商业地产数据库，http://cred.cric.com

2009年，南京市人均消费性支出构成中食品支出（恩格尔系数）占36.7%，与上海（35%）、北京（33.2%）相比偏高，消费性支出中食品所占比例最高，其次是教育文化占比15.8%、交通通讯占比13.2%，衣着只占8.3%，这表明南京市民非常重视教育以及文化生活。

收入越高的家庭，在娱乐文化等服务性消费支出方面的比例占总支出的比例就越高，而在食品方面的支出比例就越低。南京市恩格尔系数（食品支出比例）自2006年开始呈现上升趋势，从这个角度看，南京市的居民消费水平是下降的。南京市民在衣着方面的消费比例在8%左右，且上涨趋势不明显，相对来讲，南京市民教育文化支出比例一直较高，表明南京市民非常重视子女教育以及文化生活。

表6-1 2005—2009年南京城镇居民人均消费性支出构成

构成 \ 年份	2005年		2006年		2007年		2008年		2009年	
	元	%	元	%	元	%	元	%	元	%
总支出	10 704	100	12 234	100	13 278	100	15 134	100	16 339	100
食品	3860	36.1	4145	33.9	4683	35.3	5534	36.5	5997	36.8
衣着	918	8.5	989	8.1	1078	8.1	1228	8.1	1364	8.3
家庭设备用品	761	7.1	888	7.3	847	6.4	1146	7.6	1207	7.4
医疗保健	811	7.6	875	7.2	1049	7.9	1147	7.6	1373	8.4
交通通讯	1333	12.5	1469	12.0	1635	12.3	1767	11.7	2158	13.2
教育文化	1745	16.3	2158	17.6	2528	19.0	2557	16.9	2590	15.8
居住	933	8.7	1278	10.4	1052	7.9	1184	7.8	1071	6.6
其他	343	3.2	433	3.5	406	3.1	571	3.8	579	3.5

数据来源：克而瑞CRED商业地产数据库，http://cred.cric.com

边际消费倾向是影响消费的重要指标。低收入群体的边际消费倾向高于高收入人群，农村居民的边际消费倾向高于城镇居民。南京边际消费倾向呈现持续下降态势，2009年南京市边际消费倾向为64.1%，低于长三角其他发达城市如宁波66.5%、杭州69.2%、上海72.8%，鉴于南京市人均可支配收入、人均GDP等指标均低于宁波、杭州和上海，说明南京市民消费是偏于保守的。

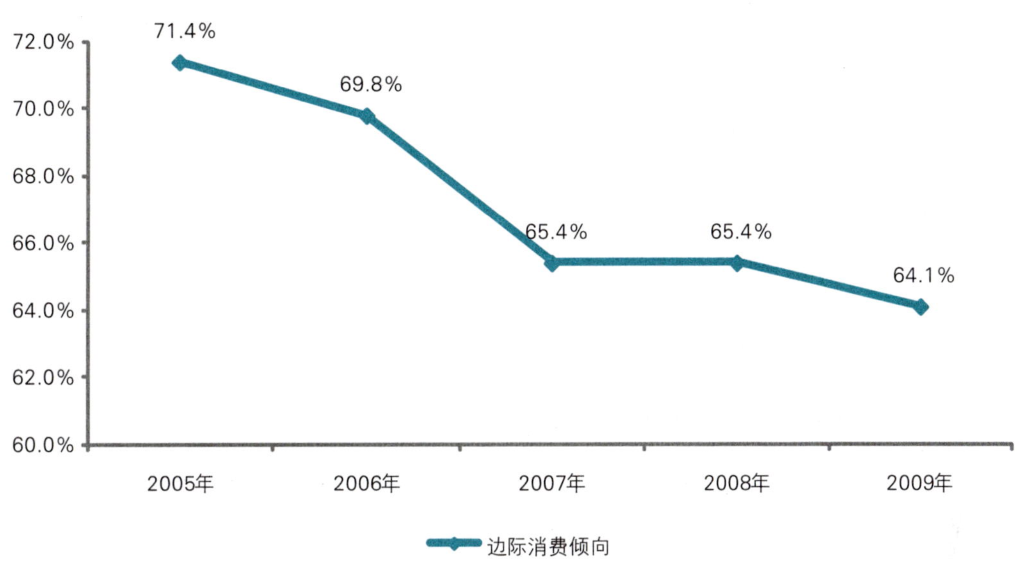

图6-7 2005—2009年南京边际消费倾向

数据来源：克而瑞CRED商业地产数据库，http://cred.cric.com

指标6 商业需求

2009年，南京市全年社会消费品零售总额1961.6亿元，比上年增长18.8%。其中，批发和零售业完成1704.08亿元。2005年以来，南京市社会消费品零售总额持续上升，增幅保持在16%以上，其中2008年增幅最大，2009年增幅略有所降。

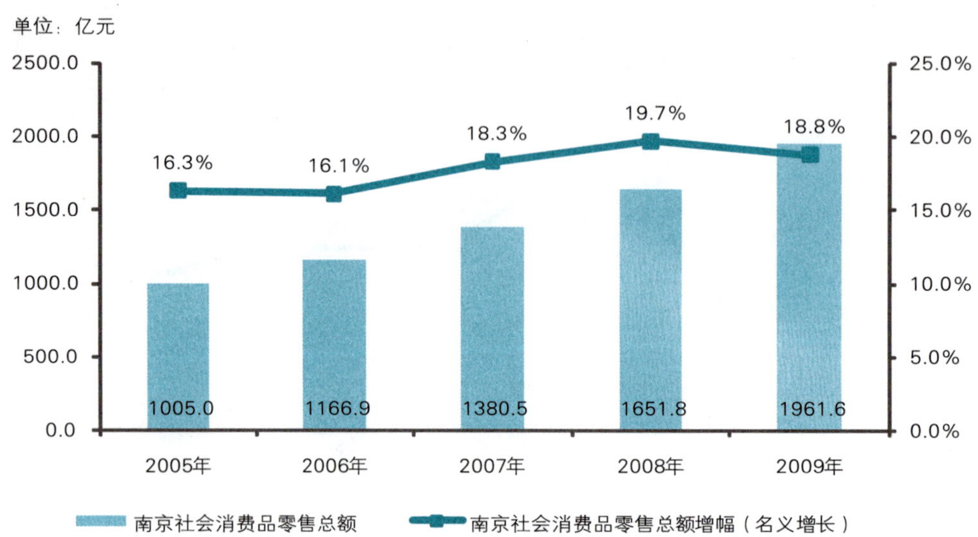

图6-8 2005—2009年南京社会消费品零售总额及增幅

数据来源：克而瑞CRED商业地产数据库，http://cred.cric.com

2005年以来，南京市人均社会消费品零售总额总体呈上升态势，2009年南京市人均社会消费品零售总额达到25 431.8元，低于长三角其他发达城市，如宁波29 690元、杭州26 411.8元、上海26 926元，这表示南京市消费水平相较这几个城市略低，南京市人均社会消费品零售总额增长率于2006年下降，2007年开始保持在15%左右的高速增长，南京市消费市场存在巨大的发展潜力。

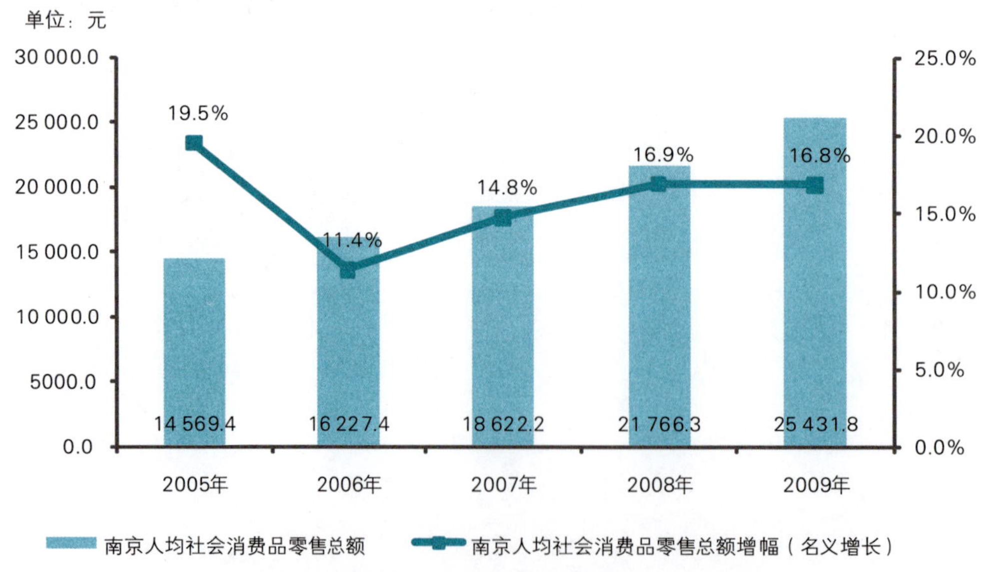

图6-9 2005—2009年南京人均社会消费品零售总额及增幅

数据来源：克而瑞CRED商业地产数据库，http://cred.cric.com

2 南京市整体商业市场环境研究

商业形态刚刚步入购物中心阶段，商业发展存在巨大的潜力。

现有商业供应情况

2010年，南京市大型商业存量约为456万平方米。按常住人口计算，人均大型商业面积为0.6平方米左右。与上海、北京等一线城市不同，南京的购物中心仍然停留在早期的发展阶段，近年才涌现出一批新建购物中心项目，如河西草场门新城市广场、万达购物中心和新街口德基广场。预计未来零售商的焦点将从百货公司转移至购物中心项目。

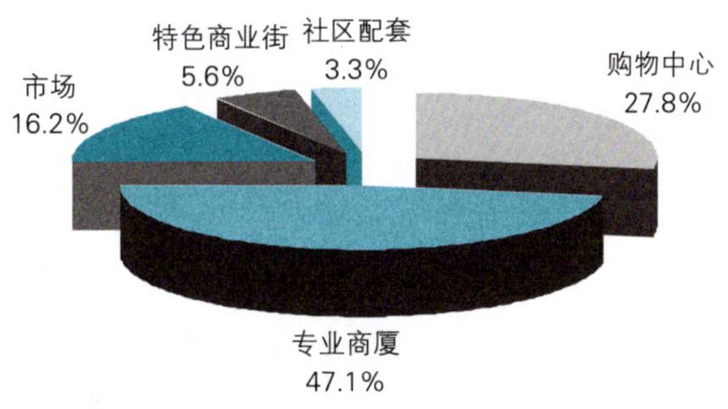

图6-10 2010年南京各类型重点商业存量供应

数据来源：克而瑞CRED商业地产数据库，http://cred.cric.com

九大主要商圈描述

南京市目前商业格局是核心商圈一个——新街口核心商圈，次级商圈五个——湖南路商圈、夫子庙商圈、中央路商圈、江东商圈、江宁商圈，新兴商圈三个——迈皋桥商圈、浦口商圈、仙林商圈。

南京的零售物业供应主要集中在四个区域——新街口、湖南路、夫子庙和中央路，其中新街口和湖南路的零售额占南京总体零售额的80%。南京四大商圈的业态定位和目标客户各具特色，如新街口中央商务区的商业以大型百货店为主；湖南路多见小型街铺和饭店餐饮；夫子庙吸引了来自海内外的大量游客；中央路商圈则以批发低价服装饰品闻名。

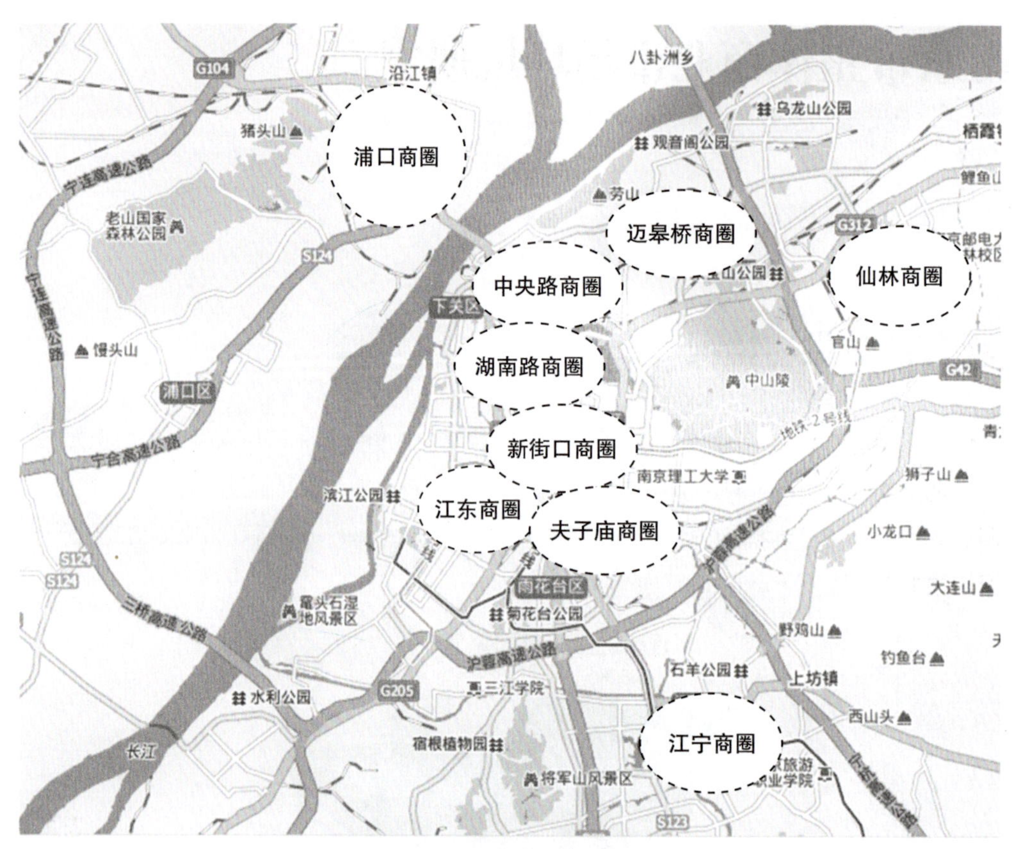

图6-11 2010年南京主要商圈分布

表6-2 南京主要商圈

序号	商圈编号	商圈名称	商圈级别	区域属性	特征	主要零售物业
1	A	新街口核心商圈	核心商圈	商业区	**档次：**中高端 **目标客群：**成功人士、高级白领、小白领 **主要商业类型：**购物中心、百货、其他专业商厦	金鹰国际 德基广场 南京金轮天地 大洋百货 东方商城
2	B	湖南路商圈	次级商圈	综合区	**档次：**中端 **目标客群：**时尚人士、小白领 **主要商业类型：**百货店、商业步行街、其他专业商厦	狮子桥美食 南京八佰伴 南京太平洋百货
3	C	夫子庙商圈	次级商圈	商业区	**档次：**中低端 **目标客群：**百姓阶层、小白领 **主要商业类型：**专业商厦、购物中心、特色商业街	夫子庙大市场 夫子庙美食街 南京水游城

（续表）

序号	商圈编号	商圈名称	商圈级别	区域属性	特征	主要零售物业
4	D	中央路商圈	次级商圈	综合区	**档次：**中低端 **目标客群：**百姓阶层 **主要商业类型：**专业商厦、市场	南京金盛百货（中央门店） 南京玉桥市场 南京金桥市场
5	E	江东商圈	次级商圈	综合区	**档次：**中端 **目标客群：**百姓阶层、小白领 **主要商业类型：**购物中心、专业商厦、市场	南京万达广场（河西店） 南京金盛国际家居（江东店）
6	F	江宁商圈	次级商圈	住宅区	**档次：**低端 **目标客群：**百姓阶层 **主要商业类型：**市场、特色商业街、专业商厦	南京文鼎广场 南京义乌小商品城 南京武夷商城
7	G	迈皋桥商圈	次级商圈	综合区	**档次：**中低端 **目标客群：**百姓阶层 **主要商业类型：**专业商厦	南京金盛百货（迈皋桥广场店） 南京金盛和燕路软体广场 南京红太阳迈皋桥店
8	H	浦口商圈	新兴商圈	综合区	**档次：**中端 **目标客群：**百姓阶层、白领 **主要商业类型：**专业商厦	南京红太阳（桥北店） 南京金盛国际家居（大桥北路广场店）
9	I	仙林商圈	新兴商圈	文教区	**档次：**中端 **目标客群：**白领、学生群体、百姓阶层 **主要商业类型：**购物中心	南京仙林金鹰天地 南京大成名店

商圈1 新街口核心商圈 南京市核心商圈

① 商圈范围

新街口商圈的核心部分为新街口商业步行街区，东至洪武南路，南至淮海路和石鼓路，西至王府大街，北至长江路，即南京四环路区域。

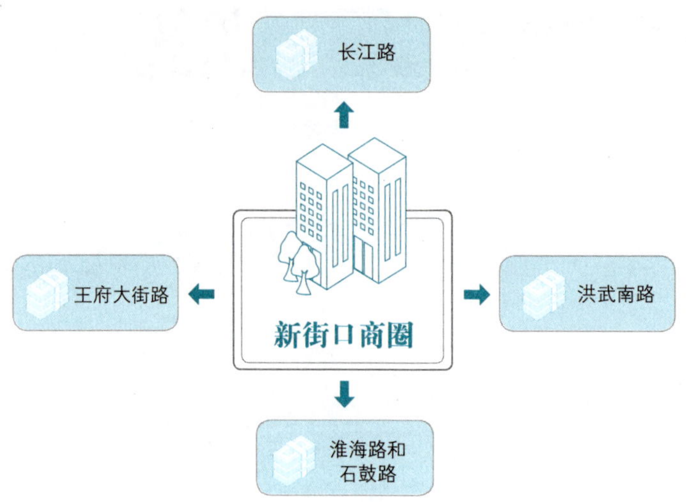

图6-12 南京市新街口商圈范围示意图

② 商圈价值

新街口商圈是南京市的核心商圈，商圈整体档次属于中高端，南京新街口是“中国著名商业街”之一，也是仅次于北京王府井、上海南京路的中国第三大商业街，其商业密集度为十大商业街之首，南京新街口核心商业街有1600余户大小商家，日均客流量达到40万至50万人次，2004年起年销售额均达到了百亿元以上。新街口商圈百货业态包括南京新百、中央商场、金鹰国际、商贸百货、大洋百货和东方商城等大型商业企业，还吸引了沃尔玛、万达购物集团、五星电器、苏宁等知名商家的入驻经营。新街口商圈在“南京都市圈”市场中形成了较强的集聚辐射功能，辐射范围达到了南京都市圈的马鞍山、滁州、芜湖、镇江、扬州、常州、无锡、合肥等城市，新街口商业街区的销售额有30%是由以上地区的消费者实现的。

从新街口核心商圈各类大型商业存量供应情况来看，仍以专业商厦（包括百货）为主，商业比例达到70.3%，购物中心只有德基广场、金轮天地、万达购物广场，占比为26.1%；而金鹰国际、东方商城、南京新百等百货业态仍是南京新街口核心商圈的主力商业形态。虽然南京市综合实力、消费水平等已处于全国领先水平，是仅次于上海的第二大贸易中心，但是南京市商业形态发展刚刚步入购物中心阶段。

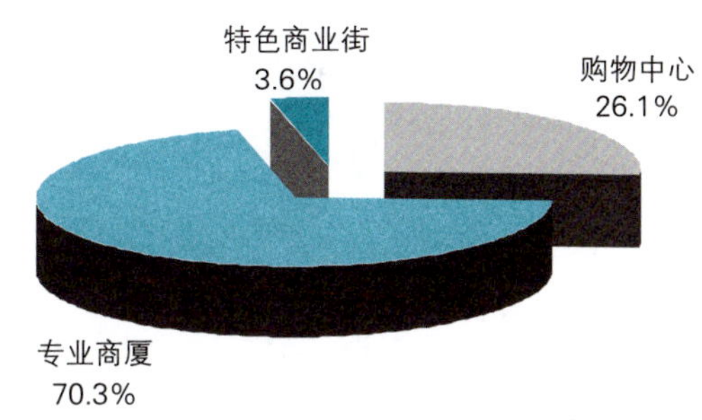

图6-13 2010年南京新街口核心商圈大型商业形态比例

数据来源：克而瑞CRED商业地产数据库，http://cred.cric.com

表6-3 南京新街口核心商圈主要商业项目

序号	项目编号	项目名称	建筑面积（平方米）	商业形态	开业时间	档次	经营情况	出租率
1	A1	南京金鹰国际购物中心（新街口店）	53 000	专业商厦	1994-03-28	中高端	优	100%
2	A2	德基广场	64 000	购物中心	2006-06-26	高端	良好	98%
3	A3	南京金轮天地	33 000	购物中心	2008-05-30	中端	良好	80%
4	A4	大洋百货	76 000	专业商厦	2002-10-01	中高端	优好	100%
5	A5	东方商城	25 000	专业商厦	2000-04-08	中高端	良好	95%

数据来源：克而瑞CRED商业地产数据库，http://cred.cric.com

商圈2 湖南路商圈 南京市著名商业街区

① 商圈范围

东起中央路，西至中山北路、上海路，北起新模范马路，南至广州路。

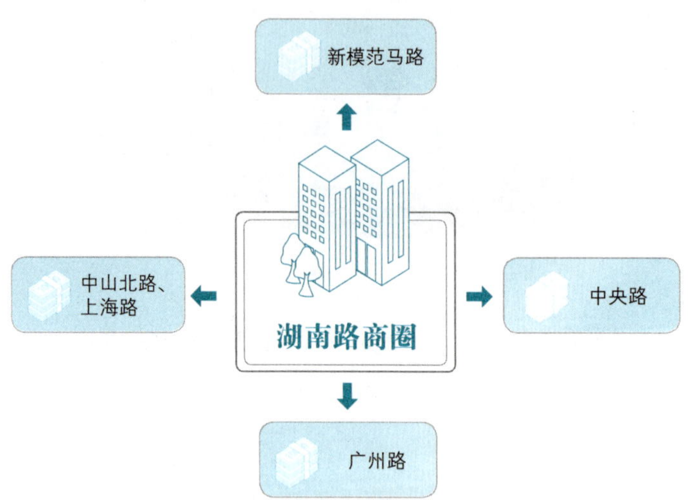

图6-14 南京市湖南路商圈范围示意图

② 商圈价值

湖南路商圈是南京市主要的次级商圈之一，商圈内商业整体档次属于中端水平。湖南路作为南京市商业副中心，是当地著名的商业街区。湖南路商业街是除新街口外零售业发展最成熟的商业区。

湖南路商业街基本为沿街商铺，大型综合性购物中心数量较少，湖南路几乎是南京众所周知的一条完整的“品牌一条街”商业街，即使是平日夜晚，湖南路的繁华依然让人着迷。目前，家喻户晓的湖南路汇集了各种服装小店，其中尤以品牌服装店居多。湖南路上已有的国内外知名品牌专卖店包括耐克、鳄鱼、阿迪达斯、梦特娇、海螺、李宁、美特斯邦威、海尔曼斯、圣迪奥等三十余家。同时，各类有特色的品牌时尚商品也纷纷相中了湖南路。餐饮业也是湖南路商圈的一大亮点，位于湖南路中段的“狮子桥美食街”聚集了狮王府、肯德基等知名的中外餐饮品牌。

湖南路商圈虽以商业街闻名，但专业商厦仍是湖南路商圈的主要商业形态，有南京八佰伴、南京太平洋百货、苏宁环球等专业商厦，所占比例达到54.7%，特色商业街比例占18.9%，社区配套商业也占较大的比例，达到26.4%。

图6-15 2010年南京湖南路商圈大型商业形态比例

数据来源：克而瑞CRED商业地产数据库，http://cred.cric.com

表6-4 南京湖南路商圈主要商业项目

序号	项目编号	项目名称	建筑面积（平方米）	商业形态	开业时间	档次	经营情况	出租率
1	B1	狮子桥美食	26 552	特色商业街	—	中低端	优	95%
2	B2	南京八佰伴	25 000	专业商厦	2008-09-28	中端	良好	97%
3	B3	南京太平洋百货	20 000	专业商厦	2000-11-18	中端	良好	100%

数据来源：克而瑞CRED商业地产数据库，http://cred.cric.com

商圈3 夫子庙商圈 以旅游商业和特色商业为主

① 商圈范围

东起龙蟠中路，西至中山南路，南接长乐路，北至白下路。

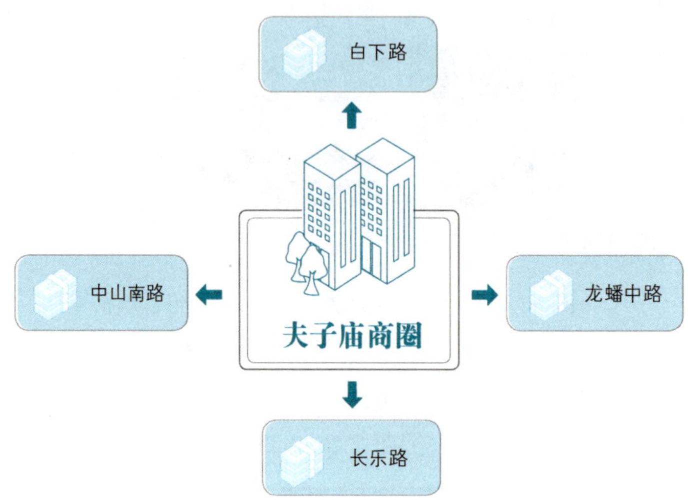

图6-16 南京市夫子庙商圈范围示意图

② 商圈价值

夫子庙商圈是以旅游商业和特色商业为主的次级商圈，商圈内整体商业档次属于中低端，主要客群来自夫子庙地区周边居民以及旅游人群。作为南京民俗文化的发源地，南京城南中华路、夫子庙地区有着丰富的传统文化底蕴，六朝金粉、人文荟萃，这一区域不但办公、居住人口众多，夫子庙一带更是游人如织，自古以来既是旅游胜地又占尽商业繁华，年均超过四千万的游客更为它带来了充足的人气，是南京市传统的重要商业圈之一。

商圈内风味小吃已达两百多个品种，经济效益显著，成为夫子庙旅游经济的重要支柱和这一地区的特色文化。晚晴风味轩、晚晴茗轩、金陵春酒楼、夫子庙康乐城、秦淮人家、白鹭宾馆等一批知名餐饮娱乐名店，荟萃了海内外美食精品。近年来，相继引进了肯德基、麦当劳等西洋快餐，形成了中西餐合璧、高中低端共存的餐饮新格局。

夫子庙商圈内大型商业存量约38.4万平方米，商圈内包括购物中心、特色商业街、市场三大类商业形态，其中购物中心比例最大，达到46.9%，2008年开业的水游城为夫子庙商圈注入了新的活力，也是南京市购物中心的一个标杆性项目，其18万平方米的体量使得夫子庙商圈的购物中心比例骤然增加。

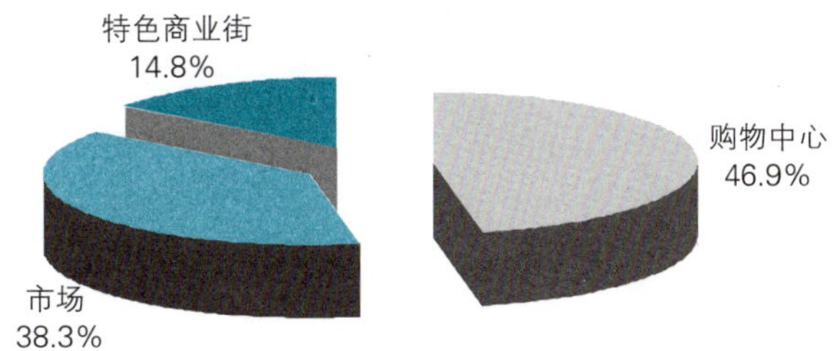

图6-17 2010年南京夫子庙商圈大型商业形态比例

数据来源：克而瑞CRED商业地产数据库，http://cred.cric.com

表6-5 南京夫子庙商圈主要商业项目

序号	项目编号	项目名称	建筑面积（平方米）	商业形态	开业时间	档次	经营情况	出租率
1	C1	南京金榜大市场	32 000	市场	1999-06-01	低端	优	100%
2	C2	夫子庙美食街	35 000	特色商业街	1997-11-24	中低端	良好	100%
3	C3	南京水游城	180 000	购物中心	2008-08-29	中高端	优	98%

数据来源：克而瑞CRED商业地产数据库，http://cred.cric.com

商圈4 中央路商圈 以市场商业形态为主

① 商圈范围

中央路商圈以南京火车站地区南京商厦等为商圈核心，以建宁路为轴线，东至龙蟠路，西至大桥南路，南起新模范马路，北接中央北路。

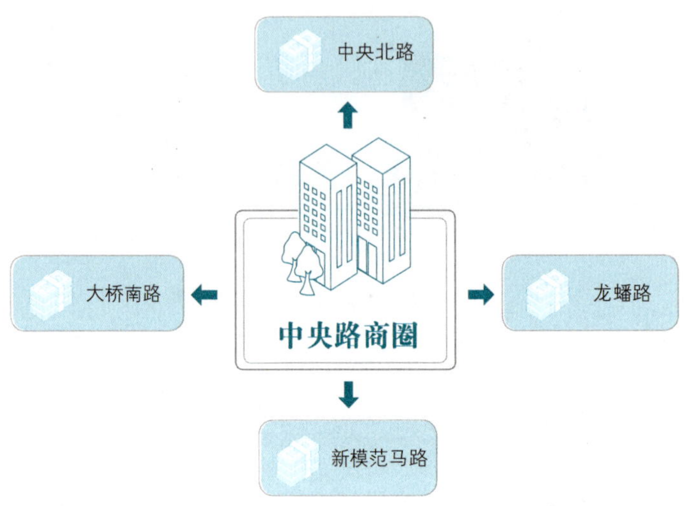

图6-18 南京市中央路商圈范围示意图

② 商圈价值

中央路商圈是结合南京汽车长途站和火车站发展起来的市场集群，市场商业形态比例达到63.9%，依托汽车长途站和火车站，在商圈西部有以批发为主的金桥、玉桥两家中低端次百货批发专业市场，此外，商圈内集聚了金盛百货、南京商厦和奥特莱斯等大众百货店，专业商厦比例占32.5%。

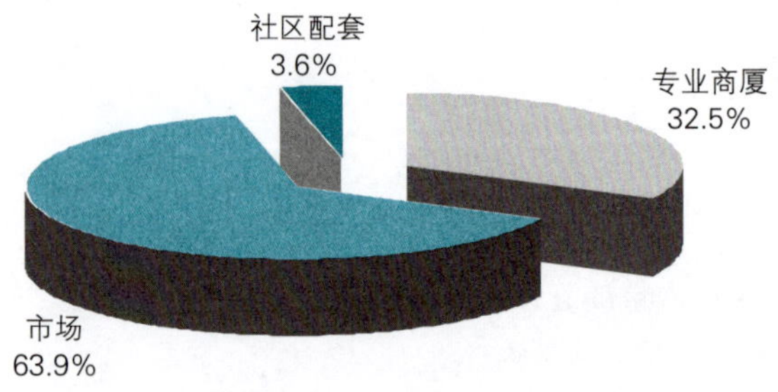

图6-19 2010年南京中央路商圈大型商业形态比例

数据来源：克而瑞CRED商业地产数据库，http://cred.cric.com

表6-6 南京中央路商圈主要商业项目

序号	项目编号	项目名称	建筑面积（平方米）	商业形态	开业时间	档次	经营情况	出租率
1	D1	南京金盛百货（中央门店）	63 000	专业商厦	2008-05-01	中低端	良好	100%
2	D2	南京玉桥市场	61 000	市场	1999-09-18	中低端	优	100%
3	D3	南京金桥市场	120 000	市场	1992-08-15	中低端	优	100%

数据来源：克而瑞CRED商业地产数据库，http://cred.cric.com

商圈5 江东商圈
购物中心和专业商厦所占比例最大

① 商圈范围

东起凤台南路，西至江东中路，南起集庆门大街，北至水西门大街。

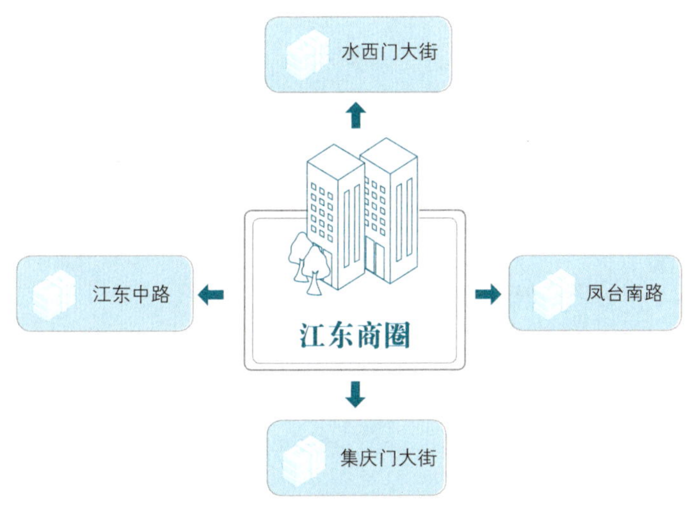

图6-20 南京市江东商圈范围示意图

② 商圈价值

江东商圈是南京市次级商圈，商圈内商业整体档次上属于中端，是河西板块中正在改造的区域商业中心，重点对原金陵装饰城和石林装饰城一带进行改造升级，发展社区购物中心，现大连万达集团开发的120万平方米的万达城市广场就位于其中，2010年通车的地铁二号线集庆门大街站就位于商圈内。

江东商圈内目前大型商业供应面积为81.35万平方米，其中购物中心和专业商厦所占比例最大，分别达到47.9%和45.5%，购物中心以2009年开业的万达广场为主，专业商厦以家居卖场为主，市场商业形态比例较小占6.6%。

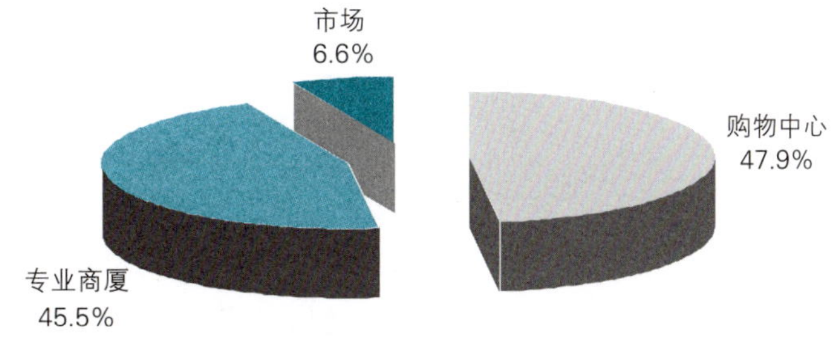

图6-21 2010年南京江东商圈大型商业形态比例

数据来源：克而瑞CRED商业地产数据库，http://cred.cric.com

表6-7 南京江东商圈主要商业项目

序号	项目编号	项目名称	建筑面积（平方米）	商业形态	开业时间	档次	经营情况	出租率
1	E1	南京万达广场（河西店）	390 000	购物中心	2009-12-18	中高端	良好	100%
2	E2	南京金盛国际家居（江东店）	300 000	专业商厦	1995-11-28	中高端	良好	100%

数据来源：克而瑞CRED商业地产数据库，http://cred.cric.com

商圈6 江宁商圈
以江宁大学城为中心的次级商圈

① 商圈范围

东起天印大街、龙眠大道，西至双龙大道，南起天元东路，北至宏运大道、文婧路。

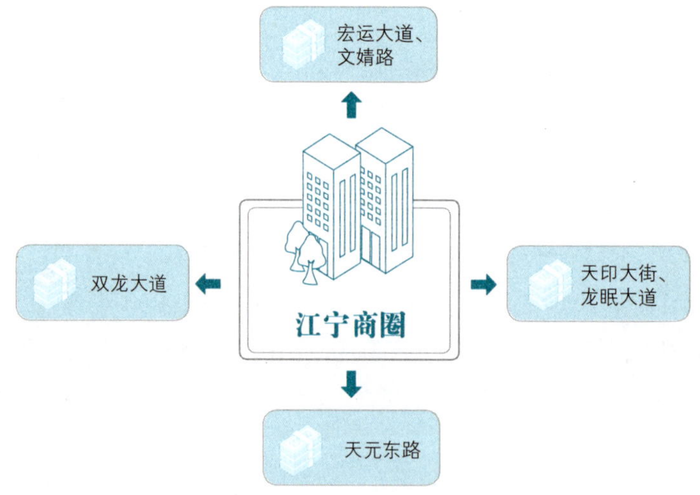

图6-22 南京市江宁商圈范围示意图

② 商圈价值

江宁商圈是以江宁大学城为中心发展起来的次级商圈。由于商圈内消费群体主要是学生和周边居民，原始商业如南京江宁大学城商贸中心、南京义乌小商品城等商业档次不高，以市场商业形态所占比例最大。随着商圈的发展，定位中端及中高端的购物中心、城市综合体开始进入该商圈，目前已有明发商业广场、南京江宁金鹰国际购物中心两个大型商业项目在建，这些新型商业将为商圈注入新的活力，促进商圈发展。

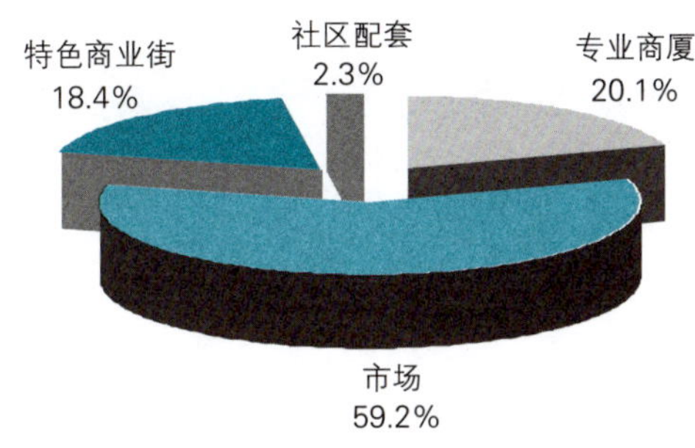

图6-23 2010年南京江宁商圈大型商业形态比例

数据来源：克而瑞CRFD商业地产数据库，http://crFd.cric.com

表6-8 南京江宁商圈主要商业项目

序号	项目编号	项目名称	建筑面积（平方米）	商业形态	开业时间	档次	经营情况	出租率
1	F1	南京文鼎广场	50 000	特色商业街	2010-02-05	低端	良好	100%
2	F2	南京义乌小商品城	257 000	市场	2005-12-31	低端	良好	100%
3	F3	南京武夷商城	11 000	社区配套	2005-12-06	中低端	优	100%

数据来源：克而瑞CRFD商业地产数据库，http://crFd.cric.com

商圈7 迈皋桥商圈
城北地区发展较为成熟的区域型商业中心

① 商圈范围

迈皋桥商圈位于南京市城北地区，东起经五路，西至和燕路，南起华电西路、网板路、营苑北路，北至栖霞大道。

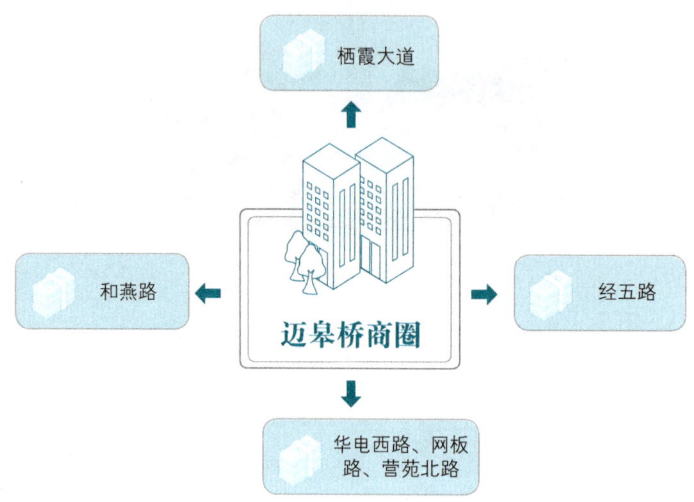

图6-24 南京市迈皋桥商圈范围示意图

② 商圈价值

迈皋桥商圈是城北地区发展较为成熟的区域型商业中心，是南京市中低端水平的次级商圈，商圈内现有大型商业供应约21万平方米，均为专业商厦形态，商圈结合地铁一号线终点站和公交站场枢纽，发展有金盛百货（迈皋桥广场店）、南京金盛和燕路软体广场、南京红太阳（迈皋桥店）等专业商厦，以及好又多大卖场、苏宁电器、国美电器专业卖场。

表6-9 南京迈皋桥商圈主要商业项目

序号	项目编号	项目名称	建筑面积（平方米）	商业形态	开业时间	档次	经营情况	出租率
1	G1	南京金盛百货（迈皋桥广场店）	80 000	专业商厦	2010-06-23	中低端	一般	100%
2	G2	南京金盛和燕路软体家具广场	40 000	市场	2007-10-31	中端	一般	100%
3	G3	南京红太阳（迈皋桥店）	90 000	专业商厦	2007-05-26	中低端	一般	100%

数据来源：克而瑞CRGD商业地产数据库，http://crGd.cric.com

商圈8 浦口商圈
江北板块的新兴商圈

① 商圈范围

东起浦珠北路，西至柳州北路，南起浦珠路，北至柳州北路。

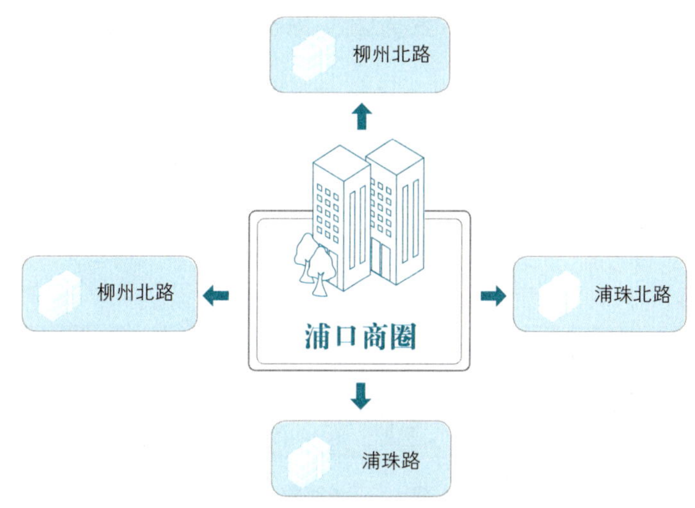

图6-25 南京市浦口商圈范围示意图

② 商圈价值

浦口商圈位于南京市江北板块，是南京市新兴商圈，商圈整体商业档次属于中端。由于历史和自然的原因，江北处于南京经济生活的边缘位置。近年来，随着城市经济的快速发展，江北也加快了经济建设的步伐。在政策指引下，桥北的商业地产同样发展迅速，旭日系列名盘、明发滨江新城、天润城等大盘提升了桥北的居住品质，商圈内商业形态以专业商厦占绝对比例优势，达到94.9%。苏宁电器、苏果超市、国美电器、百安居等已经先后亮相桥北居民生活圈，这些都大大提升了当地的生活配套水准。目前在建的规模达55万平方米超大规模的华东Mall将成为桥北商业的标杆项目，其中已建成使用的是以红太阳家居为主体的一站式建材、家具、家电的装饰装修服务项目专业商厦。

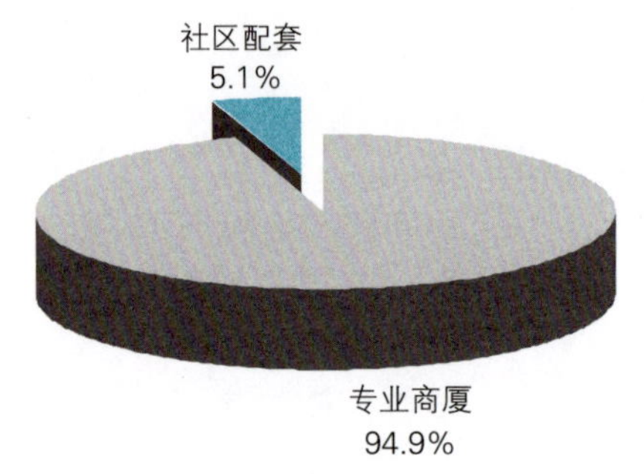

图6-26 2010年南京浦口商圈大型商业形态比例

数据来源：克而瑞CRHD商业地产数据库，http://crHd.cric.com

表6-10 南京浦口商圈主要商业项目

序号	项目编号	项目名称	建筑面积（平方米）	商业形态	开业时间	档次	经营情况	出租率
1	H1	南京红太阳（桥北店）	200 000	专业商厦	2010-10-28	中端	良好	80%
2	H2	南京金盛国际家居（大桥北路广场店）	483 000	专业商厦	2005-10-29	中低端	良好	95%

数据来源：克而瑞CRHD商业地产数据库，http://crHd.cric.com

商圈9 仙林商圈
随着仙林大学城的发展而形成的新兴商圈

① 商圈范围

仙林商圈东起仙境路，西至学津路，南起仙林大道，北至文苑路。

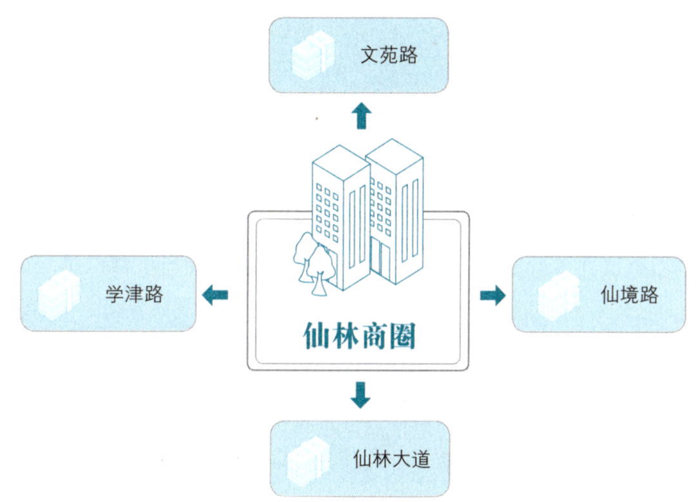

图6-27 南京市仙林商圈范围示意图

② 商圈价值

仙林商圈位于南京市仙林板块，随着仙林大学城的发展而形成的新兴商圈，商圈内主要消费群体为大学城内师生以及周边居民。2002年2月仙林大学城宣布成立，高校入驻、学术氛围的提升以及大学城环境的优势带动了仙林板块的房地产发展，高校师生构成了仙林商圈的主力消费群体，仙林中心商业区以三大人工湖为核心，分为三个层次：远离水面的是由多种不规则几何形状组成的大型建筑主体，规划有百货公司、电影院、专卖场等，局部建筑单体之间则由连廊相接；临湖的是小型建筑，有饮食店、咖啡吧、书店、精品店等；两个层次中间是一条长长的带顶步行街，将商业区紧紧联系起来，成为未来商业氛围的聚核地带。

2009年底，位于三叶湖核心地段的仙林金鹰国际商业中心开始营业，区域书城、电影院、电子卖场、商务办公楼、星级宾馆等一批文化和商业配套设施建设也开始对外招商，仙林中心商业区进入实质性的操作阶段。由于是新兴商圈，商业项目形态以现代购物中心为主。

表6-11 南京仙林商圈主要商业项目

序号	项目编号	项目名称	建筑面积（平方米）	商业形态	开业时间	档次	经营情况	出租率
1	I1	南京仙林金鹰天地	110 000	购物中心	2009-12-18	中高端	一般	—
2	I2	南京大成名店	20 000	购物中心	2005-10-12	中低端	一般	100%

数据来源：克而瑞CRID商业地产数据库，http://crld.cric.com

3 南京整体租金水平

（1）购物中心首层租金水平

南京市目前商业形态发展尚未成熟。目前南京有五个购物中心，其中水游城和大成名店采取租金形式，其余购物中心商家都是以扣点形式支付租金，包括南京目前最高端的项目德基广场。

表6-12 南京主要商圈购物中心租金

序号	项目编号	项目名称	所属商圈	首层租金
1	C3	南京水游城	夫子庙商圈	15～28元/（米^2·天）；10%～20%（扣点）
2	I1	南京仙林金鹰天地	仙林商圈	零售：25%～36%（扣点）
3	I2	南京大成名店	仙林商圈	8～10元/（米^2·天）

数据来源：克而瑞CRID商业地产数据库，http://crld.cric.com

（2）百货租金水平

南京市百货租金水平根据商圈位置不同而有所差别，新街口核心商圈百货扣点在32%～35%之间，湖南路商圈、中央路商圈百货的扣点在25%～29%之间。

表6-13 南京主要百货租金

序号	项目名称	所属商圈	首层租金（扣点）
1	南京苏宁银河	湖南路商圈	25%～27%
2	南京太平洋百货	湖南路商圈	27%～29%
3	大洋百货	新街口核心商圈	32%～36%
4	南京东方商城	新街口核心商圈	32%～34%
5	南京金鹰国际	新街口核心商圈	33%～35%
6	南京金轮天地	新街口核心商圈	28%～35%
7	南京金盛百货（中央门店）	中央路商圈	25%～27%

数据来源：克而瑞CRID商业地产数据库，http://crld.cric.com

（3）其他商业类型租金水平

南京市市场类商业租金水平在2～5元/（米^2·天），专业商厦租金平均水平在6～15元/（米^2·天），红太阳、金盛国际家居租金相对较高，特色商业街租金水平则根据商圈不同而差距较大，新街口核心商圈最高，其次是夫子庙商圈，湖南路商圈，均为南京市传统商圈，市民认可度较高，江宁商圈特色商业街租金水平相对较低。

表6-14 南京其他商业类型租金

序号	项目名称	商业形态	所属商圈	租金水平［元/（米^2·天）］
1	南京金盛国际家居（江东店）	专业商厦	江东商圈	25～30
2	南京五洋大市场	市场	江东商圈	15～20
3	南京义乌小商品城	市场	江宁商圈	3～5
4	南京江宁大学城商贸中心	市场	江宁商圈	2～3
5	南京玉桥市场	市场	中央路商圈	2～5
6	南京金桥市场	市场	中央路商圈	3～5
7	夫子庙美食街	特色商业街	夫子庙商圈	15～22
8	狮子桥美食街	特色商业街	湖南路商圈	7
9	南京乐活时尚街区	特色商业街	江宁商圈	4～5
10	南京莱迪时尚购物广场	特色商业街	新街口核心商圈	25～40
11	南京金盛百货（迈皋桥广场店）	专业商厦	迈皋桥商圈	2～5
12	南京金盛和燕路软体广场	专业商厦	迈皋桥商圈	6～12
13	南京红太阳迈皋桥店	专业商厦	迈皋桥商圈	8～15
14	南京红太阳（桥北店）	专业商厦	浦口商圈	15～25
15	南京金盛国际家居（大桥北路广场店）	专业商厦	浦口商圈	6～12

数据来源：克而瑞CRID商业地产数据库，http://crld.cric.com

南京主要商场坪效

南京新街口核心商圈中各大百货店中以南京中央商场坪效最高，2009年达到34 313元/米^2，其次是东方商城的坪效（16 362元/米^2），但只有中央商场坪效的一半，而太平洋百货商场坪效最低，2010年只有6020元/米^2，低于2008年坪效，其余三个商场坪效水平均表现为逐年上升。

表6-15 南京主要商场坪效

序号	项目名称	所属商圈	2007年		2008年		2009年	
			营业额（亿元）	坪效（元/米²）	营业额（亿元）	坪效（元/米²）	营业额（亿元）	坪效（元/米²）
1	南京东方商城	新街口核心商圈	34.3	13 805	35.5	14 187	40.9	16 362
2	南京华联商厦	新街口核心商圈	16.9	9367	18.2	10 101	21.5	11 920
3	南京太平洋百货	新街口核心商圈	11.7	5843	13.9	6925	12.0	6020
4	南京中央商场	新街口核心商圈	188.8	26 226	224.6	31 201	247.1	34 313

数据来源：克而瑞CRED商业地产数据库，http://cred.cric.com.

5 南京未来商业供应及发展趋势预测

南京是江苏省的省会城市，是华东地区的重要交通枢纽，全国四大科研教育中心城市之一。此外，南京是中国重要的综合性工业生产基地，电子、化工生产能力在国内城市中居第二位，车辆制造规模居第三位，机械制造业的技术、规模居国内领先地位，以石油化工、电子信息、汽车、钢铁四大产业为支柱。南京市综合实力雄厚，但是南京经济水平、市民生活各方面指标与宁波、杭州、上海等长三角其他发达城市相比相对落后，目前，南京市商业形态刚刚步入购物中心阶段，但经济基础雄厚，城市发展后劲较足，商业发展存在巨大的潜力。

南京市未来商业供应以购物中心为主，新增商业散布于城市各商圈，新街口核心商圈新增商业项目都是已开业项目后期项目，主要包括德基广场二期和金鹰天地三期项目；其余购物中心供应在次级商圈和新兴商圈内。另外，新增的八个商业项目中有三个是金鹰集团的项目，如南京新街口核心商圈内的金鹰国际购物中心、东方商城都是新街口核心商圈的举足轻重的项目，市民认可度极高，可见金鹰集团商业在南京商业的地位。

表6-16 南京未来主要商业项目供应

序号	项目名称	所属商圈	建筑面积（平方米）	商业形态	开业时间	商业初步定位
1	南京德基广场二期	新街口核心商圈	85 000	购物中心	2012-01-01	将地铁通道与一期设施“无缝”连接，形成一站式高端购物、休闲、餐饮、娱乐的综合性购物中心

（续表）

序号	项目名称	所属商圈	建筑面积（平方米）	商业形态	开业时间	商业初步定位
2	南京金鹰天地三期	新街口核心商圈	800 000	购物中心	2013-01-01	金鹰三期，地下1层至地上9层裙楼用途为商业，主楼10~43层用途为酒店、办公
3	南京湖南路商业街	湖南路商圈	91 000	特色商业街	2011-12-30	集购物、餐饮、娱乐、观光于一体的综合性商业项目
4	南京金鹰天地广场建邺店	江东商圈	200 000	购物中心	2011-05-01	时尚、新锐，主力进攻20~35岁年龄段消费者
5	南京明发商业广场	江宁商圈	400 000	购物中心	2011-05-01	集购物、餐饮、娱乐、休闲、酒店、旅游、游乐、公寓式办公为一体的综合性建筑
6	南京江宁金鹰国际购物中心	江宁商圈	140 000	购物中心	2012-12-30	时尚购物中心
7	南京大洋百货（桥北）	浦口商圈	46 000	购物中心	2011-05-01	集国际时尚百货、餐饮、运动健身、休闲娱乐等业态于一体的时尚购物中心
8	南京恒辉假日广场	浦口商圈	40 000	社区配套	2011-05-01	—

数据来源：克而瑞CRID商业地产数据库，http://crld.cric.com

3 南京市未来城市发展规划

形成城市中心、城市副中心、新城（地区）中心组成的公共活动中心体系。

城市总体规划

（1）城镇布局

按照规划南京将形成“中心城—新城—新市镇”三级城镇体系，其中，中心城由主城、东山、仙林和江北三个副城构成。新城八个，包括龙潭新城、汤山新城、禄口新城、板桥新城、滨江新城、桥林新城、永阳新城、淳溪新城。新市镇是指建制镇和街道所在地的集中建设地区，共34个。

都市区将形成城市中心、城市副中心、新城（地区）中心组成的公共活动中心体系。其中城市中心由

“新街口—河西—南站地区”共同构成，承载南京区域中心城市服务职能。三个副城的设置，规划形成江北（浦口）、东山和仙林三个城市副中心，江北将“相对独立发展”。江宁规划的城市中心是在目前的凤凰港一带。仙林新市区目前集中主要精力在发展大学城片区，而预留的城市中心是百水桥一带。江北新城的城市中心不是在珠江镇，而是位于石佛寺一带，这是江北新城的一个滨江城市中心。

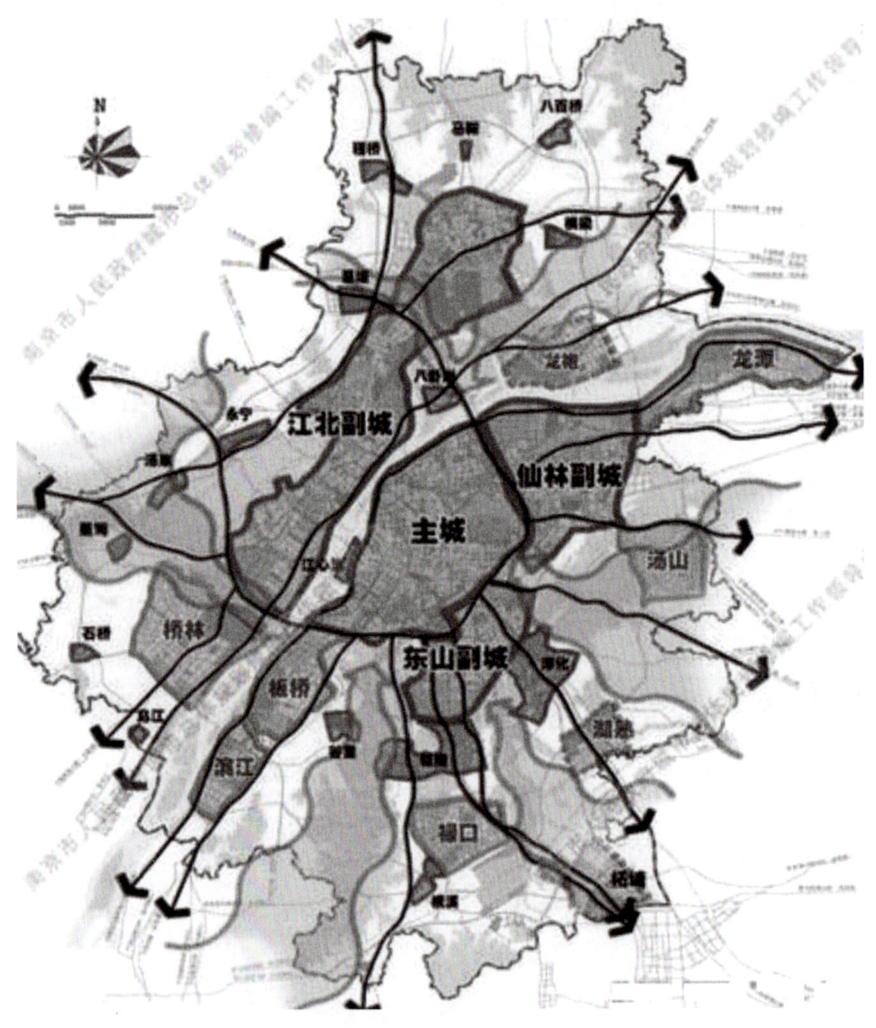

图6-28 南京市城镇布局规划（2008—2020年）

（2）产业布局

发挥南京雄厚的科教资源和现代服务业基础优势，推进产业结构优化升级，加速新型工业化进程，大力发展生产性服务业，形成“服务业为主导、先进制造业和高新金属产业为支撑、现代农业为补充”的产业结构，到2020年，全市产业结构将优化为1：41：58。

产业布局上，主城以发展先导服务业为主，副城和绕城高速公路以内的新城、新市镇以发展现代服务业和高新技术产业为主，绕城高速公路以外的新城和新市镇依托产业园区发展现代制造业和服务业，第一产业主要布局在城镇之间的绿色开敞空间，形成“圈层式”的产业布局。

图6-29 南京市产业布局规划（2008—2020年）

（3）交通规划

都市区轨道交通线网由市域快线、城区干线和局域线组成，市域快线快速衔接板桥、滨江、禄口、汤山、龙潭、桥林等近郊新城，城区干线服务于中心城区高强度、高密集的客流走廊，局域线服务于次级客流走廊。要形成市级中心三线以上换乘、市级副中心两线衔接、新城中心快线相连的总体布局。规划建成16条过江通道、16条城市轨道交通。

远景规划轨道线路17条，线网总里程约650千米，2020年建设轨道线路十条（段），建设里程约300千米。都市区轨道线网密度0.18千米/平方千米，中心城区轨道线网密度0.66千米/平方千米，主城轨道线网密度0.86千米/平方千米。规划轨道交通车站340座，老城轨道站点600米覆盖率达75%，主城轨道站点800米覆盖率达60%。规划轨道交通控制中心4个、车辆段17处、停车场18处。

构建城际交通圈，两小时通达长三角中心城市。南京交通将构建以“2133、3155”为畅达目标，“2133”是指长三角中心城市两小时内通达；南京都市圈一小时通达；都市区通勤交通三刻钟（45分钟）通达；主城内30分钟通达。“3155”是指城市任意一点驱车15分钟上快速路、高速公路，市域所有规划村（或集中居民点）15分钟内能通达国省干线公路网；城市居民步行5分钟内可达公交、地铁车站。

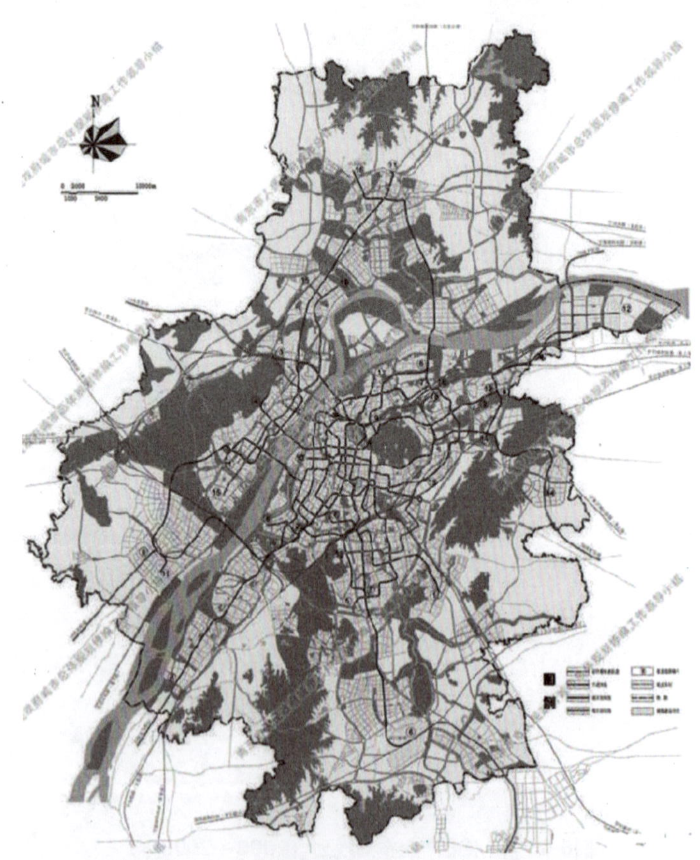

图6-30 南京市轨道交通规划（2008—2020年）

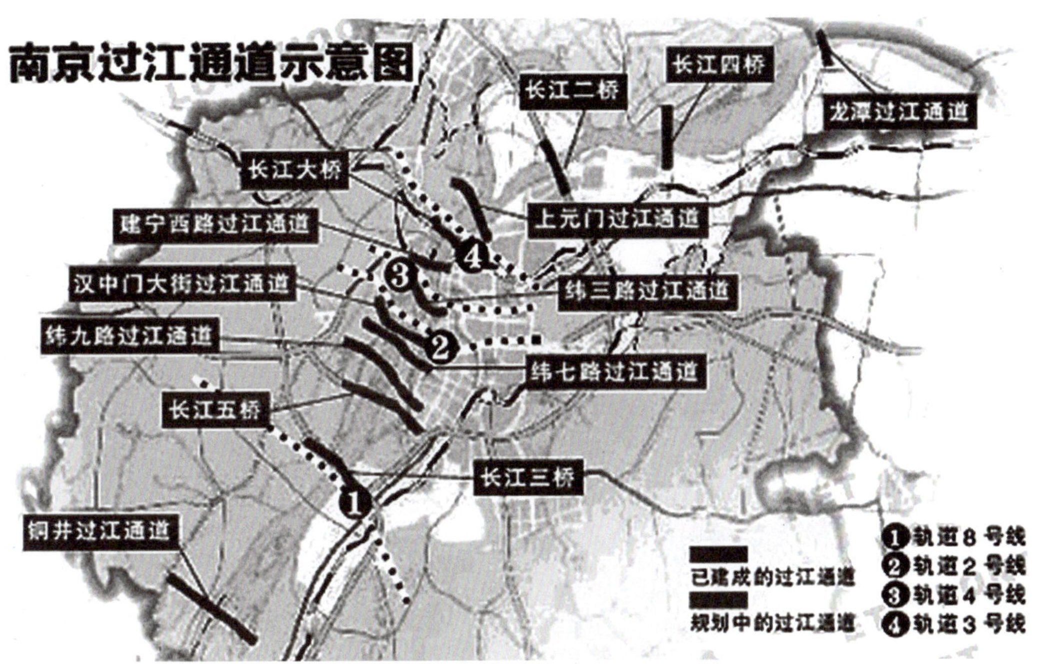

图6-31 南京市过江通道规划（2008—2020年）

2 中心城商业网点规划

市级商业中心由新街口、河西中心、城南中心共同构成。市级商业中心鼓励设置大型购物中心、高端百货店、精品专卖店和专业店等，积极发展新型商务功能。新街口商业中心着力提升商业档次，发展商业、商务、金融等商贸功能；河西商业中心着力培育商务功能，建设高档次、多功能的综合商业设施；城南中心要重点增加商务、商贸、流通等服务设施。

市级商业副中心由东山、仙林、江北和湖南路商业中心共同构成。鼓励设置大型购物中心、百货店、大型综合超市、专卖店、特色商业街等。东山商业中心要加快综合商业设施建设；仙林商业中心适时启动建设，江北商业中心参照市级中心要求进行控制；湖南路商业中心要突出精品特色，沿线商业功能逐步向纵向延伸。

规划建设地区级商业中心32个。主城内地区级商业中心有晓庄、孝陵卫、瑞金路、河西南部、江东、龙江、下关、中央门、安德门9处；副城内地区级商业中心有雄州、大厂、桥北、珠江、三桥地区、新尧、仙鹤、青龙、白象、麒麟、胜太路、东山老镇、九龙湖13处；其他地区级商业中心有龙潭、桥林、板桥、滨江、汤山、禄口、永阳、淳熙、淳化、秣陵10处。

主城内地区级商业中心适宜发展大型综合超市、专业店、专卖店、便利店、餐饮网点、生活服务网点、百货店、仓储超市等。主城外地区级商业中心要与新城建设和人口规模相配套，参照主城内地区中心业态引导要求进行建设。

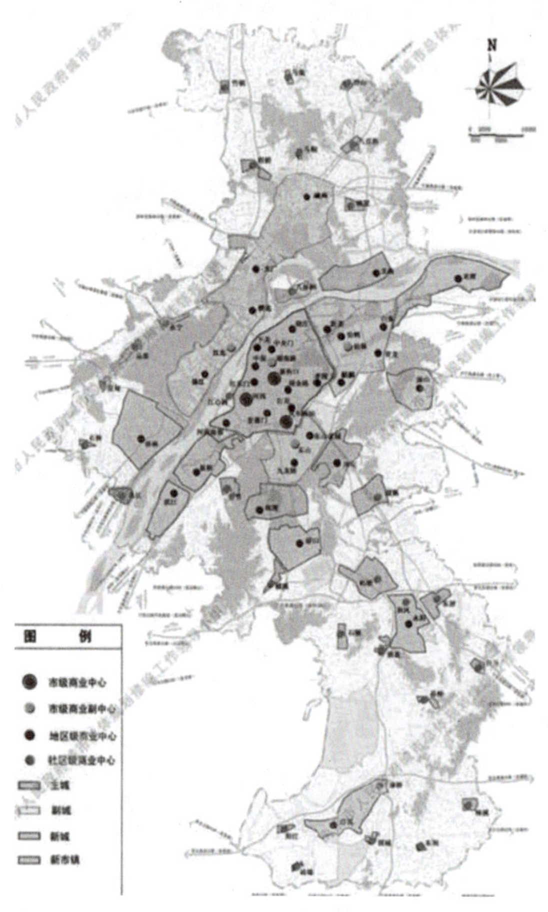

图6-32 南京市域商业中心体系规划（2008—2020年）

小结

南京是长三角地区第二大城市。长三角地区作为全国发展速度最快、规模最大、最具发展潜力的经济板块，已被国家战略定位为具有较强国际竞争力的世界级城市群。在这样一个区域背景下，南京的发展潜力非常大。

近几年，南京经济发展迅速，居民收入大幅度增长，但是居民消费的增长幅度较缓，边际消费倾向偏低，这可能也是抑制南京商业地产发展的一大原因。目前，南京商业地产主要集中在市中心，且以专业商厦为主，近几年才涌现出一批新的购物中心项目，购物中心尚停留在早期发展阶段。

随着城市发展建设的加速，越来越多的大型企业落户南京，也带动了南京商业的发展，加之南京商业发展模式的创新，使南京商业地产有了新的发展空间。

第二节
SECTION TWO

2010年商业地产市场报告

1 合肥市商业地产六项宏观经济指标分析

随着工业规模的迅速扩大，合肥“工业立市”战略成果显现。

指标1 宏观指标

2006年，合肥GDP历史性地突破千亿元大关，2009年，合肥GDP又完成一次重大突破，从1000亿元跨上2000亿元。2009年合肥GDP达到2102亿元，按可比价格计算，同比增长17.3%，增速分别高于全国和全省8.6和4.4个百分点，虽然2008年、2009年受宏观经济大环境影响，增幅有所减小，但是仍保持在17%以上的增长速度。在全国26个省会城市中，GDP总量位居第15位，增速位居第一。合肥市GDP总量约占安徽省的五分之一，比2008年提高0.8个百分点。省会GDP增量占全省增量的27%，省会城市拉动力作用明显。

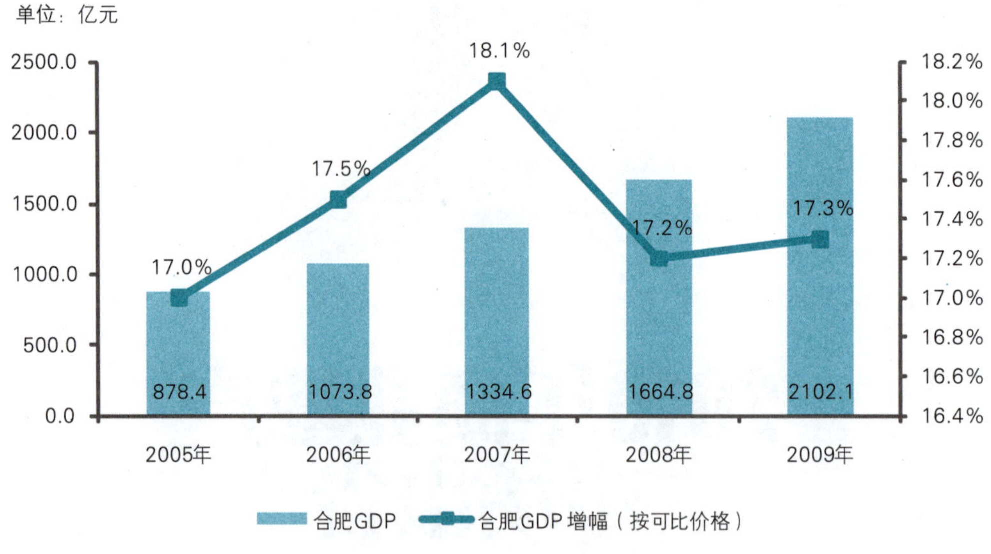

图6-33 2005—2009年合肥GDP及增幅

数据来源：克而瑞CRED商业地产数据库，http://cred.cric.com

指标2 产业结构

GDP总量大跨越，三大产业各显其能。2009年，第一产业增加值108.69亿元，增长6.2%；第二产业增加值1104.98亿元，增长22.5%；第三产业增加值888.45亿元，增长12.4%。2009年合肥三大产业的比重分别为5.2%、52.6%和42.2%。2006年第三产业比例首次超过第二产业比例，其后第三产业比例稳步上升，相应地第二产业比例逐步减小，第一产业比例处于6%左右，2009年下降到5.2%。只有第二产业根基牢固，第三产业的发展才能取得大的进步，2009年第二产业增幅高达22.5%，对经济的拉动作用尤为明显。近几年，随着工业规模的迅速扩大，合肥“工业立市”战略成果显现。

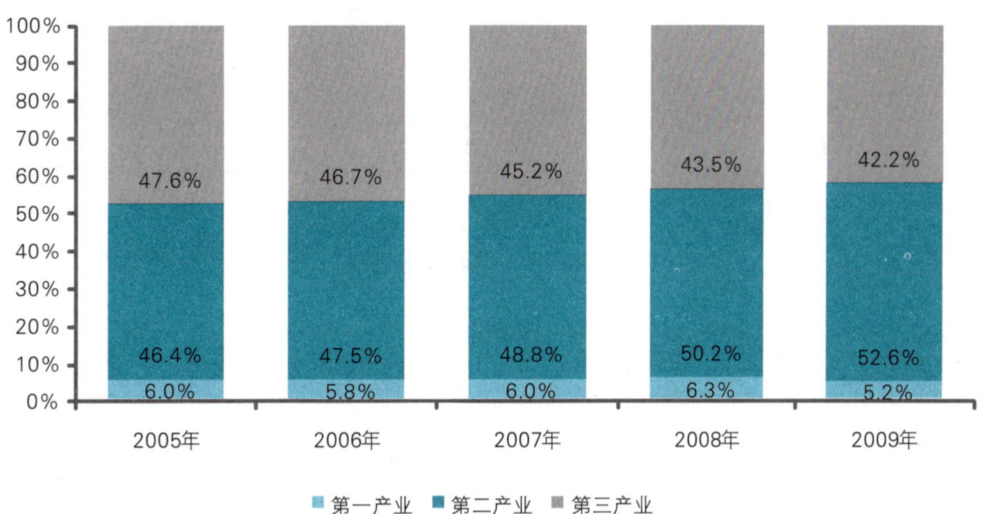

图6-34 2005—2009年合肥三大产业结构比例

数据来源：克而瑞CRED商业地产数据库，http://cred.cric.com

城市人口

2005年以来，合肥市常住人口数量平稳增长，而增长率呈现快速下降的趋势，2009年年末全市常住人口510.0万人，比上年年末增加9万人，增长1.8%。户籍人口为491.43万人（含四区三县），其中市区户籍人口208.58万人，市区常住人口300万以上，非农业人口310万，城市化率达到63.1%。

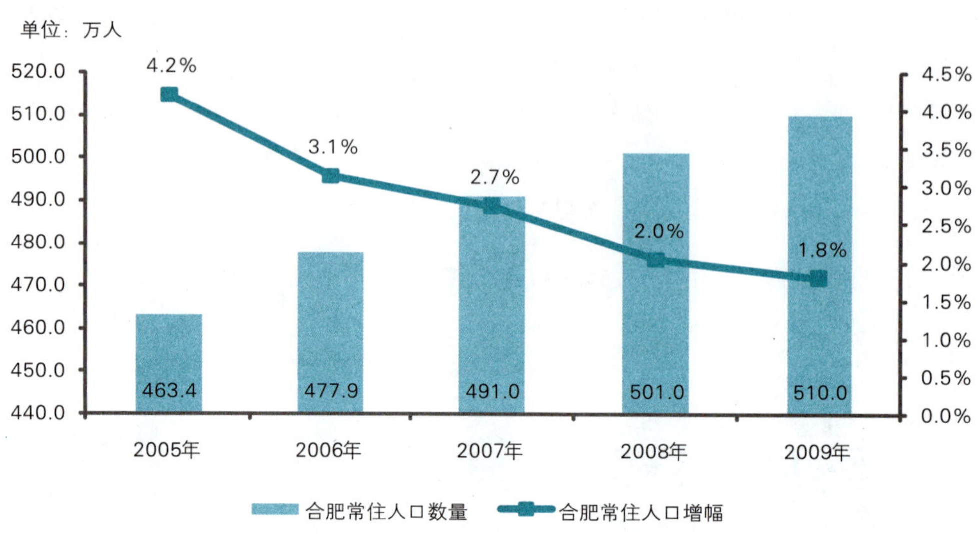

图6-35 2005—2009年合肥常住人口数量及增幅

数据来源：克而瑞CRED商业地产数据库，http://cred.cric.com

经济效益

合肥市人均GDP快速增长，2007年以来名义增长均超过了20%。2009年，合肥人均GDP突破40 000元，按常住人口计算，达到41 543元（折合6082美元），远高于全国平均水平25 125元，提前11年完成了"十七大"提出的"比2000年翻两倍"的目标。

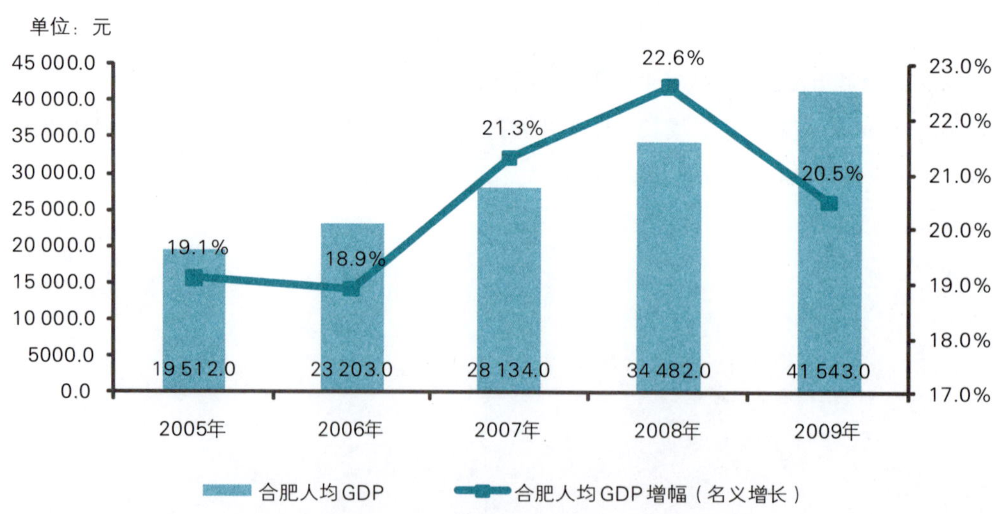

图6-36 2005—2009年合肥人均GDP总量及增幅

数据来源：克而瑞CRED商业地产数据库，http://cred.cric.com

指标5 城镇居民生活质量

随着合肥GDP的大幅增长，合肥人均可支配收入的增速也很快，尤其是2007年增幅高达21.9%。2009年合肥人均可支配收入达17 158.0元，比上年增长10.1%，增幅比上年回落了5个百分点，受宏观经济大环境的影响，2008年、2009年增幅骤降，但是仍保持两位数的增长。

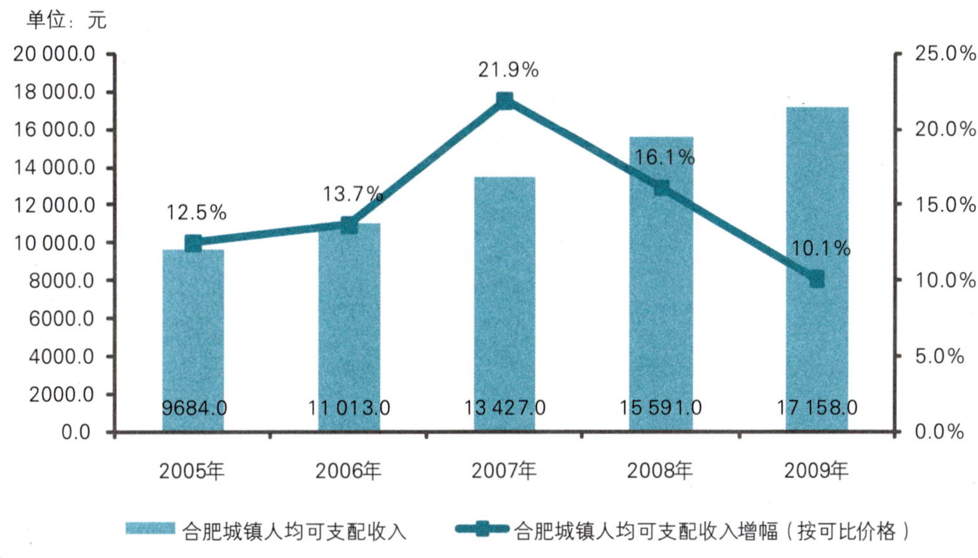

图6-37 2005—2009年合肥城镇人均可支配收入及增幅

数据来源：克而瑞CRED商业地产数据库，http://cred.cric.com

2005年至2009年，合肥城镇居民人均消费性支出稳步增长。2009年全年城镇人均消费性支出12 695.0元，增长8.0%，其中居住类支出增长56.3%，家庭设备用品及服务支出增长22.1%，旅游支出增长62.5%。与人均可支配收入增长幅度曲线类似，2008年和2009年合肥市人均消费性支出增长幅度骤降，尤其是2009年，人均消费性支出增长幅度小于人均可支配收入增长幅度，可见宏观经济环境对合肥居民消费存在一定的影响。

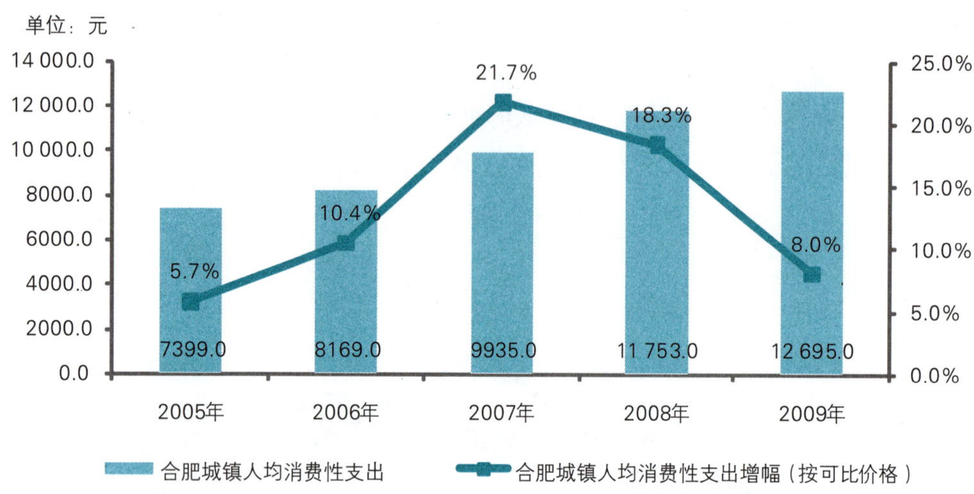

图6-38 2005—2009年合肥城镇居民人均消费性支出及增幅

数据来源：克而瑞CRED商业地产数据库，http://cred.cric.com

2008年合肥恩格尔系数为39.6%，与南京36.7%、上海35%相比，合肥恩格尔系数偏高，而纵向比较的话，近几年，合肥的恩格尔系数已经有了明显下降，居民在其他方面的支出日益增长。尤其是在教育文化方面的支出比重不断攀升，从2005年的7.7%增长到2008年的13.1%，可见合肥市城镇居民对文化教育方面的重视程度在不断提高。

表6-17 2005—2008年合肥城镇居民人均消费性支出构成

构成＼年份	2005年		2006年		2007年		2008年	
	元	%	元	%	元	%	元	%
总支出	7399	100.0	8169	100.0	9935	100.0	11 753	100.0
食品	3384	45.8	3767	46.1	4233	42.5	4657	39.6
衣着	868	11.7	927	11.3	1136	11.4	1341	11.5
家庭设备用品	322	4.4	243	3.0	615	6.2	672	5.7
医疗保健	483	6.5	504	6.2	530	5.3	627	5.3
交通通讯	883	11.9	956	11.7	1009	10.2	1391	11.8
教育文化	569	7.7	863	10.6	1176	11.8	1539	13.1
居住	683	9.2	751	9.2	869	8.7	1077	9.2
其他	207	2.8	158	1.9	367	3.7	449	3.8

数据来源：克而瑞CRED商业地产数据库，http://cred.cric.com

合肥近年来经济快速发展，人民生活水平进一步提高，从边际消费倾向的变化趋势来看，从2005年到

2009年，边际消费倾向从76.4%下降到74.0%，表明合肥人民物质生活在不断提高。

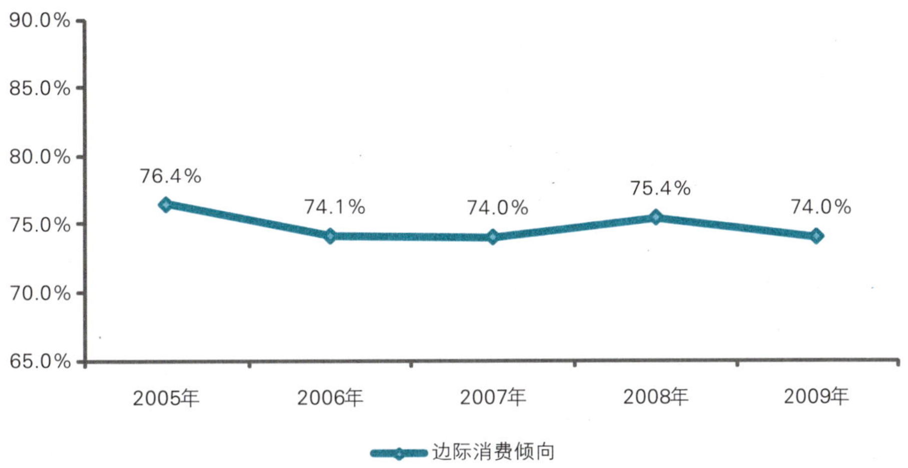

图6-39 2005—2009年合肥边际消费倾向

数据来源：克而瑞CRED商业地产数据库，http://cred.cric.com

指标6 商业需求

金融危机的冲击没能阻止合肥经济发展的强劲势头。2009年合肥全年社会消费品零售总额突破700亿元，比上年增长了183亿元，名义增幅高达35.2%。

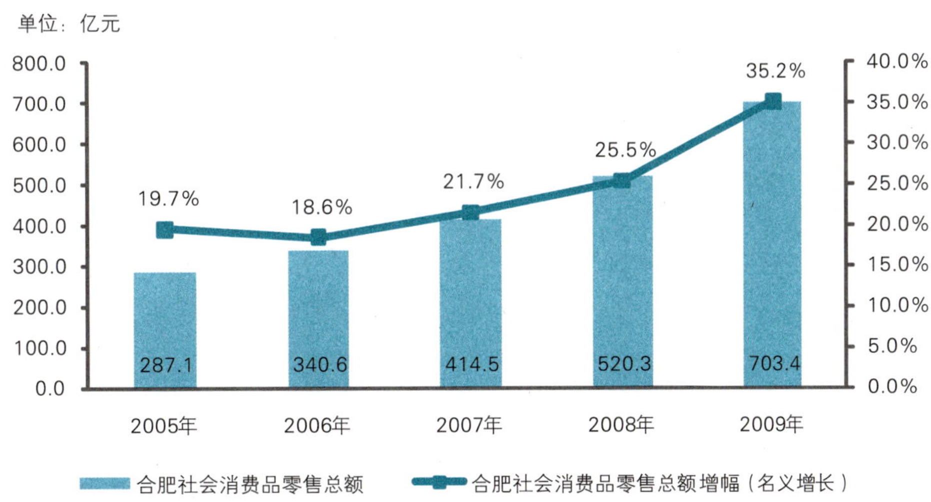

图6-40 2005—2009年合肥社会消费品零售总额及增幅

数据来源：克而瑞CRED商业地产数据库，http://cred.cric.com

2009年合肥人均社会消费零售总额达13 792.0元，比上年增长了13.2%，近几年来，伴随着合肥经济发展的良好势头，合肥人均社会零售额始终保持了10%以上的增速。

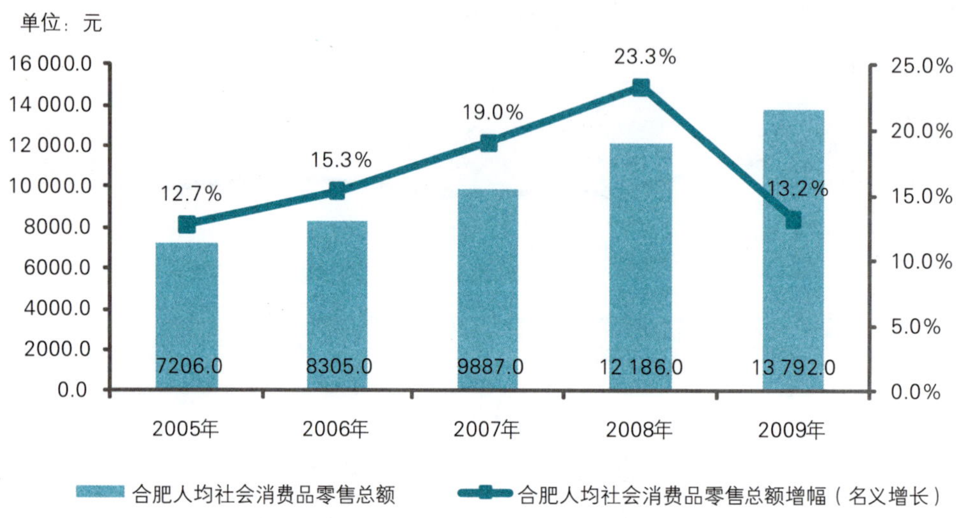

图6-41 2005—2009年合肥人均社会消费品零售总额及增幅

数据来源：克而瑞CRED商业地产数据库，http://cred.cric.com

2 合肥市整体商业市场环境研究

经济形势一片向好，整体经济持续增长。

1 现有商业供应情况

2010年，合肥商业总存量大约为300万平方米，大型商业存量约为197万平方米。按常住人口计算，人均商业面积在0.5平方米左右。2010年末，合肥重点商业存量中以办公配套占比例最大，比例为27.4%，其次是购物中心和专业商厦，比例分别为22.8%和22.3%，市场的比重也达到了16.2%。

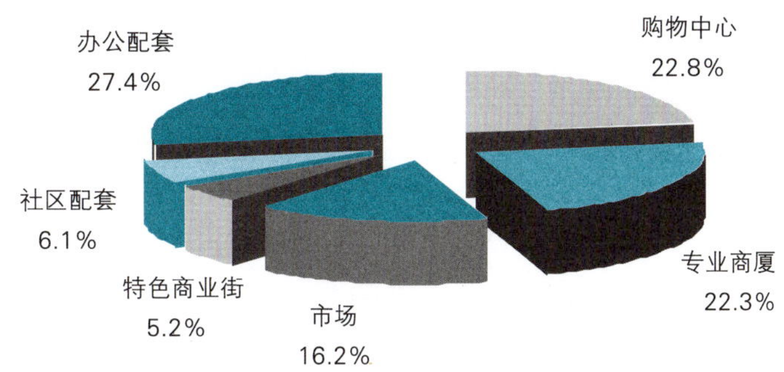

图6-42 2010年合肥各类型重点商业存量供应

数据来源：克而瑞CRED商业地产数据库，http://cred.cric.com

2 十二大主要商圈描述

合肥目前主要商圈有十二个，其中包括核心商圈一个，即长江中路商圈，位处于市中心地带；次级商圈七个，分布较散，但大多都在二环路以内的地区；新兴商圈四个，基本都在二环路以外。

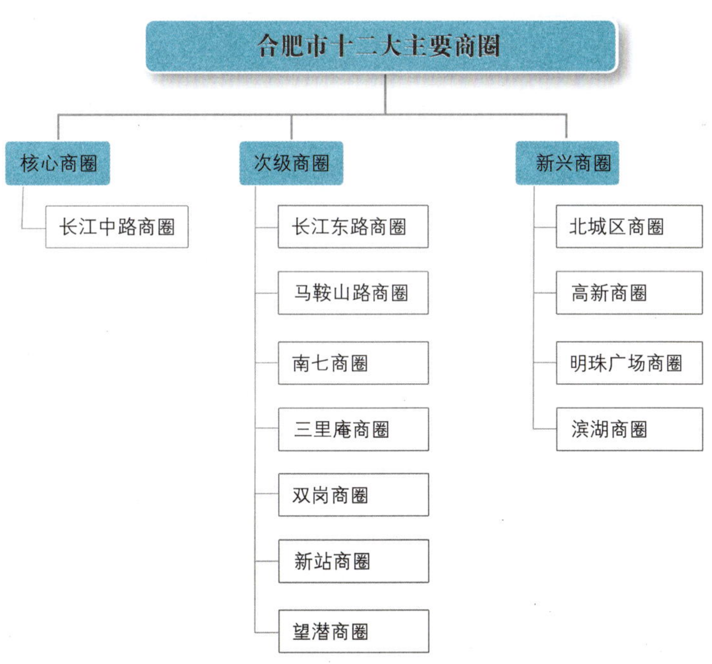

图6-43 合肥市十二大主要商圈示意图

近年来，新兴商圈在较外围的地方逐渐发展起来，由于核心商圈和次级商圈大多都分布在中心地带，因此对于在周边发展的新兴商圈而言有着很大的发展空间。

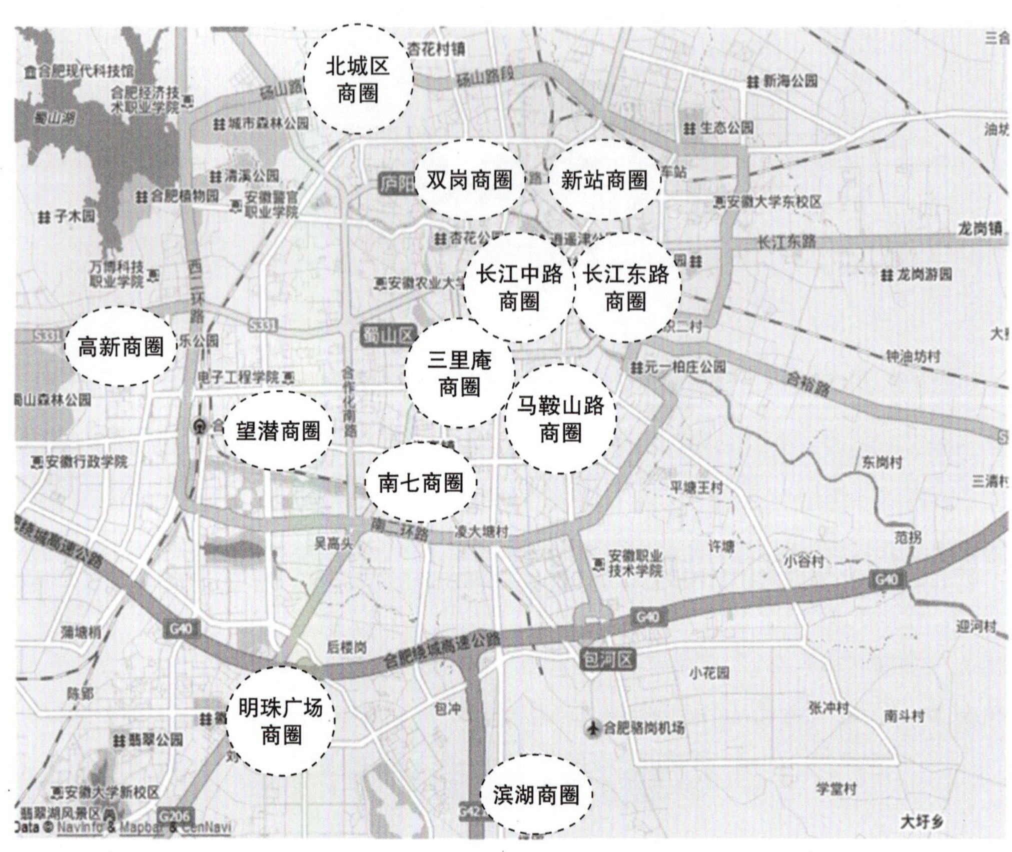

图6-44 2010年合肥主要商圈分布

表6-18 合肥主要商圈

序号	商圈编号	商圈名称	商圈级别	区域属性	特征	主要零售物业
1	A	长江中路商圈	核心商圈	商业区	**档次**：中高端 **目标客群**：成功人士、白领、小白领 **主要商业类型**：以专业商厦与特色商业街为主	淮河路步行街 合肥百盛购物中心 百大CBD购物中心 合肥百货大楼 百大乐普生
2	B	长江东路商圈	次级商圈	商业区	**档次**：中低端 **目标客群**：百姓阶层 **主要商业类型**：业态丰富，以市场为主	瑶海家具世界 商之都大东门店
3	C	马鞍山路商圈	次级商圈	综合区	**档次**：中端 **目标客群**：白领、小白领、时尚人士、百姓阶层 **主要商业类型**：购物中心、市场、特色商业街	金地—88街 绿地—饕界 新都会—环球购物广场 合家福购物广场 周谷堆农贸市场

（续表）

序号	商圈编号	商圈名称	商圈级别	区域属性	特征	主要零售物业
4	D	明珠广场商圈	次级商圈	综合区	**档次：**中端 **目标客群：**白领、小白领、时尚人士、百姓阶层 **主要商业类型：**以专业商厦为主，以购物中心为辅	桐山国际购物广场 东方家园 中州家具市场明珠店
5	E	南七商圈	次级商圈	住宅区	**档次：**中低端 **目标客群：**百姓阶层 **主要商业类型：**专业商厦	新曙光百货 合肥百大商业大厦 华邦伊赛特家居汇
6	F	三里庵商圈	次级商圈	综合区	**档次：**中端 **目标客群：**白领、小白领、百姓阶层 **主要商业类型：**购物中心、市场	国购广场
7	G	双岗商圈	次级商圈	综合区	**档次：**中低端 **目标客群：**百姓阶层、白领、小白领 **主要商业类型：**以市场为主，购物中心、专业商厦为辅	新天地国际广场 华孚一城隍庙 星海世纪广场 安徽轻工商城
8	H	新站商圈	次级商圈	综合区	**档次：**中端 **目标客群：**成功人士、白领、小白领、百姓阶层 **主要商业类型：**业态丰富，以办公配套为主	信地一红星美凯龙家居生活广场
9	I	高新商圈	新兴商圈	商业区	**档次：**中端 **目标客群：**白领、小白领 **主要商业类型：**专业商厦	鼓楼高新店
10	J	北城区商圈	新兴商圈	住宅区	**档次：**中低端 **目标客群：**白领、小白领、百姓阶层 **主要商业类型：**业态丰富，以办公配套为主	城隍庙
11	K	望潜商圈	新兴商圈	住宅区	**档次：**中高端 **目标客群：**白领、小白领、成功人士、百姓阶层 **主要商业类型：**以专业商厦为主，办公配套为辅	华联商厦 大唐国际购物广场 凤凰城商业广场
12	L	滨湖商圈	新兴商圈	商务区	**档次：**中端 **目标客群：**商务人士等 **主要商业类型：**社区配套为主，专业商厦等为辅	居然之家

商圈1 长江中路商圈
合肥商业绝对核心及对外的商业名片

① 商圈范围

东至环城东路，西至金寨路，南至环城南路，北至长江中路。

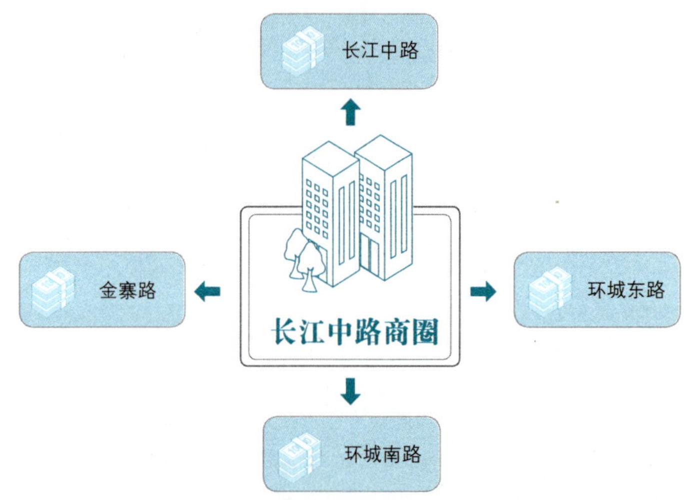

图6-45 合肥市长江中路商圈范围示意图

② 商圈价值

长江中路商圈位于合肥城市中心，是合肥商业绝对核心及对外的商业名片。商圈经过50年发展与积淀，目前已形成百货、商业街、专卖店、专业店为主导的商业格局，商圈内整体商业档次属于中高端，对合肥乃至周边城市具有强大影响力和辐射力，对合肥的城市繁荣具有重要意义，在未来相当长时间内仍将对合肥商业起着绝对主导作用。商圈及周边自然人文环境优越，环城公园环绕，历史人文景点散布其中，极大提升了商圈品位和品质。

商圈大型商业形态存量大约为50万平方米左右，由于该商圈形成较早，因此商圈中大多为专业商厦与特色商业街，特色商业街占比例较大，约达到61%，淮海路步行街是长江路商圈中一条闻名遐迩的特色商业街，总体量就达到了30万平方米，占大型商业存量的一半以上。

图6-46 2010年合肥长江中路商圈大型商业形态比例

数据来源：克而瑞CRED商业地产数据库，http://cred.cric.com

表6-19 2010年合肥长江中路商圈主要商业项目

序号	项目编号	项目名称	建筑面积（平方米）	商业形态	开业时间	档次	经营情况	出租率
1	A1	百大CBD购物中心	35 000	专业商厦	2006-01-21	高端	优	100%
2	A2	瑞景国际购物中心	15 000	专业商厦	2004-12-31	中高端	良好	100%
3	A3	合肥百盛购物中心	35 000	专业商厦	2001-09-01	中高端	优	100%
4	A4	商之都商厦	28 000	专业商厦	1995-12-28	高端	良好	100%
5	A5	百大乐普生	18 500	专业商厦	1995-12-22	中高端	优	100%
6	A6	合肥百货大楼	30 000	专业商厦	1959-08-25	中低端	优	100%
7	A7	淮河路步行街	300 000	特色商业街	1993-01-01	中低端	优	100%

数据来源：克而瑞CRED商业地产数据库，http://cred.cric.com

商圈2 长江东路商圈 由众多批发市场构成

① 商圈范围

西至全椒路，南至和平路，北至临泉路，东至当涂路。

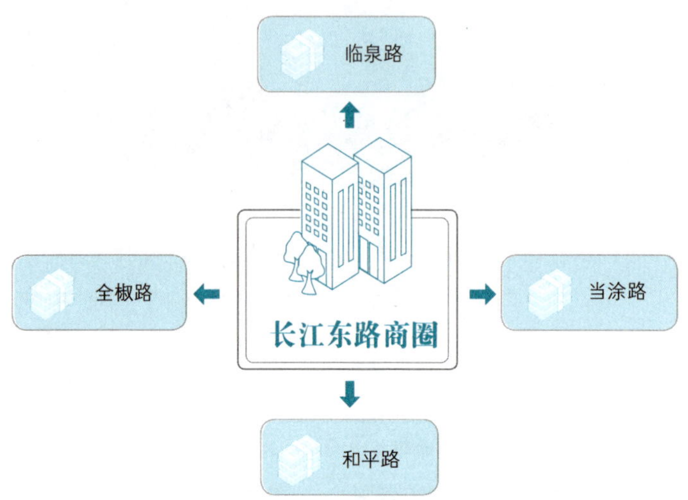

图6-47 合肥市长江东路商圈范围示意图

② 商圈价值

长江路邻接合肥东部的长江批发市场，以其为代表的众批发市场也构成了长江东路上相对成熟的长江东路商圈，商圈整体档次属于中低端，商圈大型商业形态存量大约为45万平方米左右。商业形态较为丰富，其中市场所占比重近一半，达到44.4%。1997年9月，华东地区第一座单体特大型、多功能、现代化的综合性批发市场——合肥长江批发市场首期工程建成并投入运营，先后有3000多家工商客户和4000多位国内外名优产品总代理、总经销入市，经营十五大类近十万多种商品。此外，长江批发市场、漕冲糖酒批发市场、恒通干货食品批发市场，这三个批发市场对整个东部的批发市场格局形成功不可没，由此长江路上的批发市场扩散开来，合肥东部每条路上都云集着市场。

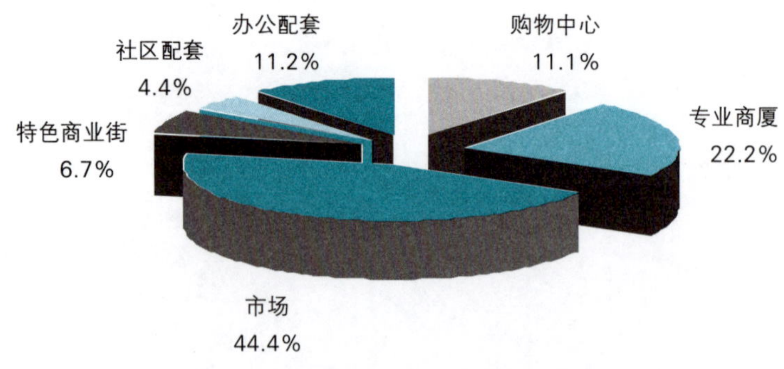

图6-48 2010年合肥长江东路商圈大型商业形态比例

数据来源：克而瑞CRED商业地产数据库，http://cred.cric.com

表6-20 2010年合肥长江东路商圈主要商业项目

序号	项目编号	项目名称	建筑面积（平方米）	商业形态	开业时间	档次	经营情况	出租率
1	B1	瑶海家具世界	170 000	市场	2007-04-26	中低端	良好	99%
2	B2	商之都大东门店	25 000	专业商厦	2005-10-01	中端	一般	100%

数据来源：克而瑞CRED商业地产数据库，http://cred.cric.com

商圈3 马鞍山路商圈 承接合肥市主城区和滨湖新区的节点

① 商圈范围

东至南淝河路，西至宁国路，南至太湖路，北至屯溪路。

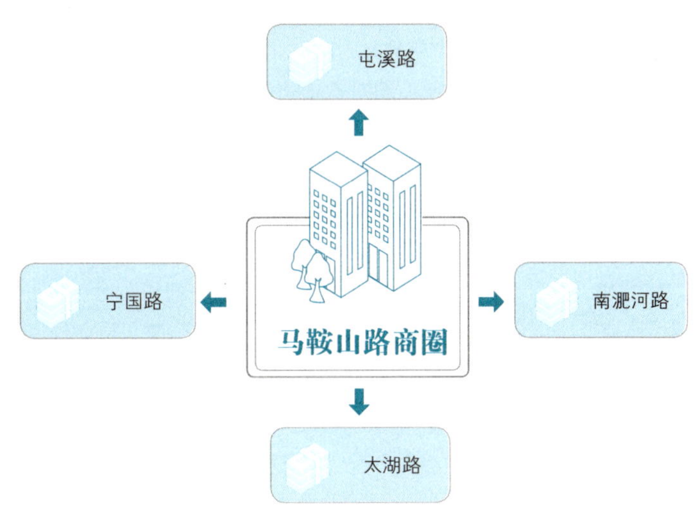

图6-49 合肥市马鞍山路商圈范围示意图

② 商圈价值

作为承接合肥市主城区和滨湖新区的节点，乘合肥滨湖新区建设之东风，马鞍山路与一环线交口附近已形成了合肥市第三大商业中心，覆盖合肥市南区人口的三分之一，马鞍山路商业圈呼之欲出。2005年，随着新鸿意地产旗下“新都会·环球广场”这个南部商圈体量最大的购物中心、地区标志性建筑的成功面市，引进了多家国际著名品牌，如家乐福、麦当劳、肯德基等，形成集购物、美食、休闲、娱乐等多功能商业服务为一体的“一站式”消费商场。

商圈大型商业存量大约为17万平方米左右，商业形态主要为购物中心、市场以及特色商业街，其中购物中心所占比例最大，达42%，其中新都会·环球购物广场体量就达50 000平方米。

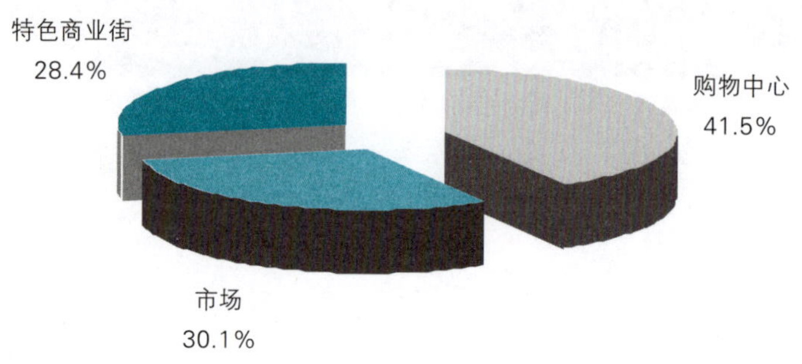

图6-50 2010年合肥马鞍山路商圈大型商业形态比例

数据来源：克而瑞CRED商业地产数据库，http://cred.cric.com

表6-21 2010年合肥马鞍山路商圈主要商业项目

序号	项目编号	项目名称	建筑面积（平方米）	商业形态	开业时间	档次	经营情况	出租率
1	C1	金地—88街	17 220	特色商业街	2008-03-06	中高端	一般	40%
2	C2	绿地—饕界	30 000	特色商业街	2008-01-01	中高端	一般	65%
3	C3	新都会—环球购物广场	50 000	购物中心	2005-09-16	中端	优	100%
4	C4	合家福购物广场	19 000	购物中心	2003-10-06	中端	良好	100%
5	C5	裕丰花市	40 000	市场	1998-04-08	中低端	良好	100%
6	C6	周谷堆农贸市场	10 000	市场	1992-12-22	低端	一般	100%

数据来源：克而瑞CRED商业地产数据库，http://cred.cric.com

商圈4 明珠广场商圈
扼守经济技术开发区连接老城区枢纽位置

① 商圈范围

东至莲花路，西至松谷路，南至繁华大道，北至芙蓉路。

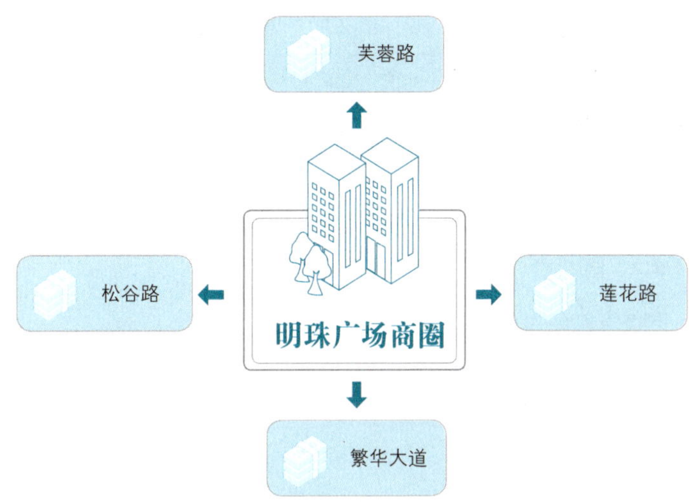

图6-51　合肥市明珠广场商圈范围示意图

② 商圈价值

明珠广场商圈位于经济技术开发区、政务文化新区、包河区三区交汇处，扼守经济技术开发区连接老城区枢纽位置，区位十分优越。经过多年发展，商圈内目前已拥有明珠广场、欧洲风情街、安徽国际会展中心、桐山国际购物广场、东方家园、中州家具市场以及索菲特明珠国际大酒店等商业设施，商圈内及周边旅游、休闲、娱乐资源丰富，自然环境亦较为优越，对外交通便捷，目前已形成了以购物、旅游、餐饮、展览为主，休闲、娱乐、住宿等多种功能共存的商业格局。

明珠广场商圈整体商业档次属于中端，商圈大型商业存量大约为9万平方米，以专业商厦为主，购物中心为辅，比例分别为66.7%与33.3%。

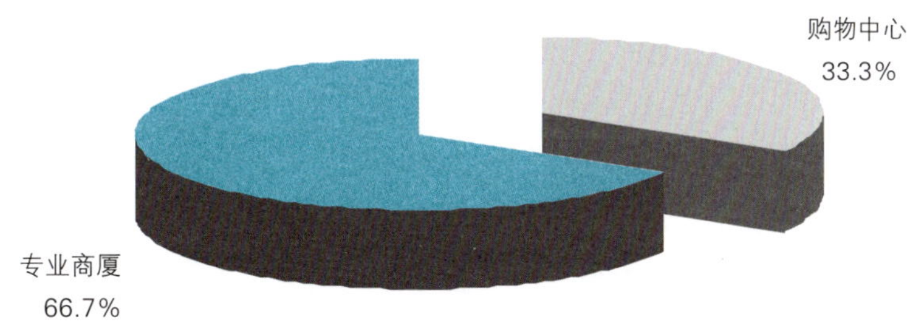

图6-52　2010年合肥明珠广场商圈大型商业形态比例

数据来源：克而瑞CRED商业地产数据库，http://cred.cric.com

表6-22 2010年合肥明珠广场商圈主要商业项目

序号	项目编号	项目名称	建筑面积（平方米）	商业形态	开业时间	档次	经营情况	出租率
1	D1	桐山国际购物广场	30 000	购物中心	2004-12-23	中端	优	98%
2	D2	东方家园	30 000	专业商厦	2003-12-30	中低端	良好	97%
3	D3	中州家具市场明珠店	30 000	专业商厦	1998-09-08	中低端	优	95%

数据来源：克而瑞CRED商业地产数据库，http://cred.cric.com

商圈5 南七商圈 与金寨路的发展密切相关

① 商圈范围

东至宿松路，西至合作化路，南至东流路，北至黄山路。

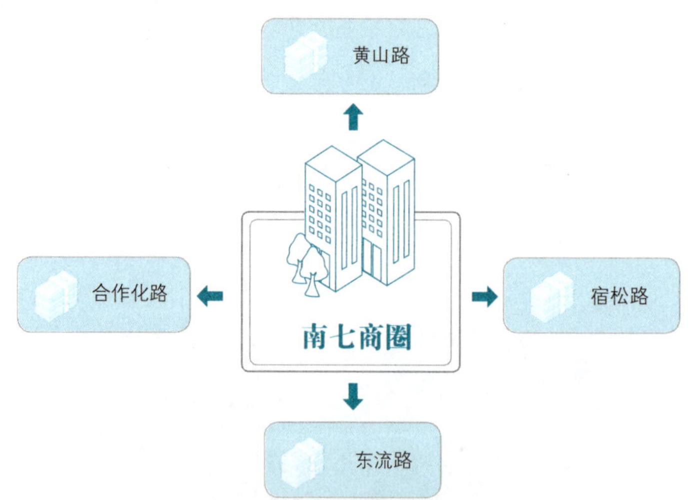

图6-53 合肥市南七商圈范围示意图

② 商圈价值

南七商圈是合肥市的次级商圈之一，商圈整体商业档次属于中端。商圈的形成与发展，与合肥主干道、本商圈主轴金寨路发展密切相关。20世纪80年代，南七以科教、工业生产基地为主，拥有全国重点科研院校中国科技大学以及安徽的重工业合肥叉车厂、江淮化肥厂、锻压厂等。到20世纪90年代，金寨路与望江路的连通成功，延伸至二环路，1998年合肥南七百大商业大厦的成功开业，金寨路上另一个曙光商厦促使南七商圈的快速形成。1998年黄山路与金寨路贯通后，步瑞祺电脑城开业，1999年黄山路百脑汇开业，2000年后高科技广场、黄金广场、百脑汇、宏图三胞等陆续开业，金寨路IT一条街形态呈现。这与本商圈内21世纪以后，以科教发展为重心的转移密切关联，也促进了此地段IT行业的兴起与繁荣。

商圈大型商业存量近50万平方米，大多以专业商厦形态存在，其中有比较大型的百货，如新曙光百货，也有许多家居类、数码类的专业商厦，如望湖城美家居、赛博数码广场等。

表6-23 2010年合肥南七商圈主要商业项目

序号	项目编号	项目名称	建筑面积（平方米）	商业形态	开业时间	档次	经营情况	出租率
1	E1	新曙光百货	11 200	专业商厦	1993-12-10	中低端	良好	90%
2	E2	合肥百大商业大厦	15 900	专业商厦	1998-09-26	中端	优	100%
3	E3	步瑞祺IT广场	11 000	专业商厦	2007-05-31	中端	良好	100%
4	E4	华邦伊赛特家居汇	100 000	专业商厦	2010-10-23	高端	良好	100%

数据来源：克而瑞CRED商业地产数据库，http://cred.cric.com

商圈6
三里庵商圈
合肥市重要交通节点

① 商圈范围

东至梅山路，西至合作化路，南至屯溪路，北至长江中路。

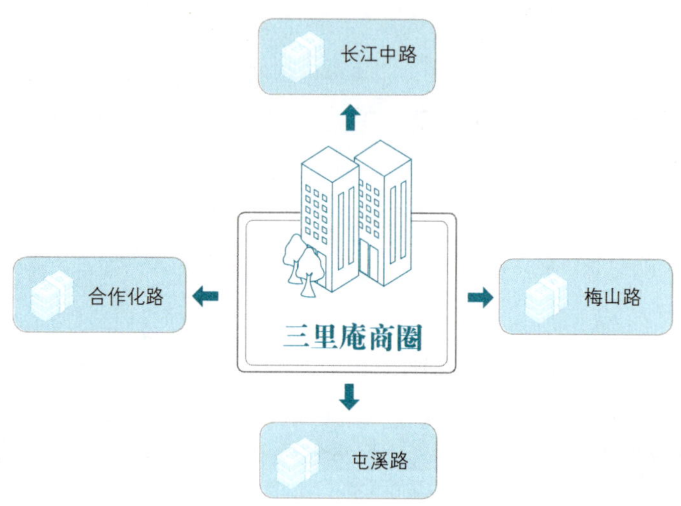

图6-54 合肥市三里庵商圈范围示意图

② 商圈价值

三里庵商圈位于蜀山区与庐阳区的交汇处，离中心城区即长江中路商圈不足1000米，商圈发展形成与其独特的地理环境优势和品牌商进驻息息相关。20世纪90年代的五里墩立交桥的修建成功，贯通三里庵区域，并成为合肥市重要交通节点，带动了周边成熟的社区配套商业。2004年国购广场的家乐福店开业，标志着合肥首个以综合体Mall的购物中心形成，促使三里庵商圈的形成，三里庵周边商业正式纳入合肥商业网点规划范畴。逐渐形成了以三里庵国购广场综合购物中心为主导的商业形态，以西红旗美家居与金苹果家居体验馆为代表的专业市场，加之商圈内丰富社区商业作为补充，形成了该商圈的商业氛围。2004年开业的国购广场为商圈注入了新鲜的活力，体量达80 000平方米。

表6-24 2010年合肥三里庵商圈主要商业项目

序号	醒目编号	项目名称	建筑面积（平方米）	商业形态	开业时间	档次	经营情况	出租率
1	F1	国购广场	80 000	购物中心	2004-12-25	中高端	优	100%

数据来源：克而瑞CRED商业地产数据库，http://cred.cric.com

商圈7 双岗商圈
发展规模较小的次级商圈

① 商圈范围

东至阜阳路，西至蒙城北路，南至五河路，北至义井路。

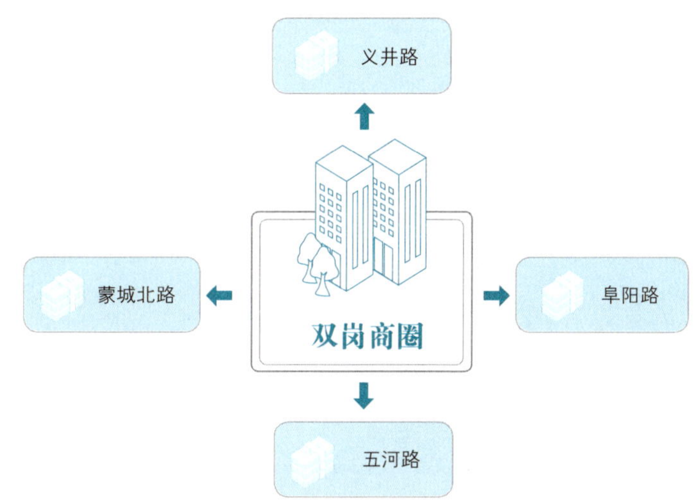

图6-55 合肥市双岗商圈范围示意图

② 商圈价值

双岗商圈在合肥商业格局中，是发展规模较小的一个次级商圈，商圈大型商业存量大约为20万平方米左右。双岗商圈初步形成于20世纪90年代末，至今已有十余年历史。双岗商圈已形成了以星海世纪广场、元一中西街为主要代表的商业副中心，以安徽轻工商城为代表的专业市场，具有较高的知名度，市场存量比例达到59.6%。该商圈区位优势明显，商圈内商业整体运营有待进一步提高，商圈辐射在以双岗为中心的2000米范围内。

图6-56 2010年合肥双岗商圈大型商业形态比例

数据来源：克而瑞CRED商业地产数据库，http://cred.cric.com

表6-25 2010年合肥双岗商圈主要商业项目

序号	项目编号	项目名称	建筑面积（平方米）	商业形态	开业时间	档次	经营情况	出租率
1	G1	新天地国际广场	49 200	购物中心	2009-12-19	中端	良好	95%
2	G2	华孚一城隍庙	70 000	市场	2009-04-29	中低端	良好	80%
3	G3	星海世纪广场	32 000	专业商厦	2005-10-01	中低端	一般	95%
4	G4	安徽轻工商城	50 000	市场	2000-05-01	中端	良好	100%

数据来源：克而瑞CRED商业地产数据库，http://cred.cric.com

商圈8 新站商圈

商业网点最密集、营业规模最大的次级商圈

① 商圈范围

东至胜利路，西至站西路，南至临泉路，北至站前路。

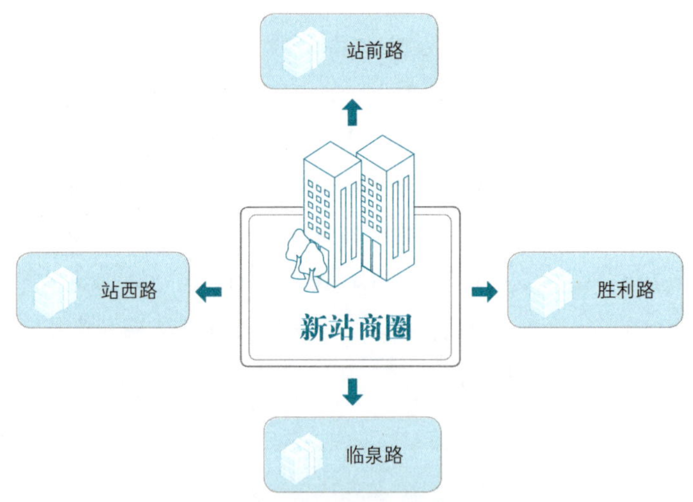

图6-57 合肥市新站商圈范围示意图

② 商圈价值

新站商圈是合肥目前商业网点最为密集、营业规模最大的次级商圈。商圈紧邻老城区，并且与合肥东部组团及北部组团均较近，具有良好的区位及交通优势。新站商圈形成时间相对较早，现已拥有白马服装城、安徽大市场、中州家具市场、安徽国际汽车城、红星美凯龙家居广场等12家亿元以上销售额的专业市场和商品零售商场。专业市场是这一商圈的特色，并在坚持特色的基础上，逐步提升商圈品质，丰富商圈业态业

种。商圈内的元一时代广场是安徽第一家Shopping Mall，站前路轻纺服装专业市场有安徽服饰第一街之称，元一希尔顿大酒店是合肥市第一家五星级酒店，并聚集了沃尔玛、家乐福等零售巨头，形成了以专业市场为主格局的特色商圈，其办公配套所占比例为16.2%，专业商厦比例27.0%。

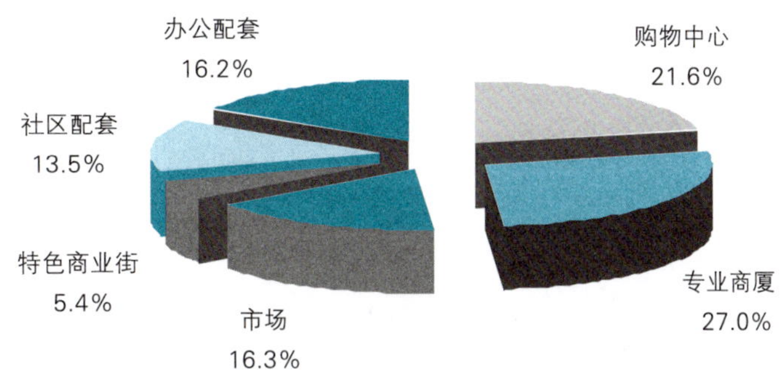

图6-58 2010年合肥新站商圈大型商业形态比例

数据来源：克而瑞CRED商业地产数据库，http://cred.cric.com

表6-26 2010年合肥新站商圈主要商业项目

序号	项目编号	项目名称	建筑面积（平方米）	商业形态	开业时间	档次	经营情况	出租率
1	H1	信地—红星美凯龙家居生活广场	122 000	专业商厦	2008-10-18	高端	良好	100%
2	H2	安徽白马服装城	42 000	市场	2004-10-18	中低端	良好	100%
3	H3	元一时代广场	80 000	购物中心	2006-01-01	中端	一般	—

数据来源：克而瑞CRED商业地产数据库，http://cred.cric.com

商圈9 高新商圈 依托合肥市高新技术开发区

① 商圈范围

东至科学大道，西至天柱路，南至海关路，北至长江西路。

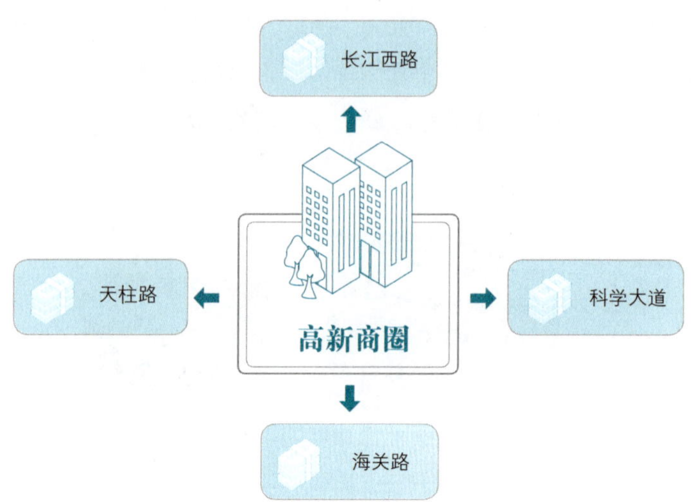

图6-59 合肥市高新商圈范围示意图

② 商圈价值

合肥高新商圈是依托合肥市高新技术开发区发展起来的新兴商圈。合肥市高新技术开发区是安徽省唯一的一个国家级高新技术产业园，毗邻风景优美的大蜀山，经过十几年的发展，美誉早已名扬海内外，但辖区的商业发展一直没有达到人们预想的目标，“商气不浓”成了高新区唯一的缺憾。2004年7月28日，合家福超市率先进驻高新区，扮演了拓荒者的角色，也结束了高新区没有大型商业卖场的历史。按照规划，高新区管委会与合肥百大集团将联手打造一个30万平方米的大型商业中心，在其周围将设有餐饮、娱乐、休闲、健身、影院等。

表6-27 2010年合肥高新商圈主要商业项目

序号	项目编号	项目名称	建筑面积（平方米）	商业形态	开业时间	档次	经营情况	出租率
1	I1	鼓楼高新店	18 000	专业商厦	2008-12-26	中端	一般	100%

数据来源：克而瑞CRED商业地产数据库，http://cred.cric.com

商圈10 北城区商圈
合肥城市空间发展战略核心区

① 商圈范围

西至四里河路，南至北二环路，北至大杨南路，东至蒙城北路。

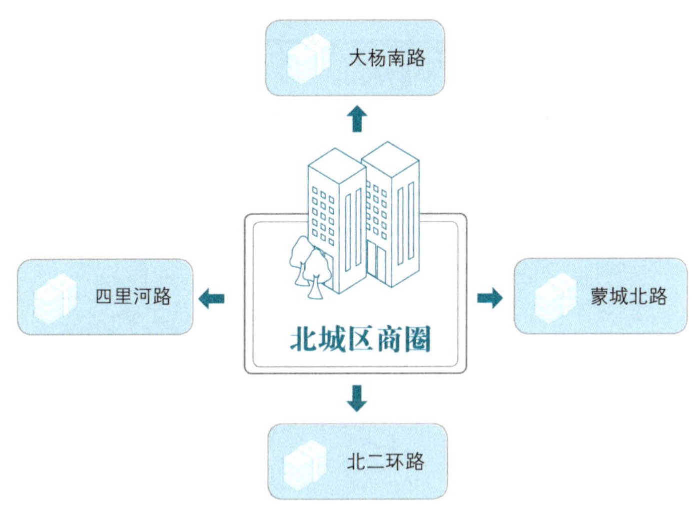

图6-60 合肥市北城区商圈范围示意图

② 商圈价值

合肥近几年的发展日新月异，唯独北城区像被遗忘的角落一样停滞不前，一直被业内人士称为合肥住宅投资的洼地。目前，商圈大型商业形态存量大约为10万平方米左右，以市场商业形态所占比例最大，在商圈中的比重达到50.0%。

合肥北部组团是合肥市“141”城市空间发展战略的重要组成部分，紧邻主城区，是合淮同城化、合芜蚌综合试验区发展战略的核心区，包括双墩镇、岗集镇、三十头镇和省级双凤经济开发区，也是长丰县经济中心。2007年7月，北部组团发展规划经合肥市规委会主任会议批准，规划面积为100平方千米，其核心区70平方千米的规划区域基本属于未开发的原生态区域，是一个地域广阔、环境优美、适宜人居的生态型城市副中心，也是一个政策宽松、商机无限、优势独特的投资乐园，在建的明发商业广场等大型城市综合体将为北城区商圈奠定发展基础。

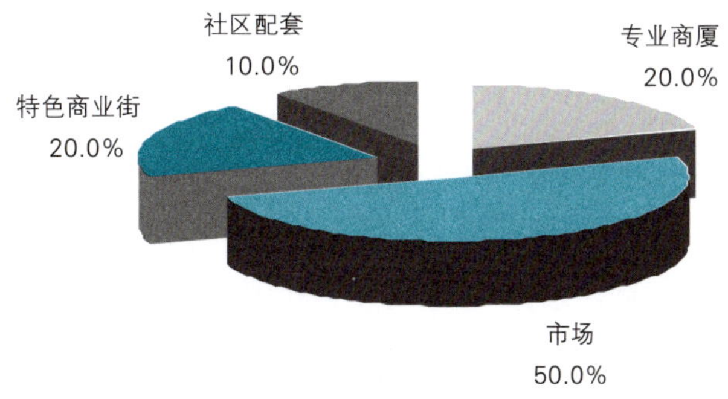

图6-61 2010年合肥北城区商圈大型商业形态比例

数据来源：克而瑞CRED商业地产数据库，http://cred.cric.com

表6-28 2010年合肥北城区商圈主要商业项目

序号	项目编号	项目名称	建筑面积（平方米）	商业形态	开业时间	档次	经营情况	出租率
1	J1	城隍庙	50 000	市场	2007-07-01	中低端	良好	100%

数据来源：克而瑞CRED商业地产数据库，http://cred.cric.c

商圈11 望潜商圈 具有独特地理优势

① 商圈范围

东至石台路，西至岳西路，南至望江西路，北至黄山路。

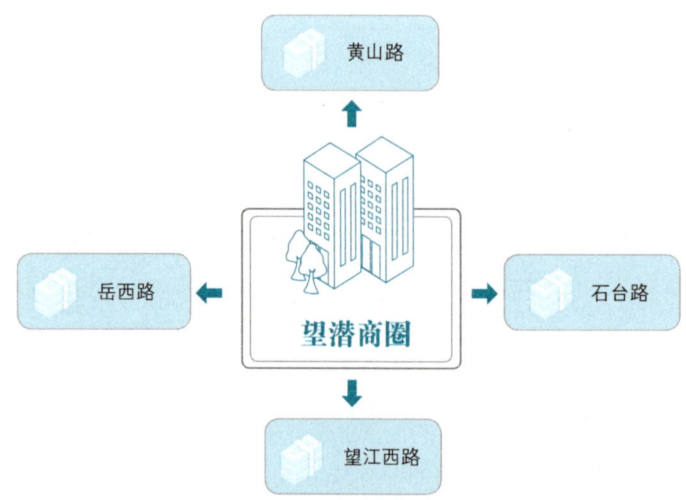

图6-62 合肥市望潜商圈范围示意图

② 商圈价值

望潜商圈是指望江路和潜山路形成的商业圈，以潜山路、望江路为核心。望潜商圈位于老城区、高新区、政务区、经开区交汇处，具有城市腹地和新老城区结合处的独特地理优势，大型商业超市、购物休闲中心和金融办公等现代服务业初显规模，周边消费需求及配套商业设施建设需求日渐迫切，因而率先在望潜交口建成一个金十字商业中心的条件日益成熟，即将形成一个辐射合肥西南区域的新商圈。

商圈大型商业存量约为35万平方米，商业形态较为丰富，其中以专业商厦和购物中心为主，比例分别达到了42.9%和34.3%。由于望潜商圈属于新兴商圈，因此一些较为大型的商业项目也是近两年才开始营业的，换句话说，也正是随着这些大型中高端商业的落成，逐渐形成了这一商圈。

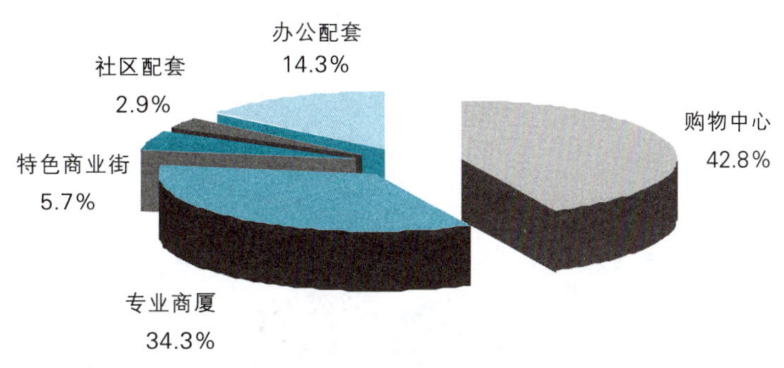

图6-63 2010年合肥望潜商圈大型商业形态比例

数据来源：克而瑞CRED商业地产数据库，http://cred.cric.com

表6-29 2010年合肥望潜商圈主要商业项目

序号	项目编号	项目名称	建筑面积（平方米）	商业形态	开业时间	档次	经营情况	出租率
1	K1	华联商厦	50 000	购物中心	2010-11-03	中端	一般	80%
2	K2	大唐国际购物广场	80 000	购物中心	2009-12-30	中端	良好	100%
3	K3	凤凰城商业广场	128 000	专业商厦	2009-11-05	中高端	良好	100%
4	K4	美家居装饰广场	55 000	市场	2003-07-26	中高端	良好	100%

数据来源：克而瑞CRED商业地产数据库，http://cred.cric.com

商圈12 滨湖商圈 合肥经济圈CBD的平台

① 商圈范围

东至庐州大道，西至西藏路，南至方兴大道，北至紫云路。

② 商圈价值

在滨湖新区，随着居然之家等商贸市场开业，超五星级合肥世纪金源大饭店等金融后台服务中心的建设，越来越凸显合肥经济圈CBD的平台特点。在高铁站区域，一块新开辟出的广阔天地，在重大项目建设的同时，正为未来孕育着一个极富吸引力的宏伟商圈。在南二环商业及市场物流带，集聚着望湖美家居、京华家居、五里庙装饰世界等专业市场，随着合肥港综合码头的运行，这个商圈的覆盖面逐渐由南淝河黄金水道经巢湖、入长江，融入长三角。悄然间，这些核心商圈正强力牵动着包河区现代服务业快速升级。

商圈大型商业存量约为45万平方米左右，商业形态以社区配套为主，专业商厦为辅，并配有少量的购物中心。

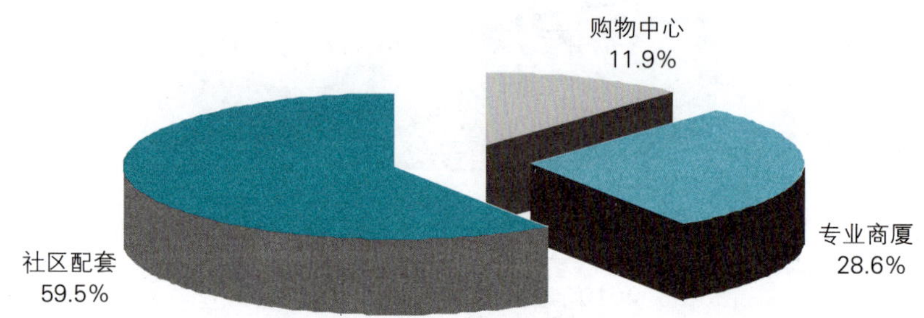

图6-64 2010年合肥滨湖商圈大型商业形态比例

数据来源：克而瑞CRED商业地产数据库，http://cred.cric.com

3 合肥整体租金水平

（1）购物中心首层租金水平

明珠广场商圈、望潜商圈内购物中心租金基本保持在4元/（米^2·天），而马鞍山路商圈内购物中心的租金比其他商圈租金要高出好几倍。

表6-30 合肥主要商圈购物中心租金

序号	项目编号	项目名称	所属商圈	首层租金 [元/（米^2·天）]
1	C4	合家福购物广场	马鞍山路商圈	5～15
2	D1	桐山国际购物广场	明珠广场商圈	4
3	K2	大唐国际购物广场	望潜商圈	3～4

数据来源：克而瑞CRED商业地产数据库，http://cred.cric.com

（2）百货租金水平

合肥各商圈百货的租金基本以扣点方式收取，各百货扣点差距较大，根据商圈位置及商业档次不同，扣点水平亦不相同，合肥百货大楼扣点仅为10%～18%，而商之都商厦、鼓楼高新店等百货店的扣点最高达到了30%。

表6-31 合肥主要百货租金

序号	项目名称	所属商圈	首层租金（扣点）
1	百大CBD购物中心	长江中路商圈	15%～28%
2	瑞景国际购物中心	长江中路商圈	15%～25%
3	合肥百盛购物中心	长江中路商圈	20%～28%
4	商之都商厦	长江中路商圈	20%～30%
5	百大乐普生	长江中路商圈	10%～18%
6	合肥百货大楼	长江中路商圈	10%～18%
7	商之都大东门店	长江东路商圈	20%～30%
8	新曙光百货	南七商圈	15%～20%
9	鼓楼高新店	高新商圈	20%～30%

数据来源：克而瑞CRED商业地产数据库，http://cred.cric.com

（3）其他商业类型租金水平

市场的租金在各商圈内也参差不齐，较低的如长江东路商圈的瑶海家具1～2元/（米^2·天），高的则达到10～25元/（米^2·天），即新站商圈内的安徽白马服装城。而特色商业街也是呈现出这样的情况，如金地—88街保持着相对较低的租金水平，而淮河路步行街的租金水平比金地—88街翻了好几倍。

表6-32 合肥其他商业类型租金

序号	项目名称	所属商圈	商业形态	首层租金［元/（米^2·天）］
1	瑶海家具世界	长江东路商圈	市场	1～2
2	裕丰花市	马鞍山路商圈	市场	5～10
3	周谷堆农贸市场	马鞍山路商圈	市场	2～5
4	华孚—城隍庙	双岗商圈	市场	5～25
5	安徽轻工商城	双岗商圈	市场	8～20
6	安徽白马服装城	新站商圈	市场	10～25
7	美家居装饰广场	望潜商圈	市场	2.5～4
8	淮河路步行街	长江中路商圈	特色商业街	20～25
9	金地—88街	马鞍山路商圈	特色商业街	4～8
10	绿地—饕界	马鞍山路商圈	特色商业街	5～10

数据来源：克而瑞CRED商业地产数据库，http://cred.cric.com

4 合肥未来商业供应及发展趋势预测

近年来，合肥市经济形势一片向好，整体经济持续增长，城市化进程加快，城镇居民消费能力稳步提升，为城市商业的发展奠定了良好的基础。近几年合肥市商业市场蓬勃发展，市场放量较大。2004年开业的国购广场、白马服装城，2005年开业的新都会环球广场、元一时代广场、CBD中央广场，2006年开业的金地—88街西班牙式体验式情景商业街，2007年城隍庙大世界封顶，开发热点集中在老市区，市场呈现饱和状态，一环线等与主干道交汇处，单体规模越来越大，商业营业面积在五万平方米以上的项目较多，新建商业以购物中心的形态为主，定位多走中高端路线。

合肥市未来商业供应将转向滨湖新区、北城区等新兴商圈。新兴商圈内商业设施几乎是空白点，大型商业项目微乎其微，合肥市总体规划目标是建立现代化的大都市，城市发展中心向新城区转移，城市商业发展由一个中心向多个中心发展，每个区都要有自己的商业中心，商业地产市场发展潜力巨大。

3 合肥市未来城市发展规划

将努力建设成为“东进西出、辐射南北”的区域性商贸中心、物流中心、会展中心。

1 城市总体规划

（1）人口布局

预计2020年合肥市域总人口将为710万人，其中城镇人口525万人，中心城区城市人口360万人，城镇化水平为74%。

（2）城市空间规划

合肥城镇空间组织结构为“一核一圈五轴”。形成以合肥中心城区为核心，周边城镇密集区为重点发展圈层，沿主要交通轴线向东、北、西、西南、东南辐射的五条拓展轴。

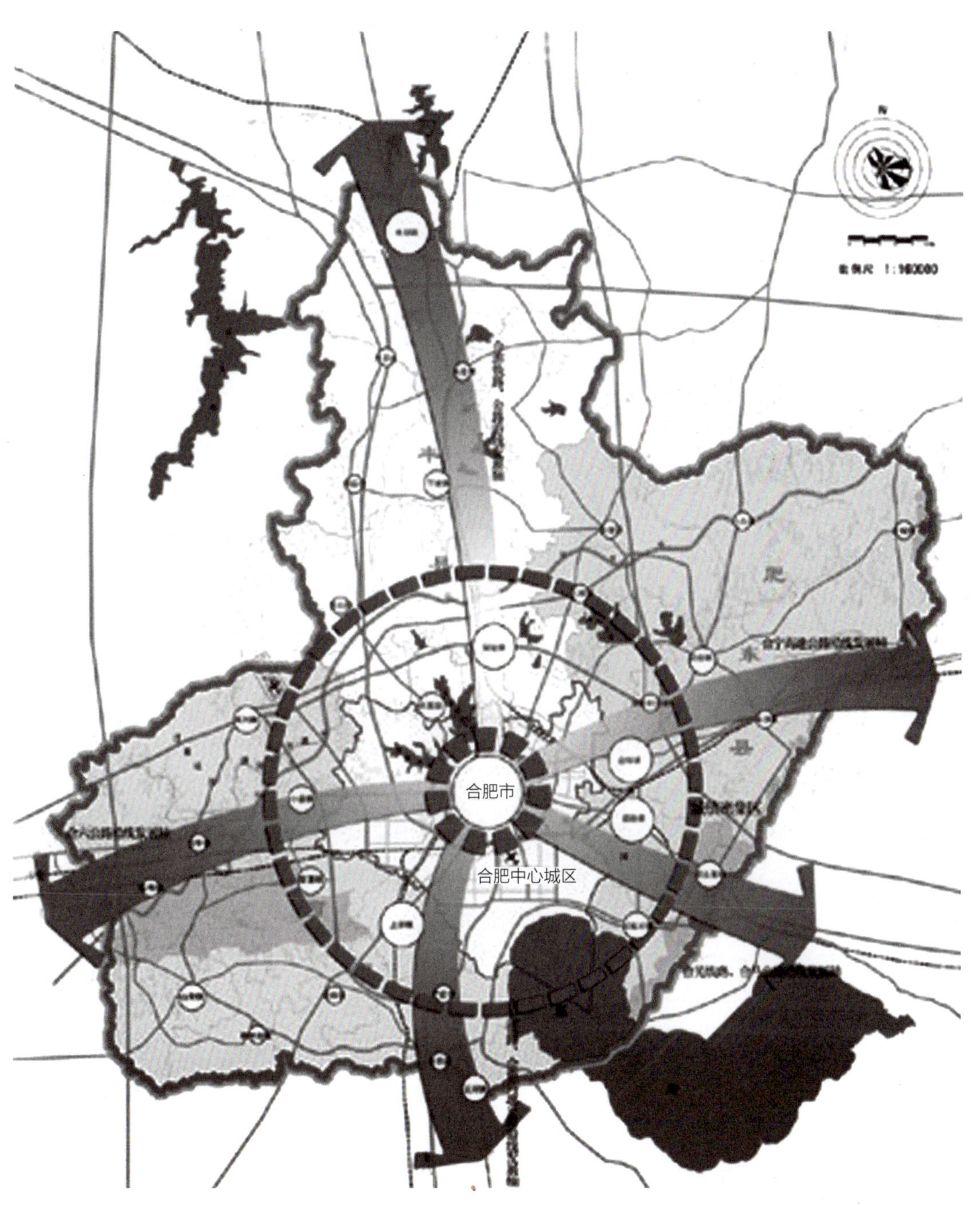

图6-65 2006—2020年合肥市域城镇空间结构规划

（3）交通规划

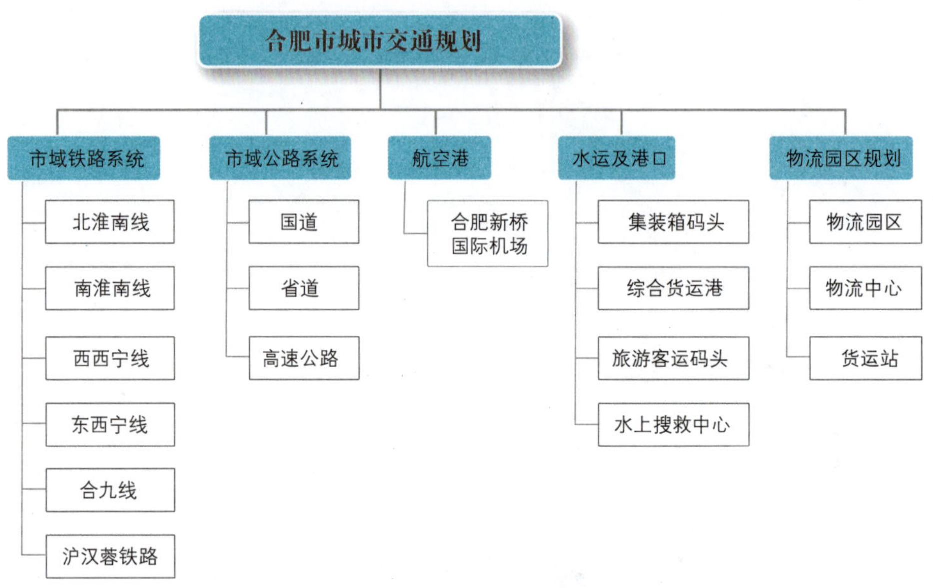

图6-66 合肥市城市交通规划示意

市域铁路系统：规划形成六条线（北淮南线、南淮南线、西西宁线、东西宁线、合九线、沪汉蓉铁路），衔接七个方向（淮南、蚌埠、南京、芜湖、九江、西安、武汉），具有以合肥东站为编解系统，以合肥高铁站、合肥站、合肥西站为客运系统和以合肥北站为货运系统的枢纽格局。

市域公路系统：市域对外公路主要由国道、省道和高速公路组成，形成“一环十射”的对外公路网络骨架。在市域内规划形成“双墩—元疃—桥头集—长临河，丰乐—柿树岗—山南—官亭—高刘—吴山”的市级公路环路，促进市域各经济区及各旅游区之间的横向交通联系。

航空港：在肥西县高刘镇建设合肥新桥国际机场，机场飞行区等级为4E，搬迁骆岗机场。

水运及港口：在南淝河下游段规划集装箱码头，在店埠河合裕路南侧和派河合安高速路西侧规划综合货运港，在巢湖沿岸规划建设旅游客运码头，在滨湖新区规划设立一处水上搜救中心。

物流园区规划：合肥市物流基础设施采用“物流园区、物流中心和货运站”分层次总体布局，建成“四园区、四中心”。建设东部、西南部、北部和西部（空港）四大物流园区；设立工业、建材、农业、高科技物流中心；搭建基础设施、信息网络、商贸物流三大平台。

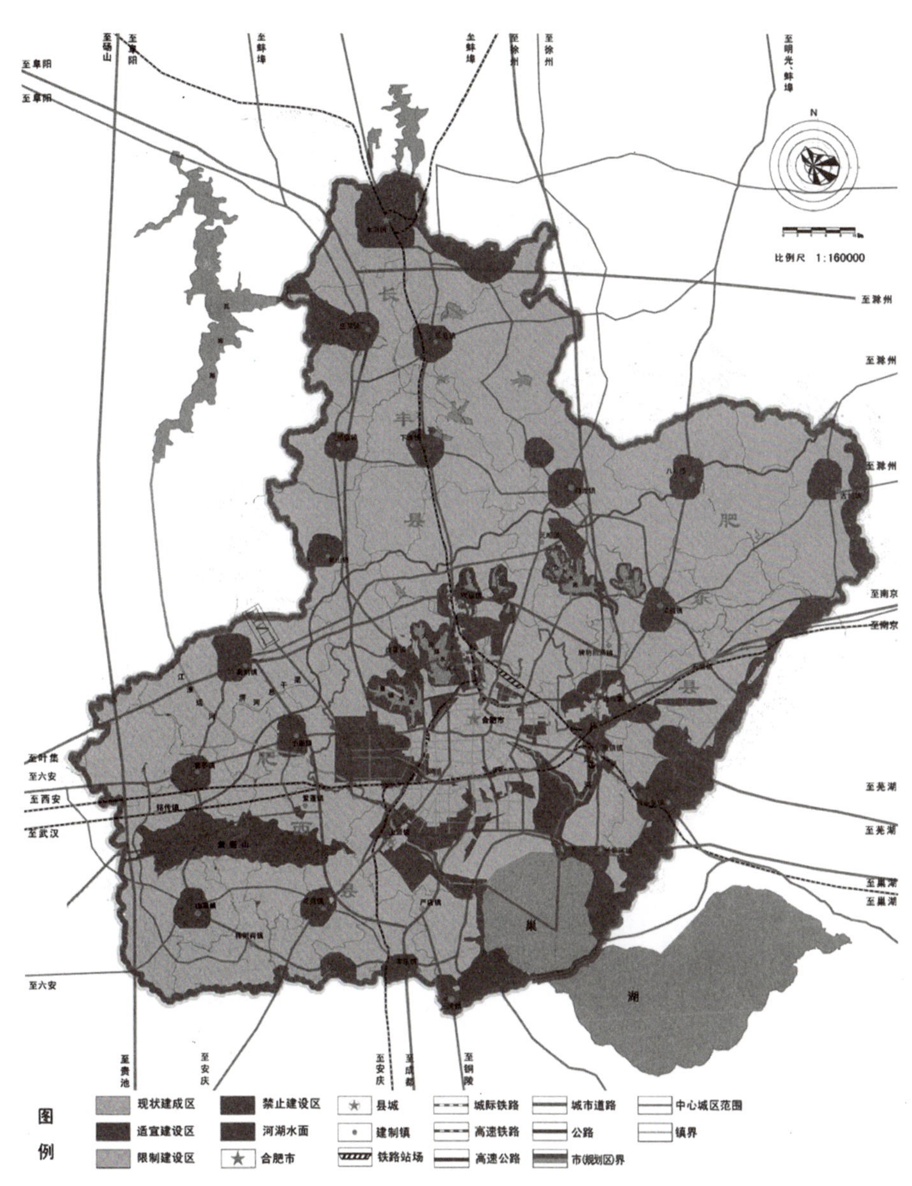

图6-67 2006—2020年合肥市域交通体系规划

轨道交通线网将结合合肥市“141”组团空间发展战略和用地布局，最终形成由十二条线路组成的远景轨道网络，总长322.5千米，其中市区线路七条，全长215.3千米；市域延伸线五条，其中四条延伸线，一条机场专用线，全长107.2千米。以下为项目基本明确的轨道：

一号线——南北方向骨干线，起点位于合肥火车站北天水路，以地下线形式沿新蚌埠路向南，经北二环路，穿过合肥火车站，沿胜利路、马鞍山路向南，至望湖中路转向西，再向南沿佳洲路直穿高铁站，之后沿青海路、庐州大道、珠江路至线路终点徽州大道站。线路全长约28.75千米，全部为地下线。全线共设车站26座，其中5座换乘枢纽，全部为地下车站，项目总投资133.98亿元，分三期建设。2011年6月全线开工，预计到2014年底开通运营。

二号线——东西方向骨干线，联系老城区、高新区、科学城，将引导和促进高新区和老城区的发展。西起长江西路与长宁大道交叉口东侧，终点至长江东路与大众路交叉口西侧处。全线长29.4千米，设站23座，包括15座地下站，线路东侧设龙岗停车场一座。力争2011年第四季度开工，预计到2016年底开通运营。

三号线、四号钱以及五号线2011年进入前期研究工作。

七号线——有望在2011年与二号线一同开工。功能主要是加强合肥滨湖新区与经开区、高新区、科学城及新桥机场的联系。走向为方兴大道，繁华大道，始信路，紫云路。线路全长35.3千米，其中高架线15千米，全线共设29座车站，其中高架站12座，并依次与八、二、四、三、一、五号线换乘。

八号线——2011年与七号线已经进入可研的前期准备阶段。是一条远景的机场专用线，线路长度为22.5千米，将全地面线铺设拟设3至5座车站。功能主要是通过与其他轨道线路的换乘，实现主城区、滨湖新区、经开区、高新区、高铁车站与新桥机场的快速联系。

 合肥商业网点规划

2011年至2020年的十年内，合肥将立足城市“141”（1个老城区+4个城市组团+1个滨湖新区）空间发展布局，努力将自身建设成为“东进西出、辐射南北”的区域性商贸中心、物流中心、会展中心。

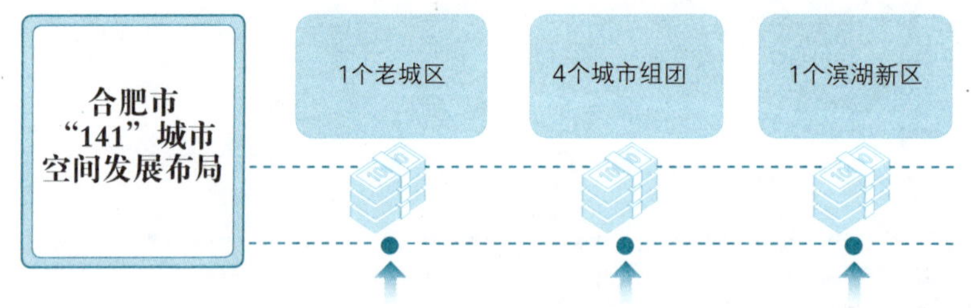

图6-68 合肥市“141”城市空间发展布局示意图

（1）区级以上商业网点增至45个

目前，合肥市已形成以老城区为中心的市级商业功能区和4个区级商业功能区，分别是三里庵区级商业中心、新站区级商业中心、南七区级商业中心、明珠广场区级商业中心。未来十年内，合肥市的区级以上商业功能区将增至45个。在合肥市重点布局的45个区级以上商业功能区中，将包括10个综合型商业功能区，分别为老城区商业功能区、滨湖区商业功能区、明珠广场商业功能区、政务区商业功能区、南二环商业功能区、老机场地区商业功能区、北城商业功能区、新站商业功能区、南岗商业功能区、三十头商业功能区。

（2）形成两大都会级商圈

在未来的合肥市商业版图中，将有望出现两个都会级商圈，这两大商圈分别位于老城区和滨湖新区。在未来十年内，合肥市将重点布局34个零售服务主导型商业功能区，其中包括老城区、滨湖区两个都会级零售服务主导型商业功能区；而科学城、上派、店埠、北城区域将成为四个市级零售服务主导型商业功能区；政务区、新站、三里庵、明珠广场、南七、马鞍山路、世纪金源等区域将形成28个区级零售服务主导型商业功能区。此外，合肥市还将打造新站、红旗产业园、南二环、南岗、三岗、循环经济示范园、三十头七个批发主导型商业功能区，打造空港、新港、北站、合肥港、南岗、长安、店埠新市镇、北城八个物流主导型商业功能区。

（3）17个购物中心将遍布全市

日益兴起的购物中心将成为合肥市商业格局中的一大亮点。2011年至2020年十年内，合肥市将兴建并打造17个购物中心，这些购物中心包括华侨广场、徽商购物广场、明发商业广场、乐客来商业中心、合肥万达广场、信地城市广场、世纪金源购物中心、梅园国际购物广场、天徽广场购物中心、华邦世贸城购物中心、GOGO Park购物中心、国耀·城市广场、美安达港澳广场、中环城购物中心、新五角商业广场和青鸟新地城市综合体购物中心等。值得一提的是现在的三孝口地段将实现较大的改造，并在此基础上形成七桂塘购物中心。这意味着三孝口的改造将重新提上日程，未来的三孝口商圈将有望随着七桂塘购物中心的出现，而在新的十年里重现20世纪90年代的辉煌，并成为合肥市商业格局新的地标。

（4）打造14条重点商业街

在规划中还明确提出，通过对原有商业街进行整合、改造，合肥到2020年将拥有79条片区级以上商业街，其中有14条重点商业街。商业街的改造将注重“老字号”的保护，但考虑到区域平衡，充分尊重历史形成的城市空间结构、道路格局、建筑尺度、风貌特色。其中，改造后的长江中路将会增加许多新兴的商业业态，将发展成为集购物、商务、金融、旅游等功能于一体的综合性商业街；淮河路商业步行街改造重点之一是利用周边闲置场地建设停车场，解决停车难题。在专业街方面，则全面完成沿河路商务休闲街、桐城路花卉一条街、樊洼路种子农资街、琥珀精品古玩艺术街、宁国南路龙虾美食一条街等重点特色商业街的改造建设。

小结

近年来，合肥经济发展十分迅猛。GDP增速已连续六年保持在17%以上，在26个省会城市中，“合肥速度”位居第一。但由于合肥本身经济规模不大，因此在经济总量上排名较后。经济规模也限制了其商业发展的力度，截至2010年年底，合肥商业地产存量仍相对较小，且档次以中端及中低端为主。

从合肥最新的城市规划来看，未来几年合肥将进一步推进工业化与城市化进程，全面转型，致力于将其发展成为国内有较大影响力的区域性特大城市。按照合肥现阶段的发展速度，预计到2015年，合肥的GDP总量将突破6000亿元，人均GDP突破15 000美元，达到长三角核心城市的平均水平，进入全国省会城市前十位。同时，合肥商业地产也会随着经济的全面发展而获得更广阔的发展空间。

2010年商业地产市场报告

1 苏州市商业地产六项宏观经济指标分析

第二产业和第三产业已经成为苏州市的国民经济主导力量。

指标1 宏观指标

尽管2008年末爆发的全球金融危机对苏州的经济增长造成了一定的影响，但2008年GDP总量仍达到人民币6701.0亿元，比2007年增长13.2%，增速较上年回落2.9个百分点。2009年苏州GDP达到了7740.0亿元，较上年增长了11.5%，增速依旧比上年下跌了1.7个百分点。

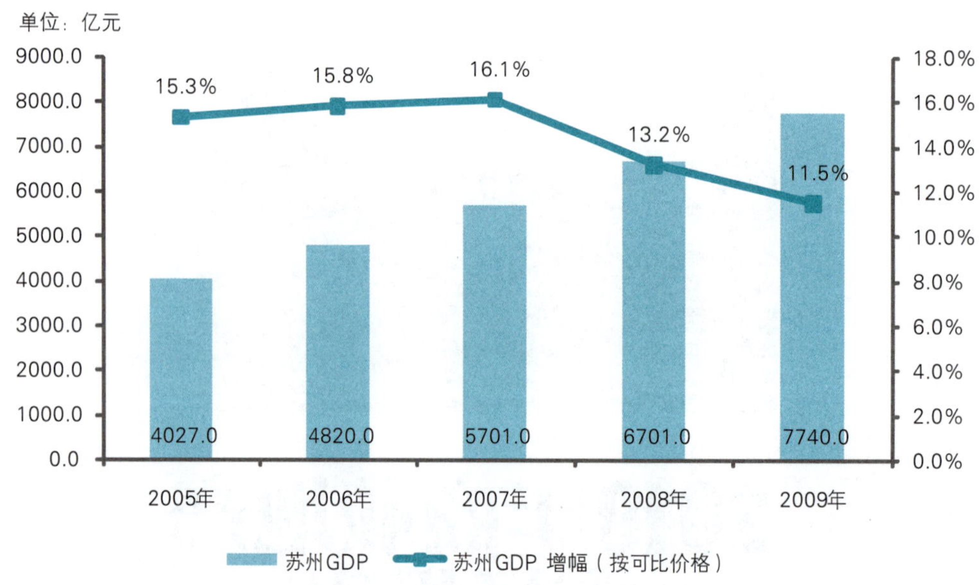

图6-69 2005—2009年苏州GDP及增幅

数据来源：克而瑞CRED商业地产数据库，http://cred.cric.com

指标2 产业结构

分析2005年至2009年的三大产业发展可以看出，第一产业在苏州市的国民经济比重中逐年递减，处于低位；第二产业基本保持稳定，但是五年间呈现出逐年下滑的趋势；第三产业基本都呈现出持续上升的局面。其中，2009年更是比上年增长了3个百分点。可见，第二产业和第三产业已经成为苏州市的国民经济主导力量。

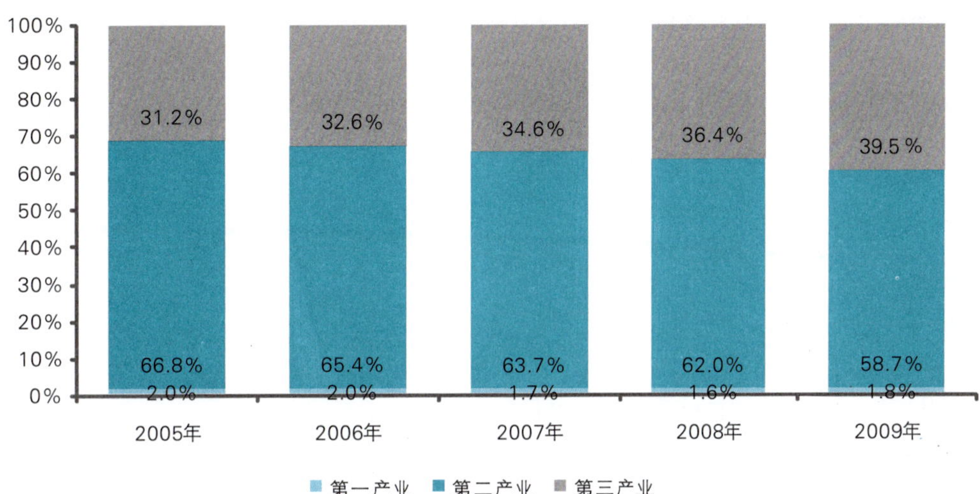

图6-70 2005—2009年苏州三大产业结构比例

数据来源：克而瑞CRED商业地产数据库，http://cred.cric.com

指标3 城市人口

据2009年年末苏州市统计公报数据显示，苏州全市常住人口达633.0万人，比上年年末增加3万人。苏州市常住人口数量在2005年至2009年的这五年中呈现了持续增长的趋势，但是在2008年至2009年两年间，其人口数量的增幅较前几年有了明显下降，从最高的1.4%下降到了2009年的0.6%。

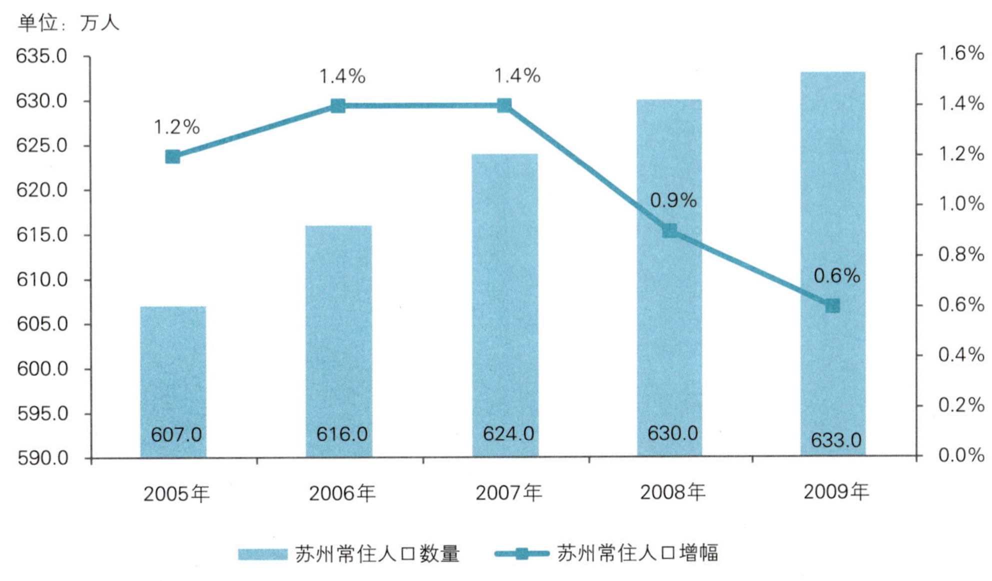

图6-71 2005—2009年苏州常住人口数量及增幅

数据来源：克而瑞CRED商业地产数据库，http://cred.cric.com

2005年至2009年苏州市城市化率缓慢提升，从2005年的63.5%上升到2009年的66.3%。

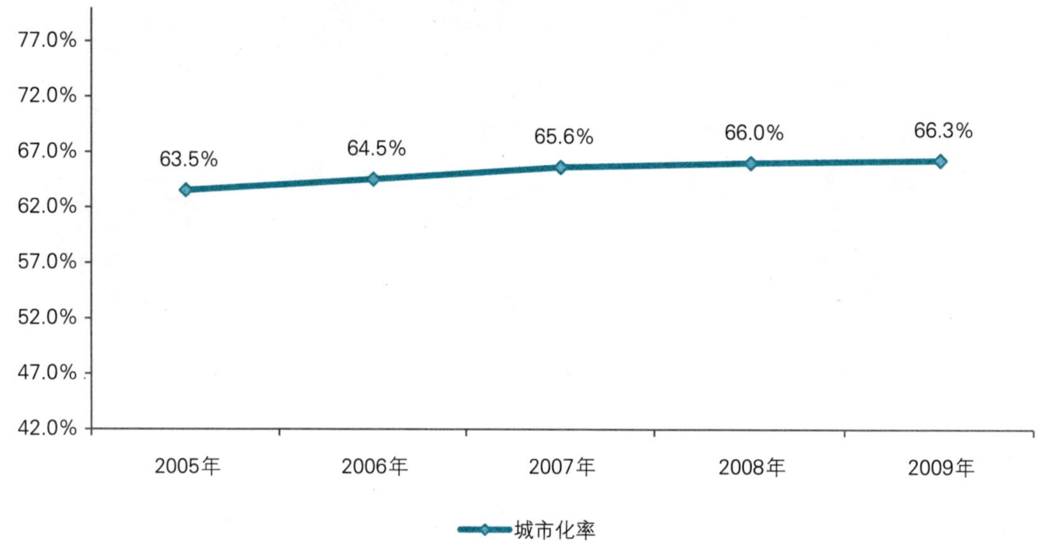

图6-72 2005—2009年苏州城市化率

数据来源：克而瑞CRED商业地产数据库，http://cred.cric.com

经济效益

2005年至2009年苏州市人均GDP稳定持续快速上涨。但是受金融危机的影响，2009年的增长速度明显放缓。2009年城镇居民人均GDP达到人民币122 222.0 元，扣除价格因素后，实际增长14.9%，增幅比上年下降1.7个百分点。

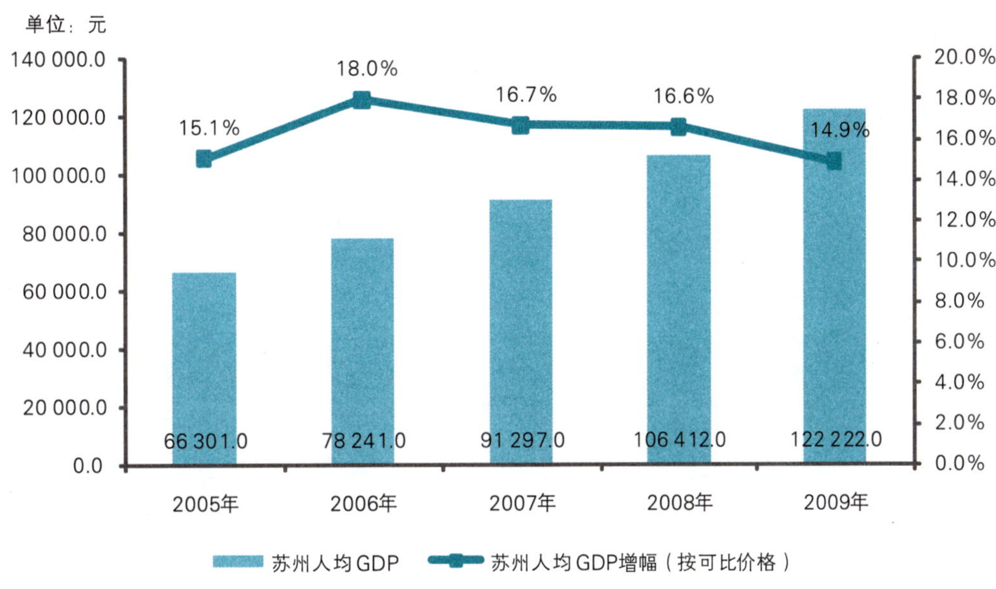

图6-73 2005—2009年苏州人均GDP及增幅

数据来源：克而瑞CRED商业地产数据库，http://cred.cric.com

指标5 城镇居民生活质量

苏州市人均可支配收入持续上涨。由于受到金融危机的影响，2008年至2009年城镇人均可支配收入增幅开始连续下滑。2009年苏州市城镇人均可支配收入为人民币26 320.0元，扣除价格因素后，实际增长10.3%，增幅比上年下降两个百分点。

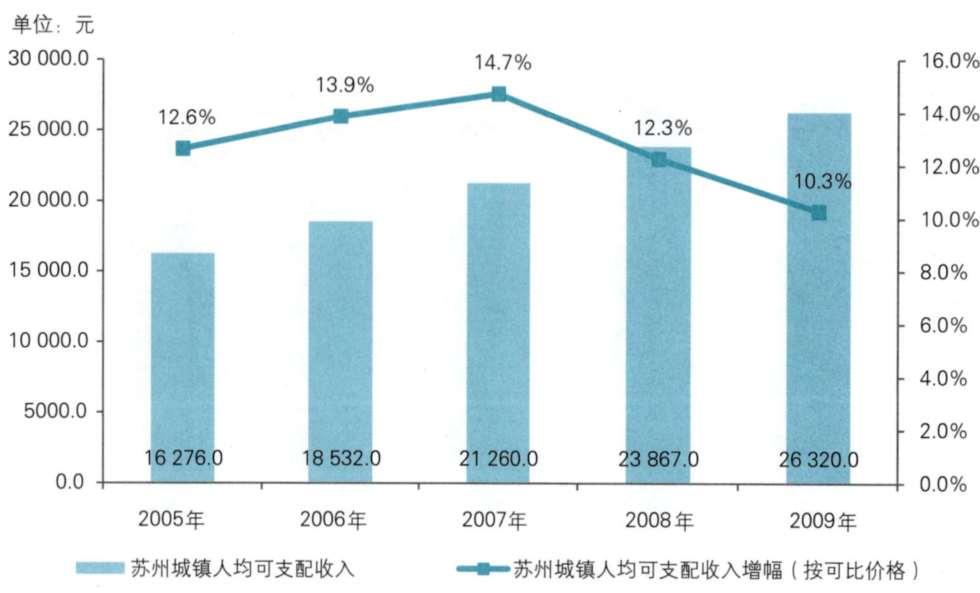

图6-74 2005—2009年苏州城镇人均可支配收入及增幅

数据来源：克而瑞CRED商业地产数据库，http://cred.cric.com

2005年至2009年苏州市城镇人均消费性支出额逐年上升，从2005年的11 163.0元上涨到2009年的16 402.0元。但是，苏州市城镇人均消费性支出增幅却呈现出逐年下跌的趋势，其增幅由2005年的20.4%下降到了2009年的8.0%。

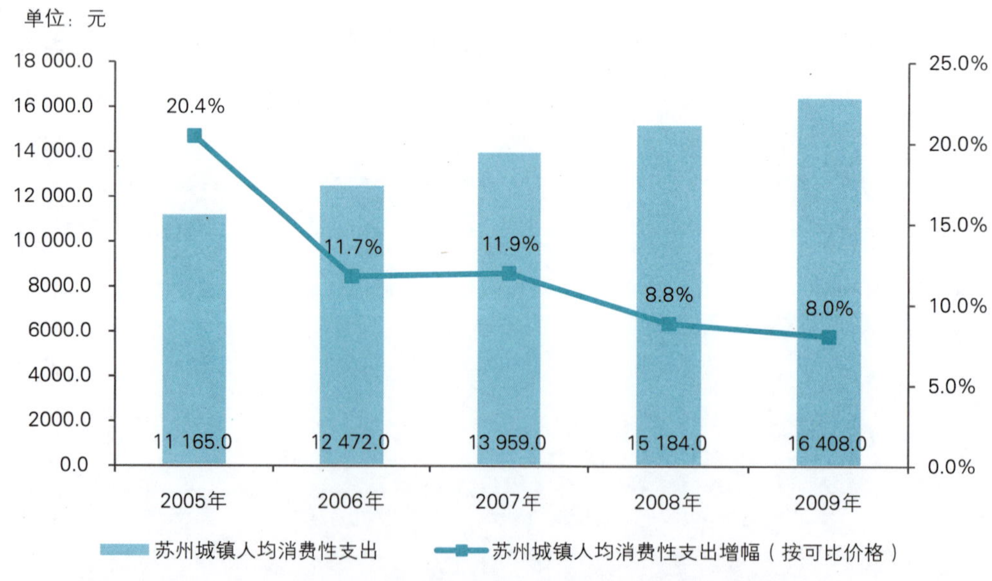

图6-75 2005—2009年苏州城镇人均消费性支出及增幅

数据来源：克而瑞CRED商业地产数据库，http://cred.cric.com

2005年至2009年属于苏州居民生活消费平稳发展阶段，城市居民家庭八大类消费普遍增长。但是，2009年的各项居民生活消费除衣着和交通通讯消费较上年略有增长外，其他六项均显示出不同程度的下降趋势，其中家庭设备用品消费最为明显，较上年下降了1.2个百分点。

表6-33 2005—2009年苏州城镇居民人均消费性支出构成

构成＼年份	2005年		2006年		2007年		2008年		2009年	
	元	%	元	%	元	%	元	%	元	%
总支出	11 165	100	12 472	100	13 959	100	15 184	100	16 408	100
食品	4177	37.4	4502	36.1	5287	37.9	5973	39.3	6160	37.6
衣着	893	8.0	970	7.7	1117	8.0	1121	7.4	1279	7.8
家庭设备用品	919	8.2	810	6.5	804	5.8	1105	7.3	999	6.1
医疗保健	609	5.5	634	5.1	873	6.3	835	5.5	866	5.3
交通通讯	1320	11.8	1985	15.9	2000	14.3	1715	11.3	2551	15.5
教育文化	1676	15.0	1927	15.5	2118	15.2	2219	14.6	2400	14.6
居住	1181	10.6	1184	9.5	1314	9.4	1698	11.2	1627	9.9
其他	390	3.5	460	3.7	446	3.2	518	3.4	526	3.2

数据来源：克而瑞CRED商业地产数据库，http://cred.cric.com

苏州市五年来经济发展迅速，城市人民的生活水平迅速提高。2005年到2009年苏州市边际消费倾向的变化趋势明显，边际消费倾向从2005年的68.6%下降到2009年的62.3%，说明这五年间苏州市人民的物质生活富裕程度得到了明显提高。

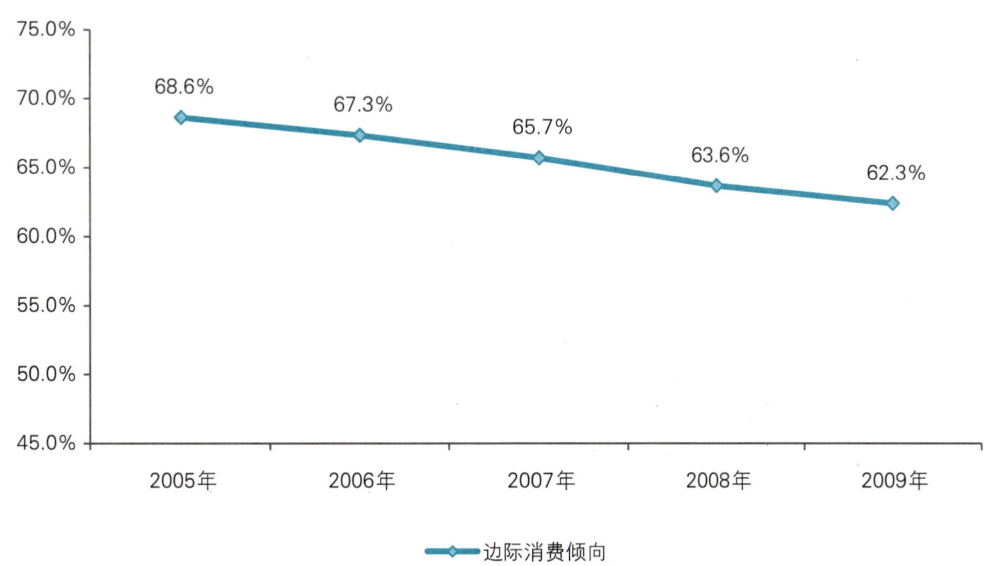

图6-76 2005—2009年苏州边际消费倾向

数据来源：克而瑞CRED商业地产数据库，http://cred.cric.com

指标6 商业需求

2005年至2009年苏州市社会消费品零售总额保持了逐年上涨的趋势。五年来苏州市社会消费品零售总额一直是呈上升趋势，2009年全市实现社会消费品零售总额1846.3亿元，同比增长19.0%，但是其增速比上年下降5.1个百分点。

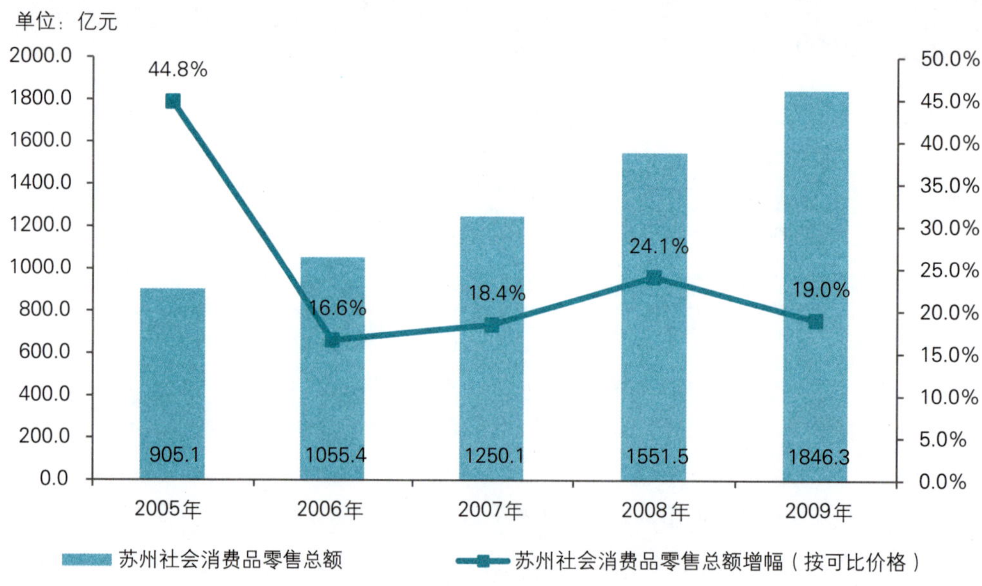

图6-77 2005—2009年苏州社会消费品零售总额及增幅

数据来源：克而瑞CRED商业地产数据库，http://cred.cric.com

苏州市人均社会消费品零售总额的发展趋势与其总额同步。

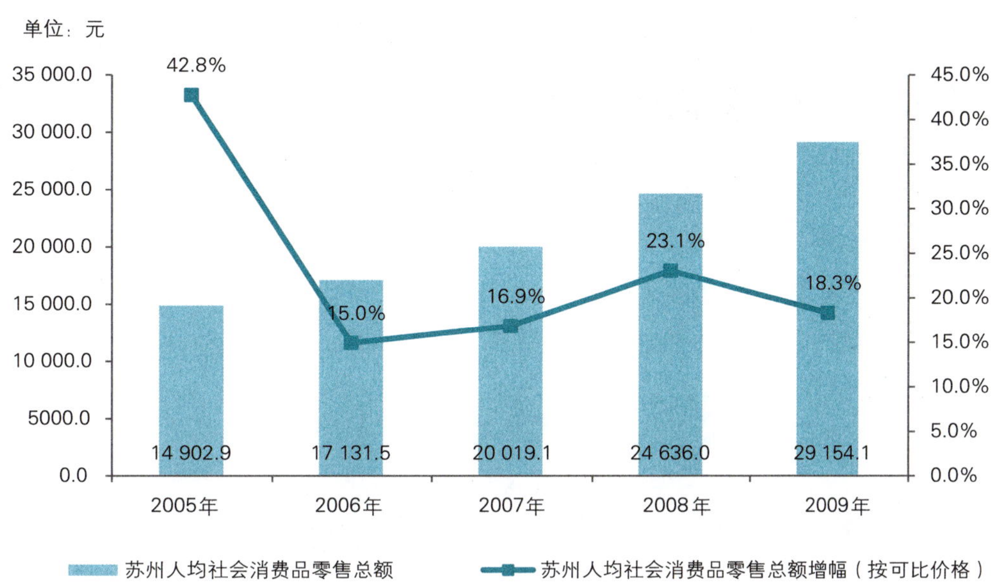

图6-78　2005—2009年苏州人均社会消费品零售总额及增幅

数据来源：克而瑞CRED商业地产数据库，http://cred.cric.com

2 苏州市整体商业市场环境研究

中高端商业供给以购物中心、专业商厦和特色商业街三种商业形态为主。

现有商业供应情况

2010年苏州市商业总存量是1477万平方米，人均商业存量约为2.3平方米，其中大型商业存量约为982万平方米。按各类型商业存量供应，包括的商业类型主要有购物中心、专业商厦、市场、特色商业街、社区配套和其他类型商业，其中其他类型商业在存量供应中所占比重最大，为32.9%；其次为购物中心，为18.0%；第三位的是专业商厦，为12.9%；特色商业街是第四位，占12.6%；第五位的是市场，为12.5%；第六位是办公配套占6.0%；占比重最小的为社区配套，仅有5.1%。

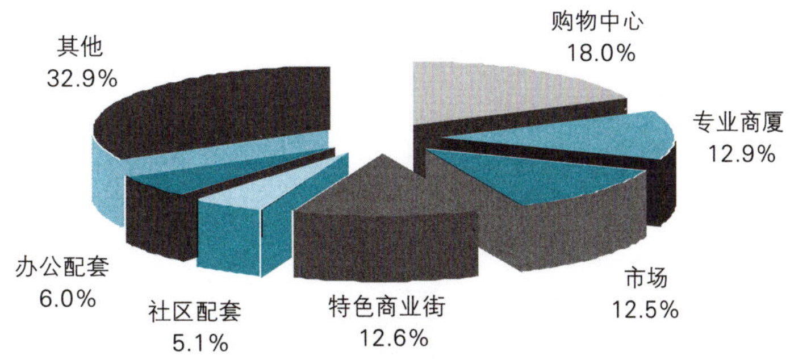

图6-79　2010年苏州各类型重点商业存量供应

数据来源：克而瑞CRED商业地产数据库，http://cred.cric.com

十五大主要商圈描述

苏州市主要有十五个商圈，其中核心商圈为两个，分别是南门商圈和观前商圈；次级商圈为十个，分别是湖东CBD商圈、湖西商圈、东环沿线商圈、木渎商圈、吴中城南板块商圈、石路商圈、相城区元和商圈、新区狮门商圈、双湖板块李公堤商圈和横塘商圈；还有三个商圈为新兴商圈，分别是平江新城商圈、独墅湖高教区商圈和沧浪新城商圈。

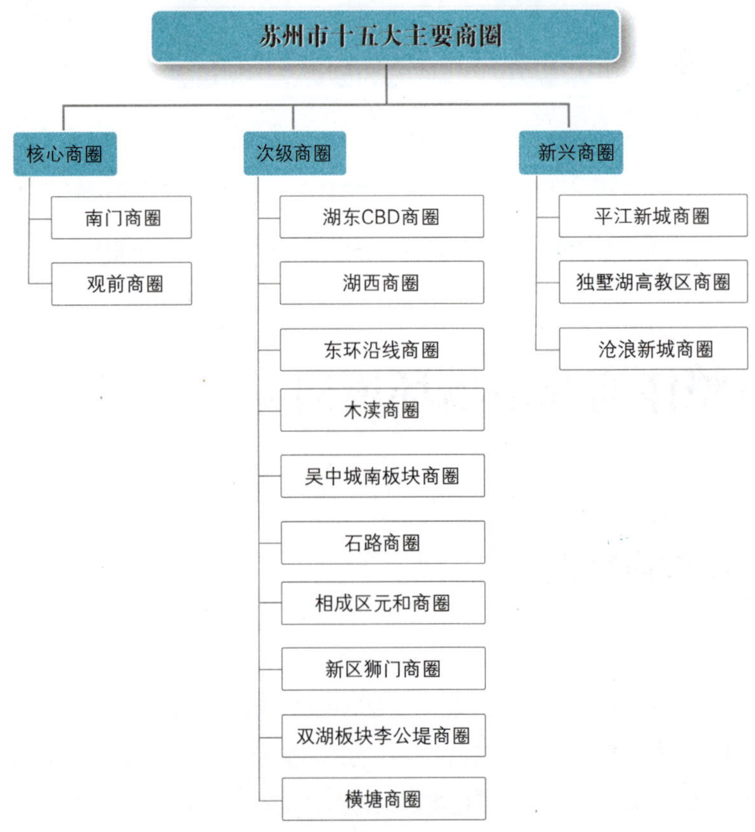

图6-80 苏州市十五大主要商圈示意图

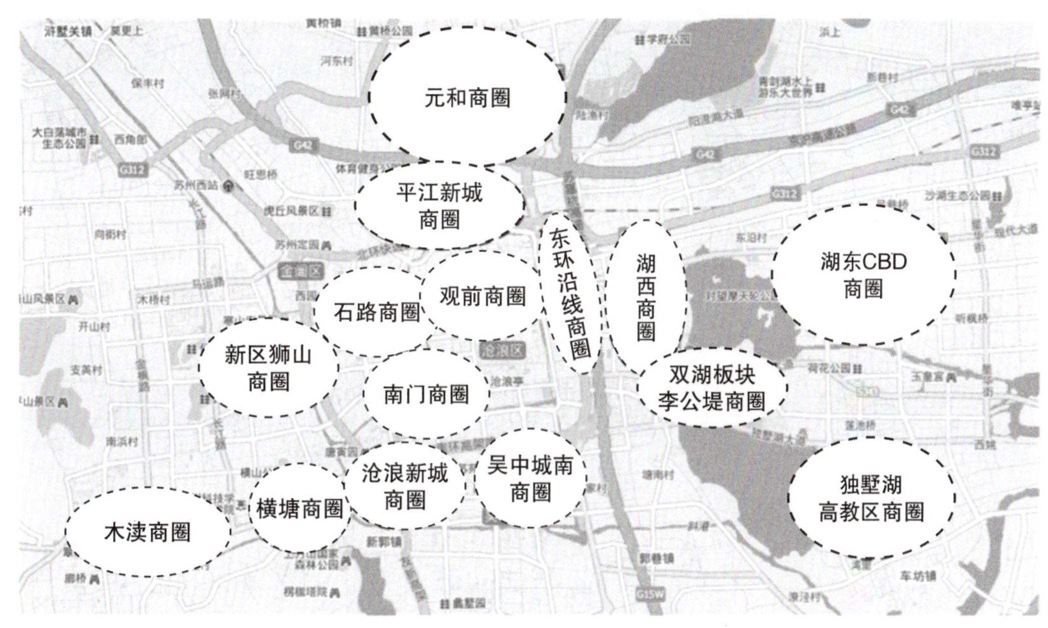

图6-81 2010年苏州主要商圈分布

表6-34 苏州主要商圈

序号	商圈编号	商圈名称	商圈级别	区域属性	特征	主要零售物业
1	A	南门商圈	核心商圈	综合区	**档次：**中高端 **目标客群：**时尚人士、白领、小白领、百姓阶层 **主要商业类型：**购物中心、百货、专业商厦、特色商业街、社区配套等	领华数码城 泰华商城东楼 泰华商城西楼
2	B	观前商圈	核心商圈	综合区	**档次：**中高端 **目标客群：**时尚人士、白领、小白领、百姓阶层 **主要商业类型：**购物中心、百货、其他专业商厦、市场、特色商业街、办公配套等	中翔商贸城
3	C	湖东CBD商圈	次级商圈	商业区	**档次：**中高端 **目标客群：**时尚人士、白领、百姓阶层 **主要商业类型：**特色商业街、社区配套、购物中心等	月光码头 圆融时代广场 金鸡湖商业广场 湖东邻里中心
4	D	湖西商圈	次级商圈	商业区	**档次：**中高端 **目标客群：**时尚人士、小白领、百姓阶层 **主要商业类型：**购物中心、特色商业街等	天虹百货 左岸商业街
5	E	东环沿线商圈	次级商圈	综合区	**档次：**中高端 **目标客群：**时尚人士、小白领、百姓阶层 **主要商业类型：**购物中心、社区配套等	印象城 东城世纪广场 欧尚

（续表）

序号	商圈编号	商圈名称	商圈级别	区域属性	特征	主要零售物业
6	F	木渎商圈	次级商圈	商业区	**档次**：中端 **目标客群**：时尚人士、白领、小白领、百姓阶层 **主要商业类型**：市场、特色商业街等	凯马广场 木渎香港街
7	G	吴中城南板块商圈	次级商圈	住宅区	**档次**：中端 **目标客群**：时尚人士、小白领、百姓阶层 **主要商业类型**：购物中心、市场等	新苏国际广场 惠康新地 东吴国际商城 好又多购物广场
8	H	石路商圈	次级商圈	综合区	**档次**：中端 **目标客群**：时尚人士、白领、小白领、百姓阶层 **主要商业类型**：购物中心、市场等	金门国际商业广场 石路国际商城
9	I	相城区元和商圈	次级商圈	综合区	**档次**：中低端 **目标客群**：时尚人士、小白领、百姓阶层 **主要商业类型**：特色商业街等	环球奥食卡城
10	J	新区狮山商圈	次级商圈	综合区	**档次**：中高端 **目标客群**：时尚人士、白领、小白领、百姓阶层 **主要商业类型**：购物中心、特色商业街等	狮山永利广场 绿宝广场
11	K	双湖板块李公堤商圈	次级商圈	商业区	**档次**：中高端 **目标客群**：时尚人士、百姓阶层 **主要商业类型**：购物中心、市场、特色商业街等	甬旺商业广场 李公堤1912街区 奥特莱斯购物广场 联丰商业广场
12	L	横塘商圈	次级商圈	商业区	**档次**：中低端 **目标客群**：时尚人士、白领、小白领、成功人士、百姓阶层 **主要商业类型**：其他专业商厦等	好易家家居广场 远发金屋家居装饰广场 赛格电子数码广场
13	M	平江新城商圈	新兴商圈	住宅区	**档次**：中高端 **目标客群**：时尚人士、白领、小白领、百姓阶层 **主要商业类型**：购物中心等	苏州万达商业广场
14	N	独墅湖高教区商圈	新兴商圈	文教区	**档次**：中高端 **目标客群**：时尚人士、小白领、百姓阶层 **主要商业类型**：社区配套等	邻里中心翰林大厦
15	O	沧浪新城商圈	新兴商圈	住宅区	**档次**：中高端 **目标客群**：时尚人士、小白领、百姓阶层 **主要商业类型**：购物中心等	世茂运河城商业综合体

商圈1 南门商圈
苏州核心商业区之一

① 商圈范围

以人民路为中心，包括新市路段、西二路、盘门景区（东大街、庙湾街）。苏州市政府规划的南门商业街，其北起新市路，南到护城河，街长400米。

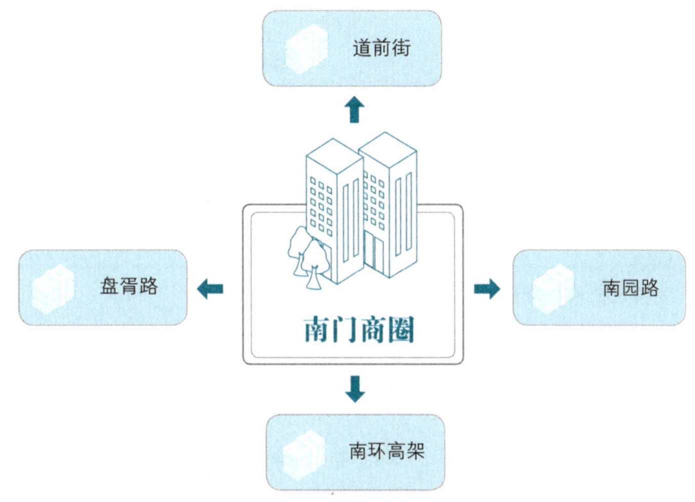

图6-82 苏州市南门商圈范围示意图

② 商圈价值

南门商业圈是苏州两大核心商业区之一。南门商业街将与西面盘门三景、南面护城河风光、东面的精品商住区、北面汇集文庙、苏州高级中学、十全街、苏州大学医学院、沧浪亭、工人文化宫等组成块状的文化、教育、交通、旅游中心。

南门商圈内共有四种大型商业形态，分别是购物中心、专业商厦、特色商业街和社区配套。其中，购物中心所占比重最大，达到了55.3%；其次为特色商业街，占27.7%；第三位是专业商厦，占10.1%；所占比重最小的为社区配套，占6.9%。

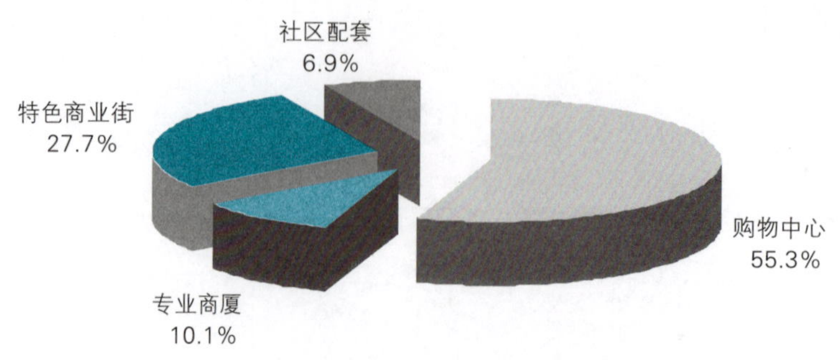

图6-83 2010年苏州南门商圈大型商业形态比例

数据来源：克而瑞CRED商业地产数据库，http://cred.cric.com

表6-35 苏州南门商圈主要商业项目

序号	项目编号	项目名称	建筑面积（平方米）	商业形态	开业时间	档次	经营情况	出租率
1	A1	领华数码城	25 000	专业商厦	2008-05-01	中低端	一般	80%
2	A2	泰华商城东楼	24 000	专业商厦	2005-05-01	中高端	优	100%
3	A3	泰华商城西楼	24 000	专业商厦	1996-05-01	高端	优	100%

数据来源：克而瑞CRED商业地产数据库，http://cred.cric.com

商圈2 观前商圈
苏州传统商贸、旅游、文化中心

① 商圈范围

东起临顿路，南起干将路，西线由原先的人民路西移至王天井巷，北线由原先的因果巷—旧学前北移至东中市—白塔西路。

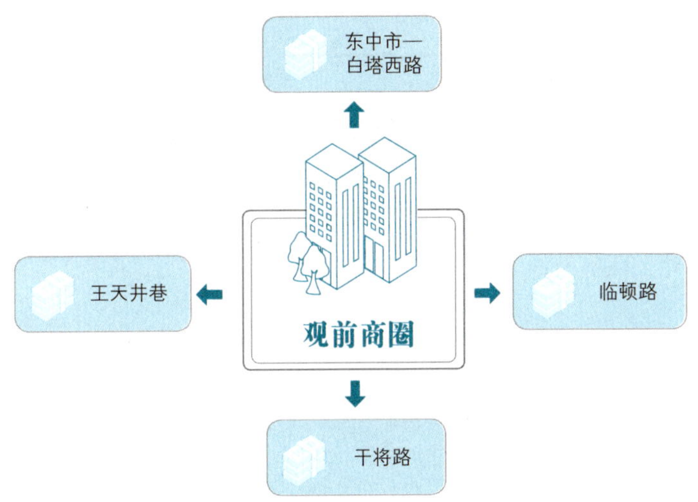

图6-84 苏州市观前商圈范围示意图

② 商圈价值

观前商圈是苏州两大核心商圈之一，该商圈是苏州传统商贸、旅游、文化中心。观前街以服装、鞋类、黄金、眼镜、手机数码、苏州特产（如苏州食品大楼、采芝斋）以及苏州特色小吃（如黄天源、苏州民间小吃、沪江小吃）为主，另有婚纱摄影、药店、茶庄、饰品礼品、丝绸、宾馆、娱乐、书店（如新华书店）和部分国外餐饮连锁企业（如肯德基、麦当劳、必胜客等）等业态。

观前商圈内共有四种大型商业形态，分别是购物中心、专业商厦、市场和特色商业街。其中市场所占比重最大，达到了67.7%；其次为购物中心，占17.5%；第三位是专业商厦，占13.1%；所占比重最小的为特色商业街，仅占1.7%。

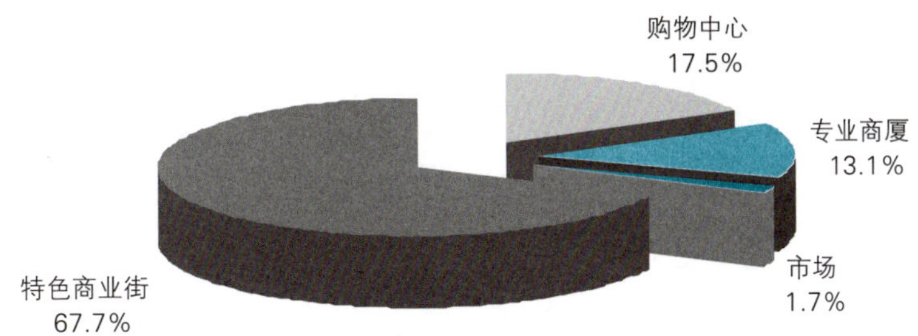

图6-85 2010年苏州观前商圈大型商业形态比例

数据来源：克而瑞CRED商业地产数据库，http://cred.cric.com

表6-36 苏州观前商圈主要商业项目

序号	项目编号	项目名称	建筑面积（平方米）	商业形态	开业时间	档次	经营情况	出租率
1	B1	中翔商贸城	500 000	市场	2006-03-18	中低端	优	95%

数据来源：克而瑞CRED商业地产数据库，http://cred.cric.com

商圈3 湖东CBD商圈 工业园区的商业重心

① 商圈范围

东至星塘街，西至金鸡湖，南至苏胜路，北至苏虹路。

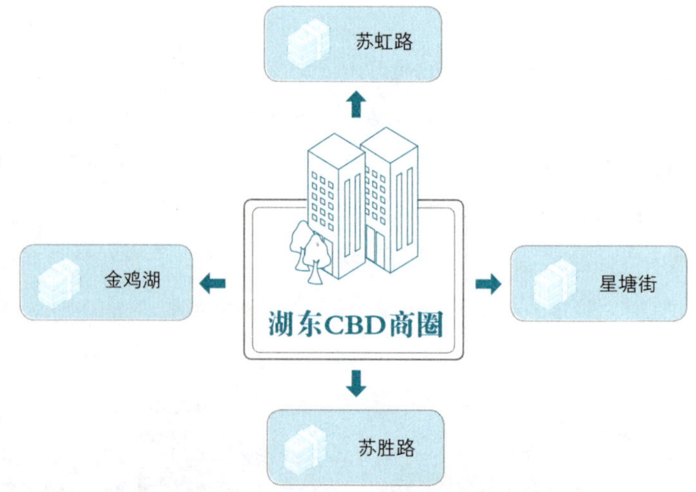

图6-86 苏州市湖东CBD商圈范围示意图

② 商圈价值

湖东CBD商圈是苏州市的次级商圈之一，该商圈作为工业园区的商业重心，承担着工业园区金融、行政、商业等诸多功能，重点商业分布广泛，如商旅月光码头、国际博览中心、科文中心、金鸡湖商业街、湖东邻里中心、圆融时代广场，周边林立着万科尚玲珑、和风雅致、海尚壹品、雅戈尔未来城、中央景城等高端住宅，区域发展前途广大，是园区乃至苏州的商业圈金胜地。

湖东CBD商圈内共有六种大型商业形态分别是购物中心、专业商厦、市场、特色商业街、社区配套和办公配套。其中，特色商业街所占比重最大，达到了64.9%；其次为购物中心，为16.7%；第三位是专业商厦，为12.5%；社区配套是第四位，为2.5%；所占比重最小的为市场和办公配套，它们都仅为1.7%。

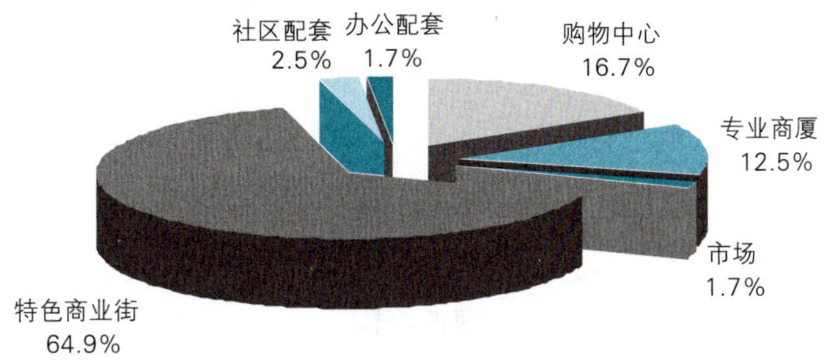

图6-87 2010年苏州湖东CBD商圈大型商业形态比例

数据来源：克而瑞CRED商业地产数据库，http://cred.cric.com

表6-37 苏州湖东CBD商圈主要商业项目

序号	项目编号	项目名称	建筑面积（平方米）	商业形态	开业时间	档次	经营情况	出租率
1	C1	月光码头	45 500	特色商业街	2009-08-01	中高端	良好	80%
2	C2	圆融时代广场	510 000	购物中心	2008-09-28	中高端	良好	80%
3	C3	金鸡湖商业广场	220 000	特色商业街	2006-07-13	中高端	良好	95%
4	C4	湖东邻里中心	30 000	社区配套	2004-08-18	中端	良好	95%

数据来源：克而瑞CRED商业地产数据库，http://cred.cric.com

商圈4 湖西商圈
拉动园区及整个苏州的发展

① 商圈范围

东起星港街，西至星明街，南起金鸡湖大道，北至现代大道。

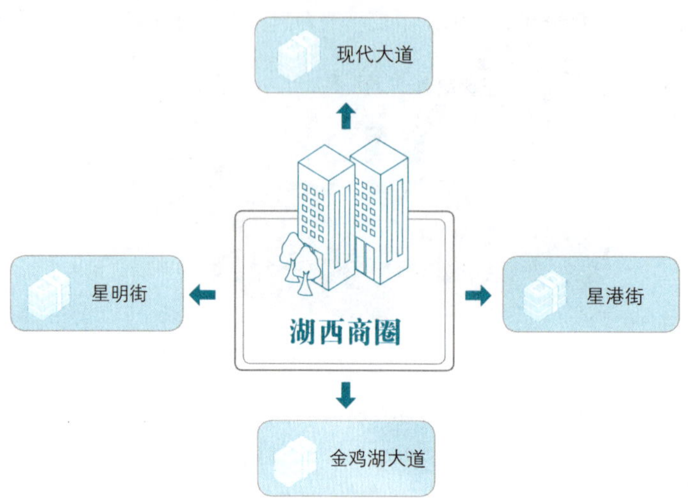

图6-88 苏州市湖西商圈范围示意图

② 商圈价值

湖西商圈也属于苏州市的次级商圈，商圈以左岸商业圈为核心辐射整个湖西区域，它所覆盖的商业、金融、行政功能影响园区甚至整个长三角；该区域作为园区的金融重心，作为中国银行、中国工商银行、中国农业银行和招商银行等银行的总部所在地，更涵盖了外资银行如汇丰、渣打等；商业包括左岸商业街、天虹百货等中高端商业点；成熟住宅小区天域、中茵皇冠环傍四周，更有苏州第一高楼环球188伫立在侧，湖西景观标志——东方之门正在建造之中，该商圈在拉动园区及整个苏州的发展中起到龙头的作用。

湖西商圈内共有六种大型商业形态，分别是购物中心、专业商厦、市场、特色商业街、社区配套和办公配套。其中专业商厦所占比重最大，达到了31.9%；其次为购物中心，为20.3%；第三位是特色商业街和社区配套，同为15.9%；第四位是市场，为9.6%；所占比重最小的为办公配套，仅为6.4%。

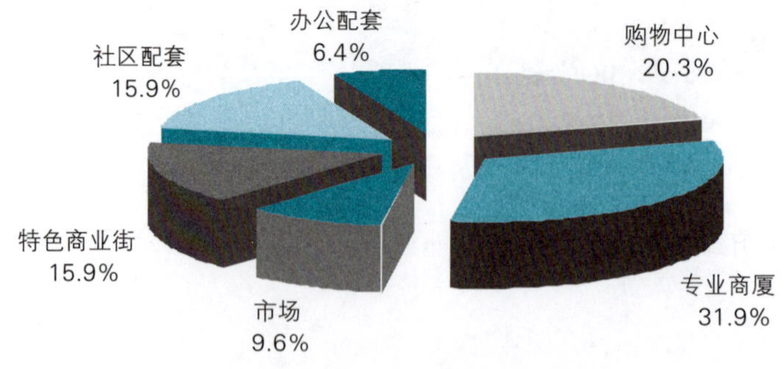

图6-89 2010年苏州湖西商圈大型商业形态比例

数据来源：克而瑞CRED商业地产数据库，http://cred.cric.com

表6-38 苏州市湖西商圈主要商业项目

序号	项目编号	项目名称	建筑面积（平方米）	商业形态	开业时间	档次	经营情况	出租率
1	D1	天虹百货	63 750	专业商厦	2009-04-18	中高端	良好	98%
2	D2	左岸商业街	50 000	特色商业街	2005-09-16	中高端	良好	85%

数据来源：克而瑞CRED商业地产数据库，http://cred.cric.com

商圈5 东环沿线商圈 连接园区与古城区的纽带

① 商圈范围

东起东环路路东，西至东环路路西，南起金鸡湖大道，北至北环快速路。

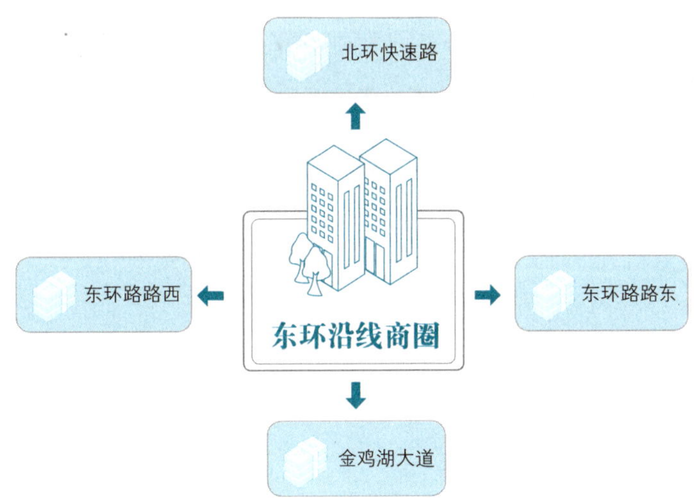

图6-90 苏州市东环沿线商圈范围示意图

② 商圈价值

东环沿线商圈是苏州市次级商圈中的一个，该商圈作为连接园区与古城区的纽带，在促进两区域的交流，取得共赢共荣方面发挥着重要作用。该商圈包括已建成的东环世纪广场、印象城、欧尚和在建的万科国际广场，区域人流量大，配套成熟，交通便利，共享园区与古城区各项资源，在带动两区域的融合，提升产业层次方面起到了关键作用。

东环沿线商圈内也共有六种大型商业形态，分别是购物中心、专业商厦、市场、特色商业街、社区配套和办公配套。其中，社区配套所占比重最大，达到了33.8%；其次为购物中心，为28.2%；第三位是专业商厦和市场，同为14.1%；第四位是特色商业街，为7.0%；所占比重最小的为办公配套，仅为2.8%。

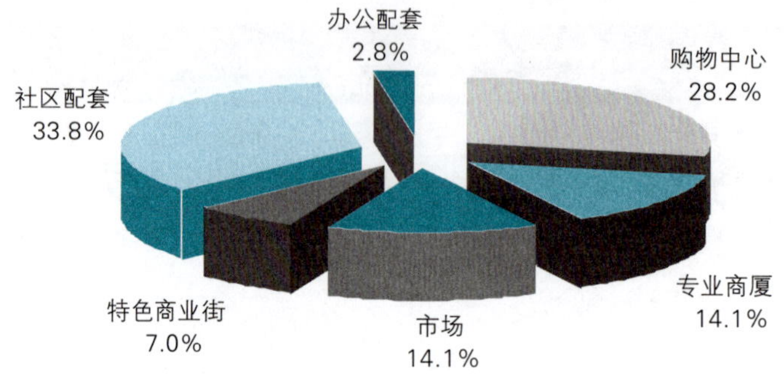

图6-91 2010年苏州东环沿线商圈大型商业形态比例

数据来源：克而瑞CRED商业地产数据库，http://cred.cric.com

表6-39 苏州东环沿线商圈主要商业项目

序号	项目编号	项目名称	建筑面积（平方米）	商业形态	开业时间	档次	经营情况	出租率
1	E1	印象城	140 000	购物中心	2009-09-26	中高端	优	100%
2	E2	欧尚	60 000	社区配套	2001-12-30	中端	良好	100%
3	E3	东城世纪广场	240 000	社区配套	2008-06-15	中低端	一般	70%

数据来源：克而瑞CRED商业地产数据库，http://cred.cric.com

商圈6 木渎商圈
水乡古镇商业历史久远

① 商圈范围

木渎镇，位于苏州城西，太湖之滨，东与苏州市西南郊相邻，南与横泾、越溪两镇交界，西与胥口、藏书两镇相接，北与枫桥镇和苏州国家高新技术开发区相连。东距苏州市12千米，距苏州新区10.8千米。

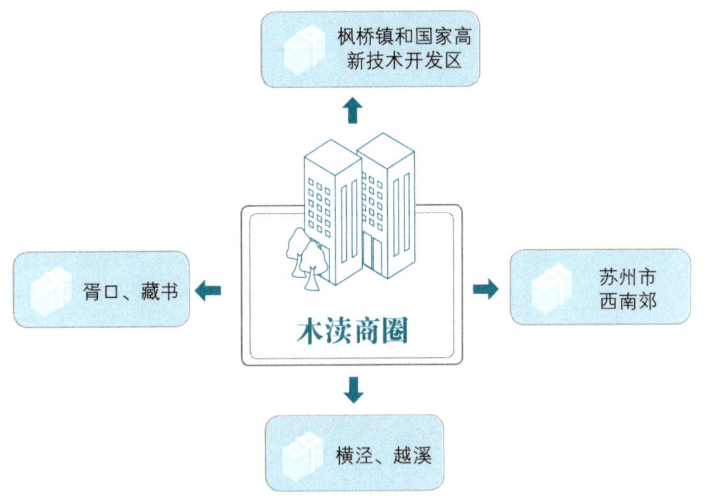

图6-92 苏州市木渎商圈范围示意图

② 商圈价值

木渎是与苏州城同龄的水乡古镇，商业历史也较久远，木渎商圈是以餐饮、零售业为主，大型商业项目为辅的次级综合商圈。时尚人士、白领、小白领和百姓阶层组成了商圈的目标客群。

木渎商圈内也共有六种大型商业形态，分别是购物中心、专业商厦、市场、特色商业街、社区配套和办公配套。其中，市场所占比重最大，达到了56.2%；其次为特色商业街，为15.1%；第三位是社区配套和办公配套，同为10.0%；第四位是专业商厦，为8.0%；所占比重最小的为购物中心，仅为0.6%。

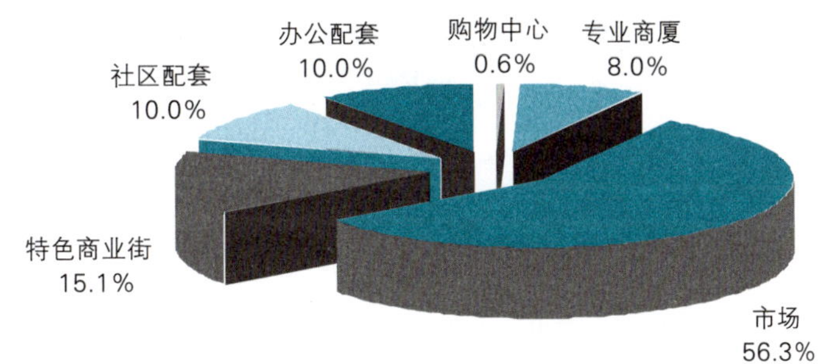

图6-93 2010年苏州木渎商圈大型商业形态比例

数据来源：克而瑞CRED商业地产数据库，http://cred.cric.com

表6-40 苏州木渎商圈主要商业项目

序号	项目编号	项目名称	建筑面积（平方米）	商业形态	开业时间	档次	经营情况	出租率
1	F1	凯马市场	560 000	市场	2007-08-29	中高端	良好	100%
2	F2	木渎香港街	150 000	特色商业街	2000-01-01	低端	良好	100%

数据来源：克而瑞CRED商业地产数据库，http://cred.cric.com

商圈7 吴中城南板块商圈 发展迅速的次级商圈

① 商圈范围

东起迎春路，西至盘蠡路，南起东吴电视塔，北至南环高架。

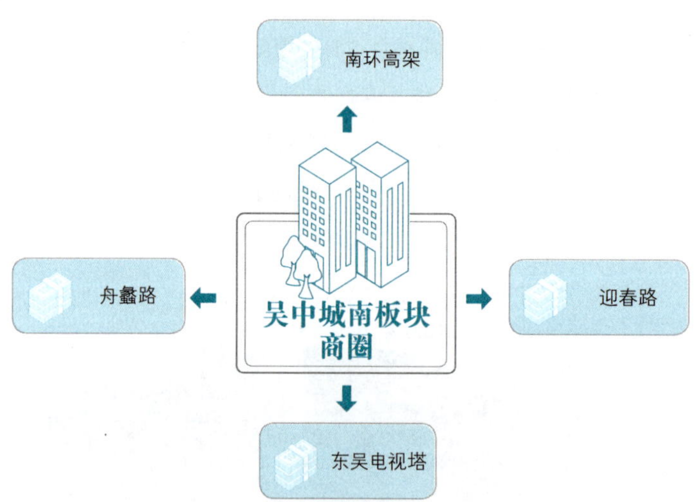

图6-94 苏州市吴中城南板块商圈范围示意图

② 商圈价值

吴中城南板块商圈属于苏州市次级商圈之一，该商圈近几年发展迅速，吴中城南开始进入了商业、住宅集中发展期，而随着城市化进程的不断发展，吴中城区的基础设施配套也不断完善，由当初的“低洼地”转变成“繁华中心”。随着地标性的中润苏州中心、位于东吴南路主干道上的名宇广场等抢驻该地块，商业变革逐渐进入城南市民的眼帘。

吴中城南板块商圈内共有四种大型商业形态，分别是购物中心、专业商厦、市场和社区配套。其中，市场所占比重最大，达到了34.0%；其次为社区配套，为27.6%；第三位是专业商厦，为23.0%；所占比重最小的为购物中心，为15.4%。

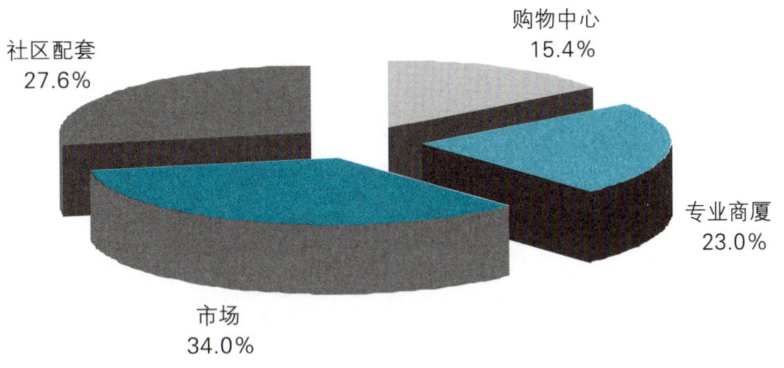

图6-95 2010年苏州吴中城南板块商圈大型商业形态比例

数据来源：克而瑞CRED商业地产数据库，http://cred.cric.com

表6-41 苏州吴中城南板块商圈主要商业项目

序号	项目编号	项目名称	建筑面积（平方米）	商业形态	开业时间	档次	经营情况	出租率
1	G1	新苏国际广场	17 500	购物中心	2010-01-16	中高端	良好	100%
2	G2	惠康新地	50 000	市场	2007-10-01	中高端	良好	100%
3	G3	东吴国际商场	16 000	购物中心	2007-09-15	中端	良好	100%
4	G4	好又多购物广场	24 000	市场	2004-01-01	中端	良好	100%

数据来源：克而瑞CRED商业地产数据库，http://cred.cric.com

商圈8 石路商圈 以零售业为主

① 商圈范围

东至阊胥路，南至金门路，西至广济路，北至上塘街。

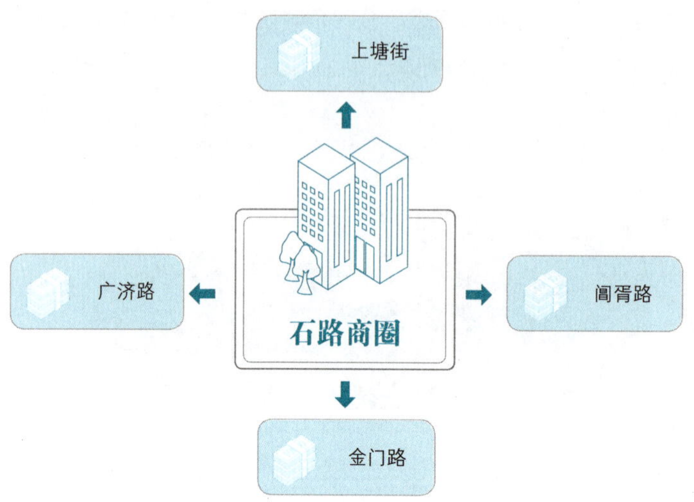

图6-96 苏州市石路商圈范围示意图

② 商圈价值

石路商圈也属于苏州次级商圈之一，以零售业为主，辅以一定数量的餐饮、娱乐等业种。石路商圈主要分三部分：石路步行街、南浩街商业街以及金门商市。石路步行街分石路主街和名店街，石路主街上分布了几家大型百货商场和专业商场，而名店街上大多为小型零售业，营业种类为服饰鞋类。南浩街都属小型商铺，营业种类主要为服饰、鞋类、音像制品、饰品等。金门商市主要以中小型餐饮业为主。

石路商圈内共有五种大型商业形态，分别是购物中心、专业商厦、市场、特色商业街和办公配套。其中，特色商业街所占比重最大，达到了33.6%；其次为市场，为22.1%；第三位是办公配套，为16.8%；第四位是购物中心，为16.3%；所占比重最小的为专业商厦，为11.2%。

图6-97 2010年苏州石路商圈大型商业形态比例

数据来源：克而瑞CRED商业地产数据库，http://cred.cric.com

表6-42 苏州石路商圈主要商业项目

序号	项目编号	项目名称	建筑面积（平方米）	商业形态	开业时间	档次	经营情况	出租率
1	H1	金门国际商业广场	196 000	市场	2010-10-12	中低端	一般	60%
2	H2	石路国际商城	45 000	购物中心	1995-09-01	中高端	优	100%

数据来源：克而瑞CRED商业地产数据库，http://cred.cric.com

商圈9 相城区元和商圈
零售主导型，兼具商务功能

① 商圈范围

北临春申湖路，南至阳澄湖路，西起文陵湖，东靠御窑路，用地面积约150公顷。

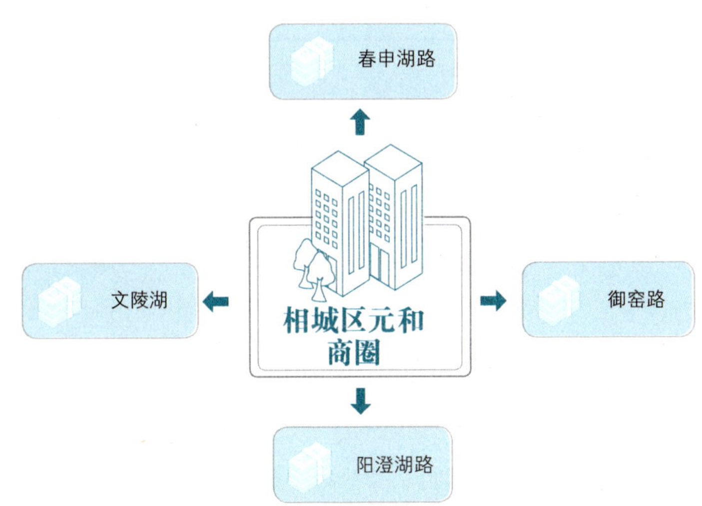

图6-98 苏州市相城区商圈范围示意图

② 商圈价值

相城区元和商圈为苏州市次级商圈，该商圈为零售主导型、兼具商务功能的商业服务功能区。围绕“天堂岛”景观中心，建设商贸、商务区，设置步行商业广场和街区，发展新型业态；布置购物中心、特色百货店等大型零售网点及酒店，综合设置餐饮、服务及娱乐休闲设施，使之成为集商业购物、商务办公、文化娱乐等功能为一体的现代市级商业服务功能区。

相城区元和商圈内也共有六种大型商业形态，分别是购物中心、专业商厦、市场、特色商业街、社区配套和办公配套。其中特色商业街所占比重最大，达到了25.2%；其次为办公配套，为23.7%；第三位是购物中心和专业商厦，同为19.0%；第四位是市场，为9.5%；所占比重最小的为社区配套，仅为3.6%。

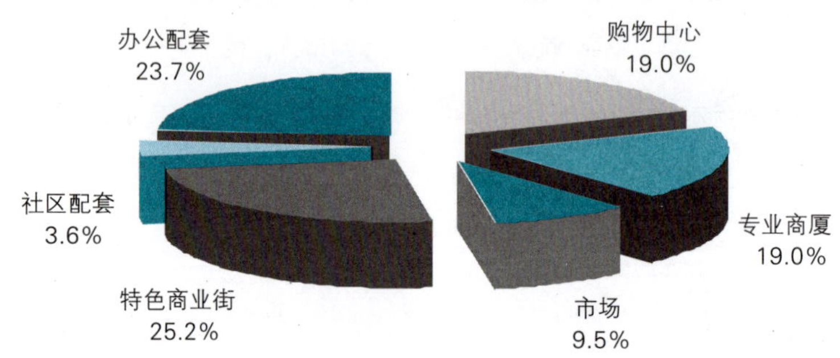

图6-99 2010年苏州相城区元和商圈大型商业形态比例

数据来源：克而瑞CRED商业地产数据库，http://cred.cric.com

表6-43 苏州相城区元和商圈主要商业项目

序号	项目编号	项目名称	建筑面积（平方米）	商业形态	开业时间	档次	经营情况	出租率
1	I1	环球奥食卡城	205 000	特色商业街	2010-11-27	中高端	良好	90%

数据来源：克而瑞CRED商业地产数据库，http://cred.cric.com

商圈10 新区狮山商圈
构筑五个金融、商业、娱乐休闲区和九个居住片区

① 商圈范围

以狮山路为中心带状辐射。东西走向的狮山路是古城区与新区的连接纽带。东起京杭大运河，西至长江路，南起竹园路，北至邓蔚路。

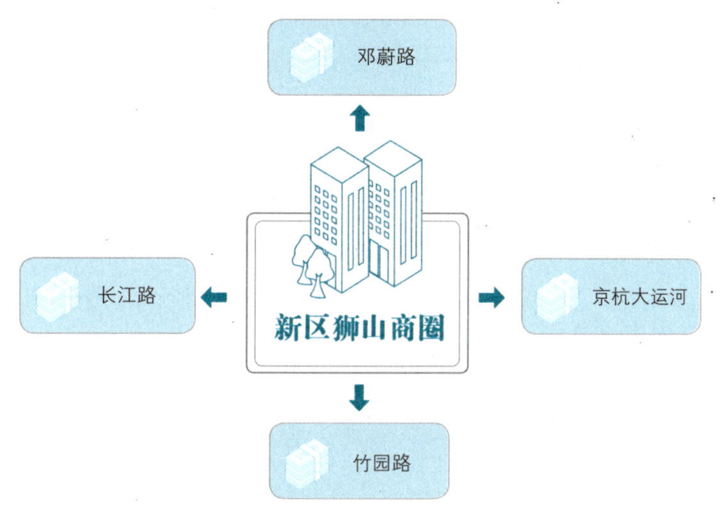

图6-100 苏州市新区狮山商圈范围示意图

② 商圈价值

狮山商圈属于苏州市次级商圈之一，商圈以“苏州主城中心区、具有魅力的新区服务中心和宜人的居住片区”为总体功能定位，构筑五个金融、商业、娱乐休闲区和九个居住片区。这里已经集聚了众多的商贸形态——大润发、麦德龙、TESCO，形成了超市集群；天府鱼香、天堂一家等酒店与福记好世界、阿雷店、淮海商业街等餐饮巨舰相呼应拉出一条餐饮黄金线路；香格里拉大酒店、新城花园酒店、雅致精品酒店等几乎包罗了所有的商务需求。随着狮山路金河国际大厦、阳光新地中心、狮山峰汇等商住楼崛起，雅阁花园、名城花园、狮山花苑、嘉多利花园、吴宫丽都等一大批新建商品房也将集聚更多人气。由于苏州乐园、写字楼、酒店以及众多中高端社区的存在，也让狮山商业版块逐渐拥有了对于不同类型人流的集聚能力。

新区狮山商圈内共有三种大型商业形态，分别是购物中心、专业商厦和特色商业街。其中购物中心所占比重最大，达到63.8%；其次是专业商厦，为27.8%；所占比重最小的为特色商业街，仅为8.4%。

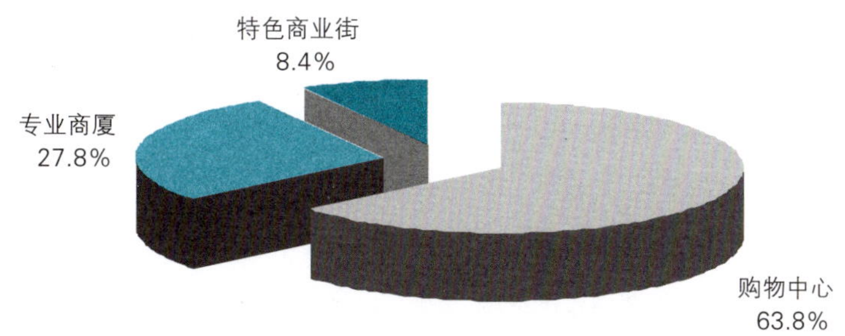

图6-101 2010年苏州新区狮山商圈大型商业形态比例

数据来源：克而瑞CRED商业地产数据库，http://cred.cric.com

表6-44 苏州新区狮山商圈主要商业项目

序号	项目编号	项目名称	建筑面积（平方米）	商业形态	开业时间	档次	经营情况	出租率
1	J1	狮山永利广场	36 000	特色商业街	2009-06-10	中高端	良好	100%
2	J2	绿宝广场	275 000	购物中心	2007-04-28	中高端	良好	90%

数据来源：克而瑞CRED商业地产数据库，http://cred.cric.com

商圈11 双湖板块李公堤商圈 高端消费潜力巨大

① 商圈范围

东起新鸿基别墅区，西至星港街，南起金鸡湖大道，北至金鸡湖。

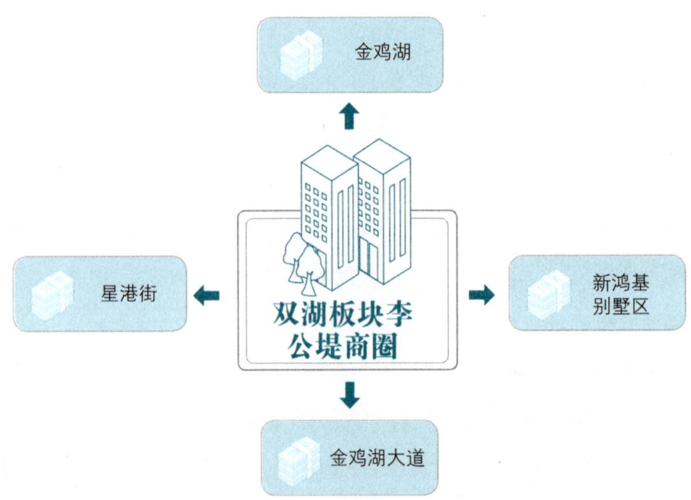

图6-102 苏州市双湖板块李公堤商圈范围示意图

② 商圈价值

双湖板块李公堤商圈属于苏州市次级商圈，商圈主要包括李公堤一期、二期和三期商业，金鸡湖的优越景观，大量的人力、物力资源带动双湖周边的区域发展。该区域高端消费潜力巨大，高端住宅围绕四周，如新鸿基高端别墅、绿城御园、金鸡墩别墅、九龙仓国宾1号，高端景观商业圈独特的商业定位和特殊的主力消费人群将加速商圈发展，增加商圈的辐射范围。

双湖板块李公堤商圈内共有六种大型商业形态，分别是购物中心、专业商厦、市场、特色商业街、社区配套和办公配套。其中购物中心所占比重最大，达到47.5%；其次为社区配套，为19.3%；第三位是专业商厦，为16.1%；第四位是市场和办公配套，均为6.4%；所占比重最小的为特色商业街，仅为4.3%。

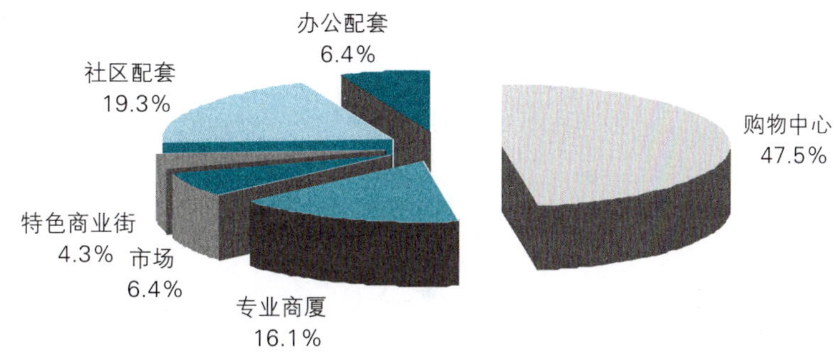

图6-103 2010年苏州双湖板块李公堤商圈大型商业形态比例

数据来源：克而瑞CRED商业地产数据库，http://cred.cric.com

表6-45 苏州双湖板块李公堤商圈主要商业项目

序号	项目编号	项目名称	建筑面积（平方米）	商业形态	开业时间	档次	经营情况	出租率
1	K1	甬旺商业广场	20 000	市场	2009-10-01	低端	良好	85%
2	K2	李公堤1912街区	13 000	特色商业街	2008-10-01	高端	优	90%
3	K3	奥特莱斯购物广场	50 000	购物中心	2007-10-28	中高端	一般	100%
4	K4	联丰商业广场	97 500	购物中心	2005-05-28	中低端	良好	85%

数据来源：克而瑞CRED商业地产数据库，http://cred.cric.com

商圈12 横塘商圈
已形成十三大建材专业市场

① 商圈范围

由京杭大运河、滨河路、七子山和竹园路围合而成。

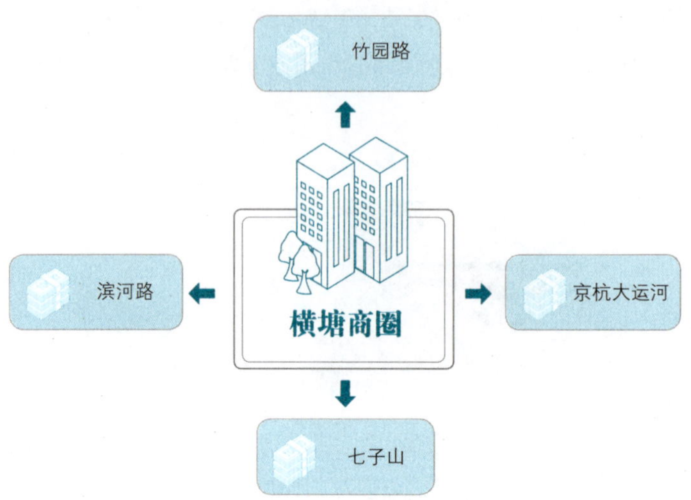

图6-104 苏州市横塘商圈范围示意图

② 商圈价值

横塘商圈也属于苏州市的次级商圈，横塘已形成了十三大建材专业市场，营业面积超过80万平方米，以苏州建材市场60%的份额占据建材批发市场领头羊的位置。金屋装饰广场、石材市场、灯具市场、五金涂料市场、家乐居等和新开发的远发金屋家居广场、好易家家居广场、红星美凯龙横塘店，将共同打造横塘商圈的建材组团优势。百姓阶层和小白领为商圈目标客群。

横塘商圈内仅有专业商厦这一种大型商业形态，其占有率为100.0%。

图6-105 2010年苏州横塘商圈大型商业形态比例

数据来源：克而瑞CRED商业地产数据库，http://cred.cric.com

表6-46 苏州横塘商圈主要商业项目

序号	项目编号	项目名称	建筑面积（平方米）	商业形态	开业时间	档次	经营情况	出租率
1	L1	好易家家居广场	200 000	专业商厦	2010-01-20	中低端	良好	80%
2	L2	远发金屋家居装饰广场	50 000	专业商厦	2009-06-21	中高端	一般	80%
3	L3	赛格电子数码市场	120 000	专业商厦	2006-09-06	中高端	良好	90%

数据来源：克而瑞CRED商业地产数据库，http://cred.cric.com

商圈13 平江新城商圈 以中高端商业为主

① 商圈范围

由上高路、西荡河、北环快速路和京沪高速公路围合而成。

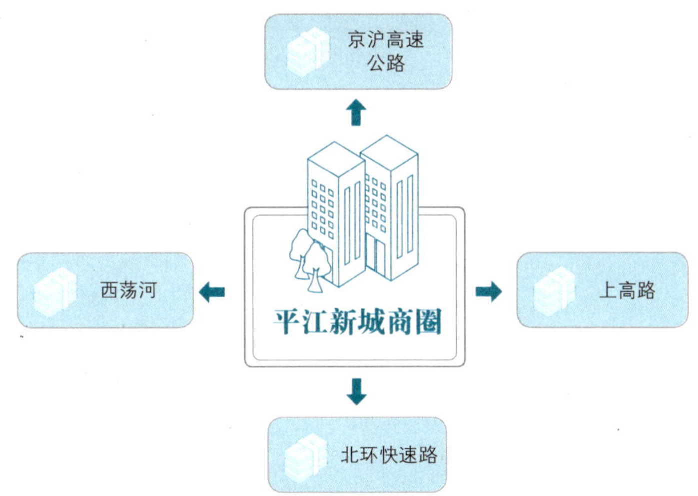

图6-106 苏州市平江新城商圈范围示意图

② 商圈价值

平江新城商圈属于苏州市三个新兴商圈中的一个，该商圈以中高端商业为主，建成的大型商业仅有万达商业广场，大多数商业均在建设中。由于有万达广场，所以时尚人士、白领、小白领和百姓阶层组成了该商圈的主要目标客群。

平江新城商圈内共有四种大型商业形态，分别是购物中心、专业商厦、社区配套和办公配套。其中购物中心所占比重最大，达到60.0%；其次为专业商厦，为20.0%；所占比重最小的为社区配套和办公配套，同为10.0%。

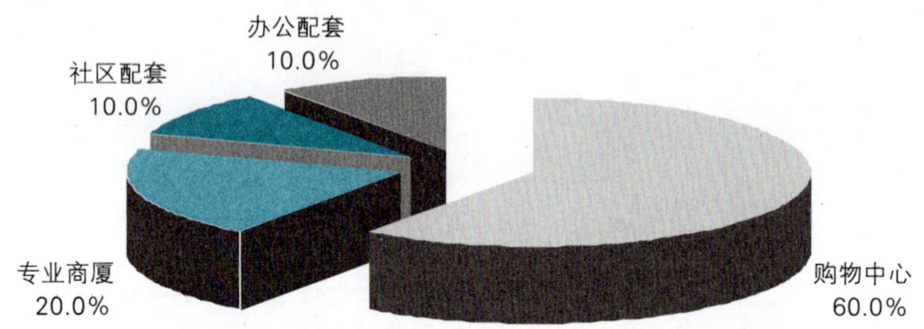

图6-107 2010年苏州平江新城商圈大型商业形态比例

数据来源：克而瑞CRED商业地产数据库，http://cred.cric.com

表6-47 苏州平江新城商圈主要商业项目

序号	项目编号	项目名称	建筑面积（平方米）	商业形态	开业时间	档次	经营情况	出租率
1	M1	苏州万达商业广场	300 000	购物中心	2009-09-17	中高端	优	100%

数据来源：克而瑞CRED商业地产数据库，http://cred.cric.com

商圈14 独墅湖高教区商圈
集高等教育、科技研发、商务于一体的中高端商圈

① 商圈范围

由星塘街、独墅湖、东方大道和独墅湖大道围合而成。

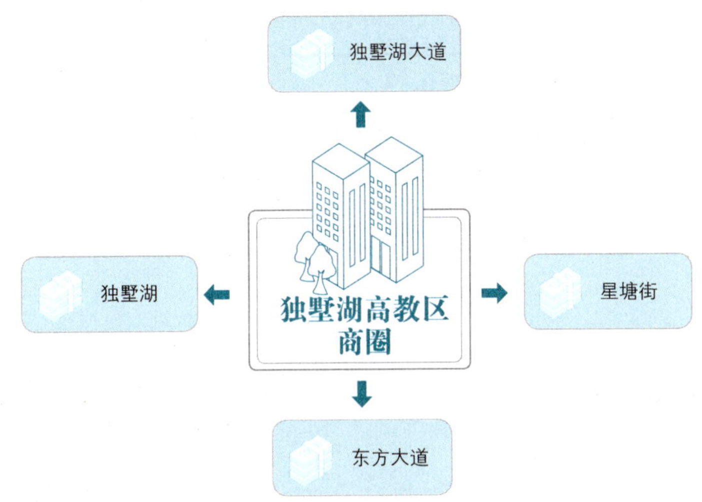

图6-108 苏州市独墅湖高教区商圈范围示意图

② 商圈价值

独墅湖高教区商圈也属于苏州市的新兴商圈，该商圈是集高等教育、科技研发、商务于一体的中高端商圈。该区域包括月亮湾商务中心、研究生院、高等教育学院等商业文教综合群体，周边配套齐全，发展潜力巨大，住宅小区有翰林缘、建屋海德公园等，区域人群学历层次较高，消费力强，承担区域商圈带动整个高等教育园区迅速发展的重任。

独墅湖高教区商圈内共有六种大型商业形态，分别是购物中心、专业商厦、市场、特色商业街、社区配套和办公配套。其中专业商厦所占比重最大，达到45.1%；其次为购物中心和办公配套，均为18.9%；第四位是社区配套，为9.5%；所占比重最小的为特色商业街和市场，都仅为3.8%。

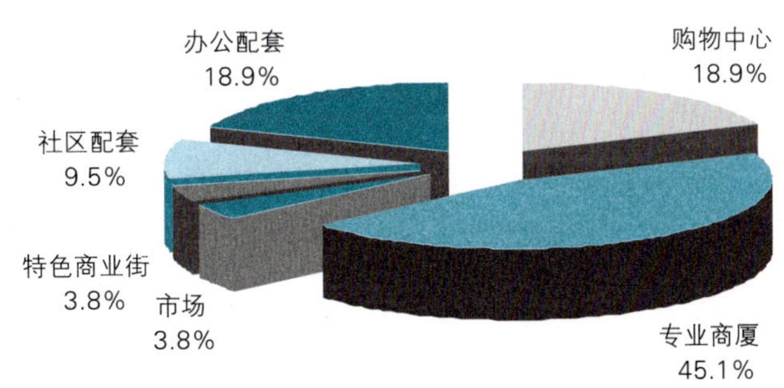

图6-109 2010年苏州独墅湖高教区商圈大型商业形态比例

数据来源：克而瑞CRED商业地产数据库，http://cred.cric.com

表6-48 苏州独墅湖高教区商圈主要商业项目

序号	项目编号	项目名称	建筑面积（平方米）	商业形态	开业时间	档次	经营情况	出租率
1	N1	邻里中心翰林大厦	25 000	社区配套	2008-09-19	中端	良好	85%

数据来源：克而瑞CRED商业地产数据库，http://cred.cric.com

商圈15 沧浪新城商圈 随着沧浪新城的发展逐步形成

① 商圈范围

东起友新路，西至京杭大运河，南起福运路，北至南环高架。

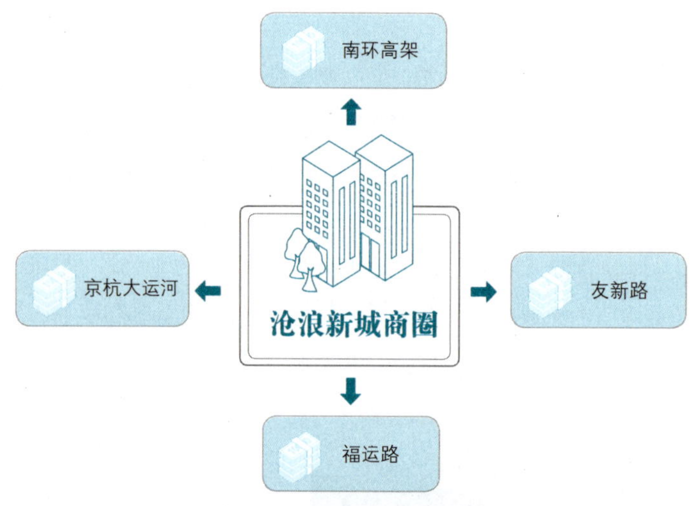

图6-110 苏州市沧浪新城商圈范围示意图

② 商圈价值

沧浪新城商圈是苏州市三个新兴商圈的另外一个，是随着沧浪新城的发展而逐步形成的商圈，作为一个新兴商圈，目前沧浪新城商圈还比较势单力孤，但随着区域内人口增长，各种市政利好的影响，沧浪新城商圈的兴起将是一种必然。沧浪新城商圈位于友新高架南面，以沧浪新城核心商业项目——亿象城为支点，配合世茂运河城的商业街，形成的覆盖沧浪新城的商圈。商圈目标客群基本为时尚人士、小白领和百姓阶层。

沧浪新城商圈内共有五种大型商业形态，分别是购物中心、专业商厦、市场、社区配套和办公配套。其中购物中心所占比重最大，达到54.5%；其次为专业商厦，为22.7%；第三位是市场，为11.4%；所占比重最小的为社区配套和办公配套，都仅为5.7%。

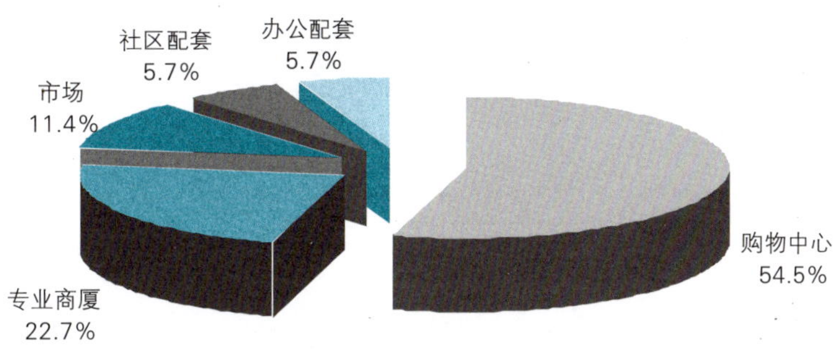

图6-111 2010年苏州沧浪新城商圈大型商业形态比例

数据来源：克而瑞CRED商业地产数据库，http://cred.cric.com

表6-49 苏州沧浪新城商圈主要商业项目

序号	项目编号	项目名称	建筑面积（平方米）	商业形态	开业时间	档次	经营情况	出租率
1	O1	世茂运河城商业综合体	400 000	购物中心	2010-06-01	中高端	良好	65%

数据来源：克而瑞CRED商业地产数据库，http://cred.cric.com

苏州整体租金水平

（1）购物中心首层租金水平

苏州市主要购物中心首层租金模式以固定租金模式为主，苏州市的主要购物中心基本都集中在次级商圈的范围内，而且商圈内的购物中心租金水平也基本处于同一水平线上。

表6-50 苏州主要商圈购物中心租金

序号	项目编号	项目名称	所属商圈	首层租金［元/（米²·天）］
1	E1	印象城	东环沿线商圈	26～35
2	G1	新苏国际广场	吴中城南板块商圈	23～25
3	G2	东吴国际商城	吴中城南板块商圈	23～25

（续表）

序号	项目编号	项目名称	所属商圈	首层租金［元/（米²·天）］
4	H2	石路国际商城	石路商圈	22～25
5	J2	绿宝广场	新区狮门商圈	15～35
6	K3	奥特莱斯购物广场	双湖板块李公堤商圈	20～25
7	L1	苏州万达商业广场	平江新城商圈	20～25

数据来源：克而瑞CRED商业地产数据库，http://cred.cric.com.

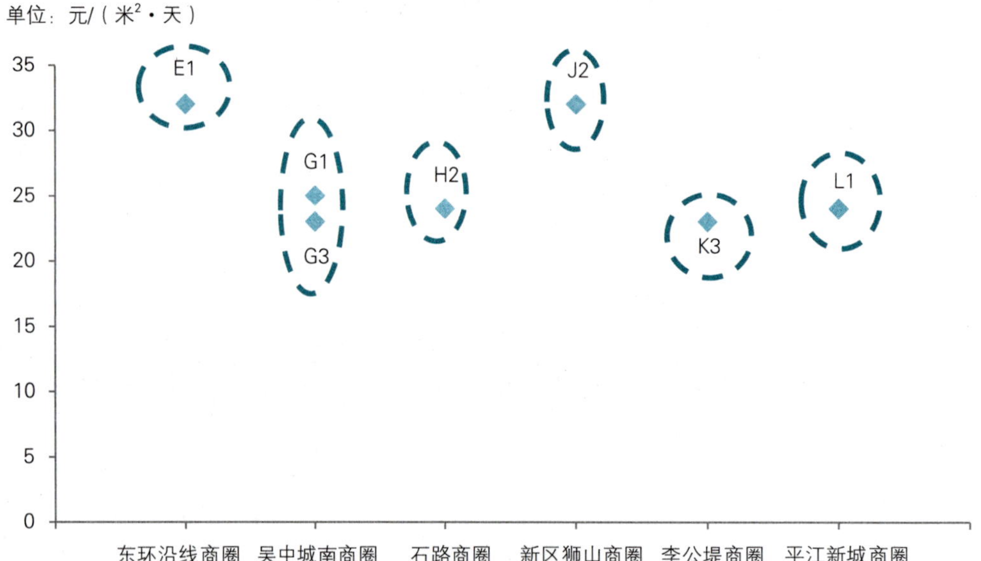

图6-112 2010年苏州主要购物中心租金分布

数据来源：克而瑞CRED商业地产数据库，http://cred.cric.com.

（2）百货租金水平

苏州市百货租金模式为保底租金和扣点两者取其高的形式。现有的百货基本集中在核心商圈内，而且百货仍在建设中。

表6-51 苏州主要百货租金

序号	项目名称	所属商圈	租金模式
1	泰华商城东楼	南门商圈	18～20元/（米²·天）；8%～20%（扣点）
2	泰华商城西楼	南门商圈	23～25元/（米²·天）；8%～25%（扣点）

数据来源：克而瑞CRED商业地产数据库，http://cred.cric.com.

（3）其他商业类型租金水平

苏州市其他商业类型租金采用支付固定租金的支付方式，其中最高的租金水平可达30～35元/（米^2·天）（金门国际商业广场），最低的租金水平仅有3～5元/（米^2·天）（左岸商业街）。

表6-52 苏州其他商业类型租金

序号	项目名称	商业形态	所属商圈	首层租金［元/（米^2·天）］
1	领华数码城	其他专业商厦	南门商圈	8～15
2	中翔商贸城	市场	观前商圈	13～15
3	月光码头	特色商业街	湖东CBD商圈	25～30
4	圆融时代广场	特色商业街	湖东CBD商圈	7～12
5	金鸡湖商业广场	特色商业街	湖东CBD商圈	8～9
6	湖东邻里中心	社区配套	湖东CBD商圈	10～15
7	左岸商业街	特色商业街	湖西商圈	3～5
8	东城世纪广场	社区配套	东环沿线商圈	8～12
9	凯马广场	市场	木渎商圈	10～25
10	木渎香港街	特色商业街	木渎商圈	8～25
11	好又多购物广场	市场	吴中城南板块商圈	8～20
12	金门国际商业广场	市场	石路商圈	30～35
13	狮山永利广场	特色商业街	新区狮山商圈	15～35
14	李公堤1912街区	特色商业街	双湖板块李公堤商圈	20～25
15	红星美凯龙	其他专业商厦	横塘商圈	15～20
16	好易家家居广场	其他专业商厦	横塘商圈	10～18
17	赛格电子数码市场	其他专业商厦	横塘商圈	17～20
18	邻里中心翰林大厦	社区配套	独墅湖高教区商圈	10～15

数据来源：克而瑞CRED商业地产数据库，http://cred.cric.com.

4 苏州主要商场坪效

表6-53 苏州主要商场坪效

序号	项目名称	所属商圈	2007年		2008年		2009年	
			营业额（亿元）	坪效（元/米^2）	营业额（亿元）	坪效（元/米^2）	营业额（亿元）	坪效（元/米^2）
1	泰华商城	南门商圈	9.7	20 203	9.5	19 800	8.9	18 500

数据来源：克而瑞CRED商业地产数据库，http://cred.cric.com.

5 苏州未来商业供应及发展趋势预测

2011年至2012年，苏州市中高端商业供给预计将新增38万平方米，且以购物中心、专业商厦和特色商业街三种商业形态为主，其中购物中心新增量预计将达到20.1万平方米；专业商厦新增量预计为11.9万平方米；特色商业街新增量预计为6万平方米。

表6-54 苏州未来主要商业项目供应

序号	项目名称	所属商圈	建筑面积（万平方米）	商业形态	开业时间	商业初步定位
1	亿象城	沧浪新城商圈	8.1	购物中心	2012-01	集吃喝玩乐购为一体的大型商业广场
2	新苏天地广场	石路商圈	12.0	购物中心	2011-11	集多种业态的购物中心
3	紫金东方	独墅湖高教区商圈	11.9	专业商厦	2011-10	呈现“环保、绿色、生态”的城市综合体
4	活力岛	相城区元和商圈	6.0	特色商业街	2011-05	苏州相城中心城区一大集景观、商贸于一体的复合景区

数据来源：克而瑞CRED商业地产数据库，http://cred.cric.com.

从以上图表的这些商业地产项目看，苏州市城南的商业地产——自成体量的商业街、商业区、商业中心的数量和体量将进一步得到提高。

苏州城南已开始进入了商业、住宅集中发展期，随着城市化进程的不断发展，吴中城区的基础设施配套也在不断完善，由当初的“低洼地”转变成“繁华中心”。随着地标性的中润苏州中心抢驻该商圈，商业变革正逐渐改变，再加上港龙财智国际酒店式公寓的热销，从东吴国际商城到新苏国际购物中心的次第落成，以及即将落成的苏纶场嘉业百货、中润苏州中心等，整个苏州中心城区南部商业带已开始无缝延长到了城南吴中区，一个繁华的城南商圈已见雏形。

随着城市化进程的不断深入，古城区和吴中城区早已实现无缝对接。政府规划，沿着吴中建成区的东吴南路、东吴北路，将矗立起50栋20层以上的现代化商业楼宇，而东吴路、宝带路周边也将成为吴中区CBD金融商贸的核心带。接下来，占据东吴南路主干道的城南印象生活广场和双冠双银星座两大纯新商业项目将为城南商圈注入新的血液。城南板块是吴中人气聚集地，预计区域内人口数量可达30万之多。再加上由城区和其他区域内进入该板块的人口数量，该区域内人口总量有望达到50万。有如此庞大的人气作为保证，城南的商业项目的持续发展能力相对较高，未来潜力不可限量。

3 苏州市未来城市发展规划

将成为国际知名的历史文化名城和风景旅游城市。

1 城市总体规划

（1）规划目标

苏州中心城城市设施水平基本达到现代化，古城风貌得到进一步保护与发扬，成为与国际经济接轨、高度开放、经济发达、国际上知名的历史文化名城和风景旅游城市。

（2）总体布局

城市布局结构形态采用“组团式”布局，由城市组团，山脉、河湖、大块绿地组成完整的自然空间。各组团相对独立、集中发展，相互间以干道相串联，形成整体的组团分明、多中心、开敞的布局形态。

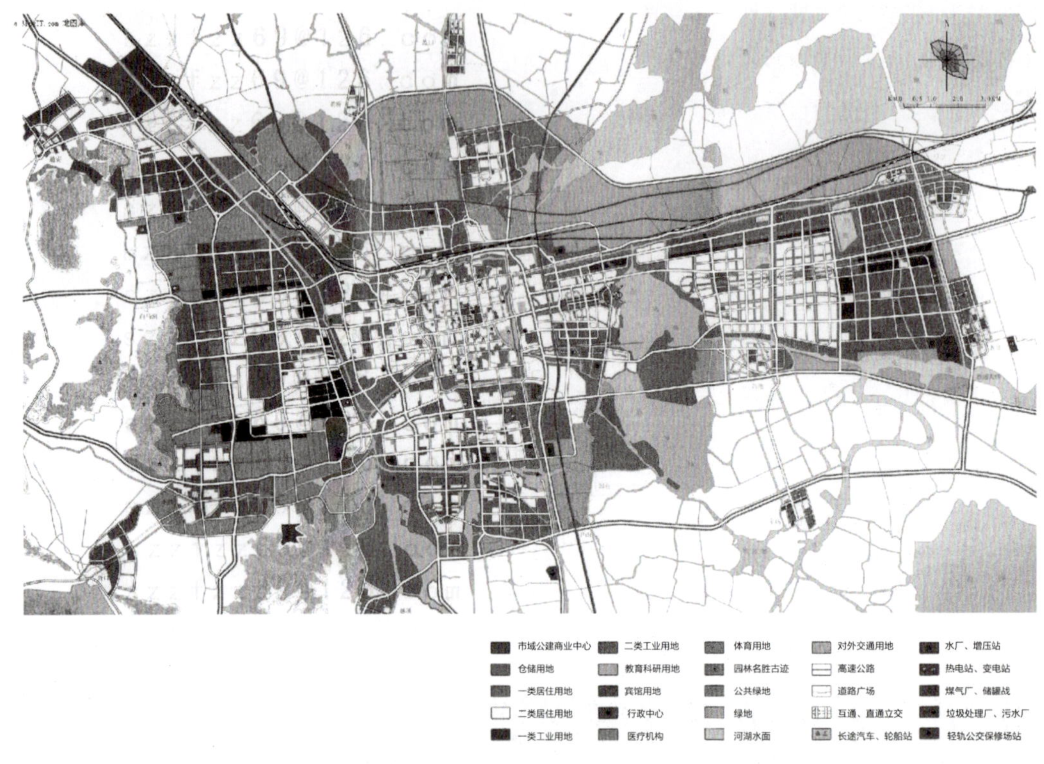

图6-113 苏州总体布局

（3）城镇规划

苏州市城镇规划结构为一个中心、五个副中心、四个发展轴。

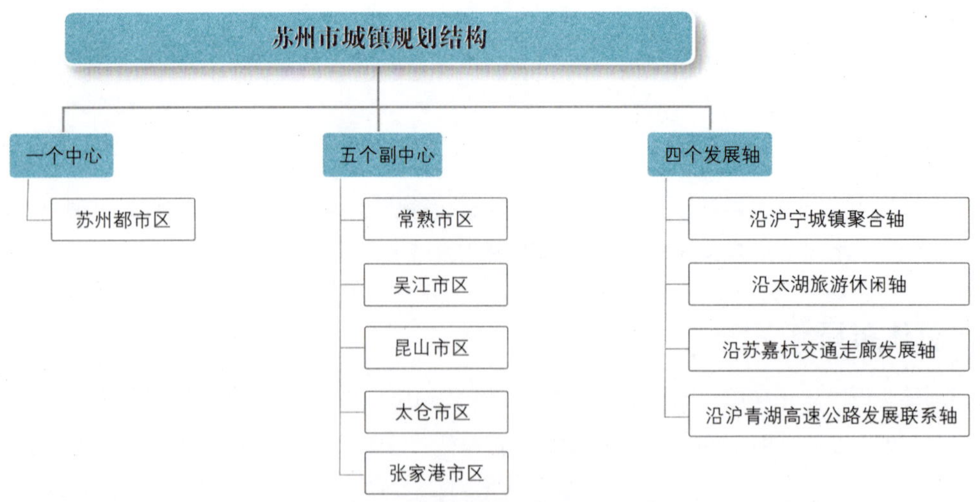

图6-114 苏州市城镇规划结构示意图

① 一个中心

苏州都市区。该规划以都市区的构想培育苏州中心城市。苏州市区的发展突破行政区划的界限，以日常往返通勤范围为主体，主要包含苏州外环高速公路以内和沿太湖的地区，核心是苏州市区的建设用地，核心外围保留大片的绿色开敞用地。

② 五个副中心

表6-55 苏州市五个副中心城市功能

副中心	城市功能
常熟市区	国家历史文化名城，现代化的商贸城市和风景旅游城市，是全省新兴的中心城市。它是苏州的北部门户、沿江地区的区域性中心，在苏州市域的次中心城市中具有最强的综合实力和最高等级、最完善的各类设施
吴江市区	苏、沪、浙交界地区的丝绸之都，新兴工贸城市
昆山市区	苏沪接壤地带以外向型经济为主的工贸城市
太仓市区	港口、工业城市
张家港市区	港口、工业城市

③ 四个市域发展轴

表6-56 苏州市市域发展轴规划

市域发展轴	规划内容
沿沪宁城镇聚合轴	沿轴的发展以IT等高新技术产业带为龙头，大力优化城市空间，努力提高产业和空间集聚度，成为我国引进、消化、吸收国外先进技术的重要基地和高新技术开发、传播、扩散的孵化基地
沿太湖旅游休闲轴	沿太湖地区是苏州生态环境和景观最重要、最具特色的地区，以生态旅游为主要功能。以苏震桃高速公路、苏州西南环高速公路等为纽带，构筑环湖旅游道路，加强景点和景区与高速公路环路互通的联系，根据景点和景区的布局灵活组织旅游线路
沿苏嘉杭交通走廊发展轴	该轴是苏州南北向重要的城镇轴线，以苏嘉杭高速公路为轴线，是苏州辐射苏北、联系浙北的重要通道地区，是市域重要的物流走廊。应因地制宜，发挥各地优势，选准产业发展方向，努力形成特色
沿沪青湖高速公路发展联系轴	规划沿轴城镇进一步加强与上海的沟通与联系，呼应苏州临沪浙产业带的发展，注重提高城镇建设的层次和品位，优化城镇的人居环境和空间景观，多方面增强城镇对人流、物流、信息流的集聚和牵引功能。妥善处理城镇发展与水网的关系，形成具有独特水乡风貌的现代化城镇

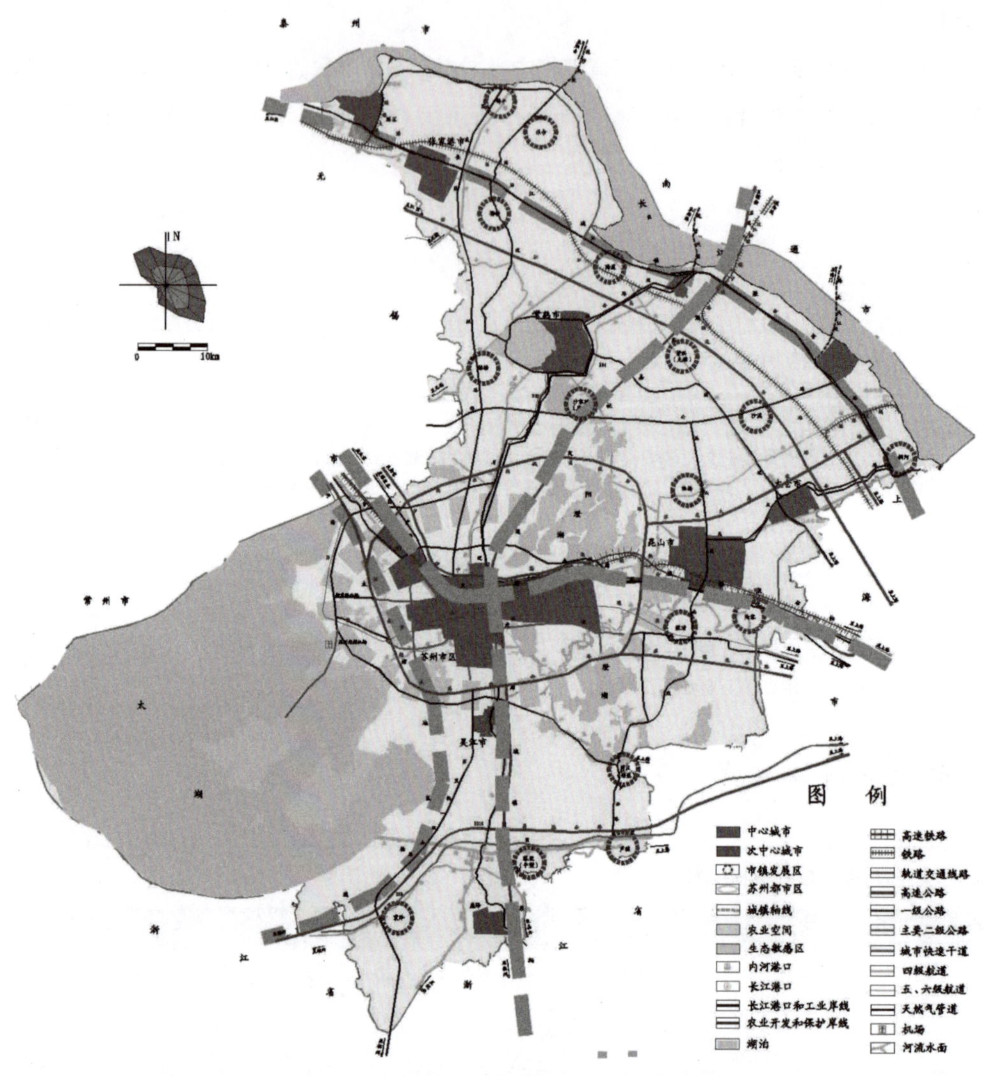

图6-115 苏州城镇空间网络规划

（4）交通规划

道路系统的主骨架是井字型快速路加三环的道路系统。古城内保持原有路、河格局，严格限制道路拓宽，构建一体化交通网络，全面完成“一纵三横、一环二射三联”的市域高速公路网建设，实现全市所有乡镇15分钟内便可就近上高速公路，市域内高速公路60分钟内互达。加快苏通长江大桥建设，抓好与周边地区高速公路网的连接线建设，构建长三角区域两小时高速公路交通圈。加快建设城市快速公共交通系统和农村客运网络，形成市区、城乡、镇村三级公交网络，力争中心城市各组团之间半小时互达、远郊镇45分钟可达中心城市。

图6-116 苏州道路网络规划

苏州城市轨道交通将按照“统一规划、分步实施”的原则，以满足2015年苏州市机械出行人数总量600万人次的需求。苏州轨道交通规划列入省“十一五”规划，将有利于推动苏州轨道交通项目的各项进展。如果一切顺利，轨道交通一号线、二号线将分别于2011年和2012年通车。

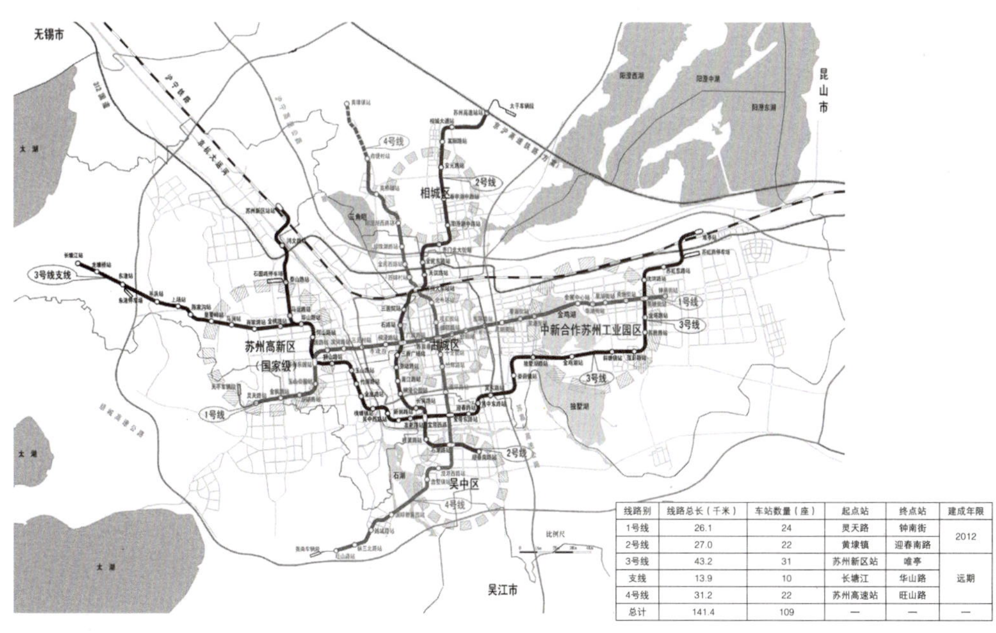

线路别	线路总长（千米）	车站数量（座）	起点站	终点站	建成年限
1号线	26.1	24	灵天路	钟南街	2012
2号线	27.0	22	黄埭镇	迎春南路	
3号线	43.2	31	苏州新区站	唯亭	远期
支线	13.9	10	长塘江	华山路	
4号线	31.2	22	苏州高速站	旺山路	
总计	141.4	109	—	—	—

图6-117 苏州轨道交通线网

2 苏州中心城商业网点规划

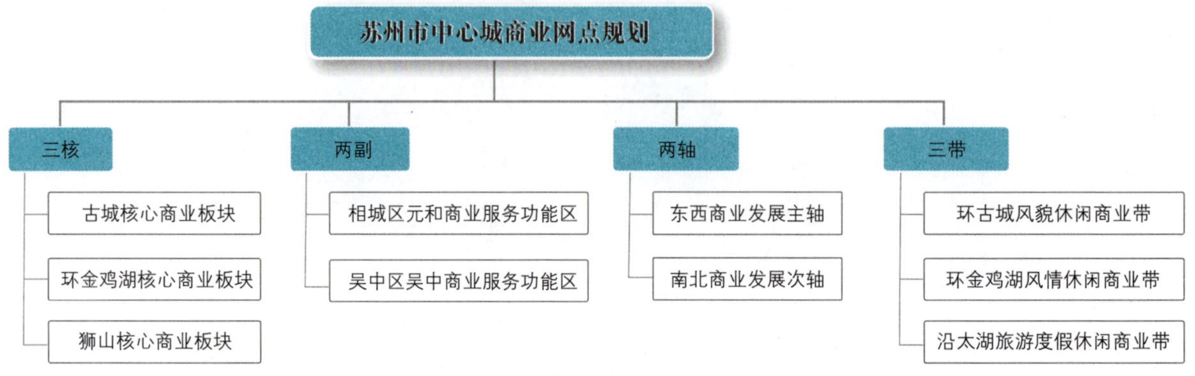

图6-118 苏州市中心城商业网点规划示意图

规划苏州市区标志性的商业网点格局为“三核两副、两轴三带”。

“三核”：指三个核心商业板块，即古城核心商业板块、环金鸡湖核心商业板块和狮山核心商业板块。

表6-57 苏州市三个核心商业板块规划

商业板块	商业规划
古城核心商业板块	由观前、石路、南门商业服务功能区组成，规划在现状的基础上，整合这三个商业功能区，利用各自优势，错位发展，最终形成一个功能完善的古城核心商业板块
环金鸡湖核心商业板块	以城市东进发展的战略为依据，由金鸡湖西中央商务区、湖东商业服务功能区和湖滨新天地、李公堤等商业街区组成。打造一个引领时尚的现代核心商业板块
狮山核心商业板块	由运河以西、以东两部分组成，以狮山路—三香路为联系纽带，设置现代商业新型业态；整合、提升整体商业环境，使之成为苏州老城—苏州高新区（虎丘区）合核后的现代核心商业板块

“两副”：结合城市副中心形成两个城市副中心级商业服务功能区，即在相城区形成元和商业服务功能区、在吴中区形成吴中商业服务功能区。

“两轴”：东西商业发展主轴和南北商业发展次轴。东西商业发展主轴：该轴线通过城市主干道串联起古城商业板块、狮山核心商业板块、环金鸡湖核心商业板块，从而形成东西向商业发展主轴。南北商业发展次轴，该轴线通过人民路及其南北延伸段来贯穿古城商业板块、元和商业服务功能区、平江新城和吴中商业服务功能区，从而形成南北向商业发展次轴。

“三带”：环古城风貌休闲商业带、环金鸡湖风情休闲商业带以及沿太湖旅游度假休闲商业带。

表6-58 苏州市商业带规划

商业带	商业规划
环古城风貌休闲商业带	以护城河为核心，着重突出苏州古韵之休闲游憩，结合多处景观节点，设置旅游观光、文化娱乐等商业设施，确立融休闲、娱乐、观光、购物为一体的休闲服务定位，打造具有苏州特色的休闲服务商业带
环金鸡湖风情休闲商业带	以金鸡湖景观为核心，通过塑造滨水景观，完善商业设施，突出中西方文化交融，结合湖滨大道、文化水廊等景观节点，设置集中西文化、旅游观光、休闲餐饮为一体的风情休闲商业带
沿太湖旅游度假休闲商业带	依托太湖滨水资源，形成以滨水区为主要载体，辅以旅游度假、文化娱乐、特色餐饮等组织形式，打造苏州乃至长三角的沿太湖度假休闲商业功能带

小结

古城苏州在保护和发扬古城风貌的同时，也逐步提升中心城城市设施水平，如今已成为与国际经济接轨、高度开放、经济发达、国际知名的历史文化名城和风景旅游城市。

苏州城市布局结构形态属于“组团式”布局，由城市组团、山脉、河湖、大块绿地组成完整的自然空间。各组团相对独立、集中发展，相互间以干道相串联，形成整体的组团分明、多中心、开敞的布局形态。目前，苏州最为核心的两大商圈分别为传统的观前街商圈和石路商圈，商业地位不可撼动。此外，市内商业主要分布在古城区、苏州新区及苏州工业园区三个区域。

根据规划，苏州市区商业网点格局将向“三核两副，两轴三带”的方向发展。“三核”是指三个核心商业板块，即古城核心商业板块、环金鸡湖核心商业板块和狮山核心商业板块。“两副”是指结合城市副中心形成两个城市副中心级商业服务功能区——在相城区形成元和商业服务功能区，在吴中区形成吴中商业服务功能区。“两轴”是指东西商业发展主轴和南北商业发展次轴。“三带”是指环古城风貌休闲商业带、环金鸡湖风情休闲商业带以及沿太湖旅游度假休闲商业带。

第四节
SECTION FOUR

2010年商业地产市场报告

1 上海市商业地产六项宏观经济指标分析

第三产业比重正在逐渐加大，整个城市经济步伐正在向前迈进。

指标1 宏观指标

上海市2009年实现国内生产总值（GDP）15 046.5亿元，按可比价格计算，比上年增长8.2%。尽管面对国际金融危机冲击和自身发展转型的双重考验，2009年成为五年来上海经济发展最缓慢的一年，但依然保持住了国民经济稳步发展的增长势头。

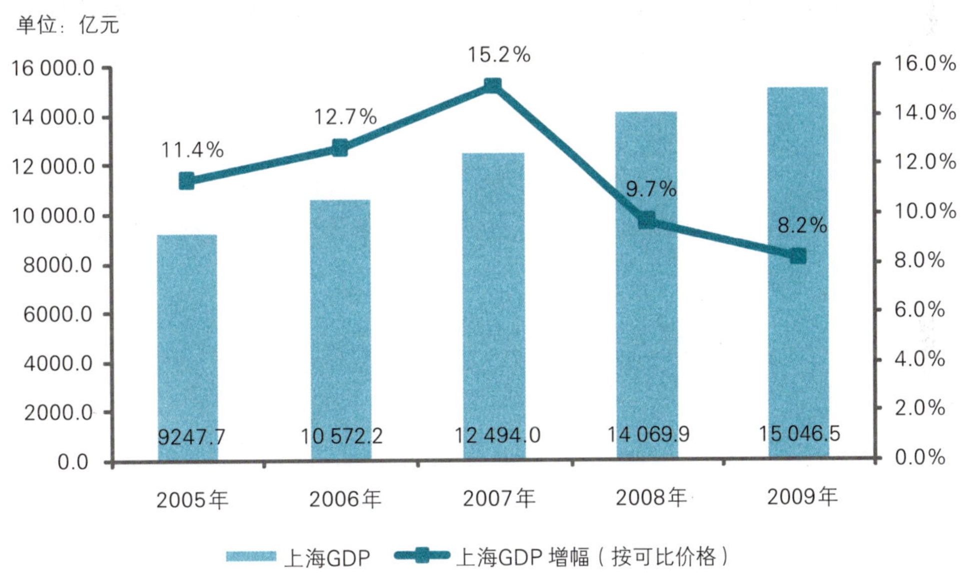

图6-116 2005—2009年上海GDP及增幅

数据来源：克而瑞CRED商业地产数据库，http://cred.cric.com

指标2 产业结构

上海整体产业结构进步明显。2005年三大产业的比重分别为1%、47.4%、51.6%，到2009年，上海三大产业的比重分别为0.7%、39.9%和59.4%，可见第三产业的比重正在逐渐加大，使得第二产业的比重逐渐缩小，整个城市经济步伐正在向前迈进。据2010年的上海统计公报数据显示，2009年第一产业增加值为113.82亿元，同比下降1.1%；第二产业增加值为5939.96亿元，同比增长3.1%；第三产业的占比逐年递增，2009年达到8847.15亿元，同比增长12.6%。可见上海已逐渐形成并巩固了城市自由核心竞争力，2009年第三产业占全市生产总值的比重为59.4%，比上年提高3.4个百分点。

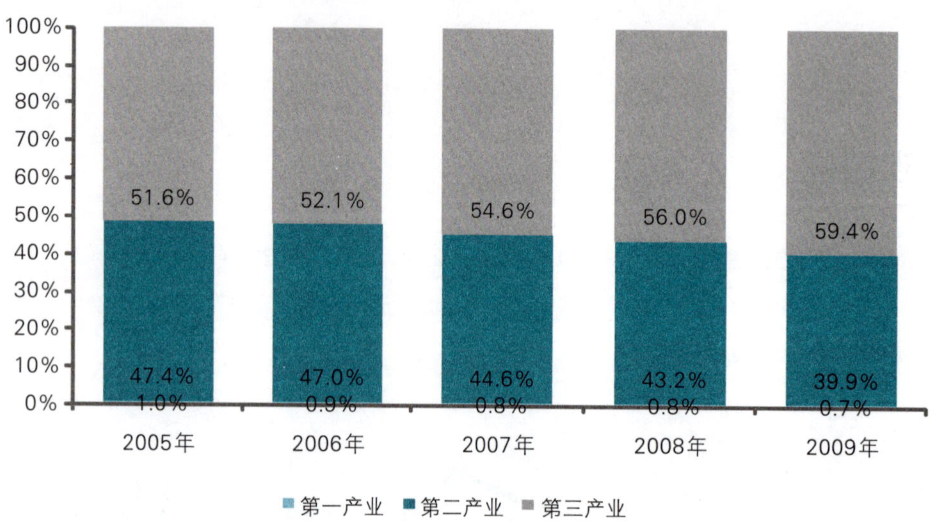

图6-120 2005—2009年上海三大产业结构比例

数据来源：克而瑞CRED商业地产数据库，http://cred.cric.com

指标3 城市人口

上海是我国大陆地区人口密度最高的城市，由于大量人口迁入和外来流动人口增长迅速，上海人口总量呈集聚和不断扩大趋势。2005年年末，上海常住人口1778.4万，至2009年年末，上海常住人口1921.3万，占全国总人口的1%。五年中，上海常住人口增加了近200万人次，其中年度最大增幅达到了2.4%。常住人口的增加表明来沪人员已经成为上海经济和社会发展中不可忽视的一部分，全市按常住人口计算的人口密度为每平方千米3030人。

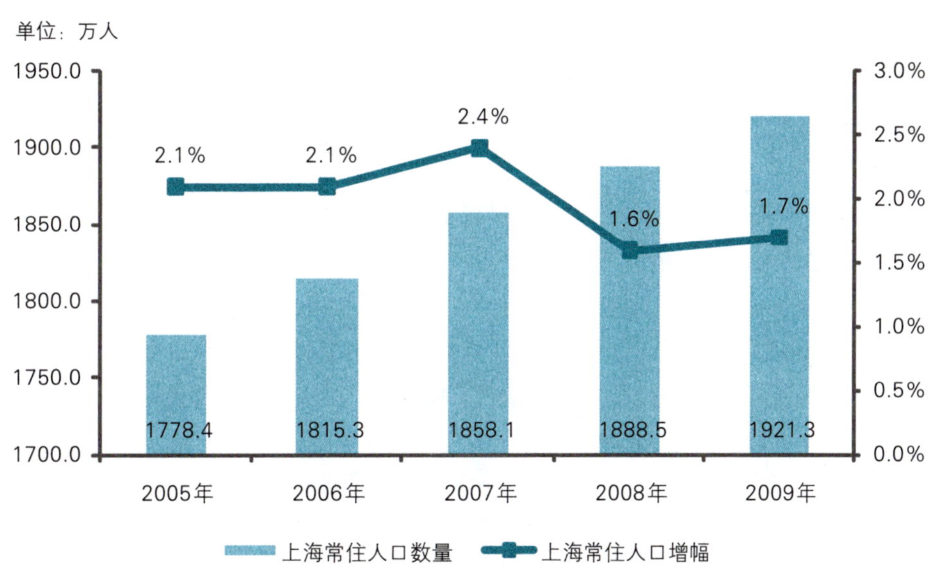

图6-121 2005—2009年上海常住人口数量及增幅

数据来源：克而瑞CRED商业地产数据库，http://cred.cric.com

2005年到2009年五年来，上海城市化率从2005年年末的84.8%上升了3.5个百分点，到2009年年末，已达到88.3%，位于全国前列，有利于经济增长和拉动内需，为国内商业的消费市场奠定基础。

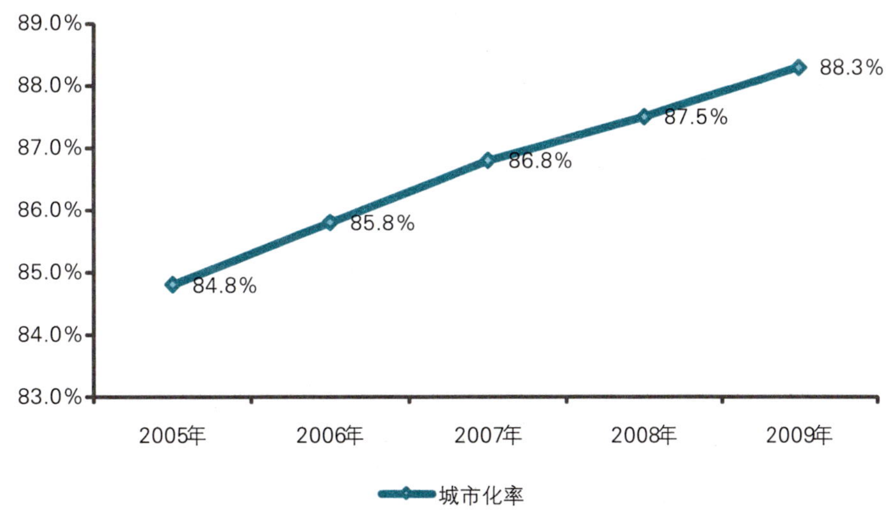

图6-122 2005—2009年上海城市化率

数据来源：克而瑞CRED商业地产数据库，http://cred.cric.com

指标4 经济效益

2008年我国国内人均GDP为3266.8美元，登上了3000美元的新台阶，比此前专家学者的普遍预测提前了两年。2005年至2009年，上海人均GDP随着上海GDP的增长，与国内人均GDP也保持着同步增长，特别是2007年的人均GDP增幅达到了12.7%。上海的消费处于国内领先水平，在2009年首先进入了人均GDP突破3000美元大关后的产业结构高级化阶段。

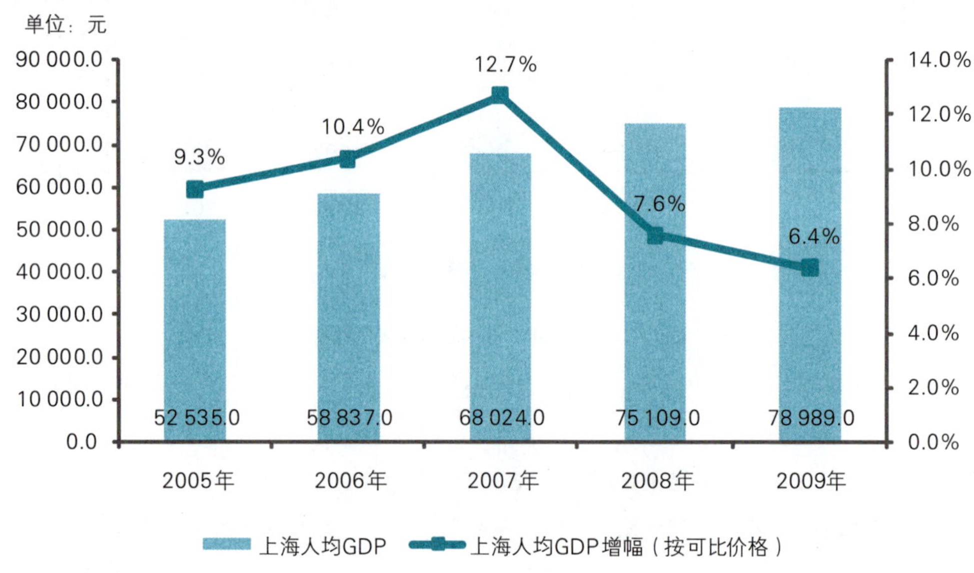

图6-123 2005—2009年上海人均GDP及增幅

数据来源：克而瑞CRED商业地产数据库，http://cred.cric.com

指标5 城镇居民生活质量

截至2008年，上海城镇居民人均可支配收入已连续多年为两位数增幅，2009年城市居民家庭人均年可支配收入为28 838元，比上年增长8.1%，虽然增长减缓、增幅降至个位数，但依旧保持住了增长的势头。

2005年至2009年，上海城镇居民生活消费水平总体平稳发展，城镇居民人均消费性支出普遍增长，其中2007年的增幅达到16.9%。2008年年末，上海受到了金融风暴的影响，人均消费性支出的增幅下降，2009年年末增幅降至8.1%。

通过比较上海城镇人均可支配收入及增幅和上海城镇人均消费性支出及增幅可知，两者走势基本一致，说明尽管2008年年末金融危机来袭，两者的增幅都有所下降，但是并不影响上海人民的消费水平和消费观念，城市依然充满商机。

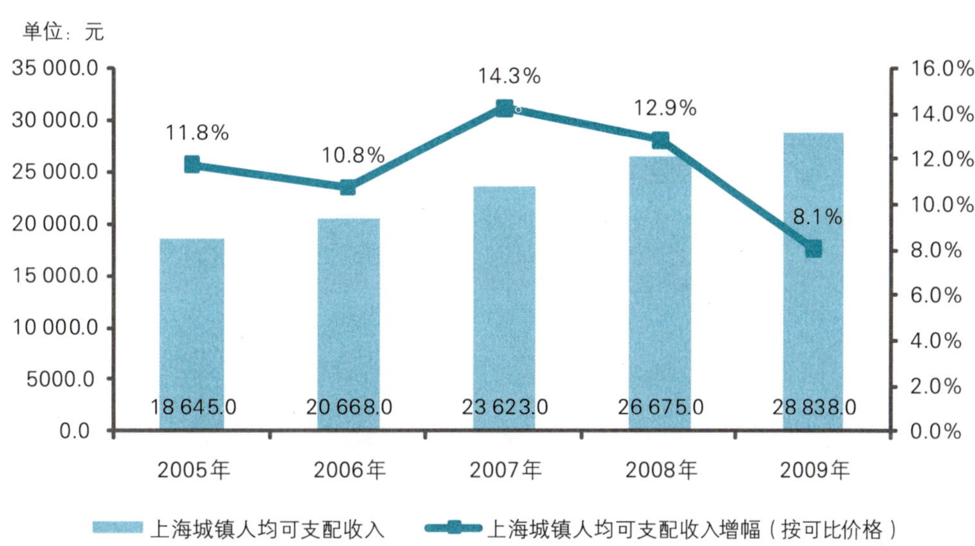

图6-124 2005—2009年上海城镇人均可支配收入及增幅

数据来源：克而瑞CRED商业地产数据库，http://cred.cric.com

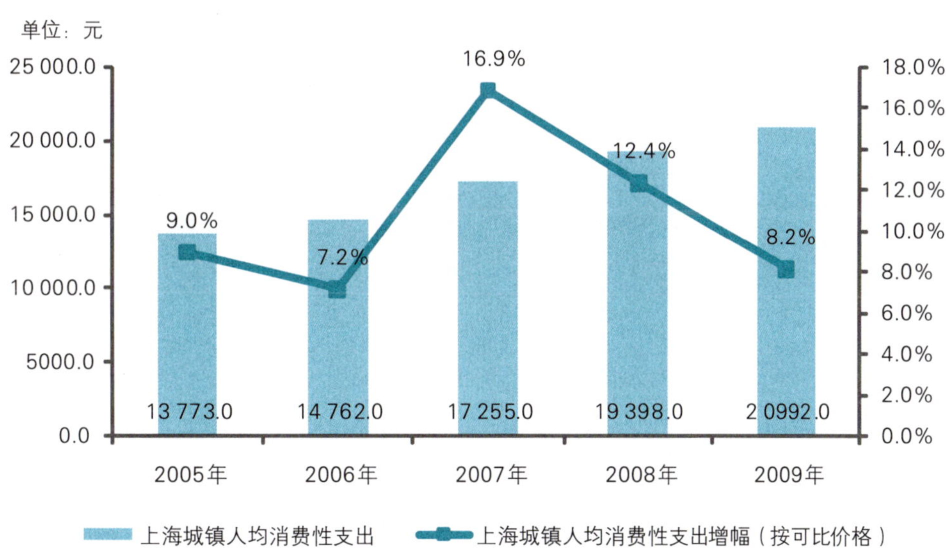

图6-125 2005—2009年城镇上海人均消费性支出及增幅

数据来源：克而瑞CRED商业地产数据库，http://cred.cric.com

2008年年末的国内人均GDP步入超越3000美元的新台阶。尽管受到金融风暴的影响，但领先于国内平均水平的上海在2009年依然趋向了产业结构高级化阶段，城市居民八大类消费普遍增长。其中，食品类支出最为平稳，波动较小，交通通讯和居住的波动最大。可见，居民消费结构日益高端化和多元化，社会主导消费链从纺织品、低端家用电器向交通通讯、汽车、住房等产品和服务过渡。

表6-59 2005—2009年上海城镇居民人均消费性支出构成

构成＼年份	2005年		2006年		2007年		2008年		2009年	
	元	%	元	%	元	%	元	%	元	%
总支出	13 773	100	14 762	100	17 255	100	19 398	100	20 992	100
食品	4640	35.9	5249	35.6	6125	35.5	7109	36.6	7345	35
衣着	940	6.8	1027	6.9	1330	7.7	1521	7.9	1593	7.6
家庭设备用品	800	5.8	877	5.9	959	8.2	1182	6.1	1365	6.5
医疗保健	797	5.8	763	5.2	857	5.5	755	3.9	1002	4.8
交通通讯	1984	14.4	2333	15.8	3154	5.0	3373	17.4	3499	16.7
教育文化	2273	16.5	2432	16.5	2654	18.3	2875	14.8	3139	14.9
居住	1412	10.2	1436	9.7	1412	15.4	1646	8.5	1913	9.1
其他	627	4.6	645	4.4	764	4.4	937	4.8	1136	5.4

数据来源：克而瑞CRED商业地产数据库，http://cred.cric.com

边际消费倾向是影响消费的重要力量。农村居民的边际消费倾向高于城镇居民，低收入群体的边际消费倾向高于高收入人群。上海边际消费倾向基本呈下降趋势，表示上海城镇居民的人均消费性支出在人均可支配收入中所占的比重逐渐降低，生活水平逐渐提高。所以，城镇高收入居民依然是消费的主力军，如何合理刺激居民的消费欲望成为一个新的商业课题。

图6-126 2005—2009年上海边际消费倾向

数据来源：克而瑞CRED商业地产数据库，http://cred.cric.com

指标6 商业需求

最新统计显示，2009年全年上海实现社会消费品零售总额5173.2亿元，比上年增长14%，增幅同比降低了3.9个百分点。其中食品商品零售额2060.58亿元，增长14.5%；服装商品零售额639.9亿元，增长15%；用品商品零售额2296.21亿元，增长14.9%。分行业看，批发零售贸易业实现零售额4395.65亿元，比上年增长14.1%；餐饮业实现零售额761.5亿元，增长13.7%。上海人均社会消费品零售总额的发展趋势基本与总量同步。

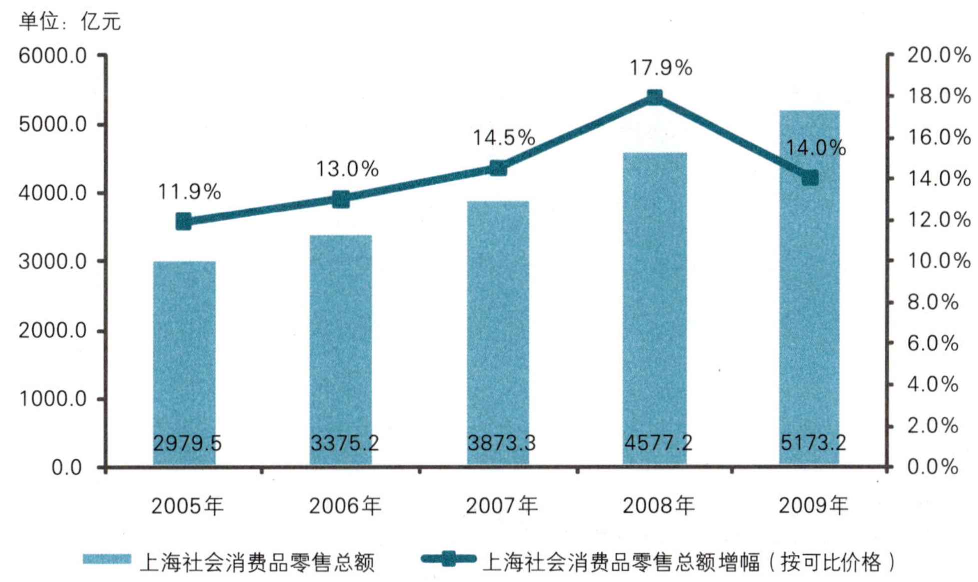

图6-127 2005—2009年上海社会消费品零售总额及增幅

数据来源：克而瑞CRED商业地产数据库，http://cred.cric.com

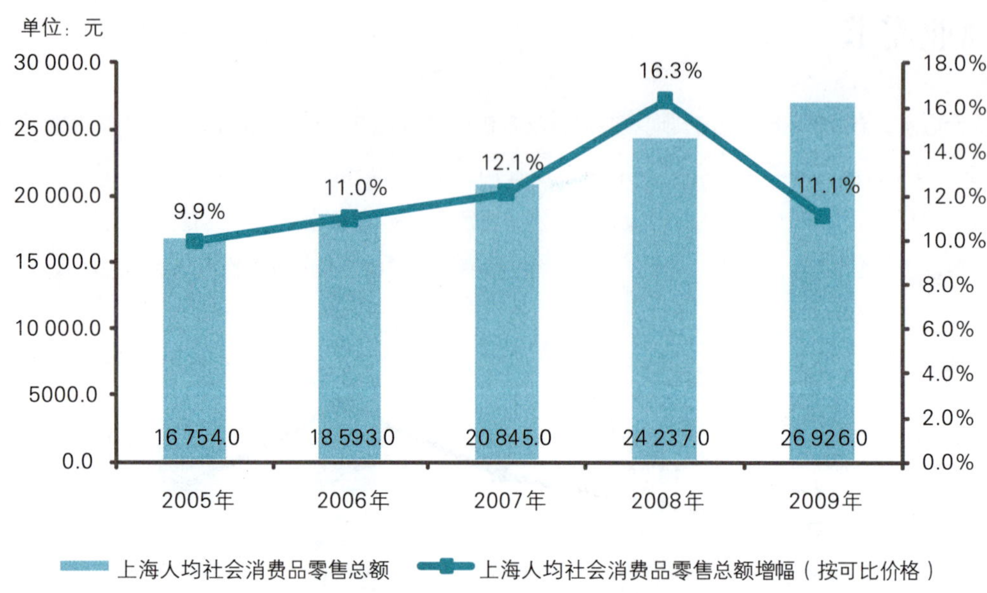

图6-128 2005—2009年上海人均社会消费品零售总额及增幅

数据来源：克而瑞CRED商业地产数据库，http://cred.cric.com

2 上海市整体商业市场环境研究

商圈分布已经基本成型，各商圈的主题化并不明显。

1 商业营业用房租赁价格指数

从2003年至2009年上海商业营业用房租赁价格指数的走势上看，它与上海GDP增速总体上保持较为一致的运行态势。尤其是2009年年末，上海受到2008年年末开始的金融风暴的影响，GDP增幅较2008年下降1.5个百分点，所以滞后于经济增速走势的商业营业用房租赁价格指数的折线也趋向平缓，可见实体经济发展前景决定房地产行业趋势，影响商业地产的发展方向。

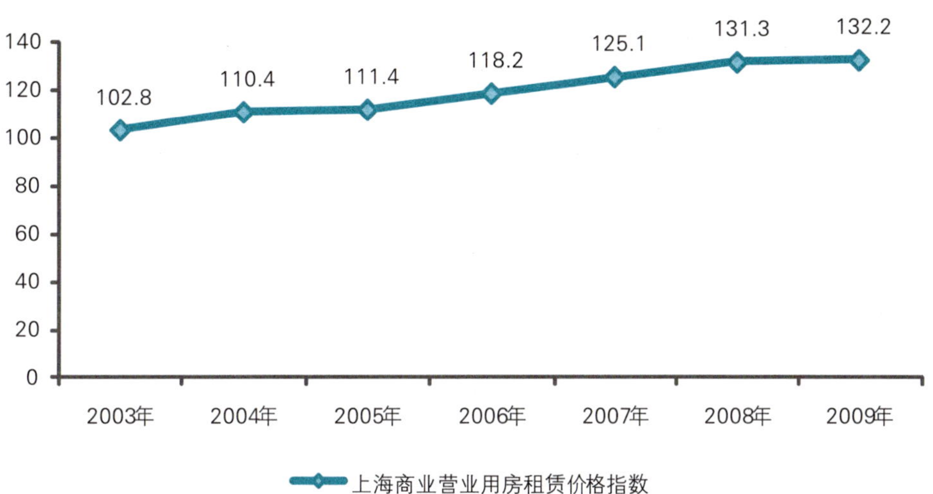

图6-129 2003—2009年上海商业营业用房租赁价格指数（以2000年价格为基础）

数据来源：克而瑞CRED商业地产数据库，http://cred.cric.com

2 现有商业供应情况

2007年年末，上海商业存量为4647.2万平方米，根据专家预计，至2010年年末，上海的商业总面积将超过5000万平方米。《上海统计年鉴2010》的数据显示，2009年年末，上海的商业供应面积达到了5089万平方米，人均商业面积约为2.6平方米，目前商业物业市场已明显呈现出饱和状态。

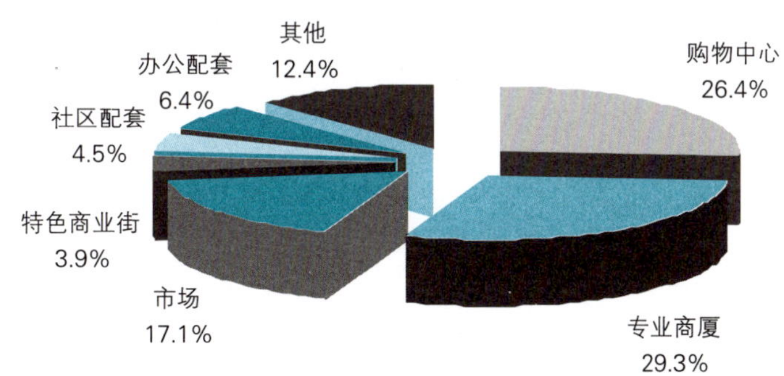

图6-130 2010年上海各类型重点商业存量供应

数据来源：克而瑞CRED商业地产数据库，http://cred.cric.com

3 十五大主要商圈描述

图6-131 上海市十五大主要商圈示意图

上海目前主要商圈有十五个，其中包含七个核心商圈，分别为南京西路商圈、徐家汇商圈、人民广场商圈、豫园商圈、新上海商业城商圈、淮海中路商圈和陆家嘴商圈，它们基本分布在内环以内的市中心范围；次级商圈有六个，分别为七浦路商圈、四川北路商圈、不夜城商圈、南方商城商圈、五角场商圈、曹安路商圈，主要分布在城市外环以内；新兴商圈有两个，分别为中山公园商圈和长寿路商圈，它们分布在市中心内环处。

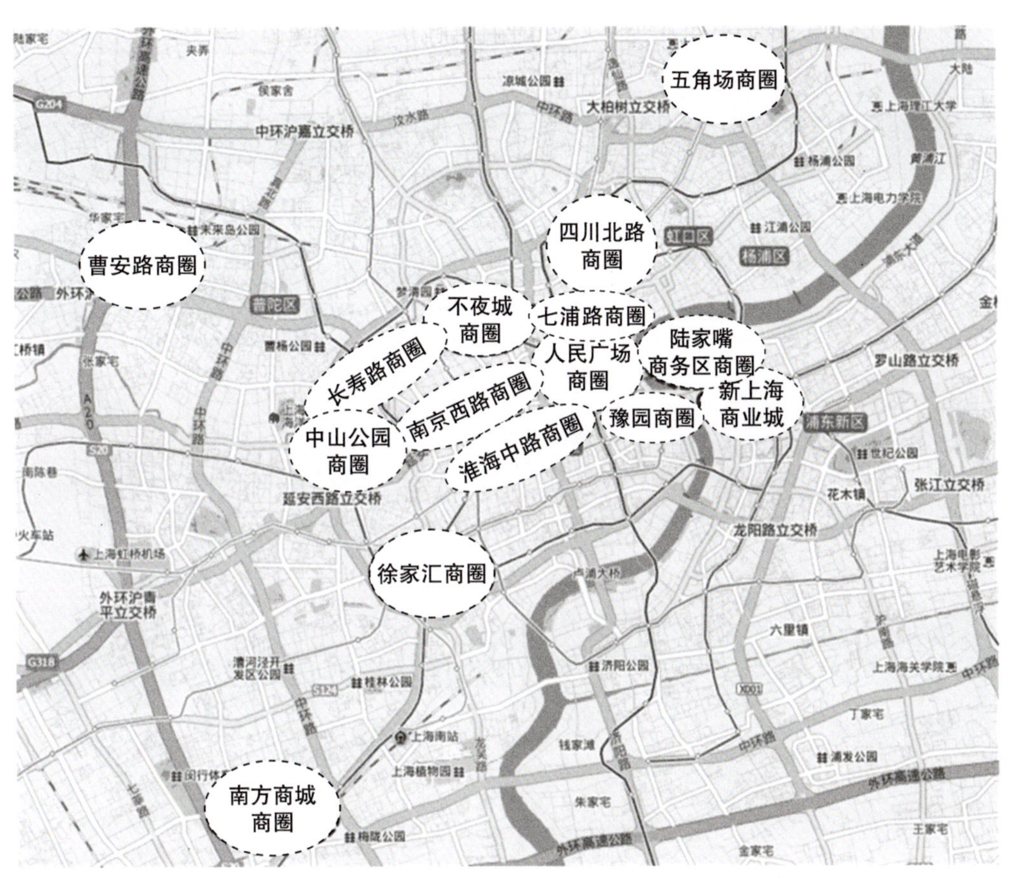

图6-132 2010年上海主要商圈分布

表6-60 上海主要商圈

序号	项目编号	商圈名称	商圈级别	区域属性	特征	主要零售物业
1	A	南京西路商圈	核心商圈	商务区	**档次**：高端 **目标客群**：白领、成功人士 **主要商业类型**：以购物中心、百货为主，办公配套为辅	久光·久百城市广场 上海金鹰国际购物广场 恒隆广场 中信泰富广场 梅龙镇伊势丹
2	B	徐家汇商圈	核心商圈	商业区	**档次**：中高端 **目标客群**：时尚人士、白领 **主要商业类型**：以购物中心、百货为主，专业商厦为辅	港汇广场 美罗城 东方商厦（徐汇店） 汇金百货（徐汇店） 太平洋百货（徐汇店） 永新坊 星游城 飞洲国际广场 上海六百
3	C	人民广场商圈	核心商圈	商业区	**档次**：中高端 **目标客群**：工薪阶层、白领 **主要商业类型**：以购物中心、百货为主，专业商厦为辅	来福士广场 新世界商厦 永安百货 宏伊国际广场 百联世茂购物中心 353广场 东方商厦（南京东路店） 上海置地广场 上海第一百货商店
4	D	豫园商圈	核心商圈	商业区	**档次**：中端 **目标客群**：工薪阶层、白领 **主要商业类型**：以百货为主，伴有购物中心和专业商厦	香港名都 豫城时尚 福佑门商厦
5	E	新上海商业城商圈	核心商圈	商业区	**档次**：中高端 **目标客群**：时尚人士、白领 **主要商业类型**：以百货为主，伴有购物中心和专业商厦	上海第一八佰伴 华润时代广场 新梅联合广场 中融国际商城
6	F	淮海中路商圈	核心商圈	综合区	**档次**：中高端 **目标客群**：时尚人士、白领、成功人士 **主要商业类型**：以百货为主，伴有购物中心和办公配套	百盛购物中心（淮海路店） 巴黎春天（淮海路店） 大上海时代广场 无限度广场 香港广场 太平洋百货（淮海路店） 东方商厦（淮海路店） 上海新天地 永新百货
7	G	陆家嘴商务区商圈	核心商圈	商务区	**档次**：中高端 **目标客群**：时尚人士、白领、成功人士 **主要商业类型**：以购物中心为主	正大广场 上海环球金融中心 上海国际金融中心IFC

（续表）

序号	项目编号	商圈名称	商圈级别	区域属性	特征	主要零售物业
8	H	七浦路商圈	次级商圈	商业区	**档次：**中低端 **目标客群：**工薪阶层、时尚人士 **主要商业类型：**以服装市场为主的特色商业	上海兴旺国际服装城 联富商业广场 七浦路服装批发市场
9	I	四川北路商圈	次级商圈	综合区	**档次：**中端 **目标客群：**工薪阶层、白领、时尚人士 **主要商业类型：**以购物中心和百货为主，办公配套和市场为辅	嘉杰国际广场 东宝百货 天兴百货 凯鸿广场
10	J	不夜城商圈	次级商圈	综合区	**档次：**中低端 **目标客群：**工薪阶层、白领 **主要商业类型：**百货、市场	太平洋百货（不夜城店） 名品商厦 不夜城商厦
11	K	南方商城商圈	次级商圈	住宅区	**档次：**中端 **目标客群：**工薪阶层、白领 **主要商业类型：**购物中心、办公配套	南方友谊商城 百联南方购物中心 梅陇镇新都会
12	L	五角场商圈	次级商圈	综合区	**档次：**中端 **目标客群：**工薪阶层、时尚人士、白领 **主要商业类型：**以购物中心为主	万达广场（五角场店） 百联又一城购物中心 大西洋百货
13	M	曹安路商圈	次级商圈	综合区	**档次：**中低端 **目标客群：**工薪阶层、白领 **主要商业类型：**以市场为主，购物中心为辅	嘉莲华国际购物广场
14	N	中山公园商圈	新兴商圈	住宅区	**档次：**中端 **目标客群：**工薪阶层、白领、时尚人士 **主要商业类型：**购物中心、市场	龙之梦购物中心 巴黎春天（中山公园店） 玫瑰坊
15	O	长寿路商圈	新兴商圈	住宅区	**档次：**中端 **目标客群：**工薪阶层、时尚人士、白领 **主要商业类型：**以购物中心和百货为主，专业商厦和办公配套为辅	悦达888广场 调频壹 亚新生活广场 芳汇广场 友谊商店

商圈1 南京西路商圈
上海市最重要的商业中心

① 商圈范围

南京西路商业街东起成都北路，西至延安西路，全长2930米。

图6-133 上海市南京西路商圈范围示意图

② 商圈价值

南京西路商圈为市级核心商圈，位于上海市静安区的南京西路上，处于商务区，且与轨道交通二号线的两个站点相连。南京西路是上海市最重要的商业中心。南京西路商圈中的恒隆广场、梅龙镇广场、中信泰富和金鹰国际广场撑起了南京西路的东段，而久光·久百、越洋广场等项目则使得南京西路的西段，即静安寺附近充满浓厚的商业氛围，同时商圈内还有许多沿街专卖商店，可满足多种消费形式。

目前，南京西路商圈为上海商业定位最高端的商圈，目标客群为成功人士和白领，以购物中心和专业商厦为主，所占比例分别为整个商圈的40.2%和41.2%，配有9.1%的特色商业街供人休闲娱乐，又因为处于上海顶级商务区之一，办公配套占比约9.5%。商圈整体定位较高，且为核心商圈，所以没有市场和社区配套的比例。

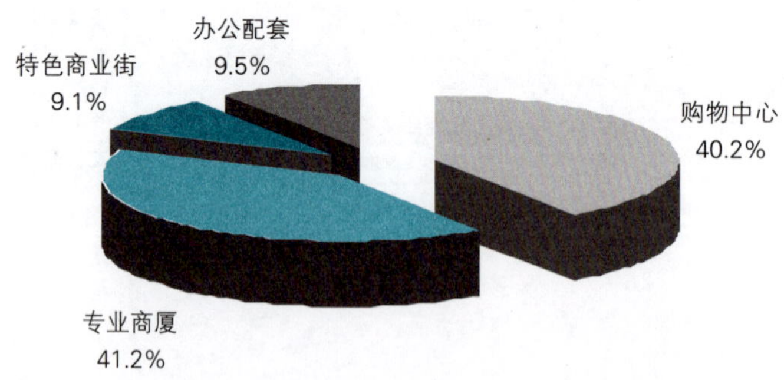

图6-134 2010年上海南京西路商圈大型商业形态比例

数据来源：克而瑞CRED商业地产数据库，http://cred.cric.com

表6-61 上海南京西路商圈主要商业项目

序号	项目编号	项目名称	建筑面积（平方米）	商业形态	开业时间	档次	经营情况	出租率
1	A1	久光·久百城市广场	91 613	百货	2004-09	中高端	优	95%
2	A2	上海金鹰国际购物广场	38 000	百货	2004-09	中高端	一般	99%
3	A3	恒隆广场	51 700	购物中心	2001-07	高端	优	95%
4	A4	中信泰富广场	34 500	购物中心	2001-01	中高端	良好	98%
5	A5	梅龙镇伊势丹	70 000	购物中心	2000-01	中高端	优	99%

数据来源：克而瑞CRED商业地产数据库，http://cred.cric.com

商圈2 徐家汇商圈
上海内环线西南角最重要的商业中心

① 商圈范围

徐家汇商圈位于上海西南部，坐落于地铁一号线徐家汇站上，东起肇嘉浜路、东安路，西南至宜山路、中山西路，北到广元路。周围漕溪北路立交桥、中山南路内环线高架一同构筑了现代立体交通框架，是西南区的重要交通枢纽。

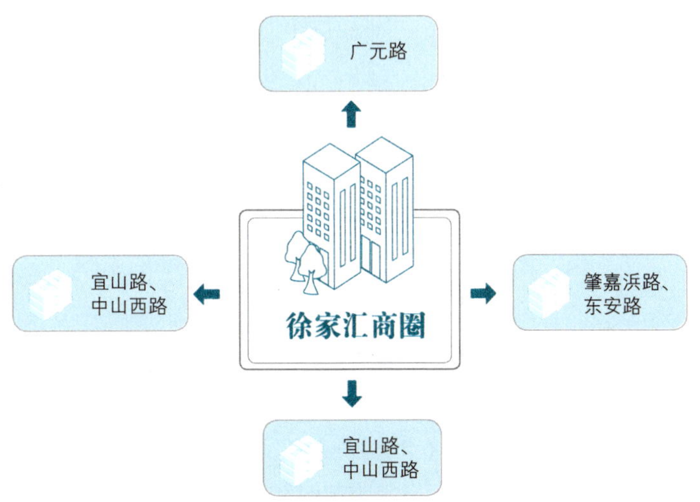

图6-135 上海市徐家汇商圈范围示意图

② 商圈价值

徐家汇商圈为市级核心商圈，目前该商圈已是上海内环线西南角最重要的商业中心，是集购物、休闲、餐饮、娱乐、商务办公等功能为一体的综合性现代商务区。商圈拥有大型购物中心、百货公司、专业市场、特色餐饮街等各种商业形态，可以满足不同消费者的需求。该商圈的定位属于中高端，消费人群仍以本市居民为主。

徐家汇商圈以购物中心和专业商厦为主，所占比例分别为整个商圈的29.6%和31.6%，以24.8%的专业市场为辅。由于徐家汇是个综合区域，故特色商业街、社区配套和办公配套分别为3.0%、6.9%和4.1%。

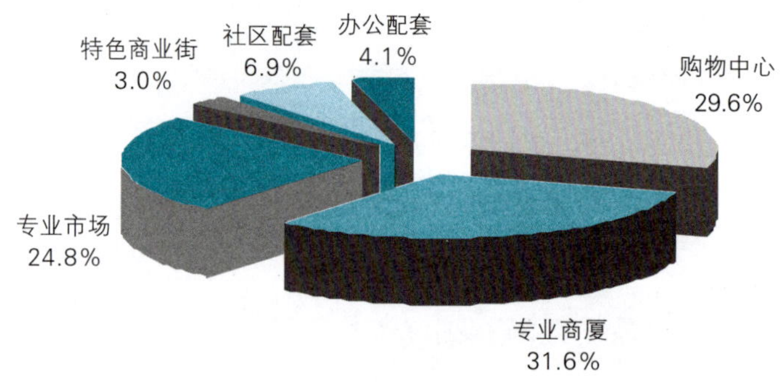

图6-136 2010年上海徐家汇商圈大型商业形态比例

数据来源：克而瑞CRED商业地产数据库，http://cred.cric.com

表6-62 上海徐家汇商圈主要商业项目

序号	项目编号	项目名称	建筑面积（平方米）	商业形态	开业时间	档次	经营情况	出租率
1	B1	港汇广场	130 000	购物中心	1999-12	中高端	优	98%
2	B2	美罗城	67 000	购物中心	2003-05	中端	优	99%
3	B3	汇金百货（徐汇店）	40 000	百货	1998-05	中端	优	98%
4	B4	太平洋百货（徐汇店）	39 600	百货	1993-01	中端	优	100%
5	B5	东方商厦（徐汇店）	32 000	百货	1997-01	中高端	良好	100%
6	B6	飞洲国际广场	24 947	百货	2005-06	中端	良好	95%
7	B7	上海六百	13 500	百货	1952-12	中低端	良好	100%
8	B8	永新坊	20 000	特色商业街	2007-10	中端	一般	85%
9	B9	星游城	46 408	社区配套	2007-05	中端	良好	88%

数据来源：克而瑞CRED商业地产数据库，http://cred.cric.com

商圈3 人民广场商圈
老字号商铺、大型百货商场林立

① 商圈范围

人民广场商圈东至河南中路，西至西藏中路，处在南京东路上。

图6-137 上海市人民广场商圈范围示意图

② 商圈价值

人民广场商圈为市级核心商圈，位于上海市黄浦区的商业区内。轨道交通一号、二号、八号、十号线交汇于此，区位优势明显，交通便利。老字号商铺、大型百货商场林立，轨道交通便捷，每天有数以百万计消费者被吸引于此。该商圈以中端消费为主，目标客群为工薪阶层、小白领和白领。

人民广场以购物中心和专业商厦为主，所占比例分别为整个商圈的21.7%和52.5%，由于定位为中端并且是旅游商圈，所以商业形态非常丰富。

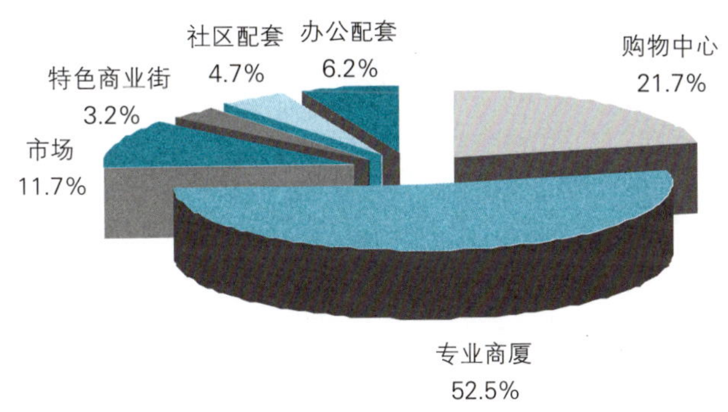

图6-138 2010年上海人民广场商圈大型商业形态比例

数据来源：克而瑞CRED商业地产数据库，http://cred.cric.com

表6-63 上海人民广场商圈主要商业项目

序号	项目编号	项目名称	建筑面积（平方米）	商业形态	开业时间	档次	经营情况	出租率
1	C1	来福士广场	45 985	购物中心	2003-12	中高端	优	100%
2	C2	新世界商厦	95 000	百货	1996-02	中端	良好	100%
3	C3	永安百货	32 000	百货	1918-09	中高端	优	100%
4	C4	宏伊国际广场	25 575	购物中心	2006-10	中高端	优	95%
5	C5	百联世茂国际广场	58 000	购物中心	2004-12	中端	良好	100%
6	C6	353广场	35 000	购物中心	2008-10	中端	良好	100%
7	C7	东方商厦（南京东路店）	35 000	百货	1997-09	中端	良好	100%
8	C8	上海置地广场	41 000	百货	1997-01	中端	优	100%
9	C9	上海第一百货商店	31 000	百货	1948-10	中端	优	100%

数据来源：克而瑞CRED商业地产数据库，http://cred.cric.com

商圈4 豫园商圈
以特色餐饮小吃和小商品批发零售为主

① 商圈范围

豫园商圈东起安仁路，西到河南南路，南至方浜中路，北至人民路。

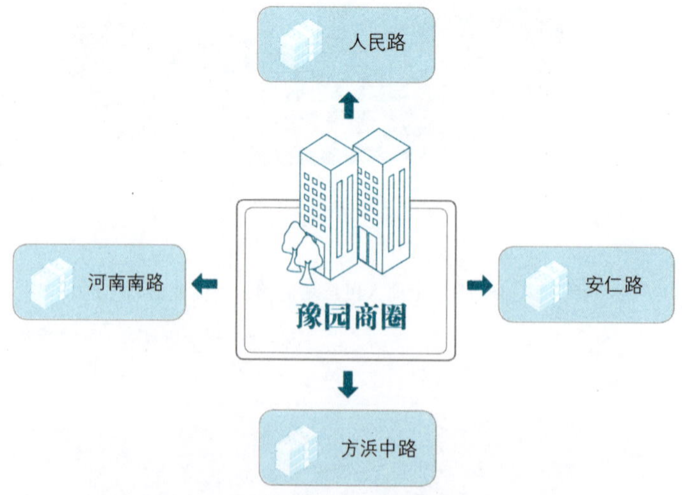

图6-139 上海市豫园商圈范围示意图

② 商圈价值

豫园商圈为超地区级核心商圈，位于上海市黄浦区商业区。商圈邻近轨道交通一号线，有十号线经过，沿着人民路有多条公交线路，交通便利。该商圈以特色餐饮小吃和小商品批发零售为主，主力消费群为来上海旅游的游客，消费档次属中端。

豫园商圈以专业商厦为主，所占比例为整个商圈的31.4%。由于豫园商圈定位为中端并且是旅游性商圈，所以商业形态非常丰富。

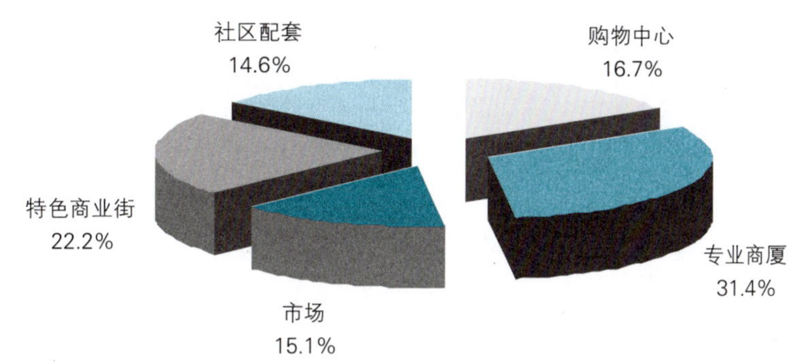

图6-140 2010年上海豫园商圈大型商业形态比例

数据来源：克而瑞CRED商业地产数据库，http://cred.cric.com

表6-64 上海豫园商圈主要商业项目

序号	项目编号	项目名称	建筑面积（平方米）	商业形态	开业时间	档次	经营情况	出租率
1	D1	香港名都	40 000	购物中心	2010-10	中端	一般	90%
2	D2	豫城时尚	36 000	购物中心	2010-08	中端	优	98%
3	D3	福佑门商厦	30 000	市场	2002-09	中低端	优	97%

数据来源：克而瑞CRED商业地产数据库，http://cred.cric.com

商圈5 新上海商业城 享有独一无二的交通优势

① 商圈范围

新上海商业城东起东方路，西到浦东南路，南至潍坊路，北到商城路。

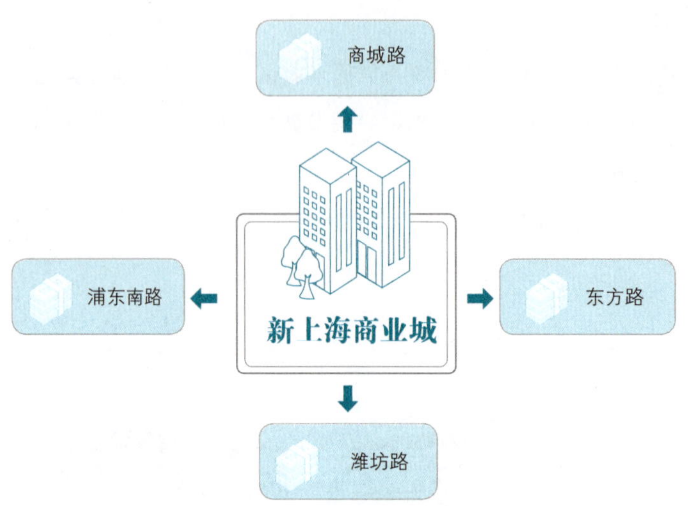

图6-141 上海市新上海商业城范围示意图

② 商圈价值

新上海商业城为市级核心商圈，位于上海市浦东新区商业区。二号、四号、六号和九号四条轨道交通汇聚于此，带来独一无二的交通优势。该商圈的中心是600米长的内环步行街——新大陆广场，该项目周边为17幢错落有致、风格各异的高层商厦。步行街与各大楼底层相通，楼层间又有天桥、廊道相连，形成室内城市空间。该商圈定位为中高端消费层次，以浦东居民为主要消费群体。

新上海商城以专业商厦为主，占比54.5%，购物中心和特色商业街为辅，分别占比14.9%和15.8%，由于整个商圈靠近陆家嘴商务区，所以伴有9.7%的办公配套和5.1%的专业市场。

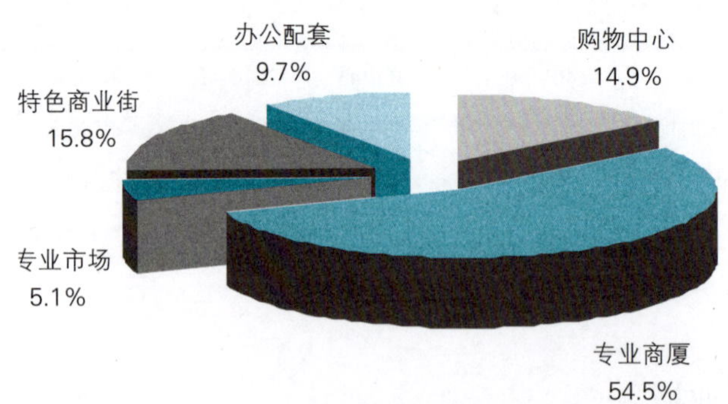

图6-142 2010年上海新上海商业城大型商业形态比例

数据来源：克而瑞CRED商业地产数据库，http://cred.cric.com

表6-65 上海新上海商业城主要商业项目

序号	项目编号	项目名称	建筑面积（平方米）	商业形态	开业时间	档次	经营情况	出租率
1	E1	上海第一八佰伴	144 700	百货	1995-12	中高端	优	99%
2	E2	华润时代广场	51 000	购物中心	1997-01	高端	优	95%
3	E3	新梅联合广场	23 980	购物中心	2006-08	中高端	优	90%
4	E4	中融国际商城	65 924	百货	2004-04	中端	一般	85%

数据来源：克而瑞CRED商业地产数据库，http://cred.cric.com

商圈6 淮海中路商圈 以上海本地居民消费群为主

① 商圈范围

淮海中路商圈东起西藏中路，西到常熟路，处在淮海中路上。

图6-143 上海市淮海中路商圈范围示意图

② 商圈价值

淮海中路商圈为市级核心商圈，位于上海市卢湾区。轨道交通一号线沿着淮海中路有四个站点，区位优势明显，交通便利。该商圈是包含有高级商务圈和高端商业圈的综合区域，同时周边有丰富的人文景观。商圈辐射上海全市，定位中高端，以上海本地居民消费群为主。

淮海中路商圈以专业商厦为主，占比29.7%，由于处于综合区，商业、商务、住宅、旅游都较为集中，故以购物中心、特色商业街、办公配套为辅，分别占比24.4%、15.1%和28.0%。

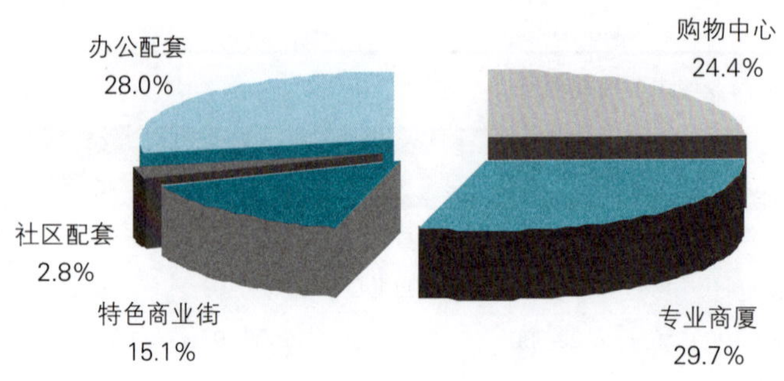

图6-144 2010年上海淮海中路商圈大型商业形态比例

数据来源：克而瑞CRED商业地产数据库，http://cred.cric.com

表6-66 上海淮海中路商圈主要商业项目

序号	项目编号	项目名称	建筑面积（平方米）	商业形态	开业时间	档次	经营情况	出租率
1	F1	百盛购物中心（淮海路店）	24 000	百货	2000-05	中高端	优	100%
2	F2	巴黎春天（淮海路店）	14 000	百货	2000-05	中高端	优	100%
3	F3	大上海时代广场	20 000	购物中心	2000-06	高端	一般	85%
4	F4	无限度广场	14 000	购物中心	2007-10	中端	一般	70%
5	F5	香港广场	52 000	购物中心	1998-05	中高端	良好	85%
6	F6	太平洋百货（淮海路店）	30 000	百货	1997-09	中端	良好	99%
7	F7	东方商厦（淮海路店）	17 500	百货	2009-01	中高端	良好	100%
8	F8	上海新天地	60 000	特色商业街	2001-06	中高端	良好	95%
9	F9	永新百货	17 000	百货	1997-05	中端	良好	98%

数据来源：克而瑞CRED商业地产数据库，http://cred.cric.com

商圈7 陆家嘴商务区商圈 中高端商务区

① 商圈范围

陆家嘴商务区商圈东起浦东南路，西、北方向到滨江大道，南至东昌路。

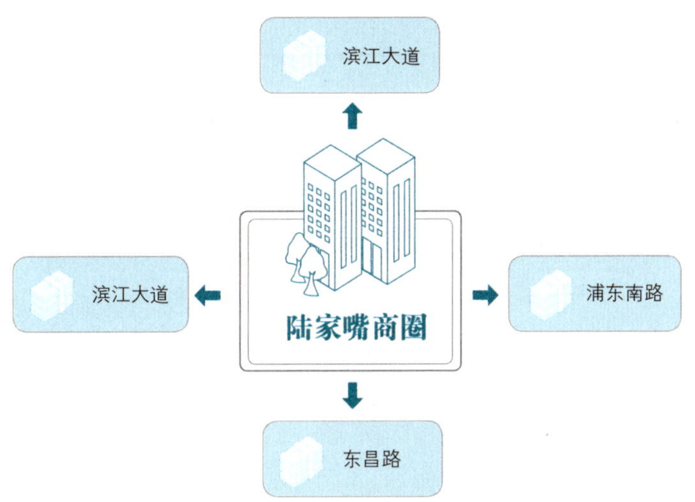

图6-145 上海市陆家嘴商圈范围示意图

② 商圈价值

陆家嘴商务区商圈为超地区商圈，位于上海市浦东新区。二号、四号和九号轨道交通线通过陆家嘴，交通便利。该商圈以金融贸易为基础，旅游、商务、娱乐功能同步发展，主力消费群为游客、陆家嘴地区的白领以及浦东居民。商圈定位为中高端。

陆家嘴商务区商圈坐落有三家购物中心，定位各自不同，总占比100.0%，符合超级商务区的定位，不管是谁都能在这里进行消费。

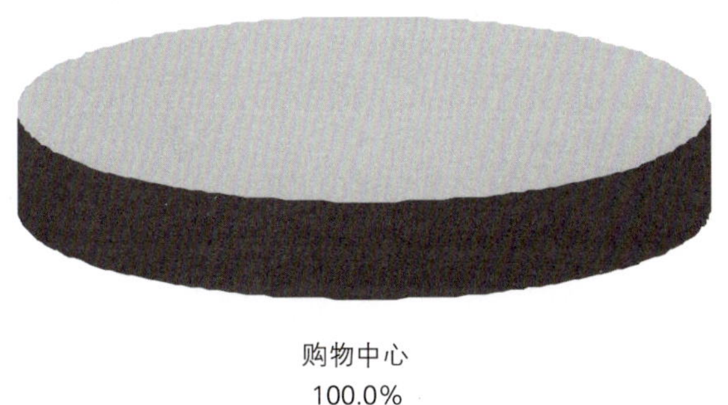

图6-146 2010年上海陆家嘴商务区商圈大型商业形态比例

数据来源：克而瑞CRED商业地产数据库，http://cred.cric.com

表6-67 上海淮海中路商圈主要商业项目

序号	项目编号	项目名称	建筑面积（平方米）	商业形态	开业时间	档次	经营情况	出租率
1	G1	正大广场	247 425	购物中心	2002-10	中高端	良好	97%
2	G2	上海环球金融中心	18 500	购物中心	2008-08	高端	良好	94%
3	G3	上海国际金融中心IFC	100 000	购物中心	2010-10	高端	良好	85%

数据来源：克而瑞CRED商业地产数据库，http://cred.cric.com

商圈8 七浦路商圈 以服装批发和特色小店为主

① 商圈范围

七浦路商圈东起江西北路，西到浙江北路，南至曲阜路，北到海宁路。

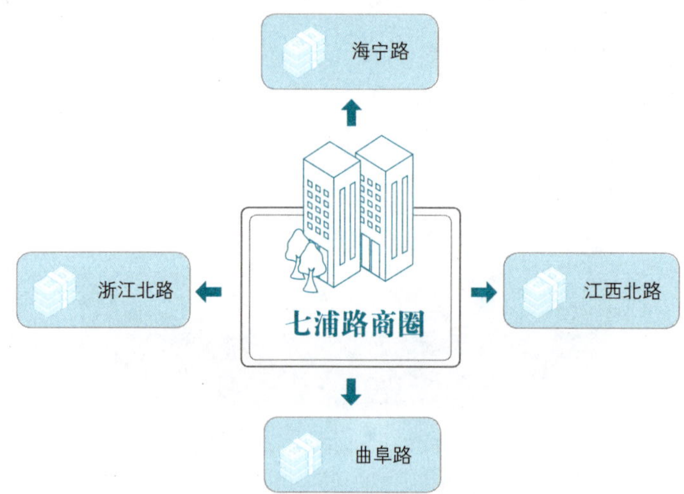

图6-147 上海市七浦路商圈范围示意图

② 商圈价值

七浦路商圈为区域级商圈，位于上海市闸北区，有轨道交通十号线通过。该商圈以服装批发和特色小店为主，吸引了大批的消费人群和采购者来到这里。该商圈的定位为中低端，目标客群为工薪阶层和时尚人士。

七浦路商圈是以服装市场为主的特色商圈，故市场所占比例为整个商圈的100.0%。

图6-148 2010年上海七浦路商圈大型商业形态比例

数据来源：克而瑞CRED商业地产数据库，http://cred.cric.com

表6-68 上海七浦路商圈主要商业项目

序号	项目编号	项目名称	建筑面积（平方米）	商业形态	开业时间	档次	经营情况	出租率
1	H1	上海兴旺国际服饰城	40 000	市场	2004-11	低端	优	96%
2	H2	联富商业广场	50 733	市场	2006-05	低端	良好	98%
3	H3	七浦路服装批发市场	79 402	市场	2006-01	低端	良好	80%

数据来源：克而瑞CRED商业地产数据库，http://cred.cric.com

商圈9 四川北路商圈 以百货和购物中心为主

① 商圈范围

四川北路商圈南起武进路，北接大连西路，处于四川北路上。

图6-149 上海市四川北路商圈范围示意图

② 商圈价值

四川北路商圈为次级商圈，位于上海市虹口区。该商圈靠近轨道交通三号线，交通便利。消费对象以周边及临近区域居民为主，属于中端的消费层次。

四川北路商圈以专业商厦和购物中心为主，分别占比38.8%和22.5%，由于地处综合区，伴随有31.0%的市场和7.7%的办公配套。

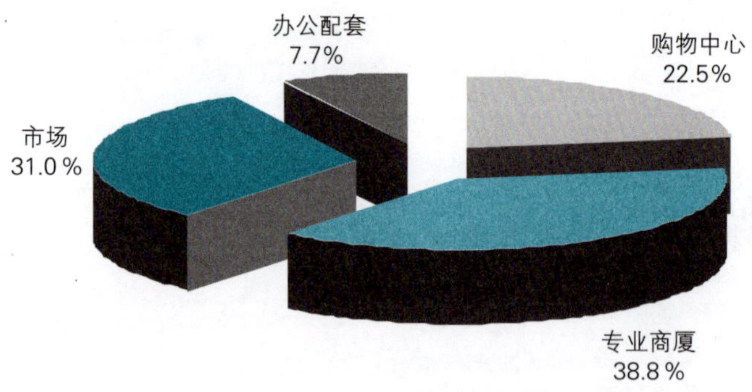

图6-150 2010年上海四川北路商圈大型商业形态比例

数据来源：克而瑞CRED商业地产数据库，http://cred.cric.com

表6-69　上海四川北路商圈主要商业项目

序号	项目编号	项目名称	建筑面积（平方米）	商业形态	开业时间	档次	经营情况	出租率
1	I1	嘉杰国际广场	32 227	购物中心	2009-11	中端	良好	94%
2	I2	东宝百货	13 000	百货	1997-02	中端	一般	100%
3	I3	天兴百货	15 000	百货	1999-10	中低端	一般	100%
4	I4	凯鸿广场	26 000	购物中心	2007-02	中端	良好	90%

数据来源：克而瑞CRED商业地产数据库，http://cred.cric.com

商圈10　不夜城商圈
商圈定位为中低消费层次

① 商圈范围

不夜城商圈以上海火车站为中心，东自大统路和南北高架，西南两侧都为苏州河，北至中兴路。

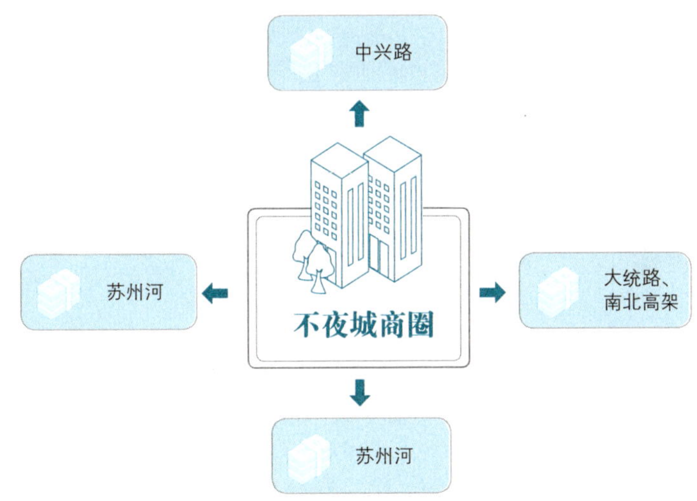

图6-151　上海市不夜城商圈范围示意图

② 商圈价值

不夜城商圈为次级商圈，位于上海市闸北区。一号、三号、四号线汇聚于此，该商圈以上海站的客流为基础，发展成为了一个拥有数十幢现代化商业设施，并且集商业、贸易、金融、信息、旅游、办公和居住为一体的综合性商圈。该商圈现在是上海北部地区一个重要的区域级商业中心，拥有通讯市场和婚纱市场等专业批发市场。该商圈定位为中低端消费层次，目标客群为工薪阶层和小白领。

不夜城商圈的定位不高，整个商圈内只有百货和市场，分别占比39.9%和60.1%，但相对购物中心而言，百货和市场的针对性更强，特色更鲜明。

图6-152 2010年上海不夜城商圈大型商业形态比例

数据来源：克而瑞CRED商业地产数据库，http://cred.cric.com

表6-70 上海不夜城商圈主要商业项目

序号	项目编号	项目名称	建筑面积（平方米）	商业形态	开业时间	档次	经营情况	出租率
1	J1	太平洋百货（不夜城店）	41 667	百货	2003-09	中端	良好	100%
2	J2	名品商厦	20 000	市场	1993-01	中低端	差	10%
3	J3	不夜城商厦	16 200	市场	1995-01	中低端	优	100%

数据来源：克而瑞CRED商业地产数据库，http://cred.cric.com

商圈11 南方商城商圈 区域级商圈

① 商圈范围

南方商城商圈东自莲花路，西接陇西水泥厂西侧，北至古美西路，南到沪闵高架路。

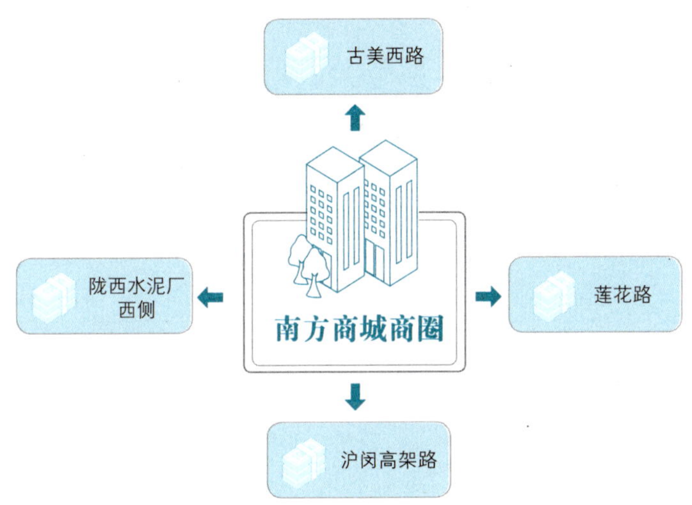

图6-153 上海市南方商城商圈范围示意图

② 商圈价值

南方商城商圈为区域级商圈，位于上海市闵行区。轨道交通一号线的莲花路站紧靠该商圈。友谊商城和百联南方购物中心是该商圈的核心。该商圈的定位为中端，目标客群为周边居民、白领和小白领。

整个南方商城商圈内只有购物中心和办公配套，分别占比78.9%和21.1%，符合其位于住宅区和小型商务区的消费需求。

图6-154 2010年上海南方商城商圈大型商业形态比例

数据来源：克而瑞CRED商业地产数据库，http://cred.cric.com

表6-71 上海南方商城商圈主要商业项目

序号	项目编号	项目名称	建筑面积（平方米）	商业形态	开业时间	档次	经营情况	出租率
1	K1	南方友谊商城	52 364	购物中心	2008-05	中端	良好	95%
2	K2	百联南方购物中心	68 000	购物中心	1998-05	中低端	良好	90%
3	K3	梅陇镇新都会	89 000	购物中心	2006-04	中端	一般	90%

数据来源：克而瑞CRED商业地产数据库，http://cred.cric.com

商圈12 五角场商圈 以购物中心为主

① 商圈范围

五角场商圈东起国和路，西南两侧至国定路，北到政通路。

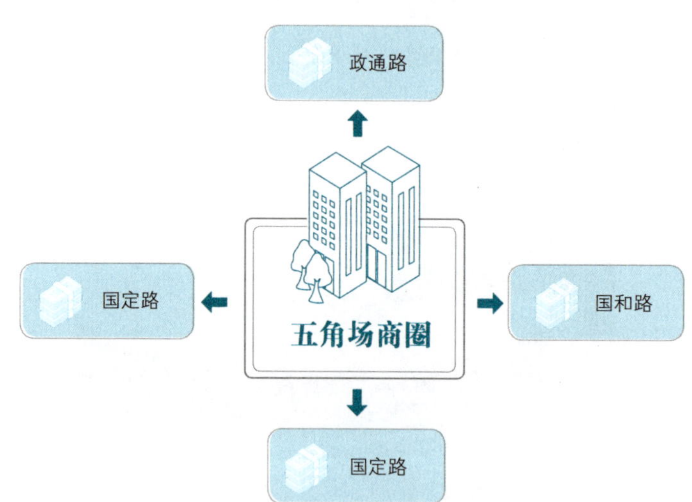

图6-155 上海市五角场商圈范围示意图

② 商圈价值

五角场商圈为次级商圈，位于上海市杨浦区。轨道交通十号线通过这里。五角场的“三大主角”进行了错位式的定位——万达商业广场打造全方位生活、休闲、娱乐“一站式购物”的商业形态；百联又一城以年轻、文化、时尚的高端品牌为主；面积达到三万平方米的东方商厦则以成熟、经典的高端百货品牌为主。该商圈的定位中端，目标客群为时尚人士、白领和小白领，辐射上海东北区域。

五角场商圈位于综合区内，以购物中心为主，占比62.6%，其次配有专业商厦、社区配套和办公配套，分别占比8.1%、16.7%和12.6%。

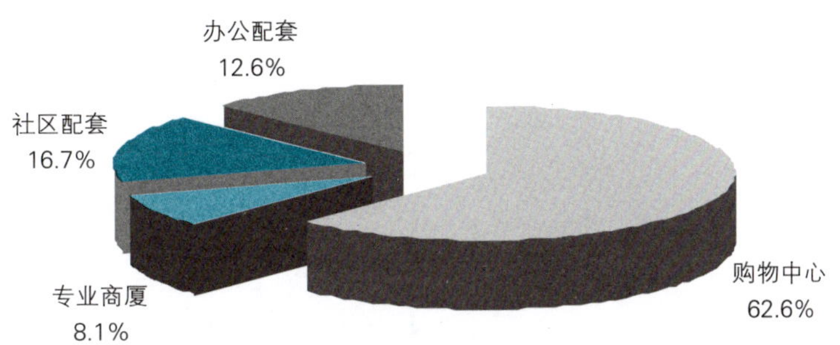

图6-156 2010年上海五角场商圈大型商业形态比例

数据来源：克而瑞CRED商业地产数据库，http://cred.cric.com

表6-72 上海五角场商圈主要商业项目

序号	项目编号	项目名称	建筑面积（平方米）	商业形态	开业时间	档次	经营情况	出租率
1	L1	万达广场（五角场店）	260 000	购物中心	2006-12	中端	优	96%
2	L2	百联又一城购物中心	126 000	购物中心	2007-01	中端	良好	97%
3	L3	大西洋百货	19 733	百货	2002-02	中低端	一般	100%

数据来源：克而瑞CRED商业地产数据库，http://cred.cric.com

商圈13 曹安路商圈 目标客群为周边居民

① 商圈范围

曹安路商圈东起祁连山南路，西至华江支路，南北两侧到曹安路。

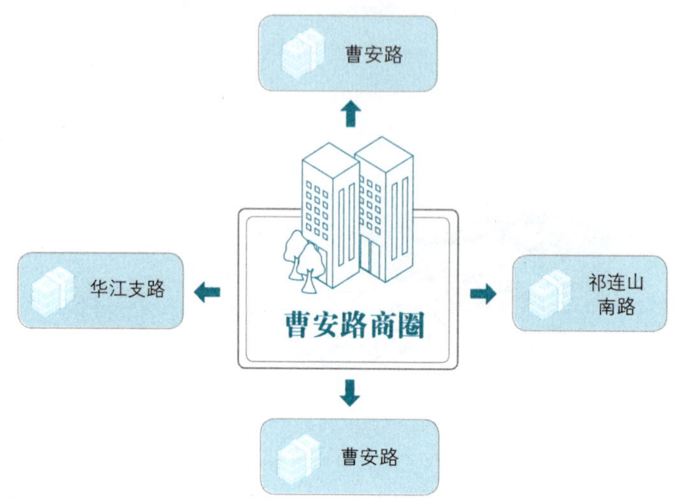

图6-157 上海市曹安路商圈范围示意图

② 商圈价值

曹安路商圈为区域级商圈，位于上海市嘉定区。该商圈靠近外环线和沪宁高速公路，交通便利。该商圈有嘉莲华国际商业广场及各类批发市场等商业项目，定位为中低端，目标客群为周边居民。

曹安路商圈以市场为主，占比85.2%，占有绝对优势，其次配有购物中心和社区配套，分别占比6.3%和8.5%。

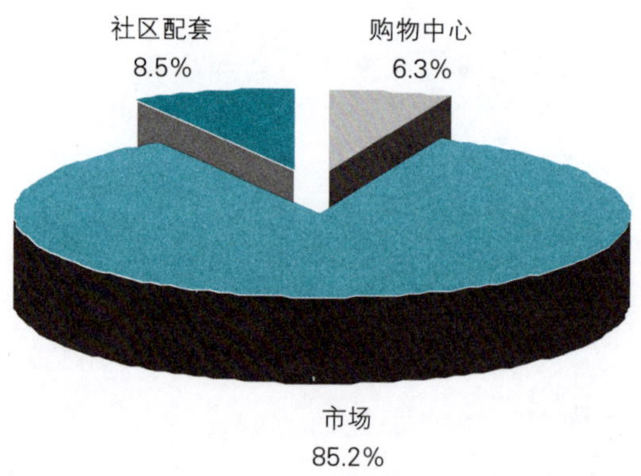

图6-158 2010年上海曹安路商圈大型商业形态比例

数据来源：克而瑞CRED商业地产数据库，http://cred.cric.com

表6-73 上海曹安路商圈主要商业项目

序号	项目编号	项目名称	建筑面积（平方米）	商业形态	开业时间	档次	经营情况	出租率
1	M1	嘉莲华国际商业广场	40 000	购物中心	2007-08	中低端	良好	85%

数据来源：克而瑞CRED商业地产数据库，http://cred.cric.com

商圈14 中山公园商圈 购物中心占绝对优势

① 商圈范围

中山公园商圈东起华阳路、安西路，西至中山西路，南到安化路，北至万航渡路。

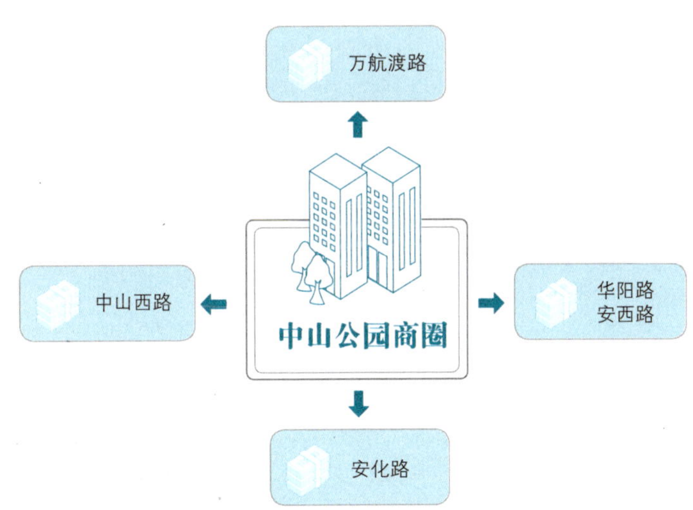

图6-159 上海市中山公园商圈范围示意图

② 商圈价值

中山公园商圈为区域级商圈，位于上海市长宁区的住宅区。二号、三号、四号线通过该商圈，交通优势明显。龙之梦是该商圈最核心的Shopping Mall商业项目，该商圈的定位为中端。

中山公园商圈以龙之梦为核心，所以购物中心占比84.0%，占有绝对优势，其次配有市场和社区配套，各自占比7.6%和8.4%。

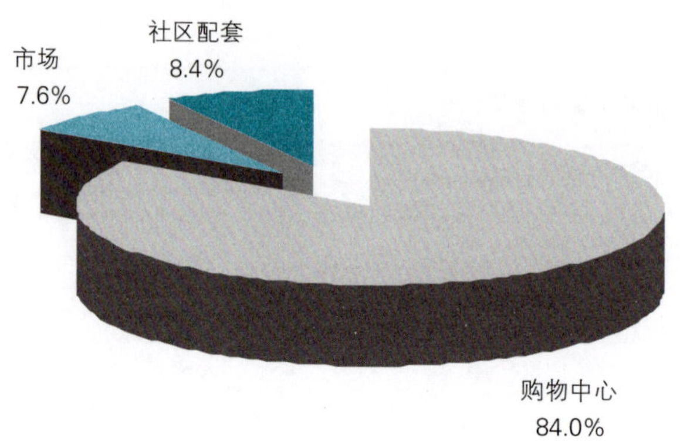

图6-160 2010年上海中山公园商圈大型商业形态比例

数据来源：克而瑞CRED商业地产数据库，http://cred.cric.com

表6-74 上海中山公园商圈主要商业项目

序号	项目编号	项目名称	建筑面积（平方米）	商业形态	开业时间	档次	经营情况	出租率
1	N1	龙之梦购物中心	200 000	购物中心	2006-06	中端	优	100%
2	N2	巴黎春天（中山公园店）	20 000	百货	2002-01	中端	优	100%
3	N3	玫瑰坊	18 000	市场	2006-06	中端	良好	95%

数据来源：克而瑞CRED商业地产数据库，http://cred.cric.com

商圈15 长寿路商圈 具有大量中高消费层次的人群

① 商圈范围

长寿路商圈东自苏州河，西至万航渡路，地处长寿路上。

图6-161 上海市长寿路商圈范围示意图

② 商圈价值

长寿路商圈为区域级商圈，位于上海市普陀区。轨道交通七号线通过这里。该商圈周围有大量的办公楼存在，可以为这个商圈带来大量中高端消费层次的人群。

长寿路商圈以购物中心为主，占比41.7%，以26.8%的专业商厦为辅。其次为办公商务人群配了16.6%的社区配套和6.6%的办公配套，并设有8.3%的特色商业街供休闲娱乐之用。

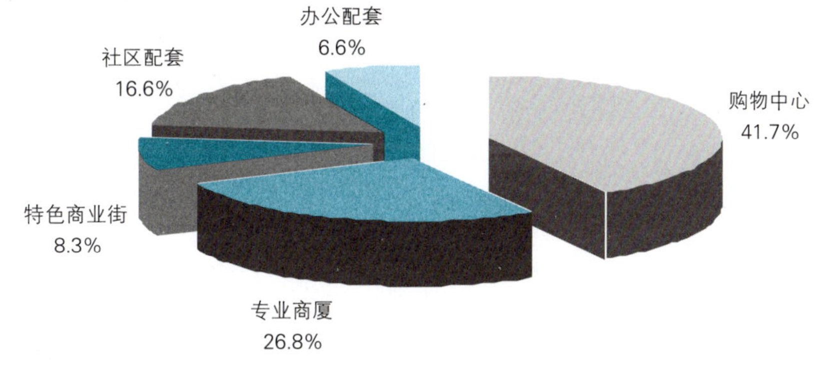

图6-162 2010年上海长寿路商圈大型商业形态比例

数据来源：克而瑞CRED商业地产数据库，http://cred.cric.com

表6-75 上海长寿路商圈主要商业项目

序号	项目编号	项目名称	建筑面积（平方米）	商业形态	开业时间	档次	经营情况	出租率
1	O1	悦达889广场	46 937	购物中心	2010-05	中高端	良好	93%
2	O2	调频壹	44 000	购物中心	2009-05	中端	良好	90%
3	O3	亚新生活广场	50 000	百货	1996-12	中端	良好	100%
4	O4	芳汇广场	35 572	购物中心	2006-09	中低端	一般	67%
5	O5	友谊商店	31 000	百货	2006-09	中端	一般	100%

数据来源：克而瑞CRED商业地产数据库，http://cred.cric.com

4 上海整体租金水平

（1）购物中心首层租金水平

上海主要商圈购物中心的首层租金水平有如下三个规律：

第一，市中心区域内的商圈租金水平最高，越往周边地区越低；

第二，以核心商圈租金水平为最高，依次按新兴商圈、次级商圈的顺序降低，由此可见，新兴商圈的发展速度极快，发展潜力较大；

第三，同一商圈内，越高端的项目，租金水平越高。

表6-76 上海主要商圈购物中心租金

序号	项目编号	项目名称	所属商圈	首层租金［元/（米^2·天）］
1	A3	恒隆广场	南京西路商圈	70～80
2	A4	中信泰富广场	南京西路商圈	70～80
3	A5	梅龙镇伊势丹	南京西路商圈	30～45
4	B1	港汇广场	徐家汇商圈	28～40
5	B2	美罗城	徐家汇商圈	28～40
6	C1	来福士广场	人民广场商圈	40～50
7	C4	宏伊国际广场	人民广场商圈	50～60
8	C5	百联世茂国际广场	人民广场商圈	53～56
9	C6	353广场	人民广场商圈	44～54
10	D1	香港名都	豫园商圈	18～20
11	E2	华润时代广场	新上海商业城	29～30
12	E3	新梅联合广场	新上海商业城	25～27
13	F5	香港广场	淮海中路商圈	25～32
14	G1	正大广场	陆家嘴商务区商圈	24～30
15	G2	上海环球金融中心	陆家嘴商务区商圈	25～28
16	I4	凯鸿广场	四川北路商圈	22～23.5
17	K1	南方友谊商城	南方商城商圈	18～23
18	K2	百联南方购物中心	南方商城商圈	18～23
19	L1	万达广场（五角场店）	五角场商圈	25～40
20	L2	百联又一城购物中心	五角场商圈	20～40
21	N1	龙之梦购物中心	中山公园	42～45
22	O1	悦达889广场	长寿路商圈	22～25
23	O2	调频壹	长寿路商圈	16～18
24	O4	芳汇广场	长寿路商圈	9～11

数据来源：克而瑞CRED商业地产数据库，http://cred.cric.com

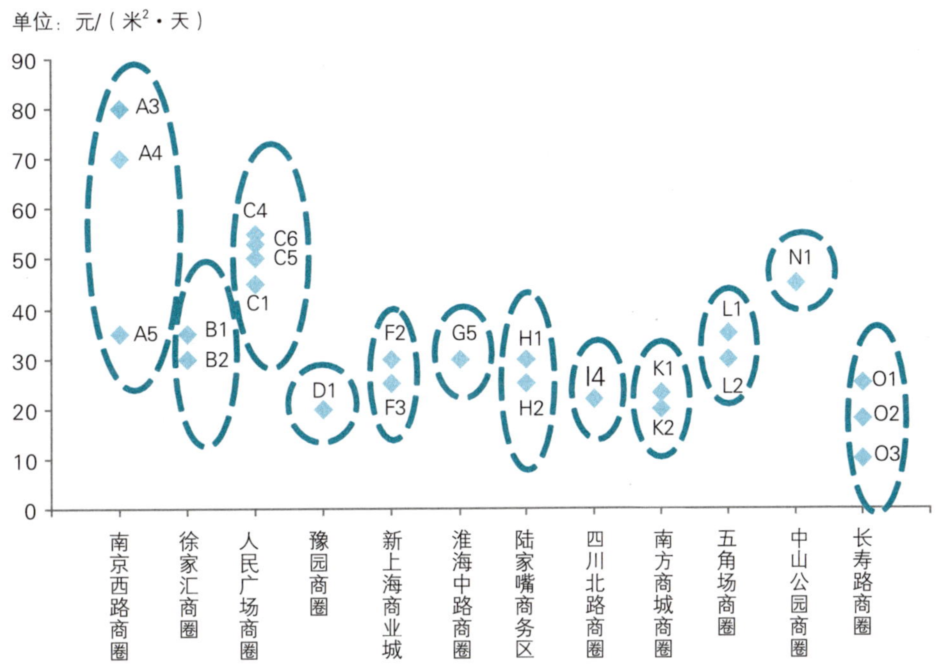

图6-163 2010年上海主要购物中心租金水平分布

数据来源：克而瑞CRED商业地产数据库，http://cred.cric.com

（2）百货租金水平

上海主要商圈百货租金水平按照商圈性质进行区分。核心商圈的首层租金水平扣点较高，处于20%～30%之间；次级商圈和新兴商圈的首层扣点在20%左右，相同商圈的百货扣点基本相同。

表6-77 上海主要百货租金

序号	项目名称	所属商圈	首层租金
1	久光·久百城市广场	南京西路商圈	20%～35%（扣点）
2	东方商厦（徐汇店）	徐家汇商圈	20%～26%（扣点）
3	新世界商厦	人民广场商圈	20%～30%（扣点）
4	上海第一八佰伴	新上海商业城	25%～30%（扣点）
5	太平洋百货（淮海路店）	淮海中路商圈	20～22元/（米²·天）； 25%～30%（扣点）
6	亚新生活广场	长寿路商圈	20%～25%（扣点）

数据来源：克而瑞CRED商业地产数据库，http://cred.cric.com

（3）其他商业类型租金水平

其他类型租金水平由高到低分别为市场、特色商业街、社区配套和办公配套，它们的首层租金范围分别是20～30元/（米^2·天）、15～25元/（米^2·天）、10～15元/（米^2·天）和5～15元/（米^2·天）。

表6-78 上海其他商业类型租金

序号	项目名称	商业形态	所属商圈	首层租金［元/（米^2·天）］
1	欧沪国际商业广场	市场	曹安路商圈	20%（扣点）
2	凯旋城服装批发市场	市场	七浦路商圈	15～28
3	百脑汇（二期）	市场	徐家汇商圈	15～35
4	玫瑰坊	市场	中山公园商圈	15～18
5	海正数码广场	市场	四川北路	3～6
6	太平洋数码广场三期	市场	新上海商业城	25～40
7	时代城隍	市场	豫园商城	20～24
8	上海照材婚纱城	市场	不夜城商圈	10～15
9	上海第一食品商店（南京东路店）	市场	人民广场商圈	24～40
10	吴江路休闲步行街	特色商业街	南京西路商圈	25～39
11	陆家嘴1885商业广场	特色商业街	新上海商业城	15～20
12	永新坊	特色商业街	徐家汇商圈	19～27
13	久良财富休闲广场	特色商业街	长寿路商圈	6～8
14	上海新天地	特色商业街	淮海中路商圈	30～50
15	香港名店街	特色商业街	人民广场商圈	10～50
16	豫园商城	特色商业街	豫园商圈	40～45
17	沙田半岛休闲广场	社区配套	长寿路商圈	9～12
18	贝多芬广场	社区配套	中山公园商圈	10～15
19	金储休闲广场	社区配套	五角场商圈	4～6
20	星游城	社区配套	徐家汇商圈	15～22
21	上海兆地生活广场	社区配套	曹安路商圈	3.5～4
22	中福城	社区配套	人民广场商圈	20～25
23	金钟广场	办公配套	淮海中路商圈	7～10
24	南证大厦	办公配套	南京西路商圈	17～30
25	港泰大厦	办公配套	人民广场商圈	12～15
26	智慧广场	办公配套	长寿路商圈	6～8
27	盛邦国际大厦	办公配套	四川北路商圈	5～6
28	徐汇商务大厦	办公配套	徐家汇商圈	3～7
29	东上海乐活广场	办公配套	五角场商圈	13～16
30	上海湾（鄂尔多斯国际大厦）	办公配套	新上海商业城	35

数据来源：克而瑞CRED商业地产数据库，http://cred.cric.com

上海主要商场坪效

分析上海主要商场坪效，发现寸土寸金的市中心百货类商场的坪效最高，越向周边的商圈，商业坪效越低；其次，越高端的商圈，其中的商业坪效越高；再次，同一栋物业内的百货商业坪效较整个购物中心的整体坪效更高，这与商业的密集程度有关。

表6-79 上海主要商场坪效

序号	项目名称	所属商圈	2007年		2008年		2009年	
			营业额（亿元）	坪效（元/米^2）	营业额（亿元）	坪效（元/米^2）	营业额（亿元）	坪效（元/米^2）
1	上海第一八佰伴	新上海商业城	29.7	20 525	32	22 114	34	23 497
2	新世界商厦	人民广场商圈	21.5	22 632	23.5	24 737	26.5	27 589
3	东方商厦（徐汇店）	徐家汇商圈	14	43 750	15.1	47 188	15.3	47 813
4	太平洋百货（徐汇店）	徐家汇商圈	9.7	24 495	7.6	19 192	8.9	22 475
5	汇金百货（徐汇店）	徐家汇商圈	9.4	23 500	9.6	24 000	10	25 000
6	永安百货	人民广场商圈	6.8	21 250	7.0	21 875	7.0	21 875
7	太平洋百货（不夜城店）	不夜城商圈	4.3	10 320	4.0	9600	3.9	9360
8	东宝百货	四川北路商圈	1.5	11 538	1.7	13 077	1.5	11 538

数据来源：克而瑞CRED商业地产数据库，http://cred.cric.com.

上海未来商业供应及发展趋势预测

上海的商圈分布已经基本成型，从核心商圈往外扩散至次级商圈和新兴商圈，商圈与商圈之间的差异性也较为明显，且将目标客群错开。但是，各商圈的主题并不明显，服务品质也各有千秋，未来商圈预计将会在此做文章。

例如，陆家嘴商务区商圈和南京西路商圈都定位为高端商圈，目标客群为成功人士，但是一个在浦东一个在浦西，针对的客群就已区分开。然而，越高端的商圈越小众，目标客群的消费力就越大。因此，将商圈内的品牌做好、将主题做鲜明、优胜劣汰、抓住商圈制高点是保持住商圈高端形象和生命力的关键。

位于市区内商务区的商圈，都有强大的商务人士的消费基础，这样的商圈要稳定大量商务人士客群，势必要加大餐饮的比例，以及满足商务需求、商务宴会等服务配置。

世博会之后，上海作为旅游城市，旅游商业的步伐也会加快跟上。例如，淮海中路商圈的新天地、南京西路商圈的静安寺、长寿路商圈的玉佛寺等，特别是商圈内的特色商业街，将旅游特色做鲜明，并有一部分针对游客的服务配置，也会成为商圈制胜的关键。

2007年，百联集团下的百联南方购物中心和百联西郊购物中心的成功转型，验证了购物中心是郊区商业发展重要内容的观点，使得上海的商业分布由以市区为中心的高度集聚型开始向周边郊区分散。郊区人口的导入和新城镇的建设，推动了郊区商业的发展，郊区型购物中心的数量和体量呈现持续增速发展的良好态势。

总体来看，商业往城市外围区域发展的趋势还在继续，并且体量较大；市中心商业用地的质量越来越高，土地极为稀缺。预计，经过了商业高度集聚型、分散型的两个阶段后，上海整体商业存量供应分布将会趋向分散聚集型，即商业在上海的城郊出现不同情况的聚集，成为新兴商圈后，向区域型或社区型商圈发展。

表6-80 上海未来主要商业项目供应

序号	项目名称	所属商圈	建筑面积（平方米）	商业形态	开业时间	商业初步定位
1	越洋国际广场	南京西路商圈	40 000	办公配套	2011-12	引入国际一线品牌和高端休闲、餐饮业
2	嘉里中心二期	南京西路商圈	63 000	办公配套	2011-12	商场内名店与高级餐厅汇聚
3	光启城时尚购物中心	徐家汇商圈	120 000	购物中心	2011-12	满足周边居民消费的社区型商业
4	雅居乐国际广场	人民广场商圈	32 500	专业商厦	2011-12	一座集商业与超五星级酒店于一体的大型综合商业发展项目，辐射周边商务人士及中外中高端成功人士
5	名人商业大厦	人民广场商圈	40 000	专业商厦	2011-06	名人商业大厦将集商场与办公楼于一身，两者相辅相成，不仅吸引人气，更在商务场合体现时尚感和高贵感
6	济南路8号	淮海中路商圈	10 000	社区配套	2011-05	高端服务，精品零售
7	中信广场	四川北路商圈	30 000	办公配套	2011-06	对面5A级写字楼的配套商业，主营品牌餐饮、特色餐饮
8	凯德龙之梦（虹口店）	四川北路商圈	90 000	购物中心	2011-05	集文化、娱乐、购物、休闲于一体的高品质商业中心
9	莲花广场	南方商城商圈	32 269	办公配套	2011-06	年轻人群、白领人群和家庭人群将成为项目核心消费人群
10	锦银购物中心	曹安路商圈	22 000	专业商厦	2011-06	集购物、休闲、娱乐、餐饮、文化等功能于一体

（续表）

序号	项目名称	所属商圈	建筑面积（平方米）	商业形态	开业时间	商业初步定位
11	蓝桥坊	曹安路商圈	40 000	社区配套	2011-09	汇集餐饮、休闲、文化、娱乐、购物等多种业态的综合性广场
12	威隆商务楼	曹安路商圈	14 535	社区配套	2011-09	项目定位为投资型产品、位于曹安商贸区正中央，其所处区域是比较成熟的专业市场

数据来源：克而瑞CRED商业地产数据库，http://cred.cric.com

3 上海市未来城市发展规划

按照地域紧密度和产业关联度，合理布局产业，集中集约发展。

1 城市总体规划

（1）人口和城镇布局

上海将形成由“中心城—新城—中心镇—集镇”组成的多层次的城镇体系及由沿海发展轴、沪宁、沪杭发展轴和市域各级城镇等组成的“多核、多轴”空间布局结构。

表6-81 上海市城镇体系规划

布局	规划
中心城	上海政治、经济、文化中心，也是上海市城镇体系的主体，以外环线以内地区作为中心城范围，人口控制在800万人，城市建设用地600平方千米
新城	以区（县）政府所在城镇或依托重大产业及城市重要基础设施发展而成的中等规模城市。规划新城11个，分别是宝山、嘉定、松江、金山、闵行、惠南、青浦、南桥、城桥及空港新城和海港新城。新城人口规模一般为20万至30万人
中心镇	由市域范围内分布合理、区位条件优越、经济发展条件较好的集镇，依托产业发展而成的小城市。规划朱家角、泗泾、周浦（康桥）、奉城、枫泾、堡镇、南翔及罗店等22个左右中心镇，规划人口规模一般为5万至10万人
集镇	由现有建制镇根据区位、交通、资源条件等适当归并而成（现约170个）。规划约80个的一般镇，人口规模一般为1万至3万人

（2）产业布局

从上海和长江三角洲地区的区域整体发展出发，按照地域紧密度和产业关联度，合理布局产业，分三个层次，集中集约发展。

表6-82 上海市产业布局规划

层次	范围	规划
第一层次	城市内环线以内	以发展第三产业为重点，适当保留都市型工业
第二层次	城市内外环线之间	以发展高科技、高增值、无污染的工业为重点，调整、整治、完善现有工业区
第三层次	城市外环线以外	以发展第一产业和第二产业为重点，提高经济规模和集约化水平，集中建设市级工业区，积极发展现代化农业和郊区旅游业

（3）交通规划

① 对外交通规划

以“三港两路”建设为重点，建设上海国际航运中心，建设国际集装箱枢纽港、亚太地区航空枢纽港、现代化信息港和以高速公路、高速铁路、骨干航道为构架的水、陆、空交通运输系统，形成衔接国内外、辐射长江三角洲的快速、便捷的客货运交通运输网络。

② 市域交通规划

市域交通以“两网”建设为重点，加快大容量城市轨道交通系统的建设；形成市域高速公路网，完善中心城道路网络；加强对外交通和市内交通的衔接，建设客运换乘枢纽和停车场，充分发挥交通系统的综合效率；贯彻公共交通优先的城市客运交通基本政策，形成以轨道交通与地面公交密切衔接、各种交通工具协调发展的现代化城市交通体系。

截至2010年4月20日，上海轨道交通线网已开通运营11条线、266座车站，运营里程达410千米（不含磁浮示范线），近期及远期规划的上海地铁则分别达到510千米和970千米。目前，上海轨道交通的总长超过400千米，位居世界第一。

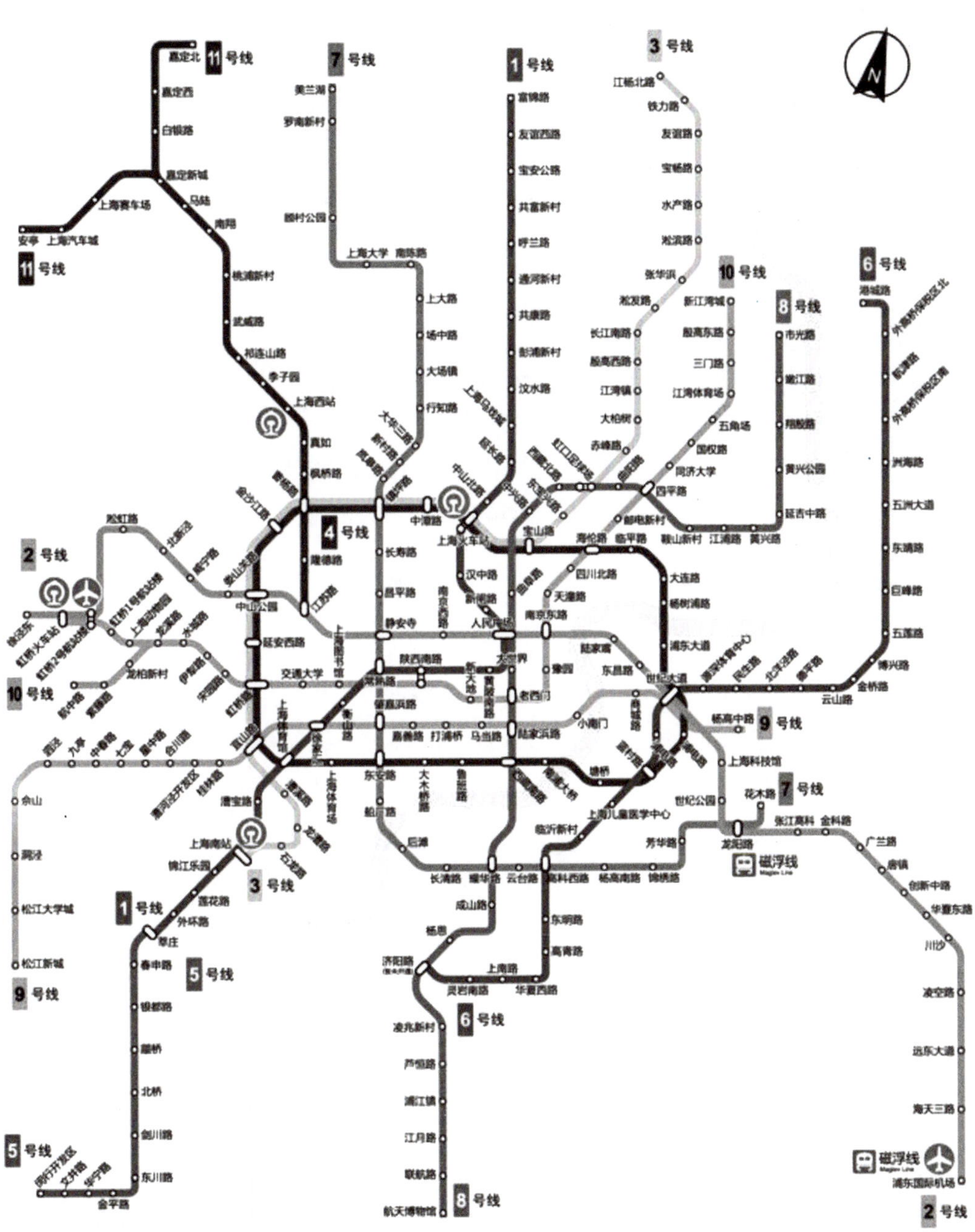

图6-164 上海轨道交通网络示意图

2 中心城商业网点规划

根据《上海市商业网点布局规划纲要（2009—2020年）》的规划要求，上海将规划形成12个市级商业中心，即在现有南京东路商业中心、南京西路商业中心、淮海中路商业中心、四川北路商业中心、徐家汇商业中心、张杨路商业中心、豫园商城商业中心、五角场商业中心、新客站不夜城商业中心、中山公园商业中心等十个市级商业中心的基础上，新增虹桥商业中心、中环商业中心两个市级商业中心。

到2012年年底，规划形成22个地区级商业中心，主要包括老西门、打浦桥、长寿、大宁、大华、庙行、淞宝、控江路、南方商城、北外滩、曹家渡、塘桥、张江、三林上南、外高桥、金桥、川沙等地区级商业中心。远期，规划新增五处地区级商业中心，主要分布在浦东新区、西南地区、东北地区，主要包括北蔡、金杨、上海大学（宝山校区）周边地区、徐汇滨江地区以及闵行九星地区。完善社区级商业中心建设。以上海中心城单元规划确定的社区中心为基础，综合考虑轨道交通、人口分布、服务半径等因素，规划形成约102个社区级商业中心。倡导商业与文化、医疗及社区公共事务集聚，形成“四中心”合一的社区级商业中心。

（1）大型零售网点规划

鼓励市级商业发展百货和品牌专卖店，扩大辐射范围至整个长江三角洲。其中，上海中、远期重点地区的商业发展也不可忽视。原世博会相关地区要结合世博园区场馆后续利用开发，依托城市公共文化活动中心规划建设新兴都市商业中心。大虹桥地区随着核心区及周边地区大型商业商务开发建设，有相当规模的商业设施的建成，也将布局面向长三角地区和国内外、规模体量大、辐射集聚度高的枢纽型商业中心，作为上海国际贸易中心建设的重要平台。浦东陆家嘴地区作为上海国际金融中心建设的核心功能区域，结合众多高端商业设施的开发布局，形成能级较高、品牌集聚度较高的新兴都市商业中心。龙阳路交通枢纽地区要结合城市综合交通枢纽建设，地下地面一体化布局形成新兴交通枢纽型商业中心。

在中心城以外地区，基本形成“新城、新市镇（社区）、中心村”三级商业网点体系。嘉定新城、临港新城、松江新城、闵行新城、宝山新城、南桥新城、金山新城、青浦新城、城桥新城九个新城商业布局要依据新城的人口规模、空间结构的不同，形成新城级商业中心和社区级商业中心。新城级商业中心的能级等同于中心城的地区级及以上的商业中心，要以重点开发建设的新城中心区域为载体，规划建设形成集行政办公、商务、购物、文化娱乐、旅游观光等功能为一体的综合性商业中心。

（2）商业街规划

至2008年年底，全市共命名了27条特色商业街，这些商业街对创新消费模式、促进消费升级、拉动经济增长发挥了积极作用。未来，将会对商业街结构和特色进行合理有序的调整。

对街区建设采取统一规划、统一设计、统一布局、统一招商，注重店招装饰与街区环境的有机结合，品牌个性与街区定位的协调融合，建筑风格与街区风貌的相互吻合。

促进沿街商铺整体改造，学习借鉴国外经验，委托世界著名物业中介机构进行总体设计，提高品牌和商品组合质量。

特色商业街建设与传承城市历史文化相结合，将历史建筑、地域风貌、商业文化和人文精神有机地融入特色商业街中，对规划建设具有历史文化底蕴的特色商业街按照“修旧如旧”、适度发掘的原则，实施保护性开发。通过挖掘古镇、古建筑、老洋房、老厂房等优秀历史建筑的价值，突出商业街区的文化氛围；通过对老店、名店、特色店的引进和集聚，丰富特色商业街的内涵。

极力引导特色商业街创立品牌，提高经营管理水平，促进特色商业街发展。

小结

上海经济发展水平历来走在全国前列，居民消费水平较高，造就了上海商业起步较早的历史格局，孕育了稳定的消费，并对周边地区具有强大的商业辐射和聚合效应。

如今，上海拥有核心商圈7个、次级商圈7个、新兴商圈2个，商业项目总计约209个。商圈分布已基本成型，各商圈之间差异化明显，目标客群进行了相应的分流。经过十几年的发展，多数商圈都逐渐走向成熟，消费群体商圈内的商业项目在经营过程中不断优胜劣汰，成就了今天中高档分布较为合理且商业形态比较丰富的局面。

与此同时，一些老牌商圈如“徐家汇商圈”由于建设较早，用现代化、国际化的标准来衡量其商业业态规划、商品结构、市场定位等均存在较大差距，这样的差距促使一些新兴的商业项目兴起。因此，对于上海来讲，老牌商圈的“升级”迫在眉睫。

凭借先天的优势和后天的积累，未来上海将在现有的10个市级商业中心基础上新增虹桥、中环2个市级商业中心。到2012年年底，规划形成22个地区级商业中心。由于交通网点的不断建设，上海商业布局将从原来的条状、块状向点状分布发展，呈现新老商圈“四面开花”的局面。

第五节 SECTION FIVE

2010年商业地产市场报告

1 杭州市商业地产六项宏观经济指标分析

全市服务业已经成为经济发展的主引擎。

宏观指标

2009年杭州经济总量位居全国省会城市第二（仅次于广州）、副省级城市第三（次于广州和深圳）、全国大中城市第八。杭州市GDP近年来增长迅速，每年以10.0%以上的速率增长，从近五年增幅看来，2005年至2007年增幅逐年上升，到2007年时达到近五年增幅的高峰，在遭遇2008年金融危机后，GDP增幅开始下降。到2009年GDP增幅与2008年相当，为10.0%，全年实现国民生产总值（GDP）5098.7亿元。在全市生产总值中，非公有制经济所占比重已达到64.5%，其中个体私营经济占全市生产总值的比重为52.5%。

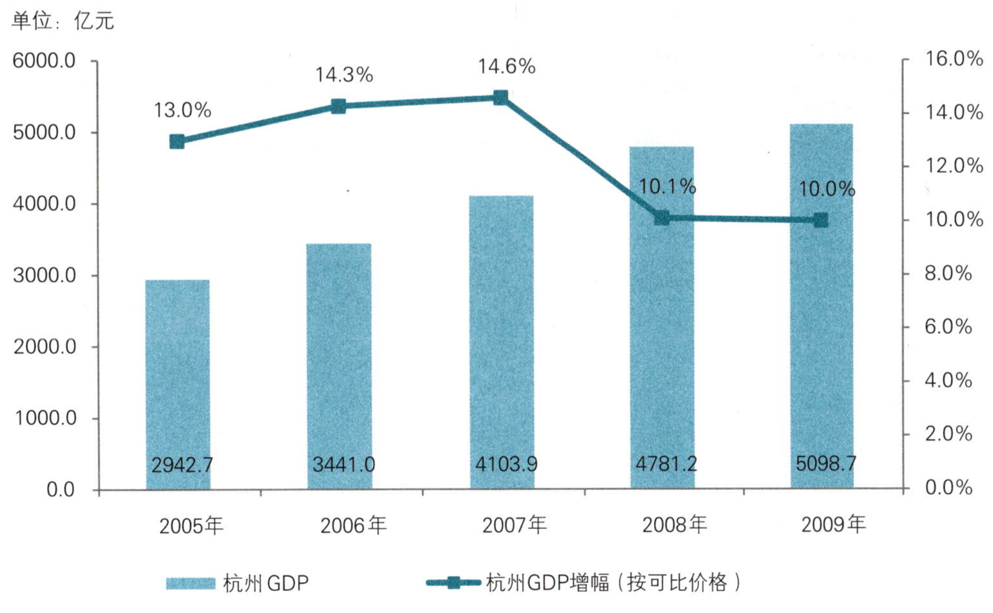

图6-165 2005—2009年杭州GDP及增幅

数据来源：克而瑞CRED商业地产数据库，http://cred.cric.com

指标2 产业结构

2005年至2009年，杭州市第一产业占比呈逐渐下降趋势，由2005年的5.0%下降到2009年的3.7%。第二产业占比也呈现较为规律的逐渐下降趋势，从2005年的50.9%下降到2009年的47.8%。第三产业则是呈现逐渐上升趋势，从2005年的44.1%上升至2009年的48.5%，上升了4.4个百分点。2009年全市实现服务业增加值2473.52亿元，按可比价计算较上年增长13.9%，高于GDP增幅3.9个百分点，对GDP增长的贡献率为64.6%，超过第二产业贡献率30.7个百分点。从杭州市整体产业结构的比例及增长速率来看，全市服务业已经成为经济发展的主引擎。

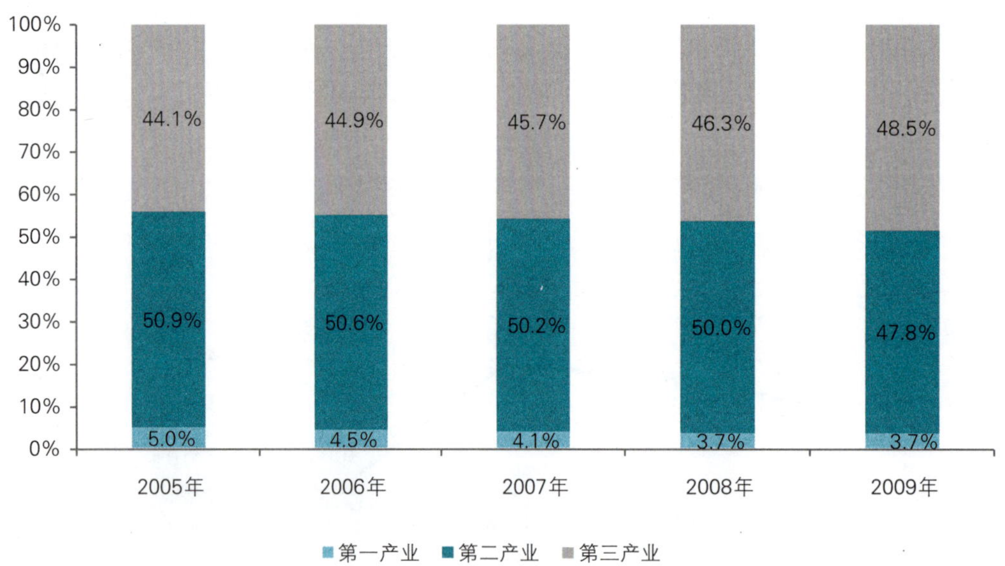

图6-166 2005—2009年杭州三大产业结构比例

数据来源：克而瑞CRED商业地产数据库，http://cred.cric.com

指标3 城市人口

2005年至2009年，杭州市户籍人口逐渐上升，但总体增幅较慢，整体增幅在1%左右，而常住人口的增幅则高于户籍人口，整体增幅在1.6%左右。对比常住人口和户籍人口数量，杭州市属于劳务输入型城市，常住人口较户籍人口高150万左右。杭州常住人口较户籍人口增速快，从另一侧面反映出城市经济的迅速发展对劳动力的吸引力，尤其是杭州在维持原轻工业发展的水平上，迅速发展第三产业，使其能容纳较多的外来劳动力。

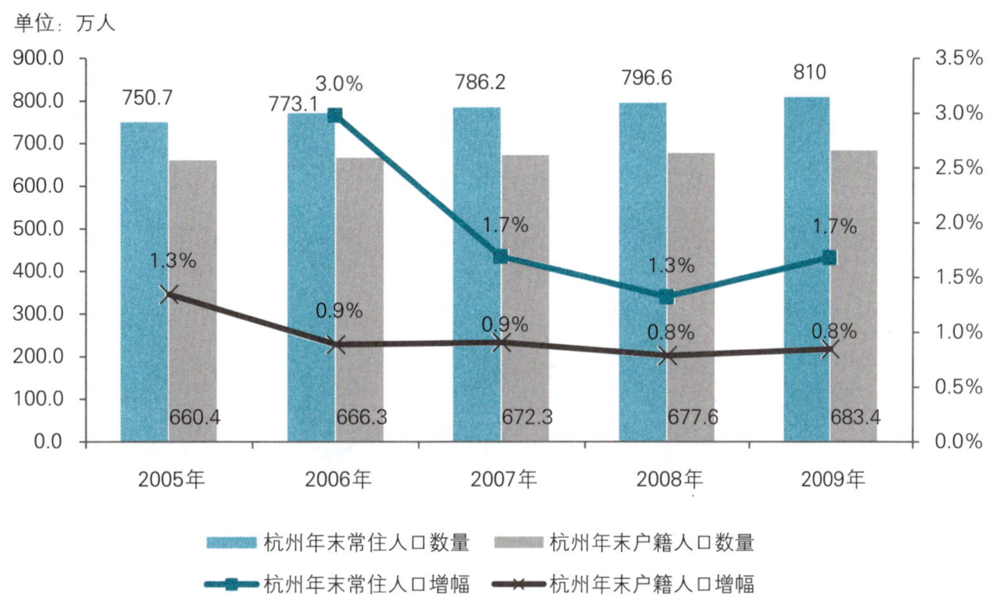

图6-167 2005—2009年杭州市常住人口、户籍人口数量及增幅

数据来源：克而瑞CRED商业地产数据库，http://cred.cric.com

杭州城市化率自2005年至2009年逐年上升，从62.0%上升到62.8%，保持了平稳增长。目前杭州城市化率水平在30%至70%之间，已处在中期加速阶段的后期，超过浙江省城市化率59%的平均水平近4个百分点。

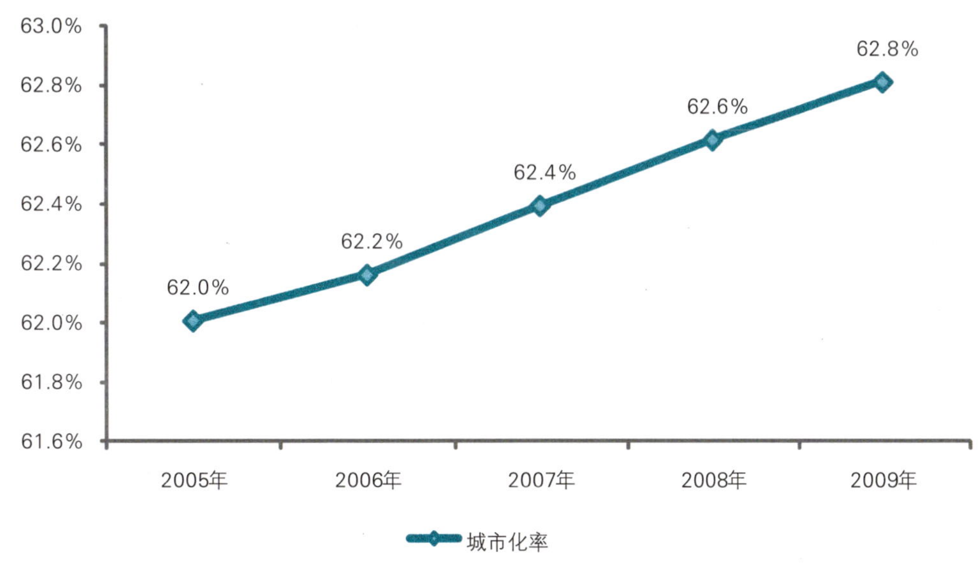

图6-168 2005—2009年杭州城市化率

数据来源：克而瑞CRED商业地产数据库，http://cred.cric.com

指标4 经济效益

杭州人均GDP自2005年到2009年呈现总体上升的发展势头。从增幅来看，呈现先升后降的趋势。其中2006年达到近五年增幅的最高值为13.0%，之后均呈下降趋势，在2009年降为8.4%。2009年杭州市人均GDP已达到63 471.0元，约为9292美元，大大超过浙江省总体的6582.8美元，在全国属于领先水平。

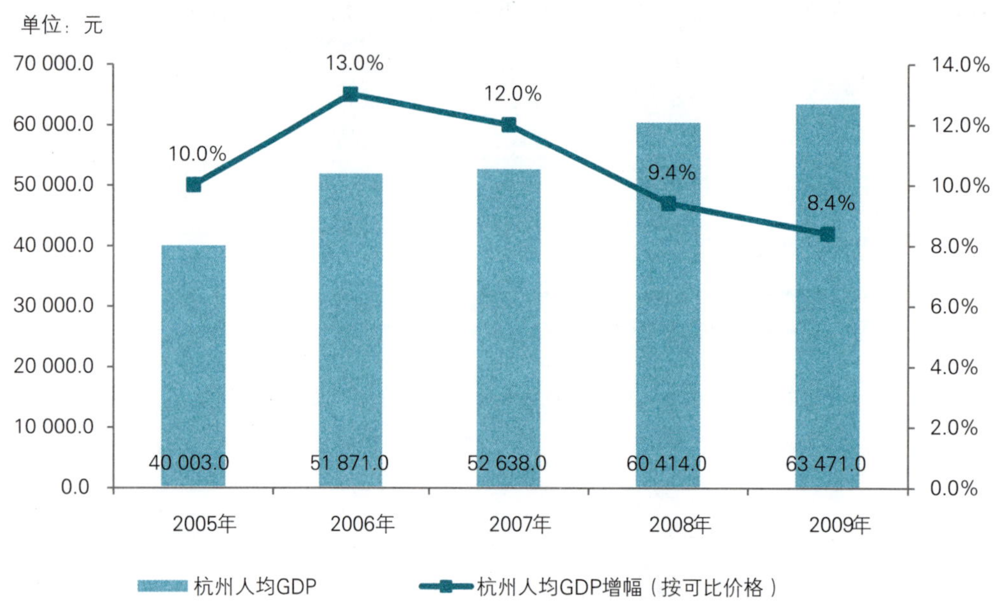

图6-169 2005—2009年杭州人均GDP及增幅

数据来源：克而瑞CRED商业地产数据库，http://cred.cric.com

指标5 城镇居民生活质量

杭州市城镇人均可支配收入近五年以较快速度增加，到2009年达到26 864.0元，比江苏省省会南京市的25 504元更高。从增幅来看，整体呈现出波动的趋势。自2005年起城镇人均可支配收入呈现快速上升势头，到2006年后增幅开始下降，城镇人均可支配收入增幅开始变缓，到2008年增幅降为近五年最低，这与当年经历全球金融危机有较大联系。

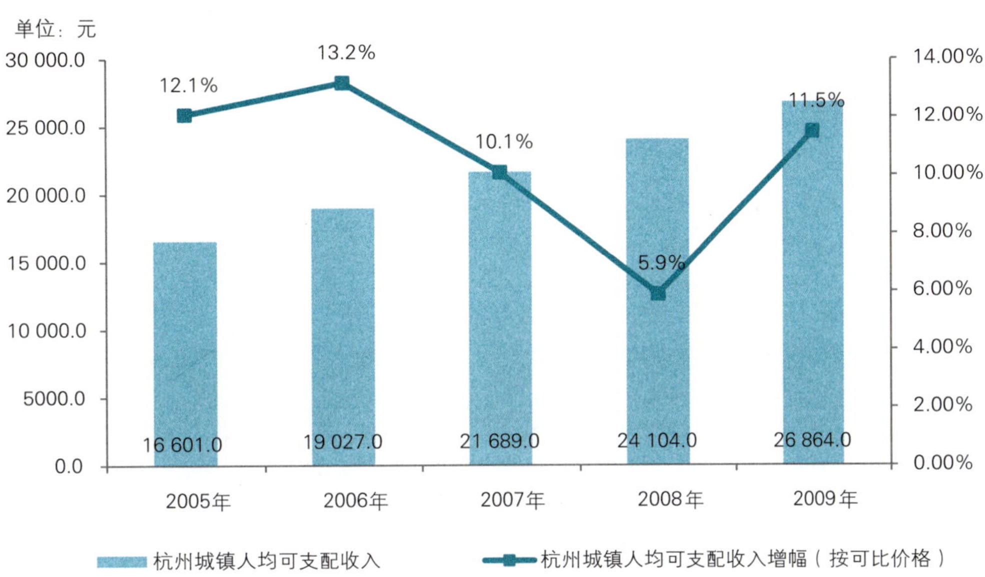

图6-170 2005—2009年杭州城镇人均可支配收入及增幅

数据来源：克而瑞CRED商业地产数据库，http://cred.cric.com

杭州城镇人均消费性支出近五年呈逐年上升趋势，自2005年的13 438.0元上升到2009年的18 595.0元。而长三角其他几个重点城市2009年的城镇人均消费性支出的数据分别为：上海20 992元、宁波18 203元、南京16 339元。与杭州市的数据对比后可见，杭州在长三角地区城镇人均消费性支出排名较为靠前。市民的消费力和消费欲望均较强。

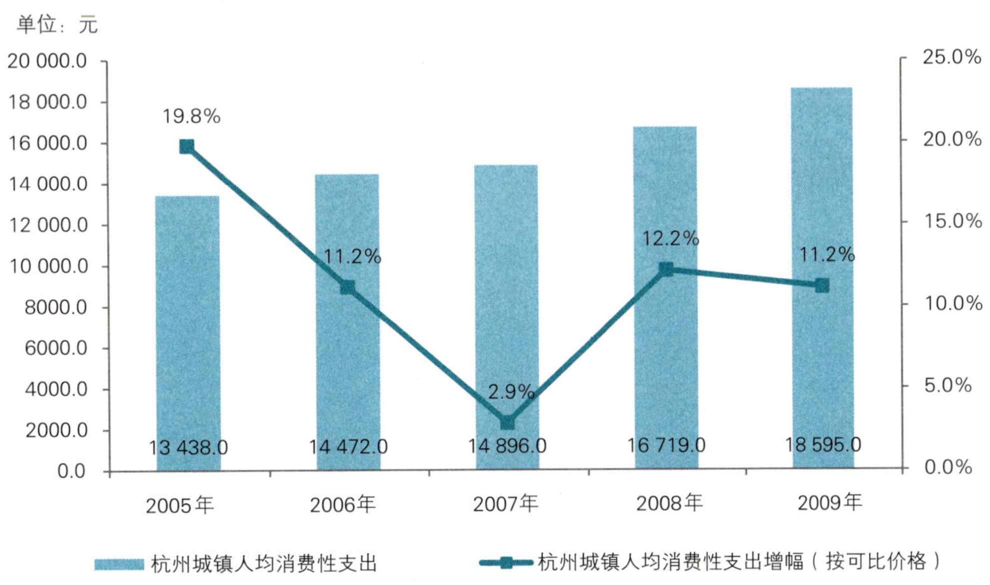

图6-171 2005—2009年城镇人均消费性支出及增幅

数据来源：克而瑞CRED商业地产数据库，http://cred.cric.com

2005年至2008年，杭州城镇居民的恩格尔系数波动较大，其中2008年为近五年最高，达38.3%，之后略有下降，但总体来说，随着GDP的增长，恩格尔系数反而略有上扬。而农村居民的恩格尔系数则是从2008年的35.9%下降到2009年的33.8%。按照联合国的恩格尔系数标准来说，杭州城镇居民和农村居民都处在相对富裕的水平，不过从系数大小上而言，近年来，杭州农村居民的生活质量水平比城镇居民生活质量水平要高。而除了食品类支出外，其余类别中，交通通讯类和教育文化类占了一定比例。

表6-83 2005—2009年杭州城镇居民人均消费性支出构成

构成＼年份	2005年		2006年		2007年		2008年		2009年	
	元	%	元	%	元	%	元	%	元	%
总支出	13 438	100	14 472	100	14 896	100	16 719	100	18 595	100
食品	4682	34.8	4818	33.3	5526	37.1	6410	38.3	6973	37.5
衣着	1299	9.7	1355	9.4	1513	10.2	1657	9.9	1818	9.8
家庭设备用品	674	5.0	585	4.0	678	4.6	762	4.6	1097	5.9
医疗保健	983	7.3	885	6.1	956	6.4	1132	6.8	961	5.2
交通通讯	2234	16.6	2876	19.9	2549	17.1	2590	15.5	3009	16.2
教育文化	1970	14.7	2011	13.9	1690	11.3	1782	10.7	1957	10.5
居住	1151	8.6	1479	10.2	1509	10.1	1814	10.8	2047	11.0
其他	445	3.3	464	3.2	475	3.2	571	3.4	733	3.9

数据来源：克而瑞CRED商业地产数据库，http://cred.cric.com

杭州边际消费倾向指数自2005年到2007年逐渐下降，之后略有恢复。相较长三角区域的南京市，杭州边际消费倾向指数在近五年均比南京市高。杭州作为具有多个重点旅游景点的城市，对长三角甚至更远地区的消费力存在一定吸引。市民自身消费习惯以及杭州市自身资源对消费力的吸引是该市消费力较强的重要因素。

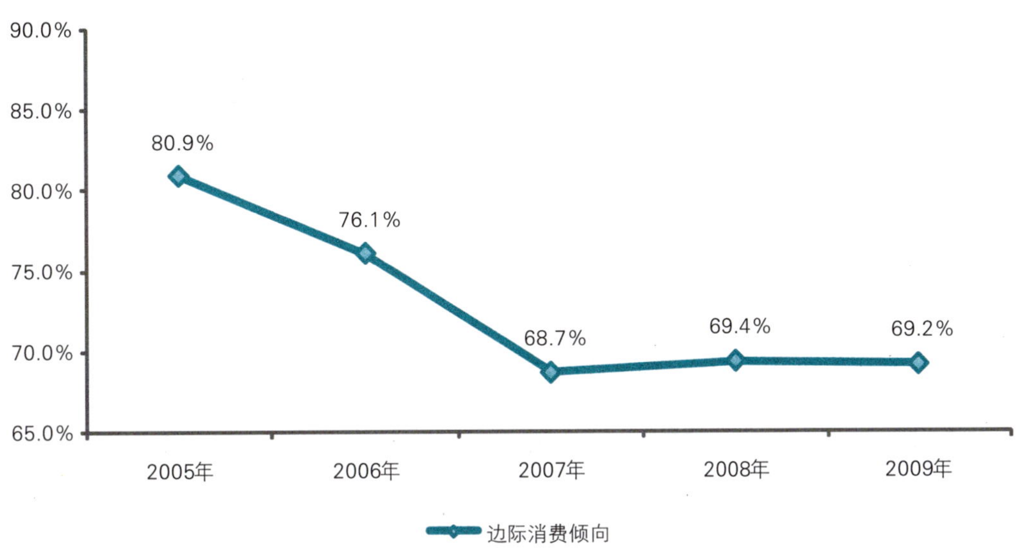

图6-172 2005—2009年杭州边际消费倾向

数据来源：克而瑞CRED商业地产数据库，http://cred.cric.com

指标6 商业需求

2005年至2009年间，杭州市社会消费品零售总额呈逐年上升趋势，增幅在2005年到2008年呈上升趋势，2009年增幅开始下降，但总体保持着12.1%以上的增幅，2009年全年实现社会消费品零售总额1804.9亿元，比上年增长15.8%。根据2009年杭州市国民经济和社会发展统计公报中显示，杭州市社会消费品零售总额中，城市消费品零售额达1716.49亿元，增长15.8%；县以下农村消费品零售额88.44亿元，增长15.0%。分行业看，批发零售贸易业零售额1597.26亿元，增长15.9%；餐饮业零售额203.28亿元，增长15.2%；其他行业零售额4.39亿元，增长4.8%。

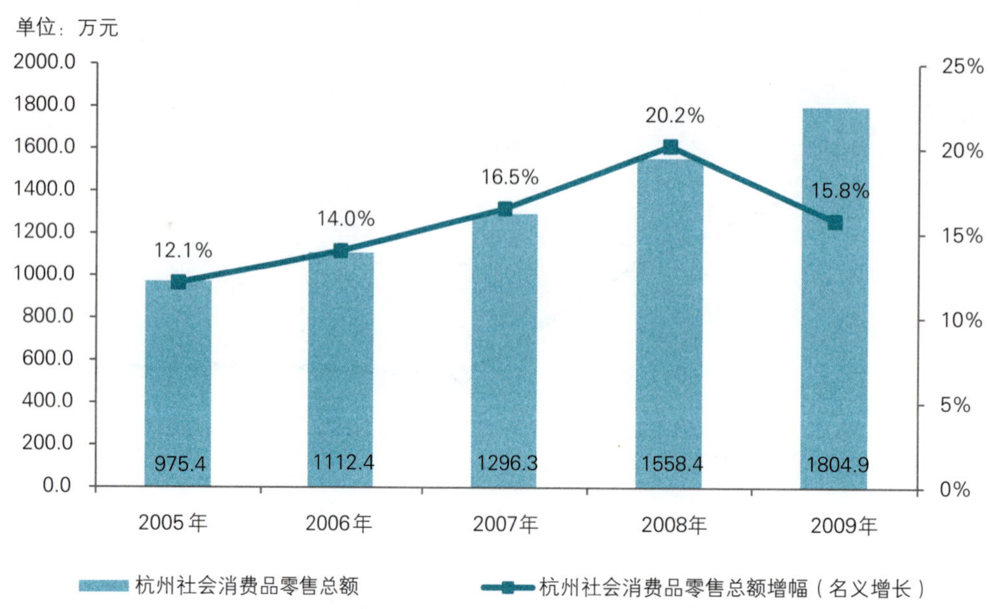

图6-173 2005—2009年杭州社会消费品零售总额及增幅

数据来源：克而瑞CRED商业地产数据库，http://cred.cric.com

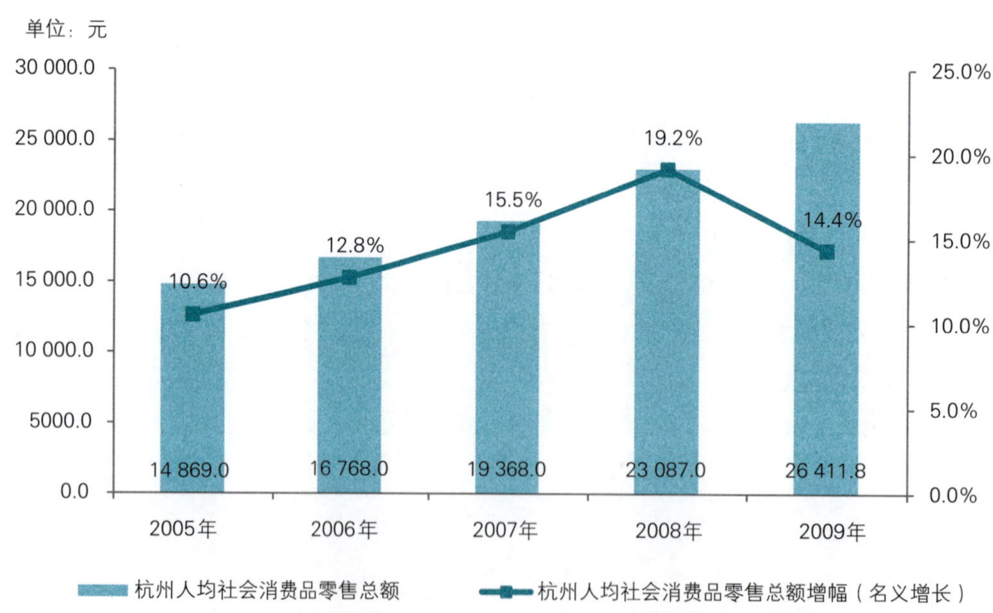

图6-174 2005—2009年杭州人均社会消费品零售总额及增幅

数据来源：克而瑞CRED商业地产数据库，http://cred.cric.com

2 杭州市整体商业市场环境研究

新增项目中购物中心类商业占了绝大比例，为91.8%。

1 现有商业供应情况

2010年杭州市商业总存量约为543.9万平方米，其中大型商业存量约为447.1万平方米。杭州人均商业面积在0.68平方米左右，而合理的人均商业面积应为一线城市1平方米，二线城市0.75平方米。长三角重点二线城市，人均商业存量为0.68平方米，目前杭州商业存量供不应求，未来市场前景良好。

2010年杭州市各类型商业中，购物中心和专业商厦所占比例最高，分别为33.1%和23.5%，而市场和特色商业街在杭州市的商业市场中也占据了一定份额。杭州作为国家历史文化名城和重要的旅游城市，其特色商业街具有浓郁的历史文化韵味，如南宋御街、清河坊历史文化街区等项目都是当地重要的旅游景点。杭州商业市场在以购物中心、百货等保持整体市场时尚、现代特色的同时，其具有传统历史意义的旅游商业项目也使整体市场更有特色，更具吸引力。

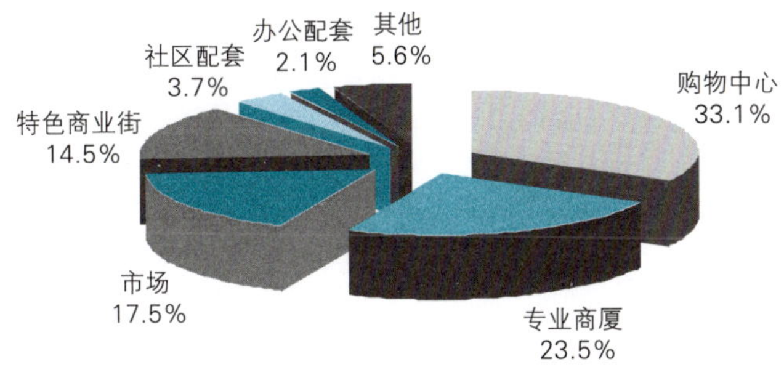

图6-175 2010年杭州各类型重点商业存量供应

数据来源：克而瑞CRED商业地产数据库，http://cred.cric.com

2 九大主要商圈描述

杭州的商圈中，湖滨商圈曾是杭州最著名的商业中心，之后随着武林商圈的崛起，湖滨商圈逐渐失去最初的地位。而吴山商圈经过一段时间的发展也成为炙手可热的商业地块。目前杭州市主要商圈有九个，其中核心商圈有三个，分别是武林商圈、湖滨商圈和吴山商圈；次级商圈有一个，为黄山商圈；新兴商圈有五个，为滨江商圈、钱江新城商圈、城西商圈、城北商圈、下沙商圈。

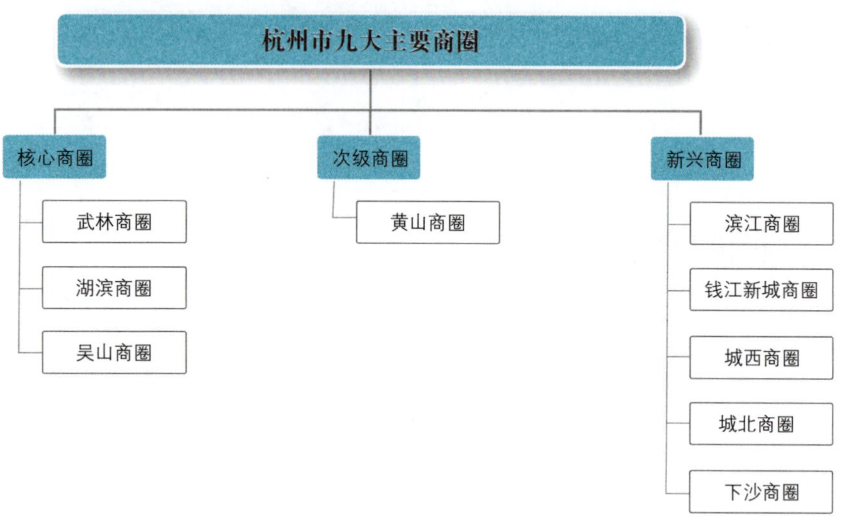

图6-176 杭州市九大主要商圈示意图

随着杭州城市规模的不断扩大，城市格局的演变、功能结构的变化、杭州走向多商圈时代是必然的趋势。

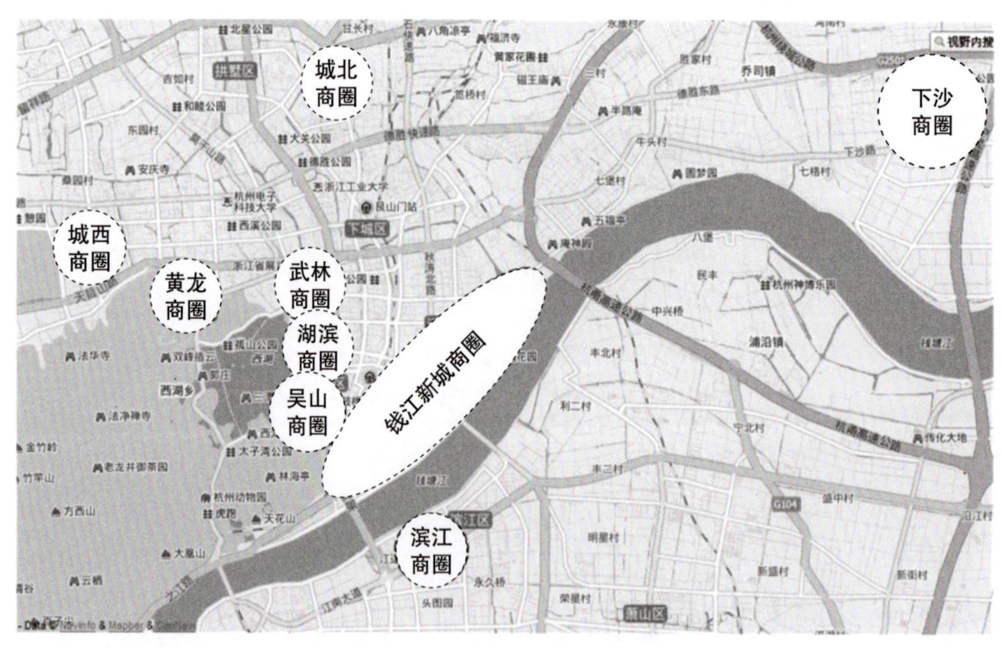

图6-177 2010年杭州主要商圈分布

表6-84 杭州主要商圈

序号	商圈编号	商圈名称	商圈级别	区域属性	特征	主要零售物业
1	A	武林商圈	核心商圈	商业区	**档次：**高端 **目标客群：**白领、小白领、成功人士、时尚人士 **主要商业类型：**购物中心、百货、其他专业商厦、市场、特色商业街、办公配套等	杭州大厦 银泰百货武林店 武林路时尚女装街 杭州百货大楼 杭州中国丝绸城 环北小商品市场 白鹿鞋城
2	B	湖滨商圈	核心商圈	商业区	**档次：**高端 **目标客群：**百姓阶层、时尚人士、白领、小白领、成功人士、 **主要商业类型：**百货、其他专业商厦、市场、特色商业街等	解百新世纪商厦 南山路艺术休闲特色街 解百新元华 天阳明珠商业中心 西湖时代广场
3	C	吴山商圈	核心商圈	商业区	**档次：**中高端 **目标客群：**白领、小白领、成功人士、时尚人士、百姓阶层 **主要商业类型：**百货、其他专业商厦、市场、特色商业街、社区配套、办公配套等	银泰百货西湖店 清河坊历史文化街区 南宋御街 西湖定安名都 高银街
4	D	黄龙商圈	次级商圈	商务区	**档次：**中高端 **目标客群：**时尚人士、白领、小白领、百姓阶层、成功人士 **主要商业类型：**专业商厦	杭州丝绸购物中心 百脑汇科技大厦 颐高数码广场
5	E	钱江新城商圈	新兴商圈	综合区	**档次：**高端 **目标客群：**小白领、白领、成功人士 **主要商业类型：**购物中心、百货、其他专业商厦、市场、特色商业街、办公配套等	万象城 波浪文化城 置地国际 万新大厦 中纺中心服装城 杭州杭派精品服装市场
6	F	滨江商圈	新兴商圈	综合区	**档次：**中高端 **目标客群：**时尚人士、白领、小白领、百姓阶层、成功人士 **主要商业类型：**购物中心、特色商业街	垃圾街 星光大道 华润万家滨江店
7	G	城西商圈	新兴商圈	住宅区	**档次：**中高端 **目标客群：**时尚人士、小白领、白领、百姓阶层、成功人士 **主要商业类型：**购物中心、百货、其他专业商厦、社区配套	印象城 西城广场 文化商城 物美大卖场（文一店）
8	H	城北商圈	新兴商圈	商务区	**档次：**中端 **目标客群：**时尚人士、百姓阶层、白领、小白领 **主要商业类型：**购物中心、百货、其他专业商厦、市场、特色商业街、社区配套	钱江市场 杭州灯具市场 通信市场 信义坊

（续表）

序号	商圈编号	商圈名称	商圈级别	区域属性	特征	主要零售物业
9	I	下沙商圈	新兴商圈	综合区	**档次**：中低端 **目标客群**：时尚人士、百姓阶层、白领、小白领 **主要商业类型**：购物中心、百货、其他专业商厦、社区配套等	福雷德广场 华元十六街区 都尚高沙店 伊萨卡国际城商业步行街

商圈1 武林商圈 具有非常成熟的商业形态

① 商圈范围

东到中山北路，西至武林路时尚女装街，南临庆春路，北到跨运河至文晖路。

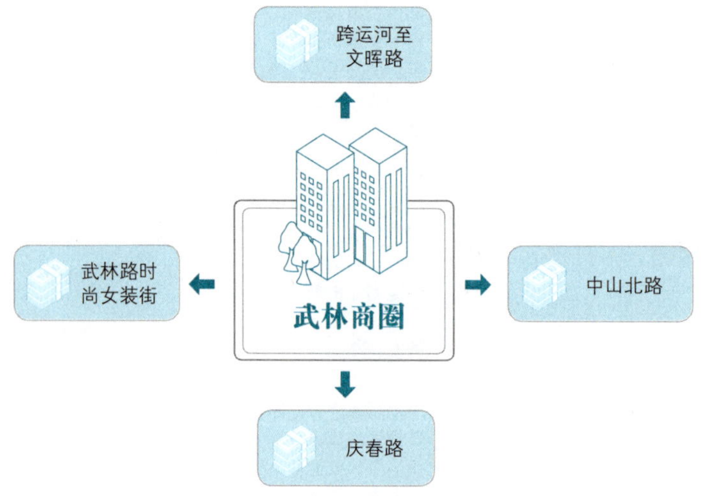

图6-178 杭州市武林商圈范围示意图

② 商圈价值

武林商圈经过多年的发展，不仅聚集了相当好的人气基础，还具有非常成熟的商业形态，商业集中、交通便捷、基础设施完善，成为名符其实的杭州核心商圈。杭州大厦、银泰百货、杭州百货大楼云集于此，电信、联通、移动等公司总部也坐落在此商圈，使该商圈的商贸业更为发达。武林路时尚女装街通过几年的发展，已成为该商圈耀眼的明星，林林总总的小店铺共同组成了多姿多彩的流行色。由于商圈发展前景良好，部分商家向周边地区或背街小巷扩展延伸，这些商铺的潜在价值也越来越高。就目前说，杭州的旺铺依然是围绕着武林商圈向外扩散，旺铺的地位依旧牢固，在供求上极不平衡，基本上属于卖方市场。商铺售价在4万～8万元／米^2，年租金最高可达12 000元／米^2，部分位于小马路上或商业氛围差的商铺相对会便宜些，但也会在2.5万元/米^{2}以上。

武林商圈属于商业区核心商圈，目前商圈经营档次高端，以白领、小白领、成功人士、时尚人士等为主要目标客群，有购物中心、百货、其他专业商厦、市场、特色商业街、办公配套等主要商业类型。

杭州市武林商圈的大型商业以购物中心和专业商厦为主，二者比例分别为40.1%和20.3%。另外，特色商业街也占有一定比例，为20.0%。而市场类和办公配套类项目比例相对较少。本商圈缺乏社区配套类商业。

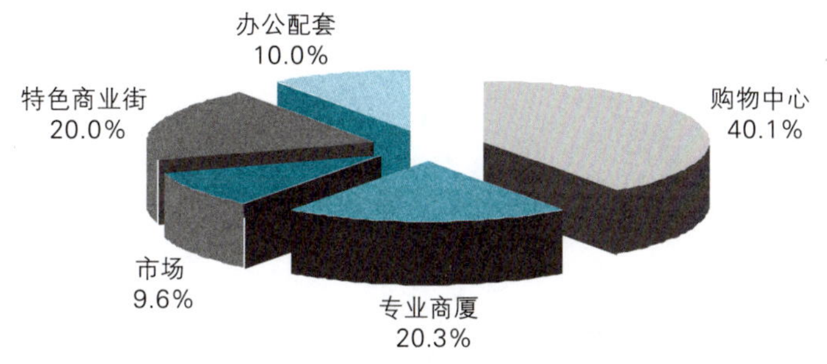

图6-179 2010年杭州武林商圈大型商业形态比例

数据来源：克而瑞CRED商业地产数据库，http://cred.cric.com

表6-85 杭州武林商圈主要商业项目

序号	商圈编号	项目名称	建筑面积（平方米）	商业形态	开业时间	档次	经营情况	出租率
1	A1	杭州大厦	180 000	购物中心	1989-06-01	高端	优	100%
2	A2	银泰百货武林店	51 000	专业商厦	1989-06-01	中高端	优	100%
3	A3	武林路时尚女装街	50 000	特色商业街	2002-10-01	中低端	优	100%
4	A4	杭州百货大楼	40 000	专业商厦	1989-06-01	中端	优	100%
5	A5	杭州中国丝绸城	40 000	特色商业街	1987-11-01	低端	优	100%
6	A6	环北小商品市场	30 000	市场	1982-03-01	低端	优	100%
7	A7	白鹿鞋城	13 200	市场	1993-08-02	低端	良好	100%

数据来源：克而瑞CRED商业地产数据库，http://cred.cric.com

商圈2 湖滨商圈 紧邻西湖

① 商圈范围

东起中山中路，西到湖滨路，南至解放路，北临庆春路。

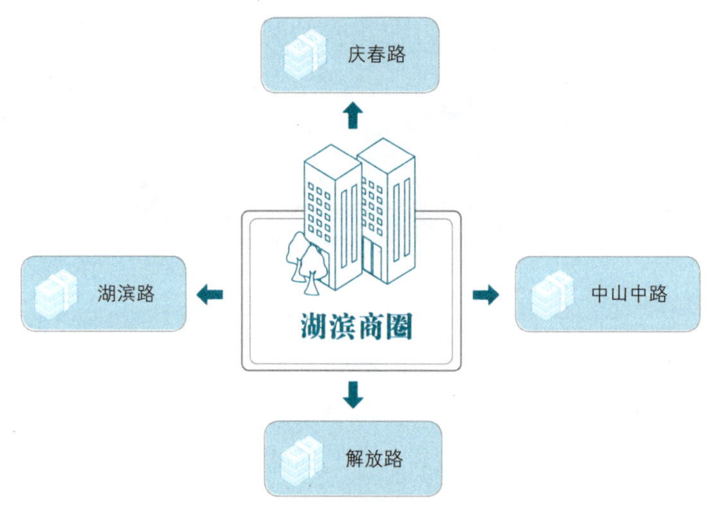

图6-180 杭州市湖滨商圈范围示意图

② 商圈价值

湖滨商圈紧邻西湖，是商业中心的核心区块，包括延安路、解放路、南山路部分及湖滨名品街等，以旅游休闲、高端购物为主要消费特色，走高端化和国际化的商业路线，商业定位高。随着西湖南线的开通，湖滨路商业旅游特色街及南山路的艺术休闲特色街的建立，该商圈的地位逐渐改变，由昔日的不温不火走向了今天的繁荣。湖滨商圈最独特的一点是它既有商业氛围，又有浓郁的艺术气息，南山路独有的艺术文化品位是最吸引人的地方。湖滨商圈的供应量也非常少，不少商铺仅出售经营权，有些沿西湖的商铺十年的经营权每平方米最高可售到13万，大多数取得经营权的买家自己经营。虽然价高难求，但还是有一大批投资者前来投资。湖滨商圈占尽地段及环境的优势，它的发展是大气而开放的，发展空间非常大。抛开大众化、共性产品，做其独特的产品经营，以特色巩固其商业基础。老字号、茶吧、咖啡吧、酒吧、旅游纪念品、古玩、字画等休闲娱乐都非常适合湖滨整体的商业氛围。

湖滨商圈属于商业区核心商圈，目前商圈经营档次高端，以百姓阶层、时尚人士、白领、小白领、成功人士等为主要目标客群，有百货、其他专业商厦、市场、特色商业街等主要商业类型。

湖滨商圈主要为专业商厦、特色商业街及市场类项目，其中专业商厦所占比例最大，为64.1%。其次为特色商业街，比例达到23.7%。

图6-181 2010年杭州湖滨商圈大型商业形态比例

数据来源：克而瑞CRED商业地产数据库，http://cred.cric.com

表6-86 杭州湖滨商圈主要商业项目

序号	项目编号	项目名称	建筑面积（平方米）	商业形态	开业时间	档次	经营情况	出租率
1	B1	解百新世纪商厦	100 000	专业商厦	1989-09-12	中高端	良好	100%
2	B2	南山路艺术休闲特色街	50 000	特色商业街	2002-10-01	中端	良好	100%
3	B3	解百新元华	37 400	专业商厦	2002-11-12	中端	一般	100%
4	B4	天阳明珠商业中心	23 200	专业商厦	2004-11-09	中低端	良好	100%
5	B5	西湖时代广场	20 000	专业商厦	2002-10-30	中低端	一般	100%

数据来源：克而瑞CRED商业地产数据库，http://cred.cric.com

商圈9 吴山商圈
以老杭州的历史商业文化内涵为重点

① 商圈范围

东到中河高架接清河坊，西至南山路艺术街区，南到吴山广场，北至解放路。

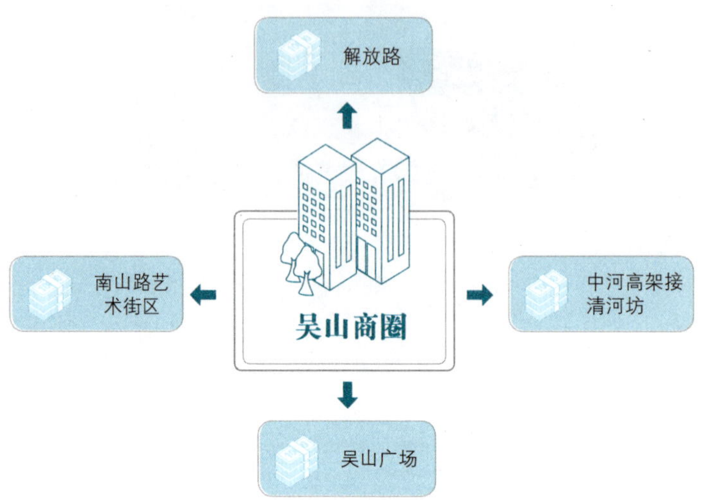

图6-182 杭州市吴山商圈范围示意图

② 商圈价值

吴山商圈商业特点是旅游、购物和休闲娱乐，以老杭州的历史商业文化内涵为重点，吸引外来旅游人群及本地市民。不仅拥有一条仿古商街——清河坊，而且商圈内商务楼也很密集。商圈内百年老字号较多，业态业种相对比较集中，以工艺品、古玩、画廊、餐饮为主，近年增加了房产展示中心。商圈内供应量不多，商铺出售总体来说单一面积较大，总价较高，一般在500万元以上，出售均价在3.5万元/米^{2}左右，年租金水平在2000元/米^{2}左右。该商圈兼具地理环境及旅游、人文、交通等优势，再加上商铺经营的档次的提升及大量人气的集聚，发展潜力较大。

吴山商圈同样位于商业区，目前整体档次在中高端水平，以白领、小白领、成功人士、时尚人士、百姓阶层等为主要目标客群，主要的商业类型有百货、其他专业商厦、市场、特色商业街、社区配套、办公配套等。

吴山商圈和另两个核心商圈商业形态比例较为不同，所占比例最大的为特色商业街，其次为市场类项目，二者比例分别为36.5%和27.1%。另外，百货及其他专业商厦也占有一定比例，为21.0%。本商圈还有少量社区配套和办公配套，缺乏大型购物中心类项目。

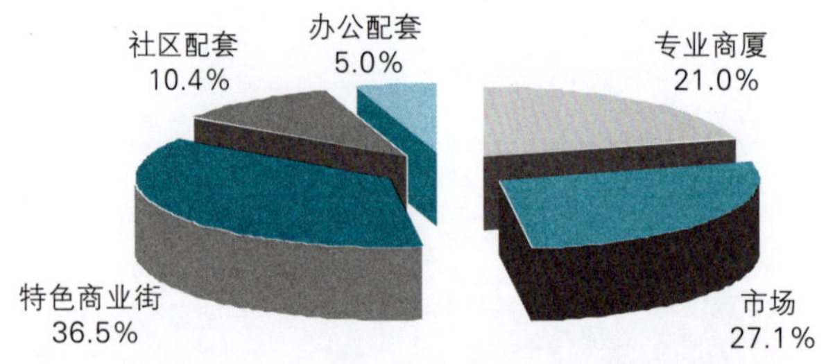

图6-183 2010年杭州吴山商圈大型商业形态比例

数据来源：克而瑞CRED商业地产数据库，http://cred.cric.com

表6-87 杭州吴山商圈主要商业项目

序号	项目编号	项目名称	建筑面积（平方米）	商业形态	开业时间	档次	经营情况	出租率
1	C1	银泰百货西湖店	100 000	专业商厦	1989-09-12	高端	优	100%
2	C2	清河坊历史文化街区	94 000	特色商业街	2002-10-01	中低端	优	100%
3	C3	南宋御街	50 000	特色商业街	2009-09-30	中端	良好	90%
4	C4	西湖定安名都	50 000	社区配套	2005-07-30	中端	一般	100%
5	C5	高银街	30 000	特色商业街	2007-05-01	中端	优	100%

数据来源：克而瑞CRED商业地产数据库，http://cred.cric.com

商圈4 黄龙商圈
杭州城内的高端商务圈

① 商圈范围

东到保俶路，西至玉古路，南到曙光路，北至天目山路。

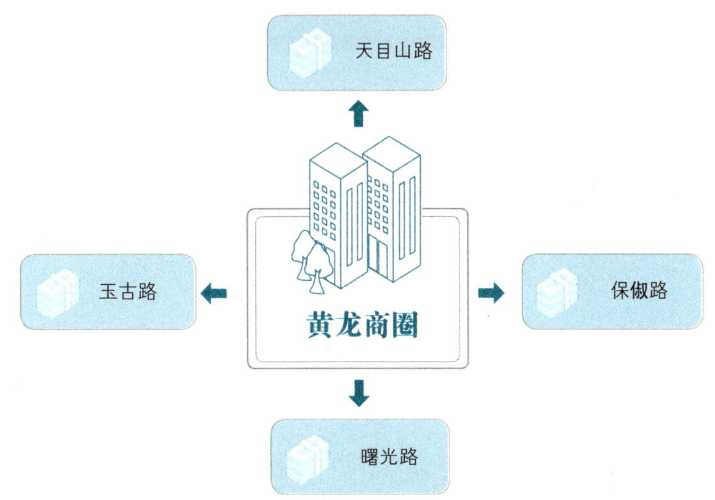

图6-184 杭州市黄龙商圈范围示意图

② 商圈价值

黄龙区域一直是杭州集生态、人文、旅游、会展、运动于一体的主要区域。从现状来看，黄龙区域已经确立为杭州城内的高端商务圈。黄龙世茂区域已经聚集了诸如世茂丽晶城、公元大厦、嘉华国际等知名写字楼，形成了相对集中的商务氛围。据有关数据统计，主要位于杭大路、玉古路、天目山路、曙光路等范围的黄龙商圈写字楼体量约达40万平方米。黄龙商圈的购买力十分强，因为这一带相继建造了世茂中心、黄龙世纪广场、嘉华国际、国际花园、求是大厦、中田大厦等高端写字楼，还有世茂丽晶、丁香公寓、黄龙雅苑等高端住宅公寓等。它是城市高收入者的聚集地。

黄龙商圈为杭州市次级商圈，属于商务区，目前经营的主要是中高端商业项目。以时尚人士、白领、小白领、百姓阶层、成功人士为目标客群，主要商业类型为专业商厦，暂无其他类型大型商业项目在营。

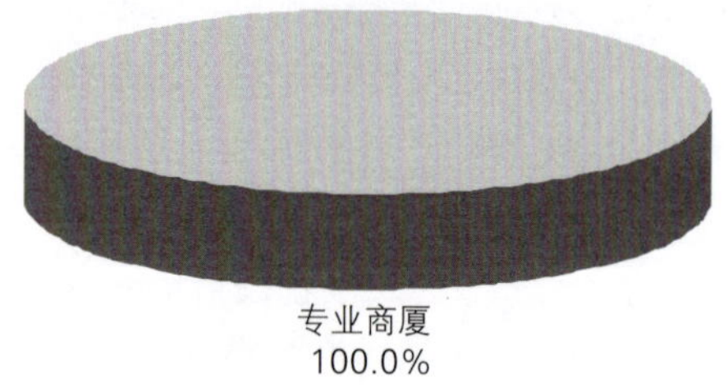

图6-185 2010年杭州黄龙商圈大型商业形态比例

数据来源：克而瑞CRED商业地产数据库，http://cred.cric.com

表6-88 杭州黄龙商圈主要商业项目

序号	项目编号	项目名称	建筑面积（平方米）	商业形态	开业时间	档次	经营情况	出租率
1	D1	杭州丝绸购物中心	15 000	专业商厦	2007-06-26	中高端	良好	98%
2	D2	百脑汇科技大厦	28 000	专业商厦	2005-06-30	中端	优	98%
3	D3	颐高数码广场	13 000	专业商厦	2000-01-01	中端	优	98%

数据来源：克而瑞CRED商业地产数据库，http://cred.cric.com

商圈5 钱江新城商圈 整体经营档次高端

① 商圈范围

东到新南路—科华中路一线， 西至佳灵路，南到火车南站，北至钱塘江二桥。

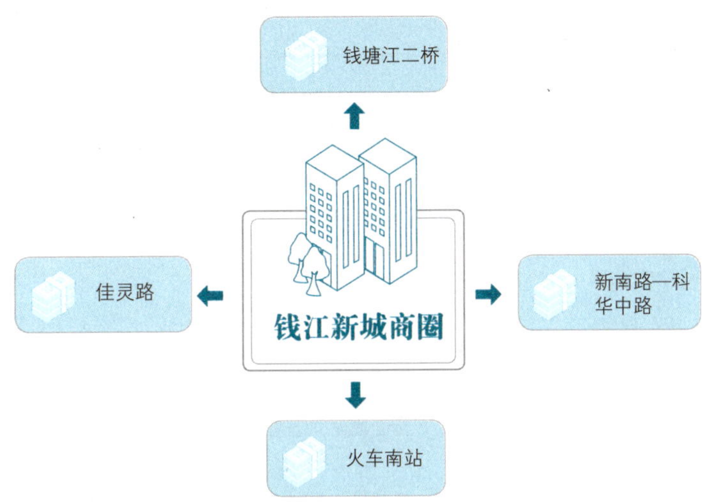

图6-186 杭州市钱江新城商圈范围示意图

② 商圈价值

该商圈目前已经完成基础设施建设，实施景观绿化100多万平方米，13个政府投资公建项目，30多家企业集团落户。钱江新城管委会的统计资料显示，未来钱江新城商业的总体量（含地上和地下）将达到70万平方米。钱江新城未来将不仅仅是杭州的CBD，也将是城市的行政中心。届时，市委、市政府机关及院外部门，除个别单位外，将会全部搬迁至新城办公。

钱江新城商圈是新兴商圈，属于综合区，整体经营档次高端，以小白领、白领和成功人士为目标客群，主要商业类型有购物中心、百货、其他类专业商厦、市场、特色商业街、办公配套等。

钱江新城商圈内购物中心类项目占了较大比例，为61.6%，而专业商厦也有一定比例，为17.3%。另外，商圈内还有市场类、特色商业街以及办公配套类项目，目前缺乏社区配套类商业。

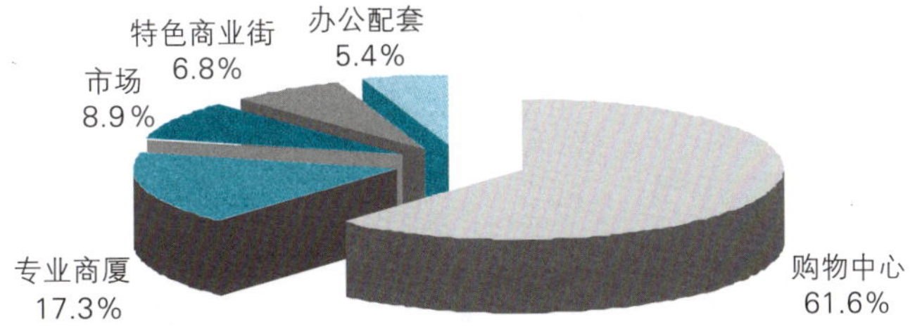

图6-187 2010年杭州钱江新城商圈大型商业形态比例

数据来源：克而瑞CRED商业地产数据库，http://cred.cric.com

表6-89 杭州钱江新城商圈主要商业项目

序号	项目编号	项目名称	建筑面积（平方米）	商业形态	开业时间	档次	经营情况	出租率
1	E1	万象城	15 000	购物中心	2007-06-26	中高端	良好	98%
2	E2	波浪文化城	57 000	特色商业街	2011-02-01	高端	良好	—
3	E3	置地国际	18 000	市场	2010-04-20	低端	良好	96%
4	E4	万新大厦	15 000	专业商厦	2008-10-18	中端	良好	96%
5	E5	中纺中心服装城	100 000	专业商厦	2009-10-20	中高端	良好	95%
6	E6	杭州杭派精品服装市场	20 000	市场	2001-04-18	低端	良好	99%

数据来源：克而瑞CRED商业地产数据库，http://cred.cric.com

商圈6 滨江商圈
经营档次中高端的新兴商圈

① 商圈范围

东到江陵路，西至江虹路，南到滨和路，北至闻涛路。

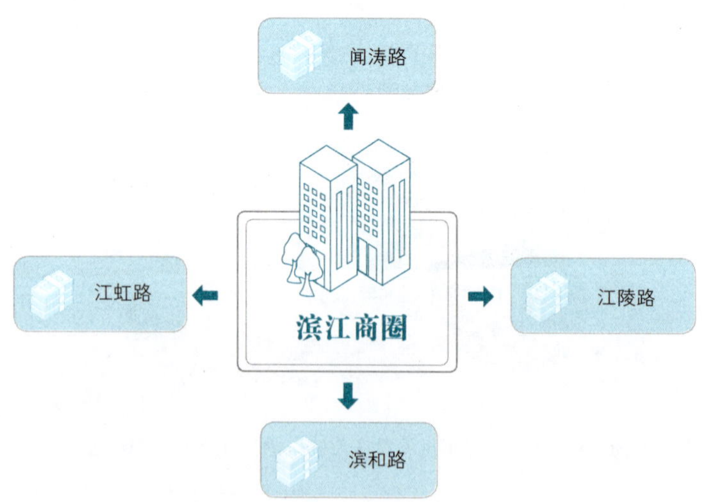

图6-188 杭州市滨江商圈范围示意图

② 商圈价值

滨江区的前身为杭州高新技术产业开发区，建于1990年3月，1991年3月经国务院批准为国家级高新区。1996年12月，滨江区经国务院批准设立。2001年，根据杭州市政府的规划，滨江区块既是杭州的城市副中心，又是大杭州格局中城区产业、居住等功能的分流中心。在新世纪里，滨江区一直在稳步地发展与前进。近几年，随着滨江区的发展，亦开始形成滨江商圈。

滨江商圈是新兴商圈，属于综合区，经营档次中高端，以时尚人士、白领、小白领、百姓阶层、成功人士为目标客群，目前主要的商业类型为购物中心和特色商业街。

目前，商圈内的大型商业项目基本为购物中心和特色商业街。其中，特色商业街项目所占比例较大，为66.2%，而购物中心的比例为33.8%。

图6-189 2010年杭州滨江商圈大型商业形态比例

数据来源：克而瑞CRED商业地产数据库，http://cred.cric.com

表6-90 杭州滨江商圈主要商业项目

序号	项目编号	项目名称	建筑面积（平方米）	商业形态	开业时间	档次	经营情况	出租率
1	F1	垃圾街	300 000	特色商业街	1993-11-01	低端	优	98%
2	F2	星光大道	140 000	购物中心	2009-03-27	中高端	一般	70%
3	F3	华润万家滨江店	13 000	购物中心	2005-12-02	中低端	优	100%

数据来源：克而瑞CRED商业地产数据库，http://cred.cric.com

商圈7 城西商圈
以购物中心类商业项目为主

① 商圈范围

东至丰潭路，西到紫荆花路，南至文二西路，北到文一西路。

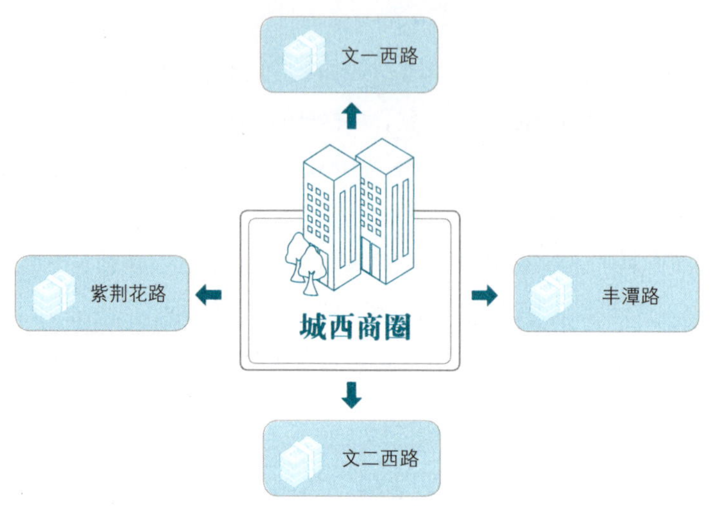

图6-190 杭州市城西商圈范围示意图

② 商圈价值

2002年，浙大紫金港校区正式建成。浙大的入驻给一直以来以住宅为主导的城西板块带来了一剂商业强生剂。欧尚、沃尔玛、银泰百货……城西板块商业利好不断。因此，城西商业地产的发展是伴随着浙江大学紫金港校区选址三墩而迎来了新一轮的蜕变。

城西商圈是新兴商圈，属于住宅区，经营档次中高端，以时尚人士、小白领、白领、百姓阶层、成功人士作为目标客群，主要商业类型有购物中心、百货、其他专业商厦、社区配套等。

城西商圈以购物中心类商业项目为主，比例高达81.7%，其次有少量的专业商厦和社区配套。

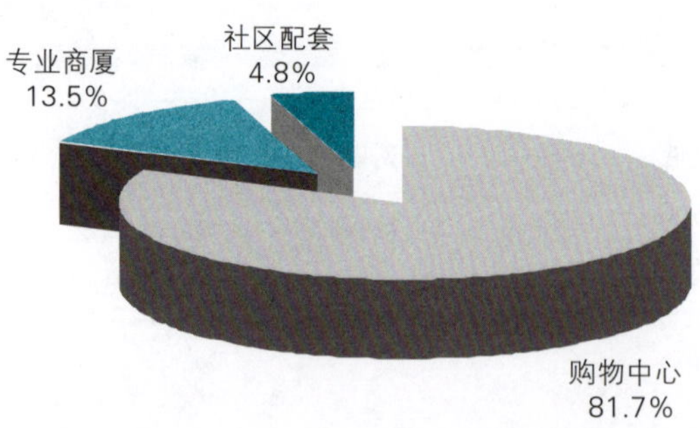

图6-191 2010年杭州城西商圈大型商业形态比例

数据来源：克而瑞CRED商业地产数据库，http://cred.cric.com

表6-91 杭州城西商圈主要商业项目

序号	项目编号	项目名称	建筑面积（平方米）	商业形态	开业时间	档次	经营情况	出租率
1	G1	印象城	58 000	购物中心	2010-01-18	中高端	良好	100%
2	G2	西城广场	55 393	购物中心	2004-12-02	中端	良好	100%
3	G3	文化商城	50 000	专业商厦	2002-12-07	中低端	优	97%
4	G4	物美大卖场（文一店）	35 000	专业商厦	2001-09-01	中低端	良好	100%

数据来源：克而瑞CRED商业地产数据库，http://cred.cric.com

商圈8 城北商圈 具有巨大的商业需求

① 商圈范围

东至科华南路—濯锦北路一线，西到元华路，南至府城大道中西段，北到火车南站。

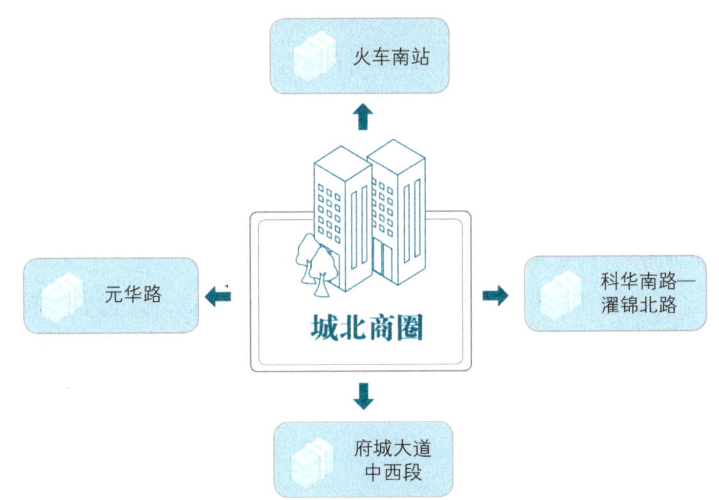

图6-192 杭州市城北商圈范围示意图

② 商圈价值

城北商圈的辐射半径很大，覆盖石桥街道、半山街道、东新街道、上塘街道四大区域，仅是石桥街道就有天堂园、石桥、华丰、永丰、杨家、景荣、景安这七个社区，总人口有9.5万人。加上已经建成的北景园小区、杭钢生活区、已开工建设和即将建设的田园居住区、丁桥居住区、杨家居住区和重机居住区，未来周边将形成一个50余万人口的聚居地，50余万人的需求铸就了城北商圈的刚性支持。除了人口聚居带来的旺盛人气，周边众多的市场、公司和高校的聚集，也保证了城北商圈具有巨大的商业需求。杭州家私市场、长城五金、杭州石桥装饰城、杭州五星级灯具精品馆、杭州半山二手交易市场都聚集于此，新华集团、杭州汽轮集团有限公司、杭州西子孚信科技有限公司、联合工程、杭钢、杭氧、杭玻、299创意园等公司也都位于此商圈内，浙江理工大学北景园分院、浙大城市学院、浙江树人大学、浙江电力职工技术学院、浙江警官职业学院和浙江传媒学院等高校也在附近。

城北商圈为新兴商圈，属于商务区，经营档次中端，以时尚人士、百姓阶层、白领、小白领为目标客群，主要商业类型有购物中心、百货、其他专业商厦、市场、特色商业街、社区配套等。

城北商圈的市场类商业比例较高，为48.6%，较有特色，其次为购物中心，比例为24.3%。专业商厦及特色商业街也占有一定比例，另外有少量的社区配套。

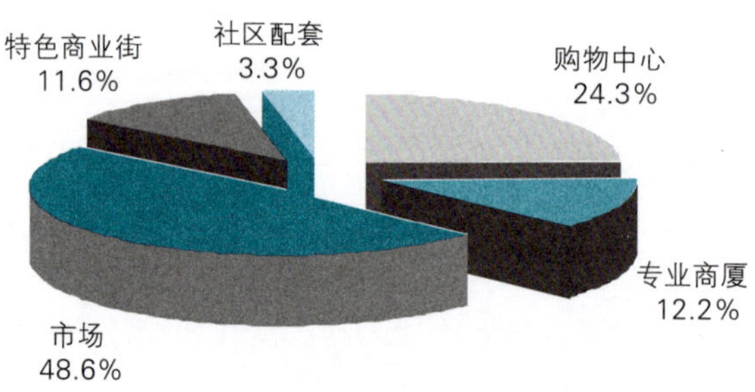

图6-193 2010年杭州城北商圈大型商业形态比例

数据来源：克而瑞CRED商业地产数据库，http://cred.cric.com

表6-92 杭州城北商圈主要商业项目

序号	项目编号	项目名称	建筑面积（平方米）	商业形态	开业时间	档次	经营情况	出租率
1	H1	钱江市场	260 000	市场	1997-06-28	中低端	优	97%
2	H2	杭州灯具市场	100 000	市场	1994-05-01	中低端	优	95%
3	H3	通信市场	57 024	专业商厦	2010-09-28	中低端	优	98%
4	H4	信义坊	20 000	特色商业街	2008-10-13	中端	一般	97%

数据来源：克而瑞CRED商业地产数据库，http://cred.cric.com

商圈9 下沙商圈
购物中心占绝对比例

① 商圈范围

东临文津路与十一号大街，西至文渊路、二号大街、一号河渠，南到十二号大街，北至绕城高速公路。

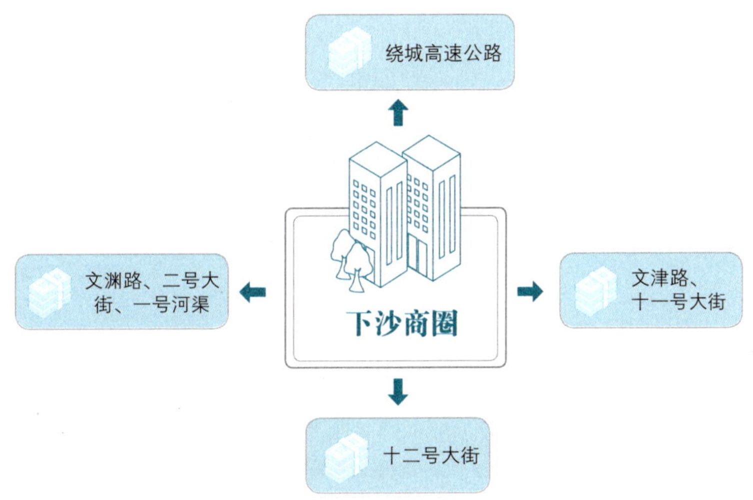

图6-194 杭州市下沙商圈范围示意图

② 商圈价值

下沙商圈主要以白杨街道为主，大型商贸设施福雷德文化广场、华元十六街区、西子阳光星城、金池商贸等为辐射圈。白杨街道位于杭州经济技术开发区中心区域，东至文津路与十一号大街，西至文渊路、二号大街、一号河渠、六号大街与一号大街相接处，南至十二号大街，北至绕城公路。根据杭州市“构筑大都市、建设新天堂”的战略目标，以杭州经济技术开发区为核心的杭州城市东部178平方千米是杭州大都市的副中心（即下沙副城）。

下沙商圈为新兴商圈，属于综合区，目前经营档次中低端，以时尚人士、百姓阶层、白领、小白领为目标客群，主要商业类型为购物中心、百货、其他专业商厦、社区配套等。

下沙商圈大型商业中，购物中心占了绝对比例，比例高达74.6%。另有14.9%的社区配套和10.5%的专业商厦。

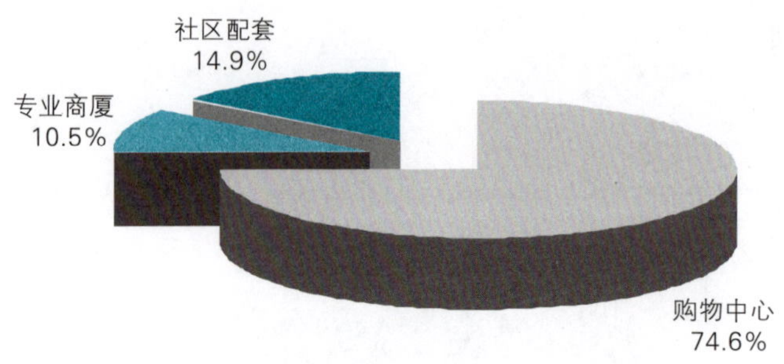

图6-195 2010年杭州下沙商圈大型商业形态比例

数据来源：克而瑞CRED商业地产数据库，http://cred.cric.com

表6-93 杭州下沙商圈主要商业项目

序号	项目编号	项目名称	建筑面积（平方米）	商业形态	开业时间	档次	经营情况	出租率
1	I1	福雷德广场	45 000	社区配套	2008-12-30	中端	一般	100%
2	I2	华元十六街区	20 000	社区配套	2006-09-14	中低端	一般	100%
3	I3	都尚高沙店	15 000	专业商厦	2005-12-16	中低端	一般	100%
4	I4	伊萨卡国际城商业步行街	5000	社区配套	2010-06-30	低端	一般	80%

数据来源：克而瑞CRED商业地产数据库，http://cred.cric.com

3 杭州整体租金水平

（1）购物中心首层租金水平

杭州市大型购物中心的租金基本在5～25元/（米^2·天）这一区间。其中租金相对较低的购物中心，租金在5～10元/（米^2·天）这一水平，而租金较高的则在20～25元/（米^2·天）这一水平。

杭州大型购物中心数量不多，主要集中在滨江商圈和城西商圈，其余商圈有少量项目。

表6-94 杭州主要商圈购物中心租金

序号	项目编号	项目名称	所属商圈	首层租金［元/（米^2·天）］
1	E1	万象城	钱江新城	20～25
2	F2	星光大道	滨江	10～15
3	F3	华润万家滨江店	滨江	5～10
4	G1	印象城	城西	6～10
5	G2	西城广场	城西	12～15

数据来源：克而瑞CRED商业地产数据库，http://cred.cric.com

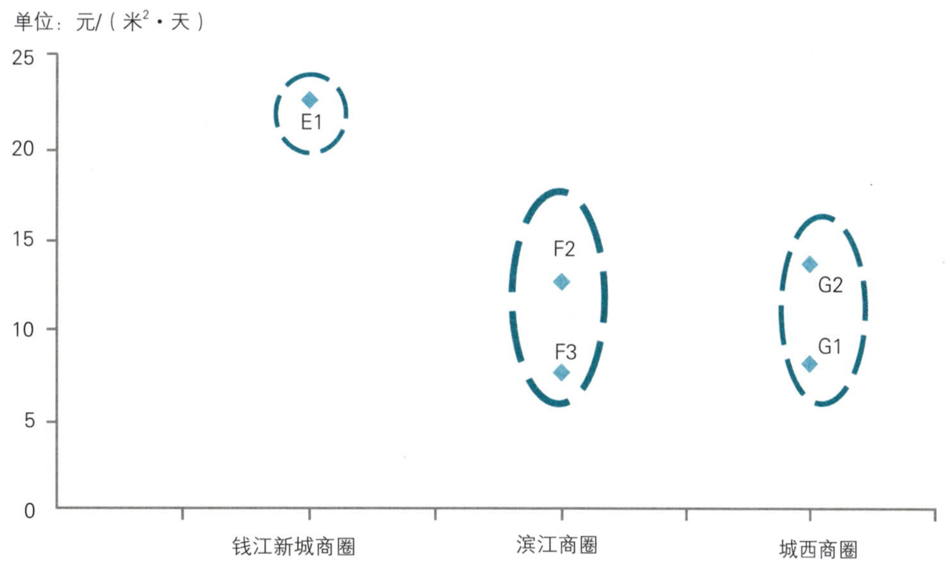

图6-196 2010年杭州主要购物中心租金分布

数据来源：克而瑞CRED商业地产数据库，http://cred.cric.com

（2）百货租金水平

杭州市百货的租金基本采用租金和扣点两种方式，首层租金在4～20元/（米^2·天）这一水平，其中租金水平较低的百货在3～6元/（米^2·天），而中等租金水平的基本集中在6～10元/（米^2·天）这一区间。百货类租金水平较高的则是在15～20元/（米^2·天）。从分布区域来看，百货主要集中在湖滨商圈，其次在吴山商圈。

表6-95 杭州主要百货租金

序号	项目名称	所属商圈	首层租金
1	解百新世纪商厦	湖滨商圈	18%～25%（扣点）
2	解百新元华	湖滨商圈	18%～25%（扣点）
3	天阳明珠商业中心	湖滨商圈	18%～25%（扣点）
4	西湖时代广场	湖滨商圈	18%～25%（扣点）
5	银泰百货西湖店	吴山商圈	15～20元/（米²·天）；18～30%（扣点）

数据来源：克而瑞CRED商业地产数据库，http://cred.cric.com

（3）其他商业类型租金水平

杭州市其他类型商业中，专业商厦租金两极分化比较明显。租金水平较低的基本在3～8元/（米²·天）。而租金水平中等偏上的则是在10～20元/（米²·天）这一水平。专业商厦中数码类、文化商品类租金相对较高，而小商品类租金相对低廉。市场类商业项目则因经营的内容不同，租金差异较大。灯具饰品等专业市场租金基本在4～6元/（米²·天），而小商品市场、鞋类市场等租金在5～10元/（米²·天），一些相对高端的精品服饰市场租金则在20元/（米²·天）左右。社区配套类商业，在核心商圈的租金相对较高，在10元/（米²·天）左右，而新兴商圈租金相对较低，为1～3元/（米²·天）。

表6-96 杭州其他商业类型租金

序号	项目名称	商业形态	所属商圈	首层租金［元/（米²·天）］
1	百脑汇科技大厦	专业商厦	黄龙商圈	13～18
2	颐高数码广场	专业商厦	黄龙商圈	13～18
3	中纺中心服装城	专业商厦	钱江新城商圈	7～8
4	文化商城	专业商厦	城西商圈	10～20
5	物美大卖场（文一店）	专业商厦	城西商圈	20～25
6	通信市场	专业商厦	城北商圈	5～10
7	都尚高沙店	专业商厦	下沙商圈	3～5
8	武林路时尚女装街	特色商业街	武林商圈	6～12
9	杭州中国丝绸城	特色商业街	武林商圈	6～12
10	南山路艺术休闲特色街	特色商业街	湖滨商圈	15～30
11	清河坊历史文化街区	特色商业街	吴山商圈	15～16
12	南宋御街	特色商业街	吴山商圈	3～4

（续表）

序号	项目名称	商业形态	所属商圈	首层租金［元/（米²·天）］
13	高银街	特色商业街	吴山商圈	17～20
14	波浪文化城	特色商业街	钱江新城商圈	5～10
15	垃圾街	特色商业街	滨江商圈	3～10
16	信义坊	特色商业街	城北商圈	5～15
17	环北小商品市场	市场	武林商圈	4～10
18	白鹿鞋城	市场	武林商圈	5～10
19	置地国际	市场	钱江新城商圈	15～17
20	杭州杭派精品服装市场	市场	钱江新城商圈	20～22
21	钱江市场	市场	城北商圈	3～5
22	杭州灯具市场	市场	城北商圈	4～6
23	西湖定安名都	社区配套	吴山商圈	10～12
24	福雷德广场	社区配套	下沙商圈	2.5～3.0
25	华元十六街区	社区配套	下沙商圈	1～3
26	伊萨卡国际城商业步行街	社区配套	下沙商圈	2～3

数据来源：克而瑞CRED商业地产数据库，http://cred.cric.com

杭州主要商场坪效

从杭州几个核心商圈的重点项目2007年至2009年的坪效来看，武林商圈在核心商圈中坪效最高，其中银泰百货的整体经营状况较好，坪效排在前列。而杭州大厦近三年发展较快，坪效从2007年的18 203元/米²上升到2009年的23 861元/米²，增速较快。另外，在遭遇金融危机的2008年，银泰百货、杭州百货大楼出现的营业额的下降，即坪效的降低，能从一定程度上反映当时整体经济环境对大型商业项目经营带来的影响。

表6-97 杭州主要商场坪效

序号	项目名称	所属商圈	2007年		2008年		2009年	
			营业额（亿元）	坪效（元/米²）	营业额（亿元）	坪效（元/米²）	营业额（亿元）	坪效（元/米²）
1	杭州大厦	武林商圈	32.8	18 203	38.1	21 141	42.9	23 861
2	浙江银泰百货	武林商圈	23.9	46 950	23.0	45 169	24.1	47 259
3	杭州百货大楼	武林商圈	17.0	42 383	14.1	35 131	12.4	30 969

（续表）

序号	项目名称	所属商圈	2007年		2008年		2009年	
			营业额（亿元）	坪效（元/米²）	营业额（亿元）	坪效（元/米²）	营业额（亿元）	坪效（元/米²）
4	解百新世纪商厦	湖滨商圈	15.8	15 777	17.0	17 025	18.1	18 072

数据来源：克而瑞CRED商业地产数据库，http://cred.cric.com.

5 杭州未来商业供应及发展趋势预测

杭州的商业经历了多个时代变迁，每一次变迁都伴随着商圈格局的演变。纵观杭州市商业和商圈的发展历程，主要经过三个阶段，而目前处在第三阶段——高速发展阶段（2002年—至今）。湖滨名品街、利星名品广场等项目的建立进一步促进湖滨商圈从依托旅游特产类商业向市区高端名品购物和休闲娱乐商圈转型，确立了湖滨商圈作为高端消费集中地的形象。

而在未来四年中，商业市场将会在2012年和2013年有较大面积的新增商业供应量。将在2011年至2014年期间新增约110万平方米的商业供应。而从未来四年新增商业供应类型来看，新增项目中购物中心类商业占了绝大比例，为91.8%，其余类供应则为办公配套。

从商圈角度来看，城西商圈和下沙商圈新增供应量最多，二者占比分别为36.3%和22.7%。具体新增供应量分别为40万平方米和25万平方米，且这两个商圈新增的项目均为购物中心。

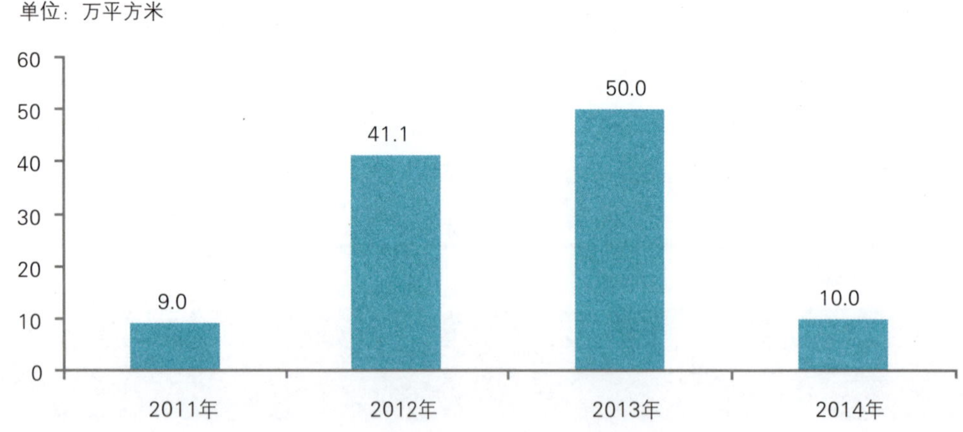

图6-197 2011—2014年杭州新增商业供应

数据来源：克而瑞CRED商业地产数据库，http://cred.cric.com.

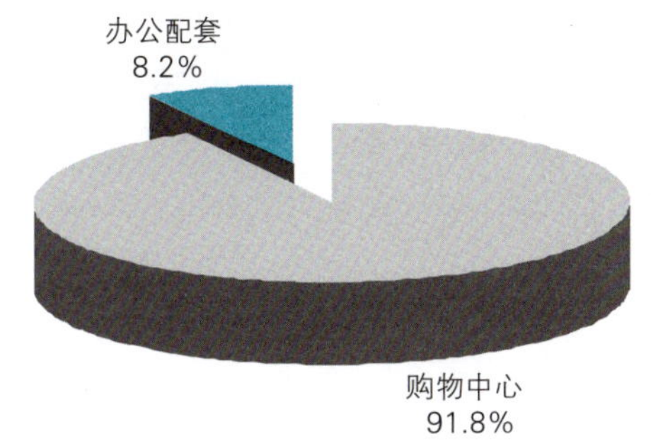

图6-198 2011—2014年杭州商圈未来各类型商业供应

数据来源：克而瑞CRED商业地产数据库，http://cred.cric.com

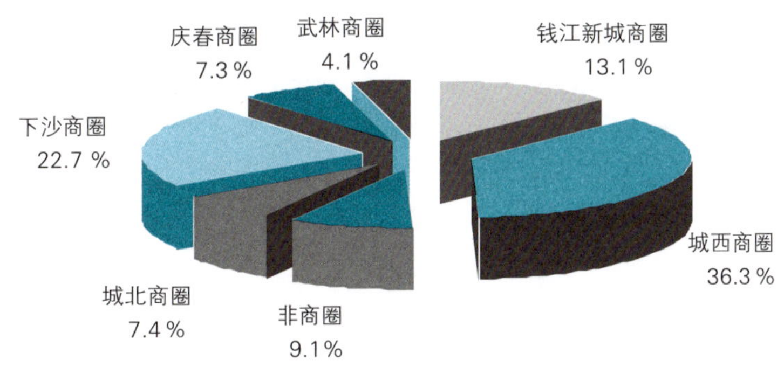

图6-199 2011—2014年杭州各商圈未来商业供应

数据来源：克而瑞CRED商业地产数据库，http://cred.cric.com

表6-98 杭州未来主要商业项目供应

序号	项目名称	所属商圈	建筑面积（平方米）	商业形态	开业时间	商业初步定位
1	来福士广场	钱江新城商圈	80 000	购物中心	2012-11-19	集五星级酒店、大型商业广场（八万平方米）等为一体的城市综合城
2	世茂江滨Cosmo	下沙商圈	250 000	购物中心	2012-12-30	将建设成为集购物广场、大型超市、商铺及SOHO于一体的综合性商业设施
3	远洋商务中心	城北商圈	81 000	购物中心	2012-12-31	集大型商业中心、五星级酒店、大规模商务写字楼及高端公寓于一体的大型高端城市综合体

（续表）

序号	项目名称	所属商圈	建筑面积（平方米）	商业形态	开业时间	商业初步定位
4	丁兰广场	非商圈	100 000	购物中心	2013-10-01	办公、酒店、购物、娱乐一体化商业项目
5	银泰百货（城西店）	城西商圈	400 000	购物中心	2013-12-08	城西高端商业中心，是办公、酒店、购物、娱乐一体化的商业项目
6	高德置地广场	钱江新城商圈	100 000	购物中心	2014-10-01	国际百货公司、精品超级市场、精品廊、豪华影院、奢侈品艺术廊、休闲餐饮等构成了杭州高德置地广场的商业综合业态
7	华联·UDC时代大厦	钱江新城商圈	15 047	办公配套	2011-05-01	底层员工餐厅，2~3层高端会所，主要服务本写字楼工作人员
8	环球中心	武林商圈	45 000	办公配套	2011-06-01	初步设想有店中店形式、专业儿童游乐场所等。打造适合年轻人的特色购物中心
9	国际时代广场	钱江新城商圈	30 000	办公配套	2011-12-11	地铁上盖项目，初步设想为美食广场

数据来源：克而瑞CRED商业地产数据库，http://cred.cric.com

3 杭州市未来城市发展规划

形成多中心、多层次、多功能，并能充分发挥整体协同效应的商业设施网络。

1 城市总体规划

（1）城镇布局

从以旧城为核心的团块状布局，转变为以钱塘江为轴线的跨江、沿江、网络化组团式布局。采用点轴结合的拓展方式，组团之间保留必要的绿色生态开敞空间，形成“一主三副、双心双轴、六大组团、六条生态带”开放式空间结构模式。

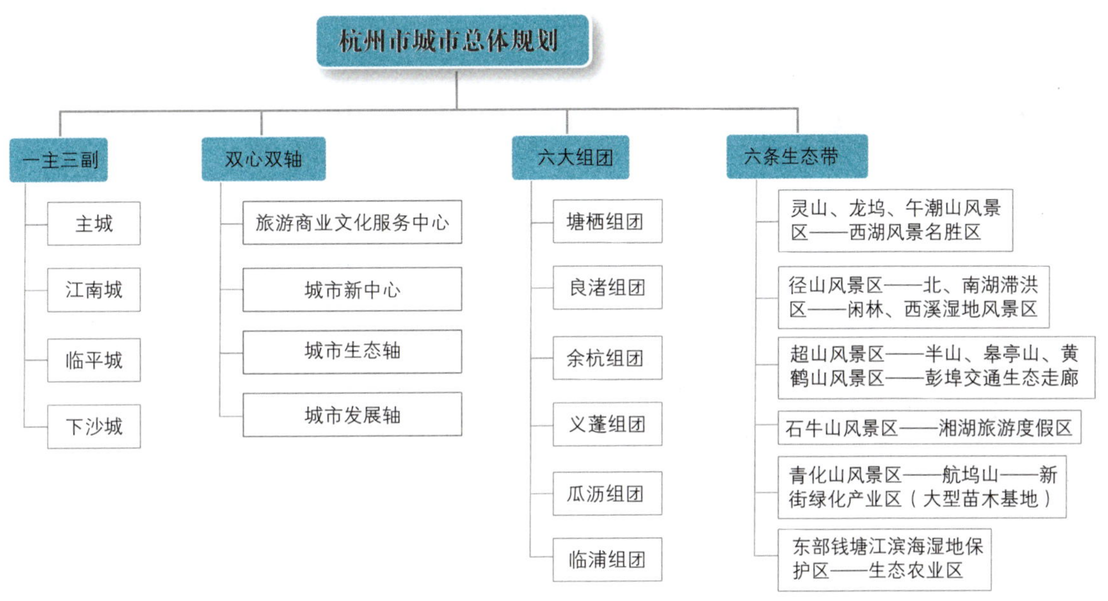

图6-200 杭州市城市总体规划示意图

中心城区由主城、江南城、临平城和下沙城组成，承担生活居住、行政办公、商业金融、旅游服务、科技教育、文化娱乐、都市型和高新技术产业功能，逐步形成体现杭州城市形象的主体区域。

表6-99 杭州市副城规划

副城	规划
江南城	由滨江区、萧山城区和江南临江地区组成，是以高科技工业园区为骨干，产、学、研协调发展的现代化科技城和城市远景商务中心。沿江地区为居住生活区、公建区和远景城市商务中心，南部为商贸、居住生活区，东、西部为工业区和文教科研区。规划城市人口110万人，城市建设用地102平方千米
临平城	由临平城区、运河镇等组成，是以城市现代加工制造业为主的综合性工业城。北部为工业区和配套生活服务区，中部为公建区和居住生活区，南部为物流区。规划城市人口50万人，城市建设用地46平方千米
下沙城	由下沙、九堡、乔司组成，是以杭州经济技术开发区和高教园区为骨干的综合性新城。北部为教育科研区，南部、西部为工业区，中部及东部临江地区为居住生活区。规划城市人口60万人，城市建设用地54平方千米

“双心双轴”是指旅游商业文化服务中心、城市新中心、城市生态轴和城市发展轴。

表6-100 杭州市“双心双轴”布局规划

布局	规划
双心	湖滨、武林广场地区——旅游商业文化服务中心
	临江地区——由北岸的钱江新城和南岸的钱江世纪城共同组成的城市新中心
双轴	东西向以钱塘江为轴线的城市生态轴
	南北向以主城——江南城为轴线的城市发展轴

六大组团分成北片和南片，北片由塘栖、良渚和余杭组团组成，南片由义蓬、瓜沥和临浦组团组成。六大组团的功能主要在于吸纳中心城区人口及产业等功能的扩散，形成相对独立、各具特色、功能齐全、职住平衡、设施完善、环境优美的组合城镇。

表6-101 杭州市城镇六大组团城市价值

组团	价值
塘栖组团	省级历史文化保护区，城市北部的休闲旅游观光基地和余杭经济开发区(临平工业区)、钱江经济开发区的配套服务基地。东部为居住生活区，西部为工业区。规划城市人口4万人
良渚组团	城市西北部以良渚文化和生态农业为主题的文化休闲旅游基地。严格保护良渚文化遗址群，合理控制人口和建设用地规模。北部为良渚遗址保护区，西部、东南部为居住生活区，西南部为生态农业旅游区。规划城市人口4万人
余杭组团	城市西部的近郊住宅区和高教科研基地。西部为居住生活区，南部为休闲度假区，东部为教育科研区。规划城市人口7万人
义蓬组团	城市东部大型综合性工业发展基地。东部和东南部为工业区，西部和西南部为居住生活区，北部和东部临江地区为生态旅游区。规划城市人口16万人
瓜沥组团	城市东南部以临港工业、轻纺工业、服装加工为主的综合性工业区和区域性物流中心。北部为工业、物流区，南部为居住生活区。规划城市人口5万人
临浦组团	城市南部未来高新技术产业发展的主要基地。北部为居住生活区，南部为高新科技园区。规划城市人口4万人

在各组团之间、组团与中心城区之间，利用自然山体、水体、绿地（农田）等形成绿色开敞空间，划定生态敏感区，避免城市连片发展而影响生态、景观和城市整体环境水平。

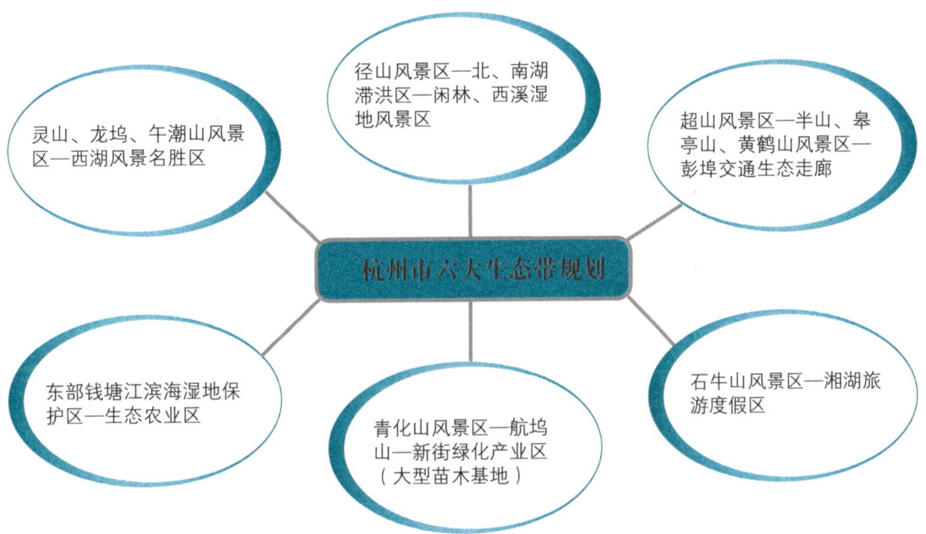

图6-201 规划建设六大绿色生态开敞空间

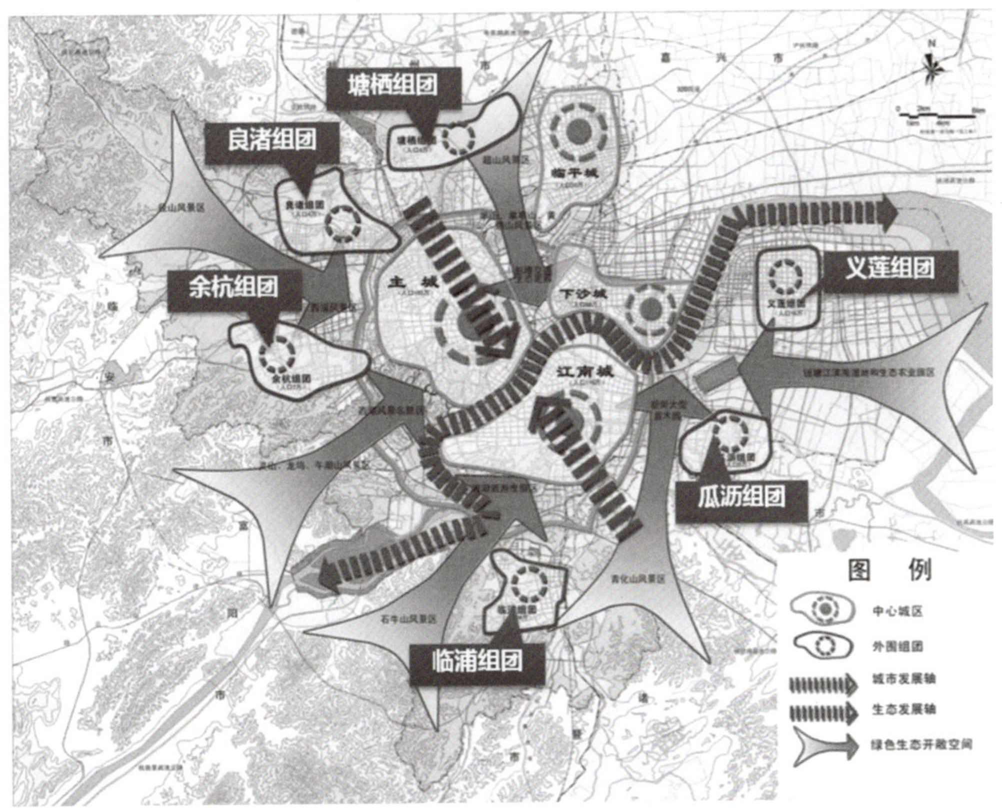

图6-202 杭州市城市总体规划

（2）交通规划

城市公共交通突出公共交通在城市交通中的优先地位，形成以轨道交通和地面快速公共交通为主导，高效方便的换乘系统为依托，常规公共汽（电）车为基础，其他公共交通工具为辅的现代化公共交通系统。2050年轨道交通线网八条线路总长约284千米，2020年建成总长约171千米的五条轨道交通线路。

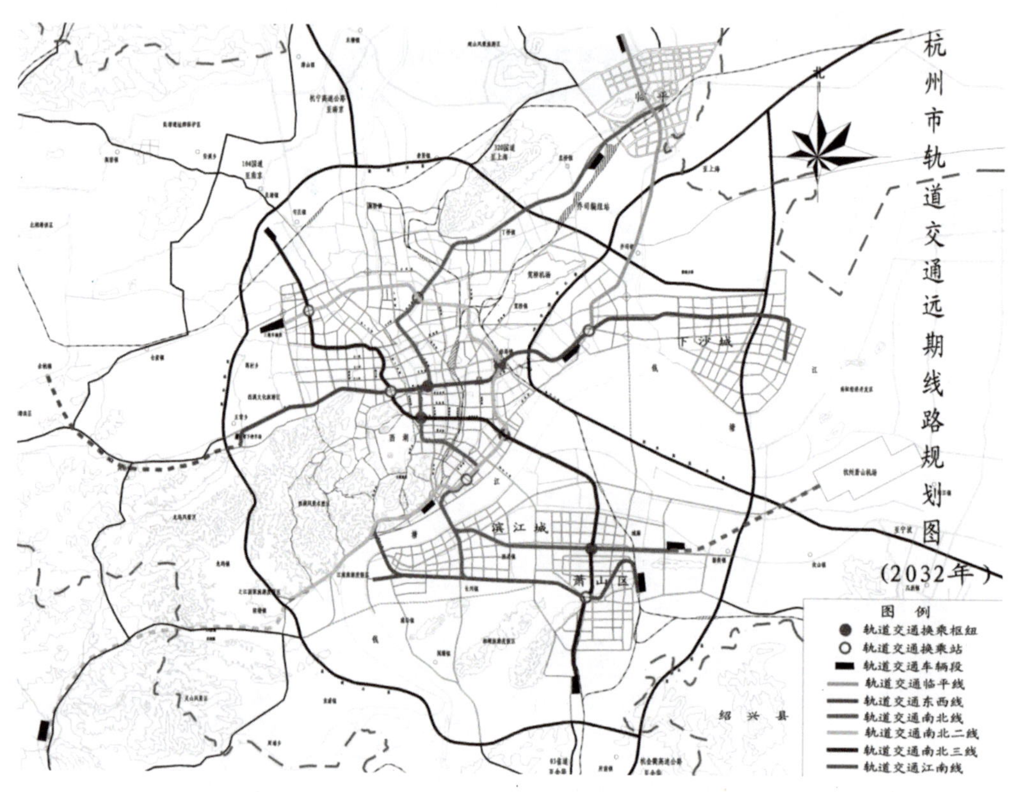

图6-203 2005—2032年杭州市轨道交通线路规划

形成“一主一辅”“一小时半圈”“一港五线四支”的交通路线。

铁路：铁路编组站按“一主一辅”设置，客运枢纽由杭州东站、杭州站、杭州南站(萧山站)组成。新的浙赣线从望江门以南开始下穿，以隧道方式穿越钱塘江及北塘河北侧绿带至杭州南站出地面。铁路望江门道口以南既有浙赣线铁路，也有由所有场站设施的功能转化的城市交通设施。规划沪杭甬高速客运专线、宁杭城际列车和沪杭磁悬浮列车引入杭州东站，在钱江二桥附近选择越江通道。

公路：强化城市对外交通，完成绕城公路及十七条对外公路，加强与上海、南京、宁波、黄山等周边城市的联系，形成市域“一小时半圈”公路交通圈。

水路：建设“一港五线四支”骨干航运网，提高钱塘江通航能力至四级，改造京杭运河，在九堡东规划建设京杭运河二通道。

航空：杭州萧山国际机场是国内干线机场和国际定期航班机场，远期年旅客吞吐量约3000万人次，远景

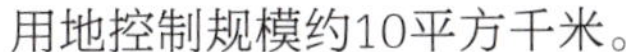
用地控制规模约10平方千米。

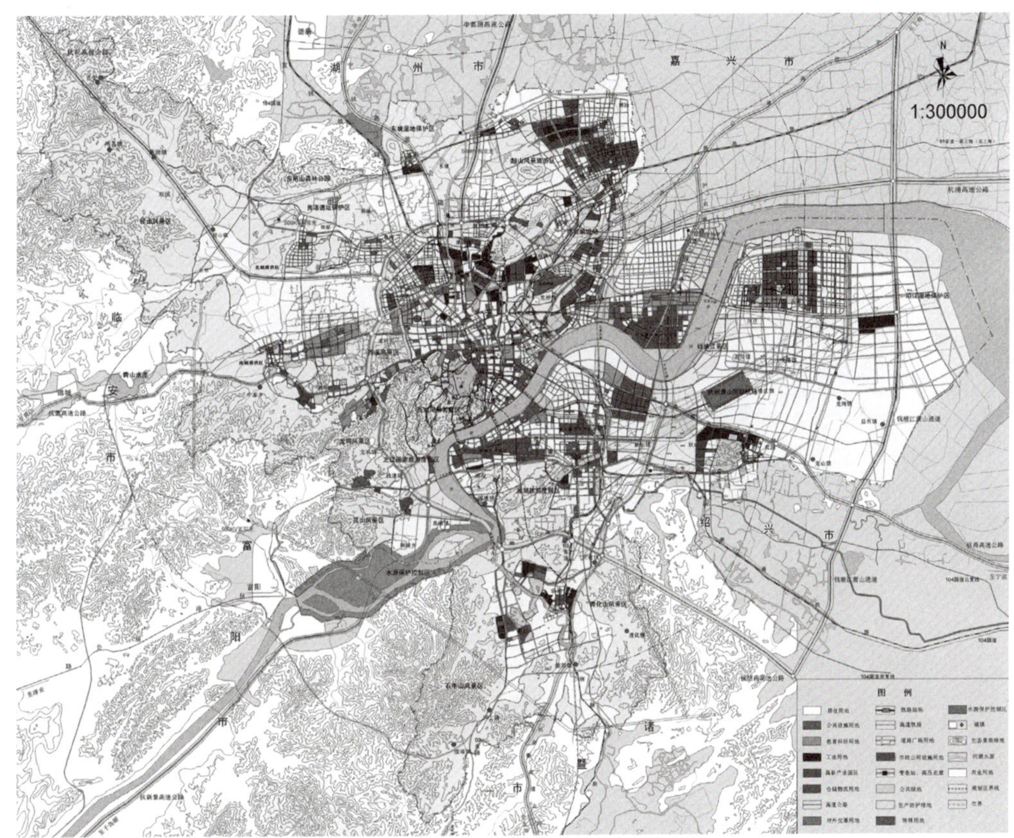

图6-204 杭州市城市总体规划交通规划

2 中心城商业网点规划

杭州市区商业网点分为市级商业中心和市级商业副中心，区域商业中心和区域商业副中心；社区、集镇商业和风景区商业三个层面同时建设改造若干个商业特色街区。形成多中心、多层次、多功能，并能充分发挥整体协同效应的商业设施网络。

市级商业中心和市级商业副中心。《杭州市城市总体规划》确定城市布局结构为：一个主城——由上城区、下城区和西湖、拱墅、江干部分城区组成，三个副城——江南城、临平城和下沙城。与此相对应，2010年前构建一个市级商业中心和三个市级商业副中心。

（1）市级商业中心

规划中的市级商业中心以延安路为轴，贯穿湖滨、武林、吴山三个商圈，组成“一线三圈”商贸区。规划范围为东至中山中路，西至湖滨路、环城西路，南至吴山广场，北至西湖文化广场。

表6-102 杭州市中心城重点建设三个商圈

商圈名称	商圈价值
湖滨商圈	湖滨旅游商贸特色街区，这是市级商业中心的核心区块。按照将“山水风光、历史文化、时尚购物、休闲娱乐、观光旅游”融为一体的要求，拓展服务领域，完善服务功能，提升品牌档次，将其打造成为领导杭州市场新潮流、新方向的现代都市商业圈
武林商圈	由现有大型百货店为主体形成的武林商圈，是目前市区商业最繁华地区。西湖文化广场建成后，北面将跨运河扩展至文晖路，与朝晖大型居住区相邻，西与武林路时尚女装街区相接，东至中山北路，南至凤起路。目前该地区大型百货店已相当密集，要严格限制再建；鼓励发展品牌专卖店、专业店及中小型餐饮业，在西湖文化广场周边增加休闲、娱乐及时尚消费设施。规划期间，将结合地铁一号线站（场）、地下车库及武林广场地下商城建设，以武林商圈为核心，打造杭州（武林）中央商务区
吴山商圈	位于延安南路，北至解放路，紧连湖滨市级商业中心核心区块，南至吴山广场，与清河坊历史文化特色街区相接，西邻南山路艺术休闲特色街区，依吴山，傍西湖，地理优势突出。吴山广场建成后，已相继开发了涌金广场、清波商厦、耀江广厦、元华广场、花鸟美食广场及在建的太平洋商业中心等大型商贸设施，面积达30万平方米。要借助地理、旅游、交通、文化等优势，加大招商力度，引进有实力的企业及知名品牌，充分利用现有商业设施开设专卖店、专业店、特色店；扩大休闲、文化娱乐场所，形成以商贸为主、商务为辅的与武林商圈相对应的新商圈

（2）市级商业副中心

表6-103 杭州市市级商业副中心规划

商圈名称	商圈规划
江南城商业中心	通过萧山区市心路中段商业网点的有序建设和业种、业态的合理配置，把萧山老城区的市心南路商业群组和规划建设的新区市心北路商业群组连结成“一轴两块”的整体，形成江南城市级商业副中心
临平城商业中心	中心位于临平镇的北大街，北至邱山大街，南至东、西大街接口，全长800米，两侧商业网点比较密集。临平地处余杭区东北部边缘，人流集聚功能相对较弱，现有商业网点规模较小，品位不高。随着临平北面78平方千米的临平工业区建设的启动，五年内将建成以现代化制造业为主的综合性工业城
下沙城商业中心	下沙城是以杭州经济技术开发区和高教园区为骨干组成的综合性新城。区域面积105平方千米，规模有望扩大到178平方千米，预计人口规模将达到40万人。目前工业园区、高教园区、出口加工区、科技园区已全面启动。现有商业服务网点零星分散在四号、五号路交叉地段，从规模到集聚程度，明显滞后于经济发展。规划中的下沙商业中心地处下沙镇及周边区域，北自德胜路延伸段，南至艮山东路延伸段，东近一号路，西邻杭州客运中心（筹建中）

（3）四个区域商业中心

表6-104 杭州市四个区域商业中心规划

商圈名称	商圈规划
庆春东路区域商业中心	位于庆春东路以北，秋涛北路以东，新塘路以西，凤起东路以南约3平方千米区域，将形成以购物为主、休闲为辅，与钱江新城品位相匹配的区域商业中心
拱宸桥区域商业中心	西跨运河至小河路，东至上塘路，南至登云路，北至定海路，是拱墅区行政中心所在地，规划为功能比较齐全，业态结构合理，以购物为主、休闲为辅的区域商业中心
翠苑区域商业中心	处于文一路与文三路之间，东至教工路，西至古翠路，规划为业态比较先进，以购物、餐饮为主的区域商业中心。翠苑区域交通便利，居住者集中，消费需求量大，本身的商业经营基础和商业氛围都比较好。规划后，商铺的经营档次与往日会有很大的不同
滨江区域商业中心	主要集中在沿钱塘江南岸的滨江大道中段，从高起点出发，形成目标消费层次以高中端为主，是集购物、餐饮、休闲、娱乐于一体的区域商业中心

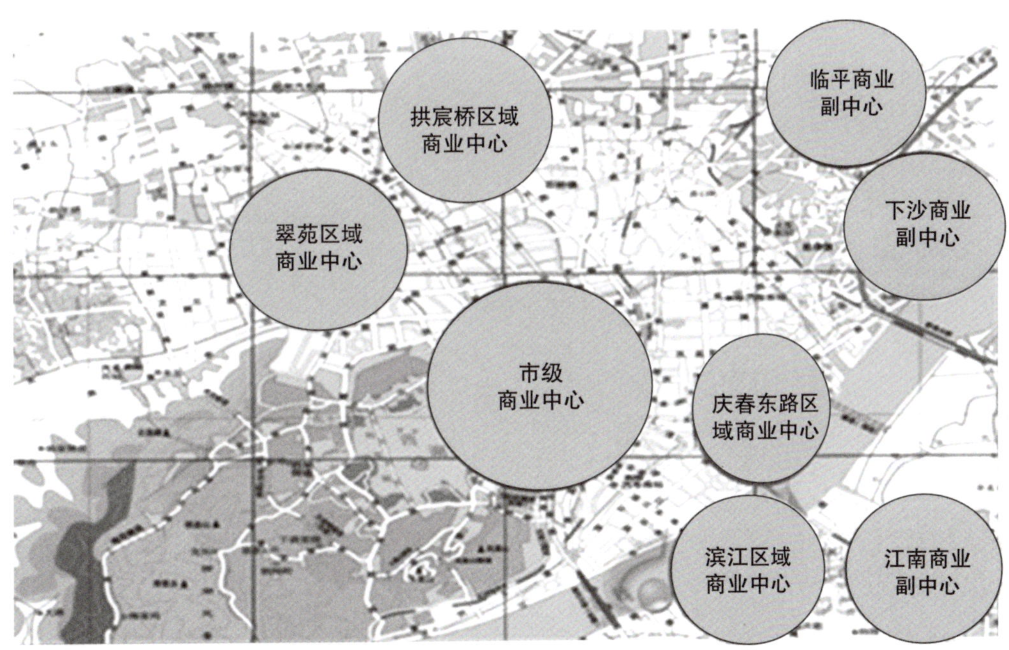

图6-205 杭州市商业中心规划分布

小结

杭州是浙江省省会，也是长江三角洲地区除上海以外的第二大中心城市。2010年，杭州经济总量稳居全国大中城市第八、副省级城市第三和省会城市第二位。杭州市户籍人口和常住人口人均GDP双双突破1万美元，标志着杭州步入“上中等”发达国家水平，经济总体实力再上了一个新台阶。

随着杭州城市规模的不断扩大、城市格局的演变、功能结构的多元化，杭州的商业地产发展也迎来了一个春天：从商场到商街、从商街到商圈，由点到线，由线到面，由单一业态向多元业态迅速发展。

根据杭州市商业网点规划，未来杭州将会形成以一个市级商业中心、三个市级副商业中心、四个区域商业中心以及七条特色街为骨架的杭州商业格局，“一心多点”的格局逐步展现并具备了向多心化发展的趋势。

第六节 SECTION SIX

2010年商业地产市场报告

1 宁波市商业地产六项宏观经济指标分析

以第二产业为城市主导产业，多年来持续占比最大。

指标1 宏观指标

经过2008年年末的金融危机，宁波GDP增长率至2009年末下降7.8个百分点后，2010年宁波经济走出了危机影响，GDP开始回升，经济运行表现良好，实现国内生产总值（GDP）5125.8亿元，按可比价格计算，比上年增长12.4%，增幅较上年提升了3.5个百分点。

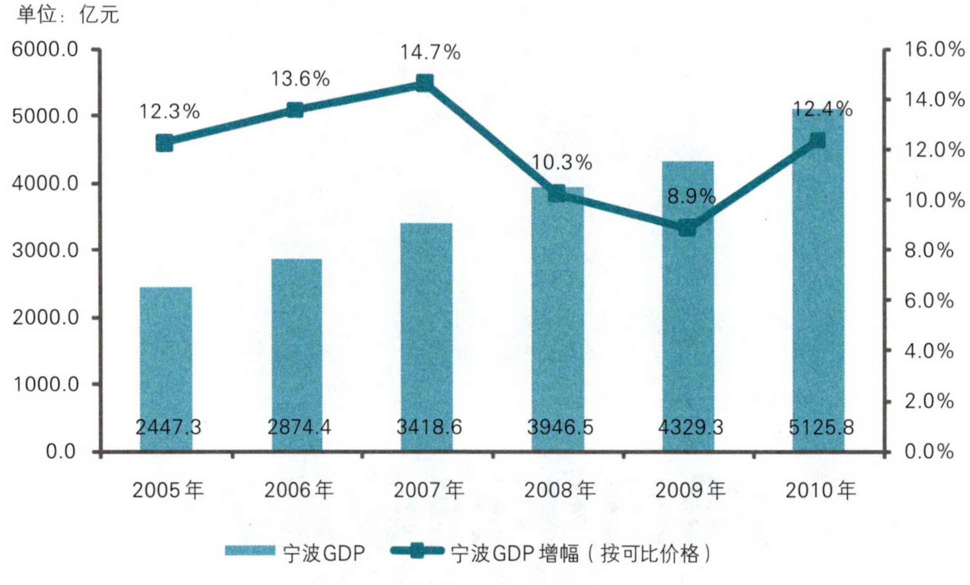

图6-206 2005—2010年宁波GDP及增幅

数据来源：克而瑞CRED商业地产数据库，http://cred.cric.com

指标2 产业结构

宁波以第二产业为城市主导产业，多年来持续占比最大。2005年，三大产业的比重分别为5.4%、54.8%、39.8%，到2010年宁波三大产业的比重分别为4.3%、55.6%和40.1%。可见宁波的产业结构变化不大，几乎没有明显波动。据2010年宁波统计公报数据显示，2009年第一产业实现增加值218.43亿元，增长3.7%；第二产业实现增加值2848.23亿元，增长13.6%，其中工业增加值2569.6亿元，增长14.8%；第三产业实现增加值2059.16亿元。

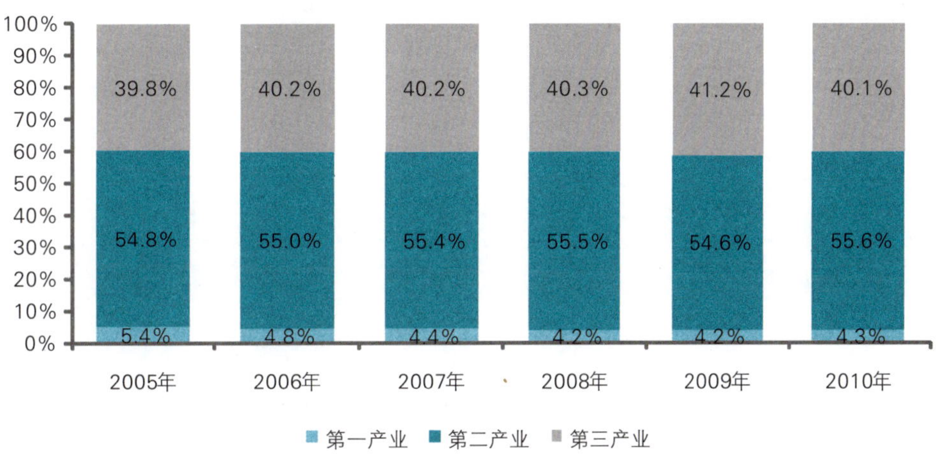

图6-207 2005—2010年宁波三大产业结构比例

数据来源：克而瑞CRED商业地产数据库，http://cred.cric.com

指标3 城市人口

宁波在人口大国的我国，属于人口增幅适度的城市。2010年年末，宁波户籍人口574.1万，较上年增长5.36‰。2005年至2010年，宁波的户籍人口并无较大的波动，且户籍人口增幅逐年下降，2010年增幅较2005年降低0.019%，有利于城市的总体发展。宁波并非以服务业为主导的城市，这也是宁波人口平稳发展的原因之一。

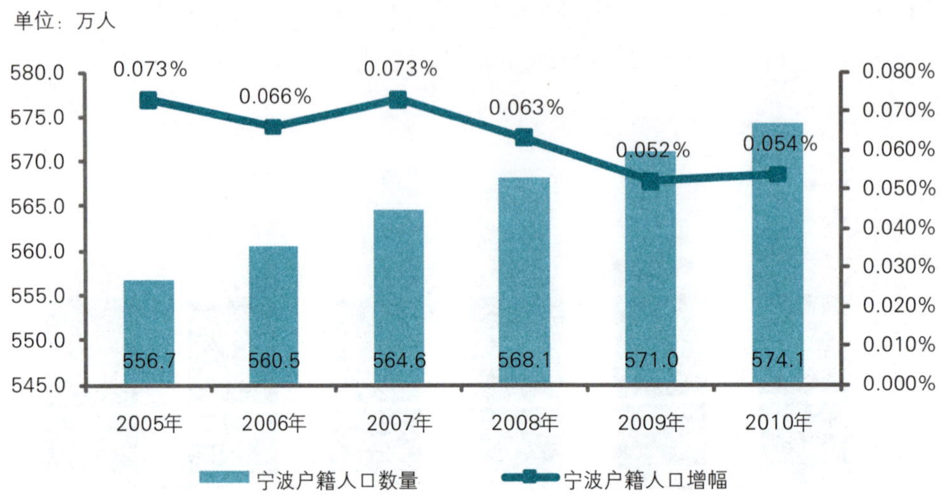

图6-208 2005—2010年宁波户籍人口数量及增幅

数据来源：克而瑞CRED商业地产数据库，http://cred.cric.com

2005年到2009年，宁波城市化率从2005年年末的32.8%平稳上升3.4个百分点，到2010年年末，宁波城市化率为38.9%，较2009年增长了3.5个百分点，数值甚至超过之前五年的总增幅，凸显宁波在渡过金融危机，进入2010年以后的良好局势。城市化率的增长，城市人口的增加，拉动了内需，促进宁波未来的城市居民消费水平的提高。

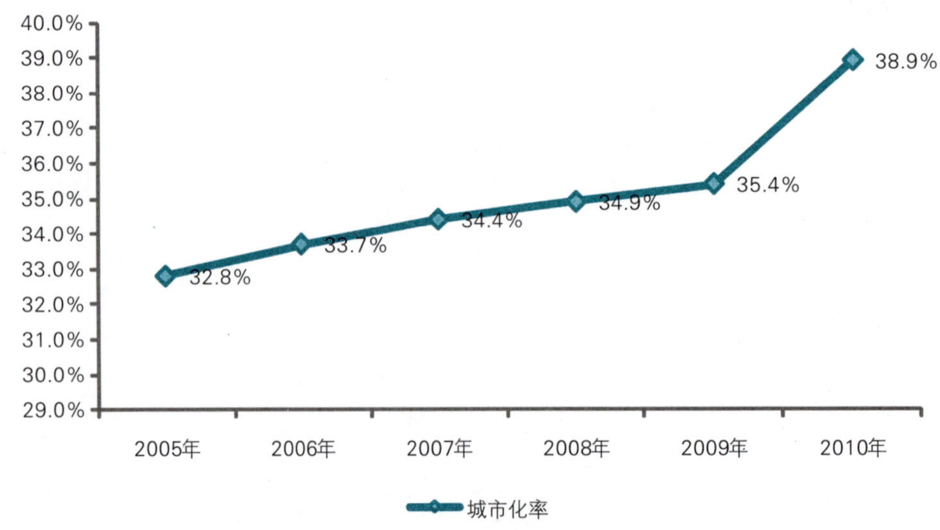

图6-209 2005—2010年宁波城市化率

数据来源：克而瑞CRED商业地产数据库，http://cred.cric.com

指标4 经济效益

2005年年末至2006年年末，宁波人均GDP出现了负增长，从2006年年末开始至2010年年末，宁波人均GDP从数值上看开始显著上升，但由于通货膨胀的关系，按可比价格计算所得的人均GDP增幅从2007年年末起大幅降低，至2009年年末共降低了5.1个百分点。

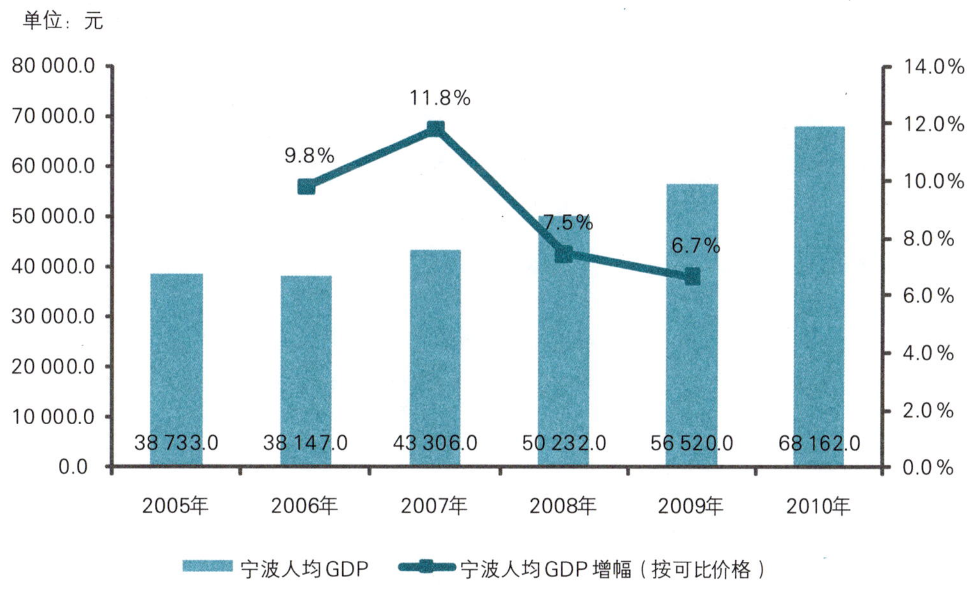

图6-210 2005—2010年宁波人均GDP及增幅

数据来源：克而瑞CRED商业地产数据库，http://cred.cric.com

指标5 城镇居民生活质量

截至2008年，宁波城镇居民人均可支配收入增幅一直呈增长趋势，自2009年开始，折线先抑后扬，可见宁波受到金融危机的影响。

2005年至2008年，宁波城镇居民生活消费总体迅速发展，在2008年年末宁波居民的消费性支出增幅达到了17.7%的峰值。之后由于金融危机，宁波居民的消费开始变得保守，增幅开始下降，到2010年的增幅为6.7%，较2008年年末下降11个百分点。

比较宁波城镇人均可支配收入及增幅和宁波人均消费性支出及增幅可知，两者截至2009年年末，走势基本一致。但2010年，宁波的人均可支配收入增幅增加，而人均消费性支出增幅下降，可见金融危机使得宁波居民的消费观念变得保守并且更多地呈现出观望态度。

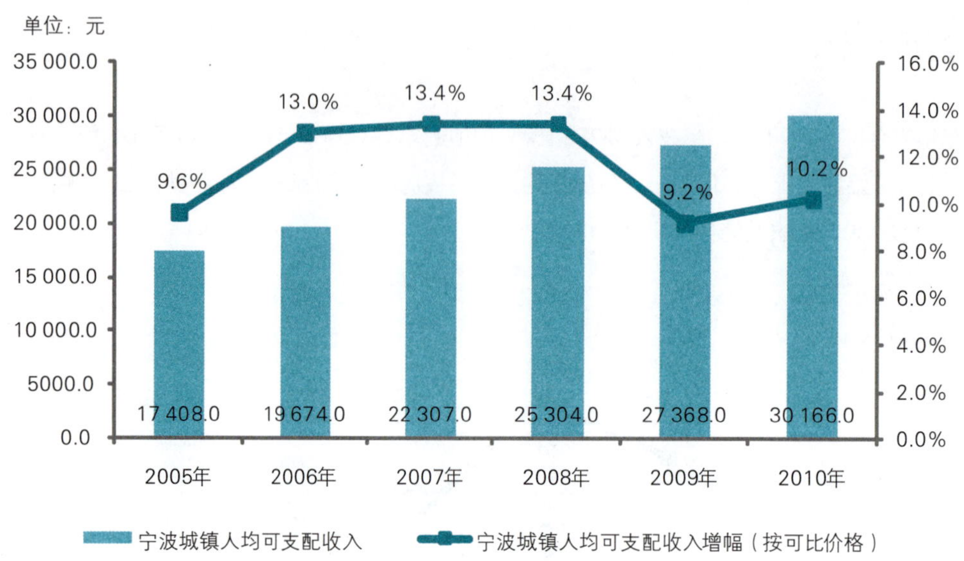

图6-211 2005—2010年宁波城镇人均可支配收入及增幅

数据来源：克而瑞CRED商业地产数据库，http://cred.cric.com

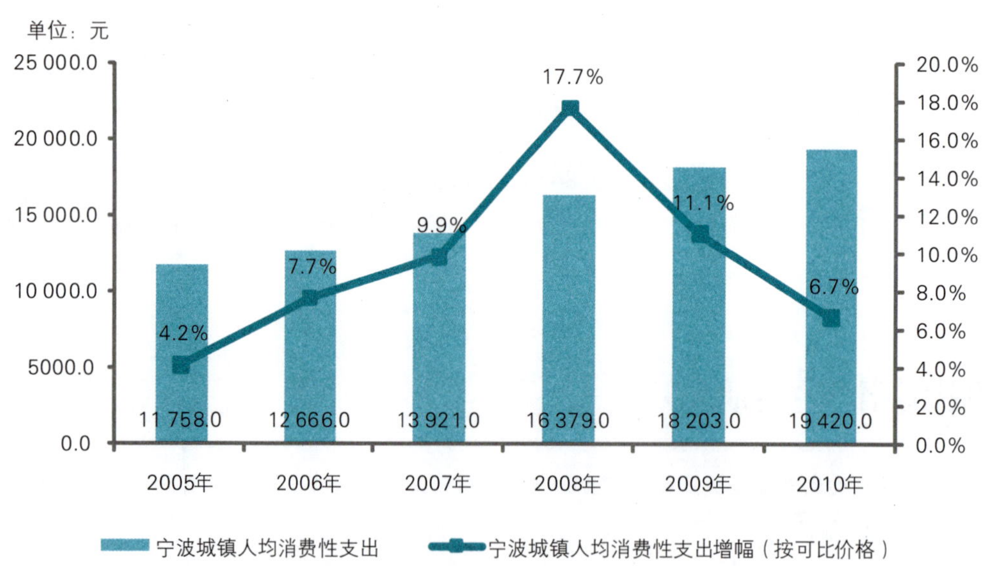

图6-212 2005—2010年宁波城镇人均消费性支出及增幅

数据来源：克而瑞CRED商业地产数据库，http://cred.cric.com

五年来，宁波市城镇人民的人均消费性支出基本波动不大，没有明显的消费比例变化。可见金融危机时期，当地政府进行了宏观调控，有利于遏制经济恐慌，保证了基础民生。

表6-105 2005—2009年宁波城镇居民人均消费性支出构成

构成＼年份	2005年		2006年		2007年		2008年		2009年	
	元	%	元	%	元	%	元	%	元	%
总支出	11 758	100	12 666	100	13 921	100	16 379	100	18 203	100
食品	4450	38	4673	38	5150	37	6114	38	6450	36
衣着	1060	9	1277	10	1281	9	1793	11	1839	10
家庭设备用品	602	5	787	6	708	5	727	4	983	5
医疗保健	615	5	554	4	745	5	729	4	857	5
交通通讯	1858	16	1669	13	2029	15	2662	16	3094	17
教育文化	1878	16	2051	16	2299	17	2522	15	2747	15
居住	967	8	1261	10	1304	9	1248	8	1621	9
其他	328	3	394	3	396	3	584	4	612	3

数据来源：克而瑞CRED商业地产数据库，http://cred.cric.com

边际消费倾向是影响消费的重要力量，2005年至2010年间，宁波居民的边际消费倾向总体呈下滑趋势，说明宁波整体较为富裕，人民的消费潜力巨大。

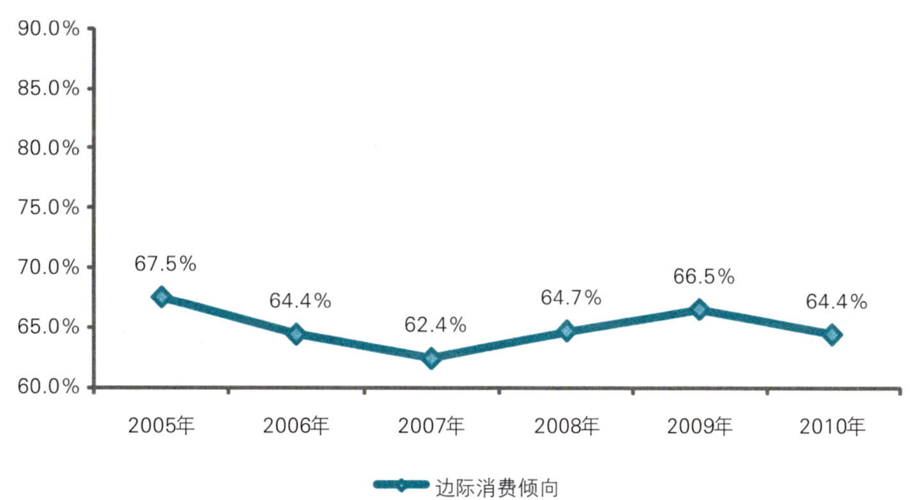

图6-213 2005—2010年宁波边际消费倾向

数据来源：克而瑞CRED商业地产数据库，http://cred.cric.com

指标6 商业需求

2010年，宁波实现社会消费品零售总额1704.5亿元，增长19.2%，这是自2008年年末19.6%的最高增幅以后震荡出现的回升，宁波消费市场持续走旺。其中零售业零售额1460.4亿元，增长19.9%；住宿和餐饮业零售额158.3亿元，增长14.8%。在限额以上批发和零售业零售额中，汽车类增长42.3%，金银珠宝类增长47.8%，石油及制品类增长33.4%，服装鞋帽针纺织品类增长32.7%，日用品类增长28.8%，家用电器和音像器材类增长26.7%。比较宁波社会消费品零售总额及增幅和宁波人均社会消费品零售总额及增幅，两图的柱状分布及增值基本一致，增幅折线形态也如出一辙。

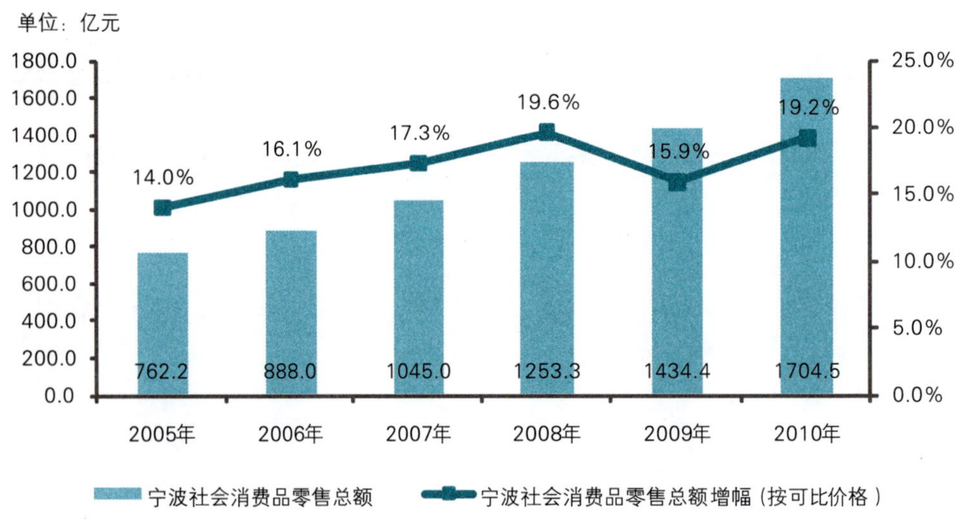

图6-214 2005—2010年宁波社会消费品零售总额及增幅

数据来源：克而瑞CRED商业地产数据库，http://cred.cric.com

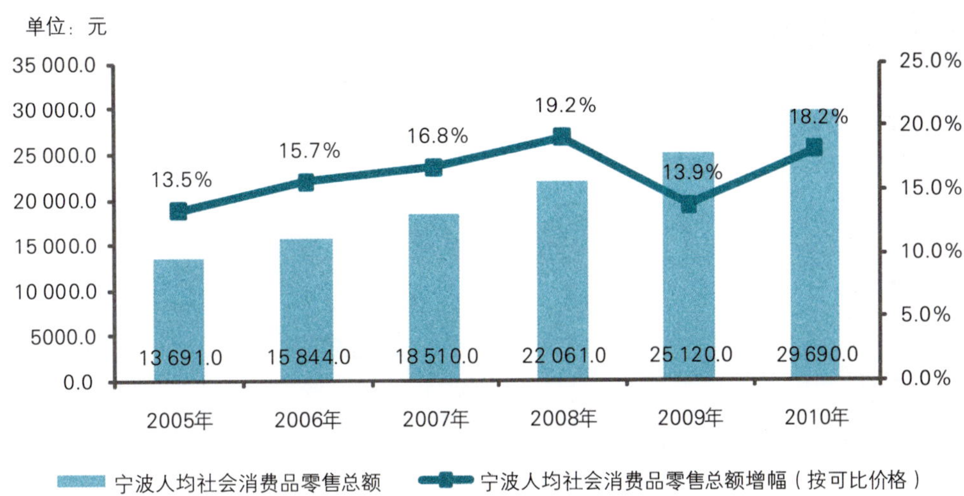

图6-215 2005—2010年宁波人均社会消费品零售总额及增幅

数据来源：克而瑞CRED商业地产数据库，http://cred.cric.com

2 宁波市整体商业市场环境研究

商圈密集程度较高，商圈内商业供应量已经饱和。

1 现有商业供应情况

据统计，2008年年末宁波商业总存量约为678万平方米，主要商业形态包括百货、购物中心、市场、商业街和其他类型。至2010年，宁波商业总存量不断上涨，人均商业面积约为1.2平方米，已达到世界发达国家的人均商业面积水平。

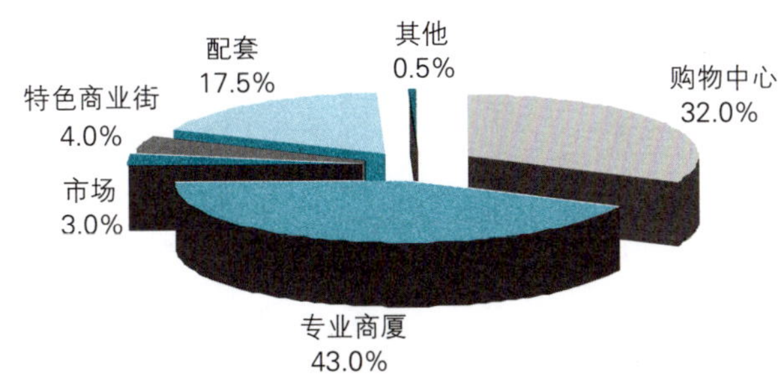

图6-216 2010年宁波各类型重点商业存量供应

数据来源：克而瑞CRED商业地产数据库，http://cred.cric.com

2 三大主要商圈描述

宁波目前主要的商圈有三个，其中包含一个核心商圈，分布在市中心，为三江口商圈；次级商圈两个，分布在城市东部，为江东商圈和鄞州商圈。三个商圈之间距离都在五千米以内，商圈之间相互影响，共同发展。

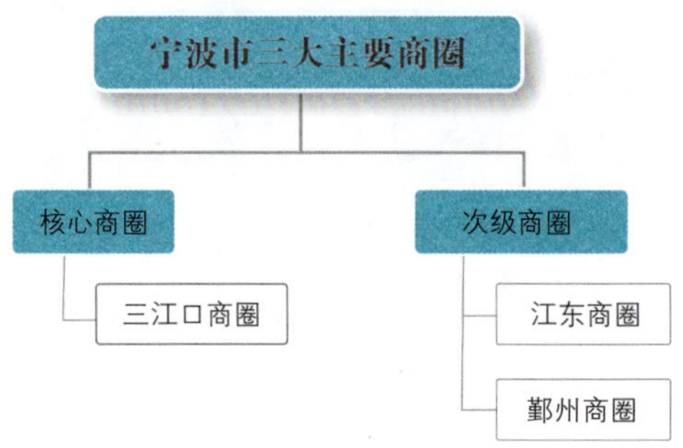

图6-217 宁波市三大主要商圈示意图

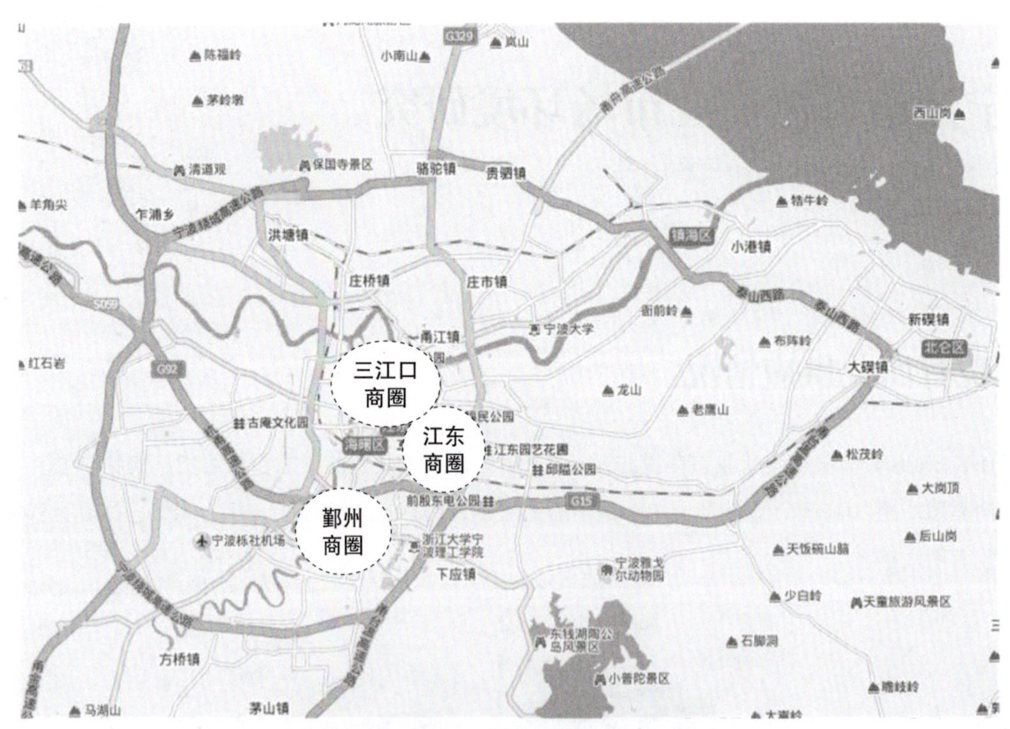

图6-218 2101年宁波主要商圈分布图

表6-106 宁波主要商圈

序号	商圈编号	商圈名称	商圈级别	区域属性	特征	主要零售物业
1	A	三江口商圈	核心商圈	商业区	**档次：**中高端 **目标客群：**时尚人士、白领 **主要商业类型：**以购物中心和百货为主，特色商业街和市场为辅	天一广场 国购 和义大道 宁波第二百货商店 城隍庙商城 鼓楼步行街
2	B	江东商圈	次级商圈	住宅区	**档次：**中端 **目标客群：**白领、时尚人士、百姓阶层 **主要商业类型：**以购物中心和配套为主	中信泰富广场 世纪东方商业广场 东方商务中心 三号桥市场
3	C	鄞州商圈	次级商圈	综合区	**档次：**中高端 **目标客群：**时尚人士、白领 **主要商业类型：**购物中心、百货	万达广场 联盛商业广场 迪赛明天广场 新江厦百货

商圈1 三江口商圈
宁波市规模最大的商圈

① 商圈范围

位于宁波市市中心商业区，三江交汇地区。

② 商圈价值

三江口商圈是整个宁波市规模最大的商圈，有18个大型商业项目，总规模超过77万平方米，同时也是最为繁华的商业区。三江口商圈包含天一广场、城隍庙、鼓楼和老外滩等小商圈，是宁波市传统商业中心，同时也是宁波的标志性购物区域，商圈定位中高端，是外来旅游客群的必选之地。

三江口商圈以购物中心和百货为主，分别占比48.3%和31.2%，特色商业街和配套为辅，分别占比17.8%和2.7%。商圈以天一广场为核心，带动整个宁波市的商业运行和发展。

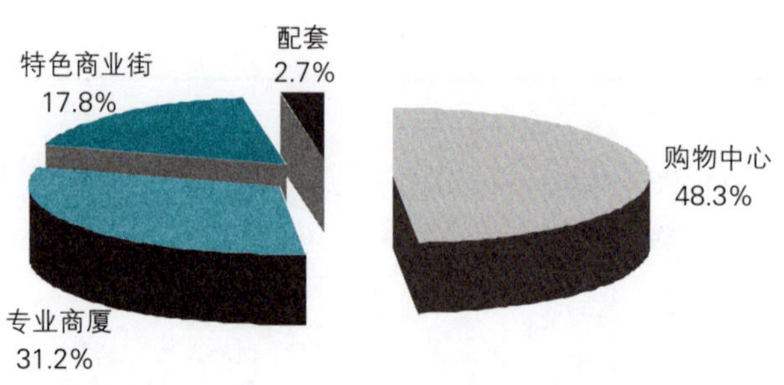

图6-219 2010年宁波三江口商圈大型商业形态比例

数据来源：克而瑞CRED商业地产数据库，http://cred.cric.com

表6-107 宁波三江口商圈主要商业项目

序号	项目编号	项目名称	建筑面积（平方米）	商业形态	开业时间	档次	经营情况	出租率
1	A1	新世界百货汇美店	10 500	百货	2004-11	中高端	良好	100%
2	A2	百联东方商厦	17 000	百货	2006-09	中高端	一般	100%
3	A3	新华联商厦	26 800	百货	2001-09	中端	良好	100%
4	A4	宁波第二百货商店	17 000	百货	1950-09	中端	优	100%
5	A5	银泰百货东门店	45 000	百货	2000-10	中高端	优	100%
6	A6	天一广场	22 000	购物中心	2002-10	中高端	优	100%
7	A7	城隍庙商城	20 000	特色商业街	1995-04	中端	良好	100%
8	A8	鼓楼步行街	67 000	特色商业街	1998-12	中低端	一般	100%
9	A9	和义大道	100 000	购物中心	2009-09	高端	良好	60%
10	A10	国购	20 000	百货	2005-10	中高端	优	100%
11	A11	金光中心	30 000	百货	1998-04	中高端	一般	100%
12	A12	老外滩	80 000	特色商业街	2005-01	高端	良好	92%

数据来源：克而瑞CRED商业地产数据库，http://cred.cric.com

商圈2 江东商圈 交通通行性极佳

① 商圈范围

江东商圈地处三江口东侧综合区，位于密集住宅小区之中。

② 商圈价值

江东商圈主要有天伦广场、家乐福、欧尚等大型成熟的商业项目。此区域有大量公交车站，通行性极佳，有助于其作为城市副中心的成熟与发展。该商圈周边有密集的住宅小区，提供较多的客流群体，且二号桥和三号桥的专业市场发展较好，备受专业类零售商的关注。

江东商圈整体定位为中端，更倾向为周边住宅区提供配套的功能，其商业形态以购物中心和专业商厦为主，分别占比43.3%和45.2%，其他形态为辅，满足周边需求。

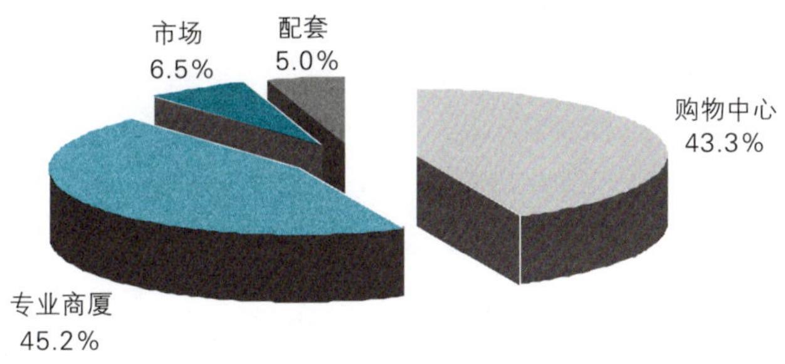

图6-220 2010年宁波江东商圈大型商业形态比例

数据来源：克而瑞CRED商业地产数据库，http://cred.cric.com

表6-108 宁波江东商圈主要商业项目

序号	项目编号	项目名称	建筑面积（平方米）	商业形态	开业时间	档次	经营情况	出租率
1	B1	中信泰富广场	40 367	购物中心	2009-12	中高端	良好	100%
2	B2	世纪东方商业广场	160 000	购物中心	2009-10	中高端	一般	65%
3	B3	东方商务中心	28 716	配套	2008-12	中端	一般	90%
4	B4	三号桥市场	75 000	专业商厦	1993-08	中低端	良好	100%

数据来源：克而瑞CRED商业地产数据库，http://cred.cric.com

商圈3 鄞州商圈 以购物中心为主要形态

① 商圈范围

以鄞州万达广场为中心的商圈。

② 商圈价值

鄞州万达广场是目前宁波第二大商业广场，吸引了包括世界五百强在内的国际级主力店加盟，以鄞州万达广场为中心的鄞州商圈已逐渐成熟。宁波鄞州万达广场项目是一个集国际商业广场、高级公寓、白金五星级酒店及A级写字楼为一体的大型城市综合体项目。

鄞州商圈处于综合区内，以购物中心为主要形态，占比91.9%，其次是百货业态，占比8.1%。

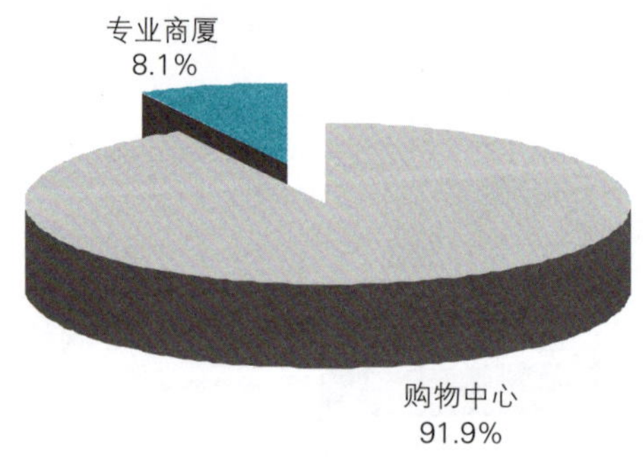

图6-221 2010年宁波鄞州商圈大型商业形态比例

数据来源：克而瑞CRED商业地产数据库，http://cred.cric.com

表6-109 宁波鄞州商圈主要商业项目

序号	项目编号	项目名称	建筑面积（平方米）	商业形态	开业时间	档次	经营情况	出租率
1	C1	万达广场	270 000	购物中心	2006-12	中高端	优	100%
2	C2	联盛商业广场	50 000	购物中心	2009-10	中端	良好	90%
3	C3	迪赛明天广场	75 000	购物中心	不详	中高端	良好	95%
4	C4	新江厦百货	35 000	百货	2008	中高端	良好	100%

数据来源：克而瑞CRED商业地产数据库，http://cred.cric.com

3 城市整体租金水平

（1）购物中心首层租金水平

宁波主要商圈购物中心的首层租金，三江口商圈的购物中心租金水平最高，为20～40元/（米^2·天），处于全宁波市较高水平，这与三江口商圈的商业氛围成熟度有关。此外，购物中心的首层租金水平与购物中心本身的档次定位有关，所以除了和义大道，其他购物中心都为中高端，故租金水平都在10～20元/（米^2·天）。

表6-110 宁波主要商圈购物中心租金

序号	项目编号	项目名称	所属商圈	首层租金［元/（米^2·天）］
1	A9	和义大道	三江口商圈	30～40
2	C1	万达广场	鄞州商圈	12～15
3	B1	中信泰富广场	江东商圈	10～20
4	B2	世纪东方商业广场	江东商圈	10～20

数据来源：克而瑞CRED商业地产数据库，http://cred.cric.com

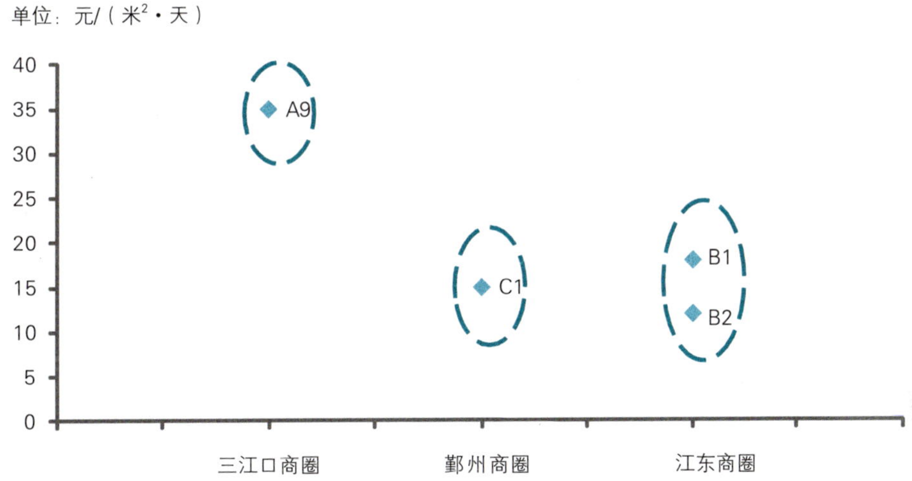

图6-222 2010年宁波主要购物中心租金水平分布

数据来源：克而瑞CRED商业地产数据库，http://cred.cric.com

（2）百货租金水平

宁波百货公司的租金基本为流水倒扣，由于宁波的百货公司主要集中在三江口商圈内，故各百货公司的扣点也基本相同，维持在10%～25%左右，无明显差别。

表6-111 宁波主要商圈百货租金

序号	项目名称	所属商圈	首层租金（扣点）
1	新世界百货汇美店	三江口商圈	15%～20%
2	百联东方商厦	三江口商圈	10%～25%
3	新华联商厦	三江口商圈	10%～20%
4	宁波第二百货商店	三江口商圈	10%～20%
5	银泰百货东门店	三江口商圈	12%～25%
6	国购	三江口商圈	18%～22%
7	金光中心	三江口商圈	10%～28%
8	新江厦百货	鄞州商圈	18%～25%

数据来源：克而瑞CRED商业地产数据库，http://cred.cric.com

城市主要商场坪效

宁波主要商场坪效还是按商业形态来划分，百货由于商业密集度较高，故坪效也较高，而商业街等形态的商业，密集度较低，故坪效较低。同商圈的同形态商业的坪效基本没有差距。

表6-112 宁波主要商场坪效

序号	项目编号	项目名称	所属商圈	2007年		2008年		2009年	
				营业额（亿元）	坪效（元/米²）	营业额（亿元）	坪效（元/米²）	营业额（亿元）	坪效（元/米²）
1	A5	银泰百货东门店	三江口商圈	16.7	37 111	22.0	48 889	23.5	52 222
2	A4	宁波第二百货商店	三江口商圈	4.6	27 059	5.7	33 529	7	41 176
3	A2	百联东方商厦	三江口商圈	1.9	11 176	1.7	10 000	1.6	9411
4	A7	城隍庙商城	三江口商圈	1.5	7500	1.8	9000	1.9	9500
5	C4	新江厦百货	鄞州商圈	10.7	30 571	11.0	31 429	10.7	30 571

数据来源：克而瑞CRED商业地产数据库，http://cred.cric.com.

宁波未来商业供应及发展趋势预测

宁波目前的商圈密集程度较高，商圈内的商业供应量已经达到饱和，非商圈的商业较少，未来商业供应会向非商圈扩散。

宁波现有的商圈，基本都是综合区，商务氛围较轻。随着市中心商圈周围多处酒店和写字楼的落成，优良的商务氛围和稳定的高层次新客群将进一步促进市级商圈的整体商业范围和商业档次的提升。

宁波的次级商圈正在加紧建设和完善，该商圈的辐射带动作用日益明显，其发展空间较大，规模化、集约化趋势显现。

表6-113 宁波未来主要商业项目供应

序号	项目名称	所属商圈	建筑面积（平方米）	商业形态	开业时间（预计）	商业初步定位
1	宁波环球城	商圈	300 000	特色商业街	2011-08	目标定位为欢趣体验型多业态复合的家庭消费娱乐园地
2	维多利亚广场	江东商圈	114 000	购物中心	2013-07	宁波陆家嘴，城市会客厅
3	钱湖天地	非商圈	30 000	购物中心	2012-09	规划为庭院式商业，引进PRELUDE伯豪主题精品酒店、法国雅高IBIS商务酒店及汇集特色餐饮、酒吧、KTV、SPA、会所、健身等精致化商业业态
4	富邦世纪商业广场	非商圈	18 000	购物中心	2012-04	立足北仑新的城市发展中心，以前所未有的大手笔、大魄力引领北仑商业全面升级还贷
5	海商广场	非商圈	100 000	购物中心	2012-01	将建设成为镇海新城核心区首座大型国际化城市综合体
6	招宝广场	非商圈	40 000	购物中心	2011-12	低层、街道形态、喷泉、精美的建筑细部及饰品，情景体验式建筑
7	江北新商街	非商圈	14 000	特色商业街	2011-09	一个集精品购物、休闲娱乐、时尚家居、生活服务于一体的全生活商业购物场所

数据来源：克而瑞CRED商业地产数据库，http://cred.cric.com

3 宁波市未来城市发展规划

适当发展购物中心，合理发展大型专业店。

1 城市总体规划

（1）人口布局

中心城区即三江片、镇海片、北仑片和鄞州片，面积2560平方千米，到2020年人口规模达到250万；都市区（包括中心城、余慈地区和奉化）面积4036平方千米，到2020年人口规模达到550万；市域面积9365平方千米，到2020年人口规模达到700万。

（2）城镇布局

总体分为市域、都市区和中心城三个形态；市域内形成以宁波中心城为中心，T字型交通骨架（滨海线、沿海国道主干线）为主轴，两区（北部都市区、南部生态发展区）为主体的面向杭州湾的开放式空间布局结构；都市区将形成以宁波中心城为中心，余慈地区杭州湾南岸新城组成的带形组团式布局；中心城区将形成为"一心两带三片多点"组团式空间格局：

"一心"即以三江片为核心，"两带"即滨海、北仑、镇海产业带，沿运河和铁路的交通生态带；"三片"即镇海、北仑和三江片由两条生态带隔离，形成一个组团式城市，"多点"即围绕中心城三片的十多个卫星城。

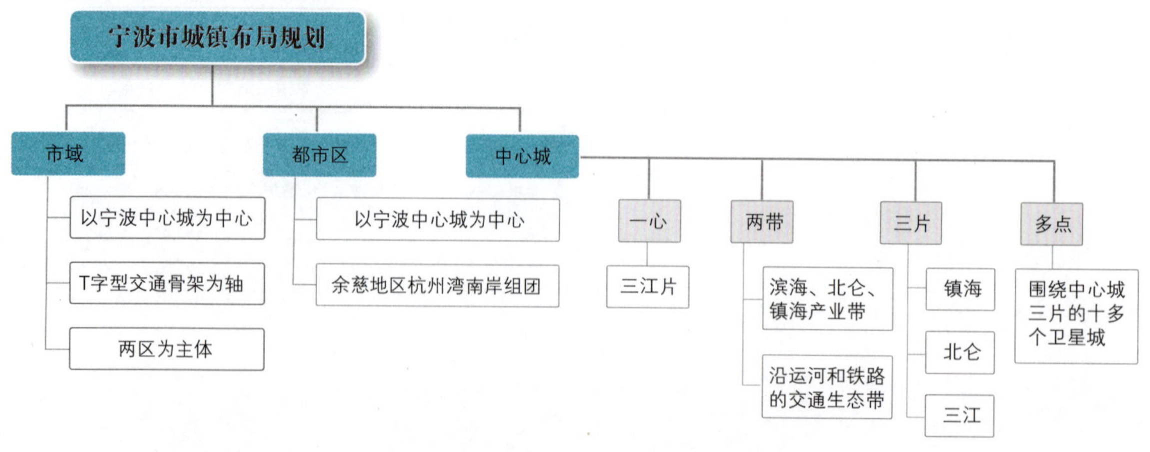

图6-223 宁波市城镇布局规划示意图

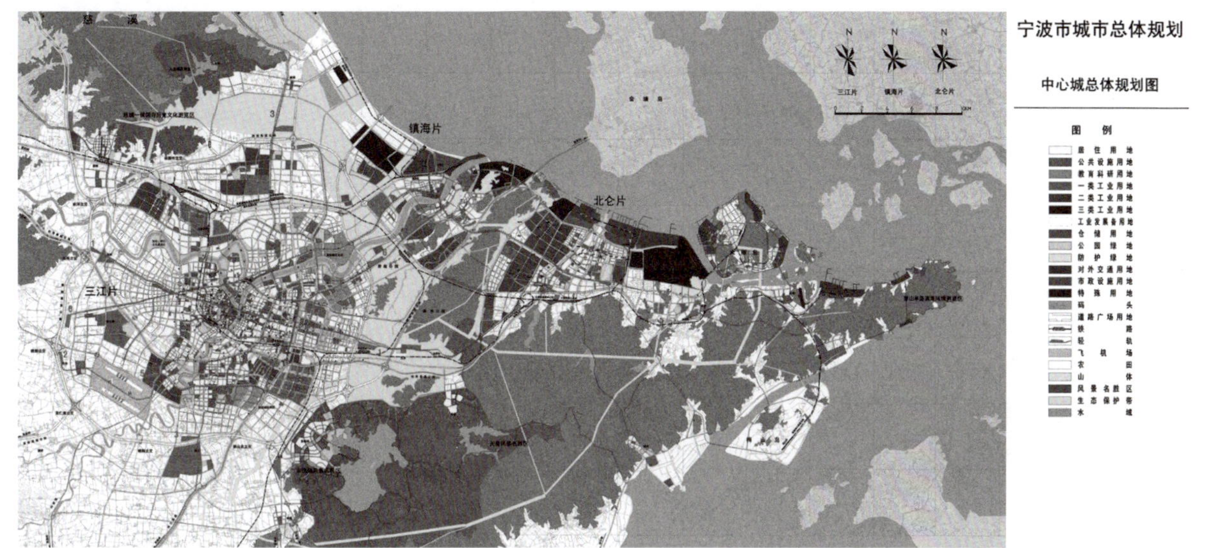

图6-224 2004—2020年宁波城市总体规划

（3）产业布局

中心城的城市功能是由各片区组成的，规划中心城呈“两带三片双心”组团式的结构。“两带”即滨海布置产业带，沿三江安排生活带；“三片”即三江片、镇海片、北仑片，各片相对独立兼以生态绿地作隔离，以快速交通相连接，以保持良好的城市生态环境；“双心”即三江片三江口中心和东部新城中心。

表6-114 宁波市中心城三大片区功能

片区	功能
三江片	宁波市政治和文化中心，金融、商贸、信息、科技、教育、旅游基地，以三产和生活居住用地为主，适当发展高科技或无污染的工业
北仑片	东北亚航运中心深水枢纽港，东南沿海以大型临港工业和出口加工工业为主的先进制造业基地，区域性现代物流中心和现代化滨海新城区
镇海片	作为近海物资中转基地，大型临港工业区和滨海、滨江的现代化生活区

（4）交通规划

将形成“123”交通圈，即市域内形成一小时交通圈，市域外到达上海、杭州、嘉兴、台州、舟山、金华等周边城市形成两小时交通圈，都市区以内形成三十分钟交通圈。同时还将建立起以北仑港为起点，以宁波市区为中心的“一绕五射”高速公路骨架。“一绕”指绕城公路，“五射”指杭甬高速公路、同三国道主干线（甬台温高速公路）、甬金高速公路、杭州湾大通道、舟山陆岛工程。

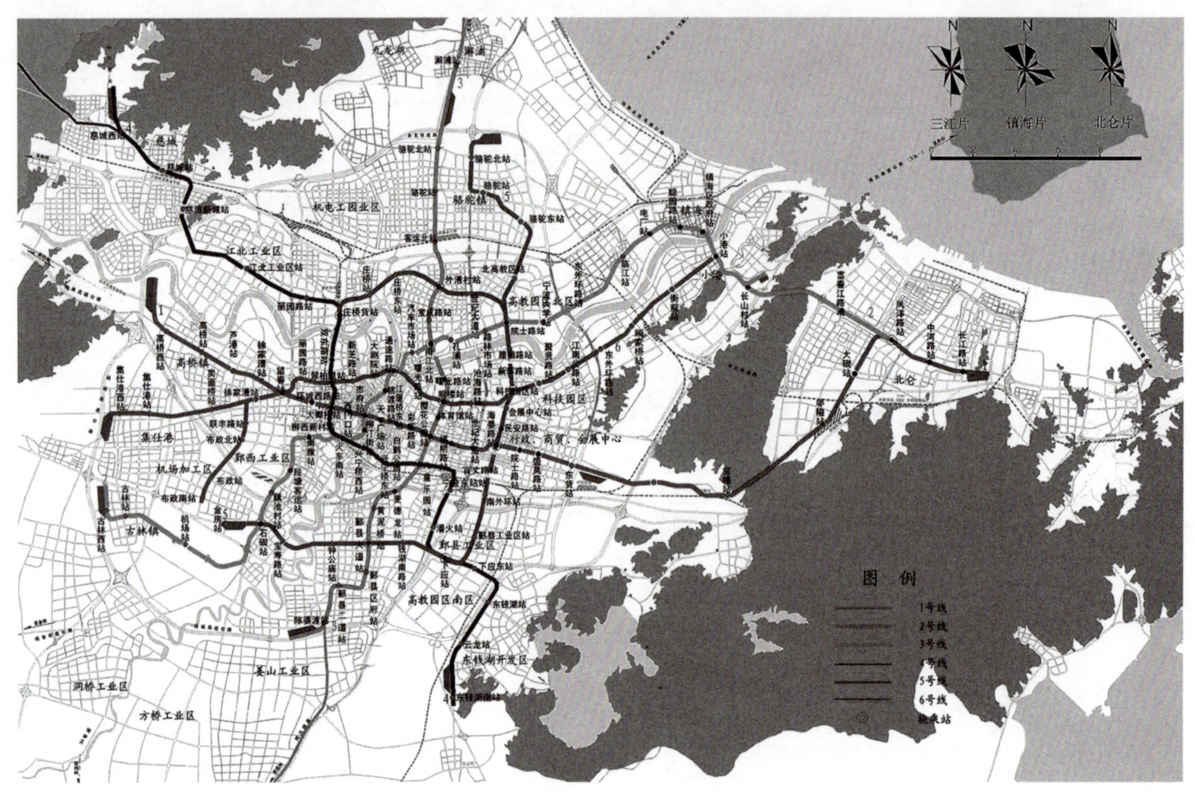

图6-225 2001—2020年宁波城市交通规划

2 中心城商业网点规划

2020年中心城商业营业面积规划控制在350万平方米左右，形成以“两主”为基础，分别是三江口商圈和东部新城区商圈；以“八辅”为补充，分别是镇海老城区商圈、骆驼商圈、北仑新碶商圈、江北洪塘商圈、江北商圈、海曙姚江南商圈、江东七里垫商圈、鄞州商圈；以“多点”为网络的结构合理、布局完善的商业体系。

（1）大型零售网点规划

适当发展购物中心，中心城规划四个购物中心，商业总营业面积控制在70万平方米左右，分别为天一广场购物中心、东部新城购物中心、鄞州购物中心、江北购物中心。控制三江口商业中心大型百货店的增加，适当在新的商业中心规划百货店。规划18个大型百货店，商业总营业面积控制在55万平方米以内。三江口商业中心保留九个，新建两个；鄞州商业中心、东部新城区商业中心各规划两个；江北商业中心、七里垫商业中心、北仑新碶商业中心各规划一个。

（2）大型专业店规划

合理发展大型专业店，规划22个大型专业店，商业总营业面积控制在20万平方米以内。

表6-115 宁波市中心城大型专业店规划

规划片区	规划数量（个）
海曙片	6
江东片	4
江北片	6
鄞州片	5
北仑片	1

合理布局大型综合超市，规划25个大型超级市场，总营业面积控制在30万平方米以内。

表6-116 宁波市中心城大型综合超市规划

规划片区	规划数量（个）
海曙片	6
江东片	4
江北片	7
鄞州片	6
镇海片	1
北仑片	1

适当加强仓储式商场的发展，规划仓储式大卖场三处，总营业面积控制在7万平方米以内。

表6-117 宁波市中心城仓储式商场规划

规划片区	规划数量（个）
鄞州片	2
江北片	1

（3）商业街规划

形成以中山路综合商业街为龙头，以特色商业街为基础，结合城市自然风貌和历史特色，形成功能齐全、布局合理、类型多样、层次分明、体现城市文脉的商业街体系。中心城规划30条重点商业街，其中综合商业街8条，特色商业街22条。

小结

宁波是一座具有悠久历史的商贸城市，在全国占有重要的经济地位。在全国15个副省级城市中，宁波继深圳和广州之后第三个跨越工业总量万亿元的门槛。2008年，宁波市人均GDP达到发达国家水平，为10 000美元。

2008年年末，宁波商业总存量约为678万平方米，主要商业形态包括百货、购物中心、市场、商业街和其他类型。截至2010年，宁波商业总存量不断上涨，人均商业面积约为1.2平方米，已达世界发达国家的人均商业面积水平。

宁波目前的主要商圈有三个：核心商圈为市中心的三江口商圈，次级商圈两个，分布在城市东部，为江东商圈和鄞州商圈。三个商圈之间距离都在5000米以内，商圈之间相互影响较大。随着现代化大都市圈框架的确立，城市功能的不断加强，宁波市的战略地位得到进一步提升。商业网点作为宁波商贸业发展的重要载体和城市繁荣程度的标志，也必须先行一步。

根据规划，2020年中心城商业营业面积控制在350万平方米左右，形成以“两主”为基础，分别是三江口商圈和东部新城区商圈；以“八辅”为补充，分别是镇海老城区商圈、骆驼商圈、北仑新碶商圈、江北洪塘商圈、江北商圈、海曙姚江南商圈、江东七里垫商圈、鄞州商圈；以“多点”为网络的结构合理、布局完善的商业体系。

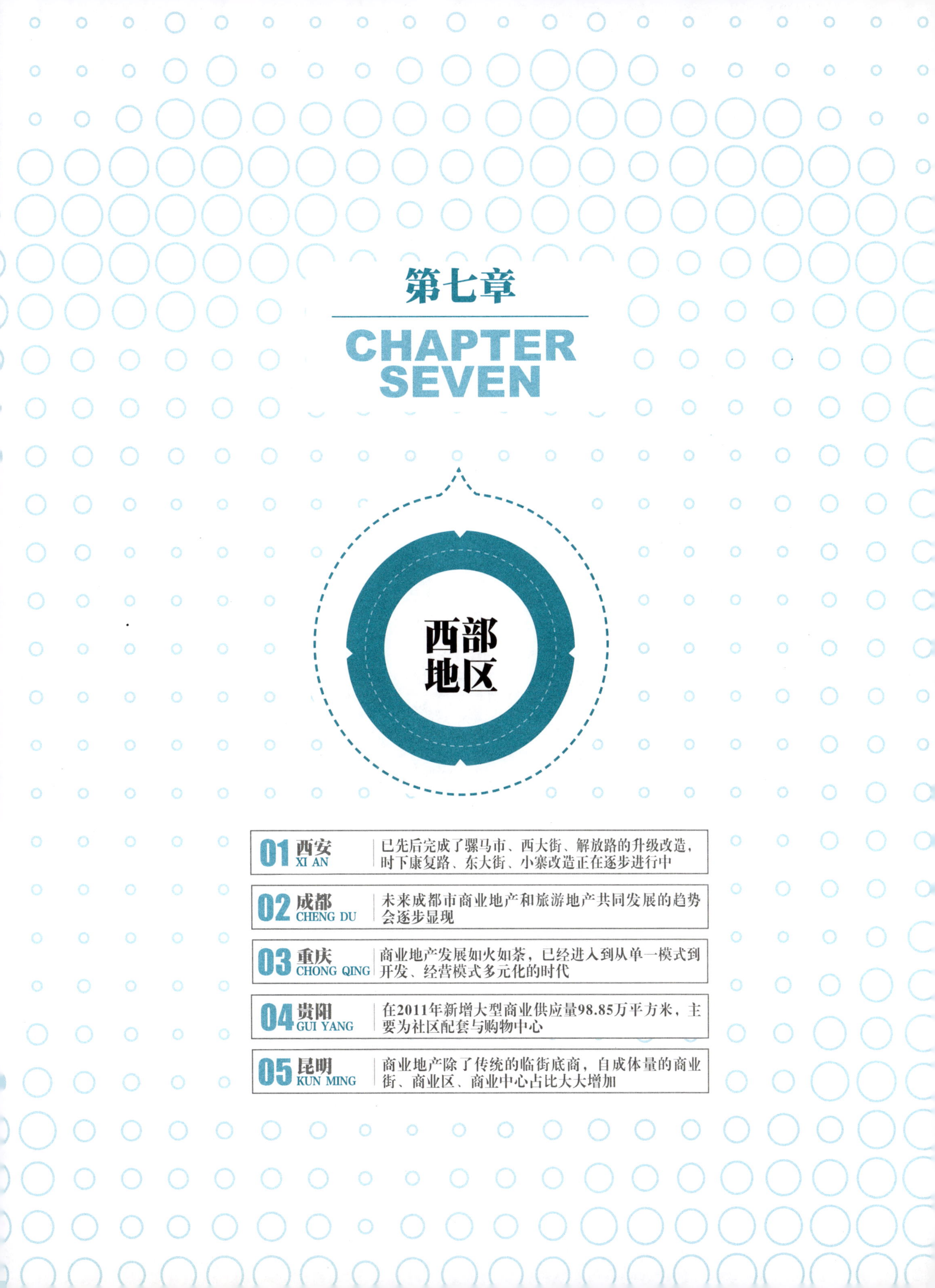

第七章

CHAPTER SEVEN

西部地区

01 西安 XI AN	已先后完成了骡马市、西大街、解放路的升级改造，时下康复路、东大街、小寨改造正在逐步进行中
02 成都 CHENG DU	未来成都市商业地产和旅游地产共同发展的趋势会逐步显现
03 重庆 CHONG QING	商业地产发展如火如荼，已经进入到从单一模式到开发、经营模式多元化的时代
04 贵阳 GUI YANG	在2011年新增大型商业供应量98.85万平方米，主要为社区配套与购物中心
05 昆明 KUN MING	商业地产除了传统的临街底商，自成体量的商业街、商业区、商业中心占比大大增加

第一节
SECTION ONE

西安

2010年商业地产市场报告

1 西安市商业地产七项宏观经济指标分析

社会消费品市场的发展前景较好。

指标1 宏观指标

西安市2005年至2009年GDP总量逐年上升，近五年增幅保持在13%以上。到2009年GDP达2719.1亿元，按可比价格计算，比上年增长14.5%。由于受到金融危机的影响，2009年西安市GDP总量的增长幅度下降了1.1个百分点。尽管如此，其增长势头依然强劲。从2005年到2009年五年间均呈较快幅度上升，经济快速平稳发展。

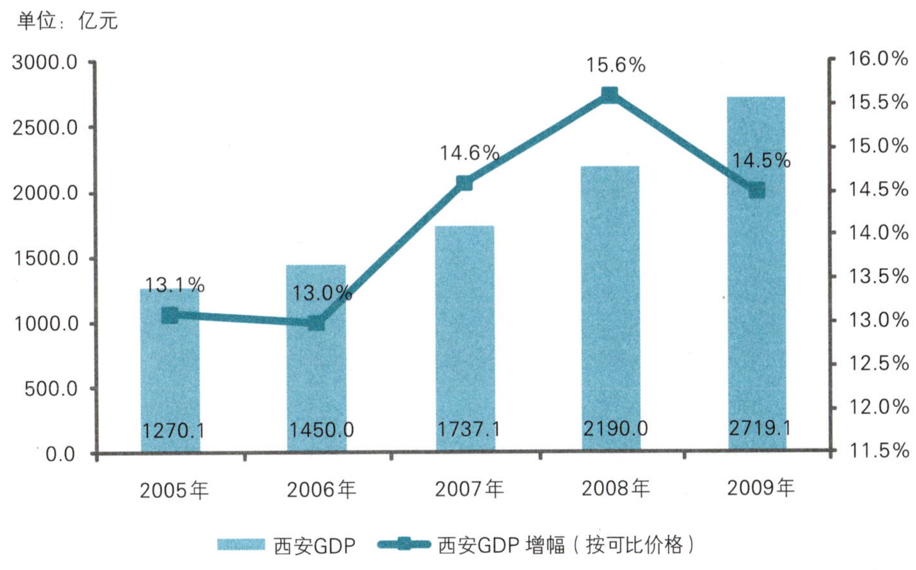

图7-1 2005—2009年西安GDP及增幅

数据来源：克而瑞CRED商业地产数据库，http://cred.cric.com

指标2 产业结构

自2005年以来，从总体趋势上看，西安三次产业的结构调整和优化进入了新的阶段，具体表现在西安的第一产业和第二产业占比均有所下降，第三产业比例逐渐升高，由2005年的52.5%上升到2009年的53.7%，服务业等相关产业在国民经济中的作用逐渐增强，整体经济结构发展平稳。

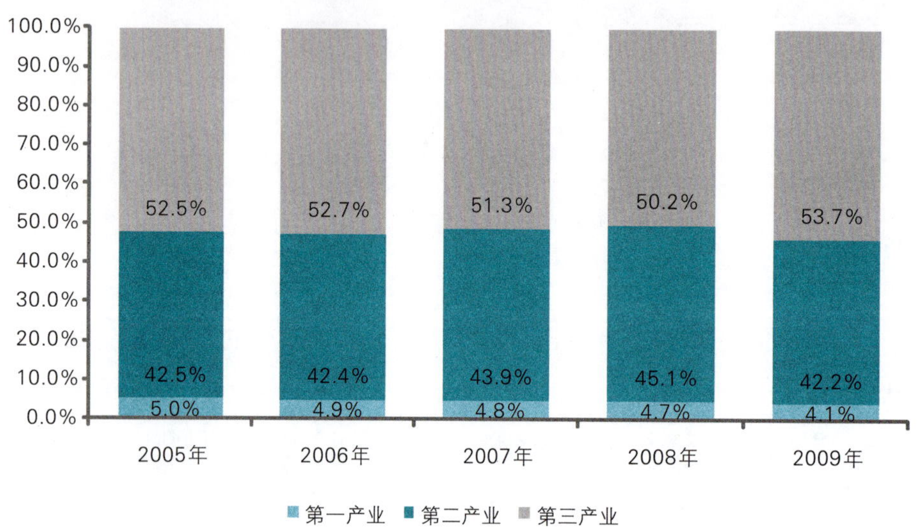

图7-2 2005—2009年西安三大产业结构比例

数据来源：克而瑞CRED商业地产数据库，http://cred.cric.com

城市人口

西安市常住人口自2005年至2009年呈逐年递增的态势，自2005年的806.8万人增长到2009年的843.5万人。但其增幅呈逐年递减的趋势，2009年已减到0.7%。西安的常住人口相比西部的成都和重庆较少，而西安市整体的劳务输出也少于以上两市，且西安目前经济实力对外来务工人员的吸引力不如沿海等城市大，相比而言人口流动较少，常住人口的增幅逐渐减少，另外从侧面也体现出城市人口已经趋于饱和的状态。

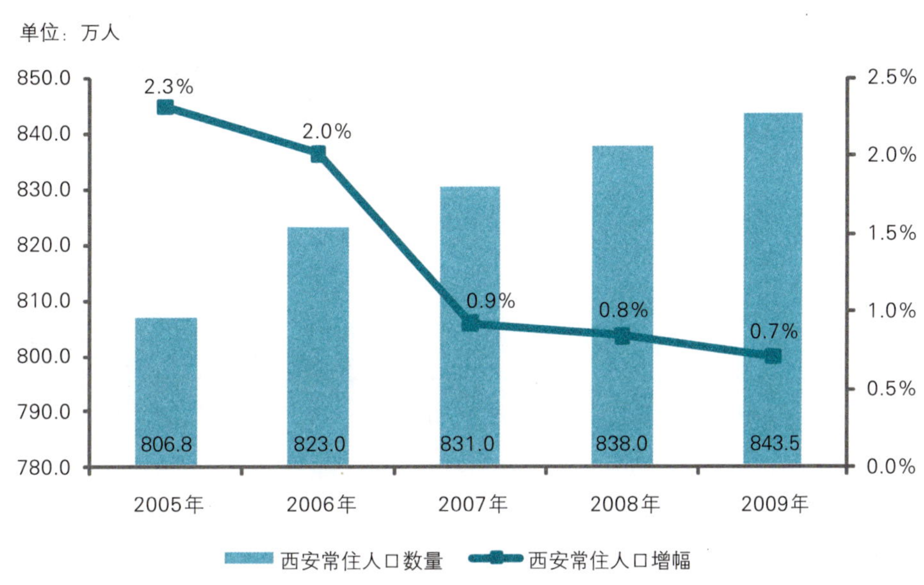

图7-3 2005—2009年西安常住人口及增幅

数据来源：克而瑞CRED商业地产数据库，http://cred.cric.com

指标4 城市化率

西安的城市化率一直处于较为平稳的态势。2005年至2007年城市化率一直保持在40%左右，从2007年至2008年，城市化率为67.5%，达到自2005年以来的最高水平。2008年至2009年，其城市化率再次回归平稳，为该市的商业发展提供了良好的环境。

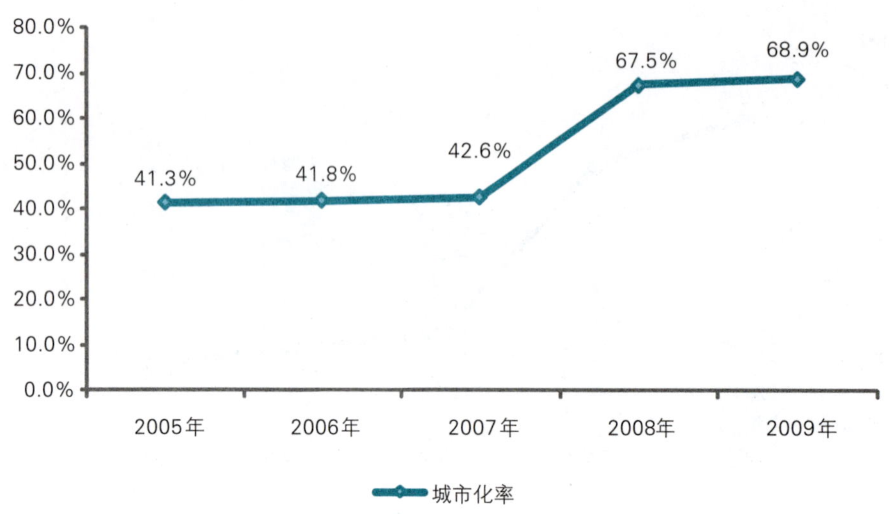

图7-4 2005—2009年西安城市化率

数据来源：克而瑞CRED商业地产数据库，http://cred.cric.com

指标5 经济效益

2005年至2009年，西安市的人均GDP一直保持着平稳快速的增长势头，自2005年的15 742.7元增加到2009年的32 237.5元，翻了一番，折合约4720美元。人均GDP的整体增幅在近五年都保持在11%以上较快的速度，其中2008年增幅达到这五年最高，为25.0%。之后由于受到金融危机的影响，增幅略有下降，但仍保持了23.0%以上的增速。

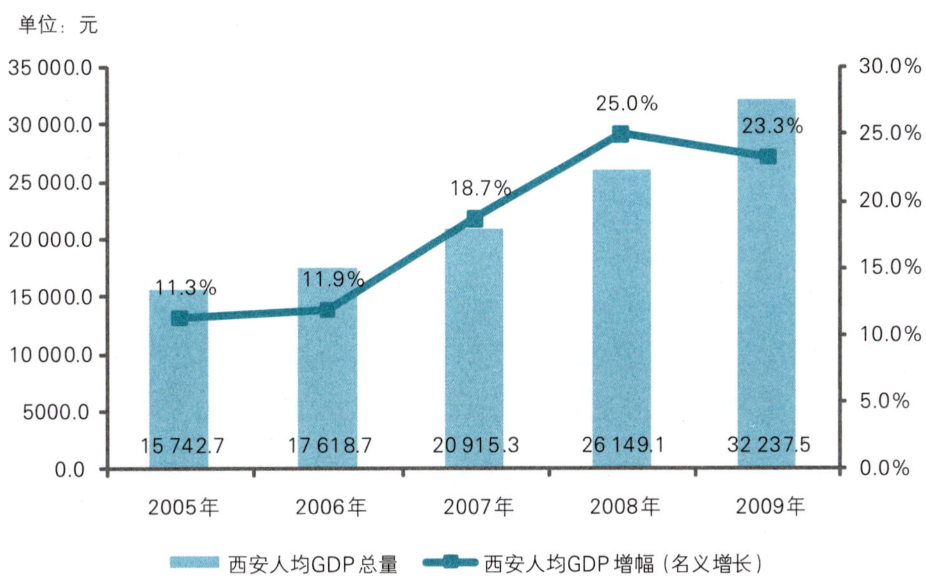

图7-5 2005—2009年西安人均GDP总量及增幅

数据来源：克而瑞CRED商业地产数据库，http://cred.cric.com

指标6 城镇居民生活质量

2005年至2009年，西安人均可支配收入呈逐年增长的态势，近五年的增长幅度保持着12.7%以上的速度。尽管受到2009年金融危机的影响，西安人均可支配收入仍比2008年剧增24.7%。对比全国15个副省级城市以及全国可比的26个省会城市，西安2009年的城镇居民人均可支配收入增幅都位居首位。由此可见西安的市场消费空间潜力较大。

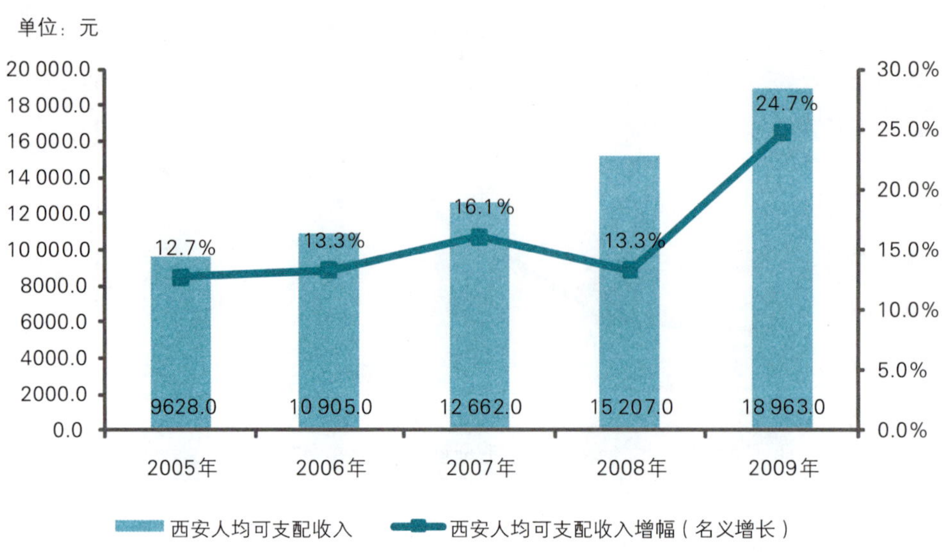

图7-6 2005—2009年西安城镇人均可支配收入及增幅

数据来源：克而瑞CRED商业地产数据库，http://cred.cric.com

近年来，西安市的人均消费性支出呈逐年递增的态势，自2005年的7899.8元增长到2009年的12 734.3元。从整体增幅来看，呈现比较波动的状态，其中在2008年增幅最快，达到19.0%，而到2009年则下降为6.0%，为五年最低。

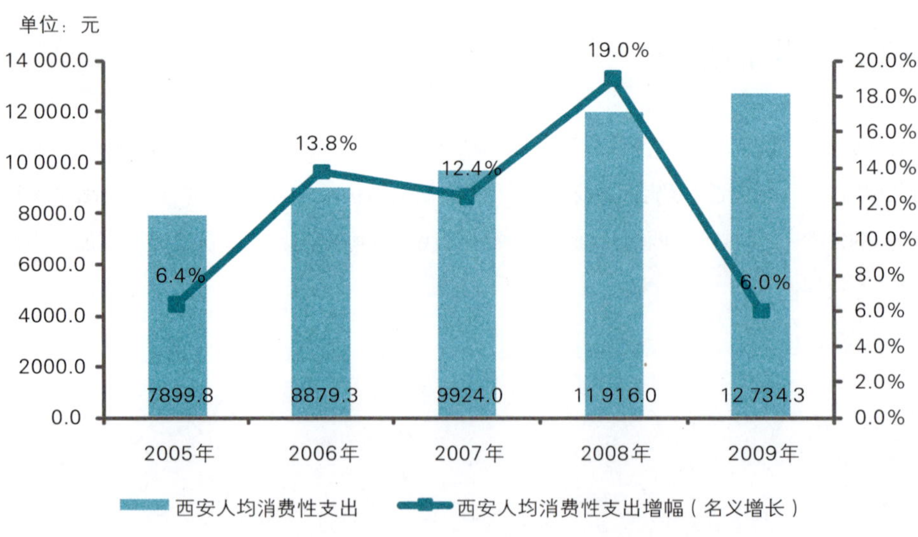

图7-7 2005—2009年西安城镇人均消费性支出及增幅

数据来源：克而瑞CRED商业地产数据库，http://cred.cric.com

从该市人均性消费支出的构成情况来看，西安市城镇居民的恩格尔系数在近五年内整体略有下降，虽然在2007年略有反弹，到36.6%，但2008年起开始下降。除食品支出外，教育文化所占比例最高，表明西安市城镇居民对教育和文化的投入较多，对其较为重视。

表7-1 2005—2008年西安城镇居民人均消费性支出构成

年份 / 构成	2005年		2006年		2007年		2008年	
	元	%	元	%	元	%	元	%
总支出	7899.8	100	8879.3	100	9924.0	100	11 916.0	100
食品	2926.3	37.1	3093.0	34.4	3697.0	36.6	4374.0	36.4
衣着	713.0	9.0	784.0	8.7	951.0	9.5	1232.0	10.3
家庭设备用品	373.4	4.7	583.0	6.5	597.0	5.9	761.0	6.3
医疗保健	746.7	9.4	746.7	7.7	695.0	8.4	1162.0	9.7
交通通讯	763.6	9.7	763.6	10.3	923.0	11.3	1146.0	10.3
教育文化	1357.5	17.1	1667.0	18.5	1667.0	14.5	1725.0	14.4
居住	719.0	9.2	947.0	10.5	1028.0	10.2	1058.0	8.8
其他	300.4	3.8	295.0	3.4	366.0	3.6	458.0	3.8

数据来源：克而瑞CRED商业地产数据库，http://cred.cric.com

2005年至2009年，西安的边际消费倾向一直处于下降的状态，整体较为稳定。由此可见西安城镇居民的人均消费性支出占人均可支配收入的比重逐渐减少，西安城镇居民的生活水平逐步提高。

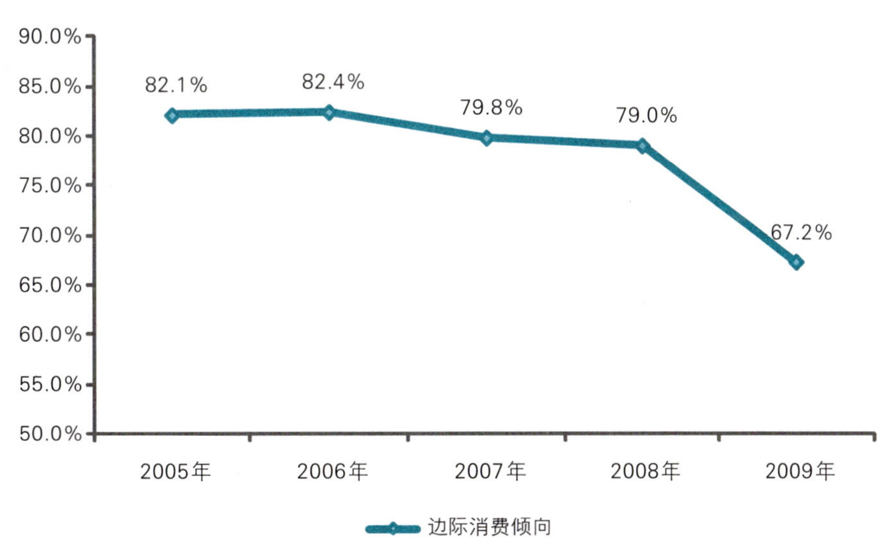

图7-8 2005—2009年西安边际消费倾向

数据来源：克而瑞CRED商业地产数据库，http://cred.cric.com

指标7 商业需求

西安市2005年至2009年间，人均社会消费品零售总额呈现逐年递增的趋势，其增长幅度亦然。2009年西安社会消费品零售总额为1381.1亿元，同比增长19.7%，并且创造了西安社会消费品零售总额的历史新高。同时，西安2009年的社会消费品总额远远高于同类的西部省会城市，比如贵阳的412.72亿元，由此可以看出西安的社会消费品市场的发展前景较好。

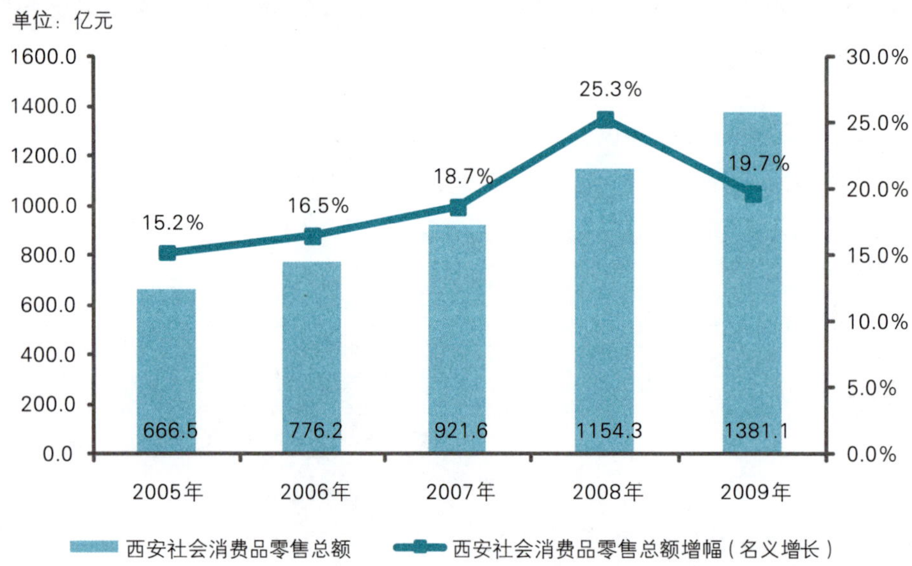

图7-9 2005—2009年西安社会消费品零售总额及增幅

数据来源：克而瑞CRED商业地产数据库，http://cred.cric.com

西安市的人均社会消费品零售总额与社会消费品零售总额的发展态势基本保持一致，呈现逐年递增的趋势，尤其是2008年，其增幅达到了24.2%。

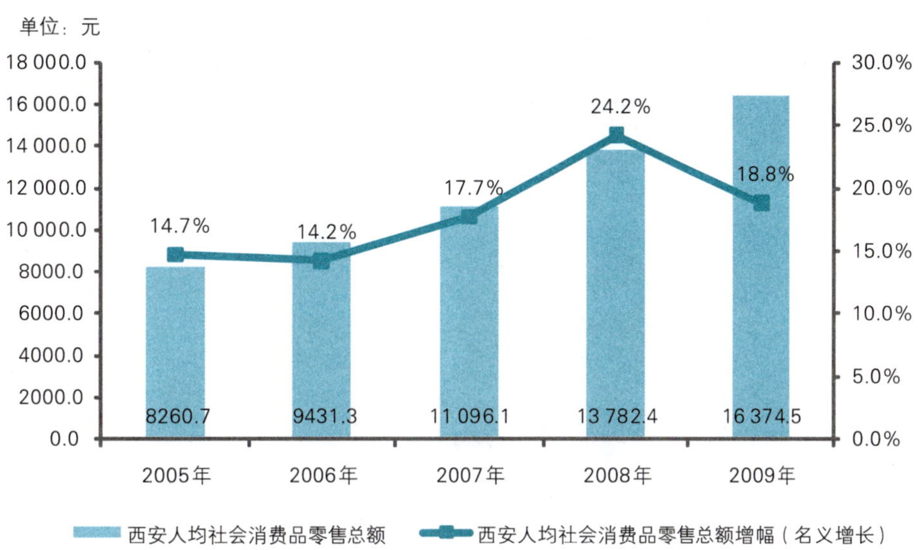

图7-10 2005—2009年西安人均社会消费品零售总额及增幅

数据来源：克而瑞CRED商业地产数据库，http://cred.cric.com

2 西安市整体商业市场环境研究

专业商厦所占比例最高，达40.3%。

1 现有商业供应情况

截至2010年底，西安市商业总存量约为624.6万平方米，其中大型商业存量约为457.6万平方米，按常住人口计算，人均商业面积约为0.74平方米。而合理的一线城市人均商业面积应为1平方米，二线城市0.75平方米。西安作为西北二线城市，人均商业存量达到0.74平方米，人均商业面积的水平较为合理。

西安市的消费市场规模不断扩大。目前全市商业网点已达到14.59万个，从业人员107万人，千人拥有网点数达到20.3个；全市5000平方米以上大型商场近50个，其中大型综合超市24个；零售企业中年销售过亿元的商场有15家，其中民生百货、国美电器年销售超过10亿元；全市拥有各类交易市场514个，2003年成交额超过260亿元，年成交额超亿元的市场有16个。

从西安市各类型商业存量来看，目前专业商厦所占比例最高，达40.3%。购物中心仅占12.1%。另外在大型商业中，社区配套类商业也占了一定的比例，为14.9%。综合目前西安市人均GDP（约4720美元）及城市化率（68.9%），西安商业发展正处在第二次升级阶段，商业形态开始出现质的飞跃，多样化、规模化的现代商业进入逐步发展阶段，如大型购物中心、超市、专卖店、精品店等。但从专业商厦与购物中心二者的比例来看，目前西安市百货类业态在人民生活中仍占据主要地位。

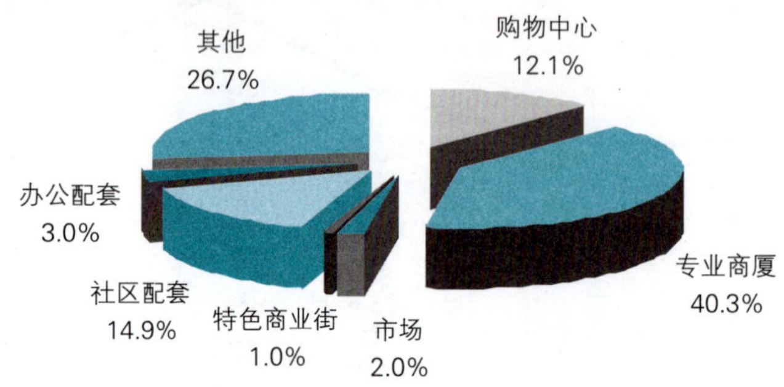

图7-11 2010年西安各类型重点商业存量供应

数据来源：克而瑞CRED商业地产数据库，http://cred.cric.com

 十一大主要商圈描述

西安商业的发展呈现出明显的中心商圈辐射带动整体商业发展的格局。西安传统商圈的主要代表区域是钟楼商圈、小寨商圈、长乐商圈。在传统的钟楼、小寨和康复路商圈品质升级、更新换代之际，由于城市版图的不断扩张和楼市发展的拉动，西安市一些新兴商圈开始逐渐崭露头角。这些大有后来居上趋势的现代商业和原来根深叶茂的老商业街区并驾齐驱，重新布阵西安商业发展格局。

从西安商圈级别来看，全市有一个核心商圈，为钟楼商圈；次级商圈有七个，分别为解放路商圈、电子城商圈、长乐路商圈、小寨商圈、李家村文艺路商圈、龙首村商圈和康复路商圈；另外有三个新兴商圈，分别是大雁塔（曲江）商圈、高新商圈、经开区商圈。

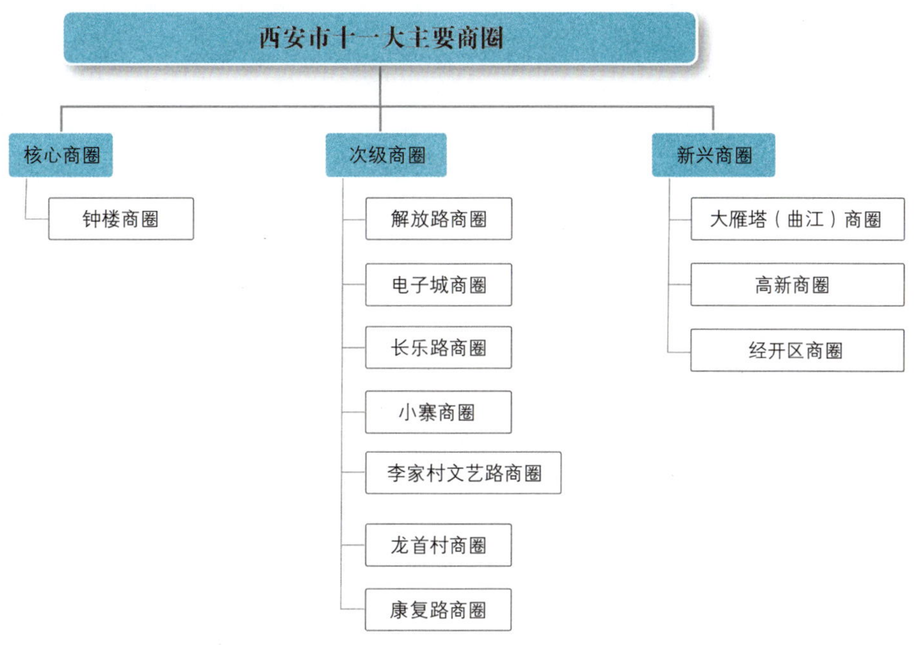

图7-12 西安十一大主要商圈示意图

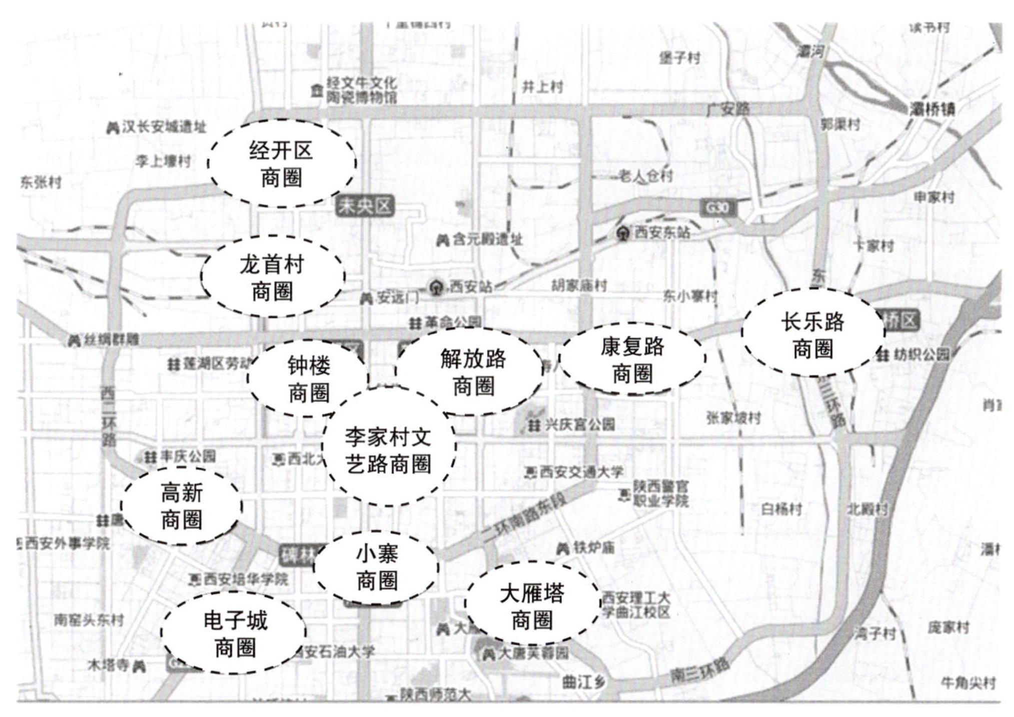

图7-13 2010年西安主要商圈分布图

表7-2 西安主要商圈

序号	商圈编号	商圈名称	商圈级别	区域属性	特征	主要零售物业
1	A	钟楼商圈	核心商圈	综合区	**档次：**中高端 **目标客群：**时尚人士、百姓阶层 **主要商业类型：**专业商厦、购物中心	上海城、大洋百货、兴正元广场、世纪金花、百盛（西大街）、中环广场
2	B	解放路商圈	次级商圈	综合区	**档次：**中端 **目标客群：**白领阶层、小白领 **主要商业类型：**购物中心、专业商厦	西安新玛特购物休闲广场、西安书刊批发市场、西安图书大厦、民乐园万达广场
3	C	电子城商圈	次级商圈	商业区	**档次：**中低端 **目标客群：**百姓阶层 **主要商业类型：**专业商厦、社区配套、特色商业街	西部电子商城、金泰假日花城社区配套、西部电子城商业步行街
4	D	长乐路商圈	次级商圈	商业区	**档次：**中端 **目标客群：**时尚人士、白领、小白领 **主要商业类型：**专业商厦、市场、社区配套	西部京闽茶城、人和服装城、西北轻工批发市场
5	E	小寨商圈	次级商圈	商业区	**档次：**中低端 **目标客群：**百姓阶层 **主要商业类型：**专业商厦、市场	百盛百货、陕西省军区军人服务社、小寨海港城、百汇
6	F	李家村文艺路商圈	次级商圈	综合区	**档次：**中低端 **目标客群：**百姓阶层、时尚人士、小白领 **主要商业类型：**购物中心、专业商厦、社区配套	李家村服装城、文艺路华润万家、赛格电脑城、李家村万达广场、家春秋国际美居中心
7	G	龙首村商圈	次级商圈	综合区	**档次：**中低端 **目标客群：**百姓阶层 **主要商业类型：**专业商厦、特色商业街	北关正街华润万家、龙首商业街
8	H	康复路商圈	次级商圈	商业区	**档次：**中低端 **目标客群：**百姓阶层、时尚人士 **主要商业类型：**专业商厦、社区配套	西北商贸中心、时丹达服装批发城、华东品牌服装加盟广场、贝斯特精品广场、白马服饰广场
9	I	大雁塔（曲江）商圈	新兴商圈	综合区	**档次：**中高端 **目标客群：**白领、成功人士 **主要商业类型：**专业商厦、社区配套	民生百货、大唐不夜城

（续表）

序号	商圈编号	商圈名称	商圈级别	区域属性	特征	主要零售物业
10	J	高新商圈	新兴商圈	商务区	**档次：**中端 **目标客群：**时尚人士、百姓阶层、小白领、白领、成功人士 **主要商业类型：**购物中心、社区配套、办公配套	盛大时代广场、城市风景都市印象商业街、金鹰国际购物中心、高新国际商务中心
11	K	经开区商圈	新兴商圈	住宅区	**档次：**中端 **目标客群：**时尚人士、百姓阶层 **主要商业类型：**购物中心、社区配套	第五国际、赛高国际商务港

商圈1 钟楼商圈 西安市最重要的商圈

① 商圈范围

东至环城东路，西至环城西路，南至环城南路，北至环城北路。

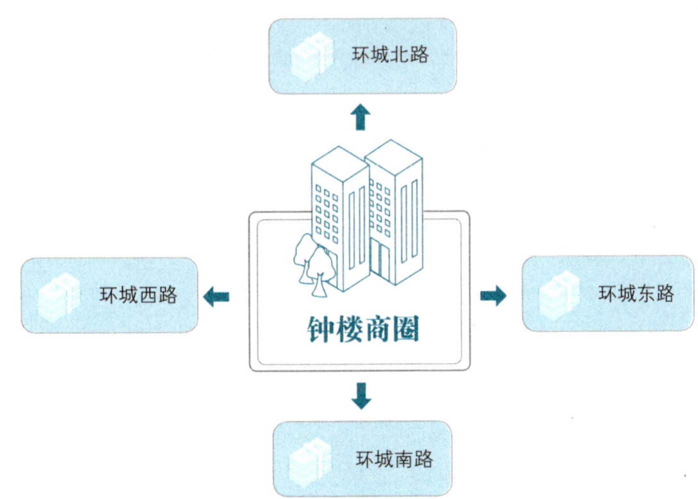

图7-14 西安市钟楼商圈范围示意图

② 商圈价值

钟楼商圈经过百年积淀，成为了西安市最重要的商圈。西安特殊的历史渊源和积淀，成就了钟楼商圈寸土寸金的商业地位。近年钟楼商圈迎来全新的升级换代。东大街的骡马市已于2005年投入使用，改造后的骡马市商业步行街成为西安集旅游、休闲、购物、娱乐等为一体的大型体验式购物中心。西大街整体具有古风特色的街区已初具规模。南大街是西安商业精品和品牌的云集地，由于竞争的加剧，南大街商业建筑的外立面装饰明显高端化。以往和其他三条大街相比，北大街的商业发展相对滞后，但近年来发展迅猛，金钟大厦、邮局大楼、宏府大厦等相继建成或改造，世界零售巨头家乐福挺进北大街，为这一区域的发展增色不少。

钟楼商圈是西安市核心商圈，属于综合区，档次为中高端；该商圈主要目标客群为时尚人士和百姓阶层。

钟楼商圈目前整体经营情况较好，为西安市最有商业价值的路段之一。该商圈的重点商业形态为专业商厦、购物中心、办公配套以及特色商业街，其中专业商厦和购物中心占比分列第一和第二位，均在40%以上。

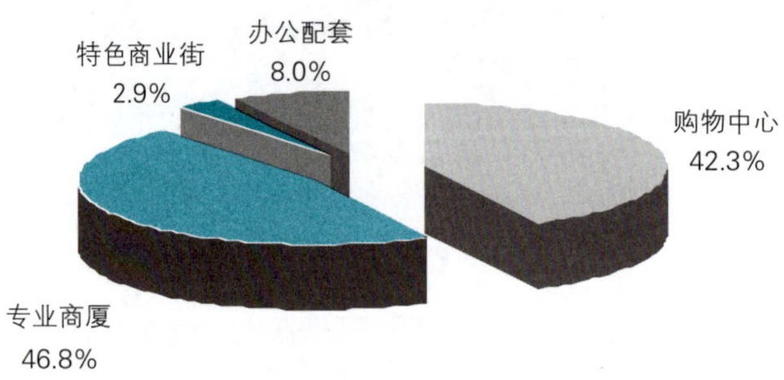

图7-15 2010年西安钟楼商圈大型商业形态比例

数据来源：克而瑞CRED商业地产数据库，http://cred.cric.com

表7-3 西安钟楼商圈主要商业项目

序号	项目编号	项目名称	建筑面积（平方米）	商业形态	开业时间	档次	经营情况	出租率
1	A1	上海城	14 150	专业商厦	2010-03	中端	一般	72%
2	A2	大洋百货	23 000	专业商厦	2009-09	中端	一般	100%
3	A3	百盛（西大街）	20 000	专业商厦	2007-09	中端	优	100%
4	A4	中环广场	54 000	专业商厦	2007-02	中高端	一般	85%
5	A5	世纪金花	31 000	专业商厦	1998-05	高端	优	100%
6	A6	兴正元广场	260 000	购物中心	2007-12	中端	优	92%
7	A7	长安国际广场	34 000	办公配套	2006-06	高端	一般	80%
8	A8	德福巷	18 000	特色商业街	1995-11	中端	优	100%

数据来源：克而瑞CRED商业地产数据库，http://cred.cric.com

商圈2 解放路商圈
西安历史上最早和最著名的商圈

① 商圈范围

东至解放路，西至解放路，南至东五路与西五路十字，北至火车站。

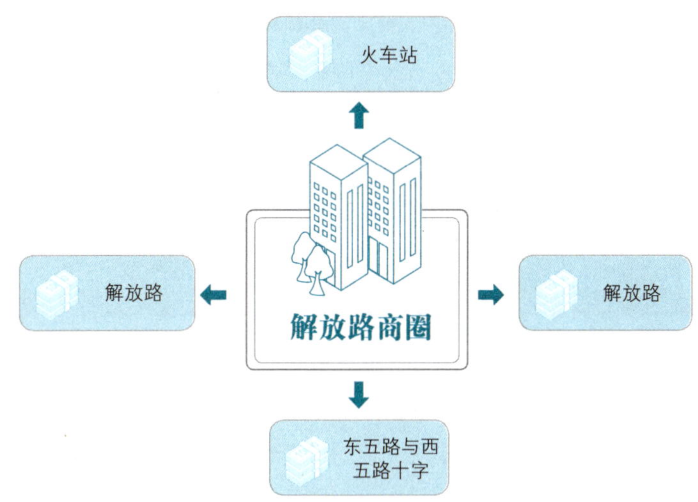

图7-16 西安市解放路商圈范围示意图

② 商圈价值

解放路商圈是西安历史上最早和最著名的商圈，商圈主要以解放路沿线排布商业。解放路在20世纪90年代以前，一直是西安的第一黄金商圈，后由于其他商圈的快速崛起，而解放路商业区发展较为缓慢，加之区域内缺乏统一协调的规划形态，成为制约其发展的掣肘。 解放路的新城区将建立一个集商贸购物、餐饮休闲、旅游观光、民俗文化特色和专业特色于一体，更具现代气息、更具开放特征的未来西安城区的中央商业街区，目标是成为西北地区乃至全国一流的综合性、现代化、多功能商业、商务活动街区。

解放路商圈是该市次级商圈，区域属性为综合区，档次为中端；该商圈主要目标客群为白领阶层、小白领；主要商业类型有购物中心、专业商厦。

解放路商圈经营状况良好，档次为中端，重点大型商业形态为购物中心和专业商厦，其中购物中心的比例高于百货和其他专业商厦，为65.1%。

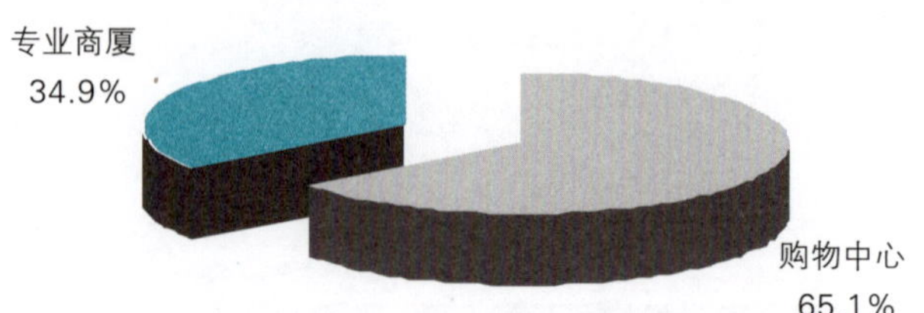

图7-17 2010年西安解放路商圈大型商业形态比例

数据来源：克而瑞CRED商业地产数据库，http://cred.cric.com

表7-4 西安解放路商圈主要商业项目

序号	项目编号	项目名称	建筑面积（平方米）	商业形态	开业时间	档次	经营情况	出租率
1	B1	西安新玛特购物休闲广场	67 000	专业商厦	2010-01	中端	良好	100%
2	B2	西安书刊批发市场	10 200	专业商厦	2002-09	中端	良好	100%
3	B3	西安图书大厦	12 000	专业商厦	2000-09	中端	良好	100%
4	B4	民乐园万达广场	166 320	购物中心	2009-12	中端	良好	100%

数据来源：克而瑞CRED商业地产数据库，http://cred.cric.com

商圈3 电子城商圈
消费群体聚集大量军工科研单位和大专院校

①商圈范围

东至东仪路，西至太白路，南至丈八东路，北至电子一路。

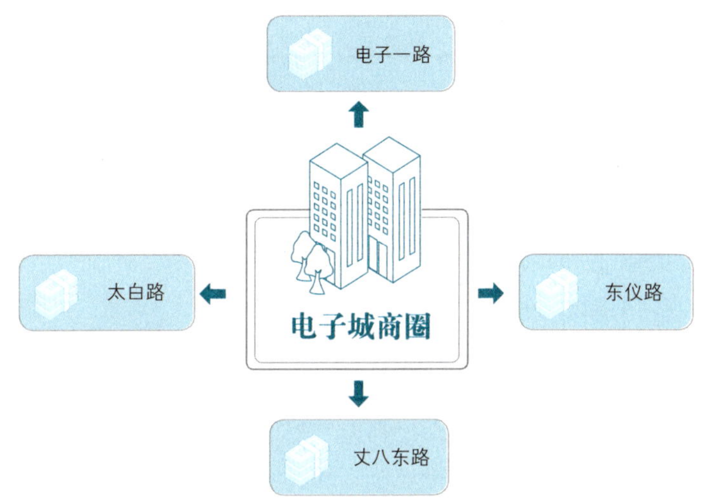

图7-18 西安市解放路商圈范围示意图

②商圈价值

电子城商圈处于西安的城乡结合带，周边的消费群体聚集了老西安的大量军工科研单位和大专院校。目前，区域内的商业主要以时尚潮流百货、生活超市、商业步行街等为主；区域内的石油大学、西安美术学院、培华大学、欧亚学院、西京大学等13所大专院校的100多万消费群更为该区域的商业发展提供了消费力。随着电子城的发展，西安地铁的修通，经济势必会更加蓬勃发展。

西安电子城商圈是次级商圈，区域属性为商业区，档次为中低端；该商圈主要目标客群为百姓阶层；主要商业类型有专业商厦、社区配套、特色商业街。其中专业商厦所占比例较高，为46.8%，而社区配套也占比较高，为38.0%。

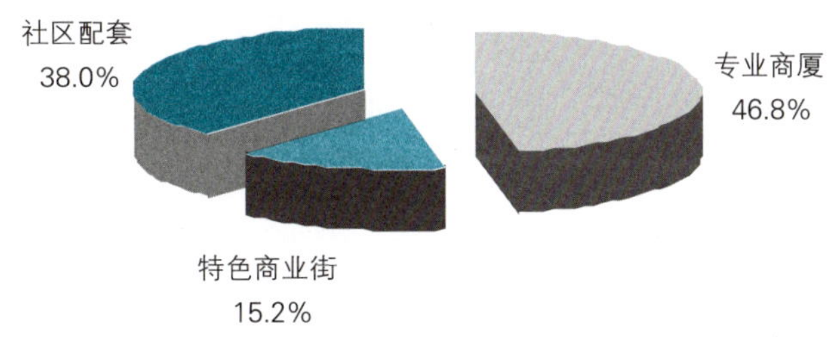

图7-19 2010年西安电子城商圈大型商业形态比例

数据来源：克而瑞CRED商业地产数据库，http://cred.cric.com

表7-5 西安电子城商圈主要商业项目

序号	项目编号	项目名称	建筑面积（平方米）	商业形态	开业时间	档次	经营情况	出租率
1	C1	西部电子商城	37 000	专业商厦	1999-12	中端	优	85%
2	C2	西部电子城商业步行街	25 000	特色商业街	2001-08	中端	良好	80%

数据来源：克而瑞CRED商业地产数据库，http://cred.cric.com

商圈4 长乐路商圈
古城西安重要名片和窗口

① 商圈范围

东至公园路，西至环城西路，南至伞塔路，北至长缨路。

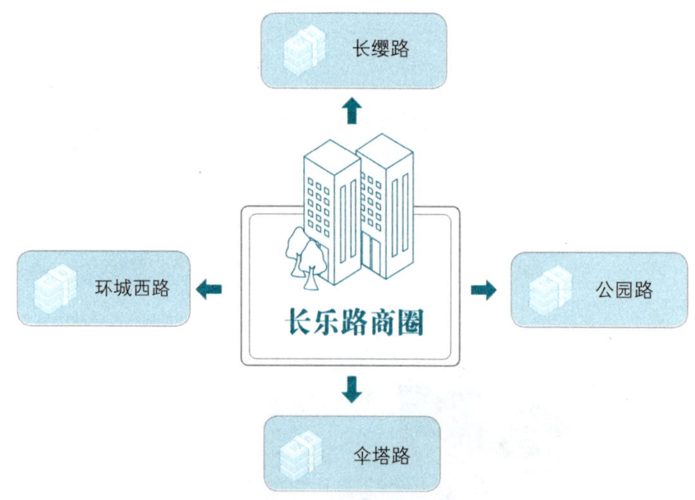

图7-20 西安市长乐路商圈范围示意图

② 商圈价值

作为古城西安重要名片和窗口的长乐路，集中了康复路、轻工、西北商贸中心等20余家综合性市场。近两年来，新城区委、区政府积极实施市场更新换代，通过建设西部商贸中心和金花羊毛衫商贸大厦等工程，使长乐路商圈面貌焕然一新。在政府和投资商等多方共同努力下，国内民营企业在西部投资规模最大的商业项目——西北商贸中心，率先落户长乐路，依托康复路批发市场的基础和知名度，打造了拥有21万平方米营业面积，3000余家企业入驻的兼批发、零售功能于一体的西部最大商品物流港。

长乐路商圈属于次级商圈，区域属性为商业区，档次中低端；该商圈主要目标客群为中高收入的时尚人士、白领以及小白领；主要商业类型为专业商厦、市场、社区配套，其中专业商厦占了较大比例，为60.0%。

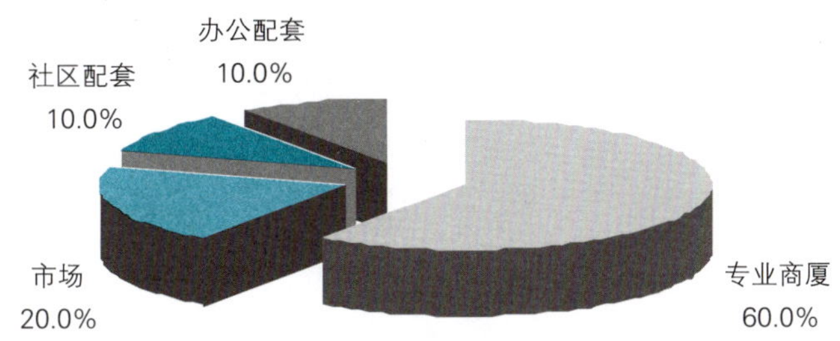

图7-21 2010年西安长乐路商圈大型商业形态比例

数据来源：克而瑞CRED商业地产数据库，http://cred.cric.com

表7-6 西安长乐路商圈主要商业项目

序号	项目编号	项目名称	建筑面积（平方米）	商业形态	开业时间	档次	经营情况	出租率
1	D1	西部京闽茶城	15 000	专业商厦	2007-11	中低端	良好	95%
2	D2	人和服装城	24 480	专业商厦	2001-05	中低端	良好	100%
3	D3	西北轻工批发市场	1 200 000	专业商厦	1991-04	中低端	良好	100%

数据来源：克而瑞CRED商业地产数据库，http://cred.cric.com

商圈5 小寨商圈 商圈人口高度密集

① 商圈范围

东至翠华路，西至朱雀路，南至纬二街，北至南二环路。

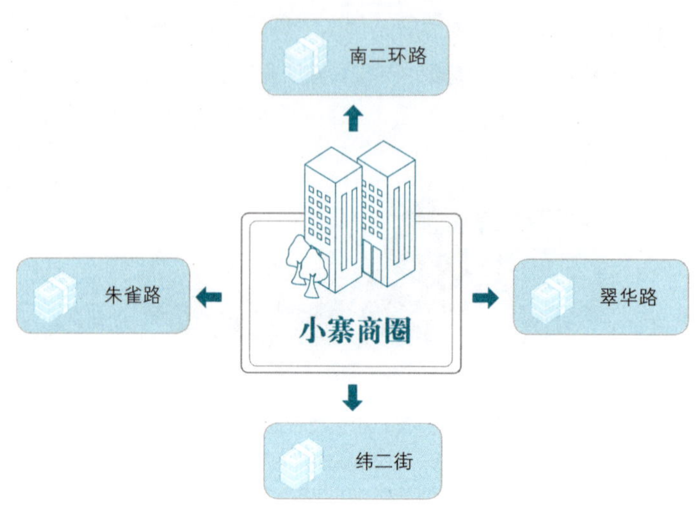

图7-22 西安市小寨商圈范围示意图

② 商圈价值

小寨商圈的竞争优势明显。区域内城市路网覆盖率高，交通发达，便于商业流通。小寨商圈范围内大专院校、各类居住小区众多，人口高度密集。据统计，该区域的日平均人流量已达30万，消费潜力巨大，市场需求旺盛。经过几年的发展，中心街区的基础设施基本完善，区域环境面貌大为改观，市民的居住条件越来越好，为小寨商圈创造了良好的基础配套条件。

小寨商圈是次级商圈，区域属性为商业区，档次为中低端；该商圈主要目标客群为百姓阶层；主要商业类型有专业商厦、市场，而专业商厦几乎占了近九成的比例，为86.3%。

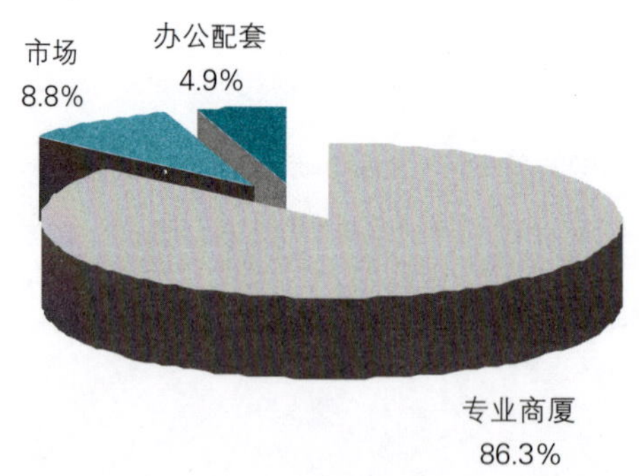

图7-23 2010年西安小寨商圈大型商业形态比例

数据来源：克而瑞CRED商业地产数据库，http://cred.cric.com

表7-7 西安小寨商圈主要项目

序号	项目编号	项目名称	建筑面积（平方米）	商业形态	开业时间	档次	经营情况	出租率
1	E1	百盛百货	30 220	专业商厦	2004-10	中端	优	98%
2	E2	陕西省军区军人服务社	10 580	专业商厦	2000-11	中端	良好	100%
3	E3	小寨海港城	8000	专业商厦	2005-01	低端	良好	100%
4	E4	百汇	14 400	专业商厦	1991-03	中低端	优	100%

数据来源：克而瑞CRED商业地产数据库，http://cred.cric.com

商圈6 李家村文艺路商圈
功能化、多元化的新型现代商圈

① 商圈范围

东至雁塔路，西至文艺路，南至南二环，北至环城南路。

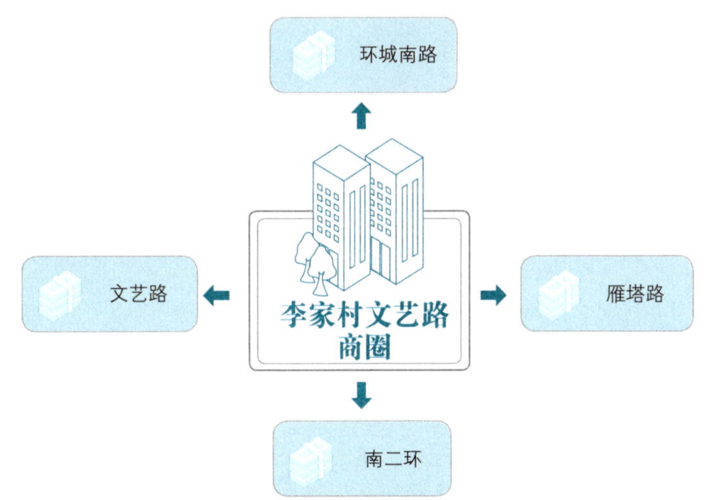

图7-24 西安市李家村文艺路商圈范围示意图

② 商圈价值

交通便捷，周边高校林立，客群集中，拥有良好的商业基础。雁塔路电子一条街的兴起和李家村服装批发城的拆迁改造使李家村商圈从原本的单一的服装、布匹批发模式中跳脱出来，朝着多元化的方向发展，成为功能化、多元化的新型现代商圈。

李家村文艺路商圈是次级商圈，区域属性为商业区，档次为中低端；该商圈主要目标客群为百姓阶层、时尚人士、小白领；主要商业类型有购物中心、专业商厦、社区配套，对比小寨商圈和长乐路商圈可以看到，李家村文艺路商圈的购物中心占比明显增多，为52.1%，而专业商厦的占比有所减少。

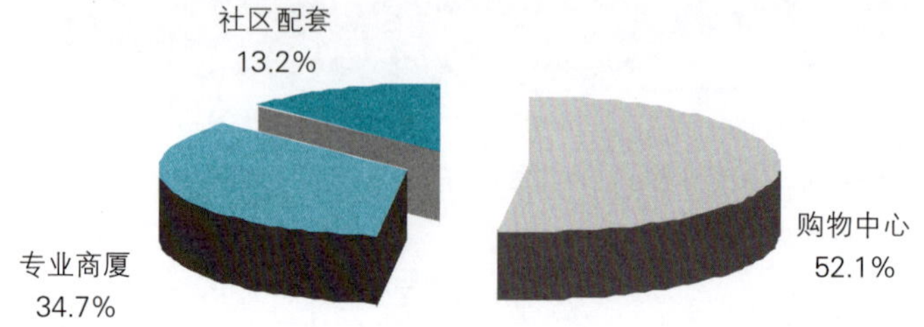

图7-25 2010年西安李家村文艺路商圈大型商业形态比例

数据来源：克而瑞CRED商业地产数据库，http://cred.cric.com

表7-8 西安李家村文艺路商圈主要商业项目

序号	项目编号	项目名称	建筑面积（平方米）	商业形态	开业时间	档次	经营情况	出租率
1	F1	文艺路华润万家	17 850	专业商厦	2002-03-16	中低端	良好	100%
2	F2	赛格电脑城	50 000	专业商厦	2000-01-24	中低端	良好	95%
3	F3	家春秋国际美居中心	45 000	社区配套	2007-10-24	中高端	良好	100%
4	F4	李家村万达广场	178 000	购物中心	2007-10-28	中端	优	100%

数据来源：克而瑞CRED商业地产数据库，http://cred.cric.com

商圈7 龙首村商圈
城北未央区政府的所在地

① 商圈范围

东至未央路，西至文景路，南至自强东路与自强西路十字交叉口，北至方新路。

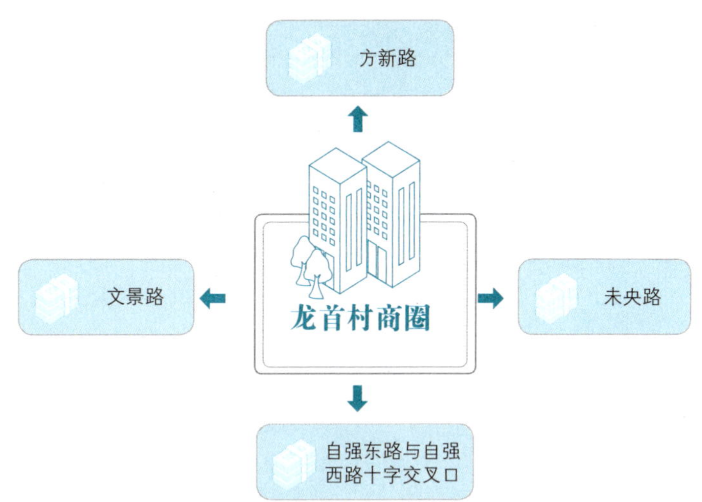

图7-26 西安市龙首村商圈范围示意图

② 商圈价值

龙首村是目前城北未央区政府的所在地，也是早期城北的中心地带。这个区域交通便利，以龙首村十字为中心，周边辐射1000米，主要沿未央路和龙首路展开。作为传统“道北”区，龙首村商圈区域基础设施薄弱，自然环境和景观设施劣势较为明显，再加上交通设施的落后，城北区商业也日渐衰落。区域居民以老企业职工、安置人群、棚户区及城中村人群为主，总体收入水平和消费能力相对有限，消费力低下，相对于西安其他商圈而言，这些因素长期制约着龙首村商圈的发展，商业运营极为滞后。伴随着商圈商业改造的启动，2007年下半年以来，龙首村商圈区域价值有所提升。

龙首村商圈是次级商圈，属于综合区，中低端档次；该商圈主要目标客群为百姓阶层；主要商业类型有专业商厦、特色商业街，其中特色商业街占比较大，达到了62.5%。

图7-27 2010年西安龙首村商圈大型商业形态比例

数据来源：克而瑞CRED商业地产数据库，http://cred.cric.com

表7-9 西安龙首村商圈主要商业项目

序号	项目编号	项目名称	建筑面积（平方米）	商业形态	开业时间	档次	经营情况	出租率
1	G1	北关正街华润万家	18 000	专业商厦	2008-10	中低端	优	100%
2	G2	龙首商业街	30 000	特色商业街	2008-09	中低端	一般	95%

数据来源：克而瑞CRED商业地产数据库，http://cred.cric.com

商圈8 康复路商圈
西北地区物贸交流中转站和集散地

① 商圈范围

东至环城东路，西至金花北路，南至长乐西路，北至长缨西路。

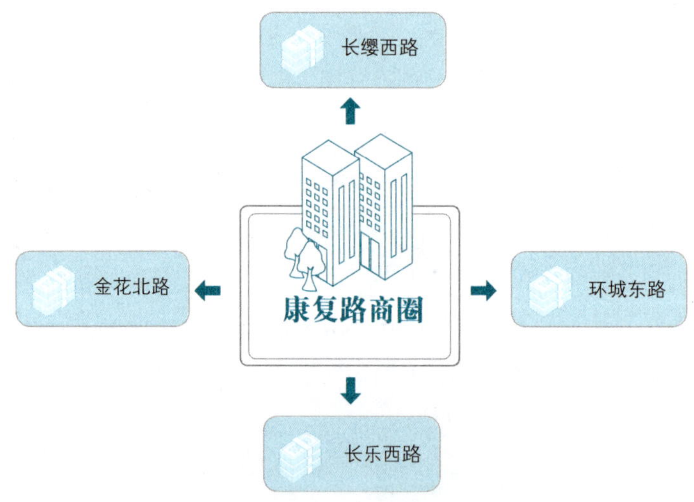

图7-28 西安市康复路商圈范围示意图

② 商圈价值

康复路商圈是以服饰为主的专业型批发市场，涉及服饰、皮具、鞋业、小商品、轻纺等类的市场。康复路商圈内聚集了西北服装城、丹尼尔服装城、澳龙服装批发商城、金朗男装名品批发商城、华东品牌服饰加盟广场、多彩西部商城、长乐路服装城、人和服装城、西北轻工业批发市场等大大小小十几家市场，市场的高度集中让康复路商圈成为辐射陕西、内蒙古、甘肃、宁夏、新疆等23个省、市、自治区的西北地区物贸交流中转站和集散地。

康复路商圈是西安的次级商圈，区域属性为综合区，档次为中低端；该商圈主要目标客群为百姓阶层、时尚人士；主要商业类型有专业商厦、社区配套，其中百货类和其他专业商厦占了整个商圈的97.0%。

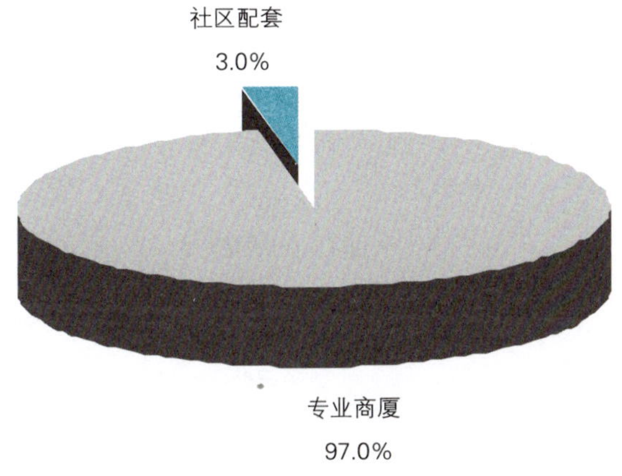

图7-29 2010年西安康复路商圈大型商业形态比例

数据来源：克而瑞CRED商业地产数据库，http://cred.cric.com

表7-10 西安康复路商圈主要商业项目

序号	项目编号	项目名称	建筑面积（平方米）	商业形态	开业时间	档次	经营情况	出租率
1	H1	西北商贸中心	180 360	专业商厦	2008-09	中端	优	100%
2	H2	时丹达服装批发城	60 000	专业商厦	2006-04	中低端	良好	100%
3	H3	贝斯特精品广场	27 000	专业商厦	2003-09	中低端	良好	100%
4	H4	白马服饰广场	23 000	社区配套	2007-12	中端	一般	100%

数据来源：克而瑞CRED商业地产数据库，http://cred.cric.com

商圈9 大雁塔（曲江）商圈
发展最快、投资最旺的区域之一

① 商圈范围

东至曲江大道，西至翠华路，南至雁南五路，北至西影路。

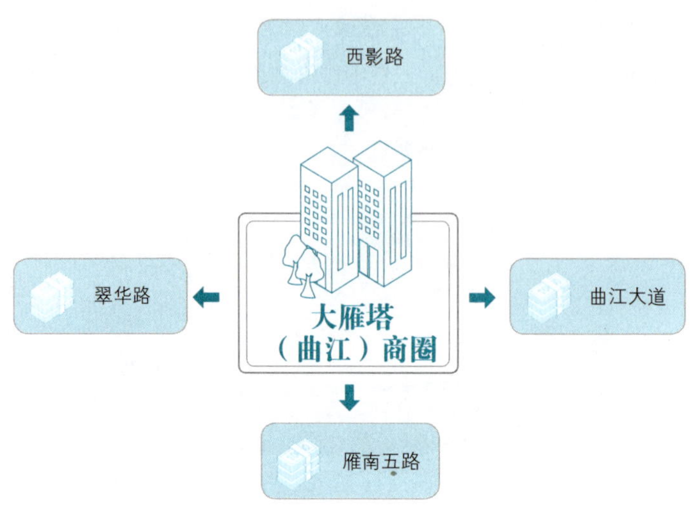

图7-30 西安市大雁塔（曲江）商圈范围示意图

② 商圈价值

2002年下半年开始，西安曲江商圈逐步开始形成，如今正成为发展最快、投资最旺的区域之一，是一个以盛唐文化为背景、唐风元素为主线、体验消费为特征的商圈。曲江日益成为西安中高端房地产项目云集的区域，不少高端社区已陆续交付使用，为商圈提供了充足的客源。

大雁塔（曲江）商圈是新兴商圈，区域属性为综合区，档次为中高端；该商圈主要目标客群为白领、成功人士；主要商业类型有专业商厦、社区配套。

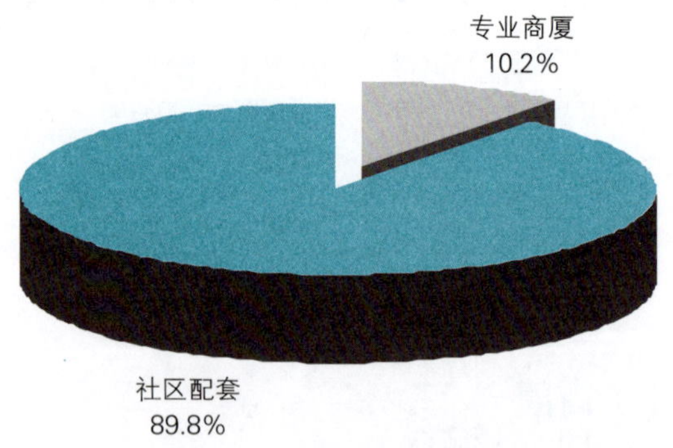

图7-31 2010年西安大雁塔（曲江）商圈大型商业形态比例

数据来源：克而瑞CRED商业地产数据库，http://cred.cric.com

表7-11 西安大雁塔（曲江）商圈主要商业项目

序号	项目编号	项目名称	建筑面积（平方米）	商业形态	开业时间	档次	经营情况	出租率
1	I1	民生百货	28 800	专业商厦	2009-09	中高端	一般	85%
2	I2	大唐不夜城	500 000	社区配套	2009-09	中端	良好	100%

数据来源：克而瑞CRED商业地产数据库，http://cred.cric.com

商圈10 高新商圈
开启西安商业的“西旺”时代

① 商圈范围

东至高新路，西至唐延路，南至科技一路，北至南二环。

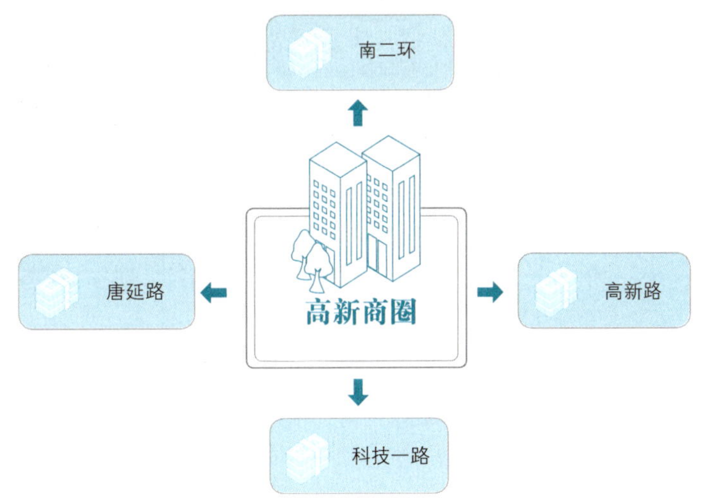

图7-32 西安市高新商圈范围示意图

② 商圈价值

高新区这些年的发展较快，在全国开发区中也属于前列，但西安高新区的发展主要以居住、办公和高科技为主，商业配套明显落后。西安高新区以高新路为一横、科技路为一竖的T字型商圈逐渐形成，开启着西安商业的“西旺”时代。金鹰国际购物中心的进驻使得高新区特别是高新路与科技路十字路成为西安最为繁华的地段之一。

高新商圈是新兴商圈，区域属性为商务区，档次为高端；该商圈主要目标客群为时尚人士、百姓阶层、小白领、白领以及成功人士；主要商业类型有购物中心、社区配套、办公配套，高新商圈的办公配套所占比例最高，达到44.0%，而购物中心也有42.2%的占比。

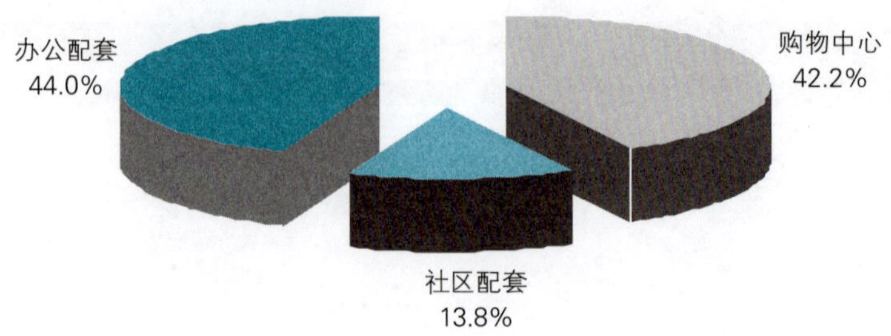

图7-33 2010年西安高新商圈大型商业形态比例

数据来源：克而瑞CRED商业地产数据库，http://cred.cric.com

表7-12 西安高新商圈主要商业项目

序号	项目编号	项目名称	建筑面积（平方米）	商业形态	开业时间	档次	经营情况	出租率
1	J1	盛大时代广场	55 000	购物中心	2004-05	中端	良好	75%
2	J2	城市风景都市印象商业	18 000	社区配套	2009-10	中端	一般	70%
3	J3	金鹰国际购物中心	27 287	办公配套	2006-12	中高端	良好	100%
4	J4	高新国际商务中心	30 000	办公配套	2006-05	中端	良好	100%

数据来源：克而瑞CRED商业地产数据库，http://cred.cric.com

商圈11 经开区商圈 向城市一线商圈大跨步迈进

① 商圈范围

东至开元路，西至文景路，南至北二环，北至凤城七路，辐射范围1000米至3000米。

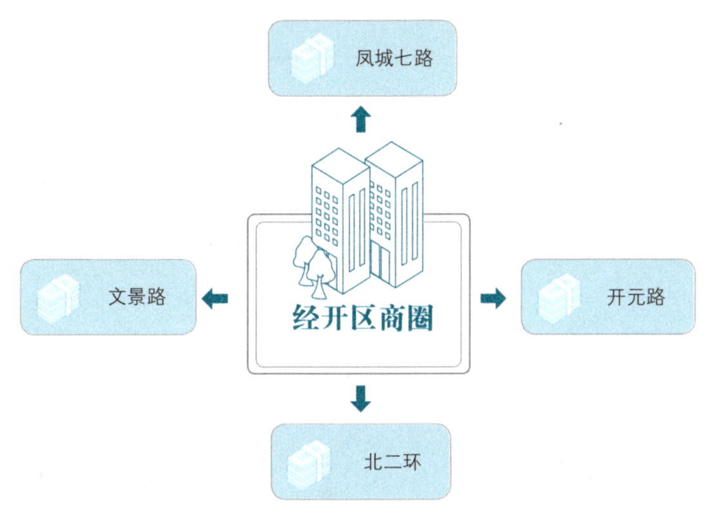

图7-34 西安市经开区商圈范围示意图

② 商圈价值

在经开区正在向成熟城市CBD发展的时候，受益于它的CBD商圈也在快步成长。从临近北二环立交起步，沿线商业发展较快；而在其他业态发展方面，人人乐等主力门店的入驻则为区域人气的迅速聚集提供保障，同时亚洲连锁的味千拉面西安首家店选择在经开区。经开区商圈的商业经营从早期的门可罗雀到今日的人声鼎沸，CBD良好的区域环境加上商业旗舰的入驻带动，使得经开区商圈在众多利好因素的促进影响下向城市一线商圈大跨步迈进。

经开区商圈为新兴商圈，属于住宅区，经营档次中端，目标消费客群以当地居民、百姓阶层等为主，商圈的主要商业形态为专业商厦和社区配套，其中专业商厦和社区配套的比例相当，均在40%左右，另有20%的办公配套。

图7-35 2010年西安经开区商圈大型商业形态比例

数据来源：克而瑞CRED商业地产数据库，http://cred.cric.com

表7-13 西安经开区商圈主要商业项目

序号	项目编号	项目名称	建筑面积（平方米）	商业形态	开业时间	档次	经营情况	出租率
1	K1	第五国际	23 000	专业商厦	2010-04	中端	一般	83%
2	K2	赛高国际商务港	16 000	办公配套	2008-05	中端	一般	100%

数据来源：克而瑞CRED商业地产数据库，http://cred.cric.com

 西安整体租金水平

（1）购物中心首层租金水平

西安购物中心首层的平均租金集中在1.5～24元/（米^2・天）之间。西安目前购物中心项目较少，且基本上位于核心商圈内，加上首层具有良好的展示价值，因此核心商圈的租金水平平稳维持在相对较高的水平，而对于次级商圈来说，其租金水平较低，这导致了西安购物中心首层的平均租金跨度较大。

表7-14 西安主要商圈购物中心租金

序号	项目编号	项目名称	所属商圈	首层租金［元/（米^2・天）］
1	A6	兴正元广场	钟楼商圈	18～24
2	B4	民乐园万达广场	解放路商圈	4～8
3	F4	李家村万达广场	李家村文艺路商圈	1.5～2
4	J1	盛大时代广场	高新商圈	1.5～2

数据来源：克而瑞CRED商业地产数据库，http://cred.cric.com

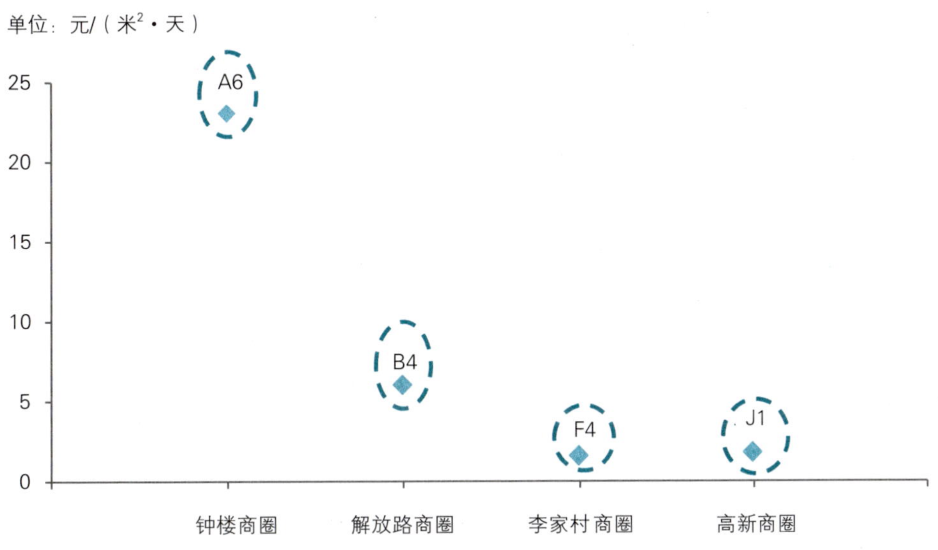

图7-36 2010年西安主要购物中心租金分布

数据来源：克而瑞CRED商业地产数据库，http://cred.cric.com

（2）百货租金水平

从西安百货的扣点情况上看，基本在10%～28%的范围。最高的为钟楼商圈的世纪金花项目，租金扣点达到23%～28%。而从百货分布的商圈来看，核心商圈的租金较次级及新兴商圈更高。

表7-15 西安主要百货租金

序号	项目名称	所属商圈	首层租金
1	大洋百货	钟楼商圈	18%～22%（扣点）
2	百盛（西大街）	钟楼商圈	18%～20%（扣点）
3	世纪金花	钟楼商圈	23%～28%（扣点）
4	西安新玛特购物休闲广场	解放路商圈	10%～25%（扣点）
5	百盛百货	小寨商圈	10%～23%（扣点）
6	北关正街华润万家	龙首村商圈	3～7元/（米²·天）；10%～15%（扣点）

数据来源：克而瑞CRED商业地产数据库，http://cred.cric.com

（3）其他商业类型租金水平

西安其他类型商业项目中，特色商业街租金一般在3～10元/（米^2·天）这一水平，而钟楼商圈的书院门租金高达24～30元/（米^2·天），这与书院门是西安重点旅游景点有重要关系。而市场类项目租金在20元/（米^2·天）左右这一水平。而社区配套商业租金中，租金水平较低的在2元/（米^2·天）左右这一水平，而水平较高的则是在6～8元/（米^2·天）左右。

表7-16 西安其他商业类型租金

序号	项目名称	商业形态	所属商圈	首层租金［元/（米^2·天）］
1	德福巷	特色商业街	钟楼	6～10
2	书院门	特色商业街	钟楼	24～30
3	西部电子城商业步行街	特色商业街	电子城	3～4
4	小寨海港城	办公配套	小寨	20～25
5	百汇	市场	小寨	20～22
6	家春秋国际美居	社区配套	李家村文艺路	6～8
7	白马服饰广场	社区配套	康复路	2.0～2.5

数据来源：克而瑞CRED商业地产数据库，http://cred.cric.com

 西安主要商场坪效

依据目前西安市各大购物中心及百货的经营数据显示，2008年西安整体商圈平均商业坪效22 000元/（米^2·年）左右，高于全国关于零售商业坪效的平均数据15 000元/（米^2·年）。尽管如此，这并不能代表其商业水平较高，主要因为西安的大型购物中心和百货的数量较少，且集中在核心商圈的缘故。但也可以看出零售商业的巨大发展空间。

从商圈对比来看，大雁塔（曲江）商圈的民生百货的商业坪效在2009年达到了47 884元/（米^2·年），而小寨商圈的百盛百货商业坪效最低，仅为15 370元/（米^2·年），主要由于小寨商圈的定位中低端，其消费人群主要是学生、年轻群体，消费力和购买能力不足；而大雁塔商圈则定位在中高端，且周边有高端住宅为其提供充足的客源，其消费人群多为白领、成功人士，较大程度影响了项目的经营。另一方面大雁塔作为新兴商圈，目前商业供应较少，有限的商业项目不能满足周边客群的需要，因此档次较高的民生百货吸收了较多的客源，进一步提升了项目的经营成效。

表7-17 西安主要商场坪效

序号	项目名称	所属商圈	2007年		2008年		2009年	
			营业额（亿元）	坪效（元/米²）	营业额（亿元）	坪效（元/米²）	营业额（亿元）	坪效（元/米²）
1	百盛（西大街）	钟楼商圈	3.2	16 089	3.4	16 819	3.7	18 647
2	百盛百货	小寨商圈	3.5	11 571	4.1	13 699	4.6	15 370
3	民生百货	大雁塔商圈	10.6	36 928	12.4	43 086	13.8	47 884

数据来源：克而瑞CRED商业地产数据库，http://cred.cric.com.

5 西安未来商业供应及发展趋势预测

钟楼商圈、小寨商圈、康复路商圈、解放路商圈等属于西安传统商圈。虽然传统商圈具备旺盛的人气支撑，但目前也面临着配套设施老化、商户竞争众多但差异化不大等问题。近年来，西安市已经先后完成了骡马市、西大街、解放路的升级改造，时下康复路、东大街、小寨改造正在逐步进行中。

小寨是以大学生、年轻人为主要消费群体的时尚潮流聚集地。目前，小寨已成为超广域商圈，一些大型商业项目正在建设之中。除此之外，小寨商圈内原有的商业企业也在进行升级与更新。

根据西安市商务局有关规划，今后西安城南地区将形成以小寨商圈甲字型都市副中心为核心，电视塔复合商业中心、青龙路主题商业中心等八个中心排布的布局。

而对于大雁塔（曲江）商圈、高新商圈、经开区商圈等新兴的商圈，经开区商圈2011年到2012年间将增加33 000平方米的社区配套，电子城商圈于2012年增加30 000平方米的社区配套。

表7-18 西安未来主要商业项目供应

序号	项目名称	所属商圈	建筑面积（平方米）	商业形态	开业时间	商业初步定位
1	金泰假日花城社区配套	电子城商圈	30 000	社区配套	2011-10	满足社区居民的基本生活需要并且辐射周边的购物需求
2	天地时代广场商业	经开区商圈	30 000	办公配套	2011-12	大型办公、公寓、居住、商业多位一体的地铁上盖都市综合体项目
3	海璟国际商业	经开区商圈	12 000	社区配套	2012-01	集住宅、办公、公寓、商业等多种业态的城市综合体

（续表）

序号	项目名称	所属商圈	建筑面积（平方米）	商业形态	开业时间	商业初步定位
4	MAX未来住宅配套（德宜国际）	经开区商圈	21 000	社区配套	2011-12	高端商业中心、后现代都市文化街区于一体的国际化精工智控社区
5	双威迎宾广场商业	经开区商圈	11 000	社区配套	2012-07	社区配套商业

数据来源：克而瑞CRED商业地产数据库，http://cred.cric.com

西安市未来城市发展规划

构建“一城一轴一环多中心”的市域城镇空间布局。

城市总体规划

（1）人口布局

规划西安市域总人口规模为1070.78万人，其中城镇人口规模为850.67万人，城镇化水平达到79.5%，主城区人口规模为528.4万人。

（2）城镇布局

规划在西安市域范围内，构建“一城一轴一环多中心”的市域城镇空间布局，形成主城区、中心城镇、其他城镇三级城镇体系结构。因地制宜地稳步推进城镇化，逐步改变城乡二元结构。

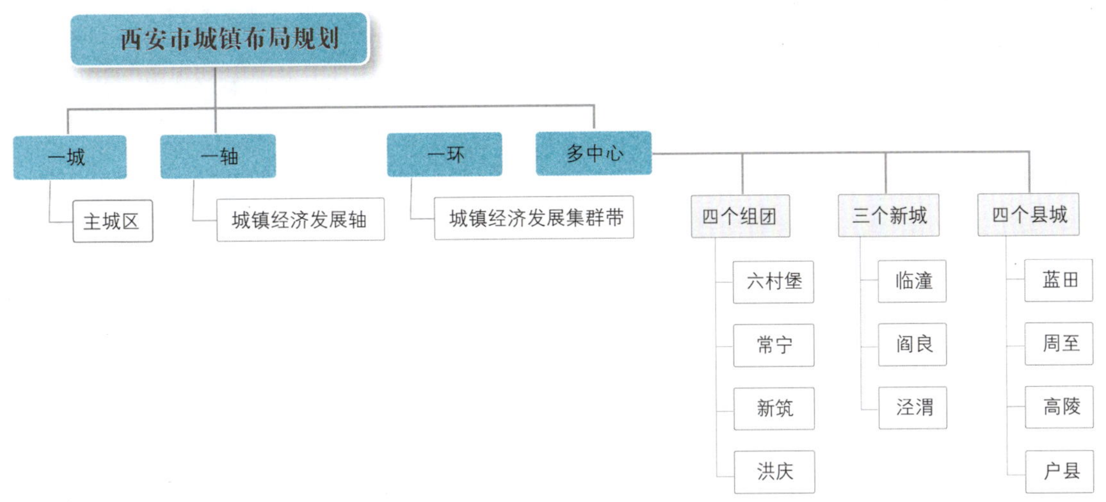

图7-37 西安市城镇布局规划示意图

其中“一城”为主城区；“一轴”为以陇海线为主轴的城镇经济发展轴；“一环”为以关中环线为组带的城镇经济发展集群带；“多中心”为主城区外围的中心城镇，包括四个组团、三个新城和四个县城，其中四个组团指六村堡、常宁、新筑、洪庆；三个新城指临潼、阎良、泾渭；四个县城指蓝田、周至、高陵、户县。

图7-38 2020年西安市市域城镇体系规划

（3）产业布局

规划将突出特色，加强整合，构筑优势产业集群，重点发展高新技术、现代装备制造、旅游、现代服务、文化等五大优势产业。老（明）城以人文旅游、文化服务、商业零售业为主；西南方向重点发展高新技术产业；东北和东南方向重点发展文化、旅游、物流等产业；北部方向重点发展出口加工、现代制造业。

老（明）城内将以商贸业和旅游业为主导产业，行政办公单位逐步外迁；促进高新技术产业开发区、经济技术开发区、曲江新区、浐灞生态区、阎良国家航空高技术产业基地、西安国家民用航天产业基地等的建设；规划引导教育产业向外围新区转移，加快科教文化产业发展，构筑中国科技教育的高地。

图7-39 2020年西安市产业布局分布规划

（4）交通规划

形成以公共交通为主体，轨道交通为骨干，其他公交为辅助的多元化、快速、高效、环保的城市公共交通体系，实现公共交通的可持续发展，形成"棋盘加放射型"的城市快速轨道交通线网布局。

对外交通方面，建成面向国际的中国西部航空枢纽，国内重要的公路、铁路交通枢纽，西部最大的物流中心。构筑以航空、铁路、高速公路为骨架的综合交通运输网络，确立辐射全国的快速、便捷的客货运交通枢纽地位。

城市交通方面，形成以快速路、主干路为主骨架，次干路、支路为辅助的分工明确、级配合理的道路网系统；建立以地铁和普通公交为主、快速公交为辅助的多种客运交通方式相结合的立体公共交通体系

图7-40 2020年西安市综合交通规划

轨道交通线网远期规划由六条线组成，总长251.8千米。线网中一、二、三号线为骨干线，既满足了城市东西向、南北向主轴线上的客运交通需求，又向外拓展了城市发展空间。四、五、六号线是轨道交通网的辅助线，主要满足城市功能组团之间的交通需求，对线网进行加密完善。

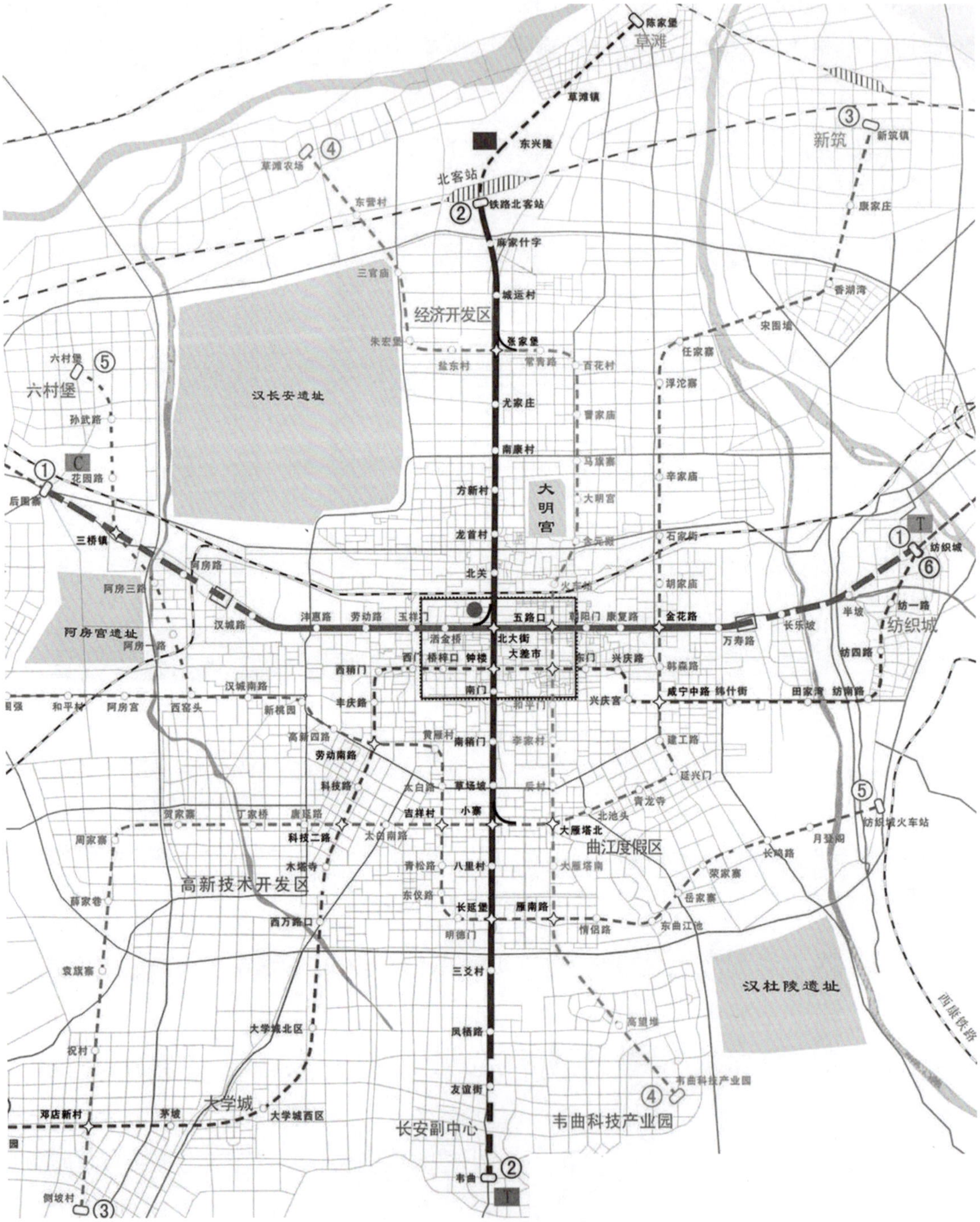

图7-41 2020年西安轨道交通规划

中心城商业网点规划

西安中心商业区位于明城墙以内，处于西安城市中心地带，是全市商业最繁华地段和居民购物的主要场所集中地，是西安市的商业黄金地段和西安零售服务网点的核心区域，这一区域是以历史文脉为底蕴，以具有古城风情、传统特色的商业街为重要载体，以传承历史的老字号为亮点，融汇了现代商业网点和新型业态，具有明显的区位优势和文化及旅游优势，是典型的传统与现代结合的商业中心区，是西安城市文化和传统的载体，具有独特人文魅力和商业吸引力,聚集了多家西安市较为知名的百货店、专卖店和商业街。

（1）规划目标

表7-19 西安市中心城商业网点规划目标

近期目标	中心商业区将以调整现有零售网点布局为主，限制大型超市和批发市场在该区域内的新建和发展。提高新型业态比重，完善服务功能，增强现代气息，形成高度繁华的现代大都市商业中心
远期目标	继续提高商业集聚程度，推进网点布局战略调整，提升商业设施品位，重点是优化调整网点布局结构，开发中心商业功能区，将传统特色和现代气息相结合

（2）规划导向

表7-20 西安市中心城商业网点规划导向

鼓励设置	在中心商业区内，鼓励开设经营国内外知名品牌的专卖店、专业店、特色餐饮网点、文化娱乐设施以及具有西部特色的旅游纪念品商店，大力引进老字号名店；结合中心城区传统商业网点改造现有百货商店，按照集中连片开发的原则，在合适的地段整体开发建设若干家百货店或市区购物中心。业态设置强调精品化、中高端化，强调差异化经营
限制设置	大型超市、仓储式会员店等
禁止设置	城郊购物中心、各类批发市场、集贸市场等

（3）大型零售网点规划

① 优化发展大型百货店

西安百货店的数量宜控制在35个以内，主要分布在50万人口以上的区域内和一级商业区内。百货店规划应充分体现对现有百货商店以改造为主，适当新建百货店的原则。在2011年至2015年间，积极筹备在西安市东、西、南、北四个方向的重点区域商业中心地区各建两个市级购物中心；在2016年至2020年的远期规划中，分别在外围卫星城即阎良、临潼、高陵、户县商业中心建设若干中端百货店。

表7-21 西安大型百货店网点规划

规划时间	规划内容
2011—2015年	西安市东西南北四个方向的重点区域商业中心地区各建两个市级购物中心
2016—2020年	在外围卫星城，即阎良、临潼、高陵、户县商业中心建设若干中端百货店

② 适度发展仓储式会员店

结合人口情况，分别布局在三桥、张家堡、纺织城、曲江、辛家庙、十里铺等区域附近。在2011年至2020年间，在长安与户县间、三桥与咸阳间、临潼和渭南间、阎良和高陵间布局建设4~6个仓储式会员店。

③ 有序发展大型超市

根据西安总人口数量和其他业态等对大型专业店的替代等因素，大型专业店近期规划宜控制在60个左右。其中，家电类专业店宜发展20个以内，医药类专业店宜发展30个以内，通讯产品类专业店宜发展18个以内，图书类专业店宜发展20个以内。其定点一般应布置在区域商业中心、城郊结合部、交通要道旁和符合城市规划的大型居住区附近，经营服务辐射半径2000米左右。

④ 引导发展购物中心

根据西安市城市发展特点，综合西安商业布局和结构特点以及交通情况，市区购物中心主要布局在区域商业中心内，同时向规划中的6个城市副中心引导，尽力避免开在居民住宅区和交通负荷太大的地区。近期规划中，在中心商业区内规划设置1个市区购物中心；中远期规划中，在6个城市副中心内各规划建设1~2个市区购物中心。

小结

作为中国六大古都之一的西安曾经在历史上盛极一时。随着全国经济重心向东南部转移，西安的商业地位有所下滑，但是丝绸之路的兴盛、绵延千年的商脉为西安商业的再次繁盛埋下了伏笔。近年来，西安人均可支配收入呈逐年增长的态势，市场消费潜力巨大。

长期以来，西安传统商圈的主要代表区域是钟楼商圈、小寨商圈、长乐商圈和土门商圈，稍后逐步发展起来的有高新商圈、曲江大雁塔商圈和经开区商圈。现在则呈现出超大综合体楼盘配套商业发展迅猛，与传统商业圈分羹的竞争格局。

随着“西咸一体化”的推进以及轨道交通的不断建设，西安市的商业发展正在不断加速运转中，传统商圈的不断升级将提升西安整个商业的档次。以城东浐灞为代表的城市居住新核心以及以城北经开为代表的未来城市行政中心区域的商业发展已经初露峥嵘。根据规划，今后西安城南地区将形成以小寨商圈都市副中心为核心，电视塔复合商业中心、青龙路主题商业中心等八个中心“甲”字形排布的布局。

第二节 SECTION TWO

2010年商业地产市场报告

1 成都市商业地产六项宏观经济指标分析

社会消费品零售总额增幅逐年增大。

宏观指标

近年来，成都市GDP增长迅速，保持每年12%以上的增幅，从近五年增幅来看，在遭遇2008年的金融危机时增速稍有下降，为近五年最低点，但仍达到了12.1%。随后2009年GDP增幅回升，达到14.7%；全年实现国内生产总值（GDP）4502.6亿元。2009年全年民营经济实现增加值2389.1亿元，比上年增长17.1%，占GDP的比重为53.1%，对经济增长的贡献率为61.1%。

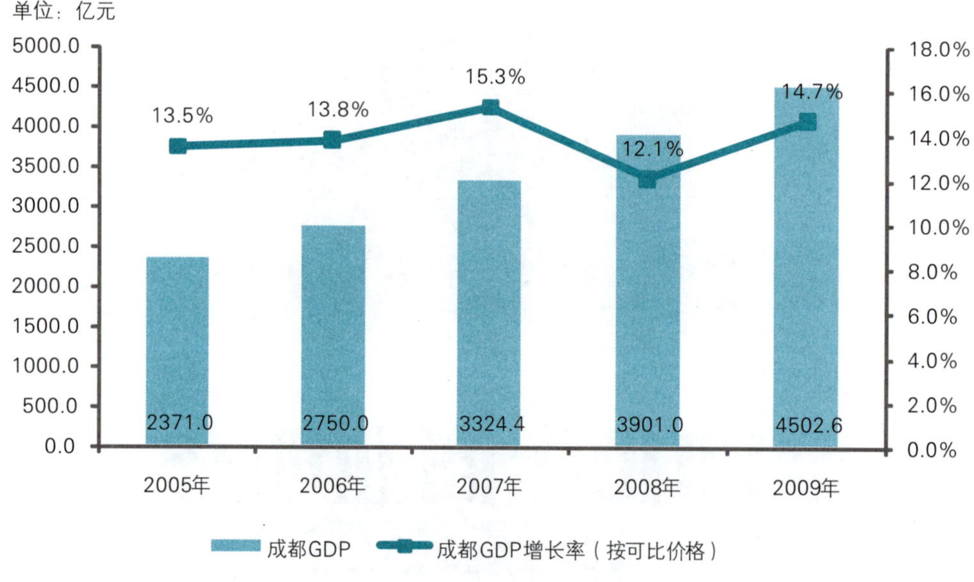

图7-42 2005—2009年成都GDP及增幅

数据来源：克而瑞CRED商业地产数据库，http://cred.cric.com

产业结构

自2005年以来，成都市第一产业比重从7.7%下降到5.9%。第二产业比例则出现一定起伏，先由2005年的42.5%上升到2008年的46.6%，然后出现下降，到2009年第二产业占比则为44.5%，这与制造业的转移和金融危机对第三产业的影响有一定关系。第三产业的比例则先减后增。从三大产业比重及变化趋势来看，第三产业所占比重最大，且有逐渐上升的趋势，成都市经济处于工业化进程的第二阶段，随着西部大开发的深入实施和“十二五”计划的出台，将迎来整体经济的进一步发展。

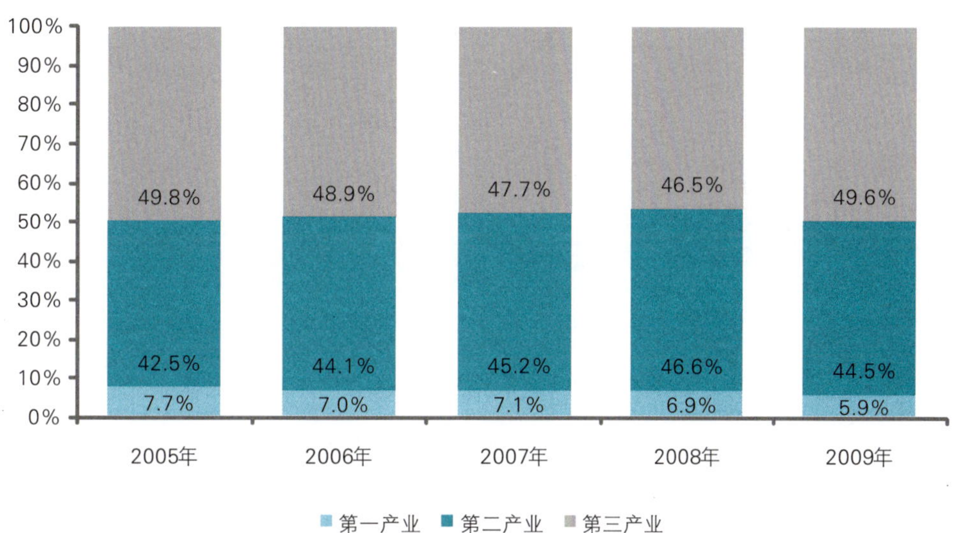

图7-43 2005—2009年成都三大产业结构比例

数据来源：克而瑞CRED商业地产数据库，http://cred.cric.com

指标3 城市人口

2005年至2009年成都户籍人口逐渐上升，2009年比2005年增加57.6万人，年平均增幅为1.3%，而重庆市近五年户籍人口年平均增幅为0.8%，两市相比而言，成都市户籍人口增速略快。从历年增幅走势来看，整体走势呈先慢后快的趋势，总体速度有所放缓。

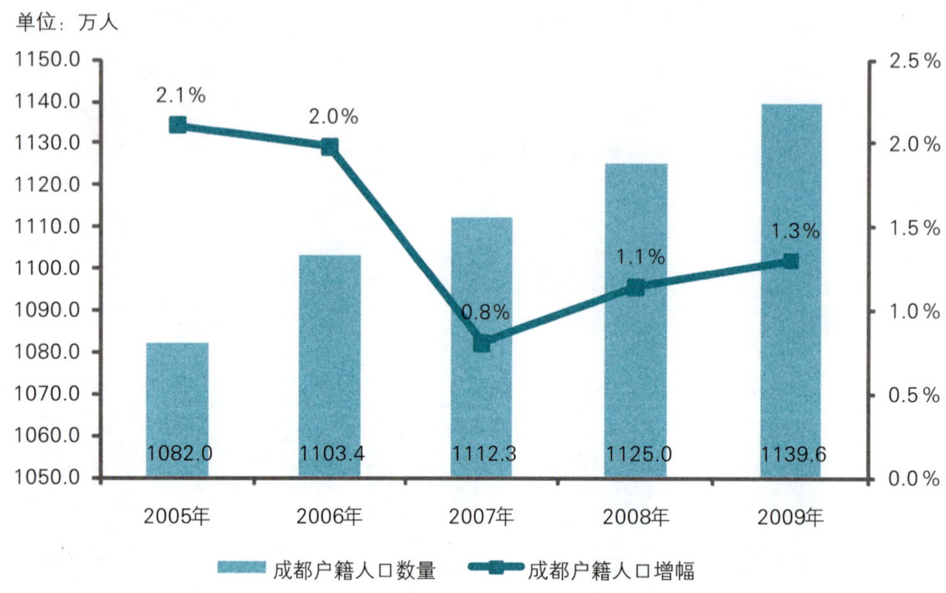

图7-44 2005—2009年成都户籍人口数量及增幅

数据来源：克而瑞CRED商业地产数据库，http://cred.cric.com

成都城市化率在2005年至2009年上升幅度较大，从50.3%上升到65.1%，高于2009年全国平均水平46.6%，在四川省位列第一（2009年四川省城市化率为38.7%），也高于邻近的重庆市51.6%。城市化率的逐步提高对提升消费增长、扩大内需有积极作用。预计在2015年左右，成都都市圈经济总量将达到5000亿元，城市化率超过70%，跨入全国大都市行列。

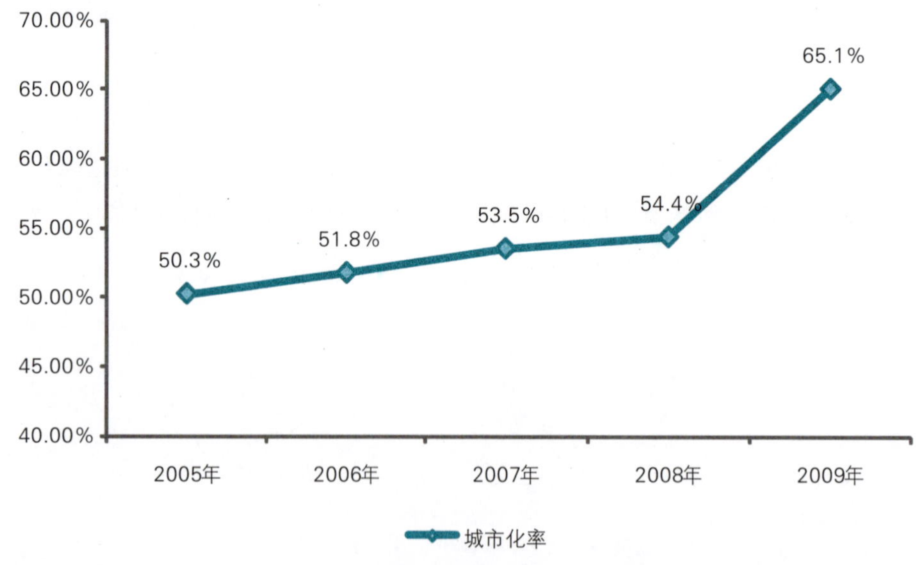

图7-45 2005—2009年成都城市化率

数据来源：克而瑞CRED商业地产数据库，http://cred.cric.com

指标4 经济效益

成都人均GDP自2005年的21 910.3元增长到2009年的39 510.4元，翻了一倍，约合5784美元/人，成都市人均GDP水平表明其正在向综合商业方向发展，且正处于上升期。从人均GDP增幅来看，近五年都保持了超过11%的增幅，尤其在2007年达到了13.7%的增幅，对比重庆市近五年人均GDP增幅情况，两个城市总体发展趋势基本一致。

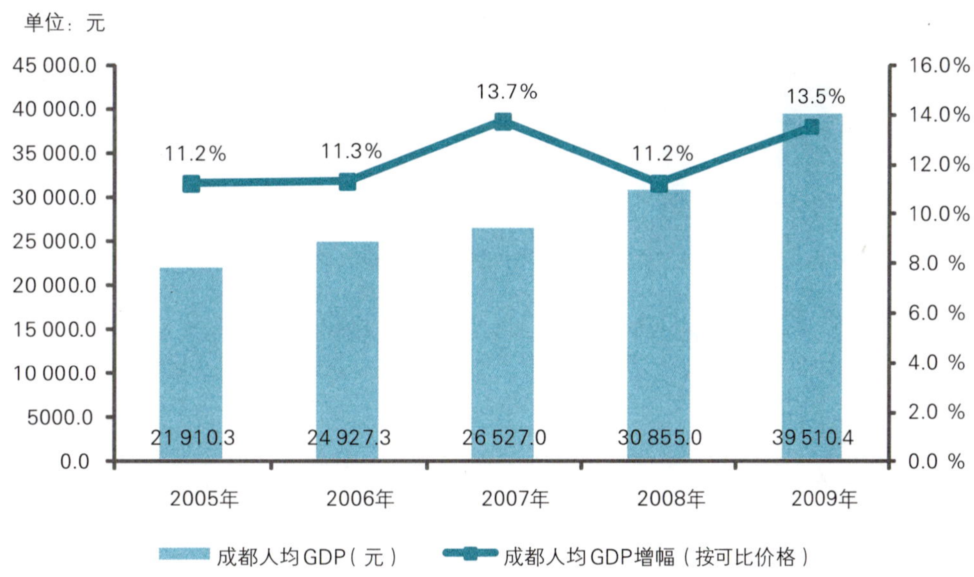

图7-46 2005—2009年成都人均GDP及增幅

数据来源：克而瑞CRED商业地产数据库，http://cred.cric.com

指标5 城镇居民生活质量

2009年成都城镇人均可支配收入达18 659元，高于同属西部重点城市的重庆市17 191元和昆明市16 496元，略低于西安18 963元。从全国看来，人均可支配收入属于中等偏下水平。

成都城镇人均可支配收入从2005年的11 359.0元上升到2009年的18 659.0元，呈逐年递增的态势。增幅先快后慢，在2007年达到近五年增幅最高值，为16.1%，这与2007年人均GDP增幅较高相符。而2007年后增速逐渐放缓。整体增速均在9.3%以上，保持了较好的势头。预计未来一段时间内增幅还将会保持在10%以上。成都市近五年经济发展稳中有升，人民生活水平逐步提高，收入稳步增长。从整体发展水平来看，成都市作为西部重点城市，经济发展前景良好，人民收入水平亦有较大的提升空间。

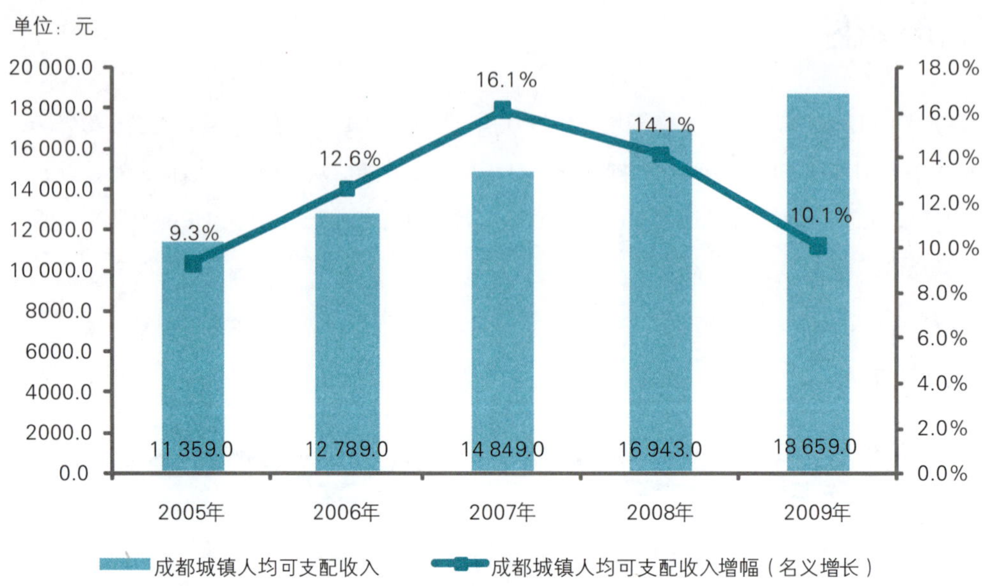

图7-47 2005—2009年成都城镇人均可支配收入及增幅

数据来源：克而瑞CRED商业地产数据库，http://cred.cric.com

成都城镇人均消费性支出自2005年的9643.0元上升到2009年的14 088.0元，且历年水平都高于重庆市。从增幅情况来看，2005年至2007年间呈快速增长趋势，增幅逐年上升，在遭遇2008年金融危机后，增速有所下降，但仍保持了9.8%的增幅。2009年较2008年增速略低，为9.6%。整体来看，近五年成都城镇人均消费性支出稳中有升。

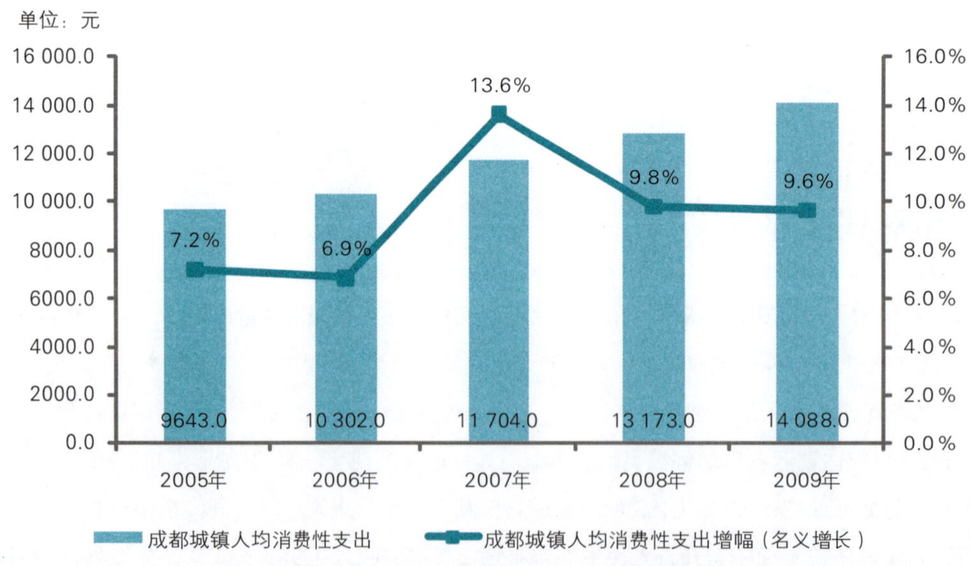

图7-48 2005—2009年成都城镇人均消费性支出及增幅

数据来源：克而瑞CRED商业地产数据库，http://cred.cric.com

2005年至2008年，成都恩格尔系数呈现先升后降的态势，在2007年食品支出达到39.1%，为四年中的最高值，2008年则有所下降，为38.9%，但仍高于2005年和2006年的水平。而除了食品类支出外，其余类别中，交通通讯类支出比例有较大变化，自2005年的19.5%下降到2008年的14.7%，下降了4.8个百分点。

表7-22 2005—2008年成都城镇居民人均消费性支出构成

构成＼年份	2005年		2006年		2007年		2008年	
	元	%	元	%	元	%	元	%
总支出	9643	100.0	10 302	100.0	11 704	100.0	13 173	100.0
食品	3400	35.3	3490	33.9	4572	39.1	5125	38.9
衣着	813	8.4	960	9.3	1113	9.5	1247	9.6
家庭设备用品	462	4.8	659	6.4	751	6.4	783	5.9
医疗保健	602	6.2	600	5.8	687	5.9	847	6.4
交通通讯	1877	19.5	1795	17.4	1725	14.7	1935	14.7
教育文化	1228	12.7	1358	13.2	1443	12.3	1462	11.1
居住	938	9.7	1019	9.9	1009	8.6	1057	8.0
其他	323	3.4	421	4.1	404	3.5	717	5.4

数据来源：克而瑞CRED商业地产数据库，http://cred.cric.com

2005年至2009年，成都边际消费倾向逐年下降，2005年为84.9%，而2009年已下降到75.5%。这反映出近年成都经济得到进一步发展，人民物质生活水平有所提高。而对比重庆的数据，发现重庆近五年的边际消费倾向变化更为明显，2009年为70.6%，低于成都近5个百分点。综合2009年成都与重庆在城镇人均可支配收入、城镇人均消费性支出方面数据的对比（成都均大于重庆对应值）可以看到，成都市民消费观念更为开放，而重庆则相对保守。

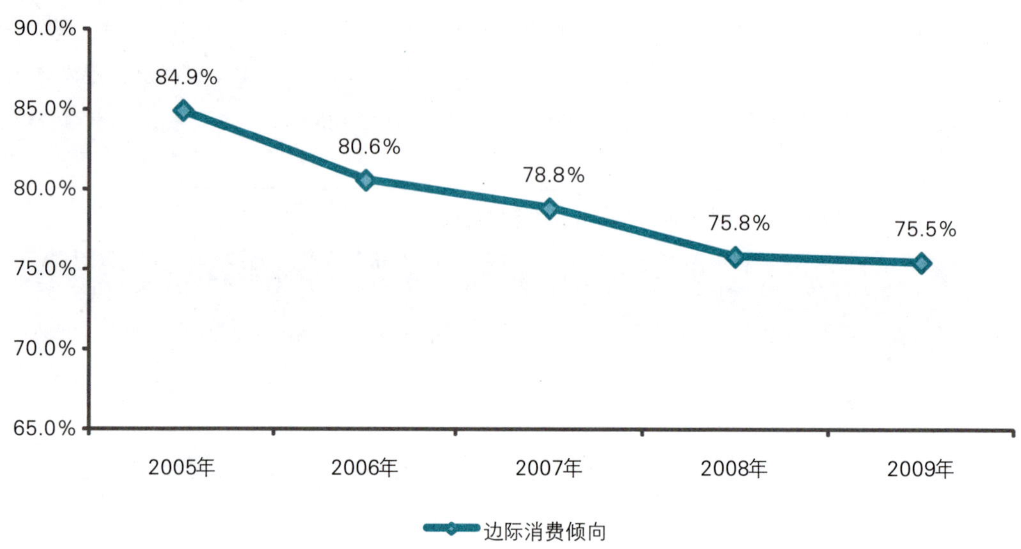

图7-49 2005—2009年成都边际消费倾向

数据来源：克而瑞CRED商业地产数据库，http://cred.cric.com

指标6 商业需求

成都社会消费品零售总额呈不断上升的趋势，增幅逐年增大，总体增速保持在14.2%以上。2009年全年成都实现社会消费品零售总额1950.0亿元，较上年增长20.3%。

从行业来看，批发业零售额184.7亿元，增长18.3%；零售业零售额1396.6亿元，增长20.8%；住宿和餐饮业零售额361.8亿元，增长19.2%。从地域来看，市零售额1511.5亿元，增长20.3%；县零售额114.9亿元，增长19.8%；县以下零售额323.6亿元，增长20.0%。从经济类型来看，国有经济零售额106.0亿元，增长17.1%；私营个体经济零售额880.7亿元，增长19.8%；外商及港澳台投资经济零售额263.6亿元，增长19.9%；股份制及其他经济零售额663.5亿元，增长21.7%。

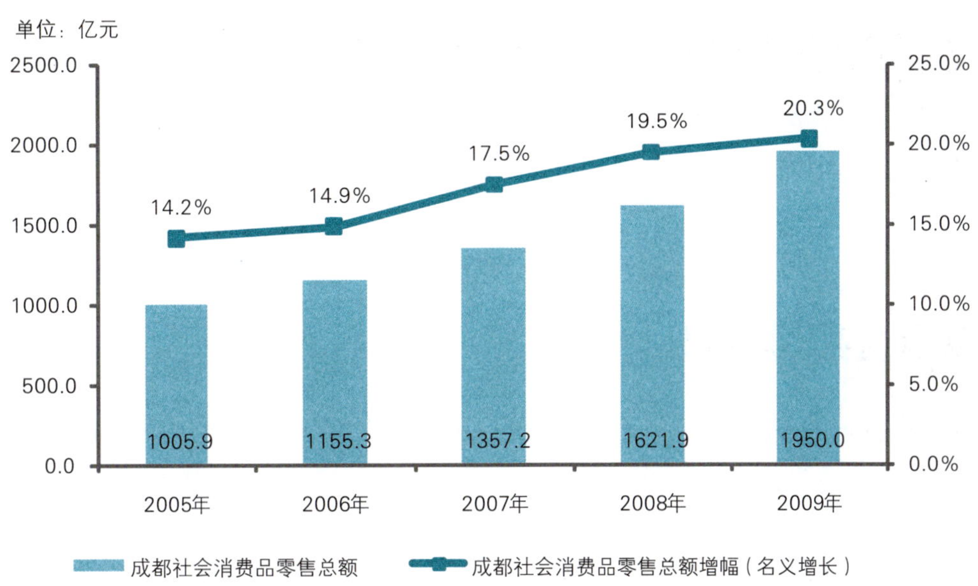

图7-50 2005—2009年成都社会消费品零售总额及增幅

数据来源：克而瑞CRED商业地产数据库，http://cred.cric.com

人均社会消费品零售总额的增长趋势基本与社会消费品零售总额一致。

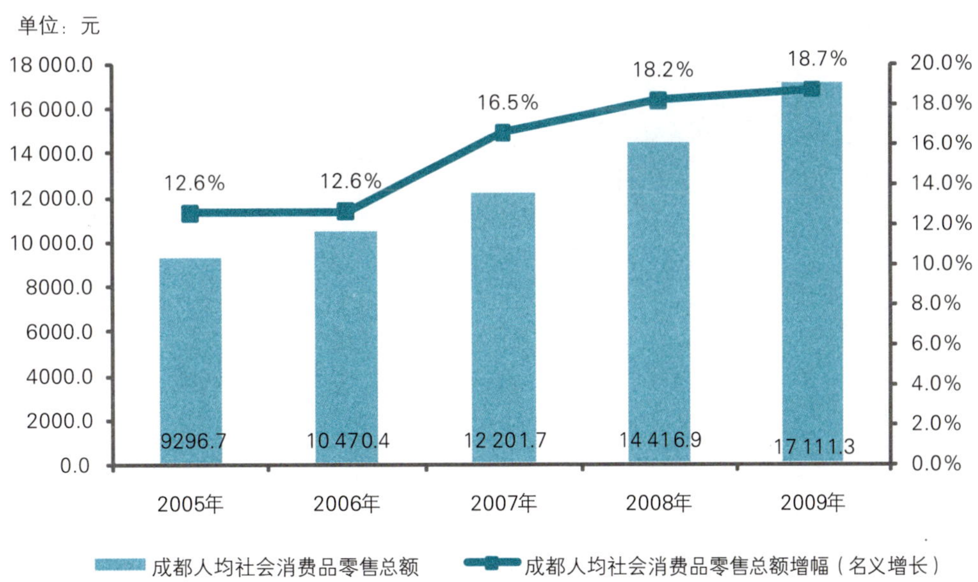

图7-51 2005—2009年成都人均社会消费品零售总额及增幅

数据来源：克而瑞CRED商业地产数据库，http://cred.cric.com

2 成都市整体商业市场环境研究

商业地产和旅游地产共同发展的趋势会逐步显现。

现有商业供应情况

2010年成都商业总存量约为1075万平方米，其中大型商业存量约为380万平方米。按户籍人口计算，人均商业存量为0.84平方米，而合理的人均商业面积一线城市应为1平方米，二线城市0.75平方米。成都作为西部二线城市，人均商业存量达到0.84平方米，大于理论上合理的人均商业面积。

2010年成都各类型商业中，其他类存量占比最大，达到45.5%，其次为专业商厦，占比为19.0%。另外市场、购物中心和特色商业街也占了一定比例。市场型商业大多为非商圈项目，社区配套类仅有少量项目，整体缺乏办公类配套项目。综合对比成都和重庆两个城市的大型商业类型存量比例，成都以专业商厦为主，而重庆则是购物中心比例略高。另外，重庆的社区配套类所占比例则大大高于成都市对应比例。两者在商业类型构成方面各具特色。

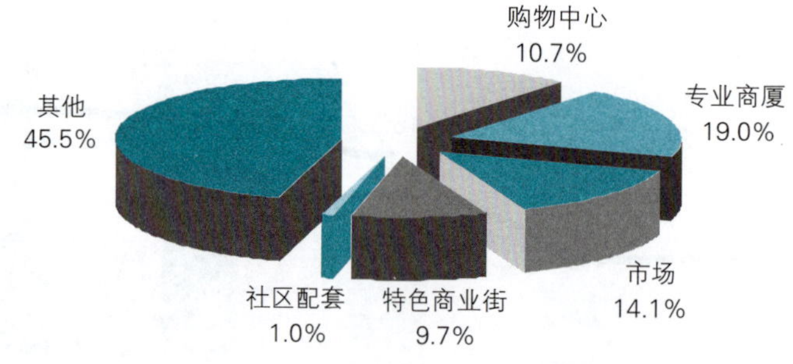

图7-52 2010年成都各类型重点商业存量供应

数据来源：克而瑞CRED商业地产数据库，http://cred.cric.com

十大主要商圈描述

成都一直是川西地区的商业中心，也是我国西南部重要的商品物资集散地。从古至今，商业在成都经济发展中占有重要地位。成都商业经历长期发展和演变在城中区形成三大核心商圈，即春熙路、盐市口和骡马市商圈。这三大商圈是成都最具竞争力的核心商圈，代表了成都商业发展的最高水平。近年来，随着城市经济和城市规划的发展，居民分布和道路交通的变化，成都商圈开始向二环路、三环路外扩张。成都商圈格局由单一集中逐渐分散，片区商业中心逐渐崛起，成都商业发展进入多元化阶段。

成都的零售区域主要集中在春熙路商圈、盐市口商圈和骡马市商圈，尤其是以春熙路商业步行街为中心的春熙路商圈，加之已进入成都的太平洋百货、伊藤洋华堂、伊势丹百货、王府井百货等，形成了成都最繁华的商业中心。

图7-53 2010年成都主要商圈分布

表7-23 成都主要商圈

序号	商圈编号	商圈名称	商圈级别	区域属性	特征	主要零售物业
1	A	春熙商圈	核心商圈	商业区	**档次：**中高端 **目标客群：**时尚人士、白领、小白领、百姓阶层 **主要商业类型：**购物中心、百货、其他专业商厦等	春熙路商业街、九龙广场、尚都服饰广场、王府井百货、成都群光广场、伊势丹百货春熙店、伊藤洋华堂春熙店、时代广场百盛、第一城商业广场、太平洋百货春熙店、乐森购物中心
2	B	盐市口商圈	核心商圈	商业区	**档次：**中高端 **目标客群：**时尚人士、白领、小白领、成功人士、百姓阶层 **主要商业类型：**购物中心、百货、其他专业商厦等	香槟广场、摩尔百盛天府店、茂业百货盐市口店、仁恒置地广场、北京华联、中环广场新世界百货
3	C	骡马市商圈	核心商圈	住宅区	**档次：**中高端 **目标客群：**时尚人士、白领、小白领、百姓阶层 **主要商业类型：**购物中心、百货、其他专业商厦、特色商业街等	文殊坊、富力天汇Mall、新时代广场（摩尔百盛）、新城市广场、宽窄巷子、太平洋百货骡马市全兴店
4	D	建设路商圈	核心商圈	住宅区	**档次：**中高端 **目标客群：**时尚人士、百姓阶层、白领、小白领 **主要商业类型：**购物中心、市场等	财富·又一城、成华SM广场、成都陶玻酒店用品城
5	E	内外双楠商圈	次级商圈	综合区	**档次：**中高端 **目标客群：**时尚人士、百姓阶层、白领、小白领 **主要商业类型：**购物中心、百货、其他专业商厦、特色商业街等	千盛百货、伊藤洋华堂双楠店、罗马假日广场、富港商业中心
6	F	老城南商圈	次级商圈	综合区	**档次：**中高端 **目标客群：**时尚人士、百姓阶层、白领、小白领 **主要商业类型：**百货、其他专业商厦、特色商业街、社区配套等	锦里、好百年家居、蓝光·玉林生活广场、仁和春天棕北店、亚太广场
7	G	九里堤商圈	次级商圈	住宅区	**档次：**中端 **目标客群：**百姓阶层、时尚人士 **主要商业类型：**购物中心、百货、其他专业商厦等	嘉茂购物中心、摩尔百盛沙湾店、嘉信茂购物广场
8	H	天府新城商圈	新兴商圈	综合区	**档次：**中高端 **目标客群：**时尚人士、百姓阶层、白领、小白领 **主要商业类型：**百货、其他专业商厦等	美嘉森奥特莱斯、欧尚超市高新店

（续表）

序号	商圈编号	商圈名称	商圈级别	区域属性	特征	主要零售物业
9	I	新南天地商圈	新兴商圈	综合区	**档次：**高端 **目标客群：**成功人士、白领、小白领、时尚人士 **主要商业类型：**购物中心、其他专业商厦等	凯丹广场、宜家家居、南门富森美家居、迪卡侬运动超市
10	J	金沙—光华商圈	新兴商圈	综合区	**档次：**中端 **目标客群：**白领、小白领、成功人士、时尚人士 **主要商业类型：**购物中心、百货、其他专业商厦、特色商业街、社区配套等	仁和春天光华店、乐宾百货、金沙西单商场、麦德龙

商圈1 春熙商圈 享有“西部第一商业街”美誉

① 商圈范围

东至红星路三段、四段，西到大业路，南至锦兴路，北到总府路。

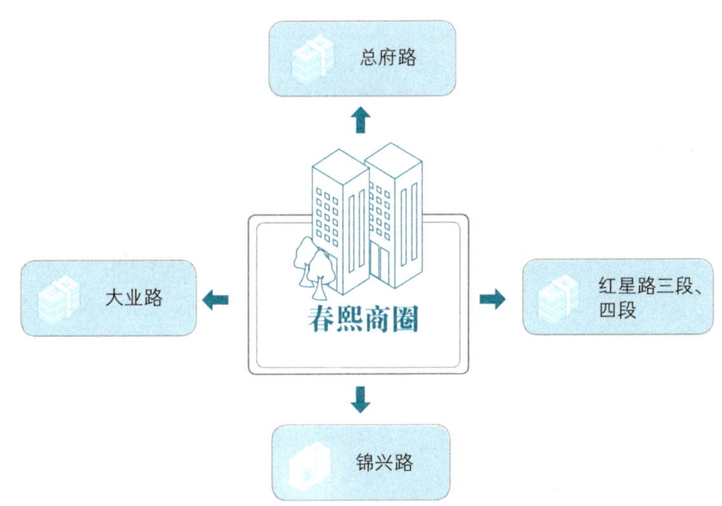

图7-54 成都市春熙商圈范围示意图

② 商圈价值

享有“西部第一商业街”美誉的春熙路商圈是成都市中心商圈，云集了太平洋百货、王府井百货、百盛、伊藤洋华堂等大中型商家。春熙路商圈经过多年打造，现代化商业设施大量增加，其购物、休闲、旅游、商务、餐饮、娱乐等综合功能也有所加强。加之该商圈档次的完善和提升，目前已向国际先进水平靠拢，春熙路因此也被誉为“国内最具魅力和个性的十大商业街”之一。

春熙商圈属于中高端商业区，位于成都市核心商圈，以时尚人士、白领、小白领、百姓阶层为目标客群，主要商业类型有购物中心、百货和其他专业商厦等。

春熙商圈作为成都最核心的商圈，从商业类型面积比例来看，商业形态以专业商厦为主，所占比例达到65.6%，其次为特色商业街，占比达22.9%，另外购物中心占比为11.5%。

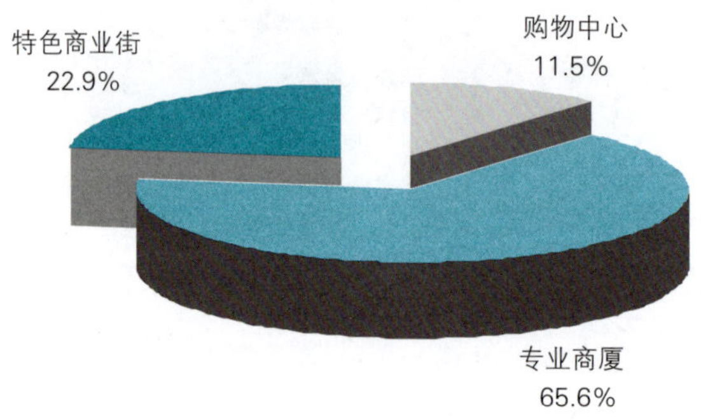

图7-55 2010年成都春熙商圈大型商业形态比例

数据来源：克而瑞CRED商业地产数据库，http://cred.cric.com

表7-24 成都春熙商圈主要商业项目

序号	项目编号	项目名称	建筑面积（平方米）	商业形态	开业时间	档次	经营情况	出租率
1	A1	春熙路商业街	200 000	特色商业街	1924-01-01	中高端	优	100%
2	A2	九龙广场	101 244	专业商厦	1999-10-01	中端	良好	100%
3	A3	尚都服饰广场	91 000	专业商厦	2008-01-01	中高端	良好	85%
4	A4	王府井百货	88 000	专业商厦	1996-11-30	中高端	良好	100%
5	A5	成都群光广场	70 000	专业商厦	2010-10-23	中高端	良好	100%
6	A6	伊势丹百货春熙店	40 250	专业商厦	2007-05-20	中高端	良好	100%
7	A7	伊藤洋华堂春熙店	30 000	专业商厦	1997-10-19	中端	良好	100%
8	A8	时代广场百盛	29 376	专业商厦	2008-01-01	中高端	良好	100%
9	A9	第一城商业广场	20 400	专业商厦	2007-12-01	中高端	良好	100%
10	A10	太平洋百货春熙店	17 280	专业商厦	1993-12-05	中高端	良好	100%
11	A11	乐森购物中心	12 000	专业商厦	2010-01-01	高端	良好	100%

数据来源：克而瑞CRED商业地产数据库，http://cred.cric.com

商圈2 盐市口商圈
历来是成都市中心的商业腹地

① 商圈范围

东起大业路，西至东城根南街，南到红照壁，北至天府广场。

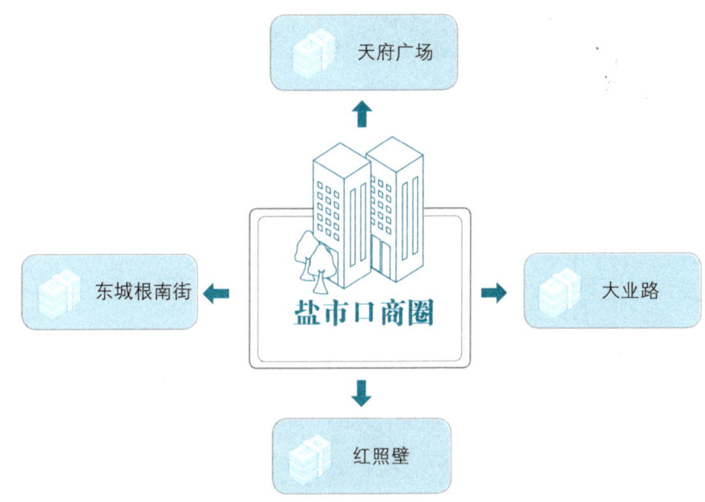

图7-56 成都市盐市口商圈范围示意图

② 商圈价值

盐市口商圈历来都是成都市中心的商业腹地，距天府广场150米左右，新世纪广场、人民商场、成都百货大楼、仁和春天百货、摩尔百盛、大业百货等大型购物中心汇集其中，并与历史悠久的青年路、染坊街相连，人流如织，商机无限。但这里的交通、规划、破旧房屋等各种历史和现实因素，使其在区域的总体建设上比春熙路略慢一步。盐市口广场、九龙广场、城市之心等商业建筑的出现，让盐市口商圈渐成气候。

盐市口商圈属于商业区，也是核心商圈之一，目前经营档次中高端，以时尚人士、白领、小白领、成功人士、百姓阶层为目标客群，主要商业类型有购物中心、百货和其他专业商厦等。

成都盐市口商圈大型商业形态主要有购物中心和专业商厦两类，其中专业商厦以百货为主。从比例图可以看到商圈内的专业商厦比例高达90.1%，仅有约9.9%的购物中心。

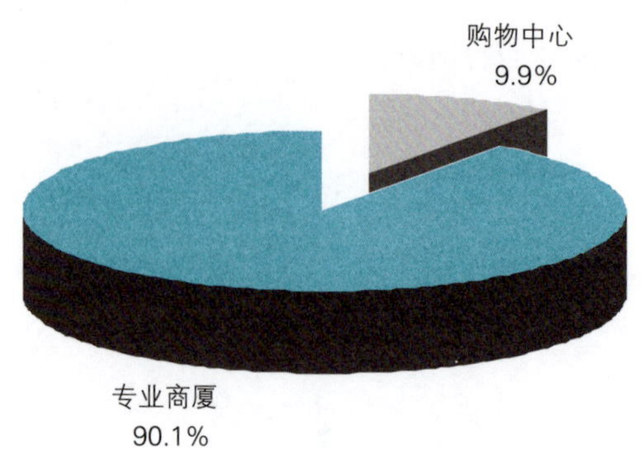

图7-57 2010年成都盐市口商圈大型商业形态比例

数据来源：克而瑞CRED商业地产数据库，http://cred.cric.com

表7-25 成都盐市口商圈主要商业项目

序号	项目编号	项目名称	建筑面积（平方米）	商业形态	开业时间	档次	经营情况	出租率
1	B1	香槟广场	66 453	购物中心	2005-07-27	中端	良好	100%
2	B2	摩尔百盛天府店	57 618	专业商厦	2001-01-01	中高端	良好	100%
3	B3	茂业百货盐市口店	48 000	专业商厦	2006-01-07	中高端	良好	100%
4	B4	仁恒置地广场	44 384	专业商厦	2010-09-03	高端	良好	100%
5	B5	北京华联	43 254	专业商厦	2001-09-03	中端	良好	100%
6	B6	中环广场新世界百货	22 626	专业商厦	2006-12-31	中高端	良好	100%

数据来源：克而瑞CRED商业地产数据库，http://cred.cric.com

商圈3 骡马市商圈 “成都商业铁三角”之一

① 商圈范围

东为顺城大街至玉带桥一带，西到西安路，南至少城路，北到江汉路。

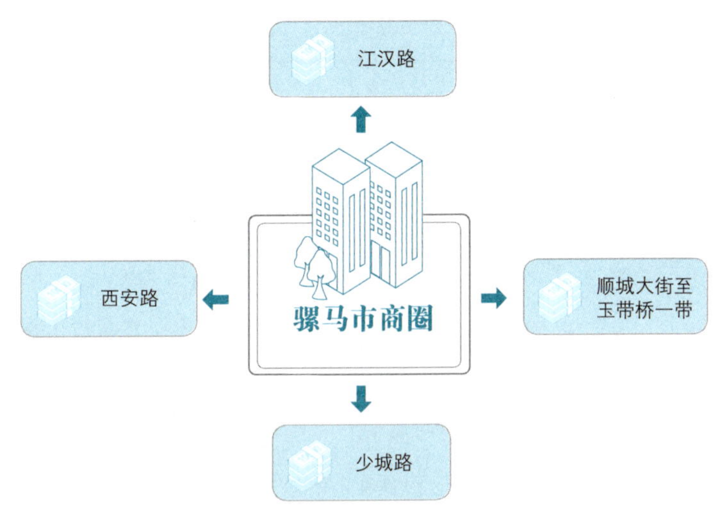

图7-58 成都市骡马市商圈范围示意图

② 商圈价值

骡马市商圈在成都历史上是一个重要商圈，与春熙路商圈、盐市口商圈并称为“成都商业铁三角”。但是，由于近几年城市中心的转移，在商业口岸相对价值的比较中，稍逊于春熙路商圈和盐市口商圈，只有一些小型商厦、外贸商厦活跃于此。从地理位置上分，骡马市商圈基本可以分为玉带桥板块、太平洋板块和已显雏形的富力天汇板块，然而在这三大板块间没有广场和步行街做支撑，难以形成完整的商业体系；交通问题也是其面临的另一难题，两者共同导致骡马市商圈商业发展难以有实质性的进展。目前，骡马市商圈正酝酿着新一轮发展。

骡马市商圈属于住宅区，也是核心商圈之一，目前经营档次中高端，以时尚人士、白领、小白领、百姓阶层为目标客群，主要商业类型有购物中心、百货、其他专业商厦和特色商业街等。

骡马市商圈的大型商业形态以三大类为主，占比最高的为特色商业街，比例为48.2%，其次为购物中心，比例为41.2%。与其他商圈不同，骡马市的专业商厦占比仅为10.6%，较其他商圈都低。

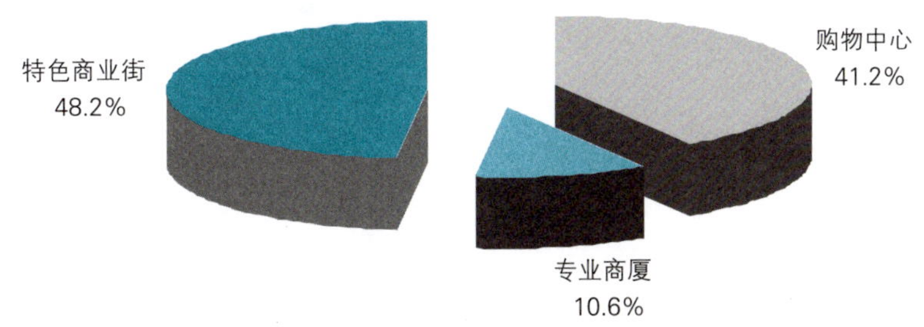

图7-59 2010年成都骡马市商圈大型商业形态比例

数据来源：克而瑞CRED商业地产数据库，http://cred.cric.com

表7-26 成都骡马市商圈主要商业项目

序号	项目编号	项目名称	建筑面积（平方米）	商业形态	开业时间	档次	经营情况	出租率
1	C1	文殊坊	370 000	特色商业街	2002-01-01	中高端	良好	100%
2	C2	富力天汇Mall	250 000	购物中心	2010-11-25	中高端	良好	100%
3	C3	新时代广场（摩尔百盛）	5688	专业商厦	2009-07-25	中高端	良好	100%
4	C4	新城市广场	135 828	购物中心	2005-11-11	中高端	良好	70%
5	C5	宽窄巷子	92 250	特色商业街	2008-06-14	中高端	良好	100%
6	C6	太平洋百货骡马市全兴店	30 000	专业商厦	1996-01-01	中高端	良好	100%

数据来源：克而瑞CRED商业地产数据库，http://cred.cric.com

商圈4 建设路商圈 现代商贸集中发展区

① 商圈范围

东到二仙桥，西至滨河路，南到新鸿路，北至府青路。

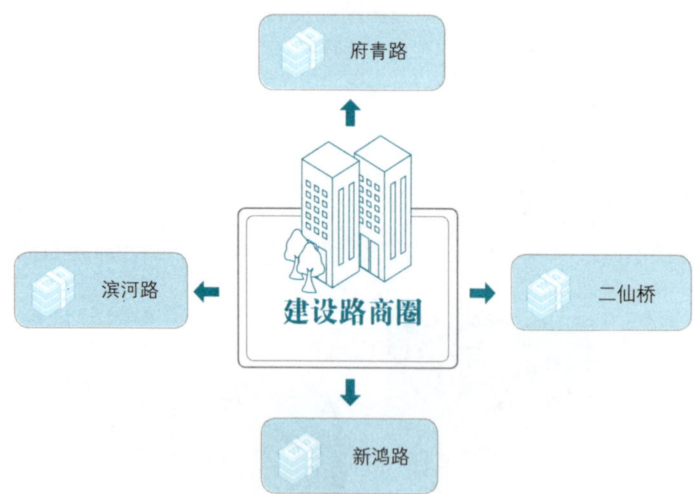

图7-60 成都市建设路商圈范围示意图

② 商圈价值

根据成都市成华区委区政府的总体定位，建设路今后将是“现代商贸集中发展区”，整个城东副中心也将以建设路为轴线，延伸至二环路外，横向则扩展至新鸿路、建设南路一带。通过片区资源优势的整合，这里将建成成华区的金融、商务、行政、信息咨询、零售业和娱乐中心。

建设路商圈作为又一个核心商圈，位处住宅区，中高端经营档次，以时尚人士、百姓阶层、白领、小白领为目标客群，主要商业类型有购物中心、市场等。

建设路商圈产业定位为商贸、商务和创业三大主题。建设路片区将依托现有的建设路商业大街和二环路T型商业集中区，从商业空间布局结构与商业功能业态两大方面入手，力争让建设路商圈在业态体系的完整性、空间布局的合理性、商业规模三大维度上全面超越区域级商圈，成为集橱窗式商业街、大型购物中心、百货、Shopping Mall与高端居住于一体，辐射城北、城东的成都第二商圈。

建设路商圈商业类型较单一，基本为购物中心，占到了95.2%以上的比例，仅有不到4.8%的市场类项目。

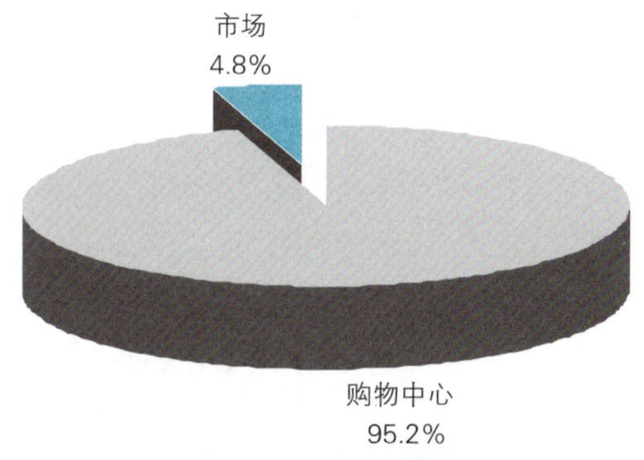

图7-61　2010年成都建设路商圈大型商业形态比例

数据来源：克而瑞CRED商业地产数据库，http://cred.cric.com

表7-27　成都建设路商圈主要商业项目

序号	项目编号	项目名称	建筑面积（平方米）	商业形态	开业时间	档次	经营情况	出租率
1	D1	财富·又一城	63 000	购物中心	2010-10-18	中端	良好	100%
2	D2	成华SM广场	135 250	购物中心	2006-10-20	中端	良好	100%
3	D3	成都陶玻酒店用品城	9984	市场	2005-11-30	中端	良好	100%

数据来源：克而瑞CRED商业地产数据库，http://cred.cric.com

商圈5 内外双楠商圈
以中高收入居住群体为主要消费群体

① 商圈范围

以杨家坪转盘为中心，中心商业区包括杨九路、杨家坪正街、石坪桥正街、西郊路、直港大道，共计十万余平方米的商业面积。

② 商圈价值

2000年，内双楠成为倍受市民瞩目的居住区之一，内双楠地块开始变得寸土寸金。以伊藤洋华堂为首的中高端百货逐渐入驻，商业氛围渐渐培育起来，商圈也逐步形成。在2006年，伊藤洋华堂双楠店销售收入正式超过春熙分店，商圈进一步发展。目前已成为拥有银行、卖场、医院、学校等完善基础配套设施以及以中高收入者居住群体为主的商圈。

内外双楠商圈为次级商圈，属于综合区，中高端档次，以时尚人士、百姓阶层、白领、小白领为目标客群，主要商业类型有购物中心、百货、其他专业商厦和特色商业街等。

本商圈专业商厦占比最高，达到79.0%，其次为特色商业街，比例达到16.8%，另有少量购物中心。

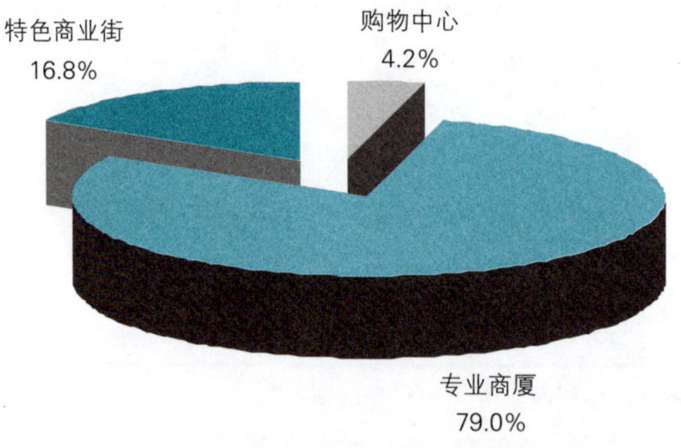

图7-62 2010年成都内外双楠商圈大型商业形态比例

数据来源：克而瑞CRED商业地产数据库，http://cred.cric.com

表7-28 成都内外双楠商圈主要商业项目

序号	项目编号	项目名称	建筑面积（平方米）	商业形态	开业时间	档次	经营情况	出租率
1	E1	千盛百货	25 000	购物中心	2008-01-01	中高端	良好	100%
2	E2	伊藤洋华堂双楠店	17 820	专业商厦	2003-09-09	中端	良好	100%

（续表）

序号	项目编号	项目名称	建筑面积（平方米）	商业形态	开业时间	档次	经营情况	出租率
3	E3	罗马假日广场	100 000	特色商业街	2000-10-10	中端	良好	100%
4	E4	富港商业中心	10 000	专业商厦	2003-12-30	中端	良好	100%

数据来源：克而瑞CRED商业地产数据库，http://cred.cric.com

商圈6 老城南商圈 科技商务区

① 商圈范围

东到新南路—科华中路一线，西至佳灵路，南到火车南站，北至滨江中路。

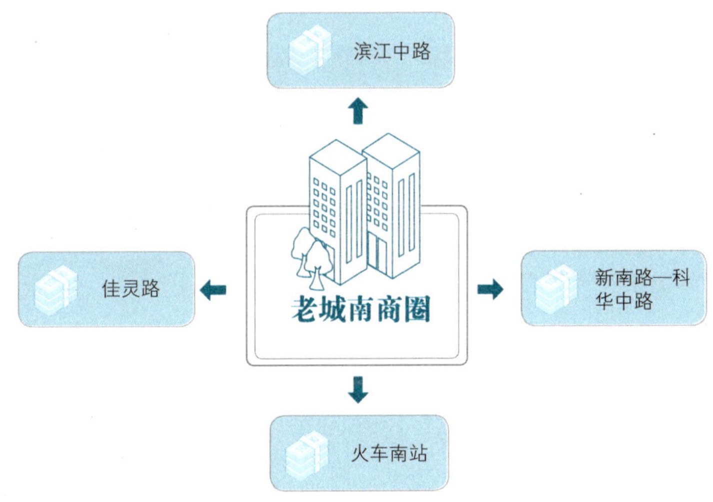

图7-63 成都市老城南商圈范围示意图

② 商圈价值

城南传统商圈以住宅配套商业为主。根据规划，该片区将打造成集金融、商务、科技、文化等功能于一体，形成包括研发教育、高端写字楼和酒店、娱乐餐饮、中高端住宅区等四大分区在内的科技商务区。

老城南商圈为次级商圈，属于综合区，经营档次中高端，以时尚人士、百姓阶层、白领、小白领为目标客群，主要商业类型有百货、其他专业商厦、特色商业街和社区配套等。

本商圈较其他商圈最突出的特点是社区配套类商业比例明显高于其他商圈。另外，本商圈商业的专业商厦体量比例最高，达44.4%，另外特色商业街占了33.0%，其中包括成都著名的旅游景点锦里。

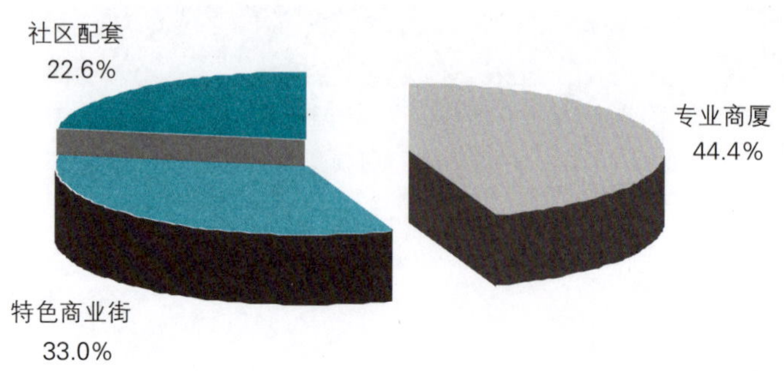

图7-64 2010年成都老城南商圈大型商业形态比例

数据来源：克而瑞CRED商业地产数据库，http://cred.cric.com

表7-29 成都老城南商圈主要商业项目

序号	项目编号	项目名称	建筑面积（平方米）	商业形态	开业时间	档次	经营情况	出租率
1	F1	锦里	25 000	特色商业街	2008-01-01	中高端	优	100%
2	F2	好百年家居	23 000	专业商厦	2005-08-30	中端	良好	100%
3	F3	蓝光·玉林生活广场	22 000	特色商业街	2002-10-01	中端	良好	100%
4	F4	仁和春天棕北店	6000	专业商厦	2008-10-10	中高端	良好	100%
5	F5	亚太广场	15 000	专业商厦	2005-11-01	中低端	良好	100%

数据来源：克而瑞CRED商业地产数据库，http://cred.cric.com

商圈7 九里堤商圈 购物中心和专业商厦平分秋色

① 商圈范围

东到九里堤北路，西至茶店子路，南到二环路北一、二段，北至金府路。

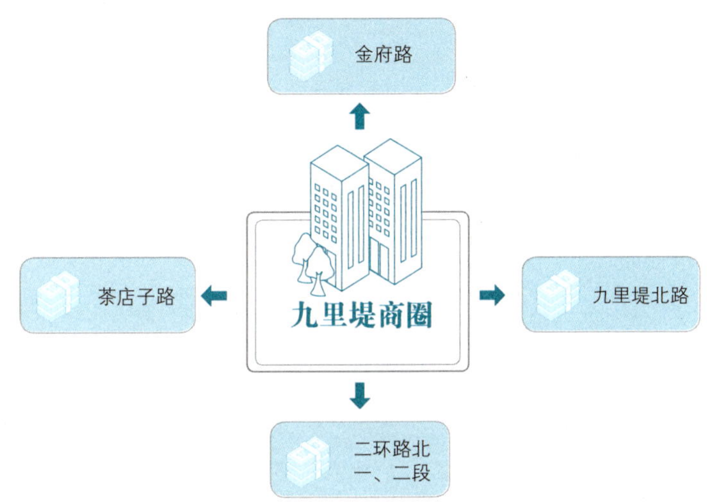

图7-65 成都市九里堤商圈范围示意图

② 商圈价值

在成都的西北区域，九里堤大片区可以说是最早成熟的社区之一，是金牛区实施“锦西民宅”战略的重要组成部分。九里堤综合商业项目，加之位于会展的摩尔百盛等，九里堤片区已经成为城西商业的聚焦之地。

九里堤商圈是次级商圈，属于住宅区，经营档次中端，以百姓阶层、时尚人士为目标客群，主要商业类型有购物中心、百货和其他专业商厦。

目前，九里堤商圈基本呈现购物中心和专业商厦平分秋色的状态，其中购物中心体量略多，占比为50.3%。

图7-66 2010年成都九里堤商圈各类商业形态所占比例

数据来源：克而瑞CRED商业地产数据库，http://cred.cric.com

表7-30 成都九里堤商圈主要商业项目

序号	项目编号	项目名称	建筑面积（平方米）	商业形态	开业时间	档次	经营情况	出租率
1	G1	嘉茂购物中心	78 482	购物中心	2010-09-19	中端	良好	60%
2	G2	摩尔百盛沙湾店	37 844	专业商厦	2008-01-01	中端	良好	100%
3	G3	嘉信茂购物广场	39 600	专业商厦	2006-09-28	中端	良好	100%

数据来源：克而瑞CRED商业地产数据库，http://cred.cric.com

商圈8 天府新城商圈 成都南部科技商务城

① 商圈范围

东到府河，西至成雅高速，南到翠拥大道，北至府城大道中西段。

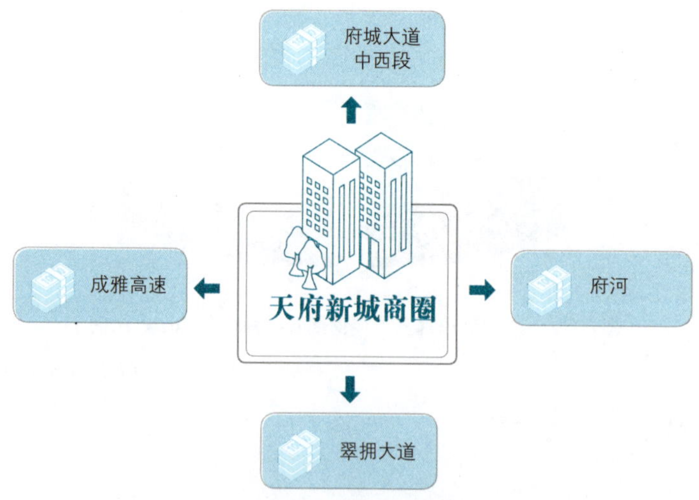

图7-67 成都市天府新城商圈范围示意图

② 商圈价值

天府新城位于成都的科技商务中轴线—天府大道两侧，包括高新区南部园区的站南组团和大源组团，总用地面积37平方千米，规划总建筑面积6000万平方米，就业人口60万人，其中软件及服务外包产业20万至30

万人，总居住人口达60万人。天府新城作为成都以软件及服务外包产业为主导的南部科技商务城，将重点发展信息服务、数字娱乐、商务、物流等产业。

天府新城商圈为新兴商圈，属于综合区，经营档次中高端，以时尚人士、百姓阶层、白领、小白领为目标客群，主要商业类型有百货和专业商厦，其中大型商业以非百货类专业商厦为主。

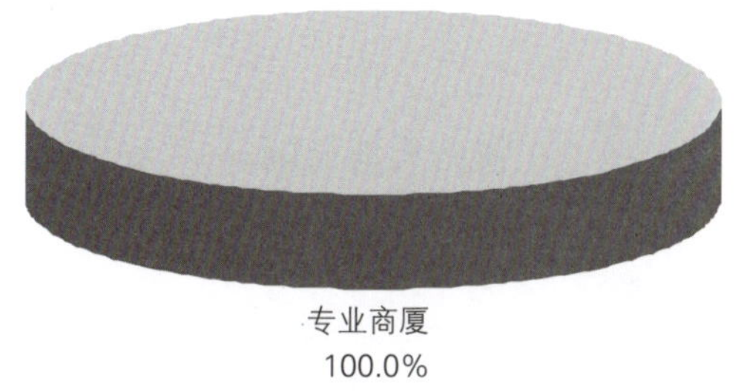

图7-68 2010年成都天府新城商圈大型商业形态比例

数据来源：克而瑞CRED商业地产数据库，http://cred.cric.com

表7-31 成都天府新城商圈主要商业项目

序号	项目编号	项目名称	建筑面积（平方米）	商业形态	开业时间	档次	经营情况	出租率
1	H1	美嘉森奥特莱斯	9000	专业商厦	2007-09-28	中高端	良好	99%
2	H2	欧尚超市高新店	10 080	专业商厦	2006-01-01	中高端	良好	100%

数据来源：克而瑞CRED商业地产数据库，http://cred.cric.com

商圈9 新南天地商圈
成都高端商业物业最集中的区域之一

① 商圈范围

东至科华南路—濯锦北路一线，西到元华路，南至府城大道中西段，北到火车南站。

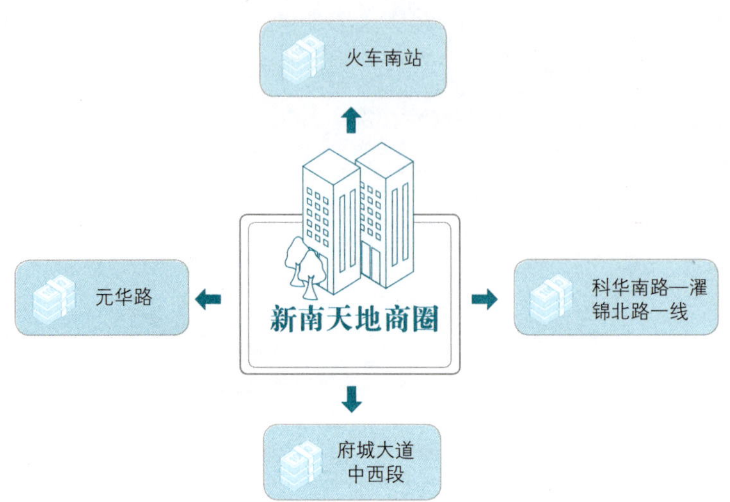

图7-69 成都市新南天地商圈范围示意图

② 商圈价值

位于天府新城站南组团内的新南天地国际购物商圈，占地达4万平方米。依据规划，整个商圈将由欧尚、宜家、迪卡侬、富森美、苏宁广场、凯丹广场六大主力商家以及天府大道以东的凯德商用、大鼎·世纪广场等购物中心组成。目前，商圈内的商业物业总面积已达到40多万平方米，是成都高端商业物业最集中的区域之一。

新南天地商圈为新兴商圈，属于综合区，经营档次高端，以成功人士、白领、小白领、时尚人士为目标客群，主要商业类型有购物中心和其他专业商厦等。

新南天地商圈购物中心比例较高，达到81.8%，明显区别于其他大部分商圈以专业商厦为主的格局。作为城南的新兴商圈，新南天地商圈内的购物中心在数量和档次上都有一定优势。

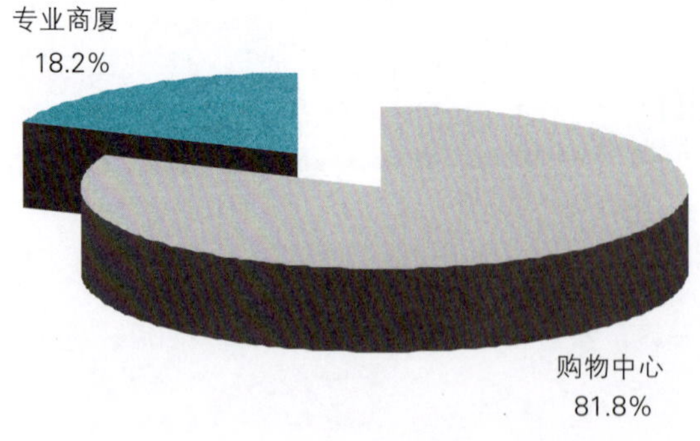

图7-70 2010年成都新南天地商圈大型商业形态比例

数据来源：克而瑞CRED商业地产数据库，http://cred.cric.com

表7-32 成都新南天地商圈主要商业项目

序号	项目编号	项目名称	建筑面积（平方米）	商业形态	开业时间	档次	经营情况	出租率
1	I1	凯丹广场	50 000	购物中心	2010-10-30	中高端	良好	98%
2	I2	宜家家居	18 000	专业商厦	2006-02-18	中高端	良好	100%
3	I3	南门富森美家居	12 000	专业商厦	2008-06-12	中端	良好	100%
4	I4	迪卡侬运动超市	1000	专业商厦	2007-12-30	中高端	良好	100%

数据来源：克而瑞CRED商业地产数据库，http://cred.cric.com

商圈10 金沙—光华商圈 成都的“城西商务走廊”

① 商圈范围

东临二环路西二段，西至西三环路四段，南到贝森路，北到锦西路。

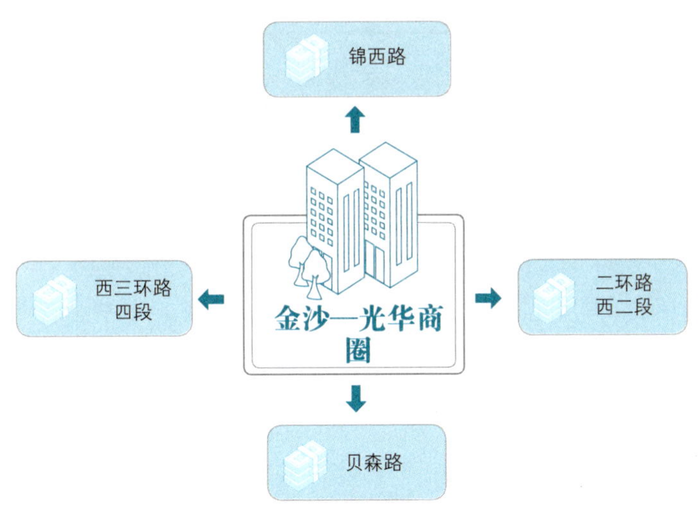

图7-71 成都市金沙—光华商圈范围示意图

② 商圈价值

以光华大道和成温邛大道为界，二、三环之间的金沙—光华板块被称为成都的“城西商务走廊”。在这条走廊上，乐宾百货、仁和春天、百安居、西单广场等都为整个金沙—光华商圈的人气环流制造了条件。

与市中心商圈的“以街为市”不同，金沙—光华商圈更像集群式布局方式，目前该区域内云集了大型超市、大型购物中心、体育健身场所、游乐设施、公共绿地等。

金沙—光华商圈为新兴商圈，属于综合区，目前经营档次中端，以白领、小白领、成功人士、时尚人士为目标客群，主要商业类型有购物中心、百货、其他专业商厦、特色商业街、社区配套等。

金沙—光华商圈的商业类型较其他商圈更为丰富，其中专业商厦占比最高，达到37.8%，而社区配套型商业和购物中心也占了一定的份额，另外还有9.8%的特色商业街供应。

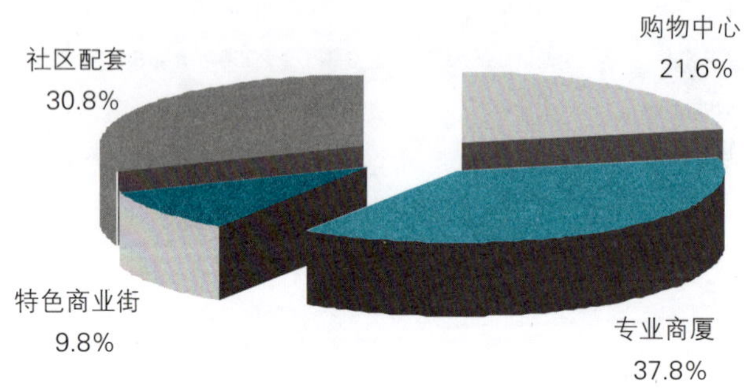

图7-72 2010年成都金沙—光华南商圈大型商业形态比例

数据来源：克而瑞CRED商业地产数据库，http://cred.cric.com

表7-33 成都金沙—光华商圈主要商业项目

序号	项目编号	项目名称	建筑面积（平方米）	商业形态	开业时间	档次	经营情况	出租率
1	J1	仁和春天光华店	47 754	购物中心	2009-12-23	中高端	良好	100%
2	J2	乐宾百货	30 000	专业商厦	2007-12-01	中高端	良好	90%
3	J3	金沙西单商场	12 688	专业商厦	2005-05-05	中高端	良好	100%
4	J4	麦德龙	9500	专业商厦	2001-08-15	中端	良好	100%

数据来源：克而瑞CRED商业地产数据库，http://cred.cric.com

 3 成都整体租金水平

（1）购物中心首层租金水平

成都市购物中心租金两极分化较为明显，其中租金水平较低的项目首层租金范围在2～6元/（米^2·天），这些项目基本分布在新兴商圈或次级商圈，如在新南天地商圈的凯丹广场，在内外双楠商圈的千盛百货等。

而租金水平较高的项目首层租金范围在12～17元/（米^2·天）之间，以核心商圈项目为主。

成都市购物中心较为分散，没有明显集中于某一商圈的现象。

表7-34 成都主要商圈购物中心租金

序号	项目编号	项目名称	所属商圈	首层租金
1	B1	香槟广场	盐市口	3～5元/（米^2·天）
2	C2	富力天汇Mall	骡马市	服务、餐饮：5～20元/（米^2·天） 零售：10～30元/（米^2·天）
3	C4	新城市广场	骡马市	2～6元/（米^2·天） 15%～18%（扣点）
4	D1	财富·又一城	建设路	4～8元/（米^2·天）
5	D2	成华SM广场	建设路	6～10元/（米^2·天）
6	E1	千盛百货	内外双楠	零售：1～6元/（米^2·天） 餐饮：0.5～0.8元/（米^2·天）
7	G1	嘉茂购物中心	九里堤	5～8元/（米^2·天）
8	I1	凯丹广场	新南天地	1.5～2元/（米^2·天）
9	J1	仁和春天光华店	金沙—光华	5～10元/（米^2·天）

数据来源：克而瑞CRED商业地产数据库，http://cred.cric.com

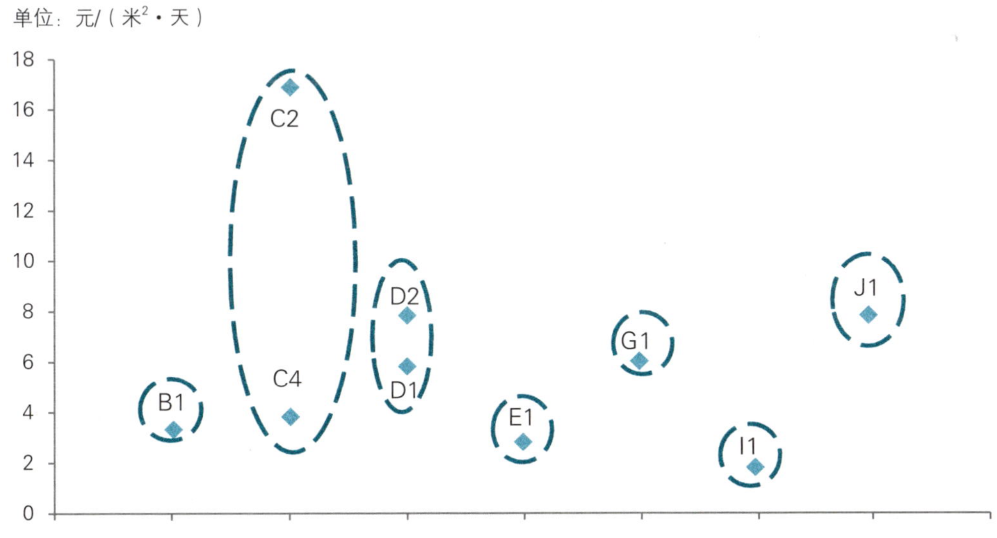

图7-73 2010年成都主要购物中心租金分布

数据来源：克而瑞CRED商业地产数据库，http://cred.cric.com

（2）百货租金水平

成都各商圈基本采用保底租金和扣点两种方式。租金扣点基本在20%～25%这一水平，而核心商圈的百货租金大大高于次级和新兴商圈，尤其是成都第一商圈的春熙商圈，百货扣点在20%～30%，明显高于其他商圈。而从百货的商圈分布来看，则是春熙商圈和盐市口商圈有较多数量的百货分布。

表7-35 成都主要百货租金

序号	项目名称	所属商圈	首层租金
1	王府井百货	春熙	20%～30%（扣点）
2	成都群光广场	春熙	20%～28%（扣点）
3	伊势丹百货春熙店	春熙	20%～25%（扣点）
4	伊藤洋华堂春熙店	春熙	20%～30%（扣点）
5	时代广场百盛	春熙	18.4～60.5元/（米^2·天）； 15%～18%（扣点）
6	太平洋百货春熙店	春熙	20%～25%（扣点）
7	乐森购物中心	春熙	15%～18%（扣点）
8	摩尔百盛天府店	盐市口	20%～25%（扣点）
9	茂业百货盐市口店	盐市口	20%～25%（扣点）
10	仁恒置地广场	盐市口	12～15元/（米^2·天）； 15%～18%（扣点）
11	中环广场新世界百货	盐市口	6～8元/（米^2·天）
12	新时代广场（摩尔百盛）	骡马市	3～6.6元/（米^2·天）
13	太平洋百货骡马市全兴店	骡马市	20%～25%（扣点）
14	伊藤洋华堂双楠店	内外双楠	20%～25%（扣点）
15	富港商业中心	内外双楠	2～10元/（米^2·天）
16	仁和春天棕北店	老城南	15%～18%（扣点）
17	摩尔百盛沙湾店	九里堤	7.5～30元/（米^2·天）
18	嘉信茂购物广场	九里堤	4～12.8元/（米^2·天）
19	乐宾百货	金沙—光华	0.5～0.8元/（米^2·天）

数据来源：克而瑞CRED商业地产数据库，http://cred.cric.com

（3）其他商业类型租金水平

成都各商圈其他类型商业项目中，专业商厦的租金在0.1～32元/（米^2·天），其中租金水平较低的在0.2～5元/（米^2·天），中等租金水平的在7.5～15元/（米^2·天），租金较高的在15～32元/（米^2·天）。而特色商业街租金在4~100元/（米^2·天）。其中以春熙商圈的餐饮类租金水平最高，为24~100元/（米^2·天）。

表7-36 成都其他商业类型租金

序号	项目名称	商业形态	所属商圈	首层租金［元/（米^2·天）］
1	九龙广场	专业商厦	春熙	8~15
2	尚都服饰广场	专业商厦	春熙	3.7~9.5
3	第一城商业广场	专业商厦	春熙	12~32
4	北京华联	专业商厦	盐市口	3.0~7.5
5	好百年家居	专业商厦	老城南	0.1~2.0
6	亚太广场	专业商厦	老城南	0.2~0.5
7	美嘉森奥特莱斯	专业商厦	天府新城	2~5
8	欧尚超市高新店	专业商厦	天府新城	2.4~4.6
9	宜家家居	专业商厦	新南天地	0.1~0.2
10	南门富森美家居	专业商厦	新南天地	1~2
11	迪卡侬运动超市	专业商厦	新南天地	5~20
12	麦德龙	专业商厦	金沙—光华	0.2~0.5
13	春熙路商业街	特色商业街	春熙	零售：24~100；餐饮：16~65
14	文殊坊	特色商业街	骡马市	餐饮：2~6；零售：2~15
15	宽窄巷子	特色商业街	骡马市	5~22
16	罗马假日广场	特色商业街	内外双楠	4~10
17	蓝光·玉林生活广场	特色商业街	老城南	4~15
18	成都陶玻酒店用品城	市场	建设路	2.4~15.0

数据来源：克而瑞CRED商业地产数据库，http://cred.cric.com

成都未来商业供应及发展趋势预测

在过去几年，大型商业地产项目往往属于外来的大型开发商。然而，随着本土开发商势力的增强，在大型商业地产项目上也出现了众多本土开发企业的代表。新世纪环球中心、世豪广场和家百年国际家居展贸城，无疑是本土企业试水大型综合体项目的三大典型代表。

尤其是成都正处在建设世界现代田园城市的高速发展阶段，出现了商业地产开发的繁荣局面，无疑有利于城市的进一步发展。未来数年内，成都还将出现百花齐放的商业地产开发热潮，而大型复合型城市综合体将成为商业地产大发展时代的代表产品。

作为全国重要的旅游中心城市和国家级历史文化名城，成都旅游业的发展也备受重视，未来成都市商业地产和旅游地产共同发展的趋势会逐步显现。

成都在2011年至2013年将有19个体量较大的商业项目进入市场，其中包括两个购物中心、五个专业商厦、两个市场类项目、三个特色商业街以及七个社区配套。从商业类型的角度来看，未来三年成都市新增商业项目以专业商厦为主，比例高达72.0%，而市场类商业项目体量所占比例也达到22.0%。从项目位置来看，分布在非商圈的新增项目达到94.5%，而老牌商圈新增的项目普遍较少，只有新兴的内外双楠商圈占比达到3.6%，在各商圈中位列第一。从新增项目的分布来看，成都市商业进一步分散，商业市场进一步发展。

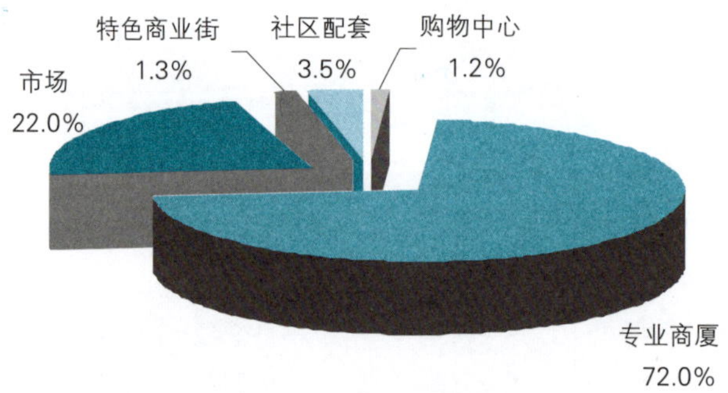

图7-74 2011—2013年成都商圈未来商业供应

数据来源：克而瑞CRED商业地产数据库，http://cred.cric.com

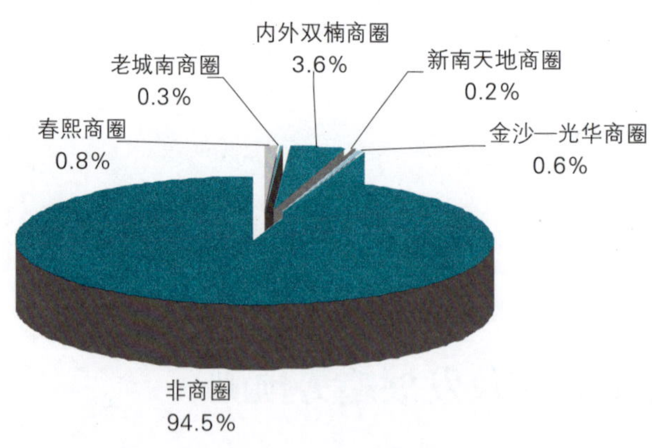

图7-75 2011—2013年成都各商圈未来商业供应

数据来源：克而瑞CRED商业地产数据库，http://cred.cric.com

表7-37 成都未来主要商业项目供应

序号	项目名称	所属商圈	建筑面积（平方米）	商业形态	开业时间	商业初步定位
1	银石广场	春熙商圈	100 000	购物中心	2013-10	国际时尚城市综合体，以高端消费为主
2	华宇荣国府	老城南商圈	20 000	社区配套	2012-10-05	城市首府、复合商域
3	保利中心	老城南商圈	21 130	社区配套	2012-10-20	复合型物业
4	中大君悦金沙Block商业街	金沙—光华商圈	68 000	社区配套	2011-12-05	综合商业
5	摩尔国际汽配城	内外双楠商圈	438 882	专业商厦	2011-05-30	西部首座汽车主题大型商贸中心，汽车博览中心，大型购物广场，餐饮娱乐商业区
6	特拉克斯国际广场	新南天地商圈	8000	专业商厦	2011-10-01	购物办公一体化，复合型项目
7	新都国际广场	非商圈	50 000	购物中心	2011-04-06	成都北部首个一站式国际商业嘉年华
8	北新国际物联港	非商圈	2 200 000	专业商厦	2011-04-01	集专业市场、住宅、总部、五星级酒店于一体的城市综合体
9	中信未来城	非商圈	20 000	专业商厦	2012-12-30	都市生活中心
10	香江·全球家居CBD	非商圈	6 000 000	专业商厦	2013-12-30	打造世界家具第四极。80%都为开发商香江集团自行持有，20%对外进行销售
11	四川元贞国际机械城	非商圈	200 000	市场	2011-04-30	集4S店、联排及独栋商铺、商务酒店、商务公寓、配套服务区及商务办公区于一体的国际机械物流平台
12	成都国际商贸城	非商圈	2 450 000	市场	2012-10-20	是集小商品研发、生产、加工、展示、洽谈、交易与电子商务为一体的、中西部最大的、现代化商贸平台，并具有商务办公、金融服务、休闲娱乐、酒店公寓等配套功能
13	置信逸都花园	非商圈	80 000	特色商业街	2011-09-11	集居住、酒店公寓、写字楼、约8万平方米三大主题商业街区、大型连锁超市、星级影院、1000米线形“滨江公园”为一体的城市综合体

（续表）

序号	项目名称	所属商圈	建筑面积（平方米）	商业形态	开业时间	商业初步定位
14	繁湖盛肆	非商圈	32 747.66	特色商业街	2012-10-12	集购物、餐饮、娱乐、休闲、酒店、超市、商务办公等多种业态
15	荷兰水街	非商圈	40 000	特色商业街	2012-12-20	以餐饮、休闲为主，辅以社区服务功能。还规划数千平方米的精品店
16	恺信·时代天城	非商圈	25 000	社区配套	2011-12-31	约3万平方米家乐福旗舰店，高层商务会所，购物休闲为一体的服务
17	华润万象城	非商圈	244 000	社区配套	2012-04-30	集高端购物、餐饮、娱乐、休闲、文化、商务等多种功能于一体的大型都市综合体
18	四季豪庭	非商圈	16 500	社区配套	2012-08-09	小区配套
19	蓝谷地 ·里外	非商圈	20 000	社区配套	2012-10-12	生活购物一站式服务

数据来源：克而瑞CRED商业地产数据库，http://cred.cric.com

3 成都市未来城市发展规划

形成“一心多极，一轴一群”的城镇空间格局。

1 城市总体规划

（1）人口布局

中心城各规划时段的城市人口规模：至2020年，非农业人口规模278万人，实际居住人口310万人；至远景期，中心城最大非农业人口规模应控制在305万人以内，实际居住人口控制在350万人以内。

（2）城镇布局

形成“一心多极，一轴一群”的城镇空间格局。“一心”指主城区；“多极”指规划区外的四市和四县；“一轴”指由主城区沿成雅高速公路和成绵高速公路向南北伸展并连接新津、蒲江以及市域以外的广汉、德阳、乐山等而形成的南北向城市发展轴；“一群”指依托成温邛快速路和成雅高速公路，由崇州、邛崃、新津、大邑、蒲江以及为数众多中小城镇组成的联系紧密、分工合理、功能一体化的城镇群。

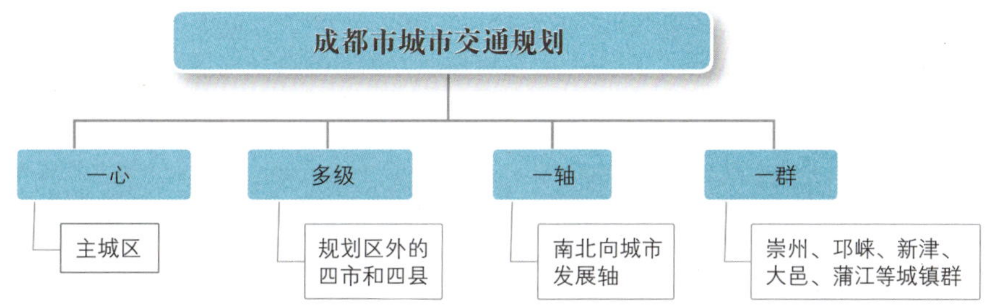

图7-76 成都市城镇布局规划示意图

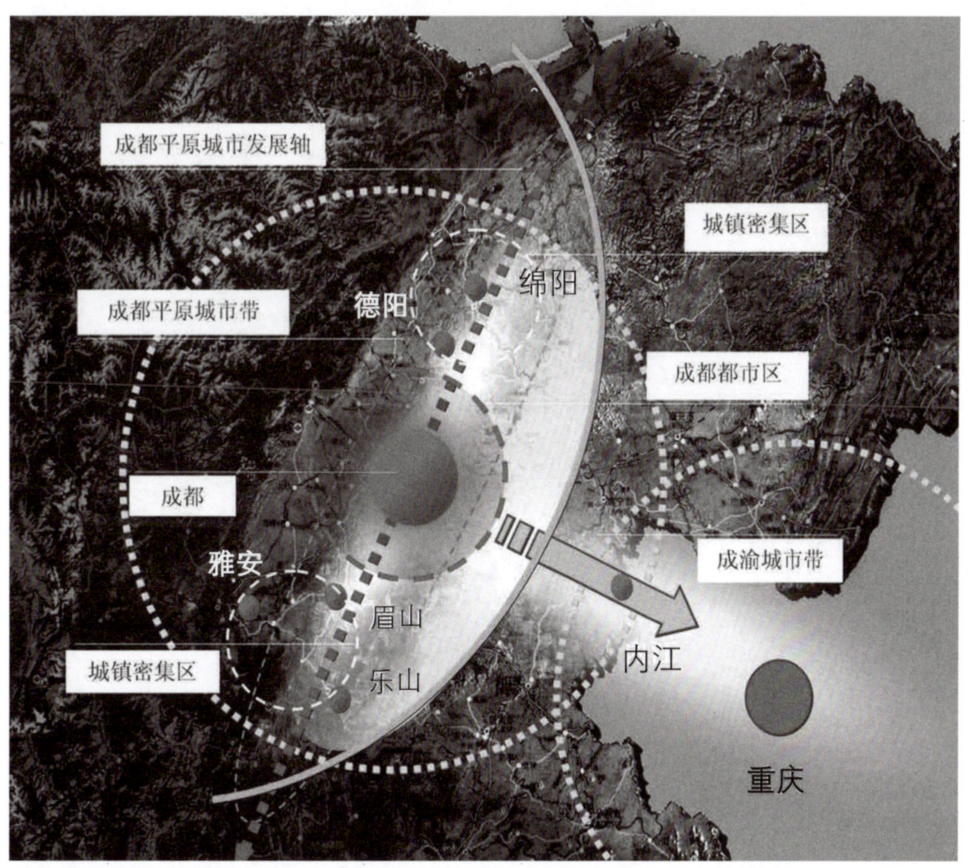

图7-77 成都城镇空间格局规划

（3）产业布局

全市产业按梯度分布、分类聚集、规模发展的原则，一圈层集中发展第三产业，重点是加强和完善中心城科技文化、商贸、金融、交通和通信中心功能的建设，加快发展第三产业，适度发展无公害的都市工业；二圈层集中发展以工业为主的第二产业，重点是按大城市的标准规划建设龙泉、华阳、双流、新都—青白江、郫县（郫筒）、温江（柳城）六大组团，主要发展第二产业及为之服务的第三产业；三圈层集中发展农业和旅游业。形成三大工业区：北部工业区（包括彭州、濛阳、青白江，以石化、冶金、建材工业为主）、南部工业区（包括航空港开发区、双流、新津，以高新技术产业为主）、东部工业区（包括经济技术开发区、大面，以机械、汽车制造业为主）。

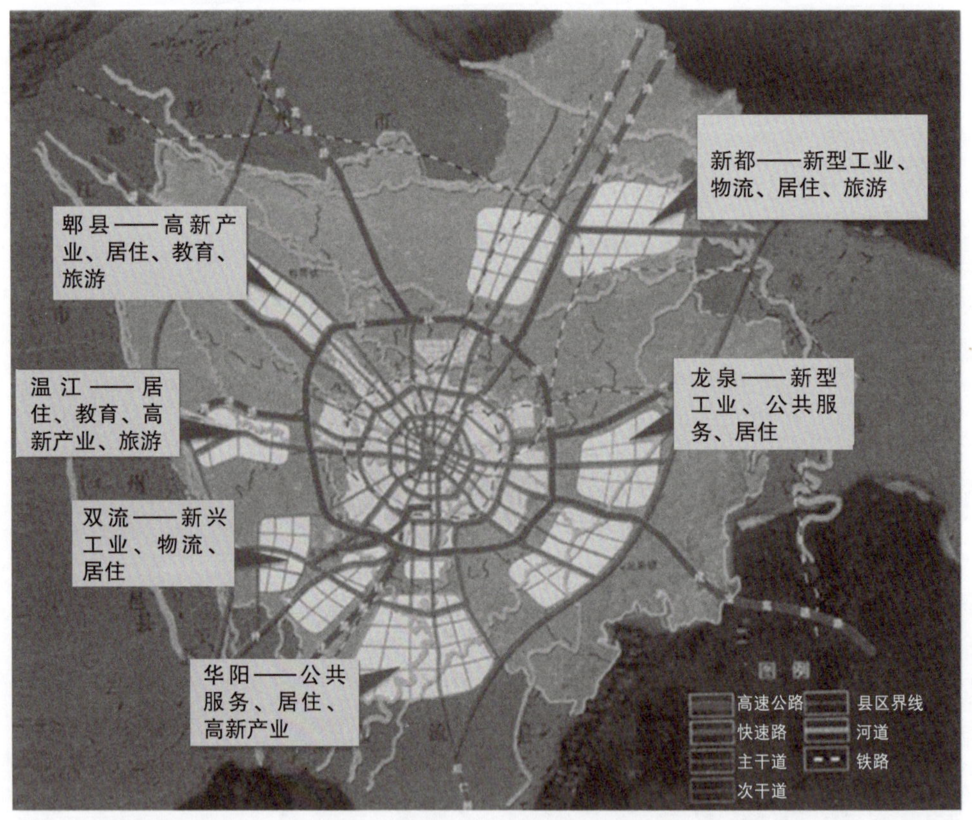

图7-78 成都“一主六片分散”布局

（4）交通规划

表7-38 成都市区发展轴线定位

轴线	范围
历史轴	由成灌高速、成灌公路、蜀都大道、光华大道、成渝公路、成龙公路、 成渝高速等组成，西部以郫筒、柳城为界，从绕城高速西侧适度向西分进；东部沿龙泉山向南北展开
北翼发展轴	主要由川陕公路、成绵高速公路、宝成铁路、蜀龙大道等组成，沿交通通道向新都、青白江、金堂、广汉方向发展
南翼发展轴	主要由成乐高速公路、川藏公路、成昆铁路、大件路、人民南延长线、成仁公路等组成，沿交通通道和南部开阔低丘，向华阳、东升、新津、彭山方向推进

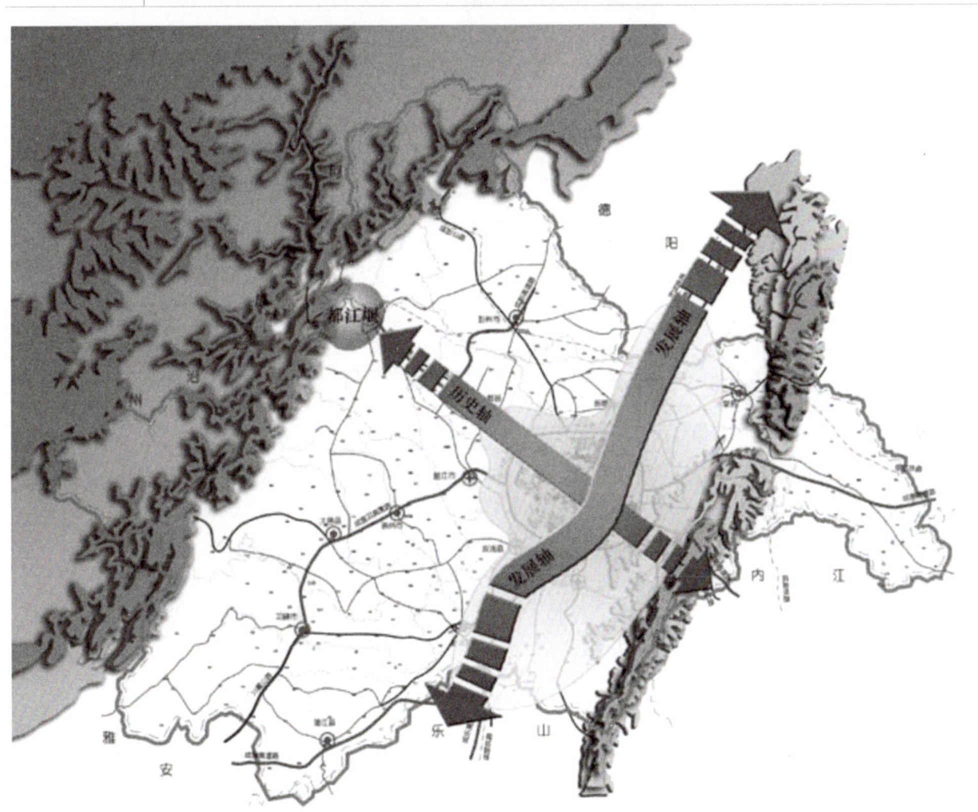

图7-79 成都“市区发展轴线”规划

（5）轨道交通线网

表7-39 成都市轨道交通线网规划

轨道线	范围
一号线	一期工程已经在2010年10月开始运营。一号线全长36千米，共设车站28座，为南北向骨干线，北起大丰天回片区，向南串联凤凰新城、火车北站、天府广场、火车南站，以及成都市城市新核心——南部CBD华阳的华龙路附近
二号线	一期工程和二期工程西延线目前正在建设。二号线全长44千米，共设车站32座。二号线为西北—东南向骨干线，西北部起于犀浦，主要串联了茶店子客运站和蜀汉路、黄忠大道片区，该片区为城市打造的餐饮片区。中连天府广场和青年路、锦江街及CBD地区。东南部连成都东站，达龙泉组团的龙泉驿区的音乐广场
三号线	全长49.8千米，共设车站33座，为东北—西南向骨干线，东北部起于天回镇南，主要串联成都市动物园、中连春熙路、RBD地区、成都市旅游客运中心（新南门汽车客运站）和省体育馆，西南连红牌楼，并进入东升老城区
四号线	全长41.3千米，共设车站26座。四号线为东西方向的骨干线，西部起于温江大学城，向东主要串联了温江的光华经济生活区，成都西站、中心城RBD、十陵客运中心，止于东四环边缘
五号线	全长45.4千米，共设车站35座，为南北方向的填充线，北起新都北部商贸城，向南主要串联了商贸大道沿线大量的居住区、沙湾商区，并在一环路与六号线设平行换乘站，向南途经青羊宫、武侯祠后穿过永丰立交至神仙树片区，向南进入天府新城华阳组团西部，止于回龙路以北
六号线	全长55.2千米，共设车站42座，为中心城南北向的填充线，并向西北延伸至郫县区域。六号线北起郫县组团，向南串联西南交大犀浦校区、下穿交大立交途经茶店子餐饮片区后与五号线在一环路设平行换乘站；沿一环路东半环向南途经白马寺、梁家巷、牛王庙、九眼桥片区至天府新城华阳组团东部，向西与一号线、五号线相交设换乘站后终止
七号线	全长38.8千米，共设车站29座，是一条环形线路。位于二、三环之间居住用地最密集地带，并串联了火车北站、火车东站、火车南站三大交通枢纽，并与城市快速轨道交通和市域轨道交通的放射线大多数线路相交
八号线预留线	全长36.1千米，共设车站27座，是一条东北—西南向的预留控制线。北起龙潭乡，向西南方向串联十里店、万年场、倪家桥等居住集中片区后下穿永丰立交与五号线设换乘站，并向西南方向延伸至双流的大学园片区及临空经济区
九号线一期	全长27.5千米，共设车站14座，是位于中心城三、四环间的市域快线，一期工程起于与四号线的换乘站十陵站，串联了东部副中心、南部CBD以及双楠片区
十号线一期	全长10.2千米，共设车站5座，是连接中心城和双流机场的快线，起于红牌楼站，向南连接双流机场，远期延伸至花源、花桥片区及新津主城区

2 中心城商业网点规划

（1）规划发展目标

进一步增强批发零售业综合实力，构建布局合理、规模适宜、结构优化、功能完善的商圈，建立与国内外市场接轨的现代商业网络体系，把成都建设成为中西部地区的商贸中心城市。

① 2015年社会消费品零售总额达2802.5亿元，年均递增10%；2020年达到4117.8亿元，年均递增8%。

② 2015年批发零售贸易业零售总额达1537.2亿元，年均递增10%；2020年达2258.7亿元，年均递增8%。

（2）商业网点总体布局

对外辐射的批发市场和为本地服务的商业功能。

表7-40 主城区商业的整体功能分区

商业区	商业功能
中心城	发展以商务中心、购物中心为主体的商业中心及现代服务业
龙泉	发展组团商业中心及东部地区的主要配送中心，结合龙泉花果山发展休闲娱乐业
华阳	发展组团商业中心、现代服务业及滨水休闲娱乐业
双流	发展组团商业中心、现代服务业及航空港物流基地
新都—青白江	发展组团商业中心、北部物流中心，依托宝光寺、桂湖等历史文化古迹发展旅游业
郫县	发展组团商业中心、生态观光及休闲娱乐业
温江	发展组团商业中心、现代服务业，依托花卉基地发展休闲娱乐业

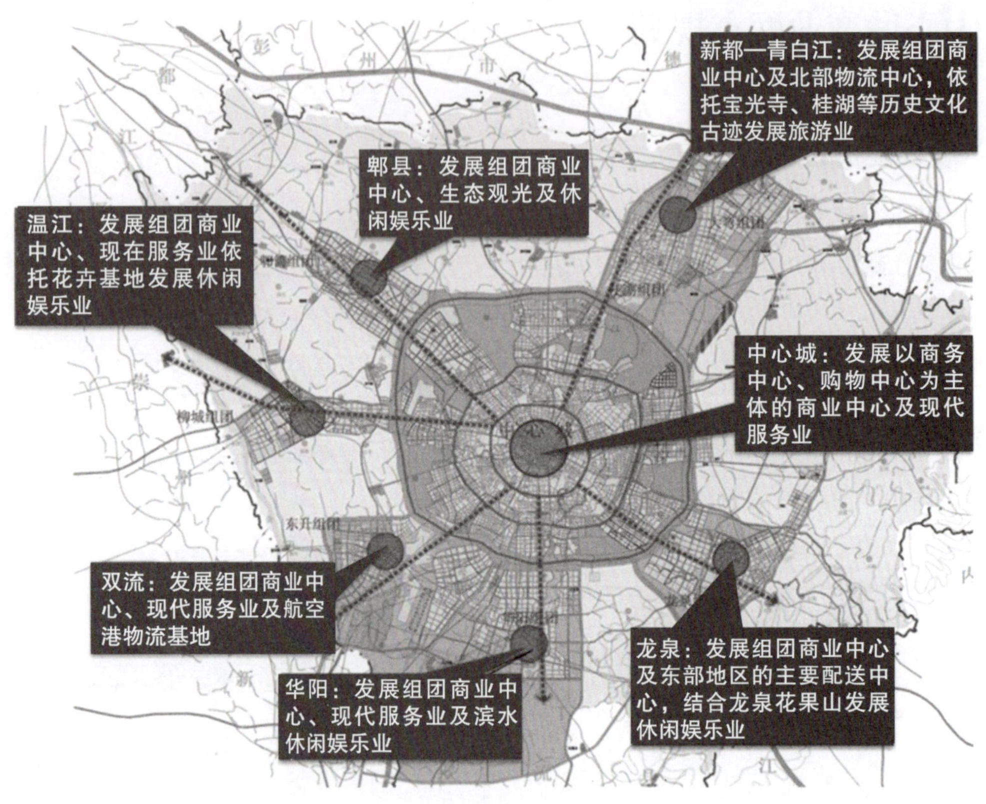
新都—青白江：发展组团商业中心及北部物流中心，依托宝光寺、桂湖等历史文化古迹发展旅游业
郫县：发展组团商业中心、生态观光及休闲娱乐业
温江：发展组团商业中心、现在服务业依托花卉基地发展休闲娱乐业
中心城：发展以商务中心、购物中心为主体的商业中心及现代服务业
双流：发展组团商业中心、现代服务业及航空港物流基地
华阳：发展组团商业中心、现代服务业及滨水休闲娱乐业
龙泉：发展组团商业中心及东部地区的主要配送中心，结合龙泉花果山发展休闲娱乐业

图7-80 成都市主城区商业布局整体功能分布图

中心城商业网点发展的总体格局：

成都市中心城商业网点应依托呈十字交叉型的两轴，建设和完善一个中央商务区、六大旅游休闲商业区，积极发展会展商务区，调整批发市场布局，培育片区商业中心、居住区商业中心、街坊商业，积极推动专业特色商业街的建设，形成整体适当分散、局部相对集中，布局合理、大中小结合的商业网络结构。

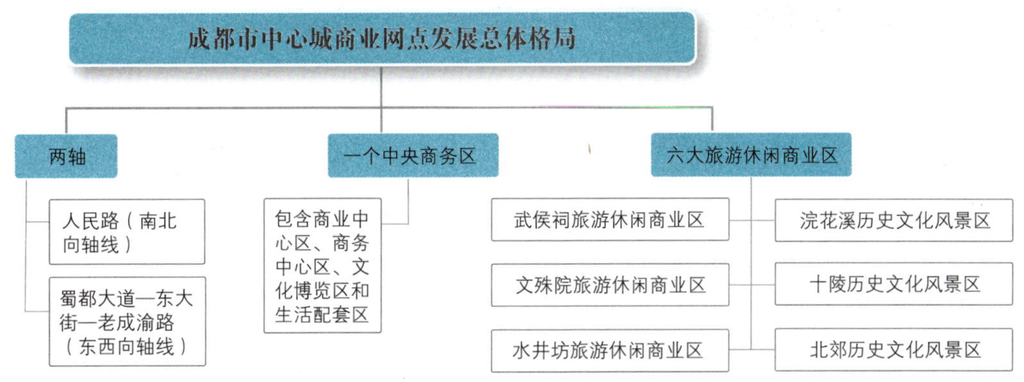

图7-81 成都市中心城商业网点发展总体格局

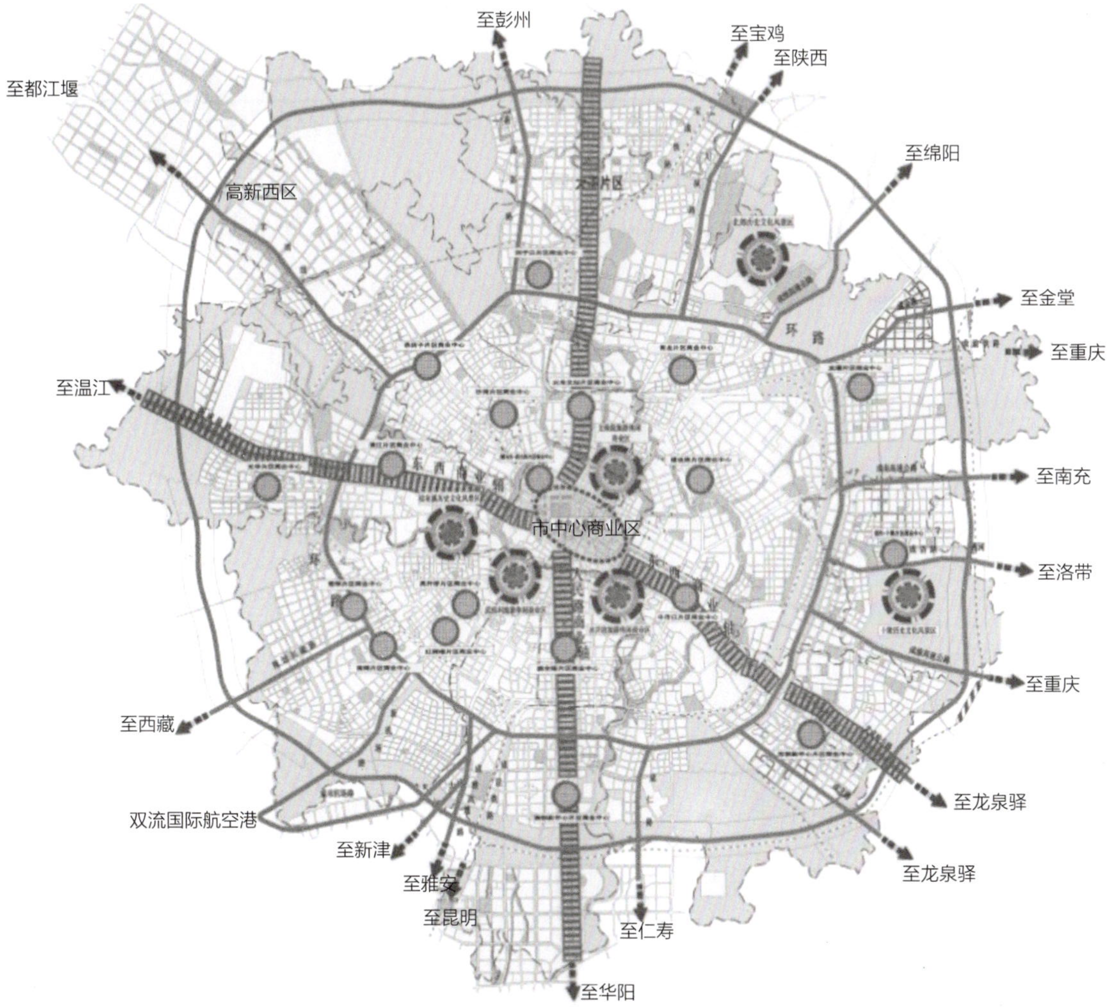

图7-82 成都市中心城区商业网点总体布局规划

小结

商业在成都经济发展中始终保持着举足轻重的地位。作为我国西南版块重要的商品物资集散地，从汉代当时的商业五都之一到如今川西地区的商业中心，成都的商业经历了长期的发展和演变。

城中区的三大核心商圈——春熙路、盐市口和骡马市商圈，代表了成都商业发展的最高水平。值得一提的是，与经济实力相当的重庆相比，在消费观念方面，成都显得更为开放。

随着城市经济和城市规划的发展、居民分布和道路交通的变化，成都商圈开始向二环路、三环路外扩张。成都商圈格局由单一集中型逐渐转向分散型，片区商业中心逐渐崛起，成都商业发展进入多元化阶段。

根据《成都市商业网点发展规划》，到2020年，成都市将形成唯一的市级核心商业区，将建成六个外围组团商业中心，与成都中心城联动发展。成都市中心城商业网点将积极发展会展商务区，调整批发市场布局，培育片区商业中心、居住区商业中心、街坊商业，积极推动专业特色商业街的建设，形成整体适当分散、局部相对集中、布局合理、大中小结合的商业网络结构。

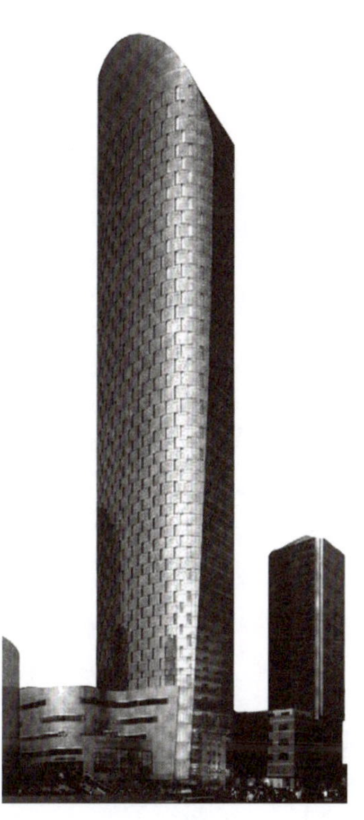

2010年商业地产市场报告

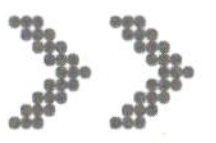

1 重庆市商业地产四项宏观经济分析指标

整体产业结构呈现第一产业、第三产业比例减少，第二产业崛起的态势。

指标1 宏观指标

重庆市GDP近年来增长迅速，每年保持在11%以上的增长率，且2009年GDP增长率达到14.9%，全年实现国内生产总值（GDP）6530.0亿元。

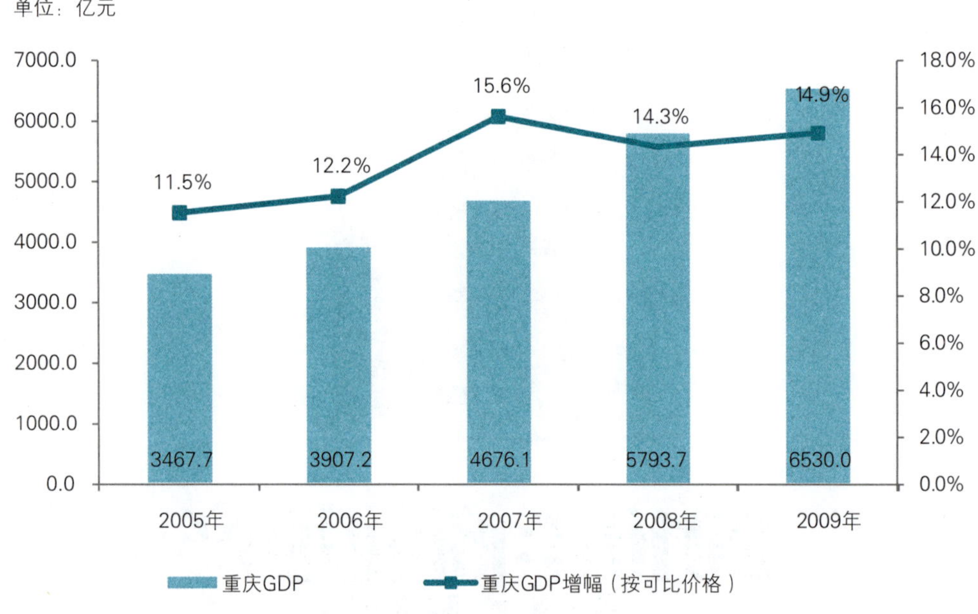

图7-83 2005—2009年重庆GDP及增幅

数据来源：克而瑞CRED商业地产数据库，http://cred.cric.com

分区域看，2009年重庆一小时经济圈完成地区生产总值5076.5亿元，比上年增长14.2%，占全市生产总值的77.8%；渝东北翼完成1096.1亿元，增长18.8%，占全市的16.8%；渝东南翼完成356.2亿元，增长14.7%，占全市的5.4%；“两翼”所占比重较2008年下降0.1个百分点。

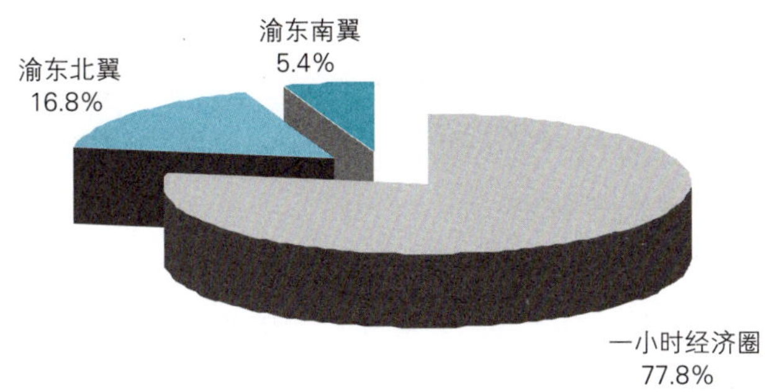

图7-84 2009年重庆各区域地区生产总值

数据来源：克而瑞CRED商业地产数据库，http://cred.cric.com

指标2 产业结构

2005年至2009年，重庆市第一产业比重从13.4%下降到9.3%，第二产业比例自45.1%上升到52.8%，第三产业从41.5%下降到37.9%。整体产业结构呈现第一产业、第三产业比例减少，第二产业崛起的态势。

2009年，重庆市第一产业实现增加值606.80亿元，较上年增长5.5%；第二产业实现增加值3447.48亿元，较上年增长17.8%；第三产业实现增加值2474.44亿元，较上年增长13.3%。第一产业增加值占全市生产总值的比重为9.3%，比2008年下降0.6个百分点；第二产业增加值比重为52.8%，与上年持平；第三产业增加值比重为37.9%，较上年上升0.6个百分点。

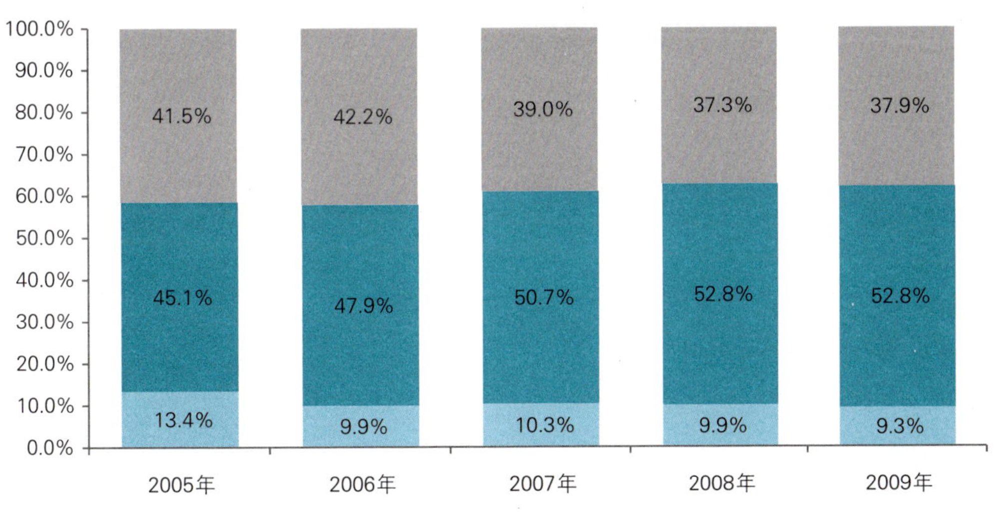

图7-85 2005—2009年重庆三大产业结构比例

数据来源：克而瑞CRED商业地产数据库，http://cred.cric.com

指标3 城市人口

2005年至2009年重庆常住人口增长呈现逐渐加快的态势，增幅从2005年的0.17%达到2009年的0.70%。

2009年年末，重庆市全市常住人口2859.0万人，比上年增加20.0万人。其中城镇人口1474.9万人，增加55.8万人。城镇化率51.6%，比上年提高1.6个百分点，较2005年提高了约6个百分点。

重庆户籍人口大于常住人口的态势近几年依然非常明显，重庆市仍然有明显的劳务输出型特征。

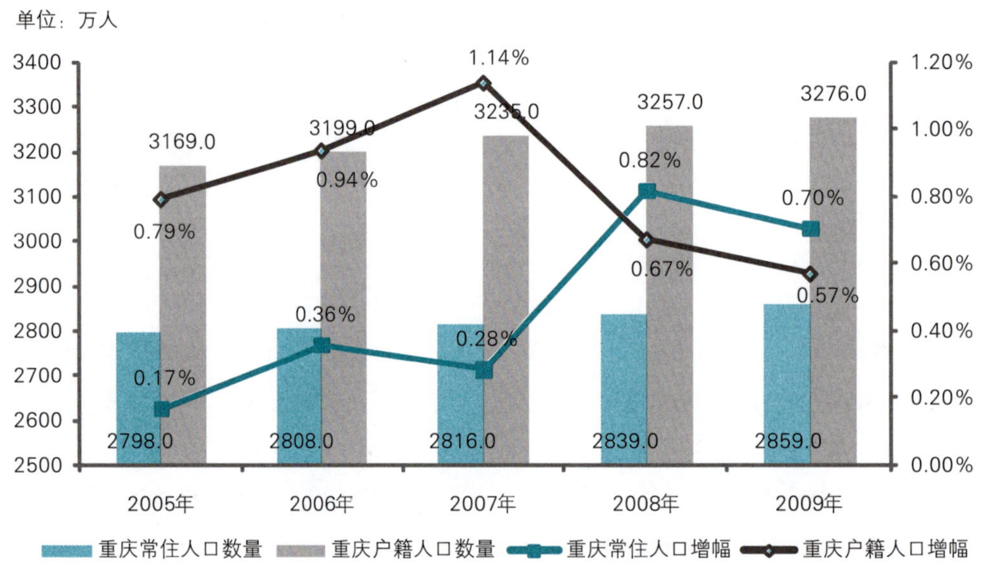

图7-86 2005—2009年重庆常住人口及户籍人口数量及增幅

数据来源：克而瑞CRED商业地产数据库，http://cred.cric.com

重庆城市化率在2005年至2009年上升较大，从45.2%上升到51.6%。城市化率的逐步提高对提升消费增长，扩大内需有积极作用。目前重庆处于工业化和城市化双推进的阶段，工业化必然带来城市化水平的提高。

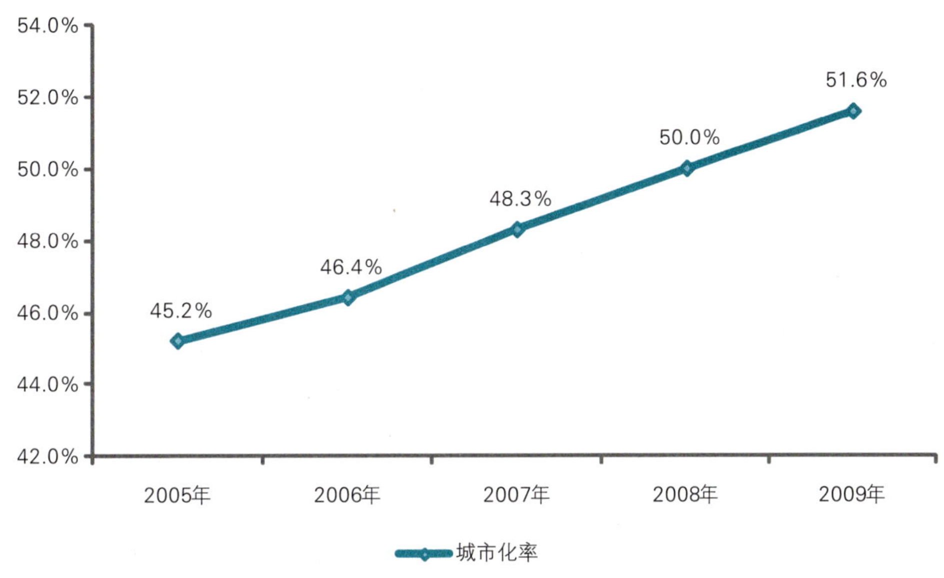

图7-87 2005—2009年重庆城市化率

数据来源：克而瑞CRED商业地产数据库，http://cred.cric.com

指标4 经济效益

重庆人均GDP自2005年的10 978.0元增长到2009年的22 916.0元，翻了一番，接近3000美元，重庆商业消费的快速发展进一步加深。从人均GDP增幅来看，近五年都保持了超过11%的增幅，尤其在2007年达到了15.2%的增幅，并且呈逐渐上升趋势，重庆经济保持着快速的发展势头。

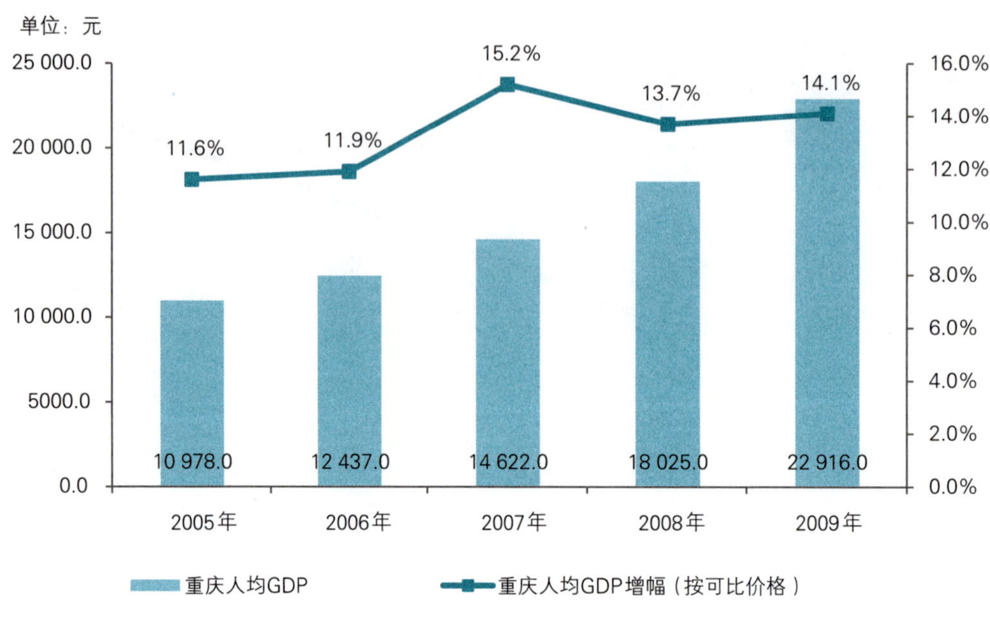

图7-88 2005—2009年重庆人均GDP及增幅

数据来源：克而瑞CRED商业地产数据库，http://cred.cric.com

指标5 城镇居民生活质量

2009年，重庆市的城镇人均可支配收入达17 191.1元，略低于成都18 659元以及西安18 963元这两个西部省会城市，略高于昆明16 496元。从全国看来，平均可支配收入水平属于中等偏下水平。

重庆城镇人均可支配收入在近五年逐年递增，从2005年的10 244.0元上升到2009年的17 191.1元，增幅呈现一定波动，在2007年达到近五年增幅最高值，为18.5%，这与2007年人均GDP增幅较高相符，而2007年后增速逐渐放缓。整体增速均在9.6%以上，保持了较好的势头。预计未来一段时间内增长率还将会保持在10%以上。预计在经济强劲增长的支持下，重庆居民收入在未来有较大的上升空间，预示着重庆的商业消费潜力尚待挖掘。

重庆市民的收入水平稳定增长，但起点低。随着未来几年国民经济的快速、持续发展，人民收入水平提升空间仍然巨大。

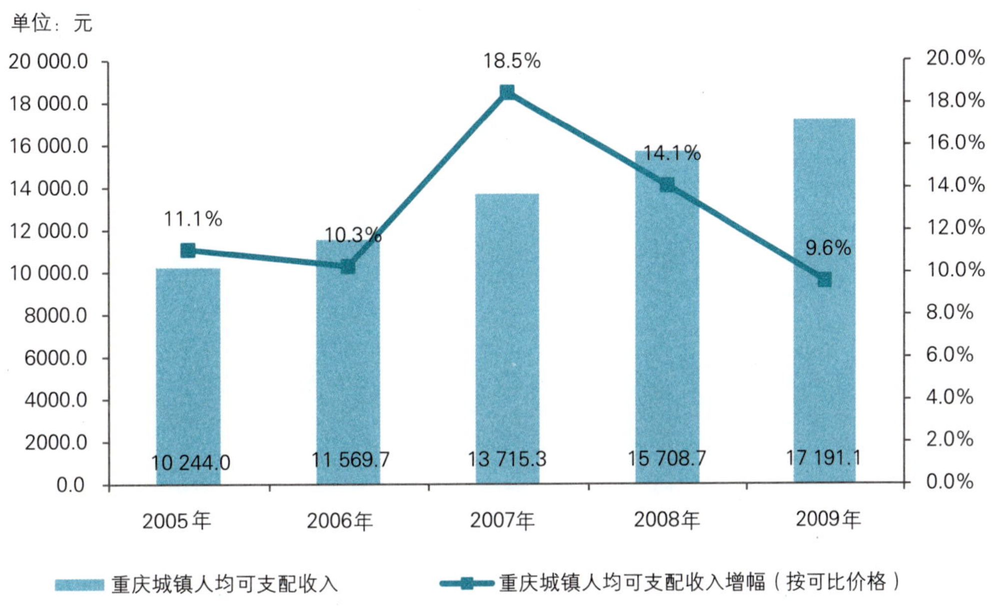

图7-89 2005—2009年重庆城镇人均可支配收入及增幅

数据来源：克而瑞CRED商业地产数据库，http://cred.cric.com

2005年到2009年五年间，重庆城镇人均消费性支出逐年增长，而增幅呈现先增后减的趋势。增幅最快的是2007年，之后增速减慢，但仍然保持了不低于8.9%的增长。总体趋势与人均可支配收入一致。

对比城镇人均可支配收入和城镇人均消费性支出的增幅，2005年至2009年重庆市民城镇人均消费性支出的增幅均低于当年对应的城镇人均可支配收入增幅。可见重庆市民消费相对保守，消费潜力有待进一步挖掘，市场潜力巨大。

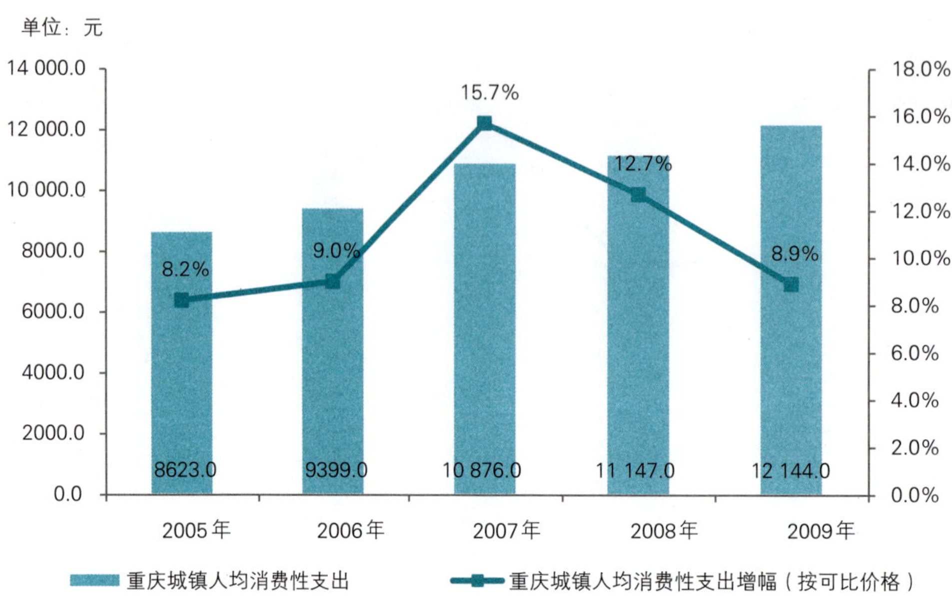

图7-90 2005—2009年重庆人均消费性支出及增幅

数据来源：克而瑞CRED商业地产数据库，http://cred.cric.com

2009年重庆城镇居民人均消费性支出中，比例最高的为食品类支出，占37.7%，其次，衣着类和教育文化类比例所占较大，均在10%以上，而交通通讯和居住类也占了一定比例。重庆近年来恩格尔系数呈现先升后降的趋势，在2008年达到39.6%，为近五年最高值，2009年则有所下降，为37.7%。而除了食品类支出外，其余类别中，教育文化类支出比例有较大变化，自2005年的16.1%下降到2009年的11.1%，下降了5个百分点。

表7-41 2005—2009年重庆城镇居民人均消费性支出构成

构成 \ 年份	2005年		2006年		2007年		2008年		2009年	
	元	%	元	%	元	%	元	%	元	%
总支出	8623	100	9399	100	10 876	100	11 147	100	12 144	100
食品	3135	36.4	3416	36.3	4024	37.0	4419	39.6	4576	37.7
衣着	850	9.9	1039	11.0	1318	12.1	1294	11.6	1503	12.4
家庭设备用品	584	6.8	616	6.6	724	6.7	842	7.6	1043	8.6
医疗保健	629	7.3	706	7.5	812	7.5	878	7.9	983	8.1
交通通讯	930	10.8	976	10.4	1271	11.7	1044	9.4	1189	9.8
教育文化	1391	16.0	1449	15.4	1439	13.2	1267	11.4	1352	11.1
居住	882	10.2	955	10.2	981	9.0	1097	9.8	1121	9.2
其他	222	2.6	242	2.6	305	2.8	306	2.7	377	3.1

数据来源：克而瑞CRED商业地产数据库，http://cred.cric.com

重庆近年来经济快速发展，人民生活水平进一步提高，从边际消费倾向的变化趋势可以看出，从2005年到2009年，边际消费倾向从84.2%下降到77.1%，人民物质生活富裕程度有所提高。

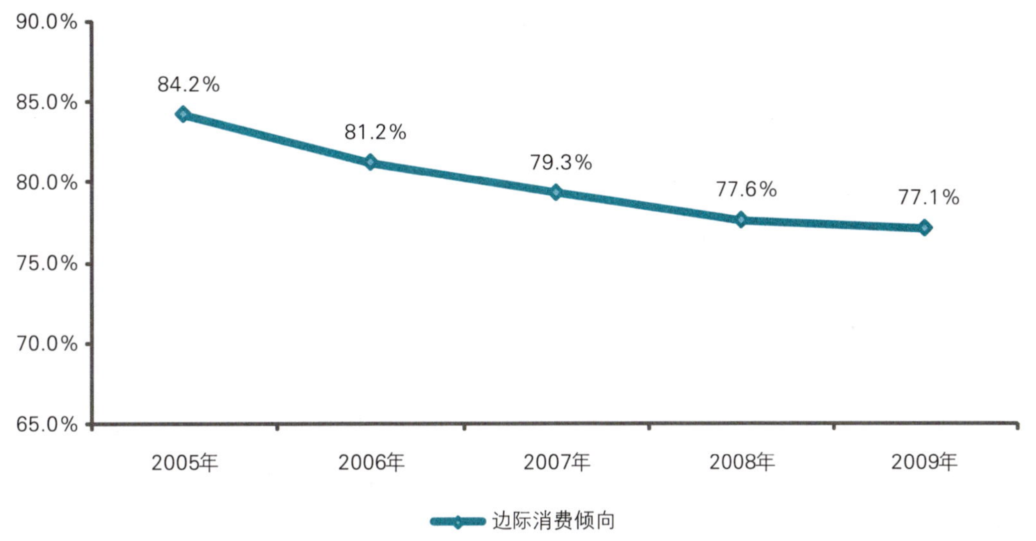

图7-91 2005—2009年重庆边际消费倾向

数据来源：克而瑞CRED商业地产数据库，http://cred.cric.com

指标6 商业需求

重庆市2005年至2009年社会消费品零售总额呈逐年上升趋势，增幅则先升后降，于2008年达到近五年最高，增幅为25.5%，2009年增幅则明显下降。2009年全年重庆实现社会消费品零售总额2479.0亿元，较上年增长15.5%。分城乡看，全市实现社会消费品零售额1521.13亿元，增长18.7%；全县实现社会消费品零售额331.82亿元，增长18.4%；县以下实现社会消费品零售额626.06亿元，增长18.5%。分行业看，批发零售贸易业零售额2048.96亿元，增长18.3%；住宿和餐饮业零售额381.27亿元，增长21.9%；其他行业零售额48.78亿元，增长8.9%。人均社会消费品零售总额及增幅趋势与总量基本一致。

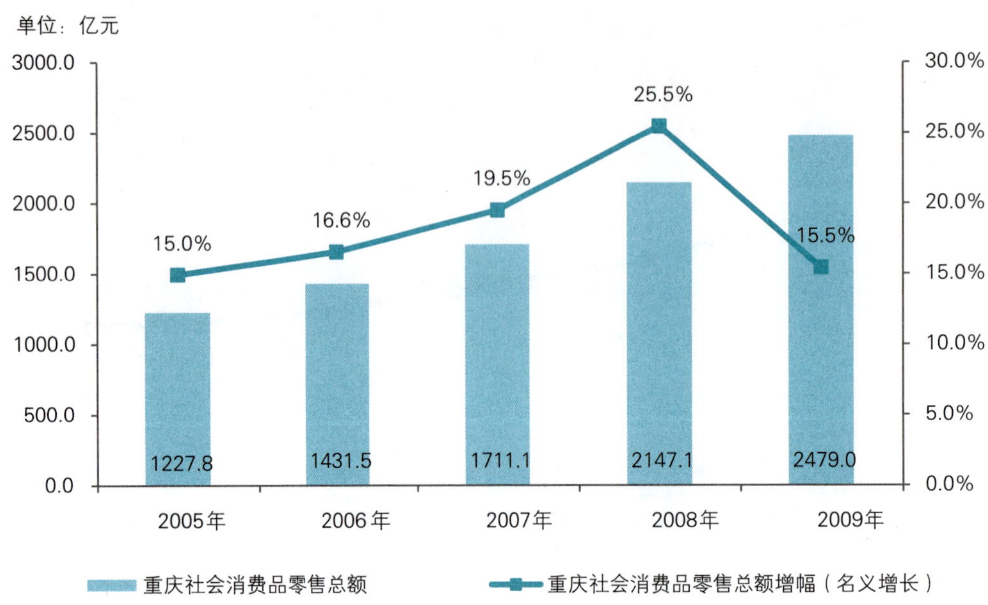

图7-92 2005—2009年重庆社会消费品零售总额及增幅

数据来源：克而瑞CRED商业地产数据库，http://cred.cric.com

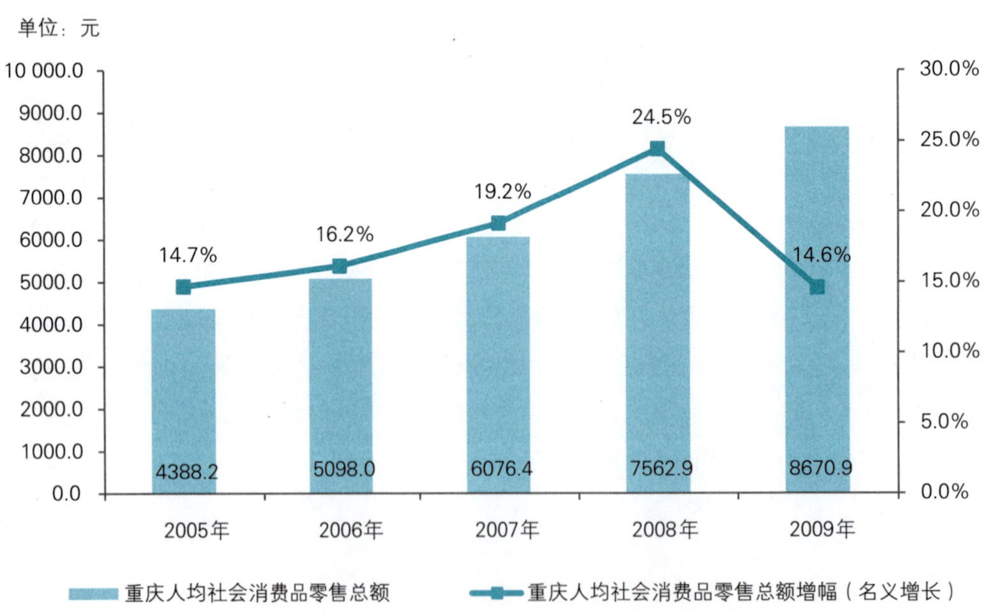

图7-93 2005—2009年重庆人均社会消费品零售总额及增幅

数据来源：克而瑞CRED商业地产数据库，http://cred.cric.com

2 重庆市整体商业市场环境研究

两江三岸的独特地理形态造就了重庆多中心的城市格局和商圈态势。

现有商业供应情况

2010年重庆市商业总存量约为739万平方米，其中大型商业存量约为436万平方米。以主城区内常住人口649.5万人计算，重庆市人均商业面积达到1平方米/人。

2010年重庆市各商业类型中，其他类存量占比最大，达到41.1%，其次以大型购物中心所占比例最高，为27.7%。另外，大型专业商厦、社区配套也占了一定比例。整体市场缺乏办公配套类商业存量。

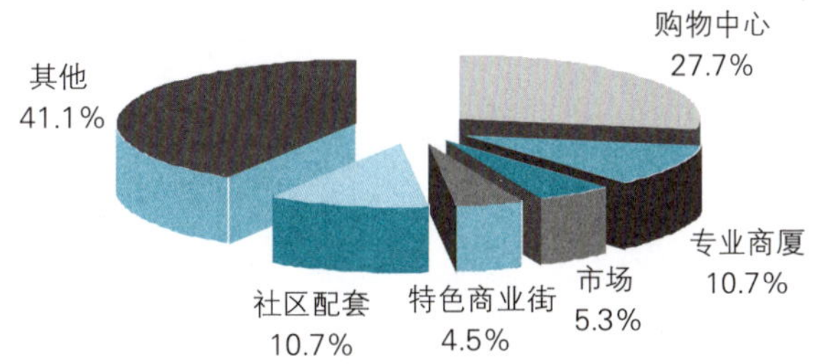

图7-94 2010年重庆各类型重点商业存量供应

数据来源：克而瑞CRED商业地产数据库，http://cred.cric.com

2 五大主要商圈描述

重庆市的主要商业区较为集中地分布于重庆市的渝中区、沙平坝区、南岸区、九龙坡区和江北区等城市中心区。按照商业物业的集中程度和市场认知度，重庆市目前业已成型的商圈为渝中区解放碑、江北区观音桥、沙坪坝区沙坪坝、九龙坡杨家坪、南岸区南坪这五大传统商圈。其中，核心商圈为解放碑商圈和观音桥商圈，而沙坪坝、杨家坪、南坪商圈则是次级商圈。

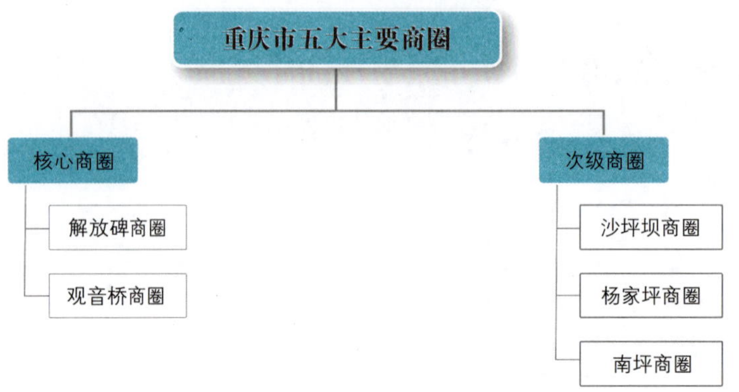

图7-95 重庆市五大主要商圈

传统的五大商圈主要分布在重庆主城区内，而近年来一些新兴的商圈如大渡口商圈等逐渐在主城区外围发展起来。根据《重庆商贸流通产业综合发展“十一五”规划》，未来重庆商圈的商业中心定位细化，老商圈持续发展，新商圈竞争能力加强。

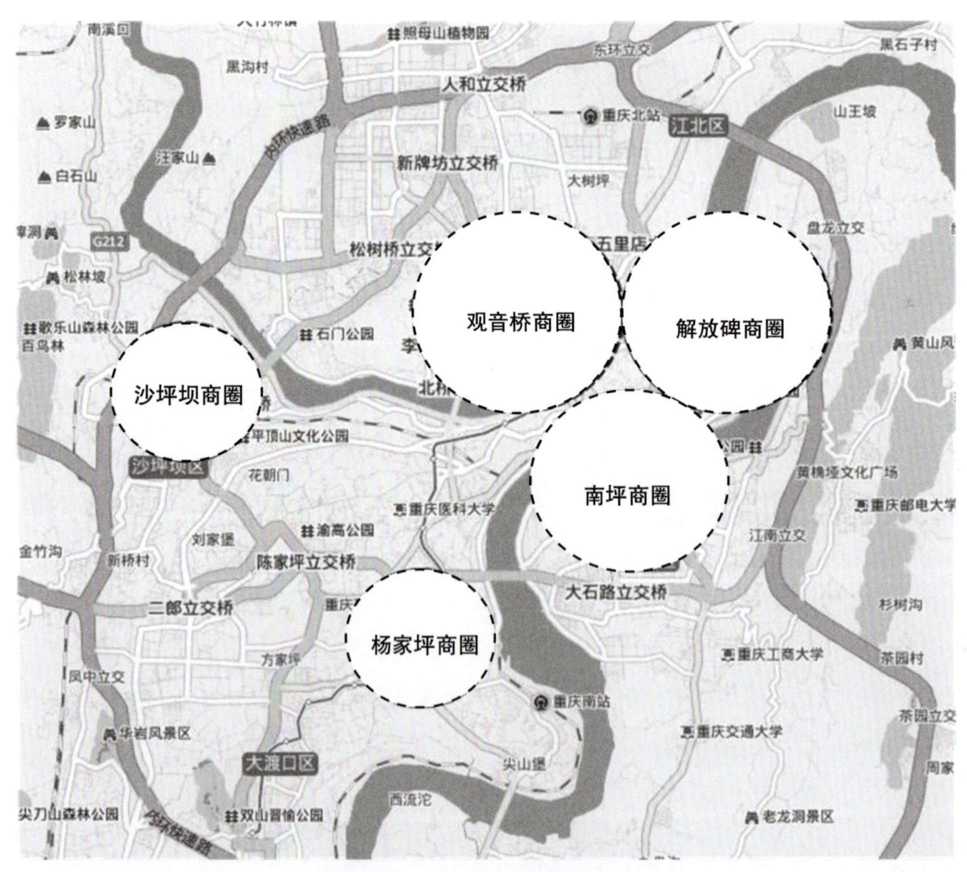

图7-96 2010年重庆主要商圈分布

表7-42 重庆主要商圈

序号	商圈编号	商圈名称	商圈级别	区域属性	特征	主要零售物业
1	A	解放碑商圈	核心商圈	商务区	**档次：**中高端 **目标客群：**时尚人士、成功人士、白领、小白领、百姓阶层 **主要商业类型：**购物中心、百货、其他专业商厦、特色商业街、社区配套等	日月光中心广场、重庆大都会广场、重庆小商品批发市场、洪崖洞商业街、重庆国贸中心、解放碑王府井百货
2	B	观音桥商圈	核心商圈	商务区	**档次：**中高端 **目标客群：**时尚人士、成功人士、白领、小白领、百姓阶层 **主要商业类型：**购物中心、百货、其他专业商厦、市场、社区配套等	金源时代购物中心、北城天街、居然之家、绿云商都、江北新世纪大厦、星光68广场
3	C	沙坪坝商圈	次级商圈	文教区	**档次：**中高端 **目标客群：**学生、百姓阶层、时尚白领 **主要商业类型：**以百货类、综合类和建材类为主，为传统商贸中心	奇峰清华源三期、元佳广场、嘉茂购物中心、沙坪坝东正商场
4	D	南坪商圈	次级商圈	综合区	**档次：**中高端 **目标客群：**百姓阶层、白领、学生、商旅人士 **主要商业类型：**以传统百货业为主，Shopping Mall业态正在兴起	万达广场、百联上海城购物中心、元旦购物中心、重庆百货商场南坪店
5	E	杨家坪商圈	次级商圈	工业区	**档次：**中端 **目标客群：**百姓阶层、学生 **主要商业类型：**以购物中心和专业商厦为主，多为中低端商业供应	嘉信茂广场、杨家坪大洋百货、富安杨家坪店

商圈1 解放碑商圈
重庆CBD核心区

① 商圈范围

以解放碑步行街为核心，北起临江门，南至较场口，西达民生路，东到小什字，即由临江路、沧白路、新华路、民生路所围合而成的多边形区域。

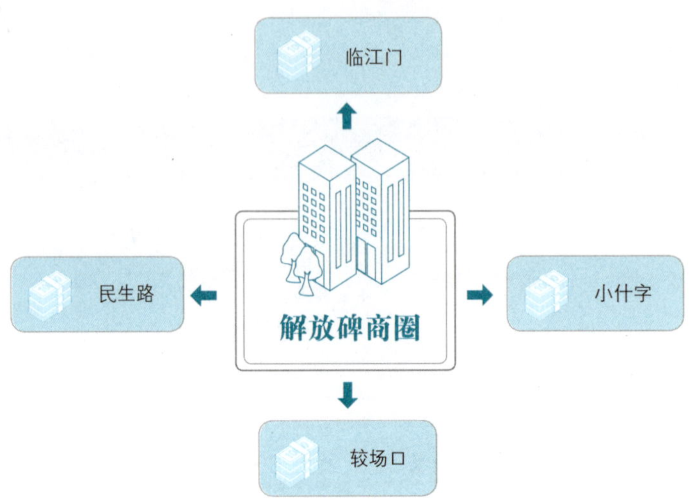

图7-97 重庆市解放碑商圈范围示意图

② 商圈价值

解放碑商圈经济承担着商务、商贸双重功能，是整个重庆CBD的核心区。全市十大零售企业，解放碑占据五席，五个企业列西部之最。区域内商贸服务业业态齐全，有各种类型的商业主题街、各具特色的专卖店、各种品牌的连锁店，国内外知名品牌集中。商贸区还具有社会服务功能强的巨大优势。

解放碑商圈是重庆市核心商圈之一，属于商务区，经营档次在中高端，以时尚人士、成功人士、白领、小白领和百姓阶层为目标客群，主要商业类型有购物中心、百货、其他专业商厦、特色商业街、社区配套等。

解放碑商圈作为重庆市最核心的商圈，商业形态以大型购物中心为主，所占比例达到53.7%，其次为大型专业商厦，占比达23.9%，商圈缺乏市场类及办公配套类商业。2009年重庆市购物中心较少，主要业态则是以百货为主的专业商厦，2010年购物中心的比例大幅提高。

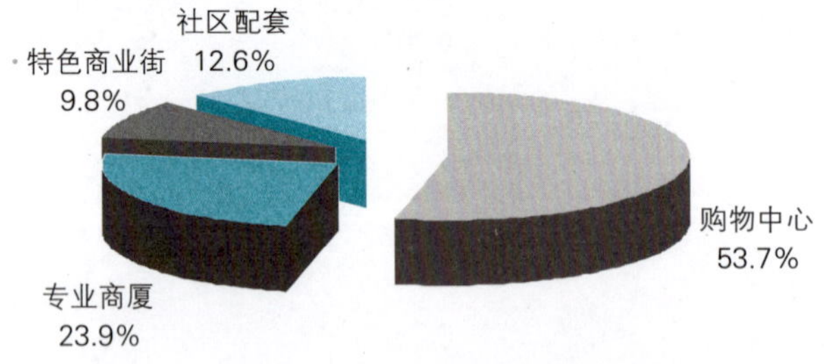

图7-98 2010年重庆解放碑商圈大型商业形态比例

数据来源：克而瑞CRED商业地产数据库，http://cred.cric.com

表7-43 重庆解放碑商圈主要商业项目

序号	项目编号	项目名称	建筑面积（平方米）	商业形态	开业时间	档次	经营情况	出租率
1	A1	日月光中心广场	140 000	购物中心	2010-09	中高端	一般	70%
2	A2	重庆大都会广场	140 000	购物中心	1997-08	高端	良好	98%
3	A3	重庆小商品批发市场	100 000	专业商厦	2010-03	低端	优	90%
4	A4	洪崖洞商业街	61 586	特色商业街	2006-09	中低端	优	90%
5	A5	重庆国贸中心	60 000	社区配套	2005-07	中端	一般	96%
6	A6	解放碑王府井百货	56 500	专业商厦	2003-12	中端	良好	100%
7	A7	美美百货	80 000	专业商厦	2005-03	高端	良好	90%

数据来源：克而瑞CRED商业地产数据库，http://cred.cric.com

商圈2 观音桥商圈
重庆的核心商圈

① 商圈范围

观音桥商圈位于江北区核心区域，是集商业购物、商务办公、金融贸易、总部基地、文化娱乐、酒店美食、生态旅游、会展表演等多种功能于一体的城市综合服务区。

② 商圈价值

近年来，观音桥商圈迅速崛起，从主要商业项目的总供应量上看，规模已经接近解放碑商圈。从商业零售总额上看，亦进一步逼近传统的解放碑区域。在档次方面，由于北城天街和新世界的开业，整个商圈的档次进一步得到提升。结合江北的城市地位和分工来看，观音桥作为规划的市级商圈，将越来越显示出强大的商业辐射能力。

观音桥商圈同样是重庆的核心商圈，属于商务区，目前经营档次为中高端，以时尚人士、成功人士、白领、小白领和百姓阶层为目标客群，主要商业类型有购物中心、百货、其他专业商厦、市场、社区配套等。

观音桥商圈以购物中心为主（占67.9%），缺乏特色商业街以及办公配套。观音桥商圈的整体商业档次在重庆仅次于解放碑商圈，其中，新世纪和北城天街的经营档次相对较高，而新世纪的经营档次也高于其他区域的分店。

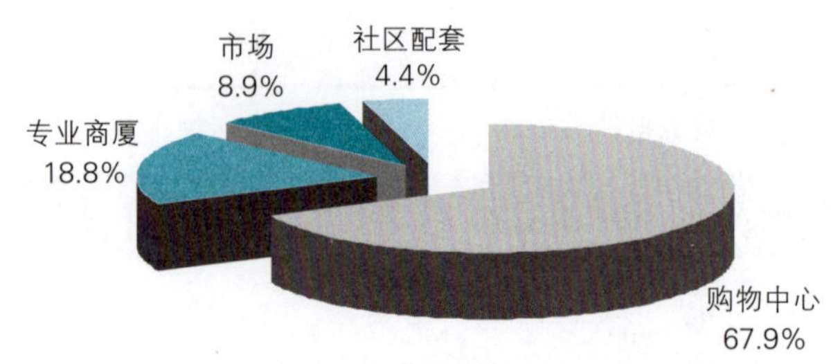

图7-99 2010年重庆观音桥商圈大型商业形态比例

数据来源：克而瑞CRED商业地产数据库，http://cred.cric.com

表7-44 重庆观音桥商圈主要商业项目

序号	项目编号	项目名称	建筑面积（平方米）	商业形态	开业时间	档次	经营情况	出租率
1	B1	金源时代购物中心	680 000	购物中心	2006-12-21	中高端	优	100%
2	B2	北城天街	150 000	购物中心	2003-11-01	中高端	优	100%
3	B3	居然之家	120 000	专业商厦	2006-12-21	中高端	优	100%
4	B4	江北新世纪大厦	80 000	专业商厦	2006-10-01	中端	优	100%
5	B5	东和城天街	67 000	社区配套	2009-07-13	中低端	优	100%
6	B6	星光68广场	34 329	购物中心	2010-10-28	高端	优	80%

数据来源：克而瑞CRED商业地产数据库，http://cred.cric.com

商圈3 沙坪坝商圈
重庆市仅次于解放碑商圈的最大次级商圈

商圈三：沙坪坝商圈——重庆市仅次于解放碑商圈的最大次级商圈

① 商圈范围

沙坪坝商圈核心以三峡广场至绿色文化艺术广场为中心，以三峡广场十字型商业街为轴，是天陈路、小龙坎新街、站东路、沙南路所围合的区域。

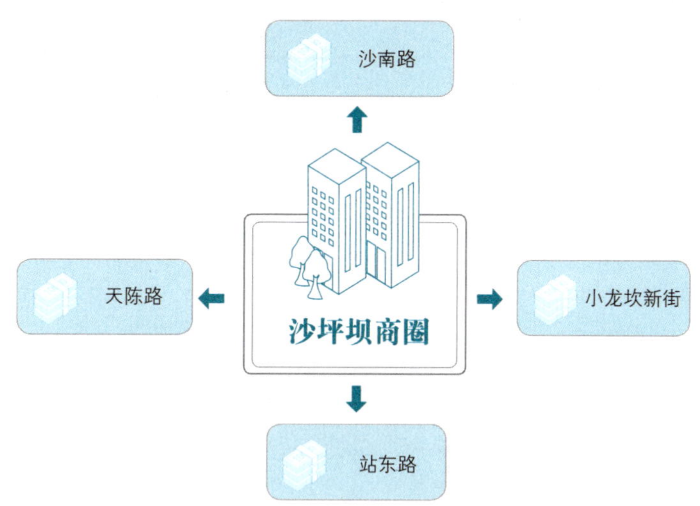

图7-100 重庆市沙坪坝商圈范围示意图

② 商圈价值

沙坪坝商圈以三峡广场为中心，商圈内共有大型商业41个，总建筑面积45万平方米，商圈以百货类、综合类和建材类为主，为传统商贸中心，是目前重庆市仅次于解放碑商圈的最大次级商圈，是四大区域性商圈中零售额最高的，具有明显的教育经济圈特征。该区以三峡广场至绿色文化艺术广场为主，辅以南开步行街。由于该区云集为数众多的教育、医疗等系统的高收入人群，又有来自全市甚至全国各地的年轻学子，消费力呈现整体走强且向多元化方向发展的态势。

沙坪坝商圈属于文教区，是重庆市的次级商圈，目前经营档次为中高端，以学生、百姓阶层、时尚白领为目标客群，主要商业类型以百货类、综合类和建材类为主，为传统商贸中心。

沙坪坝商圈商业形态以专业商厦和社区配套为主，购物中心较其他商圈低。从业态规模及档次来看，百货档次以中端为主。商圈街铺数量较多，主要经营中低价位休闲服饰和餐饮。

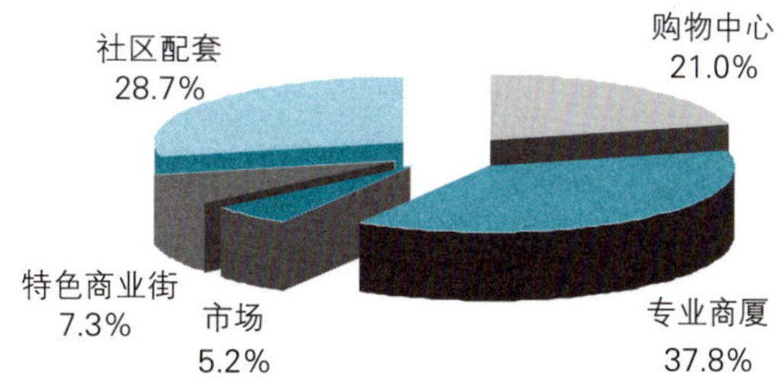

图7-101 2010年重庆沙坪坝商圈大型商业形态比例

数据来源：克而瑞CRED商业地产数据库，http://cred.cric.com

表7-45 重庆沙坪坝商圈主要商业项目

序号	项目编号	项目名称	建筑面积（平方米）	商业形态	开业时间	档次	经营情况	出租率
1	C1	奇峰清华源三期	71 196	专业商厦	2010-01-22	中低端	一般	80%
2	C2	元佳广场	40 000	社区配套	2009-11-24	低端	良好	90%
3	C3	嘉茂购物中心	30 000	购物中心	2009-04-01	中高端	良好	95%
4	C4	沙坪坝东正商场	10 000	市场	2010-05-01	低端	一般	75%

数据来源：克而瑞CRED商业地产数据库，http://cred.cric.com

商圈4 南坪商圈
南岸商贸发展的核心区域

① 商圈范围

南坪商圈以南坪转盘为中心，北起长江大桥南桥头，南至学府大道，东临海棠溪立交桥，西至融侨半岛。

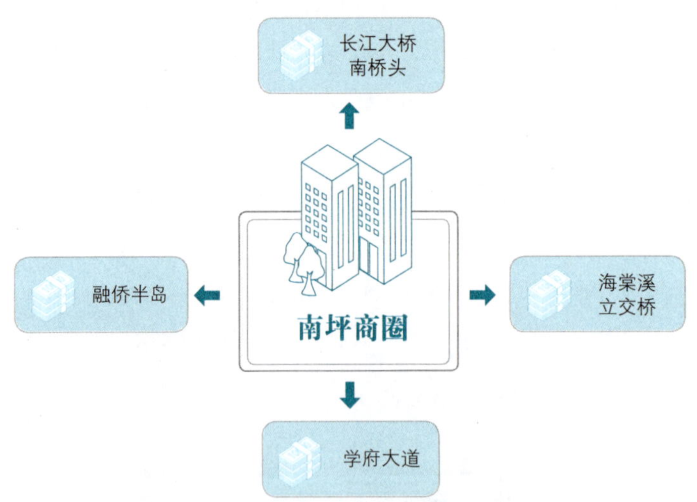

图7-102 重庆市南坪商圈范围示意图

② 商圈价值

南坪商圈是以国际会展中心为圆心的南岸区经济文化中心，是南岸商贸发展的核心区域，紧邻被称为重庆外滩的南滨风情路，是极具潜力的商业板块。南坪东路和江南大道的交叉处形成南坪商圈的核心。商圈中心地段商铺租金可达500元/（米^2·月），售价在20 000～50 000元/米^2，处于调整阶段。

南坪商圈属于综合区，同样是次级商圈，经营档次为中高端，以百姓阶层、白领、学生、商旅人士为目标客群，主要商业类型是传统百货业，购物中心正处于新兴阶段。

从面积来看，南坪商圈社区配套商业所占比例最高，达56.3%，其次为购物中心，比例为33.7%。商圈内缺乏市场类和办公配套类商业。步行街明显落后于其他商圈，商场比较分散，没有形成聚集效应。南坪商圈现有业态比较单一，区域内百货的单个体量较小，缺乏特色，集中在中端水平。

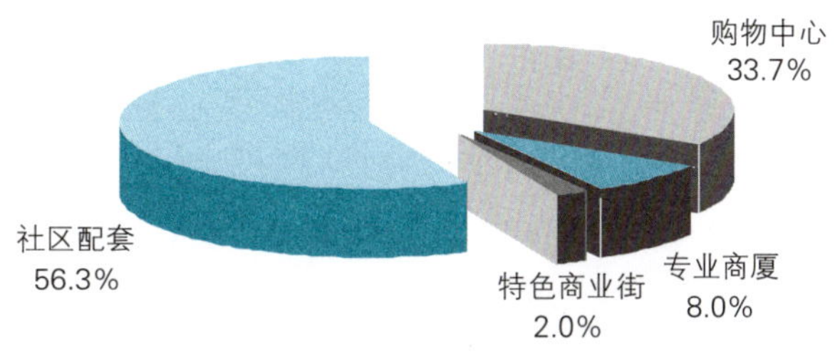

图7-103 2010年重庆南坪商圈大型商业形态比例

数据来源：克而瑞CRED商业地产数据库，http://cred.cric.com

表7-46 重庆南坪商圈主要商业项目

序号	项目编号	项目名称	建筑面积（平方米）	商业形态	开业时间	档次	经营情况	出租率
1	D1	万达广场	300 000	购物中心	2009-12-11	中高端	良好	100%
2	D2	百联上海城购物中心	136 000	购物中心	2009-12-18	中高端	良好	95%
3	D3	元旦购物中心	43 000	购物中心	2005-12-31	中高端	优	90%
4	D4	重庆百货商场南坪店	30 000	专业商厦	2003-04-26	中低端	良好	100%

数据来源：克而瑞CRED商业地产数据库，http://cred.cric.com

商圈5 杨家坪商圈
九龙坡区的城市中心

① 商圈范围

以杨家坪转盘为中心，中心商业区包括杨九路、杨家坪正街、石坪桥正街、西郊路、直港大道，共计十万余平方米的商业面积。

② 商圈价值

杨家坪商圈以杨家坪步行街为中心，处于升级调整阶段。杨家坪商圈作为重庆老牌商圈，位于素有工业老区之称的九龙坡区，并且作为九龙坡区的城市中心，自然有着得天独厚的优势。

杨家坪商圈属于工业区，是重庆的次级商圈，从经营档次来看属于中端水平，以百姓阶层、学生为目标客群，商业类型以购物中心和专业商厦为主。

而从面积来看，商圈购物中心商业所占比例最高，高达59.5%。其次，专业商厦占了一定比例，达到18.0%。由于本商圈主要面向区域的常住人群，因此生活消费类的商业供如电器、超市、家居等专业店供应量较大。此外，部分中端的综合性的购物广场近年来进入市场，规模较大，满足消费者餐饮、购物、休闲的多方面需求，从一方面说明了购物中心业态的市场潜在需求和趋势。商圈内缺乏市场类和社区配套类商业。

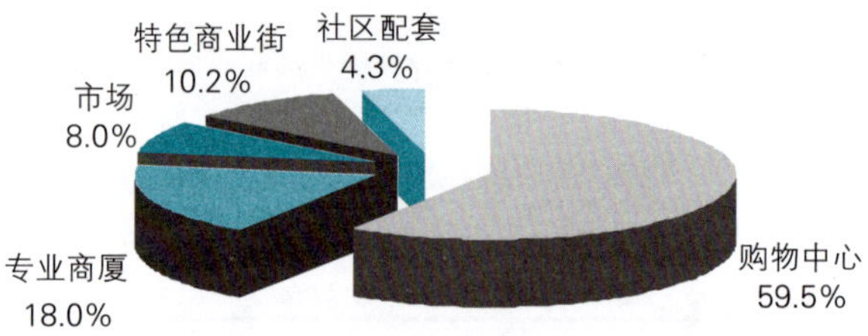

图7-104 2010年重庆杨家坪商圈大型商业形态比例

数据来源：克而瑞CRED商业地产数据库，http://cred.cric.com

表7-47 重庆杨家坪商圈主要商业项目

序号	项目编号	项目名称	建筑面积（平方米）	商业形态	开业时间	档次	经营情况	出租率
1	E1	嘉信茂广场	45 000	购物中心	2005-10-01	中端	良好	90%
2	E2	杨家坪大洋百货	42 000	专业商厦	2008-12-27	中端	良好	85%
3	E3	富安杨家坪店	35 000	专业商厦	2003-10-31	中端	优	100%

数据来源：克而瑞CRED商业地产数据库，http://cred.cric.com

（1）购物中心首层租金水平

重庆市购物中心中较低租金水平的项目，租金约为3～6元/（米^{2}·天），包括元旦购物中心、百联上海城购物中心、金源时代购物中心。而租金在中等水平的项目，租金为10～20元/（米^{2}·天），包括重庆大都会广场、北城天街、星光68广场、嘉茂购物中心、万达广场。租金较高的购物中心租金水平为15～40元/（米^{2}·天），嘉信茂广场是目前租金较高的购物中心。从租金水平来看，购物中心以中等租金水平居多。重庆市购物中心数量较少，且基本集中在主要商圈内。

从主要购物中心租金分布来看，各商圈租金的分布都存在一定跨度，没有过度集中的现象。其中杨家坪商圈租金相对较高，而南坪商圈的租金处于低位的较多。

表7-48 重庆主要商圈购物中心租金

序号	项目编号	项目名称	所属商圈	首层租金 [元/（米^{2}·天）]
1	A1	日月光中心广场	解放碑商圈	20～25
2	A2	重庆大都会广场	解放碑商圈	5～15
3	B1	金源时代购物中心	观音桥商圈	4～6
4	B2	北城天街	观音桥商圈	13～18
5	B6	星光68广场	观音桥商圈	10～20
6	C3	嘉茂购物中心	沙坪坝商圈	10～20
7	D1	万达广场	南坪商圈	10～25
8	D2	百联上海城购物中心	南坪商圈	3～4
9	D3	元旦购物中心	南坪商圈	3.0～3.5
10	E1	嘉信茂广场	杨家坪商圈	15～40

数据来源：克而瑞CRED商业地产数据库，http://cred.cric.com

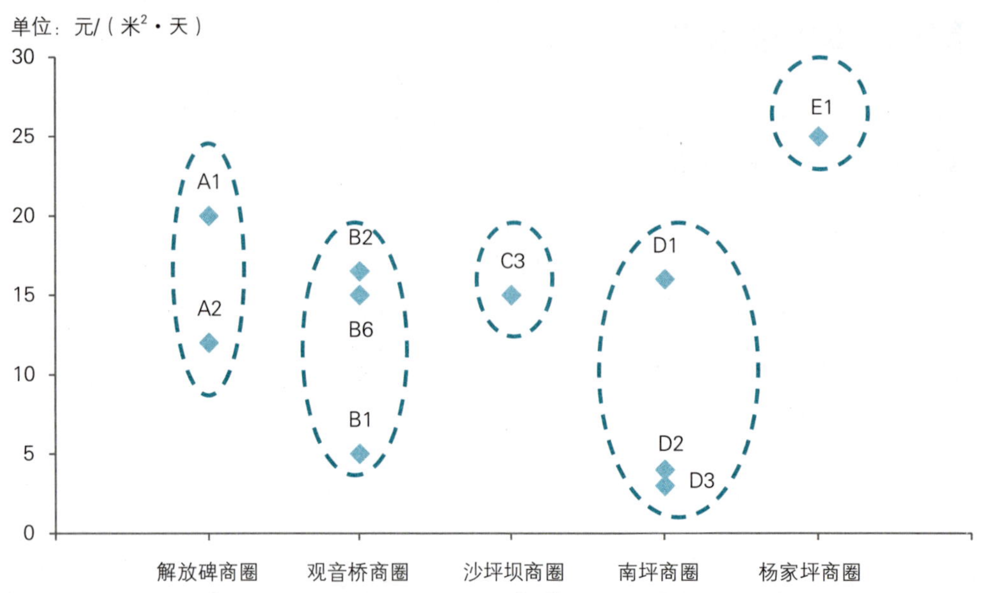

图7-105 2010年重庆主要购物中心租金分布

数据来源：克而瑞CRED商业地产数据库，http://cred.cric.com

（2）百货租金水平

重庆市百货类租金大部分采取联营扣点的模式，也有底租加扣点的模式，首层租金扣点基本在20%～28%这一范围内，平均租金扣点在25%左右。其中，美美百货是重庆最高端的百货，租金水平相对较高。江北新世纪大厦即新世纪百货是重庆的本土品牌，在解放碑商圈的销售额常年位居前列。

表7-49 重庆主要百货租金

序号	项目名称	所属商圈	首层租金
1	解放碑王府井百货	解放碑商圈	20%～26%（扣点）
2	美美百货	解放碑商圈	22%～28%（扣点）
3	江北新世纪大厦	观音桥商圈	20%～26%（扣点）
4	重庆百货商场南坪店	南坪商圈	20%～26%（扣点）
5	杨家坪大洋百货	杨家坪商圈	20%～25%（扣点）
6	富安杨家坪店	杨家坪商圈	10～20元/（米²·天）
7	远东百货	观音桥商圈	15～28元/（米²·天）
8	立丹百货	杨家坪商圈	3～10元/（米²·天）；20%～25%（扣点）

数据来源：克而瑞CRED商业地产数据库，http://cred.cric.com

（3）其他商业类型租金水平

重庆其他类型商业项目中，特色商业街租金在4～5元/（米^2·天）这一水平。市场类项目租金在6～35元/（米^2·天）这一范围，租金波动较大。社区配套商业租金大致有两个级别，租金水平较低的为3～5元/（米^2·天），租金水平较高的则在10元/（米^2·天）左右。专业商厦租金水平低端的为4～6元/（米^2·天），高端的为9～15元/（米^2·天）。

表7-50 重庆其他商业类型租金

序号	项目名称	商业形态	所属商圈	首层租金［元/（米^2·天）］
1	洪崖洞商业街	特色商业街	解放碑商圈	4～5
2	上海城阿拉女人街	特色商业街	南坪商圈	4～5
3	杨家坪金鹰女人街	市场	杨家坪商圈	19～35
4	沙坪坝东正商场	市场	沙坪坝商圈	6～10
5	重庆国贸中心	社区配套	解放碑商圈	2～12
6	东和城天街	社区配套	观音桥商圈	5～13
7	元佳广场	社区配套	沙坪坝商圈	3～5
8	重庆小商品批发市场	专业商厦	解放碑商圈	9.3～9.4
9	居然之家	专业商厦	观音桥商圈	4～6
10	奇峰清华源三期	专业商厦	沙坪坝商圈	5～6
11	观音桥赛博数码广场	专业商厦	观音桥商圈	10～15

数据来源：克而瑞CRED商业地产数据库，http://cred.cric.com

4 重庆未来商业供应及发展趋势预测

在西部大开发战略的推动下，重庆经济快速发展，商业地产发展如火如荼，已经进入到了从单一模式到开发、经营模式多元化的时代。同时，两江三岸的独特地理形态造就了重庆多中心的城市格局和商圈态势。

重庆作为长江中上游的中心城市，城市经济实力和对外辐射力越来越强，能够逐步吸纳外界大量的高素质人群和投资者，他们除了居住需求外还有相应的办公需求和消费需求，这些对重庆城市商业物业的发展具有极大的推动意义。

伴随城市的发展，重庆商业核心将不再限于传统意义上的五大商圈，加之国内一线商业物业开发机构的入驻，可以确定重庆未来的商圈数量将会不断增加。

对市场整体而言，重庆在未来几年将完成多商业中心的布局，除解放碑和观音桥两个核心商圈外，将形成各个区域自己的特色商圈。对零售商而言，它将由最初的核心商圈驱动发展到优质项目的驱动，即部分百货、购物中心项目将吸引品牌零售商进驻，而非传统地仅依赖核心商圈；对消费者而言，它将从主要关注商品本身的功能和价格转变为关注商品的品牌、设计及其推崇的生活方式。

2010年6月后，重庆市规划有四个体量较大的商业项目进入市场，包括两个特色商业街、一个购物中心和一个市场类项目。其中，中新城上城位于重庆主城核心袁家岗，为城市综合体项目，项目内的家居广场已开业，其余商业暂未启动。位于渝北区的华宇北城中央·北城商务街共计五层，结合24层的办公楼，为重庆北区提供了75 000平方米的商业存量。

新增项目大部分分布在非商圈，城市主要商圈仅沙坪坝有新增项目。未来短时间内，重庆商业发展将逐渐进入从集中向分散过渡的阶段。

表7-51 重庆未来主要商业项目供应

序号	项目名称	所属商圈	建筑面积（平方米）	商业形态	开业时间	商业初步定位
1	嘉和金街	沙坪坝商圈	14 000	特色商业街	2010-06	包括风情校园街、风情美食街、风情步行街、风情广场街，其中有约6000平方米的集中商业
2	中新城上城	非商圈	300 000	购物中心	2010-09	城市综合体，目前香江家hollymall已开业，为家居广场
3	巴山建材城	非商圈	182 394	市场	2010-06	项目商业裙楼部分：裙楼负4F~3F为商业及配套，定位为综合建材卖场
4	华宇北城中央·北城商务街	非商圈	75 000	特色商业街	2012-06	办公配套，目标客群定位时尚人群，都市白领

数据来源：克而瑞CRED商业地产数据库，http://cred.cric.com

3 重庆市未来城市发展规划

主城重心北移的趋势必将对整个城市的商圈格局带来较大影响。

1 城市总体规划

（1）人口布局

主城人口规模2020年控制在370万人（包括暂住人口40万人）；外围组团人口规模2020年162万人（包括暂住人口15万人）。

（2）城镇布局

重庆市“一圈两翼”的城市圈规划如下：

图7-106 重庆市城镇布局规划示意图

“一圈”是指以主城为核心、一小时车程为半径的范围内，打造一个具有明显聚集效应、规模经济和竞争优势的城市群。一小时经济圈主要包括主城9区以及潼南、合川、铜梁等23个区县，面积约3万平方千米，目前常住人口1600万人，接近重庆全市的60%，地区生产总值占全市地区生产总值78%左右。“两翼”指东北部地区和东南部地区。依托长江以及沿江铁路、高速公路构成的东北线城镇发展轴，形成以万州为核心，以开县、奉节为主要节点的发展区。东南部地区包括黔江、秀山、酉阳等六个区县，面积1.98万平方千米。依托乌江和渝湘高速公路、渝怀铁路等构成的东南线发展轴，形成以黔江为核心，以秀山为主要节点的发展区。预计10年至15年以后，一小时经济圈的地区生产总值可超过全市生产总值的80%，集聚城镇人口超过2000万，城镇化率达到75%左右。主城区的商业核心地位将在发展中得到进一步强化。2007年重庆市的城镇化率48.3%，尚有约一半人口，即一千多万人为农业人口，这部分人口中的一部分在将来的城市化中即转为城市居民，将进一步提升整个重庆市的商业消费能力。

重庆两江三岸的独特地理位置客观上形成了多中心的城市格局和商圈态势。重庆的城市空间结构具体表现为“一城五片、多中心组团式”。主城由中部、北部、南部、西部、东部五大片区组成，多中心包含一个城市中心（CBD）和六个城市副中心即沙坪坝、南坪、杨家坪、观音桥—新牌坊、西永、茶园城市副中心，承担部分市级公共服务功能。政府正强化解放碑地区商贸功能，突出江北城地区商务功能，完善弹子石滨江地区的配套服务功能。从城市发展方向上看，重庆主城重心北移的趋势依然在继续，随之带来的是城市基础设施投资方向的改变、居住人口的迁移及房地产投资重点的转移，这必将给整个城市的商圈格局带来较大影响。

图7-107 重庆市主城空间布局结构示意图

（3）产业布局

优化和提升服务业，加快服务业向第一、二产业的渗透，重点培育和发展为现代制造业基地服务的商贸、物流、金融、信息咨询、会展等服务业，加快科技、教育、文化、卫生、体育等社会事业发展，大力完善有助于提高居民生活品质的个人消费服务业和公共服务业。都市区内环线以内地区重点布局现代服务业、高新技术产业和文化产业；内环线与绕城高速公路之间重点布局现代制造业、现代物流业、休闲旅游业；绕城高速公路以外的地区重点布局都市农业、生态旅游业等产业。

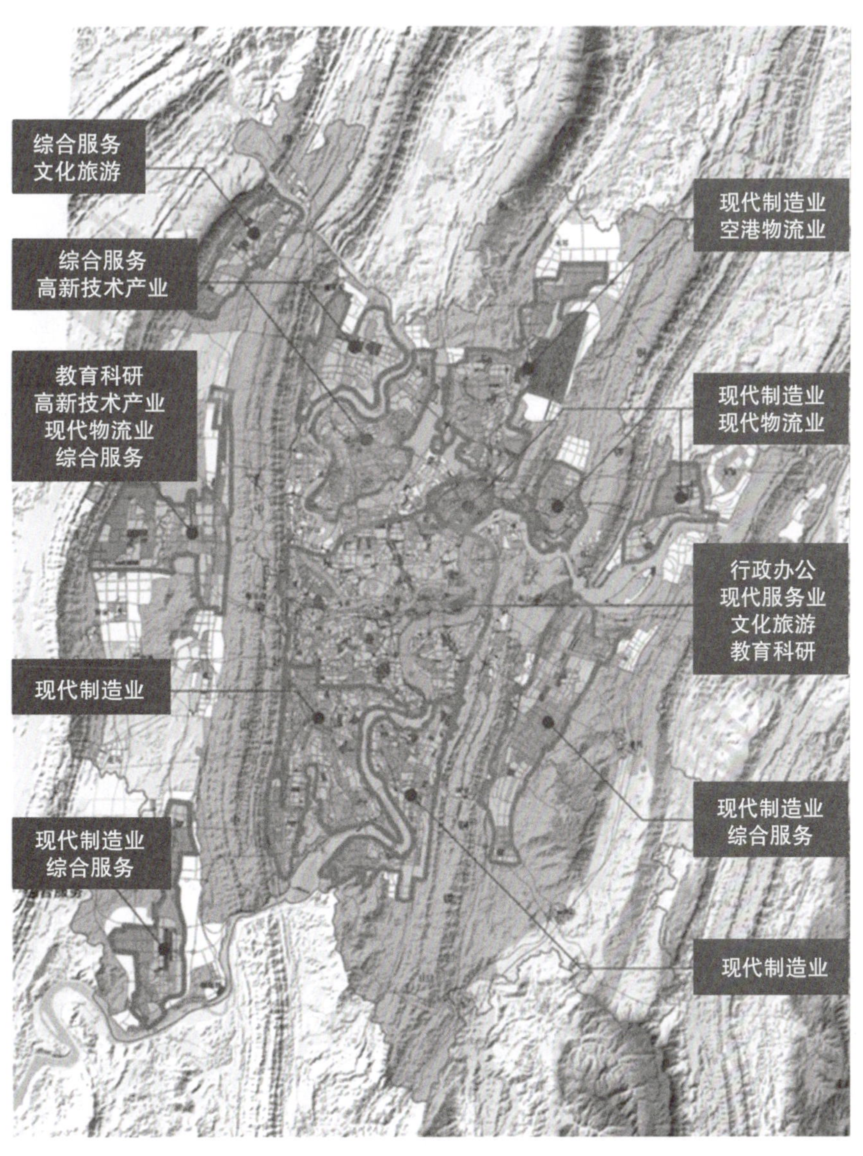

图7-108 重庆市主城主要职能及产业空间分布

（4）城市道路规划

以快速路网为骨架，主次干路为基础，建立功能明确、级配合理、相对完善的片区城市道路网络，合理布局越江桥梁和穿山隧道，在片区道路网络基础上构建都市区“片区网格自由式”道路网系统。都市区快速道路总长约647千米，规划主次干路总长约2948千米。

（5）轨道交通规划

建立以大运量快速轨道交通为骨干，地面快速公交和普通公交为主体，其他公交方式为辅助，多种方式并存且有效衔接的公共客运交通系统。逐步提高公交出行比例，改善居民出行结构，公交出行分担率近期达到35%，远期达到45%至50%。

规划轨道基本线网约364千米，呈“一环六线”布局形态；规划远景轨道线网约513千米，呈“一环九线”布局形态。

（6）交通换乘枢纽

依托轨道交通车站，结合城市主要客流集散点、大型对外客运站、内环线及外环高速公路，规划建设城市交通换乘枢纽。在小什字、两路口、大坪、观音桥等地区布置一级交通换乘枢纽，在李家沱、建胜等地区布置二级交通换乘枢纽。

2 中心城商业网点规划

（1）规划目标

进一步增强批发零售业综合实力，构建布局合理、规模适宜、结构优化、功能完善的商业体系，发展仓储式超市、连锁超市、连锁便民店、商品配送中心、网络销售等新兴商业形态，形成多元化协调发展的格局。

表7-52 重庆市中心城商业网点规划目标

业态	规划
商业中心	结合城市公共中心形成市级商业中心和商业副中心、组团商业中心、社区商业中心三级网络。解放碑地区为市级商业中心，完善观音桥、沙坪坝、杨家坪、南坪中心地区的商务职能，培育西永和茶园中心地区的商务职能，形成六个市级商业副中心
特色商业街区	结合历史文化保护、旅游开发，建设一批集购物、旅游、休闲、文化、餐饮为一体的特色商业街区

（续表）

业态	规划
大型商品交易市场	对现有商品交易批发市场和专业市场进行改造完善、转型提升、资源整合和功能创新，原则上内环线以内限制发展和扩大大型批发市场规模。在内环线与绕城高速公路之间，结合物流业、工业园区、交通枢纽等重点培育专业批发市场群，完善相关配套设施
农副产品市场	构建顺畅高效、便捷安全的农产品流通体系。结合蔬菜、副食品基地的分布及服务区域，在绕城高速公路周边交通便利的位置设置大型农副产品批发市场和农副产品配送中心。推动传统农产品零售市场改造升级，改善经营设施，创新经营模式
其他商业业态	在内环线与绕城高速公路之间交通便利的位置布置仓储式会员店、家居建材商店和购物中心，建设商品配送中心等；在居住区、社区引入连锁超市、连锁便民店

（2）商圈规划

表7-53 重庆市中心城商圈规划

商圈	范围
传统商圈	面积450万平方米，包括解放碑商圈、观音桥商圈、沙坪坝商圈、杨家坪商圈、南坪商圈
新规划商圈	面积增加180万平方米，包括茶园商圈、西永商圈、大渡口商圈、北碚商圈、渝北商圈、巴南商圈

（3）“十一五”规划商圈

表7-54 重庆市“十一五“规划建设商圈

商圈	规划
茶园商圈	定位于市级商业副中心，服务茶园城市副中心，辐射主城东部消费者。与南坪商业中心功能互补，集商务、旅游、生态型购物、休闲、娱乐、餐饮等于一体的新城商贸中心
西永商圈	定位于市级商业副中心，辐射主城东部消费者，集高新技术产品、文化艺术和展示展览、高校文化娱乐、旅游休闲、购物功能于一体，极具文化艺术特色的文化中心
大渡口城区商圈	定位于都市区商业副中心，服务大渡口、中梁山，辐射主城中西部消费者。依托大渡口公园，打造集休闲、购物为一体，独具特色的“都市生态购物公园”
北碚城区商圈	定位于都市区商业副中心，服务北碚区及周边居民，辐射合川等地消费者。培育商业特色街，发展商务办公，建成服务都市圈中心区
渝北两路商圈	定位于都市区商业副中心，服务与辐射北区及北部新区消费者。建成重庆北部集购物、餐饮、休闲、娱乐、会展等现代服务业于一体的商务功能突出、高品位的新型商贸中心
巴南商圈	定位于都市区商业副中心，服务与辐射巴南区及周边消费者。建成以商贸为主导，会展、休闲服务等功能配套的主城南部商贸中心

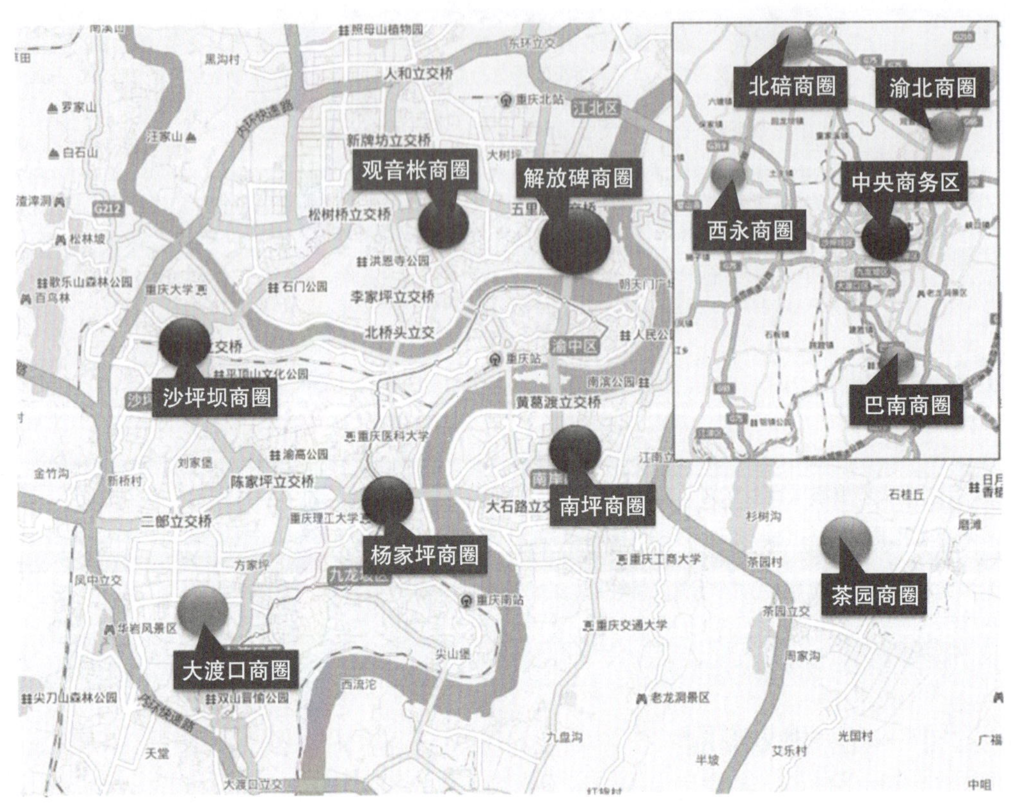

图7-109 重庆市商圈规划

小结

重庆是中西部唯一的直辖市，主城区人口超过500万，优势资源集聚。直辖十年，重庆经济增长快速，经济实力逐步增强。近年来，重庆市的经济增长动力结构发生变化，由直辖初期单纯的“投资拉动型”逐步向“投资和消费‘双轮’驱动型”转变。

重庆城区为组团布局，形成了多中心的商业格局。现在重庆的核心商圈为解放碑商圈，并辐射到区县。沙坪坝商圈、杨家坪商圈、江北观音桥渝北商圈、南坪商圈这四个次级商圈组成主城区庞大的商业组团，同时各区县行政中心、旧有核心区形成自身的商业中心圈。目前传统的五大商圈主要分布在重庆主城区内，而近年来一些新兴的商圈，如大渡口商圈等，逐渐在主城区外围发展起来。

根据《重庆商贸流通产业综合发展“十一五”规划》，未来重庆商圈的商业中心定位细化，老商圈持续发展，新商圈竞争能力加强。未来短时间内，重庆商业发展将逐渐进入从集中向分散过渡的阶段。

2010年商业地产市场报告

1 贵阳市商业地产六项宏观经济指标分析

稳步上升的城市化水平有利于贵阳市消费市场的发展。

指标1 宏观指标

贵阳市2009年国民经济生产总值为902.6亿元，按可比价格，比上年增长13.3%，由于受到金融危机的影响，2009年贵阳市GDP总量的增幅有所下降，下降了1.1%。尽管如此，其增长势头依然强劲。2005年至2009年五年间均呈较大幅度上升，经济快速平稳发展。

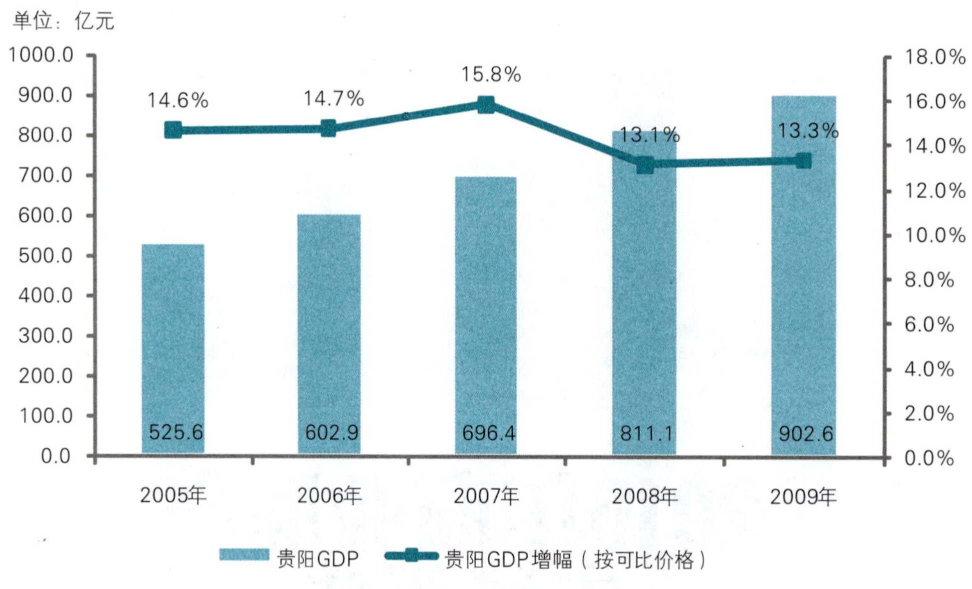

图7-110 2005—2009年贵阳GDP及增幅

数据来源：克而瑞CRED商业地产数据库，http://cred.cric.com

指标2 产业结构

自2005年以来，贵阳市第一产业逐年呈下降趋势，第二、第三产业则呈上升趋势。2009年，第一产业增加值50.07亿元，增长8.1%；第二产业增加值402.24亿元，增长12.6%；第三产业增加值450.30亿元，增长

14.5%。三次产业结构比例为5.5：44.6：49.9。2009年，第一产业比重比上年下降0.3个百分点，第二产业比重较上年下降2.4个百分点，第三产业比重上升2.7个百分点。由此可见，贵阳市的整体产业结构的调整成效较为明显。

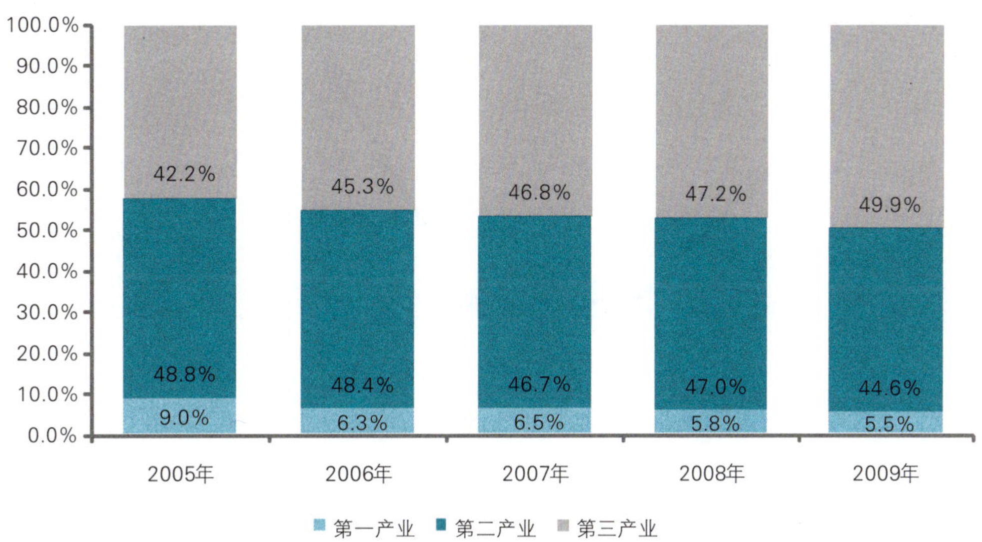

图7-111 2005—2009年贵阳三大产业结构比例

数据来源：克而瑞CRED商业地产数据库，http://cred.cric.com

指标3 城市人口

由于统计口径存在偏差，2006年和2007年采用“常住一年及以上”的常住人口统计口径，2008年开始采用“常住半年及以上”的统计口径，导致2008年贵阳市的常住人口突增到394万人，比2007年增长了37.1万人，扣除统计口径因素，贵阳市人口增长率基本保持在0.5%～0.7%的水平。2009年年末，贵阳市常住人口396.8万人，户籍人口367万人，外来人口30万人，占总人口的7.6%，这表明贵阳是相对开放的城市。

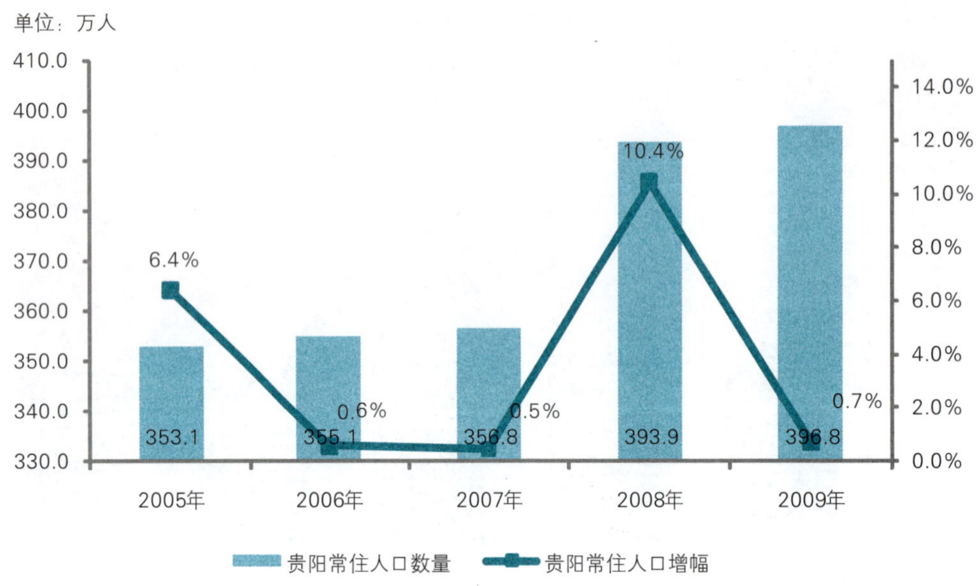

图7-112 2005—2009年贵阳常住人口数量及增幅

数据来源：克而瑞CRED商业地产数据库，http://cred.cric.com

自2005年以来，贵阳的城市化率基本保持稳步上升的态势，2009年贵阳城市化率为64.3%，远远高于全国平均城市化率46.6%。稳步上升的城市化水平有利于贵阳市消费市场的发展。

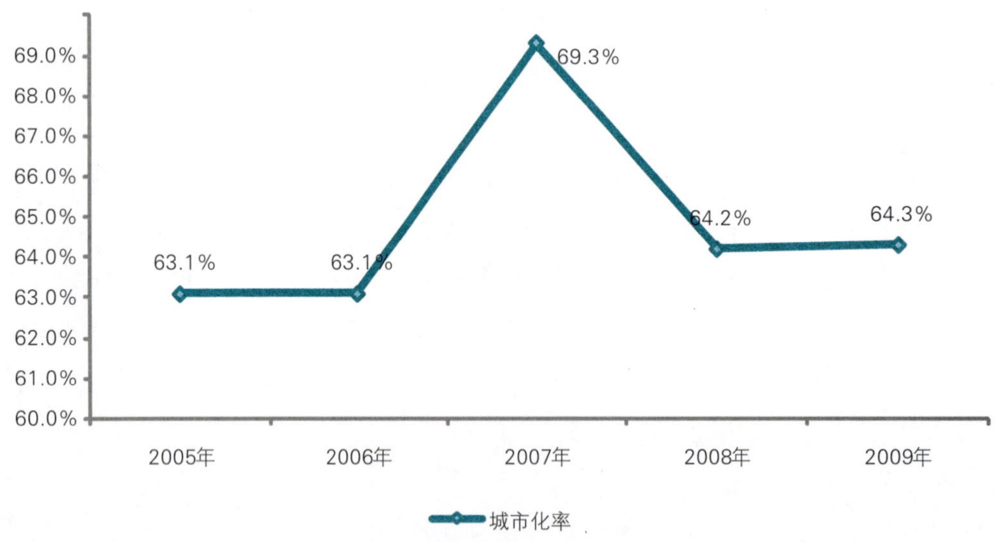

图7-113 2005—2009年贵阳城市化率

数据来源：克而瑞CRED商业地产数据库，http://cred.cric.com

指标4 经济效益

2005年至2009年间，贵阳市的人均GDP持续上涨，平均增长率达到了12.5%。受到金融危机的影响，2008年贵阳人均GDP增幅由2007年的15.0%骤降到5.5%，2009年增长率反弹到10.5%。

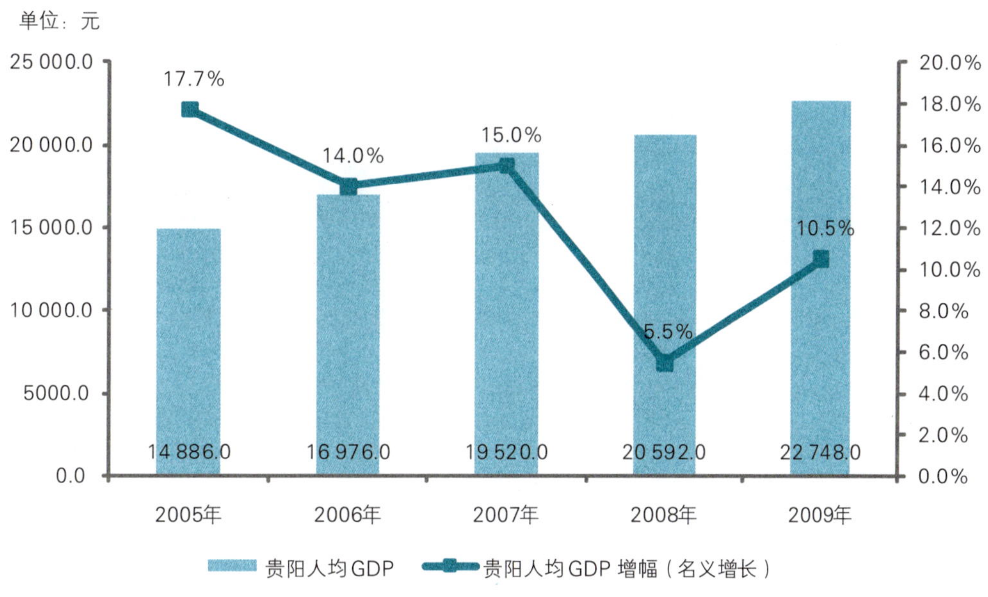

图7-114 2005—2009年贵阳人均GDP及增幅

数据来源：克而瑞CRED商业地产数据库，http://cred.cric.com

指标5 城镇居民生活质量

贵阳市的城镇居民人均可支配收入持续上涨，2009年贵阳市城镇人均可支配收入为15 041.0元，低于西部地区其他城市的发展水平，如重庆17 191.0元、成都18 659.0元，经济基础相对来讲较为薄弱，但其人均可支配收入整体呈增长的发展状态，整体增长幅度达到10%左右。

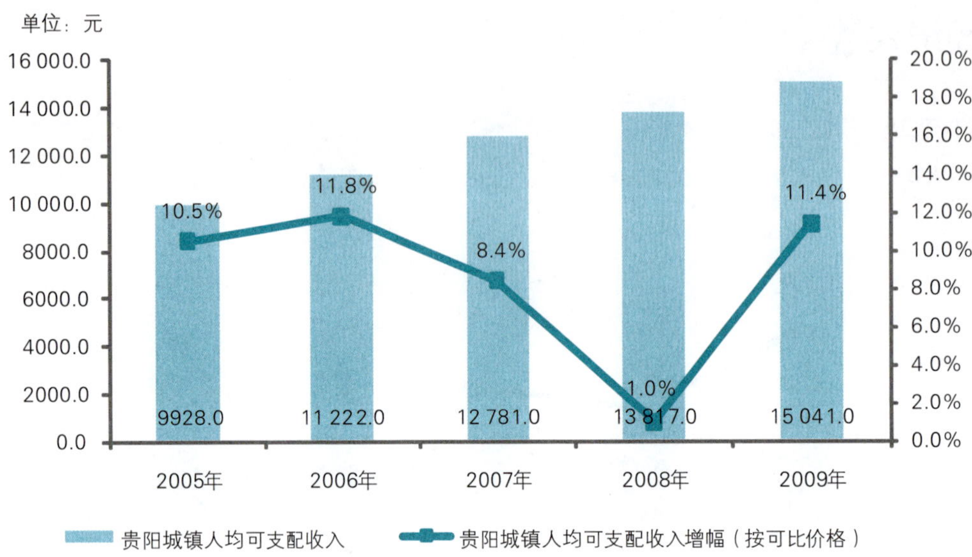

图7-115 2005—2009年贵阳城镇人均可支配收入及增幅

数据来源：克而瑞CRED商业地产数据库，http://cred.cric.com

近年来，贵阳市人均消费性支出持续上涨，贵阳的人均消费性支出于2007年突破了10 000元。从增幅来看，与人均可支配收入增幅曲线类似，2008年和2009年增幅下降较为明显，2009年增长率为9.6%，贵阳市经济发展仍在恢复过程中。

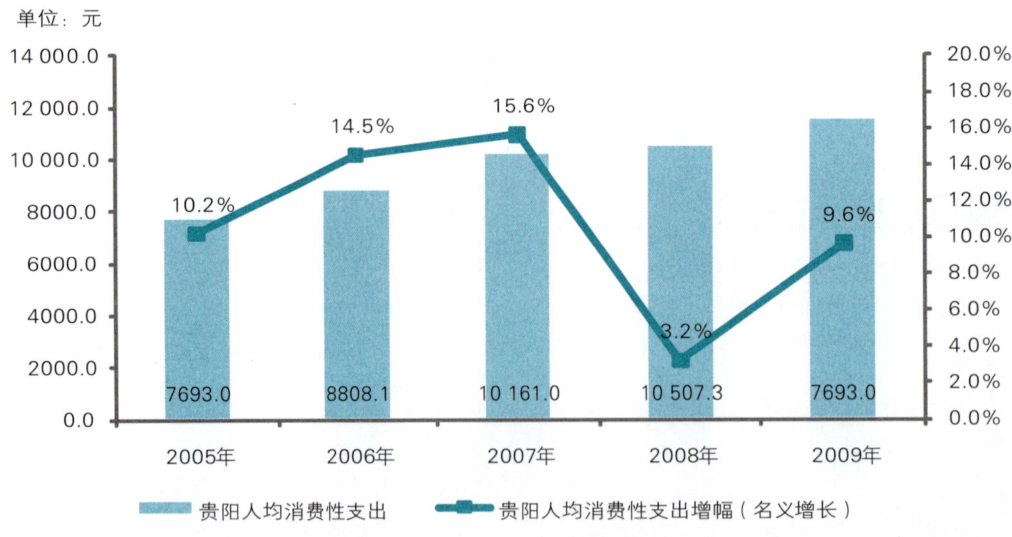

图7-116 2005—2009年贵阳人均消费性支出及增幅

数据来源：克而瑞CRED商业地产数据库，http://cred.cric.com

从该市人均消费性支出的构成情况来看，恩格尔系数呈现一定波动，这与整体经济环境的变动及物价上涨等因素有关。除食品外，所占比例最高的分别为教育文化、衣着以及交通通讯。

表7-55 2005—2009年贵阳城镇居民人均消费性支出构成

年份 构成	2005年		2006年		2007年		2008年		2009年	
	元	%	元	%	元	%	元	%	元	%
总支出	7693	100	8808.1	100	10 161.0	100	10 507.3	100	7693.0	100
食品	2946	38.3	3333.9	37.9	3896.7	38.4	4382.7	41.7	2946.0	38.2
衣着	914	11.8	1036.9	11.8	1216.3	11.9	975.4	9.3	914.0	11.8
家庭设备用品	454	5.9	654.0	7.4	583.9	5.7	621.3	5.9	454.0	5.9
医疗保健	485	6.3	389.3	4.4	433.3	4.3	658.9	6.3	485.0	6.3
交通通讯	789	10.3	999.6	11.3	1402.1	13.8	1306.9	12.4	789.0	10.3
教育文化	1113	14.5	1351.4	15.3	1355.5	13.4	1206.1	11.5	1113.0	14.5
居住	679	8.8	733.7	8.4	896.0	8.8	991.2	9.4	679.0	8.8
其他	313	4.1	309.3	3.5	377.2	3.7	364.8	3.5	313.0	4.2

数据来源：克而瑞CRED商业地产数据库，http://cred.cric.com

边际消费倾向对于消费市场影响重大。虽然在2007年以前，贵阳市的边际消费倾向是处于上升的状态，但幅度不大，说明了贵阳市城镇居民人均消费性支出占人均可支配收入的比重较大，居民的消费能力较为低下。自2007年以后，其边际消费倾向有所下降，居民生活消费等情况有所好转。

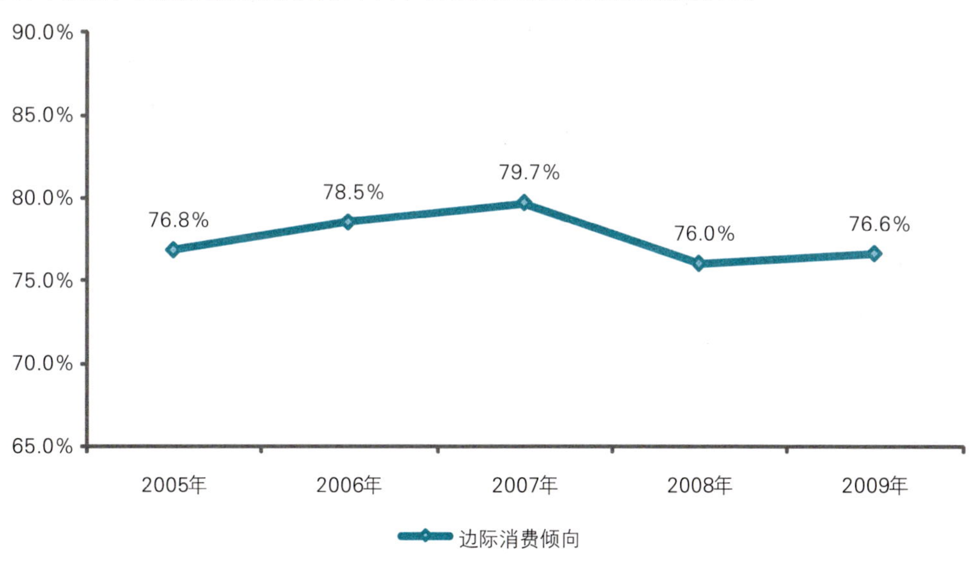

图7-117 2005—2009年贵阳边际消费倾向

数据来源：克而瑞CRED商业地产数据库，http://cred.cric.com

指标6 商业需求

与西部其他城市相比，贵阳市的社会消费品零售总额较低，但贵阳市的社会消费品零售总额自2005年来一直保持着强劲的增长，平均增长率达到了17%，在2009年其社会消费品零售总额突破了400亿元。这说明贵阳市消费水平不断提高，居民的购买力逐年增长。与此同时，贵阳市的人均社会消费品零售总额亦保持稳步上升，但是由于人口统计口径存在偏差，2008年人均社会消费品零售总额增长率下降。

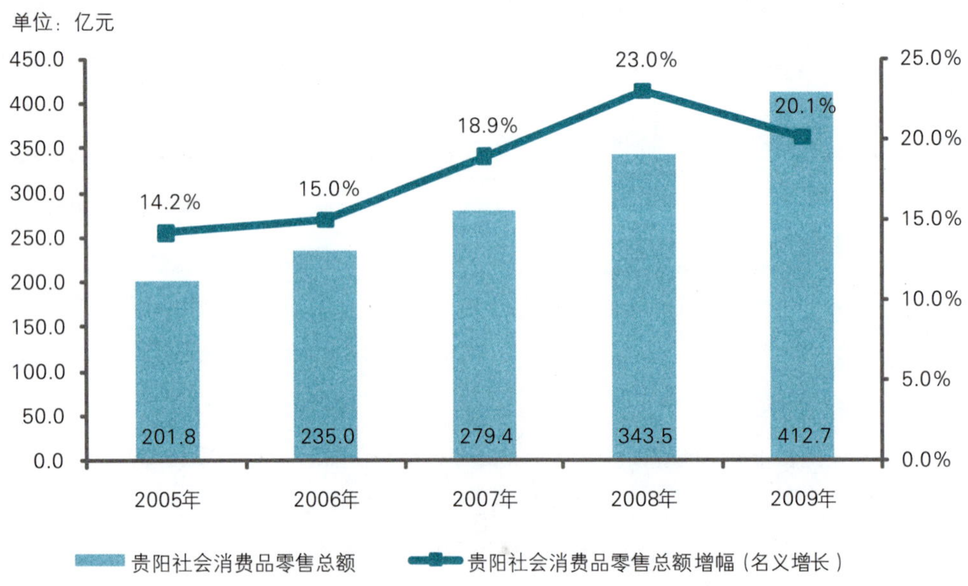

图7-118 2005—2009年贵阳社会消费品零售总额及增幅

数据来源：克而瑞CRED商业地产数据库，http://cred.cric.com

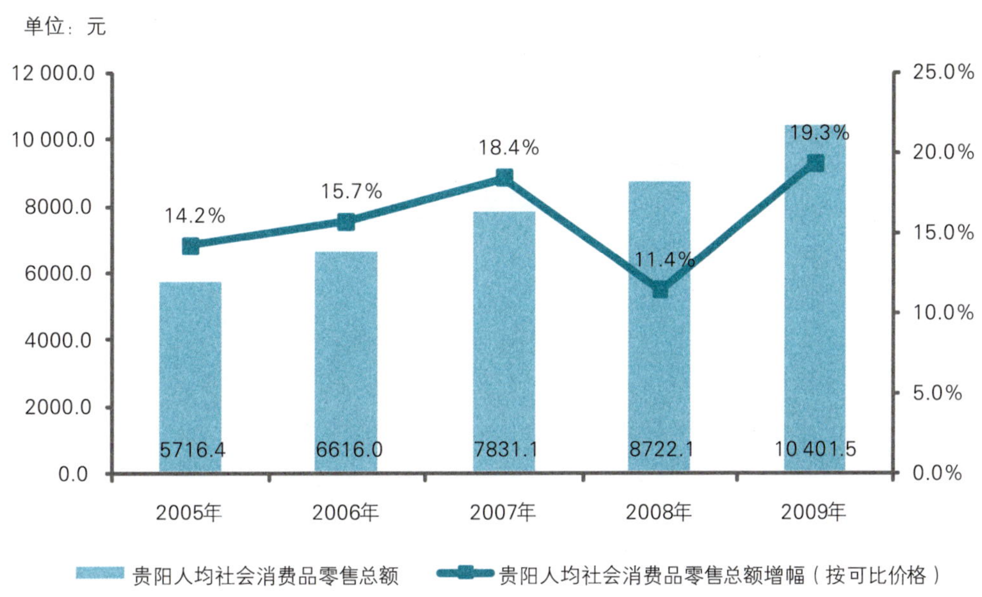

图7-119 2005—2009年贵阳人均社会消费品零售总额及增幅

数据来源：克而瑞CRED商业地产数据库，http://cred.cric.com

2 贵阳市整体商业市场环境研究

商业市场上购物中心和百货的数量较少，但是面积较大，并且大都集中在市区。

现有商业供应情况

截至2010年年底，贵阳市商业总存量约为284.54万平方米，其中大型商业存量约为280.14万平方米。按常住人口计算，贵阳市人均商业面积达到0.72平方米。

在贵阳市各类型重点商业存量中，购物中心的比重最大，达到了39.1%。社区配套、专业商厦、特色商业街的比重分别达到了18.6%、17.2%以及14.8%。目前贵阳市商业市场上购物中心和百货的数量较少，但是面积较大，并且大都集中在市区，贵阳市的商业物业市场仍存在巨大的发展空间。

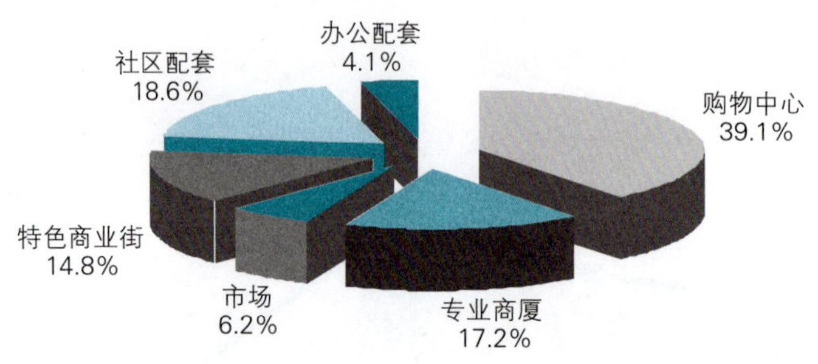

图7-120 2010年贵阳各类型重点商业存量供应

数据来源：克而瑞CRED商业地产数据库，http://cred.cric.com

九大主要商圈描述

目前，按城市商业发展现状，贵阳市的商圈大致可以分为三类：城市核心市级商圈、区域型商圈和组团式商圈。城市核心商圈由大南门、喷水池、大小十字商圈以及大西门商圈组成；区域型商圈由金阳、旱码头商圈组成；组团式商圈由乌当、白云商圈和小河商圈组成。而根据商圈的级别，贵阳的核心商圈为大南门商圈、喷水池商圈、大小十字商圈以及大西门商圈；次级商圈为白云商圈、乌当商圈和小河商圈；新兴商圈则有旱码头商圈和金阳商圈。

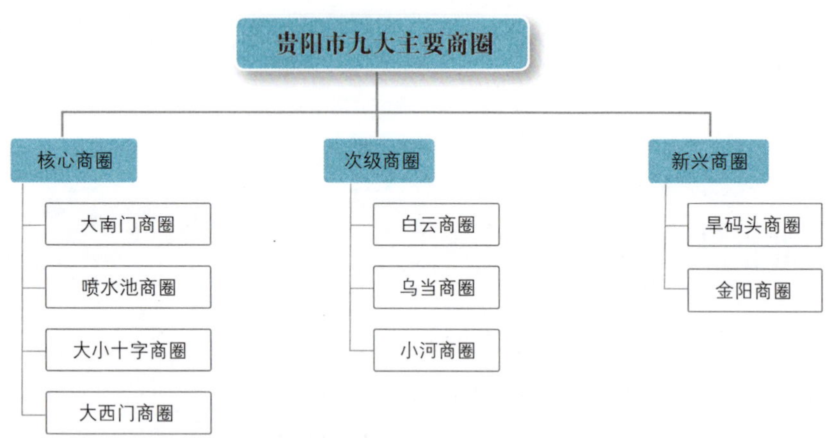

图7-121 贵阳市九大主要商圈示意图

图7-122 2010年贵阳主要商圈分布

表7-56 贵阳主要商圈

序号	商圈编号	商圈名称	商圈级别	区域属性	特征	主要零售物业
1	A	大南门商圈	核心商圈	综合区	**档次：**高端 **目标客群：**白领、小白领、成功人士 **主要商业类型：**专业商厦、购物中心、办公配套	恒峰步行街 亨特城市广场 星利购物广场 荔星名店
2	B	大小十字商圈	核心商圈	商业区	**档次：**中高端 **目标客群：**时尚人士、白领、小白领、成功人士 **主要商业类型：**专业商厦	智诚百货大楼 星力百货星天地 时代广场 贵阳百盛鲜花店
3	C	喷水池商圈	核心商圈	综合区	**档次：**中高端 **目标客群：**白领、时尚人士、成功人士、小白领 **主要商业类型：**专业商厦	南国花锦 龙港百盛 国贸广场 美佳大厦
4	D	大西门商圈	核心商圈	商业区	**档次：**中端 **目标客群：**时尚人士、白领、小白领、百姓阶层 **主要商业类型：**专业商厦、市场、特色商业街	市西商业街 女人大世界 星利百货瑞金店 国晨百货 男人大世界

（续表）

序号	商圈编号	商圈名称	商圈级别	区域属性	特征	主要零售物业
5	E	白云商圈	次级商圈	住宅区	**档次：**中端 **目标客群：**百姓阶层、时尚人士、白领、小白领 **主要商业类型：**专业商厦、社区配套	心美twins国际 东方广场
6	F	乌当商圈	次级商圈	住宅区	**档次：**中端 **目标客群：**百姓阶层、时尚人士、白领、小白领 **主要商业类型：**社区配套	新天卫城 仁恒商业步行街
7	G	小河商圈	次级商圈	住宅区	**档次：**中端 **目标客群：**百姓阶层、时尚人士、白领、小白领 **主要商业类型：**社区配套	碧园花城
8	H	旱码头商圈	新兴商圈	综合区	**档次：**中低端 **目标客群：**百姓阶层、时尚人士、白领、小白领 **主要商业类型：**购物中心	鸿通城
9	I	金阳商圈	新兴商圈	住宅区	**档次：**中端 **目标客群：**时尚人士、百姓阶层、小白领、白领、成功人士 **主要商业类型：**购物中心、社区配套、特色商业街	金阳商业步行街 贵阳世纪金源购物中心 金元国际商业步行街 碧海建材家具城

商圈1 大南门商圈 贵阳传统的商圈之一

① 商圈范围

东至富水南路，西至博爱路与遵义路北段，南至瑞金南路与箭道街，北至都司路。

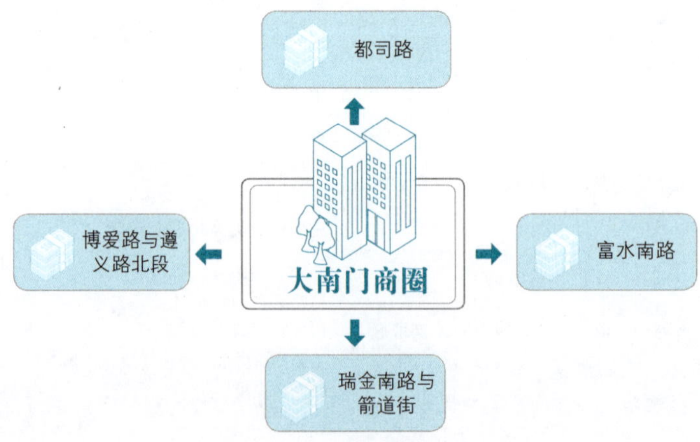

图7-123 贵阳市大南门商圈范围示意图

② 商圈价值

大南门商圈是贵阳传统的商圈之一，地理位置优越，位于贵阳市的中心地段，交通便利。这里汇集了全贵阳甚至全贵州最好的写字楼、酒店、购物中心、专业商厦等。大南门商圈内的大型专业市场、大型酒店、大型餐饮业、大型商业零售业发展迅猛，现代物流业、旅游业、楼宇经济、社区商业发展较快。

大南门商圈属于综合区核心商圈，档次较高，其目标客群有白领、小白领以及成功人士，其主要商业类型有专业商厦、购物中心以及办公配套。

大南门商圈经营情况较好，是贵阳市商业价值最高的地段之一。大南门商圈的租金水平在150～800元/（米^2·月），以200～500元/（米^2·月）为主。

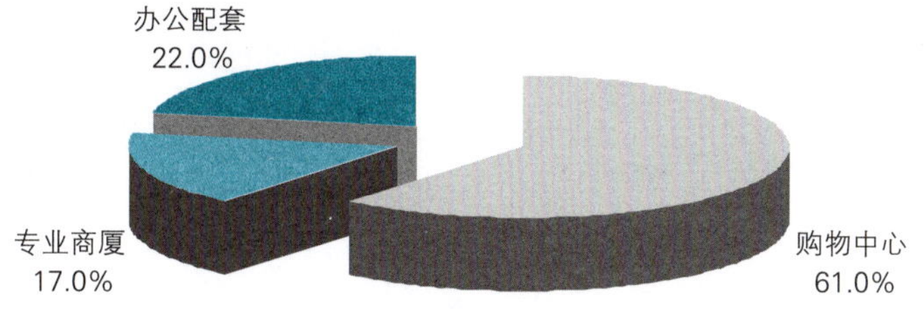

图7-124 2010年贵阳大南门商圈大型商业形态所占比例

数据来源：克而瑞CRED商业地产数据库，http://cred.cric.com

表7-57 贵阳大南门商圈主要商业项目

序号	项目编号	项目名称	建筑面积（平方米）	商业形态	开业时间	档次	经营情况	出租率
1	A1	恒峰步行街	119 581	购物中心	2009-05	中端	一般	65%
2	A2	亨特城市广场	110 000	购物中心	2010-12	中高端	一般	100%
3	A3	星利购物广场	53 333	专业商厦	2008-06	中高端	一般	100%
4	A4	荔星名店	33 333	专业商厦	2008-01	高端	良好	100%

数据来源：克而瑞CRED商业地产数据库，http://cred.cric.com

商圈2 大小十字商圈 位于贵阳市最繁华的地段

① 商圈范围

东至宝山北路，西至浣纱路，南至瑞金南路，北至北京路。

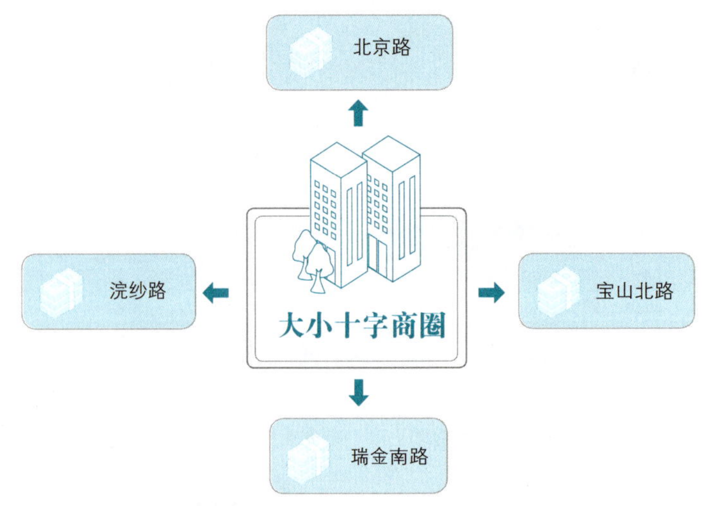

图7-125 贵阳市大小十字商圈范围示意图

② 商圈价值

大小十字商圈位于贵阳市最繁华的地段——中华路上，经过了数十年的历史积淀，实力相当雄厚。据统计，大小十字商圈的租金范围在400～1700元/（米^2·月），以500～700元/（米^2·月）为主。与此同时，大小十字商圈亦为超地区级商圈，与喷水池、大南门、大西门等支撑着贵阳两城区的商业结构。

大小十字商圈是核心商圈，区域属性为商业区，档次为中高端，主要目标客群为时尚人士、白领、小白领、成功人士，主要商业类型为专业商厦。

大小十字商圈经营情况较好，是贵阳市商业价值最高的地段之一。

图7-126 2010年贵阳大小十字商圈大型商业形态比例

数据来源：克而瑞CRED商业地产数据库，http://cred.cric.com

表7-58 贵阳大小十字商圈主要项目

序号	项目编号	项目名称	建筑面积（平方米）	商业形态	开业时间	档次	经营情况	出租率
1	B1	智诚百货大楼	30 000	专业商厦	2006-12	高端	一般	100%
2	B2	星力百货星天地	20 000	专业商厦	2007-01	高端	一般	100%
3	B3	时代广场	15 000	专业商厦	1998-08	高端	一般	100%
4	B4	贵阳百盛鲜花店	13 332	专业商厦	2000-06	高端	良好	100%

数据来源：克而瑞CRED商业地产数据库，http://cred.cric.com.

商圈3 喷水池商圈
贵阳时尚购物的晴雨表

① 商圈范围

东至延安东路，西至延安中路，南至中华中路，北至中华北路。

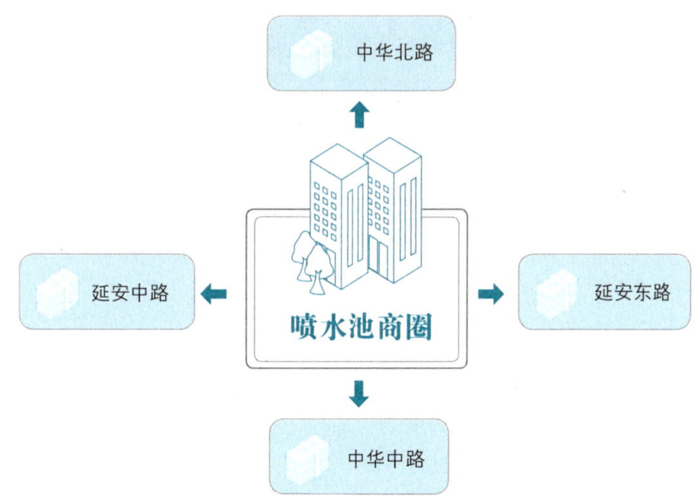

图7-127 贵阳市喷水池商圈范围示意图

② 商圈价值

喷水池作为贵阳市的老商业中心，与合群路、文昌路、公园路等结合构成了以街为纽带，以店为结点，集食、购、娱为一体的完整商圈，成为多数消费者的首选，喷水池因此成了“漩涡”中心，加快了喷水池商圈的崛起。多年来，市民已养成前往喷水池购物的习惯，商圈的人气不断上升。国贸广场、百盛龙港店、南国花锦等店都聚集喷水池，喷水池是贵阳市时尚购物商圈，也是贵阳时尚购物的晴雨表。喷水池商圈的租金范围为280～1200元/（米^2·月），以300～600元/（米^2·月）为主。

喷水池商圈是核心商圈，区域属性为综合区，档次为中高端；其主要目标客群为白领、小白领以及成功人士；喷水池商圈的主要商业类型是专业商厦。

喷水池商圈经营情况较好，是贵阳市商业价值最高的地段之一。

图7-128 2010年贵阳喷水池商圈大型商业形态比例

数据来源：克而瑞CRED商业地产数据库，http://cred.cric.com

表7-59 贵阳喷水池商圈主要商业项目

序号	项目编号	项目名称	建筑面积（平方米）	商业形态	开业时间	档次	经营情况	出租率
1	C1	南国花锦	38 000	专业商厦	2008-09	高端	优	100%
2	C2	龙港百盛	30 000	专业商厦	2008-02	中高端	良好	100%
3	C3	国贸广场	30 000	专业商厦	2002-09	高端	良好	100%
4	C4	美佳大厦	16 276	专业商厦	2005-12	中端	一般	65%

数据来源：克而瑞CRED商业地产数据库，http://cred.cric.com

商圈4 大西门商圈 零售商业与批发市场融合的商圈

① 商圈范围

东至公园路，西至浣纱路，南至都司路，北至延安路。

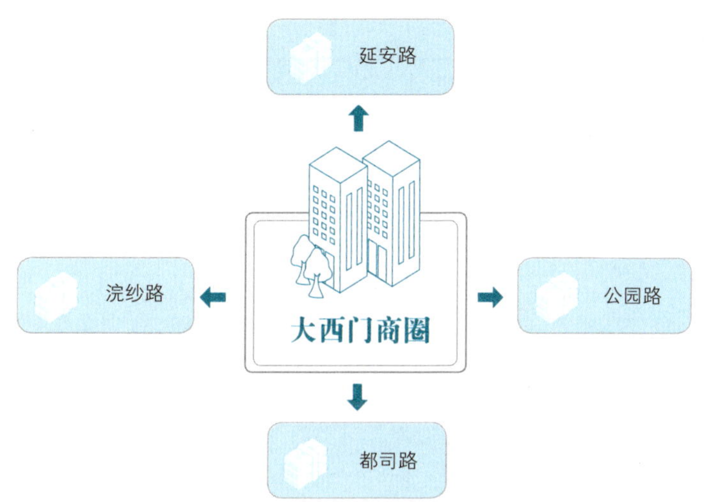

图7-129 贵阳市大西门商圈范围示意图

② 商圈价值

大西门商圈是零售商业与批发市场融合的商圈。其中，百货是区域商业龙头之一，但档次偏中低端。商圈内百货总商业面积约12万平方米，其营业面积在两万平方米以下的单体商业具有主体化和专业化经营特点。它们大部分力图摆脱市西路的低端形象，但仅止于中端。

大西门商圈批发市场种类繁多，辐射贵州全省。其中，业种大部分为生活消费品，但服装占主要部分；遵义、毕节、六盘为三个最主要的辐射城市。该商圈主要是以市西路和星力百货为中心，而市西路以沿街铺位为主，经营低端服饰和小商品，人流量非常大。

大西门商圈是核心商圈，区域属性为商业区，档次为中端；其主要目标客群为时尚人士、小白领、百姓阶层；主要商业类型有专业商厦、市场以及特色商业街。大西门商圈总体经营状况良好，亦为贵阳市最有商业价值的地段之一。

图7-130 2010年贵阳大西门商圈大型商业形态比例

数据来源：克而瑞CRED商业地产数据库，http://cred.cric.com

表7-60 贵阳大西门商圈主要商业项目

序号	项目编号	项目名称	建筑面积（平方米）	商业形态	开业时间	档次	经营情况	出租率
1	D1	市西商业街	200 000	特色商业街	1999-10	中低端	良好	100%
2	D2	国晨百货	26 262	专业商厦	2005-11	中端	一般	100%
3	D3	星力百货瑞金店	28 000	专业商厦	1995-09	中端	良好	100%
4	D4	女人大世界	28 571	市场	2006-01	中端	一般	100%

数据来源：克而瑞CRED商业地产数据库，http://cred.cric.com.

商圈5 白云商圈 贵阳市地域的中心地带

① 商圈范围

东至铝兴路，西至云峰大道，南至同心路，北至白云北路。

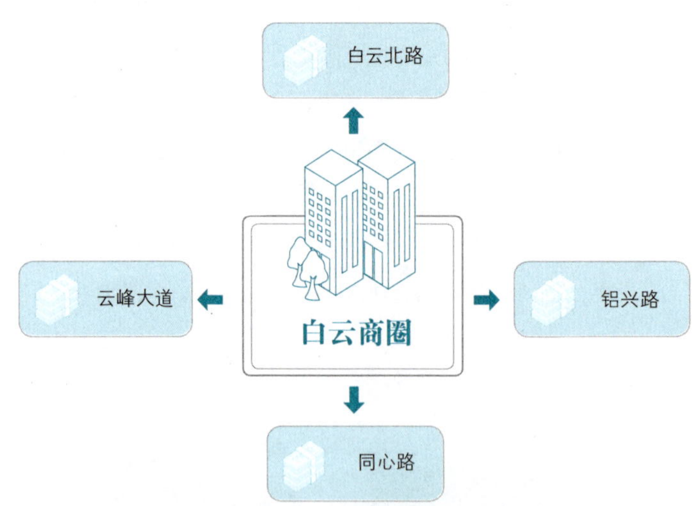

图7-131 贵阳市白云商圈范围示意图

② 商圈价值

白云商圈位于贵阳市六个辖区之一的白云区，是贵阳市地域的中心地带，总面积为270.37平方千米，总人口为18万人。白云商圈是以中低端商业为主，尚未形成统领性商家，其商业辐射力有限，并且还不成熟。

白云商圈是次级商圈，区域属性为住宅区，档次为中端；其主要目标客群为百姓阶层、时尚人士以及小白领；主要商业类型有专业商厦、社区配套。白云商圈整体经营状况一般。

图7-132 2010年贵阳白云商圈大型商业形态比例

数据来源：克而瑞CRED商业地产数据库，http://cred.cric.com

表7-61 贵阳白云商圈主要商业项目

序号	项目编号	项目名称	建筑面积（平方米）	商业形态	开业时间	档次	经营情况	出租率
1	E1	东方广场	14 634	专业商厦	2004-10	中低端	一般	60%

数据来源：克而瑞CRED商业地产数据库，http://cred.cric.com.

商圈6 乌当商圈
档次为中端的次级商圈

① 商圈范围

东至北衙路，西至新光路，南至仁恒别墅，北至新添大道。

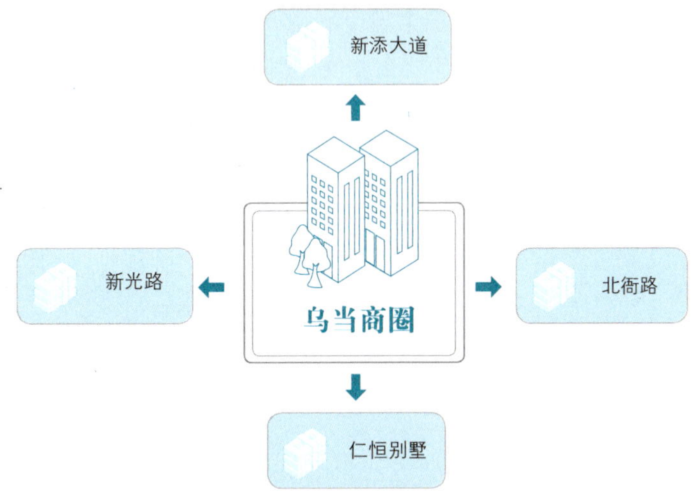

图7-133 贵阳市乌当商圈范围示意图

② 商圈价值

乌当商圈位于贵阳市东北部的新城区乌当区，总面积为686平方千米，在贵阳市“三环十六射线”城市骨干路网中，贵开路、水东路、北二环、东二环、北京西路均直通乌当商圈，交通网络四通八达，便捷顺畅，地热资源丰富，素有“林中泉城”的美誉。

乌当商圈是次级商圈，区域属性为住宅区，档次为中端，其主要目标客群为百姓阶层、时尚人士、白领以及小白领，主要商业类型为社区配套。

乌当商圈以新天卫城和仁恒步行街为中心，沿街商铺林立；乌当商圈的整体经营状况一般。

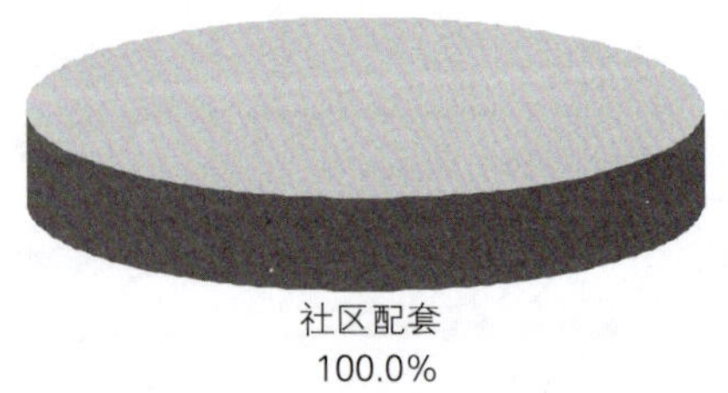

图7-134 2010年贵阳乌当商圈大型商业形态比例

数据来源：克而瑞CRED商业地产数据库，http://cred.cric.com

表7-62 贵阳乌当商圈主要商业项目

序号	项目编号	项目名称	建筑面积（平方米）	商业形态	开业时间	档次	经营情况	出租率
1	F1	新天卫城	35 000	社区配套	2008-08	中端	一般	100%
2	F2	仁恒商业步行街	14 346	社区配套	2006-05	中端	一般	98%

数据来源：克而瑞CRED商业地产数据库，http://cred.cric.com.

商圈7 小河商圈

位于贵州省唯一的国家级经济技术开发区

① 商圈范围

东至黔江路，西至湘江路，南至长江路，北至黄河路。

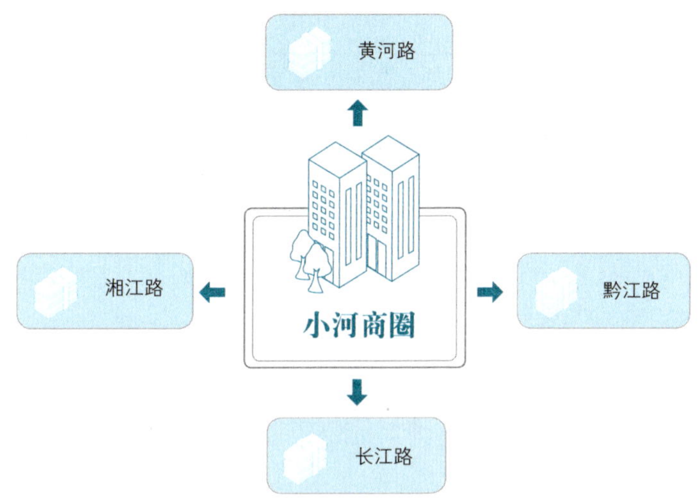

图7-135 贵阳市小河商圈范围示意图

② 商圈价值

小河商圈位于贵阳市小河区。小河区是贵州省唯一的国家级经济技术开发区，它位于贵阳城市中心区南部，东面、北面跟南明区相连，西面与花溪区、乌当区接壤，南面和花溪区毗邻。

小河商圈是次级商圈，区域属性为住宅区，档次为中端，其主要目标客群为百姓阶层、时尚人士、白领以及小白领，主要商业类型为社区配套。

小河商圈的经营状况一般，并且辐射力较小。

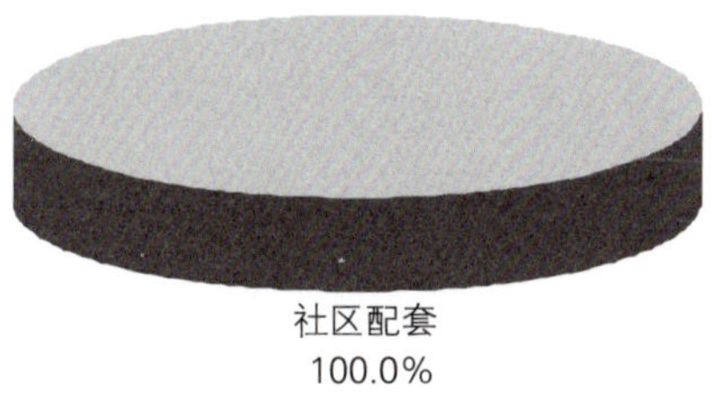

图7-136 2010年贵阳小河商圈大型商业形态比例

数据来源：克而瑞CRED商业地产数据库，http://cred.cric.com

表7-63 贵阳小河商圈主要商业项目

序号	项目编号	项目名称	建筑面积（平方米）	商业形态	开业时间	档次	经营情况	出租率
1	G1	碧园花城	40 000	社区配套	2010-09	中低端	一般	100%

数据来源：克而瑞CRED商业地产数据库，http://cred.cric.com.

商圈8 旱码头商圈
多种业态业种组成的复合型商圈

① 商圈范围

东至沙冲南路，西至花溪大道北段，南至朝阳洞路，北至瑞金南路。

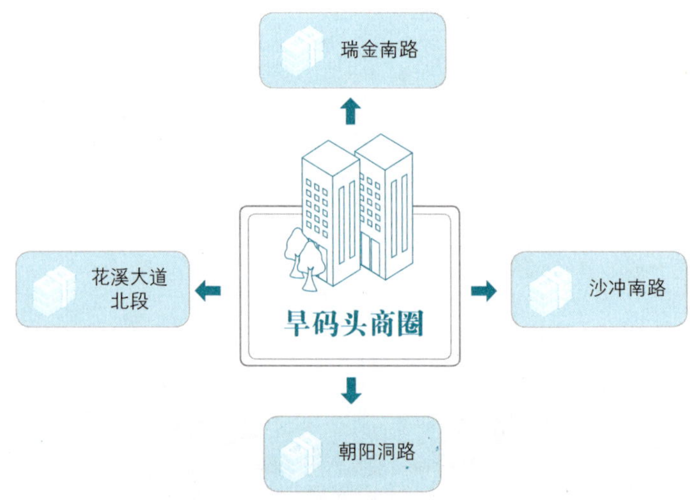

图7-137 贵阳市旱码头商圈范围示意图

② 商圈价值

旱码头商圈位于贵阳市一环范围内，属主城核心区，有多条线路与主城、外围组团、其他城市便利联系，交通方便。

旱码头是一个由多种业态业种组成的复合型商圈，其商圈依托火车站物流优势，集聚了商气、人气，旅客年流量达到千万人次。目前，生活配套商业已得到相应的发展，未来生活性商业也将形成强劲的集群，例如鸿通城。

旱码头商圈的不足主要是商圈内各种业态的设置未充分考虑竞合关系，各自独立发展，难以协调统一；

形象落后，主沿街面形象升级困难。

旱码头商圈是新兴商圈，区域属性为综合区，档次为中低端；其主要目标客群为百姓阶层、时尚人士、白领以及小白领；主要商业类型为购物中心。该商圈目前经营情况良好。

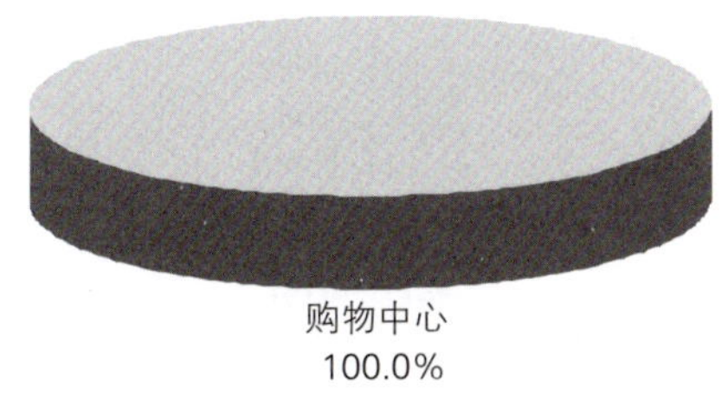

图7-138 2010年贵阳旱码头商圈大型商业形态比例

数据来源：克而瑞CRED商业地产数据库，http://cred.cric.com

表7-64 贵阳旱码头商圈主要项目

序号	项目编号	项目名称	建筑面积（平方米）	商业形态	开业时间	档次	经营情况	出租率
1	H1	鸿通城	140 000	购物中心	2010-12	中高端	良好	100%

数据来源：克而瑞CRED商业地产数据库，http://cred.cric.com

商圈9 金阳商圈 位于正在建设的金阳新区

① 商圈范围

东至金阳大道，西至金西大道，南至兴筑西路，北至观山大道。

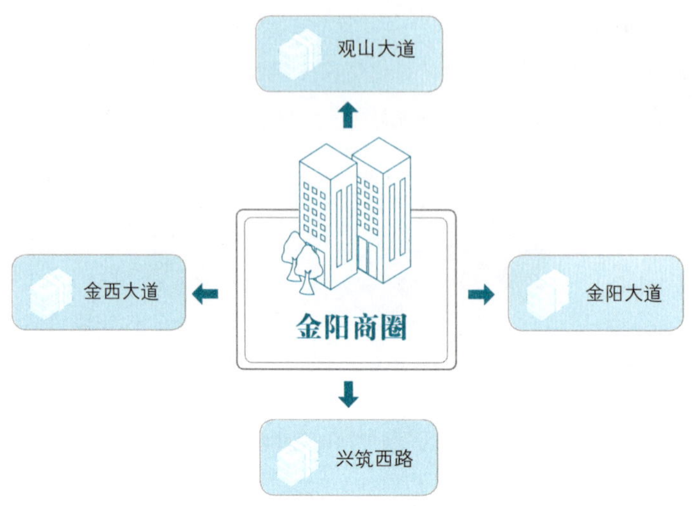

图7-139 贵阳市金阳商圈范围示意图

② 商圈价值

金阳商圈位于正在建设的金阳新区，是一个集行政办公、文化教育、居住、金融商业贸易和高新技术产业等为一体的新城区。金阳新区与老中心城区一起形成贵阳市的双中心城区。

金阳商圈是新兴商圈，区域属性为住宅区，档次为中端；其主要目标客群为时尚人士、百姓阶层、小白领、白领以及成功人士；主要商业类型有购物中心、社区配套和特色商业街。金阳商圈交通便利，辐射力较强，但经营状况一般。

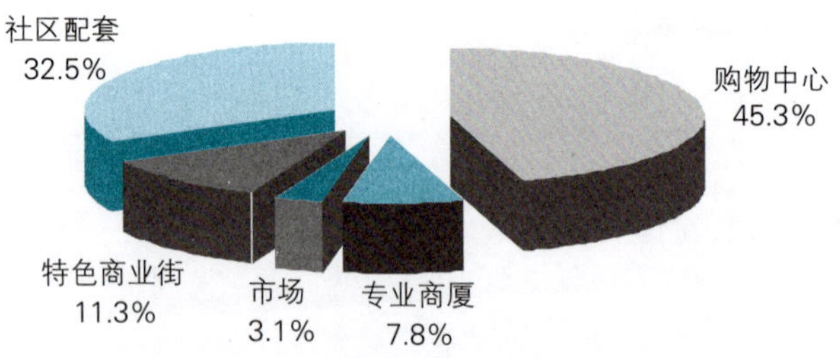

图7-140 2010年贵阳金阳商圈大型商业形态比例

数据来源：克而瑞CRED商业地产数据库，http://cred.cric.com

表7-65 金阳商圈主要商业项目

序号	项目编号	项目名称	建筑面积（平方米）	商业形态	开业时间	档次	经营情况	出租率
1	I1	金阳商业步行街	110 000	特色商业街	2010-08	中低端	一般	70%
2	I2	世纪金源购物中心	300 000	购物中心	2010-06	中端	一般	75%
3	I3	金元国际商业步行街	30 000	社区配套	2008-12	中端	一般	80%
4	I4	碧海建材家具城	45 000	市场	2005-10	中端	一般	75%

数据来源：克而瑞CRED商业地产数据库，http://cred.cric.com

贵阳整体租金水平

（1）购物中心首层租金水平

购物中心首层的平均租金集中在2.6～5.0元/（米^2·天）之间。贵阳目前核心商圈内较为知名的例如保利国际广场都还处于在建状态，所以贵阳市购物中心的租金水平反倒是新兴商圈后来居上，其租金平均水平与核心商圈内的租金不相上下。

表7-66 贵阳主要商圈购物中心租金

序号	项目编号	项目名称	所属商圈	首层租金［元/（米^2·天）］
1	A1	恒峰步行街	大南门商圈	12～20
2	H1	鸿通城	旱码头商圈	4～5
3	I2	世纪金源购物中心	金阳商圈	2.6～4.0

数据来源：克而瑞CRED商业地产数据库，http://cred.cric.com

（2）百货租金水平

从贵阳百货的扣点情况上看，零售多为20%～30%。 最高的为大南门商圈的荔星名店项目，其租金达到了20～28元/（米^2·天），再加上10%～15%的扣点。这点也与其商圈的性质相一致。贵阳市的百货商厦租金的扣点普遍偏高，尤其是四大核心商圈。

表7-67 贵阳主要百货租金

序号	项目名称	所属商圈	首层租金
1	星力购物广场	大南门商圈	20%～50%（扣点）
2	荔星名店	大南门商圈	20～28元/（米²·天）；10%～15%（扣点）
3	星力百货星天地	大小十字商圈	25%～45%（扣点）
4	智诚百货大楼	大小十字商圈	15%～45%（扣点）
5	时代广场	大小十字商圈	12%～30%（扣点）
6	南国花锦	喷水池商圈	15%～30%（扣点）
7	国贸广场	喷水池商圈	15%～30%（扣点）
8	星力百货瑞金店	大西门商圈	25%～30%（扣点）
9	国晨百货	大西门商圈	20%～50%（扣点）

数据来源：克而瑞CRED商业地产数据库，http://cred.cric.com

（3）其他商业类型租金水平

贵阳其他类型商业项目中，特色商业街租金在1.5～40元/（米²·天）之间，租金水平跨度较大。市场类项目租金大致有三个级别，租金水平偏低的在1.0～1.5元/（米²·天）这一范围，租金水平中等的在5～8元/（米²·天），而租金水平较高的则达到16元/（米²·天）。社区配套商业租金基本保持在1.0～4.5元/（米²·天）之间。

表7-68 贵阳其他商业类型租金

序号	项目名称	商业形态	所属商圈	首层租金［元/（米²·天）］
1	女人大世界	市场	大西门	5～8
2	男人大世界	市场	大西门	10～16
3	市西商业街	特色商业街	大西门	30～40
4	新天卫城	社区配套	乌当	3.0～4.5
5	金阳商业步行街	特色商业街	金阳	1.5～2.0
6	贵阳世纪城商业街	社区配套	金阳	1.0～1.5
7	金元国际商业步行街	社区配套	金阳	1.0～1.5
8	碧海建材家具城	市场	金阳	1.0～1.5

数据来源：克而瑞CRED商业地产数据库，http://cred.cric.com

贵阳未来商业供应及发展趋势预测

根据最新统计，贵阳市2011年新增的大型商业供应量为98.85万平方米，其中购物中心为35万平方米，专业商厦为11.2万平方米，社区配套为41.12万平方米，办公配套为11.53万平方米。2011年贵阳市增加的大型商业主要为社区配套与购物中心。根据贵阳市的人均GDP为22 832元，折合美元为3344元，城市化率为64.3%，其下一个阶段应该为购物中心阶段，而根据在建项目也可以看出这一点。

表7-69 贵阳未来主要商业项目供应

序号	项目名称	所属商圈	建筑面积（平方米）	商业形态	开业时间	商业初步定位
1	保利国际广场	大南门商圈	93 000	购物中心	2012-10	打造南明区乃至贵阳最顶尖的国际滨水项目，集空中美术馆、国际影城、高端购物中心、滨水豪宅、甲级写字楼、LOFT国际公寓于一体
2	凯宾斯基大厦	大南门商圈	115 300	办公配套	2011-12	五星级奢华享受，集商务、酒店为一体的综合性商业中心
3	心美twins国际	白云大山洞商圈	23 050	社区配套	2011-12	打造白云区最大的服装城,小投资者聚集在一起，形成大规模
4	绿地联盛缤纷卡布里	金阳商圈	28 050	购物中心	2011-12	贵阳首席城市综合体
5	中天会展城	金阳商圈	360 000	社区配套	2011-10	孕育世界精彩，贵阳因会展而改变
6	绿地联盛国际	金阳商圈	350 000	购物中心	2011-09	未来商业中心的中心，国际金融中心CBD核心
7	乾图中心广场	金阳商圈	112 000	专业商厦	2011-05	时尚、多样、精致

数据来源：克而瑞CRED商业地产数据库，http://cred.cric.com

3 贵阳市未来城市发展规划

以高新技术产业为先导、优势产业为支撑、现代服务业为拉动、现代农业为基础。

城市总体规划

（1）城镇布局

贵阳中心城区形成“一城三带多组团、山水林城相融合”的空间布局结构，打造“山中有城、城中有山；城在林中、林在城中；湖水相伴、绿带环抱” 的城市特色，建设用地300平方千米，聚集人口320万。

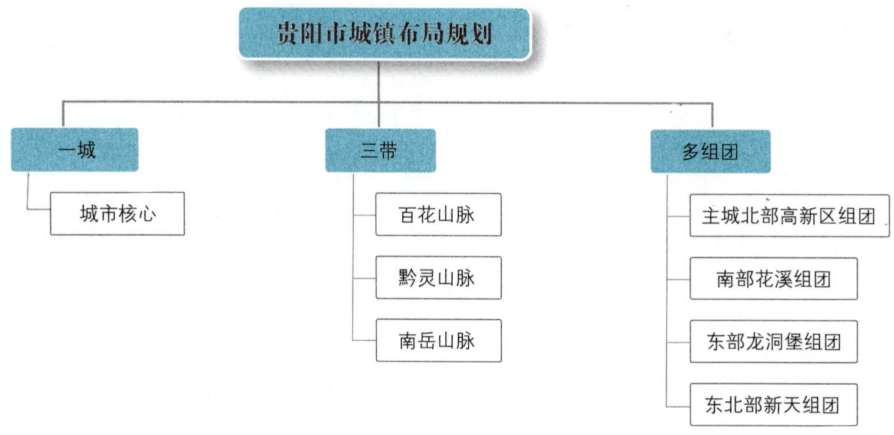

图7-141 贵阳市城镇布局规划

一城：以老城区、金阳新区共同构成城市核心，连片发展小河、二戈寨、三桥马王庙、白云等区域，实现城市紧凑、集约发展。主城建设用地约200平方千米，聚集人口约240万。

三带：将百花山脉、黔灵山脉及南岳山脉作为城市建设用，地隔离绿化带及生态缓冲区，体现“山中有城、城中有山”的布局特色，充分发挥山体绿化对过滤空气、防护污染、调节城市温度、美化城市环境的作用。

多组团：顺应城市自然地形特征，因地制宜地在主城外围布局四个相对独立的功能组团，即主城北部高新区组团、南部花溪组团、东部龙洞堡组团和东北部新天组团。主城外围组团建设用地约100平方千米，集聚人口约80万。

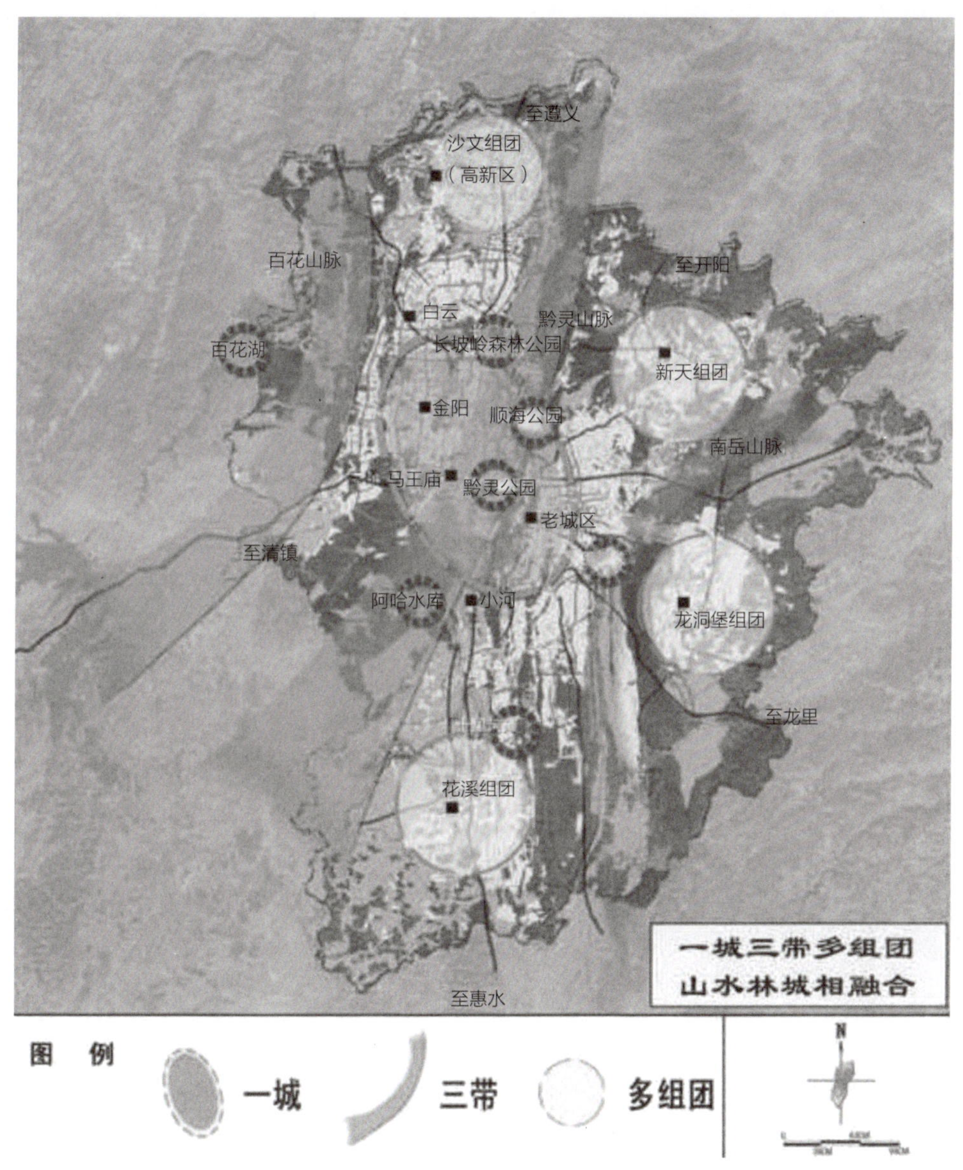

图7-142 2010年贵阳市市域空间结构规划

（2）产业布局

规划将打造特色产业集群，形成以高新技术产业为先导、优势产业为支撑、现代服务业为拉动、现代农业为基础的产业体系。发挥比较优势，优化产业结构及布局，发展循环经济，注重生态产业的发展，形成并完善多元化投资，鼓励创业，形成人才激励机制，最终实现宜业的贵阳。按照城市分区功能，依托区位和资源优势，推进各区、县（市）经济结构战略性调整，实现非趋同发展，逐步形成特色鲜明、产业互补的区县特色经济。

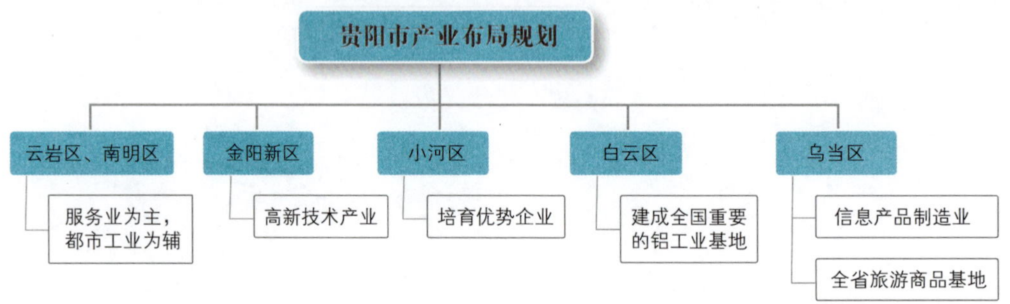

图7-143 贵阳市产业布局规划示意图

云岩、南明两区要充分发挥城市中心区的强辐射带动作用，着重提升城市服务功能。在产业布局上，以服务业为主，都市工业为辅。

金阳新区定位为市级行政中心和可持续发展的生态型、数字化、园林式、科技型的现代化城区，依托高新技术开发区及知识经济产业化基地，重点发展高新技术产业，大力发展现代服务业，增强城市功能。

小河区（贵阳经济技术开发区）依托现有装备和制造业物质技术基础，培育一批优势企业，完善开发区配套设施建设，努力建成中国西部独具特色的先进制造业基地。

白云区依托现有产业基础，加快铝工业基地建设，大力发展材料及新材料等产业，力争建成全国重要的铝工业基地。

乌当区依托高新技术开发区和贵开路沿线开发，重点发展以光机电一体化、片式元器件为重点的信息产品制造业，努力建设好中国西部电子元器件制造业基地；加快建成贵阳温泉度假旅游中心区域和全省旅游商品基地。

（3）交通规划

① 铁路运输

依据国家铁路干线布局规划，配合贵广快速铁路、贵阳至成都快速铁路、贵阳至重庆快速铁路、贵阳至长沙客运专线和贵阳至昆明客运专线贵阳段的建设。

市域快速铁路网由“一环三射两联线”构成。

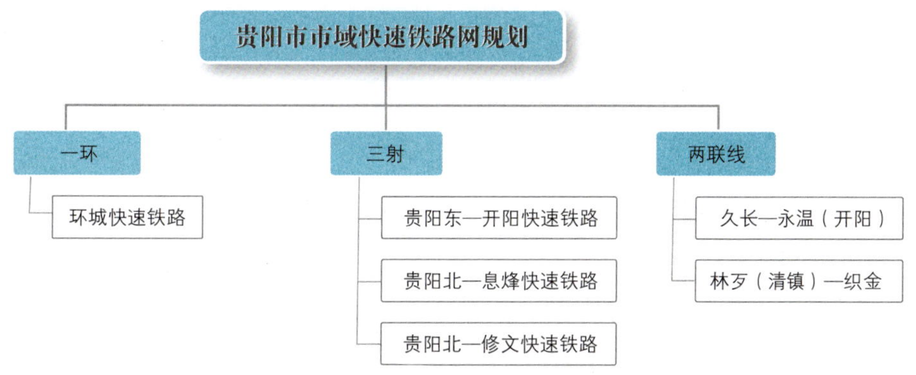

图7-144　贵阳市市域快速铁路网规划示意图

一环：环城快速铁路。

三射：贵阳东—开阳快速铁路、贵阳北—息烽快速铁路、贵阳北—修文快速铁路，其中贵阳北—息烽快速铁路依托渝黔快速铁路，贵阳北—修文快速铁路依托成贵快速铁路。

两联线：久长—永温（开阳），林歹（清镇）—织金。

新建贵阳新客站和扩建贵阳南站编组站、改貌货运站，建设完善清镇、将军山、扎佐、都拉营等综合货场，完成贵阳铁路枢纽建设，提高城市铁路客、货运输能力。

② 公路运输

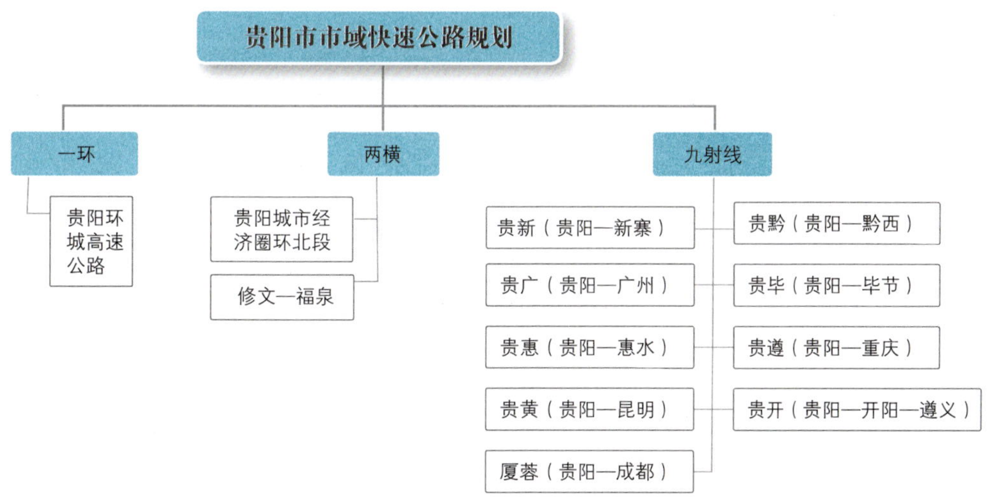

图7-145　贵阳市市域快速公路规划示意图

以贵州省的公路网发展战略——“六横七纵八联”为指导，以贵阳城市经济圈交通建设为目标，以高等级公路、国道干线为骨架，并以省（县、乡）道为联系，在市域形成“一环两横九射线”的安全、便捷、高效的市域快速公路体系。

一环：贵阳环城高速公路（东北环线—西南环线—南环线）。

两横：贵阳城市经济圈环北段（黔西—瓮安），修文—福泉。

九射线：贵新（贵阳—新寨）、贵广（贵阳—广州）、贵惠（贵阳—惠水）、贵黄（贵阳—昆明）、厦蓉（贵阳—成都）、贵黔（贵阳—黔西）、贵毕（贵阳—毕节）、贵遵（贵阳—重庆）、贵开（贵阳—开阳—遵义）等高速公路。

2 中心城商业网点规划

根据贵阳市城市总体规划，贵阳市城区商业网点基本格局由一个市级商业中心、一个新城商业中心、七个区域商业中心、五十三个社区商业中心和众多商业街以及旅游景点的商业网点构成。

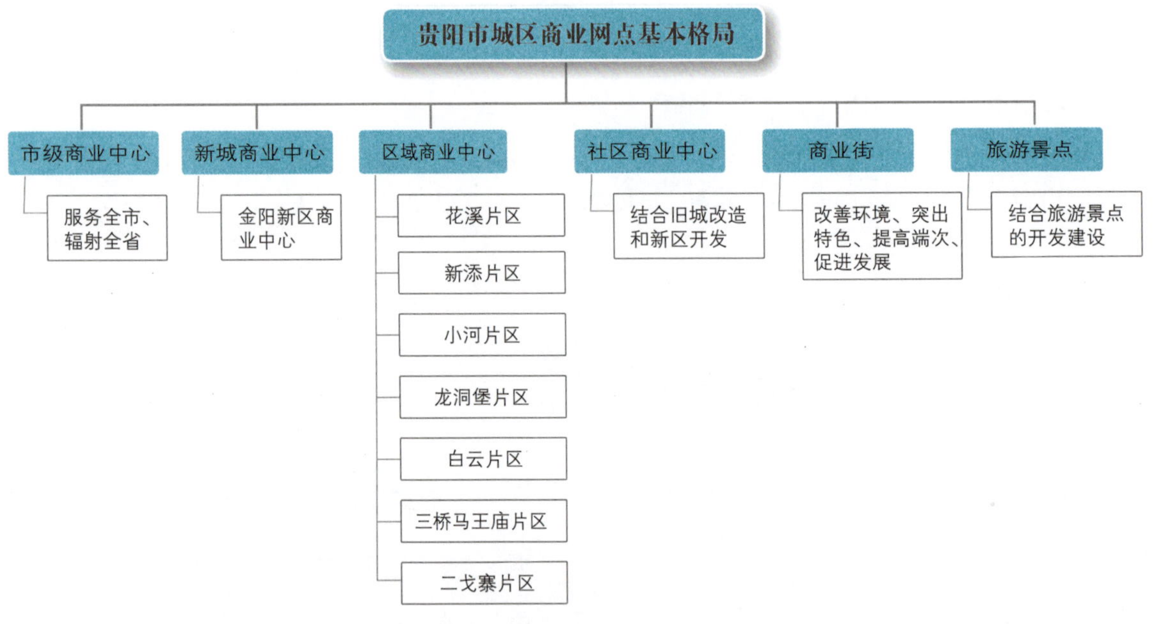

图7-146 贵阳市城区商业网点基本格局

规划将完善一个市级商业中心。依托贵阳市历史形成的商业集聚地，即中华路、延安路、中山路、小十字一带，规划建设为市级商业中心。在这个商业中心的影响下，周围地方和瑞金中路、市西路、富水路等区域商业进一步繁荣，从而形成由几条错落有致的商业街组成的商业中心，从空间形态上看，形成一个中字型商圈，成为服务全市、辐射全省的重要商业中心。

建设一个新城商业中心。围绕金阳新区的建设，在贵阳市城市总体规划确定的金阳商业用地上建设新区商业中心。作为贵阳市的新区，金阳商贸中心的规划和发展要与新城区功能定位相适应。

建设培育花溪片区、新添片区、小河片区、龙洞堡片区、白云片区、三桥马王庙片区和二戈寨片区七个区域商业中心。

表7-70 贵阳市建设培育七个区域商业中心

区域	规划
花溪片区	在清溪路、民主路、花磊路沿线区域形成商业中心。新添片区在贵开路、火炬大道沿线区域形成商业中心
新添片区	在贵开路、火炬大道沿线区域形成商业中心
小河片区	在黄河路沿线区域形成商业中心
龙洞堡片区	在龙洞路沿线区域形成商业中心
白云片区	在南湖新区沿线区域形成新的商业中心，在同心路、白云大道一带形成旧城区的商业中心
三桥马王庙片区	在马王街、三桥及相关沿线区域形成商业中心
二戈寨片区	在富源南路中部沿线区域形成商业中心

建设好五十三个社区商业中心。根据贵阳市城市总体规划确定的五十三个居住区，结合旧城改造和新区开发，主要做到以下两点：一要改造提升传统商业网点，引入便民店、小型超市等新型业态，增强社会服务功能；二要重视新建社区的商业设施配套建设，形成具有购物、餐饮、社区服务、休闲、娱乐等多种功能的新型社区商业网点。

注重对特色商业街的建设。对已形成一定规模的商业街，要进一步改善环境、突出特色、提高端次、促进发展。近期要重点培育和建设七条具有鲜明经营特色和较大影响的特色商业街：中华中路时尚购物街、神奇路科技街、北京路旅游商品街、龙井路风味小吃街、新华路美食街、青云路民族风情旅游休闲街、市西路百货小商品街。

加强旅游景点的商业网点建设。旅游景点商业网点要结合旅游景点的开发建设来进行，不能破坏景点的环境和特色。重点是补充完善城市观光购物街道的内容；建立旅游商品促销网点，在各景区内设立旅游商品专卖店，组织适销对路的旅游商品货源，加强旅游购物市场的管理。

小结

位于西南地区的贵阳市，与同地区的成都、重庆等城市相比，经济基础相对薄弱，但城市的发展前景良好。近年来，贵阳被国务院确定为“黔中产业带”“南贵昆经济带”和“泛珠三角经济区”内的重要中心城市。此外，作为贵州省会及一座以资源开发见长的综合型工业城市，调整产业结构，在全省转变经济发展方式和产业结构调整的大版图中，贵阳当之无愧地被纳入贵州省的“一线发展”行列。

贵阳中心城区布局为“一城三带多组团、山水林城相融合”的空间布局结构。按城市商业发展现状，贵阳市的商圈大致可以分为三类：城市核心市级商圈、区域型商圈、组团式商圈。目前贵阳市商业市场上购物中心和百货的数量较少，但是面积较大，并且都集中在市区，贵阳市的商业物业市场仍存在巨大的发展空间。

根据贵阳市城市总体规划，其城区商业网点基本格局由1个市级商业中心、1个新城商业中心、7个区域商业中心、53个社区商业中心和众多商业街以及旅游景点的商业网点构成。

2010年商业地产市场报告

1 昆明市商业地产六项宏观经济指标分析

第一产业在国民经济比重中逐年递减，第二、三产业基本都呈现持续上升的局面。

宏观指标

2005年至2009年间，昆明GDP 持续高速增长，五年的年均增长速度均超过10%。尽管2008年年末爆发的全球金融危机对昆明的经济增长造成了一定的影响，但2008年昆明GDP总量仍达到人民币1605.0亿元，比2007年增长12.0%，增速比上年回落0.5个百分点。2009年昆明GDP达到了1809.0亿元，较上年增长了12.8%，增速也较上年增长了0.8个百分点。

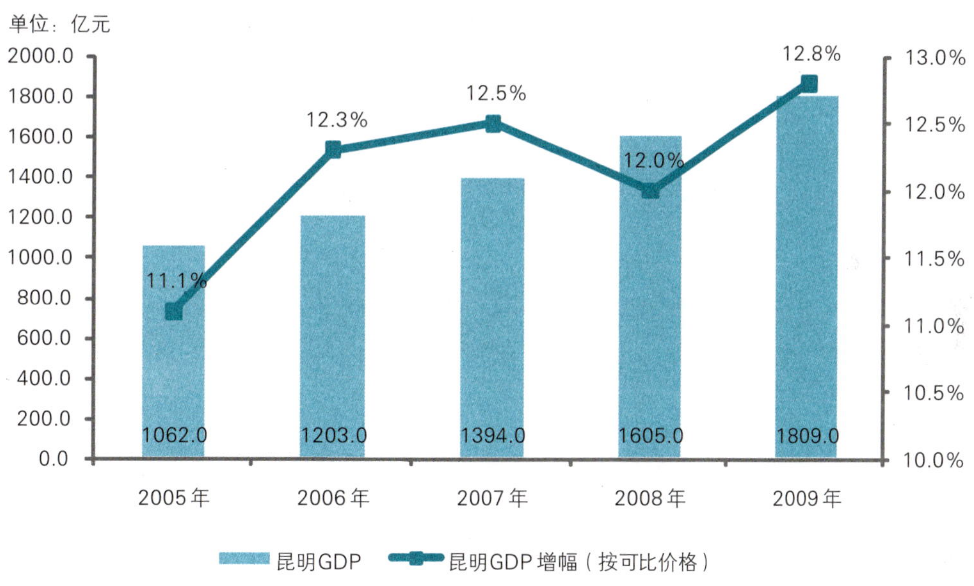

图7-147 2005—2009年昆明GDP及增幅

数据来源：克而瑞CRED商业地产数据库，http://cred.cric.com

产业结构

2009年，第一产业增加值114.1亿元，较上年增长5.8%；第二产业增加值824.6亿元，较上年增长

12.9%；第三产业增加值869.6亿元，较上年增长13.7%。三大产业构成比例为6.3：45.6：48.1。分析2005年至2009年的三大产业发展可以看出，第一产业在昆明市的国民经济比重中逐年递减，处于低位；第二产业和第三产业基本都呈现出持续上升的局面，说明第二产业和第三产业已经成为国民经济的主导力量。

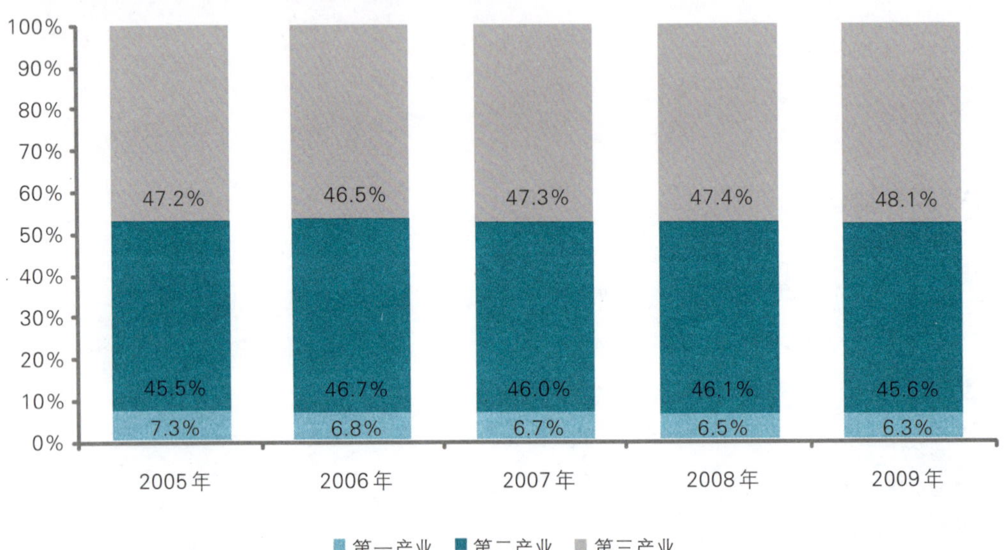

图7-148 2005—2009年昆明三大产业结构比例

数据来源：克而瑞CRED商业地产数据库，http://cred.cric.com

指标3 城市人口

据2009年年末昆明市统计公报数据显示，全市常住人口达628.0万人，比上年年末增加4.0万人。昆明市常住人口数量在2005年至2009年呈现了持续增长的趋势，其中2005年至2006年昆明市常住人口数量的增长率略高于后面三年的增长率，2007年至2009年昆明市常住人口数量的增长率都为0.7%。

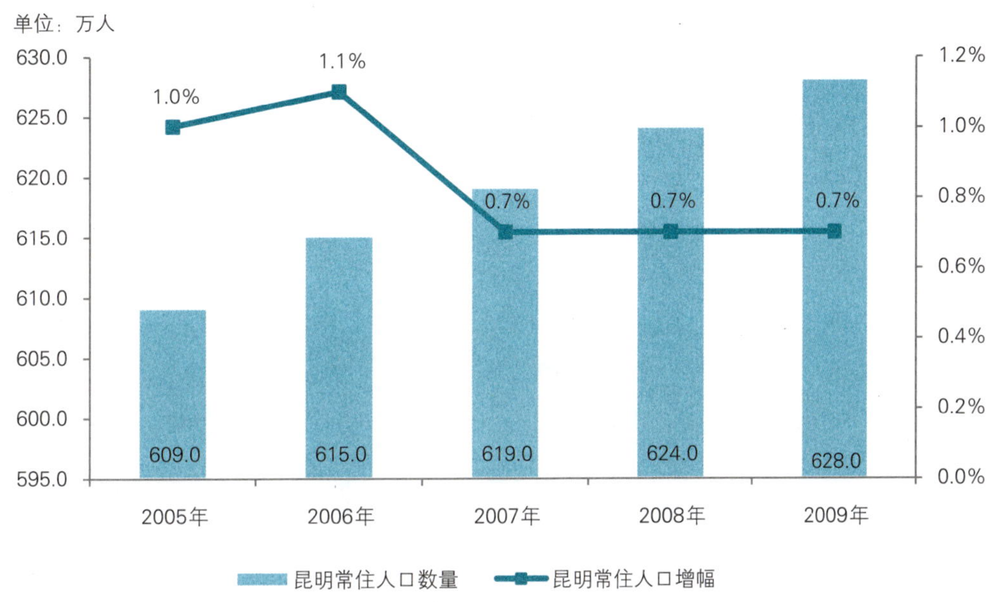

图7-149 2005—2009年昆明常住人口数量及增幅

数据来源：克而瑞CRED商业地产数据库，http://cred.cric.com

2005年至2009年昆明市城市化率得到了稳步提升，从2005年的58.0%上升到2009年的61.0%。

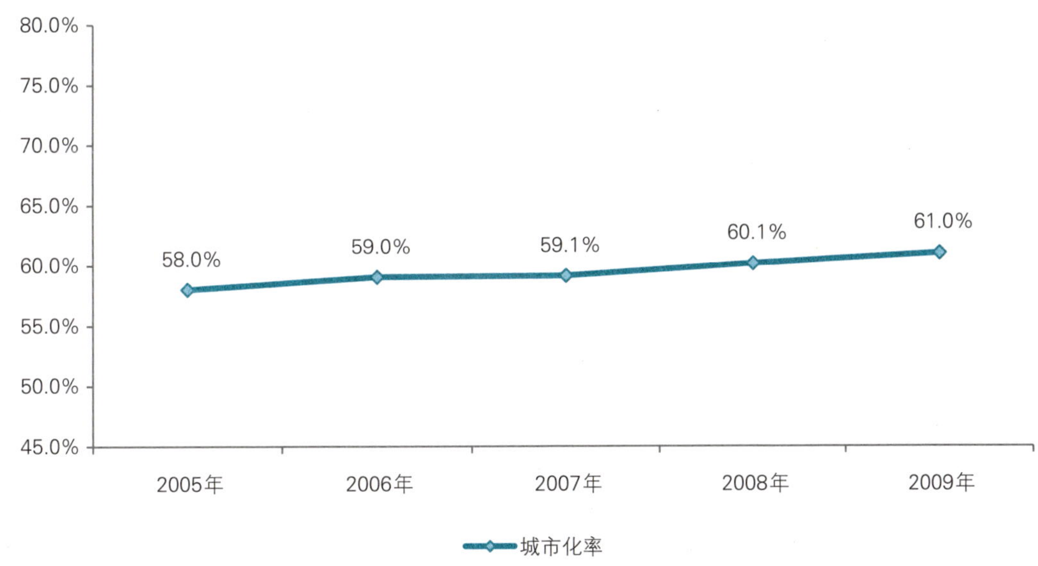

图7-150 2005—2009年昆明城市化率

数据来源：克而瑞CRED商业地产数据库，http://cred.cric.com

指标4 经济效益

2005年至2009年昆明市人均GDP稳定持续上涨。受金融危机的影响，2009年的增长速度明显放缓。2009年城镇居民人均GDP达到人民币28 800.0元，扣除价格因素后，实际增长11.9%；增幅比上年下降2.4个百分点。

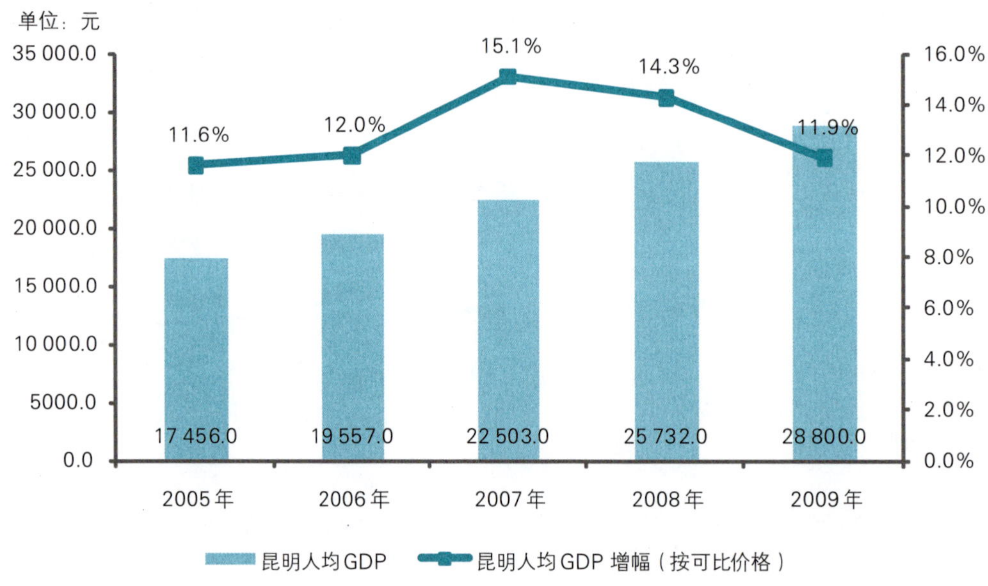

图7-151 2005—2009年昆明人均GDP及增幅

数据来源：克而瑞CRED商业地产数据库，http://cred.cric.com

指标5 城镇居民生活质量

昆明市人均可支配收入持续上涨。其中出现了两次较大的波动，一次为2005年至2006年，另一次是2007年至2008年。由于金融危机的影响，2009年城镇人均可支配收入为人民币16 496.0元，扣除价格因素后，实际增长13.0%，增幅比上年下降0.3个百分点。

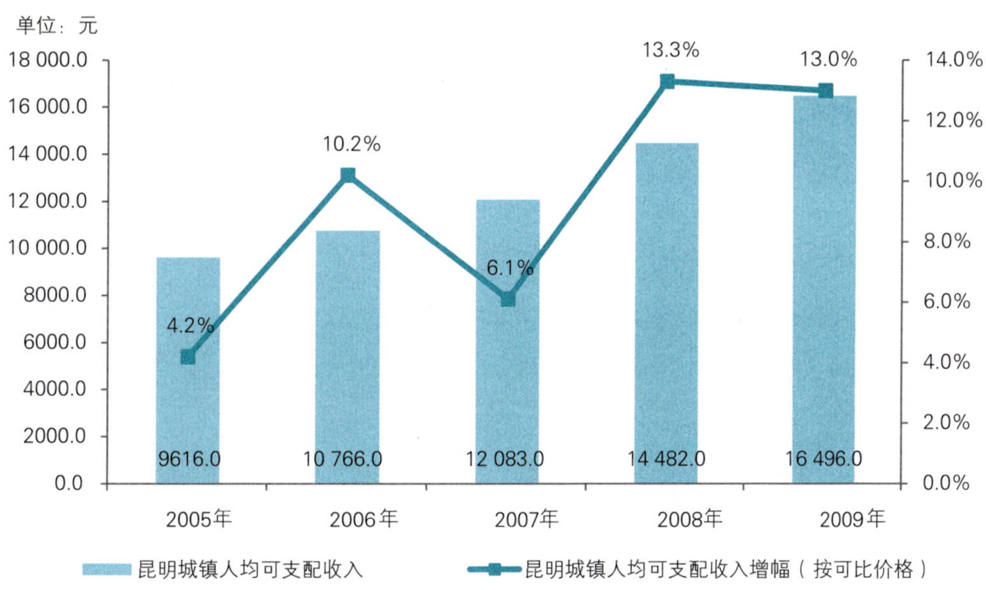

图7-152 2005—2009年昆明城镇人均可支配收入及增幅

数据来源：克而瑞CRED商业地产数据库，http://cred.cric.com

2005年至2009年昆明市城镇人均消费性支出额逐年升高，从2005年的7247.9元上涨到2009年的11 396.0元，和昆明市居民人均可支配收入的情况基本保持一致。但是其波动并未出现和居民人均可支配收入一样的情况，昆明市城镇人均消费性支出增幅也是呈直线上升的波动趋势。

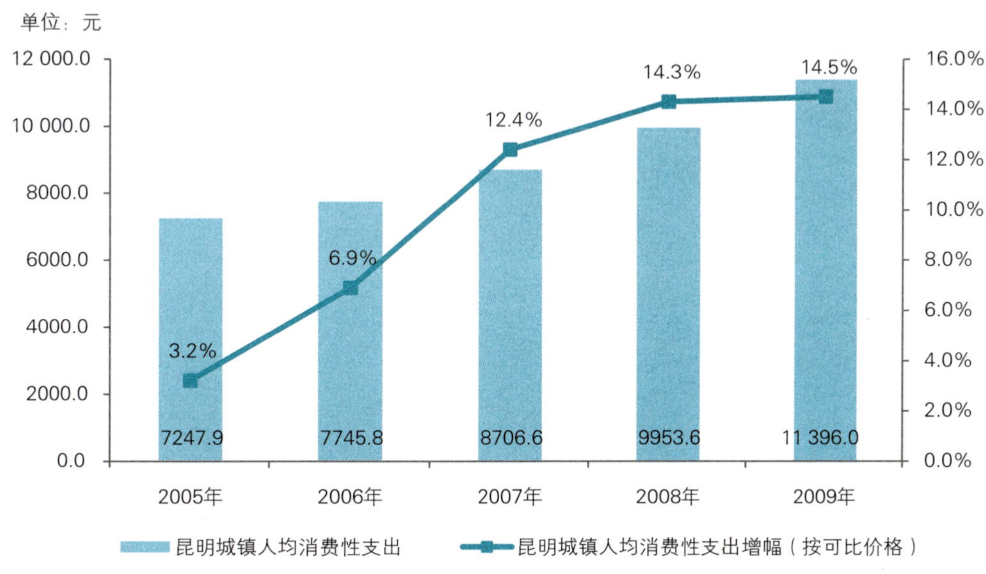

图7-153 2005—2009年昆明城镇人均消费性支出及增幅

数据来源：克而瑞CRED商业地产数据库，http://cred.cric.com

2005年至2008年属于昆明居民生活消费平稳发展阶段，城市居民家庭八大类消费普遍增长。其中，衣着消费几年来持续增长，从2005年的9.1%上升到2008年的12.1%，增幅达到了三个百分点。但是教育文化消费却呈现出逐年下降的趋势，2005年至2008年教育文化消费下降了2.3个百分点。

表7-71 2005—2009年昆明城镇居民人均消费性支出构成

构成＼年份	2005年		2006年		2007年		2008年	
	元	%	元	%	元	%	元	%
总支出	7247.9	100	7745.8	100	8706.6	100	9953.6	100
食品	3195.2	44.1	3397.2	43.8	3883.9	44.6	4598.7	46.2
衣着	661.0	9.1	732.1	9.5	891.3	10.2	1202.2	12.1
家庭设备用品	266.2	3.7	299.3	3.9	304.9	3.5	355.2	3.6
医疗保健	710.4	9.8	637.0	8.2	779.8	9.0	815.9	8.2
交通通讯	979.6	13.5	998.9	12.9	1142.1	13.1	1189.4	11.9
教育文化	765.5	10.6	794.1	10.3	755.3	8.7	825.5	8.3
居住	517.9	7.1	731.8	9.4	766.1	8.8	774.8	7.8
其他	152.1	2.1	155.4	2.0	183.2	2.1	191.9	1.9

数据来源：克而瑞CRED商业地产数据库，http://cred.cric.com

昆明市五年来经济发展迅速，城市人民的生活水平迅速提高。2005年到2009年昆明市边际消费倾向的变化趋势明显，边际消费倾向从2005年的75.4%下降到2009年的69.1%，说明这五年间昆明市人民的消费观念趋于保守。

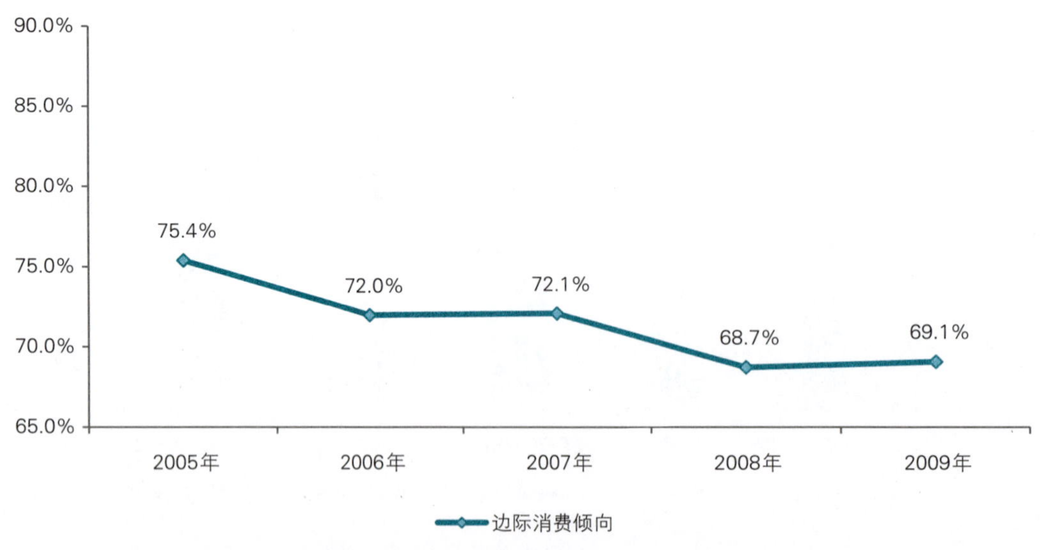

图7-154 2005—2009年昆明边际消费倾向

数据来源：克而瑞CRED商业地产数据库，http://cred.cric.com

指标6 商业需求

2005年至2009年，昆明市社会消费品零售总额保持较快的增长速度。五年间，昆明市社会消费品零售总额一直呈上升趋势，2009年全市实现社会消费品零售总额864.6亿元，同比增长18.8%，增速比上年下降了4.3个百分点。社会消费品零售额的快速增长带动了昆明零售市场的发展，也给予零售业商家更大的信心进驻昆明市的零售市场。

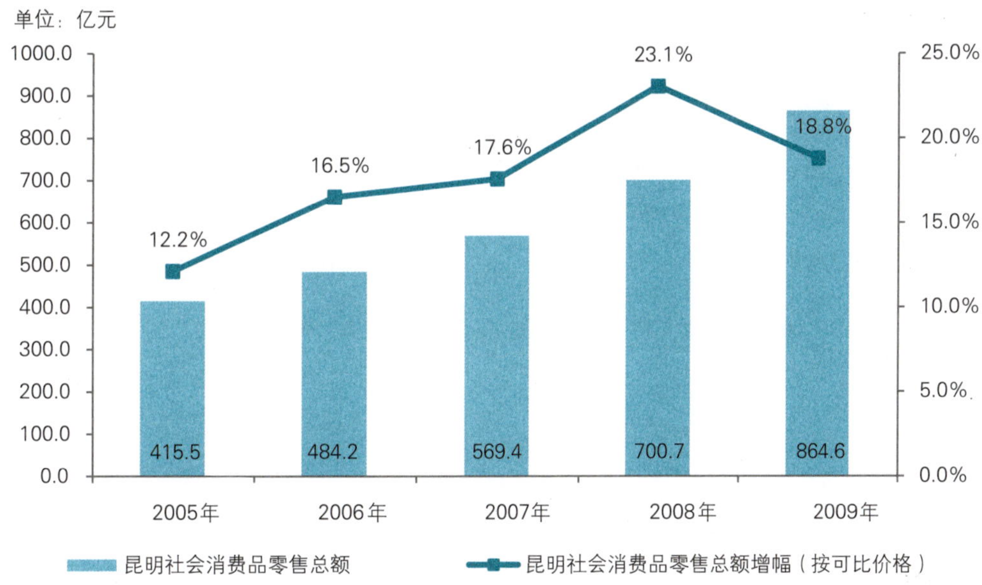

图7-155 2005—2009年昆明社会消费品零售总额及增幅

数据来源：克而瑞CRED商业地产数据库，http://cred.cric.com

昆明市人均社会消费品零售总额的发展呈逐年上升趋势。2009年昆明市人均社会消费品零售总额达到人民币13 768元。虽然受金融风暴的影响，但是2009年昆明市人均社会消费品零售总额的增幅并没有呈现下将趋势，反而较上年上升了0.4个百分点。

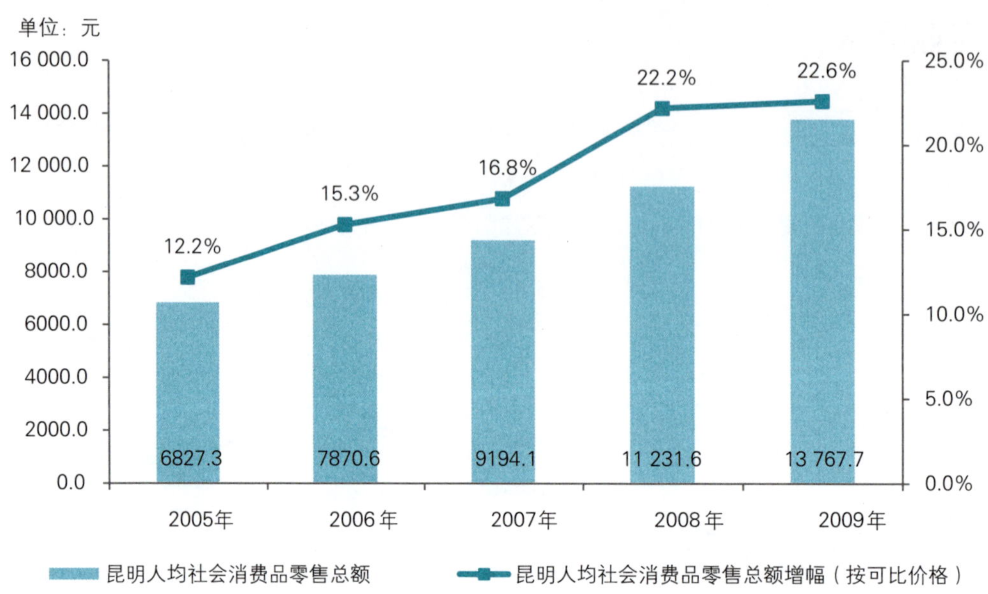

图7-156 2005—2009年昆明人均社会消费品零售总额及增幅

数据来源：克而瑞CRED商业地产数据库，http://cred.cric.com

2 昆明市整体商业市场环境研究

中高端商业供给以购物中心和社区配套两种商业形态为主。

① 现有商业供应情况

2010年，昆明市商业总存量是863.0万平方米，按常住人口计算，昆明人均商业存量约为1.4平方米，其中大型商业存量为596.7万平方米。按各类型商业存量供应来看，它包括的商业类型主要有购物中心、专业商厦、市场、特色商业街、社区配套和其他类型商业。其他类型商业在存量供应中所占比重最大，为31.3%；其次为购物中心和市场，分别为22.9%和22.2%；所占比重最小的为社区配套，仅为2.5%。

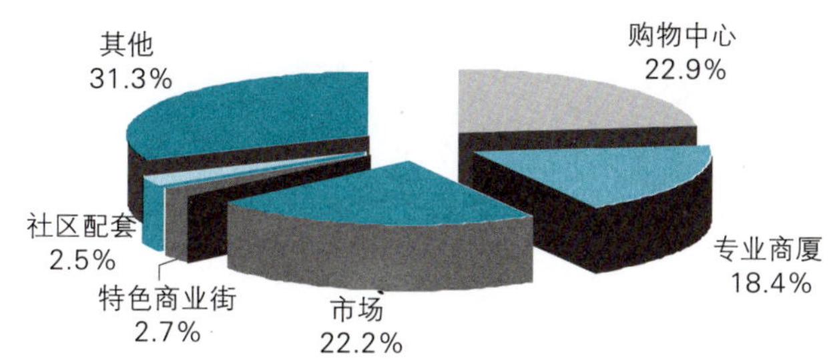

图7-157 2010年昆明各类型重点商业存量供应

数据来源：克而瑞CRED商业地产数据库，http://cred.cric.com

2 十四大主要商圈描述

昆明市的主要商圈共有十四个，其中核心商圈为四个，分别是白塔路商圈、三市街商圈、青年路商圈和小西门商圈；次级商圈为八个，分别是昆都商圈、黄土坡商圈、官渡园商圈、金星商圈、北辰商圈、世纪板块商圈、云纺商圈和前卫商圈；还有两个商圈为新兴商圈，分别是滇池路商圈和螺蛳湾商圈。

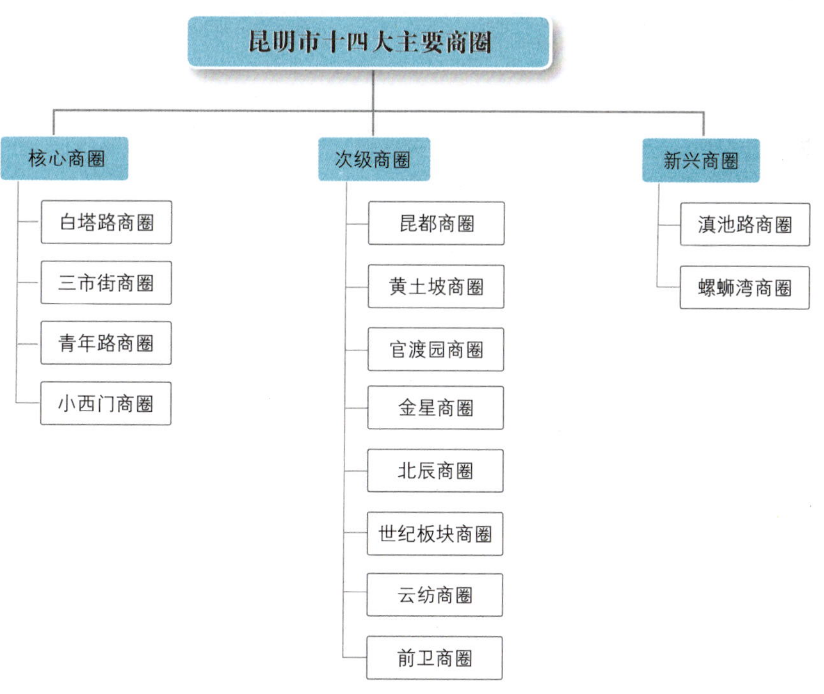

图7-158 昆明市十四大主要商圈示意图

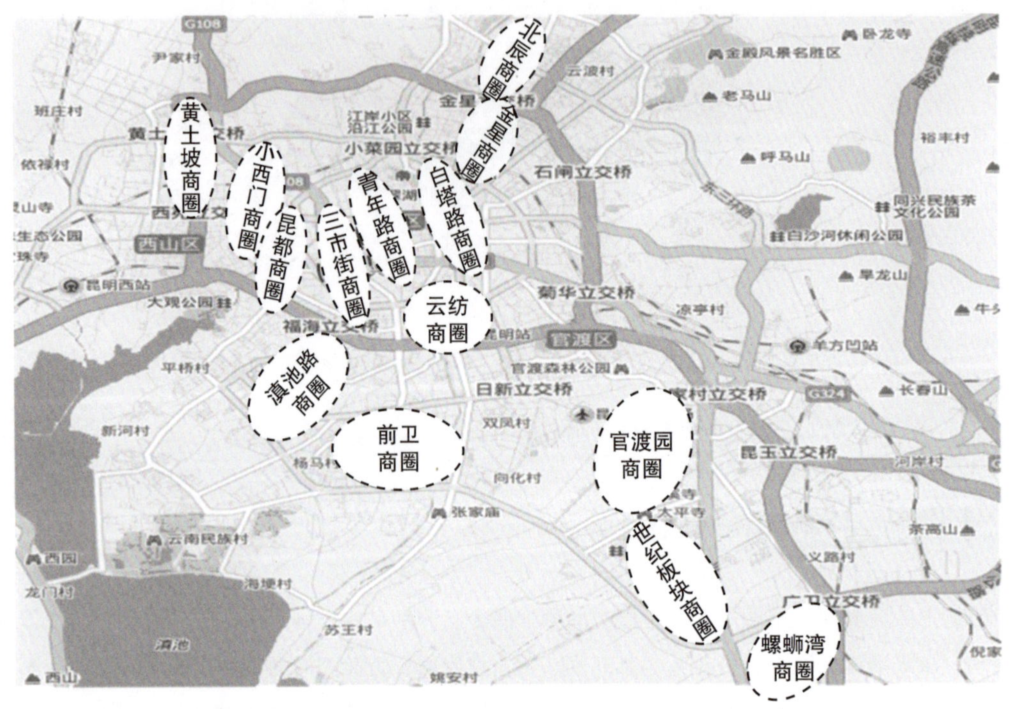

图7-159 2010年昆明主要商圈分布

表7-72 昆明主要商圈

序号	商圈编号	商圈名称	商圈级别	区域属性	特征	主要零售物业
1	A	白塔路商圈	核心商圈	商业区	**档次**：高端 **目标客群**：时尚人士，成功人士，白领，小白领 **主要商业类型**：购物中心、其他专业商厦、社区配套等	金格百货（汇都店）、金格百货（金龙店）
2	B	三市街商圈	核心商圈	商业区	**档次**：中高端 **目标客群**：时尚人士、白领、小白领、百姓阶层 **主要商业类型**：购物中心、百货、其他专业商厦、特色商业街等	正义坊购物中心、顺城商业广场、百大新天地、金碧商城、柏联广场
3	C	青年路商圈	核心商圈	商业区	**档次**：中高端 **目标客群**：时尚人士、白领、小白领 **主要商业类型**：购物中心、百货、其他专业商厦等	新西南广场、金鹰购物中心、假日百货、金格中心、新世界百货

（续表）

序号	商圈编号	商圈名称	商圈级别	区域属性	特征	主要零售物业
4	D	小西门商圈	核心商圈	商业区	**档次：**中端 **目标客群：**时尚人士 **主要商业类型：**购物中心、百货、其他专业商厦等	大观商业城、美辰百货、百汇商场
5	E	昆都商圈	次级商圈	商业区	**档次：**中高端 **目标客群：**时尚人士、白领、小白领、百姓阶层 **主要商业类型：**特色商业街等	昆都夜市
6	F	黄土坡商圈	次级商圈	综合区	**档次：**中端 **目标客群：**时尚人士、白领、小白领、百姓阶层 **主要商业类型：**市场等	小屯汽车交易市场
7	G	官渡园商圈	次级商圈	商业区	**档次：**中低端 **目标客群：**小白领、百姓阶层 **主要商业类型：**市场等	中林建材城、东聚汽配城、华洋家居广场
8	H	金星商圈	次级商圈	商业区	**档次：**中端 **目标客群：**小白领、百姓阶层 **主要商业类型：**购物中心、百货、其他专业商厦、社区配套等	金格百货（时光店）、颐高数码广场、奥斯迪购物广场、金苑商厦
9	I	北辰商圈	次级商圈	商务区	**档次：**中端 **目标客群：**时尚人士、白领、小白领、百姓阶层 **主要商业类型：**特色商业街、社区配套等	北辰财富中心、雄达茶城
10	J	世纪板块商圈	次级商圈	住宅区	**档次：**中端 **目标客群：**时尚人士、小白领、百姓阶层 **主要商业类型：**购物中心、特色商业街、社区配套等	金源时代购物中心、官渡古镇商业街、星天地商业广场
11	K	云纺商圈	次级商圈	商业区	**档次：**中端 **目标客群：**时尚人士、小白领、百姓阶层 **主要商业类型：**专业商厦、市场等	双龙商场、云纺商业区
12	L	前卫商圈	次级商圈	商业区	**档次：**中低端 **目标客群：**时尚人士、小白领、百姓阶层 **主要商业类型：**市场、社区配套等	大商汇、沃麦肯财富中心
13	M	滇池路商圈	新兴商圈	商业区	**档次：**中高端 **目标客群：**时尚人士、小白领、百姓阶层 **主要商业类型：**购物中心、社区配套等	南亚风情第壹城、中央金座
14	N	螺蛳湾商圈	新兴商圈	商业区	**档次：**中端 **目标客群：**时尚人士、百姓阶层 **主要商业类型：**其他专业商厦等	昆明螺蛳湾国际商贸城

商圈1 白塔路商圈
昆明市四大核心商圈之一

① 商圈范围

以白塔路沿线为主，北至穿金路，南至拓东路。

图7-160 昆明市白塔路商圈范围示意图

② 商圈价值

白塔路商圈是昆明市四大核心商圈之一，白塔路商圈是一个典型的高端百货商圈。商圈以高端消费为主，融入众多国际一线品牌，高质高价。因此商圈目标客群基本由成功人士、时尚人士、白领和小白领组成。该商圈主要依靠金格中心、金龙百货以及在建的汇都国际二期裙楼商业和昆明标杆建筑“南亚之门”形成的昆明高端市场影响力来吸引消费者，并支撑其成为昆明重点商圈之一。

白塔路商圈大型商业形态比例。商圈内共有三种大型商业形态，分别是购物中心、专业商厦和社区配套。其中专业商厦所占比重最大，达到了70.2%；其次为购物中心，为20.1%；所占比重最小的为社区配套，为9.7%。

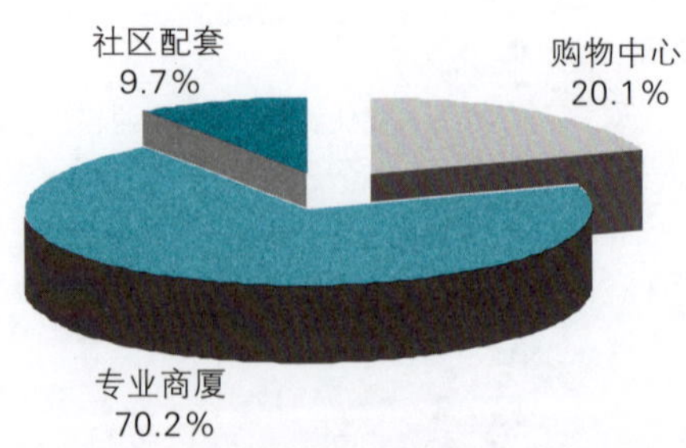

图7-161 2010年昆明白塔路商圈大型商业形态比例

数据来源：克而瑞CRED商业地产数据库，http://cred.cric.com

表7-73 昆明白塔路商圈主要商业项目

序号	项目编号	项目名称	建筑面积（平方米）	商业形态	开业时间	档次	经营情况	出租率
1	A1	金格百货（汇都店）	84 000	专业商厦	2007-12-18	高端	良好	96%
2	A2	金格百货（金龙店）	24 000	专业商厦	1997-03-15	高端	良好	100%

数据来源：克而瑞CRED商业地产数据库，http://cred.cric.com

商圈2 三市街商圈 昆明传统的核心商圈

① 商圈范围

三市街商圈是指以百大新天地、柏联百盛为核心，形成的以东至青年路、南至石桥铺、西至五一路、北至人民中路的市级核心商圈。

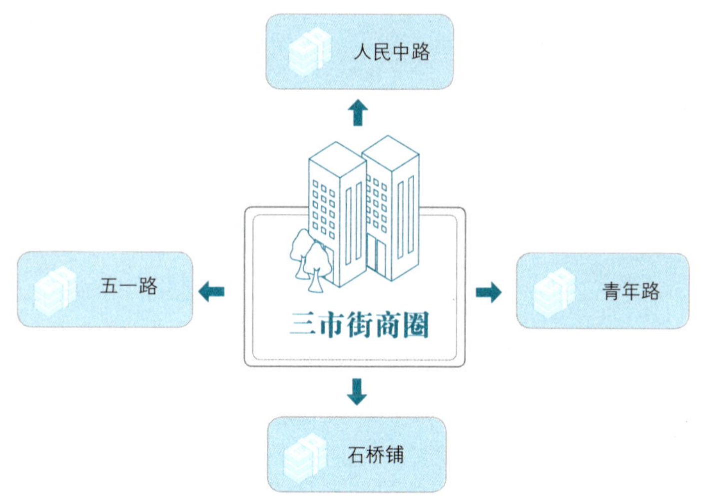

图7-162 昆明市三市街商圈范围示意图

② 商圈价值

三市街商圈是昆明传统的核心商圈，也是目前昆明购物、餐饮、休闲最主要的商圈之一。这一区域有代表性商业项目分别有柏联百盛、百佳购物广场、国美电器、百大新天地、新纪元广场、顺城、昆明老街、南屏时代等，以及在建阶段的世纪中心、东方首座等项目。商圈交通方便，有2路、3路、61路、71路、84路等数十辆公交车通行。

三市街商圈主要以三种大型商业形态为主，分别是购物中心、专业商厦和特色商业街。其中，购物中心所占比重最大，达到了81.4%；其次为特色商业街，为10.4%；所占比重最小的为专业商厦，仅为8.2%。

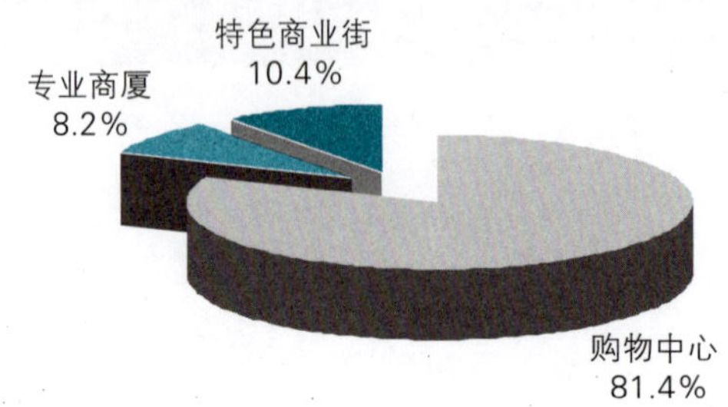

图7-163 2010年昆明三市街商圈大型商业形态比例

数据来源：克而瑞CRED商业地产数据库，http://cred.cric.com

表7-74 昆明三市街商圈主要商业项目

序号	项目编号	项目名称	建筑面积（平方米）	商业形态	开业时间	档次	经营情况	出租率
1	B1	正义坊购物中心	169 070	购物中心	2009-11-07	中高端	良好	95%
2	B2	顺城商业广场	150 667	购物中心	2009-03-20	中高端	良好	91.3%
3	B3	百大新天地	43 333	购物中心	2008-01-01	中高端	良好	100%
4	B4	柏联广场	50 000	购物中心	2001-01-15	中高端	优	100%
5	B5	金碧商城	56 000	特色商业街	2002-02-18	中端	一般	45%
6	B6	世纪广场	24 000	专业商厦	2002-12-18	中端	良好	98%

数据来源：克而瑞CRED商业地产数据库，http://cred.cric.com

商圈3 青年路商圈
昆明较老的传统商圈之一

① 商圈范围

以青年路沿线为核心，北至圆通街，南至东风东路。

图7-164 昆明市青年路商圈范围示意图

② 商圈价值

同属昆明较老的几个传统商圈之一，青年路商圈内中高端百货商场云集，涵盖了金鹰购物中心、新西南百盛、新世界百货等众多中高端百货，沿街底商以运动品牌为主，吸引了大量青年客户群体。目前，商圈内在建星耀绿岛商业中心、金鹰天地等，区域商业将再度迎来一次升级。

青年路商圈内共有两种大型商业形态，分别是购物中心和专业商厦，其中购物中心所占比重较大，达到了75.9%，所占比重较小的为专业商厦。

图7-165 2010年昆明青年路商圈大型商业形态比例

数据来源：克而瑞CRED商业地产数据库，http://cred.cric.com

表7-75 昆明青年路商圈主要商业项目

序号	项目编号	项目名称	建筑面积（平方米）	商业形态	开业时间	档次	经营情况	出租率
1	C1	新西南广场	217 391	购物中心	2005-02-05	中高端	优	100%
2	C2	金鹰购物中心	37 000	专业商厦	2008-08-28	高端	良好	100%
3	C3	假日百货	26 000	专业商厦	2008-01-25	中端	一般	85%
4	C4	金格中心	20 000	专业商厦	2004-11-11	高端	良好	100%
5	C5	新世界百货	12 600	专业商厦	2004-06-01	中高端	优	100%

数据来源：克而瑞CRED商业地产数据库，http://cred.cric.com

商圈4 小西门商圈 昆明市核心商圈

① 商圈范围

东起富春街，西至西昌路，南起新闻路，北至昆师路。

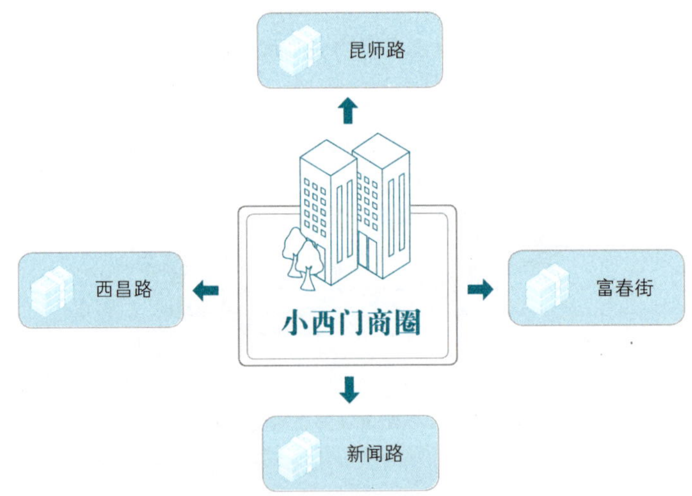

图7-166 昆明市小西门商圈范围示意图

② 商圈价值

小西门商圈属于昆明市的核心商圈， 以大型超市及通信产品零售为主。商圈以沃尔玛超市为中心，地处住宅区内，周边有百老汇手机卖场、瑞尔玛手机超市和一些经营日用百货的小商铺，构成了庞大的商圈。此外，该商圈还包含一些购物、娱乐的场所，比如人民西路上的温莎KTV量贩、美辰百货等。

小西门商圈购物中心所占比重较大，达到了88.0%；所占比重较小的为专业商厦，仅为12.0%。

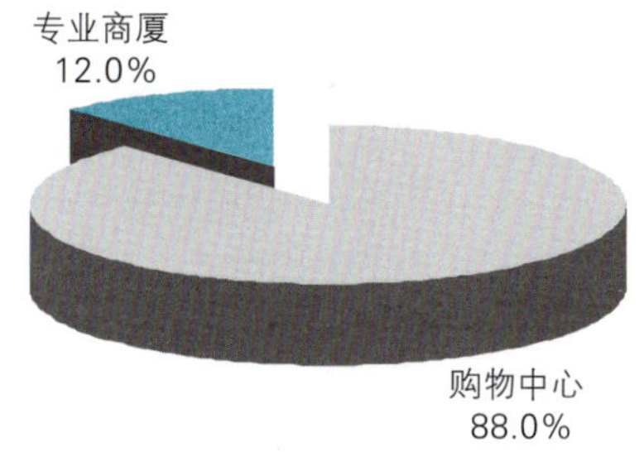

图7-167 2010年昆明小西门商圈大型商业形态比例

数据来源：克而瑞CRED商业地产数据库，http://cred.cric.com

表7-76 昆明小西门商圈主要商业项目

序号	项目编号	项目名称	建筑面积（平方米）	商业形态	开业时间	档次	经营情况	出租率
1	D1	大观商业城	120 000	购物中心	1997-11-30	中低端	优	96.3%
2	D2	美辰百货	26 000	购物中心	2004-01-09	中高端	良好	100%
3	D3	百汇商场	20 000	专业商厦	1997-01-01	中端	良好	100%

数据来源：克而瑞CRED商业地产数据库，http://cred.cric.com

商圈5 昆都商圈
昆明夜场集中地

① 商圈范围

东起五一路，西至新闻路，南起西昌路，北至东风西路。

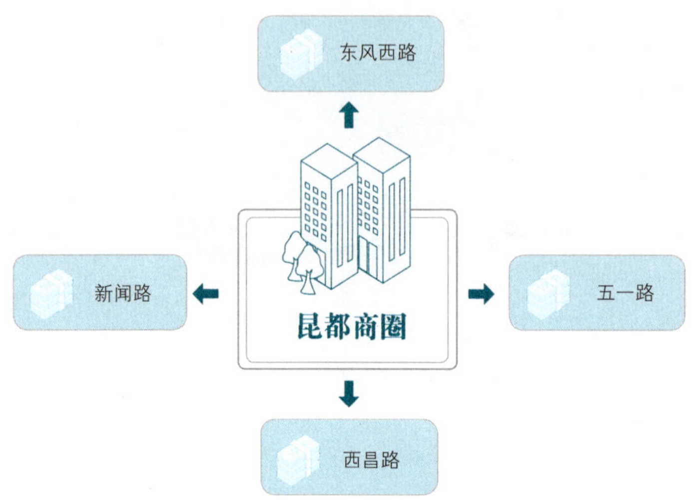

图7-168 昆明市昆都商圈范围示意图

② 商圈价值

昆都商圈是昆明市次级商圈之一，是昆明夜场集中地，属于昆明夜晚较为繁华地段，以酒吧、舞场为主。苏荷进驻昆都后，昆都的知名度得到进一步的提高，有"昆明三里屯"之称。

昆都商圈只有一种商业形态，即特色商业街，占有率为100.0%。

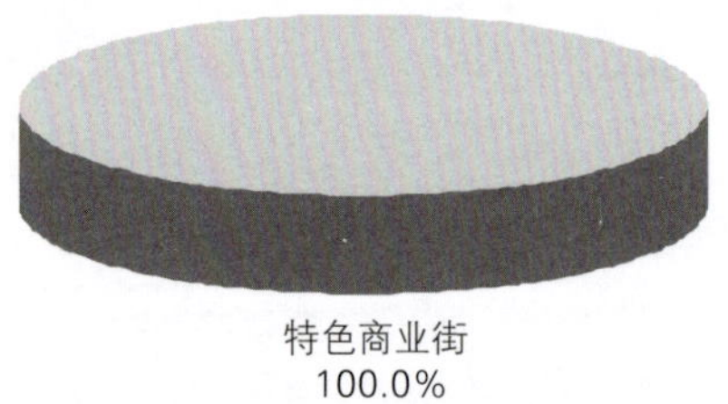

图7-169 2010年昆明昆都商圈大型商业形态比例

数据来源：克而瑞CRED商业地产数据库，http://cred.cric.com

表7-77 昆明昆都商圈主要商业项目

序号	项目编号	项目名称	建筑面积（平方米）	商业形态	开业时间	档次	经营情况	出租率
1	E1	昆都夜市	36 520	特色商业街	2002-02-18	中高端	优	97%

数据来源：克而瑞CRED商业地产数据库，http://cred.cric.com

商圈6 黄土坡商圈
以汽车专业市场为核心业态

① 商圈范围

东起昆沙路，西至海源北路，南起科医路，北至科发路。

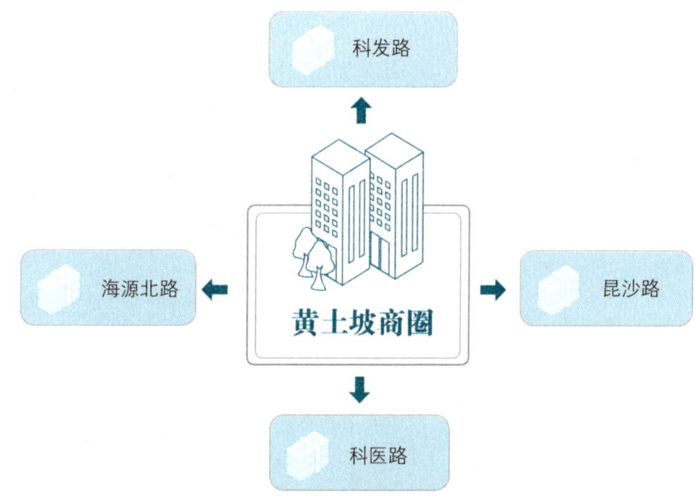

图7-170 昆明市黄土坡商圈范围示意图

② 商圈价值

黄土坡商圈也属于昆明市次级商圈，以汽车专业市场为核心业态，附带周边住宅配套商业。因此商圈目标客群基本由百姓阶层、小白领和时尚人士组成。

黄土坡商圈只有一种商业形态，即市场，占有率为100.0%。

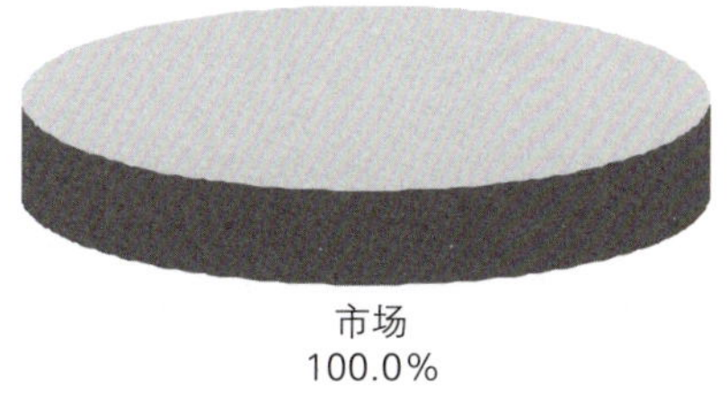

图7-171 2010年昆明黄土坡商圈大型商业形态比例

数据来源：克而瑞CRED商业地产数据库，http://cred.cric.com

表7-78 昆明黄土坡商圈主要商业项目

序号	项目编号	项目名称	建筑面积（平方米）	商业形态	开业时间	档次	经营情况	出租率
1	F1	小屯汽车交易市场	40 000	市场	1999-11-07	中端	良好	100%

数据来源：克而瑞CRED商业地产数据库，http://cred.cric.com

商圈7 官渡园商圈 大型专业市场

① 商圈范围

东起彩云北路，西至昆明机场，南起金源大道，北至关雨路。

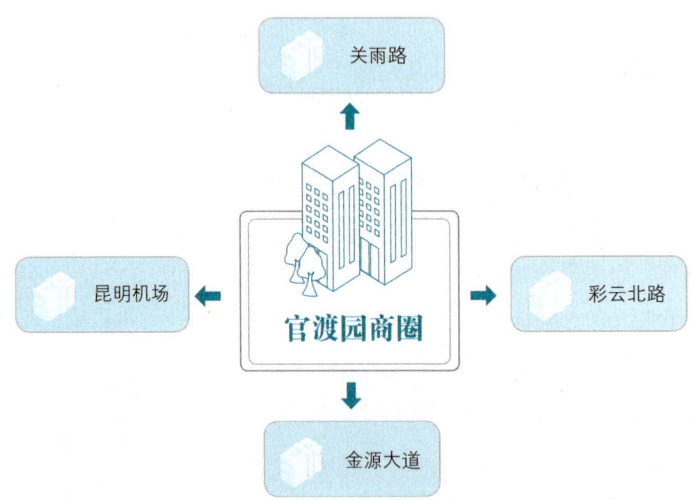

图7-172 昆明市官渡园商圈范围示意图

② 商圈价值

官渡园商圈隶属于昆明市的次级商圈，官渡园商圈是集建材、家具、灯具、五金机电、汽车、汽配等为一体的大型专业市场，附带仓储和物流基地，目标客群由百姓阶层和小白领组成。

官渡园商圈只有一种商业形态，即市场，占有率为100.0%。

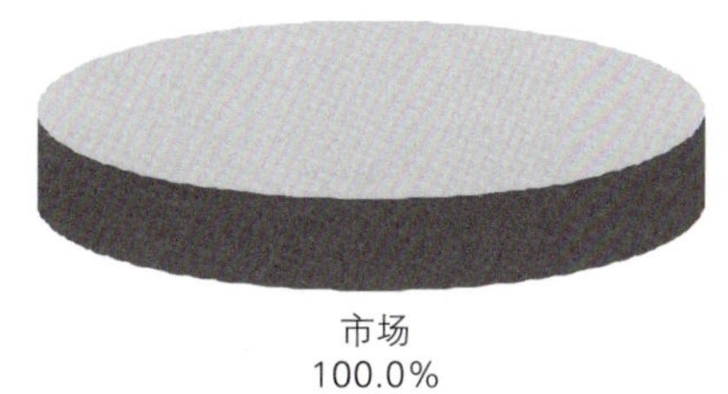

图7-173 2010年昆明官渡园商圈大型商业形态比例

数据来源：克而瑞CRED商业地产数据库，http://cred.cric.com

表7-79 昆明官渡园商圈主要商业项目

序号	项目编号	项目名称	建筑面积（平方米）	商业形态	开业时间	档次	经营情况	出租率
1	G1	中林建材城	130 000	市场	2005-10-20	中端	良好	97%
2	G2	东聚汽配城	160 000	市场	2004-05-28	中低端	一般	98%
3	G3	华洋家居广场	168 000	市场	2004-03-27	中端	一般	85%

数据来源：克而瑞CRED商业地产数据库，http://cred.cric.com

商圈8 金星商圈 以住宅底商为主

① 商圈范围

东起穿金路，西至金忠路，南起环城北路，北至二环北路。

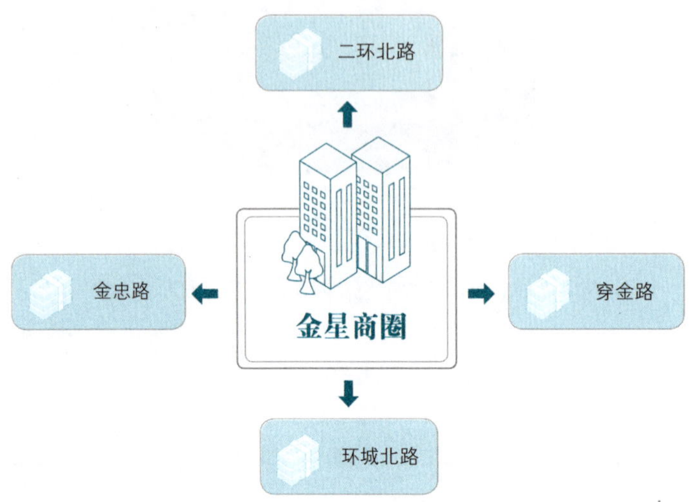

图7-174 昆明市金星商圈范围示意图

② 商圈价值

金星商圈也是昆明市次级商圈之一，以白云路家乐福为中心，辐射周边小区，商圈内主要以住宅底商为主，经营生活配套、百货、餐饮等。百姓阶层和小白领构成其商圈的目标客群。

金星商圈共有三种大型商业形态，分别是购物中心、专业商厦和社区配套。其中专业商厦所占比重最大，达到59.5%；其次为购物中心，占22.1%；所占比重最小的为社区配套，占18.4%。

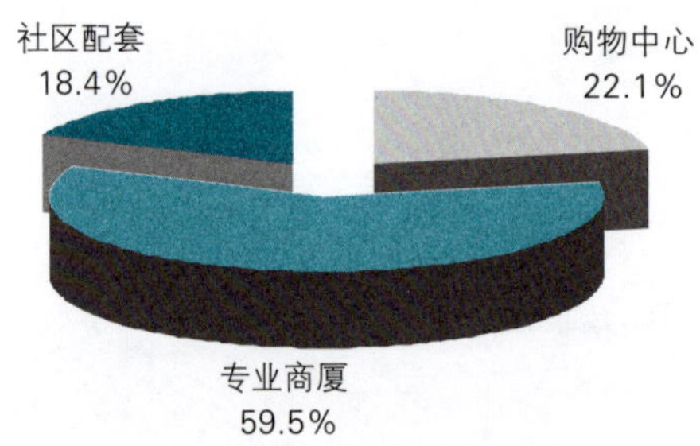

图7-175 2010年昆明金星商圈大型商业形态比例

数据来源：克而瑞CRED商业地产数据库，http://cred.cric.com

表7-80　昆明金星商圈主要商业项目

序号	项目编号	项目名称	建筑面积（平方米）	商业形态	开业时间	档次	经营情况	出租率
1	H1	颐高数码广场	30 000	购物中心	2007-04-28	中端	良好	77%
2	H2	金格百货（时光店）	30 000	专业商厦	2009-12-18	高端	一般	100%
3	H3	白云路淘宝城	15 000	专业商厦	2009-02-25	中低端	一般	65%
4	H4	奥迪斯购物广场	36 000	专业商厦	2007-01-01	中端	一般	100%
5	H5	金苑商厦	25 000	社区配套	1999-06-15	中端	优	97%

数据来源：克而瑞CRED商业地产数据库，http://cred.cric.com

商圈9 北辰商圈
弥补北市区无重点商业中心的缺失

① 商圈范围

东起北辰中路，西至江东四季园路，南起二环北路，北至江东花园北路。

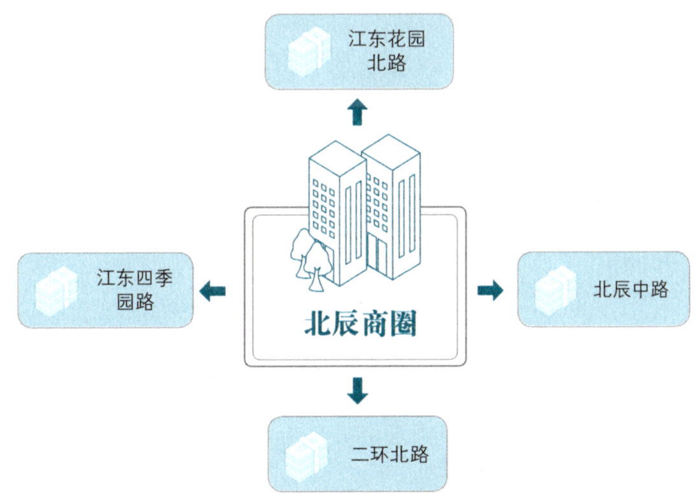

图7-176　昆明市北辰商圈范围示意图

② 商圈价值

作为后起之秀，北辰财富中心很好地弥补了北市区无重点商业中心的缺失，北辰商圈也因此成为昆明市的次级商圈。作为昆明原来的富人区，它随着滇池路的繁华而显得有点落伍。但随着商业的繁荣以及大量公司的入驻，娱乐、餐饮、零售必将会得到发展，也为北辰的繁华奠定了很好的基础。该商圈基本无大型社区商业，有部分小区底商。另外的一些主干道沿街商铺也以小区底商为主，多以杂货销售为主。整个商圈的消费群体也是以北市区的消费者为主。北辰内部以服饰销售为主，有部分家居用品店，少数几家咖啡店、冷饮店、药店、茶店以及几家美发美甲店，一家电影院。店的规格以及产品都很上档次，多以中端和高端消费为主。

北辰商圈共有两种大型商业形态，分别是特色商业街和社区配套。其中特色商业街所占比重最大，达到61.7%；所占比重最小的是社区配套，为38.3%。

图7-177 2010年昆明北辰商圈大型商业形态比例

数据来源：克而瑞CRED商业地产数据库，http://cred.cric.com

表7-81 昆明北辰商圈主要商业项目

序号	项目编号	项目名称	建筑面积（平方米）	商业形态	开业时间	档次	经营情况	出租率
1	I1	雄达茶城	50 000	特色商业街	2003-11-12	中高端	良好	100%
2	I2	北辰财富中心	31 093	社区配套	2007-09-28	中高端	良好	95%

数据来源：克而瑞CRED商业地产数据库，http://cred.cric.com

商圈10 世纪板块商圈

百姓阶层、小白领和时尚人士为其目标客群

① 商圈范围

东起彩云北路，西至广福路，南起广福路，北至金源大道。

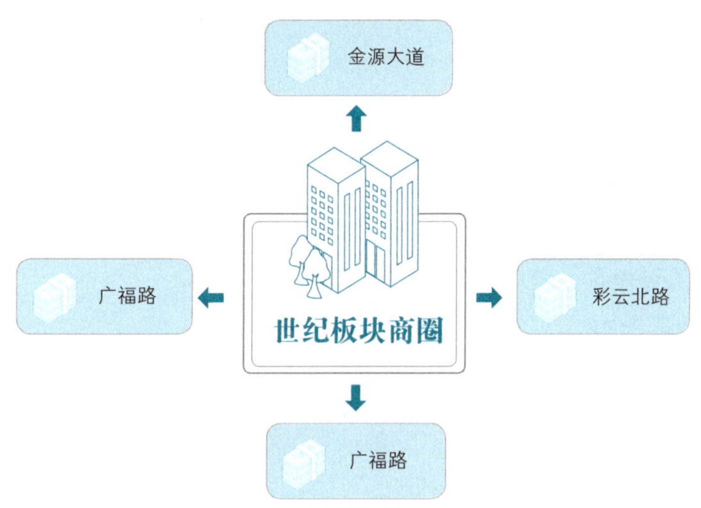

图7-178 昆明市世纪板块商圈范围示意图

② 商圈价值

世纪板块商圈是昆明市次级商圈之一，世纪板块商圈是以世纪城、新亚洲体育城两个大型住宅区配套商业为核心，附带家电等专业市场形成的区域级商圈。百姓阶层、小白领和时尚人士组成其目标客群。

世纪板块商圈共有三种大型商业形态，分别是购物中心、特色商业街和社区配套。其中购物中心所占比重最大，达到74.3%；其次是社区配套，占13.9%；所占比重最小的为特色商业街，占11.8%。

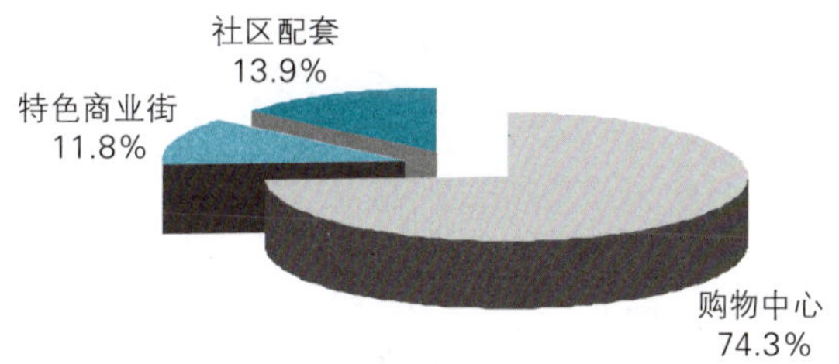

图7-179 2010年昆明世纪板块商圈大型商业形态比例

数据来源：克而瑞CRED商业地产数据库，http://cred.cric.com

表7-82 昆明世纪板块商圈主要商业项目

序号	项目编号	项目名称	建筑面积（平方米）	商业形态	开业时间	档次	经营情况	出租率
1	J1	金源时代购物中心	535 000	购物中心	2009-09-29	中端	良好	93.5%
2	J2	官渡古镇商业街	85 190	特色商业街	2009-07-01	中端	良好	71%
3	J3	星天地商业广场	100 000	社区配套	2007-08-01	中端	良好	86.3%

数据来源：克而瑞CRED商业地产数据库，http://cred.cric.com

商圈11 云纺商圈 有望成为昆明CBD核心商圈之一

① 商圈范围

东起北京路，西至海埂路，南起二环南路，北至近日楼。

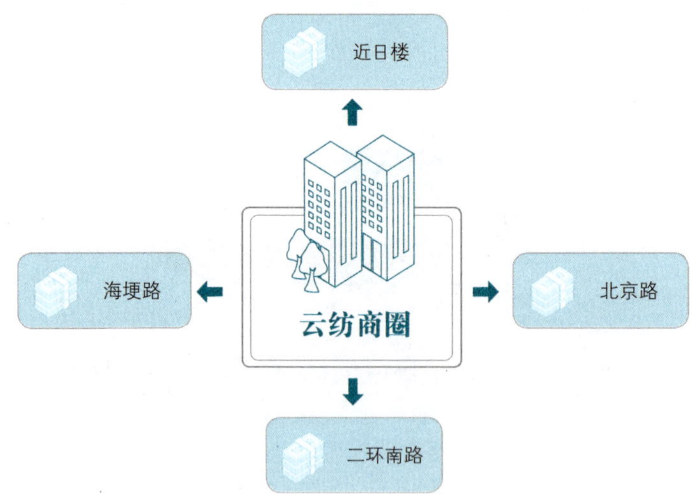

图7-180 昆明市云纺商圈范围示意图

② 商圈价值

云纺商圈是由老螺蛳湾旧址升级改造，以云纺商业区和双龙商场为核心形成的购物商圈。目前，云纺商圈是昆明市次级商圈之一，但是由于目前多数大型商业项目正在兴建中，因此云纺商圈有望成为昆明CBD核心商圈之一。

云纺商圈共有两种大型商业形态，分别是专业商厦和市场。其中，市场所占比重较大，达到84.5%；所占比重较小的是专业商厦，仅为15.5%。

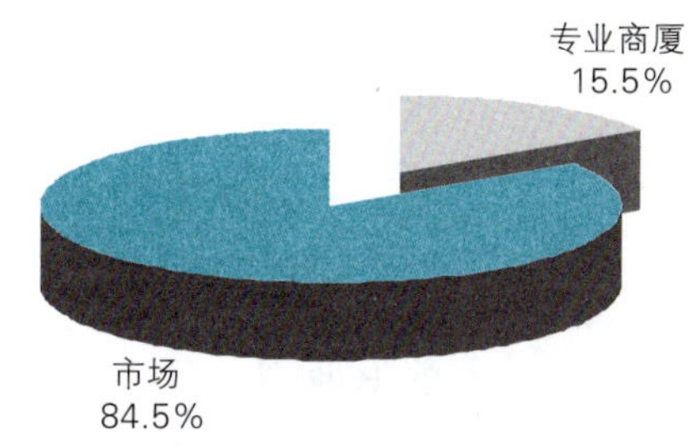

图7-181 2010年昆明云纺商圈大型商业形态比例

数据来源：克而瑞CRED商业地产数据库，http://cred.cric.com

表7-83 昆明云纺商圈主要商业项目

序号	项目编号	项目名称	建筑面积（平方米）	商业形态	开业时间	档次	经营情况	出租率
1	K1	双龙商场	75 000	专业商厦	1999-09-16	中端	良好	100%
2	K2	云纺商业区	410 400	市场	1992-04-02	中低端	良好	100%

数据来源：克而瑞CRED商业地产数据库，http://cred.cric.com

商圈12 前卫商圈 南市区综合商圈

① 商圈范围

由盘龙江、前卫西路、广福路和二环南路围合而成。

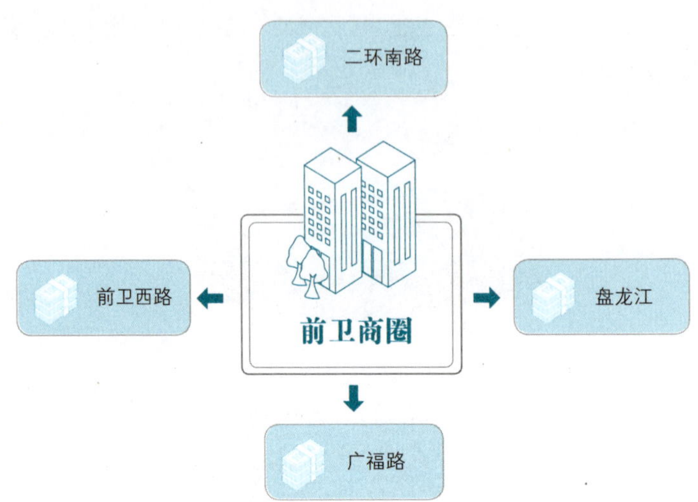

图7-182 昆明市前卫商圈范围示意图

② 商圈价值

前卫商圈也属于昆明市的次级商圈，是南市区的一个综合商圈。前卫商圈集聚了多个大型专业市场，包括大商汇、天鹏窗帘市场、邦盛新时代电器城和昆明鑫东盟酒店设备用品市场。另外，几个在建的大型社区项目及其商业将丰富该商圈的组成，在建项目包括光辉城市的商业街和润城180万平方米的商业规划项目。

前卫商圈共有两种大型商业形态，分别是市场和社区配套。其中市场所占比重最大，达到97.3%；而社区配套仅占2.7%。

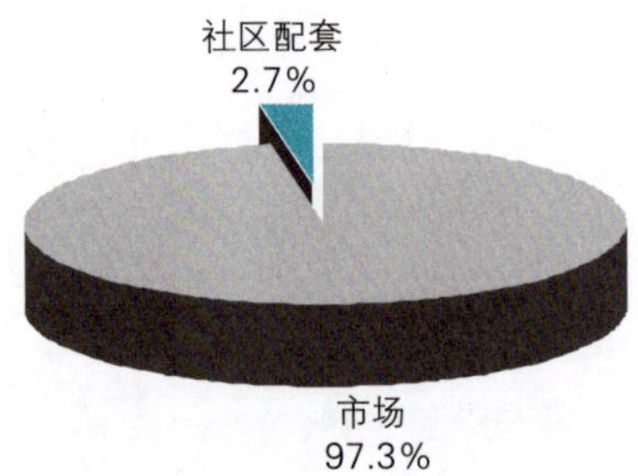

图7-183 2010年昆明前卫商圈大型商业形态比例

数据来源：克而瑞CRED商业地产数据库，http://cred.cric.com

表7-84 昆明前卫商圈主要商业项目

序号	项目编号	项目名称	建筑面积（平方米）	商业形态	开业时间	档次	经营情况	出租率
1	L1	沃麦肯财富中心	22 000	社区配套	2010-10-10	中端	良好	38%
2	L2	大商汇	800 000	市场	2006-02-08	中端	良好	98%

数据来源：克而瑞CRED商业地产数据库，http://cred.cric.com

商圈13 滇池路商圈 新兴商圈之一

① 商圈范围

由陆广路、滇池路、广福路和二环南路围合而成。

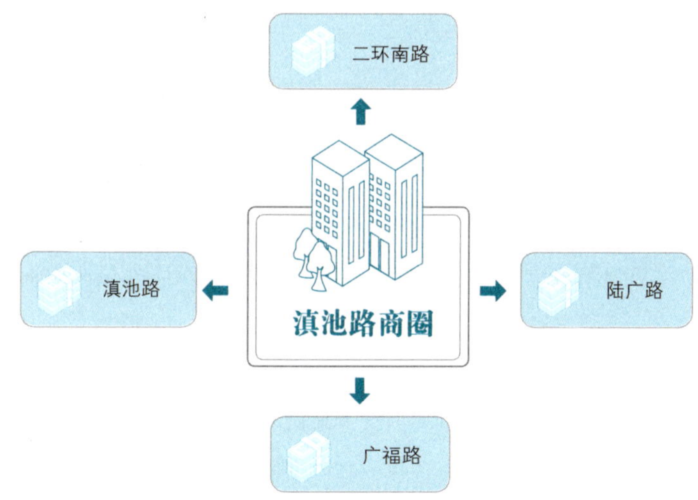

图7-184 昆明市滇池路商圈范围示意图

② 商圈价值

滇池路商圈属于昆明市两个新兴商圈中的一个，商圈以南亚风情、中央金座、红星国际等大型住宅项目配套商业为核心形成了滇池板块商圈。商圈内商业项目都在建设中，预计在2012年能完成并投入运营。

商圈14 螺蛳湾商圈
以新螺蛳湾国际商贸城为核心

① 商圈范围

由广福路、彩云中路、彩云北路和昆玉高速围合而成。

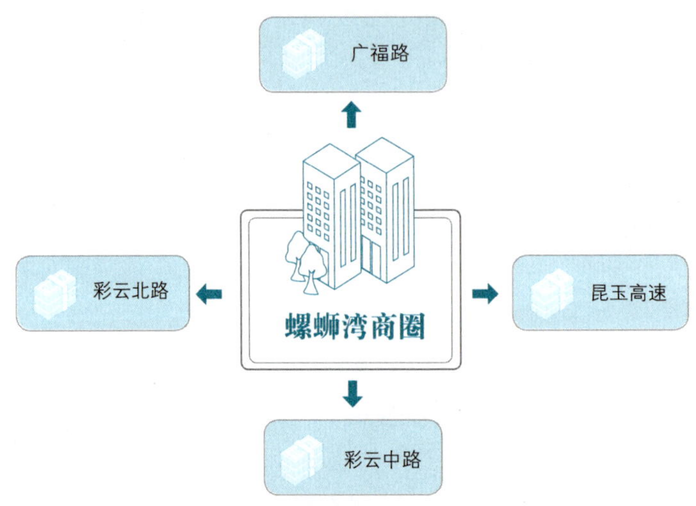

图7-185 昆明市螺蛳湾商圈范围示意图

② 商圈价值

螺蛳湾商圈是昆明市两个新兴商圈的另外一个，螺蛳湾商圈已搬迁至官渡区三环外，搬迁后规划形成北至广福路、南至彩云中路、西至彩云北路、东至昆玉高速，规模近1000万平方米的大型小商品批发市场，以新螺蛳湾国际商贸城为核心，围绕它构建400万平方米小商品加工基地、空港加工区以及70余万平方米的仓储园区。

螺蛳湾商圈只有一种大型商业形态，即专业商厦，其比例为100.0%。

图7-186 2010年昆明螺蛳湾商圈大型商业形态比例

数据来源：克而瑞CRED商业地产数据库，http://cred.cric.com

表7-85 昆明螺蛳湾商圈主要商业项目

序号	项目编号	项目名称	建筑面积（平方米）	商业形态	开业时间	档次	经营情况	出租率
1	N1	昆明螺蛳湾国际商贸城	1 200 000	市场	2009-12-16	中低端	良好	88%

数据来源：克而瑞CRED商业地产数据库，http://cred.cric.com

3 昆明整体租金水平

（1）购物中心首层租金水平

昆明市主要购物中心的首层租金模式基本有三种：第一种是流水倒扣，第二种是保底租金，第三种则是保底租金和扣点两者取其高。昆明市的主要购物中心基本都集中在核心商圈的范围内，而且核心商圈里的购物中心首层租金水平明显地高于其他级别商圈。由此可见，昆明市的其他级别商圈还是有很大的空间可以利用和开发的。

表7-86 昆明主要商圈购物中心租金

序号	项目编号	项目名称	所属商圈	首层租金
1	B1	正义坊购物中心	三市街商圈	零售：17～22元/（米²·天）； 20%～40%（扣点） 餐饮：12～17元/（米²·天）
2	B2	顺城商业广场	三市街商圈	10～17元/（米²·天）；20%～26%（扣点）
3	B3	百大新天地	三市街商圈	30%～40%（扣点）
4	B4	柏联广场	三市街商圈	零售：15～25元/（米²·天）； 25%～30%（扣点） 餐饮：10～25元/（米²·天）
5	C1	新西南广场	青年路商圈	30%～35%（扣点）
6	D1	大观商业城	小西门商圈	零售：5.5～12.3元/（米²·天） 餐饮：8.6～12.3元/（米²·天） 服务：5.8～9.2元/（米²·天）
7	D2	美辰百货	小西门商圈	零售：20%～30%（扣点） 餐饮：1.0～1.2元/（米²·天）
8	J1	金源时代购物中心	世纪板块商圈	零售：2.8～3.2元/（米²·天） 休闲娱乐：1.2～1.4元/（米²·天）

数据来源：克而瑞CRED商业地产数据库，http://cred.cric.com.

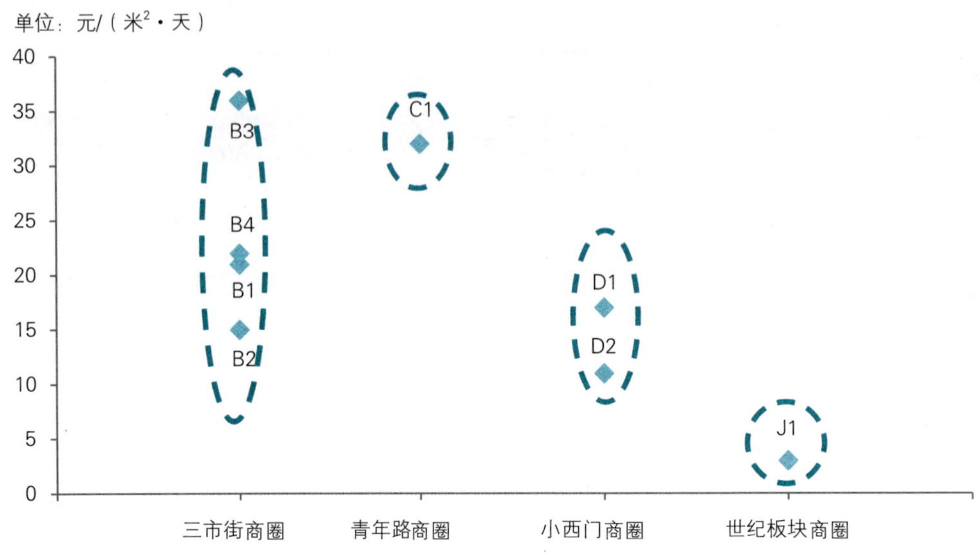

图7-187 2010年昆明主要购物中心租金分布

数据来源：克而瑞CRED商业地产数据库，http://cred.cric.com.

（2）百货租金水平

昆明市百货租金模式基本为流水倒扣形式，有个别百货（世纪广场）采用保底租金加扣点的形式，还有个别百货（双龙商场）采用保底租金的形式。核心商圈的百货首层租金水平最高，完全符合它们核心商圈的地位。次级商圈中，金星商圈的金格中心首层租金水平超过了核心商圈租金的平均水平；云纺商圈百货首层租金水平较核心商圈和其他次级商圈还有很大的差距。

表7-87 昆明主要百货租金

序号	项目名称	所属商圈	租金模式
1	金格百货（汇都店）	白塔路商圈	20%～35%（扣点）
2	世纪广场	三市街商圈	30～35元/（米²·天）；20%～35%（扣点）
3	金鹰购物中心	青年路商圈	25%～35%（扣点）
4	假日百货	青年路商圈	25%～32%（扣点）
5	金格中心	青年路商圈	30%～40%（扣点）
6	新世界百货	青年路商圈	25%～35%（扣点）
7	金格百货（时光店）	金星商圈	30%～40%（扣点）
8	双龙商场	云纺商圈	5.2～9.3元/（米²·天）

数据来源：克而瑞CRED商业地产数据库，http://cred.cric.com.

（3）其他商业类型租金水平

昆明市其他商业类型租金采用支付固定租金的方式，其中最高租金水平可达11.5～19.6元/（米^2·天），为百汇商场，最低的租金水平仅仅是0.5～1.8元/（米^2·天），为大商汇。

表7-88 昆明其他商业类型租金

序号	项目名称	商业形态	所属商圈	首层租金［元/（米^2·天）］
1	金碧商城	特色商业街	三市街商圈	3.8～4.0
2	百汇商场	其他专业商厦	小西门商圈	11.5～19.6
3	昆都夜市	特色商业街	昆都商圈	8.0～10.0
4	小屯汽车交易市场	市场	黄土坡商圈	1.7～2.0
5	中林建材城	市场	官渡园商圈	1.1～1.5
6	东聚汽配城	市场	官渡园商圈	1.5～2.0
7	华洋家居广场	市场	官渡园商圈	1.2～1.8
8	白云路淘宝城	其他专业商厦	金星商圈	4.0～8.0
9	奥斯迪购物广场	其他专业商厦	金星商圈	2.50～2.67
10	北辰财富中心	社区配套	北辰商圈	1.6～3.1
11	雄达茶城	特色商业街	北辰商圈	2.0～2.8
12	官渡古镇商业街	特色商业街	世纪板块商圈	1.8～2.2
13	星天地商业广场	社区配套	世纪板块商圈	1.1～2.3
14	云纺商业区	市场	云纺商圈	1.1～4.6
15	沃肯麦财富中心	社区配套	前卫商圈	5.0～12.0
16	大商汇	市场	前卫商圈	0.5～1.8
17	昆明螺蛳湾国际商贸城	市场	螺蛳湾商圈	6.5～6.6

数据来源：克而瑞CRED商业地产数据库，http://cred.cric.com.

昆明未来商业供应及发展趋势预测

2011年至2012年，昆明市中高端商业供给新增61.3万平方米，且主要以购物中心和社区配套两种商业形态为主，其中购物中心新增量达到57万平方米，社区配套新增量为4.3万平方米。

表7-89 昆明未来主要商业项目供应

序号	项目名称	所属商圈	建筑面积（万平方米）	商业形态	开业时间	商业初步定位
1	汇都国际 DEAR PARK	白塔路商圈	1.6	社区配套	2012年	昆明市中央公园购物街，地下轻轨商业区
2	中央金座	滇池路商圈	2.7	社区配套	2011年	南市区的首个集中商业的社区配套功能、政务、商务接待功能的商业集中地
3	南亚风情第壹城	滇池路商圈	30.0	购物中心	2011年	昆明的多功能城市综合体。为消费者提供包罗万象的一站式服务
4	欣都龙城	北辰商圈	6.1	购物中心	2012年	集大型超市、时尚百货、特色餐饮，休闲娱乐于一体的大型一站式消费购物广场
5	云纺女人大世界	云纺商圈	12.6	购物中心	2011年	集精品品牌女装、品牌内衣、孕妇装、童装、品牌服饰、时尚精品、休闲餐饮等业态为一体的一站式购物中心
6	金鹰天地购物中心	青年路商圈	8.3	购物中心	2011年	以都市年轻主流消费群为目标，营造一个年轻时尚的专属体验空间

数据来源：克而瑞CRED商业地产数据库，http://cred.cric.com

从以上图表看，昆明市商业地产除了传统的临街底商，自成体量的商业街、商业区、商业中心所占比例大大增加。在目前房地产政策调控下，昆明市商业地产或将成为未来一段时间内的主角。

根据商业地产未来在昆明的发展趋势，随着昆明的城市定位的变化，在未来商业地产的新时代，适应昆明的商业地产的产品，除了综合性购物中心外，还包括区域商业中心、主题购物城、特色商业步行街区、观光体验式购物中心等形态。在商业中引进特色主题和造景，以打造集购物、餐饮、休闲娱乐、文化、旅游于一体的商业地产产品。

昆明承担着新昆明的产业扩容、人口扩容、城市面积扩容的历史重任，担负着新昆明成为区域性国际贸易中心、国际金融中心、最适宜人居国际都市的历史重任，更应借鉴国际先进经验，打造观光和购物相结合的商业形式，是未来商业发展的新方向。随着昆明轻轨的开通运营，以交通主导的城市综合体将被大家熟知，城市商业中心与区域商业中心相结合的现代都市商业时代在不久的将来到来，昆明会呈现更多更加精彩的商业地产项目。

3 昆明市未来城市发展规划

市域城镇体系空间结构规划采用“核心—网络”的发展模式。

1 昆明市总体规划

（1）总体规划

昆明市总人口从现在的578万发展到800万，城镇人口由300万发展到650万，城镇化率由52%提高到81%。

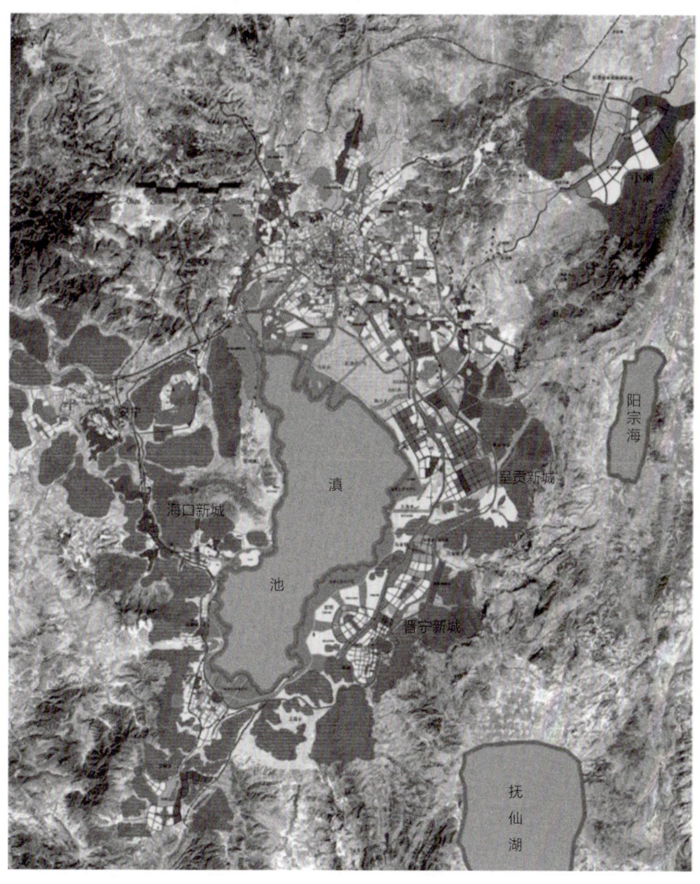

图7-188 昆明总体布局

（2）城镇布局

昆明市域城镇体系空间结构规划采用“核心—网络”的发展模式，同时在规划期内，综合考虑昆明市域内重要交通线路、结合各城市（镇）区位、社会经济发展基础、资源环境等条件，采取“一核五轴，三层多心”的布局结构规划市域内城镇空间。

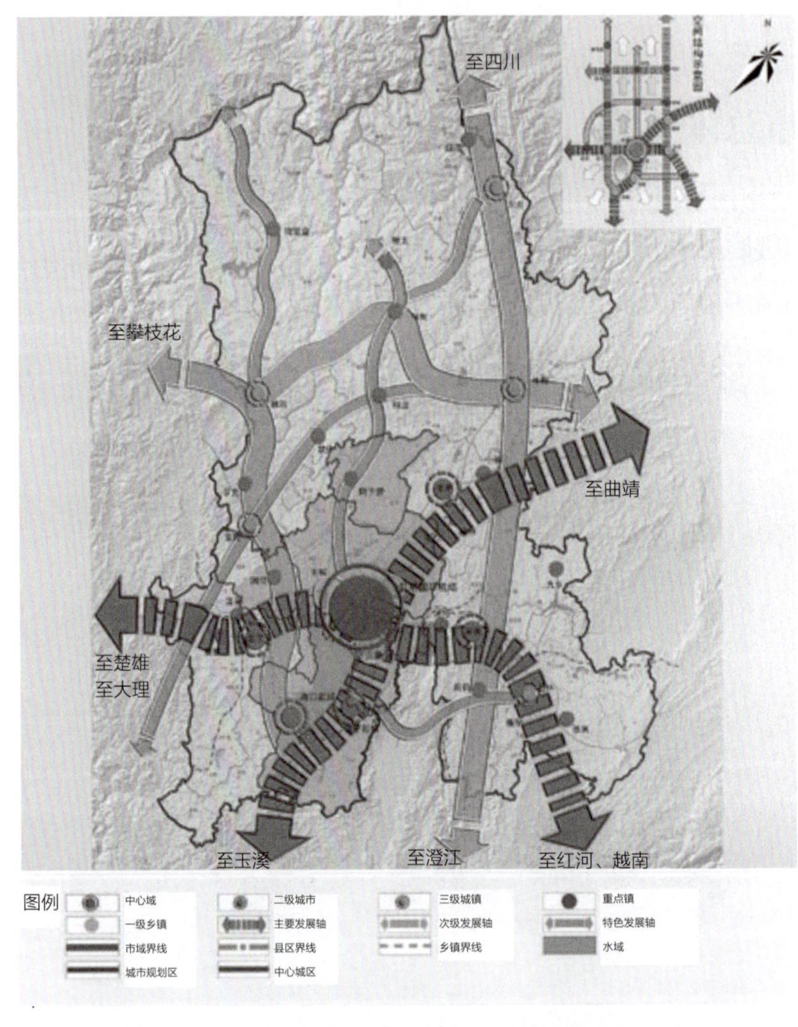

图7-189 昆明市域城镇空间发展结构

（3）产业布局

规划昆明三大产业结构向“三、二、一”型的结构转变。第一产业将基本建成融经济、生态、文化功能于一体的现代都市型农业；第二产业重点建设以高新技术产业为先导的生物医药、光电子信息、烟草、有色金属深加工等产业；第三产业重点培育商贸、物流、旅游、科技研发等产业。

（4）交通规划

昆明城市交通系统的发展目标：

第一，建成以公共交通为骨干的大容量现代化综合交通系统，公共交通出行比例达35%以上；

第二，构建快速交通系统，形成主城区30分钟交通圈，都市区一小时交通圈；

第三，建成经济、安全和高品质的现代化交通系统；

第四，城市交通与环境保护、城市绿化、城市景观和历史文化保护的发展目标协调，建设绿色交通系统；

第五，以现代交通系统支撑城市的跨跃式发展。

2 昆明中心城商业网点规划

由昆明主城、东城、西城、南城共同构成。以滇池保护和生态建设为前提，东城、西城、南城商业网点规划应依据城市总体规划进行规划布局和宏观调控，商业网点的配置应符合下列要求：

表7-90 昆明市中心城商业网点规划要求

要求	业态
鼓励设置	百货店、仓储商店、综合超市、专卖店、专业店、便利店、餐饮网点、生活服务网点、文化娱乐网点
适度设置	大型专业市场
限制设置	农贸市场

昆明城市商业设置等级规划为：市级商业中心、区域商业中心、居住区（社区）级商业中心、街坊商业。城市商业的发展是与居住功能紧密结合在一起的。城市商业从中心向外围，商业等级逐渐降低，辐射能力逐渐减小。城市中心区是由历史积淀形成，占据了区位优势，经更新后保持着发展的惯性。目前，昆明城市中心区已具备市级商业中心的功能，传统商业中心在正义路一线，由于城市西部发展受到限制，城市在向东发展，城市商业中心也逐渐向东偏移，形成新的中心。城市新商业中心区的建立则是一个长期、艰巨的过程。昆明历经多年的大发展，城市南、北、西市区均发展形成一定规模，但仅是成片的居住用地，区域性的商业设施建设未能开展，只能依赖城市中心商业设施，造成了城市交通压力加剧和居民生活的不便。结合今后城市发展方向，即规划居住人口的迁移方向，重点推进区域商业中心建设，在北市区、南市区、城市东南部春城路延长线、官渡镇以北的区域，规划区域商业中心。

小结

昆明是云南省的省会，也是西部地区重要的中心城市。改革开放以来，昆明经济始终保持快速健康发展的良好态势，综合经济实力进入西部地区先进行列。第三产业在国民经济中的比重日益增大，商贸、旅游、信息、现代服务业快速发展，对全市经济社会的发展起到了重要的带动作用和促进作用。

随着城市化发展的加快，昆明商业将进入快速发展的格局。目前看来，昆明东南板块仍是商业开发投资的热点区域，但城市轨道交通工程启动、三环道路通车等交通方面的改善，将大大提升中心区域以外其他区域的生活价值，为其他片区的商业发展带来利好，昆明的商业发展将步入百花齐放的盛世时代。

如果21世纪的前十年是住宅投资的黄金十年，那么第二个十年则是投资商业地产的黄金十年。据估计，此轮商业投资预计有望达到2000亿元。而在昆明本地主城区规划商业先行的政策下，昆明的商业地产将在未来几年里进入黄金发展期。

第八章

中国商业地产发展四大成就

成就1 商业地产对中国经济发展起重要推动作用

+ 成就2 商业地产运营主体发展壮大

+ 成就3 中国商业地产业态业种与国际同步发展

+ 成就4 商业地产的发展促进了消费结构的升级

1 2010年中国商业地产发展运行情况

"先开发，后销售"的住宅地产项目开发模式正被"先招商，后投资建设"的开发模式取代。

1 商业地产发展运行四大特征

2005年以来，中国商业地产呈现出大企业纷纷进入、融资渠道日趋多元化等明显特征。由于大企业的强势进入，中小商业地产开发企业生存压力加大，一些地区商业物业供大于求的态势明显；由于2004年国内融资环境的变化，一些商业地产企业纷纷寻求新的融资方式，融资渠道出现新变化，多元化格局初显。另外，受商业地产项目空置率影响，一些开发商转变开发模式，以往"先开发，后销售"的住宅地产项目开发模式正被"先招商，后投资建设"的开发模式取代。但与此同时，部分城市商业地产项目还存在着侵害业主权益的产权式返租等非正常盈利模式。

2010年，商业地产运行呈现以下四大特征：

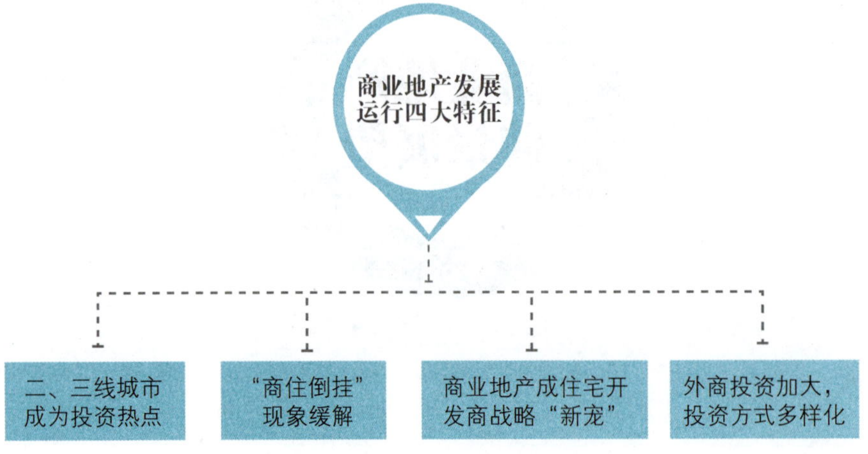

图8-1商业地产发展运行四大特征

特征一：二、三线城市成为投资热点

由于中心城市市场的竞争日趋激烈，商业营业用房的存量大量增加，同时因为城际交通等基础设施的开发和区域经济一体化进程的加快，拥有更大发展空间的二、三线城市在2010年也成为商业地产投资的热点。其中，长三角区域内的二线城市如杭州、无锡、宁波、苏州已成为吸引投资和开发的热点城市。

特征二："商住倒挂"现象缓解

由于2009年住宅市场发展步伐太快，导致商住价格倒挂现象较为突出，尤其是从2010年下半年至2011年第一季度，反差更显著。从2010年开始，随着住宅地产和商业地产发展更趋理性，"商住倒挂"现象得到缓解。

特征三：商业地产成住宅开发商战略"新宠"

以住宅开发为主的开发商开始逐渐增加在商业地产方面的投入。一批住宅开发商向商业地产进军，甚至一直不曾试图在此领域进军的地产大鳄——万科也开始涉入商业地产，预计未来三年内万科将建成220万平方米的住宅商业配套。目前，保利、华润、富力、龙湖地产、恒大地产、金地集团等大型房企也纷纷在全国范围抢滩登陆，甚至不约而同地宣称，未来将不断扩大在商业地产领域的投入。万科等大型房企虽然在住宅市场上成绩斐然，但随着竞争加剧和政策调控的持续，住宅市场未来发展的不确定性正在增加，各大企业加大对具有长期稳定收益的商业地产的投入，既是无奈之举，也是战略需要。

特征四：外商投资加大，投资方式多样化

在人民币汇率上升和中美利差加大等综合因素影响下，至少超过6000亿美元的热钱正在加速进入中国市场。在严格限制外资购买住宅的背景下，受限较小的商业地产是外资最好的投资出口。

2 中国商业地产发展四大成就

经过多年的发展，中国的商业地产从无到有，规模从小到大，开发理念逐渐成熟，形成了一批优秀的商业地产开发商，商业地产相关的法规政策正在进一步完善和健全。

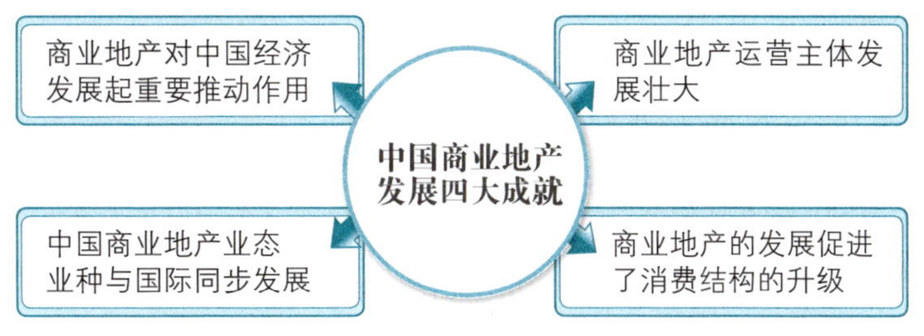

图8-2 中国商业地产发展四大成就

成就一：商业地产对中国经济发展起重要推动作用

（1）商业地产带动相关产业如建筑业、零售业发展。商业地产对建筑业的推动作用不仅体现在商业地产需要施工单位来建设，也体现在商业地产建成后，对城市交通的发展产生的联动作用。很多城市的规划部门

都针对商业地产人流量较多的情况，在商业地产附近建设地铁、天桥，拓宽马路。这些市政交通建设对建筑业产生了巨大的推动作用。

商业地产促进了中国零售业的发展。零售业的发展离不开舒适的消费环境，特别是一些国内外高端商品的销售更离不开商业地产的发展。近些年，中国商业地产的发展成功推动了一些国际品牌登陆中国，同时也使得中国的高端商品大大增加。消费者的品牌意识日益加强，拉动消费作用明显。

（2）商业地产的发展促进了就业增长。商业地产的发展可从两个方面促进就业：一方面在商业地产开发和使用过程中，房地产业和商业地产相关产业需要大量的专业人才和普通劳动者；另一方面，商业地产的开发投资具有乘数效应，商业地产的投资可以带动零售业、建筑业等投资的增长。当社会投资大幅度提高时，就业的机会必将大大增加。比如，北京一批在2007年和2008年投入运营的商业营业用房推动了当地的消费，带动了内需，也带来了大量的就业机会，促进了地区经济平稳发展。

成就二：商业地产运营主体发展壮大

随着商业地产的发展，涌现出一批规模较大、实力强劲的商业地产开发企业。

第一，中国商业地产经过十几年的发展，优秀的开发商逐渐扩大了自己的市场份额。万达集团和国华置业等迅速壮大。国华置业的北京华茂中心和万达集团的宁波万达广场的开发与管理水准都达到了国际水平，对区域经济的发展起到了一定的促进作用。同时，一些实力较强、规模较强的优秀开发商抵抗全球性的金融危机能力增强。

第二，经营模式与时俱进。万达集团的城市综合体的开发和“以售养租”的模式成功保证了商业地产的质量，同时保证了充足的资金；中粮集团的西单大悦城成功地促进了中国都市综合体的发展。地段的选取合理，物业类型和管理水准达到国际水平，吸引了国际品牌企业加盟，像Cold Stone、Sephora、Zara等国际著名品牌纷纷进入中国。国际品牌的进入对中国国产商品形成了较大压力和动力，如安踏和李宁的产品已缩小了与Nike等国际品牌的差距。

成就三：中国商业地产业态业种与国际同步发展

随着中国国际化进程的加速和商业地产的发展，我国商业地产业态业种与国际同步发展。经过多年的摸索和实践，我国商业地产逐渐从百货商店转变成了体验式的购物中心，逐渐从一两个购物中心转变成业态业种丰富的都市综合体。这一方面是国外商业地产的业态业种对中国商业地产的影响，如美国的第五大道；另一方面，由于中国的商业地产竞争激烈，开发商在业态业种的定位和选择上与国际同步接轨。华茂中心作为近年刚刚投入使用的商业地产，其业态业种从开始设计时就定位于与国际同步发展，成功把握了时代的脉搏，促成了该中心的成功。同时西单大悦城、万达地产等城市综合体的业态业种非常丰富，其管理销售的原则体现出国际化趋势，管理水平较高。

成就四：商业地产的发展促进了消费结构的升级

中国商业地产的发展促进了我国居民消费结构升级，提高了消费者购物时的满意度，对扩大内需具有积极作用。由于中国商业地产的发展，一大批外国著名品牌进入了中国并在中国打开了市场。与此同时，面临激烈的竞争，国产商品制造商也锐意进取，促进产品质量升级和更新换代，使得中国居民的消费结构得到加速升级。商业地产的发展为这些名牌优质商品提供了较好的交易环境。此外，很多优秀的商业地产开发商已经开始强调“消费者体验”的理念，这对于提升消费者的消费结构、刺激服务业发展具有重要作用。

消费者消费结构的升级和消费水平的提高对于中国的产业结构升级和扩大内需具有重大的作用，在国内外经济形势持续低迷的过渡期内，商业地产的发展有利于促进中国经济保持平稳发展。

3 商业地产发展中存在的五大问题

2010年，商业地产由冷变热，大大小小的房企开始从住宅市场转投商业地产市场，境外资本也投入商业地产领域。产生这些热点的原因，除了国际经济形势正逐渐好转、中国经济发展迅速以外，还有长期以来中国固定资产投资领域的狭小。尽管如此，商业地产在逐渐回暖的过程中也显现出一些不能忽视的问题。

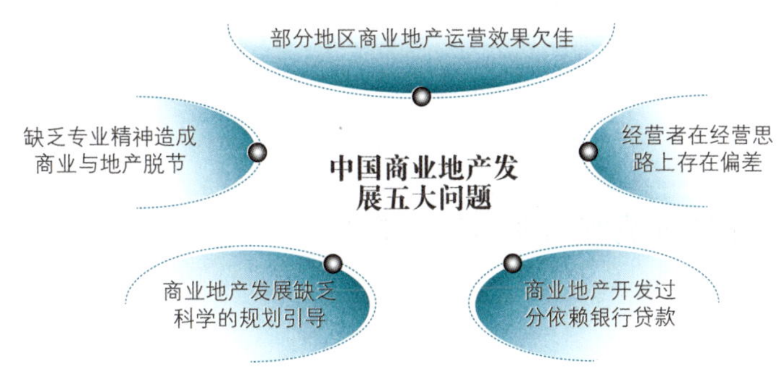

图8-3 中国商业地产发展五大问题

问题一：部分地区商业地产运营效果欠佳

商业地产的价值是以实现运营价值为基础的，体现的是地产和商业价值集合而成的金融价值。商业地产的价值最大化不是指开盘销售期间的价格最大化，而应从商业经营的角度，经过长期和持续地经营、发展以及培育达到物业的升值，真正实现房地产价值的最大化。然而很多开发商把商业地产等同于住宅地产，为单纯地卖房赚钱而建房。在投资商业地产时，开发商对商业地产的商业特性的把握存在着偏差，对商业规律的认识上存在着问题。不少商业地产商是由住宅地产商转变过来的，没有看到商业地产与住宅开发的根本区别，盲目套用住宅开发的模式。商业地产属于复合型产业，要求地产商、投资商、经营者和物业管理者有机地结合起来，而这四方面在现实中还不规范，因此会带来巨大的投资风险。

问题二：经营者在经营思路上存在偏差

现在大多数地产商都抱着“卖了房子就走”的经营思想，这就不可能对商业地产进行完善的规划和长期的运营。某些商业城，包括商业街，出现销售火爆的场面，但地产商走了以后，商业城和商业街日渐萧条。开发商如若不能对商业项目实现统一招商、统一经营，将很难实现商业地产的价值。

问题三：商业地产开发过分依赖银行贷款

大型商业设施对银行贷款的依赖性更强，它投资大，动作急，动辄十几亿元或者是几十亿元。一旦大型商业设施出现商业经营差、利润下降，达不到盈亏平衡点的情况，就会造成银行的不良贷款，增加银行金融风险。

此外，如今商业银行贷款存在着形象工程。由于现在很多城市都在建大型的购物中心和商业步行街，购物中心、步行街等大型商业设施确实具有较强的市政效果。于是，一些地方政府就不顾本地经济发展的实际情况，一味地进行建设，并在建设中过于重视城市景观的要求，为此项目招商往往陷入两难的尴尬境地。

问题四：商业地产发展缺乏科学的规划引导

随着商业地产的发展和城市化进程的加快，我国商业地产缺乏发展规划引导的问题日益突出。近些年，很多城市都提出通过建立CBD带动当地经济发展，但是由于缺乏科学的发展规划，很多商业地产投入运营后并没能实现预期收益，有些城市的商业地产建设不仅未对当地的经济起到刺激作用，还导致投资失误，闲置严重。

问题五：缺乏专业精神造成商业与地产脱节

商业与地产脱节主要有以下三个表现：

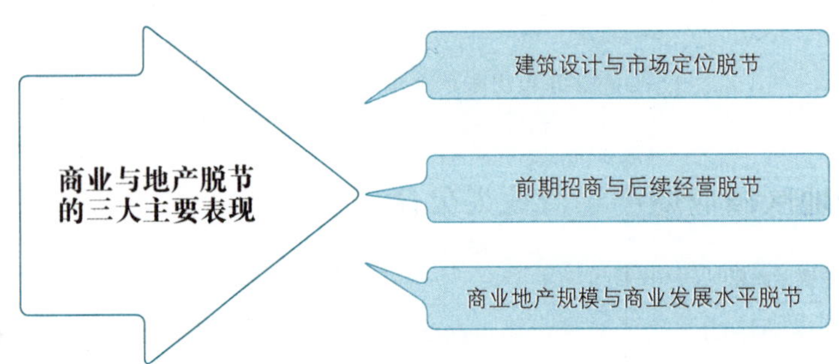

图8-4 商业与地产脱节的三大主要表现

表现一：建筑设计与市场定位脱节

商业地产项目涉及地产开发与商业经营两个专业领域，需要进行科学地整合与定位，但多数开发商由于缺乏市场调查和市场定位这一主线，不少项目在建成后，为满足租户的要求必须大幅度改造物业，从而造成了人、财、物的严重浪费。

表现二：前期招商与后续经营脱节

与国外商业地产发展商长期持有物业只租不售不同，受资金、利润及经营思路的影响，我国大多数开发商在商业地产开发上存有急功近利的想法，抱着“卖了房子就走”的经营思路，以赚取更多的利润，因此不可能完成对商业地产项目的完善规划。

表现三：商业地产规模与商业发展水平脱节

自2001年以来，我国商业地产的投资迅猛增长，普遍高于其他类型房地产投资的增长水平。据国家统计局统计数据显示，近几年我国商业地产投资年均增幅连续超过30%。我国商业地产仅一年的新增开发体量就约占全球房产总值的万分之四。近几年，我国商业地产增长速度已远远快于商业发展速度，造成了商业地产空置率持续攀升和社会资源的很大浪费，凸显了商业地产规模与商业发展水平脱节这一矛盾。

4 解决商业与地产脱节的四大措施

2011年以后，商业地产如若想要快速发展，开发商及政府机关就必须要解决商业地产开发中商业与地产脱节问题，而解决问题的方法很可能成为未来商业地产发展模式的规划。

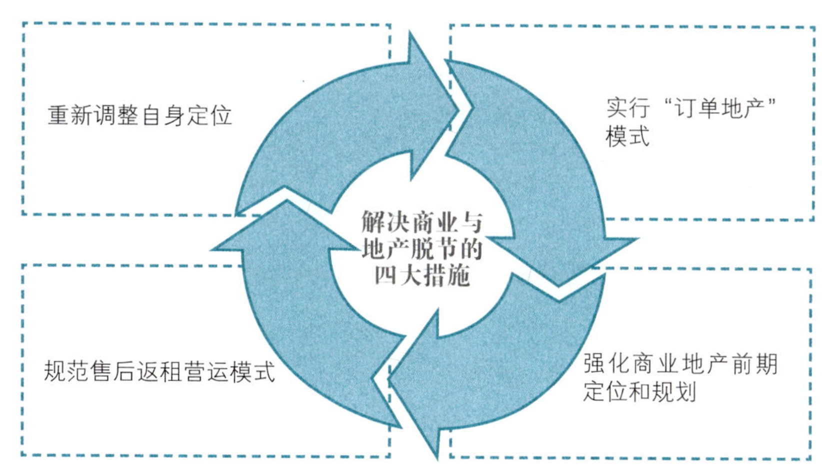

图8-5 解决商业与地产脱节的四大措施

措施一：重新调整自身定位

商业有自己的规律，地产也有自己的规则，两者必须结合起来，相互脱离就会产生很多问题，在这样的情况下，需要加大对相关理论的研究力度，加快既懂地产又懂商业的复合型商业地产人才的培养，这样才能更好地促进商业地产健康发展。

措施二：实行“订单地产”模式

由于住宅类地产已逐步形成过度竞争的局面，盈利空间日渐萎缩，房地产企业必须拓展新项目。国内许多实力雄厚的地产商与国内外知名优势零售企业结成战略联盟，借助对方的力量大举扩张各自的市场规模。这种模式的合作关系主要有三种：一是购买关系，指商业企业向房地产商提前订购所需要的商业物业；二是租赁关系，指商业企业以相对固定租金的形式向房地产商租用商业物业；三是营业额或利润分成，商业企业向开发商租房，开发商从商业企业经营的销售额或保底利润中提取一定的比例作为收益。

与大型商业结成战略联盟关系，让这些商业企业参与到整个商业地产的规划，有助于弥补地产商在商业运作中人才紧缺和经验不足的弱点，有助于地产商准确、客观地进行商圈分析、市场定位和业态组合，以使资源效用最大化。

措施三：规范售后返租营运模式

非主力店的招商模式与传统的商业模式类似，而铺位预售则与传统的商业地产销售模式相同。在我国目前的金融环境下，为保证商业地产项目在经营上的整体性和一致性，最大可能地发挥出规模效益，建议开发商对预售的中小商铺实行售后返租，以使众多商铺在经营上形成合力。售后返租即开发商与买方在签订合同时约定，商铺经营权交由开发商（或开发商委托某一机构）统一经营，开发商承诺给予买方一定年限内的固定回报。售后返租实质是以固定回报换取商铺经营权。售后返租应做到三个统一：统一招商管理、统一营销管理和统一服务与监督。

措施四：强化商业地产前期定位和规划

第一，做好商业地产的定位工作。由于商业地产与市场需求关系紧密，地产商开发商业地产的定位是非常关键的问题，同质化经营只能带来商业资源和社会资源的巨大浪费。只有准确、恰当的经营定位，才能在激烈的市场竞争中得以生存与发展。要做到准确定位，一方面必须适应市场的需求，另一方面也要从自身的具体情况出发，走适合自己的路线；

第二，遵循商业规律，选择合适的业态。很多地产商在商业业态规划方面一味求大，其实衡量商铺价值并不取决于业态的大小；

第三，加强对商业网点的规划和调控。

2 未来中国商业地产发展前景预测

二、三线城市在中国经济发展中将逐渐成为新热点。

1 中国房地产市场发展前景两大分析

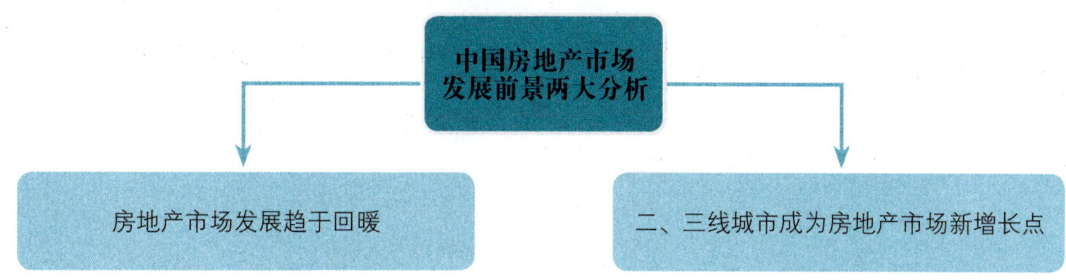

图8-6 中国房地产市场发展前景两大分析

分析一：房地产市场发展趋于回暖

2010年楼市调控频繁密集，酒店式公寓、沿街商铺等商业地产却因为不限贷、不限购而受到不少手中有钱又无处投资者的关注。从2010年房地产市场情况来看，2010年楼市调控次数频繁，力度之大也是前所未有的，但据统计局公布的2010年全国房地产市场运行情况报告显示，12月全国70个大中城市房屋销售价格同比上涨6.4%，被称为“史上最严厉的调控政策”并未达到预期效果。2011年伊始，新一轮的调控政策序幕就已拉开。新“国八条”的出台将“限购”推向了顶峰；房产税和各种金融信贷政策使得住宅市场的投资空间进一步紧缩，然而商业地产却未在此次调控之列，在通胀压力越来越大的预期下，商业地产投资价值再次提升。

分析二：二、三线城市成为房地产市场新增长点

中国现在的二、三线城市正面临快速的城市化、工业化进程。随着中国城市化和工业化进程的提速，二、三线城市必然成为中国城镇化趋势中最具有竞争力的区域之一和中国房地产市场新的增长点。目前，中国城市化率在46%左右，并且每年以1.0%至1.5%的速度递增，每年约有1300万的农村居民和农民变成城镇居民，相当于每年要造一座上海这样的大城市吸收这些城镇化人口。二、三线城市在中国经济发展中将逐渐成为新热点。

中国商业地产发展前景展望

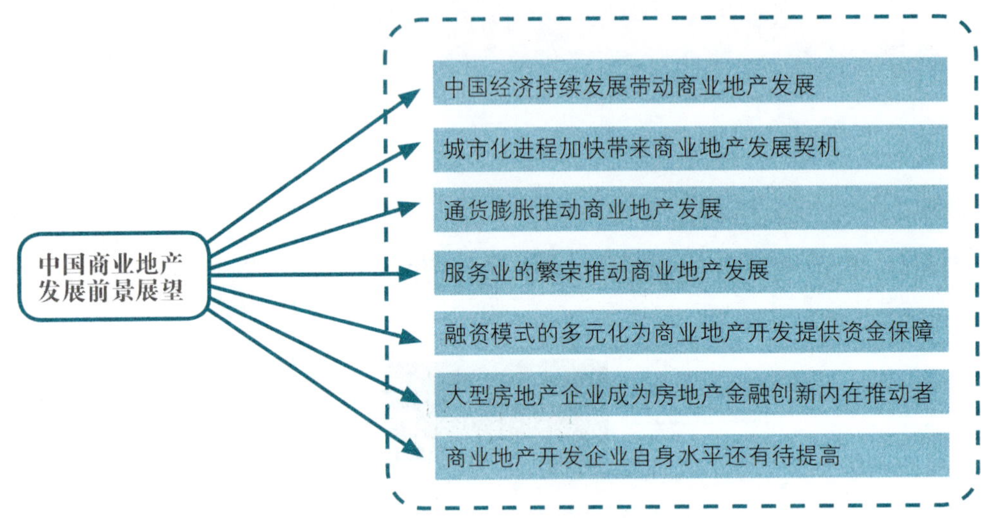

图8-7 中国商业地产发展前景展望

展望一：中国经济持续发展带动商业地产发展

首先，从中国房地产的发展前景看，商业地产作为住宅地产的必要补充，两者相互带动增长；其次，国务院近期出台了扩大内需的政策，通过加大国内基本建设投资，在国内资金充分的前提下优先加强基础设施的建设，提高人民生活水平和工资水平，提高人民的消费能力。所以，零售以及商业地产仍有较好的发展前景；第三，商业地产的下游商家——连锁零售业、餐饮业仍然保持高速发展态势。以食品、快速消费品和日用品为经营主题的大型超市及连锁超市受金融危机影响最低，抗跌性最强。在投资方面，当其他投资产品以不同程度持续低迷时，投资于商铺、购物中心等商业地产以及利用商铺等进行生意活动仍会有很大的利益回报空间。

展望二：城市化进程加快带来商业地产发展契机

目前，我国改革开放的力度不断加大，市场经济体制不断完善，城市化进程明显加快。按照先行规划，2010年城镇化水平是50%，到2020年将达到58%，但与发达国家70%的水平还有较大差距。如果按照每年增长1%速度预测，每年有1300万的人员涌进城市，将是相当庞大的市场潜在需求，商业地产有很大的发展空间。

城市化改变了城市扩张的布局，城市化进程加速将极大地推动二、三线城市的发展和消费升级，如珠三角城市群、长三角城市群和环渤海城市群等，高速铁路的建成缩短了城市之间的时空距离，同城化效应增强。产业开始在不同规模的城市之间转移、整合，与此相伴的是城市间人流构成上的分流及购物需求的变化。这一需求变化将带来商业地产产业战略新热点和新布局。

商业地产发展和繁荣离不开城市发展，与中国城市化是共生共荣的关系。城市消费升级带动了商业地产的繁荣，新的城市规划和向外扩张需要商业地产来进行城市功能完善和综合平衡的开发，商业地产繁荣助推了城市发展，扩大了城市的规模，提高了城市吸引力，吸引更多人口和企业向城市集中，进而提高了城市化率，提高了城市吸引力。

中国中产阶层的兴起将引发消费者结构的变化，2011年会带来商业地产质的提升，并且会打破传统的商业模式。随着消费升级，商业地产的供应也升级，业态业种会更加多元化、个性化、时尚化，分层消费和主题商业模式将成为发展重点。

根据中国很多城市的发展现状和未来的发展潜力，确定了许多的区域商业中心和区域商业副中心。一方面，这些规划中的已在建设发展的区域也会逐步向“多心多点”的格局转变，区域化消费将成为主流，这无疑是2011年中国城市走向多商圈的标志，必定拉动商业地产的发展；另一方面，国家出台的一系列政策积极扩大内需，拉动了服务业的发展，并为商业地产的发展提供较大的发展空间。

展望三：通货膨胀在客观上推动商业地产发展

普遍观念认为，在通货膨胀的预期下，应该持有资产而不是现金。所以一旦市场上有通货膨胀的预期，人们就应该积极将资金配置于优质资产，而不能“束手就擒”。而要达到抵御通胀能力的效果，肯定要选择升值空间大的物业。2010年，特殊的市场环境使得人们更加注重投资时机的把握以及投资品种的选择。目前，房地产投资主要分为两部分，一部分是住宅地产，另一部分是商业地产。但是，随着2009年年末、2010年年初国家关于住宅调控政策的出台，政府开始大力抑制投机性购房，遏制部分城市高房价、打击开发商捂盘囤地等行为，以促进房地产业健康发展。对于商业地产，经验表明，一方面，调控政策对商业类物业影响不大，因为商业地产具有很强的金融特性，具有很高的保值性、增值性及可持续性；另一方面，国家出台的一系列政策积极扩大内需，相对地会拉动商业服务业的发展，并为商业地产的发展提供了基础。

商业地产需要培育，是一个长线投资产品，不会在短时间内大起大落。2008年在住宅市场受到宏观调控的影响萎靡不振之时，相比住宅，商业地产有较好的市场表现，“抛房买铺”现象屡见不鲜。同时，“国十一条”的出台显示了国家对住宅产品投资的抑制，使商业地产更加容易发挥其投资价值。在2011年的地产市场中，商业地产项目保值、增值的特性都会随着整体招商引资的成功运营以及时间的延长而不断凸显，相对于曾经热闹鼎沸的住宅交易，商业地产更体现其投资价值和增值空间。

另外，目前市场上有许多投资性需求需要找到一个出口。发展商业地产，能为房地产投机性投资资金找到一个分流的渠道，为住宅市场“散热”。政府理应采取措施适当鼓励商业地产的发展。

展望四：服务业的繁荣推动商业地产发展

商业地产是城市服务业发展的必要条件，同时服务业的发展又和商业地产的发展互为因果，商业地产就成为整个服务业基本形成的先导，服务业资本的形成和集聚是中国未来资本积聚的一个重要方向。

随着中国城市化和小城镇化进程的加快以及人口和产业的集聚，居民收入对服务业需求的增长必然带动服务业的发展，同时在服务业发展的基础上形成对商业地产的需求，推动我国商业地产的快速发展。城市周边地区的扩大，原来的农地变成了建设用地，通过地产开发商的投资和整理，变成了一种新的经营形态，如杭州城市公园和厦门城市博览会。商业地产以多种形式、多种经营方式服务城市、服务百姓，在不断提升的服务水平中发展成就了今天的商业地产。

随着城市服务业的发展和居民收入的增长，城市之间布局的要求在不断提升。如在城市的中心区，原来的地产可能是来做某种商业用地的，随着城市中心区功能的改变或提升，经营形态发生了变化，在这个变迁过程中商业地产要追加投资，在原有的土地的单位空间中追加投资，使商业地产的集聚达到了更高的水平。

近十年来，中国商业地产的发展基本上是社会需求带动相关服务业的发展，尽管面临的宏观形势是紧缩的，但是商业地产的发展无论是在放松时期还是在紧缩时期，都会继续发展，但发展的速度受宏观环境的影响，有时候要快一些，有时候要慢一些，但是中国经济总体上正处在工业化、城镇化、信息化、市场化、国际化这样一个成长过程当中。在这样一个成长过程中必然要继续发展，同时我国经济面临三个转变：第一，转变增长方式到转变发展方式；第二，经济增长要由主要依靠投资、出口拉动向依靠消费、投资、出口协调拉动转变；第三，经济增长要由主要依靠工业增长和第二产业带动向依靠第一、二、三产业协同带动转变。同时国务院2009年发布了《关于加快发展服务业若干政策措施的实施意见》，把服务业发展提高到国民经济整体发展的高度，但实际上在许多大城市和中心城市的城市经济中，服务经济为主导已成为一种发展趋势。因此，商业地产的发展是未来城市经济发展的一个先行成果。

展望五：融资模式的多元化为商业地产开发提供资金保障

近年来，房地产企业的融资方式和手段发生了较大变化，呈现出前所未有的创新势头，正走向融资模式多元化，由原来的单纯依赖银行贷款，向以银行贷款为主、创新融资为辅，间接融资和直接融资相结合的方向发展，委托贷款、房地产信托、房地产投资基金（REITs）、IPO、股权融资也将成为房地产企业新的融资选择，从而降低融资成本、确保资金链安全以及提高资金使用灵活性。

展望六：大型房地产企业成为房地产金融创新内在推动者

宏观调控使行业分化和整合加剧。资金实力弱、融资难度大的小企业和项目公司面临破产危机，其控制的在建及储备项目近乎闲置；中等开发商出现了明显的分化，在资金和规模方面都面临压力和挑战。与小企业求生存、中型企业求稳健的情况形成对比的是，大型房地产开发商抓住市场优胜劣汰和资源整合的机遇，积极拓宽融资渠道，用相对低的成本加快收购兼并步伐，增加项目用地储备量，完善区域布局，进一步提高核心竞争力。

展望七：商业地产开发企业自身水平还有待提高

在我国商业地产开发过程中，多数开发商都是由住宅开发商，尤其是成功的住宅开发商转型而来的，这必然导致有这种“成功”背景的开发商在商业地产开发中表现为在开发程序上沿用“拿地——规划设计——建设——销售”的住宅开发模式，以销售为最终目的；没有考虑市场上有什么样的商业业态的需求，只考虑地块能建什么样的商业业态；产品功能只是停留在住宅开发所能满足的基本功能，而忽视了商业地产所特有的功能需求。这种地产开发住宅化的模式，由于没有实现与商业地产的有效对接，于是造成了商业与地产的严重脱节。

商业地产是复合型产业，它要求把地产开发和商业经营有机结合起来。由于对商业规律认识不够，对商业特性的把握存在偏差，开发商往往采用先地产后商业的做法，把房子盖起来以后再开始招商、销售，这样必然造成商业地产与商业发展的不相适应，其结果是商业地产的空置率居高不下，严重影响了我国商业地产的持续健康发展。

泛商业地产
全领域的里程碑

服务范围

服务宽度：泛商业地产全领域综合服务商

作为中国首家房地产流通服务企业“中国房产信息集团”的重要分支机构，克而瑞商业顾问秉承CRIC一贯的宗旨，致力于提供商业地产全程及全领域的解决方案。

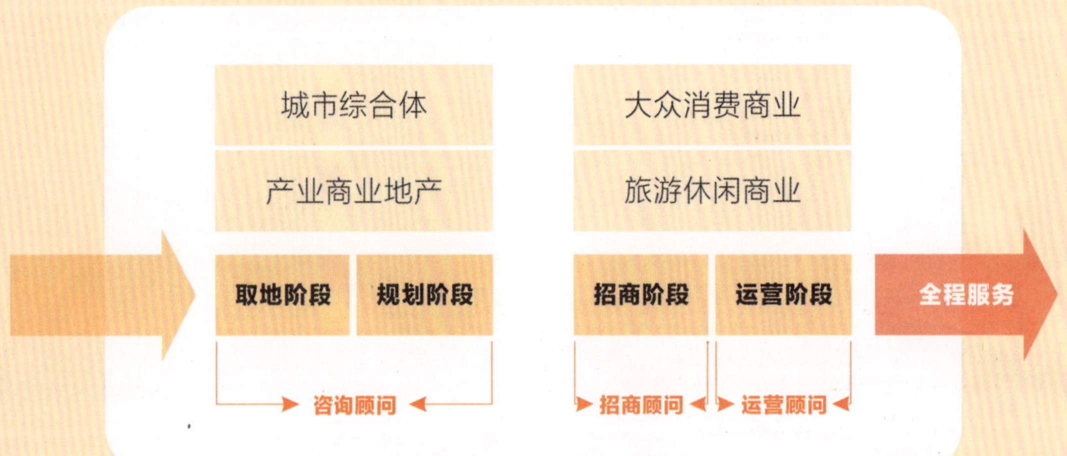

服务内容

服务深度：商业地产开发全链条顾问服务

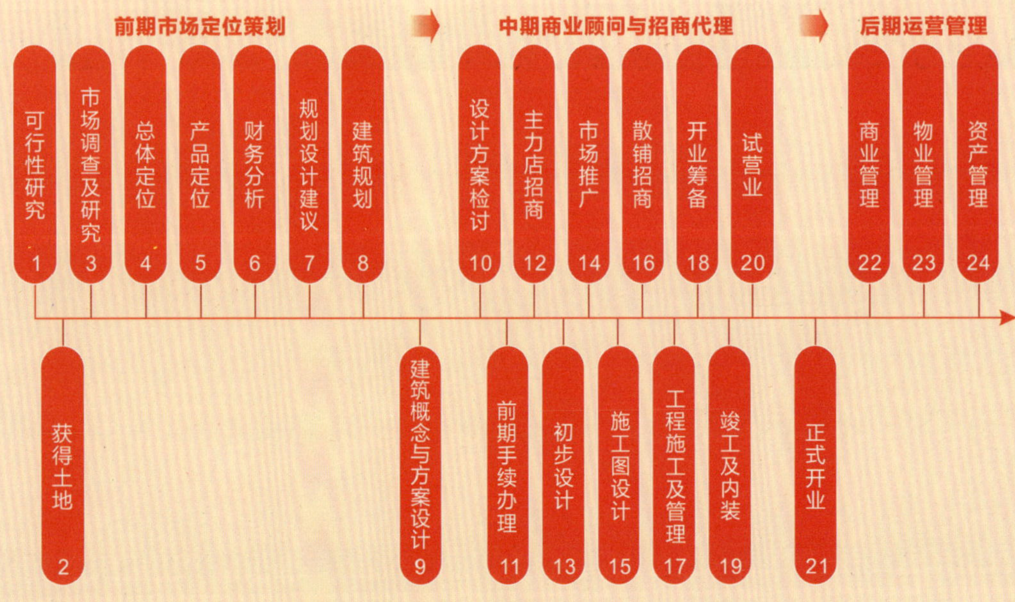